DIREITO
ADMINISTRATIVO
DESCOMPLICADO

O GEN | Grupo Editorial Nacional – maior plataforma editorial brasileira no segmento científico, técnico e profissional – publica conteúdos nas áreas de concursos, ciências jurídicas, humanas, exatas, da saúde e sociais aplicadas, além de prover serviços direcionados à educação continuada.

As editoras que integram o GEN, das mais respeitadas no mercado editorial, construíram catálogos inigualáveis, com obras decisivas para a formação acadêmica e o aperfeiçoamento de várias gerações de profissionais e estudantes, tendo se tornado sinônimo de qualidade e seriedade.

A missão do GEN e dos núcleos de conteúdo que o compõem é prover a melhor informação científica e distribuí-la de maneira flexível e conveniente, a preços justos, gerando benefícios e servindo a autores, docentes, livreiros, funcionários, colaboradores e acionistas.

Nosso comportamento ético incondicional e nossa responsabilidade social e ambiental são reforçados pela natureza educacional de nossa atividade e dão sustentabilidade ao crescimento contínuo e à rentabilidade do grupo.

MARCELO ALEXANDRINO
VICENTE PAULO

DIREITO ADMINISTRATIVO
DESCOMPLICADO

34ª edição revista e atualizada

■ Os autores deste livro e a editora empenharam seus melhores esforços para assegurar que as informações e os procedimentos apresentados no texto estejam em acordo com os padrões aceitos à época da publicação, e todos os dados foram atualizados pelos autores até a data de fechamento do livro. Entretanto, tendo em conta a evolução das ciências, as atualizações legislativas, as mudanças regulamentares governamentais e o constante fluxo de novas informações sobre os temas que constam do livro, recomendamos enfaticamente que os leitores consultem sempre outras fontes fidedignas, de modo a se certificarem de que as informações contidas no texto estão corretas e de que não houve alterações nas recomendações ou na legislação regulamentadora.

■ Fechamento desta edição: *27.01.2025*

■ Os autores e a editora se empenharam para citar adequadamente e dar o devido crédito a todos os detentores de direitos autorais de qualquer material utilizado neste livro, dispondo-se a possíveis acertos posteriores caso, inadvertida e involuntariamente, a identificação de algum deles tenha sido omitida.

■ **Atendimento ao cliente:** (11) 5080-0751 | faleconosco@grupogen.com.br

■ Direitos exclusivos para a língua portuguesa
 Copyright © 2025 by
 Editora Forense Ltda.
 Uma editora integrante do GEN | Grupo Editorial Nacional
 Travessa do Ouvidor, 11 – Térreo e 6º andar
 Rio de Janeiro – RJ – 20040-040
 www.grupogen.com.br

■ Reservados todos os direitos. É proibida a duplicação ou reprodução deste volume, no todo ou em parte, em quaisquer formas ou por quaisquer meios (eletrônico, mecânico, gravação, fotocópia, distribuição pela Internet ou outros), sem permissão, por escrito, da Editora Forense Ltda.

■ Capa: Aurélio Corrêa

■ **CIP-BRASIL. CATALOGAÇÃO NA PUBLICAÇÃO**
 SINDICATO NACIONAL DOS EDITORES DE LIVROS, RJ

A371d
34. ed.

    Alexandrino, Marcelo
    Direito administrativo descomplicado / Marcelo Alexandrino, Vicente Paulo. - 34. ed., rev. e atual. - [2. Reimp.] - Rio de Janeiro : Método, 2025.
    1.128 p. ; 24 cm.

    Inclui bibliografia
    ISBN 978-85-3099-650-5

    1. Direito administrativo - Brasil. 2. Direito administrativo - Problemas, questões, exercícios - Brasil. 3. Serviço público - Brasil - Concursos. I. Paulo, Vicente. II. Título.

25-96034   CDU: 342.9(81)

Meri Gleice Rodrigues de Souza - Bibliotecária - CRB-7/6439

Dedico este trabalho a minha esposa, LUCIANA,
fonte permanente de apoio
e inspiração.

Marcelo Alexandrino

À minha irmã CEIÇA, pela compreensão, carinho e
incentivo a mim dispensados nos momentos difíceis da
minha vida.

Vicente Paulo

NOTA À 34.ª EDIÇÃO

Esta edição da obra *Direito Administrativo Descomplicado* incorpora as alterações legislativas e as novidades jurisprudenciais, de interesse para o direito administrativo, havidas em nosso país desde a publicação da 34.ª edição.

Citamos, exemplificativamente, os seguintes atos normativos contemplados na 34.ª edição:

a) Lei 14.965/2024, que estabelece normas gerais relativas a concursos públicos;

b) Lei 14.981/2024, que, entre outras matérias, "dispõe sobre medidas excepcionais para a aquisição de bens e a contratação de obras e de serviços, inclusive de engenharia, destinados ao enfrentamento de impactos decorrentes de estado de calamidade pública";

c) Decreto 11.890/2024, que regulamenta o art. 26 da Lei 14.133/2021, "para dispor sobre a aplicação da margem de preferência no âmbito da administração pública federal direta, autárquica e fundacional, e institui a Comissão Interministerial de Contratações Públicas para o Desenvolvimento Sustentável";

d) Decreto 11.948/2024, que altera o Decreto 8.726/2016, que regulamenta a Lei 13.019/2014;

e) Decreto 12.002/2024, que, entre outras disposições, "estabelece normas para elaboração, redação, alteração e consolidação de atos normativos";

f) Decreto 12.174/2024, que "dispõe sobre as garantias trabalhistas a serem observadas na execução dos contratos administrativos no âmbito da administração pública federal direta, autárquica e fundacional";

g) Decreto 12.343/2024, que atualizou valores estabelecidos na Lei 14.133/2021.

Quanto à jurisprudência, anotamos e comentamos, nos tópicos pertinentes, as decisões do Supremo Tribunal Federal relacionadas ao direito administrativo, proferidas desde a última edição do livro.

Os Autores

NOTA À 33.ª EDIÇÃO

Esta edição da obra *Direito Administrativo Descomplicado* incorpora as alterações legislativas e as novidades jurisprudenciais, de interesse para o direito administrativo, havidas em nosso país desde a publicação da 32ª edição.

Citamos, exemplificativamente, os seguintes atos normativos contemplados na 33ª edição:

a) Emenda Constitucional 132/2023 (Reforma Tributária);

b) Lei 14.534/2023, que estabelece "o número de inscrição no Cadastro de Pessoas Físicas (CPF) como número único e suficiente para identificação do cidadão nos bancos de dados de serviços públicos";

c) Lei 14.620/2023, que trouxe alterações ao Decreto-Lei 3.365/1941 (Lei da Desapropriação por Utilidade Pública);

d) Lei 14.628/2023, que incluiu hipóteses de licitação dispensável na Lei 14.133/2021;

e) Lei 14.536/2023, que dispõe sobre a possibilidade de acumulação remunerada de cargo ou emprego público pelos Agentes Comunitários de Saúde e Agentes de Combate às Endemias;

f) Lei 14.662/2023, que promoveu alterações pontuais na Lei 11.107/2005 (Lei dos Consórcios Públicos);

g) Lei 14.770/2023, que promoveu modificações pontuais na Lei 14.133/2021;

h) Decreto 11.123/2022, que "dispõe sobre a delegação de competência em matéria administrativa-disciplinar no âmbito dos órgãos e das entidades da administração pública federal";

i) Decreto 11.411/2023, que regulamenta a licença para o exercício de mandato classista ou para participação na administração de cooperativa constituída por servidores públicos para prestar serviços a seus membros prevista na Lei 8.112/1990;

j) Decreto 11.430/2023, que regulamenta, no âmbito federal, dispositivos da Lei 14.133/2021 relativos à "exigência, em contratações públicas, de percentual mínimo de mão de obra constituída por mulheres vítimas de violência doméstica" e à "utilização do desenvolvimento, pelo licitante, de ações de equidade entre mulheres e homens no ambiente de trabalho como critério de desempate em licitações";

k) Decreto 11.443/2023, que "dispõe sobre o preenchimento por pessoas negras de percentual mínimo de cargos em comissão e de funções de confiança no âmbito da administração pública federal direta, autárquica e fundacional";

l) Decreto 11.461/2023, que regulamentou o "leilão eletrônico" previsto na Lei 14.133/2021;

m) Decreto 11.462/2023, que regulamenta, no âmbito federal, o "sistema de registro de preços" disciplinado na Lei 14.133/2021;

n) Decreto 11.722/2023, que, no âmbito federal, criou a figura do "Concurso Público Nacional Unificado"; e

o) Decreto 11.878/2024, que dispões sobre procedimentos relativos ao credenciamento de que trata o art. 79 da Lei 14.133/2021.

Quanto à jurisprudência, anotamos e comentamos, nos tópicos pertinentes, as decisões do Supremo Tribunal Federal relacionadas ao direito administrativo, proferidas desde a última edição do livro.

Os Autores

NOTA À 32.ª EDIÇÃO

Esta edição da obra *Direito Administrativo Descomplicado* incorpora as alterações legislativas e as novidades jurisprudenciais, de interesse para o direito administrativo, havidas em nosso país desde a publicação da 31.ª edição.

Citamos, exemplificativamente, os seguintes atos normativos contemplados na 32.ª edição:

a) Lei 14.421/2022, que promoveu alteração pontual no Decreto-Lei 3.365/1941 ("desapropriação por utilidade pública");

b) Medida Provisória 1.154/2023, que "Estabelece a organização básica dos órgãos da Presidência da República e dos Ministérios";

c) Decreto 11.069/2022, que regulamentou a "Gratificação por Encargo de Curso ou Concurso";

d) Decreto 11.129/2022, que "Regulamenta a Lei n.º 12.846, de 1.º de agosto de 2013, que dispõe sobre a responsabilização administrativa e civil de pessoas jurídicas pela prática de atos contra a administração pública, nacional ou estrangeira";

e) Decreto 11.148/2022, que "Altera o Decreto n.º 10.139, de 28 de novembro de 2019, que dispõe sobre a revisão e a consolidação dos atos normativos inferiores a decreto";

f) Decreto 11.215/2022, que "Altera o Decreto n.º 9.190, de 1.º de novembro de 2017, que regulamenta o disposto no art. 20 da Lei n.º 9.637, de 15 de maio de 1998";

g) Decreto 11.246/2022, que "Regulamenta o disposto no § 3.º do art. 8.º da Lei n.º 14.133, de 1.º de abril de 2021".

Quanto à jurisprudência, anotamos e comentamos, nos tópicos pertinentes, as decisões do Supremo Tribunal Federal relacionadas ao direito administrativo, proferidas desde a última edição do livro.

Ao lado dessas atualizações, reformulamos integralmente o Capítulo 9 ("Licitações Públicas") e o Capítulo 10 ("Contratos Administrativos"), a fim de conferir maior relevância às normas da Lei 14.133/2021 do que às da Lei 8.666/1993, haja vista que, em princípio, essa última deixará de viger a partir de abril de 2023.

Os Autores

NOTA À 31.ª EDIÇÃO

Esta edição da obra *Direito Administrativo Descomplicado* incorpora as alterações legislativas e as novidades jurisprudenciais, de interesse para o Direito Administrativo, havidas em nosso País desde a publicação da 30.ª edição.

Dos atos normativos que tiveram reflexo no conteúdo da presente edição, merece especial menção a Lei 14.230, de 25 de outubro de 2021, que alterou profundamente a Lei 8.429/1992 (**Lei de Improbidade Administrativa**). Em razão das modificações operadas pela Lei 14.230/2021, julgamos necessário reescrever integralmente o tópico acerca do assunto "improbidade administrativa" – constante no capítulo 13 do livro *Controle de Administração Pública* –, além de adequar os pontos pertinentes, em outras partes da obra, às novas disposições trazidas pela Lei 14.230/2021.

Além da Lei 14.230/2021, faz-se oportuno citar, exemplificativamente, outros atos normativos contemplados na 31.ª edição:

a) Emenda Constitucional 109/2021, que alterou o art. 109 do Ato das Disposições Constitucionais Transitórias, concernente ao "Novo Regime Fiscal" (conhecido como "Teto de Gastos");

b) Lei 14.204/2021, que versa sobre cargos em comissão e funções de confiança na administração pública federal;

c) Lei 14.210/2021, que acrescentou o Capítulo XI-A ("Da Decisão Coordenada") à Lei 9.784/1999;

d) Lei 14.227/2021, que, entre outras disposições, efetuou alteração pontual na Lei 11.079/2004;

e) Lei 14.273/2021 ("Lei das Ferrovias"), a qual, entre outras disposições, alterou o Decreto-Lei 3.365/1941, que disciplina a desapropriação por utilidade pública;

f) Decreto 10.776/2021, que alterou o Decreto 10.139/2019, o qual dispõe sobre atos normativos inferiores a decreto na administração pública federal;

g) Decreto 10.818/2021, que regulamenta o art. 20 da Lei 14.133/201 (enquadra os bens de consumo adquiridos pela administração pública federal nas categorias "de qualidade comum" e "de luxo");

h) Decreto 10.835/2021, que dispõe sobre cessão e requisição de servidores e empregados públicos e sobre alteração de exercício para composição da força de trabalho no âmbito da administração pública federal.

Quanto à jurisprudência, anotamos e comentamos, nos tópicos pertinentes, as decisões do Supremo Tribunal Federal relacionadas ao direito administrativo, proferidas desde a última edição do livro. A título ilustrativo, vale mencionar: a ADI 6.476/DF, que fixou interpretação conforme à Constituição para dispositivos do Decreto 9.508/2018, relativos à realização, por pessoas com deficiência, de provas físicas em concursos públicos; e a ADI 4.728/DF, na qual foi declarada a inconstitucionalidade de normas de legislação estadual que pretendam impor ao Chefe do Poder Executivo a obrigação de regulamentar, em prazo determinado, disposições legais.

Os Autores

NOTA À 30.ª EDIÇÃO

Em dezembro de 2020, o Congresso Nacional finalizou a votação (e aprovação) do Projeto de Lei 4.253/2020 (Substitutivo da Câmara dos Deputados aos Projetos de Lei do Senado 163/1995 e 559/2013), visando à promulgação de uma nova lei de normas gerais (de caráter nacional) sobre licitações e contratos administrativos.

Em razão de questões técnicas, de índole formal (e **não** relativas ao mérito do Projeto, isto é, ao seu conteúdo), a sujeição do texto aprovado ao Presidente da República para sanção (e vetos) atrasou enormemente.

Deveras, somente em 1.º de abril de 2021, foi publicada, em edição extra do Diário Oficial da União, a Lei 14.133, de 1.º de abril de 2021, resultante do Projeto de Lei 4.253/2020, anteriormente aludido. Foram apostos uns poucos vetos – e, mais tarde, alguns deles foram derrubados pelo Congresso Nacional.

É consabido que, em nosso ordenamento jurídico, durante mais de um quarto de século, a Lei 8.666/1993 – que permanece vigente e eficaz – desempenhou o papel de principal lei nacional de normas gerais sobre licitações e contratos administrativos. Ela é complementada pela Lei 10.520/2002, que instituiu a modalidade pregão de licitação pública. Além disso, a Lei 8.666/1993 convive com outras leis gerais de licitações e contratos administrativos: a Lei 12.462/2011, que instituiu o denominado Regime Diferenciado de Contratações Públicas (RDC), e a Lei 12.232/2010, que estabelece normas gerais sobre licitação e contratação de serviços de publicidade prestados por intermédio de agências de propaganda.

Pois bem, a Lei 14.133/2021 foi editada para substituir a Lei 8.666/1993, a Lei 10.520/2002 e a Lei 12.462/2011. Ocorre, porém, que essa substituição **somente** ocorrerá, por completo, **depois de dois anos contados da publicação da Lei 14.133/2021**.

Durante esse período de dois anos, a administração pública – na União, nos estados, no Distrito Federal e nos municípios – pode decidir, em cada licitação, se adotará os procedimentos e seguirá as disposições previstos naquelas leis ou na Lei 14.133/2021. Se a administração optar por licitar de acordo com a Lei 8.666/1993, a Lei 10.520/2002 ou a Lei 12.462/2011, o contrato resultante, durante toda sua vigência, será regido pelas regras nelas previstas.

Em consequência dessa prudente – e duradoura – regra de transição prevista na Lei 14.133/2021, os estudantes e os operadores do direito administrativo são obrigados a lidar, atualmente, com uma dificuldade significativa: é necessário conhecer não só a disciplina de licitações e contratos estabelecida na Lei 14.133/2021, como também todo o regramento disposto na legislação anterior (Lei 8.666/1993, Lei 10.520/2002 e Lei 12.462/2011).

Tal quadro representa, igualmente, um problema para os autores de obras de Direito Administrativo de índole prática – que não sejam exclusivamente teóricas ou acadêmicas –, como a nossa. Com efeito, entendemos que, pelo menos nos dois anos seguintes à publicação da Lei 14.133/2021, será necessário abranger no conteúdo desta obra as normas gerais de licitações e contratos constantes na Lei 14.133/2021, na Lei 8.666/1993, na Lei 10.520/2002 e na Lei 12.462/2011.

E não se pode olvidar que, enquanto puderem ser realizadas licitações baseadas na legislação anterior à da Lei 14.133/2021 (durante dois anos, contados da sua publicação), os contratos decorrentes serão, durante toda sua vigência, regulados pelas leis que regeram o procedimento licitatório respectivo.

Em suma, nesta 30.ª edição do Direito Administrativo Descomplicado, são abordadas, **cumulativamente**, as normas gerais de licitações públicas e contratos administrativos **contidas na Lei 14.133/2021, na Lei 8.666/1993, na Lei 10.520/2002 e na Lei 12.462/2011**.

Além da Lei 14.133/2021, incorporamos a esta edição as poucas alterações legais e infralegais ocorridas no campo do direito administrativo desde a 29.ª edição.

Anotamos e comentamos, ainda, nos tópicos pertinentes, relevantes decisões do Supremo Tribunal Federal, proferidas desde a última edição desta obra, de que são exemplos: a ADI 4.296/DF, na qual foram declarados inconstitucionais dispositivos da leis do mandado de segurança (Lei 12.016/2019); o RE 1.320.054/SP, no qual foi decidido, com repercussão geral, que "as empresas públicas e as sociedades de economia mista delegatárias de serviços públicos essenciais, que não distribuam lucros a acionistas privados nem ofereçam risco ao equilíbrio concorrencial, são beneficiárias da imunidade tributária recíproca (...) independentemente de cobrança de tarifa como contraprestação do serviço"; a ADI 6.241/DF, na qual ficou estabelecido que, para a desestatização de empresas públicas e sociedades de economia mista, é suficiente, em regra, autorização genérica constante em lei que veicule programa de desestatização; a ADI 6.019/SP, em que a Corte Suprema decidiu que "é inconstitucional lei estadual que estabeleça prazo decadencial de 10 (dez) anos para anulação de atos administrativos reputados inválidos pela administração pública estadual"; a ADI 1.668/DF, na qual restou assente que a modalidade de licitação denominada "consulta" somente pode ser disciplinada mediante lei, e não por meio de atos infralegais e o RE 1.101.937/SP, julgado na sistemática de repercussão geral, em que foi considerada inconstitucional a restrição da abrangência territorial dos efeitos da sentença em ação civil pública aos "limites da competência territorial do órgão prolator" (restabelecendo-se a redação originária do art. 16 da Lei 7.347/1985).

Os Autores

NOTA À 29.ª EDIÇÃO

Esta 29.ª edição da obra *Direito Administrativo Descomplicado* incorpora uma das novidades legislativas mais importantes dentre as ocorridas nas últimas três décadas no âmbito da disciplina de que ela trata: a Nova Lei de Licitações e Contratos Administrativos.

A rigor, **faz-se muito importante um esclarecimento**: em dezembro de 2020, o Congresso Nacional finalizou a votação (e aprovação) do Projeto de Lei 4.253/2020 (Substitutivo da Câmara dos Deputados aos Projetos de Lei do Senado 163/1995 e 559/2013), que tem por objeto exatamente uma nova lei de normas gerais (de caráter nacional) sobre licitações e contratos administrativos.

Em razão de questões técnicas, de índole formal (e **não** relativas ao mérito do Projeto, isto é, ao seu conteúdo), a sujeição do texto aprovado ao Presidente da República para sanção atrasou enormemente. Diante da indefinição acerca dos prazos, e em face da possibilidade de a solução das referidas questões técnicas alongar-se a perder de vista, optamos – os autores e a editora – por finalizar esta edição **tomando por base o texto do Projeto de Lei aprovado pelo Congresso Nacional**.

Portanto, cumpre frisar, a presente edição incorpora, com os comentários e explicações pertinentes, **o texto da Lei de Licitações e Contratos Administrativos que deverá resultar da sanção do Projeto de Lei 4.253/2020** – evidentemente, ressalvados eventuais vetos que venham a ser apostos pelo Presidente da República (e não derrubados ulteriormente pelo Poder Legislativo). Ao longo da obra, em todas as menções feitas ao diploma em questão, ele é referido como o "Projeto de Nova Lei de Licitações e Contratos Administrativos".

É consabido que a Lei 8.666/1993 desempenha em nosso ordenamento jurídico, há mais de um quarto de século, o papel de principal lei nacional de normas gerais sobre licitações e contratos administrativos. Ela é complementada pela Lei 10.520/2002, que instituiu a modalidade pregão de licitação pública. Além disso, a Lei 8.666/1993 convive com outras leis gerais de licitações e contratos administrativos: a Lei 12.462/2011, que instituiu o denominado Regime Diferenciado de Contratações Públicas (RDC), e a Lei 12.232/2010, que estabelece normas gerais sobre licitação e contratação de serviços de publicidade prestados por intermédio de agências de propaganda.

Pois bem, a Nova Lei de Licitações e Contratos Administrativos, conforme prevê o Projeto respectivo, **substituirá** a Lei 8.666/1993, a Lei 10.520/2002 e a Lei 12.462/2011. Ocorre, porém, que essa substituição **somente** ocorrerá, por completo, **depois de dois anos contados da publicação da Nova Lei**.

Durante esse período de dois anos, a administração pública – na União, nos estados, no Distrito Federal e nos municípios – pode decidir, em cada licitação, se adotará os procedimentos e seguirá as disposições previstas naquelas leis ou na Nova Lei de Licitações e Contratos Administrativos. Se a administração optar por licitar de acordo com a Lei 8.666/1993, a Lei 10.520/2002 ou a Lei 12.462/2011, o contrato resultante, durante toda sua vigência, será regido pelas regras nelas previstas.

Em consequência dessa prudente – e duradoura – regra de transição prevista no Projeto de Nova Lei de Licitações e Contratos Administrativos, os estudantes e os operadores do direito administrativo passarão a enfrentar uma dificuldade significativa: será necessário conhecer não só a disciplina de licitações e contratos estabelecida na Nova Lei, mas também todo o regramento disposto na legislação anterior (Lei 8.666/1993, Lei 10.520/2002 e Lei 12.462/2011).

Tal quadro representa, igualmente, um problema para os autores de obras de direito administrativo de índole prática – que não sejam exclusivamente teóricas ou acadêmicas –, como a nossa. Deveras, entendemos que, pelo menos nos dois anos seguintes à publicação da Nova Lei de Licitações e Contratos Administrativos, será necessário abranger no conteúdo desta obra as normas gerais de licitações e contratos constantes na Nova Lei, na Lei 8.666/1993, na Lei 10.520/2002 e na Lei 12.462/2011.

E não se pode olvidar que, enquanto puderem ser realizadas licitações baseadas na legislação anterior à Nova Lei de Licitações e Contratos Administrativos (durante dois anos, contados da sua publicação), os contratos decorrentes serão, durante toda sua vigência, regulados pelas leis que regeram o procedimento licitatório respectivo.

Em suma, nesta edição, são abordadas, **cumulativamente**, as normas gerais de licitações públicas e contratos administrativos **contidas no Projeto de Nova Lei de Licitações e Contratos Administrativos aprovado pelo Congresso Nacional em dezembro de 2020, na Lei 8.666/1993, na Lei 10.520/2002 e na Lei 12.462/2011**.

Por questões didáticas, julgamos conveniente alterar a ordem de apresentação dos capítulos, de sorte que aquele referente às licitações (anterior capítulo 10 e atual capítulo 9) passou a anteceder o capítulo sobre contratos administrativos (atual capítulo 10).

Além do Projeto de Nova Lei de Licitações e Contratos Administrativos, diversos atos normativos tiveram reflexo no conteúdo desta edição, dentre os quais citamos, de forma não exaustiva:

a) a Lei 13.964/2019, que, entre muitas outras disposições, fez alterações pontuais na Lei 8.429/1992 (Lei de Improbidade Administrativa);

b) a Lei 13.999/2020, que trouxe um acréscimo pontual à Lei 9.790/1999 (a qual disciplina as organizações da sociedade civil de interesse público – OSCIP);

c) a Lei 14.002/2020, que, entre outras disposições, "autoriza o Poder Executivo federal a instituir a Agência Brasileira de Promoção Internacional do Turismo (Embratur)", sob a forma jurídica de "serviço social autônomo";

d) a Lei 14.011/2020, que versa, entre outras matérias, sobre o "contrato de gestão para ocupação de imóveis públicos";

e) a Lei 14.015/2020, que alterou a Lei 8.987/1995 e a Lei 13.460/2017;

f) a Lei 14.026/2020, que "atualiza o marco legal do saneamento básico";

g) o Decreto 10.228/2020, que instituiu, na esfera federal, os "conselhos de usuários dos serviços públicos";

h) o Decreto 10.279/2020, que alterou o Decreto 9.094/2017 (o qual regulamenta parcialmente a Lei 13.460/2017, que "dispõe sobre a simplificação do atendimento prestado aos usuários dos serviços públicos");

i) o Decreto 10.411/2020, que "regulamenta a análise de impacto regulatório";

j) o Decreto 10.426/2020, que revogou dispositivos do Decreto 6.170/2007 (o qual regulamenta a celebração de convênios e contratos de repasse no âmbito federal).

Quanto à jurisprudência, anotamos e comentamos, nos tópicos pertinentes, os julgados de 2020 do Supremo Tribunal Federal que tiveram reflexo no campo do direito administrativo.

Citamos, a título ilustrativo (dentre muitos outros): as ADC 36/DF, ADI 5.637/DF e ADPF 367/DF, nas quais ficou decidido que é constitucional a contratação de pessoal pela Consolidação das Leis do Trabalho (CLT) no âmbito dos conselhos fiscalizadores de profissões regulamentadas; o RE 608.880/MT, no qual foi estabelecido, com repercussão geral, que, no caso de presidiários evadidos, a obrigação estatal de indenizar uma pessoa que venha a sofrer violência contra ela praticada pelo fugitivo somente existirá se a lesão for infligida na hora – e como decorrência direta – da fuga; o RE 636.553/RS, em que foi firmada, com repercussão geral, importante virada jurisprudencial, pela qual passou a ser fixado o prazo de cinco anos para o julgamento, pelos tribunais de contas, da legalidade dos atos de concessão inicial de aposentadoria, reforma ou pensão (passado esse prazo em branco, os referidos atos consideram-se definitivamente registrados); o RE 636.886/AL, em que se estabeleceu, com repercussão geral, a orientação de que a ação de ressarcimento ao erário baseada em decisão de tribunal de contas é prescritível; o RE 633.782/MG, no qual se decidiu, com repercussão geral, que empresas públicas e sociedades de economia mista prestadoras de serviços públicos podem exercer poder de polícia, desde que a lei assim preveja; e a ADI 2.167/RR, que representou uma virada jurisprudencial: firmou-se a posição de que lei estadual (ou mesmo a Constituição do estado) não pode exigir aprovação legislativa prévia como condição para a nomeação de dirigentes de entidades da administração indireta, inclusive no caso de autarquias e fundações públicas de direito público.

Os Autores

NOTA À 28.ª EDIÇÃO

No ano de 2019, foram editados alguns atos normativos bastante relevantes para o direito administrativo brasileiro.

Destacamos, especialmente, a Emenda Constitucional 103, de 12 de novembro de 2019 (reforma da previdência), em razão da qual, entre outras modificações na obra, foi integralmente reescrito o tópico concernente ao regime previdenciário dos servidores estatutários titulares de cargos efetivos; e a Lei 13.848, de 25 de junho de 2019 (Lei Geral das Agências Reguladoras), que nos levou a reformular por completo o Capítulo 4 do livro.

Além desses, muitos outros atos normativos tiveram reflexo no conteúdo desta edição, dentre os quais convém citar, de forma não exaustiva:

a) a Lei 13.800/2019, que versa sobre a formalização de parcerias entre a administração pública e as "organizações gestoras de fundos patrimoniais";

b) a Lei 13.822/2019, que alterou a Lei 11.107/2005, para estabelecer que nos consórcios públicos com personalidade jurídica de direito público o pessoal será regido pela Consolidação das Leis do Trabalho (CLT);

c) a Lei 13.867/2019, que incluiu dispositivos no Decreto-Lei 3.365/1941, relativo à desapropriação por utilidade pública;

d) a Lei 13.869/2019, que "dispõe sobre os crimes de abuso de autoridade";

e) a Lei 13.872/2019, que conferiu às mães o direito de amamentarem seus filhos durante a realização de concursos públicos federais;

f) a Lei 13.874/2019, que instituiu a "Declaração de Direitos de Liberdade Econômica";

g) a Lei 13.879/2019, que modificou a Lei 9.472/1997 (Lei Geral de Telecomunicações) "para permitir a adaptação da modalidade de outorga de serviço de telecomunicações de concessão para autorização";

h) a Lei 13.901/2019, que alterou, entre outras, a Lei 13.334/2016, a qual criou o "Programa de Parcerias de Investimentos" (PPI);

i) a Lei 13.934/2019, que regulamentou, no âmbito federal, o § 8.º do art. 37 da Constituição;

j) a Lei 13.958/2019, que autorizou o Poder Executivo federal a instituir o "serviço social autônomo" denominado Agência para o Desenvolvimento da Atenção Primária à Saúde (Adaps);

k) a Medida Provisória 910/2019, que, entre outras disposições, modificou um dispositivo específico da Lei 8.666/1993, acerca de dispensa de licitação na alienação de imóveis públicos;

l) o Decreto 9.707/2019, que alterou o Decreto 9.144/2017, relativo a cessões e requisições de servidores públicos;

m) o Decreto 9.739/2019, que, entre outros preceitos, estabelece normas relativas a concursos públicos (e revogou o Decreto 6.944/2009, que tratava dessa matéria);

n) o Decreto 9.830/2019, que regulamentou os arts. 20 a 30 da Lei de Introdução às Normas do Direito Brasileiro (LINDB);

o) o Decreto 10.024/2019 (Regulamento do Pregão Eletrônico);

p) o Decreto 10.139/2019, que "dispõe sobre a revisão e a consolidação dos atos normativos inferiores a decreto"; e

q) o Decreto 10.183/2019, que alterou o Decreto 9.507/2018 (regulamentação da "terceirização" na administração pública federal).

Quanto à jurisprudência, anotamos e comentamos, nos tópicos pertinentes, os julgados de 2019 do Supremo Tribunal Federal que tiveram reflexo no campo do direito administrativo. Citamos, a título ilustrativo: a ADIMC 5.624/DF, na qual ficou definido que a alienação do controle de subsidiárias de empresas públicas e sociedades de economia mista pode ser efetuada sem necessidade de autorização legislativa; o RE 1.027.633/SP, no qual o STF reiterou, com repercussão geral, a sua jurisprudência segundo a qual a ação de indenização fundada no art. 37, § 6.º, da Constituição Federal deve ser ajuizada em face do Estado ou da pessoa jurídica de direito privado prestadora de serviço público, e não contra o agente causador do dano (este responderá em ação regressiva, se comprovado dolo ou culpa na sua atuação); e o RE 565.089/SP, no qual se decidiu, com repercussão geral, que a não concessão da revisão anual da remuneração dos servidores públicos prevista no art. 37, X, da Constituição, pela falta de envio do projeto de lei respectivo pelo chefe do Poder Executivo, não gera para eles direito a indenização (deve o Poder Executivo, no entanto, se pronunciar, de forma fundamentada, acerca das razões pelas quais não propôs a revisão).

A partir desta edição, optamos por deixar de produzir o Caderno de Questões em formato de livreto (papel).

Os Autores

NOTA DA EDITORA

Com a missão de disponibilizar o melhor conteúdo científico e com a visão de ser o maior, mais eficiente e mais completo grupo provedor de conteúdo educacional do País, o GEN | Grupo Editorial Nacional reuniu os dois maiores nomes da literatura jurídica voltada aos concursos públicos: Vicente Paulo e Marcelo Alexandrino, representados pela marca Vicente & Marcelo.

O sucesso da dupla pode ser constatado a partir da grande aceitação de suas obras pelo público e das inúmeras manifestações positivas de seus alunos.

Um grande diferencial dos autores é a capacidade de transportar para o livro a didática utilizada nas salas de aula, tratando de temas complexos de forma simples, clara e objetiva. Daí o conceito *descomplicado*.

A obra *Direito Administrativo Descomplicado* é o reflexo das características dos autores: a proximidade e familiaridade com os leitores, a habilidade didática e a clareza na apresentação dos temas. Contemplando o conteúdo de editais dos principais concursos públicos, como também os programas das universidades do País, a obra traz a técnica que exige a matéria, aliada a recursos didáticos que levam a disciplina ao leitor de modo *descomplicado*.

Boa leitura a todos!

SUMÁRIO

CAPÍTULO 1
DIREITO ADMINISTRATIVO 1

1. Natureza jurídica e conceito 1
2. Objeto e abrangência 3
3. Codificação e fontes do direito administrativo 5
4. Sistemas administrativos: sistema inglês e sistema francês 6
5. Sistema administrativo brasileiro 7
6. Regime jurídico-administrativo 9

CAPÍTULO 2
ADMINISTRAÇÃO PÚBLICA 13

1. Noções de Estado 13
   1.1. Forma de Estado 13
   1.2. Poderes do Estado 14
2. Noções de governo 16
   2.1. Sistema de governo 17
   2.2. Forma de governo 17
3. Administração pública 18
   3.1. Administração pública em sentido amplo e em sentido estrito 18
   3.2. Administração pública em sentido formal, subjetivo ou orgânico 19
   3.3. Administração pública em sentido material, objetivo ou funcional 21
4. Organização da administração 22
   4.1. Entidades políticas e entidades administrativas 22
   4.2. Noções de centralização, descentralização e desconcentração 23
   4.3. Conceito de administração direta, administração indireta e entidades paraestatais 27
      4.3.1. Características comuns às entidades da administração indireta .. 28
   4.4. Princípio da organização legal do serviço público 30
   4.5. Criação de entidades da administração indireta 33

4.6.	Criação de subsidiárias e participação no capital de empresas privadas...	37
4.7.	Entidades em espécie..	41

4.7.1. Autarquias 41

4.7.1.1. Conceito 41

4.7.1.2. Criação e extinção.. 43

4.7.1.3. Natureza jurídica.. 43

4.7.1.4. Patrimônio 44

4.7.1.5. Atividades desenvolvidas 44

4.7.1.6. Atos e contratos 47

4.7.1.7. Orçamento 47

4.7.1.8. Regime de pessoal.. 47

4.7.1.9. Nomeação e exoneração de dirigentes 49

4.7.1.10. Capacidade exclusivamente administrativa.... 50

4.7.1.11. Relação com o ente estatal instituidor............ 50

4.7.1.12. Controle de desempenho 51

    4.7.1.12.1. Agências executivas 51

4.7.1.13. Autarquias sob regime especial 53

4.7.1.14. Agências reguladoras....................................... 54

    4.7.1.14.1. Lei Geral das Agências Reguladoras Federais (Lei 13.848/2019) 62

4.7.1.15. Controle judicial.. 69

4.7.1.16. Juízo competente... 69

4.7.1.17. Privilégios processuais..................................... 70

4.7.1.18. Prescrição quinquenal...................................... 71

4.7.1.19. Imunidade tributária 72

4.7.1.20. Responsabilidade civil 72

4.7.2. Fundações públicas 73

4.7.2.1. Conceito 73

4.7.2.2. Natureza jurídica.. 74

4.7.2.3. Regime jurídico 79

4.7.3. Empresas públicas e sociedades de economia mista 82

4.7.3.1. Introdução... 82

4.7.3.2. Abrangência do estatuto jurídico das empresas públicas e sociedades de economia mista (Lei 13.303/2016)........ 87

4.7.3.3. Conceito 91

4.7.3.4. Criação e extinção.. 95

4.7.3.5. Objeto 99

	4.7.3.6.	Regime jurídico	101
		4.7.3.6.1.	Sujeição ao direito privado e ao direito público	101
		4.7.3.6.2.	Controle	103
		4.7.3.6.3.	Prestação de serviço público mediante outorga legal ("descentralização por serviços")	104
		4.7.3.6.4.	Benefícios fiscais	106
		4.7.3.6.5.	Imunidade tributária	107
		4.7.3.6.6.	Licitações e contratações com terceiros	109
		4.7.3.6.7.	Responsabilidade civil	111
		4.7.3.6.8.	Falência	111
		4.7.3.6.9.	Pessoal	112
		4.7.3.6.10.	Administradores	115
		4.7.3.6.11.	Bens	118
	4.7.3.7.	Distinções entre empresa pública e sociedade de economia mista	122
		4.7.3.7.1.	A forma jurídica	122
		4.7.3.7.2.	A composição do capital	123
		4.7.3.7.3.	O foro processual para entidades federais	124
4.7.4.	Consórcios públicos		125

CAPÍTULO 3
ÓRGÃOS E AGENTES PÚBLICOS 135

1.	Órgãos públicos		135
	1.1.	Teorias sobre a natureza jurídica da relação entre o Estado e os agentes por meio dos quais atua	136
		1.1.1. Teoria do mandato	136
		1.1.2. Teoria da representação	137
		1.1.3. Teoria do órgão	137
	1.2.	Conceito de órgão público	138
	1.3.	Características dos órgãos públicos	140
	1.4.	Capacidade processual	140
	1.5.	Classificação	141
		1.5.1. Órgãos simples e compostos	141
		1.5.2. Órgãos singulares e colegiados	141
		1.5.3. Órgãos independentes, autônomos, superiores e subalternos	142
2.	Agentes públicos		143
	2.1.	Classificação dos agentes públicos	144

2.1.1.	Agentes políticos		144
2.1.2.	Agentes administrativos		145
2.1.3.	Agentes honoríficos		145
2.1.4.	Agentes delegados		146
2.1.5.	Agentes credenciados		146

CAPÍTULO 4
TERCEIRO SETOR E ENTIDADES PARAESTATAIS 147

1. Introdução 147

1.1. Serviços sociais autônomos 148

1.2. Organizações sociais 151

    1.2.1. Introdução 151

    1.2.2. Seleção e qualificação da entidade privada 153

    1.2.3. O contrato de gestão firmado pelas organizações sociais 155

    1.2.4. Meios de fomento que poderão constar do contrato de gestão 156

    1.2.5. Fiscalização da execução do contrato de gestão 157

    1.2.6. Desqualificação da entidade como organização social 157

    1.2.7. Posição do Supremo Tribunal Federal acerca da validade da Lei 9.637/1998 158

1.3. Organizações da sociedade civil de interesse público (OSCIP) 159

    1.3.1. Introdução 159

    1.3.2. Definição de entidade sem fins lucrativos para efeito de qualificação como organização da sociedade civil de interesse público 160

    1.3.3. Pessoas que não podem ser qualificadas como organização da sociedade civil de interesse público 160

    1.3.4. Áreas de atuação das organizações da sociedade civil de interesse público 161

    1.3.5. Requerimento da qualificação 161

    1.3.6. Formalização da parceria 162

    1.3.7. Controle e prestação de contas 163

    1.3.8. Desqualificação da entidade como organização da sociedade civil de interesse público 164

    1.3.9. Distinções entre organização social e organização da sociedade civil de interesse público 165

1.4. Instituições comunitárias de educação superior (ICES) 166

1.5. Entidades de apoio 169

1.6. Organizações gestoras de fundos patrimoniais 171

1.7. Marco regulatório das organizações da sociedade civil (Lei 13.019/2014) 175

1.7.1.	Noções gerais	175
1.7.2.	Instrumentos de formalização da parceria: termo de colaboração, termo de fomento e acordo de cooperação	179
1.7.3.	Plano de trabalho	182
1.7.4.	Normas referentes à organização da sociedade civil	183
	1.7.4.1. Atuação em rede	186
1.7.5.	Procedimento de manifestação de interesse social	186
1.7.6.	Chamamento público	187
	1.7.6.1. Dispensa e inexigibilidade do chamamento público	189
1.7.7.	Normas relativas à liberação e à aplicação dos recursos transferidos	190
1.7.8.	Monitoramento da parceria e prestação de contas	192
1.7.9.	Sanções administrativas e responsabilidades	195

CAPÍTULO 5
PRINCÍPIOS FUNDAMENTAIS DA ADMINISTRAÇÃO PÚBLICA 197

1.	Introdução	197
2.	Princípio da supremacia do interesse público	199
3.	Princípio da indisponibilidade do interesse público	200
	3.1. Interesses públicos primários e interesses públicos secundários	201
4.	Princípio da legalidade	203
5.	Princípio da moralidade	206
6.	Princípio da impessoalidade	209
7.	Princípio da publicidade	212
	7.1. Lei de Acesso à Informação (Lei 12.527/2011)	215
8.	Princípio da eficiência	222
9.	Princípios da razoabilidade e proporcionalidade	225
10.	Princípio da autotutela	230
11.	Princípio da continuidade dos serviços públicos	231

CAPÍTULO 6
DEVERES E PODERES ADMINISTRATIVOS 233

1.	Noções introdutórias	233
2.	Deveres administrativos	234
	2.1. Poder-dever de agir	234
	2.2. Dever de eficiência	234
	2.3. Dever de probidade	235
	2.4. Dever de prestar contas	235

3. Poderes da administração pública 236

3.1. Poder vinculado 236

3.2. Poder discricionário 237

3.2.1. Limites ao poder discricionário 239

3.3. Poder hierárquico 241

3.4. Poder disciplinar 243

3.5. Poder regulamentar 245

3.5.1. Aspectos gerais 245

3.5.2. Decretos de execução ou regulamentares 247

3.5.3. Decretos autônomos 248

3.5.4. Regulamentos autorizados 250

3.5.5. Controle judicial 254

3.6. Poder de polícia 254

3.6.1. Introdução e competência para o exercício 254

3.6.2. Distinção entre atividade de polícia administrativa e outras ativi-
dades estatais 256

3.6.3. Modalidades de exercício 259

3.6.4. Sanções aplicáveis e limites 260

3.6.5. Fases da atividade de polícia (ciclo de polícia) 262

3.6.6. Poder de polícia originário e poder de polícia delegado. Exercício
de atividades de polícia administrativa por pessoas jurídicas de
direito privado 264

3.6.7. Atributos do poder de polícia 266

3.6.7.1. Discricionariedade 266

3.6.7.2. Autoexecutoriedade 266

3.6.7.3. Coercibilidade 268

3.6.8. Prescrição 269

4. Abuso de poder 271

CAPÍTULO 7
SERVIDORES PÚBLICOS 273

1. Disposições constitucionais gerais relativas aos agentes públicos 273

1.1. Acesso a funções, cargos e empregos públicos 274

1.1.1. Acessibilidade a brasileiros e a estrangeiros 274

1.1.2. Requisitos para o acesso a cargos e empregos públicos 275

1.1.3. Exigência de concurso público 279

1.1.3.1. Testes psicotécnicos 288

	1.1.3.2.	Antecedência mínima do edital e modificação das condições nele previstas com o concurso em andamento ...	289
	1.1.3.3.	Controle da legalidade dos concursos públicos	291
	1.1.3.4.	Desrespeito à exigência de concurso público e desvio de função	294
	1.1.4.	Prazo de validade do concurso	297
	1.1.5.	Direito à nomeação	297
	1.1.6.	Prioridade na nomeação e direito do candidato preterido	301
	1.1.7.	Reserva de percentual de cargos e empregos para candidatos com deficiência	304
	1.1.8.	Cargos em comissão e funções de confiança	310
	1.1.9.	Contratação por tempo determinado	318
1.2.		Direito de associação sindical dos servidores públicos	322
1.3.		Direito de greve dos servidores públicos	323
1.4.		Disposições constitucionais pertinentes à remuneração dos agentes públicos	326
	1.4.1.	Fixação da remuneração e revisão geral anual	326
	1.4.2.	Limites ("tetos") de remuneração dos servidores públicos	331
	1.4.3.	Limitação (teórica) aos valores dos vencimentos dos cargos dos Poderes Legislativo e Judiciário	337
	1.4.4.	Vedação à vinculação e à equiparação de remunerações	338
	1.4.5.	Vedação à incidência cumulativa de acréscimos pecuniários e à incorporação de vantagens não permanentes à remuneração	340
	1.4.6.	Irredutibilidade dos vencimentos e subsídios	342
1.5.		Administração tributária	346
1.6.		Vedação à acumulação de cargos, funções e empregos públicos	348
2.		Disposições constitucionais concernentes aos servidores em exercício de mandatos eletivos	351
3.		Disposições constitucionais específicas relativas aos servidores públicos	352
3.1.		O regime jurídico único e a extinção de sua obrigatoriedade pela EC 19/1998	353
3.2.		O regime de emprego público na administração federal direta, autárquica e fundacional	355
3.3.		Planos de carreira e sistema remuneratório dos servidores públicos	357
3.4.		Extensão aos servidores públicos de direitos constitucionalmente assegurados aos trabalhadores da iniciativa privada	359
3.5.		Remuneração por subsídio	365
3.6.		Estabilidade	367

3.6.1.	Vedação à dispensa imotivada de empregados públicos de empresas públicas e sociedades de economia mista	371

4. Regime de previdência dos servidores públicos 373

5. Disposições legais aplicáveis aos servidores públicos federais (estatutários)....... 380

    5.1. Introdução.. 380

    5.2. Cargos e funções públicas... 381

    5.3. Provimento 382

        5.3.1. Provimento originário e provimento derivado 382

        5.3.2. Concurso público.. 385

            5.3.2.1. Isenção da taxa de inscrição (Lei 13.656/2018)............. 386

            5.3.2.2. Direito a amamentação durante as provas e avaliações (Lei 13.872/2019) 388

            5.3.2.3. Reserva de vagas para candidatos negros em concursos públicos (Lei 12.990/2014)... 389

        5.3.3. Formas de provimento dos cargos públicos............................ 392

            5.3.3.1. Nomeação... 392

            5.3.3.2. Readaptação 393

            5.3.3.3. Reintegração 395

            5.3.3.4. Aproveitamento.. 395

            5.3.3.5. Promoção.. 396

            5.3.3.6. Reversão 398

            5.3.3.7. Recondução... 399

    5.4. Posse 401

    5.5. Exercício... 403

    5.6. Estágio probatório.. 405

    5.7. Vacância 410

    5.8. Remoção.. 411

    5.9. Redistribuição... 412

    5.10. Substituição.. 413

    5.11. Cessão e requisição de servidores.. 415

    5.12. Direitos e vantagens dos servidores públicos federais 419

        5.12.1. Vencimento e remuneração 419

        5.12.2. Vantagens 423

            5.12.2.1. Indenizações 423

            5.12.2.2. Retribuições, gratificações e adicionais........................ 425

        5.12.3. Férias.. 430

        5.12.4. Licenças 432

| SUMÁRIO | XXXIII |

5.12.5. Afastamentos e concessões.. 440

5.13. Regime disciplinar 442

    5.13.1. Deveres e proibições 442

        5.13.1.1. Deveres 442

        5.13.1.2. Proibições 445

        5.13.1.3. Conflito de interesses (Lei 12.813/2013) 446

    5.13.2. Penalidades... 448

    5.13.3. Prescrição 454

5.14. Sindicância e processo administrativo disciplinar (PAD) 457

    5.14.1. Introdução.. 457

    5.14.2. Sindicância 457

    5.14.3. Processo administrativo disciplinar..................................... 458

        5.14.3.1. Instauração... 458

            5.14.3.1.1.   Afastamento temporário 460

        5.14.3.2. Inquérito administrativo 460

            5.14.3.2.1.   Instrução 460

            5.14.3.2.2.   Defesa 463

            5.14.3.2.3.   Relatório 463

        5.14.3.3. Julgamento 463

    5.14.4. Rito sumário (acumulação, abandono de cargo, inassiduidade habitual)... 466

    5.14.5. Revisão do PAD.. 468

CAPÍTULO 8
ATOS ADMINISTRATIVOS 471

1. Introdução.. 471

2. Conceito 472

3. Atos privados praticados pela administração pública.................... 473

4. Fatos administrativos... 474

5. Classificações 476

    5.1.   Atos vinculados e discricionários 476

    5.2.   Atos gerais e individuais... 479

    5.3.   Atos internos e externos.. 481

    5.4.   Ato simples, complexo e composto 481

    5.5.   Atos de império, de gestão e de expediente.......................... 484

    5.6.   Ato-regra, ato-condição e ato subjetivo 485

    5.7.   Ato constitutivo, extintivo, modificativo e declaratório 486

5.8.	Ato válido, nulo, anulável e inexistente	487
5.9.	Ato perfeito, eficaz, pendente e consumado	490
	5.9.1. Ato eficaz *versus* ato exequível	493

6. Requisitos de validade ou elementos dos atos administrativos 494

    6.1. Competência 494

        6.1.1. Delegação e avocação de competências 495

        6.1.2. Excesso de poder, função de fato e usurpação de função 497

    6.2. Finalidade 498

        6.2.1. Desvio de finalidade 499

    6.3. Forma 500

        6.3.1. Vício de forma 501

    6.4. Motivo 502

        6.4.1. Vício de motivo 503

    6.5. Objeto 504

        6.5.1. Vício de objeto 505

7. Mérito do ato administrativo 506

8. Motivação 509

    8.1. Teoria dos motivos determinantes 512

9. Atributos do ato administrativo 513

    9.1. Presunção de legitimidade 514

    9.2. Imperatividade 515

    9.3. Autoexecutoriedade 516

    9.4. Tipicidade 519

10. Espécies de atos administrativos 520

    10.1. Atos normativos 520

    10.2. Atos ordinatórios 522

    10.3. Atos negociais 522

        10.3.1. Licença 524

        10.3.2. Autorização 525

        10.3.3. Permissão 527

    10.4. Atos enunciativos 528

        10.4.1. Certidão e atestado 529

        10.4.2. Parecer 530

        10.4.3. Apostila 531

    10.5. Atos punitivos 531

11. Extinção dos atos administrativos 532

11.1.	Anulação	532
11.2.	Revogação	536
	11.2.1. Atos que não podem ser revogados	537
11.3.	Cassação	539
11.4.	Outras formas de extinção dos atos administrativos	539
12. Convalidação		540
13. Conversão		545

CAPÍTULO 9
LICITAÇÕES PÚBLICAS 549

1. Introdução		549
2. Licitações regidas pela Lei 14.133/2021		553
2.1.	Abrangência e aplicação da Lei 14.133/2021	553
2.2.	Conceito, objeto e princípios orientadores das licitações	554
2.3.	Portal Nacional de Contratações Públicas (PNCP)	555
2.4.	Disposições gerais acerca do procedimento licitatório	556
2.5.	Fases do processo de licitação	560
2.6.	Margens de preferência e licitações com participação restrita	562
2.7.	Preferência na contratação de microempresas e empresas de pequeno porte	564
2.8.	Preferência na contratação de bens, serviços e obras baseada em critérios e práticas de sustentabilidade	567
2.9.	Modalidades de licitação	570
2.10.	Critérios de julgamento	575
2.11.	Controle de legalidade e divulgação do edital	577
2.12.	Apresentação de propostas e lances	578
2.13.	Exigência de garantia dos licitantes	579
2.14.	Julgamento e critérios de desempate	580
2.15.	Habilitação	581
2.16.	Encerramento da licitação: adjudicação, homologação, revogação e anulação	586
2.17.	Convocação para assinatura do contrato	587
2.18.	Contratação direta: inexigibilidade e dispensa de licitação	589
	2.18.1. Introdução	589
	2.18.2. Licitação inexigível	590
	2.18.3. Licitação dispensável	593
2.19.	Alienação de bens pela administração pública	599

2.20.	Procedimentos auxiliares	601
	2.20.1. Sistema de registro de preços	604
2.21.	Infrações e sanções administrativas	608
2.22.	Recursos	612

3. Normas gerais aplicáveis às licitações e às contratações de serviços de publicidade (Lei 12.232/2010) 614

4. Licitações realizadas por empresas públicas e sociedades de economia mista (Lei 13.303/2016) 620

4.1.	Introdução	620
4.2.	Hipóteses legais de contratação direta	621
4.3.	Pessoas impedidas de participar da licitação e de ser contratadas	626
	4.3.1. Pessoas impedidas de participar das licitações para obras e serviços de engenharia	627
4.4.	Finalidades e princípios regedores das licitações	628
4.5.	Obrigação de elaborar um regulamento interno de licitações e contratos...	628
4.6.	Critérios de julgamento	629
4.7.	Sigilo quanto ao valor estimado do contrato	630
4.8.	Prazos mínimos para apresentação de propostas ou lances e impugnação do edital	630
4.9.	Procedimento da licitação	631
4.10.	Convocação para assinatura do contrato	635
4.11.	Revogação e anulação da licitação	636

CAPÍTULO 10
CONTRATOS ADMINISTRATIVOS 639

1. Introdução 639

2. Contratos administrativos e contratos de direito privado da administração pública 641

3. Objeto e características gerais dos contratos administrativos 644

3.1.	Formalismo	645
	3.1.1. Cláusulas essenciais	647
	3.1.2. Regimes de execução dos contratos destinados à execução de obras e serviços de engenharia	648
	3.1.3. Matriz de alocação de riscos	650
3.2.	Contrato de adesão	652
3.3.	Pessoalidade (*intuitu personae*)	652

4. Prerrogativas da administração contratante ("cláusulas exorbitantes") 653

4.1.	Alteração dos contratos e dos preços	654

4.2.	Extinção unilateral do contrato	659
4.3.	Fiscalização da execução do contrato	660
4.4.	Aplicação direta de sanções	661
4.5.	Ocupação provisória	661
4.6.	Restrições à oposição da exceção do contrato não cumprido (*exceptio non adimpleti contractus*)	662
4.7.	Exigência de garantia	663
4.8.	Exigência de medidas de compensação	665

5. Prazos de duração dos contratos administrativos ... 667

6. Responsabilidade pela execução do contrato e respectivos encargos ... 668

6.1.	Subcontratação	671
6.2.	Meios alternativos de resolução de controvérsias	672

7. Recebimento do objeto do contrato ... 672

8. Extinção do contrato ... 674

8.1.	Anulação do contrato	678

9. Teoria da imprevisão ... 680

10. Espécies de contratos ... 684

10.1.	Introdução	684
	10.1.1. Contrato de obra pública	685
	10.1.2. Contrato de serviço	687
	10.1.2.1. Terceirização	688
	10.1.3. Contrato de concessão	692

11. Contratos celebrados por empresas públicas e sociedades de economia mista (Lei 13.303/2016) ... 694

11.1.	Introdução	694
11.2.	Características dos contratos regidos pela Lei 13.303/2016	696
	11.2.1. Forma dos contratos e cláusulas necessárias	696
	11.2.2. Prazo de duração dos contratos	698
	11.2.3. Regimes de execução dos contratos destinados à execução de obras e serviços de engenharia	698
	11.2.4. Exigência de garantia	700
	11.2.5. Subcontratação	700
	11.2.6. Alteração dos contratos	700
	11.2.7. Responsabilidades e encargos do contratado	702
	11.2.8. Fiscalização da execução do contrato	703
	11.2.9. Aplicação direta de sanções	704

12. Convênios administrativos ... 708

CAPÍTULO 11
SERVIÇOS PÚBLICOS 715

1. Noções introdutórias 715
2. Conceito de serviço público 718
   - 2.1. Serviço público em sentido subjetivo e em sentido objetivo 718
   - 2.2. Conceitos amplos e conceitos restritos de serviço público 719
   - 2.3. Critérios propostos para identificação de uma atividade como serviço público 721
     - 2.3.1. Essencialistas *versus* legalistas 722
     - 2.3.2. Atividades jurídicas do Estado *versus* atividades sociais do Estado 723
   - 2.4. Definições propostas pela doutrina pátria. Conceito adotado nesta obra ... 725
3. Classificações 728
4. Distribuição constitucional das competências para a prestação de serviços públicos 731
5. Formas de prestação dos serviços públicos 735
6. Regulamentação e controle 738
   - 6.1. Direitos básicos dos usuários de serviços públicos (Lei 13.460/2017) 741
     - 6.1.1. Lei Geral da Desburocratização – racionalização e simplificação de procedimentos administrativos (Lei 13.726/2018) 746
7. Concessão e permissão de serviços públicos (Lei 8.987/1995) 748
   - 7.1. Definições legais e aspectos gerais 748
   - 7.2. Licitação prévia à celebração dos contratos 753
   - 7.3. Cláusulas essenciais dos contratos 756
   - 7.4. Prazo 758
   - 7.5. Contratação com terceiros, subconcessão, transferência da concessão e transferência de controle societário 761
   - 7.6. Política tarifária 767
   - 7.7. Direitos e obrigações do usuário 772
   - 7.8. Obrigações da concessionária (ou permissionária) 774
     - 7.8.1. Serviço adequado 775
   - 7.9. Prerrogativas do poder concedente 777
     - 7.9.1. Intervenção na concessão (ou permissão) 782
   - 7.10. Extinção da concessão (ou permissão) 784
8. Parcerias público-privadas (Lei 11.079/2004) 788
   - 8.1. Noções introdutórias 788
   - 8.2. Modalidades de parcerias público-privadas 790

| 8.3. | Cláusulas contratuais, contraprestação da administração pública e garantias | 792 |

8.3. Cláusulas contratuais, contraprestação da administração pública e garantias 792

8.4. Sociedade de propósito específico 795

8.5. Licitação prévia à contratação de parcerias público-privadas 796

8.6. Regras aplicáveis especificamente à União 799

    8.6.1. Órgão gestor de parcerias público-privadas 799

    8.6.2. Fundo Garantidor de Parcerias Público-Privadas 800

9. Programa de parcerias de investimentos (Lei 13.334/2016) 803

10. Autorização de serviço público 804

CAPÍTULO 12
RESPONSABILIDADE CIVIL DA ADMINISTRAÇÃO PÚBLICA 813

1. Conceito 813

2. Evolução 814

    2.1. Irresponsabilidade do Estado 814

    2.2. Responsabilidade civil com culpa comum do Estado 814

    2.3. Teoria da culpa administrativa 815

    2.4. Teoria do risco administrativo 815

    2.5. Teoria do risco integral 816

3. Fundamento da atribuição de responsabilidade civil objetiva à administração pública pelos danos decorrentes de suas atividades 817

4. Responsabilidade objetiva na modalidade risco administrativo: art. 37, § 6.º, da Constituição de 1988 819

5. Responsabilidade por danos decorrentes de omissão estatal 825

6. Força maior e caso fortuito 832

7. Danos de obra pública 835

8. Atos legislativos 837

9. Atos jurisdicionais 838

10. A ação de reparação do dano: terceiro lesado x Administração 840

11. A ação regressiva: Administração x agente público 843

12. As responsabilidades administrativa, civil e penal do agente público 846

CAPÍTULO 13
CONTROLE DA ADMINISTRAÇÃO PÚBLICA 853

1. Introdução 853

2. Conceito 854

3. Classificação das formas de controle 855

    3.1. Conforme a origem 855

		3.1.1.	Controle interno	855

3.1.1. Controle interno 855

3.1.2. Controle externo 856

3.1.3. Controle popular 856

3.2. Conforme o momento de exercício 857

3.2.1. Controle prévio ou preventivo (*a priori*) 857

3.2.2. Controle concomitante 858

3.2.3. Controle subsequente ou corretivo 858

3.3. Quanto ao aspecto controlado 858

3.3.1. Controle de legalidade ou legitimidade 858

3.3.2. Controle de mérito 860

3.4. Quanto à amplitude 862

3.4.1. Controle hierárquico 862

3.4.2. Controle finalístico 863

4. Lei de Introdução às Normas do Direito Brasileiro: disposições introduzidas pela Lei 13.655/2018 864

5. Controle exercido pela administração sobre seus próprios atos (controle administrativo) 877

5.1. Introdução 877

5.2. Contrato de gestão ou contrato de desempenho (CF, art. 37, § 8.º, e Lei 13.934/2019) 881

5.3. Processos administrativos 885

5.3.1. Noções gerais 885

5.3.2. Recursos administrativos 887

5.3.2.1. Recurso hierárquico e recurso hierárquico impróprio 889

5.3.3. Princípios 891

5.3.3.1. Oficialidade 891

5.3.3.2. Informalismo 893

5.3.3.3. Instrumentalidade das formas 894

5.3.3.4. Verdade material 895

5.3.3.5. Gratuidade 896

5.3.3.6. Contraditório e ampla defesa 897

5.4. Prescrição administrativa 898

6. Controle legislativo 904

6.1. Introdução 904

6.2. Hipóteses constitucionais de controle parlamentar direto 905

6.2.1. Controles exercidos pelo Congresso Nacional 905

6.2.2. Controles específicos exercidos pelo Senado Federal 908

6.2.3. Controle exercido por meio de comissões 909

6.3.	A fiscalização contábil, financeira e orçamentária na Constituição de 1988		910
	6.3.1.	Atribuições dos tribunais de contas	914
	6.3.2.	Os tribunais de contas e as garantias constitucionais do contraditório e da ampla defesa (Súmula Vinculante 3)	923
7. Controle judiciário			928
7.1.	Introdução		928
7.2.	Controle judicial em espécie		930
	7.2.1.	Mandado de segurança	930
		7.2.1.1. Introdução	930
		7.2.1.2. Bem jurídico tutelado	931
		7.2.1.3. Objeto	932
		7.2.1.4. Restrições	933
		7.2.1.5. Sujeitos	935
		7.2.1.6. Liminar	938
		7.2.1.7. Aspectos processuais, sentença e coisa julgada	940
		7.2.1.8. Prazo	943
		7.2.1.9. Mandado de segurança coletivo	944
		7.2.1.9.1. Introdução	944
		7.2.1.9.2. Objeto e sujeitos	944
		7.2.1.9.3. Aspectos processuais e coisa julgada	946
		7.2.1.9.4. Distinção entre mandado de segurança coletivo e ação popular	948
	7.2.2.	Ação popular	948
		7.2.2.1. Introdução	948
		7.2.2.2. Bens jurídicos tutelados	949
		7.2.2.3. Objeto	950
		7.2.2.4. Sujeitos	951
		7.2.2.5. Aspectos processuais, decisão judicial e execução da sentença	953
	7.2.3.	Ação civil pública	954
		7.2.3.1. Introdução	954
		7.2.3.2. Bens jurídicos tutelados	955
		7.2.3.3. Objeto	959
		7.2.3.4. Sujeitos	960
		7.2.3.5. Aspectos processuais, decisão judicial e execução da sentença	962
		7.2.3.6. Diferenças entre ação civil pública e ação popular	963

8. Improbidade administrativa (Lei 8.429/1992) ... 965

   8.1. Aspectos gerais ... 965

      8.1.1. Base constitucional e regulamentação legal ... 965

      8.1.2. Bens jurídicos tutelados ... 966

      8.1.3. Sujeitos ativos ... 967

      8.1.4. Natureza das sanções cominadas ... 968

   8.2. Atos de improbidade administrativa ... 969

   8.3. Sanções cominadas e disposições acerca da respectiva aplicação ... 974

   8.4. Procedimentos administrativos e ações judiciais ... 977

   8.5. Juízo competente ... 985

   8.6. Prescrição ... 988

9. Responsabilização de pessoas jurídicas por atos contra a administração pública (Lei 12.846/2013) ... 990

CAPÍTULO 14
O PROCESSO ADMINISTRATIVO NO ÂMBITO DA ADMINISTRAÇÃO FEDERAL (LEI 9.784/1999) ... 997

1. Introdução ... 997

2. Abrangência e aplicação ... 997

3. Princípios ... 998

4. Direitos e deveres dos administrados ... 1000

   4.1. Direito a regime de tramitação prioritária ... 1001

5. Início do processo e legitimados a sua instauração ... 1002

6. Impedimento e suspeição ... 1003

7. Forma, tempo e lugar dos atos do processo ... 1004

8. Intimação do interessado ... 1006

9. Instrução e decisão ... 1007

10. Decisão coordenada ... 1011

11. Desistência e extinção do processo ... 1012

12. Recurso administrativo ... 1013

13. Contagem de prazos ... 1016

CAPÍTULO 15
BENS PÚBLICOS ... 1017

1. Conceito ... 1017

2. Classificação ... 1020

   2.1. Quanto à titularidade ... 1020

   2.2. Quanto à destinação ... 1020

2.3.	Quanto à disponibilidade	1021
3.	Características	1022
3.1.	Inalienabilidade	1022
3.2.	Impenhorabilidade	1023
3.3.	Imprescritibilidade	1026
3.4.	Não onerabilidade	1027
4.	Afetação e desafetação	1027
5.	Principais espécies de bens públicos	1028
5.1.	Terras devolutas	1029
5.2.	Terrenos de marinha e seus acrescidos	1029
5.3.	Terrenos reservados	1030
5.4.	Terras ocupadas pelos índios	1030
5.5.	Plataforma continental	1031
5.6.	Ilhas	1031
5.7.	Faixa de fronteiras	1032
5.8.	Águas públicas	1032
6.	Uso privativo de bens públicos por particulares mediante autorização, permissão e concessão	1033

CAPÍTULO 16
INTERVENÇÃO DO ESTADO NA PROPRIEDADE 1039

1.	Introdução	1039
2.	Modalidades de intervenção	1041
2.1.	Servidão administrativa	1042
2.1.1.	Instituição da servidão	1042
2.1.2.	Indenização	1043
2.1.3.	Extinção	1043
2.1.4.	Principais características	1044
2.2.	Requisição	1044
2.2.1.	Objeto e indenização	1044
2.2.2.	Instituição e extinção	1046
2.2.3.	Principais características	1046
2.3.	Ocupação temporária	1046
2.3.1.	Instituição, extinção e indenização	1047
2.3.2.	Características	1047
2.4.	Limitações administrativas	1047
2.4.1.	Distinções de outros institutos	1048
2.4.2.	Instituição e indenização	1049

2.4.3.	Características	1049
2.5.	Tombamento	1049
2.5.1.	Espécies	1050
2.5.2.	Instituição	1050
2.5.3.	Processo do tombamento	1050
2.5.4.	Efeitos do tombamento	1051
2.6.	Desapropriação	1051
2.6.1.	Pressupostos	1052
2.6.2.	Autorização constitucional	1053
2.6.3.	Bens desapropriáveis	1054
2.6.4.	Competência	1057
2.6.5.	Destinação dos bens	1058
2.6.6.	Procedimento de desapropriação	1059
	2.6.6.1. Fase declaratória	1059
	2.6.6.2. Fase executória	1061
2.6.7.	Ação de desapropriação	1062
	2.6.7.1. Contestação	1062
	2.6.7.2. Imissão provisória na posse	1063
	2.6.7.3. Sentença e transferência do bem	1064
	2.6.7.4. Indenização	1065
	2.6.7.5. Desistência da desapropriação	1065
2.6.8.	Desapropriação indireta	1066
2.6.9.	Desapropriação por zona	1067
2.6.10.	Direito de extensão	1068
2.6.11.	Tredestinação	1069
2.6.12.	Retrocessão	1070
2.6.13.	Desapropriação rural	1070
	2.6.13.1. Indenização	1072
	2.6.13.2. Procedimento	1073
2.6.14.	Desapropriação confiscatória	1075
2.7.	Formas de intervenção previstas no Estatuto da Cidade	1078
2.7.1.	Parcelamento, edificação ou utilização compulsórios	1079
2.7.2.	Aplicação do IPTU progressivo no tempo	1079
2.7.3.	A desapropriação no Estatuto da Cidade	1080
2.7.4.	Direito de preempção	1081

BIBLIOGRAFIA 1083

Capítulo 1

DIREITO ADMINISTRATIVO

1. NATUREZA JURÍDICA E CONCEITO

O direito é tradicionalmente dividido em dois grandes ramos: direito público e direito privado.

O **direito público** tem por objeto principal a regulação dos interesses da sociedade como um todo, a disciplina das relações entre esta e o Estado, e das relações das entidades e órgãos estatais entre si. Tutela ele o interesse público, só alcançando as condutas individuais de forma indireta ou reflexa.

É característica marcante do direito público a **desigualdade nas relações jurídicas** por ele regidas, tendo em conta a prevalência do interesse público sobre os interesses privados. O fundamento da existência dessa desigualdade, portanto, é a noção de que os interesses da coletividade devem prevalecer sobre interesses privados. Assim, quando o Estado atua na defesa do interesse público, goza de certas prerrogativas que o situam em posição jurídica de superioridade ante o particular, evidentemente, em conformidade com a lei, e respeitadas as garantias individuais consagradas pelo ordenamento jurídico.

Por esse motivo, são possíveis medidas como a desapropriação de um imóvel privado para a construção de uma estrada. A Constituição assegura o direito de propriedade, mas faculta ao poder público efetuar desapropriações, desde que o proprietário receba justa e prévia indenização. Dessa forma, se for necessária, tendo em vista o **interesse** público, a construção de uma estrada em cujo trajeto esteja um imóvel particular, o Estado promoverá a desapropriação, independentemente do **interesse** do proprietário. Os **direitos** deste, como a indenização justa e prévia, serão evidentemente respeitados, mas a desapropriação, por ser fundada no interesse público, ocorrerá mesmo que seja contrária à vontade do particular, aos seus interesses.

Em suma, nas relações jurídicas de direito público o Estado encontra-se em posição de desigualdade jurídica relativamente ao particular, subordinando os interesses deste aos interesses da coletividade, ao interesse público, representados pelo Estado na relação jurídica.

Integram esse ramo o direito constitucional, o direito administrativo, o direito tributário, o direito penal etc.

O **direito privado** tem como escopo principal a regulação dos interesses particulares, como forma de possibilitar o convívio das pessoas em sociedade e uma harmoniosa fruição de seus bens.

A nota característica do direito privado é a existência de **igualdade jurídica** entre os polos das relações por ele regidas. Como os interesses tutelados são particulares, não há motivo para que se estabeleça, abstratamente, subordinação jurídica entre as partes. Mesmo quando o Estado integra um dos polos de uma relação regida pelo direito privado, há igualdade jurídica entre as partes. Nessas hipóteses – são exemplos a venda no mercado de produtos fabricados por uma sociedade de economia mista e a celebração de um contrato de abertura de conta-corrente entre um particular e a Caixa Econômica Federal –, não está o Estado atuando, precipuamente, na tutela de interesses coletivos, descabendo cogitar o uso de seu poder de império; deve, por isso, colocar-se em pé de igualdade com o polo oposto da relação jurídica.

O direito comercial e o direito civil são os integrantes típicos do direito privado. Cabe observar, todavia, que não há ramo do direito em que todas as relações jurídicas sejam integralmente regidas pelo direito privado. Há determinadas relações, mesmo travadas exclusivamente entre particulares, que podem ter repercussão nos interesses da coletividade como um todo. Em casos assim, é comum o ordenamento estabelecer regras de direito público, impositivas, derrogatórias do direito privado, excluindo a possibilidade de as partes livremente fazerem valer sua vontade, afastando a incidência dos princípios basilares do direito privado: autonomia da vontade e liberdade negocial.

Por outro lado, também no âmbito dos ramos do direito classificados como ramos do direito público, inúmeras relações jurídicas sujeitam-se à aplicação subsidiária do direito privado, ou, até mesmo, são regidas predominantemente pelo direito privado.

O que **não** é possível é alguma atuação do Estado, em qualquer campo, ser regida **exclusivamente** pelo direito privado, com **total** afastamento de normas de direito público. O Estado pode integrar relações jurídicas regidas exclusiva ou predominantemente pelo direito público, o que ocorre na maioria das situações, e pode integrar relações jurídicas regidas predominantemente pelo direito privado, o que se verifica, por exemplo, quando atua no domínio econômico, como agente produtivo (Estado-empresário).

Conforme antes afirmado, o direito administrativo é um dos ramos do direito público, uma vez que rege a organização e o exercício de atividades do Estado voltadas para a satisfação de interesses públicos.

São vários os conceitos apresentados pela doutrina para o direito administrativo, especialmente porque há autores que adotam critérios distintos para a demarcação do campo de atuação desse ramo do direito.

O Prof. Celso Antônio Bandeira de Mello aduz um conceito sintético de direito administrativo, definindo-o como "o ramo do Direito Público que disciplina a função administrativa e os órgãos que a exercem".

Para o Prof. Hely Lopes Meirelles, o direito administrativo consiste no "conjunto harmônico de princípios jurídicos que regem os órgãos, os agentes e as atividades públicas tendentes a realizar concreta, direta e imediatamente os fins desejados pelo Estado".

A Prof.ª Maria Sylvia Zanella Di Pietro define o direito administrativo como "o ramo do direito público que tem por objeto os órgãos, agentes e pessoas jurídicas administrativas que integram a Administração Pública, a atividade jurídica não contenciosa que exerce e os bens de que se utiliza para a consecução de seus fins, de natureza pública".

De nossa parte, conceituamos o direito administrativo como o **conjunto de regras e princípios** que, orientados pela finalidade geral de bem atender ao **interesse público**, disciplinam a **estruturação e o funcionamento** das entidades e órgãos integrantes da administração pública, as **relações entre esta e seus agentes**, o exercício da **função administrativa** – especialmente quando afeta interesses dos administrados – e a **gestão dos bens públicos**.

<h2 style="background:#8B2332;color:white;padding:4px">2.   OBJETO E ABRANGÊNCIA</h2>

Dizer que o direito administrativo é um ramo do direito público não significa que seu objeto esteja restrito a relações jurídicas regidas pelo direito público. Em um Estado democrático-social, como o brasileiro, a administração pública atua nos mais diversos setores – até mesmo como agente econômico –, e não são raras as situações em que ela deve figurar nas relações jurídicas despida de prerrogativas públicas.

Nesses casos, quando a administração comparece sem revestir a qualidade de poder público (por exemplo, ao celebrar um contrato de locação, na condição de locatária), as relações jurídicas de que ela participa são reguladas, **predominantemente**, pelo **direito privado** – e não comportam, em regra, as prerrogativas especiais típicas do direito público. Não obstante, tais relações jurídicas **são objeto do direito administrativo**, estando sempre sujeitas, em variável medida, a regras e princípios próprios desse ramo do direito, tais quais o princípio da indisponibilidade do interesse público, o princípio da publicidade, o princípio da probidade.

Merece menção, também, a situação dos agentes públicos que mantêm vínculo funcional permanente de natureza contratual com a administração pública, sujeitos à Consolidação das Leis do Trabalho (ressalvadas algumas derrogações de direito público, impostas pela própria Constituição). As relações entre eles – os **empregados públicos** em sentido próprio – e a administração pública, de natureza **trabalhista** (celetista), submetem-se predominantemente ao direito privado, mas, não obstante, constituem objeto do direito administrativo, pela mesma razão acima apontada, qual seja, a incidência de princípios jurídicos administrativos.

Ainda, são objeto do direito administrativo atividades de administração pública em sentido material que, embora exercidas por particulares, o são sob regime de direito público. É o que ocorre com as **delegatárias de serviços públicos**, pessoas privadas, não integrantes da administração pública, mas que, na prestação dos serviços públicos delegados, estão jungidas a normas pertinentes ao direito administrativo.

Em síntese, o **direito administrativo** tem como **objeto**: (a) as relações internas à administração pública – entre os órgãos e entidades administrativas, uns com os outros, e entre a administração e seus agentes, estatutários e celetistas; (b) as relações entre a administração e os administrados, regidas predominantemente pelo direito público ou pelo direito privado; e (c) as atividades de administração pública em sentido material exercidas por particulares sob regime predominante de direito público, tais como a prestação de serviços públicos mediante contratos de concessão ou de permissão.

Pode-se observar, dessa forma, que se encontra **superada** a doutrina outrora defendida pela denominada "**escola do serviço público**" – bastante prestigiada durante longo período e, ainda hoje, importante para o estudo da evolução histórica do direito administrativo. Os ilustres publicistas que perfilharam essa corrente teórica, capitaneada por Léon Duguit, sustentavam que o direito administrativo nada mais seria do que um conjunto de normas estabelecidas em torno da noção de **serviço público**.

Conforme ensina, entretanto, a Prof.ª Maria Sylvia Di Pietro, os juristas integrantes da grei em questão propunham, cada qual, conceitos muito discrepantes de serviço público, alguns enquadrando como tal praticamente todas as atividades exercidas pelo Estado (caso de Duguit), e outros – cita-se Gaston Jèze – limitando os serviços públicos às **atividades materiais** desempenhadas pelo poder público, sob regime jurídico especial, destinadas à satisfação de necessidades coletivas. Resulta desse quadro que as definições amplas de serviço público incluíam no campo do direito administrativo matérias que atualmente são consideradas objeto de outros ramos (por exemplo, do direito constitucional), ao passo que os conceitos restritivos implicavam a exclusão de atividades que, hoje, são reconhecidas como caracteristicamente administrativas, a exemplo do exercício do poder de polícia (classificado como atividade jurídica do Estado, e não como atividade material).

Por derradeiro, é sempre oportuno ressaltar que, embora a atividade de administração pública seja função típica do Poder Executivo, os outros Poderes (Legislativo e Judiciário) também praticam atos que, pela sua natureza, são objeto do direito administrativo. Assim, quando os órgãos dos Poderes Legislativo e Judiciário estão atuando como administradores de seus serviços, de seus bens ou de seu pessoal, estão praticando atos administrativos, sujeitos ao regramento do direito administrativo. A nomeação de um servidor, a aplicação de uma penalidade disciplinar, o remanejamento de pessoal ou a realização de uma licitação pública serão sempre atividades incluídas na seara do direito administrativo, quer se realizem no âmbito do Poder Executivo, do Poder Legislativo ou do Poder Judiciário.

Restringir o objeto do direito administrativo às atividades exercidas pelo Poder Executivo – ideia que, no passado, chegou ser dominante na doutrina italiana – é **inadequado**, haja vista que os demais Poderes **também** desempenham atividades administrativas. Ademais, o Poder Executivo exerce, além de função administrativa, a chamada **função de governo**, de cunho **político**, traduzida na elaboração de políticas públicas, na determinação das diretrizes de atuação estatal – e não na mera execução delas. A função política de governo **não** constitui objeto de estudo do direito administrativo.

3. CODIFICAÇÃO E FONTES DO DIREITO ADMINISTRATIVO

O direito administrativo no Brasil não se encontra codificado, isto é, os textos administrativos não estão reunidos em um só corpo de lei, como ocorre com outros ramos do nosso direito (Código Penal, Código Civil). As normas administrativas estão espraiadas no texto da Constituição, em diversas leis, ordinárias e complementares, e ainda em muitos outros diplomas normativos, a exemplo de decretos-leis, medidas provisórias, regulamentos e decretos do Poder Executivo, circunstância que muito dificulta a obtenção de um conhecimento abrangente, bem como a formação de uma visão sistemática, orgânica, desse importante ramo do direito.

São exemplos de leis administrativas relevantes: Lei 8.112/1990 – regime jurídico dos servidores públicos federais estatutários; Lei 8.987/1995 – lei geral das concessões e permissões de serviços públicos; Lei 9.784/1999 – normas gerais aplicáveis aos processos administrativos federais; Lei 11.079/2004 – lei geral das parcerias público-privadas; Lei 11.107/2005 – lei geral dos consórcios públicos; Lei 14.133/2021 – normas gerais sobre licitações e contratos administrativos.

Embora exista alguma divergência entre os autores de direito administrativo (e muitos sequer tratem do tema), são usualmente apontadas como **fontes** desse ramo jurídico: a **lei**, a **jurisprudência**, a **doutrina** e os **costumes**.

A **lei** é a fonte **principal** do direito administrativo brasileiro, haja vista a importância do **princípio da legalidade** nesse campo. Quando se fala em "**lei**" como fonte de direito administrativo, estão incluídos nesse vocábulo a Constituição – sobretudo as regras e princípios administrativos nela vazados –, os atos de natureza legislativa que diretamente derivam da Constituição (leis, medidas provisórias, decretos legislativos etc.) e os atos normativos infralegais, expedidos pela administração pública nos termos e limites das leis, os quais são de observância obrigatória pela própria administração.

A **jurisprudência**, representada pelas reiteradas decisões judiciais em um mesmo sentido, é usualmente indicada como fonte **secundária** do direito administrativo, por influenciar de modo significativo a construção e a consolidação desse ramo do direito.

Embora as decisões judiciais, como regra, não tenham aplicação geral (eficácia *erga omnes*), nem efeito vinculante – portanto, somente se imponham às partes que integraram o respectivo processo –, há que se ressalvar que nosso ordenamento constitucional estabelece que as decisões proferidas pelo Supremo Tribunal Federal nas ações integrantes do **controle abstrato** de normas (ação direta de inconstitucionalidade, ação direta de inconstitucionalidade por omissão, ação declaratória de constitucionalidade e arguição de descumprimento de preceito fundamental) produzem **eficácia contra todos** e **efeito vinculante** relativamente aos demais órgãos do Poder Judiciário e à administração pública direta e indireta, nas esferas federal, estadual e municipal (CF, art. 102, §§ 1.º e 2.º).

Ademais, foi introduzida no direito brasileiro, pela EC 45/2004, a figura da **súmula vinculante**, que o Supremo Tribunal Federal pode aprovar a fim de tornar **obrigatória** para os demais órgãos do Poder Judiciário e para a administração pública direta e indireta, nas esferas federal, estadual e municipal, a observância de suas decisões sobre matéria constitucional que não possuam, por si sós, tal eficácia (CF, art. 103-A).

Essas decisões judiciais com efeitos vinculantes ou com eficácia *erga omnes* não podem ser consideradas meras fontes secundárias de direito administrativo, e sim **fontes principais**, uma vez que **alteram diretamente** o **ordenamento jurídico positivo**, estabelecendo condutas de observância obrigatória para toda a administração pública (e para o próprio Poder Judiciário).

A **doutrina**, entendida como conjunto de teses, construções teóricas e formulações descritivas acerca do direito positivo, produzidas pelos estudiosos do direito, influencia não só a elaboração de novas leis como também o julgamento das lides de cunho administrativo. Em razão dessa repercussão da doutrina na produção de normas e nas decisões de litígios, costuma-se apontá-la como uma fonte **secundária** ou, mais propriamente, **indireta** de direito administrativo. Alguns juristas, entretanto, recusam à doutrina a condição de fonte de direito, uma vez que, a rigor, nenhuma norma jurídica é inserida no ordenamento positivo por atuação **direta** de doutrinadores.

Os **costumes sociais** – conjunto de regras não escritas, porém observadas de modo uniforme pelo grupo social, que as considera obrigatórias – só têm importância como fonte de direito administrativo quando de alguma forma influenciam a produção legislativa ou a jurisprudência, ou seja, eles podem, no máximo, ser considerados uma fonte **indireta**. Um pouco diferente é a situação dos costumes administrativos (**praxe administrativa**), isto é, as práticas reiteradamente observadas pelos agentes administrativos diante de determinada situação. A **praxe administrativa**, nos casos de lacuna normativa, funciona efetivamente como **fonte secundária** de direito administrativo, podendo mesmo gerar direitos para os administrados, em razão dos princípios da lealdade, da boa-fé, da moralidade administrativa, entre outros.

4. SISTEMAS ADMINISTRATIVOS: SISTEMA INGLÊS E SISTEMA FRANCÊS

Sistema administrativo vem a ser o regime adotado pelo Estado para o controle dos atos administrativos ilegais ou ilegítimos praticados pelo poder público nas diversas esferas e em todos os Poderes. São dois os sistemas existentes: sistema inglês e sistema francês.

O **sistema inglês**, ou de **unicidade de jurisdição**, é aquele em que todos os litígios – administrativos ou que envolvam interesses exclusivamente privados – podem ser levados ao Poder Judiciário, único que dispõe de competência para dizer o direito aplicável aos casos litigiosos, de forma definitiva, com força da chamada **coisa julgada**. Diz-se que somente o Poder Judiciário tem jurisdição, em sentido próprio.

Deve-se observar que a adoção do sistema de jurisdição única não implica a vedação à existência de solução de litígios em âmbito administrativo. O que se assegura

Cap. 1 • DIREITO ADMINISTRATIVO

nesse sistema é que qualquer litígio, de qualquer natureza, ainda que já tenha sido iniciado (ou já esteja concluído) na esfera administrativa, pode, sem restrições, ser levado à apreciação do Poder Judiciário. Assim, mesmo que uma questão entre um particular e a administração já tenha sido apreciada em um processo administrativo, o particular, se não satisfeito com a decisão proferida nessa esfera, poderá discutir a matéria perante o Poder Judiciário, o qual detém a competência exclusiva para dizer o direito aplicável ao caso concreto em caráter definitivo.

Cabe, ademais, anotar que o sistema de unicidade de jurisdição não impede a realização do controle de legalidade dos atos administrativos pela própria administração pública que os tenha editado. Deveras, sem prejuízo da sujeição de todo e qualquer ato administrativo a controle judicial de legalidade, dispõe também a própria administração pública que tenha praticado o ato de competência para anulá-lo, caso constate a existência de vício. Essa competência, a rigor, não traduz uma faculdade, mas um verdadeiro dever da administração pública, o denominado poder-dever de autotutela administrativa.

O **sistema francês**, ou de **dualidade de jurisdição**, ou **sistema do contencioso administrativo** é aquele em que se veda o conhecimento pelo Poder Judiciário de atos da administração pública, ficando estes sujeitos à chamada jurisdição especial do contencioso administrativo, formada por tribunais de índole administrativa. Nesse sistema há, portanto, uma dualidade de jurisdição: a **jurisdição administrativa** (formada pelos tribunais de natureza administrativa, com plena jurisdição em matéria administrativa) e a **jurisdição comum** (formada pelos órgãos do Poder Judiciário, com a competência de resolver os demais litígios).

5. SISTEMA ADMINISTRATIVO BRASILEIRO

O Brasil adotou o chamado **sistema inglês**, **sistema de jurisdição única** ou **sistema de controle judicial**, em que todos os litígios – administrativos ou que envolvam interesses exclusivamente privados – podem ser resolvidos pelo Poder Judiciário, ao qual é atribuída a função de dizer, em caráter definitivo, o direito aplicável aos casos submetidos a sua apreciação. O princípio da **inafastabilidade (ou inarredabilidade) de jurisdição** ou da **unicidade de jurisdição** encontra-se expresso como garantia individual, ostentando *status* de cláusula pétrea constitucional, no inciso XXXV do art. 5.º da Carta Política de 1988. Por força desse dispositivo, "**a lei não excluirá da apreciação do Poder Judiciário lesão ou ameaça a direito**".

Todavia, afirmar que no Brasil o controle da legalidade da atividade administrativa é efetivado pelo Poder Judiciário não significa retirar da administração pública o poder de controlar os seus próprios atos. É evidente que não. No Brasil, temos órgãos administrativos que decidem litígios de natureza administrativa. A diferença é que, no sistema de **jurisdição única**, como é o nosso, **as decisões dos órgãos administrativos não são dotadas da força e da definitividade que caracterizam as decisões do Poder Judiciário**. Os **órgãos administrativos** solucionam litígios dessa natureza, mas as suas decisões **não fazem coisa julgada** em sentido próprio, ficando sujeitas à revisão pelo Poder Judiciário – desde que este seja provocado.

Por exemplo, se uma autoridade da administração tributária, em procedimento de fiscalização, aplica uma multa a uma empresa comercial, o representante da pessoa jurídica poderá recorrer ao Poder Judiciário, se entender que a multa dele cobrada não é devida, ou seja, que está havendo uma lesão a um direito seu.

Entretanto, no Brasil, esse mesmo comerciante pode, se desejar, impugnar a exigência administrativa perante o próprio órgão que o autuou (ou perante algum órgão administrativo especializado, se existente), contestando a multa e apresentando as razões de fato e de direito que entenda comprovarem a legitimidade de sua irresignação. Essa atitude do contribuinte provocará a instauração de um processo administrativo, ao término do qual a administração pública, exercendo o controle da legalidade e da legitimidade do ato administrativo de imposição da multa, decidirá se houve alguma irregularidade na aplicação desta ou se as alegações do contribuinte são infundadas.

Decidindo em favor do contribuinte, ele, evidentemente, não terá mais interesse em discutir o assunto seja lá onde for. Diferentemente, se a administração decidir pela manutenção da multa, o contribuinte pode, ainda, propor ação judicial apresentando as provas que entender cabíveis, a fim de tentar afastar aquilo que ele considera uma lesão ao seu direito.

Somente a decisão final proferida pelo Poder Judiciário terminará definitivamente a questão, fazendo a denominada coisa julgada e impedindo que esse mesmo assunto seja discutido outra vez no âmbito de qualquer Poder.

Deve, ainda, ficar claro que, mesmo após o início do processo administrativo, por iniciativa do administrado, esse pode abandoná-lo em qualquer etapa e recorrer ao Poder Judiciário, a fim de ver decidida nessa esfera sua questão.

Portanto, no Brasil, o administrado tem a opção de resolver seus conflitos com a administração pública instaurando processos perante ela. O administrado, mesmo após instaurado um processo administrativo, pode abandoná-lo em qualquer etapa e recorrer ao Poder Judiciário para ver resolvido seu litígio. O administrado pode, ainda, em qualquer hipótese, recorrer diretamente ao Poder Judiciário quando entender que se perpetrou alguma lesão ou ameaça a direito seu.

Em síntese, embora no Brasil sejam comuns processos, procedimentos, e mesmo litígios, instaurados e solucionados em âmbito administrativo, sempre que o administrado entender que houve lesão a direito seu, poderá recorrer ao Poder Judiciário, **antes ou depois de esgotada a via administrativa**. O Poder Judiciário, uma vez provocado, poderá confirmar o entendimento esposado pela administração, ou modificá-lo.

A rigor, muito embora tenhamos dito que o administrado "sempre" pode recorrer ao Poder Judiciário "antes ou depois de esgotada a via administrativa", convém anotar a existência, em nosso direito, de pelo menos quatro hipóteses nas quais se exige o exaurimento, ou a utilização inicial da via administrativa, como condição para acesso ao Poder Judiciário, a saber:

   a) só são admitidas pelo Poder Judiciário ações relativas à disciplina e às competições desportivas depois de **esgotadas as instâncias** da "justiça desportiva" (CF, art. 217, § 1.º); apesar do nome "justiça desportiva", trata-se de órgãos de natureza administrativa;

b) o ato administrativo, ou a omissão da administração pública, que contrarie súmula vinculante só pode ser alvo de reclamação ao Supremo Tribunal Federal depois de **esgotadas as vias administrativas** (Lei 11.417/2006, art. 7.º, § 1.º);

c) segundo a jurisprudência do Supremo Tribunal Federal, "a prova do anterior indeferimento do pedido de informação de dados pessoais, ou da omissão em atendê-lo, constitui requisito indispensável para que se concretize o interesse de agir no *habeas data*. Sem que se configure situação prévia de pretensão resistida, há carência da ação constitucional do *habeas data*";[1] observe-se que, aqui, basta a existência de um requerimento administrativo prévio, sem necessidade de esgotamento das instâncias administrativas;

d) o Supremo Tribunal Federal firmou também a orientação de que, **em regra**, para restar caracterizado o interesse de agir em ações judiciais contra o Instituto Nacional do Seguro Social (INSS) relativas a **concessão de benefícios previdenciários**, é necessário o **prévio requerimento administrativo** do benefício, deixando assente que tal exigência "é compatível com o art. 5.º, XXXV, da Constituição" e "não se confunde com o exaurimento das vias administrativas".[2]

Em qualquer caso, havendo o ingresso do particular na via judicial, somente quando ela restar exaurida é que a questão controvertida estará definitivamente solucionada.

Cumpre, por fim, pontuar que, embora seja certo que todos os atos administrativos podem ser submetidos a controle de legalidade pelo Poder Judiciário, existem outros atos ou decisões – não enquadrados como atos administrativos em sentido próprio – que não se sujeitam a apreciação judicial. São exemplos os denominados atos políticos, tais como a sanção ou o veto a um projeto de lei pelo Chefe do Poder Executivo e o delineamento das denominadas políticas públicas (fixação das diretrizes gerais de atuação governamental com vistas à concretização dos comandos vazados em normas constitucionais de natureza programática). Também é ilustrativa a previsão constitucional de julgamento do processo de *impeachment* do Presidente da República, o qual compete ao Senado Federal (CF, art. 52, I), sem possibilidade de revisão judicial do mérito da decisão por este proferida.

6. REGIME JURÍDICO-ADMINISTRATIVO

O ordenamento jurídico brasileiro submete as variadas hipóteses de atuação da administração pública, nos três Poderes e em todos os níveis da Federação, ora a um regime jurídico tipicamente de direito público, ora a normas oriundas predominantemente do direito privado.

Quando os órgãos, entidades e agentes integrantes da administração pública atuam jungidos a normas de direito público, diz-se que sua atividade é desempenhada sob o denominado "regime jurídico-administrativo".

---

[1] RHD 22/DF, red. p/ o acórdão Min. Celso de Mello, 19.09.1991.

[2] RE 631.240/MG (**repercussão geral**), rel. Min. Roberto Barroso, 03.09.2014 (Informativos 756 e 757 do STF).

Esse regime de direito público confere **poderes especiais** à administração pública, os quais são, por sua vez, contrabalançados pela imposição de **restrições especiais** à atuação dela.

O rol de prerrogativas e o conjunto de limitações – não existentes nas relações típicas entre particulares – que caracterizam o **regime jurídico administrativo** derivam, respectivamente, do princípio da **supremacia do interesse público** e do postulado da **indisponibilidade do interesse público**.

O princípio da **supremacia do interesse público** fundamenta a existência das prerrogativas ou dos poderes especiais da administração pública, dos quais decorre a denominada **verticalidade** nas relações administração-particular. Toda atuação administrativa em que exista imperatividade, em que sejam impostas, unilateralmente, obrigações para o administrado, ou em que seja restringido ou condicionado o exercício de atividades ou de direitos dos particulares é respaldada pelo princípio da supremacia do interesse público.

O fundamento para a existência desse princípio é o seguinte: o Estado, atualmente, tem obrigação de atingir uma série de finalidades, que a Constituição e as leis lhe indicam. Para atingir esses objetivos, muitas vezes é necessário que o Estado disponha de poderes não cogitados para os particulares em geral, não existentes no direito privado, o qual é caracterizado pela horizontalidade nas relações jurídicas, pela igualdade jurídica entre as partes. As prerrogativas que o ordenamento jurídico confere ao Estado, então, que são típicas do direito público, justificam-se tão somente na estrita medida em que são necessárias para que o Estado logre atingir os fins que lhe são impostos por esse mesmo ordenamento jurídico. Frise-se que não é a administração pública que determina a finalidade de sua própria atuação, mas sim a Constituição e as leis. A administração atua estritamente subordinada à lei, como simples gestora da coisa pública, e possui poderes especiais unicamente como meios, como instrumentos para atingir os objetivos que juridicamente é obrigada a perseguir.

Exemplos de manifestações do princípio da supremacia do interesse público temos no exercício do poder de polícia, nas chamadas cláusulas exorbitantes dos contratos administrativos, que possibilitam à administração, dentre outras prerrogativas, modificar unilateralmente o pactuado, nas hipóteses de intervenção na propriedade privada, como a desapropriação, na presunção de legitimidade dos atos administrativos, na autoexecutoriedade de atos administrativos etc.

A noção central desse princípio é: havendo conflito entre o interesse público e os interesses de particulares, aquele deve prevalecer. Impende, todavia, ressaltar enfaticamente a exigência de respeito aos direitos e às garantias fundamentais e a necessidade de que a atuação da administração ocorra sempre nos termos e nos limites da lei e do direito, observado o devido processo legal.

O segundo princípio, o da **indisponibilidade do interesse público**, faz contraponto ao primeiro. Ao mesmo tempo em que tem poderes especiais, exorbitantes do direito comum, a administração sofre restrições em sua atuação que não existem para os particulares. Essas limitações decorrem do fato de que a administração não é proprietária da coisa pública, não é proprietária do patrimônio público, não é titular do interesse público, mas sim o povo. Em linguagem jurídica, dispor de alguma coisa é, simplificadamente, poder fazer o que se queira com ela, sem dar satisfações a ninguém. A disponibilidade é característica do direito de propriedade.

Em decorrência do princípio da indisponibilidade do interesse público, a administração somente pode atuar quando houver lei que autorize ou determine sua atuação, e nos limites estipulados por essa lei. Não existe, a rigor, a ideia de "vontade autônoma" da administração, mas sim de "vontade" da lei, que é o instrumento que legitimamente traduz a "vontade geral", vontade do povo, manifestada pelos seus representantes no Poder Legislativo. Além disso, toda a atuação da administração deve ter possibilidade de ser controlada pelo povo, seja diretamente, seja por meio de órgãos com essa função de controle.

Desse modo, são decorrências típicas do princípio da indisponibilidade do interesse público a necessidade de realizar concurso público para admissão de pessoal permanente (empregados e servidores públicos efetivos), a necessidade, em regra, de realizar licitação prévia para celebração de contratos administrativos, a exigência de motivação dos atos administrativos (também regra geral), as restrições à alienação de bens públicos etc.

Em suma, na descrição do regime jurídico-administrativo, nossos mais importantes autores acentuam a existência, de um lado, de prerrogativas especiais da administração, de poderes não existentes no direito privado, e, de outro, de restrições ou limitações na atuação administrativa que não se verificam entre os particulares.

A Constituição de 1988, ao tratar da administração pública, não traz expressos os princípios da supremacia do interesse público e da indisponibilidade do interesse público. Entretanto, no *caput* de seu art. 37, enumera alguns dos mais importantes princípios administrativos que diretamente deles decorrem: legalidade, impessoalidade, moralidade, publicidade e eficiência. Esses princípios expressos serão estudados, ao lado de outros igualmente relevantes, em capítulo específico desta obra.

Capítulo 2

ADMINISTRAÇÃO PÚBLICA

1. NOÇÕES DE ESTADO

O Estado é pessoa jurídica territorial soberana, formada pelos elementos **povo**, **território** e **governo** soberano. Esses três elementos são indissociáveis e indispensáveis para a noção de um Estado independente: o povo, em um dado território, organizado segundo sua livre e soberana vontade.

O Estado é um ente **personalizado**. Apresenta-se – tanto internamente quanto nas relações internacionais, no convívio com outros Estados soberanos – como sujeito capaz de adquirir direitos e contrair obrigações na ordem jurídica.

Estabelece a Constituição de 1988 que a organização político-administrativa da República Federativa do Brasil compreende a União, os estados-membros, o Distrito Federal e os municípios, todos dotados de **autonomia política** (art. 18).

Os entes federados – a União, os estados-membros, o Distrito Federal e os municípios – são **pessoas jurídicas de direito público**, nos termos do Código Civil (art. 41). Há outras pessoas jurídicas de direito público em nosso ordenamento jurídico, mas somente os entes federados (ou federativos) são dotados de autonomia política – por essa razão, é usual chamá-los de **pessoas políticas**, a fim de diferençá-los das demais pessoas jurídicas de direito público, que têm autonomia exclusivamente administrativa (mas não política).

A organização do Estado é matéria de cunho constitucional, especialmente no tocante à divisão política do seu território, à organização de seus Poderes, à forma de governo adotada e ao modo de aquisição do poder pelos governantes.

1.1. Forma de Estado

A partir da organização política do território, surge a noção de **Estado unitário** e de **Estado federado** (complexo ou composto). Caso no território haja um só poder político central, teremos o chamado Estado unitário; caso no mesmo território coexistam poderes políticos distintos, estaremos diante do chamado Estado federado (complexo ou composto).

O **Estado unitário** é marcado pela "**centralização política**", em que um só poder político central irradia sua competência, de modo exclusivo, por todo o território nacional e sobre toda a população, e controla todas as coletividades regionais e locais (o Uruguai, por exemplo, é um Estado unitário; existe em seu território um só poder político central).

O **Estado federado** tem como característica a "**descentralização política**", marcada pela convivência, em um mesmo território, de diferentes entidades políticas **autônomas**, distribuídas regionalmente (no Brasil, por exemplo, temos a coexistência, no mesmo território, de esferas políticas distintas e autônomas – a União, os estados, o Distrito Federal e os municípios).

A **Constituição Federal de 1988** adotou como **forma de Estado** o **federado**, integrado por diferentes centros de poder político. Assim, temos um poder político central (União), poderes políticos regionais (estados) e poderes políticos locais (municípios), além do Distrito Federal, que, em virtude da vedação constitucional à sua divisão em municípios, acumula os poderes regionais e locais (CF, art. 32, § 1.º). No Brasil, a **forma federativa** de Estado constitui **cláusula pétrea**, insuscetível de abolição por meio de reforma constitucional (CF, art. 60, § 4.º, I).

É muito importante enfatizar que os diversos entes federativos **não são subordinados** uns aos outros, isto é, **não existe hierarquia** entre eles. Há, isso sim, relações de **coordenação** entre as entidades integrantes da Federação brasileira, mas é certo que todas elas são dotadas de **autonomia** política, financeira e administrativa para exercerem **competências** que lhes são atribuídas **diretamente** pela Constituição da República. Como consequência dessa forma de organização, temos **administrações públicas autônomas** em cada um dos nossos entes federados.

Coexistem no Brasil, portanto, **sem subordinação** entre elas, uma administração pública federal, uma administração distrital, administrações estaduais e administrações municipais.

Todas essas administrações públicas, em sua atuação, estão adstritas às regras e aos princípios orientadores do direito administrativo. Além da sujeição de todas as administrações aos preceitos de direito administrativo constantes na Constituição Federal, existem determinadas matérias que devem ser disciplinadas – especialmente as **normas gerais** a elas concernentes – por meio de **leis de caráter nacional**, isto é, leis emitidas pelo Congresso Nacional que obrigam todos os entes federativos. É exemplo a Lei 14.133/2021, editada no uso da competência prevista no art. 22, inciso XXVII, da Carta Política. Essa lei, regulamentando o art. 37, inciso XXI, do Texto Magno, veicula normas gerais sobre licitações e contratos administrativos, as quais, exatamente em razão do seu caráter nacional, devem ser observadas pela União, pelos estados, pelo Distrito Federal e pelos municípios.

1.2. Poderes do Estado

A Constituição Federal explicita que "todo o poder emana do povo" (art. 1.º, parágrafo único). Não obstante, o ordenamento jurídico confere ao Estado uma gama de poderes e prerrogativas cuja finalidade é, tão somente, possibilitar o **atingimento dos fins públicos** que, por imposição desse mesmo ordenamento jurídico, o Estado é obrigado a perseguir. Dito de outro modo, poderes e prerrogativas estatais são meros **instrumentos** destinados ao atendimento do interesse público, nos termos estabelecidos no ordenamento jurídico.

Ao lado dessa explanação, deve-se esclarecer que, nos Estados democráticos de direito, a expressão "**Poderes**", grafada com inicial maiúscula, é ordinariamente empregada para designar conjuntos de **órgãos** que recebem da Constituição competências para exercerem determinadas **funções** estatais, atuando de forma independente e harmônica. Note-se que esses Poderes **não têm personalidade jurídica**; eles são órgãos que integram a estrutura de determinado ente federado – este, sim, sujeito de direitos e obrigações.

Dessarte, no âmbito da **organização política** do Estado, o termo "**Poderes**" (com inicial maiúscula) reporta a conjuntos de órgãos que representam mera divisão estrutural e funcional interna de um ente federativo estabelecida com o escopo de propiciar certo grau de especialização no exercício das diversas competências públicas e, ao mesmo tempo, impedir a concentração de todo o poder estatal nas mãos de uma única pessoa ou organização. No esquema clássico de **tripartição**, concebido por Montesquieu, os Poderes do Estado são o **Legislativo**, o **Executivo** e o **Judiciário**.

Seguindo a tradicional doutrina, a Carta de 1988 estabelece que "são Poderes da União, independentes e harmônicos entre si, o **Legislativo**, o **Executivo** e o **Judiciário**" (art. 2.º). O mesmo modelo é observado nos estados-membros. Os municípios não têm Poder Judiciário em suas estruturas orgânicas. No Distrito Federal, a organização e a manutenção do Poder Judiciário são de competência da União (CF, art. 21, XIII).

É vedada qualquer proposta de emenda constitucional tendente a abolir a separação dos Poderes (CF, art. 60, § 4.º, III). Significa dizer, o **princípio da separação dos Poderes**, ou **princípio da divisão orgânica das funções do Estado**, tem o *status* de **cláusula pétrea** em nosso ordenamento constitucional.

Na história do constitucionalismo, a ideia inicial de uma **rígida** separação entre os Poderes foi sendo substituída pela proposta de uma maior interpenetração, coordenação e harmonia entre eles. Com isso, cada Poder passou a desempenhar não só as suas funções próprias, mas também, de modo acessório, funções que, em princípio, seriam características de outros Poderes. A separação rígida, aos poucos, deu lugar a uma divisão **flexível**, na qual cada Poder termina por exercer, em certa medida, as três funções do Estado: uma de forma predominante (função **típica**) e as outras em caráter acessório (funções **atípicas**).

A vigente Carta Política adotou o modelo de separação de Poderes **flexível**, de sorte que cada um dos Poderes não se limita a exercer as funções estatais que lhe são típicas, mas também desempenha **funções atípicas** – assim chamadas não por serem anormais ou extraordinárias, mas porque se assemelham às funções que são típicas de outros Poderes.

Nessa esteira, tanto o Poder Judiciário quanto o Legislativo desempenham, além de suas funções próprias ou típicas (respectivamente, jurisdicional e legislativa),

funções atípicas administrativas – por exemplo, quando realizam a gestão de seus bens, pessoal e serviços.

Abrimos um parêntese para esclarecer que, a rigor, o **Poder Legislativo** recebe do ordenamento constitucional **duas funções típicas**, de igual relevância: a elaboração de atos normativos primários (atividade legislativa) e a função de **fiscalizar o Poder Executivo** (vejam-se, por exemplo, as competências previstas na Carta Política nos arts. 49, X, 58, § 2.º, III, e 70). Fecha-se o parêntese.

Temos também exercício **atípico** de **função legislativa** pelos Poderes Executivo e Judiciário: este, na elaboração dos regimentos dos tribunais; aquele, quando expede, por exemplo, medidas provisórias e leis delegadas.

Finalmente, o Executivo e o Legislativo exercem, além de suas funções próprias, a **função atípica de julgamento**: o Executivo, quando profere decisões nos processos administrativos; o Legislativo, quando julga autoridades nos crimes de responsabilidade (CF, art. 52, I, II, e parágrafo único).

Vê-se, portanto, que a **função administrativa** é **predominantemente** desempenhada pelo **Poder Executivo**; mas, como nossa Constituição não adota um modelo de rígida separação, os demais Poderes do Estado também exercem, além de suas atribuições típicas, algumas funções materialmente administrativas. Em qualquer hipótese, é muito importante enfatizar que o desempenho de funções administrativas **sempre** deverá observar as normas pertinentes ao direito administrativo.

Em suma, o ponto a ressaltar, em atenção ao objeto desta obra, é que nós temos exercício de atividades de **natureza administrativa** em **todos os Poderes** da República. Há órgãos administrativos no Poder Legislativo (denominados "mesas", tais como a Mesa da Câmara dos Deputados, a Mesa do Senado Federal, as mesas das assembleias legislativas) e no Poder Judiciário (são as "secretarias" dos tribunais em geral). Por outras palavras, a administração pública brasileira **não se restringe ao Poder Executivo**; temos administração pública em cada um dos entes federados, em todos os Poderes do Estado. Seja qual for o órgão que a exerça, a atividade administrativa estará sempre sujeita às regras e aos princípios norteadores do direito administrativo.

2. NOÇÕES DE GOVERNO

No âmbito do direito administrativo, a expressão **governo** (muitas vezes grafada com inicial maiúscula) é ordinariamente empregada para designar o conjunto de órgãos constitucionais responsáveis pela **função política** do Estado. O **governo** tem a incumbência de exercer a direção suprema e geral do Estado, determinar a forma de realização dos objetivos deste, estabelecer as diretrizes que pautarão a atuação estatal, os planos governamentais – sempre visando a conferir unidade à soberania nacional. Essa **função política**, própria do **governo**, abrange atribuições que decorrem diretamente da Constituição e por esta se regulam.

Conforme se constata, a noção de governo está relacionada com a função **política** de comando, de coordenação, de direção e de estipulação de planos e diretrizes de atuação do Estado (as denominadas **políticas públicas**). Não se confunde com o conceito de **administração pública em sentido estrito**, que vem a ser, conforme veremos adiante, o aparelhamento de que dispõe o Estado para a **mera execução** das políticas públicas estabelecidas pelos órgãos de governo.

2.1. Sistema de governo

O modo como se dá a relação entre o Poder Legislativo e o Poder Executivo no exercício das funções governamentais representa outro importante aspecto da organização estatal. A depender das características desse relacionamento, da maior independência ou maior colaboração entre eles, teremos dois sistemas de governo: o **sistema presidencialista** e o **sistema parlamentarista**.

No **presidencialismo**, predomina o **princípio da divisão dos Poderes**, que devem ser independentes e harmônicos entre si. O Presidente da República exerce a chefia do Poder Executivo em toda a sua inteireza, **acumulando** as funções de **Chefe de Estado e Chefe de Governo**, e cumpre mandato fixo, não dependendo da confiança do Poder Legislativo para sua investidura, tampouco para o exercício do cargo. Por sua vez, o Poder Legislativo não está sujeito a dissolução pelo Executivo, uma vez que seus membros são eleitos para um período certo de tempo.

O **parlamentarismo** é o sistema de governo em que há, predominantemente, uma **colaboração** entre os **Poderes Executivo e Legislativo**. Nele, o Poder Executivo é dividido em duas frentes: uma chefia de Estado, exercida pelo Presidente da República ou pelo Monarca; uma chefia de governo, exercida pelo Primeiro-Ministro ou pelo Conselho de Ministros. O Primeiro-Ministro normalmente é indicado pelo Presidente da República, mas sua permanência no cargo depende da confiança do Parlamento. Se o Parlamento retirar a confiança do governo, ele cai, exonera-se, dando lugar à formação de um novo governo, porque os membros do governo não possuem mandato, tampouco investidura a prazo certo, mas apenas investidura de confiança. Por outro lado, se o governo entender que o Parlamento perdeu a confiança do povo, poderá optar pela dissolução do Parlamento, convocando novas eleições extraordinárias para a formação de outro Parlamento que lhe dê sustentação.

No Brasil, optou-se pelo **sistema presidencialista** de governo. O Presidente da República é o Chefe do Poder Executivo federal e exerce, com o auxílio dos Ministros de Estado, a direção superior da administração pública federal, cabendo a ele sua organização e estruturação (CF, arts. 61 e 84). Em decorrência da forma federativa de Estado e do **princípio da simetria das esferas políticas**, os Chefes dos Poderes Executivos e das administrações públicas do Distrito Federal e dos estados serão, respectivamente, o Governador do Distrito Federal e os Governadores dos estados; pela mesma razão, os Chefes dos Poderes Executivos municipais, bem como das administrações públicas dos municípios, serão os seus Prefeitos.

2.2. Forma de governo

O conceito de forma de governo refere-se à maneira como se dá a instituição do poder na sociedade, e como se dá a relação entre governantes e governados.

Caso a instituição do poder se dê por meio de eleições, por um período certo de tempo, e o governante represente o povo, bem como tenha o dever de prestar contas de seus atos, teremos a **forma de governo republicana** (*res publica*, coisa do povo).

Consoante preleciona o constitucionalista José Afonso da Silva, o princípio republicano impõe, no Brasil, a necessidade de legitimidade popular do Presidente da República, governadores de estado e prefeitos municipais, a existência de assembleias e câmaras populares nas três órbitas de governo da Federação, eleições periódicas por tempo limitado – que se traduz na temporalidade dos mandatos eletivos e, consequentemente, na não vitaliciedade dos cargos políticos – e prestação de contas da administração pública.

Portanto, são as seguintes as características básicas da república:

a) eletividade, seja ela direta ou indireta;

b) temporalidade no exercício do poder;

c) representatividade popular;

d) responsabilidade do governante (dever de prestar contas).

Se a forma de governo for marcada pela hereditariedade, vitaliciedade e ausência de representação popular, teremos a **monarquia**.

Na monarquia, a instituição do poder não se dá por meio de eleições (e sim pela hereditariedade), o mandato é vitalício (e não temporário) e o monarca não representa o povo (e sim a linhagem de alguma família), tampouco responde perante o povo pelos atos de governo (não há o dever de prestar contas).

Logo, são as seguintes as principais características da monarquia:

a) hereditariedade;

b) vitaliciedade;

c) inexistência de representação popular;

d) irresponsabilidade do governante.

O Brasil não nasceu república. A primeira forma de governo adotada foi a monarquia, com a chegada da família real portuguesa. Somente a **partir da Constituição de 1891 implantou-se no País a forma republicana de governo**.

3. ADMINISTRAÇÃO PÚBLICA

3.1. Administração pública em sentido amplo e em sentido estrito

Administração pública em **sentido amplo** abrange os **órgãos de governo** – e as **funções políticas** que eles exercem – e **também** os órgãos e pessoas jurídicas que desempenham funções meramente administrativas. Deve-se entender por **função política**, neste contexto, a **elaboração** das diretrizes e programas de ação governamental, dos planos de atuação estatal, a determinação das denominadas **políticas públicas**. De outra parte, **função administrativa** resume-se à simples **execução** – de forma profissional, técnica, neutra – das políticas públicas formuladas no exercício da atividade política.

Observe-se que elaborar políticas públicas ou planos de governo não significa agir ao arrepio da lei. A administração pública, mesmo considerada em sentido amplo, sempre tem a sua atuação **pautada pela lei** – ou, mais precisamente, **subordinada ao direito**, isto é, à Constituição, aos princípios jurídicos, às leis e a outros atos normativos.

Sem prejuízo de tal asserção, quando se trata de dispor acerca dos **fins do Estado** ("o que fazer"), o ordenamento jurídico estipula preceitos abertos, que se limitam a indicar **objetivos gerais** a serem perseguidos, frequentemente traduzidos nas assim chamadas **normas programáticas**. A formulação e o detalhamento dos planos e programas concernentes à atuação estatal a ser concretizada, o estabelecimento das prioridades na execução, dos cronogramas, tudo isso – o "como fazer" – é **função política** (atividade administrativa em **sentido amplo**), para cujo exercício o poder público, embora subordinado ao direito, detém **ampla discricionariedade**.

Administração pública em **sentido estrito** só inclui os órgãos e pessoas jurídicas administrativos e as funções que eles desempenham, de natureza puramente administrativa – profissional, técnica, instrumental, apartidária –, de **execução** dos programas de governo. Ficam **excluídos** os órgãos de governo e as funções políticas que eles exercem – as atividades de **elaboração** das políticas públicas.

Neste livro, a expressão **administração pública** será empregada no seu **sentido estrito**, próprio, limitado às funções meramente administrativas e aos órgãos e entidades que as desempenham.

3.2. Administração pública em sentido formal, subjetivo ou orgânico

Administração pública em sentido **formal**, **subjetivo** ou **orgânico** é o conjunto de órgãos, pessoas jurídicas e agentes que o nosso ordenamento jurídico identifica como administração pública, não importa a atividade que exerçam (como regra, evidentemente, esses órgãos, entidades e agentes desempenham função administrativa).

O Brasil adota o critério formal de administração pública. Portanto, somente é administração pública, **juridicamente**, aquilo que nosso direito assim considera, não importa a atividade que exerça. A administração pública, segundo nosso ordenamento jurídico, é integrada exclusivamente: (a) pelos **órgãos** integrantes da denominada **administração direta** (são os órgãos integrantes da estrutura de uma pessoa política que exercem função administrativa); e (b) pelas **entidades** da **administração indireta**.

Somente são entidades da **administração indireta** estas, e nenhuma outra, não importa a atividade que exerçam:

a) autarquias;

b) fundações públicas (FP);

c) empresas públicas (EP);

d) sociedades de economia mista (SEM).

Dessa forma, temos entidades **formalmente integrantes da administração pública brasileira** que não desempenham função administrativa, e sim **atividade econômica em sentido estrito**, como ocorre com as empresas públicas e sociedades de economia mista a que se refere o art. 173 da Constituição Federal.

Por outro lado, há entidades privadas, **não integrantes** da administração pública formal, que exercem atividades identificadas como próprias da função administrativa – a exemplo das concessionárias de serviços públicos (que atuam por delegação) e das organizações sociais (que exercem atividades de utilidade pública, previstas em contrato de gestão celebrado com o poder público, mas que não são formalmente administração pública). Apesar da atividade exercida, essas entidades privadas, vale repetir, **não integram** a administração pública brasileira, justamente porque no Brasil é adotado o **critério formal**.

Uma observação faz-se oportuna.

Embora seja certo que a acepção formal ou subjetiva de administração pública não deva levar em conta a atividade realizada, é frequente os autores a esta se referirem. Esses autores costumam identificar administração pública, em sentido subjetivo, com a totalidade do **aparelhamento** de que dispõe o Estado para a execução das **atividades compreendidas na função administrativa**. Citamos como exemplo a definição proposta pela Prof.ª Maria Sylvia Di Pietro:

> Desse modo, pode-se definir Administração Pública, em sentido subjetivo, como o conjunto de órgãos e de pessoas jurídicas aos quais a lei atribui o exercício da função administrativa do Estado.

É interessante que tais autores, depois de apresentarem definições similares à supratranscrita, afirmam que a administração pública formal, no Brasil, compreende a administração direta e a administração indireta, apontando como componentes desta última as quatro categorias de entidades anteriormente citadas.

Ora, é incontroverso que as empresas públicas e sociedades de economia mista, inclusive as exploradoras de atividades econômicas, integram a administração indireta, que, por sua vez, é parte da administração pública formal. Logo, não é rigorosamente correto afirmar que administração pública, em sentido subjetivo, corresponda ao aparelhamento do Estado destinado ao **exercício de função administrativa**, porque há entidades integrantes da administração pública formal que exercem atividade econômica em sentido estrito.

Em síntese, como estamos tratando de uma acepção formal, subjetiva, deve-se perquirir tão somente "quem" o ordenamento jurídico considera administração pública, e não "o que" (critério objetivo, material) é realizado. Assim, é inadequada a menção à atividade quando se propõe uma definição formal, subjetiva, de administração pública. A referência à atividade, conquanto seja corriqueira, torna o conceito intrinsecamente contraditório, ou leva a excluir indevidamente da administração pública formal as empresas públicas e sociedades de economia mista exploradoras de atividades econômicas.

Por fim, cabe lembrar que temos administração pública formal em todos os entes federativos e em todos os Poderes do Estado. Embora a quase totalidade da administração pública esteja concentrada no Poder Executivo, os Poderes Legislativo e Judiciário contêm, em sua estrutura, órgãos administrativos. Ademais, é possível, ao menos em tese, existirem entidades da administração indireta vinculadas aos Poderes Legislativo e Judiciário.

3.3. Administração pública em sentido material, objetivo ou funcional

Administração pública em sentido **material**, **objetivo** ou **funcional** representa o conjunto de **atividades** que costumam ser consideradas próprias da função administrativa. O conceito adota como referência a **atividade** (**o que** é realizado), **não** obrigatoriamente **quem** a exerce.

São usualmente apontadas como próprias da administração pública em sentido material as seguintes atividades:

1) **serviço público** (prestações concretas que representem, em si mesmas, diretamente, utilidades ou comodidades materiais para a população em geral, oferecidas pela administração pública formal ou por particulares delegatários, sob regime jurídico de direito público);

2) **polícia administrativa** (restrições ou condicionamentos impostos ao exercício de atividades privadas em benefício do interesse público; exemplo típico são as atividades de fiscalização);

3) **fomento** (incentivo à iniciativa privada de utilidade pública, por exemplo, mediante a concessão de subvenções e benefícios fiscais);

4) **intervenção** (abrangendo toda intervenção do Estado no setor privado, **exceto a sua atuação direta como agente econômico**; estão incluídas a intervenção na propriedade privada, a exemplo da desapropriação e do tombamento, e a intervenção no domínio econômico como agente normativo e regulador, por exemplo, mediante a atuação das agências reguladoras, a adoção de medidas de repressão a práticas tendentes à eliminação da concorrência, a formação de estoques reguladores etc.).

Vale destacar que a atuação direta estatal no campo econômico **como agente produtivo** (Estado-empresário) **não** configura atividade de administração pública em sentido **material**. Deveras, como estamos tratando de um critério **objetivo**, somente se deve conferir relevância à natureza da atividade, em si mesma considerada, e não à pessoa (ou ao órgão) que a executa.

Assim, entidades integrantes da administração pública **formal** que exploram **atividade econômica** em sentido estrito – a exemplo do Banco do Brasil S/A, ou da Petrobras S/A – **não** exercem atividade de administração pública em sentido **material**. Por outro lado, as pessoas privadas que prestam **serviços públicos** mediante delegação estatal – concessão, permissão ou autorização de serviços públicos – **não** fazem parte da administração pública **formal**, mas desempenham atividade de administração pública em **sentido material**.

4. ORGANIZAÇÃO DA ADMINISTRAÇÃO

4.1. Entidades políticas e entidades administrativas

No âmbito do direito administrativo, a palavra "**entidade**" é empregada como sinônimo de "**pessoa jurídica**". Diferencia-se de "**órgão**", vocábulo utilizado para designar um conjunto de competências administrativas **desprovido de personalidade jurídica** (os órgãos integram a estrutura de uma pessoa jurídica).

Entidades políticas, pessoas políticas ou entes federados (ou federativos) são as pessoas jurídicas que compõem a Federação brasileira, caracterizadas por possuírem **autonomia política**. Simplificadamente, pode-se dizer que a autonomia política é traduzida pela capacidade de **auto-organização** (elaboração das próprias Constituições ou Leis Orgânicas) e, sobretudo, pela possibilidade de **legislar**, mais precisamente, de editar leis com fundamento em **competências próprias**, diretamente atribuídas pela Constituição da República.

As entidades políticas são **pessoas jurídicas de direito público interno**, dotadas de diversas competências de natureza política, legislativa e administrativa, todas elas, é mister repetir, **conferidas diretamente pela Constituição Federal**.

No Brasil, são pessoas políticas: a União, os estados, o Distrito Federal e os municípios.

Entidades administrativas são as pessoas jurídicas que integram a administração pública formal brasileira, **sem dispor de autonomia política**. Mais especificamente, entidades administrativas são as pessoas jurídicas que compõem a **administração indireta**, a saber, as autarquias, as fundações públicas, as empresas públicas e as sociedades de economia mista.

Essas pessoas jurídicas meramente administrativas não detêm competências legislativas. Deve-se frisar este ponto: a fundamental distinção entre pessoas políticas e pessoas administrativas reside no fato de aquelas legislarem, possuírem competência para **editar** leis, ao passo que estas em nenhuma hipótese legislam, limitando-se a exercer competências de **execução** das leis editadas pelas pessoas políticas.

Em resumo, as entidades políticas têm competências legislativas e administrativas, recebidas diretamente da Constituição Federal, enquanto as entidades administrativas só possuem competências administrativas, isto é, de mera **execução** de leis. Uma entidade administrativa recebe suas competências da lei que a cria ou autoriza sua criação, editada pela pessoa política que originalmente recebeu da Constituição Federal essas competências.

Com efeito, as entidades administrativas são criadas pelas pessoas políticas, quando estas entendem ser conveniente que determinada competência originalmente sua passe a ser exercida **descentralizadamente**. A pessoa política, então, edita uma lei que diretamente institui a entidade administrativa, ou autoriza a criação dela, outorgando-lhe na lei as competências que entendeu por bem descentralizar.

Embora as entidades administrativas não tenham autonomia política, possuem autonomia administrativa, capacidade de autoadministração, significa dizer, **não são hierarquicamente subordinadas à pessoa política instituidora** e têm capacidade para editar regimentos internos dispondo acerca de sua organização e funcionamento, gestão de pessoas, gestão financeira, gestão de seus serviços, sempre nos termos e limites estabelecidos na lei que criou ou autorizou a criação da entidade administrativa. Essas entidades são **vinculadas** (sem hierarquia) à pessoa política instituidora, que exerce sobre elas **controle administrativo** denominado **tutela ou supervisão**, exercido nos termos da lei, voltado essencialmente à verificação do **atingimento de resultados**, tendo em conta as **finalidades** para cuja consecução a entidade administrativa foi criada.

4.2. Noções de centralização, descentralização e desconcentração

O Estado exerce a função administrativa por meio de órgãos, pessoas jurídicas e seus respectivos agentes. Para o desempenho de suas atribuições, o Estado adota duas formas básicas de organização e atuação administrativas: **centralização** e **descentralização**.

Ocorre a chamada **centralização** administrativa quando o Estado executa suas tarefas diretamente, por meio dos órgãos e agentes integrantes da denominada **administração direta**. Nesse caso, os serviços são prestados diretamente pelos órgãos do Estado, despersonalizados, integrantes de uma mesma pessoa política (União, Distrito Federal, estados ou municípios).

Ocorre a chamada **descentralização** administrativa quando o Estado desempenha algumas de suas atribuições por meio de **outras pessoas**, e **não** pela sua administração direta. A descentralização pressupõe **duas pessoas distintas**: o Estado (a União, o Distrito Federal, um estado ou um município) e a pessoa que executará o serviço, por ter recebido do Estado essa atribuição.

A descentralização pode ocorrer mediante **outorga**, também denominada descentralização **por serviços**, ou mediante **delegação**, também chamada descentralização **por colaboração** (alertamos que se trata de termos cunhados pela doutrina; alguns autores propõem outras expressões, tais como "delegação legal", no lugar de "outorga", e "delegação negocial", em vez de simplesmente "delegação").

A descentralização será efetivada mediante **outorga** quando o Estado cria uma entidade (pessoa jurídica) e a ela transfere determinado serviço público. A outorga pressupõe obrigatoriamente a edição de uma **lei** que institua a entidade, ou autorize a sua criação, e normalmente seu prazo é indeterminado.

É o que ocorre na criação das entidades da **administração indireta**: o Estado descentraliza a prestação dos serviços, outorgando-os a outras pessoas jurídicas (autarquias, empresas públicas, sociedades de economia mista e fundações públicas).

A doutrina aponta como fundamento dessa modalidade de descentralização o assim chamado **princípio da especialização (ou da especialidade)**: um ente federado – União, estados, Distrito Federal ou municípios – edita uma **lei** por força da qual **competências específicas**, nela discriminadas, que originariamente foram a ele atribuídas, passarão a ser exercidas por uma pessoa jurídica distinta (uma entidade de sua **administração indireta**), no pressuposto teórico de que essa **especialização** propiciará maior capacitação para o desempenho ótimo daquelas competências.

A descentralização é efetivada mediante **delegação** quando o Estado transfere, por **contrato** (concessão ou permissão de serviços públicos) ou **ato unilateral** (autorização de serviços públicos), unicamente a **execução** do serviço, para que a pessoa delegada o preste à população, em seu próprio nome e por sua conta e risco, sob fiscalização do Estado.

A delegação por **contrato** é **sempre** efetivada por **prazo determinado**. Na delegação por ato administrativo (autorização de serviços públicos), como regra, não há prazo certo, em razão da precariedade típica do ato administrativo de autorização (possibilidade de revogação a qualquer tempo, em regra, sem indenização). A concessão de serviço público só é possível para pessoas jurídicas, ao passo que pode haver permissão e autorização de serviços públicos tanto para pessoas jurídicas quanto para pessoas físicas.

Embora não haja consenso na doutrina, perfilhamos a orientação segundo a qual, na **descentralização por serviços**, ocorre a **transferência da titularidade** do serviço público outorgado – e não, como se verifica no caso da descentralização por colaboração, a mera execução dele. Isso porque a descentralização por serviços sempre envolve a edição de uma **lei** – a qual instituirá uma entidade administrativa, ou autorizará a sua instituição, e, desde logo, enumerará as respectivas competências.

Ademais, não pode a pessoa política simplesmente decretar a caducidade de um serviço público que foi outorgado por lei a uma entidade da sua administração indireta, ou mesmo encampá-lo; a retomada desse serviço público pelo ente federativo sempre exigirá a edição de uma lei – e, se não restarem outras competências à pessoa administrativa, implicará a sua extinção.

Por essa razão ainda – a outorga legal transferir a titularidade do serviço –, o controle finalístico (ou tutela administrativa) exercido pela administração direta sobre as entidades da administração indireta é menos abrangente do que os controles que o poder concedente exerce no caso de **delegação** (a qual transfere ao delegatário a **mera execução** do serviço público). Estes últimos incluem prerrogativas como a alteração unilateral das condições de execução da delegação, a intervenção imediata na delegação para ulterior apuração de irregularidades e mesmo a decretação de caducidade (extinção unilateral da delegação motivada por prestação inadequada do serviço delegado).

Em nenhuma forma de descentralização há hierarquia.

Na relação entre a administração direta e a indireta, diz-se que há **vinculação** (e não subordinação). A primeira exerce sobre a segunda o denominado **controle finalístico** ou **tutela administrativa** ou **supervisão**. Para exercício do controle finalístico é exigida expressa previsão legal, que determinará os limites e instrumentos de controle (atos de tutela).

Mesmo no caso de **delegação** (descentralização por colaboração), apesar de os controles exercidos pelo poder concedente serem muito mais amplos do que os decorrentes da tutela administrativa (próprios da descentralização por outorga legal), **não** é correto afirmar que o particular delegatário seja **subordinado** à pessoa política delegante. Há fiscalização rígida, prerrogativas especiais conferidas ao poder concedente, mas **não hierarquia** entre o delegante e o delegatário.

Abrimos um parêntese para registrar que a doutrina aponta uma terceira modalidade de descentralização, embora, a nosso ver, ela só desperte, atualmente, interesse acadêmico. Trata-se da denominada **descentralização territorial ou geográfica**, que pode ocorrer, no Brasil, na hipótese teórica de vir a ser criado algum **Território Federal** (nos termos do art. 18, § 2.º, da Carta de 1988, os Territórios Federais integram a União; **lei complementar** deve disciplinar sua criação, transformação em estado-membro, ou reintegração ao estado de origem).

Nessa modalidade de descentralização, a União cria uma pessoa jurídica de direito público com limites territoriais bem definidos e **competências administrativas amplas, genéricas, heterogêneas**. Por terem personalidade jurídica de direito público, os Territórios Federais usualmente são chamados de **autarquias territoriais** (ou geográficas). Mas as autarquias – assim como as demais entidades da administração indireta – têm competências administrativas **específicas**, são criadas por lei para operar em áreas determinadas, ao passo que os Territórios Federais dispõem de competências para atuar em **variadas áreas**, de forma abrangente (os Territórios Federais seriam, então, autarquias que excepcionam o **princípio da especialização**, o qual norteia e justifica a criação de entidades da administração indireta).

Passemos ao estudo da denominada desconcentração administrativa.

Diferentemente da descentralização, que envolve sempre mais de uma pessoa, a **desconcentração** ocorre exclusivamente dentro da estrutura de **uma mesma pessoa jurídica**. Trata-se, a desconcentração, de mera técnica administrativa de **distribuição interna de competências** de uma pessoa jurídica.

Ocorre desconcentração administrativa quando uma pessoa política ou uma entidade da administração indireta distribui competências no âmbito de sua própria estrutura a fim de tornar mais ágil e eficiente a prestação dos serviços. Vale repetir, desconcentração envolve, obrigatoriamente, **uma só pessoa jurídica**.

Exemplificando, ocorre desconcentração no âmbito da administração direta federal quando a União distribui competências entre diversos órgãos de sua própria estrutura, tais quais os ministérios (Ministério da Educação, Ministério da Infraestrutura etc.); ou quando uma autarquia, por exemplo, uma universidade pública, estabelece uma divisão interna de funções, criando, na sua própria estrutura, diversos departamentos (departamento de graduação, departamento de pós-graduação, departamento de Direito, departamento de Filosofia, departamento de Economia etc.).

Impende frisar que a **desconcentração**, mera técnica administrativa de distribuição interna de atribuições, **ocorre tanto no exercício de competências pela administração direta quanto pela indireta**. É muito mais comum falar-se em desconcentração na administração direta pelo simples fato de as pessoas que constituem as administrações diretas (União, estados, Distrito Federal e municípios) possuírem um conjunto de competências mais amplo e uma estrutura sobremaneira mais complexa do que os de qualquer entidade das administrações indiretas. De qualquer forma, temos desconcentração tanto em um município que se divide internamente em órgãos, cada qual com atribuições definidas, como em uma sociedade de economia mista de um estado-membro, um banco estadual, por exemplo, que organiza sua estrutura interna em superintendências, departamentos ou seções, com atribuições próprias e distintas, a fim de melhor desempenhar suas funções institucionais.

Como resultado da desconcentração temos o surgimento dos denominados **órgãos públicos**. Um órgão público, no sentido aqui empregado, é uma simples abstração, é o nome que se dá a um determinado conjunto de competências, localizado na estrutura interna de uma pessoa jurídica, seja ela da administração direta, seja da administração indireta. Sempre que na estrutura de uma pessoa administrativa houver organização de competências, atribuições públicas reunidas em unidades de atuação (órgãos), podemos afirmar que se adotou a técnica de organização do serviço público denominada **desconcentração administrativa**.

Porque a desconcentração ocorre no âmbito de uma mesma pessoa jurídica, surge relação de **hierarquia**, de **subordinação**, entre os órgãos dela resultantes. No âmbito das entidades desconcentradas temos **controle hierárquico**, o qual compreende os poderes de comando, fiscalização, revisão, punição, solução de conflitos de competência, delegação e avocação.

A doutrina costuma classificar a desconcentração, tomando por base o critério utilizado pela administração para sua adoção, em: (a) desconcentração **em razão da matéria** (Ministério da Saúde, da Educação etc.); (b) desconcentração **em razão do grau ou da hierarquia** (ministérios, secretarias, superintendências, delegacias etc.); (c) desconcentração **pelo critério territorial** (Superintendência Regional da Receita Federal do Brasil em São Paulo, no Rio Grande do Sul etc.).

É oportuno mencionar que alguns autores utilizam a expressão **concentração administrativa** para descrever o fenômeno inverso: a situação em que uma determinada pessoa jurídica integrante da administração pública extingue órgãos antes existentes em sua estrutura, reunindo em um número menor de unidades as respectivas competências. Imagine-se, como exemplo, que a secretaria da fazenda de um município tivesse em sua estrutura superintendências, delegacias, agências e postos de atendimento, cada um desses órgãos incumbidos de desempenhar específicas competências da referida secretaria. Caso a administração pública municipal decidisse, em face de restrições orçamentárias, extinguir os postos de atendimento, atribuindo às agências as competências que aqueles exerciam, teria ocorrido concentração administrativa.

Finalizando, vale notar que um serviço pode ser prestado **centralizadamente mediante desconcentração**, se o for por um órgão da administração direta, ou pode ser prestado **descentralizadamente mediante desconcentração**, se o for por uma unidade despersonalizada – superintendência, divisão, departamento, seção etc. – integrante da estrutura de uma determinada pessoa jurídica da administração indireta (autarquia, fundação pública, empresa pública ou sociedade de economia mista).

4.3. Conceito de administração direta, administração indireta e entidades paraestatais

Administração direta é o conjunto de órgãos que integram as pessoas políticas do Estado (União, estados, Distrito Federal e municípios), aos quais foi atribuída a competência para o exercício, de forma **centralizada**, de atividades administrativas.

Administração indireta é o conjunto de pessoas jurídicas (desprovidas de autonomia política) que, **vinculadas** à administração direta, têm competência para o exercício, de forma **descentralizada**, de atividades administrativas.

No Brasil, o **Decreto-Lei 200/1967**, em seu art. 4.º, estabelece a organização da **administração pública federal**, conforme abaixo transcrito:

> Art. 4.º A Administração Federal compreende:
>
> I – A Administração Direta, que se constitui dos serviços integrados na estrutura administrativa da Presidência da República e dos Ministérios.
>
> II – A Administração Indireta, que compreende as seguintes categorias de entidades, dotadas de personalidade jurídica própria:
>
> a) Autarquias;
>
> b) Empresas Públicas;
>
> c) Sociedades de Economia Mista;
>
> d) Fundações Públicas.
>
> Parágrafo único. As entidades compreendidas na Administração Indireta vinculam-se ao Ministério em cuja área de competência estiver enquadrada sua principal atividade.

É importante observar que, embora o DL 200/1967 ainda seja frequentemente citado como referência em matéria de organização estrutural da administração pública brasileira, suas disposições restringem-se ao **Poder Executivo federal**. Ora, conforme antes exposto, há administração pública em todos os entes federados, e todos os Poderes da República têm órgãos administrativos. Além disso, nada impede que existam entidades da administração indireta vinculadas a órgãos dos Poderes Legislativo e Judiciário. É explícito quanto a esses pontos o *caput* do art. 37 da Carta de 1988.

Em síntese, devemos ter em conta que o art. 4.º do DL 200/1967, conquanto ainda vigente, é **incompleto**, refere-se tão só ao **Poder Executivo federal**. No Brasil, existe administração pública em todos os entes federados, e todos os Poderes da República têm órgãos administrativos. Ademais, a administração indireta – existente em todos os entes federados – pode ser integrada por entidades vinculadas a qualquer dos três Poderes.

Essa organização é obrigatória para a União, os estados, o Distrito Federal e os municípios, tendo em vista o tratamento dado à matéria – estrutura da administração pública brasileira – pela Constituição de 1988.

É mister abrirmos ainda um parêntese para observar que, embora seja usual definir a administração indireta como um conjunto de pessoas jurídicas às quais se atribui competência para o exercício descentralizado de **funções administrativas**, a verdade é que existem empresas públicas e sociedades de economia mista que não são criadas para prestar serviços públicos, ou exercer quaisquer outras atividades próprias da administração pública em sentido material, mas sim para **atuar no domínio econômico em sentido estrito** (Estado-empresário). São as empresas públicas e sociedades de economia mista exploradoras de atividade econômica em sentido estrito, a que se refere o art. 173 da Constituição de 1988.

Fechado o parêntese, cumpre, por fim, fazer alusão às denominadas **entidades paraestatais**.

Ao lado da estrutura da administração pública brasileira, positivada em nosso ordenamento jurídico, são objeto de estudo do direito administrativo determinadas instituições privadas que, **sem integrarem** a administração direta ou a administração indireta, colaboram com o Estado no desempenho de atividades de interesse social, de natureza não lucrativa. São as chamadas **entidades paraestatais**, de que são exemplos os serviços sociais autônomos (SESI, SESC, SENAT e outros), as organizações sociais e as organizações da sociedade civil de interesse público (OSCIP).

Entidades paraestatais são, portanto, **pessoas jurídicas privadas** que, sem integrarem a estrutura da administração pública, colaboram com o Estado no desempenho de atividades **não lucrativas**, dele recebendo variadas modalidades de **fomento**. Estudaremos essas entidades no Capítulo 4 desta obra.

Por derradeiro, julgamos oportuno pontuar que os **consórcios públicos**, disciplinados pela Lei 11.107/2005, não podem ser considerados uma quinta categoria de entidades formalmente integrantes da administração indireta brasileira. Com efeito, esses consórcios públicos adquirem personalidade jurídica, que poderá ser de direito público **ou** de direito privado. No primeiro caso, eles serão **autarquias**, sob a forma de "**associações públicas**"; sendo autarquias, não são, por óbvio, uma quinta espécie de entidade. Na segunda hipótese, depreende-se dos termos da Lei 11.107/2005 que o consórcio público não integrará formalmente a administração pública. O assunto "**consórcios públicos**" será detalhadamente examinado adiante, em tópico específico.

4.3.1. Características comuns às entidades da administração indireta

As entidades integrantes da administração indireta – autarquias, fundações públicas, empresas públicas e sociedades de economia mista – são, todas elas, **pessoas jurídicas** com **patrimônio próprio** e **autonomia administrativa**.

Há uma relação de **vinculação** – e não de subordinação – entre essas entidades e a administração direta da pessoa política que as instituiu. Tal relação jurídica fundamenta a denominada **tutela administrativa** (ou **controle finalístico**, ou **supervisão**), exercida pela administração direta sobre as entidades da administração indireta a ela vinculadas. Como **não há hierarquia**, o exercício do controle finalístico pressupõe expressa previsão em lei, a qual determinará os aspectos da atuação da entidade a serem controlados e os instrumentos de controle (**atos de tutela**).

Esta é a diferença fundamental entre controle hierárquico e controle finalístico: o primeiro é permanente, abrange todos os aspectos da atuação do órgão contro-

Cap. 2 • ADMINISTRAÇÃO PÚBLICA

lado e o seu exercício prescinde de previsão legal específica, pois é consequência automática da relação de subordinação existente entre controlado e controlador; o controle finalístico exige lei que expressamente estabeleça os termos e os limites do seu exercício, estipule quando e como ele deve ocorrer.

Pode-se afirmar, em linhas gerais, que a tutela administrativa visa a assegurar que a entidade controlada esteja atuando em conformidade com os objetivos institucionais delineados na lei que a criou, ou autorizou a sua criação, isto é, esteja cumprindo a finalidade para a qual foi instituída – por isso, controle **finalístico**. É um controle que, considerando o objeto da entidade, deve se concentrar, essencialmente, na aferição dos **resultados** por ela atingidos.

Além dessas características básicas, **outros aspectos comuns às entidades da administração indireta** merecem menção, a saber:

a) todos os seus atos estão sujeitos a controle de legalidade ou legitimidade pelo Poder Judiciário, desde que provocado (CF, art. 5.º, XXXV);

b) sujeitam-se a fiscalização e controle pelo Poder Legislativo (CF, arts. 49, X, 58, § 3.º, e 70, entre outros);

c) sujeitam-se, sem distinção, aos controles exercidos pelos tribunais de contas (CF, arts. 71 e 75);

d) suas despesas e receitas integram o orçamento fiscal da pessoa política a que estão vinculadas, devendo constar da lei orçamentária anual (CF, art. 165, § 5.º, I);

e) o ingresso de pessoal permanente em seus quadros deve ocorrer por meio de concurso público de provas ou de provas e títulos (CF, art. 37, II);

f) são alcançadas pela vedação à acumulação remunerada de cargos ou empregos públicos (CF, art. 37, XVI e XVII);

g) sujeitam-se à obrigatoriedade de licitação, como regra geral, para a contratação de obras, serviços, compras e alienações (CF, art. 37, XXI);

h) todos os seus agentes são considerados "funcionários públicos", ou são a estes equiparados, para os efeitos penais (Código Penal, art. 327);

i) todos os seus agentes estão sujeitos à lei que tipifica e sanciona os atos de improbidade administrativa (Lei 8.429/1992);

j) seus agentes que disponham de poder de decisão podem praticar "atos de autoridade" passíveis de impugnação por meio de mandado de segurança (CF, art. 5.º, LXIX; Lei 12.016/2009);

k) têm legitimidade ativa para propor ação civil pública (Lei 7.347/1985);

l) atos lesivos a essas entidades podem ser anulados por meio de ação popular (CF, art. 5.º, LXXIII; Lei 4.717/1965).

Finalizando, cabe anotar que, por força do § 6.º do art. 37 da Carta Política, as pessoas jurídicas de direito público e as pessoas jurídicas de direito privado prestadoras de serviços públicos têm responsabilidade civil **objetiva**, na modalidade "**risco administrativo**", pelos danos que seus agentes, nesta qualidade, causarem a terceiros. Como se vê, todas as entidades da administração indireta são alcançadas por essa norma constitucional, **exceto**, tão somente, as empresas públicas e sociedades de economia mista que tenham por objeto a exploração de **atividades econômicas em sentido estrito**.

4.4. Princípio da organização legal do serviço público

A doutrina administrativista costuma falar em **princípio da organização legal do serviço público** para referir-se à regra segundo a qual cargos, empregos e funções públicas, bem como ministérios e órgãos públicos, devem ser criados e extintos por meio de **lei**. É importante alertar que essa regra **não é absoluta**, uma vez que há hipóteses em que a Constituição confere a **decretos** a atribuição de dispor sobre organização da administração pública e até de extinguir funções e cargos públicos, conforme será visto a seguir.

Nos termos do inciso X do art. 48 da Carta Política, a criação, a transformação e a extinção de cargos, empregos e funções públicas na administração federal são da competência do Congresso Nacional, exigida a sanção do Presidente da República, ou seja, essa competência é exercida mediante edição de **lei**.[1] Deve ser feita a **ressalva** de que, no âmbito da Câmara dos Deputados e no do Senado Federal, o exercício de tal competência dá-se por meio de **resolução** da própria Casa Legislativa, e **não por meio de lei**. Significa dizer, a Câmara dos Deputados e o Senado Federal dispõem em **ato próprio** (resolução) sobre a criação, a transformação e a extinção dos seus cargos, empregos e funções públicas (CF, arts. 51, IV, e 52, XIII).

O Supremo Tribunal Federal já deixou assente que se exige **lei** não só para a **definição** das atribuições do cargo público, mas também para eventuais **alterações** dessas atribuições.[2] Por outras palavras, as competências inerentes e caracterizadoras de um cargo público somente podem ser estabelecidas e modificadas por meio de lei (ou de ato com força de lei, como é o caso da medida provisória), sendo inválida a pretensão de utilizar, para tanto, meros atos administrativos, a exemplo de um decreto ou uma portaria.[3]

Ademais, a alteração das atribuições de um cargo público, **ainda que seja feita por lei**, deve respeitar limites, de modo que não sejam criadas competências novas e inteiramente estranhas àquelas originalmente previstas para o cargo, sob pena de violação à exigência de concurso público para o ingresso em cargos efetivos. Em

---

[1] Cabe registrar que, na esfera **federal**, a Lei 14.204/2021 autoriza que seja efetuada, por **decreto**, "alteração, **mediante transformação**, dos **quantitativos** e da distribuição" de cargos em comissão (inclusive de "cargos comissionados executivos" – CCE), de funções de confiança (inclusive de "funções comissionadas executivas" – FCE) e de gratificações, "observados os respectivos valores de remuneração e **desde que não implique aumento de despesa**" (arts. 6.º e 7.º). À primeira vista, essa previsão conflita com o disposto no inciso X do art. 48 da Constituição Federal – e parece ter extrapolado a competência atribuída ao Presidente da República para editar decretos autônomos prevista no art. 84, inciso VI, da Carta Política. Aguardemos eventual pronunciamento do Supremo Tribunal Federal.

[2] Convém registrar que, embora **não** se trate de **cargos públicos**, o STF também entende que se encontram sob **reserva legal** a criação e a extinção de **serviços notariais e de registro** (serventias extrajudiciais), bem como a sua reorganização mediante desmembramento, desdobramento, anexação, desanexação, modificação de áreas territoriais, acumulação e desacumulação de unidades. Significa dizer, quaisquer dessas alterações somente podem ser efetuadas por meio de **lei em sentido formal**, e **não por atos de natureza administrativa**, a exemplo de resoluções de Tribunais de Justiça (ADI 2.415/SP, rel. Min. Ayres Britto, 22.09.2011; ADIMC 4.657/DF, rel. Min. Marco Aurélio, 29.02.2012).

[3] MS 26.955/DF, rel. Min. Cármen Lúcia, 01.12.2010 (Informativo 611 do STF); MS 26.740/DF, rel. Min. Ayres Britto, 30.08.2011 (Informativo 638 do STF).

Cap. 2 • ADMINISTRAÇÃO PÚBLICA

mais de uma ocasião, o Supremo Tribunal Federal declarou inconstitucionais leis estaduais que, a pretexto de "racionalização do aparelho administrativo", pretendiam fundir cargos de natureza diversa em um novo cargo, que reunisse as atribuições de todos eles, acrescentando, assim, aos cargos originários, competências discrepantes das que existiam quando os seus ocupantes neles ingressaram por meio de concurso público. É ilustrativa da posição de nossa Corte Suprema a esse respeito a seguinte passagem, extraída de aresto prolatado em ação direta de inconstitucionalidade:[4]

> 2. A reestruturação de cargos, fundada em evolução legislativa de aproximação e na progressiva identificação de atribuições, não viola o princípio do concurso público quando: (i) uniformidade de atribuições entre os cargos extintos e aquele no qual serão os servidores reenquadrados; (ii) identidade dos requisitos de escolaridade para ingresso no cargo público; (iii) identidade remuneratória entre o cargo criado e aqueles extintos.

> 3. É inconstitucional a lei estadual que, a pretexto de reestruturar órgão público, propicie ao servidor investir-se, sem prévia aprovação em concurso público destinado ao seu provimento, em cargo que não integra a carreira na qual anteriormente investido.

Também sobre essa matéria, nosso Pretório Constitucional fixou as seguintes **teses jurídicas**:

> É inconstitucional, por dispensar o concurso público, a reestruturação de quadro funcional por meio de aglutinação, em uma única carreira, de cargos diversos, quando a nova carreira tiver atribuições e responsabilidades diferentes dos cargos originais.[5]

> A equiparação de carreira de nível médio a outra de nível superior constitui ascensão funcional, vedada pelo art. 37, II, da CF/88.[6]

> É inconstitucional o aproveitamento de servidor, aprovado em concurso público a exigir formação de nível médio, em cargo que pressuponha escolaridade superior.[7]

> A transformação de carreira de nível médio em outra de nível superior, com atribuições distintas, constitui forma de provimento derivado vedada pelo art. 37, II, da CF/88.[8]

> É inconstitucional dispositivo de Constituição estadual que permite transposição, absorção ou aproveitamento de empregado público no quadro estatutário da administração pública estadual sem pré-

---

[4]   ADI 5.406/PE, rel. Min. Edson Fachin, 24.04.2020.

[5]   RE 642.895/SC (**repercussão geral**), red. p/ o acórdão Min. Alexandre de Moraes, 14.05.2020.

[6]   ADI 3.199/MT, rel. Min. Roberto Barroso, 17.04.2020. No mesmo sentido: ADI 6.355/PE, rel. Min. Cármen Lúcia, 31.05.2021 (Informativo 1.019 do STF); ADI 5.510/PR, red. p/ o acórdão Min. Edson Fachin, 05.06.2023 (Informativo 1.097 do STF).

[7]   RE 740.008/RR (**repercussão geral**), rel. Min. Marco Aurélio, 18.12.2020.

[8]   ADI 7.229/AC, red. p/ o acórdão Min. Roberto Barroso, 13.11.2023 (Informativo 1.116 do STF).

via aprovação em concurso público, nos termos do art. 37, II, da Constituição Federal.[9]

Por outro lado, entende o Supremo Tribunal Federal que é **constitucional** a alteração efetuada por meio de lei nos requisitos de escolaridade para provimento, mediante concurso público, de cargo efetivo, significa dizer, é **legítimo** que uma **lei**, emitida pelo ente federativo competente, **passe a exigir diploma de nível superior** para ingresso em determinado cargo que, **antes**, tinha o **nível médio** como requisito de escolaridade. Segundo a Corte Maior, ocorre, nesses casos, reestruturação da administração pública, e **não** provimento derivado por **ascensão**.[10]

A **extinção** de cargo ou função pública que estejam **vagos** será feita mediante **decreto**. De fato, o art. 84, VI, "b", da Constituição, com a redação dada pela EC 32/2001, atribui competência privativa ao Presidente da República para dispor, mediante decreto, sobre extinção de funções ou cargos públicos na administração federal, **quando vagos**. Trata-se de autorização constitucional para a edição de **decreto autônomo**, isto é, um decreto que não depende de lei alguma, por estar diretamente autorizado na própria Constituição.

Cumpre repisar: a **extinção** de função ou cargo público **ocupados** exige **lei**; somente se o cargo ou a função estiverem **vagos** é que a **extinção** realiza-se mediante **decreto autônomo**.

É competência do Congresso Nacional, exercida por meio de **lei** de iniciativa privativa do Presidente da República, a **criação** e a **extinção** de **ministérios e órgãos** da administração pública federal (CF, arts. 48, XI, e 61, § 1.º, "e"). São também de iniciativa privativa do Presidente da República, entre outras, as leis que disponham sobre criação de cargos, funções ou empregos públicos na administração federal direta e autárquica, ou aumento de sua remuneração; servidores públicos da União, seu regime jurídico, provimento de cargos, estabilidade e aposentadoria (CF, art. 61, § 1.º).

Por outro lado, dispor sobre organização e funcionamento da administração federal, **desde que não implique aumento de despesa nem criação ou extinção de órgãos públicos**, é competência privativa do Presidente da República, exercida mediante **decreto autônomo**. Essa competência, prevista no art. 84, VI, "a", da Constituição Federal, foi introduzida pela EC 32/2001. Antes dessa emenda constitucional, a matéria em questão – organização e funcionamento da administração federal – era reservada à lei. A partir da EC 32/2001, ela passou a ser disciplinada mediante decreto autônomo, editado independentemente de lei, configurando hipótese de "**reserva de administração**", salvo se implicar aumento de despesa ou criação ou extinção de órgãos públicos.

Aliás, convém anotar que as competências privativas do Presidente da República enumeradas no inciso VI do art. 84 da Constituição, exercidas mediante a edição de decretos autônomos, **podem ser delegadas**, conforme previsto no parágrafo único do mesmo artigo.

---

[9] RE 1.232.885/AP (**repercussão geral**), rel. Min. Nunes Marques, 13.04.2023 (Informativo 1.090 do STF).

[10] ADI 7.081/BA, rel. Min. Edson Fachin, 24.10.2022 (Informativo 1.074 do STF). No mesmo sentido: ADI 4.151/DF, ADI 4.616/DF e ADI 6.966/DF, rel. Min. Gilmar Mendes, 27.11.2023 (Informativo 1.118 do STF).

Cap. 2 • ADMINISTRAÇÃO PÚBLICA

Faz-se oportuno mencionar, ainda, que compete privativamente ao Supremo Tribunal Federal, aos Tribunais Superiores e aos Tribunais de Justiça propor ao Poder Legislativo respectivo a criação e a extinção de cargos e a remuneração dos seus serviços auxiliares e dos juízos que lhes forem vinculados, além da fixação do subsídio de seus membros e dos juízes, inclusive dos tribunais inferiores, onde houver, bem como a criação ou a extinção dos tribunais inferiores (CF, art. 96, II, "b" e "c").

Observe-se, por fim, que as regras aqui expostas são de aplicação **obrigatória**, por **simetria** – sempre que cabível, evidentemente – no âmbito dos estados, do Distrito Federal e dos municípios.

Em síntese:

a) a criação, a transformação e a extinção de cargos, funções e empregos públicos são de competência do Congresso Nacional, exercida por meio de **lei**, ressalvados os da Câmara dos Deputados e os do Senado Federal, que são criados, transformados e extintos mediante **resolução** da própria Casa Legislativa (CF, arts. 48, X, 51, IV, e 52, XIII);

b) a iniciativa das leis que disponham sobre criação de cargos, funções ou empregos públicos na administração direta e autárquica é privativa do Presidente da República (CF, art. 61, § 1.º, II, "a");

c) a **extinção** de funções ou cargos públicos **vagos** é de competência privativa do Presidente da República, exercida por meio de **decreto autônomo** (CF, art. 84, VI, "b");

d) a criação e a extinção de **ministérios e órgãos** da administração pública federal são de competência do Congresso Nacional, exercida por meio de **lei** de iniciativa privativa do Presidente da República (CF, arts. 48, XI, e 61, § 1.º, II, "e");

e) dispor sobre a **organização** e o **funcionamento** da administração federal, quando **não implicar aumento de despesa nem criação ou extinção de órgãos públicos**, é competência privativa do Presidente da República, exercida por meio de **decreto autônomo** (CF, art. 84, VI, "a");

f) a criação e a extinção dos cargos do Poder Judiciário são efetuadas por meio de **lei** de iniciativa privativa do Supremo Tribunal Federal, dos Tribunais Superiores e dos Tribunais de Justiça, conforme o caso (CF, art. 96, II, "b").

4.5. Criação de entidades da administração indireta

O inciso XIX do art. 37 da Constituição trata da criação das quatro espécies de entidades existentes nas **administrações indiretas** das diversas pessoas políticas de nossa Federação: as **autarquias**, as **empresas públicas**, as **sociedades de economia mista** e as **fundações públicas**.

Segundo a doutrina, a criação de entidades da administração indireta encontra fundamento no assim chamado **princípio da especialização** (**ou da especialidade**): um ente federado – União, estados, Distrito Federal ou municípios – edita uma **lei** por força da qual **competências específicas**, nela discriminadas, que originariamente foram atribuídas à pessoa política, passarão a ser exercidas por outra pessoa jurídica, meramente administrativa (uma entidade integrante de sua **administração indireta**), no pressuposto teórico de que tal **especialização** permitirá um desempenho dessas competências melhor do que aquele que se obteria caso elas permanecessem sob incumbência de órgãos da administração direta daquele ente federado.

O citado dispositivo constitucional – inciso XIX do art. 37 – é, a nosso ver, o que mais claramente demonstra que o constituinte de 1988 adotou para toda a administração pública brasileira a estrutura que, então, o Decreto-Lei 200/1967 estabelecia para a administração pública federal.

Com efeito, o DL 200/1967, desde a sua edição, emprega as expressões "administração direta" e "administração indireta" para se reportar às duas subdivisões da administração pública federal (essas expressões são utilizadas no *caput* do art. 37 da Carta Política) e, desde 1987, arrola como entidades da administração indireta, expressamente, as autarquias, as empresas públicas, as sociedades de economia mista e as fundações públicas.

Desse modo, pensamos que, a partir da Constituição de 1988, em todos os entes federados, a administração pública subdivide-se em administração direta e administração indireta, sendo esta composta por aquelas quatro categorias de entidades, que devem ser criadas segundo determina o texto constitucional. Tais entidades estão sujeitas, ademais, a todas as regras – tanto constitucionais quanto presentes em leis gerais de caráter nacional – que a elas se refiram individualmente ou, de forma genérica, aludam a "administração indireta", ou a "administração pública".

Em sua redação primitiva, o inciso XIX do art. 37 da Constituição previa que todas as quatro categorias de entidades a que ele alude fossem diretamente criadas por lei específica. A doutrina criticava a redação originária pela imprecisão, uma vez que somente pessoas jurídicas de direito público são criadas por lei, diretamente. Pessoas jurídicas de direito privado, mesmo as integrantes da administração pública, só adquirem personalidade jurídica com a inscrição de seus atos constitutivos no registro público competente. Como sempre foi incontroverso que empresas públicas e sociedades de economia mista são, invariavelmente, pessoas jurídicas de direito privado, pelo menos para elas era certo que a redação do dispositivo estava inadequada.

A EC 19/1998 modificou substancialmente a redação do inciso XIX do art. 37, de tal sorte que, para a criação das pessoas jurídicas integrantes da administração indireta, passaram a existir, dependendo do caso, **duas diferentes sistemáticas,** consoante abaixo se lê:

> XIX – somente por lei específica poderá ser criada autarquia e autorizada a instituição de empresa pública, de sociedade de economia mista e de fundação, cabendo à lei complementar, neste último caso, definir as áreas de sua atuação;

Na redação atual, portanto, o inciso XIX do art. 37 prevê a possibilidade de criação de entidades da administração indireta, conforme o caso, de **duas formas distintas**, a saber:

a) **autarquias**: a própria lei específica, **diretamente**, cria a entidade;

b) **demais entidades**: a lei específica apenas **autoriza** que a entidade seja criada, devendo o Poder Executivo, então, providenciar concretamente a sua criação.

Cap. 2 • ADMINISTRAÇÃO PÚBLICA

A primeira corresponde à sistemática própria para se conferir **personalidade jurídica de direito público** a uma determinada entidade. Hoje, ela está prevista na Constituição, de forma literal, **unicamente** para as autarquias. O ente federado só precisa editar uma lei ordinária cujo conteúdo específico seja a criação da autarquia (a lei é específica quanto à matéria); com o início da vigência da lei, a autarquia adquire personalidade jurídica, está instituída. Não cabe cogitar inscrição de atos constitutivos em registro público (a própria lei é o ato constitutivo da entidade).

Na segunda hipótese, a criação da entidade, ou seja, a **aquisição da personalidade jurídica**, efetivamente ocorre quando o Poder Executivo elabora os atos constitutivos e providencia sua **inscrição no registro público** competente (os atos constitutivos usualmente são corporificados em um decreto, mas não é a publicação do decreto que dá nascimento à entidade, é o registro dos atos constitutivos). Essa é a sistemática própria de criação de **pessoas jurídicas de direito privado.**[11]

Como se vê, o inciso XIX do art. 37 da Constituição, com a redação dada pela EC 19/1998, pretendeu conferir **personalidade jurídica de direito privado** às empresas públicas, às sociedades de economia mista e às fundações públicas. Quanto às duas primeiras, não houve novidade, mas simples adequação, porque, mesmo quando vigorava a redação original do dispositivo em comento, era consenso serem elas dotadas, sempre, de personalidade jurídica de direito privado. Considerava-se ter havido mera imprecisão por parte do constituinte originário. A mudança realmente significativa foi a EC 19/1998 situar as **fundações públicas** no mesmo nível das empresas públicas e das sociedades de economia mista, no tocante à sua criação.

Conquanto seja patente que o constituinte derivado teve a intenção de que todas as **fundações públicas** passassem a ser criadas obrigatoriamente com **personalidade jurídica de direito privado**, nossa jurisprudência, inclusive a do Supremo Tribunal Federal, e a doutrina pátria dominante admitem que as fundações públicas sejam criadas com **personalidade jurídica de direito público**, diretamente por lei específica. Nesse caso, todavia, elas serão uma *"espécie do gênero autarquia".*

Vale reforçar este ponto: as fundações públicas podem ser criadas da forma literalmente prevista na segunda parte do inciso XIX do art. 37 da Carta Política, revestindo, então, personalidade jurídica de direito privado, mas podem também, alternativamente, ser criadas diretamente por lei específica, com personalidade jurídica de direito público, hipótese em que serão uma espécie de autarquia (usualmente denominadas **fundações autárquicas**, ou **autarquias fundacionais**). A possibilidade de instituição de fundações públicas com personalidade jurídica de direito público é construção doutrinária e jurisprudencial, **não está expressamente prevista na Constituição**.

A **extinção** das entidades arroladas no inciso XIX do art. 37 da Constituição deve ser efetuada segundo a mesma sistemática observada na sua criação – trata-se

---

[11] Estamos pressupondo, sempre que não houver menção em contrário, que a entidade seja vinculada ao Poder Executivo, o que ocorre na quase totalidade das vezes; na hipótese de a entidade ser vinculada ao Poder Legislativo ou ao Judiciário, a elaboração dos respectivos atos constitutivos e inscrição no registro público deverá ser providenciada pela autoridade competente do órgão a que ela esteja vinculada, conforme dispuser a lei que a criou ou autorizou sua criação.

de corolário do princípio da simetria das formas jurídicas. Assim, caso a entidade tenha sido diretamente criada por lei específica, deverá ser diretamente extinta mediante a edição de outra lei específica – é a forma aplicável, hoje, às autarquias e às fundações públicas com personalidade jurídica de direito público. Se a entidade teve sua criação autorizada em lei específica e nasceu com a inscrição de seus atos constitutivos no registro público, a sua extinção deve ser simplesmente autorizada em lei específica e, então, providenciada pelo Poder Executivo (caso se trate de entidade vinculada ao Poder Executivo, o que é a regra).

Em qualquer hipótese, a lei específica que crie ou que autorize a criação, extinga ou autorize a extinção de uma entidade da administração indireta vinculada ao Poder Executivo é de **iniciativa privativa do Chefe do Poder Executivo** (Presidente da República, Governador de Estado, Governador do Distrito Federal ou Prefeito, conforme o caso).

A referida regra – reserva de iniciativa de projetos de lei referentes a criação ou extinção de entidades administrativas do Poder Executivo – está prevista, para a **esfera federal**, na alínea "e" do inciso II do § 1.º do art. 61 do texto constitucional, e sua adoção é **obrigatória** também para os estados, o Distrito Federal e os municípios. Essa exigência de **simetria** já foi afirmada inúmeras vezes pelo Supremo Tribunal Federal, com fundamento no princípio federativo – que impõe a observância das regras constitucionais do processo legislativo federal aos demais entes políticos – e no modelo de tripartição de Poderes consagrado pelo constituinte originário.[12]

É interessante notar que o texto constitucional, no art. 61, § 1.º, II, "e", somente se refere, de forma literal, à iniciativa privativa das leis que disponham sobre "**criação e extinção de Ministérios e órgãos da administração pública**". Não fala em "**entidades**". É necessário, entretanto, compreender que o vocábulo "**órgãos**" foi ali empregado em sentido amplo, ou mesmo fora de sua acepção técnica, isto é, não com o significado próprio de "feixe despersonalizado de atribuições", e sim com o escopo de abarcar quaisquer unidades, **personalizadas ou não**, integrantes da estrutura organizacional da administração pública formal. Doutrina e jurisprudência são unânimes quanto a essa questão.

Deve-se ressalvar a hipótese (**não usual**) de criação ou extinção de uma entidade da administração indireta **vinculada ao Poder Legislativo, ou vinculada ao Poder Judiciário**. Nesses casos, por óbvio, a iniciativa da lei respectiva **não** será do Chefe do Poder Executivo, mas **sim** da autoridade competente do Poder a que esteja vinculada a entidade.

Por fim, a parte final do inciso XIX do art. 37, com a redação que lhe deu a EC 19/1998, prevê a edição de uma **lei complementar** para dispor acerca das áreas em que poderão atuar as **fundações públicas**. Trata-se de regra aplicável tanto às fundações públicas com personalidade jurídica de direito privado quanto às que sejam instituídas com personalidade de direito público. Essa lei complementar até hoje não foi editada. Provavelmente, quando o for, será encampada a lição da **doutrina**,

---

[12] ADI 645/DF, rel. Min. Ilmar Galvão, 11.11.1996; ADI 1.391/SP, rel. Min. Sepúlveda Pertence, 09.05.2002; ADI 2.750/ES, rel. Min. Eros Grau, 06.04.2005; ADI 2.295/RS, rel. Min. Marco Aurélio, 15.06.2016.

Cap. 2 • ADMINISTRAÇÃO PÚBLICA

segundo a qual as **fundações públicas devem atuar em áreas de interesse social**, por exemplo, educação, saúde, atividades culturais, assistência social, pesquisa científica, promoção do desporto, proteção do meio ambiente.

4.6. Criação de subsidiárias e participação no capital de empresas privadas

Logo depois de estabelecer as formas de instituição das entidades da administração indireta, a Constituição Federal prescreve regras acerca da **criação de subsidiárias** dessas entidades, bem como da sua **participação no capital de empresas privadas**. Preceitua o inciso XX do art. 37 da Carta Política:

> XX – depende de autorização legislativa, em cada caso, a criação
> de subsidiárias das entidades mencionadas no inciso anterior, assim
> como a participação de qualquer delas em empresa privada;

Não existe uma **definição** legal – muito menos constitucional – de "pessoa jurídica subsidiária". Na "Lei das S/A" (Lei 6.404/1976) – que é uma lei de caráter nacional –, só encontramos referência à figura da "**subsidiária integral**" (arts. 251 a 253): é uma companhia cujas ações pertencem, todas elas, a uma única sociedade brasileira. É evidente que o inciso XX do art. 37 da Constituição **não** se aplica **somente** a "subsidiárias integrais".

De um modo geral, os poucos juristas que enfrentam a questão sustentam que, no direito público, o termo "**empresa subsidiária**" é empregado como sinônimo de "**empresa controlada**". Alguns acrescentam a exigência de que a subsidiária tenha como objeto social uma atividade específica dentre o leque daquelas a que se dedica a empresa-mãe; a criação da subsidiária consistiria, portanto, em uma técnica de descentralização empresarial, adotada com o intuito de proporcionar maior especialização no desempenho de uma das áreas abrangidas pelos fins institucionais da empresa controladora.

Além do exposto no parágrafo precedente, os autores que se ocupam do tema costumam asseverar que, a despeito da menção explícita do texto constitucional a "**subsidiárias das entidades mencionadas no inciso anterior**", somente empresas públicas e sociedades de economia mista poderiam ter subsidiárias, pois a relação de controle que existe entre a pessoa jurídica matriz e a subsidiária seria própria de pessoas com estrutura empresarial, e inadequada a autarquias e fundações públicas. Ousamos discordar, sob pena de incorrermos na pretensão de "corrigir", com base em lições acadêmicas, a obra do **constituinte originário**. Parece-nos que, se o legislador de um ente federado pretendesse, por exemplo, autorizar a criação de uma subsidiária de uma fundação pública, não haveria base constitucional para considerar inválida essa autorização.

Enfim, entendemos que as "subsidiárias das entidades mencionadas no inciso anterior", a que se refere o inciso XX do art. 37 da Carta Política, são, simplesmente, pessoas jurídicas controladas por uma das entidades da administração indireta. Vale dizer, tais subsidiárias enquadram-se como "pessoas jurídicas **controladas indiretamente pelo poder público**" – expressão empregada em dispositivos constitucionais e leis administrativas, na qual "poder público" significa "ente federativo" ou "pessoa política".

Portanto, no âmbito do direito administrativo, "**subsidiária**" é **sinônimo** de "**controlada**". Quando a entidade-matriz detém a **totalidade do capital** da subsidiária, temos uma "**subsidiária integral**"; caso a entidade-matriz detenha **apenas o controle societário**, mas não a integralidade do capital da subsidiária, resulta configurada uma "**subsidiária controlada**". Enfatizamos que, em qualquer caso, a subsidiária tem **personalidade jurídica própria**, vale dizer, é uma **pessoa jurídica**, distinta da pessoa controladora – e **não** um órgão, ou um mero "estabelecimento", ou uma simples "filial" desta.

Registramos que o Decreto 8.945/2016, o qual regulamentou, na esfera federal, a Lei 13.303/2016, procurou estabelecer algumas definições relevantes – porém **elas só se aplicam à órbita federal** e dizem respeito, tão somente, a entidades que de algum modo estejam relacionadas com empresas públicas e sociedades de economia mista. Merecem reprodução estes dispositivos do Decreto 8.945/2016:

> Art. 2.º Para os fins deste Decreto, considera-se:
>
> I – **empresa estatal** – entidade dotada de personalidade jurídica de direito privado, cuja maioria do capital votante pertença direta ou indiretamente à União;
>
> ....
>
> IV – **subsidiária** – empresa estatal cuja maioria das ações com direito a voto pertença direta ou indiretamente a empresa pública ou a sociedade de economia mista;
>
> V – **conglomerado estatal** – conjunto de empresas estatais formado por uma empresa pública ou uma sociedade de economia mista e as suas respectivas subsidiárias;
>
> ....
>
> Parágrafo único. Incluem-se no inciso IV do *caput* as subsidiárias integrais e as demais sociedades em que a empresa estatal detenha o controle acionário majoritário, inclusive as sociedades de propósito específico.

Há controvérsia doutrinária quanto à posição das subsidiárias em relação à administração pública formal. Filiamo-nos à corrente que defende **não** fazerem elas parte da administração indireta, **não** integrarem a administração pública. Isso porque o conceito de administração pública adotado em nosso direito positivo é o **formal** (ou **subjetivo**), patentemente inspirado no DL 200/1967, que expressamente restringe as entidades integrantes da administração indireta a quatro espécies – exatamente as mesmas arroladas no inciso XIX do art. 37 da Constituição Federal. E as subsidiárias dessas entidades, criadas com fundamento no inciso XX do mesmo artigo, não são sociedades de economia mista, nem empresas públicas, tampouco fundações públicas e, muito menos, autarquias (aliás, afigura-se incompatível com o inciso XX do art. 37 atribuir personalidade jurídica de direito público a uma subsidiária de entidade da administração indireta, pois seria necessário, nessa hipótese, que uma lei criasse, ela própria, a subsidiária, em vez de simplesmente autorizar a sua criação).

O **regime jurídico** a que se sujeitam as subsidiárias ora em foco é, **predominantemente**, o de **direito privado**, mas a Constituição e algumas leis administrativas estendem a elas regras de direito público. De fato, existem dispositivos constitucionais e legais que expressamente impõem a observância de normas próprias do regime jurídico de direito público às subsidiárias das entidades administrativas – ou, de modo genérico, às pessoas jurídicas controladas (direta ou indiretamente) pelo poder público.

São exemplos de aplicação do regime de direito público às subsidiárias das entidades da administração indireta:

a) a vedação à acumulação remunerada de cargos, empregos e funções públicas (CF, art. 37, XVII);

b) a sujeição aos limites de remuneração dos agentes públicos previstos no inciso XI do art. 37 da Carta Política ("tetos constitucionais"), caso recebam recursos do poder público para pagamento de despesas de pessoal ou de custeio em geral (CF, art. 37, § 9.º);

c) os investimentos públicos nelas realizados constam da lei orçamentária anual do ente federado (CF, art. 165, § 5.º, II);

d) a sujeição ao controle legislativo e ao controle pelos tribunais de contas (CF, arts. 52, VII, 70, parágrafo único, 71 e 163, II; Lei 8.443/1992);

e) a sujeição à exigência de licitação para a realização de contratações em geral (Lei 14.133/2021, art. 1.º, II; Lei 13.303/2016, art. 1.º, *caput*);

f) seus agentes sujeitam-se à lei que tipifica e sanciona os atos de improbidade administrativa; os atos praticados contra elas pelos agentes públicos em geral, e até mesmo por particulares, podem ser enquadrados como atos de improbidade administrativa (Lei 8.429/1992, arts. 1.º a 3.º);

g) os atos que sejam a elas lesivos podem ser objeto de ação popular (Lei 4.717/1965, art. 1.º).

Não é pacífico o entendimento acerca da obrigatoriedade de que o pessoal permanente das subsidiárias das entidades da administração indireta seja contratado mediante **concurso público**. Parece-nos predominante a orientação – que perfilhamos – segundo a qual esses empregados estão, **sim**, sujeitos à exigência de contratação por meio de concurso público de provas ou de provas e títulos. É exemplo dessa posição a **Súmula 231** do Tribunal de Contas da União (TCU), cujo enunciado faz-se oportuno transcrever (grifamos):

> 231 – A exigência de concurso público para admissão de pessoal se estende a toda a administração indireta, nela compreendidas as autarquias, as fundações instituídas e mantidas pelo poder público, as sociedades de economia mista, as empresas públicas **e, ainda, as demais entidades controladas direta ou indiretamente pela União**, mesmo que visem a objetivos estritamente econômicos, em regime de competitividade com a iniciativa privada.

O texto do inciso XX do art. 37, ora em estudo, literalmente preceitua que a criação de subsidiárias das entidades administrativas e a participação de qualquer delas em empresa privada dependem de "**autorização legislativa**", "**em cada caso**". Consoante a jurisprudência do Supremo Tribunal Federal, a expressão "autorização legislativa", nesse dispositivo constitucional, deve ser lida, simplesmente, como "**autorização em lei**".[13] Significa dizer, a autorização em comento será dada em **lei ordinária** do ente federado competente: no âmbito da administração pública federal, lei editada pelo Congresso Nacional; nas administrações estaduais, lei da Assembleia Legislativa do estado-membro respectivo – e assim por diante.

Está igualmente consagrado pelo Supremo Tribunal Federal o entendimento de que a exigência da autorização legislativa "em cada caso" **não significa** necessidade de "**uma lei para cada subsidiária a ser criada**". É suficiente, para satisfazer a exigência do inciso XX do art. 37 da Constituição, a existência, na própria lei que deu origem à entidade da administração indireta, de **um dispositivo conferindo genericamente a autorização** para ela criar subsidiárias (ou participar do capital de empresas privadas).

Vale transcrever este excerto da ementa de acórdão do STF em que a orientação ora em tela foi perfilhada (tratava-se de ação envolvendo a Petrobras S/A, sociedade de economia mista federal):[14]

> É dispensável a autorização legislativa para a criação de empresas subsidiárias, desde que haja previsão para esse fim na própria lei que instituiu a empresa de economia mista matriz, tendo em vista que a lei criadora é a própria medida autorizadora.

O julgado não versava sobre a autorização para participação no capital de empresas privadas, referida na parte final do inciso XX do art. 37, mas, a nosso ver, não há motivo para adotar interpretação diferente nessa hipótese. Alvitra apontar, aliás, que o Decreto 8.945/2016, o qual regulamentou, na esfera federal, a Lei 13.303/2016, seguiu expressamente essa linha, estabelecendo que "a participação de empresa estatal em sociedade privada dependerá", dentre outros requisitos, de "prévia autorização legal, que **poderá constar apenas da lei de criação** da empresa pública ou da sociedade de economia mista investidora" (art. 8.º, I). E, de forma ainda mais explícita, averbou que, "na hipótese de **a autorização legislativa ser genérica**", será necessária "autorização do conselho de administração para participar de cada empresa" (art. 8.º, III).

Por fim, o Supremo Tribunal Federal deixou assente, na mesma decisão ora em comento, que o inciso XX do art. 37 da Constituição não pode ser invocado para fundamentar a criação de sociedades de economia mista (ou de qualquer outra entidade da administração indireta). A criação de entidades da administração indireta só é possível nos termos impostos pelo inciso XIX do art. 37, significa dizer, a entidade deve ser criada, ou ter a sua criação autorizada, por uma lei específica, que defina os contornos básicos de sua estrutura e suas competências.

Não pode, por exemplo, a lei específica que venha a ser editada para autorizar o Poder Executivo a criar a empresa pública WXYZ, em cujo texto deverá haver

---

[13] ADI 1.649/DF, rel. Min. Maurício Corrêa, 24.03.2004.
[14] ADI 1.649/DF, rel. Min. Maurício Corrêa, 24.03.2004.

disposições acerca da estrutura e das competências dessa empresa pública, conter também um artigo que autorize, genericamente, a criação da sociedade de economia mista ABCD. Mas a referida lei específica poderá, validamente, conter um artigo genérico que autorize a criação de subsidiárias pela empresa pública WXYZ.

4.7. Entidades em espécie

4.7.1. Autarquias

4.7.1.1. Conceito

As **autarquias** são entidades da administração pública indireta, dotadas de **personalidade jurídica de direito público**, patrimônio próprio e autonomia administrativa, criadas por lei específica para o exercício de competências estatais determinadas.

Maria Sylvia Di Pietro conceitua autarquia como "pessoa jurídica de direito público, criada por lei, com capacidade de autoadministração, para o desempenho de serviço público descentralizado, mediante controle administrativo exercido nos limites da lei".

No direito positivo pátrio, o inciso I do art. 5.º do Decreto-Lei 200/1967 apresenta a seguinte definição:

> **Autarquia** – o serviço autônomo, criado por lei, com personalidade jurídica, patrimônio e receita próprios para executar atividades típicas da Administração Pública, que requeiram, para seu melhor funcionamento, gestão administrativa e financeira descentralizada.

A criação de **autarquias**, modalidade de **descentralização** administrativa, consubstancia a **personificação de um serviço** retirado da administração pública centralizada. Por esse motivo, em regra, somente devem ser outorgados serviços públicos típicos às autarquias, e não atividades econômicas em sentido estrito, ainda que estas possam ser consideradas de interesse social (as entidades da administração indireta preordenadas ao desempenho de atividades econômicas em sentido estrito são as empresas públicas e as sociedades de economia mista, consoante se depreende da leitura do art. 173 da Constituição).

Pelo fato de as autarquias desempenharem atividades típicas da administração pública e, sobretudo, como decorrência da sua personalidade jurídica de direito público, os poderes de que o Estado dispõe para o desempenho de sua função administrativa, bem como os privilégios e restrições, são também outorgados pelo ordenamento jurídico às autarquias. São exemplos de prerrogativas estatais a elas estendidas a imunidade tributária recíproca e os privilégios processuais da Fazenda Pública, consoante será detalhado à frente.

As autarquias estão sujeitas a controle da pessoa política que as criou, à qual são **vinculadas**. Trata-se do denominado **controle finalístico**, **tutela**, ou **supervisão**, exercido apenas nos termos e limites expressos em lei, uma vez que **não há hierarquia** entre a autarquia e o ente federado que a instituiu.

42 DIREITO ADMINISTRATIVO DESCOMPLICADO • Marcelo Alexandrino & Vicente Paulo

É interessante mencionar que, embora isso não estivesse previsto no DL 200/1967, tampouco o esteja na Carta Política de 1988, nossa jurisprudência e, também, nosso ordenamento positivo infraconstitucional têm adotado a concepção de que "autarquia" representa um "gênero" de entidade administrativa, subdividido em "espécies", tendo em vista determinadas características que as particularizam.

Essa construção jurisprudencial e legal impõe que, atualmente, identifiquemos as seguintes "espécies", ou subdivisões, do "gênero" autarquia: (a) autarquia "comum" ou "ordinária"; (b) autarquia "sob regime especial"; (c) autarquia fundacional; e (d) associação pública.

Adotando essa classificação, tem-se que a autarquia "**comum**" ou "**ordinária**" é aquela que não apresenta nenhuma peculiaridade, enquadrando-se exclusivamente no regime jurídico previsto no DL 200/1967 (vale lembrar que o DL 200/1967 só se aplica às autarquias federais; as de outras esferas seriam "comuns" ou "ordinárias" quando sujeitas exclusivamente, sem particularidades, ao regime geral que o respectivo ente federado estabeleça para as suas entidades da administração indireta).

Autarquia "**sob regime especial**" é expressão empregada pela doutrina e pelas leis para se referirem a qualquer autarquia cujo regime jurídico apresente alguma peculiaridade, quando comparado com o regime jurídico "geral", ou "comum", ou "ordinário" previsto no DL 200/1967 (feita a mesma ressalva, posta no parágrafo anterior, quanto ao fato de o DL 200/1967 somente ser endereçado à esfera federal). Não existe um "regime especial" específico, definido, aplicável a todas as autarquias que recebam essa qualificação; as particularidades consideradas "regime especial" variam sobremaneira, dependendo do que dispuser a lei instituidora da autarquia.

Autarquia fundacional é, simplesmente, uma fundação pública instituída diretamente por lei específica, com personalidade jurídica de direito público. A rigor, a distinção entre "autarquia" e "fundação pública com personalidade jurídica de direito público" é meramente conceitual: autarquias são definidas como um **serviço público personificado**, em regra, típico de Estado, enquanto fundações públicas são, por definição, um **patrimônio personalizado** destinado a uma finalidade determinada – de interesse social, teoricamente. Independentemente dessa diferença conceitual, certo é que a forma jurídica da entidade – "autarquia" ou "fundação autárquica" – não implica, **por si só**, qualquer distinção específica de regime jurídico; se houver peculiaridades, serão as definidas na respectiva lei instituidora, tão somente. Aliás, "autarquia fundacional" e "fundação autárquica" são expressões sinônimas, podem ser utilizadas indiferentemente.

A figura das **associações públicas** é expressamente tratada como uma espécie de autarquia no Código Civil, nestes termos: "são pessoas jurídicas de direito público interno as autarquias, inclusive as associações públicas" (art. 41, IV). Os **consórcios públicos**, espécie de pessoa jurídica disciplinada na Lei 11.107/2005, podem ser constituídos sob a forma de **associações públicas**. Nesse caso, **o consórcio público será uma autarquia** integrante, simultaneamente, da administração indireta de mais de um ente federado, figura que a doutrina tem chamado de autarquia **interfederativa** ou **multifederada** (ou, ainda, **multifederativa**). Os consórcios públicos serão estudados em tópico próprio.

4.7.1.2. Criação e extinção

As **autarquias** somente podem ser criadas por meio de **lei específica**, consoante o disposto no art. 37, XIX, da Constituição Federal. Na esfera federal, a lei de criação da autarquia é de **iniciativa privativa** do Presidente da República, em face do disposto no art. 61, § 1.º, II, "e", da Carta da República. Essa regra – reserva de iniciativa para o projeto de lei acerca da criação de autarquias no Poder Executivo – é aplicável também aos estados, ao Distrito Federal e aos municípios, adequando-se a iniciativa privativa, conforme o caso, ao Governador e ao Prefeito.

A **extinção** de autarquias deve ser feita, de igual modo, mediante a edição de lei específica, também de iniciativa privativa do Chefe do Poder Executivo (princípio da simetria das formas jurídicas).

Impende ressalvar, todavia, a hipótese de criação ou extinção de uma autarquia vinculada ao Poder Legislativo, ou vinculada ao Poder Judiciário. Nesses casos, a iniciativa da lei respectiva **não** será, por óbvio, do Chefe do Poder Executivo, mas, sim, do Poder correspondente, a que estiver vinculada a entidade.

4.7.1.3. Natureza jurídica

A autarquia é uma **entidade** administrativa, significa dizer, é uma **pessoa jurídica**, distinta do ente federado que a criou. É, portanto, titular de direitos e obrigações próprios, que não se confundem com os direitos e obrigações da pessoa política instituidora.

Por ser uma pessoa jurídica de direito público, ostenta características inerentes às pessoas públicas, sujeitando-se a regime jurídico de direito público no que respeita a sua criação e extinção, bem como aos seus poderes, privilégios e restrições.

A **personalidade** da autarquia, por ser de direito público, **inicia com a vigência da lei que a institui**; não cabe cogitar qualquer espécie de inscrição de atos constitutivos de autarquia nos registros públicos, como se exige para que as pessoas jurídicas de direito privado adquiram personalidade (Código Civil, art. 45).

Simplesmente, com o início da vigência da lei específica instituidora, está criada a autarquia, é nascida a pessoa jurídica, apta a adquirir em nome próprio direitos e obrigações na ordem jurídica.

Faz-se oportuno observar que é usual a menção à "instalação" ou "implantação" da autarquia, mediante um decreto. Realmente, a aquisição formal da personalidade jurídica – que ocorre com o mero início da vigência da lei instituidora – não significa que a autarquia, na prática, já esteja em efetivo funcionamento. É de todo evidente a necessidade de serem adotadas, pelo Poder Executivo, diversas providências concretas para possibilitar a efetiva entrada em operação da autarquia.[15] No mais das vezes, o decreto de "instalação" ou "implantação" aprova e veicula o regulamento da entidade, sua estrutura regimental, o seu quadro de cargos e funções, ou autoriza o Ministro de Estado, ou a própria diretoria da entidade, a aprovar o regimento interno da autarquia etc.

---

[15] Sempre supondo que se trate de uma autarquia vinculada ao Poder Executivo, situação verificada na quase totalidade dos casos.

Enfatizamos que esses decretos e quaisquer outros atos administrativos de conteúdo similar, que disponham sobre o funcionamento da entidade, detalhem sua estrutura, seus procedimentos internos, **não criam** a autarquia, não lhe dão personalidade jurídica; formalmente, desde o início da vigência da lei instituidora a autarquia já existe, já tem personalidade jurídica; os decretos e outros autos administrativos de "instalação" ou "implantação" – mesmo que afirmem estar "constituindo" a autarquia, como às vezes ocorre – não têm nenhuma influência, no mundo jurídico, sobre a sua personalidade jurídica. Aliás, se um decreto pudesse "constituir" uma autarquia, significando criar a entidade, dar-lhe personalidade jurídica, teríamos a possibilidade de também um decreto extinguir uma autarquia, dislate de tamanha magnitude que torna ociosos comentários adicionais!

4.7.1.4. Patrimônio

O patrimônio inicial da autarquia é formado a partir da transferência de bens, móveis e imóveis, do ente federado que a criou, os quais passam a pertencer à nova entidade. Extinguindo-se a autarquia, todo o seu patrimônio é reincorporado ao ativo da pessoa política a que ela estava vinculada.

O Código Civil, no seu art. 98, estabelece que "são públicos os bens do domínio nacional pertencentes às pessoas jurídicas de direito público interno; todos os outros são particulares, seja qual for a pessoa a que pertencerem".

Os bens das autarquias, portanto, são **bens públicos** e, assim, estão sujeitos ao regime jurídico que lhes é próprio, caracterizado por determinados **privilégios** e também por **restrições** específicas, a exemplo da **imprescritibilidade** (não podem ser adquiridos mediante usucapião), da **impenhorabilidade** (a execução judicial contra autarquias está sujeita ao regime de precatórios, previsto no art. 100 da Constituição Federal) e, no caso dos bens imóveis, da necessidade de **autorização legislativa** para a sua **alienação**, a qual, em regra, deve ser precedida de **licitação**.

4.7.1.5. Atividades desenvolvidas

O Decreto-Lei 200/1967, ao conceituar as autarquias, dispôs que são entidades destinadas a executar **atividades típicas da administração pública**. A intenção do legislador foi a de atribuir às autarquias a prestação de serviços públicos em sentido amplo, a realização de atividades de interesse social e o desempenho de atividades que envolvam prerrogativas públicas, a exemplo do exercício do poder de polícia. A autarquia, portanto, deve ser criada para atuar em **serviços típicos do Estado**, que exijam especialização, com organização própria, administração mais ágil e pessoal especializado. **Não são talhadas para a exploração de atividades econômicas em sentido estrito**, tais como atividades comerciais ou industriais; estas, quando caiba a sua exploração pelo Estado, devem (ou deveriam) ser desenvolvidas por empresas públicas e sociedades de economia mista, consoante deflui do art. 173 da Constituição Federal (e se encontra expresso no art. 2.º da Lei 13.303/2016).

São exemplos de autarquias: Banco Central do Brasil (BACEN); Instituto Nacional do Seguro Social (INSS); Instituto Nacional de Colonização e Reforma Agrária

(INCRA); Comissão de Valores Mobiliários (CVM); Instituto Brasileiro do Meio Ambiente e dos Recursos Naturais Renováveis (IBAMA).

Merecem um comentário os **conselhos fiscalizadores de profissões regulamentadas** (Conselhos Federal e Regionais de Medicina, Conselhos Federal e Regionais de Contabilidade, Conselhos Federal e Regionais de Economia etc.).

Em diversos julgados, o Supremo Tribunal Federal afirmou que essas entidades têm natureza **autárquica** (são autarquias **federais**), devendo ser criadas por lei de iniciativa privativa do Presidente da República (CF, art. 61, § 1.º).[16] Não há dúvida, porém, de que possuem características singulares – e não são poucas –, consoante a própria Corte Suprema sublinhou em algumas decisões.

Uma das peculiaridades relevantes desses conselhos fiscalizadores é **não** estarem eles sujeitos às regras constitucionais concernentes aos orçamentos públicos, **não** estarem incluídos na programação financeira e orçamentária da União. Essa particularidade levou nossa Corte Excelsa a firmar a orientação de que as dívidas judicialmente reconhecidas contra os conselhos fiscalizadores de profissões regulamentadas **não** são pagas segundo o sistema de **precatórios judiciários**, regulado no art. 100 da Carta da República – fixando sobre o tema, para efeito de **repercussão geral**, a seguinte **tese**:[17]

> Os pagamentos devidos, em razão de pronunciamento judicial, pelos conselhos de fiscalização não se submetem ao regime de precatórios.

Além disso, o pessoal permanente dos conselhos fiscalizadores de profissões regulamentadas **é regido pela Consolidação das Leis do Trabalho** (CLT), por força de normas constantes em diversas leis, sendo a mais abrangente aquela vazada no § 3.º do art. 58 da Lei 9.649/1998, a saber:

> § 3.º Os empregados dos conselhos de fiscalização de profissões regulamentadas são regidos pela legislação trabalhista, sendo vedada qualquer forma de transposição, transferência ou deslocamento para o quadro da administração pública direta ou indireta.

As normas legais que preveem a contratação do pessoal dos conselhos fiscalizadores pelo regime da CLT tiveram sua constitucionalidade declarada pelo Supremo Tribunal Federal, em decisões nas quais foi ainda averbado – embora não fosse o objeto da lide – que essas entidades, não obstante sua natureza autárquica, não integram a estrutura orgânica do Estado.[18]

---

[16] MS 22.643/SC, rel. Min. Moreira Alves, 06.08.1998; RE 539.224/CE, rel. Min. Luiz Fux, 22.05.2012; RE-AgR 731.301/DF, rel. Min. Celso de Mello, 23.04.2013; MS 26.150/DF, rel. Min. Luiz Fux, 18.02.2015; ADI 3.428/DF, rel. Min. Luiz Fux, 01.03.2023 (Informativo 1.084 do STF).

[17] RE 938.837/SP (**repercussão geral**), red. p/ o acórdão Min. Marco Aurélio, 19.04.2017 (Informativo 861 do STF).

[18] ADC 36/DF, red. p/ o acórdão, Min. Alexandre de Moraes, 04.09.2020; ADI 5.637/DF, red. p/ o acórdão, Min. Alexandre de Moraes, 04.09.2020; ADPF 367/DF, red. p/ o acórdão, Min. Alexandre de Moraes, 04.09.2020.

Para finalizar este tópico, cumpre abrir um parêntese a fim de pontuar que o Supremo Tribunal Federal decidiu que a **Ordem dos Advogados do Brasil (OAB)** não tem a mesma natureza jurídica dos conselhos fiscalizadores de profissões regulamentadas – muito embora parte significativa das funções que ela exerce sejam basicamente as mesmas desempenhadas por eles. Para nossa Corte Suprema, a OAB configura uma entidade ímpar, *sui generis*, um "**serviço público independente**", **não integrante da administração pública**, nem passível de ser classificada em categoria alguma prevista em nosso ordenamento jurídico. Merece transcrição o trecho a seguir, extraído da ementa do acórdão em que essa decisão foi assentada (grifamos):[19]

> Não procede a alegação de que a OAB sujeita-se aos ditames impostos à Administração Pública Direta e Indireta. A **OAB não é** uma **entidade da Administração Indireta da União**. A Ordem é um **serviço público independente**, categoria ímpar no elenco das personalidades jurídicas existentes no direito brasileiro. A OAB não está incluída na categoria na qual se inserem essas que se tem referido como "autarquias especiais" para pretender-se afirmar equivocada independência das hoje chamadas "agências". Por não consubstanciar uma entidade da Administração Indireta, a **OAB não está sujeita a controle da Administração**, nem a qualquer das suas partes está vinculada. (...) **Não há ordem de relação ou dependência entre a OAB e qualquer órgão público**. A Ordem dos Advogados do Brasil, cujas características são autonomia e independência, **não pode ser tida como congênere dos demais órgãos de fiscalização profissional**. A OAB não está voltada exclusivamente a finalidades corporativas. Possui finalidade institucional. Embora decorra de determinação legal, o regime estatutário imposto aos empregados da OAB não é compatível com a entidade, que é autônoma e independente. (...) **Incabível a exigência de concurso público para admissão dos contratados sob o regime trabalhista pela OAB**.

Posteriormente a esse julgado, e apesar de ter sido incisivamente afirmado, nele, que a OAB **não é uma autarquia**, o Supremo Tribunal Federal decidiu, com **repercussão geral**, que as lides judiciais em que seja parte a OAB são de competência da Justiça Federal, por incidência do inciso I do art. 109 da Constituição da República – o qual submete à Justiça Federal, como regra, "as causas em que a União, entidade autárquica ou empresa pública federal forem interessadas na condição de autoras, rés, assistentes ou oponentes". Nessa oportunidade, restou fixada, para efeito de **repercussão geral**, a seguinte **tese jurídica**:[20]

> Compete à Justiça Federal processar e julgar ações em que a Ordem dos Advogados do Brasil, quer mediante o Conselho Federal, quer seccional, figure na relação processual.

---

[19] ADI 3.026/DF, rel. Min. Eros Grau, 08.06.2006.
[20] RE 595.332/PR, rel. Min. Marco Aurélio, 31.08.2016 (Informativo 837 do STF).

Em 2023, reafirmando a natureza ímpar da Ordem dos Advogados do Brasil, decidiu a Corte Constitucional que as finanças dessa entidade não e submetem a controle por parte do poder público, averbando, a esse respeito, a seguinte tese de repercussão geral:[21]

> O Conselho Federal e os Conselhos Seccionais da Ordem dos Advogados do Brasil não estão obrigados a prestar contas ao Tribunal de Contas da União nem a qualquer outra entidade externa.

4.7.1.6. Atos e contratos

Os atos praticados pelas autarquias são, em regra, **atos administrativos**, ostentando as mesmas peculiaridades que revestem aqueles promanados da administração direta. Sua legitimidade está condicionada ao atendimento de requisitos próprios de validade (competência, finalidade, forma, motivo e objeto), e gozam dos mesmos atributos (presunção de legitimidade, imperatividade, autoexecutoriedade).

As obras, serviços, compras e alienações contratados com terceiros pelas autarquias são, em regra, objeto de **contratos administrativos**, sujeitos ao mesmo regime jurídico predominantemente de **direito público** aplicável a todos os contratos administrativos, inclusive à exigência de **licitação prévia**, salvo exceção expressa estabelecida em lei (CF, art. 37, XXI).

4.7.1.7. Orçamento

A Constituição Federal estabelece que a lei orçamentária anual compreenderá o orçamento fiscal referente aos Poderes da União, seus fundos, órgãos e **entidades da administração** direta e **indireta**, inclusive fundações instituídas e mantidas pelo poder público (art. 165, § 5.º, I). Portanto, o orçamento das autarquias, em sua forma, é idêntico ao dos órgãos da administração direta; suas receitas e despesas integram o chamado **orçamento fiscal**, parte integrante da lei orçamentária anual.

4.7.1.8. Regime de pessoal

O art. 39, *caput*, da Constituição Federal, **em sua redação originária**, exigia que a União, os estados, o Distrito Federal e os municípios instituíssem regime jurídico **único** para seus servidores da administração direta, das autarquias e das fundações públicas. A intenção do legislador constituinte foi uniformizar o regime jurídico funcional aplicável a todos os agentes públicos permanentes de uma mesma entidade federativa, eliminando a situação, anteriormente habitual, de coexistência, na mesma administração pública direta, na mesma autarquia ou na mesma fundação pública, de agentes públicos vinculados a diferentes regimes jurídicos (estatutário e contratual).

---

[21] RE 1.182.189/BA (**repercussão geral**), red. p/ o acórdão Min. Edson Fachin, 25.04.2023 (Informativo 1.091 do STF).

A EC 19/1998 alterou completamente a redação do *caput* do art. 39 da Carta da República, com o objetivo precípuo de excluir de nosso ordenamento constitucional a obrigatoriedade de adoção de regime jurídico **único** para os servidores da administração direta, das autarquias e das fundações públicas dos diversos entes da Federação.

Com a **extinção** da obrigatoriedade de regime jurídico único, o legislador das diversas pessoas políticas passou a ter possibilidade de prever a existência de mais de um regime jurídico para o pessoal da sua administração direta e das respectivas autarquias e fundações públicas. Não há nem mesmo obrigação de uniformidade entre o regime jurídico adotado pela administração direta e aquele das autarquias ou das fundações públicas. Nada impede que seja estabelecido, por exemplo, o regime estatutário para a administração direta e o regime trabalhista para as autarquias. Tudo depende do tratamento que a lei do respectivo ente federado dê à matéria.

Depois dessa alteração trazida pela EC 19/1998, foi editada a Lei 9.962/2000, expressamente prevendo a possibilidade de contratação de pessoal sob regime de emprego público na administração direta **federal** e nas autarquias e fundações públicas **federais**, com vínculo funcional regido pela Consolidação das Leis do Trabalho (CLT). Essa lei não revogou a Lei 8.112/1990, que estabelece o regime jurídico dos servidores públicos estatutários da administração direta federal e das autarquias e fundações públicas federais.

É importante anotar que, em **2 de agosto de 2007**, o Supremo Tribunal Federal deferiu medida cautelar na ADI 2.135/DF, suspendendo a redação do *caput* do art. 39 da Constituição dada pela EC 19/1998, restaurando a redação originária desse dispositivo.[22] Em **6 de novembro de 2024**, a ADI 2.135/DF foi julgada **improcedente**, significa dizer, foi considerada **válida** a alteração do *caput* do art. 39 da Constituição introduzida pela EC 19/1998.[23] A Corte Suprema atribuiu **efeitos prospectivos** (*ex nunc*) tanto ao deferimento da cautelar quanto ao julgamento do mérito da ADI 2.135/DF. Assim, a exigência de que cada ente da Federação institua regime jurídico único para o pessoal de sua administração direta e de suas autarquias e fundações públicas vigorou entre a promulgação da Carta de 1988 e a publicação da EC 19/1998, e entre 2 de agosto de 2007 e 6 de novembro de 2024.

Dessa forma, atualmente (desde 6 de novembro de 2024), voltou a ser possível a contratação, concomitante, em cada ente da Federação, de servidores públicos e de empregados públicos pelas respectivas administrações diretas, autarquias e fundações públicas.

Por fim, observe-se que, em qualquer caso, independentemente do regime de pessoal adotado, as autarquias são alcançadas pela regra constitucional que exige a realização de concurso público (CF, art. 37, II), bem como pela vedação à acumulação remunerada de cargos, empregos e funções públicas (CF, art. 37, XVII).

---

[22] ADIMC 2.135/DF, red. p/ o acórdão Min. Ellen Gracie, 02.08.2007
[23] ADI 2.135/DF, red. p/ o acórdão Min. Gilmar Mendes, 06.11.2024 (Informativo 1.158 do STF).

Cap. 2 • ADMINISTRAÇÃO PÚBLICA

4.7.1.9. Nomeação e exoneração de dirigentes

A forma de investidura dos dirigentes das autarquias será aquela prevista na lei instituidora respectiva. A competência para a nomeação, na **esfera federal**, é **privativa do Presidente da República**, conforme o art. 84, XXV, da Constituição de 1988 (simetricamente, será do Governador, nos estados e no Distrito Federal, e do Prefeito, nos municípios).

Para a **nomeação**, poderá ser exigida **prévia aprovação** pelo **Senado Federal** do nome escolhido pelo Presidente da República (CF, art. 84, XIV). Em alguns casos, essa aprovação prévia é condição imposta diretamente pela Constituição Federal – por exemplo, para os cargos de presidente e diretores do Banco Central e de Procurador-Geral da República (art. 52, III, "d" e "e"). Em outros, a exigência de aprovação prévia pelo Senado Federal está prevista somente em **lei**, editada com fundamento no art. 52, III, "f", da Carta Política (é exemplo a nomeação dos dirigentes das agências reguladoras federais).

Durante muitos anos, esteve firme na jurisprudência do Supremo Tribunal Federal o entendimento de que, no âmbito dos estados, do Distrito Federal e dos municípios, poderia a lei local condicionar a nomeação de dirigentes de autarquias e fundações públicas à prévia aprovação do respectivo Poder Legislativo, sem que isso configurasse afronta à separação dos Poderes. Invocava-se, então, a existência de simetria com o disposto no art. 52, III, "f", da Constituição Federal.[24]

Em 2020, entretanto, a Corte Suprema **modificou radicalmente a sua jurisprudência**, e passou a entender que lei estadual (ou mesmo a Constituição do estado) **não pode condicionar a aprovação legislativa prévia a nomeação de dirigentes de entidades da administração indireta**, sejam elas autarquias e fundações públicas, sejam empresas públicas ou sociedades de economia mista (quanto às duas últimas categorias de entidades, não houve alteração, já era essa a posição do STF).

Literalmente, restou consignado, na oportunidade (estavam sendo julgados dispositivos da Constituição do Estado de Roraima), que "é vedado à legislação estadual submeter à aprovação prévia da Assembleia Legislativa a nomeação de dirigentes de autarquias, fundações públicas, presidentes de empresas de economia mista, interventores de municípios, bem como de titulares de Defensoria Pública e da Procuradoria-Geral do Estado; por **afronta à separação de Poderes**" (grifamos).[25]

A nosso ver, em razão do seu fundamento – violação ao princípio da separação de Poderes – **essa orientação deve ser estendida ao Distrito Federal e aos municípios**.

É muito relevante pontuar que, no julgado supracitado, relativo ao Estado de Roraima, assim como em duas decisões posteriores – uma concernente ao Estado de Rondônia e outra ao Estado de São Paulo –, o Supremo Tribunal Federal asseverou que a situação das **autarquias especiais** caracterizadas como **agências reguladoras** é excepcional; no caso delas, das agências reguladoras, **admite-se que os estados**, em

---

[24] ADI 1.642/MG, rel. Min. Eros Grau, 03.04.2008; ADI 2.225/SC, rel. Min. Dias Toffoli, 21.08.2014.
[25] ADI 2.167/RR, red. p/ o acórdão, Min. Alexandre de Moraes, 03.06.2020 (Informativo 980 do STF).

suas Constituições ou mesmo em suas leis, **imponham a exigência de aprovação legislativa prévia** à nomeação dos dirigentes indicados pelo Governador respectivo, porque esse modelo encontra **simetria** naquele observado na **órbita federal**.[26] Tal **exceção**, segundo pensamos, deve **também** alcançar as **agências reguladoras dos municípios e do Distrito Federal**.

Por fim, importa anotar que **não pode** a lei estabelecer hipóteses de exigência de aprovação legislativa prévia para a **exoneração** de dirigentes de entidades da administração indireta pelo Chefe do Poder Executivo (não pode a lei, tampouco, prever que a exoneração seja efetuada diretamente pelo Poder Legislativo). Consoante essa posição do Supremo Tribunal Federal (bastante anterior à decisão de 2020 antes aludida, e não modificada por ela), normas legais com esse conteúdo – sejam federais, estaduais, distritais ou municipais (incluídas normas constantes nas Constituições estaduais e nas Leis Orgânicas dos municípios e do Distrito Federal) – extrapolam o sistema de freios e contrapesos estabelecido na Carta da República, sendo, dessarte, **inconstitucionais**, por ofensa ao princípio da separação dos Poderes.[27]

4.7.1.10. Capacidade exclusivamente administrativa

A **autarquia** é uma entidade **meramente administrativa**, não possui natureza política. O seu caráter exclusivamente administrativo é que a distingue dos entes federados, das chamadas pessoas políticas (União, estados, Distrito Federal e municípios), dotadas de autonomia política: poder de auto-organização (edição da respectiva Constituição ou Lei Orgânica) e capacidade de legislar, de criar, de forma inaugural, o próprio direito, dentro das competências que lhes foram outorgadas pela Constituição da República.

As autarquias não criam, de forma inaugural, regras jurídicas de auto-organização, possuem apenas capacidade de **autoadministração**, que significa administrar a si próprias segundo as regras constantes da lei que as instituiu.

4.7.1.11. Relação com o ente estatal instituidor

As **autarquias** – assim como todas as entidades da administração indireta – **não são subordinadas** ao ente federado que as criou, é dizer, **não há hierarquia** entre União, estados, Distrito Federal e municípios e suas respectivas autarquias. A relação entre uma autarquia e a administração direta da pessoa política instituidora é de **vinculação** administrativa (e **não** de subordinação).

Exemplificando, a Comissão de Valores Mobiliários (CVM), autarquia federal que, entre outras competências, atua na regulação e fiscalização de mercados de ativos financeiros, é **vinculada** ao Ministério da Fazenda. Este exerce sobre ela o denominado **controle finalístico** ou **tutela administrativa** ou **supervisão** (nesse

---

[26] ADI 2.167/RR, red. p/ o acórdão, Min. Alexandre de Moraes, 03.06.2020; ADI 6.775/RO, rel. Min. Rosa Weber, 04.11.2021; ADI 4.132/SP, rel. Min. Rosa Weber, 23.11.2021.

[27] ADI 1.949/RS, rel. Min. Dias Toffoli, 17.09.2014.

caso, como se trata de vinculação a um ministério, utiliza-se mais especificamente a expressão "**supervisão ministerial**").

Tendo em conta a inexistência de hierarquia, o exercício do **controle finalístico** pressupõe **expressa previsão legal**, que determinará os limites e instrumentos de controle (**atos de tutela**). Essa é a diferença fundamental entre o controle hierárquico e a mera supervisão: aquele é presumido e permanente, independe de expressa previsão legal e abrange todos os aspectos da atuação do órgão subordinado controlado; este exige lei que expressamente estabeleça os termos e limites do controle.

Pode-se afirmar que, em linhas gerais, a supervisão, ou tutela, visa a assegurar que a entidade controlada esteja atuando em conformidade com os fins que a lei instituidora lhe impôs, esteja atuando segundo a finalidade para cuja persecução foi criada – por isso, controle **finalístico**. É um controle que deve se concentrar, essencialmente, na verificação do atingimento de resultados, pertinentes ao objeto da entidade.

4.7.1.12. Controle de desempenho

Conforme exposto anteriormente, o fato de as autarquias – assim como todas as entidades da administração indireta – não serem hierarquicamente subordinadas ao ente federado que as criou, mas apenas **vinculadas** administrativamente, tem como corolário estarem elas sujeitas apenas a **controle finalístico** por parte da pessoa política matriz, o qual visa a assegurar, essencialmente, que elas se mantenham no estrito cumprimento dos fins para os quais foram instituídas, previstos nas respectivas leis criadoras. Não há controle hierárquico, porque a autarquia é uma pessoa jurídica distinta da pessoa política, criada para exercer competências específicas, com **autonomia administrativa**.

É oportuno registrar que, sem prejuízo desse controle finalístico, previsto em lei, as autarquias – bem como as demais entidades da administração indireta, e mesmo os órgãos da administração direta – podem ter a sua **autonomia** gerencial, orçamentária e financeira **ampliada** mediante a celebração de contrato com o poder público (**contrato de gestão** ou **de desempenho**), nos termos do § 8.º do art. 37 da Constituição Federal. Esses contratos têm por objeto a **fixação de metas de desempenho** para a entidade, que se compromete a cumpri-las, nos prazos estipulados, fazendo jus, em contrapartida, à referida **ampliação de autonomia**. O atingimento das metas estabelecidas será aferido pelo poder público segundo critérios objetivos de avaliação de desempenho descritos no próprio instrumento contratual.

As autarquias (e as fundações públicas) que celebrem o contrato de gestão (ou de desempenho) de que trata o § 8.º do art. 37 da Carta Política **poderão** ser qualificadas como **agências executivas**, nos termos da Lei 9.649/1998, expostos a seguir.

4.7.1.12.1. Agências executivas

As **agências executivas** não são uma categoria autônoma de entidades administrativas. O termo "agência executiva" traduz, simplesmente, uma **qualificação** que poderá ser conferida pelo poder público às **autarquias** e às **fundações públicas** que com ele celebrem o **contrato de gestão** a que se refere o § 8.º do art. 37 da

Lei Fundamental (denominado, pela Lei 13.934/2019, "**contrato de desempenho**") e atendam aos demais requisitos fixados pela Lei 9.649/1998.

Genericamente, esses contratos de gestão são firmados entre o poder público e entidades da administração indireta ou órgãos da administração direta, com a finalidade de ampliar a sua autonomia gerencial, orçamentária e financeira. Têm eles por objeto a fixação de metas de desempenho para a entidade ou órgão, que se compromete a cumpri-las, nos prazos estipulados, fazendo jus, em contrapartida, à mencionada ampliação de autonomia. O atingimento das metas estabelecidas será aferido pelo poder público segundo critérios objetivos de avaliação de desempenho descritos no próprio contrato de gestão.

Especificamente, quando o contrato de gestão (ou de desempenho) de que trata o § 8.º do art. 37 da Constituição for firmado entre o poder público e **uma autarquia ou uma fundação pública**, elas **poderão** ser qualificadas como **agência executiva**. Com efeito, estabelece o art. 51 da Lei 9.649/1998:

> Art. 51. O Poder Executivo poderá qualificar como agência executiva a autarquia ou fundação que tenha cumprido os seguintes requisitos:
>
> I – ter um plano estratégico de reestruturação e de desenvolvimento institucional em andamento;
>
> II – ter celebrado contrato de gestão com o respectivo Ministério supervisor.

O § 2.º do art. 51 incumbe o Poder Executivo de editar medidas de organização administrativa específicas para as agências executivas, visando a assegurar a sua autonomia de gestão, bem como a disponibilidade de recursos orçamentários e financeiros para o cumprimento dos objetivos e metas definidos nos contratos de gestão. Tais medidas foram estabelecidas no Decreto 2.488/1998.

Preceitua o art. 52 da Lei 9.649/1998 que os planos estratégicos de reestruturação e de desenvolvimento institucional, aludidos no supratranscrito art. 51, devem definir diretrizes, políticas e medidas voltadas para a racionalização de estruturas e do quadro de servidores, a revisão dos processos de trabalho, o desenvolvimento dos recursos humanos e o fortalecimento da identidade institucional da agência executiva.

O § 2.º do art. 52 atribui ao Poder Executivo a tarefa de definir os critérios e procedimentos para a elaboração e o acompanhamento dos contratos de gestão e dos programas estratégicos de reestruturação e de desenvolvimento institucional das agências executivas. Essas disposições encontram-se no Decreto 2.487/1998.

O contrato de gestão a ser firmado para que a autarquia ou fundação pública possa ser qualificada como agência executiva deverá conter, entre outras, cláusulas que disponham sobre: (a) a definição das metas a serem atingidas, os prazos de consecução, os indicadores de desempenho e critérios de avaliação do cumprimento das metas; (b) a compatibilidade dos planos de ação anuais com o orçamento da entidade; (c) as medidas legais e administrativas a serem adotadas para assegurar maior autonomia de gestão orçamentária, financeira, operacional e administrativa e para assegurar a disponibilidade de recursos orçamentários e financeiros impres-

Cap. 2 • ADMINISTRAÇÃO PÚBLICA

cindíveis ao cumprimento dos objetivos e metas; (d) as penalidades aplicáveis em caso de descumprimento das metas; (e) as condições para revisão, renovação e rescisão; (f) a vigência do contrato.

Após a celebração do contrato de gestão, o reconhecimento como **agência executiva** é feito por **decreto**. Essa **qualificação** implica o reconhecimento de um regime jurídico especial, que resulta em um tratamento diferenciado à **fundação pública** ou à **autarquia**, sobretudo quanto à **autonomia de gestão**. Se a entidade descumprir os requisitos e exigências previstos na lei e no **contrato de gestão**, poderá ocorrer a sua **desqualificação**, também mediante **decreto**, hipótese em que ela, simplesmente, **deixará de ser uma agência executiva**, sem sofrer, contudo, qualquer alteração na sua condição de autarquia ou de fundação pública, ou nas suas competências e finalidades.

O **contrato de gestão** terá a **duração mínima de um ano**, admitida, em caráter excepcional, a revisão, devidamente justificada, de suas disposições, bem como a sua renovação. Por ocasião do termo final do contrato de gestão, será realizada, pelo poder público, avaliação conclusiva sobre os resultados alcançados, sendo necessária a aprovação nessa avaliação para que possa haver a renovação do contrato e, portanto, a manutenção da qualificação da entidade como agência executiva.

Por fim, vale anotar que o § 2.º do art. 75 da Lei 14.133/2021 **duplica**, para as **agências executivas**, os limites de valor de contratações até os quais a **licitação é dispensável**, previstos nos incisos I e II desse mesmo artigo.

4.7.1.13. Autarquias sob regime especial

Frequentemente, ao criar uma entidade autárquica, a lei afirma que está sendo instituída uma "**autarquia sob regime especial**", nem sempre deixando explícito quais seriam as peculiaridades de seu regime jurídico que justificariam qualificá-lo de "especial", ou a elas aludindo de forma vaga, genérica.

Diante da omissão, ou da vagueza, do legislador, a doutrina em geral preleciona que "regime autárquico especial" é expressão aplicável a qualquer particularidade, a qualquer característica – prerrogativa ou restrição –, não prevista no Decreto-Lei 200/1967, que integre o regime jurídico da autarquia.

Entende-se, dessarte, que esse decreto-lei teria estabelecido o "regime jurídico geral", "ordinário" ou "comum" das entidades da administração indireta. Frise-se, todavia, que o DL 200/1967 regula as entidades **federais**. Muito do que dele consta foi incorporado à Constituição de 1988, mas, não obstante, só é acurado falar no regime jurídico do DL 200/1967 como o "regime jurídico geral" das entidades **federais**.

Seja como for, o certo é que a expressão "**autarquia sob regime especial**" não reporta a um regime jurídico delimitado, uniforme, preestabelecido, bem definido; qualquer peculiaridade pode ser considerada, pela lei instituidora, motivo suficiente para afirmar que a entidade que está sendo criada é uma "autarquia sob regime especial".

Em regra, as leis instituidoras de "autarquias sob regime especial" (federais, estaduais, distritais ou municipais) estabelecem instrumentos vocacionados a ampliar a sua autonomia administrativa, a exemplo, dentre outros, da exigência de aprovação legislativa prévia para a nomeação dos dirigentes – para os quais poderá, ainda, ser estipulado o exercício de mandato por prazo determinado – e da previsão de que as decisões finais proferidas pela autarquia em processos administrativos não estarão sujeitas a recursos administrativos para outras entidades ou órgãos.

Cabe alertar que **não** há relação obrigatória entre **autarquias sob regime especial** e **agências executivas**, porquanto **qualquer autarquia**, desde que celebre contrato de gestão com o poder público e atenda aos requisitos impostos pela Lei 9.649/1998, **pode ser qualificada como agência executiva**.

São exemplos de autarquias sob regime especial a Universidade de São Paulo (USP), o Banco Central do Brasil, o Conselho Administrativo de Defesa Econômica (CADE) e as agências reguladoras federais.

A bem da verdade, especificamente o Banco Central do Brasil, **depois da edição da Lei Complementar 179/2021**, talvez deva ser considerado uma autarquia ímpar, *sui generis*, porque essa lei, a nosso ver, conferiu a ele um grau de autonomia sem paralelo em nossa administração pública. Deveras, o art. 6.º da Lei Complementar 179/2021 estatui, literalmente, que "o Banco Central do Brasil é autarquia de natureza especial caracterizada pela **ausência de vinculação a Ministério, de tutela** ou de subordinação hierárquica, pela autonomia técnica, operacional, administrativa e financeira, pela investidura a termo de seus dirigentes e pela estabilidade durante seus mandatos".

As agências reguladoras serão estudadas no próximo tópico, mas, desde logo, cumpre atentar que não é lídimo confundir **autarquias sob regime especial** e **agências reguladoras**, uma vez que a lei, em qualquer ente federativo, pode criar entidades autárquicas sob regime especial cujos fins institucionais nada tenham a ver com a atividade de regulação, a exemplo do que ocorre com a USP.

4.7.1.14. Agências reguladoras

As chamadas "**agências reguladoras**" surgiram no Brasil na esteira da orientação política e econômica predominante – aqui e na maioria dos países ocidentais – na década de 1990, que, no campo da administração pública, resultou na implantação entre nós de um modelo conhecido como "**administração gerencial**".

Em poucas palavras, a tese central dessa orientação é a de que o Estado é menos eficiente do que o setor privado quando exerce diretamente atividades econômicas em sentido amplo – prestação de serviços públicos passíveis de serem explorados economicamente, prestação de serviços de natureza privada e exploração de atividades industriais e comerciais. Vale dizer, o Estado não é eficiente quando produz, diretamente, bens ou utilidades.

A partir dessa premissa, advoga-se a redução do tamanho da máquina estatal, que deve se retirar das áreas em que a sua atuação não seja imprescindível. Reconhece-se, todavia, que existem determinadas atividades que somente podem ser executadas pelo Estado. Costumam ser mencionadas funções como a prestação jurisdicional, a elaboração legislativa, a defesa nacional, as relações diplomáticas e, mais relevante para o presente tópico, a **regulação** das atividades econômicas (em sentido amplo) desenvolvidas pelo setor privado.

O estudo das agências reguladoras, portanto, está inserido na análise mais abrangente – e muito mais antiga – da **função regulatória do Estado**, ou seja, da intervenção do Estado nas **atividades econômicas em sentido amplo**.

A verdade é que, desde o fim do liberalismo clássico, todos os ordenamentos jurídicos do hemisfério ocidental reconhecem a necessidade de que o Estado intervenha em atividades exploradas pelo setor privado e, por essa razão, conferem ao poder público inúmeros instrumentos para execução das diversas formas de intervenção estatal existentes.

Não é novidade, portanto, o fato de se reconhecer a necessidade de intervenção do Estado no domínio econômico (em sentido amplo). O interesse que as agências reguladoras despertaram, quando começaram a ser aqui implantadas (a partir de 1996), decorre principalmente do fato de que a retirada do Estado brasileiro das atividades de produção direta de bens e prestação de serviços – redução do papel de "Estado-empresário" – ampliou a relevância da intervenção estatal regulatória nos setores que passaram a ser explorados pela iniciativa privada.

Este ponto merece destaque: o aumento da necessidade de regulação é consequência da opção política e econômica de **retirar o Estado da execução direta de atividades empresariais**, hipótese em que ele passa a nelas intervir por meio da utilização de instrumentos de autoridade. Não significa obrigatoriamente uma redução quantitativa da atividade do Estado, mas uma alteração no perfil dessa atividade: ao deixar de assumir a tarefa de produção direta de bens e serviços, o Estado, na mesma proporção, intensifica o exercício de suas prerrogativas de intervenção no domínio econômico em sentido amplo.

Em vista desse processo, não é raro que seja feita alguma confusão entre o surgimento das atuais agências reguladoras e o movimento de privatização de empresas estatais.

Deve ficar claro que essa relação não é obrigatória.

É evidente que o processo de desestatização na prestação de serviços públicos e na exploração de atividades econômicas em sentido estrito leva à ampliação da necessidade de regulação.

Entretanto, deve-se notar que a regulação não precisa ser exercida especificamente por agências reguladoras – a rigor, nunca deixa de haver exercício de atividade regulatória por órgãos da administração direta e pelo Poder Legislativo – e que, muito antes de se falar em "privatizações" no Brasil, já era imposição constitucional expressa o desempenho de função regulatória pelo Estado (CF, art. 174, *caput*), fossem ou não exercidas diretamente por ele as atividades econômicas em sentido amplo.

Aliás, antes do aparecimento das atuais agências reguladoras, já existiam entidades integrantes da administração indireta com competências regulatórias específicas, a exemplo do Banco Central do Brasil e do Conselho Administrativo de Defesa Econômica (CADE), este último existente desde 1962, reestruturado pela Lei 8.884/1994 e novamente reestruturado pela Lei 12.529/2011.

Portanto, a criação de agências reguladoras não é sinônimo, nem decorrência obrigatória, da privatização de empresas estatais – prestadoras de serviços públicos ou exploradoras de atividades econômicas em sentido estrito. Trata-se de processos correlacionados, mas não de forma biunívoca.

O termo "agências reguladoras", utilizado pelo legislador brasileiro para designar a atual geração de entidades especificamente criadas para exercer a regulação de atividades econômicas em sentido amplo, foi importado do direito norte-americano, no qual existem as denominadas *agencies*.

Não obstante, a verdade é que as origens e o desenvolvimento da regulação econômica nos Estados Unidos guardam muito poucos pontos em comum com o que existe no Brasil.

Nosso modelo assemelha-se muito mais ao padrão europeu continental, de implantação bem mais recente, do que ao das *agencies* americanas.

Na Europa continental, o processo de aumento das atividades regulatórias do Estado como consequência da redução de seu papel de empresário e prestador de serviços foi bastante similar ao que ocorreu no Brasil na última década do século XX. A expressão usualmente empregada pelos países europeus é "entes administrativos independentes" (França, Portugal e Espanha) e o respectivo modelo jurídico é parecido com o nosso.

A Constituição de 1988 não utiliza o termo "agência reguladora". Seu texto refere-se, tão somente, a "órgão regulador", em dois dispositivos: o inciso XI do art. 21, sobre **serviços de telecomunicações**, e o inciso III do § 2.º do art. 177, acerca do monopólio da União sobre o petróleo.

Não existe uma definição legal de "agências reguladoras" no Brasil. Na esfera **federal**, as três leis que tratam de forma mais abrangente das agências reguladoras respectivas são a Lei 9.986/2000, a Lei 10.871/2004 e a Lei 13.848/2019. Esta última é conhecida como "**Lei Geral das Agências Reguladoras Federais**".

Embora não exista um conceito legal de agências reguladoras, podemos, pelo menos na esfera federal, defini-las como: autarquias instituídas sob regime especial para atuação técnica na regulação de um setor específico de atividade econômica ou de um determinado serviço público, ou na intervenção em relações jurídicas concernentes a essas atividades, que devem exercer suas atividades com autonomia perante o Poder Executivo e com imparcialidade perante as partes interessadas (Estado, agentes regulados e sociedade).

A Lei 10.871/2004 estabelece, em seu art. 6.º, que os agentes encarregados das atribuições típicas das agências reguladoras federais devem ser **servidores públicos estatutários**, regidos pela Lei 8.112/1990.

No art. 23, a Lei 10.871/2004 enumera uma série de restrições a que estão sujeitos os servidores em efetivo exercício nas agências reguladoras, entre as quais a **proibição** de "exercer outra atividade profissional, inclusive gestão operacional de empresa, ou direção político-partidária, excetuados os casos admitidos em lei". No art. 36-A, a Lei 10.871/2004 **proíbe** aos ocupantes de cargos efetivos, aos requisitados, aos ocupantes de cargos comissionados e aos dirigentes das agências reguladoras "o exercício regular de outra atividade profissional, inclusive gestão operacional de empresa ou direção político-partidária, excetuados os casos admitidos em lei".

O Supremo Tribunal Federal, instado a apreciar a constitucionalidade dessas proibições, declarou-as **válidas**, afirmando que elas asseguram a observância dos princípios da moralidade, da eficiência administrativa e da isonomia, e constituem meio proporcional apto a garantir a indispensável isenção e independência dos agentes públicos a que se destinam. Sobre o tema, restou averbada a seguinte **tese de julgamento**:[28]

> É constitucional norma legal que veda aos servidores titulares de cargo efetivo de agências reguladoras o exercício de outra atividade profissional, inclusive gestão operacional de empresa, ou de direção político-partidária.

Aos servidores ocupantes de diversos cargos efetivos dos quadros das agências reguladoras, quando estiverem "no exercício das atribuições de natureza fiscal ou decorrentes do poder de polícia", a Lei 10.871/2004 **assegura** "as prerrogativas de promover a interdição de estabelecimentos, instalações ou equipamentos, assim como a apreensão de bens ou produtos, e de requisitar, quando necessário, o auxílio de força policial federal ou estadual, em caso de desacato ou embaraço ao exercício de suas funções" (art. 3.º, parágrafo único).

As atividades exercidas pelas agências reguladoras poderiam, caso elas fossem extintas, ser executadas, sem qualquer impedimento constitucional, por órgãos da administração direta. Todavia, feita a opção de transferir competências regulatórias para a administração indireta, o que ocorreu a partir de 1996, constatou-se uma dificuldade: as atividades envolvidas – o exercício de poder de polícia, inclusive com a aplicação de sanções, o desempenho de função normativa, a atuação na solução administrativa de conflitos, entre outras –, por sua natureza de funções típicas ou exclusivas de Estado, somente podem ser conferidas a pessoas jurídicas de direito público.[29]

Das entidades da administração indireta, somente as autarquias e as fundações autárquicas têm personalidade jurídica de direito público. As autarquias, segundo a definição vazada no Decreto-Lei 200/1967, destinam-se à execução de atividades típicas da administração pública. Já as fundações públicas, consoante a doutrina administrativista, são vocacionadas a desempenhar atividades de interesse social. Logo, a escolha natural seria aquela que deveras acabou sendo feita: as agências reguladoras foram criadas sob a forma de autarquias.

Ao adotar a forma de autarquia para as agências reguladoras – ainda que "sob regime especial" –, o legislador automaticamente as inseriu no regime jurídico aplicável às entidades integrantes da administração pública indireta. Sujeitam-se elas, portanto, ao controle legislativo, ao controle judicial e ao controle administrativo finalístico (exercido pelo Poder Executivo). Quanto a este último, cabe mencionar, especialmente, a supervisão ministerial (CF, art. 87, parágrafo único, I) e o exercício da direção superior da administração federal pelo Presidente da República, competência privativa

---

[28] ADI 6.033/DF, rel. Min. Roberto Barroso, 06.03.2023 (Informativo 1.085 do STF).

[29] ADI 1.717/DF, rel. Min. Sydney Sanches, 07.11.2002.

e indelegável a ele conferida pelo art. 84, II, da Carta de 1988 – regras também obrigatórias, por simetria, no âmbito dos estados, do Distrito Federal e dos municípios.

Em suma, muito embora o modelo brasileiro de agências reguladoras, quando foi implementado (basicamente na última década do século passado), tenha gerado um certo entusiasmo em setores jurídicos teóricos e acadêmicos, traduzido em comparações e identificação (exagerada) de semelhanças com agências e órgãos reguladores "independentes" existentes em outros países, a verdade é que, aqui, elas nada mais são do que autarquias, cujo grau de autonomia pouco difere daquele de que gozam outras autarquias, muito anteriores, também instituídas "sob regime especial".

Não obstante a constatação exposta no parágrafo precedente, interessa apontar que, para os administrativistas que se ocupam da matéria, a mais importante característica **teórica** das agências reguladoras reside na autonomia que essas entidades devem (ou deveriam) ter perante o Poder Executivo, isto é, na necessidade de que exista um arcabouço jurídico que assegure, o quanto possível, que a atuação delas será estritamente técnica, imune a ingerências de natureza política (ou político-partidária) e a pressões de agentes econômicos ou de grupos interessados em patrocinar os mais variados interesses, lícitos ou não.

Para o Prof. Floriano Azevedo Marques Neto, **no plano teórico**, a ampliação da autonomia das agências reguladoras perante o poder político poderia ser concretizada por meio dos seguintes instrumentos, entre outros:

a) a previsão de mandatos com prazo certo para os dirigentes da entidade, de preferência não coincidentes, o que lhes confere uma relativa estabilidade;

b) a autonomia de gestão;

c) o estabelecimento de fontes próprias de recursos, se possível geradas pelo próprio exercício da atividade regulatória (taxas pelo exercício do poder de polícia, preços públicos específicos);

d) a não subordinação hierárquica a qualquer instância de governo;

e) a inexistência de instância revisora de seus atos no âmbito administrativo (vedação à possibilidade dos denominados "recursos hierárquicos impróprios" contra seus atos);

f) a indicação dos dirigentes pautada por critérios técnicos, sendo preferível que sua nomeação não seja ato exclusivo do Poder Executivo, devendo envolver o Legislativo, mediante sabatina e aprovação, pela instância parlamentar, dos nomes indicados.

Atualmente, os dirigentes de todas as agências reguladoras federais exercem mandato de duração fixa. De fato, o art. 6.º da Lei 9.986/2000, com a redação dada pela Lei 13.848/2019, estipula que os membros do Conselho Diretor ou da Diretoria Colegiada das agências exercerão mandato com a duração de cinco anos, vedada a recondução. A vedação à recondução é excepcionada na seguinte hipótese: ocorrendo vacância no cargo de Presidente, Diretor-Presidente, Diretor-Geral, Diretor ou Conselheiro no curso do mandato, este será completado por sucessor, que o exercerá pelo prazo remanescente (ou seja, exercerá o cargo pelo período que faltava para se completarem os cinco anos do mandato original). Se esse prazo remanescente a ser exercido no cargo pelo sucessor for igual ou inferior a dois anos, é admitida a sua recondução (para um novo mandato integral, isto é, com duração de cinco anos).

O membro do Conselho Diretor ou da Diretoria Colegiada das agências reguladoras federais somente perderá o mandato (art. 9.º da Lei 9.986/2000, com a redação dada pela Lei 13.848/2019: (a) em caso de renúncia; (b) na hipótese de condenação judicial transitada em julgado ou de condenação em processo administrativo disciplinar; e (c) por infringência de quaisquer das vedações previstas no art. 8.º-B da Lei 9.986/2000.

O referido art. 8.º-B da Lei 9.986/2000 preceitua que ao membro do Conselho Diretor ou da Diretoria Colegiada das agências reguladoras federais é vedado:

I – receber, a qualquer título e sob qualquer pretexto, honorários, percentagens ou custas;

II – exercer qualquer outra atividade profissional, ressalvado o exercício do magistério, havendo compatibilidade de horários;

III – participar de sociedade simples ou empresária ou de empresa de qualquer espécie, na forma de controlador, diretor, administrador, gerente, membro de conselho de administração ou conselho fiscal, preposto ou mandatário;

IV – emitir parecer sobre matéria de sua especialização, ainda que em tese, ou atuar como consultor de qualquer tipo de empresa;

V – exercer atividade sindical;

VI – exercer atividade político-partidária;

VII – estar em situação de conflito de interesse, nos termos da Lei n.º 12.813, de 16 de maio de 2013.

A garantia de atuação técnica e profissional da agência reguladora (em vez de político-partidária e eleitoreira) tende a ser reforçada quando existe a previsão legal de que a nomeação de seus dirigentes não seja um ato administrativo simples do Chefe do Poder Executivo, mas sim um ato composto, com a participação do Poder Legislativo.

No caso das agências reguladoras federais, tal sistemática é obrigatória – e está prevista no art. 5.º da Lei 9.986/2000, com a redação dada pela Lei 13.848/2019. Nos termos desse artigo, o Presidente, Diretor-Presidente ou Diretor-Geral e os demais membros do Conselho Diretor ou da Diretoria Colegiada serão indicados pelo Presidente da República e por ele nomeados, após aprovação pelo Senado Federal. O fundamento constitucional genérico dessa exigência de aprovação do indicado pelo Senado encontra-se na alínea "f" do inciso III do art. 52 da Carta Política. A escolha feita pelo Presidente da República deve recair sobre cidadãos brasileiros de reputação ilibada e de notório conhecimento no campo de sua especialidade. O indicado precisa ter formação acadêmica compatível com o cargo para o qual foi indicado e, também, ter experiência profissional de, no mínimo:

a) dez anos, no setor público ou privado, no campo de atividade da agência reguladora ou em área a ela conexa, em função de direção superior; **ou**

b) quatro anos ocupando pelo menos um dos seguintes cargos:

b.1) cargo de direção ou de chefia superior em empresa no campo de atividade da agência reguladora, entendendo-se como cargo de chefia superior aquele situado nos dois níveis hierárquicos não estatutários mais altos da empresa;

b.2) cargo em comissão ou função de confiança equivalente a DAS-4 ou superior, no setor público;

b.3) cargo de docente ou de pesquisador no campo de atividade da agência reguladora ou em área conexa; **ou**

c) dez anos de experiência como profissional liberal no campo de atividade da agência reguladora ou em área conexa.

Cabe ressaltar que a atuação imparcial dos entes reguladores não diz respeito somente a suas relações com o poder político. A imparcialidade deve existir perante todos, ou seja, toda a atuação da agência deve ser técnica e profissional, sendo inaceitável a atuação tendenciosa em favor tanto dos consumidores e usuários de bens e serviços públicos quanto dos agentes econômicos do setor regulado.

Essa observação remete ao assim chamado "**risco de captura**". Fala-se em "**captura**" para descrever a situação em que o ente regulador, não sendo capaz de resistir ao poder econômico dos agentes do setor regulado, passa a atuar tendenciosamente em favor dos interesses desses agentes, ou seja, o ente regulador converte-se praticamente em um representante dos interesses das empresas do setor regulado, em detrimento dos consumidores e usuários dos bens e serviços e do próprio Estado.

Uma das formas de mitigar o risco de captura é o estabelecimento, em lei, do mecanismo conhecido como "**quarentena**", que consiste na proibição de que o dirigente de uma agência reguladora, nos meses seguintes à sua exoneração ou desligamento, seja contratado por empresas do setor por ela regulado. Evita-se, com essa medida, a perniciosa situação pejorativamente alcunhada de "**porta giratória**" – referência aos agentes que estão ora no setor privado, ora nos órgãos públicos de regulação do mesmo setor, em uma promiscuidade de interesses, de troca de informações privilegiadas, absolutamente incompatível com as mais comezinhas noções, entre outras, de impessoalidade, imparcialidade, isonomia e moralidade administrativa.

Na esfera **federal**, a imposição de "quarentena" aos ex-dirigentes está fixada no art. 8.º da Lei 9.986/2000, com a redação dada pela Lei 13.848/2019, segundo o qual ficam impedidos de exercer atividade ou de prestar qualquer serviço no setor regulado pela respectiva agência, por período de **seis meses**, contados da exoneração ou do término de seu mandato, os membros do Conselho Diretor ou da Diretoria Colegiada, **assegurada a remuneração compensatória**.

O desiderato de evitar conflitos de interesses nas agências reguladoras **federais** subjaz, também, às vedações enumeradas no art. 8.º-A da Lei 9.986/2000, incluído pela Lei 13.848/2019, cuja reprodução faz-se oportuna:[30]

---

[30] Os incisos III e VII do art. 8º-A da Lei 9.986/2000 foram impugnados mediante ação direta de inconstitucionalidade e, em 2021, tiveram a sua **constitucionalidade** declarada

Art. 8.º-A. É vedada a indicação para o Conselho Diretor ou a Diretoria Colegiada:

I – de Ministro de Estado, Secretário de Estado, Secretário Municipal, dirigente estatutário de partido político e titular de mandato no Poder Legislativo de qualquer ente da federação, ainda que licenciados dos cargos;

II – de pessoa que tenha atuado, nos últimos 36 (trinta e seis) meses, como participante de estrutura decisória de partido político ou em trabalho vinculado a organização, estruturação e realização de campanha eleitoral;

III – de pessoa que exerça cargo em organização sindical;

IV – de pessoa que tenha participação, direta ou indireta, em empresa ou entidade que atue no setor sujeito à regulação exercida pela agência reguladora em que atuaria, ou que tenha matéria ou ato submetido à apreciação dessa agência reguladora;

V – de pessoa que se enquadre nas hipóteses de inelegibilidade previstas no inciso I do *caput* do art. 1.º da Lei Complementar n.º 64, de 18 de maio de 1990;

VI – (VETADO);

VII – de membro de conselho ou de diretoria de associação, regional ou nacional, representativa de interesses patronais ou trabalhistas ligados às atividades reguladas pela respectiva agência.

Parágrafo único. A vedação prevista no inciso I do *caput* estende-se também aos parentes consanguíneos ou afins até o terceiro grau das pessoas nele mencionadas.

Estudaremos, a seguir, as principais disposições da Lei 13.848/2019 ("**Lei Geral das Agências Reguladoras Federais**"), a qual, segundo a sua ementa, "dispõe sobre a gestão, a organização, o processo decisório e o controle social das agências reguladoras". É importante frisar que os estados, o Distrito Federal e os municípios podem criar nas suas respectivas administrações indiretas entidades de direito público incumbidas da regulação dos seus serviços públicos e de outras atividades inseridas em suas esferas constitucionais de competências, adotando, se assim desejarem, modelos total ou parcialmente coincidentes com o que a União estabeleceu para as suas agências reguladoras. Podem, em vez disso, desempenhar as atividades regulatórias de sua competência por meio dos órgãos integrantes da respectiva administração centralizada. Seja como for, deve ficar claro que agências reguladoras eventualmente existentes nos estados, no Distrito Federal ou nos municípios não são disciplinadas pela Lei 13.848/2019.

---

pelo Supremo Tribunal Federal, sob o fundamento de que o conselho diretor ou a diretoria colegiada das agências reguladoras devem tomar decisões imparciais e, por essa razão, precisam estar resguardados contra influências políticas, sociais e econômicas externas à finalidade dessas autarquias (ADI 6.276/DF, rel. Min. Edson Fachin, 20.09.2021 – Informativo 1.030 do STF).

4.7.1.14.1. Lei Geral das Agências Reguladoras Federais (Lei 13.848/2019)

4.7.1.14.1.1. Aspectos gerais

A Lei 13.848/2019 "dispõe sobre a gestão, a organização, o processo decisório e o controle social das agências reguladoras", na esfera **federal**. Para os efeitos dessa lei e da Lei 9.986/2000, são consideradas agências reguladoras as seguintes **autarquias sob regime especial** (art. 2.º):

a) a Agência Nacional de Energia Elétrica (Aneel), criada pela Lei 9.427/1996;

b) a Agência Nacional do Petróleo, Gás Natural e Biocombustíveis (ANP), criada pela Lei 9.478/1997;

c) a Agência Nacional de Telecomunicações (Anatel), criada pela Lei 9.472/1997;

d) a Agência Nacional de Vigilância Sanitária (Anvisa), criada pela Lei 9.782/1997;

e) a Agência Nacional de Saúde Suplementar (ANS), criada pela Lei 9.961/2000;

f) a Agência Nacional de Águas (ANA), criada pela Lei 9.984/2000;

g) a Agência Nacional de Transportes Aquaviários (Antaq), criada pela Lei 10.233/2001;

h) a Agência Nacional de Transportes Terrestres (ANTT), criada pela Lei 10.233/2001;

i) a Agência Nacional do Cinema (Ancine), criada pela Medida Provisória 2.228-1/2001;

j) a Agência Nacional de Aviação Civil (Anac), criada pela Lei 11.182/2005;

k) a Agência Nacional de Mineração (ANM), criada pela Lei 13.575/2017.

Também se aplicam as disposições da Lei 13.848/2019 ("ressalvado o que dispuser a legislação específica") às autarquias especiais **criadas a partir de sua vigência** que, nos termos dessa lei, caracterizem-se como agências reguladoras.

Segundo o art. 3.º da Lei 13.848/2019, **a natureza especial conferida às agências reguladoras é caracterizada**: (a) pela ausência de tutela ou de subordinação hierárquica; (b) pela autonomia funcional, decisória, administrativa e financeira; e (c) pela investidura a termo de seus dirigentes e estabilidade durante os mandatos – bem como pelas demais disposições da própria Lei 13.848/2019 "ou de leis específicas voltadas à sua implementação".

Uma ressalva faz-se oportuna: apesar de o texto legal literalmente falar em "ausência de tutela ou de subordinação hierárquica" como característica das agências reguladoras, não há dúvida de que elas – do mesmo modo que as autarquias em geral e as demais entidades da administração indireta – **estão sujeitas ao controle finalístico** exercido pela administração direta. A doutrina há muito refere-se a essa modalidade de controle como "**tutela administrativa**", sempre enfatizando que ele é marcado pela ausência de subordinação hierárquica das entidades controladas à administração centralizada. A asserção feita na Lei 13.848/2019 de que as agências reguladoras federais caracterizam-se pela "ausência de tutela ou de subordinação hierárquica" deve ser entendida, simplesmente, como a reafirmação (desnecessária) de que entre elas e a administração direta da União **inexiste hierarquia**.

Nos termos do § 2.º do art. 3.º, a **autonomia administrativa** das agências reguladoras é caracterizada pelas seguintes **competências**:

I – solicitar diretamente ao Ministério da Economia:[31]

a) autorização para a realização de concursos públicos;

b) provimento dos cargos autorizados em lei para seu quadro de pessoal, observada a disponibilidade orçamentária;

c) alterações no respectivo quadro de pessoal, fundamentadas em estudos de dimensionamento, bem como alterações nos planos de carreira de seus servidores;

II – conceder diárias e passagens em deslocamentos nacionais e internacionais e autorizar afastamentos do País a servidores da agência;

III – celebrar contratos administrativos e prorrogar contratos em vigor relativos a atividades de custeio, independentemente do valor.

As agências reguladoras devem adotar práticas de gestão de riscos e de controle interno e elaborar e divulgar programa de integridade, com o objetivo de promover a adoção de medidas e ações institucionais destinadas à prevenção, à detecção, à punição e à remediação de fraudes e atos de corrupção (art. 3.º, § 3.º).

As disposições do art. 3.º da Lei 13.848/2019, expostas nos parágrafos precedentes, aplicam-se ao Conselho Administrativo de Defesa Econômica (CADE).

4.7.1.14.1.2. Exercício de poder normativo: análise de impacto regulatório, consulta pública, audiência pública, edição de atos normativos conjuntos

A Lei 13.848/2019 explicitamente se refere ao **poder normativo** das agências reguladoras – competência para editar atos administrativos normativos, isto é, atos infralegais dotados de generalidade e abstração (atos que não se referem a situações concretas específicas nem possuem destinatários determinados) – e estabelece normas concernentes ao seu exercício por essas entidades.

Nos termos do art. 6.º da lei, as propostas de adoção e de alteração de atos normativos de interesse geral dos agentes econômicos, consumidores ou usuários dos serviços prestados devem ser precedidas (em regra) da realização de **Análise de Impacto Regulatório** (AIR), que "conterá informações e dados sobre os possíveis efeitos do ato normativo".

A lei remete praticamente toda a disciplina da AIR ao **regulamento** (decreto), estabelecendo que ele "disporá sobre o conteúdo e a metodologia da AIR, sobre os quesitos mínimos a serem objeto de exame, bem como sobre os casos em que será

---

[31] Por força do art. 51, inciso IV, da Lei 14.600/2023, o Ministério da Economia foi desmembrado em: (a) Ministério da Fazenda; (b) Ministério da Gestão e da Inovação em Serviços Públicos; (c) Ministério do Planejamento e Orçamento; e (d) Ministério do Desenvolvimento, Indústria, Comércio e Serviços.

obrigatória sua realização e aqueles em que poderá ser dispensada" (art. 6.º, § 1.º). O Decreto 10.411/2020 regulamenta o art. 6.º da Lei 13.848/2019.

O conselho diretor ou a diretoria colegiada da agência reguladora deve manifestar-se, em relação ao relatório de AIR, sobre a adequação da proposta de ato normativo aos objetivos pretendidos, indicando se os impactos estimados recomendam sua adoção, e, quando for o caso, quais os complementos necessários. Essa manifestação integrará, juntamente com o relatório de AIR, a documentação a ser disponibilizada aos interessados para a realização de consulta ou de audiência pública, caso o conselho diretor ou a diretoria colegiada decida pela continuidade do procedimento administrativo.

Nos casos em que **não for realizada a AIR**, deverá ser disponibilizada, no mínimo, **nota técnica ou documento equivalente** que tenha fundamentado a proposta de decisão.

As minutas e as propostas de alteração de atos normativos de interesse geral dos agentes econômicos, consumidores ou usuários dos serviços prestados serão objeto de **consulta pública**, previamente à tomada de decisão pelo conselho diretor ou pela diretoria colegiada (art. 9.º).

A Lei 13.848/2019 assim define **consulta pública**: "instrumento de apoio à tomada de decisão por meio do qual a sociedade é consultada previamente, por meio do envio de críticas, sugestões e contribuições por quaisquer interessados, sobre proposta de norma regulatória aplicável ao setor de atuação da agência reguladora".

Ressalvada a exigência de prazo diferente em legislação específica, acordo ou tratado internacional, o período de consulta pública terá início após a publicação do respectivo despacho ou aviso de abertura no Diário Oficial da União e no sítio da agência na internet, e terá **duração mínima de quarenta e cinco dias**, ressalvado caso excepcional de urgência e relevância, devidamente motivado.

O **órgão responsável no Ministério da Economia** tem competência para **opinar**, **quando considerar pertinente**, sobre os **impactos regulatórios** de minutas e propostas de alteração de atos normativos de interesse geral dos agentes econômicos, consumidores ou usuários dos serviços prestados submetidas a consulta pública pela agência reguladora.[32]

As críticas e as sugestões encaminhadas pelos interessados deverão ser disponibilizadas na sede da agência e no respectivo sítio na internet em **até dez dias úteis** após o término do prazo da consulta pública.

O posicionamento da agência reguladora sobre as críticas ou as contribuições apresentadas no processo de consulta pública deverá ser disponibilizado na sede da agência e no respectivo sítio na internet em **até trinta dias úteis** após a reunião do conselho diretor ou da diretoria colegiada para deliberação final sobre a matéria.

A agência reguladora, por decisão colegiada, **poderá** convocar **audiência pública** para formação de juízo e tomada de decisão sobre matéria considerada relevante (art. 10).

---

[32] Por força do art. 51, inciso IV, da Lei 14.600/2023, o Ministério da Economia foi desmembrado em: (a) Ministério da Fazenda; (b) Ministério da Gestão e da Inovação em Serviços Públicos; (c) Ministério do Planejamento e Orçamento; e (d) Ministério do Desenvolvimento, Indústria, Comércio e Serviços.

Cap. 2 • ADMINISTRAÇÃO PÚBLICA

A Lei 13.848/2019 assim define **audiência pública**: "instrumento de apoio à tomada de decisão por meio do qual é facultada a manifestação oral por quaisquer interessados em sessão pública previamente destinada a debater matéria relevante".

A **abertura do período de audiência pública** será precedida de despacho ou aviso de abertura publicado no Diário Oficial da União e em outros meios de comunicação com **antecedência mínima de cinco dias úteis**.

O posicionamento da agência reguladora sobre as contribuições recebidas na audiência pública deverá ser disponibilizado na sede da agência e no respectivo sítio na internet em **até trinta dias úteis** após a reunião do conselho diretor ou da diretoria colegiada para deliberação final sobre a matéria.

A agência reguladora poderá estabelecer, em regimento interno, outros meios de participação de interessados em suas decisões, diretamente ou por meio de organizações e associações legalmente reconhecidas – e o seu posicionamento sobre as contribuições recebidas deverá ser disponibilizado na sede da agência e no respectivo sítio na internet em **até trinta dias úteis** após a reunião do conselho diretor ou da diretoria colegiada para deliberação final sobre a matéria.

No exercício de suas competências legais, duas ou mais agências reguladoras poderão editar **atos normativos conjuntos** dispondo sobre matéria cuja disciplina envolva agentes econômicos sujeitos a mais de uma regulação setorial (art. 29).

Os atos normativos conjuntos **deverão ser aprovados pelo conselho diretor ou pela diretoria colegiada de cada agência reguladora envolvida**, por procedimento idêntico ao de aprovação de ato normativo isolado, observando-se em cada agência as normas aplicáveis ao exercício da competência normativa previstas no respectivo regimento interno.

Os atos normativos conjuntos deverão conter regras sobre a fiscalização de sua execução e prever mecanismos de solução de controvérsias decorrentes de sua aplicação, podendo admitir solução mediante mediação, nos termos da Lei 13.140/2015 (Lei da Mediação), ou mediante arbitragem por comissão integrada, entre outros, por representantes de todas as agências reguladoras envolvidas.

4.7.1.14.1.3. Processo decisório

As **decisões** proferidas pelas agências reguladoras, inclusive a respeito da edição ou não de atos normativos, deverão indicar os **pressupostos de fato e de direito** que as determinaram – significa dizer, devem ser **motivadas**.

O processo de decisão das agências reguladoras **referente a regulação** terá caráter colegiado – e o conselho diretor ou a diretoria colegiada da agência reguladora deliberará por **maioria absoluta** dos votos de seus membros. É facultada a adoção de processo de delegação interna de decisão, sendo assegurado ao conselho diretor ou à diretoria colegiada o direito de reexame das decisões delegadas.

As **reuniões deliberativas** do conselho diretor ou da diretoria colegiada da agência reguladora serão **públicas e gravadas em meio eletrônico**, devendo a gravação de cada reunião ser disponibilizada aos interessados na sede da agência e no respectivo sítio na internet em até quinze dias úteis após o encerramento da reunião. Essas regras **não se**

DIREITO ADMINISTRATIVO DESCOMPLICADO • *Marcelo Alexandrino & Vicente Paulo*

aplicam às deliberações do conselho diretor ou da diretoria colegiada que envolvam: (a) documentos classificados como sigilosos; e (b) matéria de natureza administrativa.

4.7.1.14.1.4. Plano estratégico, plano de gestão anual, agenda regulatória e relatório anual de atividades

Para cada **período quadrienal**, as agências reguladoras devem elaborar um **plano estratégico**, que conterá os **objetivos**, as **metas** e os **resultados estratégicos esperados** das ações da agência reguladora relativos a sua gestão e a suas competências regulatórias, fiscalizatórias e normativas, bem como a indicação dos fatores externos alheios ao controle da agência que poderão afetar significativamente o cumprimento do plano (art. 17).

A lei determina, também, que as agências reguladoras elaborem, alinhado às diretrizes estabelecidas no plano estratégico, um **plano de gestão anual**, o qual será o instrumento anual do planejamento consolidado da agência reguladora e contemplará ações, resultados e metas relacionados aos processos finalísticos e de gestão (art. 18).

Integrará o plano de gestão anual a **agenda regulatória**, definida pela lei como "instrumento de planejamento da atividade normativa que conterá o conjunto dos temas prioritários a serem regulamentados pela agência durante sua vigência". A agenda regulatória será aprovada pelo conselho diretor ou pela diretoria colegiada e será disponibilizada na sede da agência e no respectivo sítio na internet.

O controle externo das agências reguladoras será exercido pelo Congresso Nacional, com auxílio do Tribunal de Contas da União (art. 14).

A agência reguladora deverá elaborar **relatório anual circunstanciado de suas atividades**, no qual destacará o cumprimento da política do setor, definida pelos Poderes Legislativo e Executivo, e o cumprimento do plano estratégico vigente e do plano de gestão anual.

O **relatório anual de atividades** referido no parágrafo anterior deverá ser encaminhado pela agência reguladora, por escrito, no prazo de **até noventa dias após a abertura da sessão legislativa** do Congresso Nacional: (a) ao Ministro de Estado da pasta a que ela estiver vinculada; (b) ao Senado Federal; (c) à Câmara dos Deputados; e (d) ao Tribunal de Contas da União. Será, também, disponibilizado aos interessados na sede da agência e no respectivo sítio na internet.

4.7.1.14.1.5. Ouvidoria

Haverá, em cada agência reguladora, **um ouvidor**, que atuará **sem subordinação hierárquica** e exercerá suas atribuições – entre elas, a de acompanhar o processo interno de apuração de denúncias e reclamações dos interessados contra a atuação da agência – sem acumulação com outras funções.

O ouvidor será escolhido pelo Presidente da República e por ele nomeado, após aprovação do Senado Federal, nos termos da alínea "f" do inciso III do art. 52 da Constituição Federal. O indicado deve ter notório conhecimento em administração pública ou em regulação de setores econômicos, ou no campo específico de atuação da agência reguladora, e não pode estar enquadrado nas hipóteses gerais de inelegibilidade previstas na Lei Complementar 64/1990.

O ouvidor terá **mandato de três anos, vedada a recondução**, no curso do qual **somente perderá o cargo** em caso de **renúncia, condenação judicial transitada em julgado** ou **condenação em processo administrativo disciplinar**.

O processo administrativo contra o ouvidor somente poderá ser instaurado pelo titular do ministério ao qual a agência está vinculada, por iniciativa dele ou do Ministro de Estado da Controladoria-Geral da União, em decorrência de representação promovida pelo conselho diretor ou pela diretoria colegiada da respectiva agência.

Caso ocorra **vacância** do cargo de ouvidor no curso do mandato, este será completado por **sucessor**, devendo ser observados os mesmos procedimentos e exigências estipulados para a investidura dos ouvidores em geral. O sucessor exercerá o cargo pelo prazo remanescente – e, se esse prazo for **igual ou inferior a dois anos**, será **admitida a recondução**.

4.7.1.14.1.6. Integração com órgãos de defesa da concorrência, do consumidor e do meio ambiente; celebração de termos de ajustamento de conduta

O art. 25 da Lei 13.848/2019 determina que as agências reguladoras e os órgãos de defesa da concorrência atuem em estreita cooperação, privilegiando a troca de experiências, com o fim de promover a concorrência e a eficaz implementação da legislação de defesa da concorrência nos mercados regulados.

Quando a agência reguladora, no exercício de suas atribuições, tomar conhecimento de fato que possa configurar infração à ordem econômica, deverá comunicá-lo imediatamente aos órgãos de defesa da concorrência para que eles adotem as providências cabíveis (art. 27).

O Conselho Administrativo de Defesa Econômica (CADE) notificará a agência reguladora do teor de decisão por ele proferida sobre condutas potencialmente anticompetitivas cometidas no exercício das atividades reguladas, bem como de decisões relativas a atos de concentração por ele julgados, no prazo máximo de quarenta e oito horas após a publicação do respectivo acórdão, para que a agência adote as providências legais cabíveis (art. 28). A lei expressamente assevera que essa obrigação imposta ao CADE não afeta as competências legais desse órgão.

A lei estabelece que as agências reguladoras, no exercício de suas competências – e em articulação com o Sistema Nacional de Defesa do Consumidor (SNDC) e com o órgão de defesa do consumidor do Ministério da Justiça e Segurança Pública –, devem zelar pelo cumprimento da legislação de defesa do consumidor, monitorando e acompanhando as práticas de mercado dos agentes do setor regulado (art. 31). Elas poderão firmar convênios e acordos de cooperação com os órgãos e as entidades integrantes do SNDC para colaboração mútua, sendo vedada a delegação de competências que tenham sido a elas atribuídas por lei específica de proteção e defesa do consumidor no âmbito do setor regulado.

Para o cumprimento do disposto na Lei 13.848/2019, as agências reguladoras são autorizadas a celebrar, com **força de título executivo extrajudicial**, **termo**

de ajustamento de conduta (TAC) com pessoas físicas ou jurídicas sujeitas a sua competência regulatória, aplicando-se os requisitos previstos para o TAC firmado pelo Advogado-Geral da União, listados no art. 4.º-A da Lei 9.469/1997. Durante a vigência do TAC, ficará suspensa, em relação aos fatos que lhe deram causa, a aplicação de sanções administrativas de competência da agência reguladora à pessoa física ou jurídica que o houver firmado.

Quando órgãos públicos legitimados a propor ação civil pública, disciplinada na Lei 7.347/1985, celebrarem o TAC previsto no § 6.º do art. 5.º dessa lei, deverão comunicar a agência reguladora, caso o TAC tenha por objeto matéria de natureza regulatória de sua competência.

As agências reguladoras poderão articular-se com os **órgãos de defesa do meio ambiente** mediante a **celebração de convênios e acordos de cooperação**, visando ao intercâmbio de informações, à padronização de exigências e procedimentos, à celeridade na emissão de licenças ambientais e à maior eficiência nos processos de fiscalização (art. 33).

4.7.1.14.1.7. Descentralização de atividades para órgãos ou entidades reguladores de outros entes federados: delegação mediante acordo de cooperação

A Lei 13.848/2019, no art. 34, autoriza as agências reguladoras federais a atuarem de forma articulada com agências ou órgãos de regulação dos estados, do Distrito Federal e dos municípios. Para tanto, podem **delegar** a eles atividades **fiscalizatórias**, **sancionatórias** e **arbitrais** – exceto atividades do Sistema Único de Saúde (SUS), que observarão o disposto em legislação própria. A delegação será efetuada, a critério da agência reguladora federal – a decisão de delegar é **discricionária**, depende de a entidade federal considerá-la oportuna e conveniente –, mediante **acordo de cooperação**.

A lei chama de **descentralização** essa hipótese de **delegação** de atividades instrumentalizada em acordo de cooperação e operada a partir da órbita federal para as esferas estadual, distrital ou municipal. Decerto o legislador tomou por base o fato de haver duas pessoas distintas envolvidas, o que, deveras, é uma característica fundamental da descentralização. Contudo, a doutrina administrativista não costuma classificar como descentralização essa interação entre entes federados, preferindo identificar, no caso, mera **colaboração federativa** com vistas à consecução de objetivos de interesse comum. Seja como for, o importante é não confundir essa "descentralização" aludida na Lei 13.848/2019 com aquela, dependente de lei, cujo escopo é a criação de entidades da administração indireta, nem com a delegação de serviços públicos a particulares, concretizada por meio de contrato de concessão ou de permissão (ou de ato administrativo de autorização de serviços públicos).

A execução das atividades delegadas a agências ou órgãos reguladores estaduais, distritais ou municipais será permanentemente acompanhada e avaliada pela entidade federal delegante, nos termos do respectivo acordo de cooperação. Na execução das atividades de **fiscalização** objeto de delegação, a agência ou o órgão de regulação delegados **observarão as normas legais e regulamentares federais** pertinentes. A agência reguladora **delegante** permanecerá como **instância superior e recursal** das decisões tomadas no exercício da competência delegada.

A descentralização em comento só poderá ser efetuada se a agência reguladora ou o órgão de regulação da unidade federativa interessada possuir serviços técnicos e administrativos competentes devidamente organizados e aparelhados para a execução das respectivas atividades, conforme condições estabelecidas em regimento interno da agência reguladora federal. Além disso, a delegação somente poderá ser efetivada em favor de entidades e órgãos reguladores estaduais, distritais ou municipais que gozarem de **autonomia** assegurada por **regime jurídico compatível** com aquele a que estão jungidas as agências reguladoras federais.

Quando for efetuada a descentralização ora em tela, parte da receita arrecadada pela agência reguladora federal delegante poderá ser repassada ao órgão ou entidade delegados, para custeio de seus serviços, na forma do respectivo acordo de cooperação. O repasse deverá ser compatível com os custos em que a agência ou órgão locais incorrerão para realizar as atividades delegadas.

É vedada a delegação de competências normativas das agências reguladoras federais.

4.7.1.15. Controle judicial

Como ocorre com toda a administração pública, a atuação das autarquias está sujeita a **irrestrito controle judicial** quanto a sua **legalidade e legitimidade**, corretivo ou preventivo, **desde que haja provocação** por parte de algum legitimado.

Os atos das autarquias, em regra, são **atos administrativos**, sujeitando-se ao mesmo regime jurídico aplicável àqueles promanados da administração direta e a controle de legalidade e legitimidade pelo Poder Judiciário, tanto pelas vias ordinárias (uma ação de indenização, por exemplo), quanto pelas especiais (ação popular, mandado de segurança, ação civil pública etc.).

Os agentes das autarquias podem praticar "**atos de autoridade**", passíveis de controle judicial de legalidade mediante **mandado de segurança**.

4.7.1.16. Juízo competente

As autarquias **federais**, nos litígios comuns, sendo autoras, rés, assistentes ou oponentes, têm suas causas processadas e julgadas na Justiça Federal (CF, art. 109, I). Os mandados de segurança contra atos coatores praticados por agentes autárquicos **federais** também são processados e julgados na Justiça Federal (CF, art. 109, VIII).

O Supremo Tribunal Federal consolidou em sua jurisprudência o entendimento de que **se aplica às autarquias federais a regra de competência vazada no § 2.º do art. 109 da Carta de 1988**, nos termos do qual "as causas intentadas contra a União poderão ser aforadas na seção judiciária em que for domiciliado o autor, naquela onde houver ocorrido o ato ou fato que deu origem à demanda ou onde esteja situada a coisa, ou, ainda, no Distrito Federal".[33]

---

[33] RE 627.709/DF (**repercussão geral**), rel. Min. Ricardo Lewandowski, 20.08.2014 (Informativo 755 do STF).

No caso de autarquias **estaduais e municipais**, não há norma específica. Portanto, as causas de que participem são processadas e julgadas na **Justiça Estadual**, assim como o são os mandados de segurança impetrados contra atos coatores de seus agentes públicos.

Quanto às lides envolvendo pessoal, os litígios funcionais entre servidores públicos **estatutários** e autarquia **federal** serão processados e julgados pela **Justiça Federal**; se forem servidores públicos **estatutários** de autarquia **estadual ou municipal**, as questões funcionais serão processadas e julgadas na **Justiça Estadual**.

Essas regras valem **também** para os agentes públicos contratados por tempo determinado para atender a **necessidade temporária** de excepcional interesse público (CF, art. 37, IX), os quais, segundo a jurisprudência pacífica do Supremo Tribunal Federal, têm com a administração pública uma relação funcional de direito público, de natureza jurídico-administrativa, e **não trabalhista**.[34]

Na hipótese de os envolvidos serem **empregados públicos** (sujeitos à Consolidação das Leis do Trabalho – CLT, isto é, contratados sob o regime trabalhista), os litígios entre eles e a autarquia (federal, estadual ou municipal), **desde que decorram da relação de trabalho e envolvam aplicação de normas contidas na CLT** (ou na legislação trabalhista de um modo geral), serão processados e julgados pela **Justiça do Trabalho** (CF, art. 114).[35]

4.7.1.17. Privilégios processuais

As autarquias gozam dos privilégios processuais outorgados à Fazenda Pública, de que são exemplos:

a) prazo em **dobro** para **todas** as suas manifestações processuais, salvo se houver prazo próprio diverso a elas aplicável, **expressamente** estabelecido em lei (CPC, art. 183);

b) **isenção** de **custas** judiciais, **não excluída**, entretanto, a obrigação de reembolsar as **despesas** judiciais feitas pela parte vencedora (Lei 9.289/1996, art. 4.º, I, e parágrafo único);

c) **dispensa** de exibição de **instrumento de mandato** em juízo, pelos procuradores de seu quadro de pessoal, para a prática de atos processuais (CPC, art. 287, parágrafo único, III; Lei 9.469/1997, art. 9.º);

d) **dispensa** de **preparo**, inclusive porte de remessa e de retorno, e de **depósito prévio**, para a interposição de **recursos** (CPC, art. 1.007, § 1.º; Lei 9.494/1997, art. 1.º-A);

e) **não** sujeição a **concurso de credores** ou à **habilitação** em falência, liquidação, recuperação judicial, inventário ou arrolamento, para cobrança de seus créditos (Lei 6.830/1980, art. 29).[36]

---

[34] RE 573.202/AM (**repercussão geral**), rel. Min. Ricardo Lewandowski, 21.08.2008.

[35] ARE 906.491/DF (**repercussão geral**), rel. Min. Teori Zavascki, 01.10.2015; RE 1.288.440/SP (**repercussão geral**), rel. Min. Roberto Barroso, 03.07.2023.

[36] O parágrafo único do art. 29 da Lei 6.830/1980 previa que, havendo concurso entre pessoas jurídicas de direito público (cobrança judicial concomitante de suas Dívidas Ativas), deveria ser

Cap. 2 • ADMINISTRAÇÃO PÚBLICA

Ainda, a sentença proferida contra a União, os estados, o Distrito Federal, os municípios e suas respectivas **autarquias** e fundações de direito público, ou que julgar procedentes, no todo ou em parte, os embargos à execução fiscal, está sujeita ao **duplo grau de jurisdição obrigatório**, não produzindo efeito senão depois de confirmada pelo tribunal (CPC, art. 496, I e II).

Sujeição obrigatória ao duplo grau de jurisdição significa que o juiz, ao proferir a sentença, deve determinar o envio dos autos ao tribunal (**remessa necessária**), mesmo que não tenha havido recurso voluntário (apelação). Se o juiz não o fizer, caberá ao presidente do tribunal avocar os autos (CPC, art. 496, § 1.º).

Não se aplica a regra ora em foco (**duplo grau necessário**) quando a condenação ou o proveito econômico obtido na causa for de valor certo e líquido inferior a: (a) 1.000 salários mínimos para a União e as respectivas autarquias e fundações de direito público; (b) 500 salários mínimos para os estados, o Distrito Federal, as respectivas autarquias e fundações de direito público e os municípios que sejam capital de estado; e (c) 100 salários mínimos para os demais municípios e respectivas autarquias e fundações de direito público (CPC, art. 496, § 3.º).

Também **não se aplica** o duplo grau de jurisdição obrigatório quando a sentença estiver fundada em: (a) súmula de tribunal superior; (b) acórdão proferido pelo Supremo Tribunal Federal ou pelo Superior Tribunal de Justiça em julgamento de recursos repetitivos; (c) entendimento firmado em incidente de resolução de demandas repetitivas ou de assunção de competência; e (d) entendimento coincidente com orientação vinculante firmada no âmbito administrativo do próprio ente público, consolidada em manifestação, parecer ou súmula administrativa (CPC, art. 496, § 4.º).

Por fim, é relevante mencionar que os débitos das **pessoas jurídicas de direito público** judicialmente reconhecidos submetem-se ao denominado **regime de precatórios judiciários**, previsto no art. 100 da Constituição Federal (exceto quando se tratar de pagamento de obrigações definidas em leis como de pequeno valor). Em decorrência do regime de precatórios, os bens de uma autarquia que esteja sofrendo execução judicial de uma dívida **não estão sujeitos a penhora** – e não podem ser compulsoriamente alienados para a satisfação do direito do credor. Em vez disso, a Carta Política exige, tão somente, que a **verba necessária ao pagamento** dos débitos das entidades de direito público oriundos de sentenças transitadas em julgado, constantes de precatórios judiciários, seja anualmente **incluída nos respectivos orçamentos** (art. 100, § 5.º).

4.7.1.18. Prescrição quinquenal

As dívidas e os direitos em favor de terceiros contra autarquia **prescrevem em cinco anos** (Decreto 20.910/1932, art. 1.º, e Decreto-Lei 4.597/1942, art. 2.º). Signi-

---

seguida uma ordem de preferência, com prioridade para as federais, seguidas das estaduais e distritais e, por último, as municipais. O Supremo Tribunal Federal decidiu que esse dispositivo não foi recepcionado pela Constituição de 1988 – portanto, foi por ela revogado –, por incompatibilidade com o pacto federativo e com o inciso III do art. 19 da Carta da República, que veda às pessoas políticas o estabelecimento de preferências entre si (ADPF 357/DF, rel. Min. Cármen Lúcia, 24.06.2021 – Informativo 1.023 do STF).

fica que aquele que tiver crédito contra autarquia deverá promover a cobrança nesse prazo, sob pena de extinção do seu direito de ação.

O prazo prescricional pode ser suspenso e interrompido nas mesmas situações aplicáveis às ações em geral, previstas no Código de Processo Civil. No entanto, a **interrupção** da prescrição só pode ocorrer uma vez e, cessada a causa da interrupção, o recomeço do prazo está sujeito a **regra especial**: em vez de a contagem reiniciar por inteiro (como nas situações ordinárias de interrupção), o prazo prescricional contra a autarquia recomeça a correr pela metade, isto é, uma vez reiniciada a contagem, a prescrição deveria consumar-se, em princípio, com o transcurso do prazo de dois anos e meio (Decreto 20.910/1932, arts. 8.º e 9.º, e Decreto-Lei 4.597/1942, art. 3.º).

Dissemos, no parágrafo anterior, que "em princípio" a prescrição deveria consumar-se em dois anos e meio, porque, segundo a jurisprudência do Supremo Tribunal Federal, essa regra especial de reinício da contagem do prazo prescricional interrompido não pode resultar em um prazo total, somados os períodos anterior e posterior à interrupção, inferior a cinco anos (**Súmula 383 do STF**).

Exemplificando, se o prazo prescricional iniciou em 01.01.2010 e a interrupção ocorreu em 01.01.2014, quando reiniciar a contagem haverá mais dois anos e meio de prazo até que ocorra a prescrição (aplica-se a regra do recomeço pela metade). Diferentemente, se o termo inicial do prazo prescricional deu-se em 01.01.2013 e a interrupção ocorreu em 01.01.2014, o prazo restante, uma vez cessada a interrupção, não será de dois anos e meio, e sim de quatro anos, a fim de que a soma dos períodos anterior e posterior à interrupção não resulte em prazo inferior a cinco anos, conforme exige a sobrecitada Súmula 383 de nossa Corte Constitucional.

4.7.1.19. Imunidade tributária

As autarquias gozam da chamada imunidade tributária recíproca, que veda a instituição de **impostos** sobre o seu patrimônio, suas rendas e sobre os serviços que elas prestem, desde que estejam vinculados a suas finalidades essenciais, ou a objetivos que destas decorram (CF, art. 150, VI, "a", e § 2.º). Nos termos literais do texto constitucional, a imunidade só protege o patrimônio, a renda e os serviços vinculados aos fins institucionais específicos da autarquia, ou a outros derivados destes. O Supremo Tribunal Federal, entretanto, tem decidido que a imunidade também alcança a exploração, pela autarquia, de atividades estranhas aos seus objetivos próprios, desde que a renda decorrente dessa exploração seja integralmente destinada à manutenção ou ampliação das finalidades essenciais da entidade.

4.7.1.20. Responsabilidade civil

As autarquias responderão pelos danos que seus agentes, nessa qualidade, causarem a terceiros, assegurado o direito de regresso contra o responsável nos casos de dolo ou culpa (CF, art. 37, § 6.º).

Essa regra constitucional sujeita as autarquias a responsabilidade civil (ou extracontratual) **objetiva**, na modalidade "**risco administrativo**". Significa que a autarquia terá que indenizar danos (patrimoniais, morais e estéticos) que seus agentes, atuando

Cap. 2 • ADMINISTRAÇÃO PÚBLICA

nesta qualidade, causem a um terceiro, independentemente de terem agido com dolo ou culpa. Poderá eximir-se da responsabilidade, se provar culpa exclusiva de quem sofreu a lesão, ou que o dano decorreu de alguma excludente admitida, a exemplo do caso fortuito ou da força maior. Condenada a indenizar, a autarquia tem **ação regressiva** contra o agente causador do prejuízo, mas a ação só será julgada procedente se a entidade provar que este agiu com **dolo ou culpa** (a responsabilidade extracontratual do **agente** é **subjetiva**, na modalidade "**culpa comum**").

4.7.2. Fundações públicas

4.7.2.1. Conceito

As **fundações**, no âmbito do direito privado – no qual tiveram sua origem –, são definidas como a **personificação de um patrimônio** ao qual é atribuída uma finalidade específica não lucrativa, de cunho social. A instituição de uma fundação privada resulta da iniciativa de um particular, pessoa física ou jurídica, que destaca de seu patrimônio determinados bens e lhes atribui personalidade jurídica para a atuação na persecução dos fins sociais definidos no respectivo estatuto.

Identificamos, portanto, três elementos essenciais no conceito de fundação:

a) a figura do instituidor, que faz a dotação patrimonial, ou seja, separa de seu acervo um determinado conjunto de bens e direitos e lhes confere personalidade jurídica, para a consecução de uma finalidade específica;

b) o objeto consistente em atividades de interesse social;

c) a ausência de fins lucrativos.

Trazidas muito mais tarde para a esfera do direito público, as fundações mantiveram, conceitualmente, esses mesmos elementos. Com efeito, as **fundações públicas** são **patrimônio público personificado** em que a figura do instituidor é uma pessoa política; esta faz a dotação patrimonial e destina recursos orçamentários para a manutenção da entidade. Conquanto não exista regra constitucional expressa que o determine, **o objeto das fundações públicas deve ser uma atividade de interesse social** – evidentemente exercida **sem intuito de lucro** –, tal como educação, saúde, assistência social, pesquisa científica, proteção do meio ambiente.

Fundações públicas são, portanto, entidades assemelhadas às fundações privadas, tanto no que se refere à sua finalidade social, quanto no que diz respeito ao objeto não lucrativo. Diferem, porém, quanto à figura do instituidor e ao patrimônio afetado: as fundações privadas são criadas por ato de vontade de um particular, a partir de patrimônio privado; as **fundações públicas** são criadas por iniciativa do Poder Público, a partir de patrimônio público, e pressupõem a edição de lei específica.

Na lição da Prof.ª Maria Sylvia Di Pietro, "pode-se definir a fundação instituída pelo poder público como o patrimônio, total ou parcialmente público, dotado de personalidade jurídica, de direito público ou privado, e destinado, por lei, ao desempenho de atividades do Estado na ordem social, com capacidade de autoadministração e mediante controle da administração pública, nos limites da lei". Julgamos oportuno observar que o patrimônio das fundações públicas que ostentem **personalidade jurídica de direito público** é integralmente público, uma vez que os bens de propriedade de quaisquer pessoas jurídicas de direito público enquadram-se, por definição legal, como **bens públicos** (Código Civil, art. 98).

De nossa parte, conceituamos **fundação pública** como a entidade da administração indireta instituída pelo poder público mediante a **personificação de um patrimônio** que, dependendo da forma de criação, adquire personalidade jurídica de **direito público ou** personalidade jurídica de **direito privado**, à qual a lei atribui competências administrativas específicas, observadas as áreas de atuação a serem definidas em **lei complementar** (a vocação teórica das fundações públicas são atividades de interesse social).

Dessarte, as **fundações públicas** são entidades integrantes das **administrações indiretas** da União, dos estados, do Distrito Federal e dos municípios voltadas, em regra, para o desempenho de **atividades de interesse social**, tais como assistência médica e hospitalar, educação e ensino, pesquisa científica, assistência social, atividades culturais, entre outras. Elas não devem, pelo menos em tese, ser criadas para a exploração de atividade econômica em sentido estrito; quando isso for necessário, o Estado deve (ou deveria) instituir empresas públicas e sociedades de economia mista, conforme deflui do art. 173 da Constituição Federal (e se encontra expresso no art. 2.º da Lei 13.303/2016).

Com a promulgação da EC 19/1998, passou a constar no texto constitucional a previsão de que **lei complementar** defina as **áreas de atuação** das fundações públicas (art. 37, XIX, parte final). Até hoje, essa lei complementar **não foi editada**.

O Decreto-Lei 200/1967, no art. 5.º, inciso IV (com a redação dada pela Lei 7.596/1987), estabelece que as fundações públicas devem ser criadas "para o desenvolvimento de atividades que não exijam execução por órgãos ou entidades de direito público". Como se vê, **não há** nesse dispositivo legal, propriamente, **definição** das **áreas de atuação** das fundações públicas. Apesar disso, o Supremo Tribunal Federal decidiu que o art. 5.º, inciso IV, do DL 200/1967 "**foi recepcionado com eficácia de lei complementar** pelo art. 37, XIX, da Constituição" (com a redação dada pela EC 19/1998).[37]

São exemplos de fundações públicas: Fundação Nacional do Índio (FUNAI); Fundação Instituto Brasileiro de Geografia e Estatística (IBGE); Fundação Nacional da Saúde (FUNASA); Conselho Nacional de Desenvolvimento Científico e Tecnológico (CNPq); Fundação Escola Nacional de Administração Pública (ENAP).

4.7.2.2. Natureza jurídica

A fundação pública é a entidade da administração indireta que há muito provoca grandes divergências quanto à natureza de sua personalidade jurídica, havendo autores tradicionais que entendem serem elas sempre pessoas jurídicas de direito privado, outros administrativistas para quem, depois da Constituição de 1988, todas

---

[37] ADI 4.197/SE, rel. Min. Roberto Barroso, 01.03.2023 (Informativo 1.085 do STF).

as fundações públicas passaram a ser pessoas jurídicas de direito público e, ainda, uma corrente que defende a possibilidade de tais entidades serem instituídas com personalidade jurídica de direito público ou com personalidade jurídica de direito privado, a critério do ente federado matriz.

Embora exista uma orientação dominante – a terceira das acima expostas –, o fato é que está longe o momento de pacificação das diversas orientações doutrinárias acerca desse tema. Ademais, no direito positivo, o legislador não tem colaborado para o fim da controvérsia, ora tratando a fundação pública como entidade de direito privado, ora como de direito público.

A rigor, antes da Constituição de 1988 existia dúvida até mesmo quanto a serem, ou não, as fundações públicas entidades formalmente integrantes da administração pública. O Decreto-Lei 200/1967, na sua redação original, não incluía as fundações públicas entre as entidades da administração indireta, mas, no § 2.º do seu art. 4.º, equiparava às empresas públicas "as Fundações instituídas em virtude de lei federal e de cujos recursos participe a União, quaisquer que sejam suas finalidades". Pouco tempo depois, o Decreto-Lei 900/1969 **revogou** o mencionado § 2.º do art. 4.º do DL 200/1967. Quase duas décadas mais tarde, o Decreto-Lei 2.299/1986 incluiu novamente um § 2.º no art. 4.º do DL 200/1967 para determinar que "as fundações instituídas em virtude de lei federal ou de cujos recursos participe a União" deveriam ser consideradas integrantes da administração indireta federal, mas apenas para alguns efeitos, especialmente "subordinação aos mecanismos e normas de fiscalização, controle e gestão financeira". Um ano mais tarde, enfim, a Lei 7.596/1987 acrescentou a alínea "d" ao inciso II do art. 4.º do DL 200/1967, passando as **fundações públicas** a figurar no rol das **entidades formalmente integrantes da administração indireta** federal. Essa mesma lei incluiu também o inciso IV no art. 5.º do DL 200/1967, com a seguinte definição de fundação pública:

> **Fundação Pública** – a entidade dotada de personalidade jurídica de direito privado, sem fins lucrativos, criada em virtude de autorização legislativa, para o desenvolvimento de atividades que não exijam execução por órgãos ou entidades de direito público, com autonomia administrativa, patrimônio próprio gerido pelos respectivos órgãos de direção, e funcionamento custeado por recursos da União e de outras fontes.

Coerente com a atribuição de personalidade jurídica de direito privado às fundações públicas, a Lei 7.596/1987 acrescentou o § 3.º ao art. 5.º do DL 200/1967, afirmando que elas "adquirem personalidade jurídica com a inscrição da escritura pública de sua constituição no Registro Civil de Pessoas Jurídicas". Entretanto, esse mesmo dispositivo expressamente **exclui** a aplicação às fundações públicas das "demais disposições do Código Civil concernentes às fundações".

Dessa forma, não é possível extrair do DL 200/1967 (tampouco do Código Civil) normas que pudessem caracterizar com algum detalhamento o regime jurídico das fundações públicas, dotadas de personalidade jurídica de direito privado, a que ele se refere.

Aliás, o DL 200/1967 nem mesmo explicita que as fundações públicas devem atuar na **área social**. O seu texto é **omisso** acerca das atividades a que podem se dedicar as fundações públicas. Fica **implícito**, todavia, que **não** podem ser atividades próprias do poder público, **típicas de Estado**. Infere-se, também, que o DL 200/1967 **não** pretendeu que fosse outorgada a exploração de **atividades econômicas** às fundações públicas, uma vez que o seu art. 5.º expressamente atribuiu tais atividades às empresas públicas e às sociedades de economia mista (**não** era textualmente prevista, no DL 200/1967, a possibilidade de serem criadas empresas públicas e sociedades de economia mista para a prestação de **serviços públicos**).

Conclui-se, então, que a intenção do legislador federal foi deixar às fundações públicas a prestação de serviços públicos em geral, desde que não sejam típicos de Estado, não exijam o exercício de prerrogativas de direito público.

Ressaltamos que o histórico acima apresentado refere-se exclusivamente à administração pública **federal**, uma vez que a sua base é o DL 200/1967. Nos entes federados menores, o caos normativo, antes de 1988, era, em regra, ainda maior, isso quando existia alguma tentativa de sistematização legal da estrutura da respectiva administração pública!

A partir da promulgação da Constituição de 1988, restou incontroverso que as **fundações públicas** integram formalmente a administração pública brasileira – é o que se extrai, por exemplo, do disposto no inciso XIX do art. 37, em conjugação com o *caput* desse mesmo artigo. São elas uma das quatro categorias de entidades que compõem a **administração indireta**.

Cumpre assinalar que a Carta Política de 1988 trouxe em seu texto inúmeras referências às fundações públicas, conferindo-lhes muitos dos privilégios próprios das entidades de direito público, emparelhando-as com as autarquias em diversos dispositivos. Em razão do tratamento dado pelo constituinte **originário** às fundações públicas, a doutrina administrativista de então, majoritariamente, passou a propugnar o reconhecimento de **personalidade de direito público** a essas entidades, indistintamente.

A EC 19/1998, porém, introduziu alterações importantes em determinadas regras constitucionais concernentes às fundações públicas, sendo sobremaneira significativa a modificação do art. 37, XIX, que disciplina a criação de entidades da administração indireta, em todas as esferas da Federação.

Com efeito, pela redação que lhe deu a EC 19/1998, o inciso XIX do art. 37 passou a estabelecer **duas formas** distintas de **criação de entidades da administração indireta**:

a) uma lei específica, **diretamente**, cria a entidade;

b) uma lei específica **autoriza** que a entidade seja criada, devendo o Poder Executivo, então, providenciar concretamente a sua criação, elaborando os seus atos constitutivos e inscrevendo-os no registro competente, a fim de que ela adquira personalidade.[38]

---

[38] Supondo tratar-se de entidade vinculada ao Poder Executivo, situação verificada na quase totalidade dos casos.

Cap. 2 • ADMINISTRAÇÃO PÚBLICA

A primeira forma de criação está **expressamente** prevista **só** para as **autarquias**; a segunda é, **literalmente**, a sistemática aplicável às **demais entidades**.

Como se vê, o inciso XIX do art. 37 da Constituição, **desde 1998**, só prevê a instituição de fundações públicas segundo o mecanismo próprio de criação de pessoas privadas. Por isso, elas são tratadas, nesse dispositivo, em conjunto com as empresas públicas e sociedades de economia mista, entidades incontroversamente dotadas de personalidade jurídica de direito privado.

Não obstante essa irrefutável constatação, a jurisprudência do Supremo Tribunal Federal firmou-se pela possibilidade de as **fundações públicas** serem instituídas ou com personalidade jurídica de **direito privado** – caso em que estará sendo aplicado literalmente o que prevê o inciso XIX do art. 37 – ou com personalidade jurídica de **direito público.**

Consoante a dicção literal da Corte Suprema, "a qualificação de uma fundação instituída pelo Estado como sujeita ao regime público ou privado depende (i) do estatuto de sua criação ou autorização e (ii) das atividades por ela prestadas. As atividades de conteúdo econômico e as passíveis de delegação, quando definidas como objetos de dada fundação, ainda que essa seja instituída ou mantida pelo Poder público, podem-se submeter ao regime jurídico de direito privado".[39]

Na hipótese de revestir personalidade de direito público – **não prevista no texto constitucional** –, a fundação pública será criada **diretamente** pela lei específica, adquirirá personalidade jurídica com a simples vigência da lei instituidora. Mais precisamente, o ente federativo terá criado uma **espécie de autarquia**, porquanto a Carta Política é clara: entidades da administração indireta criadas **diretamente** pela edição de lei específica são **autarquias.**

Vale ressaltar: a despeito da inexistência de previsão constitucional expressa, é legítima a instituição de fundações públicas com **personalidade de direito público**, porém tais entidades nada mais são do que uma espécie de autarquia, a denominada "**fundação autárquica**" ou "**autarquia fundacional**". Seu regime jurídico é o próprio das autarquias.

A diferença entre uma autarquia e uma fundação autárquica é meramente conceitual: aquela é definida como um **serviço público personificado**, em regra, típico de Estado, enquanto esta é, por definição, um **patrimônio personalizado** destinado a uma finalidade determinada – de interesse social, teoricamente. O regime jurídico de ambas é, em tudo, **idêntico.**

Consideramos conveniente utilizar, mesmo no caso das fundações públicas com personalidade jurídica de direito privado, a expressão "**fundação pública**" – tal como o faz o DL 200/1967 –, para deixar claro que se trata de **entidade formalmente integrante da administração pública**. Evita-se, assim, confusão com as fundações privadas, criadas por iniciativa de particulares – as quais, obviamente, não fazem parte do aparelho administrativo estatal (por exemplo, Fundação Roberto Marinho, Fundação Bradesco). Empregaremos, por vezes, as expressões "**fundação pública**

---

[39] RE 716.378/SP (**repercussão geral**), rel. Min. Dias Toffoli, 07.08.2019 (Informativo 946 do STF).

de direito privado" e "**fundação pública de direito público**", a fim de explicitar a natureza jurídica da entidade.

Imperioso é enfatizar que a Constituição Federal não faz – nem antes, nem depois da EC 19/1998 – distinção em seu texto entre fundações públicas com personalidade jurídica de direito privado e fundações públicas com personalidade jurídica de direito público. Por essa razão, as disposições constitucionais que se referem a **fundações públicas** alcançam, em princípio, **todas elas**, seja de direito público ou privado a respectiva personalidade jurídica.

A rigor, a Carta da República emprega **variadas expressões** para se referir às fundações públicas, por exemplo, "fundações instituídas e mantidas pelo poder público", "administração fundacional" ou, simplesmente, "fundações". Aliás, foi obra da EC 19/1998 – talvez na vã tentativa de afastar a possibilidade de serem criadas fundações públicas com personalidade jurídica de direito público – a introdução no texto constitucional de diversos preceitos que falam tão somente em "fundações", sem agregar o vocábulo "públicas".

Quanto a esse ponto, a redação adotada pelo legislador constituinte em cada dispositivo não tem relevância: as normas constitucionais que de algum modo aludem às fundações públicas aplicam-se – ao menos em tese – a todas elas, tanto às "fundações públicas de direito público" quanto às "fundações públicas de direito privado".

A partir da EC 19/1998, o inciso XIX do art. 37 da Constituição passou a determinar, em sua parte final, que **lei complementar** defina as **áreas de atuação** das fundações públicas. Essa lei complementar deverá ser **editada pela União**, e terá **caráter nacional** – isto é, todos os entes da Federação estarão obrigados a observá-la.

A lei complementar referida no inciso XIX do art. 37 **até hoje não foi editada**. Quando isso ocorrer, provavelmente incorporará ao nosso direito positivo a orientação doutrinária segundo a qual as fundações públicas devem ser criadas com **finalidades institucionais de interesse social**, por exemplo, para atuação nas áreas de educação, saúde, assistência social, pesquisa científica, proteção do meio ambiente, incentivo à cultura etc.

Muito embora, repita-se, não tenha o Congresso Nacional elaborado a lei complementar prevista no atual inciso XIX do art. 37 da Carta Política, o Supremo Tribunal Federal decidiu que o art. 5.º, inciso IV, do DL 200/1967, com a redação dada pela Lei 7.596/1987, "**foi recepcionado com eficácia de lei complementar** pelo art. 37, XIX, da Constituição" (com a redação dada pela EC 19/1998).

A precitada norma legal – que é anterior à EC 19/1998 e à própria CF/1988 – **não define**, propriamente, **áreas de atuação das fundações públicas**. Ela se limita a asseverar que as fundações públicas devem ser criadas "para o desenvolvimento de atividades que não exijam execução por órgãos ou entidades de direito público". Apesar disso, o Supremo Tribunal Federal declarou a sua **recepção**, com *status* **de lei complementar**, pelo vigente inciso XIX do art. 37 da Constituição. Vale transcrever este excerto do voto condutor, proferido pelo Ministro Roberto Barroso, no aresto em que essa posição foi assentada: "até que a questão seja revisitada pelo legislador complementar, deve-se observar o art. 5.º, IV, do DL 200/1967, que veda a atuação de fundações públicas em atividades que exijam aatuação exclusiva do Estado – os denominados *serviços públicos inerentes*, dos quais são exemplos a defesa nacional, a diplomacia, a segurança pública e a jurisdição". Nessa mesma oportunidade, o Pretório Excelso deixou expressamente consignado que "é **constitucional** a constituição de **fundação pública de direito privado** para a prestação de **serviço público de saúde**".[40]

Vem a propósito pontuar que, no caso das **fundações instituídas pela iniciativa privada** (não integrantes da administração pública), existe norma legislada expressa definidora das possíveis áreas de atuação. Deveras, nos termos literais do parágrafo único do art. 62 do **Código Civil**, tais fundações **somente** podem ser constituídas para a persecução das seguintes finalidades: (a) assistência social; (b) cultura, defesa e conservação do patrimônio histórico e artístico; (c) educação; (d) saúde; (e) segurança alimentar e nutricional; (f) defesa, preservação e conservação do meio ambiente e promoção do desenvolvimento sustentável; (g) pesquisa científica, desenvolvimento de tecnologias alternativas, modernização de sistemas de gestão, produção e divulgação de informações e conhecimentos técnicos e científicos; (h) promoção da ética, da cidadania, da democracia e dos direitos humanos; e (i) atividades religiosas.

4.7.2.3. Regime jurídico

As **fundações públicas com personalidade jurídica de direito público** nada mais são do que uma espécie de autarquia. Logo, a elas são estendidos os mesmos poderes, privilégios e restrições que a ordem jurídica confere às autarquias.

Em poucas palavras, por serem as "**fundações públicas de direito público**" autarquias, o regime jurídico a elas aplicável é o das autarquias: sujeitam-se ao **regime de direito público**, com todas as prerrogativas e restrições que o caracterizam.

A situação das **fundações públicas com personalidade jurídica de direito privado**, diferentemente, não é bem definida. No plano puramente teórico, conceitual, é fácil afirmar que elas se sujeitam a um regime híbrido, isto é, são em parte reguladas por normas de direito privado e em parte reguladas por normas de direito público. Essa afirmação genérica é válida para todas as entidades da administração indireta que ostentam personalidade jurídica de direito privado, até mesmo para as que atuam no domínio econômico em sentido estrito (feita a ressalva de que estas últimas são as que menos se sujeitam a derrogações do regime privado pelo direito público).

O problema específico das "**fundações públicas de direito privado**" é que inúmeras regras constitucionais têm como destinatárias as autarquias e as fundações públicas, conjuntamente. Essas normas alcançam, ao menos em tese, qualquer fundação pública, não importa a natureza de sua personalidade jurídica, seja qual for o termo empregado no dispositivo constitucional: "administração fundacional", "fundações instituídas e mantidas pelo poder público", "fundações" (sem qualificativo algum) etc.

Dificultando ainda mais a distinção de regime jurídico entre as "fundações públicas de direito privado" e as "fundações públicas de direito público", existem diversas leis que veiculam regras de direito público endereçadas às autarquias e às fundações públicas, de forma englobada e indistinta. Tais regras legais alcançam, em princípio,

---

[40] ADI 4.197/SE, rel. Min. Roberto Barroso, 01.03.2023 (Informativo 1.085 do STF).

todas as fundações públicas, a menos que seu conteúdo seja patentemente incompatível com a personalidade jurídica de direito privado.[41]

Em que pesem esses percalços, é possível apontar, **exemplificativamente**, algumas características próprias das fundações públicas com personalidade jurídica de **direito privado**, que as distinguem das fundações autárquicas, a saber:

a) só adquirem personalidade jurídica com a inscrição dos seus atos constitutivos no registro público competente;

b) não têm poder normativo (não podem editar atos gerais e abstratos que obriguem os particulares);

c) seus bens não são juridicamente classificados como bens públicos, mas aqueles que estiverem sendo diretamente empregados na prestação de serviços públicos podem, por força do princípio da continuidade dos serviços públicos, estar sujeitos a regras de direito público, tais como a impenhorabilidade;

d) segundo a jurisprudência do Supremo Tribunal Federal, as fundações públicas com personalidade de direito privado que prestem serviço público essencial, em regime não concorrencial e sem intuito lucrativo primário, sujeitam-se ao regime de precatórios judiciários, previsto no art. 100 da Carta Política;[42]

e) não gozam dos privilégios processuais outorgados à Fazenda Pública;

f) não têm a prerrogativa de cobrar suas dívidas mediante o processo especial de execução judicial estabelecido na Lei 6.830/1980;

g) não podem ser sujeitos ativos tributários (não têm o poder de exigir tributos; caso a receita de um tributo seja legalmente destinada ao custeio de uma fundação pública com personalidade jurídica de direito privado, a exigência tributária terá que ser efetuada por uma pessoa jurídica de direito público, que repassará à fundação os valores arrecadados).

O Supremo Tribunal Federal já decidiu que é constitucional a legislação estadual que determina que o **regime jurídico celetista** incide sobre as relações de trabalho estabelecidas no âmbito de fundações públicas com **personalidade jurídica de direito privado** destinadas à prestação de serviços de saúde.[43] A nosso ver, esse entendimento

---

[41] O vigente Código de Processo Civil (Lei 13.105/2015), em diversos dispositivos, refere-se explicitamente a "**fundações de direito público**", com o evidente intuito de excluir do alcance deles as fundações públicas com personalidade jurídica de direito privado (arts. 183, 242, 269, 496 e 968). Infelizmente, essa clareza não é usual. A grande maioria das normas legais simplesmente alude, em conjunto, a "autarquias e fundações públicas", sem fazer distinção, em seu texto, entre fundações com personalidade jurídica de direito público e fundações públicas com personalidade de direito privado.

[42] ADPF 547/PA, rel. Min. Roberto Barroso, 24.05.2021.

[43] ADI 4.247/RJ, rel. Min. Marco Aurélio, 03.11.2020 (Informativo 997 do STF); ADI 4.197/SE, rel. Min. Roberto Barroso, 01.03.2023 (Informativo 1.085 do STF) - é interessante registrar que está escrito no voto condutor da ADI 4.197/SE, proferido pelo Min. Roberto Barroso, que o Supremo Tribunal Federal "reconhece que a exigência de instituição de regime jurídico único (art. 39, *caput*, da Constituição) somente se aplica às entidades administrativas com personalidade jurídica de direito público, não se estendendo, portanto, às fundações de direito privado" (deve-se entender que o "regime jurídico único" a que o excerto de voto se refere é, especificamente, o regime jurídico **estatutário**).

pode ser estendido, em princípio, a qualquer fundação pública com personalidade de direito privado que se dedique à prestação de serviços públicos em geral.

Interessa, ainda, à análise ora em curso, perquirir se estão sujeitas ao art. 66 do Código Civil – segundo o qual o Ministério Público "velará pelas fundações" – somente as fundações privadas, instituídas pela iniciativa, ou também as fundações públicas.

Perfilhamos a corrente, majoritária na doutrina, que sustenta **não ser aplicável** o art. 66 do Código Civil a espécie alguma de **fundação pública**, não importa se dotada de personalidade de direito público ou de direito privado.

Essa é, por exemplo, a posição da Prof.ª Maria Sylvia Di Pietro, para quem a **tutela administrativa** a que estão sujeitas as fundações públicas (todas elas) é meio de controle suficiente e apto a assegurar a realização dos objetivos fixados nos atos de constituição da entidade. Preleciona a autora: "com relação às fundações instituídas por particulares, a função do Ministério Público justifica-se pela necessidade de atribuir a algum órgão público a função de manter a entidade dentro dos objetivos para os quais foi instituída".

Dessa forma, o Ministério Público, no que toca às **fundações públicas**, nada mais faz do que exercer o mesmo controle ordinário a que está submetida **toda a administração pública**, direta e indireta, deflagrado quando se verificam **indícios de irregularidades**. Trata-se de um controle **pontual e eventual** de legalidade da atuação da administração pública, função institucional básica do Ministério Público, sem nenhuma distinção especial quanto às fundações públicas.

Diferentemente, pode-se dizer que as **fundações instituídas pela iniciativa privada** são efetivamente **veladas** pelo Ministério Público, isto é, em relação a essas fundações ele exerce a função de **curadoria**. Elas têm obrigação de prestar ao Ministério Público satisfação permanente de suas atividades – mesmo que não haja suspeitas de desvios ou qualquer investigação específica instaurada – e necessitam obter autorização prévia desse órgão para poderem praticar determinados atos.

Em síntese, a função de **velar** pelas fundações, atribuída pelo **Código Civil** ao **Ministério Público**, só tem aplicação para as fundações não integrantes da administração pública, instituídas por particulares, mas **não alcança as fundações públicas**, de nenhuma espécie.

Resta examinar, por fim, o **foro competente** para julgamento das causas que envolvam as fundações públicas.

As fundações públicas com **personalidade jurídica de direito público** não apresentam dificuldade alguma: elas são uma espécie de **autarquia** e, portanto, se forem federais, têm foro na **Justiça Federal** – salvo nas causas de falência, de acidentes de trabalho e nas sujeitas à Justiça Eleitoral e à Justiça do Trabalho (CF, art. 109, I). Veja-se este ilustrativo excerto de ementa de acórdão do Supremo Tribunal Federal sobre o tema:[44]

> 1. A Fundação Nacional de Saúde, que é mantida por recursos orçamentários oficiais da União e por ela instituída, é entidade de direito

---

[44] RE 215.741/SE, rel. Min. Maurício Corrêa, 30.03.1999. No mesmo sentido, versando sobre a Fundação Universidade do Rio de Janeiro: RE 127.489/DF, rel. Min. Maurício Corrêa, 25.11.1997.

público. 2. Conflito de competência entre a Justiça Comum e a Federal. Artigo 109, I da Constituição Federal. **Compete à Justiça Federal processar e julgar ação em que figura como parte fundação pública, tendo em vista sua situação jurídica conceitual assemelhar-se, em sua origem, às autarquias**. 3. Ainda que o artigo 109, I da Constituição Federal, não se refira expressamente às fundações, o entendimento desta Corte é o de que a finalidade, a origem dos recursos e o regime administrativo de tutela absoluta a que, por lei, estão sujeitas, fazem delas espécie do gênero autarquia. 4. Recurso extraordinário conhecido e provido para declarar a competência da Justiça Federal.

Se a fundação pública com personalidade jurídica de direito público for **estadual ou municipal**, o foro será o da **Justiça Estadual**.

No caso das fundações públicas **com personalidade jurídica de direito privado**, existe alguma controvérsia. Filiamo-nos à orientação majoritária na doutrina, que defende estarem as causas relacionadas a essas entidades sujeitas à **Justiça Estadual**. Isso porque, em regra, as normas constitucionais acerca de competências do Poder Judiciário não admitem interpretação extensiva. Como o inciso I do art. 109 da Carta de 1988, ao enumerar competências da Justiça Federal, **só menciona** expressamente "União, entidade autárquica ou empresa pública federal", **não estão nele incluídas** as fundações públicas com personalidade jurídica de direito privado. Submetem-se elas, assim, ordinariamente, ao foro residual, a saber, o da Justiça Estadual.

Em suma, as causas que envolvam fundações públicas com personalidade jurídica de direito privado, **federais, estaduais e municipais**, estão sujeitas ao foro comum, da **Justiça Estadual**.

Como último ponto pertinente ao foro, deve-se anotar que, sendo a causa oriunda de uma **relação de trabalho** (entre **empregado público** e fundação pública), isto é, uma lide acerca de relação funcional regida pela Consolidação das Leis do Trabalho (CLT) e que envolva a aplicação de normas contidas na legislação trabalhista, a competência será da **Justiça do Trabalho**, seja qual for a natureza da fundação pública ou o ente federativo – União, estado, Distrito Federal ou município – a que ela esteja vinculada (CF, art. 114).

4.7.3. *Empresas públicas e sociedades de economia mista*

4.7.3.1. Introdução

As **empresas públicas** e as **sociedades de economia mista** são entidades integrantes da administração indireta que apresentam uma grande quantidade de pontos em comum com os empreendimentos do **setor privado**, tanto em relação à estrutura organizacional quanto ao objeto, isto é, às atividades exercidas.

O surgimento, em diversos países, de organizações sob controle estatal estruturadas à semelhança das pessoas jurídicas oriundas da iniciativa privada coincide com o fim da hegemonia do ideário liberal, que apregoava as virtudes do Estado abstencionista (*laissez-faire*), e a ascensão das doutrinas que advogam a necessidade de que o poder público atue positivamente, seja na prestação de serviços destinados a suprir carências materiais da sociedade (Estado-providência), seja como promotor do desenvolvimento nacional, intervindo ativamente no domínio econômico, não apenas no exercício de competências regulatórias (Estado-regulador), mas também como agente produtivo (Estado-empresário) capaz de colmatar lacunas em áreas nas quais se verificam deficiências na atuação do setor privado – ou mesmo a sua completa ausência.

No Brasil, a criação sistemática de empresas sob controle governamental ocorreu a partir da década de trinta do século passado ("Era Vargas"). Elas foram um dos principais instrumentos utilizados na implementação do maciço esforço de industrialização nacional que perdurou até quase o final da última ditadura militar – durante a qual, sob o influxo da corrente de pensamento econômico conhecida como "nacional-desenvolvimentismo", foram adotadas inúmeras medidas de intervenção estatal na economia, designadas, em seu conjunto, como "Projeto Brasil Grande Potência".

A proliferação dessas empresas governamentais serviu ao desiderato de prover o País de uma infraestrutura física destinada a favorecer a ulterior atividade produtiva privada, que, então, assumiria o protagonismo no processo de desenvolvimento nacional. Por meio delas, o Estado assumiu o papel de indutor do desenvolvimento – não meramente como regulador do setor privado, mas como **agente econômico diretamente atuante na produção de bens e serviços** para a qual se fizessem necessários aportes de capital, assunção de riscos ou absorção de prejuízos operacionais de tal monta que os investidores particulares não suportariam.

Considerava-se que, naquele estágio inicial do processo de modernização da economia que se tencionava pôr em curso, era imprescindível que o Estado, por intermédio dessas empresas sob seu controle, dotasse o País de estradas, pontes, ferrovias, portos, aeroportos, hidrelétricas, indústrias de base, enfim, que se incumbisse de construir o arcabouço que permitiria atrair fluxos volumosos e permanentes de investimentos produtivos privados, nacionais e estrangeiros, que, finalmente, alçariam o País ao panteão das economias desenvolvidas.

Com a edição do Decreto-Lei 200/1967, promoveu-se, no plano normativo, uma importante **reforma da administração pública federal**, cujo escopo precípuo foi proporcionar a racionalização de suas estruturas e do exercício das competências respectivas. As empresas públicas e as sociedades de economia mista, **formalmente incluídas pelo DL 200/1967 no rol de entidades da administração pública indireta**, foram nele conceituadas como pessoas jurídicas de direito privado criadas para o exercício de **atividades econômicas**.

É acertado afirmar que, originalmente, as empresas públicas e sociedades de economia mista brasileiras foram concebidas para desempenhar **atividades econômicas em sentido estrito** – para funcionar como "braços" do Estado-empresário. Foi essa a orientação que acabou cristalizada na definição trazida pelo DL 200/1967. Mas tal circunstância **não impediu** que, antes e depois do DL 200/1967, fossem criadas empresas públicas e sociedades de economia mista incumbidas da **prestação de serviços públicos** – realidade que, há muito, conta com o beneplácito da doutrina e da jurisprudência.

Porém, se é fato que os meios jurídicos pátrios admitiram, sem maiores contestações, essa possibilidade de empresas públicas e sociedades de economia mista serem criadas ora para atuar no domínio econômico em sentido estrito, ora como prestadoras de serviços públicos, também é verdade que, em atenção à diferença de tratamento que o ordenamento constitucional dispensa a cada uma dessas atividades, passaram a ser estremados variados aspectos referentes ao regime jurídico aplicável à entidade, conforme o seu objeto.

Assim, desde a promulgação da Constituição de 1988, se não antes, vêm sendo estabelecidas ou identificadas, nos campos doutrinário e jurisprudencial, distinções entre o regime jurídico a que estão jungidas as empresas públicas e sociedades de economia mista, conforme se trate, de um lado, de entidades que explorem **atividade econômica em sentido estrito** ou, de outro, de entidades que tenham por objeto a prestação de **serviço público**.

Em julho de 2016, foi publicada a Lei 13.303/2016 – apelidada de "Lei de Responsabilidade das Estatais", ou, simplesmente, "Lei das Estatais". Trata-se de uma lei ordinária de **caráter nacional**, isto é, editada pela União e obrigatória para todos os entes da Federação. Ela contém um conjunto abrangente de normas – literalmente, um "**estatuto jurídico**" – endereçadas **não só** às empresas públicas e sociedades de economia mista que exploram **atividades econômicas em sentido estrito** como **também** às que prestam **serviços públicos** que configuram atividade econômica (em sentido amplo).

A opção do legislador por elaborar um "**estatuto jurídico**" aplicável tanto às empresas públicas e sociedades de economia mista atuantes no **domínio econômico estrito** quanto às prestadoras de **serviços públicos** de índole econômica eliminou algumas diferenças de regime jurídico que, em função da atividade exercida, havia entre esses dois grupos. Convém alertar, entretanto, que outros pontos de discrime atrelados ao objeto da entidade, suscitados pela doutrina e pela jurisprudência, **não ficaram prejudicados com o advento da Lei 13.303/2016** – e serão estudados oportunamente.

Antes de prosseguirmos, julgamos necessário apresentar, para efeito de sistematização e de uniformização da linguagem, uma classificação geral das atividades desenvolvidas pelo Estado e pelo setor privado, **quanto à sua natureza econômica ou não econômica**. Adotamos como critério para classificar uma atividade como **econômica** a possibilidade – pelo menos teórica, observado o ordenamento constitucional brasileiro – de ela ser explorada com **finalidade de lucro**. A nosso ver, esse critério é aquele mais frequentemente proposto pelos publicistas pátrios – e se encontra em perfeita harmonia com nossa Carta Política.

A partir dessa premissa, podemos classificar as diferentes atividades desenvolvidas pela generalidade das **pessoas públicas e privadas** desta forma:

a) atividades **não econômicas**: são as atividades em que **não há finalidade lucrativa**. Subdividem-se em:

    a.1. **atividades exclusivas de Estado**: são aquelas que envolvem exercício do **poder de império**, traduzindo manifestação da própria soberania (a doutrina refere-se a elas como "**atividades jurídicas do Estado**"). Somente podem ser desempenhadas por **pessoas jurídicas de direito público**, sem possibilidade de delegação a particulares. São atividades não econômicas por sua própria natureza, isto é, não há possibilidade de serem exploradas com intuito de lucro. São exemplos a prestação jurisdicional, a manutenção da ordem pública, os serviços diplomáticos, a defesa das fronteiras nacionais, entre outros;

a.2. **atividades de interesse social, sem intuito de lucro**: são atividades pertinentes aos direitos constitucionais sociais, especialmente as arroladas no Título VIII da Carta Política de 1988 ("Da Ordem Social"). Podem ser exercidas:

a.2.1. pela administração pública direta ou indireta ("Estado-providência" ou "Estado do bem-estar social"). Nessa hipótese – prestação pelo próprio Estado –, essas atividades são **serviço público** em sentido estrito, com duas peculiaridades: não são passíveis de ser exploradas com intuito de lucro e não existe delegação de sua prestação a particulares (quando são exercidas por **particulares**, tais atividades enquadram-se como **serviço privado**);

a.2.2. pelo setor privado, sem fins lucrativos, em regra com incentivo do Estado. Nessa hipótese, sempre se trata de prestação de **serviço privado**, isto é, atividade aberta à livre-iniciativa e executada sob regime jurídico de direito privado (não se trata de serviço prestado mediante delegação do poder público); são as atividades exercidas, de um modo geral, pelas pessoas jurídicas integrantes do denominado "terceiro setor". Observe-se que algumas dessas atividades (por exemplo, educação e saúde) podem ser exploradas pelo setor privado com finalidade de lucro, caso em que serão, da mesma forma, serviços privados, porém enquadrados como atividade econômica em sentido estrito;

b) atividades **econômicas em sentido amplo** (Título VII da Constituição de 1988 – "Da Ordem Econômica e Financeira"): são as atividades produtivas de índole privada desempenhadas com finalidade lucrativa e os serviços públicos que, observado nosso arcabouço constitucional, têm possibilidade, ao menos teórica, de ser explorados com intuito de lucro, segundo os princípios orientadores da atividade empresarial. Subdividem-se em:

b.1. **atividades econômicas em sentido estrito**: são as atividades produtivas **rurais, comerciais e industriais**, bem como a prestação de **serviços privados**, abertos à livre-iniciativa, exercidas com **finalidade de lucro**, segundo os princípios orientadores da atividade empresarial, por pessoas ou organizações que adotem, ou tenham a possibilidade de adotar, a estrutura própria de empresa. A Constituição da República reserva a exploração dessas atividades, como regra, aos particulares, hipótese em que estarão integralmente sujeitas ao regime de direito privado, especialmente à livre-iniciativa e à livre concorrência. Em **caráter excepcional**, o Estado desempenha essas atividades ("Estado-empresário"), o que ocorre quando sua exploração é **necessária** aos **imperativos da segurança nacional** ou a **relevante interesse coletivo**, conforme **definidos em lei** (CF, art. 173) e quando sua exploração está sujeita a regime constitucional de monopólio (CF, art. 177);

86 DIREITO ADMINISTRATIVO DESCOMPLICADO • *Marcelo Alexandrino & Vicente Paulo*

b.2. **serviços públicos passíveis de ser explorados com intuito de lucro**: são os serviços públicos de que trata o art. 175 da Constituição, isto é, serviços públicos em sentido estrito que têm possibilidade de ser explorados segundo os princípios norteadores da atividade empresarial e, portanto, podem – ou, ao menos em tese, poderiam – ser **delegados a particulares** mediante contrato administrativo (concessão e permissão de serviços públicos) ou, em restritas hipóteses, ato administrativo (autorização de serviço público). Por serem serviços públicos, mesmo que sejam explorados com intuito lucrativo, estão sujeitos obrigatoriamente a regime jurídico de direito público, afastando--se, por exemplo, o princípio da livre-iniciativa. São exemplos os serviços de telefonia, de fornecimento de energia elétrica, de radiodifusão sonora e de sons e imagens, de transportes coletivos. Não se incluem, aqui, as atividades pertinentes ao Título VIII da Constituição de 1988 ("Da Ordem Social), porque elas somente são prestadas como serviço público quando o são pelo Estado e, nesse caso, não podem ter finalidade de lucro; quando forem exercidas por particulares, essas atividades integrantes da "Ordem Social são serviços privados, exercidos sem delegação (apenas sob controles próprios do poder de polícia), e podem ou ter finalidade lucrativa, caso em que serão atividade econômica em sentido estrito, ou ser desempenhadas sem objetivo de lucro, caso em que se enquadrarão como atividade não econômica.

Além dessas definições, é importante saber que, dentre os parâmetros propostos pela doutrina para a identificação de uma atividade como **serviço público**, o nosso ordenamento jurídico confere preponderância ao **critério formal** (concernente ao regime jurídico de execução da atividade). Desse modo, somente se enquadram como serviços públicos, seja em sentido amplo, seja em sentido estrito, atividades que, por imposição constitucional ou legal, sejam realizadas sob **regime jurídico de direito público**.

Observado o critério formal de enquadramento, podemos ter:

a) **serviços públicos em sentido amplo**: são todas as atividades pertinentes ao conceito material de administração pública; são exercidas pelo Estado (ou, se cabível, por seus delegatários) sob **regime jurídico de direito público**. Exemplos: exercício de poder de polícia e outras atividades exclusivas do Estado; atividades internas de uma repartição pública; serviços públicos prestados por particulares mediante concessão e permissão;

b) **serviços públicos em sentido estrito**: restringem-se às prestações que representem, em si mesmas, uma utilidade ou comodidade material para a população em geral, executadas sob **regime jurídico de direito público**. São os serviços a que se refere o art. 175 da Constituição, prestados pelo Estado ou por seus delegatários, e, também, quando prestados pelo Estado, os serviços pertinentes ao Título VIII da Constituição ("Da Ordem Social").

Os serviços públicos a que se refere o art. 175 da Carta Política são incumbência do poder público, que pode prestá-los **diretamente** ou **indiretamente**. Diz-se que são prestados **diretamente** quando o são pela administração pública, tanto pela administração direta (prestação centralizada), quanto pela administração indireta (descentralização por serviços); e que são prestados indiretamente quando o são por particulares, mediante delegação (descentralização por colaboração). A titularidade desses serviços públicos é sempre do poder público, mas eles são passíveis – ao menos em tese – de ser explorados com intuito de lucro por organizações que tenham possibilidade de atuar segundo os princípios norteadores da atividade empresarial. Pelo fato de serem, ou poderem ser, explorados com fins lucrativos, classificam-se como atividade econômica (em sentido amplo). Exemplos desses serviços públicos são os enumerados no inciso XII do art. 21 da Constituição Federal.

As atividades compreendidas no Título VIII da Constituição ("Da Ordem Social") – por exemplo, serviços relacionados às áreas de saúde e de educação –, quando executadas pela administração pública, direta ou indireta, constituem serviços públicos em sentido estrito. Entretanto, esses serviços públicos não configuram atividade econômica (nem mesmo em sentido amplo), pois não há possibilidade de o Estado – seja a administração direta, seja a indireta – explorá-los com intuito de lucro.

4.7.3.2. Abrangência do estatuto jurídico das empresas públicas e sociedades de economia mista (Lei 13.303/2016)

A vigente Carta Política cuida, no Título VII, da "Ordem Econômica e Financeira", enquanto o seu Título VIII trata da "Ordem Social".

Estão incluídas na "Ordem Social" atividades relacionadas à seguridade social – a qual compreende as ações e serviços concernentes à saúde, à previdência social e à assistência social –, à educação, à pesquisa científica e tecnológica, à cultura, ao desporto, à preservação do meio ambiente, entre outras.

As disposições constitucionais relativas à "Ordem Econômica e Financeira" abrangem não só atividades econômicas em sentido estrito – produção rural, comércio, indústria e prestação de serviços privados –, que sempre são exploradas com intuito de lucro, mas também atividades econômicas em sentido amplo, as quais incluem, além daquelas, a prestação de serviços públicos que têm possibilidade, ao menos teórica (observado o ordenamento constitucional), de ser explorados com finalidade lucrativa, segundo os princípios orientadores da atividade empresarial.

O art. 173 da Constituição, inserido entre as disposições pertinentes à "Ordem Econômica e Financeira", versa sobre atividades econômicas em sentido estrito – especialmente sobre a atuação direta do Estado no domínio econômico produtivo (Estado-empresário). Ele não cuida de prestação de serviços públicos. Já o art. 175, que também integra os preceitos constitucionais referentes à "Ordem Econômica e Financeira", trata da prestação de serviços públicos enquadrados como atividade econômica em sentido amplo. Merecem transcrição os seguintes dispositivos desses dois artigos (redação do § 1.º do art. 173 dada pela EC 19/1998):

> Art. 173. Ressalvados os casos previstos nesta Constituição, a exploração direta de atividade econômica pelo Estado só será permitida quando necessária aos imperativos da segurança nacional ou a relevante interesse coletivo, conforme definidos em lei.

§ 1.º A lei estabelecerá o estatuto jurídico da empresa pública, da sociedade de economia mista e de suas subsidiárias que explorem atividade econômica de produção ou comercialização de bens ou de prestação de serviços, dispondo sobre:

....

Art. 175. Incumbe ao poder público, na forma da lei, diretamente ou sob regime de concessão ou permissão, sempre através de licitação, a prestação de serviços públicos.

....

É fácil constatar que o art. 173 cuida apenas de **atividades econômicas em sentido estrito**. Literalmente, o seu *caput* afirma que "a exploração direta de atividade econômica pelo Estado só será permitida quando necessária aos imperativos da segurança nacional ou a relevante interesse coletivo, conforme definidos em lei". Ora, o fato de a referida "exploração direta de atividade econômica pelo Estado" ser tratada como algo que deva ter caráter **extraordinário** permite asseverar que não está incluída nessa norma a prestação de serviços públicos. Afinal, embora existam **serviços públicos** que se enquadram como atividade econômica (**em sentido amplo**), a sua prestação direta pelo Estado **nada tem de excepcional** (o vocábulo "Estado", no contexto do art. 173, é empregado com o sentido de "administração pública", isto é, inclui a administração direta e a administração indireta de todos os entes da Federação).

Em suma, claro está que o art. 173 da Constituição **não** tem por escopo a prestação de **serviços públicos**, mas, **tão somente**, a exploração de **atividades econômicas em sentido estrito**.

Nos textuais termos do § 1.º do art. 173, as suas disposições aplicam-se às empresas públicas e sociedades de economia mista:

a) "que explorem atividade econômica de produção ou comercialização de bens"; e

b) "que explorem atividade econômica de prestação de serviços".

Os "serviços" aludidos na letra "b" são os de **natureza privada**, que configuram atividade econômica em sentido estrito, **não** enquadrados como **serviços públicos**. Isso porque o dispositivo ora em apreço (§ 1.º do art. 173) é um mero parágrafo de um artigo e, como tal, deve guardar pertinência com o conteúdo do respectivo *caput*, o qual, conforme explanado, versa apenas sobre atividades econômicas em sentido estrito.

Pois bem, em julho de 2016, com muitos anos de atraso, foi publicada a Lei 13.303/2016 – lei ordinária de **caráter nacional**, isto é, editada pela União e obrigatória para todos os entes da Federação –, cuja ementa reza:

Dispõe sobre o estatuto jurídico da empresa pública, da sociedade de economia mista e de suas subsidiárias, no âmbito da União, dos Estados, do Distrito Federal e dos Municípios.

Apesar de a ementa **não fazer menção ao objeto das entidades** jungidas à Lei 13.303/2016, o art. 1.º desta o faz expressamente, nos termos seguintes (grifamos):

> Art. 1.º Esta Lei dispõe sobre o estatuto jurídico da empresa pública, da sociedade de economia mista e de suas subsidiárias, abrangendo toda e qualquer empresa pública e sociedade de economia mista da União, dos Estados, do Distrito Federal e dos Municípios **que explore atividade econômica** de produção ou comercialização de bens ou de prestação de serviços, **ainda que a atividade econômica** esteja sujeita ao regime de monopólio da União ou seja de prestação de serviços públicos.

Uma análise atenta da redação desse artigo conduz às seguintes conclusões: (a) a lei **somente** alcança empresas públicas e sociedades de economia mista que explorem **atividades econômicas** de produção ou comercialização de bens ou de prestação de serviços; (b) estão **incluídas** entre estas as **atividades econômicas** que se encontrem sujeitas ao regime de **monopólio** da União; (c) estão também **incluídas** as **atividades econômicas** que configurem prestação de **serviços públicos**.

Prosseguindo, podemos deduzir, ainda, que **nem todas** as empresas públicas e sociedades de economia hoje existentes no Brasil, ou que possam vir a ser criadas, estão (ou estarão) abrangidas pela Lei 13.303/2016.

Por exemplo, há empresas públicas e sociedades de economia mista que têm por objeto o exercício de poder de polícia e atividades de regulação, finalidades institucionais que, sem sombra de dúvida, **não se enquadram** como "**exploração de atividade econômica**", por mais ampla que possa ser a acepção proposta para tal expressão. Merecem menção, nessa categoria, a Empresa Pública de Transporte e Circulação S/A (EPTC), no Município de Porto Alegre, e a Empresa de Transportes e Trânsito de Belo Horizonte S/A (BHTRANS), no Município de Belo Horizonte, ambas dedicadas à fiscalização de trânsito.

Ainda exemplificando, existem empresas públicas e sociedades de economia mista cujos objetos correspondem a **atividades de cunho estritamente social**, inseridas no Título VIII da Constituição ("Da Ordem Social"), tais como ações e serviços relacionados à saúde, ao ensino e à pesquisa científica. **Não** nos parece minimamente consentâneo com o nosso ordenamento constitucional pretender enquadrar essas entidades como exploradoras de **atividade econômica em sentido estrito** ou como prestadoras de **serviços públicos de natureza econômica**.

Na esfera federal, foi editado o Decreto 8.945/2016, com o propósito de regulamentar a Lei 13.303/2016. **Nenhum dispositivo desse decreto menciona o objeto das empresas públicas e sociedades de economia mista sujeitas a sua regulamentação.** Como não há qualquer alusão às atividades desempenhadas pelas entidades de que trata o Decreto 8.945/2016, fica a forte impressão de que ele tencionou alcançar todas as empresas públicas e sociedades de economia mista federais, sem exceção. Essa inferência é robustecida pelo fato de o decreto haver criado a assembleia geral de diversas empresas públicas e sociedades de economia mista, algumas das quais evidentemente dedicadas a atividades não econômicas (art. 72).

Às constatações aduzidas no parágrafo anterior cumpre, todavia, opor duas observações:

a) mesmo que não existisse a Lei 13.303/2016, nada impediria que um decreto federal estabelecesse disposições aplicáveis a quaisquer entidades administrativas vinculadas à União, **exceto**, unicamente, quanto a matérias submetidas a **reserva de lei**. O próprio preâmbulo do Decreto 8.945/2016 invoca, além do inciso IV do art. 84 da Constituição, o inciso VI, alínea "a", dispositivo que autoriza o Presidente da República a dispor, mediante **decreto autônomo**, acerca da "organização e funcionamento da administração federal, quando não implicar aumento de despesa nem criação ou extinção de órgãos públicos"; e

b) ainda que o Decreto 8.945/2016 afirmasse expressamente que o campo de incidência da Lei 13.303/2016 inclui todas as empresas públicas e sociedades de economia mista da União – coisa que ele não faz! –, o texto da **lei** continuaria restringindo a abrangência dela, de forma literal e insofismável, às entidades dedicadas a **atividades econômicas** (incluída a prestação se serviços públicos de natureza econômica).

Deveras, ao lado da própria limitação explícita contida no *caput* do art. 1.º da Lei 13.303/2016, segundo a qual ela somente se aplica à empresa pública ou sociedade de economia mista "que explore atividade econômica de produção ou comercialização de bens ou de prestação de serviços, ainda que a atividade econômica esteja sujeita ao regime de monopólio da União ou seja de prestação de serviços públicos", merecem menção, por também terem conteúdo restritivo, estes dois dispositivos:[45]

a) o § 6.º do art. 1.º, que submete ao regime previsto na Lei 13.303/2016 "a sociedade, inclusive a de propósito específico, que seja controlada por empresa pública ou sociedade de economia mista abrangidas no *caput*" (infere-se que existam outras, não abrangidas no *caput* – e, portanto, fora do campo de incidência da Lei 13.303/2016); e

b) o § 4.º do art. 42, que estabelece que a modalidade de contratação denominada "semi-integrada" (definida na própria Lei 13.303/2016) deverá ser adotada, preferencialmente, nas licitações de obras e serviços de engenharia que "as empresas públicas e as sociedades de economia mista abrangidas por esta Lei" venham a realizar (novamente, é feita alusão, *a contrario sensu*, à existência de outras empresas públicas e sociedades de economia mista, não abrangidas pela Lei 13.303/2016).

---

[45] Cabe pontuar, de passagem, que a Lei 13.303/2016 **permite** que os Poderes Executivos dos diversos entes da Federação editem atos que estabeleçam **regras diferenciadas de governança** – quanto a alguns aspectos na própria lei discriminados – para as suas empresas públicas e sociedades de economia mista que tenham auferido, em conjunto com as respectivas subsidiárias, no exercício social anterior, receita operacional bruta inferior a **noventa milhões de reais** (art. 1.º, §§ 1.º e 3.º). Se essa faculdade não for exercida por determinado ente federativo, no **prazo de 180 dias** contados da publicação da lei, nenhum tratamento peculiar haverá para as entidades a ele vinculadas (art. 1.º, § 4.º). Note-se que essas regras **não têm reflexo algum** na constatação de que o **campo de incidência** da Lei 13.303/2016 está **limitado** às empresas públicas e sociedades de economia mista, e suas subsidiárias, que exploram **atividade econômica** (incluídos os serviços públicos de índole econômica).

Cap. 2 • ADMINISTRAÇÃO PÚBLICA

É interessante destacar que o Decreto-Lei 200/1967 trazia definições de empresa pública e sociedade de economia mista nas quais era **explicitado** que tais entidades deveriam ser criadas "**para a exploração de atividade econômica**" (o DL 200/1967 é endereçado somente à administração federal, mas as definições nele vazadas servem de parâmetro para toda a administração pública brasileira). A Lei 13.303/2016, diferentemente, conceitua empresa pública e sociedade de economia mista **sem fazer qualquer menção à natureza das atividades** que devem ser por elas desempenhadas (arts. 3.º e 4.º).

O já citado Decreto 8.945/2016, que regulamentou, na órbita federal, a Lei 13.303/2016, tampouco alude, em ponto algum, às atividades que as empresas públicas e sociedades de economia mista de que ele cuida têm por objeto (ou deveriam ter). Tal como a Lei 13.303/2016, ele se limita a afirmar que "a exploração de atividade econômica pela União será exercida por meio de empresas estatais" (o que **não** equivale – absolutamente! – a determinar, de modo peremptório, que empresas públicas e sociedades de economia mista sejam criadas exclusivamente para desempenhar atividades econômicas).

A diferença entre as definições do DL 200/1967 e da Lei 13.303/2016 é trazida à baila mormente a título de curiosidade, porque é certo que, tanto antes quanto depois dessa lei, a **regra geral** era, e continua a ser, a de que as empresas públicas e sociedades de economia mista sejam **criadas para exercer atividades econômicas** (ainda que em sentido amplo). Aliás, precisamente por essa razão, é acertado asseverar que a Lei 13.303/2016 subordina a seus preceitos a **esmagadora maioria** das empresas públicas e sociedades de economia mista do País. Mas **não todas**!

4.7.3.3. Conceito

As **empresas públicas** e as **sociedades de economia mista** são, dentre as quatro categorias de entidades integrantes da administração indireta no Brasil, aquelas especialmente vocacionadas ao exercício de **atividade econômica**, porquanto, em sua constituição, são (ou podem ser) adotadas **estruturas próprias de empresa** – isto é, de organizações voltadas à geração ou à circulação de bens e à prestação de serviços mediante uma combinação ótima de fatores de produção que permita alcançar os melhores resultados com os menores custos.

As **empresas públicas** e as **sociedades de economia mista** constam do DL 200/1967 como integrantes da **administração indireta** federal desde a edição desse ato normativo. Elas eram definidas nos incisos II e III do seu art. 5.º. Foram originalmente concebidas para funcionar como "braços" do denominado Estado-empresário, ou seja, a ideia era a de que elas atuassem precipuamente na exploração de **atividades econômicas em sentido estrito**. Isso não impediu a existência de muitas empresas públicas e sociedades de economia mista, criadas antes e depois do DL 200/1967, dedicadas à prestação de **serviços públicos** enquadrados como atividade econômica em sentido amplo – situação aceita sem maiores contestações nos meios jurídicos pátrios.

É consensual o entendimento de que a Constituição de 1988 estendeu a toda a administração pública brasileira a estrutura organizacional estabelecida pelo DL 200/1967 para a administração pública federal. Em razão dessa orientação, as definições de empresa pública e de sociedade de economia mista vazadas no DL 200/1967, em linhas gerais – corrigidas algumas imprecisões e feitas as necessárias adaptações à Carta Política vigente –, foram adotadas pela doutrina administrativista e por nossa jurisprudência, para todos os entes federados.

Com a edição da Lei 13.303/2016, as definições de empresa pública e de sociedade de economia mista vigentes em nosso direito legislado passaram a ser as constantes dos seus arts. 3.º e 4.º, a saber (grifamos):

> Art. 3.º **Empresa pública** é a entidade dotada de personalidade jurídica de direito privado, com criação autorizada por lei e com patrimônio próprio, cujo capital social é **integralmente** detido pela União, pelos Estados, pelo Distrito Federal ou pelos Municípios.
>
> Parágrafo único. Desde que a maioria do capital votante permaneça em propriedade da União, do Estado, do Distrito Federal ou do Município, será **admitida**, no capital da empresa pública, a **participação de outras pessoas jurídicas** de direito público interno, **bem como de entidades da administração indireta** da União, dos Estados, do Distrito Federal e dos Municípios.
>
> Art. 4.º **Sociedade de economia mista** é a entidade dotada de personalidade jurídica de direito privado, com criação autorizada por lei, sob a forma de **sociedade anônima**, cujas ações com direito a voto pertençam em sua **maioria** à União, aos Estados, ao Distrito Federal, aos Municípios ou a entidade da administração indireta.
>
> § 1.º A pessoa jurídica que controla a sociedade de economia mista tem os deveres e as responsabilidades do acionista controlador, estabelecidos na Lei n.º 6.404, de 15 de dezembro de 1976, e deverá exercer o poder de controle no interesse da companhia, respeitado o interesse público que justificou sua criação.
>
> § 2.º Além das normas previstas nesta Lei, a sociedade de economia mista com registro na Comissão de Valores Mobiliários sujeita-se às disposições da Lei n.º 6.385, de 7 de dezembro de 1976.

Embora o art. 1.º da Lei 13.303/2016 limite a abrangência dela às empresas públicas e sociedades de economia mista, e suas subsidiárias, que explorem "atividade econômica de produção ou comercialização de bens ou de prestação de serviços, ainda que a atividade econômica esteja sujeita ao regime de monopólio da União ou seja de prestação de serviços públicos", as definições transcritas acima podem ser aplicadas a todas as empresas públicas e sociedades de economia mista existentes no Brasil, especialmente porque, conforme se constata com uma simples leitura, os arts. 3.º e 4.º da Lei 13.303/2016 **não fazem menção alguma ao objeto das entidades** neles conceituadas.

Aliás, não é ocioso anotar que a **substituição** das definições de empresa pública e de sociedade de economia mista que existiam no DL 200/1967 por aquelas positivadas na Lei 13.303/2016 não prejudicou os conceitos elaborados pela doutrina para tais entidades – **a nova lei não trouxe modificação substantiva** quanto a esse aspecto. De nossa parte, considerando o que foi até aqui exposto, propomos as seguintes definições:

a) **empresa pública**: pessoa jurídica de direito privado, integrante da administração indireta, instituída pelo poder público sob qualquer forma jurídica, mediante autorização de lei específica, tendo como objeto, em regra, a exploração de atividades econômicas em sentido estrito ou a prestação de serviços públicos de natureza econômica; o seu capital pertence à pessoa política instituidora, admitindo-se, desde que esta mantenha o controle societário, a participação de outras pessoas políticas, bem como de entidades da administração indireta de quaisquer entes federativos;

b) **sociedade de economia mista**: pessoa jurídica de direito privado, integrante da administração indireta, instituída pelo poder público, mediante autorização de lei específica, sob a forma de sociedade anônima, com participação obrigatória de capital privado e público, sendo da pessoa política instituidora ou de entidade da respectiva administração indireta o controle acionário, tendo como objeto, em regra, a exploração de atividades econômicas em sentido estrito ou a prestação de serviços públicos de natureza econômica.

Um ponto demanda especial **atenção**: ao conceituar **sociedade de economia mista**, o Decreto 8.945/2016, que regulamentou, na esfera federal, a Lei 13.303/2016, criou uma **restrição** – em nossa opinião, perfeitamente legítima – **não estipulada na Lei 13.303/2016**, a saber, a de que a maioria do capital votante da entidade pertença **diretamente** à União. Já na conceituação de empresa pública, o decreto não trouxe inovação substancial, em comparação com o texto legal. São as seguintes as definições vazadas no Decreto 8.945/2016 (art. 2.º, II e III):

> II – **empresa pública** – empresa estatal cuja maioria do capital votante pertença diretamente à União e cujo capital social seja constituído de recursos provenientes exclusivamente do setor público;
>
> III – **sociedade de economia mista** – empresa estatal cuja maioria das ações com direito a voto pertença diretamente à União e cujo capital social admite a participação do setor privado;

É relevante destacar que o Decreto 8.945/2016, embora não tenha inovado na descrição conceitual de empresa pública, contém uma regra concernente à sua forma, não existente na Lei 13.303/2016. Com efeito, o art. 11 desse decreto preceitua que "a **empresa pública** adotará, **preferencialmente**, a **forma de sociedade anônima**, que será **obrigatória** para as suas **subsidiárias**". Não se deve olvidar que o Decreto 8.945/2016 somente tem aplicação no âmbito da União.

Muito embora as empresas públicas e as sociedades de economia mista constituam **duas espécies distintas** de entidades, a verdade é que as **diferenças** entre uma e outra são **unicamente formais**. Não há desigualamento entre elas quanto ao objeto, isto é, quanto às possíveis áreas de atuação de cada qual. Em outras palavras: caso um ente federativo pretenda desempenhar determinada atividade por meio de uma entidade de sua administração indireta e, para tanto, seja adequada a instituição de uma empresa pública, **sempre** será possível, alternativamente, criar uma sociedade de economia mista. E vice-versa.

São exemplos de empresas públicas: Empresa Brasileira de Correios e Telégrafos (ECT); Serviço Federal de Processamento de Dados (SERPRO); Caixa Econômica Federal (CEF).

São exemplos de sociedades de economia mista o Banco do Brasil S/A e a Petrobras S/A.

Finalizando este tópico, consideramos oportuno mencionar que há autores – e também algumas leis e outros atos normativos – que utilizam o termo genérico "**empresas estatais**", incluindo em seu escopo, no mais das vezes, todas as empresas públicas e sociedades de economia mista, as respectivas subsidiárias e as demais empresas controladas direta ou indiretamente pelo poder público.

Um exemplo importante do uso dessa expressão temos no já citado Decreto 8.945/2016, que regulamentou, na esfera federal, a Lei 13.303/2016. Merecem transcrição estes dispositivos do Decreto 8.945/2016:

> Art. 2.º Para os fins deste Decreto, considera-se:
>
> I – **empresa estatal** – entidade dotada de personalidade jurídica de direito privado, cuja maioria do capital votante pertença direta ou indiretamente à União;
>
> ....
>
> IV – **subsidiária** – empresa estatal cuja maioria das ações com direito a voto pertença direta ou indiretamente a empresa pública ou a sociedade de economia mista;
>
> V – **conglomerado estatal** – conjunto de empresas estatais formado por uma empresa pública ou uma sociedade de economia mista e as suas respectivas subsidiárias;
>
> VI – **sociedade privada** – entidade dotada de personalidade jurídica de direito privado, com patrimônio próprio e cuja maioria do capital votante não pertença direta ou indiretamente à União, a Estado, ao Distrito Federal ou a Município; e
>
> ....
>
> Parágrafo único. Incluem-se no inciso IV do *caput* as subsidiárias integrais e as demais sociedades em que a empresa estatal detenha o controle acionário majoritário, inclusive as sociedades de propósito específico.

É relevante consignar, também, que, por vezes, leis e atos infralegais administrativos fazem referência à figura da "**empresa estatal dependente**". Essa expressão reporta-se ao inciso III do art. 2.º da Lei Complementar 101/2000 (**Lei de Responsabilidade Fiscal**), dispositivo que – conjugado com o inciso II do mesmo artigo – abrange todas as sociedades controladas, direta ou indiretamente, pela União, pelos estados, pelo Distrito Federal ou pelos municípios, que dependam de recursos do controlador para fazer face às despesas nele arroladas. Transcrevemos as definições em comento:

Cap. 2 • ADMINISTRAÇÃO PÚBLICA

II – **empresa controlada**: sociedade cuja maioria do capital social com direito a voto pertença, direta ou indiretamente, a ente da Federação;

III – **empresa estatal dependente**: empresa controlada que receba do ente controlador recursos financeiros para pagamento de despesas com pessoal ou de custeio em geral ou de capital, excluídos, no último caso, aqueles provenientes de aumento de participação acionária;

Alertamos, contudo, que o termo "empresas estatais" **não é juridicamente bem determinado**; em alguns casos – por exemplo, quando o contexto estiver restrito à administração pública formal –, ele poderá ser empregado como sinônimo de empresas públicas e sociedades de economia mista, tão somente. Enfim, preferimos, sempre que possível, evitar o uso dessa expressão, tendo em vista a imprecisão do seu conteúdo.

4.7.3.4. Criação e extinção

A criação de empresas públicas e sociedades de economia mista depende de **autorização em lei específica**, nos termos do art. 37, XIX, da Constituição Federal, com a redação dada pela EC 19/1998.

O ente federado deverá editar uma lei ordinária cujo conteúdo específico seja a autorização para a criação da entidade (a lei é específica quanto à matéria). Em verdade, essa lei já estabelece as diretrizes gerais relativas aos fins, às competências e à estrutura da entidade a ser criada.

A Lei 13.303/2016 positivou a exigência segundo a qual "a lei que autorizar a criação da empresa pública e da sociedade de economia mista deverá dispor sobre as diretrizes e restrições a serem consideradas na elaboração do estatuto da companhia". E, desde logo, enumerou diversas matérias a respeito das quais a lei autorizadora da criação da entidade deverá estabelecer as mencionadas "diretrizes e restrições" (art. 13).

Uma vez autorizada a criação da empresa pública ou da sociedade de economia mista, o Poder Executivo elabora os respectivos atos constitutivos (o **estatuto da entidade**) e providencia a inscrição deles no registro público competente.[46] A criação da entidade, ou seja, a **aquisição da personalidade jurídica**, somente ocorre com essa **inscrição** (Código Civil, art. 45).

Usualmente, o **estatuto da entidade** é veiculado em um **decreto**. Essa providência visa a atender ao princípio da publicidade, porém não é a publicação do decreto que dá nascimento à entidade, é a inscrição dos atos constitutivos no registro público, da mesma forma que ocorre com qualquer pessoa privada.

Determina o art. 6.º da Lei 13.303/2016 que o **estatuto** das empresas públicas e sociedades de economia mista, e de suas subsidiárias, observe regras de governança corporativa, de transparência e de estruturas, práticas de gestão de riscos e de

---

[46] Supondo tratar-se de entidade vinculada ao Poder Executivo, o que se dá na quase totalidade dos casos.

controle interno, composição da administração e, havendo acionistas, mecanismos para sua proteção, tudo isso em consonância com as normas gerais na própria Lei 13.303/2016 estipuladas.

No *caput* do seu art. 2.º, a Lei 13.303/2016 afirma, peremptoriamente, que "a exploração de atividade econômica pelo Estado será exercida por meio de empresa pública, de sociedade de economia mista e de suas subsidiárias". Apesar da redação imperativa desse preceito legal, entendemos que a norma nele encerrada deve ser considerada mera **regra geral**. Não nos parece plausível que, na hipótese, por exemplo, de um ente federativo exercer determinada atividade econômica por meio de um órgão de sua administração direta, conforme autorização veiculada em lei por ele editada dentro de sua esfera de competências, essa atuação pudesse vir a ser considerada inválida pelo Poder Judiciário. Simplesmente, **não** logramos encontrar fundamento constitucional para admitir que o legislador ordinário possa **vedar** qualquer atuação estatal direta na economia que não se dê por meio de empresas públicas, sociedades de economia mista, ou suas subsidiárias.

É importante perceber que, no dispositivo legal ora em apreço – art. 2.º, *caput*, da Lei 13.303/2016 –, a expressão "**atividade econômica**" é empregada em **sentido amplo**, incluindo os **serviços públicos** que tenham **natureza econômica**, isto é, que tenham possibilidade, pelo menos teórica (observado o ordenamento constitucional), de ser explorados com **intuito de lucro**. Basta lembrar que o *caput* do art. 1.º da Lei 13.303/2016, ao delimitar a abrangência desta, inclui expressamente como "atividade econômica de produção ou comercialização de bens ou de prestação de serviços" a **atividade econômica** que "seja de **prestação de serviços públicos**".

Grande dificuldade enfrentamos para interpretar a asserção, contida no § 1.º do art. 2.º da Lei 13.303/2016, de que "a constituição de empresa pública ou de sociedade de economia mista dependerá de prévia autorização legal que indique, de forma clara, relevante interesse coletivo ou imperativo de segurança nacional, nos termos do *caput* do art. 173 da Constituição Federal".

O problema óbvio é que o art. 175 da Constituição, concernente aos **serviços públicos que configuram atividade econômica em sentido amplo**, encarrega o poder público de prestá-los, "diretamente ou sob regime de concessão ou permissão". A **prestação direta** de serviços públicos pelo poder público ocorre quando o prestador é um órgão ou uma entidade da **administração pública**. Como os serviços públicos tratados no art. 175 têm natureza econômica, é entendimento corrente, desde muito antes da Lei 13.303/2016, que o poder público, optando por prestar **diretamente** tais serviços, deve (ou deveria) constituir para esse fim uma empresa pública ou uma sociedade de economia mista.

Ora, essa criação de empresas públicas e sociedades de economia mista para prestar os serviços públicos de que cuida o art. 175 **nada tem de excepcional**. De outra banda, a "**exploração direta**", pelo Estado, das **atividades econômicas em sentido estrito**, a que o *caput* do art. 173 da Constituição se reporta, é explicitamente caracterizada como **algo extraordinário** – por essa razão (excepcionalidade), a referida exploração direta "só será permitida quando necessária aos imperativos da segurança nacional ou a relevante interesse coletivo, conforme definidos em lei".

Se admitíssemos que a prestação de serviços públicos mencionada no art. 175 por empresas públicas e sociedades de economia mista configura uma hipótese de "exploração direta de atividade econômica pelo Estado" sujeita às restrições do art. 173, impor-se-ia a conclusão de que a **regra geral** seria a prestação de tais serviços públicos por **particulares concessionários e permissionários** – e só como **exceção** poderia o Estado prestá-los por meio de seu aparelho administrativo. Não vislumbramos qualquer respaldo, na vigente Carta Política, para essa interpretação. As atividades versadas no art. 175 da Constituição (serviços públicos de índole econômica em sentido amplo) **não estão sujeitas** ao disposto no *caput* do art. 173. Portanto, **não é possível sequer cogitar a incidência do § 1.º do art. 2.º da Lei 13.303/2016** quando a autorização legal a que ele se refere estiver sendo dada para a criação de uma empresa pública ou de uma sociedade de economia mista **prestadora de serviço público**.

Aliás, não se deve olvidar que, muito embora a **regra geral** seja a constituição de empresas públicas e sociedades de economia mista para desempenharem atividade econômica em sentido amplo – o que inclui a prestação de serviços públicos de natureza econômica –, **não** é possível extrair de qualquer preceito constitucional, tampouco das normas vazadas na Lei 13.303/2016, uma **proibição cabal** de que tais entidades sejam criadas com outras finalidades institucionais.

Na esfera federal, a lei específica que autorize a criação de uma empresa pública ou de uma sociedade de economia mista é de **iniciativa privativa** do Presidente da República, em face do disposto no art. 61, § 1.º, II, "e", da Carta da República. Essa regra – reserva de iniciativa para o projeto de lei acerca da criação da entidade vinculada ao Poder Executivo – é aplicável também aos estados, ao Distrito Federal e aos municípios, adequando-se a iniciativa privativa, conforme o caso, ao Governador e ao Prefeito.

Não é demasiado ressalvar a hipótese – ao menos teoricamente possível – de criação de uma empresa pública ou de uma sociedade de economia mista vinculada ao Poder Legislativo, ou ao Poder Judiciário. Nesses casos, a iniciativa da lei respectiva **não** será, evidentemente, do Chefe do Poder Executivo, mas sim do respectivo Poder a que esteja vinculada a entidade.

A **criação de subsidiárias** pelas empresas públicas e sociedades de economia mista, bem como a **participação** de qualquer delas (como **investidoras**) em **empresas privadas**, depende de **autorização legislativa** (CF, art. 37, XX). A Lei 13.303/2016 estabelece que a **empresa privada investida** deve ter **objeto social relacionado ao da entidade administrativa investidora**.

O Supremo Tribunal Federal firmou posição segundo a qual "é dispensável a autorização legislativa para a criação de empresas subsidiárias, desde que haja previsão para esse fim na própria lei que instituiu a empresa de economia mista matriz, tendo em vista que a lei criadora é a própria medida autorizadora".[47] Por outras palavras, afastou-se a necessidade de que seja editada uma lei a cada vez que se pretenda criar uma subsidiária de uma empresa pública ou de uma sociedade de economia mista – é suficiente a existência, na própria lei que autorizou a instituição da entidade, de um dispositivo genérico que faculte a criação de subsidiárias desta.

---

[47] ADI 1.649/DF, rel. Min. Maurício Corrêa, 24.03.2004.

Sobre esse tema – criação de subsidiárias e participação no capital de empresas privadas –, faz-se oportuno reproduzir os seguintes dispositivos do Decreto 8.945/2016, que regulamentou, na órbita federal, a Lei 13.303/2016:

> Art. 6.º A constituição de subsidiária, inclusive sediada no exterior ou por meio de aquisição ou assunção de controle acionário majoritário, dependerá de prévia autorização legal, que poderá estar prevista apenas na lei de criação da empresa pública ou da sociedade de economia mista controladora.
>
> Art. 7.º Na hipótese de a autorização legislativa para a constituição de subsidiária ser genérica, o conselho de administração da empresa estatal terá de autorizar, de forma individualizada, a constituição de cada subsidiária.
>
> Parágrafo único. A subsidiária deverá ter objeto social vinculado ao da estatal controladora.
>
> Art. 8.º A participação de empresa estatal em sociedade privada dependerá de:
>
> I – prévia autorização legal, que poderá constar apenas da lei de criação da empresa pública ou da sociedade de economia mista investidora;
>
> II – vinculação com o objeto social da empresa estatal investidora; e
>
> III – na hipótese de a autorização legislativa ser genérica, autorização do conselho de administração para participar de cada empresa.
>
> § 1.º A necessidade de autorização legal para participação em empresa privada não se aplica a operações de tesouraria, adjudicação de ações em garantia e participações autorizadas pelo conselho de administração em linha com o plano de negócios da empresa estatal.
>
> § 2.º A empresa estatal que possuir autorização legislativa para criar subsidiária e também para participar de outras empresas poderá constituir subsidiária cujo objeto social seja participar de outras sociedades, inclusive minoritariamente, desde que o estatuto social autorize expressamente a constituição de subsidiária como empresa de participações e que cada investimento esteja vinculado ao plano de negócios.
>
> ....

A doutrina administrativista tradicionalmente defendia a necessidade de **lei** autorizadora **específica** para a **extinção** de uma empresa pública ou de uma sociedade de economia mista, em respeito ao princípio da simetria das formas jurídicas. Em 2019, o Pleno do Supremo Tribunal Federal decidiu, em medida cautelar, que "a **alienação do controle acionário** de empresas públicas e sociedades de economia mista **exige autorização legislativa** e licitação".[48] É evidente que, ao ser alienado o controle da pessoa jurídica para o setor privado, ela deixará de ser uma entidade administrativa, ou seja, a alienação implicará a **extinção**, como empresa pública ou sociedade de

---

[48] ADIMC 5.624/DF, rel. Min. Ricardo Lewandowski, 06.06.2019 (Informativo 943 do STF).

economia mista, dessa entidade (ela continuará existindo como empresa privada, ainda que possa remanescer alguma participação societária do poder público).

Não ficou explícito, na decisão da medida cautelar sobrecitada, se a lei autorizadora da extinção da entidade deveria, ou não, ser **específica**. Em 2021, nossa Corte Suprema, em outro julgado, com decisão de mérito, estabeleceu que, para a desestatização de entidades administrativas, é suficiente, **em regra**, autorização **genérica** constante em lei que veicule programa de desestatização. Trata-se de regra geral porque, no caso de empresas estatais cuja lei instituidora tenha previsto, **expressamente**, a necessidade de lei específica para extinção ou privatização, essa exigência evidentemente terá de ser observada.[49]

A **iniciativa** de lei que autorize a extinção de empresa pública ou sociedade de economia mista é **privativa** do Chefe do Poder Executivo, salvo, evidentemente, na excepcional hipótese, pelo menos teoricamente possível, de a entidade administrativa estar vinculada aos Poderes Legislativo ou Judiciário.

É importante registrar, por fim, que, na medida cautelar mencionada há pouco, o Plenário da Corte Suprema decidiu que **não é necessária autorização legislativa para a alienação do controle de subsidiárias e controladas** das empresas públicas e sociedades de economia mista. Pontificou, ainda, que, "nesse caso, a operação pode ser realizada sem a necessidade de licitação, desde que siga procedimentos que observem os princípios da administração pública inscritos no art. 37 da Constituição, respeitada, sempre, a exigência de necessária competitividade".[50] Acrescente-se que essa posição foi reafirmada ulteriormente, em decisão proferida em arguição de descumprimento de preceito fundamental, na qual restou assente que "**é dispensável a autorização legislativa para a alienação de controle acionário de empresas subsidiárias** de empresas públicas e de sociedades de economia mista".[51]

4.7.3.5. Objeto

As empresas públicas e sociedades de economia mista foram criadas, sistematicamente, no País, a partir da década de trinta do século passado ("Era Vargas"), como instrumentos de atuação do poder público no campo econômico no papel de agente produtivo (Estado-empresário).

O Decreto-Lei 200/1967, endereçado à administração pública federal, conceituou essas entidades como pessoas jurídicas de direito privado criadas para o exercício de **atividades econômicas**. Isso não impediu que, antes e depois do DL 200/1967, fossem criadas empresas públicas e sociedades de economia mista incumbidas da **prestação de serviços públicos** – realidade aceita sem grandes polêmicas nas searas doutrinária e jurisprudencial.

Sob a Constituição de 1988, o principal papel reservado ao Estado no âmbito da "Ordem Econômica e Financeira" é o de "agente normativo e regulador da

---

[49] ADI 6.241/DF, rel. Min. Cármen Lúcia, 06.02.2021 (Informativo 1.004 do STF).

[50] ADIMC 5.624/DF, rel. Min. Ricardo Lewandowski, 06.06.2019 (Informativo 943 do STF); Rcl-MC 42.576/DF, red. p/ o acórdão Min. Alexandre de Moraes, 01.10.2020 (Informativo 993 do STF).

[51] ADPF 794/DF, rel. Min. Gilmar Mendes, 24.05.2021 (Informativo 1.018 do STF).

atividade econômica" (CF, art. 174). A atuação direta no domínio econômico em sentido estrito (Estado-empresário) só pode ser assumida pelo Estado em **caráter excepcional**. Com efeito, ela **só é admitida** "quando necessária aos **imperativos da segurança nacional** ou a **relevante interesse coletivo**, conforme **definidos em lei**" (CF, art. 173), e no caso de atividades econômicas sujeitas a **regime constitucional de monopólio** (CF, art. 177).

Nessas hipóteses em que o Estado deva exercer **diretamente** atividades econômicas em sentido estrito, a **regra geral** é que, para tanto, seja criada uma empresa pública ou uma sociedade de economia mista.

De outra parte, a vigente Constituição também situa no âmbito da "Ordem Econômica e Financeira" a prestação de **serviços públicos** que se enquadrem como **atividade econômica em sentido amplo**, isto é, que tenham possibilidade, em tese (observado o ordenamento constitucional), de ser explorados com **finalidade lucrativa**. Trata desses serviços o art. 175 da Carta Política, incumbindo o Estado de prestá-los, seja **diretamente** – isto é, **por meio do seu aparelho administrativo** –, seja **indiretamente**, mediante concessão ou permissão a **particulares**.

Como os serviços públicos em questão têm natureza econômica, a sua prestação **direta** pelo Estado (situação que **nada tem de excepcional**) deve, como regra, ser efetuada por meio de empresas públicas e sociedades de economia mista, uma vez que essas são as entidades integrantes da administração pública que adotam, ou podem adotar, **estrutura organizacional típica de empresa**.

Em suma, as empresas públicas e sociedades de economia mista têm por objeto, **como regra**, o exercício de **atividades econômicas em sentido amplo**, expressão que abrange: (a) as atividades de produção e circulação de bens e de prestação de serviços de natureza privada (CF, art. 173), inclusive as que estejam constitucionalmente sujeitas ao regime de monopólio da União (CF, art. 177); e (b) a prestação de serviços públicos de natureza econômica (CF, art. 175).

É a esse arcabouço que se reporta o art. 2.º da Lei 13.303/2016, ao dispor que "a exploração de atividade econômica pelo Estado será exercida por meio de empresa pública, de sociedade de economia mista e de suas subsidiárias". Apesar da sua redação impositiva, a verdade é que essa norma representa mera **regra geral**, porquanto inexiste base constitucional para que se pretenda interpretá-la como uma interdição absoluta a qualquer outra possibilidade de atuação estatal direta na economia.

O "estatuto jurídico" instituído pela Lei 13.303/2016 subordinou a suas disposições exatamente as empresas públicas e sociedades de economia mista, e suas subsidiárias, que se dediquem à exploração de atividades econômicas em sentido amplo. Esse grupo abrange a **esmagadora maioria** das empresas públicas e sociedades de economia mista, e suas subsidiárias, atualmente existentes no País.

Cumpre reiterar, contudo, conforme foi expendido no tópico sobre a abrangência da Lei 13.303/2016, que **existem** diversas empresas públicas e sociedades de economia mista que têm por objeto o desempenho de **atividades não econômicas**, a exemplo do exercício de poder de polícia, de atividades regulatórias, ou, ainda, de atividades de cunho estritamente social, enquadradas no Título VIII da Carta de 1988 ("Da Ordem Social").

Aliás, é oportuno lembrar – muito embora esse fato, em nossa opinião, não tenha maior relevância jurídica – que as definições de empresa pública e de sociedade de economia mista hoje vigentes, trazidas pela Lei 13.303/2016 (arts. 3.º e 4.º), **não fazem qualquer menção à atividade para cujo exercício a entidade deva ser criada**.

Convém repisar, por fim, que, seja qual for o seu objeto, as empresas públicas e as sociedades de economia mista **sempre têm personalidade jurídica de direito privado**.

4.7.3.6. Regime jurídico

4.7.3.6.1. Sujeição ao direito privado e ao direito público

No Brasil, **atividades econômicas em sentido estrito**, especialmente quando submetidas a ambiente concorrencial, **não** podem ser executadas sob regime jurídico idêntico àquele aplicável à prestação de **serviços públicos**, incluídos os que se enquadrem como atividade econômica em sentido amplo.

De fato, a exploração de **atividades econômicas em sentido estrito** deve ocorrer sob **regime de direito privado** – integralmente, se efetuada por particulares, ou, na hipótese excepcional de atuação direta estatal, com pontuais derrogações por normas de direito público.

De outra parte, como decorrência, especialmente, do postulado da **continuidade dos serviços públicos**, a prestação de **serviços públicos** está sempre submetida a **regime de direito público** – derrogado, em aspectos específicos, por normas de direito privado, na hipótese de a prestação ser atribuída a pessoas jurídicas de direito privado integrantes da administração pública, ou a particulares delegatários.

Essa distinção de regime jurídico estabelecida em função da natureza da atividade tem assento em nosso ordenamento constitucional e, por essa razão, nem mesmo a lei pode menoscabar as suas diretrizes essenciais.

Em face desse quadro, o § 1.º do art. 173 da Carta Política determina que o legislador ordinário estabeleça o estatuto jurídico das empresas públicas e sociedades de economia mista, e suas subsidiárias, que explorem atividade econômica em sentido estrito, dispondo sobre:

> I – sua função social e formas de fiscalização pelo Estado e pela sociedade;
>
> II – a sujeição ao regime jurídico próprio das empresas privadas, inclusive quanto aos direitos e obrigações civis, comerciais, trabalhistas e tributários;
>
> III – licitação e contratação de obras, serviços, compras e alienações, observados os princípios da administração pública;
>
> IV – a constituição e o funcionamento dos conselhos de administração e fiscal, com a participação de acionistas minoritários;
>
> V – os mandatos, a avaliação de desempenho e a responsabilidade dos administradores.

Não é difícil perceber que a ideia subjacente a esse dispositivo constitucional é a de que as empresas públicas e sociedades de economia mista, e suas subsidiárias, que atuem no **domínio econômico estrito** devem contar com normas próprias a respeito de sua organização e funcionamento, que sejam adequadas ao desempenho de atividades que, mesmo quando atribuídas a entidades integrantes da administração pública formal, são **regidas precipuamente pelo direito privado**. Dito de outro modo: como o exercício de atividades econômicas em sentido estrito deve sujeitar-se (integral ou predominantemente) a regime de direito privado, as pessoas jurídicas administrativas que sejam dele incumbidas precisam que as normas relativas a sua organização e funcionamento sejam o mais possível condizentes com esse regime, isto é, devem ser normas que confiram a essas pessoas administrativas agilidade e flexibilidade maiores do que aquelas – típicas de administração burocrática – aplicáveis aos órgãos públicos e entidades que exerçam atividades regidas precipuamente pelo direito público.

A despeito dessas considerações, nosso legislador ordinário, no intuito de exercer a competência prevista no § 1.º do art. 173 da Constituição Federal, editou a Lei 13.303/2016, que estabeleceu um "**estatuto jurídico**" aplicável, indistintamente, a **todas** as empresas públicas e sociedades de economia mista, e suas subsidiárias, **que exploram atividades econômicas em sentido amplo**, isto é, **incluiu** no referido "estatuto jurídico" entidades que exercem **atividade regida predominantemente pelo direito público** – qual seja, a prestação de **serviços públicos** de natureza econômica.

Assim, as empresas públicas e sociedades de economia mista, e suas subsidiárias, que exploram **atividades econômicas em sentido estrito** e, **também**, as que prestam **serviços públicos** de natureza econômica passaram a estar sujeitas a **idêntico regime jurídico** quanto a variados aspectos relativos a sua **organização e funcionamento**. Foram **unificadas**, por exemplo, normas sobre: governança corporativa, requisitos de transparência, estruturas e práticas de gestão de riscos e controle interno, deveres do acionista controlador, restrições e exigências a serem observadas para a indicação de dirigentes, composição e funcionamento dos conselhos fiscal e de administração, licitações e contratações com terceiros e fiscalização pelo Estado e pela sociedade.

Muito importante, porém, é perceber que o fato de a Lei 13.303/2016 dispor **conjuntamente** sobre entidades que atuam no domínio econômico estrito e sobre entidades que prestam serviços públicos de índole econômica **não afeta** a **diferença de tratamento jurídico** que o ordenamento constitucional dispensa a cada uma dessas **atividades** – porquanto se cuida de distinção estabelecida em função da natureza da atividade, em si mesma considerada, e não da pessoa incumbida de exercê-la. Significa dizer que, independentemente da Lei 13.303/2016, o exercício de **atividades econômicas em sentido estrito** permanece sujeito precipuamente a normas de **direito privado**, assim como a prestação de **serviços públicos**, ainda que enquadrados como atividade econômica em sentido amplo, continua regida predominantemente pelo **direito público**.

Além dessa diferenciação atrelada à **atividade-fim** da entidade, à **natureza do seu objeto**, é assaz relevante apontar que diversos aspectos concernentes ao regime jurídico aplicável à organização e ao funcionamento das empresas públicas e sociedades de economia mista, e suas subsidiárias, simplesmente **não são disciplinados na Lei 13.303/2016**. Por óbvio, eventuais orientações doutrinárias e jurisprudenciais a eles pertinentes não ficaram prejudicadas com o advento da Lei 13.303/2016 – e serão vistas adiante.

Finalizando, não é demasiado ressaltar que **nenhuma** entidade integrante da administração pública formal, seja qual for a sua área de atuação, estará, jamais, sujeita **integralmente** ao regime jurídico de **direito privado**. É verdade que o fato de as empresas públicas e sociedades de economia mista serem **sempre** dotadas de **personalidade jurídica de direito privado** enseja, na sua organização e no seu funcionamento, um influxo maior de normas de direito privado, o que leva a doutrina a afirmar que elas são entidades submetidas a um **regime jurídico híbrido** – parte público e parte privado. No caso das empresas públicas e sociedades de economia mista que exploram **atividades econômicas em sentido estrito**, ainda mais intensa é a incidência, **em sua atuação**, de normas aplicáveis aos empreendimentos particulares, mas, vale repetir, mesmo aqui há um núcleo irredutível de preceitos de **direito público** – mormente restrições derivadas do princípio da indisponibilidade do interesse público – que **invariavelmente** deve ser observado.

4.7.3.6.2. *Controle*

As empresas públicas e sociedades de economia mista são pessoas jurídicas formalmente integrantes da administração indireta, circunstância que, por si só, implica estarem submetidas, em linhas gerais, aos mesmos instrumentos de controle aplicáveis a todas as entidades administrativas. Esses controles administrativos estão estabelecidos em normas de direito público e incidem tanto sobre as empresas públicas e sociedades de economia mista que exploram atividades econômicas em sentido estrito quanto sobre as que prestam serviços públicos.

Não há hierarquia entre a entidade e a pessoa política que a criou. A relação entre uma empresa pública ou sociedade de economia mista e a administração direta da pessoa política instituidora é de **vinculação** administrativa (e **não** de subordinação). O controle que decorre desse tipo de relação é o denominado **controle finalístico** ou **tutela administrativa** ou **supervisão**.

Como consequência da inexistência de hierarquia, o exercício do controle finalístico pressupõe **expressa previsão legal**, que determinará os limites e os instrumentos de controle (**atos de tutela**). Essa é a diferença fundamental entre o controle hierárquico e a mera supervisão: aquele é presumido e permanente, independe de expressa previsão legal e abrange todos os aspectos da atuação do órgão subordinado controlado; este exige lei que expressamente estabeleça os termos e limites do controle.

A supervisão ou tutela tem por escopo, em última análise, assegurar que a entidade controlada esteja atuando em conformidade com os fins que a lei instituidora lhe impôs, esteja exercendo suas atividades com vistas à consecução da finalidade que justificou a sua criação – por isso, controle **finalístico**. É um controle que deve se concentrar, essencialmente, na verificação do atingimento de resultados, pertinentes ao objeto da entidade. Não impede que a entidade atue com **autonomia administrativa**.

É oportuno averbar que a Lei 13.303/2016 trouxe para o nosso direito legislado grande parte dessas lições da doutrina administrativista. Deveras, nos termos do seu art. 89, o exercício da **supervisão** – isto é, da **tutela administrativa** – pelo órgão a que se vincula a empresa pública ou sociedade de economia mista não pode ensejar a redução ou a supressão da autonomia conferida pela lei específica que autorizou a criação da entidade supervisionada ou da autonomia inerente a sua natureza, nem autoriza a ingerência do supervisor em sua administração e funcionamento, devendo a supervisão ser exercida nos limites da legislação aplicável.

E o art. 90 da mesma lei remata: as ações e deliberações do órgão ou ente de controle não podem implicar interferência na gestão das empresas públicas e sociedades de economia mista a ele submetidas nem ingerência no exercício de suas competências ou na definição de políticas públicas.

Sem prejuízo do controle finalístico previsto em lei, as empresas públicas e as sociedades de economia mista – bem como as demais entidades da administração indireta, e mesmo os órgãos da administração direta – podem ter a sua **autonomia** gerencial, orçamentária e financeira **ampliada** mediante a celebração de **contrato de gestão** (também denominados "**contratos de desempenho**") com o poder público, conforme previsto no § 8.º do art. 37 da Carta Política. Tais contratos têm por objeto a **fixação de metas de desempenho** para a entidade, que se compromete a cumpri-las, nos prazos estipulados, fazendo jus, em contrapartida, à referida **ampliação de autonomia**.

Vale pontuar que, no caso das **autarquias e fundações públicas**, a celebração desse contrato de gestão (ou de desempenho) com o poder público permite que elas recebam a qualificação de **agência executiva**, desde que atendam às demais condições estabelecidas na Lei 9.649/1998. Diferentemente, **não existe** previsão legal de qualquer título especial que possa ser atribuído às **empresas públicas e sociedades de economia mista** que celebrem o contrato de que trata o § 8.º do art. 37 da Constituição Federal.

Quanto aos controles exercidos pelos Poderes Judiciário e Legislativo, **não há peculiaridades**.

4.7.3.6.3. Prestação de serviço público mediante outorga legal ("descentralização por serviços")

As empresas públicas e sociedades de economia mista sempre têm a sua criação **autorizada em lei**. A lei autorizadora já contém em seu texto o rol de competências que a entidade poderá exercer, quando for instituída. Interessam a este tópico as empresas públicas e sociedades de economia mista prestadoras de **serviços públicos** – e **não** as que exploram atividades econômicas em sentido estrito.

Ao autorizar a criação de uma empresa pública ou sociedade de economia mista para a prestação de um serviço público, a própria lei autorizadora, desde logo, confere à entidade a ser instituída a competência correspondente. Perfilhamos a orientação doutrinária segundo a qual toda atribuição de competência efetuada mediante **lei** implica a **transferência da titularidade** da atividade atribuída, e não de seu mero exercício. Os administrativistas empregam as expressões "outorga", ou "outorga legal", ou "descentralização por serviços" para designar essa atribuição de competência efetuada por meio de lei – e que, exatamente por essa razão, transfere a titularidade da atividade atribuída.

A consequência do entendimento descrito no parágrafo precedente – que não é consensual na doutrina – é não ser cabível cogitar a celebração de um contrato de concessão ou de permissão de determinado serviço público em que seja concessionária ou permissionária uma empresa pública ou sociedade de economia mista cuja criação tenha sido autorizada em lei exatamente para a prestação desse serviço público.

Observe-se que a Constituição Federal, no seu art. 175, assevera que a prestação de serviços públicos "sob regime de concessão ou permissão" deve ser feita "sempre através de licitação".

Caso se pretendesse aplicar essa norma constitucional a empresas públicas e sociedades de economia mista criadas para a prestação de serviços públicos, poder-se-ia chegar à seguinte situação absurda: imagine-se que, depois de autorizada em lei federal, tivesse sido criada, para a prestação de um determinado serviço público de competência da União, a empresa pública ALFA. Suponha-se que fosse obrigatória a celebração de contrato de concessão para que ALFA pudesse prestar esse serviço público. O que ocorreria com ALFA, se ela não se sagrasse vencedora no inafastável procedimento licitatório prévio? Seria extinta "de pleno direito"? Ficaria "inativa", aguardando, durante anos a fio, o término da concessão que não logrou obter, para então, na licitação seguinte, tentar de novo?

Ao lado dessas dificuldades, perguntamos, ainda, qual justificativa poderia haver para que a atribuição à entidade da competência para a prestação do serviço público demandasse **dois instrumentos distintos**, parcialmente sobrepostos – a lei e o contrato de concessão ou de permissão. Seria necessária a lei para transferir a titularidade do serviço e o contrato para possibilitar a sua execução? Parece-nos evidente que a lei que transfere a titularidade do serviço público outorga, simultânea e automaticamente, a competência para a sua prestação.

Em síntese, entendemos que as empresas públicas e sociedades de economia mista cuja criação tenha sido autorizada em lei para a prestação de determinado serviço público são titulares dessa atividade e têm competência para exercê-la, sem que, para tanto, caiba cogitar a necessidade de qualquer outro instrumento. Elas não são, nem podem ser, concessionárias ou permissionárias desse mesmo serviço público.

Sabemos que existem inúmeras distorções, inclusive na órbita federal. Há casos em que empresas públicas e sociedades de economia são intituladas "concessionárias", podendo até ser firmado entre elas e a pessoa política que as instituiu um instrumento qualquer, formalmente chamado de "concessão", que lhes incumba da execução do serviço público para cuja prestação a lei daquele mesmo ente federativo autorizou que fossem criadas. Às vezes, elas até participam de um procedimento licitatório e firmam, por prazo determinado, esse abstruso "contrato de concessão" (o qual deveria, na melhor das hipóteses, ser considerado um **convênio administrativo**). Enfim, a existência fática de variadas extravagâncias não infirma a orientação teórica que defendemos neste tópico.

Uma última observação merece ser trazida à baila.

Na hipótese de uma empresa pública ou uma sociedade de economia mista prestar serviço público da competência de uma pessoa política distinta do ente federativo que a criou, evidentemente não cabe falar em outorga legal para a prestação desse serviço de competência alheia. Em tal circunstância, a entidade terá que vencer uma licitação e, então, celebrar o contrato de concessão ou permissão de serviço público com a pessoa política concedente (a entidade será mera delegatária de serviço público, ou seja, a hipótese será de "descentralização por colaboração").

Exemplificando, imagine-se que o município "A" criou a empresa pública WXYZ para a prestação do serviço de coleta de lixo urbano. A lei autorizadora, além de atribuir a WXYZ, por outorga ("descentralização por serviços"), a competência do município "A" para o serviço de coleta de lixo, autorizou WXYZ a prestar serviço público de coleta de lixo para outros municípios.

Na situação descrita, descabe pensar em concessão ou permissão para a coleta de lixo que WXYZ exercerá por outorga legal, como titular do serviço do próprio município "A". Entretanto, se o município "B" estiver promovendo uma licitação para a concessão do serviço de coleta de lixo de sua competência, e a empresa WXYZ quiser prestá-lo, terá que concorrer, nesse certame realizado pelo município "B", em pé de igualdade com todos os outros licitantes, particulares que também pretendam obter a concessão do serviço. Se WXYZ vencer a licitação, deverá celebrar um contrato de concessão com o município "B" e receberá a **mera execução do serviço** (não a sua titularidade), durante o prazo de duração do contrato de concessão.

4.7.3.6.4. Benefícios fiscais

Preceitua o § 2.º do art. 173 da Constituição que "as empresas públicas e as sociedades de economia mista não poderão gozar de privilégios fiscais não extensivos às do setor privado".

O intuito da norma é evidente: impedir que o legislador, mediante concessões de benefícios tais como isenções e reduções tributárias, estabeleça um tratamento anti-isonômico para empresas públicas e sociedades de economia mista que atuem em áreas compartilhadas com empresas privadas, violando **princípios fundamentais da ordem econômica**, a exemplo da proteção à **livre concorrência** e à **liberdade de iniciativa**.

A Lei 13.303/2016 nada dispõe sobre esse tema. Dessa forma, permanece plenamente aplicável o entendimento doutrinário dominante segundo o qual, apesar de o preceito constitucional ora em foco não fazer referência expressa ao objeto das entidades a que se reporta, a vedação nele contida alcança **somente** as empresas públicas e sociedades de economia mista **exploradoras de atividades econômicas em sentido estrito** – e não as prestadoras de serviços públicos.

Assim, lendo novamente o dispositivo constitucional, deflui que **vedada** é a concessão de benefícios fiscais **exclusivos** para as empresas públicas e sociedades de economia mista exploradoras de **atividades econômicas em sentido estrito**. Convém deixar assente que essas entidades **podem** gozar de privilégios fiscais, **desde que** eles sejam concedidos de maneira uniforme a elas e às empresas privadas.

Por outro lado, **não** estão sujeitas a essa vedação do § 2.º do art. 173 as empresas públicas e sociedades de economia que prestem **serviços públicos**, mesmo aqueles que se enquadrem como atividade econômica em sentido amplo. Dessarte, desde que observados os princípios constitucionais pertinentes, **pode** o legislador outorgar a essas entidades **benefícios fiscais exclusivos**.

A rigor, cabe abrir um parêntese para observar que, muito embora o art. 173 da Carta Política somente esteja endereçado a entidades que explorem atividades econômicas em sentido estrito – e o § 2.º do art. 173, sendo um mero parágrafo de um artigo, não pode versar sobre matéria estranha ao escopo deste –, a verdade é que privilégios fiscais exclusivos **somente** podem ser concedidos a empresas públicas e sociedades de economia que prestem serviços públicos em **regime não concorrencial**. Caso a entidade administrativa atue em competição com empresas da iniciativa privada, quaisquer **privilégios exclusivos** serão **vedados**, sob pena de **violação**, entre outros, aos postulados da **livre concorrência** e da **livre-iniciativa**.

Por fim, cabe registrar que parte da doutrina pondera que, em tese, seria válido um benefício fiscal exclusivo concedido a uma empresa pública ou sociedade de economia mista atuante no domínio econômico estrito em regime de **monopólio**. Isso porque, nessa hipótese, não se configura ameaça alguma ao postulado da livre concorrência, ou a qualquer outro princípio fundamental da ordem econômica. Concordamos com essa orientação. Para sermos precisos, no caso de uma empresa monopolista, nem mesmo haveria como cogitar a incidência da vedação do § 2.º do art. 173 da Constituição, pela singela razão de que seria **impossível** estender o privilégio fiscal a ela concedido às demais (inexistentes) empresas privadas!

4.7.3.6.5. *Imunidade tributária*

Especialmente digno de nota é o entendimento, já consagrado no âmbito do Supremo Tribunal Federal, acerca da aplicabilidade da denominada "**imunidade tributária recíproca**" a empresas públicas e sociedades de economia mista **prestadoras de serviços públicos**. Por óbvio, nada existe sobre o assunto na Lei 13.303/2016, uma vez que imunidades tributárias são matéria de estatura constitucional, não podem ser criadas ou modificadas mediante lei.

A **imunidade tributária recíproca**, limitação à competência tributária vazada no art. 150, VI, "a", da Carta de 1988, impede que os entes federativos instituam impostos sobre "patrimônio, renda ou serviços, uns dos outros". No § 2.º do mesmo artigo (em sua redação original) essa imunidade tributária foi estendida, literalmente, às autarquias e às fundações instituídas e mantidas pelo poder público", relativamente a impostos que incidiriam sobre o patrimônio, a renda e os serviços vinculados às finalidades essenciais da entidade, ou a objetivos que decorram dessas finalidades. A Emenda Constitucional 132, de 20 de dezembro de 2023, modificou a redação desse § 2º do art. 150, para estender **expressamente** a imunidade recíproca, também, "à empresa pública prestadora de serviço postal", ou seja, à Empresa Brasileira de Correios e Telégrafos (ECT). A nosso ver, essa alteração introduzida pela EC 132/2023 não deverá ter efeitos práticos, porque, como será visto a seguir, desde 2004 o Supremo Tribunal Federal considera que a ECT faz jus à imunidade tributária recíproca.

Deveras, a despeito da literalidade das normas constitucionais supracitadas (art. 150, VI, "a", e § 2.º), nossa Corte Suprema, em diversos julgados, decidiu que as empresas públicas e sociedades de economia mista que tenham por objeto **serviços públicos de prestação obrigatória pelo Estado** fazem jus à imunidade tributária recíproca.

O reconhecimento do direito à imunidade ocorreu pela primeira vez em um julgado que envolvia exatamente a Empresa Brasileira de Correios e Telégrafos (ECT), que é uma **empresa pública** federal. Isso ocorreu em 2004, vale repetir. O voto condutor deixou patente que o STF estava equiparando essa entidade – ao menos para efeito tributário – às autarquias, desprezando o fato de sua forma jurídica ser a de empresa pública e atribuindo relevância apenas à natureza de seu objeto: **prestação de serviço público**.[52]

Posteriormente, nosso Tribunal Constitucional prolatou diversos arestos com a mesma orientação, sempre conferindo relevância ao fato de a entidade ser **prestadora de serviços públicos**. Muitos envolveram novamente a ECT, mas foram igualmente alcançadas por decisões na mesma linha outras empresas públicas, e também sociedades de economia mista. São **exemplos**: a Companhia de Águas e Esgotos de Rondônia (CAERD), a Empresa Brasileira de Infraestrutura Aeroportuária (INFRAERO), a Casa da Moeda do Brasil (CMB) e a Companhia de Saneamento de Sergipe (DESO).[53]

Cumpre pontuar que, em alguns dos julgados, o STF referiu-se ao objeto das entidades como "serviços públicos de prestação obrigatória pelo Estado", expressão que, embora não seja bem definida, talvez possa ser interpretada como "serviços públicos expressamente atribuídos pela Constituição aos diversos entes federativos". Ao tratar da situação da INFRAERO, da CMB e da DESO, mencionou-se, como reforço, o fato de elas atuarem em regime de monopólio ou de exclusividade (sem concorrência).

Em que pesem essas constatações, nossa opinião é a de que os precedentes acima citados vêm sendo invocados de forma um tanto genérica pelo Pretório Constitucional, de tal sorte que, hoje, parece haver, deveras, três pontos realmente relevantes, que precisam sempre estar presentes: (a) o objeto da entidade deve ser a **prestação de um serviço público, sendo irrelevante verificar se ocorre, ou não, a cobrança de tarifa como contraprestação;** (b) ela **não pode atuar em regime concorrencial** com o setor privado; e (c) ela **não** pode ter por **finalidade** – ainda que não exclusiva – **remunerar o capital de seus acionistas ou controladores** (entidades que persigam esse objetivo, mesmo quando tenham por objeto a prestação de serviço público, revestem caráter nitidamente empresarial).[54]

Quanto ao último requisito, em julgado concernente à Companhia de Saneamento Básico do Estado de São Paulo (SABESP), o Supremo Tribunal Federal – enfatizando que, para fazer jus à imunidade tributária, não basta o objeto da entidade ser a prestação de serviço público – fixou a seguinte **tese de repercussão geral**:[55]

> Sociedade de economia mista, cuja participação acionária é negociada em Bolsas de Valores, e que, inequivocamente, está voltada

---

[52] RE 407.099/RS, rel. Min. Carlos Velloso, 22.06.2004.

[53] AC 1.550/RO, rel. Min. Gilmar Mendes, 06.02.2007; RE-AgR 363.412/BA, rel. Min. Celso de Mello, 07.08.2007; ARE 638.315/BA (**repercussão geral**), rel. Min. Cezar Peluso, 09.06.2011; RE 601.392/PR (**repercussão geral**), red. p/ o acórdão Min. Gilmar Mendes, 28.02.2013; RE--AgR 610.517/RJ, rel. Min. Celso de Mello, 03.06.2014; RE 773.992/BA (**repercussão geral**), rel. Min. Dias Toffoli, 15.10.2014; ACO 2.167/MG, rel. Min. Dias Toffoli, 28.10.2016; ACO 3.410/SE, rel. Min. Roberto Barroso, 22.04.2022 (Informativo 1.051 do STF).

[54] RE 1.320.054/SP (**repercussão geral**), rel. Min. Luiz Fux, 07.05.2021.

[55] RE 600.867/SP (**repercussão geral**), red. p/ o acórdão, Min. Luiz Fux, 21.08.2020.

à remuneração do capital de seus controladores ou acionistas, não está abrangida pela regra de imunidade tributária prevista no art. 150, VI, "a", da Constituição, unicamente em razão das atividades desempenhadas.

Enfim, pode-se asseverar que, atualmente, segundo a jurisprudência do Supremo Tribunal Federal, a imunidade tributária recíproca, prevista no art. 150, VI, "a", e § 2.º, da Constituição da República, alcança as empresas públicas e as sociedades de economia mista **prestadoras de serviços públicos** (com ou sem cobrança de tarifa dos usuários) que não atuem em concorrência com pessoas da iniciativa privada e não tenham por finalidade remunerar o capital de seus controladores ou acionistas (ainda que sejam eles entidades públicas). Vale reiterar que a Emenda Constitucional 132, de 20 de dezembro de 2023, modificou a redação do § 2º do art. 150, para estender expressamente a imunidade tributária recíproca "à empresa pública prestadora de serviço postal" (ou seja, à ECT), mas, em nossa opinião, essa alteração introduzida pela EC 132/2023 não deverá ter efeitos práticos, porque, conforme exposto, ela simplesmente reforça, ou explicita, entendimento há muito sedimentado no âmbito de nossa Corte Suprema.

Não é ocioso averbar que **em nenhuma hipótese** essa orientação se aplica às empresas públicas e sociedades de economia mista exploradoras de **atividades econômicas em sentido estrito**.

4.7.3.6.6. *Licitações e contratações com terceiros*

O inciso XXVII do art. 22 da Constituição Federal, na sua parte final, trata da **competência privativa** da União para editar normas gerais sobre licitações e contratações aplicáveis às empresas públicas e sociedades de economia mista, com a seguinte redação, dada pela EC 19/1998 (grifamos):

> Art. 22. Compete privativamente à União legislar sobre:
>
> ....
>
> XXVII – normas gerais de licitação e contratação, em todas as modalidades, para as administrações públicas diretas, autárquicas e fundacionais da União, Estados, Distrito Federal e Municípios, obedecido o disposto no art. 37, XXI, **e para as empresas públicas e sociedades de economia mista, nos termos do art. 173, § 1.º, III**;
>
> ....

O § 1.º do art. 173 da Constituição, a partir da alteração nele introduzida pela EC 19/1998, passou a determinar que o legislador ordinário da União elabore um "estatuto jurídico da empresa pública, da sociedade de economia mista e de suas subsidiárias que explorem **atividade econômica** de produção ou comercialização de bens ou de prestação de serviços". E, consoante o inciso III desse dispositivo, o "estatuto jurídico" em questão deve dispor sobre "licitação e contratação de obras, serviços, compras e alienações, observados os princípios da administração pública".

Esse parágrafo do Texto Magno tem o seu alcance limitado às empresas públicas e sociedades de economia mista, e suas subsidiárias, que atuam no **domínio econômico em sentido estrito**, uma vez que o *caput* do artigo em que ele se insere versa sobre as situações **excepcionais** em que o Estado é autorizado a exercer o papel de agente econômico produtivo (Estado-empresário). Essa matéria já foi exaustivamente detalhada em outro tópico deste capítulo, ao qual remetemos o leitor, a fim de evitar repetições improfícuas.

É evidente que a previsão de que fosse estabelecido, no "estatuto jurídico" previsto no § 1.º do art. 173, um **regime próprio de licitações e contratações**, distinto do regime geral aplicável à administração direta e às demais entidades administrativas, tinha como objetivo possibilitar às empresas públicas e sociedades de economia mista, e suas subsidiárias, **exploradoras de atividades econômicas em sentido estrito** a adoção de procedimentos mais ágeis em suas contratações com terceiros, com atenuação do rigor das condições impostas no regime geral. A ideia subjacente é a de que, por operarem em concorrência com o setor privado, essas entidades administrativas precisam dispor – inclusive nas contratações relacionadas a suas atividades-meio – de procedimentos mais simplificados, desburocratizados, rápidos, que lhes permitam competir no mercado.

A nosso ver, a lógica do preceito constitucional foi parcialmente frustrada com a edição da Lei 13.303/2016. Deveras, essa lei estabeleceu um "**estatuto jurídico**" aplicável **não só** às empresas públicas e sociedades de economia mista que exploram **atividades econômicas em sentido estrito** como **também** às que prestam **serviços públicos** que configuram atividade econômica (em sentido amplo).

Esse "estatuto jurídico" contém **normas específicas de licitações e contratos** de observância obrigatória para todas as empresas públicas e sociedades de economia mista, e suas subsidiárias, **jungidas à Lei 13.303/2016** (que são a **esmagadora maioria** das existentes no Brasil). Elas tiveram um prazo de 24 meses, contados da publicação da lei (ocorrida em 1.º de julho de 2016), para se adaptarem às novas regras.

As disposições da Lei 13.303/2016 acerca de licitações e contratos serão estudadas em tópicos próprios, nos capítulos pertinentes. Por ora, é suficiente adiantar que o procedimento licitatório nela estabelecido é muito semelhante àquele observado no âmbito do Regime Diferenciado de Contratações Públicas (RDC), instituído pela Lei 12.462/2011.

Não parece ter havido uma preocupação especial do legislador, pelo menos no que diz respeito às licitações, em dotar as entidades alcançadas pela Lei 13.303/2016 de procedimentos mais ágeis, dinâmicos ou flexíveis do que aqueles a que se sujeitam as demais entidades administrativas e os órgãos da administração pública direta. A bem da verdade, cumpre registrar que a Lei 13.303/2016 **dispensou** as empresas públicas e sociedades de economia mista por ela abrangidas de realizarem licitação previamente à celebração de contratos **diretamente relacionados com as suas atividades-fim** – contratos cujo objeto seja a "comercialização, prestação ou execução [...] de produtos, serviços ou obras especificamente relacionados com seus respectivos objetos sociais" (art. 28, § 3.º, I). Ocorre, porém, que a desnecessidade de licitação em tal situação há muito é reconhecida pela jurisprudência e, no caso específico da "venda de bens produzidos ou comercializados por entidades da administração pública, em virtude de suas finalidades", configura hipótese de **licitação dispensada** expressamente prevista no art. 76, II, "e", da Lei 14.133/2021.

4.7.3.6.7. Responsabilidade civil

O art. 37, § 6.º, da Constituição de 1988 atribui **responsabilidade civil** do tipo **objetiva** às pessoas jurídicas de direito público e às **pessoas jurídicas de direito privado prestadoras de serviços públicos** pelos danos que os agentes dessas pessoas jurídicas, agindo nessa qualidade, causarem a terceiros. Dizer que a responsabilidade é **objetiva** significa que a pessoa jurídica causadora da lesão será obrigada a indenizar o terceiro prejudicado **independentemente de perquirição a respeito de culpa**, isto é, sem que seja necessária a demonstração de que ela atuou com dolo (intenção) ou com negligência, imprudência ou imperícia.

A responsabilidade civil (ou extracontratual) estatal é detalhadamente estudada em capítulo específico desta obra. Neste tópico, importa destacar que a norma do § 6.º do art. 37 da Carta Política **aplica-se** às empresas públicas e sociedades de economia mista **prestadoras de serviços públicos** e **não se aplica** às empresas públicas e sociedades de economia mista **exploradoras de atividades econômicas em sentido estrito**.

Estas últimas respondem pelos danos que seus agentes causarem a terceiros da mesma forma que respondem as pessoas da iniciativa privada, regidas pelo direito civil ou pelo direito comercial (em regra, elas têm responsabilidade extracontratual do tipo **subjetiva**, isto é, só são obrigadas a indenizar caso o terceiro que sofreu o dano prove que houve culpa na sua atuação).

4.7.3.6.8. Falência

A doutrina administrativista, majoritariamente, defendia a possibilidade de ser decretada a falência das empresas públicas e sociedades de economia mista **exploradoras de atividades econômicas em sentido estrito**. Diferentemente, razoável consenso havia quanto à impossibilidade de falência das empresas públicas e sociedades de economia mista **prestadoras de serviços públicos**, em virtude do princípio da continuidade dos serviços públicos.

Essa orientação, a nosso ver, foi corroborada pela atual Carta Política, uma vez que ela determina que o legislador ordinário, ao elaborar o "estatuto jurídico" das empresas públicas e sociedades de economia mista que explorem **atividades econômicas em sentido estrito**, disponha sobre a sujeição delas "ao regime jurídico próprio das **empresas privadas**, inclusive quanto aos **direitos e obrigações** civis, **comerciais**, trabalhistas e tributários" (art. 173, § 1.º, II).

A Lei 13.303/2016 não contém qualquer disposição sobre essa matéria.

A Lei 11.101/2005 ("**Lei de Falências**"), sem fazer qualquer distinção quanto ao objeto da entidade, estabelece, de forma categórica, que as suas disposições **não se aplicam** a empresas públicas e sociedades de economia mista (art. 2.º, I). Assim, independentemente das considerações aqui expostas, certo é que, atualmente, empresas públicas e sociedades de economia mista, **seja qual for o seu objeto**, **não estão sujeitas à falência**.

4.7.3.6.9. Pessoal

É próprio das entidades administrativas com **personalidade jurídica de direito privado** o regime de **emprego público**, caracterizado pela existência de um vínculo profissional de natureza **trabalhista** entre o agente público e a pessoa jurídica. A relação jurídica funcional dos agentes permanentes dessas entidades é, portanto, contratual, formalizada no **contrato de trabalho** regido pela Consolidação das Leis do Trabalho (CLT).

Todavia, exatamente pelo fato de as empresas públicas e sociedades de economia mista integrarem formalmente a administração pública, aplicam-se às relações entre elas e o seu pessoal algumas normas de direito público, no mais das vezes previstas desde logo na Constituição Federal.

Merece menção, em primeiro lugar, a exigência de **concurso público**. Com efeito, o inciso II do art. 37 da Carta Política exige que não só cargos efetivos, mas também **empregos públicos** sejam preenchidos mediante prévia aprovação em concurso público de provas ou de provas e títulos. É pacífica a jurisprudência do Supremo Tribunal Federal quanto à sujeição dos empregados públicos das entidades da administração indireta, inclusive das empresas públicas e sociedades de economia mista que explorem atividades econômicas em sentido estrito, à exigência de aprovação prévia em **concurso público**.[56]

Na mesma esteira, vale registrar o disposto na **Súmula 231** do Tribunal de Contas da União (TCU), que não deixa espaço para tergiversação:

> **231** – A exigência de concurso público para admissão de pessoal se estende a toda a Administração Indireta, nela compreendidas as Autarquias, as Fundações instituídas e mantidas pelo poder público, as Sociedades de Economia Mista, as Empresas Públicas e, ainda, as demais entidades controladas direta ou indiretamente pela União, mesmo que visem a objetivos estritamente econômicos, em regime de competitividade com a iniciativa privada.

É assaz relevante alertar que a exigência de contratação mediante concurso público **não** significa que os empregados públicos das empresas públicas e sociedades de economia mista adquiram a **estabilidade** de que trata o art. 41 da Constituição. O Supremo Tribunal Federal já deixou assente, em acórdão prolatado na sistemática de **repercussão geral**, que essa estabilidade não se aplica a eles.[57] Na mesma decisão, entretanto, restou averbado que a **dispensa imotivada** de empregados das empresas públicas e sociedades de economia mista **prestadoras de serviços públicos** é **vedada**, sob pena de violação dos princípios constitucionais da **impessoalidade** e da **isonomia**.

Deve-se enfatizar que essa orientação **não** implica – de modo nenhum! – restringir as possibilidades de dispensa desses empregados públicos às hipóteses que a Consolidação das Leis do Trabalho (CLT) enquadra como **justa causa**. O STF simplesmente estabeleceu

---

[56] MS 21.322/DF, rel. Min. Paulo Brossard, 03.12.1992.

[57] RE 589.998/PI (**repercussão geral**), rel. Min. Ricardo Lewandowski, 20.03.2013 (Informativo 699 do STF).

a necessidade de que o ato de dispensa explicite, por escrito, os motivos que ensejaram a rescisão unilateral do contrato de trabalho. É evidente que a dispensa do empregado deve ter o intuito de bem atender ao interesse público, haja vista que a atuação de qualquer entidade da administração pública só é legítima quando tem essa finalidade. Mas a discussão concernente à idoneidade da fundamentação explicitada no ato de dispensa deverá ser travada em cada situação efetivamente ocorrida – a motivação apenas possibilita que seja feito o controle judicial da validade da dispensa no caso concreto.

É importante notar, ainda, que a decisão do STF ora em foco só mencionou expressamente a exigência de motivação (exposição escrita dos motivos) para o desligamento de empregados das empresas públicas e sociedades de economia mista **prestadoras de serviços públicos**. Posteriormente, porém, em decisão também prolatada na sistemática de repercussão geral, a Corte Suprema explicitou a aplicabilidade dessa orientação também às empresas públicas e sociedades de economia mista **exploradoras de atividades econômicas**, fixando a seguinte tese jurídica:[58]

> As empresas públicas e as sociedades de economia mista, sejam elas prestadoras de serviço público ou exploradoras de atividade econômica, ainda que em regime concorrencial, têm o dever jurídico de motivar, em ato formal, a demissão de seus empregados concursados, não se exigindo processo administrativo. Tal motivação deve consistir em fundamento razoável, não se exigindo, porém, que se enquadre nas hipóteses de justa causa da legislação trabalhista.

O pessoal das empresas públicas e sociedades de economia mista – tanto as prestadoras de serviços públicos quanto as que exploram atividades econômicas em sentido estrito – **está sujeito à vedação de acumulação remunerada** de seu emprego com cargos, funções e empregos públicos, ressalvadas as hipóteses admitidas no próprio texto constitucional (CF, art. 37, XVI e XVII).

Ainda, o valor da remuneração paga pelas entidades em foco pode sofrer restrições. Deveras, a Constituição Federal determina que os **tetos de remuneração** no serviço público – estabelecidos no art. 37, XI – são aplicáveis às empresas públicas e sociedades de economia mista, e suas subsidiárias, que **receberem recursos** da União, dos estados, do Distrito Federal ou dos municípios **para pagamento de despesas de pessoal ou de custeio em geral** (art. 37, § 9.º). Note-se que as entidades que não recebam recursos para essas finalidades não se submetem aos referidos limites de remuneração – aspecto já explicitado pelo Supremo Tribunal Federal.[59]

O pessoal das empresas públicas e sociedades de economia mista, assim como quaisquer empregados públicos, está sujeito ao **regime geral de previdência social** – RGPS (CF, art. 40, § 13).

Os conflitos decorrentes da **relação de trabalho** envolvendo, de um lado, qualquer empresa pública ou sociedade de economia mista e, do outro, os respectivos empregados públicos são julgados pela **Justiça do Trabalho** (CF, art. 114).

---

[58] RE 688.267/CE (**repercussão geral**), red. p/ o acórdão Min. Roberto Barroso, 28.02.2024 (Informativo 1.126 do STF).

[59] ADI 6.584/DF, rel. Min. Gilmar Mendes, 24.05.2021 (Informativo 1.018 do STF).

É relevante apontar que, consoante entendimento do Supremo Tribunal Federal, a Justiça do Trabalho só será competente para julgar a lide caso o conflito decorrente da relação de trabalho diga respeito a norma constante na Consolidação das Leis do Trabalho (CLT), ou na legislação trabalhista de um modo geral. Caso contrário – isto é, se a discussão envolver norma administrativa, ou qualquer disposição legal que **não integre a legislação trabalhista** –, a competência será da **Justiça Comum**, mesmo sendo o agente litigante empregado público (celetista). Literalmente, deixou averbado a Corte Suprema que "**a Justiça Comum é competente para julgar ação ajuizada por servidor celetista contra o Poder Público, em que se pleiteia parcela de natureza administrativa**".[60]

Além disso, já deixou assente o Supremo Tribunal Federal que, em litígios relacionados à **fase pré-contratual** (isto é, antes de o interessado tornar-se efetivamente empregado público, antes de assinar o seu contrato de trabalho), a competência será da **Justiça Comum** (federal ou estadual). Afinal, ainda não se pode cogitar, nessa fase, a existência de relação regida pela CLT. Sobre esse tema, fixou-se a seguinte **tese de repercussão geral**:[61]

> Compete à Justiça Comum processar e julgar controvérsias relacionadas à fase pré-contratual de seleção e de admissão de pessoal e eventual nulidade do certame em face da administração pública, direta e indireta, nas hipóteses em que adotado o regime celetista de contratação de pessoas.

É o que se verifica, por exemplo, em demandas nas quais o candidato em processo seletivo para ingresso em uma empresa pública ou sociedade de economia mista pretenda contestar alguma etapa ou procedimento do certame, alegando eventual nulidade, quebra de isonomia, fraude, entre outras questões.

Vale apontar, ainda, que, em outra decisão, também proferida na sistemática de repercussão geral, o Supremo Tribunal Federal deixou averbado que "a natureza do ato de demissão de empregado público é constitucional-administrativa e não trabalhista, o que atrai a competência da Justiça Comum para julgar a questão".[62] Apesar da redação categórica, pensamos que essa asserção não pode ser tomada em sua literalidade, para todos os casos de demissão ou de dispensa. Na situação concreta que estava sendo julgada, uma empresa pública (a Empresa Brasileira de Correios e Telégrafos) havia dispensado trabalhadores que se aposentaram espontaneamente, pelo RGPS, os quais pleiteavam reintegração a seus empregos. A Corte Suprema entendeu que seria da Justiça Comum a competência para processar e julgar a causa, sob o fundamento de que a **discussão concernente a reintegração de empregados públicos dispensados em consequência de aposentadoria espontânea não diz respeito à relação de trabalho**. A nosso ver, não se pode, somente com base nessa decisão, afirmar, de forma generalizada, que toda e qualquer lide relacionada à demissão de empregados públicos

---

[60] RE 1.288.440/SP (**repercussão geral**), rel. Min. Roberto Barroso, 03.07.2023.

[61] RE 960.429/RN (**repercussão geral**), rel. Min. Gilmar Mendes, 15.12.2020.

[62] Parte inicial do enunciado da **tese de repercussão geral** fixada no RE 655.283/DF, red. p/ o acórdão Min. Dias Toffoli, 16.06.2021 (Informativo 1.022 do STF).

deva ser julgada pela Justiça Comum – e não pela Justiça do Trabalho. Possivelmente se possa cogitar que se trate, tão somente, de uma "regra geral".

Os empregados das empresas públicas e sociedades de economia mista são **equiparados a funcionários públicos para fins penais** (Código Penal, art. 327, § 1.º). Ademais, seus atos podem ser enquadrados como **atos de improbidade administrativa**, sujeitando-os às diversas sanções previstas na Lei 8.429/1992.

Por fim, abrimos um parêntese para observar que não é sempre rigorosamente correto afirmar que todos os agentes públicos das empresas públicas e das sociedades de economia mista sejam empregados públicos regidos pela CLT (celetistas). A bem da verdade, os **dirigentes** dessas entidades, quando não são empregados integrantes dos respectivos quadros de pessoal, não podem ser classificados como empregados públicos celetistas. Nessa situação, o dirigente não está sujeito nem a regime trabalhista nem a regime estatutário. O dirigente estranho aos quadros permanentes da entidade atua como uma espécie de representante da pessoa política que o nomeou, a qual é responsável pela tutela (controle finalístico ou supervisão) de toda a administração pública indireta a ela vinculada.

4.7.3.6.10. Administradores

Os dirigentes (ou administradores) das empresas públicas e das sociedades de economia mista são investidos em seus cargos na forma que a lei ou os estatutos da entidade estabelecerem. Na hipótese usual, de vinculação ao Poder Executivo, a nomeação do dirigente compete ao Chefe desse Poder. Caso se trate de uma entidade vinculada ao Poder Legislativo, ou ao Judiciário, deverá estar designada na lei, ou nos respectivos estatutos, a autoridade competente para a nomeação dos dirigentes dela.

Os dirigentes das entidades ora em apreço estão sujeitos à ação popular, à ação de improbidade administrativa, a ações penais por crimes praticados contra a administração pública e, quando estiverem exercendo atribuições do poder público (excluídos atos de gestão comercial), ao mandado de segurança.

É relevante registrar que, segundo a jurisprudência do Supremo Tribunal Federal, a exigência de prévia aprovação do Poder Legislativo para a **nomeação**, pelo Chefe do Poder Executivo, de dirigente de empresa pública ou de sociedade de economia mista afronta o princípio da harmonia e independência entre os Poderes.

Vale frisar: é **inconstitucional**, por incompatibilidade com o princípio da separação dos Poderes, norma estabelecida em lei, federal, estadual, distrital ou municipal – ou mesmo em Constituição de estado-membro ou em Lei Orgânica de município ou do Distrito Federal –, que condicione à prévia aprovação do Poder Legislativo a **nomeação**, pelo Chefe do Poder Executivo, de **administradores** de **empresas públicas e sociedades de economia mista**, tanto as exploradoras de **atividades econômicas em sentido estrito**, quanto as prestadoras de **serviços públicos**.[63]

---

[63] ADI 1.642/MG, rel. Min. Eros Grau, 03.04.2008 (Informativo 500 do STF); ADI 2.225/SC, rel. Min. Dias Toffoli, 21.08.2014; ADI 2.167/RR, red. p/ o acórdão, Min. Alexandre de Moraes, 03.06.2020 (Informativo 980 do STF).

DIREITO ADMINISTRATIVO DESCOMPLICADO • Marcelo Alexandrino & Vicente Paulo

Não é demasiado lembrar que, para a **exoneração,** pelo Chefe do Poder Executivo, de dirigentes de quaisquer entidades da administração indireta é também **inconstitucional** a exigência de aprovação legislativa prévia.[64]

4.7.3.6.10.1. Restrições e condicionamentos à indicação de administradores

A Lei 13.303/2016, aplicável a todas as empresas públicas e sociedades de economia mista que explorem atividades econômicas em sentido estrito e, também, a todas as que tenham por objeto a prestação de serviços públicos enquadrados como atividade econômica em sentido amplo, estabeleceu uma série de **exigências e restrições** para as indicações de dirigentes (ou administradores) das entidades por ela abrangidas. Nos termos da lei, "**administradores**" são os **membros do conselho de administração e da diretoria**.

Os citados condicionamentos e limitações encontram-se no art. 17 da Lei 13.303/2016. Podemos dividi-los, para fins didáticos, em "**requisitos**" e "**vedações**". No seu *caput*, o art. 17 estabelece como **exigência geral** aplicável à escolha de membros do conselho de administração e à indicação de pessoas para os cargos de diretor – inclusive presidente, diretor-geral e diretor-presidente – que se trate de "**cidadãos de reputação ilibada e de notório conhecimento**". Não está explícito na lei, mas é evidente que o "notório conhecimento" deve ser em matéria pertinente à área de atuação da entidade. Além dessa condição genérica, o escolhido deverá atender aos seguintes requisitos específicos (é necessário que ele satisfaça, alternativamente, um dos requisitos previstos nas alíneas "a", "b" ou "c" do inciso I e, cumulativamente com este, os requisitos dos incisos II e III):

I – ter experiência profissional de, no mínimo:

a) 10 (dez) anos, no setor público ou privado, na área de atuação da empresa pública ou da sociedade de economia mista ou em área conexa àquela para a qual forem indicados em função de direção superior; ou

b) 4 (quatro) anos ocupando pelo menos um dos seguintes cargos:

1. cargo de direção ou de chefia superior em empresa de porte ou objeto social semelhante ao da empresa pública ou da sociedade de economia mista, entendendo-se como cargo de chefia superior aquele situado nos 2 (dois) níveis hierárquicos não estatutários mais altos da empresa;

2. cargo em comissão ou função de confiança equivalente a DAS-4 ou superior, no setor público;

3. cargo de docente ou de pesquisador em áreas de atuação da empresa pública ou da sociedade de economia mista;

c) 4 (quatro) anos de experiência como profissional liberal em atividade direta ou indiretamente vinculada à área de atuação da empresa pública ou sociedade de economia mista;

---

[64] ADI 1.949/RS, rel. Min. Dias Toffoli, 17.09.2014.

II – ter formação acadêmica compatível com o cargo para o qual foi indicado; e

III – não se enquadrar nas hipóteses de inelegibilidade previstas nas alíneas do inciso I do *caput* do art. 1.º da Lei Complementar n.º 64, de 18 de maio de 1990, com as alterações introduzidas pela Lei Complementar n.º 135, de 4 de junho de 2010.

Os requisitos previstos no inciso I poderão ser **dispensados** no caso de **indicação de empregado** da empresa pública ou da sociedade de economia mista para **cargo de administrador ou como membro de comitê**, desde que satisfeitas as seguintes condições:

a) o empregado tenha ingressado na empresa pública ou na sociedade de economia mista por meio de concurso público de provas ou de provas e títulos;

b) o empregado tenha mais de dez anos de trabalho efetivo na empresa pública ou na sociedade de economia mista;

c) o empregado tenha ocupado cargo na gestão superior da empresa pública ou da sociedade de economia mista, comprovando sua capacidade para assumir as responsabilidades inerentes à função para a qual foi indicado.

O § 2.º do art. 17 enumera as hipóteses em que fica **vedada** a indicação para o conselho de administração e para a diretoria da entidade. Transcrevemos o dispositivo:[65]

§ 2.º É vedada a indicação, para o Conselho de Administração e para a diretoria:

I – de representante do órgão regulador ao qual a empresa pública ou a sociedade de economia mista está sujeita, de Ministro de Estado, de Secretário de Estado, de Secretário Municipal, de titular de cargo, sem vínculo permanente com o serviço público, de natureza especial ou de direção e assessoramento superior na administração pública, de dirigente estatutário de partido político e de titular de mandato no Poder Legislativo de qualquer ente da federação, ainda que licenciados do cargo;

II – de pessoa que atuou, nos últimos 36 (trinta e seis) meses, como participante de estrutura decisória de partido político ou em trabalho vinculado a organização, estruturação e realização de campanha eleitoral;

---

[65] O Supremo Tribunal Federal, instado a apreciar a validade, em face da Carta Política, dos incisos I e II do § 2.º do art. 17 da Lei 13.303/2016, declarou a **constitucionalidade** desses dispositivos, asseverando que as vedações neles constantes revelam-se proporcionais, razoáveis e legítimas, na medida em que não estabelecem relações de desigualdade baseadas em critérios arbitrários. Consignou, ainda, que as restrições vazadas nesses incisos encontram-se dentro do legítimo espaço de conformação do legislador ordinário e observam parâmetros e recomendações de outras instituições nacionais e internacionais de referência em governança corporativa, como a Organização para a Cooperação e Desenvolvimento Econômico (OCDE); trata-se de vedações que visam a robustecer a proteção aos direitos fundamentais conformadores da atuação estatal em qualquer das suas funções ou Poderes, notadamente os princípios da administração pública (ADI 7.331/DF, red. p/ o acórdão Min. André Mendonça, 09.05.2024 – Informativo 1.136 do STF).

III – de pessoa que exerça cargo em organização sindical;

IV – de pessoa que tenha firmado contrato ou parceria, como fornecedor ou comprador, demandante ou ofertante, de bens ou serviços de qualquer natureza, com a pessoa político-administrativa controladora da empresa pública ou da sociedade de economia mista ou com a própria empresa ou sociedade em período inferior a 3 (três) anos antes da data de nomeação;

V – de pessoa que tenha ou possa ter qualquer forma de conflito de interesse com a pessoa político-administrativa controladora da empresa pública ou da sociedade de economia mista ou com a própria empresa ou sociedade.

A vedação prevista no inciso I **estende-se aos parentes consanguíneos ou afins até o terceiro grau das pessoas nele mencionadas**.

Ao lado dessas restrições, é também **vedada** a participação **remunerada** de **membros da administração pública**, direta ou indireta, em **mais de dois** conselhos, de administração ou fiscal, de empresa pública, de sociedade de economia mista ou de suas subsidiárias (art. 20).

Por fim, vale registrar que a Lei 14.600/2023 – diploma que estabelece a organização básica dos órgãos da Presidência da República e dos Ministérios – determina que, nos **conselhos de administração** das empresas públicas, das sociedades de economia mista, de suas subsidiárias e controladas e das demais empresas em que a **União**, direta ou indiretamente, detenha a maioria do capital social com direito a voto, **sempre haverá um membro indicado pelo Ministério da Gestão e da Inovação em Serviços Públicos** (art. 32, parágrafo único).

4.7.3.6.11. Bens

Nos expressos termos de nosso Código Civil, "são públicos os bens do domínio nacional pertencentes às pessoas jurídicas de direito público interno; todos os outros são particulares, seja qual for a pessoa a que pertencerem" (art. 98). Os **bens públicos** são sujeitos a um regime jurídico especial, traduzido essencialmente na exigência de autorização legal para sua alienação (quando imóveis), na impenhorabilidade, na impossibilidade de serem usucapidos e na vedação de que sejam gravados com ônus reais.

Como visto, o direito legislado em vigor não deixa margem a dúvida: **somente são bens públicos os bens das pessoas jurídicas de direito público**. Ora, no Brasil, **todas** as empresas públicas e sociedades de economia mista, sem exceção alguma, são **pessoas jurídicas de direito privado**. Logo, os bens delas, **todos** eles, **sempre** são **bens privados**.

Não obstante esse fato, a doutrina administrativista há muito defende que, no caso das empresas públicas e sociedades de economia mista que tenham por objeto a **prestação de um serviço público**, os bens que estejam sendo **diretamente** empregados nessa atividade sofrem restrições – a exemplo da **impenhorabilidade** – impostas em homenagem ao **princípio da continuidade dos serviços públicos**. Dessa forma, o regime jurídico aplicável a alguns dos bens dessas entidades coincidirá, total ou parcialmente, com aquele a que se sujeitam os bens públicos. Note-se que **não** é a natureza do bem em si que é levada em consideração; o regime jurídico equivalente ao dos bens públicos é conferido em função, exclusivamente, da **destinação específica** do bem – e só existe enquanto esta durar, isto é, enquanto o bem estiver sendo **diretamente** empregado na prestação do **serviço público**.

Essa orientação doutrinária encontra eco, há muito, na jurisprudência dominante dos tribunais pátrios.

No final do ano 2000, o Supremo Tribunal Federal **foi além**: apreciando um recurso extraordinário que envolvia a Empresa Brasileira de Correios e Telégrafos (ECT), decidiu que as dívidas judicialmente reconhecidas contra essa empresa pública devem ser pagas pelo **regime de precatórios**, de que trata o art. 100 da Constituição da República. Significa dizer, **todos** os bens da ECT foram considerados **impenhoráveis**, não importa se utilizados, ou não, na prestação dos serviços públicos a ela atribuídos.[66] Muitas decisões posteriores de nossa Corte Suprema, todas relacionadas à ECT, reafirmaram tal posicionamento.

Poder-se-ia imaginar que a referida orientação – aplicação do regime de precatórios judiciários – ficaria restrita exclusivamente à ECT, porque essa empresa pública reveste uma particularidade: o Decreto-Lei 509/1969, que a instituiu, estabelece, em seu art. 12, que a ECT goza "dos privilégios concedidos à Fazenda Pública, quer em relação a imunidade tributária, direta ou indireta, impenhorabilidade de seus bens, rendas e serviços, quer no concernente a foro, prazos e custas processuais". E o Supremo Tribunal Federal, no mesmo julgado aludido no parágrafo anterior, declarou que esse artigo foi recepcionado pela Carta de 1988.

Pois bem, a existência dessa peculiaridade a respeito da ECT não impediu que nossa Corte Constitucional terminasse por estender o entendimento supracitado a outras entidades, firmando a orientação de que o regime de precatórios é aplicável às **empresas públicas e sociedades de economia mista que prestem serviços públicos essenciais e próprios do Estado, em condições não concorrenciais** (sem competir com empresas do setor privado) – e, por óbvio, **sem finalidade de lucro**. Vale repisar: para nosso Pretório Magno, as dívidas das empresas públicas e sociedades de economia mista que tenham por finalidade institucional a prestação de serviços públicos essenciais e próprios do Estado, sem objetivo de lucro, e atuem em condições não concorrenciais, são pagas segundo o **regime de precatórios judiciários**, disciplinado no art. 100 da Constituição, o que implica reconhecer que **todos** os bens dessas entidades são **impenhoráveis** (e não podem ser gravados com ônus reais para garantia de suas dívidas).[67]

---

[66] RE 220.906/DF, rel. Min. Maurício Corrêa, 16.11.2000.

[67] RE-AgR 485.000/AL, rel. Min. Ellen Gracie, 12.05.2009; RE 599.628/DF (**repercussão geral**), red. p/ o acórdão Min. Joaquim Barbosa, 25.05.2011; RE-AgR 852.302/AL, rel. Min. Dias Toffoli, 15.12.2015; ADPF 387/PI, rel. Min. Gilmar Mendes, 23.03.2017 (Informativo 858 do STF); ADPF 275/PB, rel. Min. Alexandre de Moraes, 17.10.2018 (Informativo 920 do STF); ADPF 524/DF, red. p/ o acórdão Min. Alexandre de Moraes, 09.10.2020; ADPF 524/DF, rel. Min. Edson Fachin, 22.08.2023 (Informativo 1.104 do STF).

Em 2021, em decisões de arguições de descumprimento de preceito fundamental (ADPF), o Supremo Tribunal Federal reconheceu a sujeição ao regime de precatórios a todas as "**estatais prestadoras de serviço público essencial, em regime não concorrencial e sem intuito lucrativo primário**", nos termos da seguinte **tese de julgamento**:[68]

> Os recursos públicos vinculados ao orçamento de estatais prestadoras de serviço público essencial, em regime não concorrencial e sem intuito lucrativo primário, não podem ser bloqueados ou sequestrados por decisão judicial para pagamento de suas dívidas, em virtude do disposto no art. 100 da CF/1988, e dos princípios da legalidade orçamentária (art. 167, VI, da CF/1988), da separação dos poderes (arts. 2.º, 60, § 4.º, III, da CF/1988) e da eficiência da administração pública (art. 37, *caput*, da CF/1988).

Em síntese:

a) todos os bens das empresas públicas e sociedades de economia mista são, sempre, bens privados;

b) os bens de empresas públicas e sociedades de economia mista que sejam empregados diretamente na prestação de serviços públicos que essas entidades tenham por objeto sujeitam-se, total ou parcialmente, às restrições características do regime jurídico dos bens públicos, especialmente à impenhorabilidade, em decorrência do princípio da continuidade dos serviços públicos (e não da natureza do bem em si mesmo considerado);

c) consoante a jurisprudência do Supremo Tribunal Federal, na **hipótese** em que empresas públicas ou sociedades de economia mista tenham por objeto a **prestação de serviços públicos essenciais, sem intuito lucrativo primário**, e atuem **sem competir com empresas do setor privado**, é aplicável às suas dívidas o **regime de precatórios judiciários**, previsto no art. 100 da Carta Política, ou seja, **todos** os bens dessas entidades administrativas, embora **privados**, são **impenhoráveis** (e sobre eles não podem incidir ônus reais), mesmo aqueles que não sejam diretamente utilizados na respectiva atividade-fim.

A seguir, apresentamos um quadro sinóptico geral com os principais pontos, coincidentes e divergentes, relativos aos regimes jurídicos das empresas públicas e sociedades de economia mista **exploradoras de atividades econômicas em sentido estrito**, de um lado, e **prestadoras de serviços públicos**, de outro.

---

[68] ADPF 588/PB, rel. Min. Roberto Barroso, 27.04.2021 (Informativo 1.014 do STF); ADPF 616/BA, rel. Min. Roberto Barroso, 24.05.2021 (Informativo 1.018 do STF); ADPF 789/MA, rel. Min. Roberto Barroso, 23.08.2021 (Informativo 1.026 do STF).

EP e SEM – ATIVIDADES ECONÔMICAS *STRICTO SENSU*	EP e SEM – SERVIÇOS PÚBLICOS
Criação autorizada em lei específica (CF, art. 37, XIX).	Criação autorizada em lei específica (CF, art. 37, XIX).
Personalidade jurídica de direito privado.	Personalidade jurídica de direito privado.
Sujeição a controle finalístico (tutela) pela administração direta.	Sujeição a controle finalístico (tutela) pela administração direta.
Atividade sujeita predominantemente ao regime de direito privado.	Atividade sujeita predominantemente ao regime de direito público.
Não podem gozar de privilégios fiscais não extensivos às empresas privadas. Vedação não aplicável no caso de monopólio.	Podem gozar de privilégios fiscais exclusivos, desde que não atuem em regime de concorrência com empresas privadas.
Não fazem jus à imunidade tributária recíproca (CF, art. 150, VI, "a", e § 2.º).	Fazem jus à imunidade tributária recíproca, desde que não atuem em regime concorrencial com o setor privado nem tenham por finalidade remunerar o capital dos seus controladores ou acionistas (STF).
Exigência de concurso público para a contratação de pessoal (CF, art. 37, II).	Exigência de concurso público para a contratação de pessoal (CF, art. 37, II).
Pessoal permanente sujeito a regime trabalhista (empregados públicos, regidos pela CLT).	Pessoal permanente sujeito a regime trabalhista (empregados públicos, regidos pela CLT).
Os seus empregados públicos não fazem jus à estabilidade do art. 41 da Constituição. Não há jurisprudência firmada no âmbito do STF quanto à exigência, ou não, de motivação escrita do ato de dispensa desses empregados públicos.	Os seus empregados públicos não fazem jus à estabilidade do art. 41 da Constituição. A dispensa desses empregados públicos exige motivação escrita, mas não está restrita às hipóteses que a CLT prevê para a dispensa por justa causa (STF).
Não sujeitas aos tetos constitucionais de remuneração, exceto se a entidade receber recursos públicos para pagamento de despesas de pessoal ou de custeio em geral (CF, art. 37, XI, e § 9.º).	Não sujeitas aos tetos constitucionais de remuneração, exceto se a entidade receber recursos públicos para pagamento de despesas de pessoal ou de custeio em geral (CF, art. 37, XI, e § 9.º).
É inconstitucional a exigência de aprovação prévia do Poder Legislativo como condição para o Chefe do Poder Executivo nomear ou exonerar os administradores da entidade (STF).	É inconstitucional a exigência de aprovação prévia do Poder Legislativo como condição para o Chefe do Poder Executivo nomear ou exonerar os administradores da entidade (STF).
Sujeitas a controle pelo Poder Legislativo, sem peculiaridades (CF, art. 49, X).	Sujeitas a controle pelo Poder Legislativo, sem peculiaridades (CF, art. 49, X).
Todos os seus atos estão sujeitos a controle de legalidade ou legitimidade pelo Poder Judiciário, desde que provocado (CF, art. 5.º, XXXV).	Todos os seus atos estão sujeitos a controle de legalidade ou legitimidade pelo Poder Judiciário, desde que provocado (CF, art. 5.º, XXXV).
Sujeitas a controle pelos tribunais de contas, sem peculiaridades.	Sujeitas a controle pelos tribunais de contas, sem peculiaridades.
Não sujeitas ao art. 37, § 6.º, da Constituição (responsabilidade civil objetiva).	Sujeitas ao art. 37, § 6.º, da Constituição (responsabilidade civil objetiva).

EP e SEM – ATIVIDADES ECONÔMICAS *STRICTO SENSU*	EP e SEM – SERVIÇOS PÚBLICOS
Suas licitações e seus contratos são regidos pela Lei 13.303/2016.	Suas licitações e seus contratos são regidos pela Lei 13.303/2016, exceto quando se trate de entidade prestadora de serviço público que não se enquadre como atividade econômica (em sentido amplo).
Não sujeitas a falência (Lei 11.101/2005, art. 2.º, I).	Não sujeitas a falência (Lei 11.101/2005, art. 2.º, I).
Seus bens são privados; não se sujeitam ao regime jurídico dos bens públicos.	Seus bens são privados, mas aqueles que forem diretamente empregados na prestação do serviço público podem sujeitar-se a restrições características dos bens públicos. Especificamente, as EP e SEM que prestem serviços públicos essenciais e próprios do Estado, em condições não concorrenciais e sem finalidade de lucro, têm suas dívidas pagas pelo regime de precatórios judiciários (STF) – nessa hipótese específica, todos os bens da entidade, embora privados, são impenhoráveis.

4.7.3.7. Distinções entre empresa pública e sociedade de economia mista

Tanto as empresas públicas quanto as sociedades de economia mista podem ter por objeto a exploração de atividades econômicas em sentido estrito ou a prestação de serviços públicos. Portanto, **não é a atividade exercida que diferencia uma empresa pública de uma sociedade de economia mista**.

Na realidade, a doutrina reconhece, de um modo geral, que não existe um critério jurídico preciso que justifique escolher a criação de uma ou outra dessas entidades quando o Estado tencione atuar como agente econômico ou prestar determinado serviço público passível de ser descentralizado.

Em síntese, **não há distinção material**, isto é, relativa ao objeto (atividade-fim), entre uma empresa pública e uma sociedade de economia mista. As diferenças existentes entre uma e outra dessas entidades **são meramente formais**, a saber:

a) a forma jurídica;

b) a composição do capital; e

c) o foro processual (somente para as entidades federais).

4.7.3.7.1. A forma jurídica

As **sociedades de economia mista** devem ter a forma de **sociedade anônima** (S/A). Elas são reguladas, basicamente, pela Lei 6.404/1976 ("Lei das S/A"). Essa orientação foi corroborada com a edição da Lei 13.303/2016, que, no seu art. 5.º, estabelece:

> Art. 5.º A sociedade de economia mista será constituída sob a forma de sociedade anônima e, ressalvado o disposto nesta Lei, estará sujeita ao regime previsto na Lei n.º 6.404, de 15 de dezembro de 1976.

Os atos constitutivos das sociedades de economia mista devem ser inscritos, invariavelmente, no Registro Público de Empresas Mercantis e Atividades Afins, uma vez que todas as sociedades anônimas têm **natureza comercial**, seja qual for o seu objeto (Lei 6.404/1976, art. 2.º, § 1.º).

As **empresas** públicas podem revestir **qualquer das formas admitidas no nosso ordenamento jurídico**.

As empresas públicas **federais** podem, até mesmo, ser instituídas sob forma jurídica *sui generis*, não prevista no direito privado; basta que a lei que autorize a sua criação assim disponha. Essa hipótese – a criação de uma empresa pública sob forma jurídica ímpar – não é possível para os demais entes federados, porque a competência para legislar sobre direito civil e direito comercial é privativa da União (CF, art. 22, I).

Pelo menos teoricamente, as empresas públicas não são obrigadas a ter natureza mercantil (ou comercial). Dessa forma, os seus atos constitutivos podem, em tese, ser inscritos, conforme o caso, no Registro Público de Empresas Mercantis e Atividades Afins ou no Registro Civil das Pessoas Jurídicas.

Sem prejuízo do que afirmamos no parágrafo precedente, é muito importante destacar que o Decreto 8.945/2016, o qual regulamentou, na esfera federal, a Lei 13.303/2016, estatui que "a **empresa pública** adotará, **preferencialmente**, a **forma de sociedade anônima**, que será **obrigatória** para as suas **subsidiárias**" (art. 11).

Vale abrir um parêntese para anotar que a Lei 13.303/2016 preceitua, em seu art. 92, que "o Registro Público de Empresas Mercantis e Atividades Afins manterá banco de dados público e gratuito, disponível na *internet*, contendo a relação de todas as empresas públicas e as sociedades de economia mista" (art. 92). E, visando a garantir efetividade a essa exigência, o parágrafo único do mesmo artigo proíbe a União de "realizar transferência voluntária de recursos a estados, ao Distrito Federal e a municípios que não fornecerem ao Registro Público de Empresas Mercantis e Atividades Afins as informações relativas às empresas públicas e às sociedades de economia mista a eles vinculadas". A redação desses dispositivos legais pode ensejar a inferência de que não só as sociedades de economia mista, mas também as empresas públicas brasileiras, todas elas, estariam obrigadas à inscrição no Registro Público de Empresas Mercantis e Atividades Afins. A nosso ver, contudo, as normas em apreço **somente** se aplicam às empresas públicas e sociedades de economia mista abrangidas pela Lei 13.303/2016 – a saber, todas as que têm **fins institucionais econômicos**, incluída a prestação de serviços públicos enquadrados como atividade econômica em sentido amplo. São a esmagadora maioria das empresas públicas e sociedades de economia mista existentes no País. Mas não são todas.

4.7.3.7.2. A composição do capital

O capital das **sociedades de economia mista** é obrigatoriamente formado pela conjugação de **capital público e privado**, vale dizer, deve haver ações de propriedade do Estado e ações de propriedade de particulares, pessoas físicas ou jurídicas. É necessário, porém, que a maioria das ações com direito a voto pertença à pessoa política instituidora, ou a entidade de sua administração indireta. Por outras palavras, o **controle acionário** das sociedades de economia mista deve ser da administração pública (da pessoa política instituidora ou de entidade de sua administração indireta).

Faz-se oportuno anotar que o Decreto 8.945/2016, o qual regulamentou, na esfera federal, a Lei 13.303/2016, criou uma **restrição** – em nossa opinião, perfeitamente legítima – **não estipulada na Lei 13.303/2016**, ao conceituar **sociedade de economia mista**. Deveras, nos termos do decreto, a maioria do capital votante das sociedades de economia mista federais deve pertencer **diretamente** à União (e não a entidades da administração indireta federal).

O capital das **empresas públicas** é **integralmente público**, isto é, oriundo de pessoas integrantes da administração pública. Não há possibilidade de participação direta de recursos de particulares na formação do capital das empresas públicas. É possível, porém, desde que a maioria do capital votante de uma empresa pública permaneça sob propriedade da **pessoa política instituidora**, que haja participação de outras pessoas políticas, ou de entidades das diversas administrações indiretas. O parágrafo único do art. 3.º da Lei 13.303/2016 é claro a esse respeito:

> Parágrafo único. Desde que a maioria do capital votante permaneça em propriedade da União, do estado, do Distrito Federal ou do município, será admitida, no capital da empresa pública, a participação de outras pessoas jurídicas de direito público interno, bem como de entidades da administração indireta da União, dos estados, do Distrito Federal e dos municípios.

Dessa forma, uma empresa pública pode ser **unipessoal**, ou seja, cem por cento do capital pertencer à pessoa política instituidora, ou **pluripessoal**. No caso de uma empresa pública **pluripessoal**, o **controle societário** deve ser da **pessoa política instituidora**, podendo o restante do capital estar nas mãos de outras pessoas políticas, ou de quaisquer entidades da administração indireta (inclusive sociedades de economia mista) de todas as esferas da Federação.

Por exemplo, uma empresa pública **unipessoal** federal, instituída sob a forma de sociedade anônima (S/A), deverá ter 100% das suas ações sob propriedade da União. Já uma empresa pública **pluripessoal** vinculada ao Estado de Pernambuco, instituída sob a forma de sociedade por quotas de responsabilidade limitada (Ltda.), deve estar obrigatoriamente sob controle societário do Estado de Pernambuco, podendo o restante de seu capital estar nas mãos, digamos, de uma autarquia federal, de um outro estado-membro e de uma sociedade de economia mista de determinado município.

4.7.3.7.3. O foro processual para entidades federais

Estabelece o inciso I do art. 109 da Constituição de 1988 que à **Justiça Federal** compete processar e julgar "as causas em que a União, entidade autárquica ou **empresa pública federal** forem interessadas na condição de autoras, rés, assistentes ou oponentes, exceto as de falência, as de acidentes de trabalho e as sujeitas à Justiça Eleitoral e à Justiça do Trabalho". **Não há** norma constitucional análoga aplicável às

Cap. 2 • ADMINISTRAÇÃO PÚBLICA **125**

sociedades de economia mista federais, as quais, por essa razão, têm as suas causas processadas e julgadas na **Justiça Estadual** (Súmula 556 do STF).

As empresas públicas e as sociedades de economia mista **estaduais e municipais** têm as suas causas processadas e julgadas, sem distinção, na **Justiça Estadual**.

Convém pontuar que está expresso no antes citado inciso I do art. 109 da Constituição que as causas em que a **União** for interessada na condição de **autora**, **ré**, **assistente** ou **oponente** serão processadas e julgadas pela **Justiça Federal**. Formulemos um exemplo de aplicação dessa regra: caso tenhamos uma ação em que uma sociedade de economia mista figure como ré (ou como autora) e, na mesma lide, a União, por qualquer motivo legalmente previsto, esteja atuando processualmente como **assistente**, o foro será **deslocado** para a **Justiça Federal**. Observe-se que essa regra já se encontrava consagrada mesmo antes da Carta de 1988, conforme deflui do enunciado da Súmula 517 do STF, nos termos do qual "as sociedades de economia mista só têm foro na Justiça Federal, quando a União intervém como assistente ou opoente".

4.7.4. Consórcios públicos

A Lei 11.107/2005 introduziu em nosso ordenamento uma **pessoa jurídica** denominada **consórcio público**. Os consórcios públicos, como veremos, **poderão ser constituídos como pessoas jurídicas de direito privado ou como pessoas jurídicas de direito público**; neste último caso, a lei explicitamente afirma que eles integrarão a administração pública indireta. Para tratarmos dessa nova figura, é necessário expor a base constitucional, os principais pontos da Lei 11.107/2005 e algumas das disposições do Decreto 6.017/2007, que a regulamentou.

O art. 241 da Constituição, com redação dada pela EC 19/1998, preceitua que "a União, os estados, o Distrito Federal e os municípios disciplinarão por meio de lei os **consórcios públicos** e os **convênios de cooperação** entre os entes federados, autorizando a **gestão associada de serviços públicos**, bem como a transferência total ou parcial de encargos, serviços, pessoal e bens essenciais à continuidade dos serviços transferidos".

Percebe-se que o dispositivo constitucional atribui a cada ente federado a competência para disciplinar, por meio de lei própria, os **consórcios públicos**, os **convênios de cooperação** e a **gestão associada de serviços públicos**.

Entretanto, a Lei 11.107/2005 é uma **lei de normas gerais** de **caráter nacional**, ou seja, aplica-se a todos os entes da Federação; consoante o seu art. 1.º, ela "dispõe sobre normas gerais para a União, os estados, o Distrito Federal e os municípios contratarem consórcios públicos para a realização de objetivos de interesse comum e dá outras providências".

Com o intuito de compatibilizar com a Carta Política essa edição, pela União, de **normas gerais nacionais** sobre consórcios públicos, a Lei 11.107/2005 atribuiu a eles natureza **contratual**. Assim, a competência da União estaria sendo exercida com base no art. 22, inciso XXVII, e não no art. 241 da Constituição. É bastante discutível a legitimidade de tal artifício, mas, até eventual manifestação em contrário do Supremo Tribunal Federal, a Lei 11.107/2005 encontra-se em vigor e plenamente eficaz.

Conforme acima apontado, a Lei 11.107/2005 foi regulamentada pelo Decreto 6.017/2007, que teve o mérito de esclarecer, razoavelmente, muitos pontos obscuros do texto legal.

O decreto define "consórcio público" como "pessoa jurídica formada exclusivamente por entes da Federação, na forma da Lei 11.107, de 2005, para estabelecer relações de cooperação federativa, inclusive a realização de objetivos de interesse comum, constituída como associação pública, com personalidade jurídica de direito público e natureza autárquica, ou como pessoa jurídica de direito privado sem fins econômicos".

Pela definição fica claro, desde logo, que é possível a existência de um consórcio público que não tenha finalidade de realizar gestão associada de serviços públicos. Pode o consórcio público ter por objeto qualquer outra relação de cooperação federativa que não seja, obrigatoriamente, a gestão associada de serviços públicos.

Os consórcios públicos são celebrados entre entes federados de mesma espécie ou não. Não haverá, entretanto, consórcio público constituído unicamente pela União e municípios. Isso porque o art. 1.º, § 2.º, da lei estatui que "a União somente participará de consórcios públicos em que também façam parte todos os estados em cujos territórios estejam situados os municípios consorciados". Também não pode haver consórcio público celebrado entre um estado e município de outro estado (razão de veto dos incisos III e V do § 1.º do art. 4.º). Podem ser celebrados, entretanto, consórcios públicos entre o Distrito Federal e municípios (art. 4.º, § 1.º, inciso IV).

Sem prejuízo das regras expostas no parágrafo precedente, pode a **União** celebrar **convênios** com quaisquer consórcios públicos, com o objetivo de viabilizar a descentralização e a prestação de políticas públicas em escalas adequadas. Nessa hipótese, **somente** o próprio **consórcio público** deverá atender às **exigências legais de regularidade**, mas **não** os **entes federativos** consorciados (art. 14, *caput* e parágrafo único).

O consórcio público será constituído por **contrato**, cuja celebração dependerá da prévia subscrição de **protocolo de intenções**.

Muito embora a Lei 11.107/2005 atribua aos consórcios públicos natureza **contratual**, determina que "o contrato de consórcio público será celebrado com a **ratificação, mediante lei**, do protocolo de intenções" (art. 5.º).

A ratificação pode ser realizada com **reserva**, desde que os demais entes subscritores aceitem. Nessa hipótese – ratificação com reserva –, ter-se-á consorciamento parcial ou condicional do ente federado. Em qualquer caso, a ratificação só é dispensada se o ente da Federação, antes de subscrever o protocolo de intenções, disciplinar **por lei** a sua participação no consórcio público (art. 5.º, § 4.º), e essa lei possibilitar que ele assuma todas as obrigações previstas no protocolo de intenções.

Como se vê, **em nenhuma hipótese** um consórcio público poderá ser **criado sem a participação do Poder Legislativo** de cada um dos entes federados consorciados.

O Decreto 6.017/2007 conceitua "**protocolo de intenções**" como o "contrato preliminar que, ratificado pelos entes da Federação interessados, converte-se em contrato de consórcio público"; define **"ratificação"** como "aprovação pelo ente da Federação, mediante lei, do protocolo de intenções ou do ato de retirada do consórcio público"; e explicita que **"reserva"** é o "ato pelo qual ente da Federação não ratifica, ou condiciona a ratificação, de determinado dispositivo de protocolo de intenções".

Esclarece o Decreto 6.017/2007, ainda, que "os consórcios públicos poderão ter um ou mais objetivos e os entes consorciados poderão se consorciar em relação a todos ou apenas a parcela deles" (art. 3.º, § 1.º).

O art. 12 da Lei 11.107/2005 preceitua que **extinção** de contrato de consórcio público dependerá de instrumento aprovado pela assembleia geral – instância máxima dos consórcios públicos. Esse instrumento deverá ser ratificado, mediante **lei**, por **todos** os entes consorciados. O Decreto 6.017/2007, ademais, prevê como forma de **extinção** do consórcio público a **retirada** de um dos membros, no caso de um consórcio público constituído **somente por dois entes da Federação**. Segundo a definição do decreto, **"retirada"** é a "saída de ente da Federação de consórcio público, por ato formal de sua vontade" – ato este que exige ratificação mediante **lei** do ente que se esteja retirando.

A **alteração** de contrato de consórcio público também depende aprovação pela assembleia geral, mas o instrumento aprovado precisa ser ratificado, mediante **lei**, apenas pela **maioria** dos entes consorciados (art. 12-A).

O representante legal do consórcio público obrigatoriamente deverá ser eleito dentre os Chefes do Poder Executivo dos entes da Federação consorciados. A forma de sua eleição e a duração do mandato devem estar previstas no protocolo de intenções (art. 4.º, inciso VIII).

O consórcio público está sujeito à fiscalização contábil, operacional e patrimonial do tribunal de contas competente para apreciar as contas do Chefe do Poder Executivo representante legal do consórcio (art. 9.º, parágrafo único).

O consórcio público pode ser contratado pela administração direta ou indireta dos entes da Federação consorciados, **dispensada a licitação** (Lei 11.107/2005, art. 2.º, § 1.º, III).

Os consórcios públicos poderão outorgar concessão, permissão ou autorização de obras ou serviços públicos, desde que isso esteja previsto no contrato de consórcio público, o qual deverá indicar de forma específica o objeto da concessão, permissão ou autorização e as condições a que deverá atender, observada a legislação de normas gerais em vigor (Lei 11.107/2005, art. 2.º, § 3.º).

A lei contempla a possibilidade de o consórcio público celebrar **contrato de gestão** ou **termo de parceria**, cabendo ao protocolo de intenções determinar as condições para que ele o faça (art. 4.º, inciso X).

Quando o consórcio público tenha entre suas finalidades a **gestão associada de serviços públicos**, esta deve obrigatoriamente ser autorizada em cláusula específica do protocolo de intenções, a qual deverá explicitar (art. 4.º, inciso XI):

a) as competências cujo exercício se transferiu ao consórcio público;

b) os serviços públicos objeto da gestão associada e a área em que serão prestados;

c) a autorização para licitar ou outorgar concessão, permissão ou autorização da prestação dos serviços;

d) as condições a que deve obedecer o contrato de programa, no caso de a gestão associada envolver também a prestação de serviços por órgão ou entidade de um dos entes da Federação consorciados;

e) os critérios técnicos para cálculo do valor das tarifas e de outros preços públicos, bem como para seu reajuste ou revisão.

Cabe reproduzir as definições constantes do Decreto 6.017/2007, relacionadas à gestão associada de serviços públicos:

> **gestão associada de serviços públicos**: exercício das atividades de planejamento, regulação ou fiscalização de serviços públicos por meio de consórcio público ou de convênio de cooperação entre entes federados, acompanhadas ou não da prestação de serviços públicos ou da transferência total ou parcial de encargos, serviços, pessoal e bens essenciais à continuidade dos serviços transferidos;
>
> **prestação de serviço público em regime de gestão associada**: execução, por meio de cooperação federativa, de toda e qualquer atividade ou obra com o objetivo de permitir aos usuários o acesso a um serviço público com características e padrões de qualidade determinados pela regulação ou pelo contrato de programa, inclusive quando operada por transferência total ou parcial de encargos, serviços, pessoal e bens essenciais à continuidade dos serviços transferidos;

O primeiro ponto que merece destaque é que a gestão associada não obrigatoriamente abrange a **prestação** do serviço público. Pode a gestão associada resumir-se às **atividades de planejamento, regulação ou fiscalização**, atribuindo-se a **prestação** do serviço a uma pessoa que não integre o consórcio público ou convênio de cooperação. Aliás, conforme visto anteriormente, o consórcio público pode ser autorizado a realizar licitação visando à outorga de concessão ou permissão para a prestação de serviços públicos, ou a outorgar autorização para a prestação de serviços públicos. Nesses casos, em que o consórcio atue como "poder concedente", a gestão associada não envolverá a **prestação** do serviço, uma vez que esta será atribuída ao delegatário (concessionária, permissionária ou autorizada, conforme o caso).

O segundo fato digno de nota é a **exigência** de que a **gestão associada** ocorra por meio de **consórcio público** ou de **convênio de cooperação** entre entes federados. A nosso ver, o decreto não abre espaço à possibilidade de entes federados realizarem a gestão associada de serviços públicos sem que tenham formalizado um convênio de cooperação ou constituído um consórcio público.

Entenda-se bem o que acabamos de afirmar: a gestão associada consiste, essencialmente, nas atividades de planejamento, regulação ou fiscalização de serviços públicos; a gestão associada não precisa envolver a **prestação** dos serviços públicos. A **prestação**, isoladamente, sem as atividades de planejamento, regulação ou fiscalização, pode ser feita por mais de um ente federado, em cooperação federativa, sem que essa cooperação esteja formalizada em um convênio ou em um consórcio. O que não se admite é que a **gestão associada** – atividades de planejamento, regulação ou fiscalização de serviços públicos, acompanhadas ou não da prestação de serviços públicos – seja realizada sem a constituição de um consórcio público ou a celebração de um convênio de cooperação.

A terceira observação que julgamos relevante consiste na constatação de que a lei e o decreto parecem considerar a celebração de um **contrato de programa** condição imprescindível para a **prestação** de serviços públicos mediante cooperação federativa, mesmo que a **prestação** não se dê no âmbito de um convênio de cooperação, nem no de um consórcio público.

O art. 13, *caput*, da Lei 11.107/2005 estabelece que "deverão ser constituídas e reguladas por contrato de programa, como condição de sua validade, as obrigações que um ente da Federação constituir para com outro ente da Federação ou para com consórcio público no âmbito de gestão associada **em que haja a prestação de serviços públicos ou a transferência** total ou parcial de encargos, serviços, pessoal ou de bens necessários à continuidade dos **serviços transferidos**".

O Decreto 6.017/2007 assim define "contrato de programa":

> **contrato de programa**: instrumento pelo qual devem ser constituídas e reguladas as obrigações que um ente da Federação, inclusive sua administração indireta, tenha para com outro ente da Federação, ou para com consórcio público, no âmbito da prestação de serviços públicos por meio de cooperação federativa;

Portanto, o **contrato de programa** será sempre **obrigatório** quando um ente da Federação, diretamente ou por meio de entidade da sua administração indireta, incumbir-se da **prestação** de serviços públicos mediante cooperação federativa, haja ou não um convênio de cooperação ou um consórcio público relacionado a essa prestação de serviço público.

Vale repetir que a existência de um convênio de cooperação ou de um consórcio público só é obrigatória quando houver **gestão associada** do serviço público – exercício associado das atividades de **planejamento**, **regulação** ou **fiscalização** do serviço público –, a qual não obrigatoriamente envolve a **prestação** desse serviço. Para viabilizar a **prestação** de um serviço público em cooperação federativa, sem gestão associada, basta que exista um **contrato de programa** que defina as obrigações dos entes federados (ou das entidades das suas administrações indiretas) prestadores. Aliás, convém pontuar que, nos termos do § 3.º do art. 13 da Lei 11.107/2005, "é nula a cláusula de contrato de programa que atribuir ao contratado o exercício dos poderes de planejamento, regulação e fiscalização dos serviços por ele próprio prestados".

A noção de que o contrato de programa é um instituto jurídico independente das figuras do consórcio público e do convênio de cooperação fica bastante evidente no § 4.º do art. 13 da Lei 11.107/2005, segundo o qual "o contrato de programa continuará vigente mesmo quando extinto o consórcio público ou o convênio de cooperação que autorizou a gestão associada de serviços públicos".

Podemos afirmar, de maneira muito simplificada, que o **contrato de programa** "substitui" o contrato de concessão de serviços públicos, possibilitando a **prestação indireta** de um serviço público, isto é, a prestação de um serviço público por uma pessoa diversa da pessoa política que detém a competência constitucional para a sua prestação. Frise-se, entretanto, que não existe contrato de programa celebrado com particulares; as partes envolvidas em um contrato de programa **sempre** são pessoas políticas ou pessoas administrativas.

Vem a propósito abrir um parêntese para anotar que a Lei 14.026/2020 – que "atualiza o **marco legal do saneamento básico**" – acrescentou ao art. 13 da Lei 11.107/2005 o § 8.º, segundo o qual "os contratos de prestação de serviços públicos de saneamento básico deverão observar o art. 175 da Constituição Federal, vedada a formalização de novos contratos de programa para esse fim". A mesma Lei 14.026/2020 alterou o art. 10 da Lei 11.445/2007, para estabelecer que "a prestação dos serviços públicos de saneamento básico por entidade que não integre a administração do titular depende da celebração de **contrato de concessão**, mediante prévia licitação, nos termos do art. 175 da Constituição Federal, **vedada** a sua disciplina mediante contrato de programa, convênio, termo de parceria ou outros instrumentos de natureza precária". Admite-se, entretanto, que "o exercício da titularidade dos serviços de saneamento" seja realizado "por gestão associada, mediante consórcio público ou convênio de cooperação, nos termos do art. 241 da Constituição Federal", permitindo-se "a formalização de consórcios intermunicipais de saneamento básico, exclusivamente composto de municípios, que poderão prestar o serviço aos seus consorciados diretamente, pela instituição de autarquia intermunicipal (Lei 11.445/2007, art. 8.º, § 1.º, I).

Outra espécie peculiar de contrato disciplinada na Lei 11.107/2005 é o assim chamado "**contrato de rateio**". Determina o art. 8.º da Lei 11.107/2005 que "os entes consorciados somente entregarão recursos ao consórcio público mediante contrato de rateio". O Decreto 6.017/2007 define-o nestes termos:

> **contrato de rateio**: contrato por meio do qual os entes consorciados comprometem-se a fornecer recursos financeiros para a realização das despesas do consórcio público;

O contrato de rateio será formalizado em **cada exercício financeiro**, e seu **prazo de vigência** não será superior ao das dotações que o suportam, com **exceção** dos contratos que tenham por objeto exclusivamente projetos consistentes em programas e ações contemplados em **plano plurianual** (art. 8.º, § 1.º).

A fim de garantir que os entes consorciados não frustrem suas obrigações financeiras para com o consórcio, a lei prevê que "poderá ser excluído do consórcio público, após prévia suspensão, o ente consorciado que não consignar, em sua lei orçamentária ou em créditos adicionais, as dotações suficientes para suportar as despesas assumidas por meio de contrato de rateio" (art. 8.º, § 5.º).

Os entes consorciados, isolados ou em conjunto, bem como o consórcio público, são partes legítimas para exigir o cumprimento das obrigações previstas no contrato de rateio (art. 8.º, § 3.º).

Configura **ato de improbidade administrativa** que causa lesão ao erário "celebrar contrato de rateio de consórcio público sem suficiente e prévia dotação orçamentária, ou sem observar as formalidades previstas na lei" (Lei 8.429/1992, art. 10, XV).

Afirmamos no início deste tópico que o consórcio público sempre terá **personalidade jurídica**. É o que expressamente deflui do art. 6.º da Lei 11.107/2005. A nosso ver, a partir dessa lei, podemos estabelecer como elemento fundamental de distinção entre consórcios públicos e convênios de cooperação (ambos mencionados no art. 241 da Constituição) exatamente a atribuição de personalidade jurídica aos primeiros e não aos convênios. O fato de visarem à realização de objetivos de interesse comum está presente em ambos.

É certo que a Lei 11.107/2005 foi editada para disciplinar os consórcios públicos, e **não** os convênios de cooperação. Quinze anos depois, entretanto, com a publicação da Lei 14.026/2020, foi acrescentado ao art. 1º daquela lei o § 4.º, o qual, literalmente, **determina que sejam aplicadas aos convênios de cooperação, no que couber, as disposições da Lei 11.107/2005 relativas aos consórcios públicos**.

Embora o Decreto 6.017/2007 não devesse versar sobre convênios administrativos, o seu elaborador entendeu por bem definir a espécie "convênio de cooperação entre entes federados", no inciso VIII do seu art. 2.º, desta forma: "pacto firmado exclusivamente por entes da Federação, com o objetivo de autorizar a gestão associada de serviços públicos, desde que ratificado ou previamente disciplinado por lei editada por cada um deles". Convém repisar que a legislação **não atribui personalidade jurídica aos convênios**, diferentemente do que acontece com os consórcios públicos.

É curioso constatar que, nos termos da Lei 11.107/2005, o consórcio público seria sempre uma pessoa com **prazo de duração determinado**. Deveras, o inciso I de seu art. 4.º estabelece como cláusula necessária do protocolo de intenções "a denominação, a finalidade, **o prazo de duração** e a sede do consórcio".

Ocorre que o Decreto 6.017/2007, visando a "corrigir" essa situação pouco usual – e extravasando flagrantemente a função meramente regulamentar –, achou por bem estipular, no inciso I de seu art. 5.º, que o protocolo de intenções deve conter cláusula que estabeleça "a denominação, as finalidades, o **prazo de duração** e a sede do consórcio público, **admitindo-se a fixação de prazo indeterminado** e a previsão de alteração da sede mediante decisão da assembleia-geral". Ora, afirmar que deve ser estabelecido prazo, mas que este pode ser indeterminado, **é o mesmo que dizer que pode não ser fixado prazo algum**, desprezando o preceito legal que exige como cláusula obrigatória do protocolo de intenções a que fixe o prazo de duração!

Conforme anteriormente aludido, o consórcio público poderá ser pessoa jurídica de direito privado, sem fins econômicos, ou pessoa jurídica de direito público, assumindo, nesta última hipótese, a forma de **associação pública** (art. 1.º, § 1.º, e art. 4.º, IV).

A Lei 11.107/2005 alterou o art. 41, IV, do Código Civil para incluir expressamente entre as pessoas jurídicas de direito público interno as **associações públicas**. Mais importante, a nova redação desse dispositivo do Código Civil explicita que as **associações públicas são autarquias**.

Os consórcios públicos com personalidade jurídica de **direito público** integram a **administração indireta** de **todos os entes da Federação consorciados** (art. 6.º, § 1.º). A doutrina os classifica, por essa razão, como **autarquias interfederativas** ou **multifederadas** (ou, ainda, **multifederativas**).

Quando o consórcio público for **pessoa jurídica de direito privado**, assumirá a forma de **associação civil**, e sua constituição deve ser efetivada conforme a legislação civil, isto é, a aquisição da personalidade ocorrerá com a inscrição dos atos constitutivos no registro público competente (registro civil das pessoas jurídicas).

O § 2.º do art. 6.º da Lei 11.107/2005, com a redação dada pela Lei 13.822/2019, assim dispõe: "O consórcio público, com personalidade jurídica de **direito público ou privado**, observará as **normas de direito público** no que concerne à realização de **licitação**, à celebração de **contratos**, à **prestação de contas** e à admissão de **pessoal**, que será **regido pela Consolidação das Leis do Trabalho** (CLT)".

Antes da alteração do seu texto, esse dispositivo legal somente se aplicava aos consórcios públicos com personalidade jurídica de **direito privado**. Para estes, nada mudou com a edição da Lei 13.822/2019. Já a inclusão dos consórcios públicos com personalidade jurídica de **direito público** na norma vazada no § 2.º do art. 6.º trouxe para eles, efetivamente, uma **única mudança** – mas ela foi **muito relevante** –, a saber: **a sujeição do seu pessoal à CLT**.

Significa dizer, com a alteração introduzida pela Lei 13.822/2019, **que os agentes contratados pelos consórcios públicos com personalidade jurídica de direito público**, não obstante serem estes entidades autárquicas, **serão empregados públicos** (e não servidores estatutários).

A lei não esclarece se os consórcios públicos com **personalidade jurídica de direito privado** integram a administração pública. Em nossa opinião, é muito difícil admitir como legítima a criação, pelos entes federativos, de uma pessoa jurídica estranha à administração pública, que tenha por finalidade o exercício de atividades administrativas, especialmente considerando que sempre haverá uma lei ratificando ou prevendo a participação da pessoa política no consórcio público, mesmo que ele seja pessoa jurídica de direito privado.

Além dessas dificuldades, o fato de a Lei 11.107/2005 sujeitar explicitamente esses consórcios às regras de direito público concernentes a licitação e contratos administrativos, admissão de pessoal e prestação de contas, permite afirmar que eles estarão praticamente sob o **mesmo regime jurídico aplicável às entidades integrantes da administração pública que têm personalidade de direito privado**. Reforça essa constatação a exigência de que a execução das receitas e despesas dos consórcios públicos – com personalidade jurídica de direito público ou privado – obedeça às normas de direito financeiro aplicáveis às entidades públicas (art. 9.º).

Não obstante esses argumentos, parece-nos que a Lei 11.107/2005, ao asseverar expressamente que o consórcio público **com personalidade jurídica de direito público** integra a administração indireta das pessoas políticas consorciadas, e, de forma claramente intencional, nada afirmar a esse respeito para o consórcio público com personalidade jurídica de direito privado, pretendeu que estes últimos **não integrem** formalmente a administração pública.

Os agentes públicos incumbidos da gestão de consórcio público não responderão pessoalmente pelas obrigações contraídas pelo consórcio público, mas responderão pelos atos praticados em desconformidade com a lei ou com as disposições dos respectivos estatutos (Lei 11.107/2005, art. 10, parágrafo único).

Constitui **ato de improbidade administrativa** que causa lesão ao erário "celebrar contrato ou outro instrumento que tenha por objeto a prestação de serviços públicos por meio da gestão associada sem observar as formalidades previstas na lei" (Lei 8.429/1992, art. 10, XIV).

O art. 15 da Lei 11.107/2005 determina a aplicação **supletiva** das normas de regência das **associações civis** aos consórcios públicos, seja de direito público ou de direito privado a respectiva personalidade. Convém transcrevê-lo, a fim de encerrar esta exposição:

> Art. 15. No que não contrariar esta Lei, a organização e funcionamento dos consórcios públicos serão disciplinados pela legislação que rege as associações civis.

Capítulo 3

ÓRGÃOS E AGENTES PÚBLICOS

1. ÓRGÃOS PÚBLICOS

A organização da administração pública brasileira, estudada em pormenor no capítulo precedente, envolve dois importantes instrumentos: a **descentralização** e a **desconcentração**.

Por meio da **descentralização**, competências são transferidas a pessoas diferentes daquela que as detinha originalmente. Uma das modalidades de descentralização dá origem às pessoas jurídicas que integram a **administração indireta**: autarquias, fundações públicas, empresas públicas e sociedades de economia mista.

A **desconcentração** é, simplesmente, uma **distribuição de competências** efetuada dentro da estrutura de uma **mesma pessoa jurídica**. Cada conjunto de competências assim reunidas, cada plexo de atribuições organizado no interior da pessoa jurídica é, tecnicamente, um órgão. Portanto, os órgãos públicos nada mais são do que conjuntos de competências estabelecidos na estrutura interna de uma **pessoa pública**.

Mais precisamente, temos órgãos públicos na estrutura interna de cada uma das pessoas que compõem a nossa Federação – União, estados, Distrito Federal e municípios – e, **também**, no interior das entidades das respectivas administrações indiretas.

A criação de órgãos públicos tem a finalidade de propiciar um certo grau de **especialização** no desempenho das funções administrativas de que é incumbida a pessoa jurídica. Quanto a esse aspecto, a criação de órgãos tem objetivo análogo ao que se procura atingir quando se instituem entidades da administração indireta. Entretanto, por serem dotadas de personalidade jurídica, estas dispõem de autonomia administrativa muito superior à da grande maioria dos órgãos – meros centros de competências **despersonalizados**.

Ademais, não se deve olvidar que, dentro da estrutura de cada entidade da administração indireta, **há também órgãos**. Dessa forma, como regra, o grau de especialização e de autonomia obtidos com a criação de entidades da administração indireta é maior do que aquele de que gozam os órgãos públicos.

Passemos ao estudo dos órgãos públicos.

1.1. Teorias sobre a natureza jurídica da relação entre o Estado e os agentes por meio dos quais atua

As teorias que descreveremos sucintamente a seguir têm (ou tiveram) o intuito de explicar ou de justificar a atribuição ao Estado dos atos das pessoas naturais que agem no exercício das competências dele – pessoas jurídicas são meras abstrações e, por óbvio, a atuação delas **não** é determinada por **vontade própria**; ao fim e ao cabo, quem pratica os atos que consubstanciam o exercício das competências da pessoa jurídica **sempre é um ser humano**.

O reconhecimento de alguma espécie de vinculação entre a pessoa jurídica de direito público e os atos produzidos por seus agentes, nessa qualidade, é importante para que se determinem as relações jurídicas que, em decorrência de tais atos, poderão surgir entre o Estado e as pessoas que, de algum modo, sejam por eles afetadas.

Assim, embora qualquer atuação estatal seja concretamente obra de uma pessoa natural (o agente público), a legitimidade do ato efetivamente praticado e as consequências que dele advenham poderão refletir na esfera jurídica do Estado, em maior ou menor medida, a depender da construção teórica que se adote, conforme passamos a expor.

1.1.1. Teoria do mandato

Segundo a **teoria do mandato**, desenvolvida a partir de um instituto típico do **direito privado**, a relação entre o Estado e seus agentes públicos teria fundamento no **contrato de mandato**.

Mandato, no direito privado, é o contrato mediante o qual uma pessoa, o **mandante**, outorga poderes a outra, o **mandatário**, para que ele execute determinados atos em nome do mandante e sob a responsabilidade deste. O instrumento do contrato de mandato é a **procuração**.

Pela **teoria do mandato**, o agente público, pessoa física, seria uma espécie de mandatário da pessoa jurídica de direito público, agindo em seu nome e sob a responsabilidade dela, em razão de outorga específica de poderes.

A principal crítica feita a essa teoria aponta a impossibilidade lógica de o Estado, que não possui vontade própria, outorgar o mandato. Não se responde, assim, à questão: quem outorgou o mandato ao agente público?

Outro ponto importante não solucionado pela teoria diz respeito à responsabilização do Estado quando o mandatário (o agente público) exorbitasse dos limites da procuração. Se fosse adotada a disciplina jurídica delineada no âmbito do direito privado, o Estado não responderia perante terceiros quando o agente público atuasse com excesso de poderes, ou seja, além das atribuições a ele conferidas.

Cap. 3 • ÓRGÃOS E AGENTES PÚBLICOS

1.1.2. Teoria da representação

Pela **teoria da representação**, o agente público seria equiparado ao **representante das pessoas incapazes** (incapacidade civil, como a do menor de idade). O agente público seria uma espécie de tutor ou curador do Estado, representando-o nos atos que este necessitasse praticar.

A principal **inconsistência** dessa construção salta aos olhos: admite-se que o incapaz possa, validamente, outorgar a sua própria representação a terceiros.

Equipara-se, ademais, as pessoas jurídicas de direito público aos civilmente incapazes.

Para completar – e esta falha é muito importante –, se fosse seguida a disciplina da representação existente no direito privado, o representado (o Estado) não responderia pelos atos do representante (o agente público) quando este ultrapassasse os poderes da representação. Ou seja, quando o agente público, atuando com excesso de poderes, acarretasse danos a outrem, o Estado não teria responsabilidade, não poderia ser chamado a indenizar os terceiros prejudicados.

1.1.3. Teoria do órgão

Nos termos da **teoria do órgão** – que é a teoria adotada no Brasil –, presume-se que a pessoa jurídica manifesta a sua vontade por meio de órgãos públicos, os quais são partes integrantes da estrutura dela. Os órgãos públicos nada mais são do que feixes, plexos ou conjuntos de competências formados, cada qual, a partir da reunião de algumas das competências pertencentes à pessoa jurídica. Quando os agentes em exercício em um órgão público desempenham as suas funções, considera-se que está havendo atuação do próprio Estado (não se trata de representação). Assim, os atos praticados pelo agente público (pessoa natural) são tidos por atos da pessoa jurídica – diz-se que há **imputação** à pessoa jurídica da atuação do seu agente público (**teoria da imputação** ou da imputação volitiva).

Conforme observa a Prof.ª Maria Sylvia Di Pietro, uma decorrência da teoria do órgão é o reconhecimento da **validade** dos atos praticados por **funcionário de fato**, haja vista que se considera que, nessa hipótese, houve atuação do órgão – a qual é **imputada** à pessoa jurídica cuja estrutura ele integra.

A expressão "**funcionário de fato**" é usualmente empregada para descrever a situação do agente público cuja investidura no cargo ou função pública foi maculada por alguma irregularidade – por exemplo, nulidade do concurso público, nomeação efetuada por servidor incompetente, descumprimento de requisito essencial para a posse.

Na definição do Prof. Celso Antônio Bandeira de Mello, **funcionário de fato** "é aquele cuja investidura foi irregular, mas cuja situação tem aparência de legalidade". Explica o autor que, "em nome do princípio da aparência, da boa-fé dos administrados, da segurança jurídica e do princípio da presunção de legalidade dos atos administrativos reputam-se válidos os atos por ele praticados, se por outra razão não forem viciados".

É importante ter presente que a **imputação não se aplica a toda e qualquer situação** em que um ato venha a ser praticado como se pretensamente se tratasse de uma atuação estatal. Para que ocorra a imputação, é necessário que a atuação tenha, ao menos, **aparência** de legitimidade jurídica e provenha de uma pessoa que ordinariamente se deva presumir um agente público (**teoria da aparência**). Fora desses casos, não se considera que houve atuação do Estado.

Dessa forma, para que haja **imputação**, o sujeito que pratica o ato deve fazê-lo em circunstâncias tais que levem o cidadão comum a presumir que aquela atuação foi regular. Não se espera que o indivíduo médio, em situações ordinárias, empregue instrumentos jurídicos relativamente complexos a fim de verificar se o agente está atuando dentro de sua esfera de competências, ou mesmo se aquela pessoa que se apresenta a ele, com toda **aparência** de um servidor público, foi regularmente investida em seu cargo. Em qualquer caso, **só haverá imputação** quando houver **boa-fé do destinatário do ato**, significa dizer, ele deve desconhecer a irregularidade que faz daquele agente um "funcionário de fato". É oportuno transcrever a lição da Prof.ª Maria Sylvia (destaques no original):

> Essa teoria é utilizada por muitos autores para justificar a validade dos atos praticados por funcionário de fato; considera-se que o ato do funcionário é ato do órgão e, portanto, imputável à Administração. A mesma solução não é aplicável à pessoa que assuma o exercício de função pública por sua própria conta, quer dolosamente (como o usurpador de função), quer de boa-fé, para desempenhar função em momentos de emergência, porque nesses casos é evidente a inexistência de investidura do agente no cargo ou função.

> Vale dizer que existem limites à teoria da **imputabilidade** ao Estado de todas as atividades exercidas pelos órgãos públicos; para que se reconheça essa imputabilidade, é necessário que o agente esteja investido de poder jurídico, ou seja, de poder reconhecido pela lei ou que, pelo menos, tenha **aparência** de poder jurídico, como ocorre no caso da função de fato. Fora dessas hipóteses, a atuação do órgão não é imputável ao Estado.

1.2. Conceito de órgão público

Conceituamos órgãos públicos como unidades integrantes da estrutura de uma pessoa jurídica nas quais são agrupadas competências a serem exercidas por meio de agentes públicos. Órgãos são meros **conjuntos de competências**, plexos de atribuições **sem personalidade jurídica**; são resultado da técnica de organização administrativa conhecida como **desconcentração**.

Na definição clássica do Prof. Hely Lopes Meirelles, órgãos públicos são "centros de competência instituídos para o desempenho de funções estatais, através de seus agentes, cuja atuação é imputada à pessoa jurídica a que pertencem".

Os órgãos possuem **cargos**, **agentes** e **funções**, mas com eles **não se confundem**. Basta pensar, por exemplo, que, se todos os agentes públicos de um órgão forem exonerados ao mesmo tempo, tal fato, por si só, **não extinguirá** esse órgão. A **existência** do órgão não depende dos agentes que exercerão as competências a ele atribuídas, mas, evidentemente, sem esses agentes, o órgão reduz-se a **mera estrutura formal**, incapaz de manifestar a vontade da pessoa jurídica em cuja estrutura está integrado.

Os órgãos públicos são partes da pessoa jurídica. Somente esta tem personalidade; os órgãos, unidades que a integram, são centros de competência **despersonalizados** – e os atos deles são **imputados** a ela, ou seja, considera-se que foi a própria pessoa jurídica quem agiu.

Na administração direta federal, somente a União tem personalidade jurídica. Os ministérios, por exemplo, órgãos da administração direta federal, são centros de competência despersonalizados, cuja atuação é imputada à União. O mesmo vale para as administrações diretas dos estados: apenas o estado-membro possui personalidade jurídica, mas não os órgãos administrativos que o integram (uma secretaria estadual, por exemplo). E, igualmente, para as administrações diretas municipais – só o município é dotado de personalidade jurídica, mas não os seus órgãos administrativos (uma secretaria municipal, por exemplo).

Não é demasiado lembrar que a reunião de competências em agregados sem personalidade jurídica, dentro da estrutura de uma determinada entidade pública, **não ocorre exclusivamente na administração direta**. A rigor, sempre que, no interior de uma pessoa jurídica, houver delimitação de unidades operacionais às quais sejam atribuídas competências determinadas, tais unidades, resultado do processo de **desconcentração**, estarão tecnicamente enquadradas no conceito de **órgão**. Portanto, dentro de uma autarquia, podemos ter diversos órgãos, como suas diretorias, superintendências, delegacias e outros departamentos quaisquer, não importa a denominação utilizada. O mesmo vale para as fundações públicas, as empresas públicas e as sociedades de economia mista.

A Lei 9.784/1999, que regula os processos administrativos na esfera federal, explicita a existência de órgãos tanto no âmbito da administração **direta** quanto no da **indireta**. A mesma lei encampou a distinção, há muito perfilhada pela doutrina, entre **órgão** (reunião despersonalizada de competências) e **entidade** – expressão usada para designar pessoas jurídicas em geral. As definições, vazadas nos incisos I e II do § 2.º do art. 1.º da Lei 9.784/1999, merecem transcrição:

> I – órgão – a unidade de atuação integrante da estrutura da administração direta e da estrutura da administração indireta;
>
> II – entidade – a unidade de atuação dotada de personalidade jurídica.

Por fim, convém esclarecer que, muito embora não sejam objeto de nosso estudo outras atividades do Estado afora o exercício da função administrativa, a definição genérica de órgão público como **um conjunto despersonalizado de competências reunido dentro da estrutura de uma pessoa jurídica** aplica-se, **também**, aos órgãos legislativos e aos órgãos jurisdicionais – e, ainda, ao Ministério Público e aos tribunais de contas.

1.3. Características dos órgãos públicos

Costumam ser apontadas pela doutrina como características dos órgãos públicos (algumas são comuns a todos e outras somente se apresentam em alguns):

a) integram a estrutura de uma pessoa política (União, estado, Distrito Federal ou município) ou de uma pessoa jurídica administrativa (autarquia, fundação pública, empresa pública ou sociedade de economia mista);

b) não possuem personalidade jurídica;

c) são resultado da **desconcentração**;

d) alguns possuem autonomia gerencial, orçamentária e financeira;

e) podem firmar, por intermédio de seus administradores, **contratos de gestão** (também denominados, pela Lei 13.934/2019, "**contratos de desempenho**") com outros órgãos ou com pessoas jurídicas (CF, art. 37, § 8.º);

f) não têm capacidade para representar em juízo a pessoa jurídica que integram;

g) alguns têm capacidade processual para defesa em juízo de suas prerrogativas funcionais;

h) não possuem patrimônio próprio.

A **criação** formal de órgãos, bem como a sua **extinção**, depende de **lei** (CF, art. 48, XI). É **privativa** do Chefe do Poder Executivo a **iniciativa de lei** que vise à criação ou à extinção de órgãos da administração pública, no âmbito desse Poder – essa regra encontra-se no art. 61, § 1.º, II, "e", da Constituição Federal, e sua aplicação é **obrigatória**, por simetria, a **todos os entes federativos**, consoante a pacífica jurisprudência do Supremo Tribunal Federal.[1]

1.4. Capacidade processual

Um órgão nada mais é do que um agregado **despersonalizado** de competências demarcado na estrutura interna de certa pessoa jurídica. A **capacidade processual**, para estar em juízo, é atribuída pelo Código de Processo Civil à **pessoa física ou jurídica** (CPC, art. 70). Como **regra geral**, portanto, os órgãos **não têm capacidade processual**, isto é, não dispõem de idoneidade para figurar em qualquer dos polos de uma relação processual.

Vale repetir: essa é a **regra geral**. Não obstante, a doutrina e a jurisprudência majoritárias atualmente admitem a capacidade processual de certos órgãos públicos para impetrarem **mandado de segurança** na defesa de suas competências, quando violadas por outro órgão.

Essa excepcional capacidade processual, porém, só é aceita para os órgãos de hierarquia mais elevada, referidos na própria Constituição Federal, quando defendem suas prerrogativas e competências – os órgãos **independentes** e **autônomos**, segundo a classificação de Hely Lopes Meirelles. Ela **não se aplica** aos demais órgãos (**superiores** e **subalternos**), subordinados àqueles.

---

[1] ADI 1.275/SP, rel. Min. Ricardo Lewandowski, 16.05.2007.

Cap. 3 • ÓRGÃOS E AGENTES PÚBLICOS

Cabe registrar, ainda, que a **capacidade processual de órgãos públicos** foi expressamente reconhecida pelo **Código de Defesa do Consumidor** (Lei 8.078/1990), ao dispor que, para a defesa em juízo dos interesses e direitos dos consumidores, são **legitimados ativos**, dentre outros, "as entidades e órgãos da administração pública, direta ou indireta, ainda que sem personalidade jurídica", cuja finalidade institucional específica seja a proteção de tais interesses e direitos (art. 82, III).

1.5. Classificação

As classificações dos órgãos públicos expostas nos próximos subitens baseiam-se na doutrina do Prof. Hely Lopes Meirelles, a qual, nesse ponto, é, a nosso ver, a mais amplamente difundida nos meios jurídicos pátrios.

1.5.1. Órgãos simples e compostos

Quanto a sua estrutura, os órgãos podem ser:

a) Órgãos simples

Os **órgãos simples** ou **unitários** são constituídos por **um só centro de competências**. Eles **não possuem subdivisões**, não são estruturados de modo a congregarem outros órgãos em seu interior. Os órgãos simples podem ter um ou mais cargos, um ou mais agentes incumbidos do exercício de suas competências – esse aspecto não tem relevância para a sua caracterização, e sim o fato de o conjunto de suas competências não estar organizado em subconjuntos delimitados, isto é, de não existirem outros órgãos em sua estrutura interna.

b) Órgãos compostos

Os **órgãos compostos** reúnem em sua estrutura diversos órgãos. É o que ocorre com os ministérios e as secretarias estaduais e municipais.

Um exemplo concreto: o Ministério da Fazenda é integrado por diversos órgãos, sendo um deles a Secretaria Especial da Receita Federal do Brasil. Esta é composta, dentre outros órgãos, por suas Superintendências Regionais, cuja estrutura inclui as Delegacias da respectiva Região Fiscal, as quais são organizadas em órgãos menores – e assim sucessivamente, até chegarmos a um órgão que não seja mais subdividido (este será o órgão simples ou unitário; todos os demais são órgãos compostos).

1.5.2. Órgãos singulares e colegiados

Quanto a sua atuação funcional, os órgãos podem ser:

a) Órgãos singulares

Também denominados unipessoais, são os órgãos em que a atuação ou as decisões são atribuição de um único agente, seu chefe e representante.

É exemplo a Presidência da República.

b) Órgãos colegiados

Também denominados pluripessoais, são caracterizados por atuarem e decidirem mediante obrigatória manifestação conjunta de seus membros. Os atos e decisões são tomados após deliberação e aprovação pelos membros integrantes do órgão, conforme as regras regimentais pertinentes a quórum de instalação, de deliberação, de aprovação etc.

São exemplos o Congresso Nacional e os tribunais. No âmbito do Poder Executivo, os exemplos de órgãos colegiados geralmente correspondem a órgãos administrativos especializados em apreciação e decisão de impugnações ou recursos administrativos. Na estrutura do Ministério da Fazenda, por exemplo, temos o Conselho Administrativo de Recursos Fiscais (CARF), que aprecia e decide recursos administrativos relacionados a tributos administrados pela Secretaria Especial da Receita Federal do Brasil.

1.5.3. Órgãos independentes, autônomos, superiores e subalternos

Quanto à posição estatal, os órgãos podem ser:

a) Órgãos independentes

Os órgãos **independentes** são aqueles diretamente previstos no texto constitucional. São órgãos sem qualquer subordinação hierárquica ou funcional – sujeitam-se tão somente aos controles, constitucionalmente previstos, que uns exercem sobre os outros – tais controles configuram o assim chamado **sistema de freios e contrapesos** (*checks and balances*). Suas atribuições são exercidas por **agentes políticos**.

São eles os órgãos integrantes dos três Poderes, a exemplo da Presidência da República, dos tribunais do Poder Judiciário, do Congresso Nacional, da Câmara dos Deputados, do Senado Federal – e dos seus simétricos, quando houver, nos estados, municípios e Distrito Federal. Também se classificam como órgãos independentes o Ministério Público e os tribunais de contas.

b) Órgãos autônomos

Os **órgãos autônomos** localizam-se na cúpula da administração pública, um grau hierárquico abaixo dos órgãos independentes – e são subordinados diretamente à chefia destes. Desfrutam de ampla autonomia administrativa, financeira e técnica. Participam da **formulação** das políticas públicas, das diretrizes de ação governamental.

São exemplos: os ministérios e as secretarias estaduais e municipais.

c) Órgãos superiores

São órgãos que possuem atribuições de direção, controle e decisão, mas que sempre estão sujeitos ao controle hierárquico de uma chefia mais alta. Não têm autonomia administrativa nem financeira.

Incluem-se nessa categoria órgãos com denominações muito heterogêneas, como Procuradorias, Coordenadorias, Gabinetes etc.

d) Órgãos subalternos

São todos os órgãos que exercem atribuições de mera execução, sempre subordinados a vários níveis hierárquicos superiores. Têm reduzido poder decisório. São exemplos as seções de expediente, de pessoal, de material, de portaria etc.

2. AGENTES PÚBLICOS

Considera-se agente público toda pessoa física que exerça, ainda que transitoriamente ou sem remuneração, por eleição, nomeação, designação, contratação ou qualquer forma de investidura ou vínculo, mandato, cargo, emprego ou função pública.

Conforme se constata, a expressão "agente público" tem sentido amplo, englobando todos os indivíduos que, a qualquer título, exercem uma função pública, remunerada ou gratuita, permanente ou transitória, política ou meramente administrativa, como prepostos do Estado.

O agente público é a **pessoa natural** mediante a qual o Estado se faz presente. O agente manifesta uma vontade que, afinal, é **imputada** ao próprio Estado. Agentes públicos são, portanto, todas as pessoas físicas que externam, por algum tipo de vínculo, a vontade do Estado, nas três esferas da Federação (União, estados, Distrito Federal e municípios), nos três Poderes da República (Executivo, Legislativo e Judiciário). São agentes do Estado, desde as mais altas autoridades da República, como os Chefes do Executivo e os membros do Legislativo e do Judiciário, até os servidores públicos que exercem funções subalternas.

A expressão "**agente público**" é utilizada em sentido amplo e genérico. Engloba, como vimos, todos aqueles que possuem atribuição de manifestar parcela da vontade do Estado, sendo a ele ligados por variados vínculos jurídicos. Dentre todos os integrantes do gênero "agentes públicos", duas espécies são mais estudadas, no âmbito do direito administrativo, a saber: "**servidor público**" e "**empregado público**". Outro conceito, não mais utilizado no direito administrativo, mas sim no direito penal, é o de "**funcionário público**", conforme veremos adiante.

Servidor público, em seu sentido estrito, é expressão utilizada para identificar aqueles agentes que mantêm relação funcional com o Estado em regime estatutário (legal). São titulares de cargos públicos, efetivos ou em comissão, sempre sujeitos a regime jurídico de direito público.

A expressão **empregado público** designa os agentes públicos que, sob regime contratual trabalhista (celetista), mantêm vínculo funcional permanente com a administração pública. São os ocupantes de empregos públicos, sujeitos, predominantemente, a regime jurídico de direito privado.

A Constituição vigente abandonou a antes consagrada expressão **funcionário público**. Na seara do direito penal, todavia, ela ainda é empregada, abarcando todos os agentes que, embora transitoriamente ou sem remuneração, pratiquem crime contra a administração pública, no exercício de cargo, emprego ou função públicos (CP, art. 327). Como se vê, para fins penais, a abrangência do conceito de funcionário

DIREITO ADMINISTRATIVO DESCOMPLICADO • Marcelo Alexandrino & Vicente Paulo

público é a mais ampla possível, correspondendo à da expressão "agente público", consagrada no âmbito do direito administrativo.

O agente público, pessoa natural, não deve ser confundido com a figura do órgão público, centro de competências despersonalizado. O agente desempenha as suas atribuições num determinado órgão, ocupando um cargo público, ou mesmo exercendo uma função pública não vinculada a um cargo. O agente exerce as competências do órgão e a sua atuação é imputada à pessoa jurídica cuja estrutura o órgão integra. Agente e órgão são figuras distintas, tanto assim que o eventual desaparecimento daquele (por falecimento, exoneração, aposentadoria, dentre outras hipóteses) nenhuma interferência terá na existência do órgão – tampouco na do cargo que ele ocupava.

2.1. Classificação dos agentes públicos

Será exposta, nos subitens que se seguirão, a classificação proposta pelo Prof. Hely Lopes Meirelles, a qual agrupa os agentes públicos em **cinco categorias**, a saber: agentes políticos, agentes administrativos, agentes honoríficos, agentes delegados e agentes credenciados.

2.1.1. Agentes políticos

Os **agentes políticos** são os integrantes dos mais altos escalões do poder público, aos quais incumbem a elaboração das diretrizes de atuação governamental e as funções de direção, orientação e supervisão geral da administração pública. Têm como principais características:

a) competências derivadas diretamente da própria Constituição;

b) não sujeição às mesmas normas funcionais aplicáveis aos demais servidores públicos;

c) a investidura em seus cargos ocorre, em regra, por meio de eleição, nomeação ou designação;

d) ausência de subordinação hierárquica a outras autoridades (com exceção dos auxiliares imediatos dos chefes do Poder Executivo).

São agentes políticos os chefes do Poder Executivo (Presidente da República, governadores e prefeitos), seus auxiliares imediatos (ministros, secretários estaduais e municipais) e os membros do Poder Legislativo (senadores, deputados e vereadores). Também se enquadram como agentes políticos os membros da magistratura (juízes, desembargadores e ministros de tribunais superiores), os membros do Ministério Público (promotores de justiça e procuradores da República) e os ministros ou conselheiros dos tribunais de contas e dos conselhos de contas.

Os agentes políticos desfrutam de garantias e prerrogativas expressamente previstas no texto constitucional, que os distinguem dos demais agentes públicos. Não se trata de privilégios pessoais, e sim de instrumentos destinados a assegurar-lhes

Cap. 3 • ÓRGÃOS E AGENTES PÚBLICOS

condições adequadas ao regular exercício de suas relevantes funções. Sem isso, os agentes políticos não teriam plena liberdade para a tomada de suas decisões, em face do temor de serem responsabilizados segundo as regras comuns da culpa civil, aplicáveis aos demais agentes públicos.

2.1.2. Agentes administrativos

Os **agentes administrativos** são todos aqueles que exercem uma atividade pública de natureza **profissional** e **remunerada**, sujeitos à **hierarquia** funcional e ao regime jurídico estabelecido pelo ente federado ao qual pertencem. São os ocupantes de cargos públicos, de empregos públicos e de funções públicas nas administrações direta e indireta das diversas unidades da Federação, nos três Poderes. Podem ser assim classificados:

a) **servidores públicos**: são os agentes administrativos sujeitos a regime jurídico-administrativo, de caráter estatutário (isto é, de natureza legal, e não contratual); são os titulares de cargos públicos de provimento efetivo e de provimento em comissão;

b) **empregados públicos**: são os ocupantes de empregos públicos, sujeitos a regime jurídico contratual trabalhista; têm **contrato de trabalho** em sentido próprio e sua relação funcional com a administração pública é regida, basicamente, pela Consolidação das Leis do Trabalho (CLT) – são chamados, por isso, de "celetistas";

c) **temporários**: são os contratados por tempo determinado para atender a necessidade temporária de excepcional interesse público (CF, art. 37, IX); não têm cargo nem emprego público; exercem uma **função pública** remunerada temporária e o seu vínculo funcional com a administração pública é contratual, mas se trata de um contrato de direito público, e **não de natureza trabalhista** (eles não têm o "contrato de trabalho" previsto na CLT); em síntese, são agentes públicos que têm com a administração pública uma relação funcional de direito público, de natureza jurídico-administrativa (e **não trabalhista**).

Julgamos relevante apontar que a expressão "**servidores públicos**" frequentemente é empregada em um **sentido amplo**, englobando os servidores públicos em sentido estrito (estatutários) e os empregados públicos (celetistas).

2.1.3. Agentes honoríficos

Os **agentes honoríficos** são cidadãos requisitados ou designados para, transitoriamente, colaborarem com o Estado mediante a prestação de serviços específicos, em razão de sua condição cívica, de sua honorabilidade, ou de sua notória capacidade profissional. Eles **não têm** qualquer **vínculo profissional** com a administração pública (são apenas considerados "**funcionários públicos**" para fins **penais**) e usualmente atuam sem remuneração. São os jurados, os mesários eleitorais, os membros dos Conselhos Tutelares criados pelo Estatuto da Criança e do Adolescente e outros dessa natureza.

2.1.4. Agentes delegados

Os **agentes delegados** são particulares que recebem a incumbência de exercer determinada atividade, obra ou serviço público e o fazem em nome próprio, por sua conta e risco, sob a permanente fiscalização do poder delegante. Colaboram com o poder público (descentralização por colaboração), mas **não** são servidores públicos, sua atuação **não** é imputada ao Estado (embora este, dependendo das circunstâncias, possa ser responsabilizado **subsidiariamente** por danos que eles venham a causar a terceiros). Tais agentes sujeitam-se, no exercício da atividade delegada, à **responsabilidade civil objetiva** (CF, art. 37, § 6.º) e ao **mandado de segurança** (CF, art. 5.º, LXIX). Enquadram-se como "**funcionários públicos**" para fins **penais** (CP, art. 327). São os concessionários e permissionários de serviços públicos, os leiloeiros, os tradutores públicos, entre outros.

2.1.5. Agentes credenciados

Os **agentes credenciados**, na definição do Prof. Hely Lopes Meirelles, "são os que recebem a incumbência da administração para representá-la em determinado ato ou praticar certa atividade específica, mediante remuneração do poder público credenciante". Seria exemplo a atribuição a alguma pessoa da tarefa de representar o Brasil em determinado evento internacional (um artista consagrado que fosse incumbido de oficialmente representar o Brasil em um congresso internacional sobre proteção da propriedade intelectual). Também são considerados "**funcionários públicos**" para fins **penais**.

Capítulo 4

TERCEIRO SETOR E ENTIDADES PARAESTATAIS

1. INTRODUÇÃO

A expressão "**entidades paraestatais**" foi inicialmente difundida no direito administrativo brasileiro como gênero que compreendia as pessoas jurídicas de direito privado criadas por lei para a realização de serviços de interesse coletivo, sob normas e controle do Estado. Esse conceito, desenvolvido pelo Prof. Hely Lopes Meirelles, abrangia, basicamente, as pessoas jurídicas de direito privado integrantes da administração indireta (empresas públicas e sociedades de economia mista) e os chamados serviços sociais autônomos (SESC, SESI, SENAI, entre outros). Essa definição, que enquadra como "paraestatais" entidades que **integram a administração pública formal** (as empresas públicas e as sociedades de economia mista), embora ainda apareça em alguns textos jurídicos, não costuma ser adotada pelos administrativistas atuais.

Nesta obra, seguindo as lições da Prof.ª Maria Sylvia Di Pietro e do Prof. Celso Antônio Bandeira de Mello, consideraremos "entidades paraestatais" exclusivamente pessoas privadas, sem fins lucrativos, que exercem atividades de interesse público, mas não exclusivas de Estado, recebendo fomento do poder público, e que **não integram a administração pública em sentido formal**. Vale frisar: não enquadramos nenhuma entidade integrante da administração pública como "paraestatal".

As **entidades paraestatais** integram o chamado **terceiro setor**, que pode ser definido como o conjunto das pessoas jurídicas instituídas pela **iniciativa privada** para o exercício de atividades de interesse social, **sem finalidade de lucro**. O terceiro setor coexiste com o **primeiro setor**, que é o próprio Estado, e com o **segundo setor**, que é o mercado (organizações com fins lucrativos).

A partir da reforma administrativa operada pela Emenda Constitucional 19/1998, com a ascensão de postulados liberais – a exemplo da premissa de que a atuação do Estado deve se restringir às áreas em que seja indispensável a presença direta do poder público –, as entidades paraestatais, integrantes do terceiro setor, têm sido fortalecidas. Com efeito, ao lado das figuras já existentes em nosso direito (por exemplo, os serviços sociais autônomos), criaram-se entidades e regulamentaram-se instrumentos cuja finalidade precípua foi possibilitar e incentivar a prestação de serviços de interesse da coletividade por pessoas privadas, **não integrantes da administração pública**. Tais instrumentos, como o **contrato de gestão** e o **termo de parceria**, visam a permitir que o Estado participe do financiamento desses serviços, transferindo recursos públicos a essas entidades, e controle o atingimento de metas com as quais elas devem se comprometer.

Neste capítulo, estudaremos, em tópicos próprios, nos termos da legislação específica aplicável a cada qual, as seguintes figuras jurídicas enquadradas no conceito de **entidades paraestatais** que adotamos:

a) os serviços sociais autônomos;

b) as organizações sociais;

c) as organizações da sociedade civil de interesse público (OSCIP);

d) as instituições comunitárias de educação superior (ICES);

e) as "entidades de apoio";

f) as organizações gestoras de fundos patrimoniais.

Analisaremos, depois, as principais disposições da Lei 13.019/2014, conhecida como "**marco regulatório das organizações da sociedade civil**".

A Lei 13.019/2014 teve o grande mérito de uniformizar o tratamento legal e o regime jurídico a que passaram a sujeitar-se parcerias celebradas entre o poder público e entidades privadas que a lei denominou "**organizações da sociedade civil**" (OSC). Tais entidades, antes da referida regulação legal, costumavam ser incluídas em uma categoria genérica, sem contornos precisos ou abrangência determinada: a das "organizações não governamentais" (ONG) – nomenclatura que, segundo pensamos, deveria sofrer irremediável banimento do nosso vocabulário.

Seja como for, certo é que, a partir da Lei 13.019/2014, "organizações da sociedade civil" (OSC) tornou-se uma expressão legalmente definida e bem delimitada, que **não pode**, de maneira nenhuma, ser empregada como sinônimo de "organizações não governamentais" (ONG)!

1.1. Serviços sociais autônomos

Os serviços sociais autônomos são pessoas jurídicas privadas, no mais das vezes criadas por entidades privadas representativas de categorias econômicas (Confederação Nacional da Indústria, Confederação Nacional do Comércio, Confederação Nacional do Transporte, dentre outras). Embora eles não integrem a administração pública, nem sejam instituídos pelo poder público, sua criação é prevista em lei. A aquisição de sua personalidade jurídica ocorre quando a entidade privada instituidora inscreve os respectivos atos constitutivos no registro civil das pessoas jurídicas. Eles são instituídos sob formas jurídicas comuns, próprias das entidades privadas sem fins lucrativos, tais como associações civis ou fundações.

Os serviços sociais autônomos têm por objeto uma atividade social, não lucrativa, usualmente direcionada ao aprendizado profissionalizante, à prestação de serviços assistenciais ou de utilidade pública, tendo como beneficiários determinados grupos sociais ou profissionais.

São mantidos por recursos oriundos de contribuições sociais de natureza tributária, recolhidas compulsoriamente pelos contribuintes definidos em lei, bem como mediante dotações orçamentárias do poder público.

Como recebem e utilizam **recursos públicos** para a consecução de suas finalidades, os serviços sociais autônomos **estão sujeitos a controle pelo Tribunal de Contas da União** (TCU).

Além disso, os serviços sociais autônomos são **obrigados** a **prestar e a divulgar informações**, com base na Lei 12.527/2011 – **Lei de Acesso à Informação** (LAI) –, concernentes às **contribuições e demais recursos públicos** que receberem, bem como à respectiva destinação.

Com efeito, no Decreto 7.724/2012 – que regulamenta a LAI no âmbito do Poder Executivo federal –, há disposições, constantes no seu art. 64-A (com a redação dada pelo Decreto 11.527/2023), cujo escopo é tornar **explícita a sujeição dos serviços sociais autônomos às principais regras de transparência previstas nessa lei**, o que abrange a obrigação de prestar informações – e divulgá-las, independentemente de requerimento, em local de fácil visualização em sítios oficiais na internet – quanto à remuneração e outas vantagens pagas ao seu pessoal, inclusive aos dirigentes, de maneira individualizada, e acerca das licitações realizadas ou em andamento e dos contratos firmados, entre muitas outras.[1]

Não é demasiado repisar que a publicidade que os serviços sociais autônomos devem observar refere-se aos **recursos públicos** recebidos e à sua destinação, incluídas as contribuições destinadas a seu custeio – sem prejuízo das prestações de contas a que eles são legalmente obrigados.

Os serviços sociais autônomos não estão jungidos ao inciso XXI do art. 37 da Constituição Federal, significa dizer, as contratações que eles realizam **não se submetem à observância das normas de licitação que obrigam a administração pública formal** (exatamente porque eles não fazem parte dela).[2] Sem prejuízo dessa orientação, cabe registrar que, usualmente (em muitos casos por determinação legal expressa), os serviços sociais autônomos adotam **regulamentos próprios de licitações**, por eles elaborados e publicados, com regras e diretrizes a serem seguidas nas suas contratações com terceiros, a fim de assegurar que sejam efetuadas com razoável grau de **objetividade e de impessoalidade**.

---

[1] Literalmente, as normas constantes no art. 64-A do Decreto 7.724/2012 (com a redação dada pelo Decreto 11.527/2023) alcançam "as entidades com personalidade jurídica de direito privado constituídas sob a forma de serviço social autônomo, que sejam destinatárias de contribuições ou de recursos públicos federais decorrentes de contrato de gestão"; embora não seja objeto do presente tópico, cabe anotar que elas se aplicam, também, aos "conselhos de fiscalização profissional".

[2] ADI 1.864/PR, red. p/ o acórdão Min. Joaquim Barbosa, 08.08.2007; MS 33.442/DF, rel. Min. Gilmar Mendes, 27.03.2018.

DIREITO ADMINISTRATIVO DESCOMPLICADO • Marcelo Alexandrino & Vicente Paulo

Também pelo fato de serem entidades privadas, não integrantes do aparelho administrativo estatal, os serviços sociais autônomos **não estão obrigados a contratar por meio de concurso público de provas ou de provas e títulos o seu pessoal** (empregados privados regidos pela Consolidação das Leis do Trabalho). Dito de outro modo, aos serviços sociais autônomos não se aplica o inciso II do art. 37 da Carta de 1988, muito embora eles devam "manter um padrão de objetividade e eficiência na contratação e nos gastos com seu pessoal", conforme já deixou assente o Supremo Tribunal Federal.[3]

Em suma, são estas as principais características dos serviços sociais autônomos típicos:

a) são pessoas privadas, não integrantes da administração pública, embora tenham a sua criação prevista em lei;

b) têm por objeto uma atividade social, sem finalidade de lucro, consistente, em geral, na prestação de um serviço de utilidade pública em benefício de determinado grupo social ou profissional;

c) são mantidos por contribuições sociais de natureza tributária e por dotações orçamentárias do poder público;

d) são obrigados a prestar e a divulgar informações concernentes aos recursos públicos que receberem, incluídas as contribuições destinadas ao seu custeio, bem como à destinação desses recursos, com base na Lei 12.527/2011 (Lei de Acesso à Informação);

e) não são obrigados a contratar o seu pessoal (empregados privados regidos pela legislação trabalhista) por meio de concurso público;

f) não estão sujeitos às normas de licitação pública para efetuar contratações com terceiros, embora costumem adotar regulamentos próprios com o fim de assegurar que estas observem critérios impessoais e objetivos;

g) como recebem e administram recursos de natureza pública, estão sujeitos a certas normas de direito público, tais como a obrigação de prestar contas ao TCU, o enquadramento dos seus empregados como funcionários públicos para fins penais (CP, art. 327) e a sujeição à Lei de Improbidade Administrativa (Lei 8.429/1992).

São exemplos de serviços sociais autônomos: Serviço Social da Indústria – SESI; Serviço Social do Comércio – SESC; Serviço Nacional de Aprendizagem Industrial – SENAI; Serviço Nacional de Aprendizagem Comercial – SENAC; Serviço Brasileiro de Apoio às Micro e Pequenas Empresas – SEBRAE; Serviço Nacional de Aprendizagem Rural – SENAR; Serviço Social do Transporte – SEST; Serviço Nacional de Aprendizagem do Transporte – SENAT.

Antes de encerrar este tópico, e sem prejuízo dos aspectos doutrinários gerais que nele foram expostos acerca dos serviços sociais autônomos típicos (ou tradicionais), cumpre fazer um alerta: algumas leis têm autorizado o **Poder Executivo federal** a instituir entidades que elas textualmente chamam de "**serviços sociais autônomos**", cujas características, porém, discrepam sobremaneira daquelas próprias das pessoas

---

[3] RE 789.874/DF (**repercussão geral**), rel. Min. Teori Zavascki, 17.09.2014 (Informativo 759 do STF).

jurídicas classicamente descritas como integrantes dessa categoria. Tais entidades, que podemos alcunhar de serviços sociais autônomos "**atípicos**" (ou mesmo "anômalos"), deveriam, segundo pensamos, ter sido efetivamente criadas como pessoas administrativas, integrantes da administração pública formal – seja em razão de seus fins institucionais, seja pela forma de criação, seja pelo fato de dependerem exclusivamente, ou quase, de **recursos e bens de origem pública**.

Como exemplos de tais **figuras atípicas**, citamos: a Agência Brasileira de Promoção Internacional do Turismo – EMBRATUR (Lei 14.002/2020, que determinou a extinção da autarquia Instituto Brasileiro de Turismo – EMBRATUR); a Agência Brasileira de Apoio à Gestão do SUS – AGSUS (Lei 13.958/2019); a Agência Nacional de Assistência Técnica e Extensão Rural – ANATER (Lei 12.897/2013); a Agência Brasileira de Desenvolvimento Industrial – ABDI (Lei 11.080/2004); a Agência de Promoção de Exportações do Brasil – APEX-Brasil (Lei 10.668/2003). Esta última entidade resultou de um desmembramento do Sebrae (o qual, aliás, por ter a **intervenção no domínio econômico** como finalidade institucional precípua, talvez devesse, também, ser considerado um serviço social autônomo "não típico"). Existe, ainda, bem mais antigo, o Serviço Social Autônomo Associação das Pioneiras Sociais (Lei 8.246/1991), entidade com peculiaridades que a tornam difícil de se enquadrar em qualquer categoria (possivelmente lhe seria mais adequada a roupagem de organização social).

O problema (grave) dessa proliferação de entidades que praticamente só no nome são serviços sociais autônomos é, como sempre, a burla às exigências constitucionais de licitação e de concurso público, bem como aos controles mais rígidos a que estão jungidas as entidades da administração pública formal.

Aliás, é interessante apontar que os seis serviços sociais autônomos "atípicos" citados – EMBRATUR, AGSUS, ANATER, ABDI, APEX-Brasil e Associação das Pioneiras Sociais – são **supervisionados pelo Poder Executivo federal**, que com eles celebra um **contrato de gestão** (expressamente previsto nas leis respectivas). E registrar que a Lei 14.600/2023, no seu art. 57, estabelece a possibilidade de servidores da administração pública federal, direta e indireta, serem **cedidos** "para o exercício de cargo em comissão em serviços sociais autônomos supervisionados pelo Poder Executivo federal por meio de contrato de gestão". Tal **cessão**, caso ocorra, estará sujeita às seguintes **condições**: (a) será realizada com ônus para o cessionário; (b) não será considerada como tempo de efetivo exercício para fins de progressão e promoção; (c) não permitirá opção pela remuneração do cargo efetivo; e (d) poderá ser realizada ainda que haja disposição em contrário em lei especial.

1.2. Organizações sociais

1.2.1. Introdução

A Lei 9.637/1998, parcialmente regulamentada pelo Decreto 9.190/2017, autoriza o Poder Executivo a qualificar como **organizações sociais** pessoas jurídicas de direito privado, sem fins lucrativos, cujas atividades sejam dirigidas ao **ensino**, à **pesquisa científica**, ao **desenvolvimento tecnológico**, à **proteção e preservação do meio ambiente**, à **cultura** e à **saúde** (art. 1.º).

As organizações sociais não são uma nova categoria de pessoa jurídica. Trata-se, apenas, de uma **qualificação especial**, um título jurídico concedido **discricionariamente** pelo poder público a determinadas **entidades privadas**, sem fins lucrativos, que atendam a certas exigências legais. Elas não integram a administração direta nem a administração indireta; são entidades da iniciativa privada, **sem finalidade lucrativa**, que se associam ao Estado mediante a celebração de um **contrato de gestão** a fim de receberem **fomento** para a realização de atividades de interesse social.

Na literal dicção do parágrafo único do art. 1.º do Decreto 9.190/2017, "a qualificação de entidades privadas sem fins lucrativos como organizações sociais tem por objetivo o estabelecimento de parcerias de longo prazo, com vistas à prestação, de forma contínua, de serviços de interesse público à comunidade beneficiária".

É **vedada** a qualificação de organizações sociais para desenvolvimento de atividades (Decreto 9.190/2017, art. 3.º):

I – exclusivas de Estado;

II – de apoio técnico e administrativo à administração pública federal; e

III – de fornecimento de instalação, bens, equipamentos ou execução de obra pública em favor da administração pública federal.

As **organizações sociais não são delegatárias de serviço público**, ou seja, **não** exercem, por delegação (concessão, permissão ou autorização de serviços públicos), sob regime jurídico de direito público, atividades de titularidade exclusiva do poder público, e **sim** atividades **privadas** de utilidade pública ou interesse social, em seu próprio nome, com incentivo (fomento) do Estado.

As pessoas jurídicas qualificadas como organizações sociais são **declaradas** entidades de **interesse social e utilidade pública**, para todos os efeitos legais (art. 11).

As organizações sociais foram idealizadas para "**absorver**" atividades **não exclusivas** de Estado realizadas por entidades e órgãos estatais (administração pública formal) que, então, serão extintos. Mais claramente, a ideia é **substituir** entidades ou órgãos administrativos pelas organizações sociais, que são pessoas privadas, não integrantes da administração pública, portanto, sujeitas a menor rigidez na gestão de seus recursos e pessoal.

A Lei 9.637/1998 chama de "**publicização**" essa absorção pelas organizações sociais de serviços de interesse social ou utilidade pública antes prestados por entidades ou órgãos administrativos federais extintos. Literalmente, no seu art. 20, está prevista a criação, por decreto, do "**Programa Nacional de Publicização**" (PNP), "com o objetivo de estabelecer diretrizes e critérios para a qualificação de organizações sociais, a fim de assegurar a absorção de atividades desenvolvidas por entidades ou órgãos públicos da União". O Decreto 9.190/2017 regulamenta o art. 20 da Lei 9.637/1998.

A escolha do vocábulo "**publicização**" soa bastante curiosa, porquanto a situação que ele descreve implica, efetivamente, a absorção, por uma entidade **privada,** de atividade que, até então, era executada pelo setor público. Aparentemente, a lei quis transmitir a noção de que a atividade da organização social é **privada**, porém "publicizada" – isto é, **sujeita a determinadas normas de direito público** –, em razão do fomento estatal recebido e dos consequentes controles relacionados à utilização de bens e recursos públicos.

Cap. 4 • TERCEIRO SETOR E ENTIDADES PARAESTATAIS

1.2.2. Seleção e qualificação da entidade privada

A entidade privada que pretenda obter a **qualificação** de organização social deverá apresentar ao órgão supervisor ou à entidade supervisora, **no ato de sua inscrição** como postulante à obtenção de tal qualificação, documentos que comprovem que ela atende aos requisitos estipulados na Lei 9.637/1998. Alternativamente, pode a entidade entregar **de forma provisória**, no ato da inscrição, **declaração** que contenha o **compromisso** de apresentar os documentos exigidos para a qualificação como organização social, acompanhada da ata da assembleia que aprovou a emissão da declaração. Nesse caso, a entidade deverá entregar os documentos probatórios no prazo de **quarenta e cinco dias**, contado da publicação da decisão final de seleção. O descumprimento desse prazo implicará a **desclassificação** da entidade privada. Em qualquer hipótese, a qualificação como organização social **somente poderá ser concretizada depois da apresentação da documentação comprobatória hábil** (Decreto 9.190/2017, art. 4.º e §§ 1.º a 4.º).

A **qualificação** de uma entidade privada sem fins lucrativos como organização social é **ato discricionário** do poder público. O **processo de qualificação** compreende as seguintes **fases** (Decreto 9.190/2017, art. 6.º):

I – decisão de publicização;

II – seleção da entidade privada;

III – publicação do ato de qualificação; e

IV – celebração do contrato de gestão.

A **proposta** de **publicização** – isto é, de **absorção**, por uma organização social, de determinada atividade desempenhada por entidade ou órgão da administração pública federal a serem extintos – deverá ser encaminhada pelo Ministro de Estado supervisor da área ao Ministério da Economia, devidamente justificada, e explicitar as razões que fundamentam a **conveniência e a oportunidade** da opção pelo modelo das organizações sociais (Decreto 9.190/2017, art. 7.º). A **decisão da publicização** será formalizada em ato conjunto do Ministro de Estado supervisor e do Ministro de Estado da Economia (com anuência da autoridade supervisora, se for o caso). Esse ato será publicado no Diário Oficial da União.[4]

A **seleção** da entidade privada sem fins lucrativos a ser qualificada como organização social será realizada pelo órgão supervisor ou pela entidade supervisora da área e observará as seguintes etapas (Decreto 9.190/2017, art. 8.º):

I – divulgação do chamamento público;

II – recebimento e avaliação das propostas;

III – publicação do resultado provisório;

---

4   Por força do art. 51, inciso IV, da Lei 14.600/2023, o Ministério da Economia foi desmembrado em: (a) Ministério da Fazenda; (b) Ministério da Gestão e da Inovação em Serviços Públicos; (c) Ministério do Planejamento e Orçamento; e (d) Ministério do Desenvolvimento, Indústria, Comércio e Serviços.

IV – fase recursal; e

V – publicação do resultado definitivo.

Não poderá participar do chamamento público a entidade privada sem fins lucrativos que (Decreto 9.190/2017, art. 9.º):

I – tenha sido desqualificada como organização social, por descumprimento das disposições contidas no contrato de gestão, nos termos do art. 16 da Lei n.º 9.637, de 1998, em decisão irrecorrível, pelo período que durar a penalidade;

II – esteja omissa no dever de prestar contas de parceria anteriormente celebrada;

III – tenha sido punida com uma das seguintes sanções, pelo período que durar a penalidade:

a) suspensão de participação em licitação e impedimento de contratar com o órgão supervisor ou a entidade supervisora; e

b) declaração de inidoneidade para licitar ou contratar com a administração pública federal;

IV – tenha tido contas de parceria julgadas irregulares ou rejeitadas por Tribunal ou Conselho de Contas de qualquer ente federativo, em decisão irrecorrível, nos últimos oito anos; e

V – não possuam comprovação de regularidade fiscal, trabalhista e junto ao Fundo de Garantia do Tempo de Serviço – FGTS, por meio de:

a) Certidão Negativa de Débitos Relativos a Créditos Tributários Federais e à Dívida Ativa da União;

b) Certificado de Regularidade do FGTS; e

c) Certidão Negativa de Débitos Trabalhistas.

O **processo de seleção** da entidade privada se iniciará com a divulgação de chamamento público pelo órgão supervisor ou pela entidade supervisora da atividade. O ato de divulgação deverá conceder o **prazo mínimo de quarenta e cinco dias** para o início do período de inscrição das entidades privadas interessadas e definirá, entre outros pontos, os requisitos a serem atendidos para fins de habilitação, a documentação comprobatória exigida e os critérios específicos de avaliação (Decreto 9.190/2017, art. 10).

A avaliação das entidades privadas sem fins lucrativos inscritas no chamamento público será realizada por **comissão de seleção** instituída para essa finalidade pela secretaria-executiva do órgão supervisor ou pela entidade supervisora (Decreto 9.190/2017, art. 12).

A comissão de seleção deverá fundamentar a sua decisão em **relatório conclusivo** por ela elaborado. A decisão será publicada no Diário Oficial da União e a íntegra do relatório será publicada no sítio eletrônico oficial do órgão supervisor ou da entidade supervisora.

Cap. 4 • TERCEIRO SETOR E ENTIDADES PARAESTATAIS

Da decisão da comissão de seleção cabe **recurso**, que será dirigido a ela mesma, no prazo de **dez dias**, contado da data de publicação no Diário Oficial da União. Se a comissão, no prazo de **cinco dias**, contado da data de interposição do recurso, decidir que **não há motivo para a reconsideração** da sua decisão, ela encaminhará à autoridade superior os autos do processo de chamamento público, para essa autoridade decidir sobre o recurso, no prazo de **trinta dias**, contado da data da decisão de não reconsideração proferida pela comissão.

A **decisão final** sobre a escolha da entidade privada para fins de qualificação como organização social e celebração de contrato de gestão será **formalizada em ato do Ministro de Estado ou do titular da entidade supervisora da área de atuação** – publicado no Diário Oficial da União – e terá como base o relatório de avaliação do órgão responsável, após o encerramento da fase recursal.

Enquanto durar a vigência do contrato de gestão, **os membros da comissão de seleção não poderão ser cedidos à organização social qualificada**.

A **qualificação** de entidade privada como organização social será **formalizada em ato do Presidente da República**, a partir de proposição do Ministro de Estado supervisor da área, e, se for o caso, com anuência da autoridade titular da entidade supervisora, precedida de manifestação do Ministro de Estado da Economia (Decreto 9.190/2017, art. 13). A manifestação do Ministro de Estado da Economia ficará **limitada aos aspectos formais** da proposta. A responsabilidade sobre a seleção da entidade privada caberá ao ministério supervisor da área.

O **ato de qualificação** da entidade privada como organização social será **específico** e indicará a entidade privada qualificada, a atividade exercida, o número do processo administrativo relativo ao chamamento público e o órgão ou a entidade da administração pública federal cujas atividades serão absorvidas pela organização social (Decreto 9.190/2017, art. 13, § 1.º).

A organização social regularmente qualificada e com contrato de gestão vigente **poderá absorver outra atividade** prevista na Lei 9.637/1998, desde que (Decreto 9.190/2017, art. 13, § 2.º): (a) a nova atividade seja compatível com os seus objetivos sociais; (b) a publicização esteja em conformidade com as normas legais e regulamentares pertinentes, inclusive com **novo chamamento público**; e (c) seja firmado **termo aditivo** ao contrato de gestão vigente.

1.2.3. O contrato de gestão firmado pelas organizações sociais

As organizações sociais devem, **obrigatoriamente**, firmar um **contrato de gestão** com a administração pública. Esse instrumento é condição imprescindível para a organização social receber fomento estatal. É nele que são estabelecidas detalhadamente as obrigações do poder público – essencialmente os meios de fomento que serão oferecidos – e as obrigações da organização social.

A entidade privada qualificada como organização **social celebrará somente um contrato de gestão** com a administração pública federal (Decreto 9.190/2017, art. 29).

A Lei 9.637/1998 define como **contrato de gestão** o instrumento firmado entre o poder público e a entidade qualificada como organização social, com vistas à

formação de parceria entre as partes para **fomento** e execução das atividades de ensino, pesquisa científica, desenvolvimento tecnológico, proteção e preservação do meio ambiente, cultura ou saúde (art. 5.º).

O contrato de gestão, elaborado de comum acordo entre o órgão ou entidade supervisora e a organização social, deve discriminar as atribuições, responsabilidades e obrigações do poder público e da organização social (art. 6.º).

O contrato de gestão deve ser submetido, após aprovação pelo conselho de administração da organização social, ao Ministro de Estado ou autoridade supervisora da área correspondente à atividade fomentada.

O contrato de gestão terá **vigência plurianual** e **poderá ser alterado** por meio de **termos aditivos** mediante **acordo entre as partes** (Decreto 9.190/2017, art. 14, § 2.º).

Na elaboração do contrato de gestão, devem ser observados os **princípios da legalidade, impessoalidade, moralidade, publicidade, economicidade** e, também, os seguintes preceitos (art. 7.º):

> I – especificação do programa de trabalho proposto pela organização social, a estipulação das metas a serem atingidas e os respectivos prazos de execução, bem como previsão expressa dos critérios objetivos de avaliação de desempenho a serem utilizados, mediante indicadores de qualidade e produtividade;
>
> II – a estipulação dos limites e critérios para despesa com remuneração e vantagens de qualquer natureza a serem percebidas pelos dirigentes e empregados das organizações sociais, no exercício de suas funções.

Os Ministros de Estado ou autoridades supervisoras da área de atuação da organização social devem definir as demais cláusulas dos contratos de gestão de que sejam signatários.

O contrato de gestão **poderá ser renovado por períodos sucessivos**, a critério da autoridade supervisora, **condicionado à demonstração do cumprimento de seus termos e suas condições**. A decisão de renovação não afasta a possibilidade de realização de novo chamamento público para qualificação e celebração de contrato de gestão com outras entidades privadas interessadas na mesma atividade publicizada (Decreto 9.190/2017, art. 16).

1.2.4. Meios de fomento que poderão constar do contrato de gestão

Às organizações sociais poderão ser destinados **recursos orçamentários** e **bens públicos** necessários ao cumprimento do contrato de gestão. Tais bens serão destinados às organizações sociais, **dispensada licitação**, mediante **permissão de uso**, consoante cláusula expressa do contrato de gestão (Lei 9.637/1998, art. 12).

É facultada ainda, ao Poder Executivo, a **cessão especial de servidor** para as organizações sociais, **com ônus para o órgão de origem** do servidor cedido. Nessa hipótese, a administração pública cederá servidor seu para trabalhar na organização social, assumindo o ônus do pagamento de sua remuneração (art. 14).

Cap. 4 • TERCEIRO SETOR E ENTIDADES PARAESTATAIS

Sintetizando, o fomento às organizações sociais, conforme previsto na Lei 9.637/1998, pode traduzir-se, principalmente, em:

a) destinação de recursos orçamentários;

b) permissão gratuita de uso de bens públicos necessários ao cumprimento do contrato de gestão, dispensada licitação, devendo constar de cláusula expressa do contrato de gestão;

c) cessão especial de servidor para as organizações sociais, com ônus para o órgão de origem do servidor cedido.

1.2.5. Fiscalização da execução do contrato de gestão

A execução do contrato de gestão celebrado por organização social será fiscalizada pelo órgão ou entidade supervisora da área de atuação correspondente à atividade fomentada (art. 8.º).

A entidade qualificada apresentará à entidade ou ao órgão supervisor signatário do contrato, ao término de cada exercício ou a qualquer momento, conforme recomende o interesse público, relatório pertinente à execução do contrato de gestão, contendo comparativo específico das metas propostas com os resultados alcançados, acompanhado da prestação de contas correspondente ao exercício financeiro.

Os resultados atingidos com a execução do contrato de gestão devem ser analisados, periodicamente, por **comissão de avaliação**, indicada pela autoridade supervisora da área correspondente, composta por especialistas de notória capacidade e adequada qualificação. Essa comissão avaliará os resultados alcançados pela organização social, nos prazos estabelecidos no contrato de gestão e ao final do ciclo do referido contrato, e encaminhará **relatório conclusivo** sobre a avaliação procedida à autoridade supervisora.

O órgão supervisor ou a entidade supervisora emitirá **parecer final** em **cada exercício** compreendido no ciclo de vigência do contrato de gestão e terá como base as informações constantes dos relatórios emitidos pela comissão de avaliação e o parecer da auditoria externa sobre os demonstrativos financeiros e contábeis e as contas da organização social (Decreto 9.190/2017, art. 19, § 4.º).

Os responsáveis pela fiscalização da execução do contrato de gestão, ao tomarem conhecimento de qualquer irregularidade ou ilegalidade na utilização de recursos ou bens de origem pública por organização social, dela darão ciência ao Tribunal de Contas da União, **sob pena de responsabilidade solidária** (art. 9.º).

1.2.6. Desqualificação da entidade como organização social

O Poder Executivo poderá proceder à **desqualificação** da entidade como organização social, quando constatado o descumprimento das disposições contidas no contrato de gestão (art. 16).

A desqualificação será precedida de processo administrativo, assegurado o direito de **ampla defesa**, respondendo os dirigentes da organização social, individual e solidariamente, pelos danos ou prejuízos decorrentes de sua ação ou omissão.

De forma mais detalhada, o Decreto 9.190/2017 trata da **desqualificação** no seu art. 21, a seguir transcrito:

> Art. 21. A entidade privada sem fins lucrativos poderá ser desqualificada:
>
> I – por decisão fundamentada do órgão supervisor ou da entidade supervisora;
>
> II – pelo encerramento do contrato de gestão;
>
> III – quando constatado o descumprimento das disposições contidas no contrato de gestão, na Lei n.º 9.637, de 1998, e neste Decreto; e
>
> IV – pelo não atendimento, de forma injustificada, às recomendações da comissão de avaliação ou do órgão supervisor ou da entidade supervisora.
>
> § 1.º Observado o disposto no art. 16 da Lei n.º 9.637, de 1998, e na Lei n.º 9.784, de 29 de janeiro de 1999, a organização social apresentará sua defesa perante a autoridade supervisora no prazo de trinta dias, contado da data de sua intimação, respeitado o devido processo legal.
>
> § 2.º A desqualificação ocorrerá em ato do Poder Executivo federal, cuja proposição caberá ao órgão supervisor ou à entidade supervisora, ouvido o Ministério da Economia.[5]

A desqualificação implicará a **reversão** dos bens permitidos e dos valores entregues à utilização da organização social, sem prejuízo de outras sanções cabíveis.

Ocorrendo a desqualificação da organização social, as atividades que haviam sido por ela absorvidas **poderão ser reassumidas pelo Poder Público**, com vistas à manutenção da continuidade dos serviços prestados e à preservação do patrimônio, **facultada à União a transferência da execução do serviço para outra organização social** (Decreto 9.190/2017, art. 23).

1.2.7. Posição do Supremo Tribunal Federal acerca da validade da Lei 9.637/1998

Para finalizarmos o estudo das organizações sociais, é de interesse registrar que a Lei 9.637/1998 foi **integralmente impugnada** em ação direta de inconstitucionalidade, sob a alegação de que quase todos os seus dispositivos violariam irremediavelmente inúmeros dispositivos da Carta Política vigente.

A demanda em foco originou a ADI 1.923/DF, que foi definitivamente decidida em abril de 2015, ocasião na qual o Supremo Tribunal Federal deixou assente que a Lei 9.637/1998 **é válida**. A ação, contudo, foi julgada parcialmente procedente para o fim de conferir às normas questionadas **interpretação conforme à Constituição**.[6]

---

[5] Por força do art. 51, inciso IV, da Lei 14.600/2023, o Ministério da Economia foi desmembrado em: (a) Ministério da Fazenda; (b) Ministério da Gestão e da Inovação em Serviços Públicos; (c) Ministério do Planejamento e Orçamento; e (d) Ministério do Desenvolvimento, Indústria, Comércio e Serviços.

[6] ADI 1.923/DF, red. p/ o acórdão Min. Luiz Fux, 16.04.2015 (Informativo 781 do STF).

Cap. 4 • TERCEIRO SETOR E ENTIDADES PARAESTATAIS **159**

Assim, nos termos da decisão de nossa Corte Suprema, a Lei 9.637/1998 deve ser interpretada de sorte que:

a) o procedimento de **qualificação** de uma entidade como organização social seja conduzido de forma pública, objetiva e impessoal, com observância dos princípios do *caput* do art. 37 da Constituição Federal, e de acordo com parâmetros fixados em abstrato segundo o que prega o art. 20 da Lei 9.637/1998;

b) a celebração do **contrato de gestão** seja conduzida de forma pública, objetiva e impessoal, com observância dos princípios do *caput* do art. 37 da Constituição Federal;

c) a outorga de **permissão de uso de bem público** (Lei 9.637/1998, art. 12, § 3.º) seja conduzida de forma pública, objetiva e impessoal, com observância dos princípios do *caput* do art. 37 da Constituição Federal;

d) os **contratos com terceiros** a serem celebrados pela organização social, **com recursos públicos**, sejam conduzidos de forma pública, objetiva e impessoal, com observância dos princípios do *caput* do art. 37 da Constituição Federal, e nos termos do **regulamento próprio** a ser editado por **cada entidade**;

e) a **seleção de pessoal** pelas organizações sociais seja conduzida de forma pública, objetiva e impessoal, com observância dos princípios do *caput* do art. 37 da CF, e nos termos do **regulamento próprio** a ser editado por **cada entidade**; e

f) seja **afastada qualquer interpretação que restrinja o controle**, pelo Ministério Público e pelo Tribunal de Contas da União, da aplicação de **verbas públicas**.

A nosso ver, boa parte dessas diretrizes impostas pelo Supremo Tribunal Federal restou atendida com a edição do Decreto 9.190/2017, cujas disposições de maior relevância foram expostas ao longo dos subitens precedentes.

1.3. Organizações da sociedade civil de interesse público (OSCIP)

1.3.1. Introdução

A Lei 9.790/1999, regulamentada pelo Decreto 3.100/1999, instituiu uma **qualificação** específica a ser concedida a entidades privadas, sem fins lucrativos, que pretendam atuar em parceria com o poder público, dele recebendo fomento: a qualificação como **organização da sociedade civil de interesse público** (OSCIP). Veja-se o que estatui o art. 1.º da Lei 9.790/1999:

> Art. 1.º Podem qualificar-se como Organizações da Sociedade Civil de Interesse Público as pessoas jurídicas de direito privado sem fins lucrativos **que tenham sido constituídas e se encontrem em funcionamento regular há, no mínimo, 3 (três) anos**, desde que os respectivos objetivos sociais e normas estatutárias atendam aos requisitos instituídos por esta Lei.

O regime estabelecido pela Lei 9.790/1999 para a qualificação de pessoas privadas como OSCIP é parecido com aquele das organizações sociais, instituído pela

Lei 9.637/1998. Em ambos os casos, pessoas privadas, sem fins lucrativos, dedicadas a atividades de interesse social ou de utilidade pública recebem uma **qualificação** legalmente prevista, que lhes possibilita atuar em colaboração com o poder público, dele recebendo fomento, observadas as exigências estipuladas na legislação pertinente.

As **OSCIP**, entretanto, **não foram idealizadas para substituir a administração pública**, mediante "absorção" das atividades exercidas por órgãos e entidades administrativos a serem extintos. Essa substituição foi planejada **apenas para as organizações sociais**.

1.3.2. Definição de entidade sem fins lucrativos para efeito de qualificação como organização da sociedade civil de interesse público

A Lei 9.790/1999 teve o cuidado de definir, para o fim de qualificação como organização da sociedade civil de interesse público, o que seria **entidade sem fins lucrativos**. Nos termos da lei, é assim considerada "a pessoa jurídica de direito privado que não distribui, entre os seus sócios ou associados, conselheiros, diretores, empregados ou doadores, eventuais excedentes operacionais, brutos ou líquidos, dividendos, bonificações, participações ou parcelas do seu patrimônio, auferidos mediante o exercício de suas atividades, e que os aplica integralmente na consecução do respectivo objeto social" (art. 1.º, § 1.º).

1.3.3. Pessoas que não podem ser qualificadas como organização da sociedade civil de interesse público

A Lei 9.790/1999 **excluiu** expressamente certas pessoas jurídicas do regime de parceria nela estabelecido, dispondo que **não poderão ser qualificadas** como organização da sociedade civil de interesse público (art. 2.º):

a) as sociedades comerciais, sindicatos, associações de classe ou de representação de categoria profissional;

b) as instituições religiosas ou voltadas para a disseminação de credos, cultos, práticas e visões devocionais e confessionais;

c) as organizações partidárias e assemelhadas, inclusive suas fundações;

d) as entidades de benefício mútuo destinadas a proporcionar bens ou serviços a um círculo restrito de associados ou sócios;

e) as entidades e empresas que comercializam planos de saúde e assemelhados;

f) as instituições hospitalares privadas não gratuitas e suas mantenedoras;

g) as escolas privadas dedicadas ao ensino formal não gratuito e suas mantenedoras;

h) as organizações sociais;

i) as cooperativas;

j) as fundações públicas;

k) as fundações, sociedades civis ou associações de direito privado criadas por órgão público ou por fundações públicas;

Cap. 4 • TERCEIRO SETOR E ENTIDADES PARAESTATAIS **161**

l) as organizações creditícias que tenham quaisquer tipos de vinculação com o Sistema Financeiro Nacional a que se refere o art. 192 da Constituição Federal.

A Lei 13.999/2020 acrescentou o parágrafo único ao art. 2.º da Lei 9.790/1999, ora em tela, para estabelecer que "não constituem impedimento à qualificação como organização da sociedade civil de interesse público as operações destinadas a microcrédito realizadas com instituições financeiras na forma de recebimento de repasses, venda de operações realizadas ou atuação como mandatárias".

1.3.4. Áreas de atuação das organizações da sociedade civil de interesse público

Estabelece o art. 3.º da Lei 9.790/1999 que a qualificação como organização da sociedade civil de interesse público **somente** será conferida às pessoas jurídicas de direito privado, sem fins lucrativos, cujos objetivos sociais tenham **pelo menos uma das seguintes finalidades**:

a) assistência social;

b) promoção da cultura, defesa e conservação do patrimônio histórico e artístico;

c) promoção gratuita da educação ou da saúde;

d) promoção da segurança alimentar e nutricional;

e) defesa, preservação e conservação do meio ambiente e promoção do desenvolvimento sustentável;

f) promoção do voluntariado;

g) promoção do desenvolvimento econômico e social e combate à pobreza;

h) experimentação, não lucrativa, de novos modelos socioprodutivos e de sistemas alternativos de produção, comércio, emprego e crédito;

i) promoção de direitos estabelecidos, construção de novos direitos e assessoria jurídica gratuita de interesse suplementar;

j) promoção da ética, da paz, da cidadania, dos direitos humanos, da democracia e de outros valores universais;

k) estudos e pesquisas, desenvolvimento de tecnologias alternativas, produção e divulgação de informações e conhecimentos técnicos e científicos que digam respeito às atividades enumeradas na presente lista;

l) estudos e pesquisas para o desenvolvimento, a disponibilização e a implementação de tecnologias voltadas à mobilidade de pessoas, por qualquer meio de transporte.

Cabe registrar que as OSCIP **têm legitimidade ativa** para propor ações perante os **Juizados Especiais Cíveis** (Lei 9.099/1995, art. 8.º, § 1.º, III).

1.3.5. Requerimento da qualificação

O **requerimento da qualificação** como organização da sociedade civil de interesse público deverá ser formalizado perante o **Ministério da Justiça e Segurança**

Pública, que, verificando o atendimento dos requisitos previstos na lei e o não enquadramento da pessoa privada entre aquelas vedadas por lei, deferirá o pedido e expedirá o certificado de qualificação.

Nos termos do Decreto 3.100/1999, "o Ministério da Justiça, após o recebimento do requerimento, terá o prazo de trinta dias para deferir ou não o pedido de qualificação, ato que será publicado no Diário Oficial da União no prazo máximo de quinze dias da decisão" (art. 3.º). Se deferir o pedido, o Ministério da Justiça e Segurança Pública emitirá, no prazo de quinze dias da decisão, o certificado de organização da sociedade civil de interesse público para a requerente. A pessoa jurídica sem fins lucrativos que tiver seu pedido de qualificação indeferido poderá reapresentá-lo a qualquer tempo.

É interessante observar que **a qualificação de uma pessoa jurídica como OSCIP dá-se por meio de um ato vinculado**. Com efeito, a Lei 9.790/1999 explicita, no § 2.º do art. 1.º e no § 3.º do art. 6.º, que **o pedido só pode ser indeferido na hipótese de a pessoa jurídica requerente desatender a algum dos requisitos legais**. Por outras palavras, a pessoa jurídica que satisfaça todas as exigências legais **tem direito**, caso requeira, de ser qualificada como OSCIP.

Essa é uma diferença relevante entre as OSCIP e as organizações sociais. Deveras, a qualificação como organização social é ato amplamente discricionário, cabendo ao Ministro de Estado ou titular de órgão supervisor ou regulador da área de atividade correspondente ao objeto social da organização social decidir quanto à conveniência e oportunidade de sua qualificação (Lei 9.637/1998, art. 2.º, inciso II).

1.3.6. Formalização da parceria

O vínculo jurídico entre o poder público e a organização da sociedade civil de interesse público que permite à entidade receber fomento do Estado é estabelecido mediante a celebração de **termo de parceria**. Vale frisar este ponto: **não há possibilidade de uma OSCIP receber fomento do Estado sem a celebração de um termo de parceria**.

No termo de parceria devem estar previstos, de modo detalhado, os direitos e as obrigações dos pactuantes, tais como o objeto do ajuste, as metas a serem alcançadas, os prazos de execução, os critérios de avaliação de desempenho, a previsão de receitas e despesas, a obrigatoriedade de apresentação de relatório anual, acompanhado da prestação de contas – entre outros.

É possível a vigência simultânea de **dois ou mais termos de parceria** firmados com uma organização da sociedade civil de interesse público, ainda que com o mesmo órgão estatal, desde que ela tenha **capacidade operacional** para executar os seus objetos (Decreto 3.100/1999, art. 16).

A escolha da organização da sociedade civil de interesse público para a celebração do termo de parceria deverá ser feita por meio de publicação de edital de **concursos de projetos** – ao qual deve ser dada ampla publicidade – pelo órgão estatal parceiro para a obtenção de bens e serviços e para a realização de atividades, eventos, consultorias, cooperação técnica e assessoria (Decreto 3.100/1999, art. 23).

Uma vez instaurado o processo de seleção por concurso, é **vedado** ao poder público celebrar termo de parceria para o mesmo objeto, **fora do concurso iniciado**.

A exigência de seleção mediante concursos de projetos **não se aplica** aos termos de parceria firmados pelo Ministério da Saúde voltados ao fomento e à realização de serviços de saúde integrantes do **Sistema Único de Saúde** (SUS).

Ademais, em **situações excepcionais**, enumeradas **expressamente** no Decreto 3.100/1999, o titular do órgão estatal responsável pelo termo de parceria **poderá**, mediante decisão fundamentada, **dispensar a realização de processo de seleção por concurso**.

O termo de parceria **deverá** ser assinado pelo **titular** do órgão estatal responsável por sua celebração, **vedada a delegação de competência** para este fim (Decreto 3.100/1999, art. 31-A).

É **proibida** a celebração de termo de parceria com organizações da sociedade civil de interesse público que tenham, em suas relações anteriores com a União, incorrido em pelo menos **uma das seguintes condutas** (Decreto 3.100/1999, art. 9.º-A):

> I – omissão no dever de prestar contas;
>
> II – descumprimento injustificado do objeto de convênios, contratos de repasse ou termos de parceria;
>
> III – desvio de finalidade na aplicação dos recursos transferidos;
>
> IV – ocorrência de dano ao erário; ou
>
> V – prática de outros atos ilícitos na execução de convênios, contratos de repasse ou termos de parceria.

1.3.7. Controle e prestação de contas

Consoante o art. 11 da Lei 9.790/1999, a **execução do objeto do termo de parceria** será acompanhada e **fiscalizada** por órgão do poder público da área de atuação correspondente à atividade fomentada, e pelos Conselhos de Políticas Públicas das áreas correspondentes de atuação existentes, em cada nível de governo.

A **prestação de contas** relativa à **execução do termo de parceria** perante o órgão da entidade estatal parceira refere-se à **correta aplicação dos recursos públicos recebidos** e ao **adimplemento do objeto do termo de parceria**, mediante a apresentação dos seguintes documentos (art. 15-B):

> I – relatório anual de execução de atividades, contendo especificamente relatório sobre a execução do objeto do termo de parceria, bem como comparativo entre as metas propostas e os resultados alcançados;
>
> II – demonstrativo integral da receita e despesa realizadas na execução;
>
> III – extrato da execução física e financeira;
>
> IV – demonstração de resultados do exercício;
>
> V – balanço patrimonial;

VI – demonstração das origens e das aplicações de recursos;

VII – demonstração das mutações do patrimônio social;

VIII – notas explicativas das demonstrações contábeis, caso necessário;

IX – parecer e relatório de auditoria, se for o caso.

Os **resultados** atingidos com a execução do termo de parceria devem ser analisados por uma **comissão de avaliação**, composta de comum acordo entre o órgão parceiro e a organização da sociedade civil de interesse público. A comissão deve apresentar à autoridade competente **relatório conclusivo** sobre a avaliação procedida (art. 11, §§ 1.º e 2.º).

Segundo o Decreto 3.100/1999, essa comissão de avaliação deve ser composta por dois membros do respectivo Poder Executivo, um da OSCIP e um membro indicado pelo Conselho de Política Pública da área de atuação correspondente, quando houver (art. 20).

1.3.8. Desqualificação da entidade como organização da sociedade civil de interesse público

Em caso de descumprimento das obrigações previstas no termo de parceria, ou da constatação de irregularidades, ou da prática de infrações de um modo geral, poderá a entidade sofrer a **perda da qualificação** como organização da sociedade civil de interesse público.

Conforme o disposto no *caput* do art. 4.º do Decreto 3.100/1999, "qualquer cidadão, vedado o anonimato e respeitadas as prerrogativas do Ministério Público, desde que amparado por evidências de erro ou fraude, é parte legítima para requerer, judicial ou administrativamente, a perda da qualificação como organização da sociedade civil de interesse público". E o parágrafo único desse mesmo artigo estabelece que "a perda da qualificação dar-se-á mediante decisão proferida em processo administrativo, instaurado no Ministério da Justiça, de ofício ou a pedido do interessado, ou judicial, de iniciativa popular ou do Ministério Público, nos quais serão assegurados a ampla defesa e o contraditório".

Os responsáveis pela fiscalização do termo de parceria, ao tomarem conhecimento de qualquer irregularidade ou ilegalidade na utilização de recursos ou bens de origem pública pela organização parceira, darão imediata ciência ao tribunal de contas respectivo e ao Ministério Público, **sob pena de responsabilidade solidária**.

Sem prejuízo da medida referida no parágrafo precedente, havendo indícios fundados de malversação de bens ou recursos de origem pública, os responsáveis pela fiscalização representarão ao Ministério Público e à Advocacia-Geral da União, para que requeiram ao juízo competente a decretação da indisponibilidade dos bens da entidade e o sequestro dos bens dos seus dirigentes, bem como de agente público ou de terceiro, que possam ter enriquecido ilicitamente ou causado dano ao patrimônio público.

Cap. 4 • TERCEIRO SETOR E ENTIDADES PARAESTATAIS

1.3.9. Distinções entre organização social e organização da sociedade civil de interesse público

O regime estabelecido pela Lei 9.790/1999 para a qualificação de pessoas privadas como **OSCIP** é parecido com aquele das **organizações sociais**, instituído pela Lei 9.637/1998. Em ambos os casos, pessoas privadas, sem fins lucrativos, dedicadas a atividades de interesse social ou de utilidade pública recebem uma **qualificação** legalmente prevista, que lhes possibilita atuar em colaboração com o poder público, dele recebendo fomento, observadas as exigências estipuladas na legislação aplicável. Algumas **distinções** relevantes podem, contudo, ser identificadas, a saber:

a) participação de agentes públicos como integrantes dos órgãos da entidade: a organização social deve **obrigatoriamente** ter um conselho de administração com representantes do Poder Público em sua composição; no caso das OSCIP, estabelece a lei que é **permitida** a participação de servidores públicos como integrantes de conselho ou diretoria da entidade (a Lei 9.790/1999 não exige que a OSCIP tenha um conselho de administração, mas apenas um conselho fiscal);

b) instrumento da formalização da parceria: nas organizações sociais o vínculo entre a entidade privada e o Poder Público é formalizado mediante a celebração de **contrato de gestão**; nas organizações da sociedade civil de interesse público, mediante **termo de parceria**;

c) necessidade de existência prévia: a Lei 9.790/1999 exige que a entidade privada, para qualificar-se como OSCIP, tenha sido constituída e se encontre em funcionamento regular **há, no mínimo, três anos**; não há previsão legal de prazo a ser observado entre a constituição da entidade privada e a sua qualificação como organização social;

d) exigências de ordem contábil e fiscal: para a entidade privada qualificar-se como OSCIP são exigidos, entre outros documentos, o balanço patrimonial e o demonstrativo de resultados do exercício, bem como a declaração de isenção do imposto de renda; para a qualificação como organização social não há tais exigências.

Não obstante as dessemelhanças formais aqui apontadas, deve-se ter presente que a **principal diferença** entre as **organizações sociais** e as **OSCIP** diz respeito à **finalidade** de sua concepção: enquanto as primeiras foram idealizadas para substituir órgãos e entidades da administração pública, mediante "absorção" das atividades respectivas (e extinção do órgão ou da entidade), as **OSCIP** efetivamente têm por escopo promover a atuação de pessoas jurídicas privadas em parceria com o Estado, com fomento público às atividades desenvolvidas, mas sem qualquer pretensão de extinguir órgãos e entidades administrativos, ou de substituir, ainda que parcialmente, as competências deles.

A seguir, apresentamos quadro em que destacamos, sinteticamente, pontos comuns e diferenças relevantes entre as organizações sociais (OS) e as organizações da sociedade civil de interesse público (OSCIP).

OS – Lei 9.637/1998	OSCIP – Lei 9.790/1999
Pessoa privada, não integrante da administração pública.	Pessoa privada, não integrante da administração pública.
Atuação em áreas de interesse social, especificadas na lei respectiva. Não são delegatárias de serviços públicos.	Atuação em áreas de interesse social, especificadas na lei respectiva. Não são delegatárias de serviços públicos.
Vedada finalidade de lucro.	Vedada finalidade de lucro.
Foram idealizadas para substituir órgãos e entidades da administração pública, que seriam extintos e teriam suas atividades "absorvidas" pela OS.	Não foram idealizadas para substituir órgãos ou entidades da administração.
Formaliza parceria com o poder público mediante **contrato de gestão**, condição indispensável para a entidade fazer jus ao fomento a suas atividades.	Formaliza parceria com o poder público mediante **termo de parceria**, condição indispensável para a entidade fazer jus ao fomento a suas atividades.
Qualificação é **ato discricionário**.	Qualificação é **ato vinculado**.
Qualificação formalizada em ato do Presidente da República, a partir de proposição do Ministro de Estado supervisor da área (e, se for o caso, com anuência da autoridade titular da entidade supervisora), precedida de manifestação do Ministro de Estado da Economia.	Qualificação concedida pelo Ministério da Justiça e Segurança Pública.
Uma entidade não pode ser qualificada concomitantemente como OS e OSCIP.	Uma entidade não pode ser qualificada concomitantemente como OS e OSCIP.
Não há previsão legal de prazo a ser observado entre a constituição da entidade privada e a sua qualificação como organização social.	A entidade privada, para poder qualificar-se como OSCIP, deve ter sido constituída e encontrar-se em funcionamento regular há pelo menos três anos.
A OS deve **obrigatoriamente** ter um conselho de administração com representantes do Poder Público em sua composição (a lei não exige que a OS possua um conselho fiscal).	É **permitida** a participação de servidores públicos como integrantes de conselho ou diretoria da OSCIP (a lei não obriga a OSCIP a ter um conselho de administração, mas exige que ela possua um conselho fiscal).
O Poder Executivo poderá proceder à desqualificação da entidade como organização social, quando constatado o descumprimento das disposições contidas no contrato de gestão. Necessário processo administrativo, assegurado o contraditório e a ampla defesa.	A entidade perderá a qualificação como OSCIP quando descumprir as normas estabelecidas na lei, mediante decisão em processo administrativo ou judicial, de iniciativa popular ou do Ministério Público, assegurado o contraditório e a ampla defesa.

1.4. Instituições comunitárias de educação superior (ICES)

A Lei 12.881/2013 estabeleceu o **marco regulatório** de entidades integrantes do terceiro setor por ela formalmente denominadas **instituições comunitárias de educação superior** (ICES). Deve-se notar que ela não criou uma nova categoria de entidade privada. Limitou-se a estabelecer as características dessas ICES que preten-

Cap. 4 • TERCEIRO SETOR E ENTIDADES PARAESTATAIS

dam ser assim formalmente qualificadas, a estipular as exigências para a obtenção de tal qualificação e, sobretudo, a disciplinar o instrumento apto a viabilizar o **fomento estatal** a essas entidades.

O instrumento referido no parágrafo anterior foi intitulado "**termo de parceria**" – mesmo nome daquele que possibilita o fomento às OSCIP. Aliás, a leitura da Lei 12.881/2013 permite constar que o modelo legal inspirador da disciplina das ICES foi aquele traçado pela Lei 9.790/1999 para as OSCIP. Vale destacar, porém, que **as ICES somente atuam na área de educação superior**, ao passo que os objetivos sociais das OSCIP podem abranger uma gama muito mais extensa de finalidades, incluída a promoção gratuita da educação.

Examinemos os principais pontos da Lei 12.881/2013.

As ICES são organizações da sociedade civil brasileira que possuem, cumulativamente, as seguintes características (art. 1.º):

a) são constituídas na forma de **associação ou fundação**, com personalidade jurídica de **direito privado**, inclusive as instituídas pelo poder público;

b) não podem ter fins lucrativos;

c) devem observar exigências concernentes à transparência administrativa, na própria Lei 12.881/2013 estipuladas;

d) em caso de extinção, o seu patrimônio deve ser destinado a uma instituição pública ou congênere.

Embora a Lei 12.881/2013 mencione explicitamente a possibilidade de existirem **ICES instituídas pelo poder público**, parece-nos difícil conciliar essa hipótese com o direito pátrio. Com efeito, da análise sistemática das normas contidas na Lei 12.881/2013 resulta claro que **as ICES são pessoas jurídicas privadas não integrantes da administração pública formal**. Veja-se, como exemplo, o inciso IV do art. 2.º, o qual estatui que uma das "prerrogativas" das ICES é "ser alternativa na oferta de serviços públicos nos casos em que **não são proporcionados diretamente por entidades públicas estatais**". Ora, segundo pensamos, não é possível harmonizar com o ordenamento constitucional vigente a figura de uma entidade instituída pelo poder público, que receba recursos públicos para prestar serviços de interesse público e que não integre a administração pública formal. Artifícios dessa ordem invariavelmente configuram mal disfarçada tentativa de fraudar as exigências constitucionais de licitação pública e de realização de concurso público para a contratação de pessoal permanente.

As ICES têm a prerrogativa de **receber recursos orçamentários** do poder público para o desenvolvimento de atividades de interesse público (art. 2.º, II). E devem ofertar **serviços gratuitos** à população, proporcionais aos recursos obtidos do poder público (art. 1.º, § 3.º).

É vedado às ICES financiar campanhas político-partidárias ou eleitorais (art. 12).

Para obter a qualificação de ICES, a entidade deve prever, em seu estatuto, entre outras, normas que disponham sobre: (a) a constituição de **conselho fiscal** ou órgão equivalente; (b) a obrigação de **publicar**, por qualquer meio eficaz, no encerramento do exercício fiscal, o **relatório de atividades** e as **demonstrações financeiras** da entidade; (c) a **prestação de contas de todos os recursos e bens de origem pública**; e (d) a participação de representantes dos docentes, dos estudantes e dos técnicos administrativos em órgãos colegiados acadêmicos deliberativos da instituição.

A qualificação como ICES é efetuada mediante **certificado** emitido pelo Ministério da Educação. O deferimento do requerimento de qualificação é **ato vinculado** (art. 1.º, § 1.º). Deveras, a lei **somente** prevê a possibilidade de **indeferimento** do pedido de qualificação em **duas hipóteses** (art. 5.º, § 2.º):

(i) a requerente não atender aos requisitos estabelecidos na própria Lei 12.881/2013; ou

(ii) a documentação apresentada estar incompleta.

Recebido o requerimento, o Ministério da Educação deve decidir no prazo de **trinta dias**. Decidindo pelo **deferimento**, publicará a decisão no Diário Oficial da União, no prazo de **quinze dias**, e emitirá, no mesmo prazo, o **certificado** de qualificação da requerente como ICES (art. 5.º, § 1.º). Caso o pedido seja **indeferido**, o Ministério da Educação dará ciência dessa decisão, mediante publicação no Diário Oficial da União, cabendo **recurso** da instituição, no prazo de **trinta dias**, ao Ministro da Educação, que promoverá novo exame (art. 5.º, § 3.º).

O instrumento firmado entre o poder público e uma ICES para a formação do vínculo de cooperação e para o fomento e a execução das atividades de interesse público a que a entidade se comprometa é o **termo de parceria** instituído pela Lei 12.881/2013. Nele, deverão estar discriminados os direitos, as responsabilidades e as obrigações das partes signatárias.

São **cláusulas essenciais** do termo de parceria, **entre outras**, as que estabeleçam: (a) o **objeto**, com a especificação do **programa de trabalho** proposto pela ICES; (b) as **metas** e os **resultados a serem atingidos**, com os respectivos **prazos de execução** ou **cronograma**, assim como os **critérios objetivos** de **avaliação de desempenho**; e (c) a obrigatoriedade de **publicação**, na imprensa oficial, de **extrato do termo de parceria** e de **demonstrativo da sua execução** física e financeira, **sob pena de não liberação dos recursos** previstos no termo de parceria.

O **termo de parceria** instituído pela Lei 12.881/2013 **não substitui** as modalidades de ajuste, acordo e convênio previstos na legislação vigente (art. 10).

As ICES **não estão sujeitas** à obrigatoriedade de realizar **licitação** pública previamente a suas contratações. A Lei 12.881/2013, entretanto, determina que cada ICES publique, no prazo máximo de **trinta dias**, contado da assinatura do termo de parceria, **regulamento próprio** contendo os **procedimentos** que adotará para a **contratação** de obras e serviços, bem como para compras **com emprego de recursos provenientes do poder público** (art. 9.º).

É interessante observar que a Lei 12.881/2013 **não contém** norma alguma que preveja a **desqualificação** da ICES que descumpra cláusulas do termo de parceria ou, de algum modo, infrinja os preceitos constitucionais e legais aplicáveis a pessoas ou entidades que recebam e apliquem recursos públicos em atividades quaisquer.

Cap. 4 • TERCEIRO SETOR E ENTIDADES PARAESTATAIS   **169**

Não obstante, parece-nos incontroverso que a administração pública tem o poder--dever de instaurar processo administrativo com o escopo de desqualificar a ICES que incorra em inadimplemento de suas obrigações, ou pratique ilegalidades de toda ordem, evidentemente franqueando à entidade o prévio exercício do contraditório e da ampla defesa.

Por fim, cabe anotar que a lei também não traz norma explícita sobre a sujeição das ICES à fiscalização pelo Congresso Nacional, pelo Tribunal de Contas da União (TCU), bem como pelo sistema de controle interno do Poder Executivo federal, da gestão e da aplicação dos recursos públicos federais por elas recebidos, mas essa omissão é absolutamente irrelevante, uma vez que tais controles decorrem diretamente dos arts. 70 e 71 da Constituição Federal e, ainda, do art. 5.º da Lei 8.443/1992 (Lei Orgânica do TCU).

1.5. Entidades de apoio

As paraestatais genericamente denominadas "**entidades de apoio**" são definidas pela Prof.ª Maria Sylvia Di Pietro como "pessoas jurídicas de direito privado, sem fins lucrativos, instituídas por servidores públicos, porém em nome próprio, sob forma de fundação, associação ou cooperativa, para a prestação, em caráter privado, de serviços sociais não exclusivos do Estado, mantendo vínculo jurídico com entidades da administração direta ou indireta, em regra por meio de convênio".

Essas "**entidades de apoio**" integrantes do terceiro setor, consideradas como gênero, **não têm uma lei geral** que as regule. Só há disciplina legal específica para uma das espécies do gênero "entidades de apoio": as **fundações** instituídas com a finalidade de apoiar projetos de ensino, pesquisa, extensão, desenvolvimento institucional, científico e tecnológico e estímulo à inovação, de interesse das Instituições Federais de Ensino Superior (IFES) e demais Instituições Científicas e Tecnológicas (ICTs).[7]

A Lei 8.958/1994 preceitua que as **fundações de apoio** nela disciplinadas devem ser constituídas sob a forma de **fundações de direito privado** (entidades **não** integrantes da administração pública formal), sem fins lucrativos, regidas pelo Código Civil e por estatutos cujas normas expressamente disponham sobre a observância dos princípios da legalidade, impessoalidade, moralidade, publicidade, economicidade e eficiência.

---

[7]   O inciso V do art. 2.º da Lei 10.973/2004 define **Instituição Científica, Tecnológica e de Inovação** (ICT) desta forma: "órgão ou entidade da administração pública direta ou indireta ou pessoa jurídica de direito privado sem fins lucrativos legalmente constituída sob as leis brasileiras, com sede e foro no País, que inclua em sua missão institucional ou em seu objetivo social ou estatutário a pesquisa básica ou aplicada de caráter científico ou tecnológico ou o desenvolvimento de novos produtos, serviços ou processos". E o inciso VII desse mesmo artigo assim conceitua **fundação de apoio**: "fundação criada com a finalidade de dar apoio a projetos de pesquisa, ensino e extensão, projetos de desenvolvimento institucional, científico, tecnológico e projetos de estímulo à inovação de interesse das ICTs, registrada e credenciada no Ministério da Educação e no Ministério da Ciência, Tecnologia, Inovações e Comunicações, nos termos da Lei 8.958/1994, e das demais legislações pertinentes nas esferas estadual, distrital e municipal".

Essas fundações de apoio são obrigadas a **prévio registro e credenciamento** no Ministério da Educação e no Ministério da Ciência, Tecnologia, Inovações e Comunicações, **renovável bienalmente**. Estão sujeitas a **fiscalização pelo Ministério Público**, nos termos do Código Civil e do Código de Processo Civil, e o seu pessoal é regido pela **legislação trabalhista**.

Segundo a Lei 8.958/1994, as IFES e as demais ICTs podem celebrar com as fundações ora em tela convênios e contratos, por prazo determinado, sendo **dispensável a licitação** – nos termos do inciso XV do art. 75 da Lei 14.133/2021. São ainda previstas, no art. 1.º-A da Lei 8.958/1994, outras possibilidades de celebração de convênios e contratos, por prazo determinado, com **licitação dispensável** (fundada no mesmo dispositivo da Lei 14.133/2021), entre entidades da administração pública e as fundações aqui em estudo, com a finalidade de apoiar as IFES e demais ICTs, exigida expressa anuência da instituição apoiada.

Além disso, a Lei 8.958/1994 autoriza **organizações sociais** e outras entidades privadas a realizar convênios e contratos com as fundações de apoio, por prazo determinado, com a finalidade de dar apoio às IFES e às demais ICTs, exigida anuência expressa das instituições apoiadas (art. 1.º-B).

A celebração de convênios entre a IFES ou demais ICTs apoiadas, fundação de apoio, entidades privadas, empresas públicas ou sociedades de economia mista, suas subsidiárias ou controladas, e organizações sociais, para finalidades de pesquisa, desenvolvimento, estímulo e fomento à inovação, será realizada mediante **critérios de habilitação das empresas**, regulamentados em **ato do Poder Executivo** federal, **não se aplicando** nesses casos a legislação federal que institui normas para licitações e contratos da administração pública **para a identificação e escolha das empresas convenentes** (art. 1.º-B, parágrafo único).

Na execução de convênios, contratos, acordos e demais ajustes abrangidos pela Lei 8.958/1994 **que envolvam recursos provenientes do poder público**, as fundações de apoio adotarão **regulamento específico de aquisições e contratações de obras e serviços**, a ser editado por meio de ato do Poder Executivo de cada nível de governo (art. 3.º). Aplicam-se às contratações **que não envolvam a aplicação de recursos públicos** as regras instituídas pela instância superior da fundação de apoio, disponíveis em seu sítio eletrônico, respeitados os princípios da legalidade, impessoalidade, moralidade, publicidade, economicidade e eficiência (art. 3.º, § 3.º).

Consoante o art. 3.º-A da Lei 8.958/1994, as fundações de apoio, na execução de convênios, contratos, acordos e outros ajustes ali referidos, deverão: (a) prestar contas dos recursos aplicados aos entes financiadores; (b) submeter-se ao controle de gestão pelo órgão máximo da IFE ou similar da entidade contratante; e (c) submeter-se ao controle finalístico pelo órgão de controle governamental competente.

O art. 6.º da Lei 8.958/1994 possibilita que as fundações de apoio, por meio de instrumento legal próprio, **utilizem bens e serviços** das IFES e demais ICTs apoiadas, pelo prazo necessário à elaboração e execução do projeto de ensino, pesquisa e extensão e de desenvolvimento institucional, científico e tecnológico e de estímulo à inovação, **mediante ressarcimento** previamente definido para cada projeto. Nos

Cap. 4 • TERCEIRO SETOR E ENTIDADES PARAESTATAIS

projetos que envolvam risco tecnológico, para solução de problema técnico específico ou obtenção de produto ou processo inovador, o uso de bens e serviços das IFES ou demais ICTs poderá ser contabilizado como contrapartida da instituição ao projeto, mediante previsão contratual de participação da instituição nos ganhos econômicos dele derivados, caso em que o **ressarcimento poderá ser dispensado**, mediante justificativa circunstanciada constante do projeto a ser aprovado pelo Conselho Superior das IFES ou órgão competente nas demais ICTs.

Admite a lei, também, que as IFES e demais ICTs contratantes autorizem – de acordo com as normas aprovadas pelo órgão de direção superior competente e limites e condições previstos em regulamento – a **participação de seus servidores** nas atividades realizadas pelas fundações de apoio, sem prejuízo de suas atribuições funcionais (art. 4.º).

É **vedado** às IFES e demais ICTs contratantes o **pagamento** de **débitos contraídos pelas fundações de apoio** por elas contratadas. Na mesma linha, **não podem** as IFES e demais ICTs contratantes assumir **responsabilidade**, a qualquer título, em relação ao **pessoal contratado pelas fundações de apoio**, inclusive na hipótese de utilização, por estas, de servidores das IFES e demais ICTs contratantes (art. 5.º).

É assegurado o acesso dos órgãos e das entidades públicas concedentes ou contratantes e do sistema de controle interno do Poder Executivo federal aos processos, aos documentos e às informações referentes aos recursos públicos recebidos pelas fundações de apoio e aos locais de execução do objeto do contrato ou convênio (art. 4.º-C). Os recursos provenientes de convênios, contratos, acordos e demais ajustes que envolvam recursos públicos gerenciados pelas fundações de apoio deverão ser mantidos em contas específicas abertas para cada projeto (art. 4.º-D, § 2.º).

Finalizando, repetimos que as regras da Lei 8.958/1994 que foram aqui expostas aplicam-se exclusivamente a uma das espécies do gênero "entidades de apoio": as **fundações** instituídas com a finalidade de apoiar projetos de ensino, pesquisa, extensão, desenvolvimento institucional, científico e tecnológico e estímulo à inovação, de interesse das IFES e demais ICTs. As outras "entidades de apoio" não têm uma lei própria que as regule. Não obstante, sempre que receberem ou de qualquer modo utilizarem recursos públicos no desenvolvimento de suas atividades, estarão sujeitas às regras básicas de direito público aplicáveis a toda e qualquer pessoa que de alguma forma receba ou administre recursos públicos.

1.6. Organizações gestoras de fundos patrimoniais

A Lei 13.800/2019 estabelece, entre outras disposições, a disciplina de uma figura denominada "**organização gestora de fundo patrimonial**", assim por ela definida (art. 2.º, II): "instituição privada **sem fins lucrativos** instituída na **forma de associação ou de fundação privada** com o intuito de atuar exclusivamente para um fundo na captação e na gestão das doações oriundas de pessoas físicas e jurídicas e do patrimônio constituído".

Essa pessoa jurídica tem por objetivo captar e gerir recursos provenientes de doações privadas, com os quais formará um fundo que a lei intitula de "**fundo pa-**

trimonial". Os recursos do fundo serão destinados a atividades de interesse público desenvolvidas por uma instituição pública ou privada sem fins lucrativos, que a lei chama de "**instituição apoiada**", descrita nestas palavras (art. 2.º, I): "instituição **pública ou privada sem fins lucrativos** e os órgãos a ela vinculados dedicados à consecução de finalidades de interesse público e beneficiários de programas, projetos ou atividades **financiados com recursos de fundo patrimonial**".

Fundo patrimonial, na dicção legal, é um "conjunto de **ativos de natureza privada** instituído, gerido e administrado pela organização gestora de fundo patrimonial com o intuito de constituir fonte de recursos de longo prazo, a partir da preservação do principal e da aplicação de seus rendimentos" (art. 2.º, IV).

Os fundos patrimoniais constituídos nos termos da Lei 13.800/2019 poderão apoiar instituições relacionadas à **educação**, à **ciência**, à **tecnologia**, à **pesquisa** e à **inovação**, à **cultura**, à **saúde**, ao **meio ambiente**, à **assistência social**, ao **desporto**, à **segurança pública**, aos **direitos humanos** e a **demais finalidades de interesse público** (art. 1.º, parágrafo único). Observe-se que a lista é **exemplificativa**, como evidencia a referência, abrangente e indeterminada, nela feita às "demais finalidades de interesse público".

A relação jurídica engendrada entre a organização gestora de fundo patrimonial e a instituição apoiada é formalizada por meio de um "**instrumento de parceria**", o qual, conforme averba a lei, consiste em um "acordo firmado entre a organização gestora de fundo patrimonial e a instituição apoiada, que **estabelece o vínculo de cooperação** entre as partes e que **determina a finalidade de interesse público a ser apoiada**" (art. 2.º, VII).

Além dessas, duas outras figuras definidas na Lei 13.800/2019 devem ser mencionadas, a saber:

a) **organização executora**: instituição sem fins lucrativos ou organização internacional reconhecida e representada no País, que atua em parceria com instituições apoiadas e que é **responsável pela execução** dos programas, dos projetos e de demais finalidades de interesse público; e

b) **termo de execução de programas, projetos e demais finalidades de interesse público**: acordo firmado entre a organização gestora de fundo patrimonial, a instituição apoiada e, quando necessário, a organização executora, que **define como serão despendidos os recursos** destinados a programas, projetos ou atividades de interesse público.

Não se aplicam aos instrumentos de parceria e aos termos de execução de programas, projetos e demais finalidades de interesse público previstos na Lei 13.800/2019 as disposições da Lei 9.790/1999 (lei disciplinadora das OSCIP) e da Lei 13.019/2014 (marco regulatório das "organizações da sociedade civil"). **Também não têm aplicação** a eles as normas da Lei 14.133/2021.

As **fundações de apoio** de que trata a Lei 8.958/1994 (estudadas no tópico anterior) equiparam-se às organizações gestoras de fundos patrimoniais, podendo realizar a gestão dos fundos patrimoniais previstos na Lei 13.800/2019, desde que as doações sejam geridas e destinadas em conformidade com essa lei.

A Lei 13.800/2019 resultou da aprovação da Medida Provisória 851/2018. Embora tenha havido alterações na conversão em lei, o conteúdo essencial da MP 851/2018 foi mantido, assim como o objetivo que norteou a sua edição. Faz-se oportuno reproduzir este esclarecedor trecho da Exposição de Motivos que acompanhou a MP 851/2018:

> 2. O financiamento das instituições públicas tem enfrentado dificuldades nos últimos anos. (...) Essas instituições possuem pouca tradição na captação de recursos privados, como também enfrentam a inexistência de normas específicas sobre o tema, que confiram segurança jurídica e as incentivem, de modo a promover o desenvolvimento de suas atividades finalísticas.
>
> 3. A experiência internacional mostra que fundos patrimoniais representam fonte importante de receita para instituições públicas, em especial doações para universidades e entidades de conservação do patrimônio histórico são extremamente importantes em outros países. (...)
>
> ....
>
> 5. A medida em tela visa construir alternativas viáveis para a captação de recursos privados para as instituições públicas, sem retirar o papel do Poder Público, criando incentivos para a prática de doações por meio do estabelecimento de um marco regulatório específico que, sobretudo, garanta a boa gestão dos recursos doados. Também incentiva a captação de recursos privados para instituições privadas para prestação de serviços de interesse público.

Uma **peculiaridade** precisa, desde logo, ser apontada **com destaque**: embora as organizações gestoras de fundos patrimoniais sejam associações ou fundações privadas sem fins lucrativos que celebram com a administração pública (ou com instituições privadas) parcerias visando à consecução de finalidades de interesse público, **não há previsão legal de modalidade alguma de fomento estatal específico a ser oferecido a elas.**[8]

Pelo contrário, nas parcerias reguladas pela Lei 13.800/2019, é a organização gestora de fundo patrimonial, entidade privada, quem financiará o projeto, programa ou atividade de interesse público a que se dedica a instituição apoiada (a qual pode ser uma pessoa jurídica pública ou privada), sem receber do Estado contrapartidas específicas.

Teremos, assim, uma **paraestatal** que **não recebe do poder público fomento especificamente relacionado a suas atividades institucionais** – ou, se considerar-

---

[8] A MP 851/2018 não previu em seu texto forma alguma de fomento ou de incentivo fiscal relacionados às organizações gestoras de fundos patrimoniais. O projeto de lei de conversão aprovado pelo Poder Legislativo estabelecia benefícios tributários a serem concedidos às pessoas que efetuassem doações a essas entidades, mas todos eles foram vetados pelo Presidente da República na promulgação da Lei 13.800/2019 – e esses vetos foram apreciados e mantidos pelo Congresso Nacional.

mos tal recebimento essencial à caracterização de uma paraestatal, será necessário classificar em alguma outra categoria as organizações em apreço.

O fundo patrimonial que a lei incumbe a organização gestora de instituir consistirá em uma fonte de recursos de longo prazo, devendo os ativos dele integrantes ser investidos com o objetivo de preservar o seu valor, gerar receita e constituir fonte regular e estável de recursos para fomento das finalidades de interesse público (art. 4.º). O **patrimônio** do fundo será contábil, administrativa e financeiramente **segregado**, para todos os fins, do patrimônio dos seus instituidores, da instituição apoiada e, quando for o caso, da organização executora (art. 4.º, § 1.º). Os fundos patrimoniais **não contarão com garantias** por parte da **administração pública** direta ou indireta (art. 17, § 1.º).

A organização gestora de fundo patrimonial responderá por suas obrigações até o limite dos bens e dos direitos integrantes do fundo patrimonial (art. 17, § 2.º). As obrigações por ela assumidas **não** são responsabilidade, direta ou indireta, da instituição apoiada ou da organização executora.

As obrigações de qualquer natureza, inclusive civil, ambiental, tributária, trabalhista e previdenciária, da instituição apoiada ou da organização executora **não** são responsabilidade, direta ou indireta, da organização gestora de fundo patrimonial (art. 4.º, §§ 2.º e 3.º).

Constituem **receitas** do fundo patrimonial (art. 13):

I – os aportes iniciais;

II – as doações financeiras e de bens móveis e imóveis e o patrocínio de pessoas físicas, de pessoas jurídicas privadas, nacionais ou estrangeiras, de Estados estrangeiros e de organismos internacionais e multilaterais;

III – os ganhos de capital e os rendimentos oriundos dos investimentos realizados com seus ativos;

IV – os recursos derivados de locação, empréstimo ou alienação de bens e direitos ou de publicações, material técnico, dados e informações;

V – os recursos destinados por testamento, nos termos da Lei n.º 10.406, de 10 de janeiro de 2002 (Código Civil);

VI – as contribuições associativas;

VII – as demais receitas patrimoniais e financeiras;

VIII – a exploração de direitos de propriedade intelectual decorrente de aplicação de recursos do fundo patrimonial;

IX – a venda de bens com a marca da instituição apoiada; e

X – os recursos provenientes de outros fundos patrimoniais.

No caso de bens imóveis ou de bens móveis não pecuniários, a organização gestora de fundo patrimonial poderá realizar: (a) a utilização em suas atividades ou para as atividades da instituição apoiada; (b) a locação; ou (c) a alienação para a sua conversão em pecúnia, a fim de facilitar os investimentos.

É **vedada** a **transferência de recursos** da **administração pública** direta, autárquica, fundacional e de empresa estatal dependente, incluída a instituição apoiada, para fundos patrimoniais (art. 17).

Quando a entidade apoiada for uma **instituição pública**, ela deverá firmar com a organização gestora de fundo patrimonial, além do instrumento de parceria (que é obrigatório em qualquer hipótese), termos de execução de programas, projetos e demais finalidades de interesse público (art. 18).

O instrumento de parceria não gera, de imediato, obrigações de dispêndio de recursos, as quais, no caso de **instituição pública apoiada**, decorrem da celebração de **cada termo de execução** de programas, projetos e demais finalidades de interesse público. Cabe destacar que os recursos previstos nos termos de execução de programas, projetos e demais finalidades de interesse público **não substituem as dotações orçamentárias regulares** das instituições públicas apoiadas (art. 22, § 1.º).

O instrumento de parceria firmado pelos representantes da **instituição pública apoiada** e da organização gestora de fundo patrimonial **poderá** ter **prazo indeterminado** e constituirá **título executivo extrajudicial** (art. 19).

Para além dessas normas, a Lei 13.800/2019 dispõe, nos seus arts. 24 e 25, acerca das medidas passíveis de serem adotadas, pela organização gestora de fundo patrimonial e pela instituição apoiada, nas hipóteses de verificação de irregularidades ou de descumprimento do instrumento de parceria ou do termo de execução de programas, projetos e demais finalidades de interesse público.

Tais medidas incluem, no limite, a possibilidade de a organização gestora de fundo patrimonial ou a instituição apoiada determinarem o encerramento do termo de execução ou da parceria. A lei estipula detalhadamente o tratamento a ser dado aos recursos do fundo patrimonial quando ocorrer o encerramento da parceria.

Há, também, no art. 26, uma série de regras relativas à extinção da organização gestora de fundo patrimonial. Desborda o escopo desta obra o exame pormenorizado dessas e de outras disposições da Lei 13.800/2019 – a maior parte delas, ademais, é de fácil compreensão mediante leitura direta do texto legal.

1.7. Marco regulatório das organizações da sociedade civil (Lei 13.019/2014)

1.7.1. Noções gerais

A Lei 13.019/2014, cuja vigência iniciou em 23 de janeiro de 2016 – e já bastante alterada, antes mesmo de sua entrada em vigor, pela Lei 13.204/2015 –, introduziu, em nosso ordenamento jurídico, "**normas gerais** para as **parcerias** entre a **administração pública e organizações da sociedade civil**, em regime de mútua cooperação, para a consecução de **finalidades de interesse público e recíproco**, mediante a execução de atividades ou de projetos previamente estabelecidos em planos de trabalho inseridos em **termos de colaboração**, em **termos de fomento** ou em **acordos de cooperação**". Ela também "define diretrizes para a política de fomento, de colaboração e de cooperação com organizações da sociedade civil". Na órbita **federal**, a Lei 13.019/2014 está regulamentada pelo Decreto 8.726/2016.

Chamada de "**marco regulatório das organizações da sociedade civil**", a Lei 13.019/2014 é de observância obrigatória por parte de todos os entes da Federação. Conforme definição nela própria contida, são considerados **administração pública**, para efeito de incidência de suas disposições, a União, os estados, o Distrito Federal, os municípios, as respectivas autarquias e fundações públicas, bem como as empresas públicas e as sociedades de economia mista prestadoras de serviço público, e suas subsidiárias, que recebam recursos da pessoa política instituidora para pagamento de despesas de pessoal ou de custeio em geral (art. 2.º, II).

As parcerias disciplinadas na Lei 13.019/2014 são celebradas entre a administração pública (na definição exposta no parágrafo precedente) e pessoas jurídicas privadas genericamente denominadas "**organizações da sociedade civil**" (OSC). Os instrumentos de formalização dessas parcerias são o "**termo de colaboração**", o "**termo de fomento**" e o "**acordo de cooperação**" (estudados no próximo tópico).

A Lei 13.019/2014 conceitua "**parceria**" como o "conjunto de direitos, responsabilidades e obrigações decorrentes de relação jurídica estabelecida formalmente entre a administração pública e organizações da sociedade civil, em regime de mútua cooperação, para a consecução de finalidades de interesse público e recíproco, mediante a **execução de atividade ou de projeto** expressos em termos de colaboração, em termos de fomento ou em acordos de cooperação" (art. 2.º, III).

No contexto da definição acima trasladada, "**atividade**" é descrita como um conjunto de operações que se realizam **de modo contínuo ou permanente**, das quais resulta um **produto ou serviço** necessário à satisfação de interesses compartilhados pela administração pública e pela OSC. Diferentemente, considera-se "**projeto**" um conjunto de operações, **limitadas no tempo**, das quais resulta um **produto** destinado à satisfação de interesses compartilhados pela administração pública e pela OSC (art. 2.º, III-A e III-B).

Para os fins da Lei 13.019/2014, enquadram-se como **organizações da sociedade civil** (art. 2.º, I):

a) entidade privada sem fins lucrativos que não distribua entre os seus sócios ou associados, conselheiros, diretores, empregados, doadores ou terceiros eventuais resultados, sobras, excedentes operacionais, brutos ou líquidos, dividendos, isenções de qualquer natureza, participações ou parcelas do seu patrimônio, auferidos mediante o exercício de suas atividades, e que os aplique integralmente na consecução do respectivo objeto social, de forma imediata ou por meio da constituição de fundo patrimonial ou fundo de reserva;

b) as sociedades cooperativas previstas na Lei 9.867/1999; as integradas por pessoas em situação de risco ou vulnerabilidade pessoal ou social; as alcançadas por programas e ações de combate à pobreza e de geração de trabalho e renda; as voltadas para fomento, educação e capacitação de trabalhadores rurais ou capacitação de agentes de assistência técnica e extensão rural; e as capacitadas para execução de atividades ou de projetos de interesse público e de cunho social;

c) as organizações religiosas que se dediquem a atividades ou a projetos de interesse público e de cunho social distintas das destinadas a fins exclusivamente religiosos.

As parcerias disciplinadas na Lei 13.019/2014 deverão respeitar, em todos os seus aspectos, as normas específicas das políticas públicas setoriais relativas ao objeto da parceria e as respectivas instâncias de pactuação e deliberação (art. 2.º-A).

É muito importante alertar que as exigências estabelecidas na Lei 13.019/2014 **não se aplicam**, dentre outras hipóteses listadas em seu art. 3.º:

a) aos contratos de gestão celebrados com **organizações sociais**, desde que estes cumpram os requisitos previstos na Lei 9.637/1998;

b) aos termos de parceria celebrados com **organizações da sociedade civil de interesse público**, desde que eles atendam às condições estipuladas na Lei 9.790/1999;

c) às parcerias celebradas entre a administração pública e os **serviços sociais autônomos**.

Preceitua o art. 5.º da Lei 13.019/2014 que o regime jurídico por ela estabelecido "tem como **fundamentos** a gestão pública democrática, a participação social, o fortalecimento da sociedade civil, a transparência na aplicação dos recursos públicos, os princípios da legalidade, da legitimidade, da impessoalidade, da moralidade, da publicidade, da economicidade, da eficiência e da eficácia".

No art. 6.º, são enumeradas "**diretrizes fundamentais do regime jurídico de parceria**", dentre as quais vale destacar:

a) a promoção, o fortalecimento institucional, a capacitação e o incentivo à organização da sociedade civil para a cooperação com o poder público;

b) a priorização do controle de resultados;

c) o fortalecimento das ações de cooperação institucional entre os entes federados nas relações com as organizações da sociedade civil;

d) a ação integrada, complementar e descentralizada, de recursos e ações, entre os entes da Federação, evitando sobreposição de iniciativas e fragmentação de recursos;

e) o estabelecimento de mecanismos que ampliem a gestão de informação, transparência e publicidade;

f) a adoção de práticas de gestão administrativa necessárias e suficientes para coibir a obtenção, individual ou coletiva, de benefícios ou vantagens indevidos.

Poderá ser criado, no âmbito do Poder Executivo federal, o "**Conselho Nacional de Fomento e Colaboração**", de composição paritária entre representantes governamentais e organizações da sociedade civil, com a finalidade de divulgar boas práticas e de propor e apoiar políticas e ações voltadas ao fortalecimento das relações de fomento e de colaboração tratadas na Lei 13.019/2014. Os conselhos setoriais de políticas públicas e a administração pública serão consultados quanto às políticas e ações voltadas ao fortalecimento das relações de fomento e de colaboração propostas pelo Conselho Nacional de Fomento e Colaboração (art. 15).

Alguns mecanismos interessantes são previstos, nos arts. 10 a 12 da Lei 13.019/2014, com o fim de assegurar ou reforçar a **transparência** no âmbito das parcerias aqui em exame.

É exemplo a exigência de que a administração pública mantenha, em seu sítio oficial na internet, a **relação das parcerias** celebradas e dos **respectivos planos de trabalho**, até cento e oitenta dias após o respectivo encerramento (art. 10).

De sua parte, a OSC deverá divulgar na internet e em locais visíveis de suas sedes sociais e dos estabelecimentos em que exerça suas ações **todas as parcerias celebradas com a administração pública** (art. 11).

As **informações publicadas na internet** pela administração e pela OSC, a que se referem os arts. 10 e 11, **deverão incluir**, dentre outros dados: (a) a descrição do objeto da parceria; (b) o valor total da parceria e valores liberados, quando for o caso; (c) a situação da prestação de contas da parceria, que deverá informar a data prevista para a sua apresentação, a data em que foi apresentada, o prazo para a sua análise e o resultado conclusivo; (d) o valor total da remuneração da equipe de trabalho, as funções que seus integrantes desempenham e a remuneração prevista para o respectivo exercício, quando vinculados à execução do objeto e pagos com recursos da parceria.

As exigências de transparência e publicidade serão **excepcionadas** quando se tratar de programa de proteção a pessoas ameaçadas ou em situação que possa comprometer a sua segurança, na forma do regulamento (art. 87).

A administração deverá divulgar pela internet os meios de **representação** sobre a **aplicação irregular dos recursos** envolvidos na parceria (art. 12).

Ao decidir sobre a celebração da parceria, o administrador público considerará, obrigatoriamente, a capacidade operacional da administração pública para celebrar a parceria, cumprir as obrigações dela decorrentes e assumir as respectivas responsabilidades, avaliará as propostas de parceria com o rigor técnico necessário, designará gestores habilitados a controlar e fiscalizar a execução em tempo hábil e de modo eficaz e apreciará as prestações de contas na forma e nos prazos determinados na Lei 13.019/2014 e na legislação específica (art. 8.º).

É **vedada a celebração de parcerias** previstas na Lei 13.019/2014 que tenham por objeto, envolvam ou incluam, direta ou indiretamente, delegação das funções de regulação, de fiscalização, de exercício do poder de polícia ou de outras atividades exclusivas de Estado (art. 40).

Finalizando estas noções introdutórias, é de interesse destacar que **não se aplicam** as normas da Lei 14.133/2021 às parcerias regidas pela Lei 13.019/2014 (art. 84).

A Lei 13.019/2014 **não versa sobre convênios**. Apesar disso, no parágrafo único do seu art. 84, achou-se por bem asseverar que são regidos pelo art. 116 da Lei 8.666/1993: (a) os **convênios** celebrados entre entes federados ou pessoas jurídicas a eles vinculadas; e (b) os **convênios** celebrados com entidades filantrópicas e sem fins lucrativos que tenham por finalidade possibilitar a participação destas, de forma complementar, no Sistema Único de Saúde (SUS), conforme previsto no § 1.º do art. 199 da Constituição Federal.

Entendemos que a menção feita ao art. 116 da Lei 8.666/1993 deve ser lida como "as disposições sobre convênios constantes na Lei 14.133/2021". Atualmente, as normas sobre convênios existentes na Lei 14.133/2021 – a maior parte delas acrescentada pela Lei 14.770/2023 – encontram-se nos seus arts. 184 e 184-A, apresentados nesta obra em tópico próprio, no capítulo concernente aos contratos administrativos.

Mais importante do que a sobredita regra do parágrafo único do art. 84 da Lei 13.019/2014 é a contida no seu art. 84-A, segundo a qual, a partir do início da vigência dessa lei (23 de janeiro de 2016), "somente serão celebrados convênios nas hipóteses do parágrafo único do art. 84". Significa dizer: o instrumento "**convênio**" não mais pode ser firmado entre a administração pública e **pessoas jurídicas da iniciativa privada**, salvo, unicamente, no caso dos convênios celebrados com entidades filantrópicas e sem fins lucrativos que tenham por finalidade possibilitar a participação destas, de forma complementar, no SUS.

Além disso, o art. 41 preceitua que, afora as hipóteses do parágrafo único do art. 84 e os casos em que a própria Lei 13.019/2014 exclui a incidência das disposições nela estabelecidas (previstos no art. 3.º), as parcerias entre a administração pública e as entidades definidas como OSC **deverão ser celebradas nos termos da Lei 13.019/2014**.

1.7.2. Instrumentos de formalização da parceria: termo de colaboração, termo de fomento e acordo de cooperação

Três **instrumentos** são previstos na Lei 13.019/2014 para a **formalização** das parcerias por ela regidas: o "termo de colaboração", o "termo de fomento" e o "acordo de cooperação".

O **termo de colaboração** é o instrumento que a administração pública deverá adotar para formalizar as parcerias celebradas com organizações da sociedade civil, que **envolvam a transferência de recursos financeiros**, para a consecução de finalidades de interesse público e recíproco, conforme planos de trabalho de **iniciativa da administração pública** (arts. 2.º, VII, e 16).

Os **conselhos de políticas públicas** – órgãos criados pelo poder público para atuar como instância consultiva, na respectiva área de atuação, na formulação, implementação, acompanhamento, monitoramento e avaliação de políticas públicas – **poderão apresentar propostas** à administração pública para celebração de **termo de colaboração** com organizações da sociedade civil (art. 16, parágrafo único).

O **termo de fomento** é o instrumento que a administração pública deverá adotar para formalizar as parcerias celebradas com organizações da sociedade civil, que **envolvam a transferência de recursos financeiros**, para a consecução de finalidades de interesse público e recíproco, conforme planos de trabalho **propostos por organizações da sociedade civil** (arts. 2.º, VIII, e 17).

O **acordo de cooperação** é o instrumento por meio do qual são formalizadas parcerias entre a administração pública e organizações da sociedade civil para a consecução de finalidades de interesse público e recíproco que **não envolvam a transferência de recursos financeiros** (art. 2.º, VIII-A).

No quadro apresentado a seguir são comparadas as características e as finalidades dos instrumentos ora em exame.

Termo de colaboração	Termo de fomento	Acordo de cooperação
Instrumento de formalização de parcerias entre a administração pública e OSC.	Instrumento de formalização de parcerias entre a administração pública e OSC.	Instrumento de formalização de parcerias entre a administração pública e OSC.
Parcerias celebradas para a consecução de finalidades de interesse público e recíproco.	Parcerias celebradas para a consecução de finalidades de interesse público e recíproco.	Parcerias celebradas para a consecução de finalidades de interesse público e recíproco.
Parcerias propostas pela administração pública.	Parcerias propostas por OSC.	Parcerias propostas pela administração pública ou por OSC.
Parcerias que envolvam transferência de recursos financeiros.	Parcerias que envolvam transferência de recursos financeiros.	Parcerias que não envolvam transferência de recursos financeiros.

O termo de fomento, o termo de colaboração e o acordo de cooperação somente produzirão **efeitos jurídicos** após a **publicação dos respectivos extratos** no meio oficial de publicidade da administração pública (art. 38).

A Lei 13.019/2014 exige que a administração pública adote uma série de providências, arroladas em seu art. 35, para a celebração e a formalização do **termo de colaboração** e do **termo de fomento** (note-se que elas **não se aplicam** aos **acordos de cooperação**). Em razão da importância desse dispositivo, faz-se oportuno transcrevê-lo na íntegra:

Art. 35. A celebração e a formalização do termo de colaboração e do termo de fomento dependerão da adoção das seguintes providências pela administração pública:

I – realização de chamamento público, ressalvadas as hipóteses previstas nesta Lei;

II – indicação expressa da existência de prévia dotação orçamentária para execução da parceria;

III – demonstração de que os objetivos e finalidades institucionais e a capacidade técnica e operacional da organização da sociedade civil foram avaliados e são compatíveis com o objeto;

IV – aprovação do plano de trabalho, a ser apresentado nos termos desta Lei;

V – emissão de parecer de órgão técnico da administração pública, que deverá pronunciar-se, de forma expressa, a respeito:

a) do mérito da proposta, em conformidade com a modalidade de parceria adotada;

Cap. 4 • TERCEIRO SETOR E ENTIDADES PARAESTATAIS

b) da identidade e da reciprocidade de interesse das partes na realização, em mútua cooperação, da parceria prevista nesta Lei;

c) da viabilidade de sua execução;

d) da verificação do cronograma de desembolso;

e) da descrição de quais serão os meios disponíveis a serem utilizados para a fiscalização da execução da parceria, assim como dos procedimentos que deverão ser adotados para avaliação da execução física e financeira, no cumprimento das metas e objetivos;

f) (revogada pela Lei 13.204/2015);

g) da designação do gestor da parceria;

h) da designação da comissão de monitoramento e avaliação da parceria;

i) (revogada pela Lei 13.204/2015);

VI – emissão de parecer jurídico do órgão de assessoria ou consultoria jurídica da administração pública acerca da possibilidade de celebração da parceria.

§ 1.º Não será exigida contrapartida financeira como requisito para celebração de parceria, facultada a exigência de contrapartida em bens e serviços cuja expressão monetária será obrigatoriamente identificada no termo de colaboração ou de fomento.

§ 2.º Caso o parecer técnico ou o parecer jurídico de que tratam, respectivamente, os incisos V e VI concluam pela possibilidade de celebração da parceria com ressalvas, deverá o administrador público sanar os aspectos ressalvados ou, mediante ato formal, justificar a preservação desses aspectos ou sua exclusão.

§ 3.º Na hipótese de o gestor da parceria deixar de ser agente público ou ser lotado em outro órgão ou entidade, o administrador público deverá designar novo gestor, assumindo, enquanto isso não ocorrer, todas as obrigações do gestor, com as respectivas responsabilidades.

§ 4.º (revogado pela Lei 13.204/2015).

§ 5.º Caso a organização da sociedade civil adquira equipamentos e materiais permanentes com recursos provenientes da celebração da parceria, o bem será gravado com cláusula de inalienabilidade, e ela deverá formalizar promessa de transferência da propriedade à administração pública, na hipótese de sua extinção.

§ 6.º Será impedida de participar como gestor da parceria ou como membro da comissão de monitoramento e avaliação pessoa que, nos últimos 5 (cinco) anos, tenha mantido relação jurídica com, ao menos, 1 (uma) das organizações da sociedade civil partícipes.

§ 7.º Configurado o impedimento do § 6.º, deverá ser designado gestor ou membro substituto que possua qualificação técnica equivalente à do substituído.

É **obrigatória** a estipulação do **destino a ser dado aos bens remanescentes da parceria** (art. 36). Nos termos da lei, "**bens remanescentes**" são bens "de natureza permanente adquiridos com recursos financeiros envolvidos na parceria, necessários à consecução do objeto, mas que a ele não se incorporam" (art. 2.º, XIII). Os bens remanescentes adquiridos com recursos transferidos **poderão**, a critério do administrador público, ser **doados**, quando, após a consecução do objeto, **não forem necessários** para assegurar a continuidade do objeto pactuado, observado o disposto no respectivo termo e na legislação vigente (art. 36, parágrafo único).

1.7.3. Plano de trabalho

O art. 22 da Lei 13.019/2014 trata do **plano de trabalho** das parcerias celebradas mediante **termo de colaboração ou termo de fomento**. Não há dispositivo que cuide especificamente do plano de trabalho das parcerias formalizadas por meio de **acordos de cooperação**. Apesar disso, é certo que, em todas as modalidades de parcerias regidas pela Lei 13.019/2014, **sempre deverá haver um plano de trabalho**, no qual estarão descritas as atividades ou os projetos a serem executados pela OSC e pela administração pública em regime de mútua cooperação.

Deixam clara essa necessidade de que exista sempre um plano de trabalho não só o art. 1.º da Lei 13.019/2014 – ao estatuir que as parcerias nela disciplinadas destinam-se à "execução de atividades ou de projetos previamente estabelecidos em planos de trabalho inseridos em termos de colaboração, em termos de fomento ou em acordos de cooperação" –, como também o parágrafo único do art. 42, que afirma que "constará como anexo do termo de colaboração, do termo de fomento ou do acordo de cooperação o **plano de trabalho**, que deles será **parte integrante e indissociável**".

Não é ocioso repetir, porém, que **não há** na lei **regras específicas** a respeito dos planos de trabalho das parcerias formalizadas por meio de **acordos de cooperação**.

Os planos de trabalho das parcerias celebradas **mediante termo de colaboração ou termo de fomento** deverão conter (art. 22):

a) descrição da realidade que será objeto da parceria, devendo ser demonstrado o nexo entre essa realidade e as atividades ou projetos e metas a serem atingidas;

b) descrição de **metas a serem atingidas** e de **atividades ou projetos a serem executados**;

c) previsão de receitas e de despesas a serem realizadas na execução das atividades ou dos projetos abrangidos pela parceria;

d) forma de execução das atividades ou dos projetos e de cumprimento das metas a eles atreladas;

e) definição dos **parâmetros** a serem utilizados para a **aferição do cumprimento das metas**.

O plano de trabalho da parceria poderá ser revisto para **alteração de valores ou de metas**, mediante **termo aditivo** ou por **apostila** ao plano de trabalho original (art. 57).

A **vigência** da parceria poderá ser alterada mediante solicitação da OSC, devidamente formalizada e justificada, a ser apresentada à administração pública em, no mínimo, **trinta dias antes** do termo inicialmente previsto (art. 55).

A administração pública deverá **prorrogar de ofício** a vigência do termo de colaboração ou do termo de fomento quando ela der causa a atraso na liberação de recursos financeiros, limitada a prorrogação ao exato período do atraso verificado (art. 55, parágrafo único).

1.7.4. Normas referentes à organização da sociedade civil

Como condição para a celebração da parceria, a Lei 13.019/2014 exige que a OSC seja regida por **normas de organização interna** que prevejam, **expressamente** (art. 33):

a) objetivos voltados à promoção de atividades e finalidades de relevância pública e social;

b) que, em caso de dissolução da entidade, o respectivo patrimônio líquido seja transferido a outra pessoa jurídica de igual natureza que preencha os requisitos da Lei 13.019/2014 e cujo objeto social seja, preferencialmente, o mesmo da entidade extinta;

c) escrituração de acordo com os princípios fundamentais de contabilidade e com as Normas Brasileiras de Contabilidade;

É necessário, ademais, que a OSC:

d) tenha, no mínimo, um ano, dois anos ou três anos de existência, conforme, respectivamente, a parceria seja celebrada no âmbito dos municípios, do Distrito Federal ou dos estados e da União (é admitida a redução desses prazos por ato específico de cada ente federativo, na hipótese de nenhuma OSC atingi-los); a OSC deverá ter cadastro ativo e tempo de existência comprovados por meio de documentação emitida pela Secretaria da Receita Federal do Brasil, com base no Cadastro Nacional da Pessoa Jurídica (CNPJ);

e) tenha experiência prévia na realização, com efetividade, do objeto da parceria ou de natureza semelhante;

f) possua instalações, condições materiais e capacidade técnica e operacional para o desenvolvimento das atividades ou projetos previstos na parceria e o cumprimento das metas estabelecidas (não é necessária a demonstração de capacidade instalada prévia).

Na celebração de **acordos de cooperação**, é exigido **somente** que a OSC cumpra o requisito estipulado na letra "a", isto é, que ela seja regida por normas de organização interna que prevejam, expressamente, objetivos voltados à promoção de atividades e finalidades de relevância pública e social (art. 33, § 1.º).

As **organizações religiosas** são **dispensadas** das exigências enumeradas nas letras "a" e "b" (art. 33, § 2.º).

As **sociedades cooperativas** devem atender às exigências previstas na legislação específica e ao disposto na letra "c", estando dispensadas de cumprir os requisitos previstos nas letras "a" e "b" (art. 33, § 3.º).

Para a celebração da parceria, a OSC deverá apresentar a seguinte documentação (art. 34):

a) certidões de regularidade fiscal, previdenciária, tributária, de contribuições e de dívida ativa, de acordo com a legislação aplicável de cada ente federado;

b) certidão de existência jurídica expedida pelo cartório de registro civil ou cópia do estatuto registrado e de eventuais alterações ou, tratando-se de sociedade cooperativa, certidão simplificada emitida por junta comercial;

c) cópia da ata de eleição do quadro dirigente atual;

d) relação nominal atualizada dos dirigentes da entidade, com endereço, número e órgão expedidor da carteira de identidade e número de registro no Cadastro de Pessoas Físicas (CPF) de cada um deles;

e) comprovação de que a OSC funciona no endereço por ela declarado.

Ficará **impedida de celebrar qualquer modalidade de parceria** prevista na Lei 13.019/2014 a OSC que (art. 39):

I – não esteja regularmente constituída ou, se estrangeira, não esteja autorizada a funcionar no território nacional;

II – esteja omissa no dever de prestar contas de parceria anteriormente celebrada;

III – tenha como dirigente membro de Poder ou do Ministério Público, ou dirigente de órgão ou entidade da administração pública da mesma esfera governamental na qual será celebrado o termo de colaboração ou de fomento, estendendo-se a vedação aos respectivos cônjuges ou companheiros, bem como parentes em linha reta, colateral ou por afinidade, até o segundo grau;

IV – tenha tido as contas rejeitadas pela administração pública nos últimos cinco anos, exceto se:

a) for sanada a irregularidade que motivou a rejeição e quitados os débitos eventualmente imputados;

b) for reconsiderada ou revista a decisão pela rejeição;

c) a apreciação das contas estiver pendente de decisão sobre recurso com efeito suspensivo;

V – tenha sido punida com uma das seguintes sanções, pelo período que durar a penalidade:

a) suspensão de participação em licitação e impedimento de contratar com a administração;

b) declaração de inidoneidade para licitar ou contratar com a administração pública;

Cap. 4 • TERCEIRO SETOR E ENTIDADES PARAESTATAIS

c) a prevista no inciso II do art. 73 desta Lei;[9]

d) a prevista no inciso III do art. 73 desta Lei;[10]

VI – tenha tido contas de parceria julgadas irregulares ou rejeitadas por Tribunal ou Conselho de Contas de qualquer esfera da Federação, em decisão irrecorrível, nos últimos 8 (oito) anos;

VII – tenha entre seus dirigentes pessoa:

a) cujas contas relativas a parcerias tenham sido julgadas irregulares ou rejeitadas por Tribunal ou Conselho de Contas de qualquer esfera da Federação, em decisão irrecorrível, nos últimos 8 (oito) anos;

b) julgada responsável por falta grave e inabilitada para o exercício de cargo em comissão ou função de confiança, enquanto durar a inabilitação;

c) considerada responsável por ato de improbidade, enquanto durarem os prazos estabelecidos nos incisos I, II e III do art. 12 da Lei 8.429/1992.

Ocorrendo qualquer dessas hipóteses, ficará também **vedada a transferência de novos recursos** no âmbito de parcerias em execução. Excetuam-se apenas os casos de serviços essenciais que não possam ser adiados sem causar prejuízo ao erário ou à população – e a transferência de recursos efetuada nessas circunstâncias deverá ser **precedida** de expressa e fundamentada autorização do dirigente máximo do órgão ou entidade da administração pública, sob pena de responsabilidade solidária (art. 39, § 1.º).

O **impedimento** para celebrar parceria **persiste enquanto não houver o ressarcimento do dano ao erário**, pelo qual seja responsável a OSC ou seu dirigente (art. 39, § 2.º). Não são considerados, para esse fim – nem para efeito do disposto na alínea "a" do inciso IV, acima transcrito –, débitos que decorram de atrasos na liberação de repasses pela administração pública ou que tenham sido objeto de parcelamento, se a organização da sociedade civil estiver em situação regular no parcelamento (art. 39, § 4.º).

A vedação prevista no inciso III, supratranscrito, não se aplica à celebração de parcerias com entidades que, pela sua própria natureza, sejam constituídas pelas autoridades referidas naquele inciso, sendo vedado que a mesma pessoa figure no termo de colaboração, no termo de fomento ou no acordo de cooperação simultaneamente como dirigente e administrador público (art. 39, § 5.º).

---

[9] "II – suspensão temporária da participação em chamamento público e impedimento de celebrar parceria ou contrato com órgãos e entidades da esfera de governo da administração pública sancionadora, por prazo não superior a dois anos;"

[10] "III – declaração de inidoneidade para participar de chamamento público ou celebrar parceria ou contrato com órgãos e entidades de todas as esferas de governo, enquanto perdurarem os motivos determinantes da punição ou até que seja promovida a reabilitação perante a própria autoridade que aplicou a penalidade, que será concedida sempre que a organização da sociedade civil ressarcir a administração pública pelos prejuízos resultantes e após decorrido o prazo da sanção aplicada com base no inciso II."

Não são considerados membros de Poder os integrantes de conselhos de direitos e de políticas públicas (art. 39, § 6.º).

1.7.4.1.   Atuação em rede

A Lei 13.019/2014 admite que duas ou mais OSC atuem em conjunto na execução de um **termo de fomento** ou de um **termo de colaboração**. A lei chama de "**atuação em rede**" essa atuação conjunta – a qual, vale destacar, **não** está prevista no caso de execução de **acordo de cooperação**.

Quando há atuação em rede, uma OSC – a celebrante – fica **integralmente responsável** pela execução da parceria. Será ela quem assinará o termo de fomento ou o termo de colaboração e, além disso, deverá celebrar um "**termo de atuação em rede**", destinado ao repasse de recursos às OSC executantes não celebrantes.

As regras acerca da atuação em rede encontram-se no art. 35-A da Lei 13.019/2014, cuja reprodução encerra este subitem (grifamos):

> Art. 35-A. É permitida a **atuação em rede**, por duas ou mais organizações da sociedade civil, mantida a **integral responsabilidade** da organização **celebrante** do **termo de fomento ou de colaboração**, desde que a organização da sociedade civil **signatária** do termo de fomento ou de colaboração possua:
>
> I – **mais de cinco anos** de inscrição no CNPJ;
>
> II – **capacidade técnica e operacional** para supervisionar e orientar diretamente a atuação da organização que com ela estiver atuando em rede.
>
> Parágrafo único. A organização da sociedade civil que assinar o termo de colaboração ou de fomento **deverá celebrar termo de atuação em rede** para repasse de recursos às não celebrantes, ficando obrigada a, no ato da respectiva formalização:
>
> I – **verificar**, nos termos do regulamento, a **regularidade jurídica e fiscal da organização executante e não celebrante** do termo de colaboração ou do termo de fomento, devendo comprovar tal verificação na prestação de contas;
>
> II – **comunicar à administração pública** em **até sessenta dias** a assinatura do termo de atuação em rede.

1.7.5.   Procedimento de manifestação de interesse social

A Lei 13.019/2014 criou uma figura intitulada "**procedimento de manifestação de interesse social**", assim conceituada: "instrumento por meio do qual as organizações da sociedade civil, movimentos sociais e cidadãos poderão apresentar propostas ao poder público para que este avalie a possibilidade de realização de um chamamento público objetivando a celebração de parceria" (art. 18).

A proposta a ser encaminhada à administração pública deverá identificar o seu subscritor, apontar o interesse público envolvido, apresentar um diagnóstico da realidade

Cap. 4 • TERCEIRO SETOR E ENTIDADES PARAESTATAIS **187**

que se quer modificar, aprimorar ou desenvolver e, quando possível, indicar a viabilidade, os custos, os benefícios e os prazos de execução da ação pretendida (art. 19).

Se a proposta preencher os requisitos enumerados no parágrafo anterior, a administração pública deverá torná-la pública em seu sítio eletrônico e, caso entenda conveniente e oportuna a realização do procedimento de manifestação de interesse social, procederá à sua instauração, para oitiva da sociedade sobre o tema (art. 20).

A realização do procedimento de manifestação de interesse social **não implicará** necessariamente a execução do chamamento público, que acontecerá de acordo com os interesses da administração (art. 21). Ademais, a realização do procedimento de manifestação de interesse social **não dispensa** a convocação por meio de **chamamento público** para a celebração de parceria (art. 21, § 1.º).

A proposição ou a participação no procedimento de manifestação de interesse social **não impede** a OSC de **participar** no **eventual chamamento público** subsequente (art. 21, § 2.º).

É **vedado** condicionar a realização de chamamento público ou a celebração de parceria à prévia realização de procedimento de manifestação de interesse social (art. 21, § 3.º).

1.7.6. Chamamento público

A Lei 13.019/2014 assim define "**chamamento público**" (art. 2.º, XII): "procedimento destinado a selecionar organização da sociedade civil para firmar parceria por meio de termo de colaboração ou de fomento, no qual se garanta a observância dos princípios da isonomia, da legalidade, da impessoalidade, da moralidade, da igualdade, da publicidade, da probidade administrativa, da vinculação ao instrumento convocatório, do julgamento objetivo e dos que lhes são correlatos".

Como **regra**, a administração pública, para poder celebrar termo de colaboração ou termo de fomento, está **obrigada** a realizar o **chamamento público**, com o fim de selecionar organizações da sociedade civil que presumidamente tenham condições de executar o objeto da parceria de forma mais eficaz (art. 24). Não haverá chamamento público, porém, para a celebração de termos de colaboração ou de termos de fomento que envolvam recursos decorrentes de emendas parlamentares às leis orçamentárias anuais (art. 29). Existem, ainda, situações excepcionais em que o chamamento público poderá ser **dispensado** ou será considerado **inexigível** (estudadas adiante, em subitem específico).

Não há chamamento público no caso de parceria formalizada mediante **acordo de cooperação**, exceto na hipótese descrita no art. 29, a saber: será necessário efetuar chamamento público quando o objeto do acordo de cooperação envolver a celebração de comodato, doação de bens ou outra forma de compartilhamento de recurso patrimonial.

O **edital do chamamento público** especificará, no mínimo (art. 24, § 1.º):

a) a programação orçamentária que autoriza e viabiliza a celebração da parceria;

b) o objeto da parceria;

DIREITO ADMINISTRATIVO DESCOMPLICADO • *Marcelo Alexandrino & Vicente Paulo*

c) as datas, os prazos, as condições, o local e a forma de apresentação das propostas;

d) as datas e os critérios de seleção e julgamento das propostas, inclusive no que se refere à metodologia de pontuação e ao peso atribuído a cada um dos critérios estabelecidos, se for o caso;

e) o valor previsto para a realização do objeto;

f) as condições para interposição de recurso administrativo;

g) a minuta do instrumento por meio do qual será celebrada a parceria;

h) de acordo com as características do objeto da parceria, medidas de acessibilidade para pessoas com deficiência ou mobilidade reduzida e idosos.

É **vedado** admitir, prever, incluir ou tolerar, nos atos de convocação, cláusulas ou condições que **comprometam, restrinjam ou frustrem o seu caráter competitivo** em decorrência de qualquer circunstância impertinente ou irrelevante para o específico objeto da parceria, sendo, entretanto, **admitidos** (art. 24, § 2.º):

> I – a seleção de propostas apresentadas exclusivamente por concorrentes sediados ou com representação atuante e reconhecida na unidade da Federação onde será executado o objeto da parceria;
>
> II – o estabelecimento de cláusula que delimite o território ou a abrangência da prestação de atividades ou da execução de projetos, conforme estabelecido nas políticas setoriais.

O edital deverá ser amplamente divulgado em página do sítio oficial da administração na internet, com **antecedência mínima de trinta dias** (art. 26).

É **critério obrigatório de julgamento** o grau de adequação da proposta aos objetivos específicos do programa ou da ação em que se insere o objeto da parceria e, quando for o caso, ao valor de referência constante do chamamento público (art. 27).

Deverá ser obrigatoriamente **justificada** a seleção de proposta que **não for a mais adequada a valor de referência** constante do chamamento público (art. 27, § 5.º).

As propostas serão julgadas por uma comissão de seleção previamente designada, nos termos da Lei 13.019/2014, ou constituída pelo respectivo conselho gestor, se o projeto for financiado com recursos de fundos específicos (art. 27, § 1.º).

A Lei 13.019/2014 define "**comissão de seleção**" como o órgão colegiado destinado a processar e julgar chamamentos públicos, constituído por ato publicado em meio oficial de comunicação, assegurada a participação de **pelo menos um servidor ocupante de cargo efetivo ou emprego permanente** do quadro de pessoal da administração pública (art. 2.º, X). Será impedida de participar da comissão de seleção pessoa que, nos últimos **cinco anos**, tenha mantido relação jurídica com, ao menos, uma das entidades participantes do chamamento público, devendo, nesse caso, ser designado membro substituto que possua qualificação equivalente à do substituído (art. 27, §§ 2.º e 3.º).

Cap. 4 • TERCEIRO SETOR E ENTIDADES PARAESTATAIS **189**

Somente depois de encerrada a etapa competitiva e ordenadas as propostas, a administração pública procederá à verificação dos documentos que comprovem o atendimento, **pela OSC selecionada**, dos requisitos previstos nos arts. 33 e 34 (referentes às normas de organização interna da OSC e aos documentos a serem apresentados para a celebração da parceria, estudados anteriormente, em subitem próprio).

Na hipótese de a OSC selecionada não satisfazer os requisitos, a OSC imediatamente mais bem classificada **poderá ser convidada** a aceitar a celebração da parceria **nos termos da proposta apresentada por ela** (pela OSC imediatamente mais bem classificada). Caso aceite, será então verificado se ela cumpre os requisitos dos arts. 33 e 34.

A administração **homologará e divulgará o resultado do julgamento** em página do seu sítio oficial na internet (art. 27, § 4.º).

A homologação **não gera direito** para a OSC à celebração da parceria (art. 27, § 6.º).

1.7.6.1. Dispensa e inexigibilidade do chamamento público

O chamamento público **poderá ser dispensado** pela administração pública (art. 30):

a) no caso de urgência decorrente de paralisação ou iminência de paralisação de atividades de relevante interesse público, pelo prazo de até cento e oitenta dias;

b) nos casos de guerra, calamidade pública, grave perturbação da ordem pública ou ameaça à paz social;

c) quando se tratar da realização de programa de proteção a pessoas ameaçadas ou em situação que possa comprometer a sua segurança;

d) no caso de atividades voltadas ou vinculadas a serviços de educação, saúde e assistência social, desde que executadas por organizações da sociedade civil previamente credenciadas pelo órgão gestor da respectiva política.

Destaque-se este ponto: a administração poderá decidir, **discricionariamente**, se dispensará, ou não, o processo seletivo, contanto que esteja caracterizada alguma das situações acima enumeradas.

O chamamento público **será considerado inexigível** na hipótese de **inviabilidade de competição** entre as OSC, em razão da natureza singular do objeto da parceria ou se as metas somente puderem ser atingidas por uma entidade específica, especialmente quando (art. 31):

a) o objeto da parceria constituir incumbência prevista em acordo, ato ou compromisso internacional, no qual sejam indicadas as instituições que utilizarão os recursos;

b) a parceria decorrer de transferência para organização da sociedade civil que esteja autorizada em lei na qual seja identificada expressamente a entidade beneficiária.

190 DIREITO ADMINISTRATIVO DESCOMPLICADO • Marcelo Alexandrino & Vicente Paulo

A ausência de realização de chamamento público nas hipóteses dos arts. 30 e 31 (dispensa e inexigibilidade) precisa ser **justificada** pelo administrador público.

Sob pena de **nulidade** do ato de formalização da parceria, o extrato da justificativa deverá ser publicado, na mesma data em que for efetivado, no sítio oficial da administração na internet e, eventualmente, a critério do administrador público, também no meio oficial de publicidade da administração (art. 32, § 1.º). A redação desse dispositivo não prima pela clareza, mas parece que ele exige que a publicação do extrato da justificativa ocorra na mesma data em que será firmado ("efetivado") o ato de formalização da parceria.

A justificativa da ausência de realização de chamamento público poderá ser alvo de **impugnação**, apresentada no prazo de **cinco dias** a contar de sua publicação, cujo teor deve ser analisado pelo administrador público responsável em até **cinco dias** da data do respectivo protocolo. Havendo fundamento na impugnação, será **revogado** o ato que declarou a dispensa ou considerou inexigível o chamamento público, e será imediatamente iniciado o procedimento para a realização do chamamento público, conforme o caso (art. 32, §§ 2.º e 3.º).

Um reparo faz-se oportuno: embora a lei, ao referir-se ao desfazimento, motivado pelo acolhimento da impugnação, do ato que declarou a dispensa ou considerou inexigível o chamamento público, afirme, literalmente, que esse ato será "**revogado**", a hipótese, tecnicamente, é de **anulação**. Ora, se um ato administrativo que exprime a decisão de deixar de realizar chamamento público – o que só pode ser feito nas restritas hipóteses expressamente na lei previstas – é contestado, e as alegações são consideradas procedentes, claro está que o desfazimento será **obrigatório**, não comportará discricionariedade alguma, não estará sujeito a juízo de conveniência ou oportunidade! **Não** se trata, portanto, de **revogação**, e **sim** de **anulação**.

Por fim, é relevante anotar que, **em qualquer hipótese**, o fato de o chamamento público deixar de ser realizado **não afasta** a aplicação à parceria das **demais disposições da Lei 13.019/2014** (art. 32, § 4.º).

1.7.7. Normas relativas à liberação e à aplicação dos recursos transferidos

É de **responsabilidade exclusiva** da OSC o **gerenciamento administrativo e financeiro dos recursos** por ela recebidos, inclusive no que diz respeito às despesas de custeio, de investimento e de pessoal. A OSC é também **exclusivamente responsável** pelo **pagamento dos encargos** trabalhistas, previdenciários, fiscais e comerciais relacionados à execução do objeto previsto no termo de colaboração ou de fomento, não implicando responsabilidade solidária ou subsidiária da administração pública a inadimplência da OSC em relação ao referido pagamento, os ônus incidentes sobre o objeto da parceria ou os danos decorrentes de restrição à sua execução.

Quanto às despesas relacionadas à execução da parceria, é **vedado**: (a) utilizar recursos para finalidade alheia ao objeto da parceria; e (b) pagar, a qualquer título, servidor ou empregado público com recursos vinculados à parceria, salvo nas hipóteses previstas em lei específica e na lei de diretrizes orçamentárias (art. 45).

Poderão ser pagas, entre outras despesas, com recursos vinculados à parceria (art. 46):

a) remuneração da equipe encarregada da execução do plano de trabalho, inclusive de pessoal próprio da organização da sociedade civil, durante a vigência da parceria, compreendendo as despesas com pagamentos de impostos, contribuições sociais, Fundo de Garantia do Tempo de Serviço (FGTS), férias, décimo terceiro salário, salários proporcionais, verbas rescisórias e demais encargos sociais e trabalhistas;

b) diárias referentes a deslocamento, hospedagem e alimentação nos casos em que a execução do objeto da parceria assim o exija;

c) custos indiretos necessários à execução do objeto, seja qual for a proporção em relação ao valor total da parceria;

d) aquisição de equipamentos e materiais permanentes essenciais à consecução do objeto e serviços de adequação de espaço físico, desde que necessários à instalação dos referidos equipamentos e materiais.

A inadimplência da administração pública não transfere à OSC a responsabilidade pelo pagamento de obrigações vinculadas à parceria com recursos próprios. A inadimplência da OSC em decorrência de atrasos na liberação de repasses relacionados à parceria não poderá acarretar restrições à liberação de parcelas subsequentes. O pagamento de remuneração da equipe contratada pela OSC com recursos da parceria não gera vínculo trabalhista com o Poder Público (art. 46, §§ 1.º a 3.º).

As parcelas dos recursos transferidos no âmbito da parceria serão liberadas em estrita conformidade com o respectivo cronograma de desembolso, exceto nos casos a seguir, nos quais **ficarão retidas até o saneamento das impropriedades** (art. 48):

I – quando houver evidências de irregularidade na aplicação de parcela anteriormente recebida;

II – quando constatado desvio de finalidade na aplicação dos recursos ou o inadimplemento da organização da sociedade civil em relação a obrigações estabelecidas no termo de colaboração ou de fomento;

III – quando a organização da sociedade civil deixar de adotar sem justificativa suficiente as medidas saneadoras apontadas pela administração pública ou pelos órgãos de controle interno ou externo.

A administração **deverá** viabilizar o acompanhamento pela *internet* dos processos de **liberação de recursos** referentes às parcerias celebradas com base na Lei 13.019/2014 (art. 50).

Os recursos recebidos em decorrência da parceria serão **depositados em conta-corrente específica** isenta de tarifa bancária na **instituição financeira pública** determinada pela administração pública. Os rendimentos de ativos financeiros serão aplicados no objeto da parceria, estando sujeitos às mesmas condições de prestação de contas exigidas para os recursos transferidos (art. 51).

Toda a movimentação de recursos no âmbito da parceria será realizada mediante **transferência eletrônica** sujeita à **identificação do beneficiário final** e à obrigatoriedade de depósito em sua conta bancária. Os pagamentos deverão ser realizados mediante crédito na conta bancária de titularidade dos fornecedores e prestadores de serviços. Somente no caso de **impossibilidade** física de pagamento mediante transferência eletrônica, devidamente demonstrada, **poderá** o termo de colaboração ou de fomento admitir a realização de **pagamentos em espécie** (art. 53).

Por ocasião da conclusão, denúncia, rescisão ou extinção da parceria, os **saldos financeiros remanescentes**, inclusive os provenientes das receitas obtidas das aplicações financeiras realizadas, **serão devolvidos à administração pública** no prazo improrrogável de **trinta dias**, sob pena de imediata instauração de **tomada de contas especial** do responsável, providenciada pela autoridade competente da administração pública (art. 52).

1.7.8. *Monitoramento da parceria e prestação de contas*

A Lei 13.019/2014 impõe à administração pública a obrigação de monitorar e avaliar o cumprimento do objeto da parceria, podendo, para esse fim, valer-se do apoio técnico de terceiros, delegar competência ou firmar parcerias com órgãos ou entidades que se situem próximos ao local de aplicação dos recursos (art. 58).

A administração pública deverá emitir **relatório técnico de monitoramento e avaliação** de parceria celebrada mediante termo de colaboração ou termo de fomento e o submeterá à **comissão de monitoramento e avaliação** designada, que o homologará, independentemente da obrigatoriedade de apresentação da prestação de contas devida pela organização da sociedade civil (art. 59). A Lei 13.019/2014 define "**comissão de monitoramento e avaliação**" nestes termos (art. 2.º, XI): "órgão colegiado destinado a monitorar e avaliar as parcerias celebradas com organizações da sociedade civil mediante termo de colaboração ou termo de fomento, constituído por ato publicado em meio oficial de comunicação, assegurada a participação de pelo menos um servidor ocupante de cargo efetivo ou emprego permanente do quadro de pessoal da administração pública".

Sem prejuízo da fiscalização pela administração pública e pelos órgãos de controle, a execução da parceria **será acompanhada e fiscalizada** pelos **conselhos de políticas públicas** das áreas correspondentes de atuação existentes em cada esfera de governo (art. 60).

Na hipótese de **inexecução por culpa exclusiva da OSC**, a administração pública poderá, **exclusivamente para assegurar o atendimento de serviços essenciais à população**, por ato próprio e independentemente de autorização judicial, a fim de realizar ou manter a execução das metas ou atividades pactuadas (art. 62):

> I – retomar os bens públicos em poder da organização da sociedade civil parceira, qualquer que tenha sido a modalidade ou título que concedeu direitos de uso de tais bens;
>
> II – assumir a responsabilidade pela execução do restante do objeto previsto no plano de trabalho, no caso de paralisação, de modo a

Cap. 4 • TERCEIRO SETOR E ENTIDADES PARAESTATAIS

evitar sua descontinuidade, devendo ser considerado na prestação de contas o que foi executado pela organização da sociedade civil até o momento em que a administração assumiu essas responsabilidades.

A Lei 13.019/2014 assim conceitua "**prestação de contas**" (art. 2.º, XIV): "procedimento em que se analisa e se avalia a execução da parceria, pelo qual seja possível verificar o cumprimento do objeto da parceria e o alcance das metas e dos resultados previstos".

A prestação de contas compreende **duas fases**, a saber: (a) **apresentação das contas**, de responsabilidade da OSC; e (b) **análise e manifestação conclusiva das contas**, de responsabilidade da administração pública, sem prejuízo da atuação dos órgãos de controle.

A **prestação de contas** apresentada pela OSC deverá conter elementos que permitam ao gestor da parceria avaliar o andamento ou concluir que o seu objeto foi executado conforme pactuado, com a descrição pormenorizada das atividades realizadas e a comprovação do alcance das metas e dos resultados esperados, até o período de que trata a prestação de contas (art. 64).

Nas parcerias cuja duração **exceda um ano** é obrigatória a prestação de contas **ao término de cada exercício** (art. 49).

A lei autoriza o regulamento a estabelecer "**procedimentos simplificados para prestação de contas**", sem especificar, no entanto, hipóteses em que tais procedimentos poderão ser adotados (art. 63, § 3.º).

A prestação de contas relativa à **execução do termo de colaboração ou do termo de fomento** dar-se-á mediante a análise dos documentos previstos no plano de trabalho, além dos seguintes relatórios (art. 66):

> I – **relatório de execução do objeto**, elaborado pela organização da sociedade civil, contendo as atividades ou projetos desenvolvidos para o cumprimento do objeto e o comparativo de metas propostas com os resultados alcançados;

> II – **relatório de execução financeira** do termo de colaboração ou do termo de fomento, com a descrição das despesas e receitas efetivamente realizadas e sua vinculação com a execução do objeto, na hipótese de descumprimento de metas e resultados estabelecidos no plano de trabalho.

A administração pública deverá considerar ainda em sua análise os seguintes relatórios elaborados internamente, **quando houver** (art. 66, parágrafo único):

> I – **relatório de visita técnica *in loco*** eventualmente realizada durante a execução da parceria;

> II – **relatório técnico de monitoramento e avaliação**, homologado pela comissão de monitoramento e avaliação designada, sobre a conformidade do cumprimento do objeto e os resultados alcançados durante a execução do termo de colaboração ou de fomento.

O gestor deverá emitir **parecer técnico de análise de prestação de contas** da parceria celebrada. No caso de **prestação de contas única**, o gestor emitirá parecer técnico **conclusivo** para fins de avaliação do **cumprimento do objeto**. Se a duração da parceria **exceder um ano**, a organização da sociedade civil deverá apresentar prestação de contas **ao final de cada exercício**, de sorte a possibilitar o monitoramento do cumprimento das metas do objeto (art. 67).

A OSC tem obrigação de prestar contas da boa e regular aplicação dos recursos recebidos no prazo de **até noventa dias** a partir do **término da vigência** da parceria ou, se a duração da parceria **exceder um ano**, no **final de cada exercício** (art. 69). Esse prazo poderá ser **prorrogado** por **até trinta dias**, desde que devidamente justificado (art. 69, § 4.º).

O prazo para a **prestação final de contas** será estabelecido de acordo com a complexidade do objeto da parceria (art. 69, § 1.º). A administração pública deverá apreciar, em **até cento e cinquenta dias**, a **prestação final de contas** a ela apresentada. Esse prazo, prorrogável justificadamente por igual período, é contado da data do recebimento da prestação final de contas, ou do cumprimento de diligência efetuada por determinação da administração pública (art. 71).

Constatada **irregularidade ou omissão na prestação de contas**, será **concedido prazo** para a OSC **sanar a irregularidade ou cumprir a obrigação**. Esse prazo é limitado a **quarenta e cinco dias** por notificação, prorrogável, no máximo, por igual período, dentro do prazo que a administração pública possui para analisar e decidir sobre a prestação de contas e comprovação de resultados. Transcorrido o prazo para saneamento da irregularidade ou da omissão, **não havendo o saneamento**, a autoridade administrativa competente, **sob pena de responsabilidade solidária**, deve adotar as providências para apuração dos fatos, identificação dos responsáveis, quantificação do dano e obtenção do ressarcimento, nos termos da legislação vigente (art. 70).

A manifestação conclusiva sobre a prestação de contas pela administração pública deverá concluir, alternativamente, pela (art. 69, § 5.º):

I – aprovação da prestação de contas;

II – aprovação da prestação de contas com ressalvas; ou

III – rejeição da prestação de contas e determinação de imediata instauração de tomada de contas especial.

Dessa forma, as prestações de contas serão **avaliadas** (art. 72):

I – **regulares**, quando expressarem, de forma clara e objetiva, o cumprimento dos objetivos e metas estabelecidos no plano de trabalho;

II – **regulares com ressalva**, quando evidenciarem impropriedade ou qualquer outra falta de natureza formal que não resulte em dano ao erário;

Cap. 4 • TERCEIRO SETOR E ENTIDADES PARAESTATAIS

III – **irregulares**, quando comprovada qualquer das seguintes circunstâncias:

a) omissão no dever de prestar contas;

b) descumprimento injustificado dos objetivos e metas estabelecidos no plano de trabalho;

c) dano ao erário decorrente de ato de gestão ilegítimo ou antieconômico;

d) desfalque ou desvio de dinheiro, bens ou valores públicos.

O administrador público responde pela decisão sobre a aprovação da prestação de contas ou por omissão em relação à análise de seu conteúdo, levando em consideração, no primeiro caso, os pareceres técnico, financeiro e jurídico, sendo permitida delegação a autoridades diretamente subordinadas, vedada a subdelegação (art. 72, § 1.º).

Quando a prestação de contas for avaliada como **irregular**, após exaurida a fase recursal, se mantida a decisão, a OSC poderá solicitar autorização para que o **ressarcimento ao erário** seja promovido por meio de **ações compensatórias de interesse público**, mediante a apresentação de novo plano de trabalho, conforme o objeto descrito no termo de colaboração ou no termo de fomento e a área de atuação da OSC, cuja mensuração econômica será feita a partir do plano de trabalho original, **desde que não tenha havido dolo ou fraude e não seja o caso de restituição integral dos recursos** (art. 72, § 2.º).

Durante o prazo de **dez anos**, contado do dia útil subsequente ao da prestação de contas, a OSC deve manter em seu arquivo os documentos originais que compõem a prestação de contas (art. 68, parágrafo único).

1.7.9. Sanções administrativas e responsabilidades

Pela execução da parceria em desacordo com o plano de trabalho e com as normas da Lei 13.019/2014 e da legislação específica, a administração pública poderá, garantida a prévia defesa, aplicar à OSC as seguintes **sanções** (art. 73):

I – advertência;

II – suspensão temporária da participação em chamamento público e impedimento de celebrar parceria ou contrato com órgãos e entidades da esfera de governo da administração pública sancionadora, por prazo não superior a dois anos;

III – declaração de inidoneidade para participar de chamamento público ou celebrar parceria ou contrato com órgãos e entidades de todas as esferas de governo, enquanto perdurarem os motivos determinantes da punição ou até que seja promovida a reabilitação perante a própria autoridade que aplicou a penalidade, que será concedida sempre que a organização da sociedade civil ressarcir a administração pública pelos prejuízos resultantes e após decorrido o prazo da sanção aplicada com base no inciso II.

As sanções estabelecidas nos incisos II e III são de **competência exclusiva** de ministro de Estado ou de secretário estadual, distrital ou municipal, conforme o caso, facultada a defesa do interessado no respectivo processo, no prazo de **dez dias** da abertura de vista, podendo a **reabilitação** ser requerida **após dois anos** de aplicação da penalidade (art. 73, § 1.º).

É de **cinco anos** o prazo de **prescrição**, contado a partir da data da apresentação da prestação de contas, para a aplicação de penalidade decorrente de infração relacionada à execução da parceria. A prescrição será **interrompida** com a edição de ato administrativo voltado à apuração da infração (art. 73, §§ 2.º e 3.º).

Capítulo 5

PRINCÍPIOS FUNDAMENTAIS DA ADMINISTRAÇÃO PÚBLICA

1. INTRODUÇÃO

No estudo das **normas jurídicas**, a doutrina costuma distinguir entre **regras** e **princípios**.

Uma **regra jurídica** típica consiste em um comando com uma estrutura bem definida, em que identificamos a descrição de uma hipótese e a atribuição de uma consequência específica à ocorrência, no mundo dos fatos (mundo empírico), da situação hipoteticamente prevista. Por exemplo, a previsão legal do direito à licença-paternidade do servidor público está consubstanciada em uma regra jurídica que apresenta a seguinte estrutura: se ocorrer o nascimento ou a adoção de um filho (hipótese normativa), o pai servidor público terá direito a licença-paternidade de cinco dias consecutivos (consequência jurídica).

Como se vê, uma **regra jurídica** traduz-se em um comando vocacionado a incidir em situações fáticas relativamente bem determinadas e a gerar, no mundo do direito, consequências bem definidas.

Tome-se, agora, a seguinte asserção: em toda sua atuação, a administração pública, por meio de seus agentes, deve observar, dentre outros, os princípios da legalidade, da impessoalidade, da publicidade, da moralidade e da eficiência.

Embora essa afirmação esteja absolutamente correta, fica evidente o elevado grau de generalidade, de indeterminação e de abstração que ela encerra. Os princípios nela enumerados não são normas de aplicação restrita a um determinado fato, ou a um conjunto bem delimitado de situações. Tampouco obedecem a uma lógica de exclusão, isto é, enquanto uma norma como a da licença-paternidade será integralmente aplicável (se o servidor tiver tido um filho, ou adotado) ou absolutamente inaplicável (se o servidor não teve filho, nem adotou), os princípios jurídicos incidem **simultaneamente** nas mais diversas situações, ora prevalecendo alguns deles, ora outros, segundo uma lógica de **ponderação** em **cada caso concreto**.

Sem prejuízo dessas diferenças, muito importante é ter em mente que **tanto as regras quanto os princípios são normas jurídicas** e, como tal, gozam de **força cogente**, obrigam igualmente os seus destinatários, isto é, aqueles que têm o dever de reconhecer a sua incidência em cada caso concreto (os aplicadores do direito).

Cumpre reforçar: os princípios jurídicos não são meras recomendações, conselhos, programas facultativos ou cartas de intenções. São **normas jurídicas de observância obrigatória** e, se desrespeitados, acarretam sanções jurídicas concretas, a exemplo da nulidade de um ato administrativo, da responsabilização disciplinar do agente público etc.

Exatamente em razão do seu acentuado grau de abstração e, por conseguinte, da abrangência muito ampla de sua força normativa, os princípios jurídicos configuram o núcleo valorativo e racional de um subsistema jurídico. Eles estabelecem as suas diretrizes, conferem a ele um sentido lógico, sistêmico e harmonioso, o que possibilita uma adequada compreensão de sua estrutura.

Os princípios – que podem ser expressos ou implícitos – determinam o alcance e o sentido do conjunto de regras que compõem um dado subsistema do ordenamento jurídico, balizando a interpretação e a própria produção normativa. Aliás, é justamente a existência de princípios próprios que nos permite identificar "ramos do direito" (a exemplo do direito administrativo) dotados de relativa autonomia para fins didáticos (rigorosamente, o direito é um só, é "uno e indivisível").

Os princípios fundamentais orientadores de toda atividade da administração pública encontram-se, explícita ou implicitamente, no texto da Constituição de 1988. Muitas leis citam ou enumeram princípios administrativos. Em muitos casos, eles são meras reproduções ou desdobramentos de princípios constitucionais expressos; em outros, são decorrências lógicas das disposições constitucionais concernentes à atuação dos órgãos, entidades e agentes administrativos.

Dentre os princípios norteadores da atividade administrativa, avultam em importância aqueles expressos no *caput* do art. 37 da Constituição da República: **legalidade**, **impessoalidade**, **moralidade**, **publicidade** e **eficiência** (este último acrescentado pela EC 19/1998).

A Lei 9.784/1999, que trata dos processos administrativos no âmbito federal, estabelece, em seu art. 2.º, que a administração pública deve obedecer, "dentre outros, aos princípios da legalidade, finalidade, motivação, razoabilidade, proporcionalidade, moralidade, ampla defesa, contraditório, segurança jurídica, interesse público e eficiência". Conforme se constata, alguns dos postulados vazados nessa enumeração já se encontram explicitados no texto da Carta Política, enquanto outros configuram princípios implícitos decorrentes de diversas disposições constitucionais – no mais das vezes, descritos pela doutrina e pela jurisprudência muito antes de serem incorporados de forma expressa ao nosso direito legislado.

É relevante observar que o art. 37 da Constituição de 1988 encontra-se inserido em seu Capítulo VII, acerca "Da Administração Pública", especificamente na Seção I desse Capítulo, que trata das "Disposições Gerais". Esse fato, ao lado da expressa dicção do dispositivo, torna claro que **os princípios ali enumerados são de observância obrigatória para todos os Poderes**, quando estiverem **no exercício de fun-**

Cap. 5 • PRINCÍPIOS FUNDAMENTAIS DA ADMINISTRAÇÃO PÚBLICA 199

ções administrativas, e para todos os entes da Federação (União, estados, Distrito Federal e municípios), alcançando a administração direta e a indireta.

2. PRINCÍPIO DA SUPREMACIA DO INTERESSE PÚBLICO

O princípio da supremacia do interesse público é um princípio implícito. Embora não se encontre enunciado no texto constitucional, ele é decorrência das instituições adotadas no Brasil. Com efeito, por força do regime democrático e do sistema representativo, presume-se que toda atuação do Estado seja pautada pelo interesse público, cuja determinação deve ser extraída da Constituição e das leis, manifestações da "vontade geral". Assim sendo, lógico é que a atuação do Estado subordine os interesses privados.

O princípio da supremacia do interesse público é característico do regime de direito público e, como visto anteriormente, é um dos dois pilares do denominado regime jurídico-administrativo, fundamentando todas as prerrogativas especiais de que dispõe a administração como instrumentos para a consecução dos fins que a Constituição e as leis lhe impõem. Decorre dele que, existindo conflito entre o interesse público e o interesse particular, deverá prevalecer o primeiro, tutelado pelo Estado, respeitados, entretanto, os direitos e garantias individuais expressos na Constituição, ou dela decorrentes.

O Estado, portanto, embora tenha assegurada pela ordem constitucional a prevalência dos interesses em nome dos quais atua, está adstrito aos princípios constitucionais que determinam a forma e os limites de sua atuação, como o princípio do devido processo legal, do contraditório e ampla defesa, da proporcionalidade, dentre outros. Conforme se constata, assim como ocorre com todos os princípios jurídicos, o postulado da supremacia do interesse público não tem caráter absoluto.

É interessante notar, ainda, que, embora o princípio da supremacia do interesse público seja um dos dois postulados fundamentais do denominado regime jurídico-administrativo, ele não está **diretamente** presente em toda e qualquer atuação da administração pública.

Tem incidência direta, o princípio em foco, sobretudo nos atos em que a administração pública manifesta **poder de império** (poder extroverso), denominados, por isso, atos de império. São atos de império todos os que a administração impõe coercitivamente ao administrado, criando unilateralmente para ele obrigações, ou restringindo ou condicionando o exercício de direitos ou de atividades privadas; são os atos que originam relações jurídicas entre o particular e o Estado caracterizadas pela **verticalidade**, pela desigualdade jurídica. Esses atos, sim, são fundados diretamente no princípio da supremacia do interesse público, base de todos os poderes especiais de que dispõe a administração pública para a consecução dos fins que o ordenamento jurídico lhe impõe.

Quando, entretanto, a administração atua internamente, mormente em suas atividades-meio, praticando os denominados atos de gestão e atos de mero expediente, **não** há incidência **direta** do princípio da supremacia do interesse público, simplesmente porque não há obrigações ou restrições que necessitem ser impostas aos administrados. De um modo geral, também **não** há manifestação **direta** do princípio da supremacia do interesse público quando a administração atua como agente econômico produtivo, isto é, desempenha o papel de Estado-empresário, porque, nesses casos, a atuação estatal é regida predominantemente pelo direito privado.

Cumpre ressalvar, de qualquer forma, que, ao menos indiretamente, o princípio da supremacia do interesse público irradia, sim, sobre toda atuação administrativa, uma vez que, mesmo quando não são impostas obrigações ou restrições aos administrados, os atos da administração pública revestem aspectos próprios do direito público, a exemplo da presunção de legitimidade.

São exemplos de prerrogativas de direito público da administração pública, derivadas diretamente do princípio da supremacia do interesse público:

a) as diversas formas de intervenção na propriedade privada, como a desapropriação (assegurada justa e prévia indenização); a requisição administrativa, em que o interesse público autoriza o uso da propriedade privada, sem remuneração, só havendo indenização ulterior, se houver dano; o tombamento de um imóvel de interesse histórico;

b) a existência das denominadas cláusulas exorbitantes nos contratos administrativos, possibilitando à administração, por exemplo, modificar ou rescindir unilateralmente o contrato;

c) as diversas formas de exercício do poder de polícia administrativa, traduzidas na limitação ou condicionamento ao exercício de atividades privadas, tendo em conta o interesse público;

d) a presunção de legitimidade dos atos administrativos, que impõe aos particulares o ônus de provar eventuais vícios que entendam existir no ato, a fim de obter uma decisão administrativa ou provimento judicial que afaste a sua aplicação.

3. PRINCÍPIO DA INDISPONIBILIDADE DO INTERESSE PÚBLICO

O princípio da indisponibilidade do interesse público é um dos dois pilares do denominado regime jurídico-administrativo (o outro é o princípio da supremacia do interesse público, precedentemente estudado). Dele derivam todas as restrições especiais impostas à atividade administrativa. Tais restrições decorrem, exatamente, do fato de não ser a administração pública "dona" da coisa pública, e sim mera gestora de bens e interesses alheios (**públicos**, isto é, do povo).

Com efeito, em linguagem jurídica, diz-se que tem **disposição** sobre uma determinada coisa o seu proprietário. Quem não é proprietário de algo **não dispõe** desse algo, esse algo é, para ele, indisponível. Os bens e interesses públicos são indisponíveis, vale dizer, não pertencem à administração, tampouco a seus agentes públicos. A esses cabe apenas a sua gestão, em prol da coletividade, verdadeira titular dos direitos e interesses públicos.

Em razão do princípio da indisponibilidade do interesse público (a expressão "interesse público" é utilizada, aqui, em sentido amplo, abrangendo todo o patrimônio público e todos os direitos e interesses, imediatos ou mediatos, do povo em geral,

Cap. 5 • PRINCÍPIOS FUNDAMENTAIS DA ADMINISTRAÇÃO PÚBLICA

único titular da coisa pública) são vedados ao administrador quaisquer atos que impliquem renúncia a direitos do poder público ou que injustificadamente onerem a sociedade. Trata-se de um princípio implícito, e dele decorrem diversos princípios expressos que norteiam a atividade da administração, como o da legalidade, o da impessoalidade, o da moralidade, o da eficiência.

Não se admite, por exemplo, que a administração pública renuncie ao recebimento de receitas devidas ao Estado, como multas, tributos e tarifas, salvo se houver enquadramento em alguma hipótese de renúncia expressamente prevista em lei (por exemplo, anistias, remissões ou transações); essas receitas são **públicas**, logo, só a lei pode dispensar a sua exigência. Em decorrência do mesmo princípio, não é possível à administração, tampouco, alienar qualquer bem público enquanto ele estiver afetado a uma destinação pública específica. Mesmo quando desafetado o bem, deve a sua alienação atender a uma série de condições legais, como a realização de licitação prévia, e, no caso de imóveis da administração direta, autarquias e fundações públicas, observar, como regra geral, a exigência de autorização legislativa (Lei 14.133/2021, art. 76, I).

É mister frisar que o princípio da indisponibilidade do interesse público está diretamente presente em toda e qualquer atuação da administração pública, diferentemente do que ocorre com o princípio da supremacia do interesse público, que, de forma direta, fundamenta essencialmente os atos de império do poder público.

Deveras, manifesta-se o princípio da indisponibilidade tanto no desempenho das atividades-fim, quanto no das atividades-meio da administração, tanto quando ela atua visando ao interesse público primário, como quando visa ao interesse público secundário, tanto quando atua sob regime de direito público, como quando atua sob regime predominante de direito privado (a exemplo da atuação do Estado como agente econômico).

Conforme será visto adiante, o princípio da indisponibilidade do interesse público tem, no direito administrativo, estreita relação com o princípio da legalidade, não sendo raro o uso dessas expressões como se fossem sinônimas. Com efeito, justamente pelo fato de não ser a titular da coisa pública, de não ter disposição sobre a coisa pública, toda atuação da administração deve atender ao estabelecido na lei, único instrumento hábil a determinar o que seja de interesse público. Afinal, a lei é a manifestação legítima daquele a quem pertence a coisa pública: o povo. O administrador não pode agir contrariamente ou além da lei, pretendendo impor o seu conceito pessoal de interesse público, sob pena de inquinar seus atos de desvio de finalidade. Deve, simplesmente, dar fiel cumprimento à lei, gerindo a coisa pública conforme o que na lei estiver determinado, ciente de que desempenha o papel de mero gestor de coisa que não é sua, mas do povo.

3.1. Interesses públicos primários e interesses públicos secundários

A abrangência do princípio da indisponibilidade do interesse público faz oportuna a referência a um ponto trabalhado pela doutrina italiana, concernente à distinção entre interesses públicos primários e interesses públicos secundários.

Os interesses públicos primários são os interesses diretos do povo, os interesses gerais imediatos. Já os interesses públicos secundários são os interesses imediatos do Estado na qualidade de pessoa jurídica, titular de direitos e obrigações. Esses interesses secundários são identificados pela doutrina, em regra, como interesses meramente patrimoniais, em que o Estado busca aumentar sua riqueza, ampliando receitas ou evitando gastos. Também são mencionados como manifestação de interesses secundários os atos internos de gestão administrativa, ou seja, as atividades-meio da administração, que existem para fortalecê-la como organismo, mas que só se justificam se forem instrumentos para que esse organismo atue em prol dos interesses primários.

Em qualquer hipótese, o interesse público secundário só é legítimo quando não é contrário ao interesse público primário. Caso algum interesse público secundário seja contrário aos interesses públicos primários, nem mesmo poderá ser considerado interesse público, mas apenas um interesse administrativo ou governamental ilegítimo.

São exemplos de interesses secundários contrários ao interesse público primário, portanto, ilegítimos, apresentados pelo Prof. Celso Antônio Bandeira de Mello, o interesse que o Estado poderia ter em tributar desmesuradamente os administrados, ou pagar remunerações ínfimas a seus servidores, ou não pagar indenizações cíveis quando ocasionasse danos aos administrados, ou pagar indenizações irrisórias nas desapropriações. Em todos esses casos – suponha-se que as situações envolvessem a administração federal –, a pessoa jurídica União poderia estar pretensamente perseguindo interesses seus, como pessoa jurídica titular de direitos, pois todos eles acarretariam um enriquecimento da pessoa União. Entretanto, como são interesses, nos exemplos dados, contrários ao interesse público primário, são interesses secundários e ilegítimos (nem mesmo são interesses públicos).

Diferentemente, quando a administração, por exemplo, pretende adquirir bens comuns e realiza uma licitação a fim de obter propostas e selecionar aquela que apresente o menor preço, estará havendo coincidência entre o interesse público primário e o interesse público secundário (por isso, nesse caso, legítimo). Ademais, esses bens adquiridos devem ter como finalidade o exercício de atividades que direta ou indiretamente visem ao interesse público primário (não se justifica a aquisição de bens pela administração, mesmo que pelo menor preço possível, se esses bens representarem mero acréscimo patrimonial ao acervo do poder público, sem utilização tendente à consecução, ao menos indiretamente, de um interesse público primário).

É claro que se o interesse público secundário devesse obrigatoriamente e sempre coincidir com o primário, o conceito de interesse público secundário não teria qualquer utilidade. Há, realmente, autores que consideram que, em ordenamentos jurídicos como o nosso, em que o texto constitucional estabelece inúmeras regras objetivas e princípios expressos de atuação da administração pública, essa distinção carece de sentido, porque se presume que toda e qualquer atuação legítima do Estado está, invariavelmente, voltada diretamente à consecução do interesse público primário.

Em nossa opinião, mesmo no Brasil é possível fazer a distinção doutrinária entre interesse público primário e interesse público secundário. Seguindo a orientação apontada pelo Prof. Celso Antônio Bandeira de Mello, caracterizamos como interes-

Cap. 5 • PRINCÍPIOS FUNDAMENTAIS DA ADMINISTRAÇÃO PÚBLICA **203**

se público secundário legítimo aquele que represente um interesse de uma pessoa jurídica administrativa na qualidade de titular de direitos, mesmo sem implicar a busca **direta** da satisfação de um interesse primário, desde que: (a) não contrarie nenhum interesse público primário; e (b) possibilite atuação administrativa ao menos indiretamente tendente à realização de interesses primários.

A atuação de sociedades de economia mista exploradoras de atividades econômicas permite ilustrar situações em que estejam presentes as condições expostas no parágrafo anterior. De fato, essas entidades podem realizar operações cujo objetivo direto e imediato seja a obtenção de lucro para os seus acionistas (o que inclui o Estado). Desde que a operação não contrarie algum interesse público primário, será legítima e estará atendendo a um interesse público secundário (um interesse do próprio Estado, na qualidade de pessoa jurídica titular de direitos, e não um interesse direto e imediato da população). Observe-se que os recursos que o Estado receberá, sob a forma de dividendos distribuídos aos acionistas, possibilitarão sua atuação visando à satisfação de interesses públicos primários – isto é, ao fim e ao cabo, o atendimento de um interesse público secundário poderá, indiretamente, dar ensejo à persecução de interesses próprios do povo.

4. PRINCÍPIO DA LEGALIDADE

O **princípio da legalidade** é o postulado basilar dos **Estados de direito**. A rigor, é dele que decorre a própria qualificação de um Estado como "de direito": todos, sem exceção, estão sujeitos ao "**império da lei**"; ninguém – nem os particulares, nem os agentes públicos – pode agir de modo a contrariar o ordenamento jurídico.

A Constituição de 1988 traz, no inciso II do seu art. 5.º, a formulação mais genérica do princípio da legalidade: "ninguém será obrigado a fazer ou deixar de fazer alguma coisa senão em virtude de lei".

O art. 5.º de nossa Carta Política trata, sobretudo, de **direitos fundamentais individuais**, especialmente daqueles propugnados nos albores do liberalismo (século XVIII), voltados, essencialmente, à **proteção** dos particulares contra o poder público, à **limitação** do poder do Estado, à afirmação da **liberdade individual**.

Por essa razão, como um dos corolários do inciso II do art. 5.º, tem-se que aos **particulares** é **lícito** fazer tudo aquilo que **a lei não proíba**. E, pelo mesmo motivo, é evidente que tal formulação não pode ser cogitada quando se trata da atuação da administração pública.

Deveras, para os **particulares**, a regra é a **autonomia da vontade**, ao passo que **a administração pública não tem vontade autônoma**. Ora, a atividade administrativa consiste em mera gestão de coisa alheia, uma vez que, em última análise, a titularidade da **coisa pública** é do povo, e **não** dos órgãos, entidades e agentes administrativos.

A "vontade do povo" (também dita "**vontade geral**") **não é** a vontade subjetiva do administrador público – e esta, por óbvio, não pode determinar os rumos da gestão dos bens e interesses públicos. O povo, único com poder de dispor da coisa pública, tem a sua vontade manifestada mediante a edição das **leis**, competência constitucionalmente conferida a seus legítimos representantes democraticamente eleitos.

A administração pública está sujeita, sempre, ao **princípio da indisponibilidade do interesse público**. E não é ela – mas apenas a lei e a própria Constituição – quem determina quais atuações são condizentes, ou não, com o interesse público.

Disso tudo resulta que não é suficiente a ausência de proibição em lei para que a administração pública possa agir; **é necessária a existência de uma lei que imponha ou autorize determinada atuação administrativa** para que ela possa validamente ocorrer.

A Carta de 1988 não estabeleceu um enunciado específico para o princípio da legalidade administrativa. Não obstante, é lídimo afirmar, a partir do que se expôs até este ponto, que, no âmbito do direito administrativo, a **legalidade** traduz a noção de que **a administração pública somente tem possibilidade de atuar quando exista lei que assim determine (atuação vinculada) ou autorize (atuação discricionária)**. Deve sempre o administrador público obedecer estritamente ao estipulado na lei, ou, sendo discricionária a atuação nela prevista, observar os termos, condições e limites autorizados na lei.

Desse modo, a principal diferença entre o princípio da legalidade aplicável aos particulares (CF, art. 5.º, II) e o princípio da legalidade a que se sujeita a administração pública (CF, art. 37, *caput*) pode ser assim resumida: aqueles têm liberdade para fazer tudo o que a lei não proíba; a esta só é dado fazer o que a lei determine ou autorize. **Quando não houver previsão legal, não há possibilidade de atuação administrativa**.

O princípio da legalidade administrativa tem, portanto, para a administração pública, um conteúdo muito mais restritivo do que a legalidade geral aplicável à conduta dos particulares (CF, art. 5.º, II). Por outro lado, **para o administrado, o princípio da legalidade administrativa representa uma garantia constitucional**, exatamente porque lhe assegura que a atuação da administração estará limitada ao que dispuser a lei.

Conforme a lição do Prof. Celso Antônio Bandeira de Mello, o princípio da legalidade consagra a ideia de que a administração pública só pode ser exercida conforme a lei, sendo a **atividade administrativa**, por conseguinte, **sublegal ou infralegal** – deve restringir-se à expedição de atos que assegurem a execução da lei. Como a lei contém comandos gerais e abstratos que representam a **vontade do povo**, manifestada pelo Poder que possui representatividade para tanto – o Legislativo –, o princípio da legalidade possui o escopo de garantir que a atuação do Poder Executivo nada mais seja senão a **concretização** daquela vontade.

Em suma, a administração pública, mais do que estar proibida de atuar contra a lei ou além da lei, somente pode agir segundo a lei (a atividade administrativa não pode ser *contra legem* nem *praeter legem*, mas apenas *secundum legem*). Os atos eventualmente praticados em desobediência a tais parâmetros são atos **inválidos** e podem ser **anulados** pela própria administração que os haja editado (**autotutela administrativa**) ou pelo Poder Judiciário, desde que **provocado**.

Observe-se, ainda, que, em sua atuação, a administração está obrigada à observância não apenas do disposto nas **leis**, nos diplomas legais propriamente ditos, mas também à observância dos princípios jurídicos e do ordenamento jurídico como um

Cap. 5 • PRINCÍPIOS FUNDAMENTAIS DA ADMINISTRAÇÃO PÚBLICA

todo ("**atuação conforme a lei e o Direito**", na inspirada redação do inciso I do parágrafo único do art. 2.º da Lei 9.784/1999).

Ademais, **a administração está sujeita a seus próprios atos normativos**, a exemplo dos decretos e regulamentos expedidos para assegurar a fiel execução das leis (CF, art. 84, IV). Assim, ao emitir um ato administrativo individual, o agente público está obrigado a observar não só a lei e os princípios jurídicos, mas também os decretos regulamentares, as instruções normativas, os pareceres normativos, enfim, os **atos administrativos gerais** que sejam pertinentes àquela situação concreta com que ele se depara. Esse conjunto de todas as normas jurídicas a que se submete a atuação administrativa é chamado, por alguns administrativistas, de "**bloco de legalidade**". E parte da doutrina utiliza a expressão "**princípio da juridicidade administrativa**" a fim de traduzir essa noção de que as atividades da administração pública devem observância à totalidade do ordenamento jurídico, e não apenas a determinadas categorias de normas.

Por vezes, ainda, os autores diferenciam atuação **legal** de atuação **legítima**, adotando a primeira expressão para assinalar que a administração agiu de acordo com disposições de uma lei formal, ou de um ato com força de lei, tal como uma medida provisória, e a segunda para indicar que a administração procedeu em conformidade com os princípios jurídicos, ou, em um sentido mais amplo, com o ordenamento jurídico globalmente considerado. Ressaltamos, todavia, que tal distinção não é observada de maneira uniforme: muito frequentemente os vocábulos "**legal**" ou "**legalidade**" e "**legítimo**" ou "**legitimidade**" são simplesmente empregados como sinônimos.

É importante enfatizar que a edição de **atos normativos** pela administração pública só é legítima quando exercida nos estritos limites da lei, para o fim de dar **fiel execução** a esta. A atividade normativa administrativa típica **não pode inovar o ordenamento jurídico**, não pode criar direitos ou obrigações novos, que não estejam, previamente, estabelecidos em lei, ou dela decorram.

Devemos observar que só há possibilidade de o Poder Executivo expedir atos que inaugurem o direito positivo nas situações **excepcionais** previstas expressamente no próprio texto constitucional. Duas são as mais importantes, a saber: (a) a adoção, "em caso de relevância e urgência", de **medidas provisórias** "com força de lei" (art. 62); e (b) a elaboração de **leis delegadas**, autorizada pelo Congresso Nacional por meio de resolução, que deve especificar o conteúdo da delegação e os termos do seu exercício (art. 68). Esses dois atos – medidas provisórias e leis delegadas –, porém, **não são atos administrativos em sentido próprio**, e sim **atos de natureza legislativa** (apesar de provirem do Poder Executivo).

Merece menção, ainda, a competência do Presidente da República, bastante restrita, para edição de **decretos autônomos**, acrescentada pela EC 32/2001. Decretos autônomos retiram seu fundamento de validade diretamente do texto constitucional, isto é, são **atos primários**, atos que **não são editados em função de qualquer lei**, não regulamentam lei alguma.

As matérias a serem tratadas mediante **decreto autônomo** estão descritas no inciso VI do art. 84 da Constituição Federal, dispositivo que tem por destinatário o Presidente da República. São, **exclusivamente**, as seguintes: (a) organização e funcionamento da administração federal, desde que não implique aumento de despesa nem criação ou extinção de órgãos públicos; e (b) extinção de cargos ou funções públicas, quando vagos. Simetricamente, essa competência pode ser exercida, nas respectivas esferas, pelos governadores estaduais e distrital e pelos prefeitos municipais.

Por derradeiro, não é demasiado destacar que, tal como ocorre com **todos** os demais princípios jurídicos, o da legalidade, por mais rigorosa que seja a sua incidência no âmbito do direito administrativo, **não possui caráter absoluto**. Nesse contexto, merece menção a existência de uma tensão patente entre o princípio da legalidade e o da **segurança jurídica** (incluída a **faceta subjetiva** deste, ordinariamente referida como "**princípio da proteção à confiança legítima**").

É evidente que a alegação de necessidade de segurança jurídica (que é um **princípio geral de direito**) não pode ser esgrimida à guisa de salvo conduto para atuações ilegais da administração pública. Como sempre ocorre em casos de colisão de princípios jurídicos, deve-se proceder a um cuidadoso juízo de ponderação, a fim de se verificar, em cada caso, a qual (ou a quais) princípio deverá ser reconhecido maior peso – e sem que a decisão implique, jamais, a completa aniquilação do conteúdo dos demais princípios envolvidos.

Em algumas situações, o juízo de ponderação referido no parágrafo anterior não é deixado a critério da administração pública, pois é efetuado, desde logo, pelo próprio legislador. Os exemplos mais óbvios consistem na fixação de prazos de prescrição ou de decadência em diversas leis, uma vez que tais institutos têm como fundamento a necessidade de estabilização do trato jurídico no seio da sociedade e também das relações entre o poder público e os particulares. Na esfera federal, o art. 54 da Lei 9.784/1999 estabelece que atos administrativos **ilegais** favoráveis ao administrado **não mais poderão ser anulados**, passados cinco anos de sua prática (ocorre a **decadência** do direito à anulação), salvo comprovada má-fé.

Em outras hipóteses, evidencia-se a atribuição de especial relevo à **dimensão subjetiva** do postulado da segurança jurídica, reconhecida pela doutrina e pela jurisprudência como "**princípio da proteção à confiança legítima**". É o que se observa acerca do posicionamento segundo o qual o pagamento de remuneração maior do que a devida ao servidor pela administração pública, em decorrência de erro dela na interpretação ou na aplicação da lei, não acarreta para o agente a obrigação de devolver a quantia que recebeu a mais, salvo se a administração comprovar que ele agiu de má-fé. Tal orientação está consagrada na **Súmula Administrativa AGU 34/2008**, cuja transcrição encerra o presente tópico:

> 34 – Não estão sujeitos à repetição os valores recebidos de boa-fé pelo servidor público, em decorrência de errônea ou inadequada interpretação da lei por parte da Administração Pública.

5. PRINCÍPIO DA MORALIDADE

O princípio da moralidade torna jurídica a exigência de atuação ética dos agentes da administração pública. A denominada **moral administrativa** difere da moral

Cap. 5 • PRINCÍPIOS FUNDAMENTAIS DA ADMINISTRAÇÃO PÚBLICA **207**

comum, justamente por ser **jurídica** e pela possibilidade de **invalidação** dos atos administrativos que sejam praticados com inobservância desse princípio.

É importante compreender que o fato de a Constituição haver erigido a moral administrativa em **princípio jurídico expresso** afasta qualquer dúvida que pudesse ainda subsistir acerca de sua natureza de **condição de validade** da atuação estatal, e **não** de aspecto atinente ao mérito administrativo. Assim, um ato contrário à moral administrativa **não** está sujeito a um exame de oportunidade e conveniência, mas a uma análise de **legitimidade**, ou seja, um ato praticado em desacordo com a moral administrativa **é nulo**, e **não meramente inoportuno ou inconveniente**.

Em consequência, o ato que viole a moral administrativa **não** deve ser revogado, e **sim** declarado **nulo**. Mais importante, como se trata de controle de legalidade ou legitimidade, este pode ser efetuado pela administração e, **também**, pelo Poder Judiciário (desde que provocado).

Para atuar em consonância com a moral administrativa, não basta ao agente cumprir formalmente a lei, aplicá-la em sua mera literalidade. É necessário que se atenda à letra e ao espírito da lei, que ao legal junte-se o ético (não mais se tolera a velha e distorcida ideia de que o agente público poderia dedicar-se a procurar "brechas" na lei, no intuito de burlar os controles incidentes sobre a sua atuação e, dessa forma, promover interesses espúrios). Por essa razão, é acertado asseverar que **o princípio da moralidade complementa, ou torna mais efetivo, materialmente, o princípio da legalidade**.

Na dicção do Código de Ética Profissional do Servidor Público Civil do Poder Executivo Federal (Decreto 1.171/1994), "o servidor público não poderá jamais desprezar o elemento ético de sua conduta. Assim, não terá que decidir somente entre o legal e o ilegal, o justo e o injusto, o conveniente e o inconveniente, o oportuno e o inoportuno, mas principalmente entre o honesto e o desonesto".

Como se trata de um princípio **jurídico**, a moralidade administrativa **independe da concepção subjetiva** (pessoal) de moral que o agente possa ter, isto é, nenhuma relevância para o direito têm as convicções íntimas do agente público acerca da conduta administrativa que deva ser considerada moral, ética.

A moral **jurídica** exigida do agente público em sua conduta (**moral administrativa**) deve ter o seu conteúdo elaborado a partir dos valores que podem ser extraídos do conjunto de **normas de direito** concernentes à atuação da administração pública e à conduta dos agentes públicos, incluídos princípios expressos e implícitos, regras legais e infralegais, normas de disciplina interna da administração e até mesmo práticas lícitas reiteradamente observadas no âmbito de seus órgãos e entidades (praxe administrativa).

É, portanto, uma noção **objetiva** de moral, isto é, um conceito em que não têm importância alguma as convicções de foro íntimo do sujeito, aquilo que ele, subjetivamente, pessoalmente, considera uma atuação moral. Sendo extraída do **ordenamento jurídico** – que é **externo ao sujeito** –, a moral administrativa é **objetiva**, muito embora, evidentemente, traduza um **conceito jurídico caracterizado por um elevado grau de indeterminação**. Mas é exatamente por não depender absolutamente das opiniões do agente que a observância, ou não, da moralidade administrativa pode ser objeto de controle pela própria administração pública e, se provocado, pelo Poder Judiciário.

Foi grande a preocupação da Constituição de 1988 com a moralidade administrativa, e o princípio se encontra resguardado em diversas de suas disposições. Cada vez mais o Poder Judiciário tem conferido efetividade ao postulado e, hoje, não é raro depararmo-nos com sentenças e acórdãos que invalidem atos ou procedimentos por ferirem a moralidade administrativa.

De fato, o Poder Judiciário, no exercício de **atividade jurisdicional**, exerce sobre os atos administrativos **controle de legalidade ou de legitimidade** – e não controle de mérito administrativo, isto é, não adentra questões concernentes a oportunidade e conveniência de atos discricionários praticados nos limites da lei. Mas o controle judicial de legalidade ou legitimidade **abrange a verificação da conformidade da atuação administrativa não só com dispositivos de uma lei formal, mas também com princípios jurídicos**, a exemplo do postulado da moralidade administrativa.

O § 4.º do art. 37 da Carta Política vigente trata de uma hipótese de lesão qualificada ao princípio da moralidade – mais especificamente ao **dever de probidade** que se impõe a todos os agentes públicos. Versa o citado dispositivo constitucional sobre a prática de **atos de improbidade administrativa**, com a previsão de aplicação de severas sanções aos responsáveis, consoante abaixo se lê:

> § 4.º Os atos de improbidade administrativa importarão a suspensão dos direitos políticos, a perda da função pública, a indisponibilidade dos bens e o ressarcimento ao erário, na forma e gradação previstas em lei, sem prejuízo da ação penal cabível.

A exigência de **probidade** na atuação dos agentes públicos perpassa todos os demais postulados administrativos, porque, conforme as circunstâncias, a afronta aos princípios balizadores da atividade da administração pública pode configurar **ato de improbidade administrativa**.

Vale registrar, ainda, que a Constituição tipifica como **crime de responsabilidade** os atos do Presidente da República que atentem contra a **probidade administrativa** (art. 85, V).

Os particulares têm a seu dispor diversos instrumentos, previstos constitucionalmente, aptos a provocar o controle da atividade da administração pública, inclusive no que toca à observância dos princípios que devem nortear a sua atuação, dentre os quais o da **moralidade administrativa**. São exemplos o **direito de petição** aos poderes públicos (art. 5.º, XXXIV, "a") e a **garantia de acesso ao Poder Judiciário** contra qualquer lesão ou ameaça a direito (art. 5.º, XXXV). Um importante meio de **controle judicial** da moralidade administrativa é a **ação popular**, prevista no inciso LXXIII do art. 5.º da Constituição Federal, nestes termos (grifamos):

> LXXIII – qualquer cidadão é parte legítima para propor ação popular que vise a **anular** ato lesivo ao patrimônio público ou de entidade de que o Estado participe, à **moralidade administrativa**, ao meio ambiente e ao patrimônio histórico e cultural, ficando o

autor, salvo comprovada má-fé, isento de custas judiciais e do ônus da sucumbência;

Por fim, vem a propósito comentar que a doutrina usualmente vincula a moralidade administrativa à noção de **boa-fé** (que alguns autores tratam como verdadeiro princípio).

Aliás, a Lei 9.784/1999, aplicável no âmbito da administração pública federal, alude explicitamente a ela, no seguinte preceito: "nos processos administrativos serão observados, entre outros, os critérios de atuação segundo padrões éticos de probidade, decoro e **boa-fé**" (art. 2.º, parágrafo único, IV). E a mesma lei estatui que o administrado tem, perante a administração, o dever de "proceder com lealdade, urbanidade e **boa-fé**" (art. 4.º, II).

A exigência de que a administração pública e o administrado atuem com **boa-fé** tem repercussões jurídicas relevantes, muitas vezes estipuladas em preceitos legais expressos. Por exemplo, nos termos do art. 54 da Lei 9.784/1999, passados mais de cinco anos da emissão de um ato administrativo que, embora **ilegal**, seja favorável ao administrado, não poderá mais a administração anulá-lo – ocorre a **decadência** do direito à anulação –, "**salvo comprovada má-fé**" (Lei 9.784/1999, art. 54). Como se vê, essa regra de **estabilização**, que tem fundamento precípuo no **postulado da segurança jurídica**, exige não apenas o transcurso do lapso temporal nela previsto, mas **também a existência de boa-fé**.

Traz-se à baila, na mesma senda, a orientação segundo a qual, ocorrendo a anulação de um ato administrativo ilegal, os efeitos que já foram por ele produzidos para terceiros de boa-fé serão mantidos. Esse entendimento doutrinário e jurisprudencial baseia-se na denominada "**proteção à confiança legítima**" (que é considerada a **dimensão subjetiva do princípio da segurança jurídica**), mas, conforme se pode constatar, a ela só farão jus aqueles que tenham agido de **boa-fé**.

Ainda é possível mencionar, para rematar este tópico, que a **boa-fé** é um dos fundamentos para o reconhecimento de **validade** aos atos administrativos praticados pelo assim chamado "**funcionário de fato**" (agente público cuja investidura no cargo ou função pública esteja maculada por vício insanável). Conforme lição do Prof. Celso Antônio Bandeira de Mello, tais atos reputam-se válidos "em nome do princípio da aparência, da boa-fé dos administrados, da segurança jurídica e do princípio da presunção de legalidade dos atos administrativos".

6. PRINCÍPIO DA IMPESSOALIDADE

Os autores tratam do princípio administrativo da impessoalidade sob dois prismas, a saber:

a) como determinante da finalidade de toda a atuação administrativa (também chamado princípio da **finalidade**, considerado um princípio constitucional implícito, inserido no princípio expresso da impessoalidade);

Essa primeira é a acepção mais tradicional do princípio da impessoalidade, e traduz a ideia de que toda atuação da administração deve visar ao interesse público, deve ter como finalidade a satisfação do interesse público.

A impessoalidade da atuação administrativa impede, portanto, que o ato administrativo seja praticado visando a interesses do agente ou de terceiros, devendo ater-se à vontade da lei, comando geral e abstrato em essência. Dessa forma, impede perseguições ou favorecimentos, discriminações benéficas ou prejudiciais aos administrados. Qualquer ato praticado com objetivo diverso da satisfação do interesse público será **nulo** por desvio de finalidade.

Segundo Celso Antônio Bandeira de Mello, a impessoalidade, especialmente na acepção ora em foco, é decorrência da isonomia (ou igualdade) e tem desdobramentos explícitos em dispositivos constitucionais como o art. 37, inciso II, que impõe o concurso público como condição para ingresso em cargo efetivo ou emprego público (oportunidades iguais para todos), e o art. 37, inciso XXI, que exige que as licitações públicas assegurem igualdade de condições a todos os concorrentes.

A finalidade da atuação da administração pode estar expressa ou implícita na lei. Há sempre uma finalidade geral, que é a satisfação do interesse público, e uma finalidade específica, que é o fim direto ou imediato que a lei pretende atingir.

Por exemplo, o ato de remoção tem a finalidade específica de adequar o número de servidores lotados nas diversas unidades administrativas de um órgão ou entidade às necessidades de mão de obra de cada unidade, conforme a disponibilidade total de servidores no órgão ou entidade. Se um ato de remoção é praticado com a finalidade de punir um servidor, que tenha cometido uma irregularidade, ou que trabalhe de forma insatisfatória, o ato será nulo, por desvio de finalidade, mesmo que existisse efetiva necessidade de pessoal no local para onde o servidor foi removido.

Observe-se que, no exemplo, a remoção não seria frontalmente contrária ao interesse público, não desatenderia abertamente a finalidade geral, porque realmente havia necessidade de pessoal na unidade para a qual o servidor foi deslocado, mas basta o desvio da finalidade específica para tornar o ato nulo.

Outro exemplo. Imagine-se que um servidor, um Auditor-Fiscal da Receita Federal do Brasil, peça licença para capacitação, prevista no art. 87 da Lei 8.112/1990, a fim de participar de um curso de pintura em porcelana. São os seguintes os termos do citado dispositivo legal: "Após cada quinquênio de efetivo exercício, o servidor poderá, no interesse da Administração, afastar-se do exercício do cargo efetivo, com a respectiva remuneração, por até três meses, para participar de curso de capacitação profissional." Suponhamos que a licença seja concedida.

Nesse caso, temos desvio da finalidade geral e da finalidade específica, pois o ato é contrário ao interesse público (o servidor ficará remuneradamente sem trabalhar para fazer um curso que não interessa a suas atribuições) e é contrário à finalidade específica da lei (pintura em porcelana não é, para esse servidor, "capacitação profissional").

Cap. 5 • PRINCÍPIOS FUNDAMENTAIS DA ADMINISTRAÇÃO PÚBLICA

b) como vedação a que o agente público se promova às custas das realizações da administração pública (vedação à promoção pessoal do administrador público pelos serviços, obras e outras realizações efetuadas pela administração pública).

A segunda acepção do princípio da impessoalidade está ligada à ideia de vedação à pessoalização das realizações da administração pública, à promoção pessoal do agente público. Está consagrada no § 1.º do art. 37 da Constituição, nestes termos:

> § 1.º A publicidade dos atos, programas, obras, serviços e campanhas dos órgãos públicos deverá ter caráter educativo, informativo ou de orientação social, dela não podendo constar nomes, símbolos ou imagens que caracterizem promoção pessoal de autoridades ou servidores públicos.

Observa-se que esse segundo desdobramento do princípio da impessoalidade tem por escopo proibir a vinculação de atividades da administração à pessoa dos administradores, evitando que estes utilizem a propaganda oficial para sua promoção pessoal.

Assim, uma obra pública realizada, por exemplo, pelo Estado do Rio de Janeiro, nunca poderá ser anunciada como realização de José da Silva, Governador, ou de Maria das Graças, Secretária Estadual de Obras, pela propaganda oficial. Será sempre o "Governo do Estado do Rio de Janeiro" o realizador da obra, vedada a alusão a qualquer característica do governante, inclusive a símbolos relacionados a seu nome.

O Supremo Tribunal Federal costuma ser bastante rigoroso na interpretação dessa vedação explicitada no § 1.º do art. 37 da Constituição Federal. Com efeito, entende a Corte Suprema que nenhuma espécie de vinculação entre a propaganda oficial e a pessoa do titular do cargo público pode ser tolerada, nem mesmo quando se trata de utilização, na publicidade do governo, de elementos que permitam relacionar a mensagem veiculada com o **partido político** do administrador público. Ilustra enfaticamente tal posição do Pretório Excelso este excerto da ementa da decisão proferida no RE 191.668/RS, rel. Min. Menezes Direito, em 15.04.2008 (grifo nosso):

> 1. O *caput* e o parágrafo 1.º do artigo 37 da Constituição Federal impedem que haja qualquer tipo de identificação entre a publicidade e os titulares dos cargos **alcançando os partidos políticos** a que pertençam. O rigor do dispositivo constitucional que assegura o princípio da impessoalidade vincula a publicidade ao caráter educativo, informativo ou de orientação social é incompatível com a menção de nomes, símbolos ou imagens, **aí incluídos *slogans***, que caracterizem promoção pessoal ou de servidores públicos. A possibilidade de **vinculação do conteúdo da divulgação com o partido político a que pertença o titular do cargo público mancha o princípio da impessoalidade** e desnatura o caráter educativo, informativo ou de orientação que constam do comando posto pelo constituinte dos oitenta.

Acrescente-se que nossa Corte Constitucional já teve ensejo de explicitar que é **autoaplicável** a norma em comento, vazada no § 1.º do art. 37 da Carta da República, considerando inválida a pretensão do legislador infraconstitucional de autorizar que órgãos ou Poderes do respectivo ente federativo estabeleçam critérios ou hipóteses em que a divulgação de ato, programa, obra ou serviço públicos não seria considerada promoção pessoal.[1]

A Lei 9.784/1999 refere-se às **duas acepções do princípio da impessoalidade** no seu art. 2.º, parágrafo único, incisos III e XIII, cuja reprodução faz-se oportuna:

> Art. 2.º A Administração Pública obedecerá, dentre outros, aos princípios da legalidade, finalidade, motivação, razoabilidade, proporcionalidade, moralidade, ampla defesa, contraditório, segurança jurídica, interesse público e eficiência.
>
> Parágrafo único. Nos processos administrativos serão observados, entre outros, os critérios de:
>
> (...)
>
> III – objetividade no atendimento do interesse público, vedada a promoção pessoal de agentes ou autoridades;
>
> (...)
>
> XIII – interpretação da norma administrativa da forma que melhor garanta o atendimento do fim público a que se dirige, vedada aplicação retroativa de nova interpretação.

A Prof.ª Maria Sylvia Di Pietro preleciona que o princípio da impessoalidade é apontado como fundamento para o reconhecimento da **validade** dos atos praticados pelo assim chamado "**funcionário de fato**" (agente público cuja investidura no cargo ou função pública esteja maculada por vício insanável). Transcrevemos a lição da eminente autora, com a qual fechamos o presente tópico:

> Outra aplicação desse princípio encontra-se em matéria de exercício de fato, quando se reconhece validade aos atos praticados por funcionário irregularmente investido no cargo ou função, sob fundamento de que os atos são do órgão e não do agente público.

7. PRINCÍPIO DA PUBLICIDADE

O princípio da publicidade apresenta uma dupla acepção em face do sistema decorrente da Constituição de 1988, a saber:

a) exigência de **publicação** oficial, como requisito de eficácia, dos atos administrativos que devam produzir efeitos externos e dos atos que impliquem ônus para o patrimônio público;

---

[1] ADI 6.522/DF, rel. Min. Cármen Lúcia, 15.05.2021 (Informativo 1.017 do STF).

A doutrina usualmente sustenta que, nessa acepção, a publicidade é um pressuposto de **eficácia** do ato, e **não** um requisito de **validade**. Significa dizer, enquanto não for publicado, o ato que deva sê-lo fica, tão somente, impossibilitado de produzir os **efeitos** que lhe são próprios – mas **não** se trata de um ato **inválido**. Veja-se, a respeito, esta passagem, de lavra do Prof. José dos Santos Carvalho Filho (destaques no original):

> Anteriormente, a doutrina era mais inflexível, considerando como inválido o ato sem publicidade; ou seja, a publicidade seria *requisito de validade*. Modernamente, tem-se entendido que cada hipótese precisa ser analisada separadamente, inclusive a lei que disponha sobre ela. Em várias situações, a falta de publicidade não retira a validade do ato, funcionando como *fator de eficácia*: o ato é válido, mas inidôneo para produzir efeitos jurídicos.

A nosso ver, nos casos em que a publicação do ato é obrigatória, não se pode sequer considerar, no mais das vezes, que ele já esteja inteiramente formado (perfeito) antes de sua publicação. Por outras palavras, entendemos que, em regra, o ato que obrigatoriamente deva ser publicado é um **ato imperfeito** (não concluído) enquanto a sua publicação não ocorre.

Embora essa posição não seja incontroversa, parece-nos muito difícil defender, por exemplo, que uma instrução normativa da Secretaria da Receita Federal do Brasil que estabeleça requisitos que os contribuintes necessitem atender a fim de poderem fruir determinada isenção, ou um ato administrativo de nomeação de aprovados em um concurso público para um cargo efetivo, enquanto ainda se encontrem, literalmente, na gaveta da autoridade competente, já estejam perfeitos (concluídos). Basta pensar que, antes da publicação, não seria nem mesmo possível provar que esses atos já existissem. Ou, ainda, ponderar que, enquanto não publicado o ato, não é possível cogitar a utilização de instrumento de controle algum que estivesse apto a provocar a verificação da sua validade. Enfim, teríamos que admitir que o ato é perfeito (concluído) e válido, mas que é impossível comprovar a sua existência e verificar a sua validade!

A Lei 9.784/1999 explicita como critério de observância obrigatória no âmbito dos processos administrativos federais a "**divulgação oficial dos atos administrativos**, ressalvadas as hipóteses de sigilo previstas na Constituição" (art. 2.º, parágrafo único, V).

Na mesma linha, o art. 94 da Lei 14.133/2021 estabelece que é **condição indispensável para a eficácia** dos contratos administrativos e de seus aditamentos a **divulgação** respectiva no Portal Nacional de Contratações Públicas (PNCP).

A exigência de publicação oficial de atos da administração pública que devam produzir efeitos externos, ou que onerem o patrimônio público, é inerente à própria noção de **Estado democrático de direito**, uma vez que o reconhecimento de que o legítimo titular da coisa pública é o povo implica assegurar a este os mais amplos **meios de controle** da atuação daquela – a administração pública – que é mera gestora de seus bens e interesses. E é de todo evidente que só há como controlar eficazmente essa atuação se os atos que a concretizam forem publicados, possam ser prontamente por todos conhecidos.

b) exigência de **transparência** da atuação administrativa.

Essa acepção, derivada do **princípio da indisponibilidade do interesse público**, é mais abrangente do que a mera exigência de publicação oficial de atos da administração, embora também tenha o escopo de viabilizar, da forma mais ampla possível, o controle da administração pública pelos administrados.

Importante garantia individual vocacionada a assegurar a exigência de transparência da administração pública é o **direito de petição** aos poderes públicos; o mesmo se pode dizer do direito à obtenção de **certidões** em repartições públicas (CF, art. 5.º, XXXIV, "a" e "b", respectivamente).

Decorrência lógica do princípio da transparência é a regra geral segundo a qual os atos administrativos devem ser motivados. Com efeito, a **motivação** (exposição, por escrito, dos motivos que levaram à prática do ato) possibilita o efetivo controle da legitimidade do ato administrativo pelos órgãos de controle e pelo povo em geral. De forma mais ampla, a **cidadania** fundamenta a exigência de motivação, uma vez que esta é essencial para assegurar o efetivo controle da administração, inclusive o controle popular, uma das mais evidentes manifestações do exercício da cidadania.

O princípio da motivação dos atos administrativos não é um princípio que esteja expresso na Constituição para toda a administração pública. Entretanto, especificamente para a atuação administrativa dos tribunais do Poder Judiciário a motivação está expressamente exigida no texto constitucional, no art. 93, inciso X, transcrito abaixo (grifou-se):

> Art. 93. Lei complementar, de iniciativa do Supremo Tribunal Federal, disporá sobre o Estatuto da Magistratura, observados os seguintes princípios:
>
> (...)
>
> X – as **decisões administrativas dos tribunais serão motivadas** e em sessão pública, sendo as disciplinares tomadas pelo voto da maioria absoluta de seus membros;

Um dispositivo que deixa bem clara a exigência de **atuação transparente** de toda a administração pública é o inciso XXXIII do art. 5.º da Constituição, reproduzido abaixo (observe-se que o direito à informação **não é absoluto**, como, aliás, acontece com todos os direitos fundamentais):

> XXXIII – todos têm direito a receber dos órgãos públicos informações de seu interesse particular, ou de interesse coletivo ou geral, que serão prestadas no prazo da lei, sob pena de responsabilidade, ressalvadas aquelas cujo sigilo seja imprescindível à segurança da sociedade e do Estado;

Na mesma linha, o inciso II do § 3.º do art. 37 da Carta Política determina que a lei discipline as formas de participação do usuário na administração pública direta e indireta, regulando "o acesso dos usuários a registros administrativos e a informações sobre atos de governo", observadas as restrições que o próprio Texto Magno impõe.

Cap. 5 • PRINCÍPIOS FUNDAMENTAIS DA ADMINISTRAÇÃO PÚBLICA **215**

Merece também menção o § 2.º do art. 216 da Constituição da República, nos termos do qual "cabem à administração pública, na forma da lei, a gestão da documentação governamental e as providências para franquear sua consulta a quantos dela necessitem".

Os três últimos dispositivos constitucionais citados – inciso XXXIII do art. 5.º, inciso II do § 3.º do art. 37 e § 2.º do art. 216 – têm sua aplicação disciplinada pela Lei 12.527/2011, regulamentada, no âmbito do Poder Executivo federal, pelos Decretos 7.724/2012 e 7.845/2012. Em razão de sua importância, as principais disposições dessa lei, e, no que couber, da respectiva regulamentação, serão examinadas a seguir, em tópico próprio.

7.1. Lei de Acesso à Informação (Lei 12.527/2011)

A Lei 12.527/2011 – conhecida como **Lei de Acesso à Informação (LAI)**, também chamada, por vezes, de **Lei da Transparência Pública** – foi editada com o escopo expresso de disciplinar "os procedimentos a serem observados pela União, Estados, Distrito Federal e Municípios, com o fim de garantir o acesso a informações previsto no inciso XXXIII do art. 5.º, no inciso II do § 3.º do art. 37 e no § 2.º do art. 216 da Constituição Federal" (art. 1.º).

Trata-se, portanto, de uma lei de **normas gerais**, de **caráter nacional**, isto é, obriga todos os entes federados. Mais especificamente, estabelece a Lei 12.527/2011 que estão a ela subordinados:

a) os **órgãos públicos** integrantes da administração direta dos Poderes Executivo, Legislativo, incluindo as Cortes de Contas, e Judiciário e do Ministério Público;

b) as **autarquias**, as **fundações públicas**, as **empresas públicas**, as **sociedades de economia mista** e demais entidades controladas direta ou indiretamente pela União, estados, Distrito Federal e municípios;

c) **entidades privadas sem fins lucrativos** que recebam, para realização de ações de interesse público, **recursos públicos** diretamente do orçamento ou mediante subvenções sociais, contrato de gestão, termo de parceria, convênios, acordo, ajustes ou outros instrumentos congêneres (essas entidades apenas estão sujeitas à LAI quanto à parcela dos recursos públicos recebidos e à sua destinação, sem prejuízo das prestações de contas a que estejam legalmente obrigadas).

Os estados, o Distrito Federal e os municípios têm competência para, em legislação própria, definir regras específicas a cada qual aplicáveis, obedecidas as normas gerais estabelecidas na Lei 12.527/2011 (art. 45).

As disposições da Lei 12.527/2011 **não excluem outras hipóteses legais de sigilo** e de segredo de justiça, nem as hipóteses de segredo industrial decorrentes da exploração direta de atividade econômica pelo Estado ou por pessoa física ou entidade privada que tenha qualquer vínculo com o poder público (art. 22). Ademais, o tratamento de informação sigilosa resultante de tratados, acordos ou atos internacionais deve atender às normas e recomendações constantes deles mesmos (art. 36).

É **dever do Estado** garantir o direito de acesso à informação, que será franqueada, mediante procedimentos objetivos e ágeis, de forma transparente, clara e em linguagem de fácil compreensão (art. 5.º).

O art. 3.º da LAI estabelece **diretrizes** a serem observadas no intuito de assegurar o direito fundamental de acesso à informação. Merece destaque a asserção, nele contida, de que a divulgação de **informações de interesse público** deve ser providenciada pelos órgãos e entidades sujeitos a essa lei **independentemente de solicitações** – consagração da assim chamada "**transparência ativa**", isto é, por iniciativa do poder público, sem necessidade de provocação.

Coerentemente com essa diretriz, o art. 8.º da LAI estatui que "é dever dos órgãos e entidades públicas promover, independentemente de requerimentos, a divulgação em local de fácil acesso, no âmbito de suas competências, de informações de interesse coletivo ou geral por eles produzidas ou custodiadas". Para tanto, é **obrigatória** a sua **divulgação** em sítios oficiais da rede mundial de computadores (**internet**). Essa imposição legal de que sejam divulgadas informações em sítios oficiais na internet só **não se aplica** aos **municípios** que tenham população de **até dez mil habitantes**.

A Lei 12.527/2011 **não contém** norma que **expressamente** imponha à administração pública a divulgação, **nominalmente identificada**, das **remunerações** dos seus agentes públicos.

O Decreto 7.724/2012 explicitamente determina que sejam divulgadas, em seção específica dos sítios na internet dos órgãos e entidades do Poder Executivo federal, informações, entre outras, sobre "**remuneração e subsídio** recebidos por ocupante de cargo, posto, graduação, função e emprego público, **incluídos** os auxílios, as ajudas de custo, os jetons e outras vantagens pecuniárias, **além dos proventos de aposentadoria e das pensões** daqueles servidores e empregados públicos que estiverem na ativa, **de maneira individualizada**, conforme estabelecido em ato do Ministro de Estado da Gestão e da Inovação em Serviços Públicos" (art. 7.º, § 3.º, VI). Essa exigência alcança, também, "as entidades com personalidade jurídica de direito privado constituídas sob a forma de serviço social autônomo, que sejam destinatárias de contribuições ou de recursos públicos federais decorrentes de contrato de gestão, e os conselhos de fiscalização profissional" (art. 64-A, I).

Ficam excluídas, porém, dessa obrigação estabelecida no inciso VI do § 3.º do art. 7.º do Decreto 7.724/2012 – divulgar informações relativas a remunerações e quaisquer outros pagamentos recebidos pelos seus agentes públicos – as empresas públicas, as sociedades de economia mista e demais entidades controladas pela União **que atuem no domínio econômico em regime de concorrência**, sujeitas ao art. 173 da Constituição. A divulgação de informações concernentes a essas entidades submete-se às normas da Comissão de Valores Mobiliários, a fim de assegurar sua competitividade, governança corporativa e, quando houver, os interesses de acionistas minoritários (art. 5.º, § 1.º, e art. 7.º, § 5.º).

A Resolução 215/2015 do Conselho Nacional de Justiça (CNJ) estabelece que os sítios eletrônicos dos órgãos do Poder Judiciário devem conter os dados concernentes a "remuneração e proventos percebidos por todos os membros e servidores ativos, inativos, pensionistas e colaboradores do órgão, incluindo-se as indenizações e outros valores pagos a qualquer título, bem como os descontos legais, **com identificação individualizada e nominal do beneficiário** e da unidade na qual efetivamente presta serviços, com **detalhamento individual de cada uma das verbas** pagas sob

Cap. 5 • PRINCÍPIOS FUNDAMENTAIS DA ADMINISTRAÇÃO PÚBLICA

as rubricas 'Remuneração Paradigma', 'Vantagens Pessoais', 'Indenizações', 'Vantagens Eventuais' e 'Gratificações', apresentados em dois formatos, com detalhamento da folha de pagamento de pessoal e do contracheque individual".

Sobre esse tema – determinação de que órgãos e entidades administrativas divulguem, **de forma individualizada**, os nomes dos seus agentes públicos com as respectivas remunerações –, está consolidada na jurisprudência do Supremo Tribunal Federal a orientação de que "é legítima a publicação, inclusive em sítio eletrônico mantido pela administração pública, dos nomes dos seus servidores e do valor dos correspondentes vencimentos e vantagens pecuniárias".[2]

Importante diretriz, vazada no inciso I do art. 3.º da Lei 12.527/2011, é a de que a observância da **publicidade** constitui a regra geral, enquanto o **sigilo é excepcional**. Nos termos dessa lei, informação sigilosa é "aquela submetida **temporariamente** à restrição de acesso público em razão de sua imprescindibilidade para a segurança da sociedade e do Estado". Frise-se este ponto: **nenhuma** informação que o poder público detenha pode ser mantida em **segredo eterno** sob alegação de se tratar de informação cujo sigilo seria "imprescindível à segurança da sociedade e do Estado".

No caso em que haja apenas algumas partes sigilosas em um documento ou numa informação constante de um banco de dados do poder público, o administrado tem direito de conhecer a parte não protegida por sigilo. De fato, consoante o § 2.º do art. 7.º da LAI, "quando não for autorizado acesso integral à informação por ser ela parcialmente sigilosa, **é assegurado o acesso à parte não sigilosa** por meio de certidão, extrato ou cópia com ocultação da parte sob sigilo".

A informação em poder de órgãos e entidades públicas pode ser **classificada** como **ultrassecreta**, **secreta** ou **reservada**, quando a restrição **temporária** de acesso ao seu conteúdo for **imprescindível** à segurança da sociedade ou do Estado (art. 24). Sendo a publicidade a regra e o sigilo a exceção, **a informação não classificada será de livre acesso**, salvo se estiver resguardada por alguma norma de sigilo estabelecida em legislação específica (por exemplo, informações que impliquem violação de sigilo fiscal ou de sigilo bancário).

O art. 23 da Lei 12.527/2011 reduz bastante a discricionariedade dos agentes públicos competentes para classificar informações, ao determinar que:

> Art. 23. São consideradas imprescindíveis à segurança da sociedade ou do Estado e, portanto, passíveis de classificação as informações cuja divulgação ou acesso irrestrito possam:
>
> I – pôr em risco a defesa e a soberania nacionais ou a integridade do território nacional;
>
> II – prejudicar ou pôr em risco a condução de negociações ou as relações internacionais do País, ou as que tenham sido fornecidas em caráter sigiloso por outros Estados e organismos internacionais;
>
> III – pôr em risco a vida, a segurança ou a saúde da população;

---

[2] ARE 652.777/SP (**repercussão geral**), rel. Min. Teori Zavascki, 23.04.2015 (Informativo 782 do STF). No mesmo sentido: AO 2.367/DF, rel. Min. Roberto Barroso, 23.08.2018.

IV – oferecer elevado risco à estabilidade financeira, econômica ou monetária do País;

V – prejudicar ou causar risco a planos ou operações estratégicos das Forças Armadas;

VI – prejudicar ou causar risco a projetos de pesquisa e desenvolvimento científico ou tecnológico, assim como a sistemas, bens, instalações ou áreas de interesse estratégico nacional;

VII – pôr em risco a segurança de instituições ou de altas autoridades nacionais ou estrangeiras e seus familiares; ou

VIII – comprometer atividades de inteligência, bem como de investigação ou fiscalização em andamento, relacionadas com a prevenção ou repressão de infrações.

Não é demais repetir que a LAI **não admite** que uma informação possuída pelo poder público tenha o seu acesso submetido a **restrição eterna** sob alegação de se tratar de informação cujo sigilo seria "imprescindível à segurança da sociedade e do Estado". De fato, conforme a **classificação** atribuída à informação, os **prazos máximos** de restrição de acesso a ela, contados a partir de sua produção, são os seguintes: até **25 anos** para as informações **ultrassecretas**; até **15 anos** para as **secretas**; e até **5 anos** para as **reservadas**.

Na classificação de informações em determinado grau de sigilo deverá ser observado o interesse público da informação e utilizado o **critério menos restritivo possível** (art. 24, § 5.º).

O estabelecimento do período de restrição de acesso a uma informação reservada, secreta ou ultrassecreta pode, **alternativamente**, ser feito mediante a indicação de determinado **evento** como **termo final**, desde que o evento ocorra **antes** do transcurso do prazo máximo aplicável à respectiva classificação (art. 24, § 3.º).

Por exemplo, uma informação pode ser classificada como secreta e ser determinado que o acesso a ela ficará restrito até que ocorra um certo evento. Nesse caso, em vez de valer o período de sigilo por um prazo fixo (que, sendo secreta a informação, poderia ser de **até 15 anos**), vigorará a restrição de acesso até que o evento indicado aconteça. Entretanto, se, passados quinze anos (considerando o nosso exemplo, de informação secreta), o evento ainda não tiver acontecido, o sigilo deixará automaticamente de existir, já que o evento escolhido não pode ter ocorrência ulterior ao prazo máximo previsto para a classificação daquela informação.

Transcorrido o prazo de classificação ou consumado o evento que defina o seu termo final, a informação tornar-se-á, **automaticamente**, de **acesso público**.

A Lei 12.527/2011 instituiu, no âmbito da **administração pública federal**, a denominada **Comissão Mista de Reavaliação de Informações**, a qual, entre outras atribuições, tem competência para **prorrogar por uma única vez**, e por período determinado **não superior a 25 anos**, o prazo de sigilo de informação classificada no grau **ultrassecreto**, enquanto seu acesso ou divulgação puder ocasionar ameaça externa à soberania nacional, à integridade do território nacional ou grave risco às relações internacionais do País, **limitado ao máximo de 50 anos o prazo total da classificação**. Por outras palavras, o limite teórico máximo de restrição de acesso a

Cap. 5 • PRINCÍPIOS FUNDAMENTAIS DA ADMINISTRAÇÃO PÚBLICA

informações "cujo sigilo seja imprescindível à segurança da sociedade e do Estado" é o prazo de **50 anos**.

Também digna de menção é a competência conferida à Comissão Mista de Reavaliação de Informações para **rever** a classificação de informações **ultrassecretas e secretas** (art. 35, § 1.º, II). Essa revisão pode ser feita mediante provocação de pessoa interessada. Independentemente dessa possibilidade, deve ocorrer a **revisão de ofício** a **cada quatro anos**, no máximo, dos documentos classificados como **ultrassecretos** e **secretos**. E – mais importante! – a não deliberação sobre a revisão pela Comissão Mista de Reavaliação de Informações dentro desse prazo **implicará a desclassificação automática das informações**, isto é, as informações automaticamente passarão a ser consideradas não sigilosas, tornar-se-ão informações de amplo acesso (art. 35, §§ 3.º e 4.º).

Ademais, o art. 39 da Lei 12.527/2011 determinou que todos os órgãos e entidades públicas **procedam à reavaliação das informações** classificadas como **ultrassecretas e secretas** no **prazo máximo de dois anos**, contados de 16 de maio de 2012 (data de início de vigência da LAI). As informações classificadas como secretas e ultrassecretas **não reavaliadas** dentro desse prazo serão consideradas, **automaticamente**, **desclassificadas**, isto é, passarão a ser de **acesso público** (art. 39, § 4.º).

Não pode ser negado acesso a informações necessárias à tutela judicial ou administrativa de direitos fundamentais (art. 21).

As informações ou documentos que versem sobre condutas que impliquem violação a direitos humanos, perpetrada por agentes públicos ou a mando de autoridades públicas, **não podem ser objeto de classificação em qualquer grau de sigilo nem ter seu acesso negado** (art. 21, parágrafo único).

A Lei 12.527/2011 confere um tratamento próprio e diferenciado aos dados que configuram "**informações pessoais**", definidas como informações **relativas à intimidade, vida privada, honra e imagem** de **pessoas naturais identificadas ou identificáveis** (note-se que não estão incluídas as pessoas jurídicas). Essas informações, independentemente de classificação de sigilo, têm o seu **acesso restrito** a agentes públicos legalmente autorizados e à pessoa a que elas se referirem, podendo a restrição durar pelo **prazo máximo de 100 anos**, a contar da data de produção da informação (art. 31).

Poderão, também, ter autorizada sua **divulgação ou acesso por terceiros** diante de **previsão legal ou consentimento expresso** da pessoa a que elas se referirem. Esse consentimento **não será exigido** quando as informações pessoais forem **necessárias** (art. 31, § 3.º):

> I – à prevenção e diagnóstico médico, quando a pessoa estiver física ou legalmente incapaz, e para utilização única e exclusivamente para o tratamento médico;
>
> II – à realização de estatísticas e pesquisas científicas de evidente interesse público ou geral, previstos em lei, sendo vedada a identificação da pessoa a que as informações se referirem;
>
> III – ao cumprimento de ordem judicial;
>
> IV – à defesa de direitos humanos; ou
>
> V – à proteção do interesse público e geral preponderante.

A restrição de acesso à informação relativa à vida privada, honra e imagem de pessoa não poderá ser invocada com o intuito de prejudicar processo de apuração de irregularidades em que o titular das informações estiver envolvido, bem como em ações voltadas para a recuperação de fatos históricos de maior relevância (art. 31, § 4.°).

Em qualquer caso, aquele que obtiver acesso a informações pessoais será responsabilizado pelo seu uso indevido (art. 31, § 2.°).

Qualquer interessado pode apresentar pedido de acesso a informações aos órgãos e entidades sujeitos à Lei 12.527/2011, por qualquer meio legítimo. É rigorosamente **proibida** a imposição de **exigências relativas aos motivos** determinantes da solicitação de informações de interesse público (art. 10). Basta que o pedido contenha a **identificação do requerente** e a **especificação da informação** requerida. Os órgãos e entidades do poder público devem viabilizar alternativa de encaminhamento de pedidos de acesso por meio de seus sítios oficiais na internet (art. 10, § 2.°).

Não é demais destacar este ponto: a pessoa que solicite informação de interesse público **não precisa apresentar justificativa** alguma, **não precisa demonstrar qualquer interesse** específico (a informação de interesse público, por sua própria natureza, interessa a todos). Assim, embora a lei frequentemente empregue a expressão "interessado" para se referir ao solicitante da informação, deve ficar claro que, se a informação for de interesse público, **o requerente não precisa justificar o seu pedido, nem apresentar motivo algum que o leve a querer conhecer a informação.**

O órgão ou entidade pública deverá autorizar ou conceder o **acesso imediato** à informação **disponível** (art. 11). Não sendo possível conceder o acesso imediato, por não estar disponível a informação, o órgão ou entidade que receber o pedido deverá, **em prazo não superior a vinte dias** – admitida uma prorrogação, por mais **dez dias**, mediante **justificativa expressa**, da qual será **cientificado o requerente** –, adotar uma destas medidas (art. 11, § 1.°):

> I – comunicar a data, local e modo para se realizar a consulta, efetuar a reprodução ou obter a certidão;
>
> II – indicar as razões de fato ou de direito da recusa, total ou parcial, do acesso pretendido; ou
>
> III – comunicar que não possui a informação, indicar, se for do seu conhecimento, o órgão ou a entidade que a detém, ou, ainda, remeter o requerimento a esse órgão ou entidade, cientificando o interessado da remessa de seu pedido de informação.

Se ao pedido do administrado for respondido que a informação solicitada **extraviou-se**, poderá ele requerer à autoridade competente a **imediata abertura de sindicância** para apurar o desaparecimento da respectiva documentação. Nessa hipótese, o **responsável** pela guarda da informação extraviada **deverá**, no prazo de **dez dias**, **justificar o fato e indicar testemunhas** que comprovem sua alegação.

A **negativa de acesso às informações** objeto de pedido formulado aos órgãos e entidades sujeitos à Lei 12.527/2011, quando **não fundamentada**, sujeitará o res-

Cap. 5 • PRINCÍPIOS FUNDAMENTAIS DA ADMINISTRAÇÃO PÚBLICA **221**

ponsável às **medidas disciplinares** previstas nessa mesma lei, sempre observados o contraditório e a ampla defesa.

O serviço de busca e de fornecimento de informação é **gratuito**. Não obstante, o órgão ou a entidade poderá cobrar **exclusivamente** o valor necessário ao **ressarcimento dos custos** dos serviços e dos materiais utilizados, quando o serviço de busca e de fornecimento da informação exigir **reprodução de documentos** pelo órgão ou pela entidade pública consultada. Em qualquer caso, está **isento** de ressarcir esses custos todo aquele cuja situação econômica não lhe permita fazê-lo sem prejuízo do sustento próprio ou da família, sendo necessário simplesmente que apresente declaração, por ele mesmo firmada ou por procurador bastante, e sob as penas da lei, em que afirme enquadrar-se em tal situação.

O direito de acesso aos documentos utilizados como fundamento de tomada de decisão ou de edição de ato administrativo, bem como às informações contidas nesses documentos, será assegurado **a partir da edição do respectivo ato ou decisão** (art. 7.º, § 3.º). É o caso, por exemplo, de um parecer, ou de uma nota técnica, emitido internamente pelo setor de assessoria jurídica de um órgão público que pretenda editar um ato administrativo, embasado nas conclusões do parecer (ou na nota técnica). Esse **documento preparatório não será acessível antes da edição do ato administrativo**, até porque ele tem, em regra, caráter meramente opinativo, ou seja, não traduz necessariamente a orientação que aquele órgão virá a adotar quanto à matéria que esteja em apreciação.

Quando **não for autorizado o acesso** por se tratar de informação total ou parcialmente sigilosa, o requerente **deverá** ser informado sobre a **possibilidade de recurso**, prazos e condições para sua interposição, devendo, ainda, ser-lhe indicada a autoridade competente para sua apreciação (art. 11, § 4.º). E o requerente tem direito de obter o inteiro teor da decisão de negativa de acesso, por certidão ou cópia (art. 14).

Nos casos de **negativa de acesso à informação** ou de **não fornecimento das razões da negativa do acesso**, pode o requerente apresentar recurso, no prazo de **dez dias**, contado da ciência da decisão, à **autoridade hierarquicamente superior** à que adotou a decisão, que deverá apreciá-lo no prazo de **cinco dias**, contado da sua apresentação (art. 15).

Se a negativa de acesso à informação for perpetrada pelos órgãos ou entidades do **Poder Executivo federal**, o requerente poderá recorrer, no prazo de **dez dias**, contado da ciência da decisão denegatória, à **Controladoria-Geral da União (CGU)**, que deve decidir no prazo de **cinco dias** (art. 16). Esse recurso à CGU só é cabível depois de ter sido apreciado por pelo menos uma autoridade hierarquicamente superior àquela que exarou a decisão impugnada (seja qual for essa autoridade, o prazo para decisão é de cinco dias).

Negado o acesso à informação pela CGU, cabe ainda recurso à **Comissão Mista de Reavaliação de Informações**, no prazo de **dez dias**, contado da ciência da decisão (art. 16, § 3.º).

Os procedimentos de revisão de decisão denegatória proferida no recurso hierárquico ordinário (aquele apreciado pela autoridade hierarquicamente superior à que exarou a decisão impugnada, previsto no art. 15 da LAI) e de revisão de classificação de documentos sigilosos devem ser objeto de **regulamentação própria dos Poderes**

Legislativo e Judiciário e do Ministério Público, em seus **respectivos âmbitos**, assegurado ao solicitante, em qualquer caso, o direito de ser informado sobre o andamento de seu pedido (art. 18). Os órgãos do Poder Judiciário e do Ministério Público informarão ao Conselho Nacional de Justiça e ao Conselho Nacional do Ministério Público, respectivamente, as decisões que, em grau de recurso, negarem acesso a informações de interesse público (art. 19, § 2.º).

Aplica-se **subsidiariamente a Lei 9.784/1999** aos procedimentos previstos na Lei 12.527/2011 para apresentação, instrução e decisão dos pedidos de acesso a informações e recursos respectivos (a Lei 9.784/1999 é estudada detalhadamente em capítulo específico desta obra).

Por fim, a Lei 12.527/2011 estabelece uma série de **infrações** e **sanções** de natureza **administrativa** (não há tipificação de crimes) endereçadas aos agentes públicos em geral, aos militares e também às pessoas físicas e entidades privadas que detiverem informações em virtude de vínculo de qualquer natureza com o poder público.

São exemplos de infrações a recusa ao fornecimento de informação requerida nos termos da LAI, o retardamento deliberado do seu fornecimento ou o fornecimento intencionalmente incorreto, incompleto ou impreciso, a atuação com dolo ou má-fé na análise das solicitações de acesso a informações e a destruição ou subtração, por qualquer meio, de documentos concernentes a possíveis violações de direitos humanos por parte de agentes do Estado (art. 32).

Sempre observados, por óbvio, o contraditório e a ampla defesa, os militares que incorram nas infrações descritas na LAI serão apenados com as sanções previstas para as **transgressões militares médias ou graves**, segundo os critérios estabelecidos nos regulamentos disciplinares das Forças Armadas. Os servidores públicos alcançados pela Lei 8.112/1990 que cometam tais infrações estão sujeitos, no mínimo, à penalidade de **suspensão**, graduada conforme os critérios fixados na própria Lei 8.112/1990. Pelas mesmas condutas (inclusive omissivas) poderão os agentes públicos em geral e os militares responder, também, por **improbidade administrativa** (art. 32, §§ 1.º e 2.º).

Para as pessoas físicas e entidades privadas que detiverem informações em virtude de vínculo de qualquer natureza com o poder público estão cominadas sanções que vão desde advertência e multa até a declaração de inidoneidade para licitar ou contratar com a administração pública (art. 33).

8. PRINCÍPIO DA EFICIÊNCIA

A EC 19/1998 incluiu, no *caput* do art. 37 da Constituição, a **eficiência** como **princípio expresso**, ao lado da legalidade, da moralidade, da impessoalidade e da publicidade.

A inserção da **eficiência** na Carta Política como **postulado explícito** – não por coincidência no artigo que trata de forma mais abrangente do exercício de atividade administrativa em todos os Poderes e níveis da Federação – está vinculada à implantação no Brasil, verificada especialmente a partir de 1995, do esquema teórico de administração pública correspondente à assim chamada "**administração gerencial**". Pretendia-se que esse modelo substituísse, ao menos parcialmente, o padrão

Cap. 5 • PRINCÍPIOS FUNDAMENTAIS DA ADMINISTRAÇÃO PÚBLICA **223**

tradicional da nossa administração pública, dita "**administração burocrática**", cuja ênfase maior recai sobre o princípio da **legalidade**.

A noção básica subjacente é de que os controles a que está sujeita a administração pública, e os métodos de gestão que utiliza, acarretam morosidade, desperdícios, desmotivação, baixa produtividade, enfim, resultam em marcada **ineficiência**, em comparação com a administração de empreendimentos particulares. Propõe-se, por essa razão, que, na esfera pública, as atividades de gestão se aproximem o mais possível daquelas observadas nas empresas do setor produtivo privado.

É esse paradigma de administração pública, em que se privilegia a aferição de **resultados**, com ampliação de autonomia dos entes administrativos e **redução dos controles de atividades-meio** (controles de procedimentos), que se identifica com o modelo teórico de "**administração gerencial**" – cujo postulado central é exatamente o **princípio da eficiência**.

Um instrumento tipicamente ilustrativo de tal desiderato é o contrato previsto no § 8.º do art. 37 da Carta Política (dispositivo também incluído pela EC 19/1998), a seguir reproduzido (grifamos):

> § 8.º A **autonomia** gerencial, orçamentária e financeira dos **órgãos** e **entidades** da administração **direta** e **indireta** poderá ser **ampliada** mediante **contrato**, a ser firmado entre seus **administradores** e o poder público, que tenha por objeto a fixação de **metas de desempenho** para o **órgão** ou **entidade**, cabendo à lei dispor sobre:
>
> I – o prazo de duração do contrato;
>
> II – os controles e critérios de avaliação de desempenho, direitos, obrigações e responsabilidade dos dirigentes;
>
> III – a remuneração do pessoal.

A doutrina administrativista, de modo uniforme, refere-se à figura prevista nesse § 8.º do art. 37 da Constituição como **contrato de gestão**. No entanto, no ocaso de 2019 (mais de duas décadas depois da promulgação da EC 19/1998), foi publicada a Lei 13.934/2019, que regulamentou o aludido dispositivo constitucional "no âmbito da administração pública federal direta de qualquer dos Poderes da União e das autarquias e fundações públicas federais". Essa lei, literalmente, intitulou de "**contrato de desempenho**" o instrumento tratado no § 8.º do art. 37 do Texto Magno.

Mudou apenas o nome (e os demais entes da Federação não estão obrigados a adotar a nova denominação): o instrumento em questão continua sendo um meio formal para se estabelecerem metas a serem atingidas por órgãos e entidades administrativos em contrapartida à ampliação da autonomia de gestão deles.

Cabe abrir um parêntese para consignar que, além do contrato de gestão tratado no § 8.º da Constituição (cujo nome, na órbita federal, passou a ser "contrato de desempenho", em conformidade com a Lei 13.934/2019), existem, em nosso ordenamento jurídico, pelo menos três outras espécies de instrumentos chamados de "contratos de gestão", a saber: (a) o contrato de gestão disciplinado na Lei 9.637/1998, que dispõe sobre as entidades privadas qualificadas como **organizações sociais**, o qual tem por escopo possibilitar que elas, em contrapartida à consecução das metas no contrato estipuladas, recebam fomento estatal; (b) o contrato de gestão celebrado por alguns **serviços sociais autônomos** ("atípicos") com o Poder Executivo federal, por meio do qual este exerce supervisão administrativa sobre aqueles – muito embora os serviços sociais autônomos não integrem a administração pública formal; e (c) o "**contrato de gestão para ocupação de imóveis públicos**" celebrado entre a administração pública e particulares, por meio do qual estes se obrigam a prestar serviços de gerenciamento e manutenção necessários ao uso do imóvel pela administração e, se for o caso, a realizar obras para adequação do imóvel (incluída a elaboração dos projetos básico e executivo), podendo ter prazo de duração de até vinte anos, quando incluir investimentos iniciais relacionados à realização de obras e o fornecimento de bens.

As organizações sociais e os serviços sociais autônomos foram estudados em tópicos próprios, no capítulo sobre o denominado "terceiro setor" – e os contratos de gestão por eles firmados têm relação apenas indireta com o princípio constitucional da eficiência administrativa. O "contrato de gestão para ocupação de imóveis públicos" é tratado de forma bastante sucinta na Lei 14.011/2020, devendo sua celebração observar os termos da Lei 14.133/2021. O § 8.º do art. 37 da Carta da República e a Lei 13.934/2019 serão objeto de análise em item específico, no capítulo relativo ao "controle da administração pública". Fecha-se o parêntese.

Para a Prof.ª Maria Sylvia Di Pietro, o **princípio da eficiência** pode ser descrito em **duas vertentes**:

a) relativamente à forma de atuação do agente público, espera-se um desempenho ótimo de suas atribuições, a fim de se obterem os melhores resultados;

b) quanto ao modo de organizar, estruturar e disciplinar a administração pública, exige-se a maior racionalidade possível, no intuito de alcançar resultados de excelência na prestação dos serviços públicos.

Exemplos de desdobramentos do princípio da eficiência, quanto ao primeiro aspecto, todos introduzidos pela EC 19/1998, são a exigência de avaliação especial de desempenho para a aquisição da estabilidade pelo servidor público e a perda do cargo do servidor estável "mediante procedimento de avaliação periódica de desempenho, na forma de lei complementar, assegurada ampla defesa" (CF, art. 41).

Na mesma linha, estabelece o art. 39, § 2.º, da Constituição:

> § 2.º A União, os Estados e o Distrito Federal manterão escolas de governo para a formação e o aperfeiçoamento dos servidores públicos, constituindo-se a participação nos cursos um dos requisitos para a promoção na carreira, facultada, para isso, a celebração de convênios ou contratos entre os entes federados.

O objetivo do princípio da eficiência é assegurar que os serviços públicos sejam prestados com adequação às necessidades da sociedade que os custeia. A eficiência,

Cap. 5 • PRINCÍPIOS FUNDAMENTAIS DA ADMINISTRAÇÃO PÚBLICA **225**

aliás, integra o **conceito legal de serviço público adequado** (Lei 8.987/1995, art. 6.º, § 1.º).

A noção de eficiência vincula-se à de **economicidade**, princípio expresso no art. 70, *caput*, da Carta de 1988, concernente ao controle financeiro da administração pública. Deve-se buscar que a prestação de serviços públicos (em sentido amplo) ocorra do modo mais simples, mais rápido e mais econômico, sempre com vistas à obtenção de uma ótima **relação custo/benefício** na atividade da administração. O administrador deve procurar a solução que mais se coadune com a satisfação plena do interesse público, levando em conta o melhor aproveitamento possível dos recursos disponíveis, conforme essa análise dos custos envolvidos e dos benefícios correspondentes.

Eficiência tem como consectário a **boa qualidade**. A partir da positivação desse princípio como norte da atividade administrativa, a sociedade passa a dispor de base jurídica expressa para exigir a efetividade do exercício de direitos sociais, a exemplo da educação e da saúde, cuja prestação tem de ser assegurada pelo Estado com qualidade no mínimo satisfatória. Pelo mesmo motivo, o cidadão passa a ter o direito de questionar a qualidade de obras e atividades públicas, executadas diretamente pelo aparelho estatal ou, mediante contratação ou delegação, por particulares.

Note-se que, por ser a eficiência um **princípio expresso** balizador de toda a atividade da administração pública, a sua aferição configura **controle de legalidade ou legitimidade**, e não uma questão de mérito administrativo. Deveras, a atuação eficiente não pode decorrer de um juízo de conveniência ou oportunidade administrativas, porque se trata de uma **obrigação** do administrador. Não é facultado à administração pública alegar que, entre diversas atuações teoricamente possíveis, deixou de escolher a mais eficiente porque achou conveniente ou oportuno adotar uma outra, menos eficiente.

Dessarte, o Poder Judiciário, desde que provocado, e a própria administração pública têm competência para apreciar a **eficiência** de atuações administrativas – os atos que contrariem o princípio da eficiência são ilegais ou ilegítimos, o que, teoricamente, enseja a sua **anulação** e, salvo se isso trouxer um prejuízo ainda maior ao interesse público, o desfazimento das medidas administrativas que deles decorreram; ademais, sendo dolosa ou culposa a conduta dos agentes públicos envolvidos, deverá ser promovida a sua **responsabilização**, nas instâncias cabíveis.

9. PRINCÍPIOS DA RAZOABILIDADE E PROPORCIONALIDADE

Os princípios da razoabilidade e da proporcionalidade não se encontram expressos no texto constitucional. São eles, na verdade, princípios gerais de direito, aplicáveis a praticamente todos os ramos da ciência jurídica.

Embora sejam implícitos, o Supremo Tribunal Federal, em diversos julgados, tem apontado como sede material expressa desses princípios o postulado do **devido processo legal** (CF, art. 5.º, LIV), em sua acepção substantiva (*substantive due process of law*). Esse "aspecto substantivo" do princípio do devido processo legal diz respeito à proteção material direta dos bens e da liberdade em sentido amplo, isto é, à proteção direta desses bens jurídicos em si mesmos considerados, diferentemente do "aspecto formal ou adjetivo", que diz respeito às **garantias processuais** (ampla defesa, contraditório, presunção de inocência, ônus da prova para a acusação, juiz natural, vedação a tribunais de exceção, dentre outras), ou seja, aos **instrumentos** de proteção daqueles bens jurídicos.

Os princípios da razoabilidade e da proporcionalidade vêm sendo seguidamente utilizados pelo Supremo Tribunal Federal no controle de constitucionalidade de leis.

É frequente os autores, e mesmo a jurisprudência, sobretudo no âmbito do direito constitucional, tratarem razoabilidade e proporcionalidade como um único e mesmo princípio jurídico, empregando esses termos como sinônimos, no mais das vezes dando preferência ao uso da expressão "princípio da proporcionalidade". Na seara do direito administrativo, pensamos ser mais usual a referência a "princípio da razoabilidade" como um gênero, constituindo a noção de proporcionalidade uma de suas vertentes, comumente relacionada a situações que envolvam atos administrativos sancionatórios.

Seja como for, certo é que, no âmbito do direito administrativo, os princípios da razoabilidade e da proporcionalidade encontram aplicação especialmente no **controle de atos discricionários** que impliquem restrição ou condicionamento a direitos dos administrados ou imposição de sanções administrativas. Deve ser esclarecido desde logo que se trata de **controle de legalidade ou legitimidade**, e não de controle de mérito, significa dizer, **não se avaliam conveniência e oportunidade administrativas do ato** – o que implicaria, se fosse o caso, a sua **revogação** –, mas **sim** a sua **validade**. Sendo o ato ofensivo aos princípios da razoabilidade ou da proporcionalidade, será declarada a sua **nulidade**; o ato será **anulado**, e **não revogado**.

É diante de situações concretas, sempre no contexto de uma **relação meio-fim**, que devem ser aferidos os critérios de **razoabilidade** e **proporcionalidade**, podendo o Poder Judiciário, desde que provocado, apreciar se as restrições impostas pela administração pública são adequadas, necessárias e justificadas pelo interesse público: se o ato implicar limitações inadequadas, desnecessárias ou desproporcionais (além da medida) deverá ser anulado.

Embora, conforme alertado anteriormente, não seja feita, muitas vezes, uma distinção precisa entre os dois princípios ora em tela, pensamos ser mais frequente os administrativistas associarem o princípio da **razoabilidade** às análises de **adequação** e de **necessidade** do ato ou da atuação da administração pública. Assim, não basta que o ato tenha uma finalidade legítima. É necessário que os meios empregados pela administração sejam adequados à consecução do fim almejado e que sua utilização, especialmente quando se trate de medidas restritivas ou punitivas, seja realmente necessária.

De modo mais específico, o requisito da **adequação** obriga o administrador a perquirir se o ato por ele praticado mostra-se efetivamente apto a atingir os objetivos pretendidos (Alcançará o ato os resultados almejados?). Se não for adequado, é evidentemente ilegítima a prática do ato. Diz-se, nesse caso, que o ato é desarrazoado por inadequação (ressalvamos não ser incomum os autores e os tribunais falarem, em vez disso, em ato desproporcional; é frequente esses princípios serem citados de forma indiscriminada, como sinônimos).

Já o requisito **necessidade** diz respeito à exigibilidade, ou não, da adoção das medidas restritivas. Deve-se indagar se haveria um meio menos gravoso à sociedade e igualmente eficaz na consecução dos objetivos colimados (Está desmedida, excessiva, desnecessária, a medida adotada? Os mesmos resultados não poderiam ser alcançados com medida mais prudente, mais branda, menos restritiva?). Em síntese, sempre que a autoridade administrativa tiver à sua disposição mais de um meio para a consecução do mesmo fim, **deverá** utilizar aquele que se mostre **menos gravoso** aos administrados, **menos restritivo** aos direitos destes. Se for adotado um ato mais restritivo do que o estritamente necessário ao atingimento dos resultados pretendidos, diz-se que ele é **desarrazoado** (ou **desproporcional**) por falta de necessidade – é **mais restritivo do que o necessário**. Essa faceta do princípio da razoabilidade é às vezes citada como "**princípio da proibição de excesso**" (contudo, alertamos que "proibição de excesso" é também uma expressão empregada, amiúde, de forma genérica, muitas vezes como sinônimo de princípio da proporcionalidade).

Em resumo, o princípio da razoabilidade tem por escopo aferir a compatibilidade entre os meios empregados e os fins visados na prática de um ato administrativo, de modo a evitar restrições aos administrados inadequadas, desnecessárias, arbitrárias ou abusivas por parte da administração pública.

O **princípio da proporcionalidade** (citado por alguns autores, conforme antes referido, como "princípio da proibição de excesso"), segundo a concepção a nosso ver majoritária na doutrina administrativista, representa, em verdade, uma das vertentes do princípio da razoabilidade. Isso porque a razoabilidade exige, entre outros aspectos, que haja proporcionalidade entre os meios utilizados pelo administrador público e os fins que ele pretende alcançar. Se o ato administrativo não guarda uma proporção adequada entre os meios empregados e o fim almejado, será um ato desproporcional, excessivo em relação a essa finalidade visada.

Impede o princípio da proporcionalidade que a administração restrinja os direitos do particular além do que caberia, do que seria necessário, pois impor medidas com intensidade ou extensão supérfluas, desnecessárias, induz à ilegalidade do ato, por **abuso de poder**. Esse princípio fundamenta-se na ideia de que ninguém está obrigado a suportar restrições em sua liberdade ou propriedade que não sejam indispensáveis, imprescindíveis à satisfação do interesse público.

O postulado da **proporcionalidade** é importante, sobretudo, no controle dos **atos sancionatórios**, especialmente nos atos de **polícia administrativa**. Com efeito, a intensidade e a extensão do ato sancionatório devem corresponder, deve guardar relação de congruência com a lesividade e a gravidade da conduta que se tenciona reprimir ou prevenir. A noção é intuitiva: **uma infração leve deve receber uma sanção branda; a uma falta grave deve corresponder uma punição severa**.

Registramos que parcela da doutrina fala em "**proporcionalidade em sentido estrito**" – e atribui a essa expressão um significado um pouco diferente desse que acabamos de expor. Para essa corrente, a verificação de "proporcionalidade em sentido estrito" **consiste em perquirir se as restrições ocasionadas pelo ato são compensadas**

pelos benefícios que ele proporciona, isto é, se a prática do ato mais promove do que restringe direitos fundamentais, se há mais "prós" do que "contras" na adoção daquela medida, se a "resultante" favorece mais do que prejudica o conjunto dos direitos constitucionalmente protegidos. **Caso as restrições decorrentes do ato não sejam sobrepujadas pelas vantagens que a sua adoção proporcionará ao interesse público**, ele não poderá ser praticado, **será ilegítima a sua prática**.

Na Lei 9.784/1999, razoabilidade e proporcionalidade são princípios expressos (art. 2.º, *caput*). Além disso, a lei explicita o conteúdo desses princípios, ao determinar que deverá ser observada, nos processos administrativos, "adequação entre meios e fins, vedada a imposição de obrigações, restrições e sanções em medida superior àquelas estritamente necessárias ao atendimento do interesse público" (art. 2.º, parágrafo único, VI).

Formulemos um exemplo um tanto exagerado para tornar bem nítida a aplicação desses princípios.

Imagine-se que um agente da vigilância sanitária de um município, em visita a um grande supermercado, encontrasse em uma prateleira alguns pacotes de uma determinada marca de biscoitos uns dois ou três dias fora do prazo de validade. O agente, então, como sanção administrativa, decreta a interdição do estabelecimento por 15 dias. Uma lei do hipotético município determina como possíveis sanções para estabelecimentos que ofereçam à população alimentos inadequados ao consumo, aplicáveis a critério da autoridade administrativa, conforme a gravidade e as consequências da infração: (a) multa; (b) apreensão e destruição das mercadorias impróprias; e (c) interdição do estabelecimento por até 15 dias.

Nesse exemplo, fica claro que o meio utilizado pelo agente – interdição do estabelecimento – desatendeu aos princípios da razoabilidade e da proporcionalidade. Embora a **finalidade** de sua atuação fosse a defesa do interesse público (proteção dos consumidores), ele possuísse **competência** para decretar a interdição do estabelecimento, e supondo que houvesse atendido às **formalidades** legais para a aplicação da sanção, podemos dizer que houve inadequação do instrumento utilizado para a obtenção do fim colimado. Além disso, dentre as possibilidades de atuação que poderiam apresentar o mesmo resultado, o agente escolheu aquela mais gravosa ao particular e até à coletividade. O agente poderia ter obtido a desejada proteção dos consumidores simplesmente determinando a apreensão e a destruição dos biscoitos vencidos e punindo o responsável pelo supermercado com a aplicação de uma multa.

Verifica-se, ainda, que a sanção aplicada não foi proporcional à falta cometida. Ora, se o agente aplicou a sanção mais rigorosa prevista na lei pelo motivo citado, qual seria a sanção aplicável a um supermercado em que muitos alimentos, incluindo peixes, carnes, enlatados estivessem francamente estragados, oferecendo muito mais sérios riscos aos consumidores? Teria que ser aplicada a mesma sanção, uma vez que a interdição do estabelecimento pelo prazo de 15 dias era a sanção mais grave prevista na lei.

Portanto, em nosso exemplo, o ato administrativo de interdição do estabelecimento poderia ser **anulado** pelo Poder Judiciário, em razão de haver a administração menoscabado os princípios implícitos da razoabilidade (os meios utilizados não foram adequados ao fim visado, causando mesmo mais transtornos do que oferecendo segurança à população, e não havia necessidade da utilização de um meio tão gravoso para a garantia da defesa dos consumidores) e da proporcionalidade (a administração aplicou a mais rigorosa dentre as sanções legais para punir uma falta evidentemente leve).

Quanto à importância desses princípios, destacamos que, independentemente da distinção que os administrativistas e a jurisprudência façam – quando fazem alguma – entre razoabilidade e proporcionalidade, é consensual o entendimento de que se trata de instrumentos de grande utilidade para o **controle da legitimidade do exercício do poder discricionário pela administração pública**.

A determinação da esfera dentro da qual é legítimo o exercício do poder discricionário possibilita combater a indevida invocação da discricionariedade administrativa como manto destinado a acobertar atos que, a rigor, caracterizam **arbitrariedade**. O reconhecimento de que, além da própria regra legal de competência, os princípios da razoabilidade e proporcionalidade também representam limites à discricionariedade amplia os aspectos do ato administrativo que podem ser controlados pelo Poder Judiciário (teoricamente, a administração pública, no uso do poder de autotutela, pode, ela mesma, **anular** um ato seu por considerá-lo desarrazoado ou desproporcional, mas, na prática, esse controle é realizado na quase totalidade das vezes pelo Poder Judiciário).

Nunca é demais ressaltar que, ao se utilizar os princípios da razoabilidade e proporcionalidade para controlar o exercício da discricionariedade administrativa, **não se estará realizando controle de mérito administrativo**. Significa dizer: o ato que se mostre incompatível com os princípios da razoabilidade e proporcionalidade **é ilegal ou ilegítimo** (não é meramente inconveniente ou inoportuno) e deve ser **anulado** – tecnicamente, **não** é correto **revogar** um ato administrativo sob o fundamento de ofensa aos postulados da razoabilidade e da proporcionalidade (vale lembrar que o controle de mérito administrativo, que é sempre exclusivo da própria administração que praticou o ato a ser controlado, implicará, se for o caso, a **revogação** deste).

Portanto, o controle da discricionariedade administrativa fundado nos princípios da razoabilidade e proporcionalidade funciona desta maneira: se a administração pratica um ato discricionário fora dos limites legítimos da discricionariedade que a lei lhe conferiu, esse ato é **ilegal**, e o crivo de razoabilidade e proporcionalidade pode ser utilizado – pela própria administração pública ou, se houver provocação, pelo Poder Judiciário – para a verificação da ilegalidade do ato. Significa dizer, o controle relativo à observância dos postulados da razoabilidade e proporcionalidade pode demonstrar que, ao praticar um ato discricionário, a administração extrapolou os limites legais do mérito administrativo, o que torna obrigatória a **anulação** do ato em questão (controle de legalidade ou legitimidade) – e **não** a sua **revogação** (controle de mérito, de oportunidade e conveniência administrativas).

Finalizando, faz-se oportuno registrar que, em alguns casos, o princípio da razoabilidade tem sido empregado como critério de interpretação de outros princípios constitucionais, a exemplo do postulado da igualdade. Situações que, à primeira vista, poderiam parecer ofensivas à isonomia, por implicarem discriminação entre indivíduos, têm sido chanceladas pelos tribunais do Poder Judiciário, quando atendem a

DIREITO ADMINISTRATIVO DESCOMPLICADO • Marcelo Alexandrino & Vicente Paulo

um critério de razoabilidade. Assim, o Supremo Tribunal Federal tem considerado válidas certas restrições legais impostas em concursos públicos (por exemplo, limite de idade, altura mínima, exigência de determinada titulação acadêmica), desde que haja **razoabilidade** para o discrime.

10. PRINCÍPIO DA AUTOTUTELA

O **princípio da autotutela**, também referido como **poder de autotutela administrativa**, pode ser, dependendo do caso, uma verdadeira prerrogativa ou um poder-dever da administração pública.

No Brasil, vigora o **princípio da inafastabilidade de jurisdição**, ou **sistema de jurisdição única**, segundo o qual a lei não excluirá da apreciação do Poder Judiciário lesão ou ameaça a direito (CF, art. 5.º, XXXV).

Ao lado dessa possibilidade de apreciação pelo Poder Judiciário, quando provocado, de atos que possam implicar lesão ou ameaça a quaisquer direitos, existe o poder administrativo de autotutela. O **poder de autotutela** possibilita à administração pública controlar seus próprios atos, apreciando-os **quanto ao mérito e quanto à legalidade**. É um princípio implícito, que decorre da natureza da atividade administrativa e de princípios expressos que a orientam, especialmente o princípio da legalidade. O controle de legalidade efetuado pela administração sobre seus próprios atos, evidentemente, não exclui a possibilidade de apreciação da legalidade destes pelo Poder Judiciário.

O princípio da autotutela instrumenta a administração pública para a revisão de seus próprios atos, configurando um meio adicional de controle da atividade administrativa, e, no que respeita ao controle de legalidade, reduzindo o congestionamento do Poder Judiciário.

Diz-se que o princípio da autotutela autoriza o controle, pela administração, dos atos por ela praticados, sob dois aspectos:

a) de **legalidade**, em que a administração pode, de ofício ou provocada, **anular** os seus atos **ilegais**;

b) de **mérito**, em que examina a conveniência e oportunidade de manter ou desfazer um ato **legítimo**, nesse último caso mediante a denominada **revogação**.

A administração pública, no desempenho de suas múltiplas atividades, está sujeita a erros; nessas hipóteses, ela mesma pode (e deve) tomar a iniciativa de repará-los, a fim de restaurar a situação de regularidade e zelar pelo interesse público. Não precisa, portanto, a administração ser provocada para o fim de rever seus atos ilegais. Pode fazê-lo de ofício. Nesse aspecto, difere do controle judicial o controle administrativo de legalidade decorrente da autotutela, uma vez que para a realização daquele o Poder Judiciário necessita sempre ser provocado.

É importante frisar que não é só em relação a atos ilegais que a administração pública exerce o poder-dever de autotutela, anulando-os. Os atos válidos, sem qualquer vício, que, no entender da administração, se tornarem inconvenientes ao interesse

Cap. 5 • PRINCÍPIOS FUNDAMENTAIS DA ADMINISTRAÇÃO PÚBLICA

público também podem ser retirados do mundo jurídico no uso da autotutela. Nessa hipótese, de revogação de um ato válido que se tornou inconveniente – verdadeiro poder da administração pública, exercido com suporte, também, no poder discricionário –, somente a própria administração que editou o ato tem a possibilidade de controle. Vale dizer, o Poder Judiciário não pode retirar do mundo jurídico atos válidos editados por outro Poder.

Dessarte, o exercício do poder de autotutela pela administração para o fim de **revogar** atos administrativos, com fundamento em razões de conveniência e oportunidade administrativas, sendo um poder discricionário, é de exercício exclusivo pela própria administração que praticou o ato; o Poder Judiciário, no exercício da função jurisdicional, nunca aprecia a conveniência de um ato, mas tão somente a sua legalidade e legitimidade.

Em suma, o princípio da autotutela autoriza a atuação da administração de forma mais ampla do que ocorre no âmbito do controle judicial, uma vez que somente ela própria possui competência para revogar seus atos administrativos, e porque, tanto na revogação quanto na anulação, pode agir sem provocação (de ofício).

O princípio da autotutela administrativa está consagrado na Súmula 473 do STF, nestes termos:

> 473 – A Administração pode anular seus próprios atos quando eivados de vícios que os tornem ilegais, porque deles não se originam direitos; ou revogá-los, por motivo de conveniência ou oportunidade, respeitados os direitos adquiridos, e ressalvada, em todos os casos, a apreciação judicial.

É muito importante anotar que está consolidada no âmbito do Supremo Tribunal Federal a orientação de que o exercício da autotutela administrativa, quando implique desfazimento de atos que afetem **interesse** do administrado, modificando desfavoravelmente a sua situação jurídica, **deve ser precedido da instauração de procedimento no qual se dê a ele oportunidade de contraditório**, isto é, de apresentar alegações contra a retirada do ato.[3] Esse entendimento é aplicável a **todas as formas de desfazimento de atos administrativos** pela própria administração – basta que a retirada do ato repercuta negativamente na esfera jurídica do administrado.

Por fim, alertamos que **não** se deve confundir poder de autotutela com "**tutela administrativa**", expressão empregada para designar o **controle finalístico** (ou **supervisão**) exercido pelos órgãos da administração direta, nos termos e limites da lei, sobre as entidades da administração indireta a eles vinculadas.

11. PRINCÍPIO DA CONTINUIDADE DOS SERVIÇOS PÚBLICOS

O princípio da continuidade dos serviços públicos é um princípio implícito, decorrente do regime de direito público a que eles estão sujeitos.

---

[3] RE 594.296/MG (**repercussão geral**), rel. Min. Dias Toffoli, 21.09.2011 (Informativo 641 do STF).

É importante observar que a expressão "serviços públicos", aqui, é empregada em sentido amplo, como sinônimo de "atividade de administração pública em sentido material". Alcança, portanto, todas as atividades propriamente administrativas executadas sob regime jurídico de direito público.

Abrange, assim, a prestação de serviços públicos em sentido estrito – prestações que representem, em si mesmas, utilidades materiais fruíveis diretamente pela população em geral, efetuadas diretamente ou por meio de delegatários –, o exercício do poder de polícia, as atividades de fomento e a intervenção. Ficam excluídas, por outro lado, a atuação do Estado como agente econômico em sentido estrito ("Estado-empresário"), a atividade política de governo (formulação de políticas públicas), a atividade legislativa e a atividade jurisdicional.

Os serviços públicos, como seu nome indica, são prestados no interesse da coletividade, sob regime de direito público. Por esse motivo, sua prestação deve ser adequada, não podendo sofrer interrupções. A interrupção de um serviço público prejudica toda a coletividade, que dele depende para a satisfação de seus interesses e necessidades.

A aplicação desse princípio implica restrição a determinados direitos dos prestadores de serviços públicos e dos agentes envolvidos em sua prestação. Uma peculiaridade do princípio da continuidade dos serviços públicos é que sua observância é obrigatória não só para toda a administração pública, mas também para os particulares que sejam incumbidos da prestação de serviços públicos sob regime de delegação (concessionárias, permissionárias e autorizadas de serviços públicos).

Consectário relevante do princípio da continuidade dos serviços públicos é o fato de o texto constitucional tratar a greve dos servidores públicos **não** como um direito concretizável de forma plena e automática sem necessidade de regulamentação legal, mas **sim** como um direito a ser exercido nos **termos e limites** definidos em **lei específica** (CF, art. 37, VII).

Outro exemplo de restrição decorrente do princípio da continuidade dos serviços públicos é a impossibilidade de o particular prestador de serviço público por delegação interromper sua prestação, mesmo que o poder concedente descumpra os termos do contrato que tenha celebrado com ele. Essa restrição é a denominada inoponibilidade da "exceção do contrato não cumprido" (*exceptio non adimpleti contractus*). No caso da prestação de serviços públicos, o particular delegatário prejudicado pela administração pública concedente só poderá rescindir o contrato mediante sentença judicial transitada em julgado (Lei 8.987/1995, art. 39, parágrafo único).

A obrigação de que os serviços públicos prestados à população sejam adequados está expressa no art. 175, parágrafo único, IV, da Constituição Federal. A Lei 8.987/1995, que regula a prestação de serviços públicos sob regime de concessão e de permissão, define serviço adequado como aquele que atenda aos requisitos nela expressos, dentre os quais se encontra o da continuidade.

Capítulo 6

DEVERES E PODERES ADMINISTRATIVOS

1. NOÇÕES INTRODUTÓRIAS

Conforme foi exposto em mais de um ponto desta obra, o regime jurídico-administrativo tem fundamento em dois postulados básicos (e implícitos), a saber, o princípio da **supremacia do interesse público** e o princípio da **indisponibilidade do interesse público**.

Do primeiro desses postulados derivam todas as prerrogativas especiais de que dispõe a administração pública, as quais a ela são conferidas tão somente na estrita medida em que necessárias à satisfação dos fins públicos cuja persecução o mesmo ordenamento jurídico lhe impõe. Tais prerrogativas consubstanciam os chamados **poderes administrativos**.

Esses poderes são exercidos pelos administradores públicos nos termos da lei, com estrita observância dos princípios jurídicos e respeito aos direitos e garantias fundamentais, tais como o devido processo legal, as garantias do contraditório e da ampla defesa, a garantia da inafastabilidade da tutela judicial etc.

De outra parte, como decorrência da indisponibilidade do interesse público, a Constituição e as leis impõem ao administrador público alguns deveres específicos e peculiares, preordenados a assegurar que sua atuação efetivamente se dê em benefício do interesse público e sob controle direto e indireto do titular da coisa pública, o povo. São esses os chamados **deveres administrativos**.

Estudaremos neste capítulo os deveres e os poderes administrativos mais frequentemente descritos pela doutrina, cabendo frisar que de forma nenhuma eles esgotam o conjunto de restrições e de prerrogativas especiais que orientam a atuação da administração pública no adequado desempenho de suas inúmeras atribuições.

2. DEVERES ADMINISTRATIVOS

A doutrina de um modo geral enumera como alguns dos principais deveres impostos aos agentes administrativos pelo ordenamento jurídico:

a) poder-dever de agir;
b) dever de eficiência;
c) dever de probidade;
d) dever de prestar contas.

2.1. Poder-dever de agir

O **poder-dever de agir** do administrador público é hoje pacificamente reconhecido pela doutrina e pela jurisprudência. Significa dizer que as competências administrativas, por serem conferidas visando ao atingimento de fins públicos, implicam ao mesmo tempo um poder para desempenhar as correspondentes funções públicas e um **dever de exercício dessas funções**. Enquanto no direito privado o poder de agir é mera faculdade, no direito administrativo é uma imposição, um **dever de exercício das competências, de que o** agente público não pode dispor.

Como decorrências relevantes desse poder-dever da administração pública, temos que:

a) os poderes administrativos são irrenunciáveis, devendo ser obrigatoriamente exercidos pelos titulares;

b) a omissão do agente, diante de situações que exigem sua atuação, caracteriza abuso de poder, que poderá ensejar, inclusive, responsabilidade civil da administração pública, pelos danos que porventura decorram da omissão ilegal.

2.2. Dever de eficiência

O **dever de eficiência** traduz-se na exigência de elevado padrão de qualidade na atividade administrativa, na imposição de que o administrador e os agentes públicos em geral tenham sua atuação pautada por celeridade, perfeição técnica, economicidade, coordenação, controle, entre outros atributos. É um dever imposto a todos os níveis da administração pública.

Cabe ressaltar que a EC 19/1998 erigiu esse dever à categoria de princípio constitucional administrativo (princípio da eficiência, expresso no *caput* do art. 37), manifestando preocupação não só com a produtividade do servidor, mas também com o aperfeiçoamento de toda a máquina administrativa, por meio da criação de institutos e controles que permitam o aprimoramento e uma adequada avaliação do desempenho de seus órgãos, entidades e agentes.

Esse novo paradigma introduzido no texto constitucional – cujo escopo foi explicitar o intuito de adotar o modelo de gestão pública doutrinariamente denominado "**administração gerencial**", marcado pela ênfase nos controles de resultado e

Cap. 6 • DEVERES E PODERES ADMINISTRATIVOS 235

flexibilização dos controles de procedimentos – desdobra-se em diversas disposições, também trazidas pela EC 19/1998, de que são exemplos: a possibilidade de **perda do cargo** do servidor público estável em razão de **insuficiência de desempenho** (art. 41, § 1.º, III); o estabelecimento, como condição para a aquisição da **estabilidade**, de **avaliação especial de desempenho** (art. 41, § 4.º); a possibilidade de celebração de **contratos de gestão** (ou "**contratos de desempenho**") entre o poder público e seus órgãos e entidades, visando a propiciar fixação de metas e controle do respectivo atingimento (art. 37, § 8.º); a exigência de participação do servidor público em **cursos de aperfeiçoamento profissional** como um dos requisitos para a **promoção na carreira** (art. 39, § 2.º), entre outros.

2.3. Dever de probidade

O **dever de probidade** exige que o administrador público, no desempenho de suas atividades, atue sempre com ética, honestidade e boa-fé, em consonância com o princípio da moralidade administrativa.

São crimes de responsabilidade os atos do Presidente da República que atentem contra a probidade na administração (CF, art. 85, V).

O dever de probidade é imposto a todo e qualquer agente público. O § 4.º do art. 37 da Constituição da República estabelece que, **sem prejuízo da ação penal cabível**, os atos de improbidade administrativa acarretarão, na forma e gradação previstas em lei:

a) a suspensão dos direitos políticos;

b) a perda da função pública;

c) a indisponibilidade dos bens;

d) o ressarcimento ao erário.

Regulamentando esse importante dispositivo constitucional, foi editada a Lei 8.429/1992, que tipifica e sanciona os atos de improbidade administrativa.

No capítulo sobre controle da administração pública examinamos minudentemente a Lei 8.429/1992, em tópico próprio acerca da improbidade administrativa, ao qual remetemos o leitor, a fim de evitar repetições desnecessárias.

2.4. Dever de prestar contas

O **dever de prestar contas** decorre diretamente do princípio da indisponibilidade do interesse público, sendo inerente à função do administrador público, mero gestor de bens e interesses alheios, vale dizer, do povo.

É um dever indissociável do exercício de função pública, imposto a qualquer agente que de algum modo seja responsável pela gestão ou conservação de bens públicos. Aliás, o dever de prestar contas é tão abrangente e inafastável que a ele estão sujeitos, inclusive, particulares aos quais de algum modo sejam entregues recursos públicos de qualquer espécie, para gestão ou aplicação, conforme explicita o parágrafo único do art. 70 da Constituição, abaixo transcrito (o dispositivo é endereçado à esfera federal, mas a regra é igual, por simetria, para todos os entes da Federação):

> Parágrafo único. Prestará contas qualquer pessoa física ou jurídica, pública ou privada, que utilize, arrecade, guarde, gerencie ou administre dinheiros, bens e valores públicos ou pelos quais a União responda, ou que, em nome desta, assuma obrigações de natureza pecuniária.

Em síntese, consoante a lição do Prof. Hely Lopes Meirelles:

> A regra é universal: quem gere dinheiro público ou administra bens ou interesses da comunidade deve contas ao órgão competente para a fiscalização.

3. PODERES DA ADMINISTRAÇÃO PÚBLICA

Os poderes administrativos representam instrumentos que, utilizados isolada ou conjuntamente, permitem à administração cumprir suas finalidades. Trata-se, assim, de poderes instrumentais, aspecto em que diferem dos poderes políticos – Legislativo, Judiciário e Executivo –, os quais são Poderes estruturais, dizem com a própria estrutura do Estado, estabelecida diretamente pela Constituição.

O Prof. José dos Santos Carvalho Filho conceitua poderes administrativos como "o conjunto de prerrogativas de direito público que a ordem jurídica confere aos agentes administrativos para o fim de permitir que o Estado alcance seus fins".

Os principais poderes administrativos comumente descritos pela doutrina são analisados a seguir.

3.1. Poder vinculado

O denominado poder vinculado é aquele de que dispõe a administração para a prática de atos administrativos em que é mínima ou inexistente a sua liberdade de atuação, ou seja, é o poder de que ela se utiliza quando pratica atos vinculados.

Em relação aos atos vinculados, não cabe à administração tecer considerações de oportunidade e conveniência, nem escolher seu conteúdo. O poder vinculado apenas possibilita à administração executar o ato vinculado nas estritas hipóteses legais, observando o conteúdo rigidamente estabelecido na lei.

Cabe anotar, para sermos precisos, que o poder vinculado é fundamento **também** dos **atos discricionários**, quanto aos elementos vinculados destes, a saber, a **competência**, a **finalidade** e a **forma** (existem divergências doutrinárias sobre serem a forma e a finalidade requisitos de validade sempre vinculados em qualquer ato administrativo; tais questões, que não interessam à presente exposição, estão detalhadas nos tópicos específicos do capítulo relativo aos atos administrativos).

Portanto, na edição de um ato vinculado, o agente administrativo tem respaldo somente no poder vinculado. Na prática de um ato discricionário, a administração pública exerce o poder discricionário e, também, o poder vinculado.

Cap. 6 • DEVERES E PODERES ADMINISTRATIVOS

É fácil constatar que o assim denominado "poder vinculado" não é exatamente um poder, mas sim um dever da administração pública. Quando pratica um ato vinculado – ou mesmo quando observa os elementos vinculados de um ato discricionário – a administração está muito mais cumprindo um dever do que exercendo uma prerrogativa.

A fim de confirmar a asserção que se vem de aduzir, basta notar que, no caso de um ato vinculado, quando a administração verifica estarem presentes os pressupostos de sua edição, ela é obrigada a praticá-lo, não dispondo de qualquer poder para se abster de atuar, ou para deixar de observar estritamente o conteúdo do ato, objetivamente descrito na lei de regência. Tal quadro, a toda evidência, não se coaduna com a ideia de um verdadeiro "poder".

Por uma questão de tradição, entretanto, ainda utilizamos, nesta obra, a expressão "poder vinculado".

3.2. Poder discricionário

Poder discricionário é o conferido à administração para a prática de atos discricionários (e sua revogação), ou seja, é aquele em que o agente administrativo dispõe de uma razoável liberdade de atuação, podendo valorar a oportunidade e conveniência da prática do ato, quanto ao seu motivo, e, sendo o caso, escolher, dentro dos limites legais, o seu conteúdo (objeto).

O poder discricionário tem como núcleo a autorização legal para que o agente público decida, nos limites da lei, acerca da conveniência e da oportunidade de praticar, ou não, um ato administrativo e, quando for o caso, escolher o seu conteúdo. Dito de outro modo, o núcleo essencial do poder discricionário traduz-se no denominado **mérito administrativo**.

Trata-se, efetivamente, de um **poder** conferido pela lei à administração pública: diante de um caso concreto, a administração, nos termos e limites legalmente fixados, decidirá, segundo seus critérios de oportunidade e conveniência administrativas, a conduta, dentre as previstas na lei, mais condizente com a satisfação do interesse público.

Observe-se que também tem fundamento no poder discricionário a **revogação** de atos discricionários que a administração pública tenha praticado e, num momento posterior, passe a considerar inoportunos ou inconvenientes.

Cumpre enfatizar que somente pode revogar um ato administrativo a própria administração pública que o tenha praticado. Assim, o Poder Judiciário nunca poderá revogar um ato administrativo praticado pelo Poder Executivo ou pelo Poder Legislativo. Porém, quando estiver atuando como administração pública, o Poder Judiciário – e só ele – poderá revogar os atos administrativos discricionários que ele mesmo tenha editado.

É relevante registrar que, no Brasil, a doutrina administrativista mais moderna – a nosso ver, hoje majoritária – identifica a existência de discricionariedade não só quando a lei expressamente confere à administração pública o poder de decidir acerca da oportunidade e conveniência de praticar um determinado ato. Para essa corrente – à qual nos filiamos –, há discricionariedade, ou possibilidade de atuação discricionária, **também**, quando a lei utiliza os denominados **conceitos jurídicos indeterminados** na descrição hipotética do motivo que enseja a prática do ato administrativo.

Portanto, segundo a corrente hoje dominante em nossa doutrina, existe discricionariedade:

a) quando a lei expressamente dá à administração liberdade para atuar dentro de limites bem definidos; são as hipóteses em que a própria norma legal explicita, por exemplo, que a administração "poderá" prorrogar determinado prazo por "até quinze dias", ou que é "facultado" à administração, "a seu critério", conceder ou não uma determinada autorização, ou que, no exercício do poder disciplinar ou de polícia administrativa, o ato a ser praticado "poderá" ter como objeto (conteúdo) "esta ou aquela" sanção, e assim por diante;

b) quando a lei emprega conceitos jurídicos indeterminados na descrição do motivo determinante da prática de um ato administrativo e, no caso concreto, a administração se depara com uma situação em que não existe possibilidade de afirmar, com certeza, se o fato está ou não abrangido pelo conteúdo da norma; nessas situações, a administração, conforme o seu juízo privativo de oportunidade e conveniência administrativas, tendo em conta o interesse público, decidirá se considera, ou não, que o fato está enquadrado no conteúdo do conceito indeterminado empregado no descritor da hipótese normativa e, conforme essa decisão, praticará, ou não, o ato previsto no comando legal.[1]

Tratamos detalhadamente das hipóteses em que resulta configurada a possibilidade de atuação discricionária pela administração pública no capítulo relativo aos atos administrativos, especificamente no tópico acerca dos atos discricionários, ao qual remetemos o leitor, no intuito de evitar duplicidade despicienda de informações.

Por derradeiro, é oportuno reiterar que mesmo os atos discricionários apresentam-se vinculados à estrita previsão da lei quanto a seus requisitos competência, finalidade e forma (com a ressalva de que há divergências doutrinárias, estudadas no capítulo relativo aos atos administrativos, quanto à afirmação de que os elementos forma e finalidade sejam sempre vinculados em qualquer ato administrativo).

---

[1] Sustentam essa posição, dentre outros, o Prof. Celso Antônio Bandeira de Mello e a Prof.ª Maria Sylvia Di Pietro. A eminente autora, entretanto, alerta que é grande a controvérsia na doutrina, nesta passagem (destaque no original):

"No que diz respeito aos conceitos jurídicos indeterminados, ainda há muita polêmica, podendo-se falar de duas grandes correntes: a dos que entendem que eles não conferem discricionariedade à Administração, porque, diante deles, a Administração tem que fazer um trabalho de **interpretação** que leve à única solução válida possível; e a dos que entendem que eles podem conferir discricionariedade à Administração, desde que se trate de conceitos de valor, que impliquem a possibilidade de apreciação do interesse público, em cada caso concreto, afastada a discricionariedade diante de conceitos de experiência ou de conceitos técnicos, que não admitem solução alternativa."

Cap. 6 • DEVERES E PODERES ADMINISTRATIVOS

3.2.1. Limites ao poder discricionário

O poder discricionário tem como limites, além do próprio conteúdo da lei, os princípios jurídicos administrativos, sobretudo os da **razoabilidade** e da **proporcionalidade** – os quais decorrem implicitamente do postulado do devido processo legal, em sua acepção substantiva. A extrapolação dos limites legais, assim como a atuação contrária aos princípios administrativos, configura a denominada **arbitrariedade** (arbitrariedade é sempre sinônimo de atuação ilegal).

O poder discricionário implica liberdade de atuação administrativa, sempre **dentro dos limites expressamente estabelecidos na lei, ou dela decorrentes**.

Se uma lei prevê, por exemplo, a possibilidade de suspensão punitiva de uma atividade por um mínimo de trinta e um máximo de noventa dias, claro está que uma suspensão por 100 dias será puramente arbitrária, não sendo cabível, então, cogitar utilização do poder discricionário, e sim pura ilegalidade, abuso de poder. O ato será nulo por vício de objeto, uma vez que a lei não prevê a possibilidade de o ato ter como conteúdo a suspensão pelo prazo de 100 dias.

Deve-se ter em mente que o ato discricionário ilegal ou ilegítimo poderá – como qualquer ato ilegal – ser **anulado** tanto pela administração pública que o praticou quanto pelo Poder Judiciário. O que não pode ser apreciado pelo Judiciário (no exercício de sua função jurisdicional) é o mérito administrativo, que consiste justamente na atividade valorativa de oportunidade e conveniência que levou o administrador a praticar o ato e, se for o caso, escolher o seu objeto, **dentro dos limites legalmente fixados**, ou **decorrentes do texto da lei**.

A doutrina e a jurisprudência atuais enfatizam a necessidade de existirem instrumentos de controle do poder discricionário da administração, que permitam o adequado delineamento de seus legítimos limites, evitando o indevido uso da discricionariedade administrativa, como manto protetor de atos que, embora praticados sob o fundamento da discricionariedade, revistam insidiosa arbitrariedade. A ideia central é possibilitar um controle judicial mais efetivo dos atos discricionários praticados pela administração pública.

Assumem relevo, para esse fim, os princípios implícitos da **razoabilidade** e da **proporcionalidade**, eficazes limitações impostas ao poder discricionário da administração. Por meio desses princípios, impõem-se limitações à discricionariedade administrativa, ampliando-se os aspectos de controle do ato administrativo realizado pelo Poder Judiciário.

É sempre importante frisar que, embora razoabilidade e proporcionalidade sejam princípios utilizados para controlar a discricionariedade administrativa, **não** se trata de controle de **mérito** administrativo. Vale dizer, o ato que fira a razoabilidade ou a proporcionalidade é um ato **ilegítimo** (não é meramente inconveniente ou inoportuno), e deve ser **anulado** (não é cabível cogitar a revogação de um ato, sob o fundamento de que ele seja desarrazoado ou desproporcional).

Assim, o controle da discricionariedade pelos princípios da razoabilidade e proporcionalidade deve ser entendido desta forma: quando a administração pratica um ato discricionário além dos limites legítimos de discricionariedade que a lei lhe conferiu, esse ato é ilegal, e um dos meios efetivos de verificar sua ilegalidade é a aferição de razoabilidade e proporcionalidade. Ainda que a administração alegue que agiu dentro do mérito administrativo, pode o controle de razoabilidade e proporcionalidade demonstrar que, na verdade, a administração extrapolou os limites legais do mérito administrativo, praticando, por isso, um ato passível de anulação (controle de legalidade ou legitimidade), e não um ato passível de revogação (controle de mérito, de oportunidade e conveniência administrativas, que é sempre exclusivo da própria administração pública).

A esse respeito, vem a propósito esta bela passagem, de lavra do Prof. Celso Antônio Bandeira de Mello:

> Não se imagine que a correção judicial baseada na violação do princípio da razoabilidade invade o "mérito" do ato administrativo, isto é, o campo de "liberdade" conferido pela lei à Administração para decidir-se segundo uma estimativa da situação e critérios de conveniência e oportunidade. Tal não ocorre porque a sobredita "liberdade" é liberdade *dentro da lei*, vale dizer, segundo as possibilidades nela comportadas. Uma providência desarrazoada, consoante dito, não pode ser havida como comportada pela lei. Logo, é ilegal: é desbordante dos limites nela admitidos.

Muita vez não é feita uma distinção precisa entre os dois princípios citados. Pensamos ser mais frequente os administrativistas associarem o princípio da **razoabilidade** às análises de **adequação** e de **necessidade** do ato ou da atuação da administração pública. Assim, não basta que o ato tenha uma finalidade legítima. É necessário que os meios empregados pela administração sejam adequados à consecução do fim almejado (ou seja, os meios devem ter efetiva possibilidade de levar ao resultado pretendido) e que sua utilização, especialmente quando se trate de medidas restritivas ou punitivas, seja realmente necessária (isso porque qualquer restrição a direitos dos particulares só é legítima na estrita medida em que seja necessária ao atendimento do interesse público; qualquer restrição acima dessa medida é excessiva, desnecessária, portanto, ilegítima).

O postulado da proporcionalidade é importante, sobretudo, no controle dos **atos sancionatórios**, especialmente nos atos de **polícia administrativa**. Com efeito, a intensidade e a extensão do ato sancionatório devem corresponder, devem guardar relação de congruência com a lesividade e gravidade da conduta que se tenciona reprimir ou prevenir. A noção é intuitiva: uma infração leve deve receber uma sanção branda; a uma falta grave deve corresponder uma punição severa.

Em síntese, o poder discricionário – como qualquer poder administrativo – só é legítimo quando exercido nos limites explícitos na lei, ou implicitamente dela decorrentes. No delineamento de tais limites assumem grande importância os princípios administrativos, especialmente os postulados da razoabilidade e da proporcionalidade. A atuação fora dos referidos limites é ilegal ou ilegítima – e não meramente inoportuna ou inconveniente – implicando, portanto, a anulação do ato, pela própria administração que o praticou ou, desde que provocado, pelo Poder Judiciário.

Cap. 6 • DEVERES E PODERES ADMINISTRATIVOS

3.3. Poder hierárquico

Hierarquia caracteriza-se pela existência de níveis de **subordinação** entre órgãos e agentes públicos, sempre no âmbito de uma mesma pessoa jurídica. Deve-se frisar que **subordinação** só existe no âmbito de uma mesma pessoa jurídica, é estabelecida entre agentes e órgãos de uma mesma entidade, verticalmente escalonados, como decorrência do poder hierárquico.

Relações de natureza hierárquica, isto é, relações superior-subordinado, são típicas da organização administrativa. **Não há hierarquia**, entretanto, entre diferentes pessoas jurídicas, nem entre os Poderes da República, nem mesmo entre a administração e os administrados.

Dessa forma, podemos ter hierarquia entre órgãos e agentes no âmbito interno da administração direta do Poder Executivo, ou hierarquia entre órgãos e agentes no âmbito interno de uma autarquia.

Diferentemente, não pode existir hierarquia, por exemplo, entre agentes e órgãos administrativos do Poder Legislativo, de um lado, e agentes e órgãos do Poder Executivo, de outro. Tampouco pode haver hierarquia, ainda exemplificando, entre órgãos e agentes da administração direta, de um lado, e entidades e agentes da administração indireta, de outro.

Cabe mencionar, de passagem, que a doutrina usa o vocábulo **vinculação** para se referir à relação – **não hierárquica** – que existe entre a administração direta e as entidades da respectiva administração indireta. A existência de **vinculação** administrativa fundamenta o controle que os entes federados (União, estados, Distrito Federal e municípios) exercem sobre as suas administrações indiretas, chamado de controle finalístico, tutela administrativa ou supervisão – menos abrangente do que o controle hierárquico, porque incide apenas sobre os aspectos que a lei expressamente preveja.

Assim, a relação entre uma secretaria e uma superintendência, no âmbito de um ministério, é de **subordinação**; a relação que existe entre a União e suas autarquias, fundações públicas, empresas públicas e sociedades de economia mista é de **vinculação** (ou seja, não hierárquica).

A doutrina em geral aponta como decorrência do poder hierárquico as prerrogativas, exercidas pelo superior sobre seus subordinados, de dar ordens, fiscalizar, controlar, aplicar sanções, delegar competências e avocar competências.

A prerrogativa de **dar ordens**, também referida como **poder de comando**, permite que o superior hierárquico assegure o adequado funcionamento dos serviços sob sua responsabilidade. Para tanto, não só dá ordens diretas, verbais ou escritas, a subordinados determinados, como também edita os assim chamados atos administrativos ordinatórios (por exemplo, ordens de serviço, portarias, instruções, circulares internas etc.), que obrigam indistintamente todos os agentes subordinados que devam executar as tarefas neles disciplinadas.

Os servidores públicos têm o dever de acatar e cumprir as ordens de seus superiores hierárquicos (**dever de obediência**), exceto quando **manifestamente ilegais**, hipótese em que surge para o destinatário da ordem o **dever de representação** contra a ilegalidade, conforme preceitua, no caso dos servidores federais, a Lei 8.112/1990, art. 116, IV e XII.

O poder-dever de **fiscalização**, estritamente, diz respeito ao acompanhamento permanente, pelo superior, da atuação de seus subordinados. Corolário da fiscalização é o **poder de controle**. Com efeito, o mero acompanhamento da atuação dos subordinados nenhuma serventia teria se o superior não pudesse controlar essa atuação, mantendo os atos que devam ser mantidos e extinguindo os ilegais, inadequados, inconvenientes ou inoportunos.

Os administrativistas, ao tratarem do poder hierárquico, frequentemente empregam como sinônimas as expressões "**controle**", "**correção**" e "**revisão hierárquica**", atribuindo a elas o sentido genérico de "**autotutela**". Alertamos, entretanto, que, dependendo do contexto, alguns desses termos podem assumir significados específicos (por exemplo, "**revisão**" tem um sentido técnico próprio no âmbito de processos administrativos federais que resultem na aplicação de sanções, como demonstram o art. 65 da Lei 9.784/1999 e os arts. 174 a 182 da Lei 8.112/1990).

Feita essa ressalva, certo é que o **poder de controle** inclui a **manutenção** dos atos válidos, convenientes e oportunos, a **convalidação** de atos com defeitos sanáveis, quando esta for possível e conveniente, a **anulação** de atos ilegais e a **revogação** de atos discricionários inoportunos ou inconvenientes.

O controle hierárquico é irrestrito, permanente e automático, isto é, não depende de lei que expressamente o preveja ou que estabeleça o momento de seu exercício ou os aspectos a serem controlados. O controle hierárquico permite que o superior aprecie todos os aspectos dos atos de seus subordinados (quanto à legalidade e quanto ao mérito administrativo) e pode ocorrer de ofício ou, quando for o caso, mediante provocação dos interessados, por meio de recursos hierárquicos.

No âmbito dos **processos administrativos**, entretanto, o controle hierárquico somente é possível enquanto o ato controlado não tenha se tornado definitivo para a administração, ou seja, enquanto não ocorrida a **preclusão** da via administrativa, impropriamente chamada, por vezes, coisa julgada administrativa (irretratabilidade do ato pela própria administração pública).

Registre-se, ainda, que a **revogação** de atos administrativos – que só se aplica a atos válidos discricionários – não é possível no caso de atos que já tenham originado direito adquirido para o administrado.

A **aplicação de sanções** administrativas nem sempre está relacionada ao poder hierárquico. Conforme será visto no tópico relativo ao poder disciplinar, somente derivam do poder hierárquico as sanções disciplinares **aplicadas aos servidores públicos** que pratiquem infrações funcionais. Outras sanções administrativas, tais quais as **aplicadas a um particular** que tenha celebrado um contrato administrativo com o poder público e incorra em alguma irregularidade na execução desse contrato, têm fundamento no poder disciplinar, mas **não no poder hierárquico**.

Tampouco têm fundamento no poder hierárquico as sanções administrativas aplicadas no exercício do **poder de polícia**. Afinal, **não existe** hierarquia entre a administração pública e os administrados (o princípio da supremacia do interesse público **não tem** como corolário a existência de poder hierárquico entre a administração

Cap. 6 • DEVERES E PODERES ADMINISTRATIVOS

pública e os administrados em geral; embora seja usual falar em "verticalidade" das relações jurídicas administração-particular regidas pelo princípio da supremacia do interesse público, a palavra "verticalidade", nesse contexto, não significa nem implica a existência de hierarquia).

A doutrina, tradicionalmente, conceitua **delegação de competência** como o ato discricionário, revogável a qualquer tempo, mediante o qual o superior hierárquico confere o exercício temporário de algumas atribuições, originariamente pertencentes ao seu cargo, a um subordinado.

Enfatizam os autores que somente podem ser delegados os atos administrativos, e não os atos políticos. Também não se admite a delegação de atribuições de um Poder do Estado a outro, salvo nos casos expressamente previstos na Constituição (por exemplo, no caso das leis delegadas, disciplinadas no art. 68 da Carta Política).

Ademais, a delegação confere ao delegado o **mero exercício** de uma competência; nunca o agente delegante pode renunciar a suas competências, ou transferir a titularidade delas, pois esta decorre sempre e diretamente da lei.

A **avocação** é o ato discricionário mediante o qual o superior hierárquico traz para si o exercício temporário de determinada competência atribuída por lei a um subordinado. De um modo geral, a doutrina enfatiza que a avocação de competência deve ser medida excepcional e devidamente fundamentada. Ainda, prelecionam os principais autores que a avocação não é possível quando se tratar de competência exclusiva do subordinado, o que nos parece irrefutavelmente lógico.

Por fim, anotamos que, não obstante sejam essas as linhas gerais acerca da delegação de competência e da avocação traçadas pela doutrina, esses institutos, na esfera federal, estão disciplinados na Lei 9.784/1999, nos seus arts. 11 a 15 (é interessante notar que a lei admite delegação de competência para órgãos não subordinados, ou seja, fora do âmbito do poder hierárquico, mas não prevê essa possibilidade no caso da avocação de competência).

Conquanto a Lei 9.784/1999, a rigor, somente seja aplicável à esfera federal, ela incorporou em seu texto grande parte daquilo que consagrados publicistas – e mesmo a jurisprudência pátria – há muito estabeleceram, sendo válido, portanto, afirmar que, em princípio, os demais entes federados observam regras similares às vazadas na Lei 9.784/1999.

No intuito de evitar duplicidade improdutiva de informações, remetemos o leitor ao capítulo referente aos atos administrativos – especialmente ao tópico sobre o elemento ou requisito competência –, no qual estão detalhadas as regras legais aplicáveis à delegação e à avocação de competências.

3.4. Poder disciplinar

O poder disciplinar (trata-se, a rigor, de um poder-dever) possibilita à administração pública:

a) punir internamente as infrações funcionais de seus servidores; e

b) punir infrações administrativas cometidas por particulares a ela ligados mediante algum **vínculo jurídico específico** (por exemplo, a punição pela administração de um particular que com ela tenha celebrado um contrato administrativo e descumpra as obrigações contratuais que assumiu).

Note-se que, quando a administração aplica uma sanção disciplinar a um agente público, essa atuação decorre imediatamente do poder disciplinar e mediatamente do poder hierárquico. Vale dizer, o poder disciplinar, nesses casos, deriva do hierárquico. Entretanto, quando a administração pública aplica uma sanção administrativa a alguém que descumpriu um contrato administrativo, há exercício do poder disciplinar, mas não existe liame hierárquico. Nesses casos, o poder disciplinar não está relacionado ao poder hierárquico.

Não se deve confundir o poder disciplinar da administração pública com o poder punitivo do Estado (*jus puniendi*), que é exercido pelo Poder Judiciário e diz respeito à repressão de crimes e contravenções tipificados nas leis penais.

Toda e qualquer pessoa está sujeita ao poder punitivo do Estado, ao passo que somente as pessoas que possuem algum **vínculo jurídico específico** com a administração pública (por exemplo, vínculo funcional ou vínculo contratual) são alcançadas pelo poder disciplinar. Diz-se que essas pessoas – sejam agentes públicos, sejam meros particulares – ligadas ao poder público por um vínculo jurídico específico estão sujeitas à "disciplina interna" da administração.

A mesma distinção, aliás, se verifica a respeito do poder de polícia, à frente estudado. Com efeito, todas as pessoas que exerçam atividades que possam, de algum modo, acarretar risco ou transtorno à coletividade estão sujeitas ao poder de polícia, ou seja, este decorre de um **vínculo geral** entre os indivíduos e a administração pública, enquanto o poder disciplinar, cumpre repetir, funda-se em um **vínculo específico** entre uma pessoa e a administração, como se dá com um servidor público, ou com um particular que esteja executando um contrato administrativo ou participando de um procedimento licitatório.

A doutrina costuma apontar o poder disciplinar como de exercício caracteristicamente discricionário. Trata-se, entretanto, de uma **regra geral**, porque há situações, não raras, em que a lei descreve objetivamente infrações administrativas e lhes comina penalidades como atos vinculados, obrigatórios, de conteúdo definido e invariável.

Todavia, cabe repetir, a **regra geral** é o exercício do poder disciplinar comportar um certo grau de **discricionariedade**, desde que relativa à **gradação** da penalidade, o que pode implicar, dependendo do caso, até mesmo a possibilidade de ser escolhida uma ou outra dentre as sanções que a lei estabeleça.

É mister aprofundar esse ponto.

Embora exista, em regra, discricionariedade na gradação da sanção legal a ser aplicada, **nenhuma discricionariedade existe quanto ao dever de punir** quem comprovadamente tenha praticado uma infração disciplinar.

Por outras palavras, quando a administração constata que um servidor público, ou um particular que com ela possua vinculação jurídica específica, praticou uma

Cap. 6 • DEVERES E PODERES ADMINISTRATIVOS

infração administrativa, **ela é obrigada a puni-lo**; não há discricionariedade quanto a punir ou deixar de punir alguém que comprovadamente tenha cometido uma falta disciplinar. O que pode existir é discricionariedade na **graduação** da penalidade legalmente prevista (por exemplo, suspensão por cinco dias ou por oito dias), ou mesmo no enquadramento da conduta, dependendo das circunstâncias, como infração sujeita a uma ou outra sanção disciplinar dentre as estipuladas na lei (por exemplo, advertência ou suspensão) – mas **não há discricionariedade alguma quanto ao dever de punir o infrator**.

Por último, devemos registrar que o ato de aplicação da penalidade deverá **sempre** ser **motivado**. Essa regra não comporta exceção: toda e qualquer aplicação de sanção administrativa (não só as sanções disciplinares) exige motivação, sobretudo porque, impreterivelmente, deve ser a todos assegurado o direito ao contraditório e à ampla defesa.

3.5. Poder regulamentar

3.5.1. Aspectos gerais

A doutrina tradicional emprega a expressão "poder regulamentar" exclusivamente para designar as competências do Chefe do Poder Executivo para editar atos administrativos normativos.

Os atos administrativos normativos contêm determinações gerais e abstratas. Tais atos não têm destinatários determinados; incidem sobre todos os fatos ou situações que se enquadrem nas hipóteses que abstratamente preveem. Os atos administrativos normativos editados pelo Chefe do Poder Executivo assumem a **forma** de **decreto**.

O exercício do poder regulamentar, em regra, se materializa na edição de decretos e regulamentos destinados a dar fiel execução às leis. São os denominados decretos de execução ou decretos regulamentares. Essa competência está prevista no inciso IV do art. 84 da Constituição Federal para o Presidente da República, sendo atribuída, por simetria, aos Chefes do Poder Executivo dos estados, do Distrito Federal e dos municípios, pelas respectivas Constituições e Leis Orgânicas.

Ao lado dos decretos de execução ou regulamentares, entretanto, passou a existir no vigente ordenamento constitucional, a partir da EC 32/2001, previsão de edição de decretos autônomos – decretos que não se destinam a regulamentar determinada lei – para tratar das matérias específicas descritas no inciso VI do art. 84 da Constituição Federal, conforme será detalhado adiante.

É importante registrar que, em nosso ordenamento jurídico, diversos órgãos e autoridades administrativas, e mesmo entidades da administração indireta, têm competência para editar **atos administrativos normativos**. É exemplo a competência atribuída aos Ministros de Estado, pelo inciso II do parágrafo único do art. 87 da Constituição Federal, para "expedir instruções para a execução das leis, decretos e regulamentos". São também exemplos a competência da Secretaria Especial da Receita Federal do Brasil para a edição de instruções normativas e a competência das agências reguladoras de um modo geral para a edição de resoluções e outros atos de caráter normativo necessários ao exercício de sua função regulatória.

Vale anotar, aliás, que a Lei 13.874/2019, a qual instituiu a "**Declaração de Direitos de Liberdade Econômica**", explicitamente menciona a edição de **atos normativos** por "órgão ou entidade da administração pública federal". Essa lei contém disposições "sobre a atuação do Estado como agente normativo e regulador" e "normas de proteção à livre-iniciativa e ao livre exercício de atividade econômica". Em seu art. 5.º, ela determina, como regra geral, que, na órbita **federal**, a edição de atos normativos que tenham repercussão na esfera de interesses de agentes econômicos e de usuários de serviços seja precedida da realização de **análise de impacto regulatório** (AIR) – esse artigo é regulamentado pelo Decreto 10.411/2020. Vale reproduzir o art. 5.º da Lei 13.874/2019 (grifamos):

> Art. 5.º As propostas de edição e de alteração de **atos normativos** de **interesse geral** de **agentes econômicos** ou de **usuários dos serviços prestados**, editadas por **órgão ou entidade** da administração pública **federal**, incluídas as autarquias e as fundações públicas, serão precedidas da realização de **análise de impacto regulatório**, que conterá informações e dados sobre os possíveis efeitos do ato normativo para verificar a razoabilidade do seu impacto econômico.
>
> Parágrafo único. **Regulamento** disporá sobre a **data de início da exigência** de que trata o *caput* deste artigo e sobre **o conteúdo, a metodologia** da análise de impacto regulatório, os **quesitos mínimos** a serem objeto de exame, as **hipóteses em que será obrigatória** sua realização e as **hipóteses em que poderá ser dispensada**.

Há controvérsia na doutrina administrativista acerca dos limites em que podem ser legitimamente exercidas competências normativas por órgãos, entidades e autoridade administrativos, sobretudo quando a atribuição respectiva decorre, exclusivamente, de **mera previsão legal**. Não obstante, certo é que, no Brasil, inúmeras autoridades administrativas, além dos Chefes de Poder Executivo, editam atos administrativos normativos.

As competências para a edição desses outros atos de caráter normativo não se fundam no poder regulamentar, o qual, consoante acima exposto, é exclusivo do Chefe do Poder Executivo. Dizemos que esses outros atos administrativos têm fundamento no **poder normativo** da administração pública. É esse genérico poder normativo reconhecido à administração pública que parcela da doutrina atual tem invocado para defender a constitucionalidade dos denominados **regulamentos autorizados**, consoante será detalhado à frente.

Note-se que o poder regulamentar é uma espécie do gênero poder normativo, porém, como aquele é exclusivo do Chefe do Poder Executivo, é mais frequente, quando nos referimos a essa autoridade, falarmos em poder regulamentar. Deve ficar claro, apenas, que ao praticar atos com base no poder regulamentar (espécie), o Chefe do Poder Executivo não deixa de estar exercendo o poder normativo da administração pública (gênero).

Cap. 6 • DEVERES E PODERES ADMINISTRATIVOS

Examinaremos separadamente, nos subitens seguintes, cada uma das espécies de atos aqui referidas.

3.5.2. Decretos de execução ou regulamentares

Os decretos de execução ou regulamentares costumam ser definidos como regras jurídicas gerais, abstratas e impessoais, editadas em função de uma lei cuja aplicação de algum modo envolva atuação da administração pública, visando a possibilitar a **fiel execução** dessa lei.

A Constituição de 1988 expressamente prevê a edição de regulamentos de execução em seu art. 84, IV. Segundo esse dispositivo, compete privativamente ao Presidente da República expedir decretos e regulamentos para a fiel execução das leis. É interessante notar que a competência para a expedição dos decretos ou regulamentos de execução **não é passível de delegação** (CF, art. 84, parágrafo único).

A edição de decretos de execução, embora decorra de competência constitucional expressa, tem como pressuposto a existência de uma lei, que é o ato primário a ser regulamentado. O decreto de execução deve restringir-se ao conteúdo da lei, explicitando-o, detalhando seus dispositivos. As leis devem ser redigidas em termos gerais; o detalhamento necessário à sua aplicação é efetuado pelo Poder Executivo, o qual não pode restringir, nem ampliar, muito menos contrariar, as hipóteses nela previstas.[2]

Celso Antônio Bandeira de Mello assim define regulamento de execução:

> Ato geral e (de regra) abstrato, de competência privativa do Chefe do Poder Executivo, expedido com a estrita finalidade de produzir as disposições operacionais uniformizadoras necessárias à execução de lei cuja aplicação demande atuação da Administração Pública.

Carlos Mário da Silva Velloso ensina que "só as leis administrativas comportam regulamentação". A Constituição, ao mencionar "fiel execução" das leis a serem regulamentadas, evidentemente refere-se a leis cuja execução de algum modo envolva atuação da administração pública. Seria vedada, pois, a regulamentação de leis que não impliquem qualquer participação da administração no cumprimento de suas normas, a exemplo das leis penais e processuais.

Já as leis administrativas, ou cuja execução demande participação da administração pública, podem ser regulamentadas mesmo que seu texto não preveja expressamente essa regulamentação. É que a competência para editar regulamentos visando à fiel

---

[2] É comum os autores afirmarem que os decretos regulamentares ou regulamentos de execução têm a função de **complementar** a lei. Não vemos problema no uso desse vocábulo, desde que fique bem claro que "complementar", aqui, não significa "completar", nem "preencher lacunas", nem "sanar omissões". Por outras palavras, deve ficar patente que a função de "complementar" a lei do decreto regulamentar não possibilita, em hipótese alguma, que ele crie direito ou obrigação que a lei não criou, nem que ele restrinja ou amplie direito ou obrigação disciplinado na lei, enfim, deve restar absolutamente manifesto que "complementar" não significa, de modo nenhum, "inovar" o direito.

execução das leis decorre diretamente do texto constitucional (art. 84, IV), por isso, não depende de autorização do legislador ordinário para ser exercida.

Pode acontecer, entretanto, que a lei expressamente estabeleça que deva ser regulamentada para estar apta a ser aplicada. Estaremos, no caso, diante das denominadas **leis não autoexecutáveis**. É muito importante anotar, a esse respeito, que o Supremo Tribunal Federal já decidiu que **são inconstitucionais disposições normativas que estabeleçam prazo certo para o Poder Executivo regulamentar preceitos legais** (e também para apresentar projetos de lei). Entende a Corte Suprema que a pretensão do Poder Legislativo de impor prazo para a regulamentação de leis (ou para a apresentação de projetos de lei) afronta o art. 2.º da Constituição da República (separação dos Poderes), bem como o seu art. 84, inciso II, que estabelece a competência privativa do Presidente da República para exercer, com o auxílio dos Ministros de Estado, a direção superior da administração federal (dispositivo aplicável, por simetria, a todos os entes federativos).[3]

Para o Prof. Celso Antônio Bandeira de Mello, o fundamento da existência dos regulamentos executivos reside na constatação de que "o cumprimento de determinadas leis pressupõe uma interferência de órgãos administrativos para a aplicação do que nelas se dispõe, sem, entretanto, predeterminar exaustivamente, isto é, com todas as minúcias, a forma exata da atuação administrativa pressuposta".

São, dessarte, um meio de disciplinar a discricionariedade administrativa: é a administração pública vinculando a si própria (os atos individuais têm que obedecer às prescrições gerais regulamentares). Exercem, ainda, função de uniformização de critérios de aplicação da lei e de procedimentos (uniformização processual e material), assegurando a observância do **princípio da igualdade** (a atuação concreta da administração será a mesma diante de casos equivalentes).

Os decretos de execução, uma vez que necessitam sempre de uma lei prévia a ser regulamentada, são atos normativos ditos **secundários** (o ato primário é a lei, pois deflui diretamente da Constituição); situam-se hierarquicamente abaixo da lei, a qual não podem contrariar, sob pena de serem declarados ilegais.

A Constituição, em seu art. 49, V, atribui competência ao Congresso Nacional para "sustar os atos normativos do Poder Executivo que exorbitem do poder regulamentar". Além disso, o Poder Judiciário e a própria administração pública exercem o controle dos atos administrativos em geral – inclusive dos atos de caráter normativo, como são os regulamentos de execução –, anulando os que sejam considerados ilegais ou ilegítimos (controle de legalidade).

3.5.3. Decretos autônomos

Consoante o magistério de Carlos Mário da Silva Velloso, alguns sistemas constitucionais conferem ao Poder Executivo a prerrogativa de editar regulamentos como atos primários, diretamente derivados da Constituição. Esses atos

---

[3] ADI 4.728/DF, rel. Min. Rosa Weber, 16.11.2021 (Informativo 1.037 do STF); ADI 4.727/DF, red. p/ o acórdão Min. Gilmar Mendes, 23.02.2023 (Informativo 1.084 do STF).

Cap. 6 • DEVERES E PODERES ADMINISTRATIVOS

são classificados como regulamentos independentes ou autônomos e se dividem em: (a) externos, que contêm normas dirigidas aos cidadãos de modo geral; e (b) internos, que dizem respeito à organização, competência e funcionamento da administração pública.

Hely Lopes Meirelles alude a uma outra espécie de decreto autônomo, que seria o ato editado pelo Poder Executivo, decorrente de uma lei, mas estabelecendo dispositivos para regular situações **nela não disciplinadas**. Segundo o autor, "na omissão da lei, o regulamento supre a lacuna, até que o legislador complete os claros da legislação. Enquanto não o fizer, vige o regulamento, desde que não invada matéria reservada à lei". Seriam provimentos administrativos *praeter legem*.

Até a promulgação da EC 32/2001 era francamente predominante na doutrina o entendimento de que a Constituição de 1988 operara completa a abolição do decreto autônomo em nosso ordenamento. O texto constitucional somente aludia à expedição de decretos regulamentares, explicitando que tais atos devem assegurar a fiel execução da lei (art. 84, IV). Portanto, o **constituinte originário** realmente parece ter albergado no direito pátrio somente a figura do decreto de execução.

Todavia, a partir da EC 32/2001, passou a existir autorização expressa no inciso VI do art. 84 da Constituição para a edição de **decretos autônomos** pelo Presidente da República, específica e unicamente para dispor sobre:

a) organização e funcionamento da administração federal, quando não implicar aumento de despesa nem criação ou extinção de órgãos públicos (art. 84, VI, "a");

b) extinção de funções ou cargos públicos, quando vagos (art. 84, VI, "b").

A disciplina dessas matérias pode ser objeto de delegação, pelo Presidente da República, a outras autoridades administrativas, nos termos do parágrafo único do art. 84 da Constituição.

Portanto, hoje, a Constituição Federal expressamente prevê a possibilidade de serem editados decretos como **atos primários**, isto é, atos que decorrem diretamente do texto constitucional, decretos que não são expedidos em função de alguma lei ou de algum outro ato infraconstitucional.

É importante enfatizar que **não** foi instaurada em nosso ordenamento uma autorização ampla e genérica para a edição de decretos autônomos. Pelo contrário, somente podem ser editados no Brasil decretos autônomos para dispor sobre organização e funcionamento da administração pública, quando não implicar aumento de despesa nem criação ou extinção de órgãos públicos, e para extinguir funções ou cargos públicos, quando vagos.

Essas matérias passaram a estar submetidas à competência **privativa** do Presidente da República, ou seja, encontram-se sob a denominada "reserva de administração" (matérias que somente podem ser reguladas por ato administrativo).

Por outras palavras, o Poder Legislativo deixou de ter competência para disciplinar essas matérias. Com efeito, a EC 32/2001 modificou os incisos X e XI do art. 48 da Constituição – artigo que trata de competências do Congresso Nacional

250 DIREITO ADMINISTRATIVO DESCOMPLICADO • Marcelo Alexandrino & Vicente Paulo

condicionadas à sanção do Presidente da República (portanto, matérias reservadas à lei) –, de modo a suprimir desses dispositivos aquelas matérias descritas no art. 84, VI, que foram incluídas na competência privativa do Presidente da República.

Finalizando o assunto em foco, mister é observar, para sermos precisos, que somente a primeira das duas hipóteses constitucionais de edição de decreto autônomo – aquela vazada na alínea "a" do inciso VI do art. 84 – configura, efetivamente, um ato normativo (mesmo assim de efeitos internos).

A segunda das hipóteses – extinção de cargos ou funções públicas, quando vagos (art. 84, VI, "b") – corresponde à edição de um ato administrativo de efeitos concretos, e não de um ato administrativo normativo, vale dizer, não tem fundamento no poder normativo, menos ainda no poder regulamentar. É o que leciona a Prof.ª Maria Sylvia Di Pietro, nesta passagem:

> Quanto à alínea *b*, não se trata de função regulamentar, mas de típico ato de efeitos concretos, porque a competência do Presidente da República se limitará a extinguir cargos ou funções, quando vagos, e não a estabelecer normas sobre a matéria.
>
> Com a alteração do dispositivo constitucional fica restabelecido, de forma muito limitada, o regulamento autônomo no direito brasileiro, para a hipótese específica inserida na alínea *a*.

3.5.4. Regulamentos autorizados

A doutrina fala em regulamento autorizado (ou delegado) quando o Poder Legislativo, na própria lei, autoriza o Poder Executivo a disciplinar determinadas situações nela não reguladas. A lei traça apenas linhas gerais, parâmetros, diretrizes, e incumbe o Poder Executivo de completar as disposições dela constantes, **não simplesmente regulamentá-la** (em sentido próprio).

É importante enfatizar os seguintes pontos:

a) a existência dos regulamentos autorizados não tem previsão expressa no texto constitucional, diferentemente do que ocorre com os regulamentos de execução, previstos no art. 84, IV, da Carta Política;

b) os regulamentos autorizados efetivamente completam a lei, veiculam disposições que não constam na regulação legal, nem mesmo implicitamente (a lei é intencionalmente lacunosa), em suma, **inovam o direito** (embora seguindo as diretrizes estabelecidas na lei); os regulamentos de execução não podem, na teoria, inovar o direito, de forma nenhuma;

c) a lei geralmente incumbe órgãos e entidades administrativos de perfil técnico da edição de regulamentos autorizados, que devem dispor acerca de matérias de índole técnica pertinentes à área de atuação do órgão ou entidade; os regulamentos de execução são de competência privativa do Chefe do Poder Executivo, indelegável, e não se restringem a assuntos de ordem técnica, podendo tratar de qualquer assunto administrativo.

O regulamento autorizado **não** se confunde com a **lei delegada**. Esta é um ato normativo primário – é, literalmente, uma **lei** –, cuja válida edição deve respeitar os requisitos formais (autorização por meio de resolução do Congresso Nacional, que especificará seu conteúdo e os termos de seu exercício) e as restrições materiais previstas no art. 68 da Constituição da República.

O regulamento autorizado é ato administrativo, secundário (deriva da lei, ato primário, que o autoriza), infralegal. Enquanto a lei delegada somente pode ser revogada ou alterada por uma lei ou um ato com força de lei, o regulamento autorizado pode ser modificado ou revogado por outro ato infralegal como ele.

É controversa na doutrina a constitucionalidade dos regulamentos autorizados ou delegados. Alguns dos grandes administrativistas tradicionais não admitem a legitimidade dos regulamentos autorizados no ordenamento constitucional vigente, por considerarem que atos do Poder Executivo aptos a inovar o direito precisam estar expressamente previstos na Constituição da República – como ocorre com as medidas provisórias e as leis delegadas –, sob pena de afronta ao postulado da separação entre os Poderes.

Para esses autores, a separação dos Poderes, por ser cláusula pétrea e por estar assegurada mediante um sistema equilibrado de freios e contrapesos estabelecido pelo constituinte originário, impede que um Poder, sem previsão constitucional expressa, delegue uma de suas funções típicas a outro Poder. Em reforço ao seu raciocínio, citam o disposto no art. 25 do Ato das Disposições Constitucionais Transitórias – ADCT.[4]

Reconhecemos que são argumentos assaz consistentes. Acreditamos que, realmente, o constituinte originário **não** pretendeu deixar espaço para a utilização dos assim chamados **regulamentos autorizados**.[5] Trata-se de uma daquelas situações em que a evolução da realidade social se impõe ao direito, obrigando à construção de novas teorias que legitimem atuações voltadas ao atendimento de necessidades incontornáveis.

Com efeito, é difícil encontrar quem defenda a viabilidade de o Poder Legislativo efetivamente regular, no mundo atual, todos os aspectos dos mais variados setores da economia, cuja dinâmica própria – veja-se o ritmo vertiginoso das mudanças

---

[4] "Art. 25. Ficam revogados, a partir de cento e oitenta dias da promulgação da Constituição, sujeito este prazo a prorrogação por lei, todos os dispositivos legais que atribuam ou deleguem a órgão do Poder Executivo competência assinalada pela Constituição ao Congresso Nacional, especialmente no que tange a:
I – ação normativa;
............................"

[5] O constituinte derivado inseriu no texto constitucional menção a um "**órgão regulador**" dos serviços de telecomunicações (art. 21, XI) e a um "**órgão regulador**" do monopólio da União atinente a petróleo, gás natural e outros hidrocarbonetos fluidos (art. 177, § 2.º, III). Parece-nos razoável conceber que, nessas duas hipóteses, estaria implícita a previsão constitucional de edição de regulamentos autorizados. Mas ela somente alcançaria a edição de tais atos pelos órgãos reguladores daquelas específicas atividades (o legislador, em vez de criar propriamente "**órgãos**", considerados em sentido técnico-jurídico, optou por instituir **autarquias** para exercer as funções previstas nos citados dispositivos constitucionais – as agências reguladoras Anatel e ANP, respectivamente. Até onde sabemos, essa opção não suscitou questionamentos relevantes, no âmbito judicial ou acadêmico).

tecnológicas relacionadas, por exemplo, ao setor de telecomunicações – mostra-se absolutamente incompatível com aquela do processo legislativo, o qual remonta, em suas bases essenciais ainda em vigor, aos fins do século XVIII.

Em face dessa constatação empírica, parcela da doutrina atual – à qual nos filiamos –, e o próprio Poder Judiciário, têm admitido a utilização do regulamento autorizado (evitam o vocábulo "delegado") quando a lei, estabelecendo as condições, os limites e os contornos da matéria, deixa ao Executivo a fixação de **normas técnicas**, por exemplo, regras relativas a registro de operações no mercado de capitais, instituição de modelos de notas fiscais e outros documentos, elaboração de lista com medicamentos sujeitos à retenção de receita, bem como o modelo do receituário especial etc.

Consoante explicado acima, a previsão legal de edição desses regulamentos resulta, a rigor, de uma necessidade real do legislador, que não tem como acompanhar adequadamente, sobretudo no aspecto técnico, a cambiante conjuntura de todos os setores que demandam alguma atuação do Estado. É uma situação análoga à das denominadas "normas penais em branco", nas quais o legislador traça o quadro geral do tipo penal – por exemplo, "tráfico ilícito de substâncias entorpecentes" – e deixa à competência de ato administrativo elaborar, observado o delineamento legal, a lista dos produtos que se enquadrem como "substâncias entorpecentes".

Pelas razões apresentadas, os regulamentos autorizados devem ter como destinatários órgãos administrativos de **natureza eminentemente técnica**, a exemplo da Comissão de Valores Mobiliários, do Conselho Nacional de Trânsito, da Agência Nacional de Vigilância Sanitária etc.

Aliás, as agências reguladoras genericamente consideradas são exemplo emblemático de entidades administrativas incumbidas da elaboração de regulamentos autorizados pelas leis atinentes aos respectivos setores regulados. Na órbita **federal**, a Lei 13.848/2019 ("Lei Geral das Agências Reguladoras Federais") estatui explicitamente que as agências reguladoras sob sua regência **têm a prerrogativa de exercer poder normativo** – e a própria lei, desde logo, estabelece uma série de regras e condições acerca do exercício de tal poder por parte dessas entidades. E o Supremo Tribunal Federal reconhece a competência das agências reguladoras para exercerem poder normativo, dentro de limites claramente definidos, conforme se extrai desta ementa de acórdão concernente à Agência Nacional de Transporte Terrestre (ANTT):[6]

> 1. As Agências Reguladoras, criadas como autarquias especiais pelo Poder Legislativo (CF, art. 37, XIX), **recebem da lei que as instituem uma delegação para exercer seu poder normativo de regulação**, competindo ao Congresso Nacional a fixação das finalidades, dos objetivos básicos e da estrutura das Agências, bem como a fiscalização de suas atividades.
>
> 2. **As Agências Reguladoras não poderão, no exercício de seu poder normativo, inovar primariamente a ordem jurídica sem expressa delegação, tampouco regulamentar matéria para a qual inexista**

---

[6] ADI 5.906/DF, red. p/ o acórdão Min. Alexandre de Moraes, 06.03.2023 (Informativo 1.085 do STF).

Cap. 6 • DEVERES E PODERES ADMINISTRATIVOS

um prévio conceito genérico, em sua lei instituidora (*standards*), ou criar ou aplicar sanções não previstas em lei, pois, assim como todos os Poderes, Instituições e órgãos do poder público estão submetidas ao princípio da legalidade (CF, art. 37, *caput*).

3. No caso em julgamento, a Lei 10.233/2003, com as alterações redacionais supervenientes, fixou os critérios mínimos indispensáveis para o exercício, pela Agência Reguladora, da competência para imposição de sanções pela prática de infrações administrativas.

4. As disposições emanadas da Resolução ANTT 233/2003 **obedecem às diretrizes legais**, na medida em que protegem os interesses dos usuários, relativamente ao zelo pela qualidade e pela oferta de serviços de transportes que atendam a padrões de eficiência, segurança, conforto, regularidade, pontualidade e modicidade das tarifas, assim como **a cominação das penas não desborda da parâmetros estabelecidos em lei**.

Organizando a exposição que se vem de fazer, e sem embargo da densidade das divergências doutrinárias existentes, pensamos ser possível identificar, como tendência de orientação dos administrativistas e da jurisprudência modernos, os seguintes pontos:

a) é vedada a utilização do regulamento autorizado como substituto da atividade do legislador, ou mesmo como sucedâneo da lei delegada, sendo vedada a sua utilização para tratar de matérias constitucionalmente reservadas à lei;

b) tem sido admitida a utilização do regulamento autorizado para a fixação de **normas técnicas**, desde que a lei que o autoriza estabeleça as diretrizes, os parâmetros, as condições e os limites da atuação do Poder Executivo, determinando precisamente os contornos da norma a ser elaborada, de modo que esta funcione apenas como complementação técnica necessária das disposições legais; usualmente se diz que o Poder Executivo, nesses casos, exerce "**discricionariedade técnica**";[7]

c) seja qual for a matéria, é vedada a "delegação legislativa em branco", isto é, a previsão legal de que determinado assunto seja tratado em ato administrativo normativo, sem que a lei fixe o delineamento dos pontos essenciais pertinentes àquele tema, estabelecendo as diretrizes e os parâmetros a serem observados na elaboração do ato pelo órgão ou entidade administrativos.

Em suma, os regulamentos autorizados existem de fato, e são justificados mais pela necessidade prática do que pelo ordenamento jurídico-constitucional. Certo é que se

---

[7] Alguns publicistas criticam a expressão "discricionariedade técnica". Para eles, o que ocorre nos casos em apreço seria mais precisamente conceituado como "**exercício técnico de poder delegado**". Entendem tais juristas que essa atividade normativa, em tese, **não implica discricionariedade**, porque sempre existiria uma única proposta técnica que seria a mais adequada para as situações a serem reguladas – exatamente por essa razão, o órgão ou entidade elaborador da norma reguladora não poderia escolher outra proposta técnica, sob pena de não atender da melhor forma o interesse público.

trata de uma realidade irreversível: cogitar considerar inconstitucionais todos os regulamentos autorizados editados na vigência da atual Constituição geraria um vácuo normativo de tal monta – o qual, a bem da verdade, não teria como ser colmatado pelo Poder Legislativo – que o setor privado do País simplesmente quedaria paralisado.

3.5.5. Controle judicial

O meio de controle judicial dos atos administrativos normativos varia de acordo com o conteúdo do ato.

Quando se trata de ato normativo que esteja em conflito com a lei que ele regulamenta, será viável apenas o **controle de legalidade**, em que será confrontado o ato regulamentar com a lei regulamentada. Se o ato normativo extrapolou os limites da lei (*ultra legem*) ou se contrariou frontalmente seus comandos (*contra legem*), a questão caracterizará, sempre, típica ilegalidade, e não inconstitucionalidade. Logo, não se admitirá sua impugnação mediante de ação direta de inconstitucionalidade – ADI (CF, art. 102, I, "a").

Diversamente, caso o ato ofenda diretamente a Constituição, sem que haja alguma lei regulamentada nessa relação, considera-se que ele tem **caráter autônomo**, podendo ser atacado pela via direta, isto é, por meio de ADI. Com efeito, o Supremo Tribunal Federal somente admite que um ato normativo da administração pública seja impugnado por meio de ADI quando ele ofende **diretamente** a Constituição.

Note-se que são duas as condições, cumulativas, para que um ato administrativo possa ser objeto de controle judicial pela via direta, mediante ação direta de inconstitucionalidade – ADI:

a) é indispensável que ele tenha efetivamente **caráter normativo**, isto é, seja dotado de "normatividade", de generalidade e abstração; e

b) é necessário que ele tenha **caráter autônomo**, vale dizer, o ato deve conflitar **diretamente** com a Constituição da República (o conflito não pode ocorrer entre o ato e uma lei que ele regulamente).

3.6. Poder de polícia

3.6.1. Introdução e competência para o exercício

O Código Tributário Nacional, em seu art. 78, ao tratar dos fatos geradores das taxas, assim conceitua poder de polícia:

> Art. 78. Considera-se poder de polícia a atividade da administração pública que, limitando ou disciplinando direito, interesse ou liberdade, regula a prática de ato ou abstenção de fato, em razão de interesse público concernente à segurança, à higiene, à ordem, aos costumes, à disciplina da produção e do mercado, ao exercício de atividades econômicas dependentes de concessão ou autorização do Poder Público, à tranquilidade pública ou ao respeito à propriedade e aos direitos individuais ou coletivos.

Cap. 6 • DEVERES E PODERES ADMINISTRATIVOS

O texto legal, demasiado extenso, dificulta a apreensão do seu conteúdo. Hely Lopes Meirelles apresenta definição mais concisa, nos termos da qual "poder de polícia é a faculdade de que dispõe a Administração Pública para condicionar e restringir o uso e gozo de bens, atividades e direitos individuais, em benefício da coletividade ou do próprio Estado".

Alguns autores adotam uma **acepção ampla** de poder de polícia, abrangendo não só as atividades, exercidas pela administração pública, de execução e de regulamentação das leis em que ele se fundamenta, mas também a própria atividade de edição dessas leis, desempenhada pelo Poder Legislativo. É o que faz a Prof.ª Maria Sylvia Di Pietro, nesta passagem (destaques no original):

> O Poder Legislativo, no exercício do poder de polícia que incumbe ao Estado, cria, por lei, as chamadas **limitações administrativas** ao exercício das liberdades públicas.
>
> A Administração Pública, no exercício da parcela que lhe é outorgada do mesmo poder, **regulamenta** as leis e **controla** a sua aplicação, preventivamente (por meio de **ordens**, **notificações**, **licenças** ou **autorizações**) ou repressivamente (mediante imposição de medidas coercitivas).

Em um **sentido restrito** – que adotamos nesta obra –, o poder de polícia **não inclui** a atividade legislativa, mas, tão somente, as atividades **administrativas** de regulamentação e de execução das leis que estabelecem normas primárias de polícia. Assim sendo, baseados na lição de Hely Lopes Meirelles, conceituamos poder de polícia, simplesmente, como o **poder de que dispõe a administração pública para, na forma da lei, condicionar ou restringir o uso de bens, o exercício de direitos e a prática de atividades privadas, visando a proteger os interesses gerais da coletividade**.

O poder de polícia é inerente à atividade administrativa. A administração pública exerce poder de polícia sobre todas as condutas ou situações particulares que possam, direta ou indiretamente, afetar os interesses da coletividade.

O poder de polícia é desempenhado por variados órgãos e entidades administrativos – e não por alguma unidade administrativa específica –, em todos os níveis da Federação.

É competente para exercer poder de polícia administrativa sobre uma dada atividade o ente federado ao qual a Constituição da República atribui competência para legislar sobre essa mesma atividade, para regular a prática dessa atividade.

Tendo em conta o **princípio da predominância do interesse** – que determina a repartição de competências entre as pessoas políticas na Carta de 1988 –, pode-se afirmar, reproduzindo lição do Prof. Hely Lopes Meirelles, que "os assuntos de interesse nacional ficam sujeitos à regulamentação e policiamento da União; as matérias de interesse regional sujeitam-se às normas e à polícia estadual; e os assuntos de interesse local subordinam-se aos regulamentos edilícios e ao policiamento administrativo municipal". Citamos alguns exemplos de aplicação dessa regra:

a) a regulação dos mercados de títulos e valores mobiliários, assunto de interesse nacional, compete à União; a ela cabe, portanto, a respectiva fiscalização, exercida pela Comissão de Valores Mobiliários (CVM);

256   DIREITO ADMINISTRATIVO DESCOMPLICADO • *Marcelo Alexandrino & Vicente Paulo*

b) a edição de normas pertinentes à prevenção de incêndios compete à esfera estadual; assim, o poder de polícia relativo ao cumprimento dessas normas será realizado pelos estados-membros, mediante, entre outros meios, a expedição de alvarás, a realização de inspeções e vistorias, a interdição de edificações ou de estabelecimentos comerciais que se encontrem em situação irregular;

c) a competência para o planejamento e o controle do uso e ocupação do solo urbano é dos municípios; a estes cabe, por conseguinte, o exercício das atividades de polícia relacionadas à concessão de licenças para edificação, de licenças de localização e funcionamento de estabelecimentos industriais e comerciais, à aplicação de sanções pelo descumprimento de normas edilícias etc.

Cumpre lembrar que, como regra geral, a Constituição da República atribui ao Distrito Federal as competências dos estados e dos municípios.

3.6.2. Distinção entre atividade de polícia administrativa e outras atividades estatais

Não se confundem as atividades de **polícia administrativa** com a prestação de **serviços públicos** em sentido estrito.

Com efeito, o exercício do poder de polícia acarreta restrições à esfera jurídica individual do administrado, a seus direitos e interesses, ao passo que a prestação de serviços públicos tem efeito exatamente oposto, isto é, amplia a esfera jurídica individual do particular destinatário, porquanto se traduz no oferecimento, pelo poder público, de prestações positivas, de comodidades ou utilidades materiais diretamente fruíveis pelo usuário do serviço.

Conforme a vetusta classificação dicotômica das atividades estatais, o poder de polícia integra o rol das denominadas **atividades jurídicas do Estado** – aquelas cujo desempenho se funda no poder de império, como decorrência da própria noção de soberania –, enquanto a prestação de serviços públicos configura atividade material, enquadrada na categoria das chamadas **atividades sociais do Estado** – atividades destinadas a incrementar o bem-estar social, que não impliquem exercício de poder de império.

Os administrativistas de um modo geral costumam apontar como característica distintiva entre poder de polícia e serviço público o fato de aquele representar **atividade negativa** e este configurar **atividade positiva**.

Segundo pensamos, é verdade, sim, que os serviços públicos sempre são prestações positivas, invariavelmente se materializam em uma prestação de fazer, oferecida ao usuário pelo Estado ou por particulares delegatários.

Diferentemente, entretanto, **não** concordamos que o poder de polícia se manifeste **sempre** mediante atividades negativas.

Em primeiro lugar, deve-se esclarecer que, ao afirmar que o poder de polícia representa atividade negativa, a doutrina está analisando os eventos sob a ótica do particular, **destinatário** da atividade de polícia, porque o **executor** dos atos de polícia administrativa evidentemente realiza atividades positivas, por exemplo, quando

Cap. 6 • DEVERES E PODERES ADMINISTRATIVOS

apreende mercadorias, interdita um estabelecimento ou promove a demolição de uma construção irregular. Já quando se diz que serviço público é atividade positiva, o fenômeno está sendo observado sob o prisma do **executor** (o prestador do serviço público), e não do **destinatário** (o usuário do serviço público).

Pior do que essa heterogeneidade de critérios quanto ao ponto de referência é, a nosso ver, a constatação de que no direito contemporâneo existem, sim, atividades de polícia que impõem ao administrado obrigações positivas, obrigações de fazer, tal qual se dá na obrigação de calçar o passeio público defronte a um terreno privado, atribuída ao seu proprietário, ou na hipótese de ser determinada ao proprietário de terreno urbano subutilizado a sua edificação compulsória. Em suma, não é verdade que a atividade de polícia imponha sempre ao administrado obrigações de não fazer, de abster-se de fazer alguma coisa.

Sem prejuízo dessas objeções que acabamos de alinhavar, fica o registro: é tradicional a doutrina apontar como distinção entre polícia administrativa e serviço público o fato de que a primeira seria atividade negativa e o segundo atividade positiva.

Outra diferenciação importante é a que deve ser feita entre atividade de **polícia administrativa** e atividade de **polícia judiciária**.

Analisando os parâmetros de distinção comumente apresentados pelos administrativistas,[8] filiamo-nos à corrente dos que consideram mais relevante verificar a natureza do ilícito que a atividade estatal visa a impedir ou reprimir. Será atividade de polícia administrativa a que incida na seara das infrações administrativas e atividade de polícia judiciária a concernente ao ilícito de natureza penal. O exercício da primeira esgota-se no âmbito da função administrativa, enquanto a polícia judiciária prepara a atuação da função jurisdicional penal.

Vem a propósito reproduzir esta elucidativa passagem, de lavra do Prof. José dos Santos Carvalho Filho:

> Vejamos um exemplo: quando agentes administrativos estão executando serviços de fiscalização em atividades de comércio, ou em locais proibidos para menores, ou sobre as condições de alimentos para consumo, ou ainda em parques florestais, essas

---

8 Julgamos necessário anotar que é muito frequentemente proposto pela doutrina, como critério de distinção entre polícia **administrativa** e polícia **judiciária**, o caráter **preventivo daquela** e **repressivo desta**. A polícia administrativa teria o objetivo principal de prevenir condutas ou situações contrárias ao interesse público, ao passo que a polícia judiciária teria o escopo precípuo de possibilitar a punição, pelo Poder Judiciário, das pessoas que cometeram ilícitos penais. A nosso ver, trata-se de paradigma um tanto inadequado à diferenciação pretendida, porque a polícia administrativa atua tanto preventivamente quanto em caráter repressivo. Com efeito, nada têm de excepcionais, ou de incomuns, as medidas repressivas adotadas no exercício do poder de polícia administrativa, tais como a aplicação de multas, a apreensão e decretação da pena de perdimento de mercadorias irregularmente introduzidas no País, a interdição de estabelecimentos comerciais ou industriais, a suspensão temporária do exercício de direitos (a exemplo da suspensão da licença para dirigir automóveis aplicada aos condutores infratores), entre muitas outras. Em que pese essa constatação, fica o registro: trata-se de um parâmetro de distinção entre polícia administrativa e polícia judiciária tradicional, frequentemente apresentado pela doutrina administrativista.

atividades retratam o exercício de Polícia Administrativa. Se, ao contrário, os agentes estão investigando a prática de crime e, com esse objetivo, desenvolvem várias atividades necessárias à sua apuração, como oitiva de testemunhas, inspeções e perícias em determinados locais e documentos, convocação de indiciados etc., são essas atividades caracterizadas como Polícia Judiciária, eis que, terminada a apuração, os elementos são enviados ao Ministério Público para, se for o caso, providenciar a propositura da ação penal.

Observe-se, também, que a **polícia administrativa** é exercida sobre atividades privadas, bens ou direitos, enquanto a **polícia judiciária** incide diretamente sobre pessoas.

Ademais, a polícia administrativa, em regra, é desempenhada por órgãos administrativos de caráter fiscalizador, integrantes dos mais diversos setores de toda a administração pública, ao passo que a **polícia judiciária** é executada por **corporações específicas** (a polícia civil e a Polícia Federal e, ainda, em alguns casos, a polícia militar, sendo que esta última exerce também a função de polícia administrativa). Sobre esse ponto, transcrevemos a lição da Prof.ª Maria Sylvia Di Pietro:

> Outra diferença: a polícia judiciária é privativa de corporações especializadas (polícia civil e militar), enquanto a polícia administrativa se reparte entre diversos órgãos da Administração, incluindo além da própria polícia militar, os vários órgãos de fiscalização aos quais a lei atribua esse mister, como os que atuam nas áreas de saúde, educação, trabalho, previdência e assistência social.

Por fim, vem a propósito pontuar que, segundo a jurisprudência do Supremo Tribunal Federal, é constitucional a atribuição às **guardas municipais** do exercício de **poder de polícia de trânsito** – fiscalização, controle e orientação do tráfego, incluída a imposição de multas e outras sanções administrativas previstas em lei.

Consoante nosso Tribunal Maior, os municípios podem, dentro de sua esfera de atribuições, estipular que o **poder de polícia administrativa** que lhes compete seja exercido pela **guarda municipal**, haja vista que a lista de atividades contida no § 8.º do art. 144 da Constituição Federal – o qual autoriza os municípios a "constituir guardas municipais destinadas à proteção de seus bens, serviços e instalações, conforme dispuser a lei" – **não é exaustiva**, isto é, o referido dispositivo constitucional "não impede que a guarda municipal exerça funções adicionais à de proteção dos bens, serviços e instalações do município" (as guardas municipais não são corporações policiais; estas têm a prerrogativa exclusiva de promover a segurança pública, competência que não se confunde com o exercício do poder de polícia administrativa).[9]

---

[9] RE 658.570/MG (**repercussão geral**), red. p/ o acórdão Min. Roberto Barroso, 06.08.2015 (Informativo 793 do STF).

3.6.3. Modalidades de exercício

O poder de polícia administrativa pode ser exercido preventiva ou repressivamente.

No primeiro caso – **exercício preventivo do poder de polícia** –, o poder público estabelece normas que limitam ou condicionam a utilização de bens (públicos ou privados) ou o exercício de atividades privadas que possam afetar a coletividade, exigindo que o particular obtenha anuência da administração pública previamente à utilização desses bens ou ao exercício dessas atividades. Tal anuência é formalizada nos denominados alvarás, expedidos pela administração à vista da demonstração, pelo particular requerente, de que estão atendidos os requisitos ou cumpridas as condições para o uso da propriedade ou a prática das atividades que devam ser objeto de controle pelos órgãos de polícia administrativa. Os alvarás podem ser de licença ou de autorização.

A **licença** é um ato administrativo vinculado e definitivo pelo qual a administração pública reconhece que o particular detentor de um **direito subjetivo** preenche as condições para o seu gozo. Assim, as licenças dizem respeito a direitos individuais, tais como o exercício de uma profissão ou a construção de um edifício em terreno de propriedade do administrado, e não podem ser negadas quando o requerente satisfaça os requisitos legais e regulamentares exigidos para a sua obtenção.

A **autorização** editada com fundamento no poder de polícia é um ato administrativo por meio do qual a administração pública possibilita ao particular a realização de atividade privada de predominante interesse deste, ou a utilização de um bem público. Note-se que o particular tem **interesse** na obtenção do ato, mas **não** um direito subjetivo a essa obtenção. A autorização é, assim, um ato **discricionário** – pode ser simplesmente negada, mesmo que o requerente satisfaça todas as condições legais e regulamentares – e **precário**, ou seja, é passível de revogação pelo poder público a qualquer tempo, sem gerar, em regra, direito a indenização para o particular. São exemplos de atividades autorizadas o uso especial de bem público, o trânsito por determinados locais e o porte de arma de fogo.

A Lei 13.874/2019 – que instituiu a **Declaração de Direitos de Liberdade Econômica** – estabelece, em norma aplicável à União, aos estados, ao Distrito Federal e aos municípios, que é direito "de toda pessoa, natural ou jurídica", entre outros, "desenvolver **atividade econômica de baixo risco**, para a qual se valha exclusivamente de propriedade privada própria ou de terceiros consensuais, **sem a necessidade de quaisquer atos públicos de liberação da atividade econômica**" (art. 3.º, I). Nessa hipótese, a fiscalização do exercício do direito será realizada posteriormente, de ofício ou como consequência de denúncia encaminhada à autoridade competente (art. 3.º, § 2.º).

Nos termos da Lei 13.874/2019, são "atos públicos de liberação a licença, a autorização, a concessão, a inscrição, a permissão, o alvará, o cadastro, o credenciamento, o estudo, o plano, o registro e os demais atos exigidos, sob qualquer denominação, por órgão ou entidade da administração pública na aplicação de legislação, como condição para o exercício de atividade econômica" (art. 1.º, § 6.º).

A classificação de "**atividades de baixo risco**" deve ser prevista em **legislação estadual, distrital ou municipal específica** – e o ente federativo precisa encaminhar notificação ao Ministério da Economia sobre a edição de sua norma.[10] Inexistindo a referida legislação específica, ato do Poder Executivo federal disporá sobre a classificação em questão. Na hipótese de ausência desse ato do Poder Executivo federal, "será aplicada resolução do Comitê para Gestão da Rede Nacional para a Simplificação do Registro e da Legalização de Empresas e Negócios (CGSIM), independentemente da aderência do ente federativo à Rede Nacional para a Simplificação do Registro e da Legalização de Empresas e Negócios (Redesim)" (art. 3.º, § 1.º). O Decreto 10.178/2019 "dispõe sobre os critérios e os procedimentos a serem observados pelos órgãos e pelas entidades da administração pública federal direta, autárquica e fundacional para a classificação do nível de risco de atividade econômica e para fixar o prazo para aprovação tácita do ato público de liberação".

A outra possibilidade de exercício do poder de polícia – atividade **repressiva** de polícia administrativa – é consubstanciada na aplicação de **sanções administrativas** como consequência da prática de infrações a normas de polícia pelos particulares a elas sujeitos. Verificando a existência de infração, a autoridade administrativa deverá lavrar o auto de infração pertinente e cientificar o particular da sanção aplicada. A imposição da sanção de polícia pela administração é ato **autoexecutório**, ou seja, para **aplicar a sanção**, a administração **não necessita** da interferência prévia do Poder Judiciário.

Por fim, é oportuno observar que a constatação de infrações administrativas usualmente ocorre no exercício da atividade de polícia consistente na **fiscalização**. Entretanto, a fiscalização de polícia, em si mesma considerada, não é uma atividade repressiva, nem tem o objetivo específico de acarretar sanções. A rigor, a principal finalidade da fiscalização é preventiva, traduzida no intuito de dissuadir os particulares de descumprirem as normas de polícia, bem como no de identificar prontamente os casos de inobservância dessas normas, limitando os danos decorrentes, ou mesmo evitando que aconteçam. É claro que, na hipótese de a fiscalização detectar o cometimento de infrações, dela resultará a aplicação de sanções, mas, cabe repetir, o ato repressivo em si é a aplicação da sanção e não o procedimento de fiscalização.

3.6.4. Sanções aplicáveis e limites

Diversas são as sanções, previstas nas mais variadas leis administrativas, de todos os níveis da Federação, passíveis de ser aplicadas no âmbito da atividade de polícia administrativa. Conforme explicado anteriormente, o poder de polícia incide sobre atividades e sobre bens, não diretamente sobre os indivíduos, vale dizer, não existem sanções de polícia administrativa que impliquem detenção ou reclusão de pessoas.

Dentre as inúmeras sanções cabíveis mencionamos: (a) imposição de multas administrativas; (b) interdição de estabelecimentos comerciais; (c) suspensão do exercício de direitos; (d) demolição de construções irregulares; (e) embargo administrativo de

---

[10] Por força do art. 51, inciso IV, da Lei 14.600/2023, o Ministério da Economia foi desmembrado em: (a) Ministério da Fazenda; (b) Ministério da Gestão e da Inovação em Serviços Públicos; (c) Ministério do Planejamento e Orçamento; e (d) Ministério do Desenvolvimento, Indústria, Comércio e Serviços.

obra; (f) destruição de gêneros alimentícios impróprios para o consumo; (g) apreensão de mercadorias irregularmente entradas no território nacional.

Vale registrar que parte da doutrina administrativista atual tem proposto que se faça distinção entre sanções propriamente ditas (penalidades), que são imposições cujo escopo principal é realmente **punir** a conduta irregular do particular, a exemplo das multas administrativas, e outras medidas ditas repressivas que, embora adotadas em consequência da constatação de uma infração, têm, na verdade, objetivo principalmente protetor ou acautelatório, isto é, visam precipuamente a evitar danos à coletividade, ou a limitar os que já tenham ocorrido, como é o caso da apreensão e destruição de alimentos deteriorados encontrados em um restaurante.

Os autores que fazem essa distinção têm sugerido que seja utilizada a expressão "medidas de polícia" para referir aquelas imposições cujo intuito maior é proteger a coletividade e que se reserve o termo "sanções de polícia" para as que têm objetivo principalmente punitivo (penalidades propriamente ditas).

Cabe observar que tal diferenciação no sentido das citadas expressões poderia ser útil para aclarar as diferenças de escopo existentes entre os atos ditos repressivos praticados no exercício do poder de polícia, mas, na prática, ela não costuma ser seguida pela maioria dos nossos administrativistas e tribunais.

Por esse motivo, utilizamos nesta obra o termo "sanções de polícia" para qualquer atuação administrativa de polícia que seja adotada como consequência de infrações cometidas pelos particulares a normas de polícia. Ademais, chamamos repressivas todas essas atuações administrativas decorrentes da constatação de infrações a normas de polícia, a fim de diferenciá-las das atuações puramente preventivas – as que ocorrem antes da prática de qualquer infração –, tais quais as concessões de licenças e de autorizações.

Para arrematar, julgamos oportuno fazer a ressalva de que nem sempre é possível identificar, sem examinar o caso concreto, o objetivo principal de determinada atuação administrativa adotada em face de uma infração a normas de polícia. Por exemplo, dependendo da situação, a interdição de um estabelecimento pode ter caráter eminentemente punitivo, imposta em razão da gravidade extrema de uma infração verificada, ou pode ter intuito principal de proteção da população, como na hipótese em que a administração constate a existência de risco de desabamento do telhado em um prédio comercial, ocasionado por falta de manutenção adequada das respectivas estruturas de sustentação.

A atuação da administração pública no exercício do poder de polícia, em regra, é discricionária. Como sempre se dá em nosso ordenamento jurídico, a discricionariedade da atuação administrativa é restrita, está limitada pela lei e pelo direito, especialmente pelos princípios constitucionais administrativos.

A atuação da polícia administrativa só será legítima se realizada com base na lei, respeitados os direitos do cidadão, as prerrogativas individuais e as liberdades públicas asseguradas na Constituição. Há que se conciliar o interesse social com os direitos individuais consagrados no ordenamento constitucional. Caso a administração aja além desses mandamentos, ferindo a intangibilidade do núcleo dos direitos fundamentais, sua atuação será arbitrária, configuradora de abuso de poder, passível de correção pelo Poder Judiciário.

262 · DIREITO ADMINISTRATIVO DESCOMPLICADO · Marcelo Alexandrino & Vicente Paulo

Qualquer medida imposta no exercício da atividade de polícia administrativa deve ser adotada com observância do devido processo legal (*due process of law*), para que seja assegurado ao administrado o direito à ampla defesa (CF, art. 5.º, LIV e LV).

No caso dos atos praticados no âmbito da atividade de polícia administrativa, particularmente relevantes são os limites impostos à discricionariedade da administração pública pelos princípios implícitos da razoabilidade e da proporcionalidade, derivados do postulado do devido processo legal, em sua vertente substantiva.

Será desarrazoada – portanto ilegal – qualquer atuação em que sejam empregados meios inadequados à obtenção dos resultados almejados, ou em que os meios sejam mais restritivos do que o estritamente necessário à consecução dos fins pretendidos.

No caso dos atos sancionatórios praticados no exercício do poder de polícia, avulta em importância o princípio da proporcionalidade. Com efeito, em uma de suas acepções, esse princípio determina que haja correspondência entre a intensidade de uma sanção aplicada pela administração pública e a gravidade ou a lesividade da conduta que essa mesma sanção vise a reprimir (ou a prevenir).

Deve-se observar, ainda, se o benefício trazido à coletividade pelas restrições impostas a direitos individuais supera o aspecto negativo dessas mesmas restrições, tendo em conta o fato de que o interesse público também determina que o Estado promova o mais possível o pleno gozo das liberdades constitucionais. A imposição de uma limitação à esfera dos direitos individuais que não resulte para o grupo social em vantagem suficiente para compensar os efeitos deletérios da mesma limitação invalida o fundamento de interesse público do ato de polícia, por ofensa ao princípio da proporcionalidade. Da mesma forma, não pode a administração – sob o pretexto de condicionar o uso de um bem – aniquilar a propriedade individual, porquanto caracterizada resultaria a desproporcionalidade da medida.

Conforme leciona o Prof. José dos Santos Carvalho Filho, "se a conduta administrativa é desproporcional, a conclusão inevitável é a de que um ou alguns indivíduos estão sendo prejudicados por excesso de poder, revelando-se ausente o verdadeiro interesse coletivo a ser perseguido e configurando-se, sem dúvida, ilegalidade que merece correção".

Ao lado dessas observações, não se deve perder de vista que os atos administrativos que sejam praticados no exercício do poder de polícia são atos administrativos como quaisquer outros, portanto, sujeitos a todas as regras a estes pertinentes, bem como à possibilidade de controle pelo Poder Judiciário da legalidade ou da legitimidade de sua edição e execução.

3.6.5. Fases da atividade de polícia (ciclo de polícia)

Conforme foi visto anteriormente, o poder de polícia, em sentido amplo, envolve não só atividades administrativas (concretas e regulamentares), mas, também, atividades legislativas, isto é, a edição das leis que estabelecem os condicionamentos, ou mesmo as proibições, à fruição da propriedade e à prática de atividades privadas.

Foi exposto precedentemente, também, que a atividade de polícia pode ser exercida em caráter preventivo – quando o particular precisa obter anuência da administração

Cap. 6 • DEVERES E PODERES ADMINISTRATIVOS **263**

previamente à prática de alguma atividade privada controlada – ou precipuamente repressivo – quando a administração aplica ao particular sanções pela infração às normas de polícia a que ele esteja sujeito.

Pois bem, alguns administrativistas – Diogo de Figueiredo Moreira Neto e Marcos Juruena Vilela Souto, entre outros –, a partir da identificação das diferentes atuações que integram (ou podem integrar) a atividade de polícia em sentido amplo, propõem, didaticamente, uma organização sequencial de tais atuações, dando origem àquilo que denominam "ciclo de polícia", expressão hoje razoavelmente consagrada em nossos meios jurídicos.

Essa doutrina – encampada inclusive em julgados de nossos tribunais superiores – afirma que o **ciclo de polícia** se desenvolve em quatro fases, quais sejam: (a) a ordem de polícia; (b) o consentimento de polícia; (c) a fiscalização de polícia; e (d) a sanção de polícia.

A **ordem de polícia** corresponde à legislação que estabelece os limites e condicionamentos ao exercício de atividades privadas e ao uso de bens. A ordem de polícia sempre deve estar presente e é a fase inicial de qualquer ciclo de polícia. Em razão do postulado da legalidade, a ordem primária estará invariavelmente contida em uma lei, a qual pode estar regulamentada em atos normativos infralegais que detalhem os seus comandos, a fim de permitir a correta e uniforme observância da lei pelos administrados e pela própria administração que lhe dará aplicação.

O **consentimento de polícia** se traduz na anuência prévia da administração, quando exigida, para a prática de determinadas atividades privadas ou para determinado exercício de poderes concernentes à propriedade privada. Conforme já estudado, essa anuência (consentimento) se materializa nos atos administrativos denominados licenças e autorizações. É importante ressaltar que a fase de consentimento não está presente em todo e qualquer ciclo de polícia. O uso e a fruição de bens e a prática de atividades privadas que não necessitem de obtenção prévia de licença ou autorização podem perfeitamente estar sujeitos a fiscalização de polícia e a sanções de polícia, pelo descumprimento direto de determinada ordem de polícia (lei ou regulamento de polícia).

A **fiscalização de polícia** é a atividade mediante a qual a administração pública verifica se está havendo o adequado cumprimento das ordens de polícia pelo particular a elas sujeito ou, se for o caso, verifica se o particular que teve consentida, por meio de uma licença ou de uma autorização, a prática de alguma atividade privada está agindo em conformidade com as condições e os requisitos estipulados naquela licença ou naquela autorização.

A **sanção de polícia** é a atuação administrativa coercitiva por meio da qual a administração, constatando que está sendo violada uma ordem de polícia, ou que uma atividade privada previamente consentida está sendo executada em desacordo com as condições e os requisitos estabelecidos no ato de consentimento, aplica ao particular infrator uma medida repressiva (sanção), dentre as previstas na lei de regência.

Vale lembrar que, conforme apontam alguns autores, nem todo ato de polícia adotado pela administração quando constata alguma irregularidade imputável ao particular configura uma penalidade propriamente dita. Algumas atuações de polícia adotadas em face de infrações têm a natureza principal de procedimentos acautelatórios, cujo objetivo maior é evitar a ocorrência de danos à coletividade.

Do até aqui exposto, resta claro que, embora se tenha consagrado a expressão "ciclo de polícia" para referir uma sequência integrada pelas quatro atuações que acabamos de descrever, a verdade é que somente as fases de "ordem de polícia" e de "fiscalização de polícia" estarão obrigatoriamente presentes em todo e qualquer ciclo de polícia.

Isso porque, como explicado, nem sempre a anuência do poder público é necessária para o uso de bens ou a prática de atividades privadas, mas, nem por isso, tal uso ou tal prática estará fora do campo de sujeição ao poder de polícia. Vale dizer, se alguma prática de atividade privada (ou utilização de bem) não obrigada a anuência prévia implicar infração a leis e regulamentos de polícia, e a infração for constatada em um procedimento de fiscalização, será aplicada a correspondente sanção, aperfeiçoando-se um ciclo de polícia, porém integrado só pelas fases um, três e quatro.

Na mesma linha, a aplicação da sanção só ocorrerá se, na atividade de fiscalização, for constatada alguma infração administrativa. É óbvio que pode perfeitamente ocorrer de a fiscalização ser realizada e não ser encontrada qualquer irregularidade, caso em que não haverá sanção alguma.

Em síntese, as únicas fases que sempre existirão quando estivermos diante de um determinado ciclo de polícia são as fases de "ordem de polícia" e de "fiscalização de polícia".

Conforme será visto adiante, para alguns administrativistas a identificação das diferentes fases do ciclo de polícia assume grande importância para a determinação das atividades concernentes ao poder de polícia que, segundo eles entendem, podem ser objeto de delegação.

3.6.6. Poder de polícia originário e poder de polícia delegado. Exercício de atividades de polícia administrativa por pessoas jurídicas de direito privado

A doutrina classifica o poder de polícia em originário e delegado, conforme o órgão ou a entidade que execute as correspondentes atividades de polícia administrativa.

O **poder de polícia originário** é aquele exercido pela administração direta, ou seja, pelos órgãos integrantes da estrutura das diversas pessoas políticas da Federação (União, estados, Distrito Federal e municípios).

O **poder de polícia delegado** é aquele executado pelas pessoas administrativas do Estado, isto é, pelas entidades integrantes da administração indireta.

A doutrina consagrou a expressão "poder de polícia delegado", muito embora o emprego do vocábulo "delegado" possa causar alguma confusão. Com efeito, a hipótese aqui tratada é de descentralização mediante outorga legal e não de descentralização por colaboração. Esta última implica transferir a particulares – não mediante lei, e sim, em regra, por meio de contrato administrativo – a execução de determinado **serviço público**. Nada tem a ver com exercício de poder de polícia.

Não se costuma utilizar a expressão "poder de polícia outorgado" no caso do poder de polícia atribuído às entidades da administração indireta, e sim "poder de

Cap. 6 • DEVERES E PODERES ADMINISTRATIVOS

polícia delegado", embora, rigorosamente, elas recebam suas atribuições mediante outorga legal. Seguimos a tradição da doutrina e utilizamos nesta obra os termos "delegação de poder de polícia" e "poder de polícia delegado", não obstante seja uma delegação operada por meio de lei.

O assunto "delegação do poder de polícia" gera alguma controvérsia entre os administrativistas. A principal polêmica diz respeito à possibilidade de **pessoas jurídicas de direito privado integrantes da administração pública** – a saber, as empresas públicas, as sociedades de economia mista e as fundações públicas instituídas com personalidade jurídica de direito privado – receberem da lei atribuições cujo exercício tenha fundamento no poder de polícia.

Ressalte-se que não existe celeuma relevante quanto à possibilidade de a lei efetuar delegação de atribuições de polícia administrativa a **pessoas jurídicas de direito público** (autarquias e fundações públicas de direito público). Essas pessoas administrativas só não podem, por óbvio, editar leis. Fora isso, cabe frisar, **podem as entidades meramente administrativas dotadas de personalidade jurídica de direito público (autarquias e fundações autárquicas) exercer poder de polícia**, inclusive aplicar as mais variadas sanções administrativas por infrações a normas de polícia, desde que recebam da lei tais competências.

Quanto à delegação de poder de polícia a pessoas privadas, **instituídas pela iniciativa privada** – portanto, **não** integrantes da administração pública em acepção formal –, é francamente minoritária a corrente que a considera válida, ainda que efetuada por meio de lei. A grande maioria da doutrina, baseada no entendimento de que o poder de império (*jus imperii*) é próprio e privativo do Estado, **não admite a delegação do poder de polícia a pessoas da iniciativa privada**, ainda que se trate de uma delegatária de serviço público.

Sobre esse ponto, é interessante mencionar que a Lei 11.079/2004 – a qual estabelece normas gerais sobre parcerias público-privadas (PPP) – enumera, como diretriz geral a ser observada na contratação dessas parcerias, entre outras, a "indelegabilidade das funções de regulação, jurisdicional, do **exercício do poder de polícia** e de outras atividades exclusivas do Estado" (art. 4.º, III). Ou seja, nessa lei, o exercício do poder de polícia é descrito, categoricamente, como atividade **exclusiva** de Estado.

De volta à análise da validade do exercício de poder de polícia por pessoas jurídicas de direito privado **integrantes da administração pública**, o dissenso verificado entre os administrativistas também grassou durante muito tempo na jurisprudência pátria. Enfim, em outubro de 2020, o tema foi pacificado na seara judicial pelo Supremo Tribunal Federal, com decisão proferida na sistemática de **repercussão geral** na qual restou fixada a seguinte **tese jurídica**:[11]

> É constitucional a delegação do poder de polícia, por meio de lei, a pessoas jurídicas de direito privado integrantes da administração pública indireta de capital social majoritariamente público que prestem exclusivamente serviço público de atuação própria do Estado e em regime não concorrencial.

---

[11] RE 633.782/MG (**repercussão geral**), rel. Min. Luiz Fux, 23.10.2020 (Informativo 996 do STF).

DIREITO ADMINISTRATIVO DESCOMPLICADO • Marcelo Alexandrino & Vicente Paulo

Atualmente, portanto, no âmbito jurisprudencial, não pode haver dúvida: **entidades com personalidade de direito privado integrantes da administração pública podem exercer poder de polícia**, inclusive aplicar as sanções administrativas correspondentes, desde que a lei assim preveja. Evidentemente, essa orientação não alcança – em hipótese nenhuma! – entidades que se dediquem à exploração de atividade econômica em sentido estrito.

Por derradeiro, é interessante anotar que, há muitos anos, existem no Brasil empresas públicas e sociedades de economia mista que exercem poder de polícia. São exemplos: a Empresa Pública de Transporte e Circulação S/A (EPTC), no Município de Porto Alegre; e a Empresa de Transportes e Trânsito de Belo Horizonte S/A (BHTRANS), no Município de Belo Horizonte. Com a orientação perfilhada pelo Supremo Tribunal Federal (o julgado envolvia exatamente a BHTRANS), referida nos parágrafos precedentes, não mais cabe questionar a constitucionalidade dos fins institucionais de tais entidades.

3.6.7.   Atributos do poder de polícia

A doutrina tradicionalmente aponta três atributos ou qualidades características do poder de polícia e dos atos administrativos resultantes de seu regular exercício: discricionariedade, autoexecutoriedade e coercibilidade.

3.6.7.1.   Discricionariedade

A discricionariedade no exercício do poder de polícia significa que a administração, quanto aos atos a ele relacionados, regra geral, dispõe de uma razoável liberdade de atuação, podendo valorar a oportunidade e conveniência de sua prática, estabelecer o motivo e escolher, dentro dos limites legais, seu conteúdo. A finalidade de todo ato de polícia – como a finalidade de qualquer ato administrativo – é requisito sempre vinculado e traduz-se na proteção do interesse da coletividade.

A administração pode, em princípio, determinar, dentro dos critérios de oportunidade e conveniência, quais atividades irá fiscalizar em um determinado momento e, dentro dos limites estabelecidos na lei, quais sanções deverão ser aplicadas e como deverá ser feita a graduação dessas sanções. De qualquer forma, a sanção sempre deverá estar prevista em lei e deverá guardar correspondência e proporcionalidade com a infração verificada.

Embora a discricionariedade seja a regra no exercício do poder de polícia, nada impede que a lei, relativamente a determinados atos ou fatos, estabeleça total vinculação da atuação administrativa a seus preceitos. É o caso, como vimos, da concessão de licença para construção em terreno próprio ou para o exercício de uma profissão, em que não existe para a administração liberdade de valoração, quando o particular atenda aos requisitos legais.

3.6.7.2.   Autoexecutoriedade

Na definição de Hely Lopes Meirelles, "a autoexecutoriedade consiste na possibilidade que certos atos administrativos ensejam de imediata e direta execução pela própria Administração, independentemente de ordem judicial".

Cap. 6 • DEVERES E PODERES ADMINISTRATIVOS

É atributo típico do poder de polícia, presente, sobretudo, nos atos repressivos de polícia. A administração pública precisa ter a prerrogativa de impor diretamente, sem necessidade de prévia autorização judicial, as medidas ou sanções de polícia administrativa necessárias à repressão de atividades lesivas à coletividade, ou que coloquem em risco a incolumidade pública.

A obtenção de prévia autorização judicial para a prática de determinados atos de polícia é uma faculdade da administração pública. Ela costuma recorrer previamente ao Judiciário quando tenciona praticar atos em que seja previsível forte resistência dos particulares envolvidos, como na demolição de edificações irregulares, embora, como dito, seja facultativa a obtenção de tal autorização.

Nem toda atuação de polícia administrativa, contudo, pode ser levada a termo de forma autoexecutória. Exemplo consagrado de ato não autoexecutório é a **cobrança de multas** administrativas de polícia, quando **resistida pelo particular**. Nesse caso, a **imposição** da multa é efetuada pela administração pública sem necessidade de qualquer participação do Poder Judiciário. Entretanto, a **cobrança** forçada dessa multa aplicada no exercício do poder de polícia e não paga pelo administrado somente pode ser efetivada por meio de uma **ação judicial** de execução.

Não se deve confundir, em nenhuma hipótese, a dispensa de manifestação prévia do Poder Judiciário nos atos próprios da administração pública, com restrição ao acesso do particular ao Judiciário em caso de ameaça ou lesão a direito seu.

A autoexecutoriedade dos atos administrativos apenas permite sua execução direta pelo poder público, mas, sempre que o administrado entenda ter havido arbítrio, desvio ou excesso de poder, pode exercer seu direito inafastável de provocar a tutela jurisdicional, mediante a qual, se for o caso, obterá a anulação dos atos praticados.

O Prof. Celso Antônio Bandeira de Mello e a Prof.ª Maria Sylvia Di Pietro prelecionam que a autoexecutoriedade existe em duas situações: quando a lei expressamente a prevê e, mesmo quando não expressamente prevista, em situações de urgência. A primeira das hipóteses, entretanto, não significa que a lei literalmente afirme: "este ato é autoexecutório". Significa, tão somente, que o ato é expressamente previsto em lei como passível de ser adotado diretamente pela administração pública em uma situação determinada. No outro caso – o de urgência –, a administração pode adotar um ato não previsto em lei, ou em situação não prevista em lei, a fim de assegurar a segurança da coletividade. Transcreve-se, para melhor entendimento, a lição de Maria Sylvia Di Pietro a respeito:

> No Direito Administrativo, a autoexecutoriedade não existe, também, em todos os atos administrativos; ela só é possível:
>
> 1. quando expressamente prevista em lei. Em matéria de contrato, por exemplo, a Administração Pública dispõe de várias medidas autoexecutórias, como a retenção da caução, a utilização dos equipamentos e instalações do contratado para dar continuidade à execução do contrato, a encampação etc.; também em matéria de polícia administrativa, a lei prevê medidas autoexecutórias, como a apreensão de mercadorias, o fechamento de casas noturnas, a cassação de licença para dirigir;

DIREITO ADMINISTRATIVO DESCOMPLICADO • *Marcelo Alexandrino & Vicente Paulo*

2. quando se trata de medida urgente que, caso não adotada de imediato, possa ocasionar prejuízo maior para o interesse público; isso acontece, também, no âmbito da polícia administrativa, podendo-se citar, como exemplo, a demolição de prédio que ameaça ruir, o internamento de pessoa com doença contagiosa, a dissolução de reunião que ponha em risco a segurança de pessoas e coisas.

Por fim, é oportuno mencionar que a Prof.ª Maria Sylvia Di Pietro registra que alguns autores desmembram a autoexecutoriedade em exigibilidade e executoriedade.

Para esses administrativistas, a **exigibilidade** traduz a prerrogativa de a administração pública impor obrigações ao administrado, sem necessidade de prévia autorização judicial, enquanto a **executoriedade** significa a possibilidade de a administração realizar diretamente a execução forçada da medida que ela impôs ao administrado.

A **exigibilidade** está ligada ao uso de meios coercitivos **indiretos**, tais como a aplicação de uma multa, ou a exigência do pagamento de multas de trânsito como condição para o licenciamento de veículo automóvel. Na **executoriedade**, os meios coercitivos são diretos, autorizando o uso da força pública, se necessário; é o que ocorre na apreensão de mercadorias, na remoção forçada de veículo estacionado em local proibido, na interdição de um restaurante que não atenda às normas da vigilância sanitária etc.

Consoante sintetiza a citada autora, "a exigibilidade está presente em todas as medidas de polícia, mas não a executoriedade".[12]

3.6.7.3. Coercibilidade

O último atributo do poder de polícia, a coercibilidade, traduz-se na possibilidade de as medidas adotadas pela administração pública serem impostas coativamente ao administrado, inclusive mediante o emprego da força. Caso o particular resista ao ato de polícia, a administração poderá valer-se da força pública para garantir o seu cumprimento.

A imposição coercitiva dos atos de polícia também independe de prévia autorização judicial, mas está sujeita – assim como ocorre com todo e qualquer ato administrativo – a verificação posterior quanto à legalidade, ensejando, se for o caso, a anulação do ato e a reparação ou indenização do particular pelos danos sofridos, sempre que se comprove ter ocorrido excesso ou desvio de poder.

Julgamos oportuno registrar que, embora a doutrina comumente aponte a autoexecutoriedade e a coercibilidade como diferentes atributos do poder de polícia, **não existe uma distinção precisa entre um e outro**, sendo eles, no mais das vezes,

---

[12] Em nossa opinião, os conceitos de **exigibilidade** e **executoriedade**, assim apresentados, identificam-se, respectivamente, com as tradicionais definições de imperatividade e autoexecutoriedade. Como se trata de conceitos doutrinários, é evidente que cada autor tem liberdade de propor os que lhe pareçam mais consistentes. De nossa parte, preferimos utilizar as consagradas definições de imperatividade e autoexecutoriedade.

Cap. 6 • DEVERES E PODERES ADMINISTRATIVOS

tratados como sinônimos. É explícita a esse respeito a Prof.ª Maria Sylvia Di Pietro, nesta passagem, que merece transcrição:

> A coercibilidade é indissociável da autoexecutoriedade. O ato de polícia só é autoexecutório porque dotado de força coercitiva. Aliás, a autoexecutoriedade, tal como a conceituamos não se distingue da coercibilidade, definida por Hely Lopes Meirelles como "a imposição coativa das medidas adotadas pela Administração".

Seja como for, é importante atentar para o fato de que **muitos atos de polícia não são dotados de coercibilidade**. É o que ocorre com atos preventivos de polícia tais como a outorga de licenças ou autorizações necessárias para o administrado exercer determinadas atividades privadas.

3.6.8. Prescrição

A Lei 9.873/1999, especificamente aplicável à esfera federal, estabelece em **cinco anos** o prazo prescricional das ações punitivas decorrentes do exercício do poder de polícia. É o que consta do *caput* do seu art. 1.º, abaixo transcrito:

> Art. 1.º Prescreve em cinco anos a ação punitiva da Administração Pública Federal, direta e indireta, no exercício do poder de polícia, objetivando apurar infração à legislação em vigor, contados da data da prática do ato ou, no caso de infração permanente ou continuada, do dia em que tiver cessado.

É importante observar, entretanto, que, na hipótese de o fato objeto da ação punitiva da administração **também constituir crime**, serão aplicáveis os **prazos de prescrição previstos na lei penal** (art. 1.º, § 2.º).

A mesma lei prevê, ainda, uma importante hipótese de **prescrição intercorrente** (prescrição que ocorre no curso do processo, isto é, mesmo depois de o processo já ter sido instaurado ou iniciado). Trata-se da regra vazada no § 1.º de seu art. 1.º, nos termos da qual "incide a prescrição no procedimento administrativo **paralisado por mais de três anos**, pendente de julgamento ou despacho". O processo será arquivado, e será apurada a responsabilidade funcional decorrente da paralisação, se for o caso.

As hipóteses de **interrupção** da prescrição da ação punitiva estão listadas nos incisos do art. 2.º da Lei 9.873/1999, a seguir reproduzidos:

> I – pela notificação ou citação do indiciado ou acusado, inclusive por meio de edital;
>
> II – por qualquer ato inequívoco, que importe apuração do fato;
>
> III – pela decisão condenatória recorrível;
>
> IV – por qualquer ato inequívoco que importe em manifestação expressa de tentativa de solução conciliatória no âmbito interno da administração pública federal.

Cabe registrar, ademais, que o art. 56 da Lei 13.506/2017 determina a **suspensão** da prescrição de que trata a Lei 9.873/1999 durante a vigência dos **termos de compromisso** firmados com o Banco Central do Brasil (BACEN) ou com a Comissão de Valores Mobiliários (CVM), relacionados a infrações sujeitas à fiscalização dessas autarquias.

Além de estabelecer o prazo de prescrição do direito de a administração pública aplicar uma punição administrativa baseada no poder de polícia, a Lei 9.873/1999, a partir de maio de 2009, passou a fixar, também, um prazo de prescrição especificamente aplicável à **ação judicial de cobrança de multas administrativas** que não tenham natureza tributária (denomina-se "execução fiscal de crédito não tributário" a referida ação judicial). Com efeito, a Lei 11.941/2009 acrescentou à Lei 9.873/1999 o art. 1.º-A, com a seguinte redação:

> Art. 1.º-A. Constituído definitivamente o crédito não tributário, após o término regular do processo administrativo, prescreve em 5 (cinco) anos a ação de execução da administração pública federal relativa a crédito decorrente da aplicação de multa por infração à legislação em vigor.

A redação do novo preceito não foi das mais felizes. De todo modo, a regra que dele se extrai é que a administração pública tem o prazo prescricional de **cinco anos** para ajuizar a ação de cobrança (**execução fiscal**) de créditos não tributários decorrentes de multas administrativas por infração à legislação (o que inclui as multas não tributárias aplicadas no exercício do poder de polícia). Esse prazo é contado a partir da data de **constituição definitiva do crédito**, a qual se considera ocorrida após o **término regular do processo administrativo** em que ele tenha sido apurado.

Exemplificando, se a administração federal verifica que uma pessoa sob sua fiscalização praticou infração descrita em determinada lei administrativa e, como penalidade, aplica multa na mesma lei prevista, essa autuação dará origem a um processo administrativo. A autuada será notificada da multa e terá um prazo para pagá-la ou apresentar recurso mediante o qual manifeste sua discordância. Se a pessoa infratora apresentar a impugnação e todos os recursos administrativos cabíveis, somente depois de exauridas as instâncias administrativas previstas no rito a que esteja sujeito esse processo será considerado definitivamente constituído o crédito correspondente à multa. É a partir dessa data que serão contados os cinco anos para que ocorra a prescrição da ação judicial de cobrança, ou seja, para que seja extinto o direito da administração de ajuizar a execução fiscal do crédito não tributário.

A Lei 11.941/2009 estabeleceu, também, as hipóteses de **interrupção** da prescrição da referida ação judicial de cobrança, acrescentando o art. 2.º-A à Lei 9.873/1999, abaixo transcrito:

> Art. 2.º-A. Interrompe-se o prazo prescricional da ação executória:
>
> I – pelo despacho do juiz que ordenar a citação em execução fiscal;
>
> II – pelo protesto judicial;
>
> III – por qualquer ato judicial que constitua em mora o devedor;

IV – por qualquer ato inequívoco, ainda que extrajudicial, que importe em reconhecimento do débito pelo devedor;

V – por qualquer ato inequívoco que importe em manifestação expressa de tentativa de solução conciliatória no âmbito interno da administração pública federal.

Por fim, ressalve-se que as disposições da Lei 9.873/1999 **não se aplicam** às infrações de natureza funcional e aos processos e procedimentos de natureza tributária (art. 5.º).

4. ABUSO DE PODER

Conforme precedentemente exposto, o **princípio da supremacia do interesse público** fundamenta a existência dos denominados poderes administrativos, os quais consistem em prerrogativas conferidas a determinados agentes públicos com vistas a possibilitar-lhes a consecução dos fins que devem perseguir no desempenho de suas funções públicas.

É de primordial importância ressaltar que o postulado da supremacia do interesse público justifica o exercício de poderes administrativos única e exclusivamente **na estrita medida em que sejam necessários** ao atingimento dos fins públicos cuja persecução o próprio ordenamento jurídico impõe à administração pública.

Dessarte, representa uma violação ao princípio da supremacia do interesse público, um verdadeiro desvirtuamento de seu escopo, o desempenho dos poderes administrativos sem observância dos direitos e garantias fundamentais constitucionais – com destaque para o devido processo legal –, bem como dos princípios jurídicos em geral e dos termos e limites estabelecidos na lei. O exercício ilegítimo das prerrogativas conferidas pelo ordenamento jurídico à administração pública caracteriza, genericamente, o denominado **abuso de poder**.

Adotamos a corrente – que pensamos ser majoritária na doutrina – segundo a qual o abuso de poder é espécie do gênero **ilegalidade**, significa dizer, toda conduta que implique abuso de poder é uma conduta ilegal (contrária ao ordenamento jurídico, incluídos as leis e outros atos normativos, bem como os princípios jurídicos). Julgamos acertado afirmar que, embora nem toda ilegalidade configure abuso de poder, **toda atuação com abuso de poder é ilegal.**

Aspecto a ser ressaltado é a possibilidade de o abuso de poder assumir tanto a forma **comissiva** quanto **a omissiva**, vale dizer, o abuso tanto pode resultar de uma ação ilegítima positiva do administrador, quanto de uma omissão ilegal. É o que leciona o Prof. Hely Lopes Meirelles, citando Caio Tácito:

> O abuso do poder tanto pode revestir a forma comissiva como a omissiva, porque ambas são capazes de afrontar a lei e causar lesão a direito individual do administrado. A inércia da autoridade administrativa – observou Caio Tácito –, deixando de executar determinada prestação de serviço a que por lei está obrigada, lesa o patrimônio jurídico individual. É forma omissiva de abuso de poder, quer o ato seja doloso ou culposo.

O abuso de poder – não obstante tratar-se de expressão amiúde empregada de forma genérica como sinônimo de "arbitrariedade" – desdobra-se, mais precisamente, em duas categorias consagradas, a saber:

a) **excesso de poder**, quando o agente público atua fora dos limites de sua esfera de competências;

b) **desvio de poder**, quando a atuação do agente, embora dentro de sua órbita de competências, contraria a finalidade explícita ou implícita na lei que determinou ou autorizou a sua atuação; tanto é desvio de poder a conduta contrária à finalidade geral (ou mediata) do ato – o interesse público –, quanto a que discrepe de sua finalidade específica (ou imediata).

Conforme se constata, o excesso de poder é vício relacionado ao elemento competência dos atos administrativos, ao passo que o desvio de poder concerne ao elemento finalidade (por essa razão, o desvio de poder é também denominado "desvio de finalidade").

Os atos praticados com excesso de poder são nulos quando o vício é de competência quanto à matéria, ou quando se trata de competência exclusiva. Diferentemente, se a hipótese for de vício de competência quanto à pessoa, desde que não se trate de competência exclusiva, o ato praticado com excesso de poder poderá ser convalidado, a critério da administração pública, uma vez preenchidas as demais condições legais.

Os atos praticados com desvio de poder são sempre nulos.

Examinamos com maior detalhe os vícios descritos como excesso de poder e como desvio de poder no capítulo relativo aos atos administrativos – especialmente nos tópicos sobre os elementos ou requisitos competência e finalidade –, ao qual remetemos o leitor, para que não se incorra em repetições improfícuas.

Por fim, cabe alertar que o **abuso de poder** tratado neste tópico diz respeito à violação de **normas administrativas** e às consequências respectivas no **âmbito administrativo**: essencialmente, anulação do ato viciado ou convalidação do ato eivado de defeito sanável e responsabilização administrativa disciplinar do agente que atuou de forma indevida. Não se deve confundir o abuso de poder assim descrito pela doutrina administrativista com os **crimes de abuso de autoridade**, tipificados na Lei 13.869/2019. É verdade que determinadas condutas de agentes públicos poderão caracterizar, **simultaneamente**, abuso de poder (infração administrativa) e crime de abuso de autoridade (infração penal), mas a apuração, o processo e o julgamento de (qualquer) crime estão jungidos aos instrumentos, às instituições, aos princípios e às regras pertinentes ao direito penal – e só eventualmente podem interessar ao direito administrativo, especialmente nas hipóteses em que a independência entre as esferas de responsabilidade (penal, civil e administrativa) é excepcionada pela sentença criminal.

Capítulo 7

SERVIDORES PÚBLICOS

1. DISPOSIÇÕES CONSTITUCIONAIS GERAIS RELATIVAS AOS AGENTES PÚBLICOS

A Constituição de 1988 tratou com grande detalhamento do direito administrativo, decerto no intuito de corrigir ou atenuar as inúmeras distorções existentes em todas as administrações públicas do Brasil, decorrentes de séculos de patrimonialismo, infelizmente até hoje existente, característico de governantes que tratam a coisa pública como se estivessem cuidando dos interesses privados seus e de sua camarilha.

O art. 37 da Carta Política vigente contém algumas das mais importantes disposições constitucionais aplicáveis à administração pública em geral, em todas as esferas de governo. No art. 38, encontram-se regras aplicáveis ao servidor público da administração direta, autárquica e fundacional que esteja no exercício de mandato eletivo. O art. 39 cuida de regras especificamente aplicáveis aos servidores públicos estatutários e o art. 40 disciplina o regime previdenciário desses servidores públicos (chamado regime próprio de previdência social – RPPS).

As linhas mestras da orientação adotada pelo constituinte originário já foram profundamente alteradas por governos cujas políticas se dizem voltadas para aquilo que se convencionou denominar "administração gerencial". Os apóstolos dessa linha de administração apregoam, resumidamente, a necessidade de se ter um Estado bastante reduzido em sua estrutura e em suas atribuições, o qual, podendo dedicar-se apenas a funções entendidas como típicas ou exclusivas, teoricamente lograria atuar com maior eficiência, deixando ao setor privado as atividades econômicas empresariais e mesmo grande parte dos serviços de natureza social não lucrativos. Todo esse processo, ainda não concluído, teve como marcos particularmente relevantes a EC 19/1998 ("reforma administrativa"), a EC 20/1998 ("reforma da previdência"), a EC 41/2003 (segunda "reforma da previdência") e a EC 103/2019 (terceira "reforma da previdência").

DIREITO ADMINISTRATIVO DESCOMPLICADO • Marcelo Alexandrino & Vicente Paulo

Neste capítulo estudaremos detalhadamente as disposições constitucionais relacionadas aos agentes públicos, em especial aos servidores públicos em sentido estrito (estatutários), constantes dos arts. 37, 38, 39, 40 e 41 da Constituição, e analisaremos, também, as disposições legais concernentes aos servidores públicos estatutários federais, consubstanciadas, basicamente, na Lei 8.112/1990, com suas inúmeras alterações posteriores.

1.1. Acesso a funções, cargos e empregos públicos

Os cinco primeiros incisos do art. 37 dispõem acerca do acesso aos cargos, empregos e funções das administrações direta e indireta. O primeiro desses incisos informa quem pode ocupar funções, cargos e empregos na administração e o instrumento normativo apto a disciplinar os requisitos para o acesso.

1.1.1. Acessibilidade a brasileiros e a estrangeiros

O inciso I do art. 37 da Constituição Federal teve a sua redação alterada pela EC 19/1998, que acrescentou a possibilidade de **estrangeiros**, **na forma da lei**, ocuparem cargos, empregos e funções públicas na administração. É o seguinte o teor atual do inciso (grifamos):

> I – os cargos, empregos e funções públicas são acessíveis aos brasileiros que preencham os requisitos estabelecidos em lei, **assim como aos estrangeiros, na forma da lei**;

Antes desse acréscimo trazido pela EC 19/1998, já havia a EC 11/1996 alterado o art. 207 da Constituição, a fim de estabelecer a possibilidade de as universidades e as instituições de pesquisa científica e tecnológica admitirem professores, técnicos e cientistas estrangeiros, **na forma da lei**.

Ainda antes disso, a Lei 8.745/1993, em seu art. 2.º, inciso V, estabeleceu a possibilidade de **contratação temporária** de professores e pesquisadores visitantes estrangeiros pelos órgãos da administração direta federal, pelas autarquias e pelas fundações públicas federais, em casos de excepcional interesse público.

Ao lado dessas hipóteses, a redação atual do inciso I do art. 37 do texto constitucional possibilita, em tese, de forma abrangente, o acesso a cargos, empregos e funções na administração pública direta e indireta aos brasileiros natos e naturalizados, bem como, na forma da lei, aos estrangeiros.

Todavia, no caso dos brasileiros, natos ou naturalizados, basta o atendimento aos requisitos da lei para que se tenha a possibilidade de acesso aos cargos, empregos e funções públicas.

A situação dos estrangeiros é diferente. O acesso deles aos cargos, empregos e funções públicas deve ocorrer "na forma da lei". Conforme lição do prof. Alexandre de Moraes, trata-se de "norma constitucional de eficácia limitada à edição de lei, que estabelecerá a necessária forma".

Citamos, como exemplo de norma publicada com essa finalidade de regulamentação, a Lei 9.515/1997, que trata da admissão de professores, técnicos e cientistas estrangeiros pelas universidades e pelas instituições de pesquisa científica e tecnológica federais, prevista no art. 207 da Constituição (com a redação dada pela EC 11/1996), anteriormente mencionado. Cabe registrar, ademais, acerca dessa matéria, que, **regra geral**, não pode ser impedida, com fundamento apenas em motivo de nacionalidade, a nomeação de candidato estrangeiro aprovado em concurso para tais cargos. Essa orientação restou averbada pelo Supremo Tribunal Federal na seguinte **tese de repercussão geral**:[1]

> O candidato estrangeiro tem direito líquido e certo à nomeação em concurso público para provimento de cargos de professor, técnico e cientista em universidades e instituições de pesquisa científica e tecnológica federais, nos termos do art. 207, § 1.º, da Constituição Federal, salvo se a restrição da nacionalidade estiver expressa no edital do certame com o exclusivo objetivo de preservar o interesse público e desde que, sem prejuízo de controle judicial, devidamente justificada.

Vale lembrar, por fim, que existem cargos privativos de brasileiro nato, enumerados no art. 12, § 3.º, da Carta Política, a saber: Presidente e VicePresidente da República; Presidente da Câmara dos Deputados; Presidente do Senado Federal; Ministro do Supremo Tribunal Federal; carreira diplomática; oficial das forças armadas; Ministro de Estado da Defesa. Evidentemente, em nenhuma hipótese podem ser tais cargos ocupados por brasileiro naturalizado, muito menos por estrangeiro.

1.1.2. Requisitos para o acesso a cargos e empregos públicos

Importante decorrência do inciso I do art. 37 da Constituição da República é a proibição de que editais de concursos públicos estabeleçam exigências que não tenham **base legal**. Consoante há muito explicitado pelo Plenário de nosso Pretório Supremo, "a acessibilidade aos cargos públicos assegurada tanto pela atual Constituição Federal (artigo 37, inciso I), como pela Carta anteriormente outorgada (artigo 97), exige tão somente o preenchimento dos requisitos estabelecidos em **lei**".[2] Desarte, a administração pública, na elaboração dos editais dos concursos para ingresso em cargos ou empregos públicos, **não pode** impor condições para a participação no certame, e menos ainda para o ulterior acesso dos aprovados ao cargo ou emprego, com fundamento **exclusivo** em atos normativos **infralegais**, tais como regulamentos, instruções normativas, portarias etc.

O Supremo Tribunal Federal já teve oportunidade de afastar a exigência de **limite mínimo de idade** para a inscrição em concurso público para o cargo de auditor de tribunal de contas estadual, prevista **apenas no edital do concurso**, por considerar

---

[1] RE 1.177.699/SC (**repercussão geral**), rel. Min. Edson Fachin, 27.03.2023 (Informativo 1.088 do STF).

[2] MS 20.973/DF, rel. Min. Paulo Brossard, 06.12.1989.

que a imposição de tal restrição necessitaria de **expressa previsão legal**. Asseverou-se, literalmente, que "o edital de concurso não é instrumento idôneo para o estabelecimento de limite mínimo de idade para a inscrição em concurso público; para que seja legítima tal exigência, é imprescindível a previsão em lei".[3]

A rigor, para mais da necessidade de que o limite de idade (mínimo ou máximo) seja estabelecido em lei, importa conhecer o disposto na **Súmula 683 do STF**:

> **683** – O limite de idade para a inscrição em concurso público só se legitima em face do art. 7.º, XXX, da Constituição, quando possa ser justificado pela natureza das atribuições do cargo a ser preenchido.

A leitura do enunciado da Súmula 683 permite inferir que o momento a ser considerado para que se verifique se foi atendido, ou não, o requisito de idade é a **data da inscrição no concurso**. E o Supremo Tribunal Federal, apreciando casos de imposição de limite máximo de idade (frequentes em certames para ingresso nas diversas polícias), explicitou, mais de uma vez, que, realmente, "o **limite de idade**, quando regularmente fixado em lei e no edital de determinado concurso público, **há de ser comprovado no momento da inscrição do certame**".[4]

Enfim, nem mesmo a lei dispõe de total liberdade ao estipular requisitos para a participação em concursos ou o ingresso em cargos e empregos públicos, uma vez que sempre deverão ser respeitados princípios constitucionais, tais como os da isonomia, da razoabilidade e da impessoalidade. Ou seja, os requisitos legais a que se refere o inciso I do art. 37 da Constituição devem, obrigatoriamente, mostrar-se imprescindíveis ao adequado desempenho da função pública correspondente, sendo **vedada à própria lei** a imposição de exigências **desnecessárias, desarrazoadas, desproporcionalmente restritivas** ou **injustificadamente discriminatórias**.

Nessa linha, o Supremo Tribunal Federal já decidiu que "é razoável a exigência de altura mínima para cargos da área de segurança, **desde que prevista em lei** no sentido formal e material, **bem como no edital** que regule o concurso".[5] De outra banda, considerou **inconstitucional** a **exigência legal** de altura mínima para acesso aos quadros de **saúde** e de **capelães** do corpo de bombeiros militar de determinada unidade da Federação, uma vez que as funções específicas desses profissionais podem ser apropriadamente exercidas independentemente da sua estatura.[6]

Está consolidada no âmbito de nossa Corte Suprema, também, a orientação segundo a qual **não pode** um candidato ser impedido de participar de concurso público, ou de tomar posse no cargo ou emprego respectivo, **pela simples razão de ter uma tatuagem**. Ainda que estivesse contida em lei, tal restrição seria inconstitucional, por ofensa, dentre outros direitos fundamentais, às liberdades de expressão e

---

3   RE 182.432/RS, rel. Min. Néri da Silveira, 05.03.2002.

4   ARE-AgR 840.592/CE, rel. Min. Roberto Barroso, 23.06.2015. No mesmo sentido: ARE-AgR 730.959/BA, rel. Min. Gilmar Mendes, 19.03.2013; ARE-AgR 685.870/MG, rel. Min. Cármen Lúcia, 17.12.2013.

5   ARE 640.284/SP, rel. Min. Gilmar Mendes, 16.05.2011. No mesmo sentido: AI-AgR 598.715/DF, rel. Min. Marco Aurélio, 01.04.2008; AI-AgR 764.423/SE, rel. Min. Marco Aurélio, 23.04.2013.

6   ADI 5.044/DF, rel. Min. Alexandre de Moraes, 11.10.2018.

Cap. 7 • SERVIDORES PÚBLICOS

de manifestação de pensamento. Não obstante, é legítima a vedação a tatuagens "que façam apologia a ideias discriminatórias ou ofensivas aos valores constitucionais, que expressem ideologias terroristas, extremistas, incitem a violência e a criminalidade, ou incentivem a discriminação de raça e sexo ou qualquer outra força de preconceito, mormente porque evocam ideais e representações **diretamente contrárias à Constituição, às leis e às atividades e valores das Instituições**". Sobre esse tema, restou fixada, para efeito de **repercussão geral**, a seguinte tese:[7]

> Editais de concurso público não podem estabelecer restrição a pessoas com tatuagem, salvo situações excepcionais em razão de conteúdo que viole valores constitucionais.

Em outra ocasião, nosso Pretório Supremo explicitou que "a imposição de discrímen de gênero para fins de participação em concurso público somente é compatível com a Constituição nos excepcionais casos em que demonstradas a fundamentação proporcional e a legalidade da imposição, sob pena de ofensa ao princípio da isonomia". Sob tal fundamento, considerou **inválido**, por afronta ao **princípio da isonomia**, edital de concurso público para ingresso em curso de formação de oficiais de polícia militar estadual que **somente** permitia a participação de candidatos do **sexo masculino**, sem que houvesse qualquer justificativa na legislação de regência, tampouco no edital, apta a legitimar o impedimento de que mulheres concorressem ao certame e ocupassem os quadros da polícia militar.[8]

Vem a propósito, aliás, comentar que, em relação aos **militares**, o inciso X do § 3.º do art. 142 da Constituição Federal explicita que cabe à **lei** dispor sobre o ingresso nas Forças Armadas e, entre outras matérias, os respectivos limites de idade.

A Lei 6.880/1980 – anterior à Carta de 1988, portanto –, em seu art. 10, estabelece que "o ingresso nas Forças Armadas é facultado (...) a todos os brasileiros que preencham os requisitos estabelecidos em lei e nos regulamentos da Marinha, do Exército e da Aeronáutica".

Pois bem, o Supremo Tribunal Federal decidiu que "não foi recepcionada pela Constituição da República de 1988 a expressão 'nos regulamentos da Marinha, do Exército e da Aeronáutica' do art. 10 da Lei 6.880/1980". Consignou-se que os **limites de idade** para ingresso nas Forças Armadas somente podem ser estipulados em **lei**, a qual não pode delegar tal fixação a atos normativos infralegais.[9]

A EC 45/2004 introduziu um requisito constitucional específico para ingresso nos cargos de **juiz** e de **membro do Ministério Público**, tanto estaduais quanto federais. Com a publicação da referida emenda, passou-se a exigir do bacharel em direito que pretenda ingressar nesses cargos, no mínimo, **três anos de atividade jurídica** – além da aprovação em concurso público de **provas e títulos** (CF, art. 93, I, e art. 129, § 3.º).

---

[7]   RE 898.450/SP (repercussão geral), rel. Min. Luiz Fux, 17.08.2016 (Informativo 835 do STF).

[8]   RE 528.684/MS, rel. Min. Gilmar Mendes, 03.09.2013 (Informativo 718 do STF).

[9]   RE 600.885/RS (**repercussão geral**), rel. Min. Cármen Lúcia, 09.02.2011 (Informativos 615 e 633 do STF).

O Supremo Tribunal Federal já decidiu que pode ser admitida, para efeito de comprovação dessa "atividade jurídica", a conclusão pelo bacharel em direito, com aprovação, de **cursos de pós-graduação**. Deixou-se consignado que a expressão **atividade jurídica**, utilizada no texto constitucional, "não estabelece hierarquia entre as formas prática e teórica de aquisição de conhecimento, exigindo apenas atividade que suceda o curso de direito e o pressuponha como condição de possibilidade".[10]

Nosso Tribunal Excelso definiu também, em outra oportunidade, que os três anos de atividade jurídica exigidos pela Carta Política contam-se da data da conclusão do curso de direito e que o **momento da comprovação** desse requisito é a **data da inscrição definitiva** no concurso público (e **não** a data da **posse**).[11]

É interessante observar que essa orientação – ser a data da inscrição definitiva no concurso público o momento da comprovação dos três anos de atividade jurídica – representa uma exceção à jurisprudência da própria Corte Suprema, há muito consagrada, e ainda **aplicável aos demais cargos públicos**, segundo a qual "a exigência de habilitação para o exercício do cargo objeto do certame dar-se-á no ato da **posse** e não da inscrição do concurso".[12] Aliás, o Decreto 9.739/2019, endereçado à administração direta, às autarquias e às fundações públicas federais, seguiu a linha tradicional, ao estabelecer que **somente no ato da posse** deverão ser comprovadas escolaridade mínima e experiência profissional (quando exigida), expressamente vedando que tal comprovação seja imposta no ato de inscrição no concurso público ou em qualquer de suas etapas, ressalvado o disposto em legislação específica (art. 42, § 1.º).

Muito relevante consideramos a posição firmada pelo Supremo Tribunal Federal acerca da possibilidade de ser empossada em cargo público a pessoa que, embora tenha passado por uma situação de doença grave, esteja curada, ou não apresente alterações que lhe impeçam o exercício das atribuições daquele cargo. No dizer da Corte Máxima, o risco futuro e incerto de recidiva, licenças de saúde e aposentadoria não pode impedir a fruição do direito ao trabalho, que é indispensável para propiciar a subsistência, a emancipação e o reconhecimento social. A pretensão de impedir a posse nesse caso desrespeitaria também a dignidade humana, pois representaria uma pecha de incapacidade tendente a destruir a autoestima de qualquer pessoa. Sobre o tema, fixou-se esta **tese de repercussão geral**:[13]

> É inconstitucional a vedação à posse em cargo público de candidato(a) aprovado(a) que, embora tenha sido acometido(a) por doença grave, não apresenta sintoma incapacitante nem possui restrição relevante

---

[10] ADI 4.219/DF, red. p/ o acórdão Min. Edson Fachin, 04.08.2020.

[11] ADI 3.460/DF, rel. Min. Ayres Britto, 31.08.2006; RE-AgR 630.515/DF, rel. Min. Dias Toffoli, 04.09.2012; RE 655.265/DF (**repercussão geral**), red. p/ o acórdão Min. Edson Fachin, 13.04.2016 (Informativo 821 do STF).

[12] RE 423.752/MG, rel. Min. Sepúlveda Pertence, 17.08.2004. Precedente: RE 184.425/RS, rel. Min. Carlos Velloso, 01.10.1996. No mesmo sentido: AI-AgR 733.252/RS, rel. Min. Eros Grau, 03.02.2009; ARE-AgR 728.049/RJ, rel. Min. Gilmar Mendes, 11.06.2013.

[13] RE 886.131/MG (**repercussão geral**), rel. Min. Luís Roberto Barroso, 30.11.2023 (Informativo 1.119 do STF).

Cap. 7 • SERVIDORES PÚBLICOS

que impeça o exercício da função pretendida (CF, arts. 1.º, III, 3.º, IV, 5.º, *caput*, 37, *caput*, I e II).

Finalizando este tópico, enfatizamos que, em qualquer caso, o ato administrativo que impeça a participação do candidato em um concurso público deve ser **motivado**, com a indicação clara, por escrito, dos requisitos **legais** que deixaram de ser atendidos, a fim de que, sendo o caso, possa o candidato provocar o controle judicial daquele ato.[14]

1.1.3. Exigência de concurso público

A Constituição de 1988 tornou **obrigatória** a aprovação prévia em concurso público para o preenchimento de **cargos efetivos e empregos públicos em toda a administração pública brasileira**, incluídos os empregos públicos das empresas públicas e sociedades de economia mista, pessoas jurídicas de direito privado integrantes da administração indireta.[15]

É o seguinte o teor do art. 37, inciso II, da Constituição:

> II – a investidura em cargo ou emprego público depende de aprovação prévia em concurso público de provas ou de provas e títulos, de acordo com a natureza e a complexidade do cargo ou emprego, na forma prevista em lei, ressalvadas as nomeações para cargo em comissão declarado em lei de livre nomeação e exoneração;

Na lição do Prof. Hely Lopes Meirelles, o concurso público é o meio técnico posto à disposição da administração para obter-se moralidade, eficiência e aperfeiçoamento do serviço público e, ao mesmo tempo, atender ao **princípio da isonomia**, uma vez que propicia igual oportunidade de acesso aos cargos e empregos públicos a todos os que atendam aos requisitos estabelecidos de forma geral e abstrata em lei.

A exigência de concurso aplica-se à nomeação para cargos ou empregos públicos de **provimento efetivo**. **Não** abrange a nomeação para **cargos em comissão**, os quais, por definição, são de livre nomeação e exoneração com base em critérios subjetivos da autoridade competente. **Não** se aplica, tampouco, à **contratação por tempo determinado** para atender a necessidade temporária de excepcional interesse público, hipótese prevista no inciso IX do art. 37 da Carta da República.

---

[14] **Súmula 684** do STF: "É inconstitucional o veto não motivado à participação de candidato a concurso público".

[15] Vale lembrar que, segundo a jurisprudência do STF, os **conselhos fiscalizadores de profissões regulamentadas** são **autarquias** e, portanto, o ingresso de pessoal permanente em seus quadros – que teoricamente devem ser preenchidos por servidores estatutários – **exige aprovação prévia em concurso público** (MS 22.643/SC, rel. Min. Moreira Alves, 06.08.1998; MS 26.150/DF, rel. Min. Luiz Fux, 18.02.2015; Rcl 19.537/DF, rel. Min. Luiz Fux, 28.05.2015). Essa orientação **não se aplica à Ordem dos Advogados do Brasil**, a qual, de acordo com o entendimento do STF, não tem natureza de autarquia, não integra a administração pública formal, nem está sujeita às restrições e aos controles a que se submetem as entidades administrativas (ADI 3.026/DF, rel. Min. Eros Grau, 08.06.2006).

O **concurso público** deve ser **de provas ou de provas e títulos**. Ficam, assim, **proibidas** contratações para cargos ou empregos públicos **efetivos** com base **exclusivamente** em análise de títulos ou currículos, ou quaisquer outros procedimentos que não incluam a realização de **provas**.

A exigência de **títulos** em concursos públicos somente se justifica para cargos ou empregos cujas atribuições dependam de especial conhecimento técnico ou científico, por exemplo, certos cargos privativos de médico ou de engenheiro, cargo de perito criminal em determinada área de especialização, cargos da carreira diplomática etc. Nada justifica a exigência de títulos em cargos de atribuições genéricas cujo desempenho não se relacione a qualquer área específica de formação, nem demande maiores habilidades ou aprofundamentos técnicos, científicos ou acadêmicos. Cumpre observar que, dependendo do caso, a exigência pura e simples de um dado título pode configurar um **mero requisito de habilitação** para exercício do cargo ou emprego, cabível em qualquer concurso (desde que previsto em lei), mesmo que só de provas. Rigorosamente, só há um **concurso** de provas **e títulos** quando existe uma fase de **atribuição de pontos** a cada título apresentado pelo candidato que se enquadre entre os previstos em uma lista, **sempre conforme prévia e detalhada especificação do edital** – por exemplo, 15 pontos para mestrado, 25 para doutorado, 12 para certificado de proficiência em certa língua estrangeira etc.

É importante registrar que o Supremo Tribunal Federal já deixou assente que "as **provas de títulos** em concursos públicos para provimento de cargos efetivos no seio da administração pública brasileira, qualquer que seja o Poder de que se trate ou o nível federativo de que se cuide, **não podem ostentar natureza eliminatória**, prestando-se **apenas para classificar** os candidatos, sem **jamais justificar sua eliminação** do certame".[16] Impende repisar: **as provas de títulos em concursos públicos devem ter caráter exclusivamente classificatório, nunca eliminatório**.

Nossa Corte Constitucional, em mais de um julgado, declarou a invalidade de normas que pretendiam considerar como título, em certames de provas e títulos, o simples fato de o candidato haver exercido, anteriormente, algum cargo ou função pública. Consoante preciso trecho da ementa de um desses acórdãos, "**viola o princípio constitucional da isonomia norma que estabelece como título o mero exercício de função pública**".[17] Aliás, o tempo de função pública exercida pelo candidato na administração do ente federativo que esteja promovendo o concurso não pode, sequer, ser considerado como critério de desempate em seu favor. A esse respeito, veja-se a seguinte tese jurídica aprovada pelo Supremo Tribunal Federal:[18]

> É inconstitucional a fixação de critério de desempate em concursos públicos que favoreça candidatos que pertencem ao serviço público de um determinado ente federativo.

---

[16] MS 31.176/DF, rel. Min. Luiz Fux, 02.09.2014 (Informativo 757 do STF). No mesmo sentido: AI-AgR 194.188/RS, rel. Min. Marco Aurélio, 30.03.1998; MS 32.074/DF, rel. Min. Luiz Fux, 02.09.2014.

[17] ADI 3.433/MA, rel. Min. Carlos Velloso, 08.09.2005. No mesmo sentido: ADIMC 2.210/AL, rel. Min. Sepúlveda Pertence, 28.09.2000.

[18] ADI 5.358/PA, rel. Min. Roberto Barroso, 27.11.2020 (Informativo 1000 do STF). No mesmo sentido: ADI 5.776/BA, rel. Min. Alexandre de Moraes, 19.12.2018.

Cumpre anotar que a Constituição da República, desde logo, exige ingresso nas respectivas carreiras mediante concurso público de **provas e títulos** para: os membros da magistratura (art. 93, I); os membros do Ministério Público (art. 129, § 3.º); os integrantes da Advocacia Pública (art. 131, § 2.º, e art. 132); os integrantes das Defensorias Públicas (art. 134, § 1.º); os profissionais da educação escolar das redes públicas (art. 206, V).

A Carta Política não estabeleceu para os concursos públicos forma ou procedimento determinados. A EC 19/1998 alterou o inciso II do art. 37 para afirmar que os concursos públicos poderão apresentar diferentes formas, desde que previstas em lei, de acordo com a natureza e a complexidade do cargo ou emprego. Não se sabe ao certo o que pretendeu a EC 19/1998 com esse acréscimo à redação original do inciso. Talvez autorizar a lei a estabelecer procedimentos seletivos mais singelos para preenchimento de cargos ou empregos de menor complexidade, ou ainda permitir a realização de processos seletivos mais flexíveis para a contratação de empregados nas empresas públicas e sociedades de economia mista que explorem atividades econômicas em sentido estrito. Seja como for, não é demais repetir que **o concurso público sempre terá que ser ou de provas ou de provas e títulos**, não podendo a lei estabelecer para o provimento **efetivo** de cargos ou empregos públicos processos seletivos com base somente em entrevistas, análise curricular, testes psicotécnicos etc.[19]

Em setembro de 2024, foi publicada a Lei 14.965/2024, que "estabelece **normas gerais** sobre concurso público para provimento de cargos e empregos públicos, para assegurar a aplicação dos princípios da administração pública e do disposto no inciso II do caput do art. 37 da Constituição Federal".

É importante destacar que a Lei 14.965/2024 **somente entrará em vigor em 1.º de janeiro de 2028** ("no dia 1.º de janeiro do quarto ano após a sua publicação oficial"), mas a sua aplicação pode ser antecipada pelo ato que autorizar a abertura de cada concurso público (art. 13).

A Carta Política de 1988 **não confere** à União competência para editar normas gerais sobre concursos públicos que sejam de observância obrigatória para os estados, o Distrito Federal e os municípios. Possivelmente, por essa razão, o legislador ordinário inseriu na Lei 14.965/2024 um dispositivo um tanto inusitado, com o seguinte teor (art. 13, § 2.º):

> Alternativamente à observância das normas desta Lei, os Estados, o Distrito Federal e os Municípios podem optar por editar normas próprias, observados os princípios constitucionais da administração pública e desta Lei.

---

[19] Vale registrar a edição do Decreto 11.722, de 28.09.2023, que, no âmbito da administração pública direta, autárquica e fundacional do Poder Executivo da União, criou a figura do **"Concurso Público Nacional Unificado"**, o qual, consoante a definição vazada no próprio decreto, "consiste em modelo de realização conjunta de concursos públicos para o provimento de cargos públicos efetivos no âmbito dos órgãos e das entidades da administração pública federal direta, autárquica e fundacional, mediante a aplicação simultânea de provas em todos os Estados e no Distrito Federal" (art. 2.º).

A Lei 14.965/2024, em regra, **não se aplica**: (a) aos concursos para ingresso nas carreiras da Magistratura, do Ministério Público, das Defensorias Públicas e das Forças Armadas; e (b) aos concursos públicos das empresas públicas e das sociedades de economia mista que não recebam recursos da União, dos estados, do Distrito Federal ou dos municípios para pagamento de despesas de pessoal ou de custeio em geral. Admite-se, contudo, a aplicação total ou parcial da lei a esses concursos – e a outros processos seletivos não sujeitos ao inciso II do art. 37 da Constituição Federal –, desde que haja previsão expressa no ato que autorizar a respectiva abertura.

Conforme dispõe o art. 2.º da Lei 14.965/2024, os concursos públicos têm por objetivo "a seleção isonômica de candidatos fundamentalmente por meio da avaliação dos conhecimentos, das habilidades e, nos casos em que couber, das competências necessários ao desempenho com eficiência das atribuições do cargo ou emprego público, assegurada, nos termos do edital do concurso e da legislação, a promoção da diversidade no setor público".

Reiterando a imposição estabelecida na Carta de 1988, estabelece a Lei 14.965/2024 que "o concurso público compreenderá, no mínimo, a avaliação por provas ou provas e títulos, facultada a realização de curso ou programa de formação, desde que justificada em razão da natureza das atribuições do cargo e prevista no edital" – sem prejuízo de outras formas ou etapas de avaliação previstas no edital.

Corroborando a posição firmada pelo Supremo Tribunal Federal acerca da natureza exclusivamente classificatória das provas de títulos, preceitua a Lei 14.965/2024 que "a **avaliação por títulos** terá por base os conhecimentos, as habilidades e as competências necessários ao desempenho das atribuições do cargo ou emprego público e **terá caráter classificatório**" (art. 10).

A realização de **curso ou programa de formação** é, em regra, **facultativa** – ressalvada disposição diversa em lei específica. O curso ou programa de formação poderá ser de caráter eliminatório, classificatório ou eliminatório e classificatório; deve introduzir os candidatos às atividades do órgão ou entidade e avaliar o seu desempenho na execução de atribuições ligadas ao cargo ou emprego público (Lei 14.965/2024, art. 11).

É vedada, em qualquer fase ou etapa do concurso público, a discriminação ilegítima de candidatos, com base em aspectos como idade, sexo, estado civil, condição física, deficiência, etnia, naturalidade, proveniência ou local de origem, **observadas as políticas de ações afirmativas previstas em legislação específica** (Lei 14.965/2024, art. 2.º, § 4.º).

Vale anotar que, nessa mesma toada, o Supremo Tribunal Federal já declarou inconstitucional lei estadual que concedia, em favor de candidatos naturais residentes em seu âmbito territorial, um bônus de dez por cento na nota obtida em determinados concursos públicos. Asseverou a Corte Suprema que a norma legal caracterizava tratamento diferenciado desproporcional, sem amparo em justificativa razoável, afrontando, entre outros, o princípio da isonomia, o objetivo fundamental da República de "promover o bem de todos, sem preconceitos de origem, raça, sexo, cor, idade e quaisquer outras formas de discriminação" (CF/1988, art. 3.º, IV), e a proibição constitucional ao estabelecimento pelos entes federativos de distinções entre brasileiros ou de preferências entre si (CF/1988, art. 19, III). Esclareceu ainda que "a imposição legal de critérios de distinção entre os candidatos só é admitida quando acompanhada de justificação plausível e que decorra de interesse público e/ou da natureza e das atribuições do cargo ou emprego a ser preenchido".[20]

É interessante trazer a lume posição firmada pelo Supremo Tribunal Federal, consoante a qual **não há ofensa ao princípio da isonomia** na hipótese de realização de concurso público em que a **classificação** seja feita **por regiões**, ou **por áreas de especialização**, ainda que o certame se destine ao provimento do mesmo cargo. No dizer da Corte Maior, "em **edital** de concurso público, é válida a fixação de critérios de concorrência em caráter regional e em área de especialização".[21] Com base nesse entendimento, o STF negou provimento a recurso de candidatos que não foram classificados na primeira fase de concurso para o cargo de Auditor-Fiscal da Receita Federal no qual sustentavam a ilegalidade da ordem de classificação, efetuada de acordo com a região e a especialização em que se inscreveram os candidatos do certame.

A jurisprudência do STF também considera compatível com a Constituição da República a previsão, **em editais** de concursos públicos, das assim chamadas "**cláusulas de barreira**".[22] Em decisão proferida em recurso extraordinário julgado na sistemática de **repercussão geral**, consignou nossa Corte Suprema que os editais de concursos públicos podem, **validamente**, sem que isso represente ofensa ao princípio da isonomia, estabelecer regras restritivas, as quais, didaticamente, subdividem-se em "**eliminatórias**" e "**cláusulas de barreira**". As eliminatórias acarretam a eliminação do candidato do concurso por insuficiência em algum aspecto de seu desempenho, independentemente do desempenho dos demais candidatos. A conjunção de regra eliminatória com cláusula de barreira implica restringir o número de candidatos que passará para a fase seguinte do certame, determinando que, dentro do universo de pessoas não excluídas pela regra eliminatória, participará da etapa subsequente apenas um número predeterminado de concorrentes, de modo a contemplar somente os mais bem classificados. A cláusula de barreira não produz eliminação de candidato por não atingir um desempenho mínimo predeterminado, mas estipula um corte deliberado no número de concorrentes que poderão participar de fase posterior do certame.

Em suma, tem-se um concurso com "**cláusula de barreira**" quando ele é constituído de mais de uma etapa e o edital estipula que, dentre os candidatos não eliminados por insuficiência de desempenho, só um número certo e restrito, observada a ordem de classificação, poderá fazer as provas da fase seguinte, sendo os demais candidatos impedidos de prosseguir no certame (muito embora estes não tenham sido eliminados por não atingirem requisitos mínimos predeterminados e aplicáveis a todos). Diz-se que esses candidatos que não poderão fazer a etapa seguinte ficaram abaixo da "**nota de corte**", a qual corresponde à pontuação obtida pelo último

---

[20] ADI 7.458/PB, rel. Min. Gilmar Mendes, 12.12.2023 (Informativo 1.120 do STF).

[21] RMS 23.259/DF, rel. Min. Gilmar Mendes, 25.03.2003.

[22] RMS 23.586/DF, rel. Min. Gilmar Mendes, 25.10.2011; AI-AgR 735.389/DF, rel. Min. Dias Toffoli, 11.09.2012; ARE-AgR 656.360/BA, rel. Min. Dias Toffoli, 17.12.2013; RE 635.739/AL (**repercussão geral**), rel. Min. Gilmar Mendes, 19.02.2014 (Informativo 736 do STF).

colocado dentre aqueles candidatos que prosseguirão no certame e farão as provas das próximas etapas. Observe-se que a "nota de corte" só se torna conhecida depois que a prova é realizada, diferentemente da pontuação mínima estipulada para a não eliminação, a qual já vem fixada de forma incondicional no edital – às vezes para cada disciplina ou conjunto de disciplinas de uma prova – e implica a eliminação do candidato que não consiga atingi-la em qualquer caso (independentemente das notas dos demais).

Nosso Pretório Constitucional definiu, ainda, que a "**cláusula de barreira**", quando houver, **é aplicável a todos os candidatos,** inclusive àqueles que estejam concorrendo a vagas reservadas, na qualidade de pessoa com deficiência, desde que mantida uma proporcionalidade com o número de vagas a eles reservado.[23]

Assim, em um concurso que seja composto de uma prova objetiva e, depois dessa, uma prova discursiva, com previsão de 100 vagas de ampla concorrência e 15 vagas reservadas para pessoas com deficiência, é legítimo que o edital estabeleça, por exemplo, que somente realizarão a prova discursiva os trezentos candidatos da concorrência ampla mais bem classificados na prova objetiva e os quarenta e cinco primeiros dentre os concorrentes às vagas reservadas, sendo excluídos do certame todos os demais. Aliás, aproveitamos o exemplo em tela para observar que, em casos como esse, embora a **pontuação mínima** de habilitação fixada previamente no edital, exigida incondicionalmente para o candidato não ser eliminado, tenha que ser **igual para todo mundo**, as **notas de corte**, em princípio, **serão diferentes**: haverá uma para a lista de ampla concorrência e outra aplicável aos candidatos que estejam disputando as vagas para pessoas com deficiência.

Durante muitos anos, o Supremo Tribunal Federal sustentou, em sua jurisprudência, que a administração pública **não pode recusar a inscrição**, ou **excluir do certame público** um candidato, ou, ainda, se ele for aprovado, **impedir a sua nomeação** para o cargo ou emprego, sob alegação de "inidoneidade moral", de "não atendimento a requisito de bons antecedentes", ou de "ausência de capacitação moral", baseada no mero fato de o candidato estar respondendo a inquérito policial ou a ação penal. O fundamento dessa orientação é o **princípio da presunção de inocência** ou da presunção de não culpabilidade (CF, art. 5.º, LVII), que não está restrito ao âmbito penal, devendo ser igualmente observado na esfera administrativa.[24]

Pois bem, a posição descrita no parágrafo precedente permanece em vigor, como **regra geral**. É muito importante alertar, porém, que, em 2020, a Corte Suprema decidiu, com **repercussão geral**, que é possível, sim, em alguns casos, **desde que haja lei** que assim disponha, restringir a participação, em concursos públicos para

---

[23] MS-AgR 30.195/DF, rel. Min. Gilmar Mendes, 26.06.2012 (Informativo 672 do STF).

[24] RE 194.872/RS, rel. Min. Marco Aurélio, 07.11.2000; ARE-AgR 733.957/CE, rel. Min. Celso de Mello, 06.12.2013. Deve ficar claro que esse entendimento jurisprudencial **não conflita** com o inciso V do art. 47 do Código Penal, que estabelece como uma das possíveis **penas** de interdição temporária de direitos a "**proibição de inscrever-se em concurso, avaliação ou exame públicos**". Afinal, nessa hipótese, tem-se a aplicação de uma **sanção penal**, determinada pelo Poder Judiciário (jamais por um órgão administrativo), nos expressos termos da lei, cuja consequência é exatamente restringir o direito a que ela se refere.

Cap. 7 • SERVIDORES PÚBLICOS   **285**

ingresso em **determinados cargos**, de candidatos que estejam respondendo a inquérito ou a ação penal.

Na mencionada decisão, restou fixada a seguinte **tese de repercussão geral:**[25]

> Sem previsão constitucionalmente adequada e instituída por lei, não é legítima a cláusula de edital de concurso público que restrinja a participação de candidato pelo simples fato de responder a inquérito ou ação penal.

No julgamento em que se deu a fixação dessa tese jurídica, o STF deixou assente que – além da necessária ponderação entre os princípios constitucionais da presunção de inocência (art. 5.º, LVII), da liberdade profissional (art. 5.º, XIII) e da ampla acessibilidade aos cargos públicos (art. 37, I), de um lado, e, de outro, o postulado da moralidade administrativa (art. 37, *caput*) –, **há de se considerar a natureza do cargo público a ser ocupado**, para o fim de se admitir, ou não, a imposição da aludida restrição, observadas as seguintes **diretrizes**:

a) em regra, só será legítima a imposição de restrição à participação de candidato em concurso público na hipótese de condenação criminal por órgão colegiado ou de condenação transitada em julgado – e, ainda assim, desde que observada a relação de incompatibilidade entre a natureza do crime e as atribuições do cargo (isto é, nem toda condenação penal deve ter por consequência direta e imediata impedir alguém de se candidatar a concurso público);

b) excepcionalmente, porém, para concorrer a determinados cargos públicos, pela natureza deles, será possível, **por meio de lei**, a fixação de exigência de qualificações mais restritas e rígidas ao candidato (como, por exemplo, para o ingresso nas carreiras da magistratura, das funções essenciais à justiça – Ministério Público, Advocacia Pública e Defensoria Pública – e da segurança pública); para cargos dessa natureza, portanto, até mesmo o simples fato de responder a inquérito ou ação penal poderá constituir hipótese de impedimento à participação em concurso público, **desde que haja previsão em lei.**

Por outro lado, mesmo no caso de condenação transitada em julgado, nossa Corte Suprema já deixou assente que, **em regra**, é possível o candidato aprovado em concurso público ser nomeado e empossado no cargo. O exercício, evidentemente, dependerá do regime de cumprimento da pena, ou de decisão do juízo de execuções. Essa orientação está averbada na seguinte **tese de repercussão geral:**[26]

> A suspensão dos direitos políticos prevista no artigo 15, III, da Constituição Federal ("condenação criminal transitada em julgado, enquanto durarem seus efeitos") não impede a nomeação e posse de candidato aprovado em concurso público, desde que

---

[25]   RE 560.900/DF (**repercussão geral**), rel. Min. Roberto Barroso, 06.02.2020 (Informativo 965 do STF).

[26]   RE 1.282.553/RR (**repercussão geral**), rel. Min. Alexandre de Moraes, 04.10.2023 (Informativo 1.111 do STF).

não incompatível com a infração penal praticada, em respeito aos princípios da dignidade da pessoa humana e do valor social do trabalho (CF, art. 1.º, III e IV) e do dever do Estado em proporcionar as condições necessárias para a harmônica integração social do condenado, objetivo principal da execução penal, nos termos do artigo 1.º da LEP (Lei 7.210/1984). O início do efetivo exercício do cargo ficará condicionado ao regime da pena ou à decisão judicial do juízo de execuções, que analisará a compatibilidade de horários.

Dois entendimentos do Supremo Tribunal Federal, concernentes a **testes físicos** em concursos públicos, precisam ainda ser trazidos a lume.

Nossa Corte Maior decidiu, com **repercussão geral**, que o candidato em concurso público **não tem direito** de que seja marcada para ele prova de **segunda chamada** nos **testes de aptidão física**, motivada por circunstâncias pessoais, ainda que de **caráter fisiológico** ou de **força maior – salvo disposição expressa em sentido contrário no respectivo edital**.[27]

Por outras palavras, caso um candidato em determinado concurso público que inclua testes físicos tenha o infortúnio de ser acometido de alguma condição que atrapalhe o seu rendimento, ou mesmo impossibilite fazer as provas físicas no dia aprazado, **não terá direito de que seja marcada uma nova data** para realizar os testes, **a menos que o edital expressamente preveja essa possibilidade** – nada importa que a disfunção ou limitação física (doença, trauma físico, dor ou transtorno orgânico de qualquer origem) decorra de força maior, e não de alguma razão que pudesse ser imputada ao candidato.

Com fulcro nessa decisão, aprovou-se a seguinte **tese de repercussão geral**:

> Inexiste direito dos candidatos em concurso público à prova de segunda chamada nos testes de aptidão física, salvo contrária disposição editalícia, em razão de circunstâncias pessoais, ainda que de caráter fisiológico ou de força maior, mantida a validade das provas de segunda chamada realizadas até 15.05.2013, em nome da segurança jurídica.

A segunda orientação a merecer registro sobre o tema, também exarada na sistemática da **repercussão geral**, refere-se, especificamente, às **candidatas gestantes**. Nessa hipótese, o Supremo Tribunal Federal entende que **há direito à remarcação dos testes físicos**, isto é, se a candidata, em razão da sua gravidez, não puder submeter-se às provas de aptidão física no dia originalmente marcado no edital, tem direito de fazê-las em outra data.[28]

---

[27] RE 630.733/DF (**repercussão geral**), rel. Min. Gilmar Mendes, 15.05.2013 (Informativo 706 do STF).

[28] RE 1.058.333/PR (**repercussão geral**), rel. Min. Luiz Fux, 21.11.2018 (Informativo 924 do STF).

É esclarecedora a seguinte passagem do voto do Ministro Luiz Fux, relator no processo em que a citada decisão foi prolatada (grifamos): "Por ter o constituinte estabelecido expressamente a proteção à maternidade, à família e ao planejamento familiar, **a condição de gestante goza de proteção constitucional reforçada**. Em razão deste **amparo constitucional específico**, a gravidez não pode causar prejuízo às candidatas, sob pena de malferir os princípios da isonomia e da razoabilidade".

Quando candidatas gestantes não puderem realizar os testes físicos na data inicialmente prevista no edital, **o andamento do certame não deve ser interrompido**. Serão **reservadas** tantas vagas quantas forem as candidatas em tal situação e elas farão as provas de aptidão física ulteriormente. A candidata que lograr aprovação e classificação depois de ter sido submetida ao teste físico remarcado poderá tomar posse. Caso contrário, deverá ser empossado o candidato remanescente na lista de classificação em posição imediatamente subsequente.

Com base nessa decisão, fixou-se esta **tese de repercussão geral**:

> É constitucional a remarcação do teste de aptidão física de candidata que esteja grávida à época de sua realização, independentemente da previsão expressa em edital do concurso público.

Por fim, convém pontuar que o Supremo Tribunal Federal, invocando explicitamente o inciso VIII do art. 5.º da Constituição – "ninguém será privado de direitos por motivo de crença religiosa ou de convicção filosófica ou política, salvo se as invocar para eximir-se de obrigação legal a todos imposta e recusar-se a cumprir prestação alternativa, fixada em lei" –, decidiu que a administração pública pode deferir pedido de candidato em concurso público que alegue **motivos religiosos** para realizar determinadas provas ou etapas do certame em datas ou horários diferentes daqueles estipulados no edital. A exceção requerida deve ser "razoável" e não pode acarretar "ônus desproporcional à administração pública"; ademais, certo é que o poder público pode negar o pleito, porquanto, na decisão em apreço, restou consignado que ele "deverá decidir de maneira fundamentada" (significa dizer, o pedido pode ser deferido ou denegado, desde motivadamente, por escrito). A seguinte **tese de repercussão geral** foi enunciada:[29]

> Nos termos do artigo 5.º, VIII, da Constituição Federal é possível a realização de etapas de concurso público em datas e horários distintos dos previstos em edital, por candidato que invoca escusa de consciência por motivo de crença religiosa, desde que presentes a razoabilidade da alteração, a preservação da igualdade entre todos os candidatos e que não acarrete ônus desproporcional à administração pública, que deverá decidir de maneira fundamentada.

---

[29] RE 611.874/DF (**repercussão geral**), red. p/ o acórdão Min. Edson Fachin, 26.11.2020 (Informativo 1000 do STF).

1.1.3.1. Testes psicotécnicos

Segundo o entendimento do Supremo Tribunal Federal, "o exame psicotécnico pode ser estabelecido para concurso público, desde que seja feito **por lei**, e que tenha por base critérios objetivos de reconhecido caráter científico, devendo existir, inclusive, a possibilidade de reexame".[30]

Além da exigência de que seja prevista em lei a realização do exame psicotécnico, bastante ênfase é dada pela Corte Constitucional à necessidade de que os **critérios objetivos** da avaliação psicológica sejam explicitados e possuam **caráter científico**, para que se torne possível ao candidato, sendo o caso, a impugnação judicial de conclusões que lhe tenham sido desfavoráveis. Consoante preclara lição do Ministro Celso de Mello, "o exame psicotécnico, especialmente quando possuir natureza eliminatória, deve revestir-se de rigor científico, submetendo-se, em sua realização, à observância de critérios técnicos que propiciem base objetiva destinada a viabilizar o controle jurisdicional da legalidade, da correção e da razoabilidade dos parâmetros norteadores da formulação e das conclusões resultantes dos testes psicológicos, sob pena de frustrar-se, de modo ilegítimo, o exercício, pelo candidato, da garantia de acesso ao Poder Judiciário, na hipótese de lesão a direito".[31]

Em suma, para que exames psicotécnicos possam ser exigidos em concursos públicos, é necessário o cumprimento dos seguintes requisitos, **cumulativamente**:[32]

a) previsão em **lei** e **também** no **edital** do concurso;

b) estabelecimento de **critérios objetivos** de reconhecido caráter científico para a avaliação dos candidatos;

c) possibilidade de **recurso**.

A respeito dessa matéria, o STF editou a **Súmula Vinculante 44**, com este teor:

> **44** – Só por lei se pode sujeitar a exame psicotécnico a habilitação de candidato a cargo público.

Cabe também citar o enunciado da Súmula Administrativa AGU 35/2008:

> O exame psicotécnico a ser aplicado em concurso público deverá observar critérios objetivos, previstos no edital, e estará sujeito a recurso administrativo.

---

[30] RE 188.234/DF, rel. Min. Néri da Silveira, 19.03.2002. Essa orientação foi reiterada, com reconhecimento da **repercussão geral** da matéria, no julgamento do AI 758.533/MG, rel. Min. Gilmar Mendes, em 23.06.2010 (Informativo 592 do STF).

[31] RE-AgR 714.642/DF, rel. Min. Celso de Mello, 18.12.2012. No mesmo sentido: AI-QO 758.533/MG (**repercussão geral**), rel. Min. Gilmar Mendes, 23.06.2010; ARE-AgR 734.234/RO, rel. Min. Dias Toffoli, 10.09.2013.

[32] RE-AgR 782.997/DF, rel. Min. Dias Toffoli, 18.02.2014.

Caso o exame psicotécnico ministrado a determinado candidato venha a ser considerado **nulo** (por uma decisão judicial, por exemplo), estando prevista em lei e no edital do concurso a exigência de tal avaliação, não pode o candidato ser simplesmente dela dispensado. Ele **deverá ser submetido a um novo teste**, dessa vez escoimado dos vícios que acarretaram a invalidação do primeiro. Essa é a jurisprudência do Supremo Tribunal Federal, cristalizada na seguinte **tese de repercussão geral**:[33]

> No caso de declaração de nulidade de exame psicotécnico previsto em lei e em edital, é indispensável a realização de nova avaliação, com critérios objetivos, para prosseguimento no certame.

O Decreto 9.739/2019, aplicável à administração direta e às autarquias e fundações públicas no âmbito do Poder Executivo federal, preceitua que "a realização de avaliação psicológica está condicionada à existência de previsão legal específica e estará prevista no edital do concurso público" (art. 36). Estabelece, ademais, que se considera **avaliação psicológica** "o emprego de procedimentos científicos destinados a aferir a compatibilidade das características psicológicas do candidato com as atribuições do cargo" e que ela "será realizada após a aplicação das provas escritas, orais e de aptidão física, quando houver" (art. 36, §§ 1.º e 2.º).

Ainda segundo o decreto, deverão ser utilizados no procedimento em questão "instrumentos de avaliação psicológica capazes de aferir, de forma **objetiva e padronizada**, os **requisitos psicológicos** do candidato para o desempenho das atribuições inerentes ao cargo". Os "requisitos psicológicos" que serão aferidos na avaliação serão especificados no edital do concurso (art. 36, §§ 4.º e 5.º).

O art. 37 do Decreto 9.739/2019 determina que, na divulgação do resultado final da avaliação psicológica, conste para cada candidato, **exclusivamente**, "apto" ou "inapto". Os prazos e a forma de interposição de **recurso** acerca do resultado da avaliação psicológica serão definidos no edital e os profissionais que efetuaram avaliações psicológicas no certame não poderão participar do julgamento de recursos (art. 37, §§ 2.º e 3.º).

Por fim, o § 4.º desse mesmo artigo, prestigiando a jurisprudência de nossa Corte Suprema, estatui que, no julgamento do recurso, caso se entenda que a documentação e a fundamentação da avaliação psicológica são **insuficientes** para se concluir sobre as condições do candidato, a avaliação psicológica será **anulada** e será realizado **novo exame** por **outro profissional** (art. 37, § 4.º).

1.1.3.2. Antecedência mínima do edital e modificação das condições nele previstas com o concurso em andamento

O Decreto 9.739/2019, aplicável à administração direta e às autarquias e fundações públicas no âmbito do Poder Executivo federal, traz a exigência de que o edital do concurso público seja publicado integralmente no Diário Oficial da União com **antecedência mínima de quatro meses** da realização da primeira prova. Logo após

---

[33] RE 1.133.146/DF (**repercussão geral**), rel. Min. Luiz Fux, 20.09.2018.

a publicação, deve o edital ser divulgado no sítio oficial do órgão ou da entidade responsável pela realização do concurso público e da instituição que executará o certame (art. 41, I e II).

Trata-se de medida moralizadora tendente a impedir que, mediante a fixação de prazos exíguos, a administração acabe promovendo o "direcionamento" do concurso à aprovação de pessoas que lograssem obter, com antecedência e de forma espúria, informações privilegiadas sobre o certame – conteúdo programático, data e condições de aplicação das provas, natureza das questões etc.

Infelizmente, o § 2.º do art. 41 do mesmo decreto fragiliza essa garantia, ao possibilitar que o citado prazo seja "reduzido por meio de ato motivado do Ministro de Estado, permitida a subdelegação para o Secretário Especial de Desburocratização, Gestão e Governo Digital do Ministério da Economia".[34]

O Supremo Tribunal Federal já deixou assente, mais de uma vez, que, embora o edital seja a "lei do concurso" – portanto, de observância obrigatória para todas as partes envolvidas –, é **legítimo** que a administração pública **modifique condições** de um concurso, **já em andamento**, que estivessem originalmente previstas no respectivo **edital**, quando isso for necessário para adequação a eventuais **novidades** surgidas na **legislação** posteriormente à publicação do edital, **contanto que o concurso público ainda não esteja concluído e homologado**.[35]

Exemplificando, imagine-se que um determinado município estivesse realizando um concurso público para o cargo "W" em que houvesse uma segunda etapa consistente em um "curso de formação", meramente classificatório, com duração, prevista originalmente **no edital**, de dois meses. Suponha-se que, logo depois de concluída a primeira etapa, o mesmo município editasse **uma lei** exigindo que, para o cargo "W", o concurso público fosse integrado por uma etapa de "curso de formação", eliminatório e classificatório, com duração mínima de três meses. Nessa hipótese, a administração pública municipal teria que modificar o edital para adaptá-lo à nova lei (porque o concurso ainda não estava concluído e homologado) e todos os candidatos que tivessem passado pela primeira etapa estariam sujeitos ao "curso de formação", eliminatório e classificatório, com duração de três meses.

Observe-se que a situação é realmente **excepcional** – e muito restrita. O **único** motivo que autoriza (ou determina) a modificação das regras do concurso pela administração, **depois de publicado o edital e já iniciado o certame**, é a **superveniência de alteração na legislação** pertinente. De fato, conforme literal orientação do Supremo Tribunal Federal, "após a publicação do edital e no curso do certame, **só se admite a alteração** das regras do concurso se houver modificação na legislação que disciplina a respectiva carreira".[36]

---

[34] Por força do art. 51, inciso IV, da Lei 14.600/2023, o Ministério da Economia foi desmembrado em: (a) Ministério da Fazenda; (b) Ministério da Gestão e da Inovação em Serviços Públicos; (c) Ministério do Planejamento e Orçamento; e (d) Ministério do Desenvolvimento, Indústria, Comércio e Serviços.

[35] RE 318.106/RN, rel. Min. Ellen Gracie, 18.10.2005; MS 26.668/DF, MS 26.673/DF e MS 26.810/DF, rel. Min. Ricardo Lewandowski, 15.04.2009; AI-AgR 814.164/MG, rel. Min. Dias Toffoli, 04.02.2014.

[36] MS 27.160/DF, rel. Min. Joaquim Barbosa, 18.12.2008.

1.1.3.3.   Controle da legalidade dos concursos públicos

A administração deve **anular** o concurso público quando verificar a ocorrência de **ilegalidades** – sejam vícios no procedimento em si, dolosos ou não, sejam ilicitudes a ele externas, tais como conluios entre candidatos e a banca, fraudes de diversas espécies etc. Na hipótese de defeitos sanáveis, pode ser cabível a convalidação, desde que dela não resulte qualquer prejuízo a terceiros, especialmente aos candidatos. A **anulação** do certame, total ou parcial, é **obrigatória** quando se verifique **vício insanável** que afete uma ou mais de suas etapas; caso seja parcial, deve incidir pelo menos a partir da fase mais remota em que tenha havido vício, alcançando todas as seguintes, e não pode, em hipótese nenhuma, implicar quebra de isonomia entre os candidatos. Se houver dúvida quanto a esse aspecto, mais seguro é proceder à anulação total.

O Supremo Tribunal Federal já decidiu que (a) na hipótese de cancelamento da realização de concurso por suspeita de fraude, os danos materiais causados a candidatos devem ser indenizados com base no art. 37, § 6.º, da Constituição Federal (teoria do risco administrativo), ou seja, a obrigação de indenizar independe de o candidato comprovar dolo ou culpa de algum agente; (b) sendo o concurso organizado por uma pessoa jurídica de direito privado, é dela a responsabilidade primária pela indenização; e (c) o ente público contratante da instituição organizadora do certame tem responsabilidade subsidiária, isto é, somente quando for impossível o adimplemento da indenização pela contratada (hipótese de insolvência da entidade privada), deverá, então, o ente público indenizar. Sobre a matéria, fixou-se a seguinte tese de repercussão geral:[37]

> O Estado responde subsidiariamente por danos materiais causados a candidatos em concurso público organizado por pessoa jurídica de direito privado (art. 37, § 6.º, da CRFB/88), quando os exames são cancelados por indícios de fraude.

A **anulação** de concurso público em que tenham ocorrido irregularidades pode, também, ser realizada pelo Poder Judiciário, o qual sempre está apto a exercer **controle de legalidade** sobre atos e procedimentos administrativos, desde que seja **provocado**.

Conforme posição do Supremo Tribunal Federal, no caso de ajuizamento de **mandado de segurança** por um candidato que entenda ter sofrido alguma lesão a direito seu, ocasionada por determinada regra constante do edital do concurso, o **prazo de decadência** de **120 dias** para a impetração dessa ação **começa a contar da data do efetivo prejuízo** – que tenha decorrido da incidência daquela disposição editalícia – capaz de configurar violação a direito líquido e certo, e **não da data de publicação do edital**.[38] Já se a lesão alegada pelo candidato for a **omissão** da administração em efetuar a sua nomeação, tendo ele direito subjetivo (por exemplo, por ter sido aprovado e classificado dentro do número de vagas previsto no edital),

---

[37]   RE 662.405/AL (**repercussão geral**), rel. Min. Luiz Fux, 26.06.2020.

[38]   MS-AgR 29.874/DF, red. p/ o acórdão, Min. Gilmar Mendes, 25.11.2010; RMS 23.586/DF, rel. Min. Gilmar Mendes, 25.10.2011.

os 120 dias para a impetração do mandado de segurança **começam a fluir a partir do término do prazo de validade do concurso.**[39]

Uma discussão importante concerne à possibilidade de **impugnação judicial** dos gabaritos oficiais divulgados em um determinado concurso público – se estão ou não corretos, se deveriam ser alterados, se uma ou outra questão deveria ser anulada –, bem como dos critérios de correção das questões e de atribuição de notas adotados pela respectiva banca examinadora.

O Supremo Tribunal Federal, há muito, considera **controle de mérito administrativo** – e **não** controle de legalidade – a apreciação do ato administrativo que divulga os gabaritos finais do concurso, com as respectivas alterações ou mesmo anulações de questões. Por essa razão, entende que **não podem ser acolhidas** demandas judiciais que pretendam impugnar os gabaritos oficiais indicados para as questões objetivas – sob a alegação, por exemplo, de que foi considerada verdadeira uma assertiva que seria falsa, ou de que determinada questão deveria ter sido anulada por não conter alternativa que a torne correta –, tampouco ações que tencionem contestar os critérios de avaliação de questões subjetivas, ou de atribuição de notas, entre outras que envolvam discussões dessa natureza.

Inúmeras vezes nossa Corte Constitucional repisou a orientação segundo a qual o Poder Judiciário não pode agir como instância revisora da banca examinadora do concurso público, substituindo-a para rever os critérios de correção das provas, haja vista que tal atuação **não caracteriza controle jurisdicional de legalidade**, e sim de mérito administrativo.[40]

Pois bem, muito embora seja essa, realmente, a posição sustentada pelo Pretório Excelso desde tempos imemoriais, ela foi posta em discussão no âmbito de um recurso extraordinário que teve a sua **repercussão geral** reconhecida a fim de que, no mérito, se reafirmasse, ou não, a jurisprudência sobre a matéria.

Em abril de 2015, ocorreu o julgamento definitivo do citado recurso, com a corroboração do entendimento já consagrado e a **fixação da tese**, para efeito de **repercussão geral**, de que "**os critérios adotados por banca examinadora de um concurso não podem ser revistos pelo Poder Judiciário**".

Nessa ocasião, frisou-se que não pode uma decisão judicial "aferir a correção dos critérios da banca examinadora, a formulação das questões ou a avaliação das respostas". Isso porque não compete ao Poder Judiciário "substituir a banca examinadora para reexaminar o conteúdo das questões e os critérios de correção utilizados, salvo ocorrência de ilegalidade e inconstitucionalidade". Esclareceu-se que apenas se exige que a banca examinadora dê **tratamento igual a todos os candidatos**, ou seja, que

---

[39] Há muitos julgados que sustentam essa posição – coligimos aqui apenas alguns exemplos –, seja qual for o motivo que leve o candidato a entender que possui direito subjetivo de ser nomeado. **Do STF**: RMS 24.119/DF, rel. Min. Maurício Corrêa, 30.04.2002; RMS 24.551/DF, rel. Min. Ellen Gracie, 07.10.2003. **Do STJ**: RMS-AgR 21.165/MG, rel. Min. Laurita Vaz, 12.08.2008; REsp 1.200.622/AM, rel. Min. Mauro Campbell, 19.05.2011; RMS 33.739/BA, rel. Min. Mauro Campbell, 06.09.2011.

[40] Vejam-se, dentre muitos outros: RE-AgR 243.056/CE, rel. Min. Ellen Gracie, 06.03.2001; AI-AgR 500.416/ES, rel. Min. Gilmar Mendes, 24.08.2004; RE-AgR 560.551/RS, rel. Min. Eros Grau, 17.06.2008; AI-AgR 805.328/CE, rel. Min. Cármen Lúcia, 25.09.2012.

aplique a eles, indistintamente, a mesma orientação. Asseverou-se, ainda, que um provimento jurisdicional que pretenda efetuar, ele mesmo, uma nova correção de questões de concurso público, substituindo a banca examinadora, **viola o princípio da separação de Poderes e a reserva de administração**. Foi expressamente **ressalvada**, contudo, a possibilidade de o Poder Judiciário **verificar se as questões formuladas estariam no programa do certame**, dado que o edital é a lei do concurso.

Por sua relevância, transcrevemos, na íntegra, a ementa do acórdão (grifamos):[41]

> Recurso extraordinário com **repercussão geral**. 2. Concurso público. Correção de prova. **Não compete ao Poder Judiciário**, no controle de legalidade, substituir banca examinadora para **avaliar respostas dadas pelos candidatos e notas a elas atribuídas**. Precedentes. 3. Excepcionalmente, **é permitido ao Judiciário juízo de compatibilidade do conteúdo das questões do concurso com o previsto no edital do certame**. Precedentes. 4. Recurso extraordinário provido.

Não é demasiado reiterar, a decisão ora em tela deixou explícito que, como exceção à proibição de apreciação pelo Poder Judiciário das questões do concurso, é admitida a verificação judicial da compatibilidade do conteúdo delas com o edital. Essa tese já fora perfilhada diversas vezes pelo STF, sob o fundamento de que a **anulação judicial** de questões de concurso nas quais tenham sido cobradas **matérias não previstas no respectivo edital** insere-se no campo do **controle de legalidade** – e não de mérito administrativo.[42]

Quanto a esse aspecto, mister é ponderar que a Corte Suprema **não exige** que sejam **exaustivamente** enumerados, no edital, todas as normas e os julgados que poderão ser cobrados nas questões do certame. Uma vez previsto no edital determinado tema, o esperado é que o candidato estude e procure conhecer, de forma global, **todos** os aspectos relacionados àquele assunto, pois eles podem vir a ser perguntados nas provas. **Não é cabível** a **anulação judicial** de uma questão de concurso quando ela guarda **pertinência** com **assunto** que se encontra **expresso** no programa do **edital**, mesmo que neste não esteja citado discriminadamente o julgado ou o ato normativo que porventura tenha servido de base direta à elaboração da questão.[43]

Finalizando este tópico, faz-se oportuno registrar que a Lei 14.965/2024, que "estabelece normas gerais sobre concurso público para provimento de cargos e empregos públicos" – e que **somente entrará em vigor em 1.º de janeiro de 2028** –, contém, em seu art. 12, o seguinte preceito:

> Art. 12. A decisão controladora ou judicial que, com base em valores jurídicos abstratos, impugnar tipo de prova ou critério de avaliação previsto no edital do concurso público deverá considerar as consequên-

---

[41] RE 632.853/CE (**repercussão geral**), rel. Min. Gilmar Mendes, 23.04.2015 (Informativo 782 do STF).

[42] RE 434.708/RS, rel. Min. Sepúlveda Pertence, 21.06.2005; RE-AgR 440.335/RS, rel. Min. Eros Grau, 17.06.2008; MS 30.894/DF, rel. Min. Ricardo Lewandowski, 08.05.2012 (Informativo 665 do STF).

[43] MS 30.860/DF, rel. Min. Luiz Fux, 28.08.2012.

cias práticas da medida, especialmente em função dos conhecimentos, das habilidades e das competências necessários ao desempenho das atribuições do cargo ou emprego público, em observância ao *caput* do art. 20 do Decreto-Lei n.º 4.657, de 4 de setembro de 1942 (Lei de Introdução às Normas do Direito Brasileiro).[44]

1.1.3.4. Desrespeito à exigência de concurso público e desvio de função

O § 2.º do art. 37 da Carta de 1988 estabelece que o desrespeito à exigência de concurso público ou ao seu prazo de validade implicará a **nulidade** do ato e a punição da autoridade responsável, nos termos da lei. Não importa a que título tenha a administração admitido o agente público – ele pode ter sido nomeado para um cargo efetivo, ter celebrado um contrato de trabalho para assumir um emprego público de natureza permanente, ou mesmo ter sido contratado de forma temporária sob alegação de necessidade de excepcional interesse público –, certo é que, se, no caso concreto, incidia a exigência de concurso público e esta foi burlada mediante qualquer expediente, **o ato que ensejou o ingresso do agente no serviço público será anulado e a autoridade que o praticou será punida**.

Dessarte, sob a vigente Constituição, **não é possível** a convalidação de ato de nomeação ou de contratação para cargo ou para emprego público que não tenha sido precedido de aprovação em concurso público, quando este fosse exigido. Nem mesmo a estabilização da relação jurídica por decurso de tempo é possível, uma vez que o Supremo Tribunal Federal entende que **não ocorre jamais a decadência** quando se trata de anulação de ato que contrarie frontalmente **exigência expressa na Constituição da República**.[45]

Nesse diapasão, nosso Pretório Excelso **não admite** a aplicação da assim chamada "**teoria do fato consumado**" para que se mantenha no cargo a pessoa que, **sem ter sido devidamente aprovada no concurso público** correspondente – por ter sido reprovada em alguma de suas fases, ou não ter concluído todas as etapas previstas no edital –, tenha **tomado posse por força de decisão judicial de caráter provisório**, posteriormente revogada, cassada ou, de algum modo, desconstituída ou tornada ineficaz. Em tal hipótese, aquela pessoa **será desligada** do cargo, **mesmo que já esteja no seu exercício há vários anos** e, durante todo o período, tenha demonstrado possuir indiscutível aptidão para o desempenho das respectivas atribuições.

A Alta Corte, em decisão proferida na sistemática de **repercussão geral**, esclareceu que a **execução provisória** de decisões judiciais, exatamente em razão do seu **caráter precário**, impede que sejam invocados princípios tais como o da segurança jurídica ou o da proteção da confiança legítima para o fim de manter no cargo a pessoa que tenha sido nele empossada sem a necessária aprovação prévia em concurso público.

---

[44] É esta a redação do art. 20, *caput*, da Lei de Introdução às Normas do Direito Brasileiro: "Art. 20. Nas esferas administrativa, controladora e judicial, não se decidirá com base em valores jurídicos abstratos sem que sejam consideradas as consequências práticas da decisão".

[45] MS 28.279/DF, rel. Min. Ellen Gracie, 16.12.2010; RE 856.550/ES, red. p/ o acórdão Min. Alexandre de Moraes, 10.10.2017 (Informativo 881 do STF).

Cap. 7 • SERVIDORES PÚBLICOS

No intuito de explicitar essa posição, foi fixada a seguinte **tese de repercussão geral**:[46]

> Não é compatível com o regime constitucional de acesso aos cargos públicos a manutenção no cargo, sob fundamento de fato consumado, de candidato não aprovado que nele tomou posse em decorrência de execução provisória de medida liminar ou outro provimento judicial de natureza precária, supervenientemente revogado ou modificado.

Vale observar que a pessoa nomeada ou contratada sem concurso público, quando ele fosse exigido, será **obrigatoriamente desligada** do serviço público, mas a **remuneração** que tiver recebido pelo trabalho efetivamente prestado **não será devolvida**, para não proporcionar ao Estado enriquecimento sem causa.

Além da remuneração pelos serviços prestados, o agente público cuja admissão tenha sido anulada por inobservância da exigência de concurso público faz jus ao depósito do Fundo de Garantia do Tempo de Serviço (FGTS) na respectiva conta vinculada. De fato, o art. 19-A da Lei 8.036/1990 – que **assegura o direito ao FGTS**, desde que reconhecido o direito ao salário, ao "trabalhador cujo contrato de trabalho seja declarado nulo nas hipóteses previstas no art. 37, § 2.º, da Constituição Federal" – teve a sua validade declarada pelo Supremo Tribunal Federal, nestes termos (grifamos):[47]

> Mesmo quando reconhecida a **nulidade** da contratação do **empregado público**, nos termos do art. 37, § 2.º, da Constituição Federal, **subsiste o direito** do trabalhador **ao depósito do FGTS** quando reconhecido ser devido o salário pelos serviços prestados.

Nossa Corte Suprema, porém, deixou assente que, excetuadas essas duas consequências – direito aos salários e ao FGTS –, **nenhum outro efeito jurídico válido** pode advir das contratações viciadas pela nulidade prevista no § 2.º do art. 37 ora em foco. Assim, ressalvado o direito à remuneração pelos serviços realmente prestados e aos correspondentes depósitos do FGTS, o agente público que tenha a sua contratação declarada nula por haver ingressado no serviço público sem a aprovação prévia em concurso público, quando esta fosse obrigatória, **não fará jus a nenhuma das verbas** ordinariamente devidas aos empregados regidos pela Consolidação das Leis do Trabalho (CLT) como decorrência da rescisão dos seus contratos de trabalho, tais quais aviso prévio indenizado, gratificação natalina, férias e respectivo adicional de um terço do salário normal, indenização referente ao seguro-desemprego, entre outras.[48]

É importante, ademais, destacar que a orientação de nossa Corte Constitucional segundo a qual a admissão do agente público com inobservância da exigência de

---

[46] RE 608.482/RN (**repercussão geral**), rel. Min. Teori Zavascki, 07.08.2014 (Informativo 753 do STF).

[47] RE 596.478/RR (**repercussão geral**), red. p/ o acórdão Min. Dias Toffoli, 13.06.2012 (Informativo 670 do STF). No mesmo sentido: ADI 3.127/DF, rel. Min. Teori Zavascki, 26.03.2015 (Informativo 779 do STF).

[48] RE 705.140/RS (**repercussão geral**), rel. Min. Teori Zavascki, 28.08.2014 (Informativo 756 do STF).

concurso público, uma vez anulada, não produz nenhum efeito jurídico além do reconhecimento do direito à remuneração do período trabalhado e aos respectivos depósitos do FGTS aplica-se, **também**, à hipótese de **contratação temporária irregularmente realizada** (amiúde perpetrada exatamente com o intuito de burlar a exigência de aprovação em concurso). Veja-se este trecho da ementa do acórdão em que esse entendimento restou averbado:[49]

> Reafirma-se, para fins de repercussão geral, a jurisprudência do Supremo Tribunal Federal no sentido de que a contratação por tempo determinado para atendimento de necessidade temporária de excepcional interesse público realizada em desconformidade com os preceitos do art. 37, IX, da Constituição Federal não gera quaisquer efeitos jurídicos válidos em relação aos servidores contratados, com exceção do direito à percepção dos salários referentes ao período trabalhado e, nos termos do art. 19-A da Lei 8.036/1990, ao levantamento dos depósitos efetuados no Fundo de Garantia do Tempo de Serviço – FGTS.

Dito de outro modo, quando a administração pública, invocando o inciso IX do art. 37 da Carta Política, efetua **contratação temporária** de pessoal em situação na qual deveria ter sido providenciado o seu ingresso permanente em cargo ou emprego público, devidamente precedido de aprovação em certame público, aquela contratação é **nula** e os agentes assim admitidos deverão ser desligados da função pública que exerciam, fazendo jus, entretanto, à percepção da **remuneração pelo período efetivamente trabalhado** e aos **depósitos do FGTS** correspondentes.

Por ser pertinente ao tema, e para encerrar este tópico, cabe fazer uma anotação acerca das situações em que ocorre o denominado "**desvio de função**" no âmbito da administração pública – configurado quando o dirigente da unidade administrativa de lotação do servidor impõe a este o exercício de atribuições de outro cargo, diversas daquelas que correspondem ao cargo para o qual ele foi nomeado e empossado.

Nessas circunstâncias, em virtude da exigência constitucional de aprovação em concurso público específico para cada cargo, é **absolutamente impossível**, depois da Constituição de 1988, "**reenquadrar**" o servidor no cargo cujas atribuições está indevidamente sendo obrigado a exercer. O que acontece é surgir para ele o direito a receber as diferenças de remuneração pelo período em que exerceu, **de fato**, as funções do cargo estranho ao seu. Além disso, é claro que, constatado o desvio, deve a administração adotar as providências necessárias à imediata cessação dessa anomalia (e responsabilizar quem a ocasionou). É clara, a esse respeito, a posição do Supremo Tribunal Federal:[50]

> O servidor público desviado de suas funções, após a promulgação da Constituição, não pode ser reenquadrado, mas tem direito ao recebimento, como indenização, da diferença remuneratória entre os vencimentos do cargo efetivo e os daquele exercido de fato.

---

[49] RE 765.320/MG (**repercussão geral**), rel. Min. Teori Zavascki, 15.09.2016.

[50] RE 486.184 AgR/SP, rel. Min. Ricardo Lewandowski, 12.12.2006. Na mesma linha, a **Súmula 378** do **Superior Tribunal de Justiça** assim dispõe: "Reconhecido o desvio de função, o servidor faz jus às diferenças salariais decorrentes."

Cap. 7 • SERVIDORES PÚBLICOS

1.1.4. Prazo de validade do concurso

O inciso III do art. 37 da Constituição assim dispõe:

> III – o prazo de validade do concurso público será de até dois anos, prorrogável uma vez, por igual período;

O **prazo de validade** de um concurso corresponde ao período que a administração tem para nomear ou contratar os aprovados para o cargo ou emprego público a que o certame se destinava.

O prazo de validade é **contado da homologação** do concurso. Homologação é o ato administrativo mediante o qual a autoridade competente certifica que o procedimento do concurso foi válido e regularmente concluído. A nomeação ou a contratação dos aprovados somente pode ocorrer após a homologação do concurso e durante o período de validade deste.

O prazo de validade dos concursos públicos será de **até dois anos**, podendo ser prorrogado uma única vez, por **igual período**. Cabe à administração pública, **discricionariamente**, estabelecer a validade de cada concurso público que promova, a qual constará do respectivo edital.[51] Se o edital for omisso, entendemos que será de dois anos o prazo de validade do certame por ele regulado.

A doutrina administrativista costuma afirmar que, se houver prorrogação, o prazo desta deve obrigatoriamente ser **idêntico** àquele que foi inicialmente estipulado no edital. Por exemplo, se o edital fixou em dez meses a validade do concurso, a prorrogação, se houver, só poderá ser por dez meses, nem maior, nem menor. Não conhecemos o fundamento que justificaria essa interpretação do texto constitucional – decerto não é a literalidade –, mas fica o seu registro.

Seja como for, incontroverso é que a **decisão** da administração quanto a **prorrogar ou não** o prazo de validade do concurso é **discricionária**.[52] E o ato de prorrogação, se houver, deve obrigatoriamente ser editado enquanto o prazo inicial de validade ainda não tiver expirado. Segundo a jurisprudência do Supremo Tribunal Federal, **não é possível prorrogar o prazo de validade do concurso depois que ele já expirou**.[53]

É oportuno repisar que o § 2.º do art. 37 da Carta da República estabelece que o desrespeito ao prazo de validade do concurso implicará a nulidade do ato e a punição da autoridade responsável, nos termos da lei.

1.1.5. Direito à nomeação

Durante muito tempo, foi praticamente pacífica, no âmbito do Supremo Tribunal Federal, a orientação segundo a qual a aprovação em concurso público, ainda que o respectivo edital previsse um número definido de vagas a serem preenchidas,

---

[51] RMS 28.911/RJ, rel. Min. Cármen Lúcia, 13.11.2012.
[52] RMS 28.911/RJ, rel. Min. Cármen Lúcia, 13.11.2012.
[53] RE 201.634/BA, rel. Min. Ilmar Galvão, 15.02.2000; RE 352.258/BA, rel. Min. Ellen Gracie, 27.04.2004.

não gerava para o candidato direito adquirido à nomeação, mas simples expectativa de direito.[54]

Desde agosto de 2011, entretanto, sedimentou-se na jurisprudência de nossa Corte Suprema o entendimento de que o **candidato aprovado em concurso público dentro do número de vagas indicado no edital tem direito subjetivo de ser nomeado**, observado o prazo de validade do certame.[55]

Dito de outro modo, quando a administração pública **fixa no edital** de um concurso o **número certo de vagas** a serem ocupadas pelos candidatos aprovados, ela tem a **obrigação** – passível de ser exigida judicialmente, se não cumprida de forma espontânea – de nomear esses candidatos, obedecida a ordem de classificação, **até o preenchimento completo das vagas previstas** (desde que haja suficientes candidatos aprovados, é claro).

Ela não é obrigada a nomear imediatamente, nem de uma só vez. Pode efetuar fracionadamente as nomeações, durante o período de validade do concurso, em tantas parcelas quantas julgue convenientes ao interesse público. Não obstante, certo é que, antes de terminar o prazo de validade do certame – que pode ser prorrogado uma única vez –, a administração tem a obrigação de nomear os candidatos aprovados, até esgotar o número de vagas consignado no edital (ou até não mais haver aprovados, caso o número deles seja inferior ao de vagas previstas).

Relevante também é anotar que, posteriormente à consolidação do seu entendimento de que os candidatos aprovados **até o número de vagas** previsto no edital adquirem direito à nomeação, o Supremo Tribunal Federal **estendeu** o reconhecimento desse mesmo direito ao candidato que tenha sido **aprovado além das vagas oferecidas**, mas que, em razão da **desistência** de candidatos classificados acima dele, passe a estar colocado dentro daquele número que o edital fixou. Na literal dicção do Pretório Constitucional, o "direito subjetivo à nomeação de candidato aprovado dentro do número de vagas previstas no edital de concurso público (...) também **se estende ao candidato aprovado fora do número de vagas** previstas no edital, mas que **passe a figurar entre as vagas** em decorrência da **desistência de candidatos classificados em colocação superior**".[56]

Por exemplo, em um concurso cujo edital tenha previsto o preenchimento de 20 vagas, o candidato aprovado em 21.º lugar terá direito subjetivo à nomeação, caso ocorra a desistência de um concorrente mais bem classificado do que ele (em qualquer posição). Outro exemplo: imagine-se um certame com 30 vagas estipuladas no edital. A administração, inicialmente, nomeia os 30 candidatos mais bem classificados. Posteriormente, ainda dentro do prazo de validade do concurso, mais

---

[54] São exemplos antigos dessa jurisprudência, **hoje superada**, os seguintes julgados, entre muitos outros: RE 52.677, rel. Min. Victor Nunes, Tribunal Pleno, 14.09.1964; MS 16.182, rel. Min. Evandro Lins, Tribunal Pleno, 12.10.1966.

[55] RE 598.099/MS (**repercussão geral**), rel. Min. Gilmar Mendes, 10.08.2011 (Informativo 635 do STF).

[56] ARE-AgR 675.202/PB, rel. Min. Ricardo Lewandowski, 06.08.2013. No mesmo sentido: ARE-AgR 661.760/PB, rel. Min. Dias Toffoli, 03.09.2013; ARE-AgR 1.005.047/PB, rel. Min. Luiz Fux, 10.02.2017; ARE-AgR 1.058.317/MG, rel. Min. Roberto Barroso, 01.12.2017; RE 1.229.400/TO, rel. Min. Edson Fachin, 30.09.2019.

Cap. 7 • SERVIDORES PÚBLICOS

10 são nomeados (do 31.º ao 40.º, na ordem de classificação). Caso um desses 10 nomeados desista, haverá direito adquirido à nomeação para o 41.º colocado – e assim sucessivamente.

Cumpre abrir um parêntese para mencionar que, ao firmar o entendimento de que há direito subjetivo à nomeação para os candidatos aprovados dentro do número de vagas definido em edital de concurso público, nossa Corte Suprema esclareceu que **situações excepcionalíssimas**, ocasionadas por fatos **supervenientes** à publicação do edital, podem vir a **desobrigar** a administração de nomear os aprovados, desde que ela apresente adequadamente a motivação para tanto – e a decisão de não nomear, com a respectiva fundamentação, estará, por óbvio, sujeita a eventual invalidação pelo Poder Judiciário, se provocado.

Fechado o parêntese, não podemos deixar de comentar que existe um risco não desprezível de que o direito subjetivo à nomeação assegurada de forma tão alvissareira pelo STF venha a ser artificiosamente contornado. A burla consistiria na adoção, por parte de órgãos e entidades administrativos, em alguns entes federados, do expediente espúrio de sistematicamente elaborar editais, para os concursos públicos que promovam, nos quais não seja estabelecido número certo de vagas, nem haja previsão de nomeação de candidato algum. Esse modelo de edital, aliás, é bastante usual (e a verdade é que ele não surgiu com o objetivo de frustrar a orientação jurisprudencial ora em comento, pois é bem mais antigo do que ela). Geralmente, é utilizado quando o órgão ou a entidade administrativa deseja apenas formar os denominados **cadastros de reserva** para futuras e eventuais nomeações, caso venham a ser necessárias. E nossa jurisprudência é pacífica quanto ao entendimento de que o "**candidato aprovado em certame para formação de reserva não tem direito subjetivo à nomeação, mas mera expectativa**".[57]

Sobre esse ponto, é oportuno assinalar que o Decreto 9.739/2019, aplicável à administração direta federal e às respectivas autarquias e fundações públicas, contém regra salutar que confere à realização de concurso público para a formação de **cadastro de reserva** a condição de **medida excepcional**, cabível em hipóteses restritas, conforme deflui de seu art. 29, abaixo reproduzido (grifamos):

> Art. 29. **Excepcionalmente**, atendendo a pedido do órgão ou da entidade que demonstre a **impossibilidade** de se determinar, no prazo de validade do concurso público, **o quantitativo de vagas necessário para pronto provimento**, o Ministro de Estado da Economia poderá autorizar a realização de concurso público para formação de cadastro de reserva para provimento futuro.
>
> § 1.º A **nomeação** dos aprovados em cadastro de reserva é **faculdade** da administração pública federal e depende de autorização do Ministro de Estado da Economia.

---

[57] MS-AgR 31.790/DF, rel. Min. Gilmar Mendes, 20.04.2014. No mesmo sentido: MS-ED 31.732/SP, rel. Min. Dias Toffoli, 03.12.2013.

§ 2.º O **edital** do concurso público de que trata o *caput* preverá a **quantidade limite de aprovações** e a **colocação a partir da qual o candidato será considerado automaticamente reprovado**.

Voltando aos concursos com **número certo de vagas** a serem preenchidas estipulado no edital, convém frisar que, para os **candidatos aprovados além desse número**, o simples fato de surgirem novos cargos vagos durante o prazo de validade do certame ou, até mesmo, de ser aberto um novo concurso para o mesmo cargo **não origina**, por si só, **direito subjetivo à nomeação**. Na dicção de nossa Corte Constitucional, "o surgimento de novas vagas ou a abertura de novo concurso para o mesmo cargo, durante o prazo de validade do certame anterior, não gera automaticamente o direito à nomeação dos candidatos aprovados fora das vagas previstas no edital, ressalvadas as hipóteses de preterição arbitrária e imotivada por parte da administração, caracterizadas por comportamento tácito ou expresso do Poder Público capaz de revelar a inequívoca necessidade de nomeação do aprovado durante o período de validade do certame, a ser demonstrada de forma cabal pelo candidato".[58]

Quanto aos **direitos** da administração, interessa pontuar que, salvo alguma situação excepcional em que fique provada a ocorrência de vício (por exemplo, desvio de finalidade), **não há** impedimento à nomeação de um **número maior** de candidatos do que a quantidade de vagas inicialmente prevista no edital, desde que, evidentemente, todos os nomeados sejam considerados aprovados, nos termos do edital, ou de legislação específica, se houver.

Ilustra essa afirmação o já citado Decreto 9.739/2019, cujo art. 28 prevê a possibilidade de o Ministro de Estado da Economia **autorizar**, mediante motivação expressa, a **nomeação**, durante o período de validade do concurso, de **candidatos aprovados e não convocados**, que **ultrapassem em até vinte e cinco por cento** o **quantitativo original de vagas** previsto no edital.[59]

Por fim, merece registro a posição assentada em nossa jurisprudência, segundo a qual, como **regra geral**, a pessoa que venha a ser nomeada e empossada em cargo público por força de decisão judicial **não tem direito a indenização** relativa ao tempo durante o qual teve que aguardar pela sua nomeação. Para o Supremo Tribunal Federal, "na hipótese de posse em cargo público **determinada por decisão judicial**, o servidor não faz jus a indenização, sob fundamento de que deveria ter sido investido em momento anterior, **salvo situação de arbitrariedade flagrante**".[60]

---

[58] RE 837.311/PI (**repercussão geral**), rel. Min. Luiz Fux, 09.12.2015 (Informativo 803 do STF).

[59] Por força do art. 51, inciso IV, da Lei 14.600/2023, o Ministério da Economia foi desmembrado em: (a) Ministério da Fazenda; (b) Ministério da Gestão e da Inovação em Serviços Públicos; (c) Ministério do Planejamento e Orçamento; e (d) Ministério do Desenvolvimento, Indústria, Comércio e Serviços.

[60] RE 724.347/DF (**repercussão geral**), red. p/ o acórdão Min. Roberto Barroso, 26.02.2015 (Informativo 775 do STF).

Cap. 7 • SERVIDORES PÚBLICOS

1.1.6. Prioridade na nomeação e direito do candidato preterido

O inciso IV do art. 37 da Constituição Federal contém o seguinte preceito:

> IV – durante o prazo improrrogável previsto no edital de convocação, aquele aprovado em concurso público de provas ou de provas e títulos será convocado com prioridade sobre novos concursados para assumir cargo ou emprego, na carreira;

Embora a redação desse dispositivo não prime pela clareza, a verdade é que nem a doutrina administrativista nem nossa jurisprudência costuma demonstrar grande preocupação em decifrar o significado de "prazo improrrogável previsto no edital de convocação". De um modo geral, simplesmente consideram que o inciso em foco se refere ao **prazo de validade do concurso**. A norma, portanto, deve ser lida assim: durante o prazo de validade de um determinado concurso, aqueles nele aprovados devem ser convocados para assumir o respectivo cargo ou emprego antes que se convoque qualquer candidato aprovado em um novo concurso realizado para o mesmo cargo ou emprego. Frise-se que essa regra só se aplica enquanto o primeiro concurso estiver dentro do seu prazo de validade.

O mais importante a enfatizar é que a Constituição de 1988 **não proíbe** a realização de um novo concurso para o mesmo cargo ou emprego durante o prazo de validade de um concurso anterior, mesmo que ainda haja candidatos aprovados neste. Com efeito, a expressão "novos concursados" utilizada no inciso IV do art. 37 reporta obrigatoriamente aos aprovados em um **novo concurso**. E, como os aprovados no concurso anterior têm prioridade de convocação sobre os "novos concursados", conclui-se que o concurso anterior ainda está dentro do seu prazo de validade, porque, se assim não fosse, não mais poderia, com base nele, ser convocada pessoa alguma para assumir o cargo ou emprego correspondente. Logo, foi realizado um novo concurso para o mesmo cargo ou emprego enquanto estava válido o concurso anterior, com candidatos aprovados e ainda não chamados.

A Lei 8.112/1990, que disciplina o provimento de cargos públicos na administração direta, autarquias e fundações públicas **federais**, estabelece regra mais restritiva e, a nosso ver, mais condizente com o princípio da moralidade, segundo a qual "não se abrirá novo concurso enquanto houver candidato aprovado em concurso anterior com prazo de validade não expirado" (art. 12, § 2.º).

Vale observar que frequentemente esse inciso IV do art. 37 da Constituição é apontado como um dos fundamentos para a **obrigatoriedade de observância da ordem de classificação na nomeação dos candidatos aprovados** em concurso público.

Por óbvio, não é exatamente isso que se encontra escrito no dispositivo. A verdade é que a Constituição de 1988 não estabeleceu, expressamente, em uma regra geral, a necessidade de se observar a ordem de classificação na nomeação de aprovados em concursos públicos (ela o faz em dispositivos específicos, a saber, o art. 93, I, aplicável aos concursos para a carreira da magistratura, e o art. 129, § 3.º, referente à carreira do Ministério Público). Não obstante, o direito à nomeação conforme a ordem de classificação está, há muito, pacificado pela jurisprudência e

DIREITO ADMINISTRATIVO DESCOMPLICADO • Marcelo Alexandrino & Vicente Paulo

é, sem dúvida, decorrência necessária, dentre outros, dos princípios da moralidade e da impessoalidade, além de ser uma consequência da própria lógica subjacente à obrigatoriedade de contratação mediante concurso público, cujo fundamento mais amplo é a indisponibilidade do interesse público.

A **Súmula 15 do STF**, aprovada em 13 de dezembro de 1963, é clara ao afirmar que o desrespeito, na nomeação, à ordem de classificação faz surgir para os candidatos preteridos o **direito subjetivo** de serem nomeados. É o seguinte o seu texto:

> 15 – Dentro do prazo de validade do concurso, o candidato aprovado tem o direito à nomeação, quando o cargo for preenchido sem observância da classificação.

Portanto, surge **direito adquirido** à nomeação para o candidato mais bem classificado se a administração nomear antes dele outro candidato que tenha obtido colocação inferior no certame.

Exemplificando, se a administração nomeia o quinto colocado em um concurso, sem haver nomeado o quarto, este passa a ter direito subjetivo à nomeação, porque o descumprimento da ordem de classificação acarretou a sua preterição indevida.

Vale notar que essa posição do Supremo Tribunal Federal acerca do direito à nomeação do candidato preterido é muito mais antiga do que a orientação – firmada quase meio século depois! – segundo a qual têm direito subjetivo à nomeação todos os candidatos aprovados dentro do número de vagas especificado no edital do concurso público. E aquela não ficou prejudicada por esta.

Com efeito, os dois entendimentos jurisprudenciais coexistem, uma vez que a Súmula 15 do STF tem aplicação em qualquer caso, **haja ou não vagas certas definidas no edital**, tenham ou não as nomeações ocorrido dentro do número inicialmente previsto de vagas (se houver).

Por exemplo, se um edital fixou em vinte o número de vagas, mas a administração resolveu nomear trinta aprovados, tendo, entretanto, preterido o vigésimo sexto colocado, surgirá para este o direito de ser nomeado, pelo simples fato de ter sido indevidamente "pulado", com violação da ordem de classificação.

Convém enfatizar que só se pode falar em **preterição** quando a administração pública efetua nomeações sem observância da ordem de classificação por **decisão dela própria**. Deveras, é pacífico no âmbito de nosso Pretório Constitucional o reconhecimento de que **não há preterição** de candidato, nem desrespeito à ordem de classificação em concurso público, quando a administração, **cumprindo determinação judicial**, nomeia candidatos menos bem colocados.[61] Significa dizer, o simples fato de um candidato em concurso público ser nomeado em virtude de **decisão judicial** que tenha imposto tal providência ao órgão ou à entidade administrativa competente

---

[61] AI-AgR 620.992/GO, rel. Min. Cármen Lúcia, 22.05.2007; RE-AgR 594.917/ES, rel. Min. Ricardo Lewandowski, 09.11.2010; AI-AgR 698.618/SP, rel. Min. Dias Toffoli, 14.05.2013.

Cap. 7 • SERVIDORES PÚBLICOS

não faz surgir direito algum para os candidatos que, no mesmo certame, obtiveram classificação melhor do que a daquele.

Deve-se registrar, ainda, que a jurisprudência do Supremo Tribunal Federal é pacífica quanto ao entendimento de que, existindo **cargo efetivo vago**, configura **preterição** a nomeação ou a contratação de pessoal a **título precário** (por exemplo, como comissionados, temporários ou terceirizados) para exercício de atribuições próprias desse mesmo cargo, quando existirem candidatos aprovados e não nomeados em concurso público, ainda **dentro do prazo de validade**, destinado ao provimento do cargo em questão.[62]

Vale reforçar: a **contratação precária**, na situação descrita no parágrafo precedente, **caracteriza preterição**. Em consequência, nasce **direito adquirido à nomeação** para os candidatos aprovados no concurso, ainda que eles tenham sido classificados **fora do número de vagas** (quando há) originalmente previsto no edital. Por exemplo, imagine-se que tenha sido realizado um concurso em que o edital estabelecia um número definido de vagas – digamos, vinte vagas. Concluído e homologado o concurso, foram nomeados e empossados os vinte primeiros candidatos, segundo a ordem de classificação. Entretanto, um pouco depois, estando o concurso ainda vigente, foram contratados trinta temporários, e há trinta ou mais cargos efetivos vagos, e trinta candidatos aprovados e não nomeados nesse concurso. Esses trinta candidatos serão considerados preteridos e terão direito subjetivo de ser nomeados.

Sem prejuízo do exemplo acima, enfatizamos que **não importa** perquirir se havia, ou não, **número certo de vagas** a serem preenchidas previsto no edital. Para o nascimento do direito subjetivo à nomeação basta que exista **cargo efetivo vago** e **nomeação precária** para exercício de funções próprias do cargo, com candidatos aprovados e ainda não nomeados, estando o concurso **dentro do prazo de validade**.

Sobre o tema, aprovou a Corte Excelsa a seguinte **tese de repercussão geral**:[63]

> A ação judicial visando ao reconhecimento do direito à nomeação de candidato aprovado fora das vagas previstas no edital (cadastro de reserva) deve ter por causa de pedir preterição ocorrida na vigência do certame.

Enfim, sintetizando o que foi exposto, neste tópico e no anterior, acerca das situações em que candidatos aprovados em certames públicos **adquirem direito de ser nomeados**, impende citar a **tese** fixada pelo Supremo Tribunal Federal sobre a matéria, em recurso extraordinário julgado na sistemática de **repercussão geral**. Na oportunidade, averbou-se que o **direito subjetivo à nomeação** do candidato aprovado em concurso público surge: (a) quando a aprovação ocorrer dentro do número de vagas estabelecido no edital; (b) quando houver preterição na nomeação por não

---

[62] RMS-AgR 29.915/DF, rel. Min. Dias Toffoli, 04.09.2012; RE-AgR 739.426/MA, rel. Min. Rosa Weber, 17.09.2013; RE-AgR 733.596/MA, rel. Min. Luiz Fux, 11.02.2014. Rcl-AgR 29.307/PB, red. p/ o acórdão Min. Rosa Weber, 04.12.2018 (Informativo 926 do STF).

[63] RE 766.304/RS (**repercussão geral**), red. p/ o acórdão Min. Edson Fachin, 02.05.2024 (Informativo 1.135 do STF).

observância da ordem de classificação; e (c) quando surgirem novas vagas, ou for aberto novo concurso durante a validade do certame anterior, e ocorrer a preterição de candidatos de forma arbitrária e imotivada por parte da administração, caracterizada por comportamento tácito ou expresso do Poder Público capaz de revelar a inequívoca necessidade de nomeação do aprovado durante o período de validade do certame, a ser demonstrada de forma cabal pelo candidato.[64] Ao lado dessas hipóteses, cabe lembrar que a jurisprudência do Tribunal Constitucional também reconhece que o "direito subjetivo à nomeação de candidato aprovado dentro do número de vagas previstas no edital de concurso público (...) **se estende ao candidato aprovado fora do número de vagas** previstas no edital, mas que **passe a figurar entre as vagas** em decorrência da **desistência de candidatos classificados em colocação superior**".[65]

1.1.7. *Reserva de percentual de cargos e empregos para candidatos com deficiência*

O inciso VIII do art. 37 da Constituição de 1988 assim dispõe:

> VIII – a lei reservará percentual dos cargos e empregos públicos para as pessoas portadoras de deficiência e definirá os critérios de sua admissão;

Essa **reserva de vagas**, no que concerne aos **cargos públicos federais**, está disciplinada no § 2.º do art. 5.º da Lei 8.112/1990, nestes termos:

> § 2.º Às pessoas portadoras de deficiência é assegurado o direito de se inscrever em concurso público para provimento de cargo cujas atribuições sejam compatíveis com a deficiência de que são portadoras; para tais pessoas serão reservadas até 20% (vinte por cento) das vagas oferecidas no concurso.

A Carta Política de 1988 confere à União competência legislativa para estabelecer normas gerais sobre "proteção e integração social das pessoas portadoras de deficiência" (art. 24, XIV e § 1.º). No uso dessa competência, o Congresso Nacional editou a **Lei 7.853/1989**, que "dispõe sobre o apoio às pessoas portadoras de deficiência, sua integração social (...) e dá outras providências". Além dela, temos a **Lei 13.146/2015**, denominada "Lei Brasileira de Inclusão da Pessoa com Deficiência", ou, simplesmente, "**Estatuto da Pessoa com Deficiência**".

O Decreto 3.298/1999 regulamenta a Lei 7.853/1989. Ele trazia, em seus arts. 37 a 43, regras, aplicáveis ao Poder Executivo federal, acerca da participação de pessoas com deficiência em **concursos públicos**, fixando inclusive um percentual mínimo de

---

[64] RE 837.311/PI (**repercussão geral**), rel. Min. Luiz Fux, 09.12.2015 (Informativo 803 do STF).
[65] ARE-AgR 675.202/PB, rel. Min. Ricardo Lewandowski, 06.08.2013. No mesmo sentido: ARE-AgR 661.760/PB, rel. Min. Dias Toffoli, 03.09.2013; ARE-AgR 1.005.047/PB, rel. Min. Luiz Fux, 10.02.2017; ARE-AgR 1.058.317/MG, rel. Min. Roberto Barroso, 01.12.2017; RE 1.229.400/TO, rel. Min. Edson Fachin, 30.09.2019.

vagas (cinco por cento) a serem reservadas para elas. Esses artigos foram revogados pelo Decreto 9.508/2018 – cujas disposições alcançam a "administração pública federal direta e indireta" –, o qual contém normas mais abrangentes sobre a mesma matéria. É interessante registrar que, em seu preâmbulo, o Decreto 9.508/2018 afirma estar regulamentando dispositivos da Lei 13.146/2015.

Submetem-se às regras previstas no Decreto 9.508/2018 os **concursos públicos para o provimento de cargos efetivos e de empregos públicos**, bem como os **processos seletivos para a contratação por tempo determinado para atender necessidade temporária de excepcional interesse público** de que trata a Lei 8.745/1993.

Nos concursos públicos para provimento de cargos efetivos e nos processos seletivos para contratação temporária, o Decreto 9.508/2018 determina a reserva às pessoas com deficiência de, **no mínimo**, **cinco por cento** das vagas oferecidas.

Nos concursos para empregos nas empresas públicas e sociedades de economia mista, o decreto determina que sejam reservadas vagas nos percentuais previstos no art. 93 da Lei 8.213/1991 (esse artigo estabelece uma escala de percentuais, variando de **dois a cinco por cento**, em função do número de empregados da empresa, sendo que, até cem empregados, não há obrigação de reserva alguma).

Preceitua ainda o Decreto 9.508/2018 que: (a) o percentual mínimo de reserva deve ser observado na hipótese de aproveitamento de vagas remanescentes e na formação de cadastro de reserva; e (b) as vagas reservadas que não forem preenchidas por pessoas com deficiência, por não haver número suficiente de inscritos ou de aprovados nessa condição, poderão ser ocupadas pelos demais candidatos.

Ponto importante a ser esclarecido é que, da mesma forma que os outros candidatos, aqueles que estejam concorrendo na qualidade de pessoa com deficiência **precisam fazer o concurso público**. Quando a Constituição Federal diz que a lei "definirá os critérios de sua admissão", não os está dispensando de obter aprovação em certame público. Além disso, o conteúdo das provas escritas e orais, os critérios de correção e a nota mínima exigida para a não eliminação devem ser exatamente os mesmos para todos os candidatos, sem peculiaridades, quanto a esses aspectos, para quaisquer grupos. A lei deve simplesmente garantir que, nos concursos públicos, **um percentual das vagas oferecidas seja reservado para candidatos com deficiência**.

As afirmações que fizemos no parágrafo anterior valem para toda administração pública brasileira, em todos os níveis. Na esfera federal, o art. 2.º do Decreto 9.508/2018 estabelece explicitamente que, "ressalvadas as disposições previstas em regulamento", a pessoa com deficiência participará do certame "em igualdade de condições com os demais candidatos no que diz respeito": (a) "ao conteúdo das provas"; (b) "à avaliação e aos critérios de aprovação"; (c) "ao horário e ao local de aplicação das provas"; e (d) "à nota mínima exigida para os demais candidatos".

Sobre a realização de **provas físicas** em concursos públicos, dois dispositivos do Decreto 9.508/2018 merecem especial menção: (a) o inciso VI do art. 3º, segundo o qual, nos editais de concursos públicos e processos seletivos deverá haver "a previsão da possibilidade de uso, nas provas físicas, de tecnologias assistivas que o candidato com deficiência já utilize, sem a necessidade de adaptações adicionais, inclusive durante o curso de formação, se houver, e no estágio probatório ou no período de experiência"; e (b) o § 4º do art. 4º, que estabelece que "Os critérios de aprovação nas provas físicas para os candidatos com deficiência, inclusive durante o curso de formação, se houver, e no estágio probatório ou no período de experiência, poderão ser os mesmos critérios aplicados aos demais candidatos, conforme previsto no edital".

Apreciando ação direta de inconstitucionalidade em que os dois dispositivos supracitados estavam sendo impugnados, o Supremo Tribunal Federal decidiu conferir-lhes **interpretação conforme à Constituição** para determinar que os seguintes entendimentos sejam adotados: (i) o art. 3º, inciso VI, do Decreto 9.508/2018 estabelece uma faculdade em favor do candidato com deficiência, que pode fazer uso de suas próprias tecnologias assistivas e de adaptações adicionais, **se assim preferir**; e (ii) o art. 4º, § 4º, do Decreto 9.508/2018 – que estabelece que os critérios de aprovação nas provas físicas poderão ser os mesmos para candidatos com e sem deficiência – somente é aplicável às hipóteses em que essa exigência for indispensável ao exercício das funções próprias de um cargo público específico.[66]

Como corolário, restou fixada a seguinte **tese jurídica**:

> (i) É inconstitucional a interpretação que exclui o direito de candidatos com deficiência à adaptação razoável em provas físicas de concursos públicos; (ii) É inconstitucional a submissão genérica de candidatos com e sem deficiência aos mesmos critérios em provas físicas, sem a demonstração da sua necessidade para o exercício da função pública.

Situação que ensejava dúvida, já resolvida pelo Supremo Tribunal Federal, ocorre quando temos um concurso público em cujo edital estejam previstas muito poucas vagas – duas ou três, por exemplo. Em casos assim, **pode o edital deixar de reservar vaga para pessoa com deficiência**?

Foi visto que o Decreto 9.508/2018 determina a reserva de, no mínimo, cinco por cento das vagas em concursos para provimento de cargos efetivos, percentual idêntico ao estipulado na regulamentação anterior. E a regra de arredondamento que havia no Decreto 3.298/1999 também foi repetida no regulamento atual: se a aplicação do percentual mínimo sobre o quantitativo total de vagas oferecidas resultar em **número fracionado**, "este **será aumentado** para o **primeiro número inteiro subsequente**".

Ora, se essa regra – elevar ao primeiro número inteiro subsequente o resultado fracionado – fosse sempre aplicada, grandes distorções poderiam acontecer. No limite, em um concurso com o total de uma única vaga, seria esta reservada a candidato com deficiência, vale dizer, não haveria **nenhuma vaga não reservada**!

Atento a tal problema, e ao disposto na Lei 8.112/1990, que fixa em vinte por cento o **limite máximo** de vagas a serem reservadas, o Supremo Tribunal Federal, em um caso concreto de um concurso público cujo edital previa ao todo **duas vagas**, decidiu que **nenhuma** delas precisaria ser reservada para pessoa com deficiência.

---

[66] ADI 6.476/DF, rel. Min. Roberto Barroso, 08.09.2021 (Informativo 1.028 do STF).

Consoante nossa Corte Constitucional, a reserva de uma vaga para pessoa com deficiência, nesse caso, implicaria ultrapassar o **limite máximo legal** de vinte por cento. Não seria possível, portanto, obedecer à regra de arredondamento do Decreto 3.298/1999 – vigente na época e atualmente repetida no Decreto 9.508/2018 –, aplicando o percentual mínimo de cinco por cento sobre as duas vagas existentes e elevando o resultado fracionado ao primeiro número inteiro subsequente, porque isso resultaria na reserva de uma vaga, o que, naquele caso específico, significaria reservar cinquenta por cento do total das vagas previstas no edital.

Com arrimo nesse entendimento, o STF julgou **válido** o edital do concurso em questão (para o preenchimento de duas vagas), no qual nenhuma vaga para deficientes fora reservada. Consignou a Corte Suprema que reservar uma vaga, ou seja, cinquenta por cento das vagas existentes, **implicaria majoração indevida dos percentuais legalmente estabelecidos.**[67] Destacou-se, na ocasião, a importância de prestigiar a interpretação do texto constitucional consentânea com "a premissa de que a regra geral é o tratamento igualitário (CF, art. 37, II), consubstanciando exceção a separação de vagas para um determinado segmento".

Podemos asseverar que essa orientação jurisprudencial está consolidada. São claras estas palavras do Ministro Gilmar Mendes: "o Supremo Tribunal Federal, buscando garantir razoabilidade à aplicação do disposto no Decreto 3.298/99, entendeu que o referido diploma legal deve ser interpretado em conjunto com a Lei 8.112/90. Assim, as frações, mencionadas no art. 37, § 2.º, do Decreto 3.298/99, deverão ser arredondadas para o primeiro número subsequente, **desde que respeitado o limite máximo de 20% das vagas oferecidas** no certame (art. 5.º, § 2.º, da Lei 8.112/90)".[68] Tratava-se de concurso para cargo federal; no trecho transcrito, onde está escrito Decreto 3.298/1999, vigente na época, pode ser lido, sem qualquer alteração na lógica do argumento, Decreto 9.508/2018.

O mesmo raciocínio vale para os demais entes da Federação, adaptado, obviamente, à legislação específica de cada um: quando o cálculo percentual do número de vagas reservado a candidatos com deficiência em um dado concurso resultar em fração, a regra de arredondamento prevista em tese, seja qual for, não poderá ser aplicada no caso concreto, se isso implicar uma reserva acima do limite máximo previsto na lei local.

São frequentes litígios entre um candidato e a administração pública nos quais aquele se inscreve para concorrer como deficiente em um concurso e, depois da realização das provas, a administração impede o seu prosseguimento no certame, ou a sua nomeação, sob a motivação de que a deficiência por ele alegada não deve ser assim considerada para esse efeito e que, portanto, ele não poderia ter concorrido no âmbito das vagas reservadas. Na maior parte das vezes essas questões acabam sendo levadas ao Poder Judiciário.

---

[67] MS 26.310/DF, rel. Min. Marco Aurélio, 20.09.2007.

[68] MS 30.861/DF, rel. Min. Gilmar Mendes, 22.05.2012. Na mesma linha: RE-AgR 408.727/SE, rel. Min. Gilmar Mendes, 14.09.2010; RE-AgR 440.988/DF, rel. Min. Dias Toffoli, 28.02.2012; ARE-AgR 735.077/ES, rel. Min. Dias Toffoli, 11.03.2014.

Não obstante a dificuldade de apontar quando determinada condição permite, para efeito de participação em concursos públicos, qualificar o candidato como deficiente, merece registro a existência de diversas decisões que reconhecem a quem tem **visão monocular** (ausência de visão em um dos olhos) o **direito de concorrer às vagas reservadas**.[69]

Em 2021, essa orientação foi incorporada ao nosso direito legislado. Deveras, o art. 1.º da Lei 14.126/2021 estabelece que a **visão monocular** classifica-se como "deficiência sensorial, do tipo visual, **para todos os efeitos legais**". O Decreto 10.654/2021 preceitua que, para fins de reconhecimento da condição de pessoa com deficiência, o interessado que tenha visão monocular deverá ser avaliado na forma prevista na Lei 13.146/2015 (Estatuto da Pessoa com Deficiência).

Por outro lado, há decisões do Supremo Tribunal Federal que **não admitem a surdez unilateral** como condição suficiente para ensejar o direito de o candidato participar em concurso público na qualidade de deficiente auditivo. O fundamento é a redação dada pelo Decreto 5.296/2004 ao inciso II do art. 4.º do Decreto 3.298/1999, que **passou a definir como deficiência auditiva apenas a surdez bilateral**.[70]

Embora devesse ser considerado um tanto óbvio, o Supremo Tribunal Federal já precisou esclarecer que **não** se pode estabelecer, como critério para permitir que a pessoa concorra às vagas reservadas, a exigência de que a deficiência por ela apresentada dificulte o desempenho das funções inerentes ao cargo. Em outras palavras, para poder postular as vagas reservadas no certame, **basta que o candidato realmente apresente alguma deficiência**, ainda que esta não implique absolutamente nenhum embaraço ao desempenho das atribuições do cargo para o qual ele esteja concorrendo.[71]

Maiores dificuldades podem surgir para a administração determinar se a deficiência apresentada pelo candidato aprovado no concurso é compatível com o cargo respectivo, ou se ela implica limitações de tal monta que cheguem a inviabilizar o exercício das atribuições desse cargo.

Vale registrar que a Lei 7.853/1989 tipifica como **crime** punível com reclusão de dois a cinco anos e multa a conduta que implique "obstar inscrição em concurso público ou acesso de alguém a qualquer cargo ou emprego público, em razão de sua deficiência" (art. 8.º, II). E acrescenta que "a pena pela **adoção deliberada de critérios subjetivos** para indeferimento de inscrição, de aprovação e de cumprimento de estágio probatório em concursos públicos **não exclui** a responsabilidade patrimonial **pessoal** do administrador público pelos danos causados" (art. 8.º, § 2.º).

Importa ressaltar que o Supremo Tribunal Federal, mais de uma vez, considerou haver **afronta** ao inciso VIII do art. 37 da Constituição quando o edital de concur-

---

[69] **Decisões do STF**: RMS 26.071/DF, rel. Min. Ayres Britto, 13.11.2007; ARE-AgR 760.015/RJ, rel. Min. Roberto Barroso, 24.06.2014; MS-MC 34.623/DF, rel. Min. Edson Fachin, 13.02.2017. No mesmo sentido: **Súmula 377 do Superior Tribunal de Justiça** e **Súmula Administrativa AGU 45/2009**.

[70] MS-AgR 29.910/DF, rel. Min. Gilmar Mendes, 21.06.2011; RMS 33.198/DF, rel. Min. Alexandre de Moraes, 24.05.2018. Veja-se, ainda, o enunciado da **Súmula 552 do STJ**: "O portador de surdez unilateral não se qualifica como pessoa com deficiência para o fim de disputar as vagas reservadas em concursos públicos."

[71] RMS-AgR 32.732/DF, rel. Min. Celso de Mello, 03.06.2014.

Cap. 7 • SERVIDORES PÚBLICOS

so público para determinado cargo (dos quadros da Polícia Federal ou das polícias civis, por exemplo) **não reserva vaga alguma**, fundado no raciocínio apriorístico de que a atividade respectiva **não é compatível com nenhum tipo de deficiência**.

No dizer de nossa Corte Maior, **deve** a administração pública **reservar vagas** para candidatos que tenham deficiências e, **depois de realizado o concurso**, "examinar, com critérios objetivos, se a deficiência apresentada é, ou não, compatível com o exercício do cargo ou da função oferecidos no edital, assegurando a ampla defesa e o contraditório ao candidato, **sem restringir a participação no certame de todos e de quaisquer candidatos portadores de deficiência**".[72]

Posto de outra forma, **o STF não tem admitido**, ainda quando se trate de cargos dos quadros das polícias civis e da Polícia Federal, **que o edital deixe de reservar vaga para pessoas com deficiência**, baseado na implícita presunção, abstratamente estabelecida, de que o exercício das atribuições do cargo não seria compatível com deficiência de espécie alguma. Conforme inspirada dicção da Ministra Cármen Lúcia, "a presunção de que nenhuma das atribuições inerentes aos cargos de natureza policial pode ser desempenhada por pessoas portadoras de uma ou outra necessidade especial é incompatível com o ordenamento jurídico brasileiro, marcadamente assecuratório de direitos fundamentais voltados para a concretização da dignidade da pessoa humana".[73]

Esse posicionamento de nosso Pretório Constitucional parece ter sido reforçado com a edição da já citada Lei 13.146/2015 (Estatuto da Pessoa com Deficiência), a qual, no § 3.º de seu art. 34 – artigo endereçado às "pessoas jurídicas de direito público, privado ou de qualquer natureza" –, **proíbe** "restrição ao trabalho da pessoa com deficiência e qualquer discriminação em razão de sua condição (...), bem como **exigência de aptidão plena**".

Por último, é oportuno registrar o disposto no **Enunciado Administrativo 12/ CNJ** (Publicado no DJ-Eletrônico, Edição n.º 16/2009, de 29.01.2009), do Conselho Nacional de Justiça (CNJ), a seguir transcrito:

> Em todos os concursos públicos para provimento de cargos do Poder Judiciário, inclusive para ingresso na atividade notarial e de registro, será assegurada reserva de vagas a candidatos com deficiência, em percentual não inferior a 5% (cinco por cento), nem superior a 20% (vinte por cento) do total de vagas oferecidas no concurso, vedada a incidência de "nota de corte" decorrente da limitação numérica de aprovados e observando-se a compatibilidade entre as funções a serem desempenhadas e a deficiência do candidato. As listas de classificação, em todas as etapas, devem ser separadas, mantendo-se uma com classificação geral, incluídos os candidatos com deficiência e outra exclusivamente composta por estes.

---

[72] RE-AgR 606.728/DF, rel. Min. Cármen Lúcia, 02.12.2010; RE 676.335/MG, rel. Min. Cármen Lúcia, 21.03.2012; Rcl 14.145/MG, rel. Min. Cármen Lúcia, 28.11.2012.

[73] RE 676.335/MG, rel. Min. Cármen Lúcia – decisão proferida em 26.02.2013, atendendo a pedido de esclarecimento, feito pela União, relativo à aplicação da decisão monocrática de 21.03.2012, que deu provimento a esse recurso extraordinário.

1.1.8. Cargos em comissão e funções de confiança

O inciso V do art. 37 trata da designação para o exercício de funções de confiança e do provimento de cargos em comissão, nos seguintes termos:

> V – as funções de confiança, exercidas exclusivamente por servidores ocupantes de cargo efetivo, e os cargos em comissão, a serem preenchidos por servidores de carreira nos casos, condições e percentuais mínimos previstos em lei, destinam-se apenas às atribuições de direção, chefia e assessoramento;

Nem a Constituição, nem as leis em geral definem ou diferenciam com precisão, quanto ao aspecto conceitual (ontológico), função de confiança e cargo em comissão. Segundo Hely Lopes Meirelles, o **cargo**, seja ele de provimento efetivo ou em comissão, é um lugar na estrutura organizacional da administração, com denominação própria, atribuições e responsabilidades específicas e remuneração correspondente. As funções de confiança, como será visto adiante, somente podem ser exercidas por servidores de carreira, isto é, por agentes titulares de cargos efetivos (o servidor não se afasta de seu cargo para desempenhar uma função de confiança, ela é exercida por ele cumulativamente com as atribuições de seu cargo).

A Lei 8.112/1990, em seu art. 3.º, assim estabelece o conceito de cargo público:

> Art. 3.º Cargo público é o conjunto de atribuições e responsabilidades previstas na estrutura organizacional que devem ser cometidas a um servidor.
>
> Parágrafo único. Os cargos públicos, acessíveis a todos os brasileiros, são criados por lei, com denominação própria e vencimento pago pelos cofres públicos, para provimento em caráter efetivo ou em comissão.

Uma vez que todo cargo encerra um conjunto de atribuições, podemos concluir que não existe cargo sem função. Entretanto, podem existir funções sem um cargo específico correspondente, como é o caso das funções de confiança.

Os **cargos em comissão**, nos termos do inciso II do art. 37 da Constituição, são declarados em lei como de **livre nomeação e exoneração**. Significa isso que, em regra, qualquer pessoa, mesmo que não seja servidor público efetivo em nenhum Poder ou esfera da Federação, pode ser nomeada para exercer um cargo em comissão. A mesma autoridade competente para nomear é competente para, a seu critério, exonerar o servidor ocupante do cargo comissionado.[74]

Exoneração é um ato administrativo que não possui caráter punitivo, vale dizer, o motivo determinante de um ato de exoneração não é a prática de uma infração disciplinar. Ao servidor ocupante de cargo em comissão que cometa infração funcional aplica-se a penalidade administrativa de destituição, ato de caráter punitivo

---

[74] Na órbita **federal**, a Lei 14.204/2021 (regulamentada pelo Decreto 10.829/2021) dispõe sobre: "a instituição dos Cargos Comissionados Executivos (CCE) e as Funções Comissionadas Executivas (FCE)"; "a autorização para o Poder Executivo federal transformar, sem aumento de despesa, cargos em comissão, funções de confiança e gratificações"; e "a simplificação da gestão de cargos em comissão e de funções de confiança".

Cap. 7 • SERVIDORES PÚBLICOS **311**

que deve, por essa razão, ser precedido de processo administrativo disciplinar em que sejam assegurados o contraditório e a ampla defesa.

A exoneração de um servidor ocupante de cargo em comissão é um ato administrativo amplamente discricionário, que não precisa sequer ser motivado. Dada a ausência de caráter punitivo, não se cogita a instauração de processo administrativo, tampouco observância de contraditório ou ampla defesa.

O provimento de cargo em comissão, portanto, é sempre feito a título precário. Não se adquire, em nenhuma hipótese, estabilidade em decorrência do exercício de cargo comissionado, não importa durante quanto tempo o servidor o exerça.

A nomeação para cargo de provimento em comissão – nomeação *ad nutum* – não pode, em regra, ser substituída por outra sistemática de escolha do agente a ser nomeado. Com base nesse entendimento, o Supremo Tribunal Federal já declarou inconstitucionais normas estaduais de iniciativa do Poder Legislativo que previam a **eleição** como forma de escolha de dirigentes de escolas públicas. Deixou assente o Pretório Excelso que a competência para essa nomeação é privativa do Chefe do Poder Executivo, uma vez que o cargo de diretor de escola pública é um cargo em comissão e, como tal, de confiança da citada autoridade, a quem o ordenamento confere as prerrogativas de livre nomeação e exoneração, incompatíveis com o sistema de eleições.[75]

Pela norma constante do inciso V do art. 37, transcrito no início deste tópico, não poderia ocorrer – ao menos teoricamente – que, nos quadros da administração pública de um determinado ente federado, todos os cargos em comissão fossem preenchidos mediante nomeação de pessoas não integrantes dos corpos funcionais permanentes do serviço público. Com efeito, o texto constitucional exige que cada pessoa política estabeleça **em lei** percentuais mínimos dos cargos em comissão que deverão ser preenchidos por servidores de carreira (isto é, concursados), além de casos e condições em que obrigatoriamente isso deva ocorrer. Essa regra, extremamente salutar e moralizadora, foi introduzida pela EC 19/1998.

O Supremo Tribunal Federal firmou a orientação de que **compete a cada ente federativo** definir, em lei própria, as condições e percentuais mínimos para o preenchimento dos cargos em comissão por servidores de carreira, deixando assente que "a competência legislativa referida no inciso V do art. 37 da Constituição pertence à unidade federativa em que se insere o cargo, inclusive no que concerne à definição de parâmetros para a reserva de cargos em comissão a servidores de carreira. Cabe a cada unidade federativa definir os parâmetros para a ocupação de acordo com suas peculiaridades". Na mesma oportunidade, restou ainda averbado que "eventual lei nacional dispondo sobre os casos, condições e percentuais mínimos de cargos em comissão pode afrontar a autonomia e competência de cada um dos entes da Federação para dispor sobre o tema e adequar a matéria a suas necessidades".[76]

Vale abrir um parêntese para registrar que, embora não haja previsão expressa na Constituição Federal, o Decreto 11.443/2023, aplicável no âmbito da administração pública direta, autárquica e fundacional do Poder Executivo da União, estabelece **percentuais mínimos** para o preenchimento de **cargos em comissão** e de **funções de confiança** por **pessoas negras** (as disposições do decreto não se aplicam quando

---

[75] ADI 2.997/RJ, rel. Min. Cezar Peluso, 12.08.2009, entre muitos outros julgados no mesmo sentido; Informativo 555 do STF.

[76] ADO 44/DF, rel. Min. Gilmar Mendes, 18.04.2023 (Informativo 1.091 do STF).

houver lei específica que trate do procedimento de escolha de ocupante de cargo em comissão ou de função de confiança; também não alcançam os cargos privativos de militares das Forças Armadas). Para os fins do Decreto 11.443/2023, "consideram-se pessoas negras as que se autodeclararem pretas e pardas, conforme o quesito cor ou raça usado pela Fundação Instituto Brasileiro de Geografia e Estatística (IBGE) e que possuem traços fenotípicos que as caracterizem como de cor preta ou parda".

Voltando ao dispositivo constitucional em análise, deve-se notar que, mesmo no caso de provimento de cargo em comissão por servidor de carreira, isto é, concursado, jamais se adquirirá estabilidade como decorrência especificamente do exercício do cargo em comissão. A estabilidade poderá ser adquirida pelo servidor em razão de seu cargo efetivo, para o qual ele prestou concurso público, mas não pelo exercício do cargo em comissão.

O servidor de carreira, quando é exonerado de cargo em comissão, permanece vinculado à administração, exercendo normalmente as atribuições de seu cargo efetivo. Já o servidor nomeado para cargo em comissão que não possua vínculo efetivo com o serviço público evidentemente deixa de ter qualquer relação jurídica funcional com a administração pública quando é exonerado.

No caso de **função de confiança**, a designação para o seu exercício deve recair, **obrigatoriamente**, sobre servidor ocupante de cargo efetivo, regra introduzida pela EC 19/1998. Portanto, embora seja um ato amplamente discricionário, não é inteiramente livre, a rigor, a **designação** de servidor para exercer função de confiança. Já a **dispensa** de função de confiança é, deveras, ato plenamente livre, conforme critério exclusivo da autoridade competente.

Vale registrar que o Supremo Tribunal Federal já teve oportunidade de declarar **inconstitucionais** normas que estipulavam a **estabilidade** como requisito para que o servidor integrasse determinada carreira ou ocupasse cargos de direção ou funções gratificadas. Deixou assente a Corte Máxima, entre outros aspectos, que: (a) a participação em determinada carreira decorre da ocupação de cargo de provimento efetivo, acessível a todos que satisfaçam as exigências previstas em lei e que sejam previamente aprovados em concurso público, não sendo admissível exigir a aquisição de estabilidade como condição para que o servidor faça parte da carreira; e (b) todos os servidores de carreira têm possibilidade de ocupar cargos em comissão e funções de confiança, haja vista que, para o preenchimento desses cargos e funções basta a efetividade do servidor, independentemente de estabilidade.

A EC 19/1998 introduziu no inciso V do art. 37 da Carta Política, ora em análise, regra de intuito moralizador segundo a qual as **funções de confiança** e os **cargos em comissão** destinam-se **apenas** às atribuições de **direção**, **chefia** e **assessoramento**.

Em inúmeras ocasiões, o Supremo Tribunal Federal declarou **inconstitucionais** leis estaduais e municipais que pretenderam criar cargos em comissão para o exercício de atividades **rotineiras** da administração, ou de atribuições de **natureza técnica**, **operacional** ou **meramente administrativa**, as quais **não pressupõem a existência de uma relação de confiança** entre a autoridade nomeante e o servidor nomeado.[77] É exemplo emblemático dessa posição jurisprudencial a ementa do acórdão prolatado na ADI 3.602/GO:

---

[77] Vejam-se, entre muitos outros: ADI 3.706/MS, rel. Min. Gilmar Mendes, 15.08.2007; ADI 4.125/TO, rel. Min. Cármen Lúcia, 10.06.2010; RE 376.440/DF, rel. Min. Dias Toffoli, 17.06.2010; ADI 3.602/GO, rel. Min. Joaquim Barbosa, 14.04.2011; AI-AgR 309.399/SP, rel. Min. Dias Toffoli, 20.03.2012.

É inconstitucional a criação de cargos em comissão que não possuem caráter de assessoramento, chefia ou direção e que não demandam relação de confiança entre o servidor nomeado e o seu superior hierárquico, tais como os cargos de Perito MédicoPsiquiátrico, Perito Médico-Clínico, Auditor de Controle Interno, Produtor Jornalístico, Repórter Fotográfico, Perito Psicológico, Enfermeiro e Motorista de Representação. Ofensa ao artigo 37, II e V da Constituição Federal.

Ainda assim, nossa opinião é que o constituinte derivado foi tímido ao restringir às atribuições de direção, chefia e assessoramento a criação de cargos em comissão.

Pensamos que, se a EC 19/1998 houvesse limitado os cargos em comissão **exclusivamente** às atribuições de **direção** e **chefia**, teria realmente contribuído para resolver o sério problema das miríades de apaniguados que abarrotam as repartições públicas brasileiras, prestando serviços de péssima qualidade – quando chegam a prestar algum serviço! –, em um espetáculo degradante de completo descaso para com o dinheiro do contribuinte.

Verificou-se, entretanto, uma verdadeira brecha, representada pelas tais atribuições de "assessoramento" (os famigerados cargos de "aspone"), acessíveis inclusive a pessoas não ocupantes de cargos efetivos. São esses cargos comissionados de "assessoramento", criados às centenas – quando não aos milhares – em todos os níveis da Federação, providos por servidores não titulares de cargos efetivos, que possibilitam as situações mais escandalosas, nas quais alguém que nunca fez um concurso público (ou nunca foi aprovado em algum) é nomeado, com base em um risível critério de "confiança", para nada ou quase nada fazer e ser pago regiamente com significativa parcela do esforço de nosso trabalho, cidadãos não apadrinhados que pagamos tributos!

De todo modo, mesmo inexistindo regra constitucional expressa, existe a possibilidade de o Judiciário exercer algum controle sobre a criação indiscriminada de cargos em comissão, pelo menos nos casos mais escabrosos. Exemplo muito interessante em que o Supremo Tribunal Federal enfrentou esse sério problema, socorrendo-se dos princípios da razoabilidade e da proporcionalidade, tivemos no julgamento do RE 365.368 AgR/SC, rel. Min. Ricardo Lewandowski, em 22.05.2007. No caso concreto apreciado, a Câmara Municipal de Blumenau criara determinados cargos em comissão, de sorte que, dos 67 cargos que passariam a existir ao todo na Câmara, 42 seriam cargos em comissão, e só 25 seriam cargos efetivos. A Corte Maior considerou que tal situação representava afronta à moralidade administrativa, ao princípio do concurso público e aos princípios da razoabilidade e da proporcionalidade. Enfatizando que não se tratava, na hipótese, de apreciação do mérito administrativo, o STF considerou inconstitucional a criação dos cargos comissionados em discussão. Merece transcrição este trecho do registro do julgado, constante do Informativo 468 do STF (grifamos):

> Asseverou-se que, embora não caiba ao Poder Judiciário apreciar o mérito dos atos administrativos, a análise de sua discricionariedade seria possível para a verificação de sua regularidade em relação às causas, aos motivos e à finalidade que ensejam. **Salientando a jurisprudência da Corte no sentido da exigibilidade de realização de concurso público, constituindo-se exceção a criação de cargos**

em comissão e confiança, reputou-se desatendido o princípio da proporcionalidade, haja vista que, dos 67 funcionários da Câmara dos Vereadores, 42 exerceriam cargos de livre nomeação e apenas 25, cargos de provimento efetivo. Ressaltou-se, ainda, que a proporcionalidade e a razoabilidade podem ser identificadas como critérios que, essencialmente, devem ser considerados pela Administração Pública no exercício de suas funções típicas. Por fim, aduziu-se que, concebida a proporcionalidade como correlação entre meios e fins, dever-se-ia observar relação de compatibilidade entre os cargos criados para atender às demandas do citado Município e os cargos efetivos já existentes, o que não ocorrera no caso.

Em 2018, em decisão proferida na sistemática da **repercussão geral**, o Supremo Tribunal Federal **reafirmou a sua jurisprudência** acerca da natureza e das características das atribuições para cujo exercício podem ser criados e preenchidos cargos em comissão, bem como dos requisitos para que a instituição deles – sempre mediante lei – seja validamente efetuada, fixando a seguinte **tese**:[78]

> a) a criação de cargos em comissão somente se justifica para o exercício de funções de direção, chefia e assessoramento, não se prestando ao desempenho de atividades burocráticas, técnicas ou operacionais;
>
> b) tal criação deve pressupor a necessária relação de confiança entre a autoridade nomeante e o servidor nomeado;
>
> c) o número de cargos comissionados criados deve guardar proporcionalidade com a necessidade que eles visam a suprir e com o número de servidores ocupantes de cargos efetivos no ente federativo que os criar; e
>
> d) as atribuições dos cargos em comissão devem estar descritas, de forma clara e objetiva, na própria lei que os instituir.

Ainda sobre essa matéria, interessa anotar que nossa Corte Suprema, em acórdão também prolatado na sistemática da repercussão geral, alertou que, "eventualmente, as leis que criam cargos em comissão conferem-lhes denominações que remetem às referidas funções, mas a descrição das atribuições revela tratar-se de atividades técnicas ou burocráticas". Dessarte, "para concluírem se ocorre, ou não, esta inconstitucional burla ao concurso público, os Tribunais devem analisar a descrição das atribuições dos cargos, constante na norma". Na decisão em apreço, fixou-se a seguinte tese jurídica:[79]

> I – No julgamento de Ação Direta de Inconstitucionalidade proposta para questionar a validade de leis que criam cargos em comissão, ao fundamento de que não se destinam a funções de direção, chefia e assessoramento, o Tribunal deve analisar as atribuições previstas para os cargos;

---

[78] RE 1.041.210/SP (**repercussão geral**), rel. Min. Cármen Lúcia, 28.09.2018. No mesmo sentido: ADI 6.655/SE, rel. Min. Edson Fachin, 09.05.2022 (Informativo 1.053 do STF).

[79] RE 719.870/MG (**repercussão geral**), red. p/ o acórdão Min. Alexandre de Moraes, 09.10.2020.

Cap. 7 • SERVIDORES PÚBLICOS

II – Na fundamentação do julgamento, o Tribunal não está obrigado a se pronunciar sobre a constitucionalidade de cada cargo criado, individualmente.

Por fim, é relevante registrar que o Supremo Tribunal Federal, conferindo máxima efetividade aos princípios constitucionais que orientam a atuação da administração pública como um todo – citando, de forma explícita, os postulados da moralidade administrativa, da impessoalidade e da eficiência –, considerou ofensiva à Constituição da República a prática do denominado **nepotismo** (nomeação de parentes, consanguíneos ou por afinidade, para cargos em comissão e funções de confiança).[80]

Conforme deixou assente nossa Corte Suprema, a **vedação ao nepotismo**, inclusive ao chamado "**nepotismo cruzado**" (dois agentes públicos, em conluio, nomeiam familiares um do outro, simultaneamente ou não),[81] **não depende de lei formal** para ser implementada; tal proibição decorre, diretamente, dos princípios expressos no art. 37, *caput*, da Carta de 1988 – os quais são dotados de eficácia imediata –, devendo ser observada por todos os Poderes da República e por todos os entes da Federação.

Assim, tendo em conta a expressiva densidade axiológica e a elevada carga normativa que encerram os princípios contidos no *caput* do art. 37 da Constituição do Brasil, concluiu o STF que a proibição do nepotismo independe de norma infraconstitucional que obste formalmente essa conduta.

A partir dessa orientação, foi editada a **Súmula Vinculante 13**, cuja redação transcrevemos:

> **13** – A nomeação de cônjuge, companheiro ou parente em linha reta, colateral ou por afinidade, até o terceiro grau, inclusive, da autoridade nomeante ou de servidor da mesma pessoa jurídica, investido em cargo de direção, chefia ou assessoramento, para o exercício de cargo em comissão ou de confiança, ou, ainda, de função gratificada na Administração Pública direta e indireta, em qualquer dos Poderes da União, dos Estados, do Distrito Federal e dos municípios, compreendido o ajuste mediante designações recíprocas, viola a Constituição Federal.

---

[80] ADC 12/DF, rel. Min. Carlos Britto, 20.08.2008; RE 579.951/RN, rel. Min. Ricardo Lewandowski, 20.08.2008 (Informativo 516 do STF).

[81] Um caso bastante ilustrativo de **nepotismo cruzado** foi objeto de decisão do STF no MS 24.020/DF, rel. Min. Joaquim Barbosa, 06.03.2012. Merece transcrição este trecho da ementa do acórdão respectivo:
"No mérito, configurada a prática de nepotismo cruzado, tendo em vista que a assessora nomeada pelo impetrante para exercer cargo em comissão no Tribunal Regional do Trabalho da 17.ª Região, sediado em Vitória-ES, é nora do magistrado que nomeou a esposa do impetrante para cargo em comissão no Tribunal Regional do Trabalho da 1.ª Região, sediado no Rio de Janeiro-RJ.
A nomeação para o cargo de assessor do impetrante é ato formalmente lícito. Contudo, no momento em que é apurada a finalidade contrária ao interesse público, qual seja, uma troca de favores entre membros do Judiciário, o ato deve ser invalidado, por violação ao princípio da moralidade administrativa e por estar caracterizada a sua ilegalidade, por desvio de finalidade".

Esclareceu ainda o STF, em decisão ulterior, que "**não é privativa do Chefe do Poder Executivo** a competência para a iniciativa legislativa de lei sobre nepotismo na administração pública". Reiterou-se, na oportunidade, que "leis com esse conteúdo normativo dão concretude aos princípios da moralidade e da impessoalidade do art. 37, *caput*, da Constituição da República, que, ademais, têm **aplicabilidade imediata**, ou seja, **independente de lei**".[82]

Em outra oportunidade, nossa Corte Suprema deixou assente que os diversos entes federativos dispõem de competência para estabelecer regras restritivas fundadas nos princípios constitucionais que ensejam a vedação ao nepotismo. Especificamente, considerou válida lei municipal que proíbe a celebração de contratos do município com agentes públicos municipais e respectivos parentes, até o terceiro grau (excluiu da proibição somente as pessoas ligadas – por matrimônio ou parentesco, afim ou consanguíneo, até o terceiro grau, inclusive, ou por adoção – a servidores municipais **não ocupantes de cargo em comissão ou função de confiança**, sob pena de infringência ao princípio da proporcionalidade). Sobre o tema, restou averbada a seguinte **tese de repercussão geral**:[83]

> É constitucional o ato normativo municipal, editado no exercício de competência legislativa suplementar, que proíba a participação em licitação ou a contratação: (a) de agentes eletivos; (b) de ocupantes de cargo em comissão ou função de confiança; (c) de cônjuge, companheiro ou parente em linha reta, colateral ou por afinidade, até o terceiro grau, inclusive, de qualquer destes; e (d) dos demais servidores públicos municipais.

É importante ressalvar – embora não esteja explicitado no texto da Súmula Vinculante 13 – que, em um dos precedentes que a ela deram origem (o RE 579.951/RN), afirmou o Supremo Tribunal Federal que **a vedação ao nepotismo não alcança, em regra, a nomeação para cargos políticos**. Em alguns julgados posteriores, essa orientação foi reiterada.[84]

Exemplificando, um prefeito de município, **em princípio**, poderia nomear o seu sobrinho para o cargo político de secretário municipal; um governador de estado, **em regra**, poderia nomear o seu filho para o cargo político de secretário estadual. Entretanto – ainda a título ilustrativo –, o mesmo governador não pode, em hipótese nenhuma, nomear cônjuge, companheira, parentes ou afins (até o terceiro grau) para o cargo meramente administrativo de assessor jurídico do gabinete do secretário de fazenda do estado.

Faz-se necessário frisar que, embora seja verdade que há um número significativo de julgados em que o Supremo Tribunal Federal afastou a incidência da Súmula

---

[82] RE 570.392/RS (**repercussão geral**), rel. Min. Cármen Lúcia, 11.12.2014 (Informativo 771 do STF).

[83] RE 910.552/MG (**repercussão geral**), red. p/ o acórdão Min. Roberto Barroso, 04.07.2023 (Informativo 1.101 do STF).

[84] Rcl-MC-AgR 6.650/PR, rel. Min. Ellen Gracie, 16.10.2008; Rcl-AgR 22.339, red. p/ o acórdão Min. Gilmar Mendes, 04.09.2018; Rcl-AgR 29.033/RJ, rel. Min. Roberto Barroso, 17.09.2019.

Vinculante 13 em hipóteses de nomeação de parentes ou afins para **cargos políticos**, em todos eles os seus ministros têm dado ênfase às circunstâncias específicas do caso concreto.[85] Por exemplo, mesmo sendo para um cargo político, a nomeação será **ilícita**, configurando o nepotismo, com violação da Súmula Vinculante 13, se ficar demonstrado que ela se deu **exclusivamente** por causa do parentesco (o nomeado não possui qualquer qualificação profissional, curricular ou técnica que justifique a sua escolha), ou como uma troca de favores, ou para burlar uma situação anterior irregular, entre outras possibilidades em que fique patentemente caracterizada a afronta aos princípios da moralidade e da impessoalidade administrativas.

Já houve, ademais, decisões em que a nomeação de parente para cargo político foi considerada inconstitucional sem ressalvas. Em uma delas, foi esgrimido simplesmente como fundamento a constatação de que, no texto da Súmula Vinculante 13, não é feita distinção alguma quanto à natureza – política ou meramente administrativa – dos cargos e funções a que ela se refere.[86] Em outra, afirmou-se categoricamente que a interpretação que excepciona da incidência da Súmula Vinculante 13 aos cargos de natureza política não encontra amparo na Constituição. Vale transcrever, desta decisão, o seguinte excerto da ementa do acórdão respectivo (grifamos):[87]

> A proibição ao nepotismo **decorre diretamente dos princípios da impessoalidade, da moralidade e da eficiência e é evidente que eles também incidem sobre os chamados cargos políticos**. Quanto mais próximo da legitimidade do voto popular, maior a responsabilidade do governante para afastar qualquer conflito de interesse que possa macular sua atuação. Quanto mais alto o cargo, maior deve ser a exigência pela obediência incondicional à Constituição e a seus princípios.

Em suma, **não se pode asseverar que a jurisprudência do Supremo Tribunal Federal esteja pacificada** quanto à configuração de nepotismo na nomeação de familiares para **cargos de natureza política**. A questão deverá ser esclarecida a contento quando for julgado o RE 1.133.118/SP, rel. Min. Luiz Fux, que teve a sua **repercussão geral** reconhecida em 14.06.2018 – sem julgamento de mérito até o fechamento desta edição.

Interessa registrar que a Corte Suprema já decidiu que "o conceito de parentesco para efeitos da incidência da Súmula não coincide com o do Código Civil, pois o problema não é de definir quais são os parentes para efeitos civis, mas definir quais aquelas pessoas que, sob a classe de parentela, tendem a ser escolhidas, não por interesse público, mas por interesse de caráter pessoal".[88] Na oportunidade, foi rechaçada a alegação de que "concunhados" não seriam alcançados pela Súmula

---

[85] Rcl-MC 6.938/MG, rel. Min. Cármen Lúcia, 22.08.2011; Rcl-MC 12.478/DF, rel. Min. Joaquim Barbosa, 03.11.2011; Rcl-MC 13.347, rel. Min. Ayres Britto, 23.03.2012; Rcl-MC 14.549/DF, rel. Min. Ricardo Lewandowski, 27.09.2012; Rcl 17.102/DF, rel. Min. Luiz Fux, 11.02.2016.

[86] Rcl-TA 26.303/RJ, rel. Min. Marco Aurélio, 08.02.2017.

[87] Rcl-AgR 26.448/RJ, rel. Min. Edson Fachin, 19.12.2019.

[88] Rcl-AgR 26.448/RJ, rel. Min. Edson Fachin, 19.12.2019.

Vinculante 13 – os interessados invocavam o § 1.º do art. 1.595 do Código Civil, segundo o qual "o parentesco por afinidade limita-se aos ascendentes, aos descendentes e aos irmãos do cônjuge ou companheiro". Restou consignado que, para o fim de aplicação da Súmula Vinculante 13, "o parentesco por afinidade não é limitado apenas aos ascendentes, descendentes, irmãos, cônjuges ou companheiros" e, para esse efeito, "os chamados 'concunhados' estão abrangidos no conceito de parente de 3.º grau em linha colateral".

No âmbito da **administração pública federal**, o **Decreto 7.203/2010**, posterior à Súmula Vinculante 13, regulamenta a proibição do nepotismo, incluído o nepotismo cruzado, estendendo as vedações, também, às contratações de agentes para atenderem a necessidade temporária de excepcional interesse público (CF, art. 37, IX), salvo se efetuadas mediante prévio processo seletivo regular, e às contratações de estagiários, a menos que precedidas de processo seletivo apto a assegurar a isonomia entre os concorrentes (art. 3.º).

O Decreto 7.203/2010 procura coibir, ainda, a situação, nada incomum, em que **empresas privadas** prestadoras de serviços terceirizados, ou **entidades privadas** que desenvolvem projetos no âmbito da administração pública federal, contratam para os seus quadros, por "influência" de servidores titulares de cargo em comissão ou função de confiança, familiares desses agentes (art. 6.º, II). Ademais, no caso de tais empresas ou entidades privadas já terem em seus quadros, **antes de serem contratadas pela administração pública**, familiares de agente público que possua cargo em comissão ou função de confiança, ficam esses familiares **proibidos de prestar serviços** no órgão ou entidade pública em que o citado agente tenha exercício (art. 7.º).

Igualmente relevante é anotar que o decreto em foco proíbe contratações de pessoas jurídicas, sem licitação, quando elas possuam administrador ou sócio com poder de direção que seja familiar de servidor ocupante de cargo em comissão ou função de confiança que atue na área responsável pela demanda ou contratação, ou que seja familiar de autoridade hierarquicamente superior a tal servidor no âmbito de cada órgão e de cada entidade (art. 3.º, § 3.º).

Foi atribuída à Controladoria-Geral da União a competência para a fiscalização da implementação e da observância das disposições do Decreto 7.203/2010, sem prejuízo do dever que têm as demais autoridades administrativas de zelar pelo cumprimento dele e apurar as irregularidades que verificarem, ou levá-las ao conhecimento de quem seja competente para apurá-las (arts. 5.º e 8.º).

1.1.9. Contratação por tempo determinado

O inciso IX do art. 37 da Constituição de 1988 prevê uma outra forma de admissão de agentes públicos pela administração pública, diversa do provimento de cargos efetivos e do preenchimento de empregos públicos mediante concurso público e diversa da nomeação para cargos em comissão. Trata-se da contratação por tempo determinado, para atender necessidade temporária de excepcional interesse público. É a seguinte a redação do citado dispositivo:

Cap. 7 • SERVIDORES PÚBLICOS

IX – a lei estabelecerá os casos de contratação por tempo determinado para atender a necessidade temporária de excepcional interesse público;

O pessoal contratado com base no inciso IX do art. 37 do Texto Magno **não ocupa cargo público**. Eles não estão sujeitos ao regime estatutário a que se submetem os servidores públicos titulares de cargos efetivos e os servidores públicos ocupantes de cargos em comissão.

Embora os agentes públicos temporários vinculem-se à administração pública por um contrato, **não é** este o **contrato de trabalho** propriamente dito, de que trata a Consolidação das Leis do Trabalho (CLT).

Vale frisar: o regime jurídico dos agentes públicos contratados por tempo determinado **não é trabalhista**, isto é, eles não são empregados celetistas, **não têm emprego público**. Todavia, não podem tais agentes, tampouco, ser enquadrados como servidores públicos estatutários típicos, pois não têm cargo público, embora estejam vinculados à administração pública por um regime funcional de direito público, de **natureza jurídico-administrativa**.

Podemos dizer que os agentes públicos contratados por tempo determinado exercem **função pública** remunerada temporária e têm uma relação funcional com o Poder Público de natureza jurídico-administrativa – e **não trabalhista**. Conquanto celebrem um contrato com a administração pública, é este um **contrato de direito público**, e **não** o **contrato de trabalho** que gera relação de emprego, previsto na CLT.

Por **não estarem** os agentes públicos temporários contratados com base no inciso IX do art. 37 da Constituição sujeitos a **regime trabalhista**, o Supremo Tribunal Federal já pacificou o entendimento de que as lides entre eles e o Poder Público contratante **não são da competência da Justiça do Trabalho**.[89] Os agentes temporários federais, nas causas relacionadas à sua relação funcional com a administração pública federal, têm foro na Justiça Federal; os temporários estaduais e municipais, nas demandas atinentes à sua relação funcional com a administração pública respectiva, têm foro na Justiça Estadual.

Não obstante o fato de **não serem** os agentes públicos contratados por tempo determinado **regidos pela CLT**, a jurisprudência do Supremo Tribunal Federal firmou-se pela aplicabilidade, a eles, dos direitos sociais constitucionais previstos no art. 7.º da Carta de 1988. Veja-se, como exemplo, este excerto da ementa de acórdão da Corte Suprema:[90]

> **Servidor temporário. Contrato prorrogado sucessivamente. Gratificação natalina e férias. Percepção. Possibilidade. Precedentes.**
>
> 1. A jurisprudência desta Corte é no sentido de que é devida a extensão dos diretos sociais previstos no art. 7.º da Constituição Federal a servidor contratado temporariamente, nos moldes do art.

---

[89] RE 573.202/AM (repercussão geral), rel. Min. Ricardo Lewandowski, 21.08.2008.

[90] ARE-AgR 642.822/PE, rel. Min. Dias Toffoli, 21.08.2012. No mesmo sentido: ARE-AgR 649.393/MG, rel. Min. Cármen Lúcia, 22.11.2011; ARE-AgR 663.104/PE, rel. Min. Ayres Britto, 20.02.2012; AI-AgR 767.024/PE, rel. Min. Dias Toffoli, 13.03.2012.

37, inciso IX, da referida Carta da República, notadamente quando o contrato é sucessivamente renovado.

O **regime de previdência social** a que estão sujeitos os agentes públicos contratados por tempo determinado é o **regime geral** (RGPS), aplicável a todos os trabalhadores civis, com exceção dos titulares de cargos públicos efetivos.

Na esfera federal, a contratação por prazo determinado encontra-se disciplinada na Lei 8.745/1993, bastante alterada por diversas leis posteriores. O âmbito de aplicação dessa lei restringe-se aos órgãos da administração direta federal, às autarquias e às fundações públicas federais.

A Lei 8.745/1993 estabelece, como determina a Constituição, as situações que podem ser consideradas como necessidade temporária de excepcional interesse público, aptas a ensejar a contratação de pessoal por tempo determinado. Não poderia ser deixado o estabelecimento dessas situações a critério do administrador, pois se estaria frustrando o dispositivo constitucional.

A contratação temporária na esfera federal **não** é feita mediante concurso público, mas sim por meio de **processo seletivo simplificado** sujeito a ampla divulgação, inclusive no Diário Oficial da União.

É **dispensado processo seletivo** nas hipóteses de contratação para atender às necessidades decorrentes de **risco iminente** à saúde animal, vegetal ou humana, de calamidade pública e de emergência ambiental, fitossanitária, zoossanitária ou em saúde pública (art. 3.º, § 1.º).

Em alguns casos, como no de contratação de professor visitante, nacional ou estrangeiro, e no de contratação de pesquisador, de técnico com formação em área tecnológica de nível intermediário ou de tecnólogo, nacionais ou estrangeiros, para projeto de pesquisa com prazo determinado, em instituição destinada à pesquisa, ao desenvolvimento e à inovação, a Lei 8.745/1993 **faculta** a seleção baseada somente em **análise de currículo** que demonstre notória capacidade técnica ou científica do profissional (art. 3.º, § 2.º).

Os **prazos máximos** de duração dos contratos, **incluídas as prorrogações** (quando cabíveis), são estabelecidos no art. 4.º da Lei 8.745/1993, de acordo com a hipótese de contratação. A fixação desses prazos máximos visa a impedir que se perpetuem as contratações (por exemplo, mediante prorrogações sucessivas e ilimitadas), com burla à exigência de ingresso no serviço público mediante concurso público – que é a regra geral – e afronta a outros princípios constitucionais administrativos, tais quais os da moralidade e da impessoalidade.

Além da estipulação de prazos máximos para a duração dos contratos, a Lei 8.745/1993 estabelece, no art. 9.º, III, uma regra de "**quarentena**", nos termos da qual é **vedada** nova contratação temporária do mesmo agente **antes de decorridos vinte e quatro meses do encerramento de seu contrato anterior** (são exceções a essa proibição as contratações para assistência a situações de calamidade pública e para combate a emergências ambientais, desde que previamente autorizadas).

O Supremo Tribunal Federal já deixou assente que essa **restrição à recontratação** de agentes temporários é **compatível com a Constituição Federal**, consignando que "não configura ofensa à isonomia a previsão legal de proibição, por prazo determinado, de nova contratação de candidato já anteriormente admitido em processo seletivo simplificado para atender a necessidade temporária de excepcional interesse público".[91]

A extinção do contrato temporário pode ocorrer a pedido do contratado ou, de pleno direito, pelo simples término do prazo determinado. Nessas duas hipóteses não assiste ao contratado qualquer direito a indenização.

Pode, ainda, o contrato ser extinto por iniciativa do órgão ou entidade contratante, decorrente de conveniência administrativa. Neste caso, o contratado fará jus a indenização correspondente à metade do que lhe caberia referente ao restante do contrato (por exemplo, se a remuneração era de R$ 4.000,00 por mês e o contrato é extinto pela administração cinco meses antes do término originalmente previsto, o contratado terá direito a uma indenização de R$ 10.000,00).

O Supremo Tribunal Federal reiteradamente tem asseverado que o inciso IX do art. 37 da Constituição **deve ser interpretado restritivamente**, porque configura exceção à regra geral – corolário do princípio republicano – de que o concurso público é o meio idôneo de ingresso no serviço público.[92]

Pacífico é o entendimento de nossa Corte Suprema segundo o qual **não é válida** a utilização da contratação temporária de que trata o inciso IX do art. 37 para **funções meramente burocráticas**, por não se caracterizar, nesse caso, o "excepcional interesse público" exigido pelo texto constitucional.[93]

Controvérsia de monta houve quanto à possibilidade de a lei autorizar a contratação temporária de agentes para atividades que, embora não sejam meramente burocráticas, configurem **funções permanentes e ordinárias** do órgão ou entidade contratante.

Depois de proferir decisões nos dois sentidos – (a) exigindo que a própria função a ser desempenhada tivesse que ser temporária, não bastando que a necessidade fosse passageira; e (b) admitindo a contratação temporária para atividades permanentes e ordinárias do órgão ou entidade, desde que a necessidade seja temporária e excepcional, conforme prévia especificação legal –, o Supremo Tribunal Federal firmou o entendimento de que a natureza da função, por si só, não determina a constitucionalidade, ou não, da lei que preveja a contratação temporária. Até mesmo funções de natureza permanente podem admitir contratação com base no inciso IX do art. 37 da Carta de 1988, **desde que justificada por situação fática excepcional**, adequadamente definida em lei anterior à contratação (são inconstitucionais disposições legais que contenham hipóteses autorizadoras de contratação temporária genéricas, imprecisas, mal definidas).

---

[91] RE 635.648/CE (**repercussão geral**), rel. Min. Edson Fachin, 14.06.2017 (Informativo 869 do STF).

[92] ADI 1.500/ES, rel. Min. Carlos Velloso, 19.06.2002; ADI 2.229/ES, rel. Min. Carlos Velloso, 09.06.2004; ADI 3.210/PR, rel. Min. Carlos Velloso, 11.11.2004; ADI 3.430/ES, rel. Min. Ricardo Lewandowski, 12.08.2009; ADI 3.649/RJ, rel. Min. Luiz Fux, 28.05.2014.

[93] ADI 2.987/SC, rel. Min. Sepúlveda Pertence, 19.02.2004; ADI 3.430/ES, rel. Min. Ricardo Lewandowski, 12.08.2009.

Vale repetir: a **regra** é a **impossibilidade** de contratação temporária para o exercício de **atividades ordinárias e permanentes** do órgão ou entidade, mas **essa vedação não é absoluta**, ela poderá ceder, em casos realmente excepcionais e transitórios, desde que **previamente especificados em lei**.

Transcrevemos excerto da ementa do acórdão em que nossa Corte Suprema assentou essa orientação (grifamos):[94]

> 2. Prevalência da regra da obrigatoriedade do concurso público (art. 37, inciso II, CF). As regras que restringem o cumprimento desse dispositivo estão previstas na Constituição Federal e devem ser **interpretadas restritivamente**. 3. O conteúdo jurídico do art. 37, inciso IX, da Constituição Federal pode ser resumido, ratificando-se, dessa forma, o entendimento da Corte Suprema de que, para que se considere **válida** a **contratação temporária**, é preciso que: a) os casos excepcionais estejam previstos em lei; b) o prazo de contratação seja predeterminado; c) a necessidade seja temporária; d) o interesse público seja excepcional; e) a necessidade de contratação seja indispensável, sendo **vedada** a contratação para os **serviços ordinários permanentes** do Estado, **e** que **devam estar** sob o espectro das **contingências normais** da administração.

A leitura do inteiro teor do acórdão permite constatar que **não foi estabelecida uma vedação absoluta** à contratação temporária "para os **serviços ordinários permanentes do Estado**", mas foi enfatizado que não se pode admitir que a administração pública, por má gestão, deixe serviços permanentes ou essenciais ficarem à míngua de recursos materiais e humanos durante anos para, então, alegar premente interesse público e, assim, com base em uma lei genérica, contratar pessoal para atividades ordinárias e regulares sob o pretexto de "necessidade excepcional". Para ser legítima, a necessidade deve decorrer de situações fáticas, previamente descritas na lei, realmente excepcionais e transitórias, e **não ocasionadas por incúria administrativa**.

1.2. Direito de associação sindical dos servidores públicos

O inciso VI do art. 37 da Constituição de 1988 garante ao servidor público o direito à livre associação sindical, nos mesmos moldes em que é assegurado esse direito aos trabalhadores em geral, pelo art. 8.º da Carta Política. A norma do art. 37, VI, é autoaplicável, diferentemente, como veremos, da que trata do direito de greve dos servidores públicos.

---

[94] RE 658.026/MG (**repercussão geral**), rel. Min. Dias Toffoli, 09.04.2014 (Informativo 742 do STF). No mesmo sentido: ADI 3.247/MA, rel. Min. Cármen Lúcia, 26.03.2014 (Informativo 740 do STF); ADPF 915/MG, rel. Min. Ricardo Lewandowski, 23.05.2022 (Informativo 1.055 do STF).

Cap. 7 • SERVIDORES PÚBLICOS

É relevante observar que existe disposição diametralmente oposta endereçada aos **militares**: a eles são **vedadas** a **sindicalização** e a **greve**, proibição vazada em norma constitucional autoaplicável (art. 142, § 3.º, IV), que não comporta qualquer exceção.

Outra anotação importante diz respeito ao direito de negociação coletiva e ao ajuizamento de ações coletivas perante a **Justiça do Trabalho**, que se encontravam assegurados pelas alíneas "d" e "e" do art. 240 da Lei 8.112/1990. Ambas as alíneas, atualmente revogadas pelo art. 18 da Lei 9.527/1997, foram declaradas inconstitucionais pelo STF no julgamento da ADI 492/DF, de 12.03.1993. É firme a jurisprudência de nossa Corte Suprema segundo a qual as lides entre servidores públicos federais e a administração pública federal são de competência da **Justiça Federal**.

Ademais, entende o Supremo Tribunal Federal que a negociação coletiva é incompatível com o regime jurídico estatutário, orientação que deu origem à sua Súmula 679, com este enunciado:

> **679** – A fixação de vencimentos dos servidores públicos não pode ser objeto de convenção coletiva.

1.3. Direito de greve dos servidores públicos

Os **servidores públicos** passaram a ter o **direito de greve** constitucionalmente reconhecido a partir da Carta de 1988. O dispositivo em que a matéria é tratada – inciso VII do art. 37 – alberga uma típica norma constitucional de **eficácia limitada**, consoante a consagrada classificação de José Afonso da Silva. Portanto, para que a norma em questão possa produzir a integralidade de seus efeitos, é **necessária** a sua **regulamentação** pelo legislador ordinário.

É oportuno observar que o direito de greve do **trabalhador da iniciativa privada** está assegurado no art. 9.º da Constituição, em uma **norma de eficácia contida** (adotada, igualmente, a classificação de José Afonso da Silva). Significa que a aplicabilidade da norma é imediata – o direito que ela estabelece não demanda regulamentação infraconstitucional alguma, pode ser exercido desde logo –, mas o próprio texto constitucional prevê ulterior restrição de seu alcance pelo legislador ordinário.

Com a leitura dos dispositivos fica patente a diferença:

> Art. 9.º É assegurado o direito de greve, competindo aos trabalhadores decidir sobre a oportunidade de exercê-lo e sobre os interesses que devam por meio dele defender.
>
> § 1.º A lei definirá os serviços ou atividades essenciais e disporá sobre o atendimento das necessidades inadiáveis da comunidade.
>
> § 2.º Os abusos cometidos sujeitam os responsáveis às penas da lei.
>
> ....
>
> Art. 37. A administração pública direta e indireta de qualquer dos Poderes da União, dos Estados, do Distrito Federal e dos Municípios obedecerá aos princípios de legalidade, impessoalidade, moralidade, publicidade e eficiência e, também, ao seguinte:

....

VII – o direito de greve será exercido nos termos e nos limites definidos em lei específica;

....

Constata-se que o texto constitucional não estipula as condições em que o direito de greve poderá ser concretamente exercido pelos servidores públicos. É necessária a edição de uma **lei ordinária específica** que estabeleça os termos de exercício desse direito e os limites a serem observados (originariamente, a Constituição de 1988 exigia **lei complementar** para a regulamentação do direito de greve dos servidores públicos; foi a partir da EC 19/1998 que passou a ser requerida **lei ordinária** específica).

A lei regulamentadora do direito de greve dos servidores públicos, exigida pela Carta da República, até hoje não foi editada. Em face dessa prolongada inércia de nosso legislador, o Supremo Tribunal Federal, em 2007, no julgamento de importantes **mandados de injunção**, determinou a **aplicação temporária** ao setor público, **no que couber**, da **lei de greve vigente no setor privado** (Lei 7.783/1989), até que o Congresso Nacional cumpra a sua obrigação constitucional.[95]

Contudo, mesmo depois dessa orientação, permaneceu controversa, durante muito tempo, a possibilidade de a administração pública descontar, por ato próprio, a remuneração de seus servidores relativa aos dias em que eles tenham paralisado as suas atividades por participação em movimento grevista. A dúvida residia no cabimento, ou não, de se invocar o art. 7.º da Lei 7.783/1989, nos termos do qual "a participação em greve **suspende o contrato de trabalho**" – e, por conseguinte, o pagamento da remuneração relativa ao período correspondente. Vale lembrar que servidores públicos não têm contrato de trabalho – e sim uma relação estatutária, não contratual, com o Poder Público.

Em 2016, afinal, nossa Corte Suprema decidiu, com **repercussão geral**, que a administração pública **deve** efetuar, ela mesma, sem necessidade de autorização judicial, o **desconto da remuneração** dos dias de paralisação por motivo de greve de seus servidores. Foram **excepcionadas**, tão somente, as situações em que a greve haja sido provocada por uma **conduta ilícita do Poder Público** (ele tenha concorrido, mediante comportamento recriminável, para a deflagração do movimento paredista). O desconto da remuneração **pode** ser evitado, caso os servidores e a administração pública entrem em **acordo** para a **compensação dos dias parados**. Para fins de repercussão geral, restou fixada a seguinte **tese**:[96]

> A administração pública deve proceder ao desconto dos dias de paralisação decorrentes do exercício do direito de greve pelos servidores públicos, em virtude da suspensão do vínculo funcional que dela decorre, permitida a compensação em caso de acordo. O

---

[95] MI 670/ES e MI 708/DF, rel. Min. Gilmar Mendes, 25.10.2007; MI 712/PA, rel. Min. Eros Grau, 25.10.2007.

[96] RE 693.456/RJ (**repercussão geral**), rel. Min. Dias Toffoli, 27.10.2016 (Informativo 845 do STF).

desconto será, contudo, incabível se ficar demonstrado que a greve foi provocada por conduta ilícita do Poder Público.

Vale anotar que, consoante já se posicionou o Supremo Tribunal Federal, **são incompatíveis com a Carta de 1988** disposições normativas que estabeleçam **sanções administrativas diferenciadas** para o **servidor que esteja em estágio probatório**, pelo simples fato de ele **haver aderido a uma greve**. Entende o Tribunal Maior que não existe base constitucional para que se faça distinção entre servidores em estágio probatório e os demais, em função de participação em movimentos grevistas. E que tal discriminação viola, ainda, em um plano mais genérico, o **princípio da isonomia**. Sob esses fundamentos, foi declarado inconstitucional decreto do Estado de Alagoas que determinava a imediata exoneração de servidor público que estivesse em estágio probatório, caso ficasse comprovado que ele havia paralisado o exercício do seu cargo a título de greve.[97]

Quanto aos destinatários, entendemos que o art. 37, VII, **não se aplica aos empregados públicos**. O direito de greve do empregado público (celetista), a nosso ver, é regido pelas disposições do art. 9.º da Constituição. Isso porque a restrição constante do art. 37, VII, é justificada pelo **regime de direito público** a que se submetem os **servidores estatutários**. Os empregados públicos, por serem regidos predominantemente pelo direito privado, sujeitam-se às regras aplicáveis aos trabalhadores em geral. Reconhecemos que o tema é controverso, principalmente em relação a empregados públicos vinculados a pessoas jurídicas de direito público.

Sem prejuízo da opinião exposta no parágrafo anterior, é mister trazer a lume acórdão do Supremo Tribunal Federal – a nosso ver um tanto surpreendente –, prolatado na sistemática de repercussão geral, segundo o qual a **abusividade de greves** realizadas por agentes públicos da **administração direta**, de **autarquias** e de **fundações públicas** submetidos a **regime celetista** deve ser julgada pela **Justiça Federal ou pela Justiça Estadual** – e **não pela Justiça do Trabalho**.[98]

Conquanto, em regra, os agentes públicos das administrações diretas, das autarquias e das fundações públicas dos diversos entes integrantes da Federação sejam servidores públicos em sentido estrito (isto é, **estatutários**), existem, sobretudo nos municípios, muitos agentes contratados sob regime celetista (**empregados públicos**). Pois bem, o julgado em comento, exclusivamente para o efeito de determinar a Justiça competente em ações que versem sobre abuso no exercício do direito de greve, igualou aos servidores estatutários os referidos agentes celetistas (deve-se enfatizar que a decisão **não incluiu** os empregados públicos das **empresas públicas e sociedades de economia mista**). Para fins de **repercussão geral**, foi fixada a seguinte **tese**:

---

[97] ADI 3.235/AL, red. p/ o acórdão Min. Gilmar Mendes, 04.02.2010.

[98] RE 846.854/SP (**repercussão geral**), red. p/ o acórdão Min. Alexandre de Moraes, 01.08.2017 (Informativo 871 do STF).

A Justiça Comum, Federal ou Estadual, é competente para julgar a abusividade de greve de servidores públicos celetistas da administração pública direta, autarquias e fundações públicas.

O direito de greve é **vedado aos militares**, sem nenhuma exceção, nos termos do art. 142, § 3.º, IV, da Carta Política.

Ademais, o Supremo Tribunal Federal consolidou em sua jurisprudência o entendimento de que **também são proibidos de fazer greve os membros das polícias civis e todos os servidores que atuem diretamente na área de segurança pública** – muito embora nenhum desses agentes esteja enquadrado no art. 142 da Constituição (eles **não são militares**).

No intuito de amenizar os evidentes efeitos deletérios dessa orientação aos interesses corporativos dos servidores por ela atingidos, nossa Corte Constitucional complementou-a com a determinação (cuja eficácia prática nos parece assaz duvidosa) de que o Poder Público participe de procedimento de mediação instaurado pelos órgãos de classe respectivos, visando a discutir as reivindicações de seus membros.

Na decisão em que se assentou o entendimento ora em foco, a seguinte **tese de repercussão geral** restou consignada:[99]

> 1 – O exercício do direito de greve, sob qualquer forma ou modalidade, é vedado aos policiais civis e a todos os servidores públicos que atuem diretamente na área de segurança pública.
>
> 2 – É obrigatória a participação do Poder Público em mediação instaurada pelos órgãos classistas das carreiras de segurança pública, nos termos do art. 165 do CPC, para vocalização dos interesses da categoria.

1.4. Disposições constitucionais pertinentes à remuneração dos agentes públicos

1.4.1. Fixação da remuneração e revisão geral anual

Estabelece o inciso X do art. 37 da Constituição, com a redação dada pela EC 19/1998:

> X – a remuneração dos servidores públicos e o subsídio de que trata o § 4.º do art. 39 somente poderão ser fixados ou alterados por lei específica, observada a iniciativa privativa em cada caso, assegurada revisão geral anual, sempre na mesma data e sem distinção de índices;

---

[99] ARE 654.432/GO (**repercussão geral**), red. p/ o acórdão Min. Alexandre de Moraes, 05.04.2017 (Informativo 860 do STF). Decisões anteriores do STF no mesmo sentido: Rcl 6.568/SP, rel. Min. Eros Grau, 21.05.2009; AC 3.034/DF, rel. Ministro Cezar Peluso, 16.11.2011; MI-AgR 774/DF, rel. Min. Gilmar Mendes, 28.05.2014.

Cap. 7 • SERVIDORES PÚBLICOS

A mais importante alteração trazida a esse dispositivo pela EC 19/1998 foi a exigência de **lei específica** para que se fixe ou altere a remuneração (em sentido amplo) dos servidores públicos. Isso quer dizer que cada alteração de remuneração de qualquer cargo público deverá ser feita por meio da edição de uma **lei ordinária** que somente trate desse assunto – a mesma lei pode cuidar da remuneração de um ou de mais de um cargo, ou ainda de todos os cargos do respectivo ente federado, como ocorre nos casos da revisão geral anual exigida pelo dispositivo constitucional ora em foco.

Faz-se necessário esclarecer que o denominado "**subsídio**", a que o texto do inciso X do art. 37 alude, é uma espécie remuneratória introduzida em nosso ordenamento pela EC 19/1998, obrigatória para determinados cargos e facultativa para outros, conforme será estudado à frente, em tópico separado. Nos termos do § 4.º do art. 39 da Constituição, o **subsídio** deve ser "fixado em **parcela única**, vedado o acréscimo de qualquer gratificação, adicional, abono, prêmio, verba de representação ou outra espécie remuneratória". O subsídio é **espécie** do gênero "**remuneração**" (em sentido amplo).

Portanto, o enunciado do inciso X do art. 37, ao mencionar "a remuneração dos servidores públicos e o subsídio", está, na verdade, englobando as duas espécies remuneratórias que os servidores públicos estatutários podem perceber (vencimentos e subsídios). Não é alcançado pelo citado dispositivo constitucional o "**salário**", nome dado ao pagamento de serviços profissionais prestados em uma **relação de emprego**, sujeita ao **regime trabalhista**, regulado pela Consolidação das Leis do Trabalho (os **empregados públicos** recebem salário).

A iniciativa privativa das leis que fixem ou alterem remunerações e subsídios dependerá do cargo (ou cargos) a que a lei se refira. Uma leitura sistemática da Constituição, atinente às principais hipóteses de iniciativa de leis que tratem de remuneração de cargos públicos, fornece-nos o seguinte quadro:

a) para os cargos da estrutura do Poder Executivo federal, a iniciativa é privativa do Presidente da República (CF, art. 61, § 1.º, II, "a");

b) para os cargos da estrutura da Câmara dos Deputados, a iniciativa é privativa dessa Casa (CF, art. 51, IV);

c) para os cargos da estrutura do Senado Federal, a iniciativa é privativa dessa Casa (CF, art. 52, XIII);

d) ao Supremo Tribunal Federal, aos Tribunais Superiores e aos Tribunais de Justiça compete privativamente propor ao Poder Legislativo respectivo a remuneração dos seus serviços auxiliares e dos juízos que lhes forem vinculados, bem como a fixação do subsídio de seus membros e dos juízes, inclusive dos tribunais inferiores, onde houver (CF, art. 48, XV, e art. 96, II, "b").

O Supremo Tribunal Federal entende que a concessão da "revisão **geral anual**" a que se refere o inciso X do art. 37 da Constituição deve ser efetivada mediante lei de **iniciativa privativa** do Chefe do Poder Executivo de cada ente federado. Segundo a Corte Maior, essa "revisão geral anual" enquadra-se no disposto no art. 61, § 1.º,

II, "a", da Carta Política (iniciativa privativa do Presidente da República que, simetricamente, é de observância obrigatória para os demais integrantes da Federação).[100]

Diferente é a situação quando, por exemplo, o Poder Legislativo pretende conceder aumento de remuneração aos servidores de seus respectivos quadros. Nessa hipótese, a iniciativa será da própria Casa legislativa, porque uma alteração como essa, de abrangência limitada, não configura "revisão **geral**" de remuneração. O texto abaixo, veiculado no Informativo 468 do STF, ilustra bem tal orientação (grifamos):

> O Tribunal conheceu em parte de ação direta ajuizada pelo Presidente da República e, na parte conhecida, julgou improcedente o pedido nela formulado de declaração de inconstitucionalidade das Leis 11.169/2005 e 11.170/2005, de iniciativa, respectivamente, da Câmara dos Deputados e do Senado Federal, que alteraram a remuneração dos servidores dessas Casas Legislativas, majorandoa em 15%. **Afastou-se a alegação de ofensa ao art. 61, § 1.º, II, "a", da CF, haja vista não se tratar de normas que pretenderam revisão geral anual de remuneração dos servidores públicos** (CF, art. 37, X), mas de normas específicas, daquelas Casas Legislativas, que concederam majoração de remuneração a seus servidores, com base no art. 51, IV, e no art. 52, XIII, ambos da CF, não havendo, assim, que se falar, também, em violação ao princípio da separação de poderes.[101]

A parte final do inciso X do art. 37 da Carta Política assegura "revisão geral **anual**" da remuneração e do subsídio dos "servidores públicos" sempre na mesma data e sem distinção de índices.

Em seu texto **originário**, a Constituição da República utilizava os termos "servidor público civil" e "servidor público militar". A partir da EC 18/1998, deixaram de existir essas expressões no texto constitucional, que passou a se referir aos primeiros (os civis) simplesmente como "servidores públicos" e aos últimos como "militares" (sem a palavra "servidores").

Também em sua redação primitiva, a Constituição Federal de 1988 aludia expressamente à obrigatoriedade de utilização de índices de revisão de remuneração idênticos para servidores públicos civis e para servidores públicos militares (expressões usadas antes da EC 18/1998). No atual inciso X do art. 37, resultado da EC 19/1998, há referência tão somente a "servidores públicos", ou seja, **o preceito nele contido não se aplica aos militares** (pois estes não se enquadram mais como espécie do gênero "servidores públicos", como acontecia antes da EC 18/1998).

Vale repetir: a partir da EC 19/1998, deixou de existir no texto constitucional previsão de que os servidores públicos (civis) e os militares tenham revisão de remuneração na mesma data e com idênticos índices.

---

[100] ADI 3.539/RS, rel. Min. Ricardo Lewandowski, 04.10.2019; ADI 3.968/PR, rel. Min. Luiz Fux, 28.11.2019; ADI 3.538/RS, rel. Min. Gilmar Mendes, 21.05.2020; ADI 3.840/RO, rel. Min. Gilmar Mendes, 28.05.2020.

[101] ADI 3.599/DF, rel. Min. Gilmar Mendes, 21.05.2007.

A **periodicidade anual** para a **revisão geral** de remuneração dos servidores públicos foi novidade trazida pela EC 19/1998. Na redação original, o inciso X do art. 37 não fazia menção a periodicidade alguma.

De um modo geral, a doutrina preleciona que a **revisão geral anual** em comento tem o objetivo, pelo menos **teórico**, de recompor o poder de compra da remuneração do servidor, corroído em variável medida pela inflação. Não se trata de aumento real da remuneração ou do subsídio, mas apenas de um aumento nominal – por isso chamado, às vezes, "aumento impróprio".

Deve ficar claro que a revisão **geral** de remuneração e subsídio mencionada no dispositivo constitucional em exame não se implementa mediante a reestruturação de algumas carreiras. As reestruturações de carreiras não são "anuais" nem "gerais" (pois se limitam a cargos específicos), além de não guardarem ligação lógica, sequer em tese, com a perda de valor relativo da moeda nacional – elas podem implicar, ou não, aumento real da remuneração ou subsídio (quase sempre implicam). Já a revisão geral, diferentemente das reestruturações de carreiras, tem de alcançar todos os servidores públicos estatutários de todos os Poderes do ente federado que a esteja efetuando – e, segundo o texto constitucional, **deve ocorrer a cada ano**.

A observação destacada ao final do parágrafo precedente nada mais faz, a nosso ver, do que reiterar aquilo que textualmente está averbado no art. 37, inciso X, da Lei Fundamental: é "**assegurada revisão geral anual**" das remunerações e subsídios dos servidores públicos. Pois bem, em que pese a literalidade desse comando, o Supremo Tribunal Federal firmou a orientação, com repercussão geral, de que, em qualquer ente da Federação, o Chefe do Poder Executivo **pode deixar de encaminhar o projeto de lei destinado a conceder a revisão geral de remuneração** assegurada pela Constituição, desde que ele **justifique a sua omissão**, isto é, aponte, por escrito, os motivos que o levaram a não propor a revisão.[102] No julgamento ora em foco, estava em discussão o direito dos servidores públicos de determinado estado-membro de serem indenizados pela lesão patrimonial que teriam sofrido em consequência do não recebimento de reajustes gerais anuais, em afronta, segundo os demandantes, ao comando expresso do art. 37, X, da Carta Política. Nossa Corte Máxima julgou indevida a indenização pleiteada e, para efeito de **repercussão geral**, fixou a seguinte **tese**:

> O não encaminhamento de projeto de lei de revisão anual dos vencimentos dos servidores públicos, previsto no inciso X do art. 37 da CF/1988, não gera direito subjetivo a indenização. Deve o Poder Executivo, no entanto, se pronunciar, de forma fundamentada, acerca das razões pelas quais não propôs a revisão.

É interessante comentar que os servidores não poderiam pedir que as suas remunerações fossem reajustadas mediante decisão judicial – e realmente não o fizeram. Afinal, é há muito consagrada na jurisprudência a orientação segundo a qual não

---

[102] RE 565.089/SP (**repercussão geral**), red. p/ o acórdão Min. Roberto Barroso, 25.09.2019 (Informativo 953 do STF).

compete ao Poder Judiciário, no exercício de função jurisdicional, aumentar vencimentos de servidores, pois isso implicaria atuação como legislador positivo, o que lhe é vedado.[103] Foi por essa razão que os autores da ação judicial pleitearam uma indenização por não terem sido beneficiados pela revisão geral anual – em vez de pedirem o reajuste das suas remunerações.

Em decisão ulterior, nossa Corte Excelsa explicitou que também não é cabível a pretensão de obter ordem judicial a fim de obrigar o Chefe do Poder Executivo a apresentar o projeto de lei concernente à revisão geral de remuneração dos servidores. Na oportunidade, foi fixada a seguinte **tese de repercussão geral**:[104]

> O Poder Judiciário não possui competência para determinar ao Poder Executivo a apresentação de projeto de lei que vise a promover a revisão geral anual da remuneração dos servidores públicos, tampouco para fixar o respectivo índice de correção.

Ao lado dessas restrições, o Pretório Maior já deixou assente a necessidade de **previsão orçamentária** como condição para a concessão da revisão de remuneração ora em foco, ao asseverar, invocando o disposto no § 1.º do art. 169 da Constituição[105], que "não há direito à revisão geral anual da remuneração dos servidores públicos, quando se encontra prevista unicamente na lei de diretrizes orçamentárias, pois é necessária, também, a dotação na lei orçamentária anual". Tal orientação restou cristalizada nesta **tese de repercussão geral**:[106]

> A revisão geral anual da remuneração dos servidores públicos depende, cumulativamente, de dotação na Lei Orçamentária Anual e de previsão na Lei de Diretrizes Orçamentárias.

Por fim, mister é registrar que a Lei 10.331/2001, a qual "dispõe sobre a revisão geral e anual das remunerações e subsídios dos servidores públicos federais dos Poderes Executivo, Legislativo e Judiciário da União, das autarquias e fundações públicas federais", regulamenta, nessa esfera da Federação, o inciso X do art. 37 da Constituição, com a redação que lhe deu a EC 19/1998.

---

[103] No âmbito do STF, vejam-se, como exemplos dessa orientação, o enunciado da **Súmula Vinculante 37** ("Não cabe ao Poder Judiciário, que não tem função legislativa, aumentar vencimentos de servidores públicos sob o fundamento de isonomia") e a seguinte **tese de repercussão geral**: "Não cabe ao Poder Judiciário, que não tem função legislativa, aumentar qualquer verba de servidores públicos de carreiras distintas sob o fundamento de isonomia, tenham elas caráter remuneratório ou indenizatório" (RE 710.293/SC, rel. Min. Luiz Fux, 14.09.2020).

[104] RE 843.112/SP (**repercussão geral**), rel. Min. Luiz Fux, 21.09.2020.

[105] "§ 1.º A concessão de qualquer vantagem ou aumento de remuneração, a criação de cargos, empregos e funções ou alteração de estrutura de carreiras, bem como a admissão ou contratação de pessoal, a qualquer título, pelos órgãos e entidades da administração direta ou indireta, inclusive fundações instituídas e mantidas pelo poder público, só poderão ser feitas: I – se houver prévia dotação orçamentária suficiente para atender às projeções de despesa de pessoal e aos acréscimos dela decorrentes; II – se houver autorização específica na lei de diretrizes orçamentárias, ressalvadas as empresas públicas e as sociedades de economia mista."

[106] RE 905.357/RR (**repercussão geral**), rel. Min. Alexandre de Moraes, 28.11.2019.

1.4.2. Limites ("tetos") de remuneração dos servidores públicos

O inciso XI do art. 37 estabelece limites – conhecidos como "**tetos**" – às remunerações dos servidores públicos, genericamente considerados, bem como aos proventos e pensões correspondentes. Esse inciso foi alterado pela EC 19/1998 e, apenas cinco anos depois, foi novamente modificado com a promulgação da EC 41/2003. É o seguinte o longo texto atual do inciso XI:

> XI – a remuneração e o subsídio dos ocupantes de cargos, funções e empregos públicos da administração direta, autárquica e fundacional, dos membros de qualquer dos Poderes da União, dos Estados, do Distrito Federal e dos Municípios, dos detentores de mandato eletivo e dos demais agentes políticos e os proventos, pensões ou outra espécie remuneratória, percebidos cumulativamente ou não, incluídas as vantagens pessoais ou de qualquer outra natureza, não poderão exceder o subsídio mensal, em espécie, dos Ministros do Supremo Tribunal Federal, aplicando-se como limite, nos Municípios, o subsídio do Prefeito, e nos Estados e no Distrito Federal, o subsídio mensal do Governador no âmbito do Poder Executivo, o subsídio dos Deputados Estaduais e Distritais no âmbito do Poder Legislativo e o subsídio dos Desembargadores do Tribunal de Justiça, limitado a noventa inteiros e vinte e cinco centésimos por cento do subsídio mensal, em espécie, dos Ministros do Supremo Tribunal Federal, no âmbito do Poder Judiciário, aplicável este limite aos membros do Ministério Público, aos Procuradores e aos Defensores Públicos;

O texto original da Constituição previa um teto de remuneração para cada Poder e para cada esfera da Federação. A EC 19/1998 unificou todos os tetos, estabelecendo como limite único o subsídio dos ministros do Supremo Tribunal Federal. A EC 41/2003 novamente modificou o dispositivo em análise, dando a ele o conteúdo hoje em vigor.

Atualmente, há um **teto geral**, que é o **subsídio dos ministros do Supremo Tribunal Federal**, e outros limites nos estados, Distrito Federal e municípios, cujos valores não podem superar o daquele subsídio.

A EC 47/2005, embora não tenha modificado diretamente a redação do inciso XI do art. 37, acrescentou a esse artigo os §§ 11 e 12, com repercussão relevante na aplicação daquele dispositivo.

Nossa Corte Suprema já deixou assente que é a **remuneração bruta** que deve servir de referência para se verificar a adequação dos valores percebidos pelo agente público aos limites previstos no inciso XI do art. 37. Dessarte, para um teto **hipotético** de trinta mil reais, um servidor com a remuneração bruta de quarenta mil reais sofreria um "**abate-teto**" de dez mil reais, e só depois dessa redução é que incidiriam (sobre os trinta mil reais restantes) os tributos pertinentes.[107] Enfim, o teto constitucional aplicável a determinado agente público refere-se à sua **remuneração bruta**, antes da incidência de tributos. Os tributos a que a sua remuneração está

---

[107] RE 675.978/SP (**repercussão geral**), rel. Min. Cármen Lúcia, 15.04.2015 (Informativo 781 do STF).

sujeita – imposto de renda e contribuição previdenciária – incidem após a aplicação do "abate-teto", isto é, têm como base de cálculo o valor que restar depois da redução feita para adequar a remuneração do agente ao **teto constitucional** a ele aplicável (que **também** é estabelecido em um **valor bruto**).

O § 11 do art. 37 determina que **não serão computadas** na aplicação do teto de remuneração "**as parcelas de caráter indenizatório previstas em lei**". O art. 4.º da mesma emenda constitucional cuidou de dar aplicação imediata a esse novo dispositivo, mediante regra de transição, segundo a qual, "enquanto não editada a lei a que se refere o § 11 do art. 37 da Constituição Federal, não será computada, para efeito dos limites remuneratórios de que trata o inciso XI do *caput* do mesmo artigo, qualquer parcela de caráter indenizatório, assim definida pela legislação em vigor na data de publicação da EC 41, de 2003".

O segundo acréscimo trazido pela EC 47/2005 relacionado ao inciso XI do art. 37 está no § 12 do mesmo artigo, que **faculta** "aos estados e ao Distrito Federal fixar, em seu âmbito, mediante emenda às respectivas Constituições e Lei Orgânica, como limite único, o subsídio mensal dos desembargadores do respectivo Tribunal de Justiça, limitado a noventa inteiros e vinte e cinco centésimos por cento do subsídio mensal dos Ministros do Supremo Tribunal Federal". Esse **limite único**, caso adotado, **não se aplicará** aos subsídios dos deputados estaduais e distritais, nem dos vereadores, pois eles possuem limites próprios previstos em outros dispositivos da Constituição (art. 27, § 2.º; art. 29, VI, "a" a "f", e VII; art. 32, § 3.º). Além disso, os estados e o Distrito Federal não têm liberdade para estabelecer, como limite único, algum parâmetro diferente daquele explicitamente autorizado na Constituição Federal, isto é, o limite único, se adotado, deverá obrigatoriamente corresponder ao valor do subsídio mensal dos desembargadores do Tribunal de Justiça respectivo – e esse valor, por sua vez, não pode ultrapassar 90,25% (noventa inteiros e vinte e cinco centésimos por cento) do subsídio mensal dos ministros da Corte Suprema.[108]

Convém anotar que o Supremo Tribunal Federal já decidiu que é **privativa** do Chefe do Poder Executivo estadual a **iniciativa** da **emenda** à respectiva Constituição cujo escopo seja fixar o **limite único** de remuneração de que trata o § 12 do art. 37. Invocou o Pretório Excelso a sua orientação, há muito consagrada, segundo a qual toda norma estadual (ou do Distrito Federal) que verse sobre **regime jurídico de servidores públicos** deve ter o seu processo legislativo iniciado pelo Governador, em razão da obrigatoriedade de os estados observarem, por simetria, o disposto no art. 61, § 1.º, II, "c", da Constituição Federal.[109]

Explicitou também o Pretório Supremo que "a faculdade conferida aos estados para a regulação do teto aplicável a seus servidores (art. 37, § 12, da CF) não permite que a regulamentação editada com fundamento nesse permissivo inove no tratamento do teto dos servidores municipais, para quem o art. 37, XI, da CF, já estabelece um teto único". Com base nesse entendimento – e afirmando que "o teto remuneratório aplicável aos servidores municipais, excetuados os vereadores, é o subsídio do prefeito municipal" –, julgou inconstitucional emenda à Constituição do Estado do Pará na parte em que, ao

---

[108] ADI 6.746/RO, rel. Min. Rosa Weber, 31.05.2021 (Informativo 1.019 do STF).
[109] ADI 4.154/MT, rel. Min. Ricardo Lewandowski, 26.05.2010.

Cap. 7 • SERVIDORES PÚBLICOS

estabelecer o limite único previsto no § 12 do art. 37 do Texto Magno para os servidores estaduais, pretendeu incluir, na regra, os servidores dos municípios paraenses.[110]

As principais observações, que entendemos pertinentes, acerca dos tetos de remuneração previstos no texto constitucional, após a EC 41/2003 e a EC 47/2005, são as seguintes:

a) há um teto geral, correspondente ao subsídio dos ministros do STF, a ser fixado em lei de iniciativa do STF, estando o projeto de lei resultante, como qualquer outro projeto de lei, sujeito à sanção ou veto do Presidente da República. Esse teto não pode ser ultrapassado por nenhum Poder em nenhuma esfera da Federação;

b) sem prejuízo do teto geral, representado pelo subsídio dos ministros do STF, o texto constitucional estabelece, **cumulativamente**, para os estados, o DF e os municípios, **outros limites** (às vezes chamados de "**subtetos**"), a saber: (i) nos municípios, o limite é o subsídio percebido pelo Prefeito; (ii) nos estados e no DF há um teto diferenciado por Poder, correspondendo ao subsídio mensal do Governador, para o Poder Executivo, ao subsídio dos deputados estaduais e distritais, no Poder Legislativo, e ao subsídio dos desembargadores do Tribunal de Justiça, no âmbito do Poder Judiciário (esse último limite é também aplicável aos membros do Ministério Público, aos Procuradores e aos Defensores Públicos, embora eles não integrem o Poder Judiciário);

c) os estados e o Distrito Federal têm a faculdade de fixar, em seu âmbito, mediante emenda, de iniciativa do Governador, às respectivas Constituições e Lei Orgânica, como **limite único**, o subsídio mensal dos desembargadores do respectivo Tribunal de Justiça. O referido limite único não poderá ultrapassar o valor correspondente a 90,25% do subsídio mensal dos ministros do Supremo Tribunal Federal e não se aplicará aos subsídios dos deputados estaduais e distritais, nem dos vereadores (CF, art. 37, § 12);

d) os subsídios dos Governadores e dos Prefeitos não podem ser superiores ao subsídio dos ministros do STF, mas nada impede que sejam iguais a este. Com relação aos parlamentares estaduais e distritais, não haveria mesmo, de forma nenhuma, possibilidade de seus subsídios ultrapassarem o dos ministros do STF, uma vez que o art. 27, § 2.º, da Constituição estabelece que o subsídio dos deputados estaduais deve ser de, no máximo, 75% do fixado para os deputados federais (o art. 32, § 3.º, da Constituição manda aplicar aos deputados distritais as mesmas regras pertinentes aos estaduais). Ora, como os deputados federais têm seu subsídio limitado ao dos ministros do STF, os subsídios dos deputados estaduais e distritais jamais poderiam ser superiores ao destes (serão sempre, no mínimo, 25% inferiores);

e) os limites incluem todas as espécies remuneratórias e todas as parcelas integrantes do valor total percebido, incluídas as vantagens pessoais ou quaisquer

---

[110] ADI-MC 6.221/PA, red p/ o acórdão Min. Alexandre de Moraes, 19.12.2019. No mesmo sentido: ADI 6.811/PE, rel. Min. Alexandre de Moraes, 23.08.2021 (Informativo 1.026 do STF); ADI 6.848/AM, rel. Min. Rosa Weber, 04.11.2021; ADI 6.843/AP, rel. Min. Roberto Barroso, 22.02.2023 (**tese de julgamento**: "É inconstitucional a fixação, pelos estados, de subteto constitucional extensível aos servidores municipais, por força do art. 37, XI, da CF.").

outras, **excetuadas as parcelas de caráter indenizatório previstas em lei** (CF, art. 37, § 11);

f) relativamente ao salário dos empregados públicos das empresas públicas e das sociedades de economia mista, e suas subsidiárias, os tetos somente se aplicam àquelas que **receberem recursos da União, dos estados, do Distrito Federal ou dos municípios para pagamento de despesas de pessoal ou de custeio em geral** (CF, art. 37, § 9.º); o Supremo Tribunal Federal já deixou assente que não pode o legislador infraconstitucional estender essa restrição às entidades que não recebam os referidos recursos públicos (tratava-se, na situação apreciada, de Emenda à Lei Orgânica do Distrito Federal).[111]

Nossa Corte Suprema firmou orientação segundo a qual a remuneração dos **interinos** (substitutos) responsáveis por **serventias extrajudiciais** não pode ultrapassar os limites decorrentes do inciso XI do art. 37 da Carta da República (a referida interinidade resulta da extinção da delegação, nas diversas hipóteses legalmente previstas, e tem o intuito de assegurar a continuidade da prestação do serviço público até a posse do novo titular, por remoção ou concurso público).[112] Sobre essa matéria, foi fixada a seguinte **tese de repercussão geral**:[113]

> Os substitutos ou interinos designados para o exercício de função delegada não se equiparam aos titulares de serventias extrajudiciais, visto não atenderem aos requisitos estabelecidos nos arts. 37, inciso II, e 236, § 3.º, da Constituição Federal para o provimento originário da função, inserindo-se na categoria dos agentes estatais, razão pela qual se aplica a eles o teto remuneratório do art. 37, inciso XI, da Carta da República.

Em outra oportunidade, esclareceu que a determinação vazada na parte final do inciso em comento, segundo a qual, no âmbito dos estados (e do DF), os "Procuradores" estão sujeitos ao limite de remuneração aplicável ao Poder Judiciário estadual (apesar de serem servidores do Poder Executivo), vale para todos os procuradores, e não para uma determinada carreira da advocacia pública estadual.

No caso apreciado, o Estado de São Paulo pretendera aplicar o limite de remuneração do Poder Judiciário somente para a carreira dos Procuradores do Estado, submetendo outra carreira, a dos Procuradores Autárquicos estaduais, ao teto de remuneração aplicável ao Poder Executivo. Considerou o Pretório Excelso que essa discriminação não encontra respaldo na Constituição, uma vez que, no inciso XI do art. 37, ao utilizar o termo "Procuradores", ela o faz de forma genérica, desautorizando o estabelecimento de distinções, quanto ao limite de remuneração, entre as diversas carreiras de procuradores eventualmente existentes em determinado estado-membro (ou no DF).[114]

---

[111] ADI 6.584/DF, rel. Min. Gilmar Mendes, 24.05.2021 (Informativo 1.018 do STF).
[112] MS-AgR 29.039/DF, rel. Min. Gilmar Mendes, 13.11.2018 (Informativo 923 do STF).
[113] RE 808.202/RS, rel. Min. Dias Toffoli, 21.08.2020.
[114] RE 558.258/SP, rel. Min. Ricardo Lewandowski, 09.11.2010 (Informativo 608 do STF).

Cap. 7 • SERVIDORES PÚBLICOS

Ulteriormente, dessa vez com **repercussão geral**, o Tribunal Maior firmou o entendimento de que também estão incluídos entre os "Procuradores" a que alude o trecho final do inciso XI do art. 37 os **procuradores municipais**, fixando, a esse respeito, a seguinte **tese jurídica**:[115]

> A expressão "Procuradores", contida na parte final do inciso XI do art. 37 da Constituição da República, compreende os procuradores municipais, uma vez que estes se inserem nas funções essenciais à Justiça, estando, portanto, submetidos ao teto de noventa inteiros e vinte e cinco centésimos por cento do subsídio mensal, em espécie, dos Ministros do Supremo Tribunal Federal.

É muito importante destacar, acerca das situações em que há **recebimento de mais de uma remuneração** em decorrência de **acumulação lícita** de cargos, funções ou empregos públicos, que o Supremo Tribunal Federal, em dois julgados decididos na sistemática de repercussão geral, firmou o entendimento de que, nessas hipóteses, o teto remuneratório aplicável deve incidir **separadamente**, considerando-se, de forma **isolada**, a remuneração correspondente a cada um dos vínculos, e **não o somatório** dos estipêndios percebidos. Dessarte, incidentalmente, declarou **inconstitucional**, no inciso XI do art. 37, a expressão "**percebidos cumulativamente ou não**", tanto na redação dada pela EC 19/1998, quanto na atual, conferida pela EC 41/2003. Para efeito de **repercussão geral**, restou consignada a seguinte **tese**:[116]

> Nos casos autorizados constitucionalmente de acumulação de cargos, empregos e funções, a incidência do art. 37, inciso XI, da Constituição Federal pressupõe consideração de cada um dos vínculos formalizados, afastada a observância do teto remuneratório quanto ao somatório dos ganhos do agente público.

Na mesma oportunidade, a Corte Constitucional explicitou que idêntica orientação deve ser observada nos casos de recebimento concomitante regular de **proventos de aposentadoria decorrentes de mais de um vínculo**, bem como nas hipóteses de percepção cumulativa legítima de **proventos de aposentadoria com remuneração** pelo exercício de cargo, função ou emprego público.[117] Assim, de forma incidental, considerou **inconstitucional** a norma concernente a tais acumulações vazada no § 11 do art. 40 da Carta Política (introduzido pela EC 20/1998), a seguir transcrito:

> § 11. Aplica-se o limite fixado no art. 37, XI, à soma total dos proventos de inatividade, inclusive quando decorrentes da acumulação de cargos ou empregos públicos, bem como de outras atividades sujeitas a contribuição para o regime geral de previdência social, e

---

[115] RE 663.696/MG (**repercussão geral**), rel. Min. Luiz Fux, 28.02.2019 (Informativo 932 do STF).

[116] RE 602.043/MT (**repercussão geral**), rel. Min. Marco Aurélio, 27.04.2017; RE 612.975/MT (**repercussão geral**), rel. Min. Marco Aurélio, 27.04.2017 (Informativo 862 do STF).

[117] RE 612.975/MT (**repercussão geral**), rel. Min. Marco Aurélio, 27.04.2017 (Informativo 862 do STF).

ao montante resultante da adição de proventos de inatividade com remuneração de cargo acumulável na forma desta Constituição, cargo em comissão declarado em lei de livre nomeação e exoneração, e de cargo eletivo.

Por exemplo, caso um professor de universidades públicas aposentado receba licitamente proventos decorrentes de duas aposentadorias, a incidência, ou não, do teto remuneratório aplicável (determinado em conformidade com as regras previstas no inciso XI do art. 37) deverá ser verificada com base no valor de cada benefício, **separadamente** – e **não no somatório** dos dois proventos percebidos. Ainda exemplificando, um médico que tenha se aposentado do cargo que exercia em um hospital público e permaneça em atividade em outra instituição da mesma natureza **não** terá o teto de remuneração calculado **sobre a soma** dos seus proventos com a sua remuneração; para verificar se haverá, ou não, incidência do teto, o valor de cada um desses recebimentos – proventos de aposentadoria e remuneração da atividade – deverá ser tomado **isoladamente**.

É sobremaneira curioso apontar que, no caso de acumulação de **proventos de pensão com proventos de aposentadoria**, ou de **proventos de pensão com remuneração** de cargo, emprego ou função públicos, o Supremo Tribunal Federal adotou posição **diametralmente** oposta: decidiu que, para verificar se há, ou não, incidência do teto constitucional, **deve ser considerado o somatório dos valores recebidos**, e não cada estipêndio separadamente. A **tese de repercussão geral** fixada traduz essa posição:[118]

> Ocorrida a morte do instituidor da pensão em momento posterior ao da Emenda Constitucional 19/1998, o teto constitucional previsto no inciso XI do artigo 37 da Constituição Federal incide sobre o somatório de remuneração ou provento e a pensão recebida por servidor.

Por fim, convém mencionar que o Supremo Tribunal Federal julgou **inconstitucional** o estabelecimento de **limites diferentes** de remuneração para os **juízes estaduais e federais**. Com isso, **excluiu** do subteto de remuneração – 90,25% do subsídio mensal, em espécie, dos ministros do Supremo Tribunal Federal – os **membros da magistratura estadual**, inclusive os desembargadores do Tribunal de Justiça. Significa dizer, o **teto de remuneração** a ser aplicado aos **juízes estaduais**, incluídos os desembargadores dos Tribunais de Justiça dos estados, **corresponde ao valor do subsídio dos membros do STF**.[119]

O Pretório Maior, enfatizando o caráter nacional e unitário do Poder Judiciário, entendeu que se estaria violando o princípio da isonomia, pelo estabelecimento, sem nenhuma razão lógico-jurídica que o justifique, de tratamento discriminatório entre **magistrados** federais e estaduais que desempenham iguais funções e se submetem

---

[118] RE 602.584/DF (**repercussão geral**), rel. Min. Marco Aurélio, 06.08.2020 (Informativo 985 do STF).

[119] ADI 3.854/DF, rel. Min. Gilmar Mendes, 04.12.2020; ADI 4.014/DF, rel. Min. Gilmar Mendes, 04.12.2020.

Cap. 7 • SERVIDORES PÚBLICOS

a um só estatuto de âmbito nacional (LC 35/1979).[120] Nesse ponto, portanto, as EC 41/2003 e 47/2005 foram consideradas inconstitucionais, por extravasarem os limites do poder constituinte de reforma.

Frise-se que o STF só considerou ilegítima a distinção de limites remuneratórios entre os **magistrados** federais e estaduais. Vale dizer, o subteto de 90,25% do subsídio mensal, em espécie, dos ministros do Supremo Tribunal Federal, não se aplica aos desembargadores do Tribunal de Justiça, nem aos demais juízes estaduais, mas a esse limite estão sujeitos, sim, os servidores do Poder Judiciário estadual, os membros do Ministério Público estadual e os procuradores e defensores públicos estaduais. Por essa razão, **não** foi suprimida nenhuma parte das disposições constitucionais relativas às regras de teto de remuneração. O que a Corte Excelsa fez foi **dar interpretação conforme à Constituição ao art. 37, inciso XI, e seu § 12**, para excluir a submissão dos **membros da magistratura estadual** ao subteto de remuneração.

1.4.3. Limitação (teórica) aos valores dos vencimentos dos cargos dos Poderes Legislativo e Judiciário

Assim dispõe o inciso XII do art. 37 da Constituição:

> XII – os vencimentos dos cargos do Poder Legislativo e do Poder Judiciário não poderão ser superiores aos pagos pelo Poder Executivo;

Convém, inicialmente, pontuar que a EC 19/1998 suprimiu do texto constitucional a regra **originariamente** contida no § 1.º do art. 39, que determinava que a **lei** assegurasse **isonomia** de vencimentos aos servidores que exercessem cargos de atribuições iguais ou assemelhadas nos três Poderes.

Permaneceu, entretanto, a norma vazada no inciso XII do art. 37, que estabelece o valor dos vencimentos pagos pelo Poder Executivo aos seus servidores como limite ao valor dos vencimentos pagos pelos outros Poderes aos respectivos servidores. É evidente que o comando somente pode se referir a cargos assemelhados nos três Poderes.

A regra desse inciso XII tem intuito nitidamente moralizador. Como o Poder Executivo é o principal responsável pela obtenção das receitas que integrarão o orçamento público geral do respectivo ente federado, os vencimentos por ele pagos devem servir de limite aos vencimentos pagos pelos demais Poderes, a fim de minimizar os riscos de descontrole das despesas.

---

[120] Os **magistrados** têm regra própria para determinação de sua remuneração, cujas diretrizes estão delineadas no inciso V do art. 93 da Constituição Federal, nestes termos: "Art. 93. Lei complementar, de iniciativa do Supremo Tribunal Federal, disporá sobre o Estatuto da Magistratura, observados os seguintes princípios: (...) V – o subsídio dos Ministros dos Tribunais Superiores corresponderá a noventa e cinco por cento do subsídio mensal fixado para os Ministros do Supremo Tribunal Federal e os subsídios dos demais magistrados serão fixados em lei e escalonados, em nível federal e estadual, conforme as respectivas categorias da estrutura judiciária nacional, não podendo a diferença entre uma e outra ser superior a dez por cento ou inferior a cinco por cento, nem exceder a noventa e cinco por cento do subsídio mensal dos Ministros dos Tribunais Superiores, obedecido, em qualquer caso, o disposto nos arts. 37, XI, e 39, § 4.º".

Infelizmente, a limitação que o inciso XII do art. 37 da Carta de 1988 deveria representar para a determinação dos valores das remunerações dos cargos dos Poderes Legislativo e Judiciário é **meramente teórica**. Até onde sabemos, o preceito constitucional em apreço é inteiramente menoscabado, em todos os entes da Federação.

1.4.4. Vedação à vinculação e à equiparação de remunerações

O inciso XIII do art. 37 proíbe a criação de vinculações e de equiparações entre as remunerações (em sentido amplo) pagas no serviço público. O campo de incidência da norma é muito abrangente: ela se aplica a quaisquer cargos, empregos ou funções públicas e a todas as espécies remuneratórias; alcança, ademais, conforme já deixou assente o Supremo Tribunal Federal, não só os servidores públicos como também os militares.[121]

É o seguinte o teor atual do dispositivo (antes da EC 19/1998 o texto aludia apenas a "vencimentos"):

> XIII – é vedada a vinculação ou equiparação de quaisquer espécies remuneratórias para o efeito de remuneração de pessoal do serviço público;

Equiparar remunerações significa afirmar em uma lei que um determinado cargo terá remuneração igual à de um outro cargo. Não ocorre equiparação quando uma lei disciplina dois cargos diferentes e estabelece remuneração numericamente igual para um cargo e para o outro, contanto que não determine que as remunerações devam ser iguais, nem crie qualquer fórmula de vinculação automática entre as remunerações.

Vinculação é a utilização, pela lei, de índices, fórmulas ou critérios automáticos de reajustamento da remuneração, a exemplo de um determinado índice de inflação, ou do aumento de arrecadação tributária, ou do incremento de receitas orçamentárias etc.

Vincular duas remunerações não significa igualá-las numericamente, mas estabelecer mecanismos que impliquem alteração automática da remuneração do cargo vinculado toda vez que ocorra alteração da remuneração do cargo vinculante.

Na lição do Supremo Tribunal Federal, averbada em decisão unânime, o inciso XIII do art. 37 da Constituição de 1988 "**proíbe** que, salvo nas hipóteses expressamente elencadas pelo texto constitucional, cargos assimétricos estabeleçam, entre si, relação que implique **aumento remuneratório automático**".[122]

O inciso XIII do art. 37 é norma constitucional de eficácia plena, ou seja, é autoaplicável. Portanto, com a promulgação da Constituição de 1988, ficaram automaticamente revogadas todas as leis que estabeleciam equiparações ou vinculações entre vencimentos de cargos ou carreiras, em todas as esferas da Federação. Após a EC 19/1998, estendeu-se a proibição a qualquer espécie remuneratória – vencimentos, subsídios, salários ou outras.

---

[121] ARE 665.632/RN (**repercussão geral**), rel. Min. Teori Zavascki, 16.04.2015.

[122] Excerto do voto do Min. Edson Fachin, relator na ADI 6.468/SE, 03.08.2021 (Informativo 1.024 do STF).

Cap. 7 • SERVIDORES PÚBLICOS

Nossa Corte Suprema já considerou inválida lei estadual que vinculava o reajuste dos vencimentos dos servidores públicos do Poder Judiciário local ao incremento da arrecadação do ICMS, invocando, ao lado de outros fundamentos, incompatibilidade com o inciso XIII do art. 37 da Constituição da República.[123]

De outra feita, declarou inconstitucional, também por violar o inciso XIII do art. 37, lei estadual que, literalmente, vinculava a "política salarial" dos respectivos servidores públicos à "política dos funcionários públicos proposta pela União".[124]

Em oportunidade ulterior, rechaçou norma de Constituição estadual que estabelecia vinculação entre os vencimentos dos respectivos servidores públicos integrantes de categorias com habilitação profissional específica e o correspondente piso salarial profissional. Vale reproduzir, da ementa do acórdão, esta enfática passagem:[125]

> Enquanto a Lei Maior, no inciso XIII do art. 37, veda a vinculação de "quaisquer espécies remuneratórias para efeitos de remuneração de pessoal do serviço público", a Constituição do Estado de Alagoas, diversamente, assegura aos servidores públicos estaduais "piso salarial profissional para as categorias com habilitação profissional específica", o que resulta em vinculação dos vencimentos de determinadas categorias de servidores públicos às variações do piso salarial profissional, importando em sistemática de aumento automático daqueles vencimentos, sem qualquer interferência do chefe do Poder Executivo do Estado, ferindo-se, ainda, o próprio princípio federativo e a autonomia dos estados para fixar os vencimentos de seus servidores (arts. 2.º e 25 da Constituição Federal).

Ainda como exemplo, mencionamos decisão do Pretório Excelso que fulminou, novamente por afronta ao art. 37, XIII, do Texto Magno, lei de determinado estado-membro que estabelecia reajuste periódico automático do vencimento básico dos seus servidores públicos em percentual igual ao da variação acumulada do Índice de Preços ao Consumidor (IPC).[126] Na **Súmula Vinculante 42**, o STF trata especificamente dessa questão, nestes termos:

> **42** – É inconstitucional a vinculação do reajuste de vencimentos de servidores estaduais ou municipais a índices federais de correção monetária.

---

[123] RE 218.874/SC, rel. Min. Eros Grau, 07.11.2007.

[124] ADI 64/RO, rel. Min. Cármen Lúcia, 21.11.2007. Na mesma decisão, o STF asseverou que a citada lei estadual desrespeitava também, entre outros, o inciso X do art. 37 da Carta Política, que estabelece que a remuneração dos servidores públicos somente pode ser fixada ou alterada por lei específica.

[125] ADI 668/AL, rel. Min. Dias Toffoli, 19.02.2014. No mesmo sentido: ADI 290/SC, rel. Min. Dias Toffoli, 19.02.2014 (Informativo 736 do STF).

[126] ADI 285/RO, rel. Min. Cármen Lúcia, 04.02.2010. A notícia desse julgado veiculada no **Informativo 573 do STF** textualmente afirma que "o reajuste automático de vencimentos de servidores públicos, tomando-se como base a variação de indexadores de atualização monetária, desrespeita a autonomia dos Estados-membros e a vedação constitucional de vinculação, para efeito de remuneração de servidores públicos, nos termos dos artigos 25 e 37, XIII, da CF".

Deve-se salientar que a norma constitucional em comento dirige-se ao legislador ordinário: é vedada à **lei** a criação de vinculações e equiparações de espécies remuneratórias no serviço público. Quando a própria Constituição Federal as estabelece, é evidente a sua legitimidade, como ocorre, exemplificativamente: (a) na equiparação dos Ministros do Tribunal de Contas da União aos Ministros do Superior Tribunal de Justiça (CF, art. 73, § 3.º); e (b) na vinculação entre o subsídio dos Ministros dos Tribunais Superiores e o subsídio dos Ministros do Supremo Tribunal Federal (CF, art. 93, V).

Diferentemente, se o texto constitucional estipula meros limites a serem observados na relação entre determinadas remunerações ou subsídios, não pode o legislador infraconstitucional criar vinculações automáticas. Por exemplo, o art. 27, § 2.º, da Carta Política preceitua que o subsídio dos deputados estaduais deve ser fixado por lei de iniciativa da assembleia legislativa respectiva, na razão de, no máximo, setenta e cinco por cento daquele estabelecido, em espécie, para os deputados federais. O Supremo Tribunal Federal já invalidou norma estadual que vinculava o subsídio dos respectivos parlamentares estaduais ao subsídio dos deputados federais, invocando dois fundamentos: (a) desrespeito ao inciso XIII do art. 37 da Constituição; e (b) incompatibilidade com o princípio federativo e com a autonomia dos entes federados.[127]

1.4.5. Vedação à incidência cumulativa de acréscimos pecuniários e à incorporação de vantagens não permanentes à remuneração

O inciso XIV do art. 37 da Constituição proíbe que gratificações, adicionais e outras vantagens pecuniárias quaisquer, não importa o nome ou o fundamento, incidam uns sobre outros, cumulando-se. Vale dizer, o dispositivo veda o chamado "**repique**", ou incidência "**em cascata**" de acréscimos pecuniários integrantes das remunerações dos servidores públicos. É a seguinte a sua redação atual, dada pela EC 19/1998:

> XIV – os acréscimos pecuniários percebidos por servidor público não serão computados nem acumulados para fins de concessão de acréscimos ulteriores;

A nosso ver, a redação poderia ter sido mais clara, simplesmente estabelecendo, sem deixar margem a exceções, que todo acréscimo pecuniário componente da remuneração dos servidores públicos deve incidir exclusivamente sobre o vencimento básico, sendo proibida a inclusão de qualquer adicional na base de cálculo de outro. Essa é, evidentemente, a interpretação do inciso XIV do art. 37 que se mostra consentânea com a moralidade administrativa e com a indisponibilidade da coisa pública.

Para ilustrar a aplicação do preceito em questão, tomemos o caso de um servidor que perceba vencimento básico de R$ 2.000,00 e passe a exercer determinada função de chefia, pela qual faça jus a uma gratificação de R$ 800,00. Imaginemos que seja editada uma lei que institua um "adicional de atividade administrativa" a ser pago a todos os servidores ocupantes desse cargo em um percentual fixo de 35%. Segundo

---

[127] ADI 6.437/MT, rel. Min. Rosa Weber, 31.05.2021 (Informativo 1.019 do STF); ADI 6.545/SC, red. p/ o acórdão Min. Alexandre de Moraes, 13.04.2023 (Informativo 1.090 do STF).

a interpretação do inciso XIV do art. 37 que consideramos correta, o novo adicional – e outros quaisquer a que o servidor porventura venha a ter direito – deverá incidir exclusivamente sobre o vencimento básico (R$ 2.000,00), e não sobre este acumulado com a gratificação (R$ 2.800,00). O valor do "adicional de atividade administrativa" resultará, portanto, em R$ 700,00 – e esse valor não muda em função de outros adicionais, gratificações ou vantagens pecuniárias que o servidor receba ou venha a receber. Desse modo, a remuneração do nosso servidor hipotético será de R$ 3.500,00. É pertinente notar que, se tivéssemos "repique", ou incidência "em cascata" – exatamente o que proíbe o inciso XIV do art. 37 –, o adicional seria calculado sobre R$ 2.800,00 e, com isso, o valor final da remuneração seria bem maior: R$ 3.780,00.

Interessa saber que, **antes da EC 19/1998**, o inciso XIV do art. 37 proibia tão somente que os acréscimos fossem computados ou acumulados para concessão de acréscimos ulteriores "**sob o mesmo título ou idêntico fundamento**". Com base nessa **redação originária**, o Supremo Tribunal Federal, em diversas oportunidades, considerou legítima a incidência de um adicional sobre outro, **desde que tivessem fundamentos diferentes**. Veja-se, por todas, a seguinte decisão:[128]

> Vantagens funcionais em "cascata": vedação constitucional que, conforme o primitivo art. 37, XIV, da Constituição (hoje alterado pela EC 19/98), só alcançava as vantagens concedidas "sob o mesmo título ou idêntico fundamento": não incidência, ao tempo, da proibição no caso concreto: diversidade do título de concessão, no Estado do Ceará, da "parcela incorporada pelo exercício do cargo em comissão" e da "parcela horizontal por tempo de serviço", o que permitia a inclusão da primeira na base de cálculo da última.

Não obstante, o Pretório Excelso já decidiu, com **repercussão geral**, que a alteração do inciso XIV do art. 37 operada pela EC 19/1998 tem **eficácia plena**.[129] Em consequência da **aplicação imediata** da nova redação dada a esse dispositivo constitucional, restaram não recepcionadas todas as leis, de qualquer ente federado, anteriores à EC 19/1998, que estabeleciam incidência cumulativa de adicionais ou gratificações, ainda que pagos sob fundamentos diferentes. Também, a partir da EC 19/1998, passou a estar constitucionalmente obstada a edição de quaisquer leis que pretendam incluir, na base de cálculo de acréscimos pecuniários percebidos pelo servidor, gratificações e adicionais ulteriores, sejam idênticos ou não a denominação e os fundamentos. Cumpre observar que não há, na ementa do referido acórdão, tampouco no voto condutor, explicitação cabal de que o inciso XIV do art. 37, com a redação que lhe deu a EC 19/1998, imponha sempre e sem exceção alguma que gratificações, adicionais e outros acréscimos pecuniários incidam exclusivamente sobre o vencimento básico. Não obstante, a leitura do inteiro teor do acórdão, incluídos os debates havidos entre os julgadores, permite concluir que é realmente essa a interpretação que, afinal, foi perfilhada pela Corte Suprema.

---

[128] RE 231.164/CE, rel. Min. Sepúlveda Pertence, 14.03.2000.
[129] RE 563.708/MS, rel. Min. Cármen Lúcia, 06.02.2013 (Informativo 694 do STF).

Por fim, cumpre anotar que o § 9.º do art. 39 da Constituição, incluído pela EC 103/2019, **proíbe**, de forma categórica, "a **incorporação** de **vantagens** de **caráter temporário** ou vinculadas ao exercício de **função de confiança ou de cargo em comissão** à remuneração do cargo efetivo".

1.4.6. Irredutibilidade dos vencimentos e subsídios

O inciso XV do art. 37 da Constituição estabelece a regra de **irredutibilidade dos vencimentos** de servidores públicos, há muito consagrada em nosso ordenamento jurídico. É o seguinte o seu texto atual:

> XV – o subsídio e os vencimentos dos ocupantes de cargos e empregos públicos são irredutíveis, ressalvado o disposto nos incisos XI e XIV deste artigo e nos arts. 39, § 4.º, 150, II, 153, III, e 153, § 2.º, I;

O Supremo Tribunal Federal já decidiu que o preceito em foco aplica-se não só aos cargos efetivos, mas também aos cargos em comissão.[130] Pensamos que esse ponto realmente não deveria ensejar controvérsia significativa, uma vez que o texto do dispositivo refere-se, sem fazer qualquer distinção, a "cargos públicos", expressão que evidentemente inclui os cargos efetivos e os cargos de provimento em comissão.

O problema que consideramos relevante é a menção a "vencimentos" de **empregos públicos**. Ora, empregado público (regime contratual) faz jus a **salário**, e os salários possuem regra própria, constante do art. 7.º, inciso VI, da Constituição, que, apesar de assegurar a irredutibilidade, **ressalva o disposto em convenção ou acordo coletivo**.

Nossa opinião – embora reconheçamos não ser possível identificar uma orientação majoritária na doutrina ou na jurisprudência – é que os salários dos empregados públicos das **empresas públicas e sociedades de economia mista** estão sujeitos ao art. 7.º, inciso VI, da Constituição, ao passo que os salários dos empregados públicos de **administrações diretas, autarquias e fundações públicas** (quando nelas houver empregados públicos) estão sujeitos ao art. 37, inciso XV, da Carta Política.

A diferença fundamental, não é demasiado reiterar, concerne à admissibilidade de que venha a ser estipulada em convenção ou acordo coletivo redução do salário do empregado público. Há essa previsão no art. 7.º, inciso VI, da Constituição, mas não no art. 37, inciso XV.

É pacífica a posição da Corte Suprema quanto à **inexistência** de **direito adquirido** à forma como são **calculados os vencimentos** dos servidores públicos, pois isso implicaria reconhecer direito adquirido a **regime jurídico**, possibilidade há tempo rechaçada pela sua jurisprudência.[131] O que a irredutibilidade assegura é a manu-

---

[130] RE 378.932/PE, rel. Min. Carlos Britto, 30.09.2003; MS 24.580/DF, rel. Min. Eros Grau, 30.08.2007.

[131] RE 563.965/RN, rel. Min. Cármen Lúcia, 11.02.2009; RE 596.542/DF (**repercussão geral**), rel. Min. Cezar Peluso, 16.06.2011; MS 31.736/DF, rel. Min. Luiz Fux, 10.09.2013 (Informativo 719 do STF).

tenção do **valor final** dos vencimentos, **sem decesso** algum, ainda que mudem as parcelas componentes, a forma pela qual esse valor final é alcançado. Consoante este preciso excerto de acórdão do STF sobre o tema, "pode a fórmula de composição da remuneração do servidor público ser alterada, desde que preservado o seu montante total".[132]

Em razão dessa orientação, nada impede que uma lei modifique por completo a composição remuneratória de um cargo público, extinguindo ou reduzindo gratificações e adicionais, ou alterando a maneira de calculá-los, desde que o valor final da remuneração seja preservado.

Por exemplo, uma remuneração integrada por vencimento básico de R$ 2.000,00, um adicional "X" de 20% sobre o vencimento e um adicional "Y" de 30% sobre o vencimento (total de R$ 3.000,00) pode ser alterada por lei, sem qualquer inconstitucionalidade, passando, por hipótese, à seguinte composição: vencimento básico de R$ 2.600,00, extinção do adicional "X" e alteração do adicional "Y", que deixa de ser um percentual calculado sobre o vencimento e passa a ter o valor fixo de R$ 400,00. Note-se que o valor final da remuneração permanece em R$ 3.000,00, o que é suficiente para que se considere respeitada a irredutibilidade, não obstante tenha havido supressão de um adicional e modificação no valor (redução) e na forma de cálculo de outro.

Também é digna de menção – por conjugar o entendimento de que **não há direito adquirido a regime jurídico** e a norma de **irredutibilidade de vencimentos** – a posição jurisprudencial, consolidada no âmbito do Supremo Tribunal Federal, segundo a qual **pode a legislação** de um ente federado, validamente, **aumentar** o número de horas da **jornada de trabalho** de determinada categoria de servidores públicos, mas **deverá**, nessa hipótese, **elevar proporcionalmente a respectiva remuneração**. Se a legislação pretender **aumentar a carga horária** de servidores **sem o aumento proporcional da remuneração**, será **inconstitucional**, por violação à garantia da irredutibilidade de vencimentos e subsídios averbada no inciso XV do art. 37 da Constituição da República.[133]

Vem a propósito registrar, ainda, que o Plenário de nosso Tribunal Maior considerou incompatível com os princípios constitucionais da presunção de inocência (art. 5.º, LVII) e da irredutibilidade de vencimentos e subsídios (art. 37, XV) norma constante de lei estadual que previa **desconto na remuneração** de servidores públicos **afastados de suas funções** por **responderem a processo penal** relativo a suposto cometimento de crime funcional – não eliminando esses vícios o fato de estar prevista na lei a devolução das diferenças, no caso de absolvição.[134] Esse precedente, ademais, foi invocado em decisão na qual a Primeira Turma do STF considerou **inválidos descontos** efetuados na remuneração de servidor motivados por ausências ao serviço em razão de encontrar-se ele **preso preventivamente**. Deixou-se então consignado que o "referido desconto também se afigura ilegal em vista das referidas

---

[132] AR-AgR 1.785/RS, rel. Min. Dias Toffoli, 17.10.2013.
[133] ARE 660.010/PR (**repercussão geral**), rel. Min. Dias Toffoli, 30.10.2014 (Informativo 765 do STF).
[134] RE 482.006/MG, rel. Min. Ricardo Lewandowski, 07.11.2007 (Informativo 487 do STF).

faltas ao serviço decorrentes da prisão cautelar, pois atenta contra o princípio da irredutibilidade dos vencimentos do servidor público".[135]

De outra banda, é incontroverso que a garantia da irredutibilidade insculpida no inciso XV do art. 37 **não impede a criação ou a majoração de tributos** incidentes sobre os vencimentos ou os subsídios, ou sobre os correspondentes proventos de aposentadoria ou de pensão.[136]

É interessante pontuar que o dispositivo constitucional ora em estudo expressamente autoriza a redução de vencimentos se esta decorrer da aplicação do disposto no inciso XIV do art. 37, o qual, conforme estudado anteriormente, proíbe a incidência cumulativa ("repique" ou incidência "em cascata") de acréscimos pecuniários, tais como gratificações e adicionais, tenham ou não o mesmo nome ou fundamento.

O Supremo Tribunal Federal, não obstante, já deixou assente que o postulado da irredutibilidade dos vencimentos **deve ser observado** mesmo quando a alteração na **forma de cálculo** da remuneração de servidor público decorra de imposição introduzida por meio de **emenda constitucional**.[137]

Ora, o inciso XIV do art. 37 foi substancialmente modificado pela EC 19/1998, tornando-se mais restritivo. E essa alteração teve aplicabilidade imediata. Assim, o servidor que estivesse recebendo validamente, antes da EC 19/1998, adicionais cumulados uns sobre outros precisou ter a forma de calcular a sua remuneração refeita, para adequar-se à nova regra constitucional. Entretanto, **em razão da regra de irredutibilidade de vencimentos**, essa mudança na maneira de calcular a remuneração não pôde implicar decréscimo no valor total a receber, fazendo jus o servidor a uma complementação – vantagem pessoal nominalmente identificada (VPNI) – suficiente para impedir o decesso remuneratório.

Ainda examinando a literalidade do inciso XV do art. 37, constata-se que nele está dito que a irredutibilidade de vencimentos e subsídios é **ressalvada** pela regra dos **tetos constitucionais de remuneração**, contida no inciso XI do art. 37 (cuja redação atual é dada pela EC 41/2003). Quanto a esse aspecto, o Supremo Tribunal Federal já deixou consignado, na sistemática de **repercussão geral**, que (grifamos):[138]

> 1. O teto de retribuição estabelecido pela Emenda Constitucional 41/2003 possui **eficácia imediata**, submetendo às referências de valor máximo nele discriminadas **todas as verbas de natureza remuneratória** percebidas pelos servidores públicos da União, estados, Distrito Federal e municípios, **ainda que adquiridas de acordo com regime legal anterior**.

---

[135] ARE-AgR 705.174/PR, rel. Min. Dias Toffoli, 27.08.2013.

[136] ADI 3.105/DF e ADI 3.128/DF, red. p/ o acórdão Min. Joaquim Barbosa, 18.08.2004.

[137] RE 563.708/MS (**repercussão geral**), rel. Min. Cármen Lúcia, 06.02.2013 (Informativo 694 do STF).

[138] RE 609.381/GO (**repercussão geral**), rel. Min. Teori Zavascki, 02.10.2014 (Informativo 761 do STF).

Cap. 7 • SERVIDORES PÚBLICOS

> 2. A observância da norma de teto de retribuição representa verdadeira condição de legitimidade para o pagamento das remunerações no serviço público. Os valores que ultrapassam os limites preestabelecidos para cada nível federativo na Constituição Federal **constituem excesso cujo pagamento não pode ser reclamado com amparo na garantia da irredutibilidade de vencimentos**.
>
> 3. A incidência da **garantia constitucional da irredutibilidade** exige a presença cumulativa de pelo menos **dois requisitos**: (a) que o padrão remuneratório nominal tenha sido obtido conforme o direito, e não de maneira ilícita, ainda que por equívoco da administração pública; e (b) que o padrão remuneratório nominal esteja compreendido **dentro do limite máximo predefinido pela Constituição Federal**. O pagamento de remunerações superiores aos tetos de retribuição de cada um dos níveis federativos traduz exemplo de violação qualificada do texto constitucional.

Em oportunidade ulterior, a Suprema Corte achou por bem, novamente com **repercussão geral**, explicitar que **devem ser computados**, para o fim de observância dos tetos de remuneração estabelecidos pela EC 41/2003, os valores percebidos a título de **vantagens pessoais** pelo servidor público – **inclusive** aqueles que estivessem sendo regularmente pagos **antes do início da vigência** da EC 41/2003. Conforme restou averbado, a garantia da irredutibilidade de vencimentos somente se aplica até os limites fixados no art. 37, XI, do texto constitucional; as quantias excedentes a tais patamares devem ser suprimidas, sem que essa medida implique ofensa à referida garantia.[139] Vale lembrar que **não se sujeitam** aos limites ora em apreço "as parcelas de **caráter indenizatório** previstas em lei" (CF, art. 37, § 11).

Sem prejuízo do esclarecimento dessa **específica questão** concernente à relação entre os tetos remuneratórios constitucionais e a garantia da irredutibilidade de vencimentos, é importante alertar que nossa Corte Suprema **não enfrentou** a controvérsia muito mais ampla, até hoje pendente de pacificação, acerca da possibilidade de uma emenda à Constituição prejudicar **direitos adquiridos** – sejam quais forem.

Mais detalhadamente: o entendimento de que os tetos de remuneração fixados pela EC 41/2003 devem ser aplicados imediatamente para reduzir todas as verbas de natureza remuneratória que os excedam, alcançando inclusive as vantagens pessoais percebidas **licitamente** em observância a leis anteriores à EC 41/2003, **não significa**, de forma nenhuma, que o Pretório Excelso tenha decidido que emendas à Constituição prevaleçam sobre a **garantia do direito adquirido**.

Aliás, em dois julgados posteriores, dessa vez concernentes à aplicação dos tetos constitucionais em situações de **acumulação lícita** de remunerações ou de proventos, igualmente decididos pelo Supremo Tribunal Federal na sistemática de **repercussão geral**, chegou a constar do voto condutor, embora incidentalmente, que o consti-

---

[139] RE 606.358/SP (**repercussão geral**), rel. Min. Rosa Weber, 18.11.2015 (Informativo 808 do STF).

tuinte **derivado** não teria o poder de prejudicar direitos adquiridos (tratamos desses julgados no tópico referente ao inciso XI do art. 37 da Carta Política).[140]

Em suma, reiteramos que, até o momento, **não existe** em nossa jurisprudência posicionamento uniforme acerca da possibilidade genérica de emendas à Constituição suprimirem direitos adquiridos. Parece-nos, contudo, que o Supremo Tribunal Federal, em sua composição atual, inclina-se em favor do reconhecimento abrangente da **inviolabilidade dos direitos adquiridos** – seja qual for a matéria envolvida – diante das alterações do Texto Magno promovidas pelo legislador constituinte **derivado**.

Por último, cumpre frisar que a jurisprudência de nossa Alta Corte considera que a irredutibilidade refere-se ao **valor nominal** dos vencimentos.[141] Não decorre do inciso XV do art. 37, portanto, direito a reajustamento de remuneração de servidores em decorrência de perda de poder aquisitivo da moeda. Dessa forma, não importam os índices de inflação; desde que mantido inalterado o valor numérico dos vencimentos ou subsídios, respeitado estará o princípio da irredutibilidade. Em poucas palavras: **inexiste** garantia de irredutibilidade do **valor real** de vencimentos e subsídios.

1.5. Administração tributária

O texto vigente da Constituição Federal traz duas regras específicas acerca da administração tributária.

A primeira delas, obra do constituinte originário, não alterada pela EC 19/1998, estabelece que "a administração fazendária e seus servidores fiscais terão, dentro de suas áreas de competência e jurisdição, precedência sobre os demais setores administrativos, na forma da lei" (CF, art. 37, XVIII).

Nesse dispositivo, o constituinte explicita a importância da administração fazendária, e dos seus servidores fiscais, para a administração e para o Estado em geral, uma vez que é por meio da atuação daqueles que são arrecadados os recursos indispensáveis ao custeio das atividades deste.

Embora seja um inciso dependente de regulamentação pelo legislador ordinário, da regra nele insculpida decorre que nenhum setor da administração poderá obstar ou dificultar o desempenho das funções dos servidores fiscais fazendários. Exemplificando, se a fiscalização sanitária houver interditado um depósito por entender que contenha alimentos sem condições para consumo, mas a administração fazendária necessitar entrar no estabelecimento para averiguar a procedência dos alimentos, sob suspeita de entrada irregular no País, não poderá a fiscalização sanitária obstar o trabalho da fiscalização fazendária. Entretanto, a forma como será respeitada essa precedência deverá estar determinada em lei, uma vez que a norma constitucional não é autoaplicável.

---

[140] RE 612.975/MT (**repercussão geral**), rel. Min. Marco Aurélio, 27.04.2017; RE 602.043/MT (**repercussão geral**), rel. Min. Marco Aurélio, 27.04.2017 (Informativo 862 do STF).

[141] AI-AgR 853.892/DF, rel. Min. Rosa Weber, 07.05.2013; RE-AgR 449.427/PR, rel. Min. Teori Zavascki, 06.08.2013.

Cap. 7 • SERVIDORES PÚBLICOS

A segunda disposição acerca da atuação da administração tributária é muito mais incisiva, e seus efeitos são sobremaneira relevantes. Trata-se do inciso XXII do art. 37 da Constituição, incluído pela EC 42/2003, cuja redação é a seguinte:

> XXII – as administrações tributárias da União, dos Estados, do Distrito Federal e dos Municípios, atividades essenciais ao funcionamento do Estado, exercidas por servidores de carreiras específicas, terão recursos prioritários para a realização de suas atividades e atuarão de forma integrada, inclusive com o compartilhamento de cadastros e de informações fiscais, na forma da lei ou convênio.

As seguintes anotações podem ser feitas:

a) as atividades da administração tributária são definidas como exclusivas de Estado ("essenciais ao funcionamento do Estado"). Em nossa opinião, isso elimina qualquer dúvida quanto à incidência, relativamente aos servidores que as exerçam, do disposto no art. 247 da Constituição.[142] Pensamos, também, embora quanto a isso não exista consenso, que tais servidores devem ser, obrigatoriamente, estatutários. Parece-nos que, ao falar em "servidores de carreiras específicas", o constituinte derivado reforçou grandemente esse entendimento;

b) as administrações tributárias terão recursos prioritários para a realização de suas atividades. Essa regra é significativamente reforçada pela alteração introduzida pela mesma EC 42/2003 ao art. 167, IV, da Constituição. Esse inciso IV do art. 167 estabelece a regra geral segundo a qual é vedada a vinculação de receita de **impostos** a órgão, fundo ou despesa e, em seu próprio texto, enumera as poucas exceções existentes. Pois bem, a partir da EC 42/2003, passou a constar expressamente do art. 167, IV, a autorização para vinculação de receita de impostos às atividades da administração tributária, possibilitando que se assegure, efetivamente, a prioridade de recursos prevista no inciso XXII do art. 37, ora em foco;

c) as administrações tributárias da União, dos estados, do Distrito Federal e dos municípios atuarão de forma integrada, inclusive com o compartilhamento de cadastros e de informações fiscais, na forma da lei ou convênio. Observe-se que essa parte do dispositivo menciona não só a permuta entre os fiscos de informações cadastrais, mas, também – e isso é o mais importante –, de informações protegidas por sigilo fiscal ("informações fiscais"). A norma é, ademais, imperativa ("**atuarão** de forma integrada"), impondo um verdadeiro poder-dever aos fiscos das diversas pessoas políticas, e não uma mera faculdade. Norma semelhante existe, há muito, em nosso Código Tributário Nacional, em seu art. 199,[143] abrangendo, igualmente, a permuta, entre os fiscos, de informações pro-

---

[142] "Art. 247. As leis previstas no inciso III do § 1.º do art. 41 e no § 7.º do art. 169 estabelecerão critérios e garantias especiais para a perda do cargo pelo servidor público estável que, em decorrência das atribuições de seu cargo efetivo, desenvolva atividades exclusivas de Estado. Parágrafo único. Na hipótese de insuficiência de desempenho, a perda do cargo somente ocorrerá mediante processo administrativo em que lhe sejam assegurados o contraditório e a ampla defesa."

[143] "Art. 199. A Fazenda Pública da União e as dos Estados, do Distrito Federal e dos Municípios prestar-se-ão mutuamente assistência para a fiscalização dos tributos respectivos e permuta de informações, na forma estabelecida, em caráter geral ou específico, por lei ou convênio."

tegidas por sigilo fiscal, conforme previsto em lei ou convênio. A vantagem de arvorá-la em preceito constitucional está em reforçar sua legitimidade e inibir eventuais decisões judiciais contrárias a essa troca de informações.

Por derradeiro, é pertinente anotar que a jurisprudência do Supremo Tribunal Federal firmou-se pela **constitucionalidade** dos arts. 5.º e 6.º da Lei Complementar 105/2001, que autorizam os fiscos a requisitar a instituições financeiras informações relativas aos seus clientes protegidas por **sigilo bancário**. Destaque-se que as administrações tributárias podem exercer essa prerrogativa por força própria – isto é, sem necessidade de autorização judicial –, desde que observem as condições e as restrições estabelecidas na própria LC 105/2001 e nas normas regulamentares aplicáveis. Entende o nosso Tribunal Constitucional que o acesso da administração tributária a tais informações **não configura violação do direito fundamental ao sigilo bancário**, uma vez que ela permanece obrigada a manter os dados em segredo (eles não podem ser divulgados ou livremente fornecidos a terceiros). Tem-se, portanto, **mero translado** do dever de sigilo, da esfera bancária para a fiscal. Conforme restou literalmente averbado, "trata-se de uma **transferência de dados sigilosos** de um determinado portador, que tem o dever de sigilo, para outro, que mantém a obrigação de sigilo, **permanecendo resguardadas a intimidade e a vida privada do correntista**, exatamente como determina o art. 145, § 1.º, da Constituição Federal".[144]

1.6. Vedação à acumulação de cargos, funções e empregos públicos

Os incisos XVI e XVII do art. 37 da Constituição estabelecem a regra geral de **vedação à acumulação remunerada** de cargos, funções e empregos públicos. Somente nas hipóteses expressamente previstas no próprio **texto constitucional** – e desde que haja **compatibilidade de horários** – será lícita a acumulação. É a seguinte a redação dos dispositivos:

> XVI – é vedada a acumulação remunerada de cargos públicos, exceto, quando houver compatibilidade de horários, observado em qualquer caso o disposto no inciso XI:
>
> a) a de dois cargos de professor;
>
> b) a de um cargo de professor com outro técnico ou científico;
>
> c) a de dois cargos ou empregos privativos de profissionais de saúde, com profissões regulamentadas;[145]
>
> XVII – a proibição de acumular estende-se a empregos e funções e abrange autarquias, fundações, empresas públicas, sociedades de economia mista, suas subsidiárias, e sociedades controladas, direta ou indiretamente, pelo poder público;

---

[144] ADI 2.386/DF, ADI 2.390/DF e ADI 2.859/DF, rel. Min. Dias Toffoli, 24.02.2016; RE 601.314/SP (**repercussão geral**), rel. Min. Edson Fachin, 24.02.2016 (Informativo 815 do STF).

[145] Para efeito de acumulação remunerada de cargos ou empregos, os Agentes Comunitários de Saúde e os Agentes de Combate às Endemias são considerados profissionais de saúde, com profissões regulamentadas (Lei 11.350/2006, art. 2.º-A, incluído pela Lei 14.536/2023).

Cap. 7 • SERVIDORES PÚBLICOS

É interessante registrar que o Supremo Tribunal Federal já decidiu que, apesar de os **titulares de serventias extrajudiciais** (cartórios) não ocuparem cargo público efetivo, eles **exercem função pública**. Assim, por força do disposto no inciso XVII do art. 37 da Constituição, **não podem acumular** a titularidade do cartório com outras funções públicas, ou com cargos e empregos públicos, **ainda que estejam em licença não remunerada**. No dizer do Pretório Maior, "a concessão de qualquer licença, ainda que não remunerada, não descaracteriza o vínculo jurídico do servidor com a administração".[146]

Diferentemente, nossa Corte Excelsa firmou a orientação de que a participação remunerada de servidores públicos em "conselhos de administração e fiscal das empresas públicas e sociedades de economia mista, suas subsidiárias e controladas, bem como entidades sob controle direto ou indireto da União **não contraria a vedação à acumulação remunerada de cargos, empregos e funções públicas** trazida nos incisos XVI e XVII do artigo 37 da Constituição, uma vez que essa atuação como conselheiro não representa exercício de cargo ou função pública em sentido estrito".[147]

Observe-se que o texto constitucional não estabelece, no caso de acumulação **lícita**, um limite numérico para o somatório das horas semanais trabalhadas – é exigida tão somente a "**compatibilidade de horários**". Durante alguns anos, o Superior Tribunal de Justiça sustentou a orientação de que a carga horária semanal total não poderia ultrapassar **sessenta horas**.[148] Em 2019, a referida diretriz foi **superada** por essa Corte Superior, ocasião em que reconheceu expressamente que estava mudando o seu entendimento a fim de adequar-se à jurisprudência consolidada no âmbito do Supremo Tribunal Federal.[149]

Com efeito, em inúmeros julgados, nosso Pretório Supremo firmou o posicionamento de que normas infraconstitucionais, ou decisões administrativas ou judiciais, **não podem estipular requisitos não previstos na Carta Política** para a caracterização da licitude da acumulação – e, portanto, desde que haja **compatibilidade de horários** para o exercício dos cargos, será **lícita** a sua **acumulação**. Posto de outro modo: segundo a orientação sedimentada pelo STF, o **único requisito** imposto para que se considere **lícita** a acumulação, nas hipóteses constitucionalmente autorizadas, é a **compatibilidade de horários** no exercício das funções, cujo cumprimento efetivo deverá ser aferido, em cada caso concreto, pela administração pública.[150]

---

[146] RE-AgR 382.389/MG, rel. Min. Ellen Gracie, 14.02.2006; MS-AgR 27.955/DF, rel. Min. Roberto Barroso, 16.08.2018.

[147] ADI 1.485/DF, rel. Min. Rosa Weber, 20.02.2020.

[148] Vejam-se, a título de exemplo, os seguintes julgados do STJ (jurisprudência **superada**): MS 19.336/DF, red. p/ o acórdão Min. Mauro Campbell Marques, 26.02.2014; MS 22.002/DF, rel. Min. Mauro Campbell Marques, 09.12.2015; MS 17.992/DF, rel. Min. Gurgel de Faria, 14.09.2016; MS 21.844/DF, rel. Min. Og Fernandes, 22.02.2017.

[149] REsp 1.767.955/RJ, rel. Min. Og Fernandes, 27.03.2019.

[150] RE 351.905/RJ, rel. Min. Ellen Gracie, 24.05.2005; ARE 1.094.588/RJ, rel. Min. Celso de Mello, 28.11.2017; RE 1.176.440/DF, rel. Min. Alexandre de Moraes, 09.04.2019 (Informativo 937 do STF); RMS 34.608/DF, rel. Min. Gilmar Mendes, 31.05.2019.

Em 2020, a matéria foi mais uma vez objeto de recurso apreciado por nosso Tribunal Constitucional, dessa vez na sistemática de **repercussão geral**, oportunidade em que se fixou a seguinte **tese jurídica**:[151]

> As hipóteses excepcionais autorizadoras de acumulação de cargos públicos previstas na Constituição Federal sujeitam-se, unicamente, a existência de compatibilidade de horários, verificada no caso concreto, ainda que haja norma infraconstitucional que limite a jornada semanal.

Há outras hipóteses de acumulação remunerada **lícita** previstas na Carta Política, além daquelas enumeradas no inciso XVI do art. 37, a saber:

a) a permissão de acumulação para os vereadores, prevista no art. 38, III;

b) a permissão para os juízes exercerem o magistério, conforme o art. 95, parágrafo único, I;

c) a permissão para os membros do Ministério Público exercerem o magistério, estabelecida no art. 128, § 5.º, II, "d";

d) a permissão de acumulação para os profissionais de saúde das Forças Armadas, na forma da lei e com prevalência da atividade militar, nos termos do art. 142, § 3.º, II, III e VIII, com a redação dada pela EC 77/2014.

A proibição de acumular é a mais ampla possível, abrangendo, salvo as exceções constitucionalmente previstas, qualquer agente público remunerado em qualquer poder ou esfera da Federação (por exemplo, um cargo público municipal com um emprego público estadual, ou um cargo público no Executivo estadual com outro no Judiciário do mesmo ou de outro estado, e assim por diante).

Ponto de grande importância diz respeito ao tratamento dado à percepção simultânea de remuneração e de proventos de aposentadoria.

A EC 20/1998, que implementou a primeira "reforma da previdência", acrescentou o § 10 ao art. 37 da Constituição, com a seguinte redação:

> § 10. É vedada a percepção simultânea de proventos de aposentadoria decorrentes do art. 40 ou dos arts. 42 e 142 com a remuneração de cargo, emprego ou função pública, ressalvados os cargos acumuláveis na forma desta Constituição, os cargos eletivos e os cargos em comissão declarados em lei de livre nomeação e exoneração.

Inicialmente, é digno de nota o fato de que a regra de proibição que esse § 10 do art. 37 estabelece só se aplica aos proventos de aposentadorias dos regimes próprios de previdência dos servidores estatutários e dos militares. Vale dizer, não se enquadram nessa proibição de acumulação de proventos com remuneração de atividade pública os proventos recebidos em decorrência de aposentadoria obtida pelo regime geral de previdência (RGPS), de que trata o art. 201 da Constituição.

---

[151] ARE 1.246.685/RJ, rel. Min. Dias Toffoli, 20.03.2020.

Outro aspecto a registrar é a existência de três exceções explicitadas na própria norma de vedação em comento. Deveras, não é vedada a acumulação de proventos de regimes próprios de previdência dos servidores públicos e dos militares com as remunerações de: (a) cargos acumuláveis; (b) cargos em comissão; e (c) cargos eletivos.

Observe-se que a remuneração pelo exercício de cargo em comissão ou de cargo eletivo pode ser acumulada com proventos percebidos à conta de regime próprio de previdência, seja qual for o cargo em que o servidor tenha se aposentado.

Diferentemente, a remuneração de cargo efetivo só pode ser acumulada com proventos de regime próprio de previdência se o cargo em que o servidor se aposentou for acumulável com aquele cargo efetivo. Exemplificando, se José recebe proventos pelo regime de previdência dos servidores estatutários, decorrentes de aposentadoria em um cargo de dentista, poderá obter aprovação em concurso para outro cargo público de dentista e receber a remuneração desse novo cargo cumulativamente com os proventos da aposentadoria relativa ao seu cargo anterior de dentista. Mas se o referido concurso tivesse sido para o cargo de fiscal de tributos estaduais, seria vedada a percepção da remuneração desse cargo cumulativamente com os proventos da aposentadoria do cargo de dentista.

É oportuno anotar que essa norma é complementada pela disposição inserida no § 6.º do art. 40 do Texto Magno, segundo a qual é vedada a percepção de mais de uma aposentadoria à conta de regime próprio de previdência social, ressalvadas as aposentadorias decorrentes dos cargos acumuláveis previstos na Constituição, devendo ser observadas, ainda, quaisquer outras vedações, regras e condições para a acumulação de benefícios previdenciários estabelecidas no RGPS.

Questão interessante concerne à possibilidade de o aposentado renunciar aos proventos de aposentadoria para poder ingressar em cargo público para o qual tenha prestado concurso. Não existe regra expressa a respeito, mas parece válido, por aplicação do próprio princípio da razoabilidade, o entendimento de que a renúncia, pelo servidor, aos proventos de aposentadoria, afasta a aplicação dos dispositivos que proíbem a percepção simultânea de proventos de aposentadoria e de remuneração de cargo, emprego ou função públicos.

Portanto, a renúncia aos proventos descaracterizaria como ilícita a percepção de remuneração de cargo, emprego ou função públicos, uma vez que não estará havendo acumulação remunerada, ou seja, não estará o servidor enquadrado na hipótese do § 10 do art. 37 da Constituição.

2. DISPOSIÇÕES CONSTITUCIONAIS CONCERNENTES AOS SERVIDORES EM EXERCÍCIO DE MANDATOS ELETIVOS

O art. 38 da Constituição de 1988 trata especificamente de situações relacionadas à acumulação de cargos e remunerações de servidores públicos das administrações diretas, das autarquias e das fundações públicas dos diversos entes da Federação, eleitos para o exercício de mandatos nos Poderes Executivo ou Legislativo. As regras encontram-se enumeradas nos cinco incisos do art. 38 e são todas de fácil compreensão, conforme a seguir expomos:

a) o servidor público que seja eleito para qualquer cargo, do Executivo ou do Legislativo, **federal**, **estadual** ou **distrital** (Presidente da República, governador de estado ou do Distrito Federal, senador, deputado federal, deputado estadual ou distrital) será, obrigatoriamente, afastado do seu cargo (efetivo ou em comissão), função ou emprego público. A remuneração percebida será, obrigatoriamente, a do cargo eletivo;

b) o servidor público investido no mandato de **prefeito** será, obrigatoriamente, afastado de seu cargo, emprego ou função pública. Nesse caso, o servidor poderá optar entre a remuneração do cargo de prefeito e a remuneração do cargo, emprego ou função de que foi afastado. Cabe observar que, segundo a jurisprudência do Supremo Tribunal Federal, essas regras igualmente se aplicam, **por analogia**, ao servidor público investido no mandato de **vice-prefeito**;[152]

c) o servidor eleito para o cargo de **vereador** poderá, caso haja compatibilidade de horários, acumular o exercício da vereança com o de seu cargo, função ou emprego público. Nessa hipótese, o servidor receberá as duas remunerações; a de vereador e a de seu outro cargo, emprego ou função pública, obedecidos, evidentemente, os limites de remuneração fixados no inciso XI do art. 37 da Constituição. Não existindo compatibilidade de horários, o servidor será afastado de seu cargo, exercendo apenas o de vereador; poderá, entretanto, optar entre a remuneração de vereador e a remuneração do cargo, emprego ou função de que foi afastado.

Finalizando, o art. 38 determina que, nas hipóteses em que seja exigido o afastamento do servidor para o exercício de mandato eletivo, o seu tempo de serviço seja contado para todos os efeitos legais, exceto para promoção por merecimento. Ademais, se o servidor for segurado de regime próprio de previdência social, permanecerá filiado a esse regime, no ente federativo de origem.

3. DISPOSIÇÕES CONSTITUCIONAIS ESPECÍFICAS RELATIVAS AOS SERVIDORES PÚBLICOS

Os arts. 39, 40 e 41 da Constituição trazem disposições especificamente aplicáveis aos servidores públicos. Do art. 40 cuidaremos a seguir, pois ele traça as diretrizes fundamentais do regime previdenciário próprio dos servidores públicos estatutários.

O art. 39 foi quase completamente alterado pela EC 19/1998. Trataremos, a seguir, dos principais dispositivos e das mais importantes alterações havidas nesse artigo.

---

[152] RE 140.269/RJ, rel. Min. Néri da Silveira, 01.10.1996; ADI 199/PE, rel. Min. Maurício Corrêa, 22.04.1998; AI-AgR 451.267/RS, rel. Min. Celso de Mello, 19.05.2009; ARE-AgR 659.543/RS, rel. Min. Cármen Lúcia, 30.10.2012.

3.1. O regime jurídico único e a extinção de sua obrigatoriedade pela EC 19/1998

O *caput* do art. 39 da Constituição, **originariamente**, estabelecia a obrigatoriedade de adoção, por parte de cada ente da Federação, de **um só** regime jurídico aplicável a todos os servidores integrantes da respectiva administração direta e das suas autarquias e fundações públicas (e também tornava obrigatória a instituição de planos de carreira para esses servidores).

Portanto, antes da EC 19/1998, cada município, cada estado-membro, o Distrito Federal e a União tinham, teoricamente, a liberdade de estabelecer o regime jurídico a que estariam submetidos os agentes públicos de suas administrações diretas, autarquias e fundações públicas, desde que esse regime jurídico fosse **unificado** para todos os servidores desses órgãos e entidades de cada pessoa política.

A redação original do art. 39, *caput*, assim rezava:

> Art. 39. A União, os Estados, o Distrito Federal e os Municípios instituirão, no âmbito de sua competência, regime jurídico único e planos de carreira para os servidores da administração pública direta, das autarquias e das fundações públicas.

O vocábulo "servidores" foi empregado nesse dispositivo constitucional em sentido amplo, o que, aliás, é bastante frequente. Em sentido amplo, a expressão "servidor público" abrange tanto os titulares de **cargos** públicos (regime **estatutário**) quanto os ocupantes de **empregos** públicos (regime contratual, **trabalhista**).

Deve-se atentar para o fato de que não há referência ao regime jurídico a ser adotado. Não há, portanto, em tese, obrigatoriedade de que o regime eleito pelo legislador ordinário do ente federativo para os agentes públicos da sua administração direta e de suas autarquias e fundações públicas seja o estatutário (legal, não contratual).

O texto, explicitamente, apenas impõe a **unificação** de regimes. O objetivo do constituinte originário foi eliminar a coexistência, na administração direta e nas autarquias e fundações públicas de um mesmo ente da Federação, de servidores sujeitos a vínculos funcionais de natureza diversa.

É importante destacar este ponto: o *caput* do art. 39 **originário** da Constituição não estabelecia, ele mesmo, um determinado regime jurídico a ser adotado pelas diversas pessoas políticas. Para dar aplicação a esse preceito constitucional, cada ente da Federação deveria editar lei própria, estabelecendo o regime jurídico do pessoal de sua administração direta, suas autarquias e suas fundações públicas.

Em observância à redação originária do *caput* do art. 39 da Constituição, acima reproduzido, a União editou a Lei 8.112/1990, que instituiu o regime jurídico único (RJU) dos servidores públicos da União (administração direta), das autarquias e das fundações públicas federais. A União optou pela adoção de regime jurídico estatutário, típico de direito público, para disciplinar o vínculo funcional entre seus servidores e os referidos órgãos e entidades administrativos. Por isso, os empregos públicos que antes existiam na administração direta, nas autarquias e nas fundações públicas federais foram transformados em cargos públicos, na data de publicação da Lei 8.112/1990 (art. 243, § 1.º).

Entendeu o legislador, com amplo respaldo da doutrina, que o vínculo estatutário é o mais adequado para reger as relações funcionais dos agentes públicos da administração direta, autarquias e fundações públicas federais, uma vez que esses órgãos e entidades não se coadunam com organização tipicamente empresarial, o que resultaria em inconvenientes se fosse adotado vínculo de natureza contratual com seus agentes. Além disso, o poder de polícia e outras prerrogativas públicas fundadas no poder de império do Estado só podem ser exercidos, na maior parte das vezes, por agentes públicos estatutários, porquanto o ordenamento jurídico confere ao regime estatutário instrumentos que possibilitam a atuação imparcial frente a grupos ou mesmo indivíduos detentores de influência e poder econômico ou político.

O regime estatutário é próprio das pessoas de direito público. A nomeação do servidor é um ato unilateral que se destina a efetivar a inserção dele no âmbito de um regime jurídico preexistente, inteiramente estabelecido pela lei. A manifestação de vontade do servidor, na relação jurídica estatutária, só é necessária para a formação do vínculo jurídico-funcional entre ele e a administração pública; essa manifestação de vontade ocorre no momento da posse no cargo para o qual o servidor foi nomeado (na classificação de Léon Duguit dos atos jurídicos, a posse se enquadra como ato-condição).

Pois bem, **a EC 19/1998 alterou o** *caput* **do art. 39 da Constituição com o fito de eliminar a obrigatoriedade de adoção, pelas pessoas políticas, de um regime jurídico unificado** para seus agentes atuantes na administração direta, autarquias e fundações públicas (eliminou, também, a referência expressa à obrigatoriedade de instituição de planos de carreira). A redação do *caput* desse artigo passou a ser a seguinte:

> Art. 39. A União, os Estados, o Distrito Federal e os Municípios instituirão conselho de política de administração e remuneração de pessoal integrado por servidores designados pelos respectivos Poderes.

Pode-se notar que a EC 19/1998 não revogou nem prejudicou as disposições da Lei 8.112/1990 (na esfera federal). Simplesmente, passou a ser possível a existência de agentes públicos sujeitos a mais de um regime jurídico na administração direta, nas autarquias e nas fundações públicas de cada um dos entes da Federação. Em razão de haver a EC 19/1998 criado essa possibilidade, a União editou a Lei 9.962/2000, prevendo a contratação de empregados públicos na administração direta, autárquica e fundacional federal, conforme será exposto adiante, em tópico específico.

Sem embargo do que acabamos de expor, é **muito relevante registrar** que a modificação do *caput* do art. 39 perpetrada pela EC 19/1998 **teve sua eficácia suspensa** pelo Supremo Tribunal Federal, por meio de medida cautelar **deferida em 2 agosto de 2007** na ADI 2.135/DF, sob o fundamento de inconstitucionalidade formal (considerou-se plausível, nessa análise da medida cautelar, a alegação de que, na tramitação da emenda, a Câmara dos Deputados não teria observado o processo legislativo estabelecido no art. 60, § 2.º, da Constituição, especificamente quanto ao *caput* do art. 39, que não teria sido submetido a aprovação em dois turnos).[153]

Ao deferir a medida cautelar, a Corte Suprema **conferiu expressamente efeitos prospectivos (*ex nunc*) à decisão**, isto é, toda a legislação editada durante a vigência do art. 39, *caput*, com a redação dada pela EC 19/1998, continuou em vigor, assim como os atos praticados até então com base nessa legislação.

Em **6 de novembro de 2024**, a ADI 2.135/DF foi julgada **improcedente**, significa dizer, foi considerada **válida** a alteração do *caput* do art. 39 da Constituição introduzida pela EC 19/1998.[154] O STF também atribuiu expressamente **efeitos prospectivos** (*ex nunc*) a essa decisão.

Portanto, a exigência de que cada ente da Federação institua regime jurídico único para o pessoal de sua administração direta e de suas autarquias e fundações públicas vigorou entre a promulgação da Carta de 1988 e a publicação da EC 19/1998, e entre 2 de agosto de 2007 e 6 de novembro de 2024.

Cumpre repisar que a legislação editada, antes de 2 de agosto de 2007, sob a vigência da redação dada pela EC 19/1998 ao *caput* do art. 39 da Carta Política, não foi revogada pela medida cautelar deferida na ADI 2.135/DF.

Especificamente na esfera federal, não foi afetada a vigência da Lei 9.962/2000, que estabelece o regime jurídico dos **empregados públicos** (regime contratual) da administração direta **federal** e das autarquias e fundações públicas **federais** (estudada no próximo tópico). Eventuais contratações de empregados públicos efetuadas com fundamento nessa lei antes de 2 de agosto de 2007 permaneceram válidas e, desde 6 de novembro de 2024, voltaram a ser possíveis novas contratações, com base na Lei 9.962/2000, de pessoal permanente para atuar, sob regime de **emprego público**, na administração direta **federal** e nas autarquias e fundações públicas **federais**.

Vale registrar, por fim, que, no julgamento do mérito da ADI 2.135/DF, ocorrido em 6 de novembro de 2024, a Corte Suprema, além de conferir expressamente efeitos apenas prospectivos à sua decisão, esclareceu, "ainda, ser **vedada a transmudação de regime dos atuais servidores**, como medida de evitar tumultos administrativos e previdenciários".

3.2. O regime de emprego público na administração federal direta, autárquica e fundacional

Com a promulgação da EC 19/1998, foi modificada a redação do *caput* do art. 39 da Constituição Federal, sendo a principal consequência dessa alteração a extinção da obrigatoriedade de adoção de regime jurídico único, prevista na redação originária do citado dispositivo constitucional, para os agentes da administração direta, das autarquias e das fundações públicas dos diferentes entes federados.

---

[153] ADIMC 2.135/DF, red. p/ o acórdão Min. Ellen Gracie, 02.08.2007.

[154] ADI 2.135/DF, red. p/ o acórdão Min. Gilmar Mendes, 06.11.2024 (Informativo 1.158 do STF).

Em razão dessa alteração, a União editou a Lei 9.962/2000, disciplinando a contratação de pessoal na administração direta, autarquias e fundações públicas federais pelo regime de emprego público.

Conforme exposto no tópico anterior, **entre 2 de agosto de 2007 e 6 de novembro de 2024**, a alteração do *caput* do art. 39 da Constituição operada pela EC 19/1998 ficou **suspensa** por decisão do Supremo Tribunal Federal.[155] Esse fato, contudo, não afetou a vigência da Lei 9.962/2000, nem eventuais contratações efetuadas com base nela antes de 2 de agosto de 2007. Além disso, a partir de 6 de novembro de 2024, voltou a vigorar a redação do *caput* do art. 39 da Carta Magna dada pela EC 19/1998, significa dizer, **novamente deixou de ser obrigatória a adoção de regime jurídico único** para a contratação de pessoal permanente na administração direta, nas autarquias e nas fundações públicas de cada ente da Federação. Assim sendo, entendemos que, na administração pública direta federal e nas autarquias e fundações públicas federais, voltou a ser possível, desde 6 de novembro de 2024, a contratação de empregados públicos com base na Lei 9.962/2000, razão pela qual se faz oportuno expor, em linhas gerais, as suas (poucas) disposições normativas.

Expressamente, estabelece a Lei 9.962/2000 que o pessoal admitido para emprego público na administração direta, autárquica e fundacional federal tem sua relação de trabalho regida pela Consolidação das Leis do Trabalho (CLT). A lei excepciona os cargos públicos em comissão, que nunca puderam ser providos segundo suas disposições (sempre foram estatutários).

O § 1.º do art. 1.º da Lei 9.962/2000 autoriza leis específicas a transformarem cargos existentes na administração direta, autarquias e fundações públicas federais em empregos públicos. Essas leis específicas não alcançarão servidores que já sejam regidos pela Lei 8.112/1990 (art. 1.º, § 2.º, II).

O art. 2.º da Lei 9.962/2000 exige concurso público de provas ou de provas e títulos prévio à contratação para emprego público, conforme a natureza e a complexidade do emprego. É bem verdade que a lei não poderia, de modo nenhum, dispor diferentemente, já que a Constituição de 1988 sempre exigiu concurso público prévio para a investidura em cargo ou emprego público (art. 37, II). Tanto assim que a contratação de pessoal para as empresas públicas e sociedades de economia mista, embora obrigatoriamente feita pelo regime celetista, sempre precisou ser, e continua sendo, precedida de concurso público.

Por fim, as hipóteses de dispensa dos empregados públicos contratados com base na Lei 9.962/2000 são mais restritas do que as possibilidades de dispensa dos trabalhadores celetistas em geral. Com efeito, as **únicas** hipóteses de rescisão unilateral dos contratos de trabalho dos empregados públicos regidos pela Lei 9.962/2000 são as estabelecidas no seu art. 3.º, o qual, deve-se frisar, **não** prevê possibilidade ampla de dispensa, não autoriza a mera dispensa por conveniência do empregador. É a seguinte a sua redação:

> Art. 3.º O contrato de trabalho por prazo indeterminado somente será rescindido por ato unilateral da Administração pública nas seguintes hipóteses:

---

[155] ADIMC 2.135/DF, red. p/ o acórdão Min. Ellen Gracie, 02.08.2007; e ADI 2.135/DF, red. p/ o acórdão Min. Gilmar Mendes, 06.11.2024 (Informativo 1.158 do STF).

I – prática de falta grave, dentre as enumeradas no art. 482 da Consolidação das Leis do Trabalho – CLT;

II – acumulação ilegal de cargos, empregos ou funções públicas;

III – necessidade de redução de quadro de pessoal, por excesso de despesa, nos termos da lei complementar a que se refere o art. 169 da Constituição Federal;

IV – insuficiência de desempenho, apurada em procedimento no qual se assegurem pelo menos um recurso hierárquico dotado de efeito suspensivo, que será apreciado em trinta dias, e o prévio conhecimento dos padrões mínimos exigidos para continuidade da relação de emprego, obrigatoriamente estabelecidos de acordo com as peculiaridades das atividades exercidas.

Parágrafo único. Excluem-se da obrigatoriedade dos procedimentos previstos no *caput* as contratações de pessoal decorrentes da autonomia de gestão de que trata o § 8.º do art. 37 da Constituição Federal.

3.3. Planos de carreira e sistema remuneratório dos servidores públicos

O *caput* do art. 39 exigia, antes da EC 19/1998, que a União, os estados, o Distrito Federal e os municípios instituíssem **planos de carreira** para os servidores de suas administrações diretas, autarquias e fundações públicas.

A EC 19/1998 retirou do texto constitucional a exigência expressa de instituição de planos de carreira para os servidores públicos. O *caput* do art. 39 da Carta Política passou somente a prever que cada ente da Federação institua "conselho de política de administração e remuneração de pessoal, integrado por servidores designados pelos respectivos Poderes". Esses conselhos devem participar – embora o texto constitucional não defina de que forma e até que ponto a participação é obrigatória – da definição das políticas relacionadas às carreiras e às remunerações dos servidores públicos.

Conforme exposto anteriormente, **entre 2 de agosto de 2007 e 6 de novembro de 2024**, a alteração do *caput* do art. 39 da Constituição operada pela EC 19/1998 ficou **suspensa** por decisão do Supremo Tribunal Federal.[156] Como voltou a vigorar a redação do *caput* do art. 39 dada pela EC 19/1998, temos, **atualmente**, que **inexiste norma constitucional expressa que exija a instituição de planos de carreira para os servidores públicos**.

O § 1.º do art. 39 da Constituição determina que a fixação dos padrões de vencimento e dos demais componentes do sistema remuneratório, pelo **legislador** de cada ente federado, deve observar a natureza, o grau de responsabilidade e a complexidade dos cargos componentes de cada carreira, os requisitos para a investidura e as peculiaridades dos cargos.

O § 2.º do art. 39, nitidamente inspirado no princípio da eficiência, base do conceito de administração gerencial, exige que cada um dos entes federados mantenha

---

[156] ADIMC 2.135/DF, red. p/ o acórdão Min. Ellen Gracie, 02.08.2007; e ADI 2.135/DF, red. p/ o acórdão Min. Gilmar Mendes, 06.11.2024 (Informativo 1.158 do STF).

escolas de governo para a formação e o aperfeiçoamento dos servidores públicos. A participação dos servidores nos cursos de aperfeiçoamento promovidos por tais escolas será um dos requisitos para a **promoção** na carreira. Poderão ser celebrados convênios ou contratos entre os entes federativos, a fim de possibilitar a colaboração mútua e o aproveitamento racional das instituições já existentes ou que venham a ser criadas.

Ainda na mesma esteira, o § 7.º do art. 39 prevê que lei de cada ente federado discipline a aplicação de recursos orçamentários provenientes da economia com despesas correntes em cada órgão, autarquia e fundação, para aplicação no desenvolvimento de programas de qualidade e produtividade, treinamento e desenvolvimento, modernização, reaparelhamento e racionalização do serviço público. Possibilita, ainda, o pagamento de adicionais ou prêmios de produtividade com a utilização desses recursos orçamentários economizados em cada órgão ou entidade.

Trata-se de regra salutar, porquanto possibilita que sejam estimuladas iniciativas internas de redução de despesas e de aumento de produtividade nos diversos órgãos e entidades, diferentemente do que costuma se verificar ordinariamente. De qualquer forma, será necessária a edição de lei, por parte de cada ente federado, que estabeleça o modo como ocorrerão tais incentivos.

Observa-se, portanto, que, embora a EC 19/1998 tenha suprimido do *caput* do art. 39 a expressa menção à obrigatoriedade de criação de planos de carreira, as disposições por ela mesma introduzidas nesse artigo traduzem o nítido intuito de promover a profissionalização e o aperfeiçoamento dos servidores públicos. Da mesma forma, ao tratar de assuntos como padrões de vencimento e promoção na carreira, o texto constitucional deixa clara a necessidade de existência de planos de carreira (sem os quais não faz sentido falar em promoções ou em padrões de vencimento).

Merece um comentário, por fim, o fato de a EC 19/1998 haver suprimido a regra **originariamente** contida no § 1.º do art. 39, que prescrevia: "a lei assegurará, aos servidores da administração direta, isonomia de vencimentos para cargos de atribuições iguais ou assemelhados do mesmo Poder ou entre servidores dos Poderes Executivo, Legislativo e Judiciário, ressalvadas as vantagens de caráter individual e as relativas à natureza ou ao local de trabalho".

Não temos dúvida de que, mesmo deixando de existir, no texto constitucional, uma regra expressa asseguratória de isonomia de vencimentos para servidores públicos que exerçam funções iguais ou semelhantes em um mesmo ente federado, deve o **legislador** nortear-se por esse princípio para a fixação de remunerações de agentes públicos. Não só porque o princípio da igualdade é um postulado geral a todos aplicável (art. 5.º, *caput* e inciso I), mas também em razão de uma gama de normas constitucionais, endereçadas aos servidores públicos, concernentes a direitos, obrigações, responsabilidades, atribuições, requisitos para ingresso no serviço público, entre outros temas a estes conexos. O próprio conteúdo do atual § 1.º do art. 39, conferido pela EC 19/1998, ao determinar que a fixação da remuneração dos servidores públicos obedeça à natureza, ao grau de responsabilidade e à complexidade dos cargos por eles ocupados, tem lastro evidente no princípio da isonomia.

De todo modo, muito importante é ressaltar que as considerações aqui traçadas a respeito da relação entre o princípio da isonomia e a remuneração de servidores públicos,

Cap. 7 • SERVIDORES PÚBLICOS

assim como as próprias regras constitucionais citadas, têm por destinatário o **legislador**. A jurisprudência do Supremo Tribunal Federal, há décadas, pacificou-se quanto à impossibilidade de o Poder Judiciário, a título de isonomia, pretender aumentar remunerações de servidores públicos. Tal orientação foi inicialmente explicitada na Súmula 339 do STF (de 1963) e, em 2014, passou a constar da **Súmula Vinculante 37**, com este enunciado:

> 37 – Não cabe ao Poder Judiciário, que não tem função legislativa, aumentar vencimentos de servidores públicos sob o fundamento de isonomia.

Em 2020, esse posicionamento jurisdicional foi reforçado – e a sua abrangência explicitada – com a aprovação, por nossa Corte Suprema, da seguinte **tese de repercussão geral** (negrito acrescentado):[157]

> Não cabe ao Poder Judiciário, que não tem função legislativa, aumentar qualquer verba de servidores públicos de carreiras distintas sob o fundamento de isonomia, **tenham elas caráter remuneratório ou indenizatório**.

3.4. Extensão aos servidores públicos de direitos constitucionalmente assegurados aos trabalhadores da iniciativa privada

O art. 7.º da Carta de 1988 contém, nos seus trinta e quatro incisos, a lista dos principais direitos fundamentais sociais a que fazem jus os "trabalhadores urbanos e rurais". São **estendidos** aos "servidores ocupantes de cargo público" – ou seja, aos **servidores públicos estatutários** –, pelo § 3.º do art. 39 da Constituição Federal, os direitos previstos no seu art. 7.º, IV, VII, VIII, IX, XII, XIII, XV, XVI, XVII, XVIII, XIX, XX, XXII e XXX, "podendo a lei estabelecer requisitos diferenciados de admissão quando a natureza do cargo o exigir". Vale dizer, o § 3.º do art. 39 confere aos **servidores públicos estatutários** os seguintes direitos:

a) salário mínimo;

b) garantia de salário, nunca inferior ao mínimo, para os que percebem remuneração variável;

c) décimo terceiro;

d) remuneração do trabalho noturno superior à do diurno;

e) salário-família;

f) duração do trabalho normal não superior a oito horas diárias e quarenta e quatro semanais;

g) repouso semanal remunerado;

h) remuneração do serviço extraordinário superior, no mínimo, em cinquenta por cento à do normal;

---

[157] RE 710.293/SC (**repercussão geral**), rel. Min. Luiz Fux, 14.09.2020.

i) férias anuais remuneradas com, pelo menos, um terço a mais do que a remuneração normal;

j) licença à gestante;

k) licença-paternidade;

l) proteção do mercado de trabalho da mulher, mediante incentivos específicos, nos termos da lei;

m) redução dos riscos inerentes ao trabalho, por meio de normas de saúde, higiene e segurança;

n) proibição de diferença de salários, de exercício de funções e de critério de admissão por motivo de sexo, idade, cor ou estado civil, "podendo a lei estabelecer requisitos diferenciados de admissão quando a natureza do cargo o exigir".

Conforme a jurisprudência do Supremo Tribunal Federal, o direito dos servidores públicos à percepção de pelo menos um **salário mínimo** (letra "a") refere-se à **remuneração** deles, e **não** ao **vencimento básico**. Por outras palavras, **não** é necessário que o vencimento básico corresponda ao salário mínimo; basta que a remuneração do servidor (vencimento básico + vantagens pecuniárias permanentes) alcance o valor do salário mínimo.

Essa orientação está, hoje, sedimentada na **Súmula Vinculante 16**, cuja redação segue transcrita:

> 16 – Os artigos 7.º, IV, e 39, § 3.º (redação da EC 19/98), da Constituição, referem-se ao total da remuneração percebida pelo servidor público.

De outra banda, o Tribunal Constitucional decidiu que, mesmo na hipótese de servidor que exerça as suas atividades em regime de **jornada reduzida**, a **remuneração** por ele percebida **não poderá ser inferior ao salário mínimo**. Vale a leitura deste trecho do Informativo 1.063 do STF, em que foi veiculada a notícia do julgado em foco:

> O direito fundamental ao salário mínimo é previsto constitucionalmente para garantir a dignidade da pessoa humana por meio da melhoria de suas condições de vida (CF/1988, art. 7.º, IV), garantia que foi estendida aos servidores públicos sem qualquer sinalização no sentido da possibilidade de flexibilizá-la no caso de jornada reduzida ou previsão em legislação infraconstitucional (CF/1988, art. 39, § 3.º).
>
> A leitura conjunta dos dispositivos constitucionais atinentes ao tema, somado ao postulado da vedação do retrocesso de direitos sociais, denota a finalidade de assegurar o mínimo existencial aos integrantes da administração pública direta e indireta com a fixação do menor patamar remuneratório admissível, especialmente se consideradas as limitações inerentes ao regime jurídico dos

servidores públicos, cujas características se distinguem do relativo às contratações temporárias ou originadas de vínculos decorrentes das recentes reformas trabalhistas.

Sobre o tema, restou fixada a seguinte **tese de repercussão geral**:[158]

> É defeso o pagamento de remuneração em valor inferior ao salário mínimo ao servidor público, ainda que labore em jornada reduzida de trabalho.

A respeito da letra "h" da enumeração acima, nossa Corte Suprema já teve oportunidade de decidir que o direito de os **servidores ocupantes de cargo público** receberem pelo **serviço extraordinário** ("horas extras") remuneração superior à normal em pelo menos cinquenta por cento **não depende de regulamentação legal**. Para o Supremo Tribunal Federal, a norma constitucional que assegura esse direito (resultante da conjugação do art. 7.º, XVI, com o art. 39, § 3.º) tem **eficácia plena**, isto é, não depende de lei do ente federado para produzir os seus integrais efeitos.[159] Em suma, todos os servidores estatutários da administração pública brasileira fazem jus ao pagamento de "horas extras" em valor cinquenta por cento superior, no mínimo, ao da hora normal, mesmo que esse direito não esteja explicitado na lei (estatuto) respectiva.

Merece também um comentário o direito a **férias** anuais remuneradas com, pelo menos, um terço a mais do que a remuneração normal (letra "i"). Conforme a jurisprudência do Supremo Tribunal Federal, o servidor que fique **impossibilitado de gozar suas férias**, seja em razão do rompimento do vínculo com a administração, seja porque passou para a inatividade, tem direito a que sejam **convertidas em indenização pecuniária** as férias não gozadas ("bem como outros direitos de natureza remuneratória"), com fundamento na vedação ao enriquecimento sem causa da administração.[160] Observe-se que essa orientação **não se aplica** ao servidor que **permaneça em atividade**, no exercício de seu cargo, pois ele ainda tem a possibilidade de gozar as férias (ou "outros direitos de natureza remuneratória"), estando a administração obrigada à respectiva concessão, não se lhe facultando substituí-las, a seu arbítrio, por uma indenização em pecúnia.[161]

Enfatizamos que o direito do servidor de **converter em dinheiro** as férias que ele não tem mais possibilidade de gozar **não precisa estar previsto em lei** e independe de perquirição sobre a existência de culpa pela não fruição das férias na época em que elas poderiam ou deveriam ter sido gozadas (em diversos julgados, o STF aponta como fundamento da sua posição, ao lado da vedação ao enriquecimento

---

[158] RE 964.659/RS (**repercussão geral**), rel. Min. Dias Toffoli, 08.08.2022 (Informativo 1.063 do STF).

[159] AI-AgR 642.528/RJ, rel. Min. Dias Toffoli, 25.09.2012.

[160] ARE 721.001/RJ (**repercussão geral**), rel. Min. Gilmar Mendes, 28.02.2013. No mesmo sentido: ARE-AgR 731.803/RJ, rel. Min. Ricardo Lewandowski, 14.05.2013; AI-AgR 836.957/MA, rel. Min. Dias Toffoli, 11.03.2014.

[161] ARE-ED 721.001/RJ (**repercussão geral**), rel. Min. Gilmar Mendes, 04.12.2020 (Informativo 1000 do STF).

sem causa, a responsabilidade objetiva da administração pública). Ademais, nossa Corte Suprema já deixou assente que a indenização pelas férias não usufruídas deve contemplar, obrigatoriamente, o **acréscimo de pelo menos um terço** sobre a remuneração normal, direito que não pode ser restringido pelo legislador dos diversos entes federados, uma vez que diretamente decorre da Constituição da República.[162]

É interessante observar que o Texto Magno **não estipula a duração das férias**, apenas estabelece que elas devem ser anuais e remuneradas (e que a remuneração das férias deve ser acrescida de, pelo menos, um terço do seu valor normal). Nos termos da jurisprudência do Supremo Tribunal Federal, **o acréscimo de (pelo menos) um terço à remuneração das férias deve ter por base de cálculo o valor normal da remuneração correspondente a todo o período de férias**. Assim, se a lei de determinado ente federativo fixa em 45 dias o período de férias anuais dos seus servidores públicos, o adicional de (pelo menos) um terço deve incidir sobre a remuneração relativa a 45 dias, obrigatoriamente. A respeito dessa questão, a seguinte tese de repercussão geral foi fixada:[163]

> O adicional de 1/3 (um terço) previsto no art. 7.º, XVII, da Constituição Federal incide sobre a remuneração relativa a todo período de férias.

Como a extensão aos servidores públicos do direito a férias tem **fundamento direto na Carta Política** (art. 39, § 3.º), não pode a **lei** (federal, estadual, distrital ou municipal) impedir o exercício desse direito, ou estabelecer limitações que o inviabilizem. Deveras, o Supremo Tribunal Federal, ao apreciar lei do Município de Betim (MG) que impunha a perda do direito de férias ao servidor que gozasse, no período aquisitivo, mais de dois meses de licença médica, declarou a inconstitucionalidade dessa restrição, fixando a seguinte **tese de repercussão geral**:[164]

> No exercício da autonomia legislativa municipal, não pode o município, ao disciplinar o regime jurídico de seus servidores, restringir o direito de férias a servidor em licença saúde de maneira a inviabilizar o gozo de férias anuais previsto no art. 7.º, XVII, da Constituição Federal de 1988.

Vem a propósito referir – ainda sobre o direito às férias – que o STF já declarou **inconstitucional** lei estadual que pretendera **estender aos inativos o direito ao adicional de férias** (de, pelo menos, um terço a mais do que a remuneração normal) a que fazem jus os servidores em atividade. Entendeu o Plenário da Corte Maior que o adicional de férias é compatível **exclusivamente** com o regime jurídico dos **servidores ativos**, configurando ofensa ao Texto Magno a pretensão de instituir

---

[162] RE 570.908/RN (**repercussão geral**), rel. Min. Cármen Lúcia, 16.09.2009 (Informativo 559 do STF).

[163] RE 1.400.787/CE (**repercussão geral**), rel. Min. Rosa Weber, 15.12.2022 (Informativo 1.080 do STF).

[164] RE 593.448/MG (**repercussão geral**), rel. Min. Edson Fachin, 05.12.2022 (Informativo 1.078 do STF).

um benefício remuneratório desatrelado de qualquer fundamento lógico – caso da extensão, a quem não pode gozar férias, de uma vantagem pecuniária cujo fundamento é, exatamente, a fruição de férias!

Literalmente, averbou-se, na ementa do acórdão respectivo, que "não há margem interpretativa no texto constitucional para que se conceba a extensão de benefício remuneratório desatrelado de qualquer fundamento. O trabalhador aposentado, ou, no caso, o servidor público em inatividade, não pode gozar férias, porquanto já deixou de exercer cargo ou função pública. Nesse passo, afigura-se inviável o deferimento de benefício sem a correspondente causa geradora".[165]

Em suma, segundo a jurisprudência do STF, **não há fundamento constitucional idôneo** para a **extensão a servidores inativos** (e respectivos pensionistas) do pagamento do **adicional de férias** a que têm direito os servidores em atividade – e, portanto, a lei que pretenda fazê-lo é inconstitucional, isto é, conflita com nossa Carta Política.

Impende anotar que, além dos direitos listados acima, o Supremo Tribunal Federal entende ser aplicável a **todas as servidoras públicas**, inclusive às ocupantes de cargo em comissão (e também às agentes públicas vinculadas ao poder público mediante contratação temporária), a **estabilidade provisória** prevista no art. 10, II, "b", do Ato das Disposições Constitucionais Transitórias (ADCT), a saber: "fica **vedada a dispensa arbitrária ou sem justa causa da empregada gestante**, desde a confirmação da gravidez até cinco meses após o parto".

Em razão de sua importância, reproduzimos abaixo ementa de acórdão do STF em que essa orientação foi didaticamente exposta (grifamos):[166]

> O acesso da servidora pública e da trabalhadora **gestantes** à **estabilidade provisória**, que se qualifica como inderrogável garantia social de índole constitucional, supõe a mera confirmação objetiva do estado fisiológico de gravidez, **independentemente**, quanto a este, de sua **prévia comunicação** ao órgão estatal competente ou, quando for o caso, ao empregador. Doutrina. Precedentes.
>
> As gestantes – quer se trate de **servidoras públicas**, quer se cuide de trabalhadoras, **qualquer que seja o regime jurídico** a elas aplicável, não importando se de caráter administrativo ou de natureza contratual (CLT), **mesmo aquelas ocupantes de cargo em comissão ou exercentes de função de confiança** ou, ainda, as **contratadas por prazo determinado**, inclusive na hipótese prevista no inciso IX do art. 37 da Constituição, ou admitidas a título precário – **têm direito público subjetivo à estabilidade provisória, desde a confirmação do estado fisiológico de gravidez até cinco (5) meses após o parto** (ADCT, art. 10, II, "b"), e, também,

---

[165] ADI 1.158/AM, rel. Min. Dias Toffoli, 20.08.2014 (Informativo 755 do STF).

[166] RE-AgR 634.093/DF, rel. Min. Celso de Mello, 22.11.2011. O mesmo entendimento foi perfilhado no RE-AgR 652.406/RS, rel. Min. Dias Toffoli, 27.03.2012, e no MS 30.519/DF, rel. Min. Cármen Lúcia, 20.06.2012.

à licença-maternidade de 120 dias (CF, art. 7.º, XVIII, c/c o art. 39, § 3.º), sendo-lhes preservada, em consequência, nesse período, a **integridade do vínculo jurídico que as une à administração pública** ou ao empregador, sem prejuízo da **integral percepção** do estipêndio funcional ou da remuneração laboral. Doutrina. Precedentes. Convenção OIT n.º 103/1952.

Se sobrevier, no entanto, em referido período, **dispensa arbitrária ou sem justa causa** de que resulte a extinção do vínculo jurídico-administrativo ou da relação contratual da gestante (servidora pública ou trabalhadora), assistir-lhe-á o **direito a uma indenização correspondente aos valores que receberia até cinco (5) meses após o parto**, caso inocorresse tal dispensa. Precedentes.

Em 2023, em decisão proferida na sistemática de **repercussão geral**, o Pretório Excelso reiterou o entendimento de que, em qualquer hipótese, as agentes públicas gestantes têm direito à **licença-maternidade** de 120 dias e **também**, desde a confirmação da gravidez até 5 meses após o parto, à **estabilidade provisória**. Fixou sobre o tema a seguinte **tese jurídica**:[167]

A trabalhadora gestante tem direito ao gozo de licença-maternidade e à estabilidade provisória, independentemente do regime jurídico aplicável, se contratual ou administrativo, ainda que ocupe cargo em comissão ou seja contratada por tempo determinado.

Também com repercussão geral, deixou assente o STF que, para o surgimento do direito à estabilidade ora em foco, **basta, tão somente, que a gravidez seja anterior à dispensa sem justa causa**, sendo irrelevante que o empregador desconheça essa condição da empregada no momento da dispensa – isto é, o direito da gestante à estabilidade não depende de conhecimento prévio da gravidez pelo empregador. Acerca desse ponto, foi averbada a seguinte **tese jurídica**:[168]

A incidência da estabilidade prevista no art. 10, inciso II, do ADCT, somente exige a anterioridade da gravidez à dispensa sem justa causa.

Por derradeiro, vem a propósito pontuar que, segundo a jurisprudência do Supremo Tribunal Federal, a Constituição não estabelece para agentes públicos contratados por tempo determinado para atender a necessidade temporária de excepcional interesse público (CF, 37, IX) direito automático a décimo terceiro salário e a férias remuneradas (uma vez que eles não são regidos pela Consolidação das Leis do Trabalho). Esses trabalhadores somente farão jus a tais direitos se houver previsão legal ou contratual expressa, ou se a temporariedade da contratação for desnaturada por

---

[167] RE 842.844/SC (**repercussão geral**), rel. Min. Luiz Fux, 05.10.2023 (Informativo 1.111 do STF).

[168] RE 629.053/SP (**repercussão geral**), red. p/ o acórdão Min. Alexandre de Moraes, 10.10.2018.

Cap. 7 • SERVIDORES PÚBLICOS

renovações ou prorrogações sucessivas por parte do poder público. Essa orientação está fixada na seguinte **tese jurídica (Tema 551 da repercussão geral)**:[169]

> Servidores temporários não fazem jus a décimo terceiro salário e férias remuneradas acrescidas do terço constitucional, salvo (I) expressa previsão legal e/ou contratual em sentido contrário, ou (II) comprovado desvirtuamento da contratação temporária pela administração pública, em razão de sucessivas e reiteradas renovações e/ou prorrogações.

Em julgado posterior sobre a mesma matéria, a Corte Suprema, mencionando diretamente essa orientação, reforçou-a, com a fixação desta tese jurídica (**Tema 1.344 da repercussão geral**):[170]

> O regime administrativo-remuneratório da contratação temporária é diverso do regime jurídico dos servidores efetivos, sendo vedada a extensão por decisão judicial de parcelas de qualquer natureza, observado o Tema 551/RG.

3.5. Remuneração por subsídio

O **subsídio** é uma inovação trazida pela EC 19/1998, mediante a inclusão do § 4.º no art. 39 da Carta Política. O texto constitucional o define como um estipêndio "fixado em **parcela única**, **vedado** o acréscimo de qualquer gratificação, adicional, abono, prêmio, verba de representação ou outra espécie **remuneratória**".

É modalidade de remuneração (em sentido amplo) de aplicação:

1. **obrigatória** para os agentes políticos: chefes dos Executivos, deputados, senadores, vereadores, ministros de Estado, secretários estaduais e municipais, membros da magistratura, membros do Ministério Público, ministros dos tribunais de contas etc.

2. **obrigatória** para alguns servidores públicos: os servidores das carreiras pertencentes à Advocacia-Geral da União, à Defensoria Pública, à Procuradoria-Geral da Fazenda Nacional, às procuradorias dos estados e do DF e os servidores da Polícia Federal, Polícia Ferroviária Federal, polícias civis, polícias militares e corpos de bombeiros militares.

3. **facultativa** para os servidores públicos organizados em carreira: desde que assim disponham as leis federais, estaduais, municipais ou do DF, conforme a carreira de que se trate.

O Supremo Tribunal Federal firmou em sua jurisprudência o entendimento de que "o regime de subsídio é incompatível com outras parcelas remuneratórias de natureza mensal, o que não é o caso do **décimo terceiro salário** e do **terço**

---

[169] RE 1.066.677/MG (**repercussão geral**), red. p/ o acórdão Min. Alexandre de Moraes, 21.05.2020.
[170] RE 1.500.990/AM (**repercussão geral**), rel. Min. Roberto Barroso, 26.10.2024 (Informativo 1.157 do STF).

constitucional de férias".[171] Essas verbas – o **décimo terceiro salário** e o **terço adicional de férias** –, embora tenham **caráter remuneratório** (e não indenizatório), **podem** ser pagas a agentes públicos remunerados sob a forma de **subsídio**, desde que assim estabeleça **lei** editada pelo ente federativo a que eles estejam vinculados. Na dicção da Corte Maior, "a definição sobre a adequação de percepção dessas verbas está inserida no espaço de liberdade de conformação do legislador infraconstitucional".[172]

É importante assinalar que, teoricamente, não importa o nome que a lei dê a determinada parcela mensal por ela instituída, ainda que a descreva como uma "indenização", ou afirme expressamente que é essa a sua natureza; em princípio, se o acréscimo mensal previsto na lei tiver caráter remuneratório, configurar retribuição pecuniária pelo exercício de atividades inerentes ao cargo, relativas ao trabalho mensal ordinário, que se deva presumir incluído no valor da parcela única, será **inconstitucional** o seu pagamento a agentes públicos submetidos ao regime de subsídio.

Fizemos a ressalva na segunda parte do parágrafo anterior – "em princípio" – porque, na jurisprudência do Supremo Tribunal Federal, já foram declaradas válidas hipóteses de pagamento mensal de verbas de natureza remuneratória – em alguns desses casos, a nosso ver, debilitou-se o efeito moralizador que a lógica subjacente ao regime de subsídio tencionava alcançar.

Nossa Corte Maior, instada a apreciar a validade de norma legal do Estado de Alagoas que criou um adicional chamado "Gratificação de Dedicação Excepcional", decidiu em favor da sua constitucionalidade, sob o fundamento de que "o pagamento nela previsto retribui atividades que extrapolam as próprias e normais do cargo pago por subsídio". Afirmou-se, na oportunidade, que o modelo de subsídio, inserido pela EC 19/1998 no § 4.º do art. 39 da Constituição, apenas "busca evitar que atividades exercidas pelo servidor público como **inerentes ao cargo que ocupa** – e já cobertas pelo subsídio – sejam remuneradas com o acréscimo de qualquer outra parcela adicional"; nessa linha de raciocínio, a remuneração mediante subsídio não impediria o pagamento concomitante de valores que têm por finalidade retribuir "eventual execução de encargos especiais **não** incluídos no plexo das **atribuições normais e típicas** do cargo considerado".[173] Ainda é cedo, a nosso ver, para afirmar que essa orientação permissiva esteja consolidada na jurisprudência do Supremo Tribunal Federal.

Também na linha de fragilização do intuito moralizador que norteou a criação do regime de subsídio, nossa Corte Constitucional decidiu, em diversas oportunidades, que os **advogados públicos**, não obstante serem remunerados por meio de subsídio, **podem receber**, em acréscimo, **honorários de sucumbência** – exigindo-se, tão somente, que a soma dos valores respeite os tetos de remuneração estipulados no

---

[171] RE 650.898/RS (**repercussão geral**), red. p/ o acórdão Min. Roberto Barroso, 01.02.2017 (Informativo 852 do STF).

[172] Rcl-AgR 32.483/SP, rel. Min. Roberto Barroso, 03.09.2019 (Informativo 950 do STF).

[173] ADI 4.941/AL, red. p/ o acórdão Min. Luiz Fux, 14.08.2019 (Informativo 947 do STF).

Cap. 7 • SERVIDORES PÚBLICOS

inciso XI do art. 37 da Carta Política. Traduzindo essa posição, fixou-se a seguinte **tese jurídica:**[174]

> É constitucional o pagamento de honorários sucumbenciais aos advogados públicos, observando-se, porém, o limite remuneratório previsto no art. 37, XI, da Constituição.

Em outra decisão – dessa vez, em nossa opinião, absolutamente razoável –, apreciando dispositivos da Lei 11.358/2006 (a qual, entre outros assuntos, trata da carreira de policial rodoviário federal), reconheceu o Supremo Tribunal Federal que o regime de subsídio não impede o pagamento das assim chamadas "**horas extras**", uma vez que, evidentemente, a remuneração dessas horas trabalhadas além da jornada legal ordinária não está incluída no valor da parcela única correspondente ao subsídio mensal do servidor. Acerca desse ponto, foi averbada esta **tese de julgamento:**[175]

> O regime de subsídio não é compatível com a percepção de outras parcelas inerentes ao exercício do cargo, mas não afasta o direito à retribuição pelas horas extras realizadas que ultrapassem a quantidade remunerada pela parcela única.

Vale registrar que, no mesmo julgado acerca da carreira dos policiais rodoviários federais, tratada na Lei 11.358/2006, asseverou a Corte Suprema que a percepção de subsídios **não afasta o direito ao recebimento do abono de permanência** previsto no § 19 do art. 40 da Constituição.[176] Por outro lado, declarou **constitucional** a **vedação**, constante na Lei 11.358/2006, ao pagamento de **adicional noturno** aos servidores em questão.

3.6. Estabilidade

A **estabilidade no serviço público** conferida aos servidores titulares de **cargos efetivos** é instituto há muito existente em nosso ordenamento. A Constituição de 1988 trata dessa estabilidade em seu art. 41.

A aquisição de estabilidade traz para esses servidores uma expectativa de permanência no serviço público, desde que desempenhem adequadamente as suas atribuições.

A preocupação que justificou a criação do instituto, e sua elevação a patamar constitucional, é possibilitar que os servidores públicos resistam a ingerências de natureza política, ou pressões de grupos econômicos, visando à obtenção de privilé-

---

[174] Vejam-se, dentre outros: ADI 6.165/TO, rel. Min. Alexandre de Moraes, 24.06.2020; ADPF 597/AM, red. p/ o acórdão Min. Edson Fachin, 21.08.2020; ADI 6.159/PI, rel. Min. Roberto Barroso, 21.08.2020; ADI 6.162/SE, rel. Min. Roberto Barroso, 21.08.2020.

[175] ADI 5.404/DF, rel. Min. Roberto Barroso, 06.03.2023 (Informativo 1.085 do STF).

[176] "§ 19. Observados critérios a serem estabelecidos em lei do respectivo ente federativo, o servidor titular de cargo efetivo que tenha completado as exigências para a aposentadoria voluntária e que opte por permanecer em atividade poderá fazer jus a um abono de permanência equivalente, no máximo, ao valor da sua contribuição previdenciária, até completar a idade para aposentadoria compulsória." (Redação dada pela EC 103/2019.)

DIREITO ADMINISTRATIVO DESCOMPLICADO • *Marcelo Alexandrino & Vicente Paulo*

gios e favorecimentos de toda ordem, em síntese, evitar que os servidores públicos, no exercício de suas atribuições, sejam coagidos, de qualquer forma, a atuar em desacordo com o princípio da impessoalidade, em detrimento do interesse público.

É incontroverso que servidores nomeados com base em critérios políticos para cargos de livre exoneração são extremamente vulneráveis a toda sorte de pressões, agindo, para o bem e para o mal, praticamente a mando daqueles que têm poder para nomeá-los e exonerá-los.

Também justifica a existência da estabilidade a necessidade de profissionalização dos quadros funcionais do serviço público, o que se torna inviável se, a cada mudança de governo, puderem ser promovidas nos cargos de natureza técnica (não política) as famosas "degolas", com a substituição geral dos apaniguados da administração anterior pelos apadrinhados da vez.

Estabilidade **não** se confunde com **efetividade**. Essa última diz respeito à natureza do cargo público – o cargo pode ser **efetivo**, ou de provimento em comissão. O servidor será titular do cargo efetivo desde o momento da sua posse, ocorrida após aprovação em concurso público e nomeação. A **estabilidade** ocorre no **serviço público** (e não em um cargo determinado) e só é adquirida depois de cumpridos todos os requisitos constitucionalmente estipulados.

Os servidores que exerçam **exclusivamente cargos em comissão** e os **empregados públicos das empresas públicas e sociedades de economia mista** (regime jurídico contratual celetista) **não** adquirem, em circunstância alguma, a estabilidade ora em foco.

Há divergência quanto à aplicabilidade do art. 41 da Constituição aos **empregados públicos** eventualmente existentes nas **administrações diretas, nas autarquias e nas fundações públicas** dos diversos entes da Federação. Perfilhamos a corrente, a nosso ver majoritária entre os publicistas, segundo a qual **não fazem jus à estabilidade** regulada no art. 41 da Lei Fundamental os empregados públicos (celetistas), estejam eles na administração direta, estejam em quaisquer das entidades integrantes da administração indireta.

São **quatro** os **requisitos cumulativos** para aquisição de estabilidade, a saber:

a) concurso público;

b) cargo público de provimento efetivo;

c) três anos de efetivo exercício;

d) aprovação em avaliação especial de desempenho por comissão instituída para essa finalidade.

A exigência de que o servidor seja aprovado em uma avaliação especial de desempenho, realizada por comissão instituída para esse fim, como **condição obrigatória para aquisição da estabilidade**, está no § 4.º do art. 41 da Carta Política – e foi introduzida pela EC 19/1998.

A partir do acréscimo desse dispositivo ao texto constitucional, **deixou de existir no Brasil a aquisição de estabilidade por mero decurso de tempo**. Vale dizer, o fato de o servidor ter completado o período exigido para adquirir estabilidade não o torna automaticamente estável; a avaliação especial de desempenho por comissão instituída para essa finalidade passa a ser condição **cumulativa**, **imprescindível** para a aquisição dessa garantia.[177]

Cabe pontuar que essa avaliação especial de desempenho prevista no § 4.º do art. 41 do Texto Magno é **diferente** da avaliação a que o servidor é submetido ao término do período de **estágio probatório**. Aliás, a Constituição não menciona expressamente a aprovação no estágio probatório como requisito para permanência do servidor no cargo efetivo em que tomou posse. E é importante observar que a aquisição da estabilidade não afasta a necessidade de o servidor ser aprovado em estágio probatório cada vez que ele tomar posse em um novo cargo efetivo.

Por exemplo, um servidor que tenha ingressado em um cargo efetivo federal (cargo 1) precisará ser aprovado no estágio probatório para ser considerado apto a nele permanecer. E também precisará cumprir todos os requisitos constitucionais para adquirir estabilidade. Caso esse servidor, alguns anos depois, já considerado apto ao exercício do cargo e também já estável, preste concurso e seja empossado em outro cargo federal (cargo 2), precisará fazer novo estágio probatório para ser avaliado quanto a sua aptidão para o respectivo exercício. Se ele não for aprovado no estágio probatório referente ao cargo 2, não perderá o seu vínculo com a administração pública, e será reconduzido ao cargo 1, porque ele já havia adquirido estabilidade no serviço público federal (a figura da recondução, que será estudada em tópico próprio, somente se aplica a servidores estáveis).

A **perda do cargo** do **servidor estável** – isto é, o rompimento não voluntário do seu vínculo funcional com a administração pública – pode ocorrer nestas **quatro hipóteses** (as duas últimas foram acrescentadas pela EC 19/1998):

a) sentença judicial transitada em julgado;

b) processo administrativo com ampla defesa;

c) insuficiência de desempenho, verificada mediante avaliação periódica, na forma de **lei complementar**, assegurada ampla defesa;

d) excesso de despesa com pessoal, nos termos do art. 169, § 4.º.

Neste passo, convém abrir um parêntese para fazer uma distinção terminológica:

a) **demissão** é a perda do cargo por falta grave ou como efeito de sentença penal condenatória, vale dizer, demissão sempre tem caráter punitivo (não é adequado, tecnicamente, falar em "demissão a pedido", ou em "cargo demissível *ad nutum*");

b) **exoneração** é perda de cargo público nos demais casos; atualmente não se pode afirmar com precisão que nenhuma hipótese de exoneração tenha caráter punitivo, pois a perda do cargo por insuficiência de desempenho, quando vier a ser regulamentada, dar-se-á mediante exoneração (e não demissão), sendo insofismável o seu caráter punitivo (tanto que é assegurada ao servidor ampla defesa).

---

[177] RE 1.230.446/PB, rel. Min. Luiz Fux, 26.09.2019.

A hipótese de exoneração por **insuficiência de desempenho** depende de **lei complementar** que a regulamente – até hoje não editada. Trata-se de norma constitucional de eficácia limitada, o que significa, na prática, que não é possível aplicá-la para concretamente exonerar um servidor enquanto não existir a lei complementar constitucionalmente exigida. Cumpre anotar que o desligamento do servidor ocorrerá por exoneração, muito embora seja inegável o seu caráter punitivo, razão pela qual será a ele assegurada ampla defesa. Não obstante, não se confunde essa hipótese de exoneração com a figura da demissão, porquanto não será ela resultado de infração administrativa de natureza grave (nem de condenação penal) e não será aplicada ao término de um processo administrativo disciplinar.

A exoneração do servidor estável por **excesso de despesa com pessoal** encontra-se prevista no art. 169, § 4.º, da Carta Política, e está disciplinada na Lei 9.801/1999.

Estabelece o art. 169, em seu *caput*, que a despesa com pessoal ativo, inativo e pensionista da União, dos estados, do Distrito Federal e dos municípios **não poderá exceder os limites estabelecidos em lei complementar**.

Atualmente, tais limites estão previstos no art. 19 da Lei Complementar 101/2000 ("**Lei de Responsabilidade Fiscal**"). São eles: (a) 50% da receita corrente líquida para a União; e (b) 60% da receita corrente líquida para os estados, o Distrito Federal e os municípios.

Verificado excesso, o § 3.º do art. 169 da Constituição determina que os entes federativos adotem as seguintes providências, visando à adequação das despesas com pessoal aos limites fixados na lei complementar:

a) redução, em pelo menos vinte por cento, das despesas com cargos em comissão e funções de confiança; e

b) exoneração dos servidores não estáveis.

Somente se essas duas medidas não forem suficientes para assegurar a adequação das despesas aos limites fixados na lei complementar poderá, então, o **servidor estável perder o cargo**, desde que ato normativo motivado de cada um dos Poderes especifique a atividade funcional, o órgão ou unidade administrativa objeto da redução de pessoal (art. 169, § 4.º).

Conceder-se-á ao servidor exonerado uma indenização correspondente a um mês de remuneração por ano de serviço e o cargo objeto da redução será considerado **extinto**, **vedada** a criação de cargo, emprego ou função com **atribuições iguais ou assemelhadas** pelo **prazo de quatro anos** (art. 169, §§ 5.º e 6.º).

É interessante registrar que a Lei Complementar 101/2000 ("Lei de Responsabilidade Fiscal") estabelece, entre outras providências, a possibilidade – na hipótese de serem **ultrapassados os limites de despesa com pessoal** nela previstos – de "**redução temporária da jornada de trabalho com adequação dos vencimentos à nova carga horária**" (art. 23, § 2.º). Essa medida, porém, não é prevista na Constituição Federal, a qual, ademais, explicitamente preceitua que são **irredutíveis** "o subsídio e os vencimentos dos ocupantes de cargos e empregos públicos" (CF, art. 37, XV). Apreciando essa

Cap. 7 • SERVIDORES PÚBLICOS

antinomia, o Supremo Tribunal Federal **declarou a inconstitucionalidade do § 2.º do art. 23 da Responsabilidade Fiscal**, por afronta ao art. 37, XV, da Carta da República.[178]

3.6.1. Vedação à dispensa imotivada de empregados públicos de empresas públicas e sociedades de economia mista

Vimos que a **estabilidade** prevista no art. 41 da Constituição da República somente se aplica a servidores públicos em sentido estrito, vale dizer, submetidos a regime jurídico funcional **estatutário** – e, além disso, exclusivamente aos servidores estatutários titulares de **cargo público de provimento efetivo**.

Os **empregados públicos** (celetistas) **de empresas públicas e sociedades de economia mista** não têm direito à estabilidade de que trata o art. 41 da Carta Política. Esse ponto é incontroverso.

Havia dúvida, entretanto, acerca da possibilidade de tais empregados públicos serem dispensados sem motivação alguma, sem exposição escrita de qualquer justificativa para a dispensa por parte da pessoa jurídica empregadora.

Essa questão foi levada ao Supremo Tribunal Federal, em um caso concreto envolvendo a Empresa Brasileira de Correios e Telégrafos – ECT, e nossa Corte Suprema decidiu, com **repercussão geral**, que é vedada a dispensa imotivada de empregados das empresas públicas e sociedades de economia mista prestadoras de serviços públicos, por representar afronta aos princípios constitucionais da **impessoalidade** e da **isonomia**. Transcrevemos este excerto da ementa do acórdão (grifamos):[179]

> II – Em atenção, no entanto, aos **princípios da impessoalidade e isonomia**, que regem a admissão por **concurso público**, a dispensa do empregado de empresas públicas e sociedades de economia mista **que prestam serviços públicos** deve ser **motivada**, assegurando-se, assim, que tais princípios, observados no momento daquela admissão, sejam também respeitados por ocasião da dispensa.
>
> III – A motivação do ato de dispensa, assim, visa a **resguardar o empregado de uma possível quebra do postulado da impessoalidade** por parte do agente estatal investido do poder de demitir.
>
> IV – Recurso extraordinário parcialmente provido para afastar a aplicação, ao caso, do art. 41 da CF, **exigindo-se, entretanto, a motivação para legitimar a rescisão unilateral do contrato de trabalho**.

A principal tese perfilhada por nossa Corte Suprema ao decidir dessa forma foi a de que a exigência de contratação do empregado público mediante concurso público, cujo escopo é evitar tanto favorecimentos quanto perseguições, impõe, com a mesma finalidade e por uma questão de paralelismo, que as razões de seu desligamento sejam explicitamente apontadas, a fim de possibilitar que se verifique se a dispensa foi norteada por critérios objetivos e consentâneos com o interesse público.

---

[178] ADI 2.238/DF, rel. Min. Alexandre de Moraes, 24.06.2020 (Informativos 948 e 983 do STF).

[179] RE 589.998/PI, rel. Min. Ricardo Lewandowski, 20.03.2013 (Informativo 699 do STF).

Convém frisar que nessa decisão do Pretório Excelso ficou estabelecido que a dispensa do empregado público deve se materializar em um ato formal, no qual sejam explicitados os motivos da rescisão unilateral do contrato de trabalho, mas **não se trata de exigir a instauração de um processo administrativo**. O ato de dispensa é que, nesse aspecto, foi equiparado a um ato administrativo de motivação obrigatória, mas não foi estipulada a necessidade de processo administrativo para o desligamento do empregado.

Deixou-se também assente que os motivos apontados pela pessoa jurídica empregadora **não se restringem àqueles autorizadores da dispensa por justa causa** previstos na Consolidação das Leis do Trabalho (CLT). Significa dizer, **o empregado público pode ser dispensado fora das hipóteses que a CLT descreve como justa causa**, desde que o ato de dispensa explicite os motivos que ensejaram a rescisão do contrato de trabalho.

A rigor, os ministros do STF, em seus votos e nos debates registrados no inteiro teor do acórdão, procuraram deixar claro que a discussão concernente à idoneidade da motivação explicitada no ato de dispensa deverá ser travada em cada situação concreta. A motivação tem apenas o efeito de possibilitar essa discussão e o controle judicial da legitimidade da dispensa no caso concreto. Por outras palavras, a Corte Suprema não indicou os motivos que seriam válidos para a dispensa, apenas frisou que as empresas públicas e sociedades de economia mista – assim como qualquer entidade integrante da administração pública – têm que pautar toda sua atuação na busca da satisfação do interesse público, o que implica, evidentemente, a vedação à dispensa de empregados públicos por motivos pessoais ou políticos, ou por qualquer outra razão cujo escopo não seja, exclusivamente, a defesa do interesse público.

É importante notar que a decisão do STF ora em foco só mencionou expressamente a exigência de motivação (exposição escrita dos motivos) para o desligamento de empregados das empresas públicas e sociedades de economia mista **prestadoras de serviços públicos**. Posteriormente, porém, em decisão igualmente prolatada na sistemática de repercussão geral, a Corte Suprema explicitou a aplicabilidade dessa orientação também às empresas públicas e sociedades de economia mista **exploradoras de atividades econômicas**, fixando a seguinte **tese jurídica**:[180]

> As empresas públicas e as sociedades de economia mista, sejam elas prestadoras de serviço público ou exploradoras de atividade econômica, ainda que em regime concorrencial, têm o dever jurídico de motivar, em ato formal, a demissão de seus empregados concursados, não se exigindo processo administrativo. Tal motivação deve consistir em fundamento razoável, não se exigindo, porém, que se enquadre nas hipóteses de justa causa da legislação trabalhista.

---

[180] RE 688.267/CE (**repercussão geral**), red. p/ o acórdão Min. Roberto Barroso, 28.02.2024 (Informativo 1.126 do STF).

4. REGIME DE PREVIDÊNCIA DOS SERVIDORES PÚBLICOS

A Constituição trata, em seu art. 40, do "**regime próprio de previdência social dos servidores titulares de cargos efetivos**".

É importante frisar que somente os servidores públicos titulares de **cargos efetivos** fazem jus a esse regime de previdência, chamado **regime próprio**, justamente por ser diferente do regime de previdência denominado **regime geral**, a que se sujeitam os demais trabalhadores, não só os da iniciativa privada regidos pela Consolidação das Leis do Trabalho (CLT), autônomos e outros, mas também os servidores ocupantes, exclusivamente, de cargo em comissão, de outro cargo temporário, inclusive mandato eletivo, e de emprego público. O § 13 do art. 40 não deixa margem a dúvida:

> § 13. Aplica-se ao agente público ocupante, exclusivamente, de cargo em comissão declarado em lei de livre nomeação e exoneração, de outro cargo temporário, inclusive mandato eletivo, ou de emprego público, o Regime Geral de Previdência Social.

É **obrigatória** para todos os entes da Federação a observância da regra vazada nesse § 13 do art. 40, significa dizer, todos os agentes públicos que não sejam titulares de cargos efetivos submetem-se ao Regime Geral de Previdência Social (RGPS), da mesma forma que os trabalhadores da iniciativa privada. O Supremo Tribunal Federal já declarou que **não há espaço para os entes subnacionais criarem regime próprio de previdência para agentes públicos que não sejam titulares de cargos efetivos**.[181]

O regime de previdência próprio dos servidores estatutários efetivos (RPPS) foi profundamente alterado, desde a promulgação da Carta de 1988, mediante emendas constitucionais que ficaram conhecidas como **reformas da previdência**. A primeira dessas reformas operou-se por meio da EC 20/1998, a qual modificou significativamente não só o RPPS, mas também o Regime Geral de Previdência Social (RGPS). A segunda reforma, cujo instrumento foi a EC 41/2003, concentrou-se quase exclusivamente no RPPS. Houve modificações menores trazidas pelas EC 47/2005 e EC 70/2012. Por último, a terceira reforma da previdência, perpetrada pela EC 103/2019, introduziu inúmeras e muito relevantes alterações no RPPS e no RGPS.

É importante destacar que nenhuma dessas reformas logrou unificar por completo os regimes de previdência social. Continuam existindo, no Brasil, dois regimes distintos de previdência, um aplicável aos servidores públicos estatutários efetivos (**RPPS**) e outro aplicável aos demais trabalhadores, dito, por isso, regime geral (**RGPS**).

O RGPS está disciplinado no art. 201 da Constituição e se aplica, **subsidiariamente**, aos servidores públicos submetidos ao regime próprio, ou seja, inexistindo preceito específico no RPPS relativo a determinada situação, utilizam-se as normas do regime geral que dela tratem (desde que tais normas não sejam incompatíveis com outros preceitos do regime próprio). É explícito quanto a esse aspecto o § 12 do art. 40, ao estatuir que, além das disposições nesse mesmo artigo constantes,

---

[181] ADI 3.106/MG, rel. Min. Eros Grau, 14.04.2010; ADI 7.198/PA, rel. Min. Alexandre de Moraes, 31.10.2022 (Informativo 1.074 do STF).

devem ser observados, em regime próprio de previdência social, **no que couber**, os requisitos e critérios fixados para o RGPS. Não cuidaremos do RGPS nesta obra.

Essencialmente, as características do atual regime previdenciário dos servidores públicos titulares de cargos efetivos – já incorporadas as alterações introduzidas pela EC 103/2019 – são as que expendemos a seguir.

O regime tem caráter **contributivo** e **solidário**. Têm obrigação de contribuir: o respectivo **ente federativo**, os **servidores ativos**, os **aposentados** e os **pensionistas**. As contribuições devem observar critérios que preservem o equilíbrio financeiro e atuarial do sistema (art. 40, *caput*).

Vem a propósito consignar que a EC 103/2019 acrescentou ao art. 37 da Carta Magna o § 14, segundo o qual "a aposentadoria concedida com a utilização de tempo de contribuição decorrente de cargo, emprego ou função pública, inclusive do Regime Geral de Previdência Social, acarretará o **rompimento do vínculo** que gerou o referido tempo de contribuição". Entretanto, o art. 6.º da mesma emenda constitucional estatui que essa regra do § 14 do art. 37 não se aplica a **aposentadorias do Regime Geral de Previdência Social** que tenham sido concedidas até a data de sua entrada em vigor (13 de novembro de 2019).

Com fundamento nesses dispositivos, o Supremo Tribunal Federal decidiu, com **repercussão geral**, que "a concessão de aposentadoria aos **empregados públicos** inviabiliza a permanência no emprego, nos termos do art. 37, § 14, da Constituição Federal (CF), salvo para as aposentadorias concedidas pelo Regime Geral de Previdência Social (RGPS) até a data de entrada em vigor da Emenda Constitucional (EC) 103/09, nos termos do que dispõe seu art. 6.º".[182]

É **vedada** a existência de mais de um regime próprio de previdência social e de mais de um órgão ou entidade gestora desse regime em cada ente federativo, abrangidos todos os Poderes, órgãos e entidades autárquicas e fundacionais, que serão responsáveis pelo seu financiamento, observados os critérios, os parâmetros e a natureza jurídica definidos em **lei complementar** (art. 40, § 20).

O § 22 do art. 40, incluído pela EC 103/2019, versa sobre a lei complementar referida no parágrafo anterior. Além disso, ele **proibiu a criação de novos regimes próprios de previdência social**. Convém reproduzi-lo:

> § 22. Vedada a instituição de novos regimes próprios de previdência social, lei complementar federal estabelecerá, para os que já existam, normas gerais de organização, de funcionamento e de responsabilidade em sua gestão, dispondo, entre outros aspectos, sobre:
>
> I – requisitos para sua extinção e consequente migração para o Regime Geral de Previdência Social;
>
> II – modelo de arrecadação, de aplicação e de utilização dos recursos;
>
> III – fiscalização pela União e controle externo e social;
>
> IV – definição de equilíbrio financeiro e atuarial;

---

[182] RE 655.283/DF (**repercussão geral**), red. p/ o acórdão Min. Dias Toffoli, 16.06.2021 (Informativo 1.022 do STF).

V – condições para instituição do fundo com finalidade previdenciária de que trata o art. 249 e para vinculação a ele dos recursos provenientes de contribuições e dos bens, direitos e ativos de qualquer natureza;

VI – mecanismos de equacionamento do déficit atuarial;

VII – estruturação do órgão ou entidade gestora do regime, observados os princípios relacionados com governança, controle interno e transparência;

VIII – condições e hipóteses para responsabilização daqueles que desempenhem atribuições relacionadas, direta ou indiretamente, com a gestão do regime;

IX – condições para adesão a consórcio público;

X – parâmetros para apuração da base de cálculo e definição de alíquota de contribuições ordinárias e extraordinárias.

É **proibida** a percepção de **mais de uma aposentadoria** à conta de **regime próprio** de previdência social, **ressalvadas** as aposentadorias decorrentes dos **cargos acumuláveis** previstos na Constituição. Além disso, aplicam-se ao RPPS quaisquer outras vedações, regras e condições para a acumulação de benefícios previdenciários estabelecidas no RGPS (art. 40, § 6.º).

É **vedada** a adoção de **requisitos ou critérios diferenciados** para concessão de benefícios em regime próprio de previdência social, com as seguintes **exceções**:

a) poderão ser estabelecidos por **lei complementar** do respectivo ente federativo idade e tempo de contribuição diferenciados para aposentadoria de **servidores com deficiência**, previamente submetidos a avaliação biopsicossocial realizada por equipe multiprofissional e interdisciplinar (art. 40, § 4.º-A);

b) poderão ser estabelecidos por **lei complementar** do respectivo ente federativo idade e tempo de contribuição diferenciados para aposentadoria de ocupantes dos cargos de **agente penitenciário**, de **agente socioeducativo** e de **policial** das polícias legislativas da Câmara dos Deputados e do Senado Federal, da Polícia Federal, da Polícia Rodoviária Federal, da Polícia Ferroviária Federal e das polícias civis (art. 40, § 4.º-B);[183]

c) poderão ser estabelecidos por **lei complementar** do respectivo ente federativo idade e tempo de contribuição diferenciados para aposentadoria de servidores cujas atividades sejam exercidas com **efetiva exposição a agentes químicos,**

---

[183] A EC 104/2019 **incluiu** no art. 144 da Constituição (artigo em que estão enumerados os órgãos responsáveis pela segurança pública no Brasil) o inciso VI, no qual foram arroladas como órgãos integrantes do sistema de segurança pública as "**polícias penais** federal, estaduais e distrital". Acrescentou, também, ao mesmo artigo, o § 5.º-A, com esta redação: "Às **polícias penais**, vinculadas ao órgão administrador do sistema penal da unidade federativa a que pertencem, **cabe a segurança dos estabelecimentos penais**". Conforme estabelece o art. 4.º da EC 104/2019 (dispositivo que não está incorporado topicamente ao texto constitucional), "o preenchimento do quadro de servidores das polícias penais será feito, exclusivamente, por meio de concurso público e por meio da **transformação dos cargos isolados, dos cargos de carreira dos atuais agentes penitenciários e dos cargos públicos equivalentes**".

físicos e biológicos prejudiciais à saúde, ou associação desses agentes, vedada a caracterização por categoria profissional ou ocupação (art. 40, § 4.º-C);

d) os ocupantes do cargo de **professor** terão **idade mínima reduzida em cinco anos** em relação às idades mínimas exigidas para a aposentadoria voluntária, desde que comprovem tempo de efetivo exercício das funções de magistério na educação infantil e no ensino fundamental e médio fixado em **lei complementar do respectivo ente federativo** (art. 40, § 5.º).

Os proventos de aposentadoria **não poderão ser inferiores ao valor do salário mínimo ou superiores ao limite máximo estabelecido para o RGPS** (art. 40, § 2.º). Está prevista, no § 14 do art. 40, a instituição, pelos entes federativos, de regime de previdência complementar, conforme será estudado mais à frente neste tópico.

As **regras para cálculo** de proventos de aposentadoria serão disciplinadas em **lei do respectivo ente federativo** (art. 40, § 3.º).

O § 17 do art. 40 também diz respeito ao cálculo dos proventos a que o servidor inicialmente fará jus ao se aposentar. Estabelece esse dispositivo que **todos os valores de remuneração considerados para o cálculo do valor inicial dos proventos serão devidamente atualizados**, na forma da lei.

É assegurado o **reajustamento** dos benefícios para preservar-lhes, em caráter permanente, o **valor real**, segundo **critérios estabelecidos em lei** (art. 40, § 8.º).

O **benefício de pensão por morte** será concedido nos termos de **lei do respectivo ente federativo** (art. 40, § 7.º). Caso esse benefício seja a única fonte de renda formal auferida pelo dependente, não poderá ser inferior ao salário mínimo.

O texto constitucional estatui que a lei deve conceder tratamento diferenciado ao benefício de pensão na hipótese de óbito decorrente de agressão sofrida no exercício, ou em razão da função, de servidores ocupantes dos cargos de **agente penitenciário**, de **agente socioeducativo** e de **policial** das polícias legislativas da Câmara dos Deputados e do Senado Federal, da Polícia Federal, da Polícia Rodoviária Federal, da Polícia Ferroviária Federal e das polícias civis.

O § 14 do art. 40 determina que a União, os estados, o Distrito Federal e os municípios instituam, por **lei de iniciativa do respectivo Poder Executivo**, regime de **previdência complementar** para servidores públicos ocupantes de cargo efetivo. Assim, as aposentadorias e as pensões recebidas pelo regime próprio de previdência social não podem ser superiores ao limite máximo dos benefícios do RGPS, mas, além delas, o servidor poderá receber um valor adicional, proveniente do regime de previdência complementar em questão.

Esse regime de previdência complementar será operado por intermédio de **entidade fechada ou aberta de previdência complementar**, oferecerá plano de benefícios **somente** na modalidade **contribuição definida** e deverá observar o disposto no art. 202 da Constituição (que trata do regime de previdência privada, de caráter complementar e facultativo, organizado de forma autônoma em relação ao RGPS e regulado por lei complementar).

O § 16 do art. 40 garante que o servidor que tenha ingressado no serviço público até a data da publicação do ato de instituição do correspondente regime de previdência complementar somente a ele estará sujeito se prévia e expressamente assim optar.

A EC 103/2019 acrescentou ao art. 37 da Carta da República o § 15, segundo o qual "é vedada a complementação de aposentadorias de servidores públicos e de pensões por morte a seus dependentes que não seja decorrente do disposto nos §§ 14 a 16 do art. 40 ou que não seja prevista em lei que extinga regime próprio de previdência social".

O § 18 do art. 40 (incluído pela EC 41/2003 e não alterado pela EC 103/2019) contém a **regra geral** acerca da exigência de **contribuição previdenciária dos aposentados e pensionistas**: incide contribuição previdenciária sobre os proventos de aposentadorias e pensões concedidas por regime próprio de previdência que **superem o limite máximo fixado para os benefícios do RGPS**. A **alíquota** da contribuição deve ser **igual** à estabelecida para os **servidores em atividade**.

O Supremo Tribunal Federal considerou constitucional a exigência da contribuição previdenciária ora em apreço, inclusive de quem, antes da publicação da EC 41/2003, já era aposentado ou pensionista do regime próprio de previdência social de que trata o art. 40 da Carta Política.[184]

No art. 149 da Constituição, com a redação dada pela EC 103/2019, estão as regras detalhadas sobre a contribuição previdenciária ora em foco, tanto acerca de sua exigência dos servidores ativos quanto dos aposentados e pensionistas. Vale transcrevê-las:

Art. 149. Compete exclusivamente à União instituir contribuições sociais, de intervenção no domínio econômico e de interesse das categorias profissionais ou econômicas, como instrumento de sua atuação nas respectivas áreas, observado o disposto nos arts. 146, III, e 150, I e III, e sem prejuízo do previsto no art. 195, § 6.º, relativamente às contribuições a que alude o dispositivo.

§ 1.º A União, os Estados, o Distrito Federal e os Municípios instituirão, por meio de lei, contribuições para custeio de regime próprio de previdência social, cobradas dos servidores ativos, dos aposentados e dos pensionistas, que poderão ter alíquotas progressivas de acordo com o valor da base de contribuição ou dos proventos de aposentadoria e de pensões.

§ 1.º-A. Quando houver déficit atuarial, a contribuição ordinária dos aposentados e pensionistas poderá incidir sobre o valor dos proventos de aposentadoria e de pensões que supere o salário mínimo.

§ 1.º-B. Demonstrada a insuficiência da medida prevista no § 1.º-A para equacionar o déficit atuarial, é facultada a instituição de contribuição extraordinária, no âmbito da União, dos servidores públicos ativos, dos aposentados e dos pensionistas.

§ 1.º-C. A contribuição extraordinária de que trata o § 1.º-B deverá ser instituída simultaneamente com outras medidas para equacionamento do déficit e vigorará por período determinado, contado da data de sua instituição.

---

[184] ADI 3.105/DF e ADI 3.128/DF, red. p/ o acórdão Min. Cezar Peluso, 18.08.2004.

Cabe anotar que, nos termos da jurisprudência de nossa Corte Maior, "**não incide** contribuição previdenciária sobre **verba não incorporável aos proventos** de aposentadoria do servidor público, tais como terço de férias, serviços extraordinários, adicional noturno e adicional de insalubridade".[185]

O **tempo de contribuição** federal, estadual, distrital ou municipal será contado para fins de **aposentadoria** e o **tempo de serviço** correspondente será contado para fins de **disponibilidade** (art. 40, § 9.º). Essa norma expressamente se conjuga com o disposto nos §§ 9.º e 9.º-A do art. 201. O primeiro assegura, para fins de aposentadoria, a contagem recíproca do tempo de contribuição entre o RGPS e os regimes próprios de previdência social, e destes entre si, e determina que haja compensação financeira entre uns e outros, de acordo com critérios estabelecidos em lei. O § 9.º-A do art. 201, concernente aos militares, versa, no mesmo diapasão, sobre "contagem recíproca para fins de inativação militar ou aposentadoria".

É mister destacar que somente será computado para efeito de **aposentadoria** o tempo de efetiva **contribuição** do beneficiário – e **não**, simplesmente, o **tempo de serviço**. É **vedado** ao legislador estabelecer qualquer forma de contagem de **tempo de contribuição fictício** (art. 40, § 10).

O servidor titular de cargo efetivo que tenha completado as exigências para a aposentadoria voluntária e opte por permanecer em atividade poderá fazer jus, observados critérios a serem estabelecidos em lei do respectivo ente federativo, ao assim chamado **abono de permanência**. Trata-se de uma quantia paga ao servidor equivalente, no máximo, ao valor da sua contribuição previdenciária. O abono poderá ser recebido enquanto o servidor permanecer em atividade – até completar a idade para aposentadoria compulsória, evidentemente (art. 40, § 19).

As hipóteses de concessão de aposentadoria ao servidor abrangido por regime próprio de previdência social estão descritas no § 1.º do art. 40 da Constituição, abaixo transcrito:

> § 1.º O servidor abrangido por regime próprio de previdência social será aposentado:
>
> I – por incapacidade permanente para o trabalho, no cargo em que estiver investido, quando insuscetível de readaptação, hipótese em que será obrigatória a realização de avaliações periódicas para verificação da continuidade das condições que ensejaram a concessão da aposentadoria, na forma de lei do respectivo ente federativo;
>
> II – compulsoriamente, com proventos proporcionais ao tempo de contribuição, aos 70 (setenta) anos de idade, ou aos 75 (setenta e cinco) anos de idade, na forma de lei complementar;
>
> III – no âmbito da União, aos 62 (sessenta e dois) anos de idade, se mulher, e aos 65 (sessenta e cinco) anos de idade, se homem, e, no âmbito dos estados, do Distrito Federal e dos municípios, na idade mínima estabelecida mediante emenda às respectivas Constituições e

---

[185] RE 593.068/SC (**repercussão geral**), rel. Min. Roberto Barroso, 11.10.2018 (Informativo 919 do STF).

Leis Orgânicas, observados o tempo de contribuição e os demais requisitos estabelecidos em lei complementar do respectivo ente federativo.

A Lei Complementar 152/2015 – de **abrangência nacional** – determina, em seu art. 2.º, que a aposentadoria compulsória prevista no inciso II do § 1.º do art. 40 ocorrerá aos **setenta e cinco** anos de idade para: (a) os servidores titulares de cargos efetivos da União, dos estados, do Distrito Federal e dos municípios, incluídas suas autarquias e fundações; (b) os membros do Poder Judiciário; (c) os membros do Ministério Público; (d) os membros das Defensorias Públicas; e (e) os membros dos tribunais e dos conselhos de contas.

A EC 103/2019 incluiu no art. 201 da Constituição o § 16, cujo texto preceitua que "os empregados dos consórcios públicos, das empresas públicas, das sociedades de economia mista e das suas subsidiárias serão aposentados compulsoriamente, observado o cumprimento do tempo mínimo de contribuição", ao atingirem a idade de **75 anos**, "na forma estabelecida em lei". Note-se que se trata de uma regra aplicável a **empregados públicos** (celetistas) – e **não** a servidores estatutários.

Ainda sobre a **aposentadoria compulsória**, cumpre averbar que, durante certo tempo, grassou alguma **controvérsia** quanto à aplicabilidade, ou não, dessa modalidade de aposentadoria aos **servidores ocupantes exclusivamente de cargos em comissão**. O Supremo Tribunal Federal decidiu a questão **afastando** a sujeição desses servidores à aposentadoria compulsória prevista no inciso II do § 1.º do art. 40 da Carta Política – e, sobre o tema, fixou a seguinte **tese de repercussão geral**:[186]

> 1 – Os servidores ocupantes de cargo exclusivamente em comissão não se submetem à regra da aposentadoria compulsória prevista no art. 40, § 1.º, II, da Constituição Federal, a qual atinge apenas os ocupantes de cargo de provimento efetivo, inexistindo, também, qualquer idade limite para fins de nomeação a cargo em comissão;
>
> 2 – Ressalvados impedimentos de ordem infraconstitucional, não há óbice constitucional a que o servidor efetivo aposentado compulsoriamente permaneça no cargo comissionado que já desempenhava ou a que seja nomeado para cargo de livre nomeação e exoneração, uma vez que não se trata de continuidade ou criação de vínculo efetivo com a Administração.

A respeito dos serviços notariais e de registro (**serventias extrajudiciais**), vale pontuar que o Supremo Tribunal Federal já teve oportunidade de explicitar que os **notários e registradores não estão sujeitos à aposentadoria compulsória** prevista no art. 40, § 1.º, II, da Constituição, uma vez que eles não são servidores públicos (são particulares que exercem função pública mediante delegação estatal).[187] Paralelamente a essa orientação, a Corte Excelsa, em julgado posterior, dessa vez acerca das **serventias judiciais**, deixou consignado que o preceito constitucional ora em

---

[186] RE 786.540/DF (**repercussão geral**), rel. Min. Dias Toffoli, 15.12.2016 (Informativo 851 do STF).

[187] ADI 2.602/MG, red. p/ o acórdão Min. Eros Grau, 24.11.2005.

tela **não se aplica** ao titular de serventia judicial ainda não estatizada **remunerado exclusivamente por custas e emolumentos**, aprovando a **tese de repercussão geral** a seguir trasladada:[188]

> Não se aplica a aposentadoria compulsória prevista no art. 40, § 1.º, II, da CF aos titulares de serventias judiciais não estatizadas, desde que não sejam ocupantes de cargo público efetivo e não recebam remuneração proveniente dos cofres públicos.

Finalizando este tópico, convém pontuar que a EC 103/2019 estabeleceu diferentes **regras de transição** para quem já se encontrava no serviço público na data da sua publicação (13 de novembro de 2019). As disposições aplicáveis às diversas hipóteses previstas na EC 103/2019 variam conforme a data de ingresso ou a situação jurídica do servidor. Por sua especificidade, tais regras não serão estudadas nesta obra.

5. DISPOSIÇÕES LEGAIS APLICÁVEIS AOS SERVIDORES PÚBLICOS FEDERAIS (ESTATUTÁRIOS)

5.1. Introdução

As mais importantes disposições legais reguladoras das relações jurídicas entre os servidores públicos estatutários e a administração pública **federal** encontram-se na Lei 8.112/1990 (já bastante alterada por uma grande quantidade de leis posteriores). Essa lei foi editada em atenção ao comando **originariamente** constante do *caput* do art. 39 da Constituição de 1988. Conforme já estudamos, tal dispositivo determinava à União, aos estados, ao Distrito Federal e aos municípios a instituição de **regime jurídico único** para o pessoal permanente integrante das respectivas administrações diretas, autarquias e fundações públicas.

Com a promulgação da EC 19/1998, modificou-se a redação do *caput* do art. 39 da Constituição, deixando de ser prevista a obrigatória adoção de um único regime jurídico aplicável a todos os agentes da administração direta, das autarquias e das fundações públicas dos diferentes entes federados. Essa alteração, entretanto, não teve nenhum reflexo direto sobre a Lei 8.112/1990. Desde sua publicação, ela sempre foi, e continua sendo, a lei aplicável a todos os agentes públicos integrantes da administração direta, das autarquias e das fundações públicas federais admitidos sob regime jurídico estatutário (servidores públicos em sentido estrito).

Cabe lembrar que, em **2 de agosto de 2007**, o Supremo Tribunal Federal deferiu medida cautelar na ADI 2.135/DF, suspendendo a redação do *caput* do art. 39 da Constituição dada pela EC 19/1998, restaurando a redação originária desse dispositivo.[189] Em **6 de novembro de 2024**, a ADI 2.135/DF foi julgada **improcedente**, significa dizer, foi considerada **válida** a alteração do *caput* do art. 39 da Constitui-

---

[188] RE 647.827/PR (**repercussão geral**), rel. Min. Gilmar Mendes, 15.02.2017 (Informativo 854 do STF).

[189] ADIMC 2.135/DF, red. p/ o acórdão Min. Ellen Gracie, 02.08.2007.

ção introduzida pela EC 19/1998.[190] A Corte Suprema atribuiu **efeitos prospectivos** (*ex nunc*), tanto ao deferimento da cautelar quanto ao julgamento do mérito da ADI 2.135/DF. Portanto, a exigência de que cada ente da Federação institua regime jurídico único para o pessoal de sua administração direta e de suas autarquias e fundações públicas vigorou entre a promulgação da Carta de 1988 e a publicação da EC 19/1998, e entre 2 de agosto de 2007 e 6 de novembro de 2024. Independentemente dessas vicissitudes, deve-se esclarecer que não foi afetada a vigência da Lei 9.962/2000, que estabelece o regime jurídico dos **empregados públicos** (regime contratual celetista) da administração direta **federal** e das autarquias e fundações públicas **federais**. Eventuais contratações de empregados públicos efetuadas com fundamento nessa lei antes de 2 de agosto de 2007 permaneceram válidas e, desde 6 de novembro de 2024, voltaram a ser possíveis novas contratações, com base na Lei 9.962/2000, de pessoal permanente para atuar, sob regime de **emprego público**, na administração direta **federal** e nas autarquias e fundações públicas **federais**. A Lei 9.962/2000 foi examinada em tópico próprio, nesta obra, e suas disposições não interessam ao estudo da Lei 8.112/1990.

Enfim, importa, aqui, deixar claro o âmbito de aplicação da Lei 8.112/1990: **ela rege todos os servidores públicos estatutários federais**.

5.2. Cargos e funções públicas

Consoante o art. 3.º da Lei 8.112/1990, **cargo público** é o conjunto de atribuições e responsabilidades previstas na estrutura organizacional da administração que devem ser cometidas a um servidor. Os cargos públicos são **criados por lei**, com denominação própria e vencimento pago pelos cofres públicos, para **provimento em caráter efetivo ou em comissão**.

Vê-se que todo cargo, por representar um conjunto de atribuições, obrigatoriamente está relacionado a uma função pública. É possível haver agentes públicos com função pública e sem cargo, mas não o inverso.

Os cargos públicos podem ser de provimento efetivo, sempre exigindo aprovação prévia em concurso público para seu preenchimento, ou de provimento em comissão, declarados em lei de livre nomeação e exoneração.

As funções públicas podem ser autônomas – funções temporárias destinadas ao atendimento de necessidades excepcionais ou transitórias, a exemplo das desempenhadas no caso de contratação por prazo determinado.

De outra parte, as funções de confiança, previstas no art. 37, inciso V, da Constituição de 1988, obrigatoriamente devem ser exercidas por servidores ocupantes de cargos efetivos. As funções de confiança, assim como os cargos em comissão, destinam-se exclusivamente a atribuições de direção, chefia e assessoramento.

O servidor ocupante de cargo em comissão ou função de confiança submetese a regime de integral dedicação ao serviço, podendo ser convocado sempre que houver interesse da administração (Lei 8.112/1990, art. 19, § 1.º).

---

[190] ADI 2.135/DF, red. p/ o acórdão Min. Gilmar Mendes, 06.11.2024 (Informativo 1.158 do STF).

Não obstante a regra do parágrafo anterior, o servidor ocupante de cargo em comissão poderá ser nomeado para ter exercício, interinamente (provisoriamente), em outro cargo de confiança, sem prejuízo das atribuições do que estiver ocupando, hipótese em que deverá optar pela remuneração de um deles durante o período da interinidade (Lei 8.112/1990, art. 9.º, parágrafo único).

O servidor que acumular licitamente dois cargos efetivos, quando investido em cargo de provimento em comissão, ficará afastado de ambos os cargos efetivos, salvo na hipótese em que houver compatibilidade de horário e local com o exercício de um deles, declarada pelas autoridades máximas dos órgãos ou entidades envolvidos (Lei 8.112/1990, art. 120).

Os servidores ocupantes de cargo público submetem-se a **regime estatutário**, que, conforme antes explicado, é um regime legal (não contratual). O **regime estatutário é próprio das pessoas jurídicas de direito público**. Como não há um "contrato de trabalho", e o regime jurídico decorre diretamente da lei, qualquer alteração na lei altera o regime jurídico do ocupante de cargo público. Por outras palavras, **não existe direito adquirido à manutenção do regime jurídico do servidor público**; o regime jurídico pode ser alterado unilateralmente, com a simples alteração da lei de regência.

5.3. Provimento

Provimento é o ato administrativo por meio do qual é preenchido cargo público, com a designação de seu titular. Os cargos públicos podem ser de provimento efetivo ou de provimento em comissão.

A Lei 8.112/1990 apresenta, em seu art. 8.º, as formas de provimento de cargo público, a saber:

a) nomeação;

b) promoção;

c) readaptação;

d) reversão;

e) aproveitamento;

f) reintegração; e

g) recondução.

5.3.1. Provimento originário e provimento derivado

As formas de provimento em cargo público são tradicionalmente classificadas em:

a) formas de provimento originárias; e

b) formas de provimento derivadas.

Provimento **originário** é o preenchimento de classe inicial de cargo não decorrente de qualquer vínculo anterior entre o servidor e a administração. A **única forma de**

Cap. 7 • SERVIDORES PÚBLICOS

provimento originário atualmente compatível com a Constituição é a nomeação e, para os cargos efetivos, depende sempre de aprovação prévia em concurso público de provas ou de provas e títulos (CF, art. 37, II).

Provimento **derivado** é o preenchimento de cargo decorrente de vínculo anterior entre o servidor e a administração. As formas de provimento derivado enumeradas no art. 8.º da Lei 8.112/1990 são a promoção, a readaptação, a reversão, o aproveitamento, a reintegração e a recondução.

Para explicarmos o conceito de provimento derivado, tomemos o exemplo do aproveitamento, que é, inclusive, instituto expressamente mencionado no texto constitucional (CF art. 41, § 3.º).

Aproveitamento é o preenchimento de cargo por servidor que fora posto em disponibilidade (devido à extinção do cargo que ocupava, ou à declaração de sua desnecessidade). Esse cargo, preenchido por aproveitamento, não é o mesmo no qual o servidor havia sido originariamente investido, o qual pode, inclusive, não mais existir.

É evidente que o provimento do cargo por aproveitamento decorre do vínculo anteriormente existente entre o servidor aproveitado e a administração. Significa que a causa necessária e suficiente para o provimento desse novo cargo é justamente a existência de uma relação anterior entre o servidor e a administração.

Não há, nesse caso, concurso público ou nomeação. A única exigência evidente é que o cargo provido por aproveitamento guarde razoável equivalência de natureza, complexidade das atribuições, grau de responsabilidade e nível de remuneração com o anteriormente ocupado. Isso para que o instituto não seja utilizado como forma disfarçada de ascensão no serviço público sem realização de concurso público compatível com o nível de complexidade do cargo.

Aliás, por esse exato motivo, duas outras formas de provimento derivado anteriormente previstas no mesmo art. 8.º da Lei 8.112/1990, a **ascensão** e a **transferência**, foram fulminadas pelo STF (ADI 231, ADI 837 e outras). Todas as referências que a lei fazia a tais formas, bem como ao **acesso** (sinônimo de ascensão), foram declaradas inconstitucionais pelo Tribunal Maior.

Justamente tais formas de provimento davam ensejo ao preenchimento de cargos de natureza, grau de complexidade e remuneração diversos daqueles do cargo no qual o servidor fora originariamente investido, representando afronta evidente à exigência de ingresso por concurso público compatível com a complexidade do cargo a ser exercido (CF, art. 37, II). Dada a orientação da Corte Máxima, essas formas de provimento acabaram sendo expressamente revogadas pela Lei 9.527/1997.

É interessante registrar a classificação proposta pelo Prof. Celso Antônio Bandeira de Mello, segundo a qual podemos ter provimento derivado **vertical**, **horizontal** ou **por reingresso**. Em virtude de sua clareza, transcrevemos a lição do eminente administrativista (grifamos):

> Provimento derivado **vertical** é aquele em que o servidor é guindado para cargo mais elevado. Efetua-se através de **promoção**. (...)
>
> Provimento derivado **horizontal** é aquele em que o servidor não ascende, nem é rebaixado em sua posição funcional. Com a extinção

legal da transferência, o único provimento derivado horizontal é a **readaptação**. (...)

O provimento derivado **por reingresso** é aquele em que o servidor retorna ao serviço ativo do qual estava desligado. Compreende as seguintes modalidades: a) **reversão**; b) **aproveitamento**; c) **reintegração**; e d) **recondução**.

Por último, é importante registrar a diretriz averbada pelo Supremo Tribunal Federal na **Súmula Vinculante 43**:

> **43** – É inconstitucional toda modalidade de provimento que propicie ao servidor investir-se, sem prévia aprovação em concurso público destinado ao seu provimento, em cargo que não integra a carreira na qual anteriormente investido.

Apesar de sua redação categórica, deve-se entender que a Súmula Vinculante 43 esclarece que inconstitucionais, **em princípio**, são as formas de provimento derivado que impliquem investidura do servidor em um **cargo estranho** àquele para o qual ele originariamente prestou concurso público.

Entretanto, há pelo menos quatro formas de provimento derivado expressamente previstas no texto constitucional, a saber: a **readaptação** (art. 37, § 13), a **reintegração**, o **aproveitamento** e a **recondução** (art. 41, §§ 2.º e 3.º). Essas formas de provimento, por estarem mencionadas na própria Constituição da República, devem ser tidas por perfeitamente legítimas, independentemente de outras considerações.

O **aproveitamento**, aliás, é modalidade de provimento derivado, explicitamente prevista na Constituição, que propicia ao servidor investir-se, sem novo concurso, em cargo diverso daquele para o qual ele foi inicialmente nomeado em virtude de concurso público (observe-se que a Constituição, no § 3.º do art. 41, refere-se a "aproveitamento em **outro cargo**").

O mesmo se dá com a **readaptação**: o servidor passa a exercer "cargo cujas atribuições e responsabilidades sejam compatíveis com a limitação que tenha sofrido em sua capacidade física ou mental" – isto é, ele terá exercício em um **cargo diferente** daquele em que originalmente ingressou mediante concurso, "desde que possua a habilitação e o nível de escolaridade exigidos para o cargo de destino" (CF, art. 37, § 13).

Cumpre destacar, ainda, que o texto da súmula em comento não abrange todas as hipóteses de provimento derivado: ele somente diz respeito à vedação de que, mediante provimento derivado, o servidor seja investido em cargo que não integre a carreira na qual, após aprovação em concurso público, ele inicialmente ingressara. Ocorre que **algumas formas de provimento derivado não implicam investir o servidor em cargo diferente do seu cargo original**, para o qual ele foi nomeado mediante concurso público, porquanto acarretam **retorno ao mesmo cargo** do qual ele se havia desligado por algum motivo (é o caso da reintegração, da reversão e da recondução). Não temos dúvida de que tais formas de provimento

Cap. 7 • SERVIDORES PÚBLICOS

385

são perfeitamente legítimas, mesmo se não estiverem expressamente previstas no texto constitucional.

Tomemos o exemplo da **reversão**, que não tem base constitucional expressa, mas está prevista, na esfera federal, no art. 25 da Lei 8.112/1990. A reversão é o retorno à atividade do servidor aposentado – ele retorna para o **mesmo cargo** em que se aposentou (ou cargo resultante de transformação deste). Nessa situação, é incontroverso que o servidor, originalmente, prestou concurso para aquele cargo ao qual ele está voltando, embora a reversão seja um provimento derivado (porque não decorre diretamente do concurso, e sim do vínculo anterior do aposentado com a administração pública).

Em síntese, entendemos que as formas de provimento derivado textualmente mencionadas na Constituição – a **readaptação**, a **reintegração**, o **aproveitamento** e a **recondução** –, bem como aquelas que, mesmo sem base constitucional expressa, não impliquem ingresso do servidor em cargo diverso daquele para o qual ele foi originalmente nomeado em virtude de concurso público, são plenamente constitucionais. Quaisquer outras formas de provimento derivado – que não estejam referidas na Constituição e resultem em investidura do servidor em cargo para o qual ele não foi aprovado em concurso público – são, no entendimento do Pretório Excelso, incompatíveis com a Carta Política.

5.3.2. Concurso público

Conforme exposto no tópico precedente, a **única forma legítima de provimento originário hoje existente é a nomeação** – e a nomeação para um cargo público de **provimento efetivo** depende **sempre** de prévia aprovação em **concurso público**.

As disposições constitucionais e a farta jurisprudência do Supremo Tribunal Federal a respeito dos concursos públicos foram examinadas detalhadamente em pontos anteriores deste capítulo, especialmente quando examinamos os incisos II a IV do art. 37 da Carta da República – e não serão repetidas no presente tópico.

A Lei 8.112/1990 trata de concurso público nos seus arts. 11 e 12 – que quase nada acrescentam ao que já foi estudado – a seguir transcritos:

> Art. 11. O concurso será de provas ou de provas e títulos, podendo ser realizado em duas etapas, conforme dispuserem a lei e o regulamento do respectivo plano de carreira, condicionada a inscrição do candidato ao pagamento do valor fixado no edital, quando indispensável ao seu custeio, e ressalvadas as hipóteses de isenção nele expressamente previstas.
>
> Art. 12. O concurso público terá validade de até 2 (dois) anos, podendo ser prorrogado uma única vez, por igual período.
>
> § 1.º O prazo de validade do concurso e as condições de sua realização serão fixados em edital, que será publicado no Diário Oficial da União e em jornal diário de grande circulação.
>
> § 2.º Não se abrirá novo concurso enquanto houver candidato aprovado em concurso anterior com prazo de validade não expirado.

O Decreto 9.739/2019, aplicável à administração direta e às autarquias e fundações públicas no âmbito do Poder Executivo federal, estabelece que, no caso da realização do concurso em duas etapas, a segunda será constituída de **curso ou programa de formação**, de **caráter eliminatório e classificatório**, ressalvada eventual disposição diversa constante em lei específica (art. 35).

Preceitua o referido decreto, também, que, "quando houver **prova de títulos**, ela será realizada como etapa posterior à prova escrita e somente apresentarão os títulos os candidatos aprovados nas etapas anteriores, ressalvada disposição diversa em lei" (art. 30, parágrafo único). Estabelece, ainda, que: (a) "eventual **prova oral ou defesa de memorial** será realizada em sessão pública e será gravada para fins de registro, avaliação e recurso"; (b) "a realização de provas de aptidão física exige a indicação no edital do tipo de prova, das técnicas admitidas e do desempenho mínimo para classificação"; e (c) "as provas de conhecimentos práticos específicos indicarão os instrumentos, os aparelhos ou as técnicas a serem utilizadas e a metodologia de aferição para avaliação dos candidatos" (arts. 31, 32 e 33).

O Decreto 9.739/2019 versa sobre "**cláusula de barreira**" em seu art. 34. Literalmente, esse artigo **autoriza** que seja estabelecido no edital de abertura do concurso "o condicionamento da aprovação em determinada etapa, simultaneamente, à obtenção de nota mínima e à obtenção de classificação mínima na etapa".

Por fim, cabe lembrar que a Constituição determina que lei ordinária de cada ente federado reserve percentual dos cargos e empregos públicos para as pessoas com deficiência e defina os critérios de admissão delas (art. 37, VIII). Atendendo ao comando constitucional, a Lei 8.112/1990 reserva a candidatos com deficiência **até vinte por cento** das vagas oferecidas nos concursos públicos para os cargos por ela regidos, desde que as respectivas atribuições sejam compatíveis com a deficiência do postulante à vaga, ou seja, o candidato só não pode apresentar uma limitação em suas capacidades ou habilidades de magnitude tal que chegue a impossibilitar o exercício do cargo (art. 5.º, § 2.º).

5.3.2.1. Isenção da taxa de inscrição (Lei 13.656/2018)

O art. 11 da Lei 8.112/1990 estabelece que a inscrição do candidato em concurso público poderá ser condicionada "ao pagamento do valor fixado no edital, quando indispensável ao seu custeio, e ressalvadas as hipóteses de isenção nele expressamente previstas".

Constata-se que a Lei 8.112/1990 exige, em tese, uma condição geral para a taxa de inscrição ser legítima: a sua cobrança deve ser **indispensável** ao custeio do certame. Pode-se dizer que, teoricamente, deveriam ser frequentes concursos públicos com inscrição gratuita – pois a administração precisaria demonstrar a imprescindibilidade da imposição de taxa de inscrição. Tal diretriz legal, entretanto, não é observada no mundo real, absolutamente!

Mais condizente com a realidade, o Decreto 9.739/2019, aplicável à administração direta e às autarquias e fundações públicas no âmbito do Poder Executivo federal, assevera, no seu art. 38, que "o valor cobrado a título de inscrição no concurso público será fixado em edital, considerados os custos estimados indispensáveis para a sua realização e ressalvadas as hipóteses de isenção nele expressamente previstas", determinando que seja respeitado o disposto no Decreto 6.593/2008.

A alusão feita no dispositivo sobrecitado às "hipóteses de isenção" da taxa de inscrição no concurso reafirma o que consta na parte final do art. 11 da Lei 8.112/1990: elas devem estar expressamente previstas no edital respectivo.

O Decreto 6.593/2008, mencionado ao final do referido art. 38 do Decreto 9.739/2019, foi editado com o escopo de regulamentar o art. 11 da Lei 8.112/1990 "quanto à isenção de pagamento de taxa de inscrição em concursos públicos realizados no âmbito do Poder Executivo federal". Ele estipula que "os editais de concurso público dos órgãos da administração direta, das autarquias e das fundações públicas do Poder Executivo federal deverão prever a possibilidade de isenção de taxa de inscrição", nas hipóteses que o próprio decreto estabelece. As disposições nele vazadas também se aplicam aos processos seletivos simplificados para a contratação de pessoal por tempo determinado para atender a necessidade temporária de excepcional interesse público, de que trata o inciso IX do art. 37 da Constituição.

Posteriormente ao Decreto 6.593/2008, a Lei 13.656/2018, de forma abrangente e impositiva, **isentou** do pagamento de taxa de inscrição em concursos públicos para provimento de **cargo efetivo ou emprego permanente** em órgãos ou entidades da **administração pública direta e indireta de qualquer dos Poderes da União** (art. 1.º):

> I – os candidatos que pertençam a família inscrita no Cadastro Único para Programas Sociais (CadÚnico), do Governo Federal, cuja renda familiar mensal *per capita* seja inferior ou igual a meio salário mínimo nacional;
>
> II – os candidatos doadores de medula óssea em entidades reconhecidas pelo Ministério da Saúde.

É interessante observar que o Decreto 6.593/2008 está em vigor – e isso foi explicitado pelo art. 38 do Decreto 9.739/2019. Não obstante, entendemos que as disposições da Lei 13.656/2018 que se mostrem mais favoráveis, em cada caso, ao candidato, devem prevalecer; e, inversamente, quando o Decreto 6.593/2008 for mais benéfico em determinada situação, será ele o ato aplicado.

Vale abrir um parêntese para registrar que o Supremo Tribunal Federal já teve oportunidade de declarar a **inconstitucionalidade** de leis estaduais que concediam a servidores públicos do respectivo estado-membro isenção da taxa de inscrição em concursos públicos promovidos pela administração pública local. Consignou-se que as referidas leis estabeleciam privilégio, sem justificativa razoável para o discrime, a um grupo (o dos servidores públicos do próprio ente federativo) que já se encontrava em situação mais favorecida social e economicamente, malferindo, dessarte, o postulado da isonomia.[191]

---

[191] ADI 5.818/CE, red. p/ o acórdão Min. Dias Toffoli, 16.05.2022; ADI 3.918/SE, rel. Min. Dias Toffoli, 16.05.2022 (Informativo 1.054 do STF).

O cumprimento dos requisitos deverá ser comprovado pelo candidato no momento da inscrição, nos termos do edital do concurso, o qual deverá informar sobre a isenção e sobre as sanções aplicáveis aos candidatos que venham a prestar informação falsa (Lei 13.656/2018, art. 1.º, parágrafo único, e art. 3.º).

As sanções cominadas ao candidato que prestar informação falsa com o intuito de usufruir da isenção ora em tela – sem prejuízo das sanções penais cabíveis – estão enumeradas no art. 2.º da Lei 13.656/2018, a saber (grifamos):

> I – **cancelamento da inscrição e exclusão do concurso**, se a falsidade for constatada antes da homologação de seu resultado;
>
> II – **exclusão da lista de aprovados**, se a falsidade for constatada após a homologação do resultado e antes da nomeação para o cargo;
>
> III – **declaração de nulidade do ato de nomeação**, se a falsidade for constatada após a sua publicação.

5.3.2.2. Direito a amamentação durante as provas e avaliações (Lei 13.872/2019)

A Lei 13.872/2019 assegura às mães o **direito de amamentar seus filhos de até seis meses de idade** durante a realização de provas ou de etapas avaliatórias em concursos públicos na **administração pública direta e indireta dos Poderes da União**.

O limite de seis meses de idade deve ser observado **no dia da realização da prova ou da etapa avaliatória** do certame. É interessante anotar que o Ministério da Saúde recomenda que as crianças sejam amamentadas até os dois anos de idade ou mais e que, **até o 6.º mês de vida**, o **aleitamento materno** constitua, em regra, **a única fonte de nutrição do lactente**.

O direito será exercido **durante a realização de provas ou de etapas avaliatórias nos concursos públicos**, mediante **prévia solicitação à instituição organizadora**. A mãe só precisa provar a idade da criança, mediante declaração no ato de inscrição para o certame e **apresentação da certidão de nascimento** durante a sua realização, e, no dia da prova ou etapa avaliatória, **indicar uma pessoa acompanhante** que será a **responsável pela guarda da criança** durante o período necessário. Atendidas essas exigências, a solicitação será deferida, isto é, o reconhecimento do direito é um **ato vinculado**, não depende de juízo de oportunidade e conveniência da administração pública.

A **pessoa acompanhante** somente terá acesso ao local das provas até o horário estabelecido para fechamento dos portões e **ficará com a criança em sala reservada** para essa finalidade, próxima ao local de aplicação das provas.

O **edital** do concurso **deve expressamente prever o direito** em comento e estabelecer prazo para que a mãe manifeste seu interesse em exercê-lo.

A mãe terá o direito de amamentar **a cada intervalo de 2 horas**, por até **30 minutos**, **por filho**, e será acompanhada por um fiscal. **O tempo despendido será compensado**, ou seja, a mãe terá direito de terminar a prova depois dos outros candidatos, acrescentando à hora prevista para o encerramento da prova ou avaliação os minutos que ela passou amamentando.

5.3.2.3. Reserva de vagas para candidatos negros em concursos públicos (Lei 12.990/2014)

Em junho de 2014, foi publicada a Lei 12.990/2014, que, conforme sua ementa, "**reserva aos negros 20% (vinte por cento) das vagas oferecidas nos concursos públicos** para provimento de cargos efetivos e empregos públicos no âmbito da **administração pública federal**, das autarquias, das fundações públicas, das empresas públicas e das sociedades de economia mista controladas pela União".

O art. 1.º da lei estabelece, praticamente repetindo a ementa, que "ficam **reservadas aos negros 20% (vinte por cento) das vagas oferecidas nos concursos públicos** para provimento de cargos efetivos e empregos públicos no âmbito da **administração pública federal**, das autarquias, das fundações públicas, das empresas públicas e das sociedades de economia mista controladas pela União, na forma desta Lei".

A reserva de vagas prevista na Lei 12.990/2014 **será aplicada sempre que o número de vagas oferecidas no concurso público for igual ou superior a três** (art. 1.º, § 1.º).

Diz o § 2.º do art. 1.º que, na hipótese de quantitativo fracionado para o número de vagas reservadas a candidatos negros, ele será aumentado para o primeiro número inteiro subsequente, em caso de fração igual ou maior que 0,5 (cinco décimos), ou diminuído para número inteiro imediatamente inferior, em caso de fração menor que 0,5 (cinco décimos).

Essa regra de arredondamento é perfeitamente compatível com o disposto no § 1.º: no caso do concurso com três vagas, a aplicação do percentual de vinte por cento resultará em seis décimos – fração maior do que cinco décimos – e, portanto, haverá o arredondamento para cima. Das três vagas, então, uma será reservada a candidato negro.

O **critério** para o candidato concorrer a uma vaga reservada é o da **autodeclaração**. Com efeito, o art. 2.º da lei estatui que "poderão concorrer às vagas reservadas a candidatos negros aqueles que se autodeclararem pretos ou pardos no ato da inscrição no concurso público, conforme o quesito cor ou raça utilizado pela Fundação Instituto Brasileiro de Geografia e Estatística – IBGE".

Uma curiosidade é que a lei utiliza o vocábulo "**negros**" para designar os grupos que o IBGE classifica como "**pretos e pardos**". Os grupos de defesa dos direitos dos negros, de um modo geral, preferem, realmente, a designação "negros", em vez de "pretos" ou "pardos" (o **Estatuto da Igualdade Racial** – Lei 12.288/2010 – chama esse grupo de "população negra").

O parágrafo único do art. 2.º preceitua que, "na hipótese de constatação de **declaração falsa**, o candidato será **eliminado do concurso** e, se houver sido nomeado, ficará sujeito à **anulação da sua admissão** ao serviço ou emprego público, após procedimento administrativo em que lhe sejam assegurados o contraditório e a ampla defesa, sem prejuízo de outras sanções cabíveis".

O art. 3.º da Lei 12.990/2014 contém regras, a seguir expostas, que, além de serem bastante lógicas, são **autoexplicativas**.

Os candidatos negros concorrerão concomitantemente às vagas reservadas e às vagas destinadas à ampla concorrência, de acordo com a sua classificação no concurso (art. 3.º). Os candidatos negros aprovados dentro do número de vagas oferecido para ampla concorrência não serão computados para efeito do preenchimento das vagas reservadas (art. 3.º, § 1.º). Em caso de desistência de candidato negro aprovado em vaga reservada, a vaga será preenchida pelo candidato negro posteriormente classificado (art. 3.º, § 2.º). Na hipótese de não haver número de candidatos negros aprovados suficiente para ocupar as vagas reservadas, as vagas remanescentes serão revertidas para a ampla concorrência e serão preenchidas pelos demais candidatos aprovados, observada a ordem de classificação (art. 3.º, § 3.º).

A **nomeação** dos candidatos aprovados respeitará os critérios de **alternância** e **proporcionalidade**, que consideram a relação entre o número de vagas total e o número de vagas reservadas a candidatos com **deficiência** e a candidatos **negros** (art. 4.º).

Essa regra do art. 4.º funciona da seguinte forma: houve um concurso hipotético para um cargo público federal com cem vagas, sendo vinte reservadas para negros (percentual obrigatório) e dez para candidatos com deficiência. Foram aprovados cem candidatos (não sobrou vaga). A administração deseja, em um primeiro momento, nomear trinta candidatos. Deverá, então, nomear vinte e um aprovados nas vagas de ampla concorrência, seis aprovados nas vagas reservadas para negros e três aprovados nas vagas reservadas para candidatos com deficiência.

Vem a propósito abrir um parêntese para registrar a edição, em meados de 2018, do Decreto 9.427/2018, o qual reserva aos **negros** – também assim considerados segundo o critério da **autodeclaração** – "**trinta por cento** das vagas oferecidas nas seleções para **estágio** no âmbito da **administração pública federal direta, autárquica e fundacional**", observadas as disposições no próprio decreto estipuladas.

A Lei 12.990/2014 foi publicada em 10 de junho de 2014, com a seguinte cláusula de vigência (art. 6.º): "Esta Lei entra em vigor na data de sua publicação e **terá vigência pelo prazo de 10 (dez) anos**". O Supremo Tribunal Federal **afastou a possibilidade de cessação abrupta da vigência da Lei 12.990/2014**, concedendo medida cautelar que deu interpretação conforme à Constituição ao seu art. 6.º, "a fim de que o prazo constante no referido dispositivo legal seja entendido como marco temporal para avaliação da eficácia da ação afirmativa, determinação de prorrogação e/ou realinhamento e, caso atingido seu objetivo, previsão de medidas para seu encerramento, ficando afastada a interpretação que extinga abruptamente as cotas raciais" nessa lei previstas. Nessa decisão cautelar, estipulou-se que as cotas em questão "permanecerão sendo observadas até que se conclua o processo legislativo de competência do Congresso Nacional e, subsequentemente, do Poder Executivo". Uma vez concluído esse processo, "prevalecerá a nova deliberação do Poder Legislativo" – e a Corte Suprema reavaliará o conteúdo da sua cautelar.[192]

---

[192] ADIMC-Ref 7.654/DF, rel. Min. Flávio Dino, 17.06.2024 (Informativo 1.139 do STF).

Cap. 7 • SERVIDORES PÚBLICOS

391

Cumpre anotar, por fim, que o Supremo Tribunal Federal já teve oportunidade de "declarar a **integral constitucionalidade** da Lei n.º 12.990/2014". A decisão (unânime) foi proferida no julgamento de uma ação declaratória de constitucionalidade (ADC). Merecem transcrição os seguintes trechos da esclarecedora ementa do acórdão respectivo (negritos acrescentados):[193]

> 1. **É constitucional a Lei 12.990/2014**, que reserva a pessoas negras 20% das vagas oferecidas nos concursos públicos para provimento de cargos efetivos e empregos públicos no âmbito da administração pública federal direta e indireta, por três fundamentos. 1.1. Em primeiro lugar, a desequiparação promovida pela política de ação afirmativa em questão **está em consonância com o princípio da isonomia**. Ela se funda na necessidade de superar o racismo estrutural e institucional ainda existente na sociedade brasileira, e **garantir a igualdade material entre os cidadãos**, por meio da distribuição mais equitativa de bens sociais e da promoção do reconhecimento da população afrodescendente. 1.2. Em segundo lugar, **não há violação aos princípios do concurso público e da eficiência**. A reserva de vagas para negros **não os isenta da aprovação no concurso público**. Como qualquer outro candidato, o beneficiário da política deve alcançar a nota necessária para que seja considerado apto a exercer, de forma adequada e eficiente, o cargo em questão. Além disso, a incorporação do fator "raça" como critério de seleção, ao invés de afetar o princípio da eficiência, contribui para sua realização em maior extensão, criando uma "burocracia representativa", capaz de garantir que os pontos de vista e interesses de toda a população sejam considerados na tomada de decisões estatais. 1.3. Em terceiro lugar, a medida **observa o princípio da proporcionalidade** em sua tríplice dimensão. A existência de uma política de cotas para o acesso de negros à educação superior não torna a reserva de vagas nos quadros da administração pública desnecessária ou desproporcional em sentido estrito. (...) 2. Ademais, a fim de garantir a efetividade da política em questão, também **é constitucional a instituição de mecanismos para evitar fraudes** pelos candidatos. **É legítima a utilização, além da autodeclaração, de critérios subsidiários de heteroidentificação** (*e.g.*, a exigência de autodeclaração presencial perante a comissão do concurso), desde que respeitada a dignidade da pessoa humana e garantidos o contraditório e a ampla defesa. 3. Por fim, a administração pública deve atentar para os seguintes parâmetros: (i) os percentuais de reserva de vaga **devem valer para todas as fases dos concursos**; (ii) a reserva **deve ser aplicada em todas as vagas oferecidas no concurso público** (não apenas no edital de abertura); (iii) os concursos **não podem fracionar as vagas de acordo com a especialização exigida para burlar a política de ação afirmativa**, que só se aplica em concursos com mais de duas

---

[193] ADC 41/DF, rel. Min. Roberto Barroso, 08.06.2017 (Informativo 868 do STF).

vagas; e (iv) **a ordem classificatória obtida** a partir da aplicação dos critérios de alternância e proporcionalidade na nomeação dos candidatos aprovados **deve produzir efeitos durante toda a carreira funcional** do beneficiário da reserva de vagas. 4. Procedência do pedido, para fins de declarar a **integral constitucionalidade** da Lei n.º 12.990/2014.

Tese de julgamento: É constitucional a reserva de 20% das vagas oferecidas nos concursos públicos para provimento de cargos efetivos e empregos públicos no âmbito da administração pública direta e indireta. É legítima a utilização, além da autodeclaração, de critérios subsidiários de heteroidentificação, desde que respeitada a dignidade da pessoa humana e garantidos o contraditório e a ampla defesa.

Na mesma ação, ao julgar embargos de declaração concernentes à abrangência da decisão nela proferida, esclareceu o Supremo Tribunal Federal que "as **Forças Armadas** integram a administração pública federal, de modo que as vagas oferecidas nos concursos por elas promovidos **sujeitam-se à política de cotas prevista na Lei 12.990/2014**".[194]

Não soa demasiado repisar que a Lei 12.990/2014 tem aplicação no âmbito de **todos os órgãos e entidades** integrantes da administração pública **federal** – incluídas as autarquias, as fundações públicas, as empresas públicas e as sociedades de economia mista vinculadas a **quaisquer dos Poderes da União**.

5.3.3. Formas de provimento dos cargos públicos

5.3.3.1. Nomeação

A **nomeação** é a única forma de **provimento originário** atualmente compatível com a Constituição da República.

A nomeação pode dar-se em caráter efetivo ou em comissão, essa última não exigindo concurso público. A nomeação para cargo em comissão pode tanto recair sobre pessoa sem qualquer vínculo anterior com o serviço público quanto sobre quem já seja integrante dos quadros funcionais da administração pública – o que não descaracteriza o provimento como originário, já que a causa da nomeação em comissão não é a relação existente entre o servidor e a administração.

Uma regra prática é a seguinte: sempre que o provimento decorrer de concurso público haverá nomeação e o provimento será efetivo e originário.

Se Fulano ingressou em um hospital federal por concurso no cargo de enfermeiro, mais tarde concluiu o curso de medicina e deseja exercer tal profissão no mesmo hospital, terá que fazer novo concurso, para o cargo de médico. Se aprovado, será **nomeado** no cargo e depois tomará posse. Embora Fulano possuísse um vínculo anterior com a mesma administração, nenhuma relação há entre o provimento des-

---

[194] ADC-ED 41/DF, rel. Min. Roberto Barroso, 12.04.2018.

Cap. 7 • SERVIDORES PÚBLICOS

se cargo de médico e o seu cargo anterior. A causa necessária e suficiente de sua nomeação como médico é, exclusivamente, a sua aprovação no novo concurso; o provimento do cargo de médico, portanto, é originário (sua causa **não é** o anterior vínculo de Fulano com a administração no cargo de enfermeiro).

Assim, a nomeação em caráter efetivo depende de prévia aprovação em concurso público compatível com a natureza e a complexidade do cargo a ser provido.

A nomeação é um **ato administrativo unilateral** que não gera, por si só, qualquer obrigação para o nomeado, mas sim o direito subjetivo de formalizar o vínculo funcional com a administração pública, por meio da posse, tornando-se, então, servidor público.

Diferentemente, a nomeação para cargos em comissão nunca é precedida de concurso público. É um ato discricionário e que sequer precisa de motivação. A exoneração, nos cargos em comissão, segue a mesma regra: é um ato discricionário e independe de motivação. O servidor ocupante exclusivamente de cargo em comissão nunca adquire estabilidade.

O nomeado tem o prazo de trinta dias, contados da nomeação, para tomar posse, salvo nos casos de licença ou afastamento, hipótese em que se inicia a contagem a partir do término do impedimento.

Se não tomar posse no prazo previsto, o nomeado não chega a aperfeiçoar o vínculo com a administração, e o ato de provimento é **tornado sem efeito** (art. 13, § 6.º). Não é caso de anulação, porque não há vício no ato de nomeação, e também não cabe falar em exoneração, pois o nomeado não chegou a se tornar servidor.

Por fim, uma observação faz-se oportuna: o servidor ocupante de cargo efetivo que deva assumir, também, uma função de confiança, não é "nomeado" para a função de confiança, mas sim **designado**. Ou seja, no caso de cometimento de função de confiança a um servidor, fala-se em "designação", e não em nomeação (não há, tampouco, "provimento" de função de confiança, porque não se trata de um cargo). Já o desligamento do servidor da função de confiança que ele exercia é chamado "dispensa", conforme se depreende do art. 35 da Lei 8.112/1990.

## 5.3.3.2.	Readaptação

A **readaptação** é modalidade de provimento derivado há muito existente em nosso ordenamento jurídico. Na órbita federal, ela está disciplinada no art. 24 da Lei 8.112/1990, e a sua definição legal não sofreu modificação desde a promulgação dessa lei: trata-se da "investidura do servidor em cargo de atribuições e responsabilidades compatíveis com a limitação que tenha sofrido em sua capacidade física ou mental verificada em inspeção médica".

A Constituição de 1988, originalmente, não previa a readaptação de servidores públicos. A partir da EC 103/2019, essa hipótese passou a constar expressamente no § 13 do art. 37, nestes termos:

> § 13. O servidor público titular de cargo efetivo poderá ser readaptado para exercício de cargo cujas atribuições e responsabilidades sejam compatíveis com a limitação que tenha sofrido em sua capacidade

física ou mental, enquanto permanecer nesta condição, desde que possua a habilitação e o nível de escolaridade exigidos para o cargo de destino, mantida a remuneração do cargo de origem.

A mesma EC 103/2019 alterou a redação do dispositivo constitucional que versa sobre a aposentadoria por invalidez (ou **incapacidade**) permanente, deixando expresso que, antes de passar o servidor para a inatividade, **deve a administração procurar readaptá-lo**. Veja-se o teor do inciso I do § 1.º do art. 40 da Carta da República (grifamos):

> § 1.º O servidor abrangido por regime próprio de previdência social será aposentado:
>
> I – por incapacidade permanente para o trabalho, no cargo em que estiver investido, **quando insuscetível de readaptação**, hipótese em que será obrigatória a realização de avaliações periódicas para verificação da continuidade das condições que ensejaram a concessão da aposentadoria, na forma de lei do respectivo ente federativo;

É interessante observar que os preceitos constitucionais concernentes à **readaptação** introduzidos pela EC 103/2019 **não** afirmam, em ponto algum, que ela configura modalidade de **provimento**. A rigor, literalmente, a Constituição parece tratar a readaptação como uma hipótese de mero exercício em cargo diverso daquele em que o servidor foi investido, e **não** de **novo provimento**. Pensamos ser necessário aguardar o desenvolvimento doutrinário e, eventualmente, jurisprudencial sobre a matéria, à luz das novas disposições constitucionais. Enquanto isso não acontece, **continuaremos considerando a readaptação uma forma de provimento**.

Dessarte, definimos **readaptação** como a modalidade de **provimento derivado**, prevista no art. 24 da Lei 8.112/1990, mediante a qual o servidor, **estável ou não**, tendo sofrido uma limitação física ou mental em suas habilidades, torna-se inapto para o exercício do cargo que ocupa, mas, não configurada a invalidez permanente, **passa a exercer outro cargo**, para o qual a limitação sofrida não o incapacita.

O cargo provido por readaptação deverá ter atribuições afins às do anterior. O servidor deve possuir a habilitação e o nível de escolaridade exigidos para o cargo de destino.

Ele **perceberá a remuneração do cargo de origem** (e não a do novo cargo). Isso é uma **relevante novidade** trazida pela EC 103/2019. Pelo texto legal, exigia-se apenas que houvesse "equivalência de vencimentos" entre os cargos, mas o servidor passava a estar sujeito à estrutura remuneratória do novo cargo, inclusive às eventuais alterações posteriores, que não obrigatoriamente seriam as mesmas ocorridas no cargo de origem.

Na hipótese de inexistência de cargo vago, o servidor exercerá suas atribuições como **excedente**, até a ocorrência de vaga.

Por fim, deve ficar claro que a readaptação **não** significa provimento de cargo "inferior" (nem "superior") pelo servidor que sofreu uma limitação em suas habilidades. Simplesmente, o novo cargo, para o seu exercício, não exige a utilização da habilidade

Cap. 7 • SERVIDORES PÚBLICOS

que o servidor teve reduzida. É a primeira opção da administração ante a perspectiva de aposentar o servidor por invalidez (ou incapacidade) permanente, decerto muito mais vantajosa para ela – e também para o servidor, especialmente nos casos em que a aposentadoria a que ele faria jus resultaria em proventos de valores reduzidos.

5.3.3.3. Reintegração

A reintegração é forma de provimento derivado expressamente prevista na Constituição (art. 41, § 2.º). Na Lei 8.112/1990, está tratada no art. 28.

Ocorre a reintegração quando o **servidor estável**, anteriormente demitido, tem **invalidada a sua demissão** por decisão administrativa ou judicial. Ele retornará, então, ao cargo de origem, com ressarcimento de todas as vantagens a que teria feito jus durante o período de seu desligamento ilegal, inclusive às promoções por antiguidade que teria obtido nesse ínterim.

Na hipótese de o cargo ter sido extinto, o servidor ficará em disponibilidade, até seu adequado **aproveitamento**.

Encontrando-se provido o cargo, o seu eventual ocupante, **se estável**, será **reconduzido** ao cargo de origem, sem direito a indenização, ou aproveitado em outro cargo, ou, ainda, posto em disponibilidade (nesse caso, com remuneração proporcional ao tempo de **serviço**).

Esse eventual ocupante do cargo em que ingressará o servidor reintegrado deverá ser exonerado, se não for estável. É a única conclusão compatível com os dispositivos constitucionais e legais. Não conhecemos jurisprudência a respeito.

O texto constitucional determina que a **reintegração** somente se aplica ao **servidor estável**. A Lei 8.112/1990 repete essa restrição. O que se pode concluir daí não é o absurdo de que o servidor **não estável**, demitido irregularmente, que tenha a demissão invalidada pela administração ou pelo Judiciário, simplesmente não retorne ao cargo. Também é absurdo cogitar que servidor não estável não possa ser demitido, mas somente exonerado, porque demissão é punição por falta disciplinar grave, aplicável a qualquer servidor, estável ou não.

Pois bem, mesmo sem ter um nome específico, não há dúvida de que a demissão ilegal tem que ser **anulada** – pela administração pública ou pelo Poder Judiciário, se provocado. E tampouco há dúvida de que a anulação desconstitui os efeitos do ato anulado, desde a origem (*ex tunc*). Vale dizer, o servidor que seja ilegalmente demitido deve ter a sua demissão anulada, e essa anulação, pelos seus efeitos ordinários, acarreta o retorno do servidor ao cargo, porque desfaz os efeitos do ato de demissão.

Logo, o servidor **não estável** que foi demitido e teve a sua demissão depois invalidada retorna, sim, ao serviço público. Apenas, esse retorno **não é** denominado **reintegração**. Que nós saibamos, ele não tem um nome específico.

5.3.3.4. Aproveitamento

O aproveitamento é forma de provimento derivado expressamente prevista na Constituição (art. 41, § 3.º). Na Lei 8.112/1990, está disciplinado nos arts. 30 a 32.

Trata-se do retorno do servidor que havia sido posto em disponibilidade (**estável**, portanto) a um cargo de atribuições e vencimentos compatíveis com o anteriormente ocupado (o qual foi extinto, ou teve declarada a sua desnecessidade).

Estabelece o art. 32 da Lei 8.112/1990 que o **aproveitamento** será tornado **sem efeito** e a **disponibilidade** será **cassada** "se o servidor não entrar em exercício no prazo legal, salvo doença comprovada por junta médica oficial".

A lei contém essa dura regra, porém não especifica o "prazo legal" a que o seu art. 32 se refere! Imaginamos que, por analogia, deva-se considerar como "prazo legal" o prazo de **quinze dias** estipulado no § 1.º do art. 15 para a entrada do servidor em exercício depois da posse. Se assim fizermos, estaremos realmente efetuando integração por analogia, uma vez que o § 4.º do art. 13 da Lei 8.112/1990 afirma categoricamente que "só haverá posse nos casos de provimento de cargo por nomeação".

Cumpre observar, todavia, que o § 2.º do citado art. 15 estatui que, se o empossado não entrar em exercício no prazo de quinze dias que o mesmo artigo estabelece, ele será apenas **exonerado**, sem nenhum caráter de penalidade disciplinar.

Diferentemente, a cassação da disponibilidade, que o art. 32 prevê, é uma penalidade administrativa (art. 127, IV), ou seja, tem caráter punitivo, é equivalente à demissão, devendo, por isso, ser precedida de processo administrativo disciplinar em que se assegure ao servidor ampla defesa.

Em razão dessa enorme diferença de tratamento legal, pensamos ser discutível a validade da utilização do prazo de quinze dias previsto no art. 15, § 1.º, para suprir a lacuna existente no art. 32. Afinal, estará sendo usada a analogia para determinar um prazo cujo descumprimento pode ter como consequência a aplicação de uma **sanção disciplinar** da maior gravidade – a cassação de disponibilidade.

5.3.3.5.   Promoção

A promoção é forma de provimento derivado existente nas carreiras em que o desenvolvimento do servidor ocorre por provimento de cargos sucessivos e ascendentes. A promoção pode ocorrer por antiguidade (tempo de exercício do cargo) ou por merecimento (conforme os critérios de aferição do mérito funcional do servidor estabelecidos no respectivo plano de carreira).

Vale lembrar que, a partir da EC 19/1998, o § 2.º do art. 39 da Constituição passou a prever como requisito para a promoção na carreira a participação dos servidores públicos nos cursos de formação e aperfeiçoamento oferecidos por escolas de governo.

O conceito de promoção é um tanto complexo. Ela não se aplica aos cargos isolados, somente aos escalonados em carreira, e sempre se refere ao progresso dentro da mesma carreira, nunca à passagem de uma carreira a outra, o que seria impossível mediante provimento derivado.

A fim de auxiliar no esclarecimento da definição, reproduzimos abaixo trecho do voto do Min. Moreira Alves na ADI 837/DF, em que foi relator:

O critério do mérito aferível por concurso público de provas ou de provas e títulos é indispensável para cargo ou emprego público isolado ou em carreira. Para o isolado, em qualquer hipótese; para o em carreira, para o ingresso nela, que só se fará na classe inicial e pelo concurso público de provas ou de provas e títulos, não o sendo, porém, para os cargos subsequentes que nela se escalonam até o final dela, pois, para estes, a investidura se fará pela forma de provimento que é a promoção. Não há promoção de uma carreira inferior para outra carreira superior, correlata, afim ou principal. Promoção – e é esse o seu conceito jurídico que foi adotado pela Constituição toda vez que a ele se refere, explicitando-o – é provimento derivado dentro da mesma carreira.

Assim, por exemplo, digamos que a **carreira** dos defensores públicos seja composta pelos **cargos** "defensor público de primeira classe", "defensor público de segunda classe" e "defensor público de classe especial". A passagem de uma classe para outra é o que a lei chama de promoção, porque há mudança de cargo dentro da mesma carreira. Não pode a promoção, em nenhuma hipótese, resultar na mudança de cargo de uma carreira para um cargo de **outra carreira**.

A Lei 8.112/1990 não trata conceitualmente, não define **promoção**. Ela só enumera, no art. 8.º, a promoção como forma de provimento, e a menciona em alguns dispositivos, sem defini-la. Por exemplo, dispõe que "os demais requisitos para o ingresso e o desenvolvimento do servidor na carreira, mediante **promoção**, serão estabelecidos pela lei que fixar as diretrizes do sistema de carreira na Administração Pública Federal e seus regulamentos" (art. 10, parágrafo único) e que "a **promoção** não interrompe o tempo de exercício, que é contado no novo posicionamento na carreira a partir da data de publicação do ato que promover o servidor" (art. 17).

É oportuno registrar que o Supremo Tribunal Federal decidiu, com **repercussão geral**, que, na hipótese de **nomeação tardia** de candidatos determinada por **decisão judicial** – ainda que esta assegure eficácia retroativa à nomeação, incluídas a contagem do tempo de serviço e a indenização equivalente às remunerações que deixaram de ser pagas –, **não há direito às promoções** que, em tese, eles teriam (ou poderiam ter) obtido se a nomeação houvesse ocorrido na época própria.

Na ocasião, consignou a Corte Constitucional que promoções ou progressões funcionais dependem de outras condições além do cumprimento do requisito temporal – elas pressupõem a aprovação em estágio probatório e a confirmação no cargo, bem como o atendimento às demais exigências indicadas na legislação aplicável. É necessário observar o desempenho do servidor, na sua atuação concreta, **a partir da entrada em exercício**, para que ele possa obter a confirmação no cargo e as movimentações funcionais – entre as quais se inserem as mudanças de padrões e de classes – ou quaisquer outras consequências relacionadas ao seu desenvolvimento na carreira.

Com base nessa orientação, para fins de **repercussão geral**, foi fixada a seguinte tese:[195]

> A nomeação tardia de candidatos aprovados em concurso público, por meio de ato judicial, à qual atribuída eficácia retroativa, não gera direito às promoções ou progressões funcionais que alcançariam houvesse ocorrido, a tempo e modo, a nomeação.

5.3.3.6. Reversão

A reversão é forma de provimento derivado, não prevista na Constituição Federal, que consiste no retorno à ativa do servidor aposentado. Está disciplinada essencialmente no art. 25 da Lei 8.112/1990, com a redação que lhe deu a MP 2.225-45/2001 (a qual tem prazo de vigência indeterminado, por força do art. 2.º da EC 32/2001, uma vez que se trata de medida provisória anterior a essa emenda). Há duas modalidades de reversão:

a) **reversão de ofício**: quando junta médica constata que deixaram de existir os motivos que levaram o servidor a aposentar-se por **invalidez permanente**;

b) **reversão a pedido**: aplicável ao servidor **estável** que obteve aposentadoria **voluntária**, desde que sejam atendidos os requisitos previstos na lei, que veremos a seguir, e desde que haja interesse da administração (a reversão a pedido é ato discricionário).

O objetivo da reversão a pedido é possibilitar que o servidor que tenha se aposentado com proventos proporcionais, e tenha se arrependido, volte a trabalhar, para aumentar o seu tempo de contribuição, podendo chegar a se aposentar com proventos integrais – se não completar setenta anos antes disso, e desde que tenha ingressado no serviço público anteriormente à EC nº 41/2003.

A reversão de ofício está arrolada no inciso I do art. 25. Ela é obrigatória, tanto para a administração (é um ato vinculado), quanto para o servidor que estava aposentado. É irrelevante saber se o servidor era ou não estável quando se aposentou por invalidez. O servidor retorna ao mesmo cargo anteriormente ocupado ou ao cargo resultante de sua transformação. Se o cargo estiver provido (ocupado), o servidor exercerá suas atribuições como **excedente**, até a ocorrência de vaga.

A reversão a pedido está tratada no inciso II do art. 25. A lei chama a reversão a pedido de reversão "no interesse da administração", deixando claro que o seu deferimento é uma decisão discricionária da administração pública. Ela se aplica unicamente ao servidor estável cuja aposentadoria tenha sido voluntária e desde que esta tenha ocorrido nos cinco anos anteriores à solicitação. O servidor retorna ao mesmo cargo anteriormente ocupado ou ao cargo resultante de sua transformação, mas a reversão a pedido só é possível se existir cargo vago, ou seja, aqui não existe a figura do "excedente".

---

[195] RE 629.392/MT (**repercussão geral**), rel. Min. Marco Aurélio, 08.06.2017 (Informativo 868 do STF).

Cap. 7 • SERVIDORES PÚBLICOS

399

Em ambas as modalidades de reversão, o tempo de exercício adicional (mais precisamente, tempo de contribuição) será considerado para concessão da nova aposentadoria. Entretanto, especificamente no caso da reversão a pedido, esse recálculo dos proventos só ocorrerá se o servidor permanecer pelo menos cinco anos no cargo depois da reversão.

É oportuno transcrever a íntegra do art. 25 da Lei 8.112/1990:

> Art. 25. Reversão é o retorno à atividade de servidor aposentado:
>
> I – por invalidez, quando junta médica oficial declarar insubsistentes os motivos da aposentadoria; ou
>
> II – no interesse da administração, desde que:
>
> a) tenha solicitado a reversão;
>
> b) a aposentadoria tenha sido voluntária;
>
> c) estável quando na atividade;
>
> d) a aposentadoria tenha ocorrido nos cinco anos anteriores à solicitação;
>
> e) haja cargo vago.
>
> § 1.º A reversão far-se-á no mesmo cargo ou no cargo resultante de sua transformação.
>
> § 2.º O tempo em que o servidor estiver em exercício será considerado para concessão da aposentadoria.
>
> § 3.º No caso do inciso I, encontrando-se provido o cargo, o servidor exercerá suas atribuições como excedente, até a ocorrência de vaga.
>
> § 4.º O servidor que retornar à atividade por interesse da administração perceberá, em substituição aos proventos da aposentadoria, a remuneração do cargo que voltar a exercer, inclusive com as vantagens de natureza pessoal que percebia anteriormente à aposentadoria.
>
> § 5.º O servidor de que trata o inciso II somente terá os proventos calculados com base nas regras atuais se permanecer pelo menos cinco anos no cargo.
>
> § 6.º O Poder Executivo regulamentará o disposto neste artigo.

Por fim, o art. 27 da Lei 8.112/1990 veda a reversão, em qualquer hipótese, do aposentado que já tiver completado 70 anos de idade – porque ele se enquadraria automaticamente na aposentadoria compulsória.

5.3.3.7. Recondução

A recondução é forma de provimento derivado mencionada na Constituição Federal no art. 41, § 2.º, no ponto a seguir grifado:

> § 2.º Invalidada por sentença judicial a demissão do servidor estável, será ele reintegrado, e o eventual ocupante da vaga, se estável, **reconduzido** ao cargo de origem, sem direito a indenização, aproveitado

em outro cargo ou posto em disponibilidade com remuneração proporcional ao tempo de serviço.

A Lei 8.112/1990 disciplina a recondução em seu art. 29. Prevê a sua possibilidade em dois casos:

a) inabilitação em estágio probatório relativo a um novo cargo; ou
b) reintegração do servidor que antes ocupava aquele cargo.

Como se vê, só a segunda hipótese tem previsão constitucional expressa.

Em qualquer caso, o instituto da recondução **tem aplicação exclusivamente ao servidor estável**.

Na hipótese de recondução arrolada na letra "b", acima, tem-se a seguinte situação.

O servidor "X" é demitido e a administração pública preenche a vaga assim aberta nomeando e empossando o servidor "Y", que fora aprovado em concurso público para aquele mesmo cargo. Em um momento posterior, "X" consegue, administrativa ou judicialmente, invalidar a sua demissão, obtendo direito de retorno ao cargo (reintegração). Com a reintegração de "X", o servidor "Y", que estava ocupando o seu cargo, **se for estável**, será **reconduzido** ao seu cargo anterior, sem direito a qualquer indenização, ou aproveitado em outro cargo, ou, ainda, colocado em disponibilidade (nesse caso, com remuneração proporcional ao seu tempo de serviço – CF, art. 41, § 2.º).

Examinemos a hipótese de recondução acima descrita na letra "a" – inabilitação em estágio probatório.

O legislador garante ao servidor estável sua permanência no serviço público caso ele venha a ser considerado pela administração não apto ao exercício do novo cargo para o qual foi aprovado em um novo concurso público.

Essa previsão existe porque o servidor não é estável em um determinado cargo, mas sim no serviço público. Prova disso é que pode o cargo ocupado pelo servidor estável ser extinto sem que ele perca sua condição de servidor público, sendo, então, posto em disponibilidade remunerada (proporcionalmente ao tempo de serviço) até ser aproveitado em outro cargo compatível com aquele que foi extinto.

O estágio probatório, diferentemente, visa a avaliar a aptidão do servidor para o desempenho de um determinado cargo. Por isso, cada vez que um servidor público faz um novo concurso público e é nomeado para um novo cargo, necessita cumprir todo o período de estágio probatório a fim de ser considerado apto ao exercício daquele novo cargo.

Se o servidor foi aprovado no estágio probatório relativo ao cargo "X", adquiriu estabilidade no exercício desse cargo "X", mas, depois, fez um novo concurso público e ingressou no cargo "Y", sua permanência no serviço público é assegurada mesmo que ele seja reprovado no estágio probatório desse novo cargo. A reprovação no estágio probatório significa tão somente que o servidor foi considerado inapto para o exercício daquele cargo específico ("Y"), e não para o exercício do cargo que ele anteriormente ocupava ("X").

Assim, no caso de reprovação do servidor estável no estágio probatório do cargo "Y", será ele reconduzido ao cargo anteriormente ocupado ("X"), para cujo exercício já fora considerado apto por ocasião da conclusão do estágio probatório anterior.

Muito bem, o instituto da recondução possibilita, por exemplo, a seguinte situação.

Um Auditor-Fiscal estável da Receita Federal do Brasil é aprovado no concurso de Delegado da Polícia Federal, pede vacância do seu cargo de Auditor-Fiscal e toma posse no cargo de Delegado. No entanto, ao término do estágio probatório do cargo de Delegado é reprovado, por um dos motivos previstos na lei.

Nesse caso, não há dúvida, o servidor tem assegurado o seu direito de retorno (recondução) ao antigo cargo de Auditor-Fiscal da Receita Federal do Brasil.

A grande discussão que havia, no entanto, era a seguinte: pode o servidor estável aprovado em novo concurso público, dentro do período do novo estágio probatório – portanto, independentemente de reprovação –, retornar ao antigo cargo por sua iniciativa? Vale dizer, é cabível a figura da **recondução a pedido** ao cargo anterior, durante o período de estágio probatório do novo cargo?

O Supremo Tribunal Federal, ao apreciar a questão, firmou entendimento segundo o qual o servidor estável, submetido a estágio probatório em novo cargo público, caso desista de exercer a nova função, tem o direito de ser reconduzido ao cargo ocupado anteriormente.[196]

Portanto, nos termos da jurisprudência do STF, é possível ao servidor estável aprovado para outro cargo, dentro do período de estágio probatório, optar pelo retorno ao antigo cargo, se assim desejar.

Em face dessa orientação, foi editada a Súmula Administrativa AGU 16/2002, de observância obrigatória para toda administração pública federal, cujo teor é o seguinte:

> **16** – O servidor estável investido em cargo público federal, em virtude de habilitação em concurso público, poderá desistir do estágio probatório a que é submetido com apoio no art. 20 da Lei nº 8.112, de 11 de dezembro de 1990, e ser reconduzido ao cargo inacumulável de que foi exonerado, a pedido.

Portanto, na esfera federal, é reconhecido, também no âmbito administrativo, o direito à recondução a pedido do servidor estável que esteja em estágio probatório em um novo cargo e queira dele desistir para retornar ao cargo anterior.

5.4. Posse

O art. 7.º da Lei 8.112/1990 estabelece que a **investidura** no cargo público ocorre com a **posse**.

Somente há posse nos casos de **provimento** de cargo por **nomeação**.

Enquanto a **nomeação** é um ato **unilateral** da autoridade competente, mediante o qual é dado **provimento** a um cargo público, sem que haja qualquer participação

---

[196] RMS 22.933/DF, rel. Min. Octavio Gallotti, 26.06.1998.

ou necessidade de anuência do nomeado, a **posse é um ato bilateral** por meio do qual o servidor é investido nas atribuições e responsabilidades inerentes a seu cargo.

Observe-se que, embora seja usual afirmar que a posse é um ato jurídico bilateral – porque é imprescindível a participação da administração pública e do agente que assinará o termo de posse –, ela **não é um contrato** em sentido próprio. Cumpre frisar que o servidor público estatutário **não tem um contrato de trabalho** – o ato de posse não se equipara à assinatura de um contrato de trabalho –, estando sujeito, isso sim, a um regime jurídico de natureza **legal** (não contratual), passível de ser alterado unilateralmente, sempre que a lei de regência for modificada, sem que se possa invocar direito adquirido à manutenção do regime jurídico inicial.

O ato de posse enquadra-se naquilo que Léon Duguit chama de "atocondição", isto é, um ato no qual a manifestação do agente é necessária unicamente para que ele se insira em um regime jurídico preestabelecido e não passível de modificação pela vontade dele.

O art. 13 da Lei 8.112/1990 explicita a natureza de ato bilateral da posse, nos termos que acabamos de expor, ao estatuir:

> Art. 13. A posse dar-se-á pela assinatura do respectivo termo, no qual deverão constar as atribuições, os deveres, as responsabilidades e os direitos inerentes ao cargo ocupado, que não poderão ser alterados unilateralmente, por qualquer das partes, ressalvados os atos de ofício previstos em lei.

Antes da posse, o nomeado ainda não é um **servidor público**, pois ainda não se aperfeiçoou o vínculo jurídico funcional entre ele e a administração pública. Esse vínculo é formado justamente por meio da posse. Com a posse, o nomeado torna-se servidor público, aceitando as regras legais de regência de sua relação jurídica com a administração, decorrente do cargo que passará a exercer.

Nos termos do art. 5.º da Lei 8.112/1990, são requisitos para posse, sem prejuízo de outras exigências específicas que, em razão das atribuições do cargo, sejam estabelecidas em lei: (a) nacionalidade brasileira; (b) gozo dos direitos políticos; (c) quitação com as obrigações militares e eleitorais; (d) nível de escolaridade exigido para o exercício do cargo; (e) idade mínima de dezoito anos; (f) aptidão física e mental.

O Decreto 9.739/2019, aplicável à administração direta e às autarquias e fundações públicas no âmbito do Poder Executivo federal, seguiu a linha tradicional, ao estabelecer que **somente no ato da posse** deverão ser comprovadas escolaridade mínima e experiência profissional (quando exigida), expressamente vedando que tal comprovação seja imposta no ato de inscrição no concurso público ou em qualquer de suas etapas, ressalvado o disposto em legislação específica (art. 42, § 1.º).

O prazo para o nomeado tomar posse é de **trinta dias, improrrogáveis**, contados da nomeação ou, no caso de servidor que se encontre em licença nessa data, do término do seu impedimento. Se o nomeado não tomar posse no prazo previsto, não chega a completar-se o vínculo jurídico funcional entre ele e a administração.

Não há, portanto, como se falar em exoneração. A hipótese será simplesmente de tornar **sem efeito** o ato de **nomeação** (Lei 8.112/1990, art. 13, § 6.º).

A posse **poderá** dar-se mediante **procuração específica** (art. 13, § 3.º).

O § 5.º do art. 13 da Lei 8.112/1990 estatui que, no ato da posse, o servidor deve apresentar **declaração de bens e valores** que constituem seu patrimônio e **declaração quanto ao exercício ou não de outro cargo, emprego ou função pública**.

A Lei 8.429/1992 – **Lei de Improbidade Administrativa** –, em seu art. 13, **condiciona** expressamente **a posse e o exercício** dos agentes públicos por ela alcançados (o que inclui os servidores regidos pela Lei 8.112/1990) **à apresentação da declaração de imposto de renda e proventos de qualquer natureza** que tenha sido apresentada à Secretaria Especial da Receita Federal do Brasil – e determina o respectivo arquivamento no serviço de pessoal competente. A declaração deve ser atualizada anualmente e na data em que o agente público deixar o exercício do cargo (ou de função, mandato ou emprego). Será punido com a **pena de demissão**, sem prejuízo de outras sanções cabíveis, o agente público que se recusar a prestar a declaração dentro do prazo determinado ou que prestar declaração falsa (art. 13, § 3.º).

5.5. Exercício

Exercício é o efetivo desempenho das atribuições do cargo público ou da função de confiança (art. 15).

O servidor tem o prazo de quinze dias, improrrogáveis, contados da data da posse, para entrar em exercício.

No caso de designação para função de confiança a regra é diversa: o início do exercício de função de confiança deve coincidir com a data de publicação do ato de designação, salvo quando o servidor estiver em licença ou afastado por qualquer outro motivo legal, hipótese em que recairá no primeiro dia útil após o término do impedimento, que não poderá exceder a trinta dias da publicação (art. 15, § 4.º). A designação para função de confiança será tornada sem efeito quando o servidor não entrar em exercício no prazo legal (art. 15, § 2.º).

Embora o agente se torne servidor público com a posse, somente com o exercício são constituídas as relações jurídicas entre ele e a administração que tenham por base o tempo de efetivo desempenho das atribuições do cargo. É a partir da data em que o servidor entra em exercício que começam a contar os prazos para todos os seus direitos relacionados ao tempo de serviço, a exemplo do direito às férias, da percepção de remuneração, do cálculo da gratificação natalina proporcional, da aquisição da estabilidade.

Aliás, é oportuno abrir um parêntese para comentar que se firmou em nossa jurisprudência a orientação de que a pessoa que venha a ser nomeada e empossada em cargo público por força de decisão judicial não tem direito a indenização – muito menos a remuneração! – relativa ao tempo durante o qual teve que aguardar pela sua nomeação. Para o Supremo Tribunal Federal, "é indevida indenização pelo tempo em que se aguardou solução judicial definitiva sobre aprovação em concurso público".[197] Considera-se que, tendo a nomeação decorrido de sentença judicial, o retardamento não configura ato ilegítimo da administração pública, o que torna descabido cogitar uma contrapartida indenizatória.

Fechado o parêntese, estabelece o § 2.º do art. 15 da Lei 8.112/1990 que **o servidor será exonerado do cargo se não entrar em exercício dentro do prazo legal**. Note-se que ele já tomara posse no cargo – e, desde a posse, tornou-se, juridicamente, um servidor público. Por isso, não entrando em exercício no prazo legal, é necessário que se desfaça o vínculo jurídico formado entre ele e a administração por ocasião da posse, o que deve ser feito mediante exoneração (se se tratasse de falta grave apurada em processo disciplinar, o rompimento do vínculo ocorreria por demissão, mas não é essa a hipótese descrita no dispositivo legal ora em foco).

O servidor que deva ter exercício em um município diferente daquele em que estava lotado, porque foi removido, redistribuído, requisitado, cedido ou posto em exercício provisório, terá, no mínimo, **dez dias** e, no máximo, **trinta dias** de prazo, contados da publicação do ato, para entrar em exercício no novo município, incluído nesse prazo o tempo necessário para o deslocamento para a nova sede (art. 18). Na hipótese de o servidor encontrar-se em licença ou afastado legalmente, o prazo será contado a partir do término do impedimento (art. 18, § 1.º). É facultado ao servidor abrir mão desses prazos, ou seja, entrar em exercício na nova sede em um prazo menor do que aquele (entre dez e trinta dias) que lhe tenha sido concedido pela administração (art. 18, § 2.º).

A **jornada de trabalho** dos servidores públicos federais deverá respeitar a duração máxima **semanal** de **quarenta horas**, observados os limites **mínimo** e **máximo** de **seis** horas e **oito** horas **diárias** (art. 19). Esses limites não são aplicáveis à duração de trabalho estabelecida em leis especiais (por exemplo, servidores que trabalham em regime de plantão).

A lei determina que seja concedido **horário especial** ao **servidor estudante**, quando comprovada a incompatibilidade entre o horário escolar e o da repartição, sem prejuízo do exercício do cargo, **exigindo-se a compensação de horário** no órgão ou entidade em que o servidor tenha exercício, respeitada a duração semanal do trabalho (art. 98).

Além dessa hipótese, faz jus à concessão de **horário especial o servidor com deficiência**, quando comprovada a necessidade por junta médica oficial, **independentemente de compensação de horário**. Esse direito a **horário especial** sem necessidade de compensação aplica-se, também, ao **servidor que tenha cônjuge, filho ou dependente com deficiência** (art. 98, §§ 2.º e 3.º).

O Supremo Tribunal Federal firmou o entendimento de que são aplicáveis, **por analogia**, aos **servidores públicos estaduais e municipais** (e distrais) com deficiência, ou que tenham cônjuge, filho ou dependente com deficiência, essas regras sobre **horário especial** constantes nos §§ 2.º e 3.º do art. 98 da Lei 8.112/1990 – jornada de trabalho reduzida, sem necessidade de compensação de horário e sem redução de

---

[197] RE-AgR 593.373/DF, rel. Min. Joaquim Barbosa, 05.04.2011. No mesmo sentido: RE-AgR 248.803/RS, rel. Min. Nelson Jobim, 06.02.2001.

Cap. 7 • SERVIDORES PÚBLICOS

vencimentos. Significa dizer que tais servidores públicos podem exercer esse direito ainda que ele não esteja previsto na lei disciplinadora do seu regime jurídico. Sobre o tema, restou averbada a seguinte **tese de repercussão geral**:[198]

> Aos servidores públicos estaduais e municipais é aplicado, para todos os efeitos, o art. 98, § 2.º e § 3.º, da Lei 8.112/1990.

Será igualmente concedido **horário especial** ao servidor que participe de banca examinadora ou de comissão para correção e elaboração de provas, análise de currículos e julgamento de recursos em concursos, ou atue como instrutor em cursos instituídos no âmbito da administração pública federal, nos termos descritos nos incisos I e II do art. 76-A da Lei 8.112/1990 – artigo que versa sobre a **gratificação por encargo de curso ou concurso** –, com **exigência de compensação de horário**, que deverá ser efetuada no prazo de **até um ano**.

O servidor ocupante de **cargo em comissão** ou **função de confiança** submete-se a regime de **integral dedicação ao serviço**, podendo ser convocado sempre que houver interesse da administração (art. 19, § 1.º).

Por essa razão, o servidor que acumular licitamente dois cargos efetivos, quando for investido em um cargo em comissão, ficará **afastado de ambos os cargos efetivos**. Trata-se, contudo, de uma **regra geral**, porque a lei admite a possibilidade de acumulação do cargo em comissão com **um dos cargos efetivos**, se houver **compatibilidade** de horário e local, declarada pelas **autoridades máximas** dos órgãos ou entidades envolvidos (art. 120).

Também como decorrência do regime de **integral dedicação ao serviço**, estabelece o art. 119 da Lei 8.112/1990 que o servidor **não poderá exercer mais de um cargo em comissão**, exceto se, em um dos cargos, estiver na condição de **interino** (isto é, tiver sido nomeado provisoriamente para exercê-lo). Nessa hipótese excepcional em que é permitida a acumulação de cargos em comissão deverá ser observado o disposto no parágrafo único do art. 9.º da Lei 8.112/1990, a saber: "o servidor ocupante de cargo em comissão ou de natureza especial poderá ser nomeado para ter exercício, **interinamente**, em outro cargo de confiança, **sem prejuízo das atribuições** do que atualmente ocupa, hipótese em que **deverá optar pela remuneração de um deles** durante o período da interinidade".

5.6. Estágio probatório

O art. 20 da Lei 8.112/1990 estatui:

> Art. 20. Ao entrar em exercício, o servidor nomeado para cargo de provimento efetivo ficará sujeito a estágio probatório por período de 24 (vinte e quatro) meses, durante o qual a sua aptidão e capacidade

---

[198] RE 1.237.867/SP (**repercussão geral**), rel. Min. Ricardo Lewandowski, 17.12.2022 (Informativo 1.080 do STF).

serão objeto de avaliação para o desempenho do cargo, observados os seguinte fatores:

I – assiduidade;

II – disciplina;

III – capacidade de iniciativa;

IV – produtividade;

V – responsabilidade.

Não se deve confundir aprovação em estágio probatório com aquisição de estabilidade.

O estágio probatório visa a avaliar a aptidão do servidor para o exercício de um determinado cargo. Sempre que o servidor tomar posse e entrar em exercício em um novo cargo efetivo, será submetido ao estágio probatório, não importa quantos anos de exercício o servidor tenha prestado em outros cargos do mesmo ou de outro ente da Federação. É, portanto, possível (e nada raro) que um servidor estável seja submetido a estágio probatório. Já foi visto, aliás, que, se ele for reprovado no estágio probatório do novo cargo, ocorrerá a sua recondução ao seu cargo anterior (art. 29, I).

Já a estabilidade, em regra, é adquirida uma única vez pelo servidor na administração pública de um mesmo ente federado. O servidor é estável no serviço público (de um ente federado) e não em um cargo determinado. Assim, tomando a administração pública federal como exemplo, uma vez aprovado em concurso público para cargo efetivo, tendo sido nomeado e empossado, o servidor adquirirá estabilidade em três anos de efetivo exercício, desde que seja aprovado em avaliação especial de desempenho por comissão instituída para essa finalidade (CF, art. 41, *caput* e § 4.º). Se, depois disso, o mesmo servidor prestar concurso para outro cargo federal, for nomeado e tomar posse, ele já inicia o exercício desse novo cargo como um servidor estável. Não obstante, estará sujeito ao estágio probatório de que trata o art. 20 da Lei 8.112/1990, como qualquer outro servidor que inicie o exercício desse cargo.

Após a EC 19/1998, o período necessário para a aquisição da estabilidade passou a ser de três anos. Entretanto, o *caput* do art. 20 da Lei 8.112/1990 não foi expressamente revogado, nem expressamente alterado. A bem da verdade, a Medida Provisória 431/2008 pretendeu modificar a redação desse dispositivo, estabelecendo em trinta e seis meses a duração do estágio probatório de que ele trata, mas essa alteração foi rejeitada por ocasião da conversão da MP 431/2008 na Lei 11.784/2008. Em suma, o texto hoje vigente do *caput* do art. 20 da Lei 8.112/1990 fixa em vinte e quatro meses a duração do estágio probatório.

A questão acerca da duração do estágio probatório tem suscitado controvérsia na administração pública federal. Não obstante, atualmente, no âmbito do **Poder Executivo federal**, deve ser observado o disposto no Parecer AGU/MC-01/04/2004, que foi adotado pelo Parecer AC-17/2004, do Advogado-Geral da União, e aprovado pelo Presidente da República. O entendimento decorrente desses atos é de que **o estágio probatório tem duração de três anos**, porque essa duração seria a única logicamente compatível com o prazo de três anos para a aquisição da estabilidade,

Cap. 7 • SERVIDORES PÚBLICOS

fixado pela EC 19/1998. Essa orientação – de que **a duração do estágio probatório é de três anos** – é **vinculante** para o Poder Executivo federal (LC 73, art. 40).

Cumpre anotar, ademais, que a jurisprudência do Supremo Tribunal Federal e a do Superior Tribunal de Justiça têm apontado igualmente para o entendimento de que o prazo de **três anos** para aquisição da estabilidade fixado na EC 19/1998 é de aplicação imediata e teria afastado as regras legais que previam outro prazo para o estágio probatório. Embora os dois tribunais reconheçam expressamente que o estágio probatório e a estabilidade são institutos distintos, com finalidades diversas, ambos afirmam que não há como dissociar, na prática e no plano lógico, o prazo de um e de outro.[199]

Voltemos ao texto da Lei 8.112/1990.

Quatro meses antes de findo o período do estágio probatório, será submetida à homologação da autoridade competente a avaliação do desempenho do servidor, realizada por comissão constituída para essa finalidade, de acordo com o que dispuser a lei ou o regulamento da respectiva carreira ou cargo, sem prejuízo da continuidade de apuração dos fatores enumerados nos incisos I a V do art. 20 da Lei 8.112/1990, acima transcritos. O servidor não aprovado no estágio probatório será **exonerado** ou, se **estável**, **reconduzido** ao cargo anteriormente ocupado, conforme já estudado.

Deve-se observar que a reprovação no estágio probatório não acarreta penalidade para o servidor, mas simplesmente sua **exoneração**. Vale dizer, considerar o servidor inabilitado no estágio probatório significa tão somente afirmar que ele não possui aptidão para o exercício **daquele** cargo (tanto é assim que, se ele for estável, pode ser reconduzido ao cargo anteriormente ocupado). O servidor reprovado no estágio probatório não cometeu qualquer infração de natureza grave, caso em que a hipótese seria de demissão.

Não obstante a exoneração de um cargo público, em tese, não revestir caráter punitivo, o Supremo Tribunal Federal, há muito, consagrou o entendimento de que a exoneração do servidor em decorrência de inabilitação em estágio probatório deve observar o devido processo legal, em que lhe sejam previamente assegurados o contraditório e a ampla defesa.

Essa orientação fundamenta-se no fato evidente de que, ao reprovar o servidor em estágio probatório, a administração o estará acusando de não ter atendido um ou alguns dos requisitos essenciais de disciplina, responsabilidade, assiduidade, produtividade ou capacidade de iniciativa e, portanto, deve assegurar ao servidor oportunidade de demonstrar, se for o caso, que efetivamente cumpriu satisfatoriamente todos os requisitos, que está sendo vítima de perseguição, que houve algum erro de avaliação, ou outra defesa qualquer apta a demonstrar que a sua inabilitação foi indevida.

Cumpre mencionar, a esse respeito, a vetusta Súmula 21 do STF, aprovada na Sessão Plenária de 13.12.1963, da qual consta, literalmente, que o "funcionário em

---

[199] Vejam-se, por exemplo, **do STF**, a SS 3.957/DF, rel. Min. Gilmar Mendes, 17.09.2009, e o AI-AgR-ED 754.802/DF, rel. Min. Gilmar Mendes, 07.06.2011 (Informativo 630 do STF), e, **do STJ**, o MS 12.523/DF, rel. Min. Felix Fischer, 22.04.2009.

408 DIREITO ADMINISTRATIVO DESCOMPLICADO • *Marcelo Alexandrino & Vicente Paulo*

estágio probatório não pode ser exonerado nem demitido sem inquérito ou sem as formalidades legais de apuração de sua capacidade".

A mesma posição está consagrada no âmbito do **Superior Tribunal de Justiça** (STJ). No **Informativo 470 do STJ**, a matéria foi exposta de forma bastante didática, consoante abaixo se reproduz:

> A jurisprudência do STJ entende que a exoneração de servidores públicos concursados e nomeados para cargo efetivo, ainda que se encontrem em estágio probatório, necessita do devido processo legal, da ampla defesa e do contraditório (*vide*, também, a Súm. n. 21-STF). Contudo, na hipótese de servidor em estágio probatório, apregoa que não se faz necessária a instauração de processo administrativo disciplinar (PAD) para tal, admitindo ser suficiente a abertura de sindicância que assegure os princípios da ampla defesa e do contraditório. Anote-se que essa exoneração não tem caráter punitivo, mas se lastreia no interesse da Administração de dispensar servidores que, durante o estágio probatório, não alcançam bom desempenho no cargo. Precedentes citados: RMS 20.934-SP, *DJe* 1.º.02.2010; EDcl no AgRg no RMS 21.078-AC, *DJ* 28.06.2006; RMS 21.012-MT, *DJe* 23.11.2009; AgRg no RMS 13.984-SP, *DJ* 06.08.2007; RMS 21.000-MT, *DJ* 04.06.2007, e RMS 13.810-RN, *DJe* 26.05.2008. RMS 22.567-MT, Rel. Min. Og Fernandes, julgado em 28.04.2011.

É oportuno registrar que nossa Corte Suprema admite a possibilidade de o servidor em estágio probatório alegar escusa de consciência por **motivos religiosos**, invocando o inciso VIII do art. 5.º da Constituição – "ninguém será privado de direitos por motivo de crença religiosa ou de convicção filosófica ou política, salvo se as invocar para eximir-se de obrigação legal a todos imposta e recusar-se a cumprir prestação alternativa, fixada em lei" –, para **pleitear à administração a estipulação de obrigação alternativa para o cumprimento de seus deveres funcionais** (por exemplo, o servidor recusar-se a trabalhar aos sábados, alegando que a sua religião não permite, e requerer que o desempenho de suas funções dê-se em dias e horários alternativos). Note-se que a administração não está obrigada, sempre, a atender a essa espécie de pleito, mas deverá decidir motivadamente. Sobre o tema, foi fixada a seguinte **tese de repercussão geral**:[200]

> Nos termos do artigo 5.º, VIII, da Constituição Federal é possível à Administração Pública, inclusive durante o estágio probatório, estabelecer critérios alternativos para o regular exercício dos deveres funcionais inerentes aos cargos públicos, em face de servidores que invocam escusa de consciência por motivos de crença religiosa, desde que presentes a razoabilidade da alteração, não se caracterize o desvirtuamento do exercício de suas funções e não acarrete ônus desproporcional à Administração Pública, que deverá decidir de maneira fundamentada.

---

[200] ARE 1.099.099/SP, rel. Min. Edson Fachin, 26.11.2020 (Informativo 1.000 do STF).

O Supremo Tribunal Federal já decidiu que a **inassiduidade em decorrência de greve, por si só, não pode implicar a exoneração de servidor em estágio probatório**, "uma vez que essa ausência não teria como motivação a vontade consciente de não comparecer ao trabalho simplesmente por não comparecer ou por não gostar de trabalhar". No dizer do Pretório Excelso, a adesão do servidor ao movimento grevista configuraria "inassiduidade imprópria, resultante de um movimento de paralisação da categoria em busca de melhores condições de trabalho". Em suma, consignou o STF que, mesmo não estando ainda regulamentado em lei o direito de greve dos servidores públicos, certo é que se trata de um direito constitucionalmente assegurado (CF, art. 37, VII), razão pela qual a ausência ao serviço motivada por participação em movimento grevista, ainda que esteja o servidor no período probatório, **não caracteriza inassiduidade para efeito de sua reprovação no estágio** e consequente exoneração.[201]

Posteriormente, nossa Corte Constitucional decidiu, de forma mais abrangente, que **ferem a Carta de 1988 disposições normativas que estabeleçam sanções administrativas diferenciadas para o servidor que esteja em estágio probatório, pelo simples fato de ele haver aderido a greve.** Entende o STF que não existe, na Constituição Federal, base para que se faça distinção entre servidores em estágio probatório e os demais, em função de participação em movimentos grevistas. Ademais, asseverou-se que tal discriminação viola, em um plano mais genérico, o **princípio da isonomia**. Sob esses fundamentos, foi declarado inconstitucional decreto do Estado de Alagoas que determinava a imediata exoneração de servidor público que estivesse em estágio probatório, caso ficasse comprovado que ele havia paralisado o exercício do seu cargo a título de greve.[202]

Em outros julgados, o Supremo Tribunal Federal deixou assente que o estágio probatório não protege o servidor na hipótese de extinção do cargo, ou seja, se o cargo for extinto, o servidor não estável que esteja em estágio probatório será exonerado.

O servidor em estágio probatório poderá exercer quaisquer cargos de provimento em comissão ou funções de direção, chefia ou assessoramento no órgão ou entidade em que se encontra lotado. Diversamente, para poder ser cedido a outro órgão ou entidade, o servidor em estágio probatório deverá ter sido nomeado para cargo de natureza especial ou para cargos em comissão dos níveis mais elevados da administração federal (DAS 4, 5 ou 6).

Prevê o § 4.º do art. 20 da Lei 8.112/1990 a possibilidade de serem deferidos ao servidor que esteja em estágio probatório as licenças e os afastamentos seguintes: a) licença por motivo de doença em pessoa da família; b) licença por motivo de afastamento do cônjuge ou companheiro; c) licença para o serviço militar; d) licença para atividade política; e) afastamento para exercício de mandato eletivo; f) afastamento para estudo ou missão no exterior; g) afastamento para servir em organismo internacional de que o Brasil participe ou com o qual coopere; g) afastamento para participar de curso de formação decorrente de aprovação em concurso para outro cargo na administração pública federal.

---

[201] RE 226.966/RS, red. p/ o acórdão Min. Cármen Lúcia, Primeira Turma, 11.11.2008 (Informativo 528 do STF).

[202] ADI 3.235/AL, red. p/ o acórdão Min. Gilmar Mendes, 04.02.2010.

O § 5.º do mesmo art. 20 assevera que ficará **suspenso** o estágio probatório durante a licença por motivo de doença em pessoa da família, a licença por motivo de afastamento do cônjuge ou companheiro, a licença para atividade política, o afastamento para servir em organismo internacional e o afastamento para participar de curso de formação federal. O estágio probatório suspenso por um desses motivos será retomado a partir do término do impedimento.

5.7. Vacância

A Lei 8.112/1990 denomina vacância as hipóteses em que o servidor desocupa o seu cargo, tornando-o passível de ser preenchido por outra pessoa. A vacância pode acarretar rompimento definitivo do vínculo jurídico entre o servidor e a administração, como ocorre nas hipóteses de exoneração, demissão e falecimento, ou pode simplesmente alterar esse vínculo ou fazer surgir um novo, como ocorre nas hipóteses de promoção, readaptação, aposentadoria, posse em outro cargo inacumulável.

As hipóteses de vacância enumeradas na Lei 8.112/1990 encontram-se nos incisos do art. 33 e são as seguintes:

a) exoneração;

b) demissão;

c) promoção;

d) readaptação;

e) aposentadoria;

f) posse em outro cargo inacumulável;

g) falecimento.

Percebe-se que há hipóteses de vacância que implicam, simultaneamente, o provimento de novo cargo pelo servidor e há hipóteses que não se relacionam a provimento de outro cargo.

Ocorrem simultaneamente vacância e provimento nos casos de **promoção**, **readaptação** e **posse em outro cargo inacumulável**. Nas demais hipóteses ocorre apenas vacância.

Cabe, ainda, observar que, se um servidor estável for reprovado em estágio probatório relativo a um novo cargo – no qual ele tenha ingressado quando já era estável no serviço público –, ocorrerá a sua recondução, a qual implicará o provimento, por ele, do cargo anteriormente ocupado, salvo se esse cargo já se encontrar provido, caso em que o servidor ficará em disponibilidade até posterior aproveitamento.

Quanto à exoneração, a Lei 8.112/1990 arrola as possibilidades abaixo enumeradas.

a) a exoneração do servidor ocupante de cargo efetivo poderá ocorrer:

a.1. a pedido;

a.2. de ofício, motivada por:

a.2.1. inabilitação em estágio probatório (se não estável);

a.2.2. não entrar em exercício no prazo legal após a posse.

Cap. 7 • SERVIDORES PÚBLICOS **411**

b) a exoneração do servidor ocupante de cargo em comissão poderá ocorrer:

b.1. a pedido;

b.2. de ofício, livremente, a juízo da autoridade competente (exoneração *ad nutum*).

Embora a Lei 8.112/1990 não mencione expressamente, haverá, também, exoneração:

a) quando for extinto cargo ocupado por servidor não estável;

b) do servidor não estável que esteja ocupando cargo que deva ser provido mediante reintegração de outro servidor anteriormente demitido de forma ilegal;

c) por insuficiência de desempenho (hipótese de exoneração de servidor estável – CF, art. 41, § 1.º, III);

d) por excesso de despesa com pessoal (hipótese de exoneração de servidor estável – CF, art. 169, § 4.º).

5.8. Remoção

A denominada remoção **não é forma de provimento**. Trata-se do deslocamento do servidor para exercer suas atividades em outra unidade do mesmo quadro de pessoal, ou seja, o servidor **permanece no mesmo cargo**, sem qualquer alteração no seu vínculo funcional com a administração pública.

A remoção pode implicar, ou não, mudança na localidade de exercício do servidor. O servidor pode, simplesmente, ser removido da Delegacia da Receita Federal do Brasil em Porto Alegre para a Inspetoria da Receita Federal do Brasil em Porto Alegre. Diversamente, o servidor pode ser removido da Delegacia da Receita Federal do Brasil em Manaus para a Delegacia da Receita Federal do Brasil no Rio de Janeiro. Em ambos os casos tem-se remoção.

Vem a propósito pontuar que remoção **não é sinônimo de transferência**. A transferência era uma forma derivada de provimento de cargo público (a remoção não é forma de provimento) que estava prevista no art. 8.º, IV, da Lei 8.112/1990, e consistia na passagem do servidor estável de cargo efetivo para outro de igual denominação, pertencente a quadro de pessoal diverso, de órgão ou instituição do mesmo Poder. A forma de provimento transferência foi declarada inconstitucional pelo STF (ADI 231 e ADI 837) e, posteriormente, foi expressamente **revogada** pela Lei 9.527/1997.

A remoção pode ocorrer **de ofício** ou **a pedido**.

A remoção de ofício será sempre determinada no interesse da administração e, em tese, independe da vontade do servidor removido.

A remoção a pedido pode ocorrer a critério da administração ou pode, em algumas hipóteses, a administração ser **obrigada** a conceder a remoção ao servidor que a requeira. Esse último caso corresponde à denominada "remoção a pedido independentemente do interesse da administração".

O primeiro ponto digno de nota é a existência de remoção a pedido independentemente do interesse da administração somente nos casos de alteração na localidade de exercício do servidor. Cabe repetir: não existe remoção a pedido independentemente do interesse da administração sem mudança de sede.

DIREITO ADMINISTRATIVO DESCOMPLICADO • *Marcelo Alexandrino & Vicente Paulo*

A remoção a pedido, para outra localidade, independentemente do interesse da administração, pode ocorrer nas hipóteses previstas no inciso III do art. 36 da Lei 8.112/1990, a saber:

a) para acompanhar cônjuge ou companheiro, servidor público ou militar, de qualquer dos Poderes da União, dos estados, do Distrito Federal e dos municípios, que foi deslocado no interesse da administração;

b) por motivo de saúde do servidor, cônjuge, companheiro ou dependente que viva às suas expensas e conste do seu assentamento funcional, condicionada à comprovação por junta médica oficial;

c) em virtude de processo seletivo promovido, na hipótese em que o número de interessados for superior ao número de vagas, de acordo com normas preestabelecidas pelo órgão ou entidade em que aqueles estejam lotados.

Vale observar que, em diversas oportunidades, o Supremo Tribunal Federal **rechaçou** a invocação do **art. 226 da Constituição de 1988** ("A família, base da sociedade, tem especial proteção do Estado.") como fundamento para que acolhesse a pretensão de servidores públicos que pleiteavam a concessão de **remoção para acompanhar cônjuge ou companheiro** quando este, em virtude de aprovação em concurso público, fora **nomeado para iniciar o exercício de seu cargo** em **localidade diversa** daquela em que **residia a família**.

Em outras palavras: nossa Corte Suprema **não admite** que o art. 226 da Carta Política, por si só, justifique impor à administração pública a obrigação de remover – a título de "remoção para acompanhar cônjuge ou companheiro" – um servidor público cujo cônjuge ou companheiro, aprovado em concurso público e nomeado para o cargo respectivo, tenha **lotação inicial** em localidade diversa daquela em que ambos, até então, residiam.[203]

Por fim, é oportuno registrar que a Lei 11.340/2006, cujo escopo é a criação de mecanismos para coibir e prevenir a violência doméstica e familiar contra a mulher, instituiu, em seu art. 9.º, § 2.º, inciso I, regra específica, segundo a qual "o juiz assegurará à mulher em situação de violência doméstica e familiar, para preservar sua integridade física e psicológica, **acesso prioritário à remoção** quando servidora pública, integrante da administração direta ou indireta". Essa norma alcança todos os níveis da Federação. Note-se que o tal "acesso prioritário à remoção" será diretamente determinado pelo próprio juiz, o qual, a nosso ver, deverá explicitar como deve ser entendida essa expressão.

5.9. Redistribuição

A redistribuição é definida no art. 37 da Lei 8.112/1990 como "o deslocamento de cargo de provimento efetivo, ocupado ou vago no âmbito do quadro geral de

---

[203] RE-AgR 587.260/RN, rel. Min. Eros Grau, 29.09.2009; RE-ED 593.338/PE, rel. Min. Ricardo Lewandowski, 31.05.2011; RE-AgR 602.605/CE, rel. Min. Ricardo Lewandowski, 28.02.2012.

Cap. 7 • SERVIDORES PÚBLICOS **413**

pessoal, para outro órgão ou entidade do mesmo Poder". Como vemos, redistribuição também **não é forma de provimento**.

Ocorre **deslocamento do cargo**, esteja ou não ocupado, para outro órgão ou entidade, e não preenchimento de um cargo preexistente nesse órgão ou entidade. Deve-se observar, também, que, no caso de redistribuição de cargo ocupado, **não** é necessário que o servidor ocupante seja **estável**.

A redistribuição deve ser previamente apreciada pelo órgão central do Sistema de Pessoal Civil (SIPEC) e possui os seguintes pressupostos:

> I – interesse da administração;
>
> II – equivalência de vencimentos;
>
> III – manutenção da essência das atribuições do cargo;
>
> IV – vinculação entre os graus de responsabilidade e complexidade das atividades;
>
> V – mesmo nível de escolaridade, especialidade ou habilitação profissional;
>
> VI – compatibilidade entre as atribuições do cargo e as finalidades institucionais do órgão ou entidade.

É importante notar que a redistribuição somente existe *ex officio*. Não seria nada razoável cogitar a possibilidade de um servidor pedir para o seu cargo ser deslocado para outro órgão ou entidade!

A redistribuição é uma técnica que permite à administração adequar seus quadros de cargos às reais necessidades de serviço de seus órgãos ou entidades. Permite, também, o remanejamento de cargos nas hipóteses de extinção ou criação de órgãos ou entidades. Em suma, a redistribuição confere um certo grau de mobilidade ou de flexibilidade à administração na organização de seus recursos, sendo uma possibilidade importante, tendo em vista a rigidez decorrente de regras como a estabilidade dos servidores públicos (a administração não pode simplesmente exonerar todos os servidores de um órgão quando o extingue, como ocorre nas empresas na iniciativa privada).

Nos casos de reorganização ou extinção de órgão ou entidade, o servidor **estável** que tenha seu cargo extinto ou declarado desnecessário, não sendo redistribuído, será colocado em **disponibilidade**, com proventos proporcionais, até seu **aproveitamento**. Alternativamente, o servidor que não for redistribuído ou colocado em disponibilidade poderá ser mantido sob responsabilidade do órgão central do SIPEC, e ter **exercício provisório**, em outro órgão ou entidade, até seu adequado aproveitamento. Essa hipótese de exercício provisório será, em regra, mais interessante para a administração, uma vez que o servidor não permanece em inatividade remunerada, e também para o servidor, tendo em conta o fato de que a remuneração da disponibilidade é proporcional ao tempo de serviço.

5.10. Substituição

Os servidores investidos em cargo ou função de direção ou chefia e os ocupantes de cargo de natureza especial terão substitutos indicados no regimento interno do respectivo órgão ou entidade. No caso de o regimento ser omisso, os substitutos serão previamente designados pelo dirigente máximo do órgão ou entidade (art. 38). Essa exigência de previsão ou designação de substitutos aplica-se também aos titulares de unidades administrativas organizadas em nível de assessoria (art. 39).

Os §§ 1.º e 2.º do art. 38 da Lei 8.112/1990, com a redação dada pela Lei 9.527/1997, trazem regras um tanto confusas acerca da acumulação do exercício do cargo substituído com o do cargo efetivo do substituto e da remuneração a que ele fará jus. A própria administração pública federal conferiu a esses dispositivos uma interpretação mais favorável ao servidor substituto do que aquela que, segundo pensamos, decorreria da literalidade da lei, conforme será exposto adiante.

Inicialmente, mister é transcrever os §§ 1.º e 2.º do art. 38 da Lei 8.112/1990, em sua redação atual:

> § 1.º O substituto assumirá automática e cumulativamente, sem prejuízo do cargo que ocupa, o exercício do cargo ou função de direção ou chefia e os de Natureza Especial, nos afastamentos, impedimentos legais ou regulamentares do titular e na vacância do cargo, hipóteses em que deverá optar pela remuneração de um deles durante o respectivo período.

> § 2.º O substituto fará jus à retribuição pelo exercício do cargo ou função de direção ou chefia ou de cargo de Natureza Especial, nos casos dos afastamentos ou impedimentos legais do titular, superiores a trinta dias consecutivos, paga na proporção dos dias de efetiva substituição, que excederem o referido período.

Pois bem, a interpretação hoje vigente no âmbito da administração pública federal – a nosso ver, discrepante do que se obtém da leitura direta do texto legal – está explicitada no Ofício-Circular 1/SRH/MP, de 28 de janeiro de 2005. Finalizamos o presente tópico com a transcrição do trecho do citado ato pertinente ao assunto em foco, tendo em conta a grande importância prática do entendimento ali perfilhado (grifamos):

> 2. O servidor no exercício da substituição **acumula** as atribuições do cargo que ocupa com as do cargo para o qual foi designado **nos primeiros 30 dias ou período inferior**, fazendo jus à opção pela remuneração de um ou de outro cargo desde o primeiro dia de efetiva substituição. Transcorridos os primeiros 30 dias, o substituto deixa de acumular as funções, passando a exercer somente as atribuições inerentes às do cargo substituído percebendo a remuneração correspondente.

> 3. Significa dizer que nos primeiros 30 dias de substituição, haverá acumulação de funções (cargo exercido pelo substituto com as do cargo do substituído), com **direito a retribuição a partir do primeiro dia de substituição**, devendo, nos termos do § 1.º do art. 38 da Lei n.º 8.112, de 1990, **optar** pela remuneração que lhe for mais vantajosa.

> 4. Consoante § 2.º do art. 38 da Lei n.º 8.112, de 1990, transcorrido o prazo de 30 dias de substituição, o substituto **deixa de acumular**

Cap. 7 • SERVIDORES PÚBLICOS

as funções e passa a exercer somente as atribuições inerentes às do cargo substituído, **percebendo a retribuição correspondente**.

5. Nos casos de **vacância** de cargo ou função de direção ou chefia, e de cargo de Natureza Especial, o substituto, **independentemente do período**, exercerá **exclusivamente** as atribuições do cargo substituído, **fazendo jus à retribuição correspondente, a partir do primeiro dia**.

5.11. Cessão e requisição de servidores

A disciplina geral da **cessão** e da **requisição** de servidores públicos federais encontra-se no art. 93 da Lei 8.112/1990, regulamentado pelo Decreto 10.835/2021. Esse mesmo decreto tem por escopo expresso, também, regulamentar o art. 49 da Lei 13.464/2017, o qual estabelece que os **empregados públicos** dos quadros permanentes de **empresas públicas e sociedades de economia mista** da administração indireta **federal** podem ser **cedidos** para exercer **cargo em comissão** na administração pública direta, autárquica e fundacional, cabendo ao Poder Executivo da União dispor acerca dos limites a tais cessões e sobre as regras de ressarcimento à origem no caso de o empregado optar pela remuneração do emprego permanente.

O Decreto 10.835/2021, portanto, consoante explicita o § 1.º do seu art. 1.º, alcança servidores públicos estatutários e "empregados de empresas estatais" – e versa não apenas sobre cessão e requisição, mas, também, sobre o ato por ele denominado "**alteração de exercício para composição da força de trabalho**".

Essas três figuras – cessão, requisição e alteração de exercício para composição da força de trabalho – são espécies do gênero "**movimentação**", literalmente **conceituada**, no art. 2.º do Decreto 10.835/2021, destarte: "alteração do exercício do agente público, sem suspensão ou interrupção do vínculo com o órgão ou a entidade de origem, para servir a outro órgão ou entidade dos Poderes da União, dos estados, do Distrito Federal ou dos municípios".

As movimentações de que trata o Decreto 10.835/2021 **serão publicadas no Diário Oficial da União** (art. 30).

Diz-se que ocorre **cessão** de um servidor público quando é autorizado o seu **exercício**, em caráter **temporário** (embora por **prazo indeterminado**), em órgão, ou entidade administrativa, diferente daquele a cujos quadros o referido agente pertence. O órgão, ou entidade, que "empresta" o servidor é chamado **cedente**, e o que o recebe é dito **cessionário**.

Para ocorrer a cessão, **três requisitos** devem ser atendidos, **cumulativamente**: (a) pedido do cessionário; (b) concordância do cedente; e (c) concordância do agente público a ser cedido.

Cabe reproduzir o disposto no art. 3.º do Decreto 10.835/2021:

> Art. 3.º A cessão é o ato pelo qual o agente público, sem suspensão ou interrupção do vínculo funcional com o órgão ou a entidade de origem, passa a ter exercício em outro órgão ou outra entidade.

§ 1.º Exceto se houver disposição legal em contrário, a cessão somente poderá ocorrer para o exercício de cargo em comissão ou função de confiança.

§ 2.º Não haverá cessão sem:

I – o pedido do cessionário;

II – a concordância do cedente; e

III – a concordância do agente público.

O servidor em **estágio probatório** somente poderá ser cedido a outro órgão ou entidade para ocupar cargos de natureza especial, cargos de provimento em comissão do Grupo-Direção e Assessoramento Superiores (DAS), de níveis 4, 5 e 6, ou equivalentes (Lei 8.112/1990, art. 20, § 3.º).

A cessão para outros Poderes, para órgãos constitucionalmente autônomos e para outros entes federativos **somente** ocorrerá para o exercício de cargo em comissão ou função de confiança com **graduação mínima igual ou equivalente ao nível 4 dos cargos em comissão do Grupo-Direção e Assessoramento Superiores (DAS-4)**.

As cessões que impliquem **reembolso** pela administração pública federal, direta e indireta, somente ocorrerão para o exercício de cargo em comissão ou função de confiança com graduação mínima igual ou equivalente a DAS-4. Essa limitação **não se aplica** à cessão em que figure como **cessionária empresa estatal não dependente** de recursos do Tesouro Nacional para o custeio de despesas de pessoal ou para o custeio em geral.

A **cessão** é concedida por **prazo indeterminado** e pode ser **encerrada**, a qualquer momento, por **ato unilateral** do **cedente**, do **cessionário** ou do **agente público** cedido.

O retorno do agente público ao órgão ou à entidade de origem, quando requerido pelo cedente, será realizado por meio de notificação ao cessionário. Se a cessão estiver em curso **há mais de um ano**, o cessionário **poderá exigir**, no interesse da administração pública, que ela seja **mantida** pelo prazo de **até um mês**, contado da data de recebimento da notificação do cedente ou do requerimento do agente público.

Não atendida pelo cessionário, no prazo estabelecido, a notificação efetuada pelo cedente, este notificará diretamente o agente público para se apresentar ao órgão ou à entidade de origem no prazo de um mês – contado da data de recebimento dessa notificação –, sob pena de caracterização de ausência imotivada.

Conforme se lê no supratranscrito § 1.º do art. 3.º do Decreto 10.835/2021, a cessão só pode ocorrer para o exercício de cargo em comissão ou de função de confiança, "**exceto se houver disposição legal em contrário**".

A base legal desse dispositivo regulamentar encontra-se no art. 93, incisos I e II, da Lei 8.112/1990, nos termos do qual os servidores por ela regidos podem ser cedidos para terem exercício em outro órgão ou entidade dos Poderes da União, dos estados, ou do Distrito Federal e dos municípios, nas seguintes hipóteses: (I) "para exercício de **cargo em comissão ou função de confiança**"; e (II) "em **casos previstos em leis específicas**". O § 4.º do mesmo art. 93 preceitua, ainda, que o Presidente da República pode autorizar, expressamente, servidores a terem exercício em outro órgão da administração direta federal que **não possua quadro próprio** de pessoal, para **fim determinado** e a **prazo certo**.

Ressalvada a hipótese prevista no § 4º do art. 93 da Lei 8.112/1990, citada no parágrafo anterior, a **competência** para autorizar a **cessão** ou disponibilizar a **requisição** é do Ministro de Estado ou da autoridade máxima da entidade a que pertencer o agente público.

Caso se trate de cessão ou de requisição de agente público de **empresa estatal** – dependente ou não dependente de recursos do Tesouro Nacional – para outro Poder ou ente federativo, ou para órgãos constitucionalmente autônomos, a **competência** será da **autoridade máxima da entidade**.

A **requisição** é um ato adotado de forma unilateral (não depende de conjugação de vontades) por um órgão, ou uma entidade, que tenha a **prerrogativa expressa** de requisitar agentes públicos – e é compulsória tanto para o órgão, ou a entidade, requisitado quanto para o agente que deva ter exercício no órgão ou na entidade requisitante.

Em regra, a requisição **não é nominal** – isto é, não se requisita "o servidor Fulano de Tal", mas sim "um servidor que esteja apto a exercer as atribuições 'X', 'Y' ou 'Z'" no órgão (ou entidade) requisitante. Repetimos que se trata de uma **regra geral**, porque as requisições para a **Presidência ou a Vice-Presidência da República** podem ser endereçadas a um servidor específico, nominalmente identificado.

Vejam-se, a respeito da **requisição**, as disposições vazadas no art. 9.º do Decreto 10.835/2021:

> Art. 9.º A requisição é o ato irrecusável, em que o agente público requisitado passa a ter exercício no órgão ou na entidade requisitante, sem alteração da lotação no órgão ou na entidade de origem.
>
> § 1.º A requisição somente será realizada por órgão ou entidade que possua prerrogativa expressa de requisitar agentes públicos.
>
> § 2.º A requisição não será nominal e o órgão ou a entidade requisitada poderá indicar o agente público de acordo com as atribuições a serem exercidas no órgão ou na entidade requisitante.
>
> § 3.º O disposto no § 2º não se aplica às requisições para a Presidência da República ou a Vice-Presidência da República.
>
> § 4.º Na requisição, não há prejuízo da remuneração ou do salário permanente do agente público, incluídos encargos sociais, abono pecuniário, gratificação natalina, férias e adicional de um terço.
>
> § 5.º Na requisição de agente público, sem prejuízo dos demais direitos e vantagens a que faça jus e de acordo com os mesmos critérios aplicáveis caso permanecesse no órgão ou na entidade de origem, são garantidas:
>
> I – a promoção e a progressão funcional; e
>
> II – a participação em concurso de remoção para alteração da unidade de lotação ou de exercício.

§ 6.º Na hipótese prevista no inciso II do § 5.º, a eventual alteração material do local de exercício ou de lotação se dará quando encerrada a requisição.

A **requisição** será concedida por **prazo indeterminado**, exceto se houver disposição legal em contrário. A requisição **não pode ser encerrada por ato unilateral** do órgão ou da entidade requisitada (tampouco do agente público, por óbvio).

As requisições que **impliquem reembolso** pela administração pública federal, direta e indireta, **somente** ocorrerão com a observância à **disponibilidade orçamentária e financeira** do órgão ou da entidade responsável pelo ônus do ressarcimento para efetuar o reembolso.

Nos termos do Decreto 10.835/2021, a figura denominada "**alteração de exercício para composição da força de trabalho**" – que pode ser estipulada por prazo **determinado ou indeterminado** – é o "ato do Secretário Especial de Desburocratização, Gestão e Governo Digital do Ministério da Economia que determina a alteração da lotação ou do exercício do agente público para outro órgão ou entidade do Poder Executivo federal" (art. 12).[204]

A alteração de exercício para composição da força de trabalho **não pode ser utilizada** em movimentações para outros Poderes, para órgãos constitucionalmente autônomos ou para outros entes federativos.

A alteração de exercício para composição da força de trabalho é **irrecusável** e **não depende da anuência** prévia do órgão ou da entidade a que o agente público está vinculado. Há uma **exceção**: a anuência prévia será **obrigatória** quando se tratar de **empresas estatais não dependentes** de recursos do Tesouro Nacional para o pagamento de despesas de pessoal ou para o custeio em geral.

Ao agente público da administração pública federal, direta e indireta, em alteração de exercício para composição da força de trabalho são assegurados os direitos e as vantagens a que faça jus no órgão ou na entidade de origem. Além disso, ele **poderá fazer jus no órgão ou na entidade de destino** (art. 14, § 1.º):

> I – às gratificações cuja concessão, designação, nomeação, retirada, dispensa ou exoneração possa ser realizada por meio de ato discricionário da autoridade competente e que não componham a remuneração do cargo efetivo, do emprego, do posto ou da graduação, para qualquer efeito; e
>
> II – à participação em ações de desenvolvimento.

O agente público em alteração de exercício para composição da força de trabalho poderá ocupar cargo em comissão ou função de confiança de qualquer nível no órgão ou na entidade de destino, com dispensa de ato de cessão, se (art. 14, § 2.º):

---

[204] Por força do art. 51, inciso IV, da Lei 14.600/2023, o Ministério da Economia foi desmembrado em: (a) Ministério da Fazenda; (b) Ministério da Gestão e da Inovação em Serviços Públicos; (c) Ministério do Planejamento e Orçamento; e (d) Ministério do Desenvolvimento, Indústria, Comércio e Serviços.

Cap. 7 • SERVIDORES PÚBLICOS

I – o tempo de efetivação da alteração de exercício para composição da força de trabalho for superior a seis meses;

II – a nomeação ou a designação ocorrer para cargo em comissão ou função de confiança que tenha vagado após a data da efetivação da composição da força de trabalho; e

III – o agente público for nomeado para o exercício de cargo em comissão ou função de confiança na mesma unidade do órgão ou da entidade que ensejou a composição da força de trabalho.

O Decreto 10.835/2021 contém uma série de regras acerca do assim chamado "**reembolso**", definido como "a restituição das parcelas despendidas por órgãos e entidades com o agente público movimentado".

É **obrigatório** o reembolso nas movimentações de agentes públicos federais (art. 18): (a) para órgãos ou entidades de outros entes federativos; e (b) de ou para empresas públicas ou sociedades de economia mista não dependentes de recursos do Tesouro Nacional para o custeio total ou parcial de despesas de pessoal ou para o custeio em geral.

Não haverá reembolso pela administração pública federal, direta e indireta, nas movimentações no âmbito dos Poderes da União e de suas autarquias, fundações públicas e empresas estatais dependentes de recursos do Tesouro Nacional para o pagamento de despesas de pessoal ou para o custeio em geral (art. 19).

Na hipótese de movimentação de agente público de outro ente federativo, de outro Poder ou de órgão constitucionalmente autônomo para a administração pública federal, o reembolso **seguirá as regras do órgão ou da entidade de origem**, respeitadas as limitações estabelecidas pelo Decreto 10.835/2021 (art. 20).

É do órgão ou da entidade de destino o ônus pela remuneração ou pelo salário vinculado ao cargo ou ao emprego permanente do agente público movimentado dos Poderes da União, dos estados, do Distrito Federal e dos municípios, inclusive das empresas públicas e das sociedades de economia mista, com acréscimo dos tributos, dos encargos sociais e dos encargos trabalhistas (art. 21).

O valor a ser reembolsado será apresentado mensalmente ao órgão ou à entidade de destino do agente público pelo órgão ou pela entidade de origem, discriminado por parcela e por agente público (art. 24). O descumprimento da obrigação de reembolso "implica encerramento da cessão, da requisição ou da composição da força de trabalho".

5.12. Direitos e vantagens dos servidores públicos federais

5.12.1. *Vencimento e remuneração*

A percepção de **remuneração** em retribuição aos serviços prestados à administração é um **direito** dos servidores públicos. A Lei 8.112/1990, em seu art. 4.º, **veda** a prestação de **serviços gratuitos** à administração, salvo se houver expressa previsão legal. A própria Lei 8.112/1990, no entanto, **proíbe** que os servidores por ela regidos sejam remunerados pela **participação em órgão de deliberação coletiva**, **ressalvada** a remuneração devida pela participação em conselhos de administração e fiscal das empresas públicas e sociedades de economia mista, suas subsidiárias e controladas, bem como quaisquer empresas ou entidades em que a União, direta ou indiretamente, detenha participação no capital social, observado o que, a respeito, dispuser legislação específica (art. 119).

Sempre existiu, e ainda existe, uma grande confusão terminológica no que concerne às parcelas integrantes da contraprestação pecuniária a que fazem jus os servidores públicos. A própria Constituição de 1988, em vez de aclarar os conceitos, perpetuou a imprecisão, ora referindo-se a vencimento, ora a vencimentos, ou, ainda, a remuneração.

A doutrina costuma entender vencimento como a parcela básica (há leis que se referem a "vencimento básico") prevista em lei como estipêndio correspondente a cada cargo público. Autores como Hely Lopes Meirelles denominam "vencimentos" (no plural) a soma do "vencimento" (no singular, significando "vencimento básico") com as vantagens pecuniárias de caráter permanente a que faz jus o servidor. Já o conceito de remuneração varia bastante, sendo às vezes usado em sentido amplo, às vezes em sentido estrito, nesse caso como sinônimo de "vencimentos", ou seja, "vencimento básico" mais "vantagens pecuniárias permanentes".

Não pretendemos estabelecer uma conceituação definitiva, nem consideramos isso possível. No presente tópico utilizaremos as definições expressas na Lei 8.112/1990; mencionaremos, também, alguns dispositivos da Lei 8.852/1994.

O art. 40 da Lei 8.112/1990 define "vencimento" como a retribuição pecuniária pelo exercício de cargo público, com valor fixado em lei. Por sua vez, o art. 41 da Lei 8.112/1990 conceitua "remuneração" como a soma do vencimento com as vantagens pecuniárias permanentes estabelecidas em lei.

Consoante o § 5.º do art. 41 da Lei 8.112, a **remuneração** dos servidores por ela regidos **não pode ser inferior a um salário mínimo**. Cumpre frisar que, independentemente da explicitação **legal** dessa regra, o Supremo Tribunal Federal, por meio da **Súmula Vinculante 16**, já pacificou o entendimento de que a garantia de que os servidores públicos – de **todos os entes da Federação** – não receberão menos do que um salário mínimo (CF, art. 39, § 3.º, combinado com o art. 7.º, IV) diz respeito ao total da **remuneração** percebida pelo servidor, e **não** ao seu **vencimento básico**.

Por outras palavras, entende nossa Corte Suprema que, nos termos da Constituição da República, o **vencimento básico** de um servidor público **pode** perfeitamente ser **menor** do que um salário mínimo, desde que o **valor da remuneração total** – o vencimento básico somado aos adicionais ou gratificações permanentes a que faça jus o servidor – seja **pelo menos igual ao salário mínimo**.

De outra banda, nosso Pretório Máximo decidiu que, mesmo na hipótese de servidor que exerça as suas atividades em regime de **jornada reduzida**, a **remuneração** por ele percebida **não poderá ser inferior ao salário mínimo**. Sobre o tema, foi averbada a seguinte **tese de repercussão geral**:[205]

---

[205] RE 964.659/RS (**repercussão geral**), rel. Min. Dias Toffoli, 08.08.2022 (Informativo 1.063 do STF).

É defeso o pagamento de remuneração em valor inferior ao salário mínimo ao servidor público, ainda que labore em jornada reduzida de trabalho.

A Lei 8.112/1990 **não alude** a "vencimentos" (no plural) como sinônimo de "remuneração", isto é, como "vencimento básico" mais "vantagens pecuniárias permanentes".

Embora a Lei 8.112/1990 não explique, costuma-se entender "vantagens pecuniárias permanentes" como aquelas relacionadas ao exercício ordinário das atribuições do cargo. Diferentemente, se a vantagem é paga ao servidor de forma pontual, porque ele exerceu o seu cargo em condições não ordinárias, ela não será uma vantagem permanente e, portanto, não integra a remuneração.

Exemplo bastante simples é o das indenizações. Vejam-se as diárias (art. 51, II): recebe diária o servidor que, a serviço, afastar-se da sede em caráter eventual ou transitório para outro ponto do território nacional, ou para o exterior. A diária visa a indenizar as parcelas de despesas extraordinárias com pousada, alimentação e locomoção urbana do servidor durante o seu deslocamento.

É evidente que se trata de vantagem decorrente de uma situação não ordinária. A diária – assim como qualquer indenização – **não integra a remuneração**, porque não tem caráter permanente.

Outro exemplo singelo é o do adicional pela prestação de serviço extraordinário (art. 61, V). Esse adicional corresponde à hora-extra do trabalhador regido pela legislação trabalhista.

É evidente que tal adicional só é pago quando o servidor exerce suas atribuições além da jornada legal, ou seja, de forma não ordinária – aliás, o próprio nome do adicional literalmente afirma o seu caráter extraordinário. O adicional de serviço extraordinário, portanto, não integra a remuneração.

Alertamos que identificar com precisão as vantagens que devem ser consideradas "vantagens pecuniárias permanentes" não é tarefa fácil. A bem da verdade, segundo pensamos, trata-se de missão impossível. Seja como for, no plano conceitual, vale repetir, podem elas ser definidas como as vantagens relacionadas ao exercício ordinário das atribuições do cargo.

Independentemente dessa dificuldade, cabe destacar que o § 9.º do art. 39 da Constituição, incluído pela EC 103/2019, **proíbe**, de forma incisiva, "a **incorporação** de **vantagens** de **caráter temporário** ou vinculadas ao exercício de **função de confiança ou de cargo em comissão** à remuneração do cargo efetivo".

O § 3.º do art. 41 da Lei 8.112/1990 assegura a irredutibilidade do vencimento do cargo efetivo, acrescido das vantagens de caráter permanente, ou seja, a irredutibilidade da remuneração em sentido estrito, conforme definida no *caput* do mesmo art. 41.

A Lei 8.852/1994 (art. 1.º, inciso I) chama de "vencimento básico" aquilo que a Lei 8.112/1990 conceitua como "vencimento". Mas a Lei 8.852/1994 também usa a expressão "vencimento básico" para definir o "salário básico" recebido pelos empregados públicos (que têm relação trabalhista, contrato de trabalho, com a administração pública).

A mesma Lei 8.852/1994 (art. 1.º, inciso II) denomina "vencimentos" (no plural) "a soma do vencimento básico com as vantagens permanentes relativas ao cargo, emprego, posto ou graduação". Por fim, chama de "remuneração" (art. 1.º, inciso III) "a soma dos vencimentos com os adicionais de caráter individual e demais vantagens", excluindo, entretanto, uma extensa lista de adicionais e vantagens.

Apenas para lembrar, "provento" é a prestação pecuniária recebida pelo servidor inativo.

É oportuno abrir um parêntese para registrar que a Lei 9.624/1998, em seu art. 14, prevê o pagamento de **auxílio financeiro** aos candidatos preliminarmente aprovados em concurso público para provimento de cargos na administração pública federal, **durante o programa de formação**, equivalente a **cinquenta por cento** da remuneração da classe inicial do cargo a que o candidato estiver concorrendo. Se o candidato já for servidor da administração pública federal em outro cargo efetivo, poderá optar pela percepção da remuneração deste, em vez do auxílio financeiro.[206]

A Lei 8.112/1990 confere grande proteção à remuneração (e aos proventos), em razão do seu **caráter alimentício**. Nessa esteira, é **vedada** a incidência de quaisquer **descontos** sobre a remuneração, a menos que estejam previstos em lei ou decorram de mandado judicial (art. 45).

A remuneração e o provento **não serão** objeto de arresto, sequestro ou penhora, **exceto** nos casos de **prestação de alimentos** resultante de **decisão judicial** (art. 48).

O art. 46 da Lei 8.112/1990 estatui que as **reposições e indenizações ao erário** devem ser previamente comunicadas ao servidor ativo, aposentado ou ao pensionista, para pagamento, no **prazo máximo de trinta dias**, podendo ser parceladas, a pedido do interessado. Se o interessado optar pelo parcelamento, o **valor de cada parcela não pode** ser **inferior** ao correspondente a **dez por cento** da remuneração, provento ou pensão. Caso o pagamento indevido tenha ocorrido no **mês anterior ao do processamento da folha**, não se admite o parcelamento: a reposição será feita imediatamente, em **uma única parcela**.

A respeito desse tema – restituição (repetição) de valores indevidamente recebidos pelo servidor ou aposentado –, é importante registrar que a jurisprudência do Supremo Tribunal Federal fixou o entendimento de que, em razão da **natureza alimentícia** da remuneração e dos proventos, o recebimento, de **boa-fé**, de valores erroneamente pagos pela administração em decorrência de erro dela na interpretação ou na aplicação da lei **não acarreta** para o servidor ou aposentado a **obrigação de devolver** a quantia respectiva. É enfático este excerto de ementa de acórdão de nossa Corte Maior:[207]

> O Plenário do Supremo Tribunal Federal, em diversas oportunidades, já assentou que, havendo boa-fé do servidor público que recebe va-

---

[206] O mesmo art. 14 da Lei 9.624/1998 estabelece, ainda, em seu § 2.º, que, uma vez aprovado o candidato no programa de formação, o tempo de duração deste será computado, para todos os efeitos, como de efetivo exercício no cargo público em que venha a ser investido, exceto para fins de estágio probatório, estabilidade, férias e promoção.

[207] RE-AgR 450.458/DF, rel. Min. Teori Zavascki, 06.08.2013. No mesmo sentido: MS 26.085/DF, rel. Min. Cármen Lúcia, 07.04.2008; MS 24.781/DF, red. p/ o acórdão, Min. Gilmar Mendes, 02.03.2011.

Cap. 7 • SERVIDORES PÚBLICOS

lores indevidos a título de aposentadoria, só a partir da data em que for ela julgada ilegítima pelo órgão competente deverá ser devolvida a quantia recebida a maior.

Tal orientação deu origem à Súmula Administrativa AGU 34/2008, cujo enunciado estatui:

34 – Não estão sujeitos à repetição os valores recebidos de boa-fé pelo servidor público, em decorrência de errônea ou inadequada interpretação da lei por parte da Administração Pública.

5.12.2. Vantagens

A Lei 8.112/1990 denomina vantagens, de forma genérica, qualquer valor recebido pelo servidor que não se enquadre na definição de "vencimento". As denominadas vantagens podem ou não integrar a "remuneração" do servidor. Integram a remuneração, segundo a Lei 8.112/1990, as "vantagens pecuniárias permanentes estabelecidas em lei" (art. 41).

Conforme o art. 49 da Lei 8.112/1990, as vantagens dividem-se em:

a) indenizações;

b) gratificações; e

c) adicionais.

As indenizações não integram, em nenhuma hipótese, a "remuneração" em sentido estrito, descrita no art. 41 da Lei 8.112/1990 (vencimento mais "vantagens pecuniárias permanentes estabelecidas em lei"). Já os adicionais e as gratificações podem, ou não, fazer parte da remuneração. São remuneração as vantagens que forem permanentes.

As indenizações não se incorporam ao vencimento ou provento para qualquer efeito. As gratificações e os adicionais podem incorporar-se ao vencimento ou provento, nos casos e condições indicados em lei.

5.12.2.1. Indenizações

As indenizações estão enumeradas no art. 51 da Lei 8.112/1990. Conforme antes visto, as indenizações não fazem parte da remuneração em sentido estrito, definida no art. 41 da Lei 8.112/1990. As indenizações geralmente possuem caráter eventual e são devidas ao servidor em situações nas quais ele necessitou efetuar alguma despesa para desempenhar suas atribuições. As indenizações, por isso, visam a recompor o patrimônio do servidor que sofreu uma redução em decorrência do regular exercício de suas funções.

A Lei 8.112/1990 arrola quatro espécies de indenizações:

a) **ajuda de custo (arts. 53 a 57);**

A ajuda de custo destina-se a compensar as despesas de instalação do servidor que, **no interesse do serviço**, passar a ter exercício em nova sede, com mudança de

424 DIREITO ADMINISTRATIVO DESCOMPLICADO • Marcelo Alexandrino & Vicente Paulo

domicílio em **caráter permanente**. É vedado o duplo pagamento dessa indenização, a qualquer tempo, no caso de o cônjuge ou companheiro que detenha também a condição de servidor vir a ter exercício na mesma sede.

Além do valor pago a título de ajuda de custo decorrente da mudança do servidor para um novo domicílio, a administração assume as despesas de transporte do servidor e de sua família, compreendendo passagem, bagagem e bens pessoais.

À família do servidor que falecer na nova sede são assegurados ajuda de custo e transporte para a localidade de origem, dentro do prazo de um ano, contado do óbito.

Será também concedida ajuda de custo àquele que, não sendo servidor da União, for nomeado para cargo em comissão, com mudança de domicílio.

O servidor ficará obrigado a **restituir** a indenização recebida quando, injustificadamente, não se apresentar na nova sede no prazo de **trinta dias**.

O valor pago a título de ajuda de custo é calculado sobre a remuneração do servidor, conforme se dispuser em regulamento, **não podendo exceder** a importância correspondente a **três meses de remuneração**.

Não será concedida ajuda de custo em nenhuma das modalidades de **remoção a pedido** previstas na Lei 8.112/1990 – seja na remoção a pedido concedida a critério da administração, seja na remoção a pedido, para outra localidade, assegurada ao servidor independentemente do interesse da administração (respectivamente, incisos II e III do parágrafo único do art. 36). Não fará jus à indenização em apreço, tampouco, o servidor que se afastar do cargo, ou reassumi-lo, em virtude de **mandato eletivo**.

b) diárias (arts. 58 e 59);

O servidor que, a serviço, afastar-se da sede em **caráter eventual** ou **transitório** para outro ponto do território nacional, ou para o exterior, fará jus a passagens e diárias destinadas a indenizar as parcelas de despesas extraordinárias com pousada, alimentação e locomoção urbana.

É importante notar que as diárias somente são devidas ao servidor quando o deslocamento é de caráter **eventual**. O § 2.º do art. 58 deixa claro que nos casos em que o deslocamento da sede constituir exigência permanente do cargo, o servidor não fará jus a diárias.

O servidor que receber diárias e não se afastar da sede, por qualquer motivo, fica obrigado a restituí-las integralmente, no prazo de 5 dias. Se o afastamento do servidor durar menos tempo do que o originalmente previsto, ele deverá restituir as diárias recebidas em excesso, no prazo de 5 dias.

Cabe registrar que a concessão e o pagamento de diárias, na esfera federal, estão regulamentados pelo Decreto 5.992/2006 e alterações posteriores.

c) indenização de transporte (art. 60);

A indenização de transporte é devida ao servidor que, por opção, e condicionada ao interesse da administração, realizar despesas com utilização de **meio próprio de locomoção** para execução de serviços externos **inerentes às atribuições próprias**

Cap. 7 • SERVIDORES PÚBLICOS **425**

do cargo que ocupa, **efetivo ou comissionado**, atestados pela chefia imediata. A indenização corresponde a um valor diário e só pode ser paga ao servidor que estiver no efetivo desempenho das atribuições do cargo, efetivo ou comissionado, vedado o cômputo das ausências e afastamentos, ainda que considerados em lei como de efetivo exercício.

Essa indenização está regulamentada pelo Decreto 3.184/1999, alterado pelo Decreto 7.132/2010.

d) auxílio-moradia (arts. 60-A a 60-E).

O auxílio-moradia consiste no ressarcimento das despesas comprovadamente realizadas pelo servidor com aluguel de moradia ou com meio de hospedagem administrado por empresa hoteleira, no prazo de um mês após a comprovação da despesa pelo servidor (art. 60-A).

Essa indenização será concedida ao servidor – desde que ele satisfaça um extenso rol de requisitos estabelecidos no art. 60-B da Lei 8.112/1990 – que tenha se mudado do local de residência para ocupar cargo em comissão ou função de confiança do Grupo-Direção e Assessoramento Superiores (DAS), níveis 4, 5 e 6, de Natureza Especial, de Ministro de Estado, ou equivalentes.

Dentre os requisitos enumerados no art. 60-B da Lei 8.112/1990, aludidos no parágrafo precedente, destacamos as exigências de que não exista imóvel funcional disponível para uso pelo servidor, de que seu cônjuge ou companheiro não ocupe imóvel funcional, de que nenhuma outra pessoa que resida com o servidor receba auxílio-moradia e de que o deslocamento não tenha sido motivado por alteração de lotação ou por nomeação para cargo efetivo.

O **valor mensal** do auxílio-moradia, em regra, é limitado a **vinte e cinco por cento** do valor do cargo em comissão, função comissionada ou cargo de Ministro de Estado ocupado, não podendo, em qualquer caso, superar vinte e cinco por cento da remuneração de Ministro de Estado.

Independentemente do valor do cargo em comissão ou função comissionada, entretanto, é garantido o ressarcimento mensal de até R$ 1.800,00 (mil e oitocentos reais) ao servidor que fizer jus ao auxílio-moradia (art. 60-D).

Exemplificando, se a remuneração do cargo em comissão ocupado pelo servidor for de R$ 6.000,00, em vez de se aplicar o limite de vinte e cinco por cento do valor dessa remuneração (que representaria R$ 1.500,00), será assegurado ao servidor o ressarcimento das despesas pertinentes ao auxíliomoradia comprovadas até o valor de R$ 1.800,00.

No caso de falecimento, exoneração, colocação de imóvel funcional à disposição do servidor ou aquisição de imóvel, o auxílio-moradia continuará sendo pago por um mês (art. 60-E).

5.12.2.2. Retribuições, gratificações e adicionais

As retribuições, gratificações e adicionais a que fazem jus os servidores públicos federais estão enumerados no art. 61 da Lei 8.112/1990. A lista não é taxativa (*numerus clausus*), isto é, existem outras gratificações e adicionais, previstos em lei, além dos arrolados no referido dispositivo. É a seguinte a redação do art. 61 da Lei 8.112/1990:

> Art. 61. Além do vencimento e das vantagens previstas nesta Lei, serão deferidos aos servidores as seguintes retribuições, gratificações e adicionais:
>
> I – retribuição pelo exercício de função de direção, chefia e assessoramento;
>
> II – gratificação natalina;
>
> III – REVOGADO
>
> IV – adicional pelo exercício de atividades insalubres, perigosas ou penosas;
>
> V – adicional pela prestação de serviço extraordinário;
>
> VI – adicional noturno;
>
> VII – adicional de férias;
>
> VIII – outros, relativos ao local ou à natureza do trabalho;
>
> IX – gratificação por encargo de curso ou concurso.

Do revogado inciso III constava o "adicional por tempo de serviço". Tratemos sucintamente das vantagens arroladas nos demais incisos:

a) retribuição pelo exercício de função de direção, chefia e assessoramento;

A Lei 8.112/1990, no seu art. 62, limita-se a afirmar, sem maior detalhamento, que "ao servidor ocupante de cargo efetivo investido em função de direção, chefia ou assessoramento, cargo de provimento em comissão ou de Natureza Especial é devida retribuição pelo seu exercício". Acerca da forma de pagamento dessa retribuição nada mais é dito.

No seu parágrafo único, o mesmo art. 62 estatui que a remuneração dos cargos em comissão deve ser estabelecida em lei específica. Atualmente, essa disposição é inteiramente inócua, porque, a partir da EC 19/1998, passou a ser exigência constitucional expressa que a fixação da remuneração dos cargos públicos ocorra mediante lei específica (CF, art. 37, X).

Convém observar que, na redação original do art. 62 da Lei 8.112/1990, era prevista a incorporação dessa retribuição (chamada de gratificação, na época) à remuneração do servidor e aos proventos do aposentado. Essa possibilidade há muito deixou de existir, e as incorporações já ocorridas foram transformadas em "Vantagem Pessoal Nominalmente Identificada – VPNI", consoante dispõe o atual art. 62-A da Lei 8.112/1990.

b) gratificação natalina;

A gratificação natalina equivale ao décimo terceiro salário dos trabalhadores regidos pela Consolidação das Leis do Trabalho – CLT. A gratificação natalina corresponde a 1/12 (um doze avos) da remuneração a que o servidor fizer jus no mês

Cap. 7 • SERVIDORES PÚBLICOS

de dezembro, por mês de exercício no respectivo ano, sendo fração igual ou superior a quinze dias considerada como mês integral para efeito de cálculo (art. 63).

Exemplificando, se o servidor entra em exercício no dia 10 de setembro e sua remuneração em dezembro for de R$ 6.000,00, sua gratificação natalina será de 4/12 de R$ 6.000,00, ou seja, R$ 2.000,00.

c) adicional pelo exercício de atividades insalubres, perigosas ou penosas;

O adicional de **insalubridade** é devido ao servidor que, em razão de suas funções, está em constante contato com substâncias ou elementos que podem, no longo prazo, provocar deterioração de sua saúde, a exemplo do servidor que trabalha com raios X.

O adicional de **periculosidade** é pago ao servidor que coloca em risco sua integridade física em razão do exercício de suas funções, tal como o agente que trabalha em redes de alta tensão.

Os adicionais de insalubridade e de periculosidade não podem ser recebidos cumulativamente. O § 1.º do art. 68 da Lei 8.112/1990 determina que o servidor que fizer jus a ambos os adicionais opte por um deles.

A Lei 8.270/1991, em seu art. 12, complementa as disposições da Lei 8.112/1990 acerca dos adicionais de insalubridade e de periculosidade. Dispõe esse artigo que os servidores federais fazem jus a tais adicionais "nos termos das normas legais e regulamentares pertinentes aos trabalhadores em geral" e que os percentuais serão de "cinco, dez e vinte por cento, no caso de insalubridade nos graus mínimo, médio e máximo, respectivamente", e de "dez por cento, no de periculosidade". Por fim, o § 3.º do artigo em comento determina que os percentuais "incidem sobre o vencimento do cargo efetivo".

O adicional de **penosidade** está relacionado à localidade em que o servidor é lotado. O art. 71 da lei determina o seu pagamento aos servidores em exercício em zonas de fronteira ou em localidades cujas condições de vida (penosas) o justifiquem.

Cabe mencionar que há quem entenda que esse adicional de penosidade não mais existe. Segundo essa interpretação, o art. 71 da Lei 8.112/1990 teria sido tacitamente revogado pelo art. 17 da Lei 8.270/1991, porque este, posterior àquele, regulou inteiramente a matéria (art. 2.º, § 1.º, do DecretoLei 4.657/1942 – Lei de Introdução às Normas do Direito Brasileiro). Com efeito, veja-se a redação do art. 17 da Lei 8.270/1991:

> Art. 17. Será concedida gratificação especial de localidade aos servidores da União, das autarquias e das fundações públicas federais em exercício em zonas de fronteira ou em localidades cujas condições de vida o justifiquem, conforme dispuser regulamento a ser baixado pelo Poder Executivo no prazo de trinta dias.

Ocorre que o art. 17 da Lei 8.270/1991 foi expressamente revogado pelo art. 2.º da Lei 9.527/1997, fato que, evidentemente, não teria o condão de restaurar a vigência do art. 71 da Lei 8.112/1990 – se se entender que este foi mesmo tacitamente revogado pelo art. 17 da Lei 8.270/1991 –, uma vez que, no Brasil, não se admite a denominada repristinação tácita (art. 2.º, § 3.º, da Lei de Introdução às Normas do Direito Brasileiro).

Nossa opinião é que essa interpretação é a mais consentânea com o ordenamento jurídico pátrio. A circunstância de o art. 71 da Lei 8.112/1990 chamar de "adicional" o acréscimo pecuniário nele tratado e o art. 17 da Lei 8.270/1991 denominar "gratificação" a vantagem nele prevista é, a nosso ver, inteiramente irrelevante para o fim de determinar a natureza jurídica de um e de outra. Trata-se de parcela pecuniária de mesma natureza, concedida em razão de idêntico fundamento: ter o servidor público federal "exercício em zonas de fronteira ou em localidades cujas condições de vida o justifiquem". Assim, pensamos que o dispositivo posterior **tacitamente revogou** o anterior, por regular inteiramente a matéria.

Desse modo, com a revogação expressa do art. 17 da Lei 8.270/1991, simplesmente **deixou de existir** dispositivo legal que estipule de forma ampla, para os servidores estatutários federais em geral, vantagem pecuniária cujo fundamento seja o exercício do cargo "em zonas de fronteira ou em localidades cujas condições de vida o justifiquem".

Vem a propósito, aliás, apontar que a Lei 12.855/2013 criou uma **indenização** a ser concedida ao servidor público federal regido pela Lei 8.112/1990 que esteja em exercício em unidades da Polícia Federal, da Polícia Rodoviária Federal, da Secretaria Especial da Receita Federal do Brasil, do Ministério da Agricultura, Pecuária e Abastecimento e da Secretaria Especial de Previdência e Trabalho situadas em localidades estratégicas, vinculadas à prevenção, controle, fiscalização e repressão de delitos transfronteiriços. Essas "**localidades estratégicas**", definidas em ato do Poder Executivo, devem corresponder a municípios localizados em **região de fronteira** em que se verifique **dificuldade de fixação de efetivo**.

Conforme se constata, o fundamento dessa indenização é muito semelhante àquele do adicional de penosidade previsto no art. 71 da Lei 8.112/1990 (que pensamos estar revogado). A diferença é que a indenização em comento **só alcança alguns cargos específicos** no âmbito do serviço público federal, enumerados na própria Lei 12.855/2013 – e não todos os servidores estatutários regidos pela Lei 8.112/1990.

d) adicional pela prestação de serviço extraordinário;

O serviço extraordinário é aquele exercido além da jornada ordinária de trabalho (hora-extra). A Lei 8.112/1990 determina que o serviço extraordinário seja remunerado com **acréscimo de 50% (cinquenta por cento)** em relação à hora normal de trabalho (art. 73). **Somente** será permitido serviço extraordinário para atender a situações **excepcionais** e **temporárias**, respeitado o limite **máximo de duas horas** por jornada (art. 74).

e) adicional noturno;

O adicional noturno é devido pela prestação de serviço no horário compreendido entre 22 horas de um dia e 5 horas da manhã do dia seguinte. O servidor que presta serviço noturno recebe, a título de adicional noturno, 25% de acréscimo sobre o valor da hora paga pelo mesmo serviço exercido em horário diurno. Além disso,

Cap. 7 • SERVIDORES PÚBLICOS

considera-se uma hora de serviço noturno o período de cinquenta e dois minutos e trinta segundos (art. 75).

O adicional de serviço noturno é calculado cumulativamente com o adicional de serviço extraordinário, se for o caso. Assim, se o serviço noturno for extraordinário (estiver além da jornada diária normal do servidor), o acréscimo de 25% será calculado sobre a remuneração já aumentada dos 50% correspondentes ao adicional por serviço extraordinário. Exemplificando, se a hora de trabalho do servidor é normalmente remunerada em R$ 24,00, esse servidor receberia R$ 36,00 pelo exercício de serviço extraordinário. Se o serviço extraordinário for exercido em horário noturno, a hora (de 52 minutos e meio) será remunerada em R$ 45,00 (R$ 36,00 + 25% de R$ 36,00).

f) adicional de férias;

A Constituição Federal assegura a todos os servidores ocupantes de cargo público férias anuais remuneradas com, pelo menos, um terço a mais do que a remuneração normal (art. 7.º, XVII, combinado com o art. 39, § 3.º). A Lei 8.112/1990 chama de "**adicional de férias**" esse acréscimo, fixa-o em **um terço da remuneração** do período das férias e determina que ele seja pago independentemente de solicitação do servidor (art. 76). O servidor que exerça função de direção, chefia ou assesso-ramento, ou ocupe cargo em comissão, terá a respectiva vantagem incluída na base de cálculo do adicional de férias (art. 76, parágrafo único).

g) gratificação por encargo de curso ou concurso.

A gratificação por encargo de curso ou concurso, prevista no art. 76-A da Lei 8.112/1990 – e regulamentada pelo Decreto 11.069/2022 –, é devida ao servidor que, **em caráter eventual**:

> I – atuar como instrutor em curso de formação, de desenvolvimento ou de treinamento regularmente instituído no âmbito da adminis-tração pública federal;
>
> II – participar de banca examinadora ou de comissão para exames orais, para análise curricular, para correção de provas discursivas, para elaboração de questões de provas ou para julgamento de recursos intentados por candidatos;
>
> III – participar da logística de preparação e de realização de con-curso público envolvendo atividades de planejamento, coordenação, supervisão, execução e avaliação de resultado, quando tais atividades não estiverem incluídas entre as suas atribuições permanentes;
>
> IV – participar da aplicação, fiscalizar ou avaliar provas de exame vestibular ou de concurso público ou supervisionar essas atividades.

A lei atribui ao regulamento a estipulação dos critérios de concessão da gratificação e dos seus limites, mas o texto legal, desde logo, estabelece alguns parâmetros, por exemplo, determinando que o valor da gratificação será calculado em horas e que o servidor não poderá receber mais do que 120 horas de trabalho por ano, "ressalvada situação de excepcionalidade, devidamente justificada e previamente aprovada pela

430 DIREITO ADMINISTRATIVO DESCOMPLICADO • *Marcelo Alexandrino & Vicente Paulo*

autoridade máxima do órgão ou entidade" – hipótese em que poderá ser autorizado o acréscimo de até 120 horas de trabalho anuais. Além disso, a própria lei fixa valores máximos para a hora trabalhada.

A gratificação somente será paga se as atividades correspondentes forem exercidas sem prejuízo das atribuições do cargo de que o servidor for titular, **devendo ser objeto de compensação de carga horária** quando desempenhadas durante a jornada de trabalho. No art. 98, § 4.º, preceitua a Lei 8.112/1990 que, ao servidor que exerça as atividades previstas nos supratranscritos incisos I e II do seu art. 76-A, será concedido **horário especial**, vinculado à **compensação de horário** a ser efetivada no prazo de **até um ano**.

A gratificação por encargo de curso ou concurso **não se incorpora ao vencimento ou salário** do servidor para qualquer efeito **e não poderá ser utilizada como base de cálculo para quaisquer outras vantagens**, inclusive para fins de cálculo dos proventos da aposentadoria e das pensões (art. 76-A, § 3.º).

5.12.3. Férias

A Constituição de 1988 assegura a todos os servidores ocupantes de cargo público gozo de férias anuais remuneradas com, pelo menos, um terço a mais do que a remuneração normal (art. 7.º, XVII, combinado com o art. 39, § 3.º).

A Lei 8.112/1990 estatui que as férias anuais serão de **trinta dias** e "podem ser acumuladas, até o máximo de dois períodos, no caso de necessidade do serviço, ressalvadas as hipóteses em que haja legislação específica" (art. 77).

O acréscimo remuneratório de que trata o texto constitucional foi fixado pela Lei 8.112/1990 – que o intitulou "**adicional de férias**" – em **um terço da remuneração** do período das férias, devendo ser pago, por ocasião das férias, independentemente de solicitação do servidor (art. 76). Caso o servidor exerça função de direção, chefia ou assessoramento, ou tenha cargo em comissão, a respectiva vantagem será considerada no cálculo do adicional de férias. O pagamento da remuneração das férias será efetuado até dois dias antes do início do respectivo período (art. 78).

Para o **primeiro período aquisitivo** de férias serão exigidos **doze meses de exercício** (art. 77, § 1.º). A lei proíbe que se leve à conta de férias qualquer falta ao serviço, ou seja, o servidor não pode, com o intuito de evitar as consequências deletérias que a lei atribui às ausências injustificadas, pretender compensar os dias que sem justificativa tenha faltado ao serviço subtraindo de suas férias igual quantidade de dias (art. 77, § 2.º).

As férias poderão ser **parceladas em até três etapas**, desde que o servidor assim requeira (art. 77, § 3.º). O parcelamento é **ato discricionário** da administração, que poderá deferir a solicitação, ou não, conforme avaliação de oportunidade e conveniência para o serviço. Em caso de parcelamento, o servidor receberá o valor do adicional de férias por ocasião da fruição do primeiro período (art. 78, § 5.º).

As férias **somente** poderão ser **interrompidas** por motivo de calamidade pública, comoção interna, convocação para júri, serviço militar ou eleitoral, ou por necessidade do serviço declarada pela autoridade máxima do órgão ou entidade (art. 80). O restante do período interrompido será gozado de uma só vez.

Não está prevista na lei consequência para a hipótese de ocorrer, concretamente, acumulação de mais de dois períodos de férias anuais por um servidor. Segundo o entendimento prevalente no âmbito da administração pública federal, ele simplesmente perderá o direito às férias que ultrapassarem dois períodos. O **Superior Tribunal de Justiça** (STJ), entretanto, diante de situação em que um servidor federal regido pela Lei 8.112/1990 **acumulara mais de dois períodos de férias**, decidiu que **não se pode admitir que o servidor perca o seu direito**. Significa dizer, o servidor, se ainda for ativo, poderá, sim, gozar os seus períodos acumulados de férias, não importa quantos sejam (na hipótese de o servidor cessar definitivamente o exercício do cargo, os períodos ainda não gozados deverão ser convertidos em dinheiro). Vale transcrever o seguinte trecho da ementa da decisão do STJ em que essa posição foi sustentada:[208]

> A melhor exegese do art. 77 da Lei n.º 8.112/90 é no sentido de que o acúmulo de mais de dois períodos de férias não gozadas pelo servidor não implica a perda do direito, notadamente se se levar em conta que esse dispositivo tem por objetivo resguardar a saúde do servidor.

Aproveitando a menção à jurisprudência do STJ, vem a propósito anotar que essa Corte Superior entende que as hipóteses de afastamento do servidor do exercício do seu cargo consideradas pela lei como de **efetivo exercício** não prejudicam o seu direito às férias, com as consequentes vantagens pecuniárias. Veja-se a respeito, pela extrema clareza, a seguinte ementa de acórdão do STJ:[209]

> 1. Trata-se, na origem, de mandado de segurança em que se objetiva assegurar o direito à percepção das férias com as consequentes vantagens pecuniárias, enquanto permanecer afastado para participação em curso de pós-graduação *stricto sensu* no país, na modalidade doutorado.
>
> 2. O STJ, em tema idêntico, decidiu que faz jus o servidor às férias nos períodos correspondentes ao afastamento para participação em programa de pós-graduação *stricto sensu* no país ou de licença para capacitação, até porque tais períodos são considerados como de efetivo exercício, nos termos do art. 102, IV e VIII, "e", da Lei n. 8.112/90.
>
> 3. Não cabe ao regulamento, ou a qualquer norma infralegal, criar restrições ao gozo dos direitos sociais, mediante interpretação que afronte a razoabilidade e resulte na redução da intelecção conferida ao termo "efetivo exercício".

A Lei 8.112/1990 preceitua que o servidor **exonerado** do cargo efetivo ou em comissão perceberá indenização relativa ao período das férias a que tiver direito e ao

---

[208] MS 13.391/DF, rel. Min. Maria Thereza de Assis Moura, 27.04.2011.

[209] REsp-AgR 1.377.925/AL, rel. Min. Humberto Martins, 20.06.2013. No mesmo sentido: REsp 1.370.581/AL, rel. Min. Herman Benjamin, 11.04.2013; REsp 1.399.952/AL, rel. Min. Eliana Calmon, 15.10.2013.

incompleto, na proporção de um doze avos por mês de efetivo exercício, ou fração superior a quatorze dias, sendo a indenização calculada com base na remuneração do mês em que for publicado o ato exoneratório (art. 78, §§ 3.º e 4.º).

Para além dessa previsão de indenização contida nos §§ 3.º e 4.º do art. 78 da Lei 8.112/1990, é pacífico, no âmbito do Supremo Tribunal Federal, o entendimento de que o servidor que fique **impossibilitado de gozar suas férias**, seja em razão do rompimento do vínculo com a administração, seja porque passou para a inatividade, tem **direito à conversão** das férias não gozadas em **indenização pecuniária**, independentemente de lei que expressamente reconheça a ele tal direito.[210] O fundamento dessa orientação é a **vedação ao enriquecimento sem causa** da administração.

Aliás, abre-se um parêntese para pontuar que, em face de tal fundamentação – **vedação ao enriquecimento sem causa** –, assoma acertado inferir que, também para nossa Corte Suprema, não se mostra compatível com o ordenamento jurídico pátrio a tese, defendida pela administração pública federal, segundo a qual o servidor regido pela Lei 8.112/1990 que acumule férias simplesmente perderia o direito às que ultrapassem o limite de dois períodos. Esse servidor poderá, sim, gozar todos os períodos de férias anuais que acumulou, não importa quantos forem. E não se admite que, tendo o servidor a possibilidade de fruir as férias – porque ainda está em atividade, não houve cessação definitiva do exercício de seu cargo –, a administração, que está constitucionalmente obrigada a concedê-las, deixe de fazê-lo e pretenda, a seu talante, substituí-las por uma indenização pecuniária.[211]

Anote-se, por derradeiro, que, em qualquer hipótese de pagamento de **indenização** por férias não usufruídas, o **adicional de férias** de um terço sobre a remuneração normal será obrigatoriamente **incluído**.[212]

5.12.4. Licenças

a) licença por motivo de doença em pessoa da família;

Consoante o art. 83, *caput*, da Lei 8.112/1990, poderá ser concedida licença ao servidor por motivo de doença do cônjuge ou companheiro, dos pais, dos filhos, do padrasto ou madrasta e enteado, ou dependente que viva às suas expensas e conste do seu assentamento funcional, mediante comprovação por perícia médica oficial.

Embora o *caput* do art. 83 afirme que a licença "poderá ser concedida", pensamos ser francamente majoritário, inclusive no âmbito da própria administração pública federal, o entendimento de que a concessão dessa licença é ato vinculado, vale dizer, uma vez cumpridas todas as exigências legais, o servidor tem direito

---

[210] ARE 721.001/RJ (**repercussão geral**), rel. Min. Gilmar Mendes, 28.02.2013. No mesmo sentido: ARE-AgR 731.803/RJ, rel. Min. Ricardo Lewandowski, 14.05.2013; AI-AgR 836.957/MA, rel. Min. Dias Toffoli, 11.03.2014.

[211] ARE-ED 721.001/RJ (**repercussão geral**), rel. Min. Gilmar Mendes, 28.08.2014.

[212] RE 570.908/RN (**repercussão geral**), rel. Min. Cármen Lúcia, 16.09.2009 (Informativo 559 do STF).

subjetivo à obtenção da licença, que deverá ser gozada em conformidade com os termos da lei.

A concessão dessa licença, e cada uma de suas prorrogações, serão precedidas de exame por perícia médica oficial. Poderá, entretanto, ser dispensada a perícia oficial, na forma definida em regulamento, se a licença for inferior a quinze dias, dentro de um ano (art. 81, § 1.º, combinado com o art. 204).

A licença somente será concedida se o servidor comprovar ser indispensável sua assistência direta e esta não puder ser prestada simultaneamente com o exercício do cargo ou mediante compensação de horário. É vedado ao servidor o exercício de atividade remunerada durante o período da licença (art. 81, § 3.º).

A licença, incluídas as prorrogações, poderá ser concedida **a cada período de doze meses** nas seguintes condições: (a) por **até sessenta dias**, consecutivos ou não, **mantida a remuneração** do servidor; e (b) por **até noventa dias**, consecutivos ou não, **sem remuneração**. A soma das licenças remuneradas e das licenças não remuneradas, incluídas as respectivas prorrogações, concedidas em um mesmo período de doze meses, não poderá ultrapassar esses limites. O início do interstício de doze meses aqui referido será contado a partir da data do deferimento da primeira licença concedida.

O tempo de licença, **com remuneração**, que **exceder a trinta dias** em período de doze meses é contado **apenas** para efeito de **aposentadoria e disponibilidade**. O **tempo de licença não remunerada não é contado** para nenhum efeito.

b) licença por motivo de afastamento do cônjuge;

Poderá ser concedida licença ao servidor para acompanhar cônjuge ou companheiro que foi deslocado para outro ponto do território nacional, para o exterior ou para o exercício de mandato eletivo dos Poderes Executivo e Legislativo (art. 84).

A licença será por prazo indeterminado e sem remuneração e o período de fruição não é computado como tempo de serviço para qualquer efeito.

Segundo a jurisprudência do Superior Tribunal de Justiça, **a concessão da licença ora em questão é um ato vinculado** – apesar de a lei afirmar que ela "poderá ser concedida". Ademais, para a sua concessão, não é exigido que o cônjuge do servidor que pleiteia a licença seja também servidor público, tampouco que o deslocamento do cônjuge tenha sido atual. Assim, imagine-se um casal, marido e mulher, em que o primeiro seja servidor público e ela empregada de uma empresa privada. Se a empresa deslocá-la para outro ponto do território nacional, ou para o exterior, terá o servidor direito a essa licença. E terá direito a sua concessão mesmo que só venha a requerê-la algum tempo depois de sua esposa ter sido deslocada.[213]

O § 2.º do art. 84 da Lei 8.112/1990 prevê a possibilidade de **exercício provisório** em órgão ou entidade da administração federal direta, autárquica ou fundacional, no caso de **deslocamento de servidor cujo cônjuge ou companheiro também seja servidor público**, civil ou militar, de qualquer dos poderes da União, dos estados,

---

[213] REsp-AgR 1.243.276/PR, rel. Min. Benedito Gonçalves, 05.02.2013 (Informativo 515 do STJ).

DIREITO ADMINISTRATIVO DESCOMPLICADO • *Marcelo Alexandrino & Vicente Paulo*

do Distrito Federal e dos municípios, desde que para o exercício de atividade compatível com o seu cargo.

Conforme orientação do Supremo Tribunal Federal, esse § 2.º do art. 84 da Lei 8.112/1990 **não se aplica** ao caso em que o cônjuge ou companheiro seja nomeado e empossado em cargo público e a **localidade inicial** do respectivo exercício não seja a mesma em que o casal reside. Dito de outra forma, a licença por motivo de afastamento do cônjuge visando ao exercício provisório de que trata o art. 84 da Lei 8.112/1990 **não se aplica** quando, em razão de **provimento originário de cargo público**, seja determinada a **lotação inicial** do cônjuge ou companheiro em localidade diferente daquela em que, até então, a família residia.[214]

c)   licença para o serviço militar;

Ao servidor convocado para o serviço militar será concedida licença, na forma e condições previstas na legislação específica (art. 85). Concluído o serviço militar, o servidor terá até 30 dias, sem remuneração, para reassumir o exercício do cargo. O período de licença é considerado como de efetivo exercício (art. 102, VIII, "f").

d)   licença para atividade política;

A licença para atividade política, prevista no art. 86 da Lei 8.112/1990, é concedida ao servidor nas seguintes condições:

a) sem remuneração, durante o período que mediar entre a sua escolha em convenção partidária, como candidato a cargo eletivo, e a véspera do registro de sua candidatura perante a Justiça Eleitoral. Esse período não é computado como tempo de serviço;

b) com a remuneração do cargo efetivo, a partir do registro da candidatura e até o décimo dia seguinte ao da eleição. A remuneração somente será paga pelo período de três meses. Caso o período entre o registro da candidatura e o décimo dia seguinte ao da eleição supere três meses, o servidor poderá permanecer de licença, mas sem direito à remuneração. Esse período de licença será computado como tempo de serviço apenas para efeito de aposentadoria e disponibilidade (art. 103, III).

e)   licença para capacitação;

Após **cada cinco anos** de efetivo exercício, **não acumuláveis**, o servidor poderá, no interesse da administração, afastar-se do exercício do cargo efetivo, com a respectiva remuneração, por **até três meses**, para participar de **curso de capacitação profissional** – nisso consiste a assim chamada **licença para capacitação**, prevista no art. 87 da Lei 8.112/1990.

A concessão da licença é **ato discricionário** da administração. Além disso, como os períodos não são acumuláveis, não é possível, por exemplo, o servidor, após dez anos de exercício, realizar um curso de seis meses.

---

[214] MS 28.620/DF, rel. Min. Dias Toffoli, 23.09.2014 (Informativo 760 do STF).

A licença para capacitação **não** pode ser concedida ao servidor que esteja em **estágio probatório** (art. 20, § 4.º).

O período de licença é **considerado como de efetivo exercício** (art. 102, VIII, "e").

O Decreto 9.991/2019 – especialmente as disposições constantes dos seus arts. 25 a 29 – **regulamenta** a licença para capacitação.

f)   licença para tratar de interesses particulares;

Ao servidor ocupante de cargo efetivo, **que não esteja em estágio probatório**, poderá ser concedida licença não remunerada para tratar de assuntos particulares. A licença poderá durar até três anos e pode ser interrompida a qualquer tempo, a pedido do servidor ou no interesse do serviço (Lei 8.112/1990, art. 91, com a redação dada pela MP 2.225-45/2001).

A concessão dessa licença é ato marcadamente discricionário, podendo ela, mesmo depois de concedida, ser interrompida no interesse da administração, como acima mencionado. O período de licença, evidentemente, não é computado como tempo de serviço para qualquer efeito.

g)   licença para o desempenho de mandato classista ou para participar de administração em cooperativa de servidores públicos;

O servidor tem direito a essa licença, **sem remuneração**, para o desempenho de mandato em confederação, federação, associação de classe de âmbito nacional, sindicato representativo da categoria ou entidade fiscalizadora da profissão ou, ainda, para participar de gerência ou administração em sociedade cooperativa constituída por servidores públicos para prestar serviços a seus membros (art. 92).

Somente poderão ser licenciados os servidores eleitos para cargos de direção ou de representação nas referidas entidades, desde que cadastradas no órgão competente. A licença terá **duração igual à do mandato**, podendo ser **renovada**, no caso de **reeleição**. O tempo de fruição da licença é computado como de **efetivo exercício** para todos os efeitos, **exceto** para **promoção por merecimento** (art. 102, VIII, "c").

Essa licença não pode ser concedida para o servidor que esteja em estágio probatório (art. 20, § 4.º).

O Decreto 11.411/2023 regulamenta a licença para o exercício de mandato classista ou para participação na administração de cooperativa constituída por servidores públicos para prestar serviços a seus membros prevista na Lei 8.112/1990.

h)   licença para tratamento de saúde;

Será concedida ao servidor licença para tratamento de saúde, a pedido ou de ofício, com base em perícia médica, sem prejuízo da remuneração a que fizer jus (art. 202).

Essa licença será concedida com base em perícia oficial. A perícia oficial para a concessão da licença (bem como os demais casos de perícia oficial previstos na Lei 8.112/1990) será efetuada por cirurgiões-dentistas, nas hipóteses em que abranger o campo de atuação da odontologia.

Sempre que necessário, a inspeção médica será realizada na residência do servidor ou no estabelecimento hospitalar onde se encontrar internado. Em hipóteses excepcionais, previstas no art. 203, § 2.º, da Lei 8.112/1990, será aceito atestado passado por médico particular, o qual somente produzirá efeitos depois de recepcionado pela unidade de recursos humanos do órgão ou entidade.

A licença que exceder o prazo de cento e vinte dias no período de doze meses a contar do primeiro dia de afastamento será concedida mediante avaliação por **junta médica oficial**.

A licença para tratamento de saúde inferior a quinze dias, dentro de um ano, poderá ser dispensada de perícia oficial, na forma definida em regulamento.

O servidor será submetido a **exames médicos periódicos**, nos termos e condições definidos em regulamento (art. 206-A). Para dar cumprimento a essa determinação legal, a União e suas autarquias e fundações poderão:

> I – prestar os exames médicos periódicos diretamente pelo órgão ou entidade à qual se encontra vinculado o servidor;
>
> II – celebrar convênio ou instrumento de cooperação ou parceria com os órgãos e entidades da administração direta, suas autarquias e fundações;
>
> III – celebrar convênios com operadoras de plano de assistência à saúde, organizadas na modalidade de autogestão, que possuam autorização de funcionamento do órgão regulador; ou
>
> IV – prestar os exames médicos periódicos mediante contrato administrativo, observado o disposto na Lei 8.666/1993 e demais normas pertinentes.[215]

O Decreto 6.856/2009 **regulamenta** o art. 206-A da Lei 8.112/1990.

O prazo máximo contínuo de licença para tratamento de saúde é de 24 meses. Ao fim de 24 meses de licença, se o servidor não estiver em condições de reassumir o cargo ou de ser readaptado, será aposentado por invalidez permanente, desde que a licença tenha sido motivada pela enfermidade ensejadora da invalidez, ou por doenças correlacionadas.

Caso o servidor deva ser aposentado por invalidez, o lapso de tempo compreendido entre o término da licença e a publicação do ato da aposentadoria será considerado como de prorrogação da licença (art. 188, § 3.º).

A critério da administração, o servidor em licença para tratamento de saúde ou aposentado por invalidez poderá ser convocado a qualquer momento, para avaliação das condições que ensejaram o afastamento ou a aposentadoria.

O período de licença é computado como tempo de efetivo exercício até o limite de vinte e quatro meses, cumulativos ao longo do tempo de serviço público prestado à União, em cargo de provimento efetivo (art. 102, VIII, "b").

---

[215] Na parte final do inciso IV, leia-se: "(...) observado o disposto na Lei 14.133/2021 e demais normas pertinentes".

Cap. 7 • SERVIDORES PÚBLICOS

A partir de 24 meses, cumulativos ao longo de todo o tempo de serviço público prestado à União, em cargo de provimento efetivo, o período de licença será considerado como tempo de serviço apenas para efeito de aposentadoria e disponibilidade (art. 103, VII).

Vale registrar que essa licença está regulamentada pelo Decreto 7.003/2009.

i) licença à gestante;

O art. 7.º, inciso XVIII, da Constituição de 1988 assegura a todas as trabalhadoras o **direito social fundamental** de "licença à gestante, sem prejuízo do emprego e do salário, com a duração de cento e vinte dias". No caso das servidoras públicas estatutárias federais, esse direito é tratado no art. 207 da Lei 8.112/1990, o qual determina que a licença seja concedida à servidora gestante por **cento e vinte dias** consecutivos, sem prejuízo da remuneração.

A concessão da licença é **ato vinculado**, ou seja, é um direito da gestante não condicionado a qualquer valoração de oportunidade ou conveniência por parte da administração pública. Configurada a hipótese legal, a concessão da licença é obrigatória, nos exatos termos na lei estipulados.

O direito à licença pode ser exercido pela servidora **a partir do primeiro dia do nono mês de gestação** – salvo antecipação por prescrição médica. No caso de nascimento **prematuro**, a licença terá início **a partir do parto**.

No caso de **natimorto**, a servidora ficará em licença por **30 dias** e, após, será submetida a exame médico, reassumindo o exercício se julgada apta. No caso de **aborto atestado por médico oficial**, a servidora terá direito a **30 dias** de repouso remunerado.

A Lei 11.770/2008 autorizou a administração pública de todas as esferas da Federação a "instituir programa que garanta prorrogação da licença-maternidade para suas servidoras", por **sessenta dias**, desde que requerida pela servidora **até o final do primeiro mês após o parto**, a ser concedida imediatamente após a fruição da licença-maternidade.

No âmbito da administração direta, das autarquias e das fundações públicas federais, a prorrogação mencionada no parágrafo anterior foi regulamentada pelo Decreto 6.690/2008, que instituiu o "Programa de Prorrogação da Licença à Gestante e à Adotante". Em conformidade com a autorização legal, esse decreto estabelece que a prorrogação será garantida à servidora pública que requeira o benefício **até o final do primeiro mês após o parto** e terá duração de **sessenta dias**.

Durante a prorrogação, a servidora pública beneficiária não poderá exercer qualquer atividade remunerada, e a criança deverá ser mantida sob seus cuidados. O descumprimento dessa exigência implicará a perda do direito à prorrogação.

Os períodos de gozo de licença à gestante **consideram-se como de efetivo exercício** para efeito de contagem do tempo de serviço (art. 102, VIII, "a").

Muito importante é registrar que **faz jus à licença** ora em tela o **servidor público** que seja **pai solo**, isto é, que seja **pai de família monoparental** (família sem presença materna).[216] É essa a orientação assentada pelo Supremo Tribunal Federal, consignada na seguinte **tese de repercussão geral**:[217]

> À luz do art. 227 da Constituição Federal, que confere proteção integral da criança com absoluta prioridade e do princípio da paternidade responsável, a licença-maternidade, prevista no art. 7.º, XVIII, da CF/1988 e regulamentada pelo art. 207 da Lei 8.112/1990, estende-se ao pai genitor monoparental.

Ainda sobre a jurisprudência de nossa Corte Suprema, interessa apontar a orientação segundo a qual, na hipótese de gravidez em união homoafetiva (duas companheiras, estando uma delas grávida), se a companheira gestante não fruir a licença-maternidade, fará jus a esse benefício a mãe não gestante, seja ela servidora pública ou trabalhadora do setor privado. Caso a companheira gestante tenha fruído a licença-maternidade, a mãe não gestante terá direito a licença com duração equivalente à da licença-paternidade. É o que se lê na seguinte **tese de repercussão geral**:[218]

> A mãe servidora ou trabalhadora não gestante em união homoafetiva tem direito ao gozo de licença-maternidade. Caso a companheira tenha utilizado o benefício, fará jus à licença pelo período equivalente ao da licença-paternidade.

j) licença à adotante;

O art. 210 da Lei 8.112/1990 dispõe acerca da **licença à adotante**, concedida à **servidora que adotar ou obtiver a guarda judicial de criança**. Os prazos da licença previstos nesse artigo – 90 dias, se a criança tiver até um ano de idade, e 30 dias, se ela tiver mais do que isso – são menores do que aquele da licença à gestante (120 dias). O Decreto 6.690/2008 regulamentou a prorrogação, pela metade, dos prazos dessa licença, conforme autorizado na Lei 11.770/2008.

É **muito importante** anotar que o Supremo Tribunal Federal, em decisão proferida na sistemática da **repercussão geral**, considerou **inconstitucional** essa diferença estabelecida pela legislação entre a licença à gestante e a licença à adotante. Assentou, também, **não** ser admissível a fixação de prazos de licença variáveis conforme a idade da criança.[219]

---

[216] RE 1.348.854/DF (**repercussão geral**), rel. Min. Alexandre de Moraes, 12.05.2022 (Informativo 1.054 do STF).

[217] É interessante observar que, no texto da tese jurídica, a Corte Suprema, em vez de referir-se a "licença à gestante", que é o termo empregado na Lei 8.112/1990, utiliza a consagrada expressão "licença-maternidade".

[218] RE 1.211.446/SP (**repercussão geral**), rel. Min. Luiz Fux, 13.03.2024 (Informativo 1.128 do STF).

[219] RE 778.889/PE (**repercussão geral**), rel. Min. Roberto Barroso, 10.03.2016 (Informativo 817 do STF). No mesmo sentido: ADI 6.600/TO, rel. Min. Alexandre de Moraes, 27.04.2021; ADI 6.603/DF, rel. Min. Rosa Weber, 14.09.2022 (Informativo 1.067 do STF); ADI 7.519/AC, ADI 7.526/MS, ADI 7.533/PI, ADI 7.538/DF e ADI 7.541/BA, rel. Min. Cármen Lúcia, 09.12.2024 (Informativo 1.162 do STF).

Cap. 7 • SERVIDORES PÚBLICOS   **439**

No julgado em questão, foi expressamente declarada a inconstitucionalidade do art. 210 da Lei 8.112/1990 e, para efeito da repercussão geral, fixou-se a seguinte **tese**:

> Os prazos da licença adotante não podem ser inferiores aos prazos da licença gestante, o mesmo valendo para as respectivas prorrogações. Em relação à licença adotante, não é possível fixar prazos diversos em função da idade da criança adotada.

Em suma, as servidoras públicas que adotem uma criança (ou obtenham a guarda judicial) **não podem receber tratamento diferente das servidoras que tenham filhos biológicos**, quanto à duração da licença à adotante e à respectiva prorrogação; além disso, não é admissível a fixação de prazos de duração da licença à adotante variáveis segundo a idade da criança.

Os períodos de gozo de licença à adotante **consideram-se como de efetivo exercício** para efeito de contagem do tempo de serviço (art. 102, VIII, "a").

k) licença-paternidade;

O art. 208 da Lei 8.112/1990 estatui que o servidor terá direito a licença-paternidade, remunerada, de **5 dias consecutivos, pelo nascimento ou adoção de filhos**.

O Decreto 8.737/2016 instituiu o "Programa de Prorrogação da Licença-Paternidade" para os servidores regidos pela Lei 8.112/1990.

A **prorrogação** da licença-paternidade prevista nesse decreto terá a duração de **quinze dias** e será concedida ao servidor público que requeira o benefício no prazo de **dois dias úteis** após o nascimento de filho ou a adoção – ela se aplica à adoção e à obtenção de guarda judicial para fins de adoção de criança. Considera-se criança a pessoa de **até doze anos de idade incompletos**.

A prorrogação se inicia no dia subsequente ao término da licença-paternidade de cinco dias de que trata o art. 208 da Lei 8.112/1990. Assim, o servidor poderá gozar, ao todo, **vinte dias** de licença.

Durante a prorrogação da licença-paternidade, o servidor beneficiado **não poderá exercer qualquer atividade remunerada**, sob pena de cancelamento da prorrogação e registro da ausência como falta ao serviço.

Os períodos de gozo de licença-paternidade **consideram-se como de efetivo exercício** para efeito de contagem do tempo de serviço (art. 102, VIII, "a").

Por fim, vale registrar que o Supremo Tribunal Federal firmou o entendimento de que a prorrogação da licença-paternidade prevista na legislação federal **não pode ser automaticamente estendida** a servidores públicos estaduais, distritais e municipais. Por outro lado, deixou assente a Corte Suprema que **são constitucionais** normas editadas pelos entes federativos subnacionais que estabeleçam **prazo de licença-paternidade superior a 5 dias** para os seus servidores estatutários.[220]

---

[220] ADI 7.519/AC, ADI 7.526/MS, ADI 7.533/PI, ADI 7.538/DF e ADI 7.541/BA, rel. Min. Cármen Lúcia, 09.12.2024 (Informativo 1.162 do STF)

l)   licença por acidente em serviço.

A licença por acidente em serviço assemelha-se à licença para tratar da própria saúde. A licença, evidentemente, é concedida com remuneração integral e o tempo de afastamento é contado como de efetivo exercício para todos os efeitos legais.

Configura acidente em serviço o dano físico ou mental sofrido pelo servidor, que se relacione, mediata ou imediatamente, com as atribuições do cargo exercido. Equipara-se ao acidente em serviço o dano decorrente de agressão sofrida e não provocada pelo servidor no exercício do cargo e o dano sofrido no percurso da residência para o trabalho e vice-versa (art. 212).

A prova do acidente deve ser feita no prazo de 10 dias, prorrogável quando as circunstâncias o exigirem.

Se, ao término de 24 meses, o servidor não estiver em condições de reassumir o cargo ou de ser readaptado, será aposentado por invalidez permanente (art. 188, §§ 1.º e 2.º).

5.12.5.   Afastamentos e concessões

Entre os direitos e vantagens previstos na Lei 8.112/1990 constam os denominados "**afastamentos**" e as assim chamadas "**concessões**".

Há quatro hipóteses de **afastamentos** previstas na lei, a saber:

a) afastamento para servir a outro órgão ou entidade (art. 93);

b) afastamento para exercício de mandato eletivo (art. 94, cujas disposições essencialmente reproduzem as vazadas no art. 38 da Constituição Federal, anteriormente examinadas);

c) afastamento para estudo ou missão no exterior (arts. 95 e 96);

d) afastamento para participação em programa de pós-graduação *stricto sensu* no País (art. 96-A, acrescentado pela Lei 11.907/2009 e alterado pela Lei 12.269/2010).

As denominadas **concessões** previstas na Lei 8.112/1990 podem ser classificadas em três categorias, a saber:

a) direito de **ausentar-se do serviço**, sem qualquer prejuízo, durante (art. 97):

a.1. um dia, para doação de sangue;

a.2. pelo período comprovadamente necessário para alistamento ou recadastramento eleitoral, limitado, em qualquer caso, a dois dias;

a.3. oito dias consecutivos em razão de casamento;

a.4. oito dias consecutivos em razão de falecimento do cônjuge, companheiro, pais, madrasta ou padrasto, filhos, enteados, menor sob guarda ou tutela e irmãos;

Cap. 7 • SERVIDORES PÚBLICOS

b) direito a **horário especial**, concedido (art. 98):

b.1. ao servidor estudante, sem prejuízo do exercício do cargo, exigida a compensação de horário;

b.2. ao servidor com deficiência, comprovada a necessidade por junta médica oficial, sem exigência de compensação de horário;

b.3. ao servidor que tenha cônjuge, filho ou dependente com deficiência, sem exigência de compensação de horário;

b.4. ao servidor que atue como instrutor ou participe de banca examinadora nas hipóteses que ensejam a percepção da gratificação por encargo de curso ou concurso, de que trata o art. 76-A da Lei 8.112/1990, exigida a compensação de horário, a ser efetivada no prazo de até um ano;

c) direito, concedido ao servidor estudante que mudar de sede no interesse da administração, de **matricular-se em instituição de ensino congênere**, em qualquer época, independentemente de vaga, na localidade da nova residência ou na mais próxima, extensivo ao cônjuge ou companheiro, aos filhos, ou enteados do servidor que vivam na sua companhia, bem como aos menores sob sua guarda, com autorização judicial (art. 99).

É relevante registrar que o Supremo Tribunal Federal decidiu, com repercussão geral, que o direito a horário especial (jornada reduzida) assegurado, pelos §§ 2.º e 3.º do art. 98 da Lei 8.112/1990, ao servidor com deficiência e ao servidor que tenha cônjuge, filho ou dependente com deficiência (subitens b.2 e b.3) **estende-se** aos servidores estaduais e municipais (e do Distrito Federal), **mesmo que não exista lei específica local que assim disponha**. Sobre o tema, restou fixada a seguinte tese jurídica:[221]

> Aos servidores públicos estaduais e municipais é aplicado, para todos os efeitos, o art. 98, § 2.º e § 3.º, da Lei 8.112/1990.

Quanto à última hipótese listada na enumeração das **concessões** legais ora em foco (item "c"), é pacífico no âmbito do Supremo Tribunal Federal o entendimento de que são **congêneres**: (a) as instituições de ensino superior **públicas**, entre si, **independentemente** de serem **federais**, **estaduais** ou **municipais**; e (b) as instituições de ensino superior **privadas**, entre si.[222]

Exemplificando, se o servidor estudante (ou qualquer dos demais beneficiários da norma legal) cursava uma universidade **pública** estadual na sua localidade de origem, **somente** terá direito a matrícula, na localidade para onde foi deslocado no interesse da administração, em instituição de ensino superior **pública** – federal, estadual ou municipal. Se ele frequentava uma universidade **privada** na sua localidade originária, terá assegurado, **tão somente**, o direito de matricular-se, no local para o qual foi deslocado no interesse da administração, em instituição de ensino superior **privada**.

---

[221] RE 1.237.867/SP (**repercussão geral**), rel. Min. Ricardo Lewandowski, 17.12.2022.

[222] ADI 3.324/DF, rel. Min. Marco Aurélio, 16.12.2004. No mesmo sentido: AI-AgR 858.241/GO, rel. Min. Ricardo Lewandowski, 10.12.2013; Rcl 23.849/SP, rel. Min. Celso de Mello, 16.06.2016.

DIREITO ADMINISTRATIVO DESCOMPLICADO • Marcelo Alexandrino & Vicente Paulo

Sem prejuízo do exposto nos dois últimos parágrafos, cabe anotar que, conforme já decidiu nossa Corte Constitucional, na hipótese em que o servidor seja removido de ofício para local onde **não exista estabelecimento de ensino congênere** àquele em que ele (ou os seus dependentes) estudava, tem ele (ou os dependentes) direito a matrícula em instituição que não o seja.[223]

Assim, se o servidor (ou os seus dependentes) estudava em faculdade particular e foi removido de ofício para um município onde **somente existe uma universidade pública**, terá ele (ou os dependentes) direito a matricular-se nela, restando **afastada**, **nesse caso**, a **exigência de congeneridade**.

5.13. Regime disciplinar

O **regime disciplinar** a que estão submetidos os servidores estatutários federais é tratado nos arts. 116 a 142 da Lei 8.112/1990. Esses artigos versam sobre os **deveres**, as **proibições**, as **penalidades** e as **responsabilidades** dos servidores públicos, decorrentes do exercício de seus cargos, conforme será exposto nos subitens a seguir. Serão apresentadas, também, em tópico próprio, disposições aplicáveis a esses servidores relativas a **conflito de interesses**, vazadas na Lei 12.813/2013.

5.13.1. Deveres e proibições

5.13.1.1. Deveres

Os deveres dos servidores públicos federais, sem prejuízo de outros que estejam previstos em outras leis e mesmo em atos regulamentares, encontram-se enumerados no art. 116 da Lei 8.112/1990, abaixo transcrito:

> Art. 116. São deveres do servidor:
>
> I – exercer com zelo e dedicação as atribuições do cargo;
>
> II – ser leal às instituições a que servir;
>
> III – observar as normas legais e regulamentares;
>
> IV – cumprir as ordens superiores, exceto quando manifestamente ilegais;
>
> V – atender com presteza:
>
> a) ao público em geral, prestando as informações requeridas, ressalvadas as protegidas por sigilo;
>
> b) à expedição de certidões requeridas para defesa de direito ou esclarecimento de situações de interesse pessoal;
>
> c) às requisições para a defesa da Fazenda Pública.
>
> VI – levar as irregularidades de que tiver ciência em razão do cargo ao conhecimento da autoridade superior ou, quando houver sus-

---

[223] RE 601.580/RS (**repercussão geral**), rel. Min. Edson Fachin, 19.09.2018 (Informativo 916 do STF).

peita de envolvimento desta, ao conhecimento de outra autoridade competente para apuração;

VII – zelar pela economia do material e a conservação do patrimônio público;

VIII – guardar sigilo sobre assunto da repartição;

IX – manter conduta compatível com a moralidade administrativa;

X – ser assíduo e pontual ao serviço;

XI – tratar com urbanidade as pessoas;

XII – representar contra ilegalidade, omissão ou abuso de poder.

Parágrafo único. A representação de que trata o inciso XII será encaminhada pela via hierárquica e apreciada pela autoridade superior àquela contra a qual é formulada, assegurando-se ao representando ampla defesa.

Merece comentário o dever de obediência.

Como a administração pública é estruturada hierarquicamente, os servidores têm o dever de cumprir as ordens emanadas de seus superiores. Tal dever é decorrência natural do poder hierárquico. Entretanto, a Lei 8.112/1990 estabelece uma importante ressalva: a hipótese de a ordem ser **manifestamente ilegal**.

No caso de receber uma ordem manifestamente ilegal, ou seja, uma ordem cuja ilegalidade seja flagrante, o servidor tem que se abster de cumpri-la. Mas não é só isso. Ao mesmo tempo, surge para o servidor o dever de representar contra o seu superior que emitiu a ordem manifestamente ilegal. Por outras palavras, não pode o servidor simplesmente deixar de cumprir a ordem manifestamente ilegal e nada mais fazer; ao deixar de cumprir a ordem, o servidor tem, simultaneamente, o dever de representar contra quem a emitiu.

O **dever de representação** deve ser exercido sempre que o servidor se deparar com situações de **ilegalidade**. Conquanto o inciso XII, acima transcrito, fale em "ilegalidade, omissão ou abuso de poder", as duas últimas nada mais são do que variantes específicas de ilegalidade (claro está que a omissão a que se refere a lei deve ser uma omissão ilegal, ou seja, alguém deixar de agir quando a atuação fosse obrigatória).

É mister observar que o antes reproduzido inciso VI do art. 116, com a redação que lhe deu a Lei 12.527/2011, impõe ao servidor o dever de levar quaisquer irregularidades de que tiver ciência em razão do cargo ao conhecimento da **autoridade superior**, porém, logo em seguida, **ressalva** a situação em que exatamente essa autoridade superior seja **suspeita de envolvimento na irregularidade** que lhe seria reportada. Se isso ocorrer, a situação irregular deve ser levada ao conhecimento de **outra autoridade** competente para a apuração.

Pois bem, muito embora a Lei 12.527/2011 **não** tenha alterado textualmente o parágrafo único do art. 116, entendemos que, implicitamente, foi ele alcançado pela ressalva em questão. Com efeito, o referido dispositivo assevera que a representação contra ilegalidade, omissão ou abuso de poder "será encaminhada pela via hierárquica e apreciada pela autoridade superior àquela contra a qual é formulada". Isso significa que o servidor que tenha conhecimento de uma situação de ilegalidade deve apresentar a representação ao seu **superior hierárquico imediato**, o qual, por sua vez, encaminhará ao seu superior hierárquico imediato, e assim por diante – até que se chegue à autoridade superior àquela contra a qual a representação é formulada, que deverá apreciá-la, assegurando ampla defesa ao acusado. Apesar de não estar prevista exceção alguma no texto do parágrafo único do art. 116, pensamos que, em razão da modificação trazida ao inciso VI desse artigo pela Lei 12.527/2011, a representação **não deve** ser apresentada pelo servidor ao seu superior imediato na hipótese específica de haver suspeita de que justamente este tenha envolvimento na ilegalidade versada na representação. Se isso ocorrer, a representação deverá ser apresentada a outra autoridade que possa promover a apuração, **ainda que fora da via hierárquica**.

Aliás, vem a propósito pontuar que também a Lei 12.527/2011 acrescentou ao capítulo da Lei 8.112/1990 relativo às responsabilidades dos servidores por ela regidos o art. 126-A, com a seguinte redação:

> Art. 126-A. Nenhum servidor poderá ser responsabilizado civil, penal ou administrativamente por dar ciência à autoridade superior ou, quando houver suspeita de envolvimento desta, a outra autoridade competente para apuração de informação concernente à prática de crimes ou improbidade de que tenha conhecimento, ainda que em decorrência do exercício de cargo, emprego ou função pública.

A ideia subjacente é proteger o servidor que denuncie, pela prática de ilícitos, autoridades a ele superiores. Afinal, quase sempre que ilícitos de uma autoridade de hierarquia elevada são denunciados, a primeira coisa que ela costuma fazer, por mais óbvia que seja a sua culpa, é alardear na imprensa que ajuizará (ou que já ajuizou) ações várias contra o denunciante, pedindo a condenação dele por crimes de calúnia e difamação, por danos morais e materiais – e por quantas mais imputações diversionistas a desfaçatez daquela autoridade comportar.

A **inobservância** dos deveres legais constitui **infração funcional** e acarreta para o servidor **sanções disciplinares**. A Lei 8.112/1990, todavia, **não** relaciona uma penalidade **específica** para o descumprimento de cada um dos deveres arrolados no art. 116. Genericamente, ela estatui, no seu art. 129, que será aplicada a **advertência** no caso de "inobservância de dever funcional previsto em lei, regulamentação ou norma interna, que não justifique imposição de penalidade mais grave".

Pode-se, portanto, afirmar que o descumprimento dos deveres arrolados no art. 116 da Lei 8.112/1990 (e de outros deveres funcionais previstos em leis e atos infralegais) implica, em regra, a imposição da penalidade de **advertência**.

Mas impende frisar que se trata de mera **regra geral**. De fato, o próprio art. 129, desde logo, faz a ressalva – "que não justifique imposição de penalidade mais grave". Já o art. 130 preceitua que a **reincidência** das faltas punidas com advertência enseja a aplicação da pena de **suspensão**.

Cap. 7 • SERVIDORES PÚBLICOS

Ademais, deve-se ter em mente o disposto no art. 128 da Lei 8.112/1990, segundo o qual "na aplicação das penalidades serão consideradas a natureza e a gravidade da infração cometida, os danos que dela provierem para o serviço público, as circunstâncias agravantes ou atenuantes e os antecedentes funcionais". Logo, pode acontecer, por exemplo, que, mesmo sendo a primeira infringência de um simples dever funcional pelo servidor, tenham sido grandes os danos decorrentes para o serviço, ou que estejam presentes importantes circunstâncias agravantes, de sorte que, no caso concreto, lhe seja aplicada a sanção de suspensão, em vez de advertência. Obviamente assegurados, em qualquer caso, sem exceção alguma, o contraditório e a ampla defesa.

5.13.1.2. Proibições

As **proibições** estão enumeradas no art. 117 da Lei 8.112/1990. Diferentemente dos deveres, que possuem um caráter genérico, as proibições são **vedações específicas** a cuja infringência a lei comina **penalidades disciplinares determinadas**.

As proibições enumeradas no art. 117 da Lei 8.112/1990 estão abaixo sistematizadas conforme a penalidade atribuída ao respectivo descumprimento.

1) Proibições cuja infração acarreta a penalidade de advertência (**exceto** se o servidor for **reincidente**, hipótese em que a lei comina a penalidade de **suspensão** – art. 130):

   a) ausentar-se do serviço durante o expediente, sem prévia autorização do chefe imediato;

   b) retirar, sem prévia anuência da autoridade competente, qualquer documento ou objeto da repartição;

   c) recusar fé a documentos públicos;

   d) opor resistência injustificada ao andamento de documento e processo ou execução de serviço;

   e) promover manifestação de apreço ou desapreço no recinto da repartição;

   f) cometer a pessoa estranha à repartição, fora dos casos previstos em lei, o desempenho de atribuição que seja de sua responsabilidade ou de seu subordinado;

   g) coagir ou aliciar subordinados no sentido de filiarem-se a associação profissional ou sindical, ou a partido político;

   h) manter sob sua chefia imediata, em cargo ou função de confiança, cônjuge, companheiro ou parente até o segundo grau civil;

   i) recusar-se a atualizar seus dados cadastrais quando solicitado.

2) Proibições cuja infração acarreta a penalidade de suspensão (além da hipótese de reincidência nas infrações do grupo anterior):

   a) cometer a outro servidor atribuições estranhas ao cargo que ocupa, exceto em situações de emergência e transitórias;

   b) exercer quaisquer atividades que sejam incompatíveis com o exercício do cargo ou função e com o horário de trabalho.

3) Proibições cuja infração acarreta a penalidade de demissão:

   a) receber propina, comissão, presente ou vantagem de qualquer espécie, em razão de suas atribuições;

   b) aceitar comissão, emprego ou pensão de Estado estrangeiro;

   c) praticar usura sob qualquer de suas formas;

   d) proceder de forma desidiosa;

   e) utilizar pessoal ou recursos materiais da repartição em serviços ou atividades particulares;

   f) participar de gerência ou administração de sociedade privada, personificada ou não personificada, exercer o comércio, exceto na qualidade de acionista, cotista ou comanditário.

Essa última proibição **não se aplica** nos casos de:

(i) participação nos conselhos de administração e fiscal de empresas ou entidades em que a União detenha, direta ou indiretamente, participação no capital social ou em sociedade cooperativa constituída para prestar serviços a seus membros; e

(ii) gozo de licença para o trato de interesses particulares, observada a legislação sobre conflito de interesses.

4) Proibições cuja infração acarreta a penalidade de demissão e, nos termos do art. 137, *caput*, incompatibiliza o ex-servidor para nova investidura em cargo público federal, pelo prazo de **cinco anos**:

   a) valer-se do cargo para lograr proveito pessoal ou de outrem, em detrimento da dignidade da função pública;

   b) atuar, como procurador ou intermediário, junto a repartições públicas, salvo quando se tratar de benefícios previdenciários ou assistenciais de parentes até o segundo grau, e de cônjuge ou companheiro.

5.13.1.3. Conflito de interesses (Lei 12.813/2013)

A Lei 12.813/2013 estabelece normas "sobre o **conflito de interesses** no exercício de cargo ou emprego do Poder Executivo federal e impedimentos posteriores ao exercício do cargo ou emprego".

Boa parte das disposições dessa lei tem como destinatários tão somente: **(a)** agentes políticos e autoridades da assim chamada "alta administração pública federal" (por exemplo, Ministros de Estado, ocupantes de cargos de natureza especial e presidentes, vice-presidentes e diretores, ou equivalentes, de entidades da administração indireta); **e (b)** servidores "ocupantes de cargos ou empregos cujo exercício proporcione acesso a **informação privilegiada**" (a lei define "**informação privilegiada**" como: "a que diz respeito a assuntos sigilosos ou aquela relevante ao processo de decisão no âmbito do Poder Executivo federal que tenha repercussão econômica ou financeira e que não seja de amplo conhecimento público").

Só com isso já estaria abrangida uma grande quantidade de agentes públicos. Ocorre que, em seu art. 10, a Lei 12.813/2013 estatui que alguns de seus preceitos – que sem dúvida estão entre os mais importantes que ela contém – "estendem-se a **todos os agentes públicos** no âmbito do Poder Executivo federal" (note-se que a norma é extremamente ampla; ela não se restringe aos servidores estatutários). São esses os preceitos que exporemos a seguir.

O primeiro deles simplesmente determina que o ocupante de cargo ou emprego no Poder Executivo federal atue de modo a prevenir ou a impedir possível conflito de interesses e a resguardar informação privilegiada (art. 4.º, *caput*).

Conflito de interesses é conceituado, no inciso I do art. 3.º, como "a situação gerada pelo confronto entre interesses públicos e privados, que possa comprometer o interesse coletivo ou influenciar, de maneira imprópria, o desempenho da função pública". Além dessa definição genérica, a Lei 12.813/2013, nos incisos de seu art. 5.º – também aplicável a todos os agentes públicos do Poder Executivo federal –, enumera diversas situações que **configuram conflito de interesses** no exercício de cargo ou emprego, a saber:

> I – divulgar ou fazer uso de informação privilegiada, em proveito próprio ou de terceiro, obtida em razão das atividades exercidas;
>
> II – exercer atividade que implique a prestação de serviços ou a manutenção de relação de negócio com pessoa física ou jurídica que tenha interesse em decisão do agente público ou de colegiado do qual este participe;
>
> III – exercer, direta ou indiretamente, atividade que em razão da sua natureza seja incompatível com as atribuições do cargo ou emprego, considerando-se como tal, inclusive, a atividade desenvolvida em áreas ou matérias correlatas;
>
> IV – atuar, ainda que informalmente, como procurador, consultor, assessor ou intermediário de interesses privados nos órgãos ou entidades da administração pública direta ou indireta de qualquer dos Poderes da União, dos Estados, do Distrito Federal e dos Municípios;
>
> V – praticar ato em benefício de interesse de pessoa jurídica de que participe o agente público, seu cônjuge, companheiro ou parentes, consanguíneos ou afins, em linha reta ou colateral, até o terceiro grau, e que possa ser por ele beneficiada ou influir em seus atos de gestão;
>
> VI – receber presente de quem tenha interesse em decisão do agente público ou de colegiado do qual este participe fora dos limites e condições estabelecidos em regulamento; e
>
> VII – prestar serviços, ainda que eventuais, a empresa cuja atividade seja controlada, fiscalizada ou regulada pelo ente ao qual o agente público está vinculado.

Todas essas condutas implicam conflito de interesses **ainda que o agente público esteja em gozo de licença ou em período de afastamento**.

A ocorrência de conflito de interesses **independe** da existência de **lesão ao patrimônio público**, bem como do **recebimento de qualquer vantagem ou ganho** pelo agente público ou por terceiro (art. 4.º, § 2.º).

Havendo dúvida sobre como prevenir ou impedir situações que configurem conflito de interesses, deverá ser consultada a Comissão de Ética Pública, no caso das autoridades da alta administração federal, ou, para os demais agentes públicos, a Controladoria-Geral da União (art. 4.º, § 1.º).

O último dos preceitos que o art. 10 da Lei 12.813/2013 estendeu a todos no âmbito do Poder Executivo federal encontra-se no inciso I do seu art. 6.º, que **alcança pessoas que não mais estão no exercício** de cargo ou emprego público. Nos termos desse dispositivo, configura conflito de interesses **após o exercício de cargo ou emprego** no âmbito do Poder Executivo federal: divulgar ou fazer uso, a qualquer tempo, de informação privilegiada obtida em razão das atividades exercidas. A norma se aplica, por exemplo, a alguém que tenha passado à condição de ex-servidor porque foi exonerado, de ofício ou a pedido, ou à situação de inativo em razão de aposentadoria.

Estatui o art. 12 da Lei 12.813/2013 que o agente público que praticar os atos que configuram conflito de interesses nela descritos "incorre em improbidade administrativa", na forma do art. 11 da Lei 8.429/1992 (**Lei de Improbidade Administrativa**), quando não caracterizada qualquer das condutas, mais graves, previstas nos arts. 9° e 10 da mesma lei. O art. 11 da Lei 8.429/1992 tipifica os "atos de improbidade administrativa que atentam contra os princípios da administração pública"; os arts. 9.º e 10 versam, respectivamente, sobre os "atos de improbidade administrativa que importam enriquecimento ilícito" e os "atos de improbidade administrativa que causam prejuízo ao erário". Vale observar que, em 2021, a Lei 8.429/1992 foi profundamente alterada pela Lei 14.230/2021, que, entre outras modificações, afastou qualquer possibilidade de caracterização de improbidade administrativa por ato que não seja doloso, estipulando, ainda, entre muitas outras restrições à aplicação da Lei 8.429/1992, que **somente** haverá improbidade administrativa "quando for comprovado na conduta funcional do agente público o fim de obter proveito ou benefício indevido para si ou para outra pessoa ou entidade". A Lei 8.429/1992 é detalhadamente estudada em tópico específico, no capítulo relativo ao controle da administração pública.

Independentemente do eventual enquadramento na Lei 8.429/1992, e da imposição de outras sanções cabíveis, fica o agente público que se encontrar em situação de conflito de interesses sujeito à **penalidade disciplinar de demissão**, prevista no inciso III do art. 127 e no art. 132 da Lei 8.112/1990, ou medida equivalente. Aliás, a Lei 12.813/2013 faz questão de explicitar – em evidente excesso de precaução – que as suas disposições não afastam a aplicação da Lei 8.112/1990.

5.13.2. Penalidades

As penalidades disciplinares aplicáveis no âmbito federal aos servidores públicos estão enumeradas no art. 127 da Lei 8.112/1990. São elas:

a) advertência;

b) suspensão;

Cap. 7 • SERVIDORES PÚBLICOS

c) demissão;

d) cassação de aposentadoria ou disponibilidade;

e) destituição de cargo em comissão;

f) destituição de função comissionada.

Previamente à aplicação de **qualquer penalidade** devem ser **sempre**, sem exceção, assegurados ao servidor **o contraditório e a ampla defesa** (CF, art. 5.º, LV).

A doutrina administrativista, tradicionalmente, aponta como característica do **poder disciplinar** a **discricionariedade**. E o art. 128 da Lei 8.112/1990 **determina** que, **na aplicação das penalidades** nessa lei previstas (sem ressalvar qualquer delas), a autoridade competente leve em consideração: (a) a **natureza** e a **gravidade** da **infração** cometida; (b) os **danos** que decorreram da infração para o serviço público; (c) as circunstâncias **agravantes ou atenuantes**; e (d) os **antecedentes funcionais** do infrator.

É relevante enfatizar que, embora a Lei 8.112/1990 atribua alguma **discricionariedade à gradação** da sanção disciplinar a ser aplicada – conforme o juízo administrativo de valoração que seja feito, no caso concreto, acerca da gravidade da infração, da magnitude dos danos dela oriundos, dos antecedentes do agente infrator etc. –, **nenhuma liberdade existe quanto ao dever de punir** o servidor, quando provado que ele incorreu em falta funcional.

Por outras palavras, se a administração constata que um servidor público federal praticou uma infração disciplinar, ela é **obrigada** a lhe aplicar alguma das sanções previstas no art. 127 da Lei 8.112/1990, observados os critérios nessa lei estabelecidos; **não há discricionariedade quanto a punir ou deixar de punir** quem, comprovadamente, tenha praticado uma infração administrativa.

Estatui o art. 129 da Lei 8.112/1990 que a penalidade de **advertência** é aplicada **por escrito** na hipótese de violação das proibições enumeradas no primeiro grupo da sistematização que fizemos no tópico precedente e no caso de **inobservância de dever funcional** previsto em lei, regulamento ou norma interna, que não justifique imposição de penalidade mais grave.

A penalidade de advertência terá seu **registro** nos assentamentos funcionais do servidor **cancelado** após o decurso de **três anos** de efetivo exercício, se o servidor não houver, nesse período, praticado nova infração disciplinar.

A **suspensão** é aplicada em caso de **reincidência das faltas punidas com advertência** e de violação das **demais proibições** que não tipifiquem infração sujeita a penalidade de demissão. O prazo máximo de suspensão é de **90 dias** (art. 130). O servidor, evidentemente, **não recebe remuneração** durante o período de suspensão, e o tempo de suspensão **não é computado como tempo de serviço** para qualquer efeito.

A Lei 8.112/1990 estabelece, ainda, uma hipótese específica de aplicação de suspensão por **até 15 dias** para o servidor que, injustificadamente, recusar-se a ser submetido a inspeção médica determinada pela autoridade competente, cessando os efeitos da penalidade uma vez cumprida a determinação (art. 130, § 1.º).

Existe a possibilidade – e aqui se trata de decisão francamente discricionária – de a administração, quando houver conveniência para o serviço, converter a penalidade de suspensão em **multa** (art. 130, § 2.º). Essa multa será de 50% por dia de vencimento ou remuneração, ou seja, o servidor receberá somente metade de sua remuneração diária durante os dias em que deveria estar suspenso, ficando obrigado a permanecer em serviço.

Deve-se tomar cuidado para não se afirmar que a multa seja uma penalidade disciplinar autônoma. Não existe aplicação direta de multa por infração disciplinar cometida por servidor. A penalidade aplicada é de suspensão, por até 90 dias. Após a aplicação da suspensão é que poderá a suspensão ser convertida em multa, nos termos acima explicados, mas a multa, repita-se, não é uma penalidade disciplinar autônoma ou independente (pois resulta sempre da conversão da penalidade de suspensão, esta sim autônoma).

A penalidade de suspensão terá seu **registro** nos assentamentos funcionais do servidor **cancelado** após o decurso de **cinco anos** de efetivo exercício, se o servidor não houver, nesse período, praticado nova infração disciplinar.

O cancelamento dos registros das penalidades de advertência ou de suspensão não tem efeitos retroativos (art. 131, parágrafo único). A ausência de efeitos retroativos impede, por exemplo, que o servidor, depois do cancelamento, pretenda receber a remuneração que deixou de receber porque estava suspenso. Ou, por exemplo, que ele pleiteie uma promoção por merecimento retroativa, porque, na época, não obteve essa promoção em razão de sua advertência.

Quanto à **demissão**, está no art. 132 da Lei 8.112/1990 a lista de infrações que ensejam a imposição dessa penalidade. Como esse dispositivo legal estatui que a demissão **será** aplicada nos casos nele enumerados, é dominante o entendimento de que **o ato de demissão é vinculado**, vale dizer, uma vez caracterizada alguma das infrações descritas no art. 132 da Lei 8.112/1990, **a aplicação da demissão é obrigatória**, sem qualquer possibilidade de atenuação por parte da autoridade julgadora.

É fácil constatar que a adoção dessa orientação implica considerar inaplicável à penalidade disciplinar de demissão o art. 128 da Lei 8.112/1990, porquanto, sempre que, no caso concreto, restar tipificada uma das infrações arroladas no art. 132 da mesma lei, o servidor obrigatoriamente terá de ser demitido, sem possibilidade de serem invocadas atenuantes ou quaisquer outras circunstâncias que pudessem apontar, na situação concreta específica, para a desproporcionalidade da sanção. Vale lembrar que o referido art. 128 determina que "na aplicação das penalidades serão consideradas a natureza e a gravidade da infração cometida, os danos que dela provierem para o serviço público, as circunstâncias agravantes ou atenuantes e os antecedentes funcionais".

Esse entendimento – de que a aplicação da penalidade de demissão fundada no art. 132 da Lei 8.112/1990 configura um ato vinculado – pode ser encontrado nos Pareceres GQ-177/1998 e GQ-183/1998 da Advocacia-Geral da União (AGU), ambos aprovados por despacho do Presidente da República, o que os torna **vinculantes** para todos os órgãos e entidades do **Poder Executivo federal**. É, ademais, a posição jurisprudencial atualmente perfilhada no âmbito do Superior Tribunal de

Justiça (STJ), conforme explicita o enunciado da sua **Súmula 650**, aprovada em 22 de setembro de 2021, a saber:

> **650** – A autoridade administrativa não dispõe de discricionariedade para aplicar ao servidor pena diversa de demissão quando caraterizadas as hipóteses previstas no art. 132 da Lei n. 8.112/1990.

Expostos esses pontos, cumpre transcrever o art. 132 da Lei 8.112/1990:

> Art. 132. A demissão será aplicada nos seguintes casos:
>
> I – crime contra a administração pública;
>
> II – abandono de cargo;
>
> III – inassiduidade habitual;
>
> IV – improbidade administrativa;
>
> V – incontinência pública e conduta escandalosa, na repartição;
>
> VI – insubordinação grave em serviço;
>
> VII – ofensa física, em serviço, a servidor ou a particular, salvo em legítima defesa própria ou de outrem;
>
> VIII – aplicação irregular de dinheiros públicos;
>
> IX – revelação de segredo do qual se apropriou em razão do cargo;
>
> X – lesão aos cofres públicos e dilapidação do patrimônio nacional;
>
> XI – corrupção;
>
> XII – acumulação ilegal de cargos, empregos ou funções públicas;
>
> XIII – transgressão dos incisos IX a XVI do art. 117.

É interessante comentar que a Lei 8.112/1990 estabelece como causa de demissão a prática de "**improbidade administrativa**", sem que o legislador tenha se preocupado em estabelecer qualquer definição ou exemplificação de condutas, comissivas e omissivas, que devessem ser assim consideradas. E a Lei 8.112/1990 é anterior à Lei 8.429/1992 – lei de caráter nacional que, regulamentando o § 4.º do art. 37 da Constituição, tipifica e sanciona os "**atos de improbidade administrativa**".

Em 2021, a Lei 8.429/1992 foi profundamente alterada pela Lei 14.230/2021. A principal consequência da publicação da Lei 14.230/2021 foi restringir, enormemente, as possibilidades de enquadramento e punição como improbidade administrativa, com base na Lei 8.429/1992, das condutas nessa mesma lei descritas. A título de exemplo, citam-se os §§ 1º e 2º do art. 11 da Lei 8.429/1992, dispositivos de cuja conjugação resulta a seguinte norma: **somente haverá improbidade administrativa** quando for comprovado na conduta funcional do agente público o **fim de obter proveito ou benefício indevido para si ou para outra pessoa ou entidade**, sendo essa restrição aplicável a quaisquer atos de improbidade administrativa tipificados na Lei 8.429/1992 "e em leis especiais e a quaisquer outros tipos especiais de improbidade administrativa instituídos por lei".

Antes das modificações introduzidas pela Lei 14.230/2021, a jurisprudência STF e do STJ firmara-se pela possibilidade de ser aplicada pela administração pública a

penalidade disciplinar de **demissão** por **improbidade administrativa**, fundada no inciso IV do art. 132 da Lei 8.112/1990, como **resultado direto de um processo administrativo disciplinar** (PAD) em que tenha sido assegurada a ampla defesa ao servidor, **independentemente da eventual existência de uma ação judicial de improbidade administrativa** proposta com base na Lei 8.429/1992, ainda que motivada pelos mesmos fatos apurados no PAD.[224]

Mais ainda: consolidara-se o entendimento de que a administração, para caracterizar, no âmbito de um PAD, a ocorrência de infração disciplinar que configurasse improbidade administrativa, poderia, **ou não**, valer-se das descrições de atos de improbidade vazadas na Lei 8.429/1992 – e **não estaria adstrita às restrições e às exigências** estabelecidas na Lei 8.429/1992 para que sejam, com base nela, caracterizados e sancionados atos de improbidade administrativa.

A Lei 14.230/2021 – a qual, vale repetir, modificou drasticamente a Lei 8.429/1992, reduzindo muitíssimo as possibilidades práticas de as condutas nela tipificadas serem concretamente enquadradas como ato de improbidade administrativa – foi publicada em 26 de outubro de 2021. Poucos dias antes, no dia 21 do mesmo mês, o Superior Tribunal de Justiça (STJ) aprovou o enunciado da Súmula 651, que traduz exatamente a jurisprudência até então firmada em seu âmbito, exposta nos parágrafos precedentes. É o seguinte o teor da Súmula 651 do STJ:

> **651** – Compete à autoridade administrativa aplicar a servidor público a pena de demissão em razão da prática de improbidade administrativa, independentemente de prévia condenação, por autoridade judiciária, à perda da função pública.

Mesmo com a aprovação da Súmula 651 do STJ em data tão próxima à da publicação da Lei 14.230/2021, consideramos temerário afirmar, atualmente, que essas orientações jurisprudenciais ainda sejam integralmente aplicáveis. Parece-nos que as disposições restritivas que foram inseridas na Lei 8.429/1992 pela Lei 14.230/2021 têm a clara pretensão de alcançar todas as situações em que, para o fim de aplicação de penalidades, inclusive disciplinares, a conduta de agentes públicos deva ser caracterizada como improbidade administrativa. Além disso, em 2024, o Supremo Tribunal Federal firmou o entendimento de que, em razão da gravidade das sanções cominadas no § 4.º do art. 37 da Constituição de 1988,[225] "o dolo é necessário para a configuração de qualquer ato de improbidade administrativa" (a Lei 14.230/2021 somente teria explicitado que a **improbidade administrativa sempre exigiu a presença do dolo**).[226] Portanto, ainda que se sustente que permanece válida a orientação segundo

---

[224] **Do STJ**: MS 12.262/DF, rel. Min. Arnaldo Esteves Lima, 27.06.2007; MS 15.054/DF, rel. Min. Napoleão Nunes Maia Filho, 25.05.2011; MS 14.140/DF, rel. Min. Laurita Vaz, 26.09.2012. **Do STF**: RMS 24.194/DF, rel. Min. Luiz Fux, 13.09.2011; RE-AgR 736.351/SC, rel. Min. Roberto Barroso, 12.11.2013; RMS-AgR 32.817/DF, rel. Min. Teori Zavascki, 26.08.2016.

[225] CF, art. 37, § 4.º: "Os atos de improbidade administrativa importarão a suspensão dos direitos políticos, a perda da função pública, a indisponibilidade dos bens e o ressarcimento ao erário, na forma e gradação previstas em lei, sem prejuízo da ação penal cabível".

[226] RE 656.558/SP (**repercussão geral**), rel. Min. Dias Toffoli, 18.10.2024 (Informativo 1.156 do STF).

Cap. 7 • SERVIDORES PÚBLICOS

a qual é cabível a demissão de um servidor exclusivamente com base em um PAD que lhe impute a prática de ato de improbidade administrativa, independentemente da possibilidade de enquadramento desse mesmo ato nas hipóteses previstas na Lei 8.429/1992, certo é, a nosso ver, que, **obrigatoriamente**, deverá ser **comprovado**, no PAD em questão, que foi **dolosa** a conduta daquele servidor público.

Seja qual for a posição que venha a ser perfilhada, deve-se frisar que a **administração pública não aplica**, em hipótese alguma, quaisquer das **sanções** que a Lei 8.429/1992 comina para a prática dos atos de improbidade administrativa nela delineados. A imposição de tais penalidades – entre as quais se inclui a **perda da função pública** – é **competência exclusiva do Poder Judiciário**. Quando a **administração federal**, sendo o caso, deva infligir a um servidor a penalidade de **demissão por improbidade administrativa** – o que **só** poderá ocorrer como **resultado de um PAD** –, **estará aplicando o art. 132, inciso IV, da Lei 8.112/1990**, e **não** a Lei 8.429/1992.

Vale abrir um parêntese para registrar que, além de dispor sobre os atos de improbidade administrativa e as sanções aplicáveis a quem os perpetra, a Lei 8.429/1992 – em um dispositivo relativamente apartado dos demais (art. 13) – instituiu para os agentes públicos em geral, como **condição para a posse e o exercício**, a obrigação de **apresentarem a declaração de imposto de renda e proventos de qualquer natureza**, que tenha sido entregue à Secretaria Especial da Receita Federal do Brasil, a fim de ser arquivada no serviço de pessoal competente. A declaração deverá ser atualizada anualmente – e também na data em que o agente público deixar o exercício do cargo (ou do mandato, ou do emprego, ou da função).

O agente público que se **recusar** a apresentar a declaração dentro do prazo determinado, ou que prestar declaração **falsa**, "será apenado com a pena de **demissão**, sem prejuízo de outras sanções cabíveis" (art. 13, § 3.º). Essa conduta do agente não está – pelo menos não explicitamente – arrolada entre os atos de improbidade administrativa descritos nas listas próprias da Lei 8.429/1992 (arts. 9.º, 10 e 11). A demissão decorrente não é aplicada por meio de uma ação judicial de improbidade administrativa, e sim mediante um PAD. Fecha-se o parêntese.

Configuradas as hipóteses dos incisos IV, VIII, X e XI, a demissão (bem como a destituição de cargo em comissão) implicará a indisponibilidade dos bens e o ressarcimento ao erário, sem prejuízo da ação penal cabível (art. 136).

Vimos, no tópico concernente às **proibições**, que, nos termos do *caput* do art. 137 da Lei 8.112/1990, as hipóteses previstas nos incisos IX e XI do seu art. 117 – "valer-se do cargo para lograr proveito pessoal ou de outrem, em detrimento da dignidade da função pública" e "atuar, como procurador ou intermediário, junto a repartições públicas, salvo quando se tratar de benefícios previdenciários ou assistenciais de parentes até o segundo grau, e de cônjuge ou companheiro" – acarretam a **demissão** do servidor e **impedem nova investidura** em cargo público federal, pelo prazo de **cinco anos**.

Já o parágrafo único do aludido art. 137 contém uma norma que, indisfarçavelmente, consubstancia **penalidade de caráter perpétuo**, o que é **vedado** pelo art. 5.º, inciso XLVII, alínea "b", da Constituição da República. Deveras, nos literais termos do parágrafo único do art. 137 da Lei 8.112/1990, "**não poderá retornar ao serviço**

público federal o servidor que for demitido ou destituído do cargo em comissão por infringência do art. 132, incisos I, IV, VIII, X e XI". Esse preceito flagrantemente inconstitucional vigeu, incólume, por três décadas, até que, finalmente, em decisão muito importante, nossa Corte Suprema declarou a sua invalidade.

Vale destacar: o Supremo Tribunal Federal, apreciando a ADI 2.975/DF, "julgou procedente o pedido formulado na ação direta para declarar a **inconstitucionalidade do parágrafo único do artigo 137 da Lei 8.112/1990** e determinou a comunicação do teor desta decisão ao Congresso Nacional, para que delibere, se assim entender pertinente, sobre o prazo de proibição de retorno ao serviço público nas hipóteses do art. 132, I, IV, VIII, X e XI, da Lei 8.112/1990".[227]

O **abandono de cargo** (inciso II) é configurado com a ausência intencional do servidor ao serviço por mais de trinta dias consecutivos (art. 138).

Caracteriza **inassiduidade habitual** (inciso III) a falta ao serviço, sem causa justificada, por sessenta dias, interpoladamente, durante o período de doze meses (art. 139).

As proibições cuja violação acarreta demissão, correspondentes aos incisos IX ao XVI do art. 117, foram enumeradas nos terceiro e quarto grupos da sistematização que fizemos anteriormente, no tópico relativo às proibições.

A **cassação de aposentadoria** e a **cassação de disponibilidade** são penalidades disciplinares que devem ser aplicadas ao inativo que tenha praticado, **quando estava na atividade**, uma infração punível com a demissão (art. 134).

Cabe registrar que o Supremo Tribunal Federal, em diversas oportunidades, **confirmou a constitucionalidade** da sanção disciplinar de **cassação de aposentadoria**, a despeito da inexistência de previsão da referida penalidade no Texto Magno, e não obstante o caráter contributivo que esse benefício previdenciário dos servidores públicos atualmente reveste, refutando, ainda, a alegação de ofensa ao ato jurídico perfeito.[228]

A **destituição de cargo em comissão** é sanção disciplinar que deve ser aplicada, quando se tratar de servidor que **não seja titular de cargo efetivo**, nos casos de infração sujeita às penalidades de **suspensão** e de **demissão** (art. 135). A Lei 8.112/1990 nada dispõe acerca da destituição de cargo em comissão do servidor que seja, também, titular de cargo efetivo, tampouco acerca da penalidade de "destituição de função comissionada" (art. 127, VI).

5.13.3. Prescrição

A **prescrição** da ação disciplinar ocorre, a partir da data em que o fato se tornou conhecido, em (art. 142):

a) 5 (cinco) anos, quanto às infrações puníveis com demissão, cassação de aposentadoria ou disponibilidade e destituição de cargo em comissão;

b) 2 (dois) anos, quanto à suspensão;

c) 180 (cento e oitenta) dias, quanto à advertência.

---

[227] ADI 2.975/DF, rel. Min. Gilmar Mendes, 04.12.2020.

[228] MS 23.299/SP, rel. Min. Sepúlveda Pertence, 06.03.2002; MS-AgR 23.219/RS, rel. Min. Eros Grau, 30.06.2005; ADPF 418/DF, rel. Min. Alexandre de Moraes, 14.04.2020.

Cap. 7 • SERVIDORES PÚBLICOS

Se a infração disciplinar for, também, tipificada pela lei penal como crime ou contravenção, o prazo prescricional será o da lei penal, não se aplicando os da Lei 8.112/1990 (art. 142, § 2.º).

Com a **prescrição da ação disciplinar**, a administração não mais poderá aplicar ao servidor a correspondente penalidade.

O § 3.º do art. 142 da Lei 8.112/1990 estatui que "a abertura de sindicância ou a instauração de processo disciplinar interrompe a prescrição, até a decisão final proferida por autoridade competente".

Com a interrupção do prazo prescricional desconsidera-se todo o período já transcorrido até a data da interrupção, isto é, quando cessar a causa de interrupção – se isso acontecer –, haverá uma nova contagem daquele prazo prescricional por inteiro, reiniciada a partir do zero.

O § 4.º do art. 142 da Lei 8.112/1990, com uma redação aparentemente inócua, afirma que, "interrompido o curso da prescrição, o prazo começará a correr a partir do dia em que cessar a interrupção".

A partir da interpretação conjunta desses dois dispositivos (§§ 3.º e 4.º do art. 142), o Supremo Tribunal Federal firmou o entendimento de que a prescrição interrompida pela instauração de processo administrativo disciplinar (PAD) recomeça a fluir, por inteiro, imediatamente depois do término do prazo que a lei estabelece para que seja proferida a decisão no processo – caso ela não o seja dentro desse prazo, evidentemente. Assim, esgotado o prazo legal para que seja exarada a decisão no processo disciplinar, e não sendo essa decisão proferida, é reiniciada, na íntegra, a contagem do prazo de prescrição da punição.[229]

São exemplos de julgados em que o STF adotou essa orientação o MS 23.299/SP, rel. Min. Sepúlveda Pertence, de 06.03.2002, e o RMS 23.436/DF, rel. Min. Marco Aurélio, de 24.08.1999. Deste último, transcrevemos a ementa:

> A interrupção prevista no § 3.º do artigo 142 da Lei n.º 8.112, de 11 de dezembro de 1990, cessa uma vez ultrapassado o período de 140 dias alusivo à conclusão do processo disciplinar e à imposição de pena – artigos 152 e 167 da referida Lei – voltando a ter curso, na integralidade, o prazo prescricional.

Abrimos um parêntese para observar que, na visão da nossa Corte Suprema, o prazo de 60 dias, prorrogável por mais 60, estabelecido na Lei 8.112/1990 para a "conclusão do processo disciplinar" (art. 152) **não inclui** o prazo de 20 dias assinalado para a autoridade julgadora proferir a sua decisão (art. 167) – ou seja, o STF considera que a **fase de julgamento** acontece **depois** da "conclusão do processo disciplinar". Por essa razão, consagrou-se na sua jurisprudência a orientação de que

---

[229] Na mesma linha, vale registrar o enunciado da **Súmula 635 do Superior Tribunal de Justiça:** "Os prazos prescricionais previstos no art. 142 da Lei 8.112/1990 iniciam-se na data em que a autoridade competente para a abertura do procedimento administrativo toma conhecimento do fato, interrompem-se com o primeiro ato de instauração válido – sindicância de caráter punitivo ou processo disciplinar – e voltam a fluir por inteiro, após decorridos 140 dias desde a interrupção."

o prazo de prescrição interrompido pela instauração do processo disciplinar tem a sua contagem reiniciada ao término do "prazo legal de 140 dias" (120 dias para a "conclusão do processo disciplinar", acrescidos de 20 dias para a prolação da decisão pela autoridade julgadora).

A nosso ver, esse entendimento destoa do texto da Lei 8.112/1990, especialmente dos seus arts. 151 e 152. Contudo, vale repetir, é esta a orientação existente no âmbito do Supremo Tribunal Federal: a instauração do PAD federal interrompe a prescrição, a qual recomeça a fluir, por inteiro, depois de transcorrido o prazo de 140 dias, contado da referida instauração. Fecha-se o parêntese.

O art. 170 da Lei 8.112/1990 preceitua, literalmente:

> Art. 170. Extinta a punibilidade pela prescrição, a autoridade julgadora determinará o registro do fato nos assentamentos individuais do servidor.

Portanto, segundo a norma vazada nesse artigo, uma vez extinta pela prescrição a possibilidade de ser aplicada sanção disciplinar ao servidor, deveria a administração pública anotar nos assentamentos individuais dele algo nesta linha: "na data xxx, a autoridade xxx tomou conhecimento dos fatos xxx, passíveis, em tese, de ser enquadrados como a infração disciplinar prevista no art. xxx, inciso xxx, da Lei 8.112/1990, e instaurou o PAD destinado à respectiva apuração. Na fase de inquérito administrativo, reuniram-se indícios que levaram a imputar ao servidor xxx a prática da referida infração. Finalizado o inquérito, foi encaminhado à autoridade julgadora o processo, contendo o relatório elaborado pela comissão, que concluiu pela responsabilização do servidor. A autoridade julgadora, porém, constatou a ocorrência da prescrição e, por essa razão, extinguiu o processo, sem aplicação de penalidade disciplinar ao servidor xxx".

Pois bem, não há dúvida de que uma anotação como essa teria potencial para acarretar prejuízos muito significativos à carreira do servidor, **sem que tenha efetivamente havido deliberação acerca da sua culpa**. Reconhecendo essa aberração, o Supremo Tribunal Federal declarou a inconstitucionalidade do art. 170 da Lei 8.112/1990, sob o fundamento principal de que ele **afronta o princípio da presunção da inocência**, insculpido no inciso LVII do art. 5.º da Carta da República.[230]

Posteriormente, com base nessa decisão de nossa Corte Constitucional, a Advocacia-Geral da União emitiu **parecer vinculante** – parecer aprovado por despacho do Presidente da República, de observância obrigatória por parte da administração pública federal, nos termos do art. 40 da Lei Complementar 73/1993 – com a seguinte determinação (destacamos):[231]

> I. A administração pública federal deve observar a decisão do Supremo Tribunal Federal no mandado de segurança n. 23.262/DF, que declarou a inconstitucionalidade do art. 170 da Lei n. 8.112/1990.

---

[230] MS 23.262/DF, rel. Min. Dias Toffoli, 23.04.2014.
[231] Parecer GMF 3, de 19 de dezembro de 2016, aprovado por despacho do Presidente da República de 19 de dezembro de 2016 (*D.O.U.* de 11 de janeiro de 2017).

Cap. 7 • SERVIDORES PÚBLICOS

II. No âmbito dos processos administrativos disciplinares, uma vez **extinta a punibilidade pela prescrição**, a autoridade julgadora **não poderá fazer o registro do fato** nos assentamentos individuais do servidor público.

5.14. Sindicância e processo administrativo disciplinar (PAD)

5.14.1. Introdução

No âmbito da administração pública federal, os instrumentos de apuração da responsabilidade dos servidores públicos por infrações praticadas no exercício de suas atribuições, ou que tenham relação com as atribuições do seu cargo, são a **sindicância** e o **processo administrativo disciplinar** (PAD), regulados nos art. 143 a 182 da Lei 8.112/1990.

A autoridade que tiver ciência de irregularidade no serviço público é obrigada a promover a sua apuração imediata, mediante sindicância ou processo administrativo disciplinar (art. 143).

As denúncias sobre irregularidades – desde que contenham a identificação e o endereço do denunciante e sejam formuladas por escrito, confirmada a autenticidade – serão objeto de apuração (art. 144). Entretanto, se o fato descrito na denúncia não configurar evidente infração disciplinar ou ilícito penal, a denúncia será arquivada, por falta de objeto (art. 144, parágrafo único).

O PAD é o meio legal utilizado pela administração para a aplicação de penalidades por infrações graves cometidas por seus servidores. A instauração de PAD será sempre necessária para a aplicação das penalidades de suspensão por **mais de trinta dias**, de demissão, cassação de aposentadoria ou disponibilidade, ou destituição de cargo em comissão (art. 146).

Para as demais penalidades – ou seja, para aplicação da advertência e da suspensão por **até 30 dias** – basta a sindicância.

Não é demais lembrar que em qualquer caso de aplicação de penalidade devem ser assegurados, sem exceção alguma, o contraditório e a ampla defesa prévios (CF, art. 5.º, LV).

5.14.2. Sindicância

A sindicância é um meio mais célere de apurar irregularidades praticadas pelos servidores. Da conclusão de uma sindicância pode resultar uma das seguintes hipóteses (art. 145):

a) arquivamento do processo;

b) aplicação das penalidades de advertência ou de suspensão por até trinta dias; ou

c) instauração de PAD, se for verificado tratar-se de caso que enseje aplicação de penalidade mais grave.

458 DIREITO ADMINISTRATIVO DESCOMPLICADO • *Marcelo Alexandrino & Vicente Paulo*

Na hipótese de a sindicância concluir pela necessidade de instauração de PAD, os autos da sindicância integrarão o processo disciplinar, como peça informativa da instrução (art. 154).

O prazo para conclusão da sindicância não excederá **trinta dias**, podendo ser prorrogado por igual período, a critério da autoridade superior (art. 145, parágrafo único).

Em alguns casos, a sindicância, pelo menos até determinado momento, constitui um procedimento meramente investigatório, sem a formalização de acusação a qualquer servidor. Nessa situação, não se cogita observância de contraditório e ampla defesa. Por outras palavras, enquanto a sindicância tem caráter meramente investigativo (inquisitório), sem que exista acusação formal a um servidor, ou alguma imputação que possa ser contraditada, não cabe exigir contraditório e ampla defesa no procedimento.

Diferentemente, sempre que a administração pretender aplicar ao servidor uma penalidade disciplinar com base apenas em procedimento de sindicância – situação que pode ocorrer quando a penalidade a ser aplicada for a advertência ou a suspensão por até trinta dias –, deverá, obrigatoriamente, assegurar ao servidor o contraditório e a ampla defesa prévios.

Nessa hipótese, a sindicância não possui caráter meramente inquisitório, isto é, deixa de possuir natureza de simples procedimento de investigação e passa a configurar um verdadeiro (embora simplificado) processo administrativo sancionatório, sujeito, portanto, à impreterível observância de contraditório e ampla defesa.

Convém anotar, por último, que a sindicância **não é etapa do PAD**, nem deve, necessariamente, precedê-lo, vale dizer, pode-se iniciar a apuração de determinada infração – qualquer uma – diretamente pela instauração de um PAD. Vale repetir, entretanto, que, se for aberta uma sindicância e os fatos nela apurados ensejarem aplicação de penalidade mais grave do que suspensão de até trinta dias, os autos da sindicância integrarão o processo disciplinar, como peça informativa da instrução. Nesses casos, embora não integre o PAD como uma etapa do respectivo procedimento, a sindicância previamente a ele realizada terá configurado uma medida preparatória (mas não necessária) à instauração do processo disciplinar.

5.14.3. *Processo administrativo disciplinar*

5.14.3.1. Instauração

Dá-se a instauração do processo administrativo disciplinar (PAD) pela publicação da portaria de designação da comissão encarregada de proceder aos trabalhos de investigação e apresentar um relatório final conclusivo sobre a procedência ou não das acusações levantadas, o qual será acatado pela autoridade julgadora, salvo se contrário às provas dos autos.[232]

---

[232] Sobre o tema, vale registrar o enunciado da **Súmula 641 do Superior Tribunal de Justiça**: "A portaria de instauração do processo administrativo disciplinar prescinde da exposição detalhada dos fatos a serem apurados."

A comissão investigadora será composta de três servidores estáveis designados pela autoridade competente. Esta indicará, dentre os três, o presidente da comissão, o qual deverá ser ocupante de cargo efetivo superior ou de mesmo nível, ou ter nível de escolaridade igual ou superior ao do acusado (art. 149).

Consoante a jurisprudência do Superior Tribunal de Justiça (STJ), nada impede que, para a composição da comissão, sejam designados servidores lotados em unidades da Federação diversas daquela em que atua o servidor investigado, uma vez que a Lei 8.112/1990 não faz restrição quanto à lotação dos membros da comissão.[233]

O servidor que estiver respondendo a um PAD só poderá ser **exonerado a pedido** ou **aposentado voluntariamente** após a conclusão do processo e, se for aplicada penalidade (que não seja de demissão, obviamente), depois do cumprimento desta (art. 172).

O prazo para a conclusão do PAD não excederá **sessenta dias**, contados da data de publicação do ato que constituir a comissão, admitida a sua prorrogação por igual prazo, a critério da autoridade instauradora, quando as circunstâncias o exigirem (art. 152).

Conforme anteriormente mencionado, o Supremo Tribunal Federal entende que esse prazo de sessenta dias, prorrogáveis por mais sessenta, "para a conclusão do processo disciplinar" não inclui o prazo de vinte dias estipulado para a autoridade julgadora proferir a sua decisão (art. 167), ou seja, o STF considera que a fase de julgamento acontece depois da "conclusão do processo disciplinar". Como resultado dessa orientação, nossa Corte Suprema entende que o prazo total legalmente estabelecido para que seja proferida a decisão final no PAD federal é de 140 dias, contados da respectiva instauração.[234]

A nosso ver, esse entendimento discrepa do texto da Lei 8.112/1990, especialmente do seu art. 151 – segundo o qual o processo disciplinar se desenvolve nas fases de instauração, inquérito administrativo e julgamento – e do seu art. 152 – que afirma ser de sessenta dias, prorrogáveis por mais sessenta, o prazo "para a conclusão do processo disciplinar". Contudo, é a orientação existente no âmbito do nosso Pretório Excelso.

Por fim, deve-se frisar que, em razão da regra geral de que as esferas de responsabilização administrativa, cível e penal são autônomas, a administração pública **não depende** da propositura de qualquer **ação judicial** para estar apta, ela própria, a instaurar o processo administrativo disciplinar (PAD) destinado a apurar os fatos imputados a determinado servidor seu – ainda que esses fatos possam, em tese, também configurar crime. Além disso, por si só, o ajuizamento de ação penal (ou cível), antes ou depois do PAD, **não influencia** o andamento dele – o PAD pode encerrar-se e, com base em suas conclusões, ser aplicada ao servidor, por exemplo, a penalidade de demissão, **mesmo que exista ação criminal** em tramitação para apuração da sua responsabilidade pelo **mesmo fato**. Enfim, o PAD **não depende** de qualquer ação

---

[233] MS 14.827/DF, rel. Min. Marco Aurélio Bellizze, 24.10.2012 (Informativo 507 do STJ).

[234] MS 22.728/PR, rel. Min. Moreira Alves, 22.01.1998; RMS 23.436/DF, rel. Min. Marco Aurélio, 24.08.1999; MS 23.299/SP, rel. Min. Sepúlveda Pertence, 06.03.2002.

judicial para poder ser instaurado, nem tem o seu andamento suspenso, ou afetado, pelo curso simultâneo de ação judicial relativa aos mesmos fatos (a menos que seja expedido algum provimento judicial explícito determinando, não importa sob qual fundamento, a não instauração de PAD, ou a sua paralisação, se já instaurado).[235]

Claro que, na hipótese de, terminado o PAD e aplicada a sanção disciplinar que nele tiver sido considerada cabível, sobrevir sentença penal que, em razão de seus fundamentos, interfira na esfera administrativa de responsabilização – por exemplo, uma sentença penal absolutória fundada na inexistência do fato imputado ao servidor –, poderá mostrar-se necessário, conforme o caso, desconstituir a decisão firmada no PAD, a fim de que se observe o que ficou definitivamente estabelecido na órbita penal. Esse tema – interferência da esfera penal de responsabilização nas órbitas cível e administrativa – é estudado de forma aprofundada no capítulo sobre "responsabilidade civil da administração pública".

5.14.3.1.1. Afastamento temporário

A faculdade de afastar temporariamente o servidor investigado está prevista no art. 147 da Lei 8.112/1990 e é conferida à administração a fim de que se evite que o servidor interfira no andamento do processo, prejudicando esse andamento. O afastamento, se for decretado, o será pela autoridade instauradora do processo e será determinado juntamente com a instauração.

Devemos notar que não se trata de penalidade e sim de medida de precaução (medida cautelar) da administração, para garantir a lisura do processo. O servidor, nessa fase, ainda é apenas um acusado e, como não pode estar sujeito ainda a penalidade, o afastamento é feito sem prejuízo da remuneração do servidor. Se, após as investigações iniciais, verificar-se que o processo deve ser arquivado – não deve ser levado adiante –, o servidor retornará a suas regulares funções como se nada tivesse ocorrido.

O período máximo de afastamento é peremptório: o servidor pode ser afastado pelo prazo de até **sessenta dias**, prorrogável por igual período, findo o qual cessarão os seus efeitos, ainda que não concluído o processo (art. 147, parágrafo único).

5.14.3.2. Inquérito administrativo

A fase de inquérito compõe-se de três subfases: **instrução**, **defesa** e **relatório**.

5.14.3.2.1. Instrução

A instrução é a principal fase investigatória do PAD.

É durante a instrução que a comissão procurará levantar o maior número possível de fatos, evidências, depoimentos, enfim, todos os elementos capazes de confirmar ou refutar as acusações que pesam sobre o servidor.

---

[235] MS 21.294/DF, rel. Min. Sepúlveda Pertence, 23.10.1991; MS 21.708/DF, red. p/ o acórdão, Min. Maurício Corrêa, 09.11.2000 (Informativo 209 do STF); MS 23.242/SP, rel. Min. Carlos Velloso, 10.04.2002; RMS 24.791/DF, rel. Min. Carlos Velloso, 25.05.2004.

Caso tenha havido uma sindicância prévia à instauração do PAD, os autos dela o integrarão como peça informativa. Significa isso que a conclusão a que tenha chegado a sindicância não vincula a comissão, podendo esta, fundamentadamente, chegar a conclusão diferente. Apesar disso, caso o relatório da sindicância haja concluído que a infração está capitulada como ilícito penal, cópia de seus autos deverá ser encaminhada ao Ministério Público, para que este instaure processo criminal contra o servidor, independentemente da imediata instauração do processo disciplinar.

Durante a instrução, a comissão realizará diligências, tomará depoimentos, fará acareações e investigações em geral, visando à coleta de provas. Se necessário, serão solicitados laudos a técnicos e peritos, de modo a permitir a completa elucidação dos fatos (art. 155). O pedido de perícia, entretanto, somente será deferido, pelo presidente da comissão, se o fato a ser provado depender de conhecimento técnico especializado (art. 156, § 2.º).

É assegurado ao servidor o direito de acompanhar o processo pessoalmente ou por intermédio de procurador (art. 156, *caput*). **Não é obrigatório o acompanhamento do processo por advogado**; trata-se de mera faculdade do servidor. O Supremo Tribunal Federal explicitou esse entendimento por meio da **Súmula Vinculante 5**, abaixo transcrita:

> 5 – A falta de defesa técnica por advogado no processo administrativo disciplinar não ofende a Constituição.

Durante a coleta de provas, e como parte dela, a comissão poderá ouvir testemunhas arroladas pelo acusado, por ela própria ou por terceiros (princípio da verdade material). As testemunhas não podem levar seu depoimento por escrito. Este deverá ser prestado oralmente e reduzido a termo (passado a escrito). As testemunhas serão ouvidas separadamente e, havendo contradição entre os depoimentos, será feita acareação – ou seja, as testemunhas cujos depoimentos conflitaram serão novamente ouvidas, postas frente a frente, cara a cara (daí "acareação"), para que se procure identificar qual delas diz a verdade.

O Supremo Tribunal Federal **admite** o uso da assim chamada "**prova emprestada**" no processo administrativo disciplinar. Isso significa que provas obtidas em outros processos **podem ser trazidas ao PAD** e nele empregadas, seja contra o servidor, seja em seu favor. A prova utilizada por empréstimo no PAD pode ter sido produzida em processos de qualquer natureza, **inclusive criminal** – e mesmo em processos que não tenham por alvo o servidor investigado no PAD. Apenas é necessário, evidentemente, que a prova a ser emprestada tenha sido, desde a sua origem, **obtida licitamente**. A esse respeito, é bastante esclarecedor este trecho, extraído de decisão proferida pelo Plenário de nossa Corte Constitucional:[236]

---

[236] Pet-QO 3.683/MG, rel. Min. Cezar Peluso, 13.08.2008. No mesmo sentido: Inq-QO-QO 2.424/RJ, rel. Min. Cezar Peluso, 20.06.2007; RMS 28.774/DF, red. p/ o acórdão Min. Roberto Barroso, 09.08.2016 (Informativo 834 do STF).

Dados obtidos em interceptação de comunicações telefônicas, judicialmente autorizadas para produção de prova em investigação criminal ou em instrução processual penal, bem como documentos colhidos na mesma investigação, podem ser usados em procedimento administrativo disciplinar, contra a mesma ou as mesmas pessoas em relação às quais foram colhidos, ou contra outros servidores cujos supostos ilícitos teriam despontado à colheita dessas provas.

Após a coleta de provas e a inquirição das testemunhas, será ouvido o acusado (até aqui, o servidor ainda é apenas acusado). As mesmas regras pertinentes às testemunhas valem para o depoimento do acusado, inclusive quanto à inquirição separada e à acareação em caso de contradição, se houver mais de um acusado.

Concluídos todos esses procedimentos, a comissão, de posse de uma série de elementos de prova, decidirá, com base nesses elementos, se o servidor deverá ou não ser **indiciado**. Se a comissão entender que não há provas, ou que os fatos não caracterizam infração, o processo será arquivado. Se, diferentemente, a comissão entender que há tipificação de infração disciplinar, formulará a **indiciação** do servidor (este, agora, passa de mero acusado a indiciado).

Da indiciação constarão os fatos imputados ao indiciado e as provas produzidas. A partir da indiciação, deverá ser providenciada a **citação** do indiciado, que é o chamamento formal do servidor ao processo para que ele, em vista de todos os elementos constantes do processo, apresente sua defesa escrita.

Aqui cabe uma observação interessante. Vemos que no PAD ocorre uma inversão da ordem dos procedimentos se o compararmos ao processo judicial civil ordinário. Neste, logo após o ajuizamento da inicial pelo autor, o réu é citado para apresentar sua defesa escrita (contestação) e indicar as provas que possui e as que pretende produzir. Só então, no processo judicial, tem início a instrução. No PAD, como acabamos de ver, a instrução precede a citação e a defesa escrita (que, aqui, não recebe o nome de contestação).

O indiciado será citado por mandado expedido pelo presidente da comissão para apresentar defesa escrita, sendo assegurada a ele vista do processo na repartição.

Se houver **só um** indiciado, o prazo para apresentação da defesa é de **dez dias**, contados da data de aposição da ciência na cópia da citação a ele entregue, ou, caso ele se recuse a assinar, contados da data declarada, em termo próprio, pelo membro da comissão que fez a citação, com a assinatura de duas testemunhas.

Se houver mais de um indiciado (não importa quantos), o **prazo** será **comum** para todos, de **vinte dias**, contado da data de ciência do último citado.

O prazo para apresentação da defesa pode ser prorrogado pelo dobro, pelo presidente da comissão, caso sejam indispensáveis diligências para a preparação da defesa.

Caso o indiciado se encontre em local desconhecido, a citação será feita por edital publicado no Diário Oficial da União e em jornal de grande circulação na localidade do último domicílio conhecido do servidor. Nessa hipótese, o prazo para a defesa será de **quinze dias**, contados da data da última publicação do edital.

A citação encerra a fase de instrução. A próxima é a fase de defesa.

5.14.3.2.2. Defesa

Já foi observado que, em comparação com o processo judicial civil ordinário, no PAD ocorre uma inversão na ordem dos procedimentos, tendo lugar a defesa depois da instrução.

Outra diferença muito importante – decorrente do princípio da verdade material – é que, no processo civil, caso o réu, tendo sido citado, não apresente contestação no prazo legal, será declarada a sua revelia, cujos efeitos, no processo civil, são nefastos para o réu: todas as alegações de fato contra ele aduzidas na inicial serão, em princípio, consideradas verdadeiras, ou seja, a revelia equivale a uma confissão do réu no processo civil – porque neste vigora o princípio da verdade formal.

No PAD, caso o indiciado não apresente sua defesa escrita no prazo estipulado, será também declarada sua revelia, mas os efeitos desta, em decorrência do **princípio da verdade material**, são completamente diversos. No PAD a revelia não faz surgir presunção legal alguma contra o servidor, vale dizer, o ônus probatório continua sendo da administração. Além disso, para defender o indiciado revel, a autoridade instauradora do processo designará um servidor como defensor dativo, que deverá ser ocupante de cargo efetivo superior ou de mesmo nível, ou ter nível de escolaridade igual ou superior ao do indiciado.

Portanto, sempre existirá uma defesa escrita no PAD, mesmo que não seja feita pelo próprio indiciado ou seu procurador. Ademais, a revelia não possui efeito de confissão de coisa alguma.

Apreciada a defesa pela comissão, passa-se à última fase do inquérito administrativo: a elaboração do relatório.

5.14.3.2.3. Relatório

A fase de elaboração do relatório está resumida no art. 165 da Lei 8.112/1990.

Deverá constar do relatório um resumo das peças principais dos autos e deverão ser mencionadas as provas em que a comissão se baseou para formar a sua convicção. A principal característica do relatório é que ele deverá sempre ser **conclusivo**, ou seja, sempre a comissão terá que manifestar sua opinião quanto à inocência ou à responsabilidade do servidor. Caso o relatório conclua pela responsabilidade do servidor, deverão ser indicados os dispositivos legais ou regulamentares transgredidos, bem como as circunstâncias agravantes ou atenuantes.

Terminada a fase de elaboração do relatório, encerram-se os trabalhos da comissão. O processo disciplinar, com o relatório conclusivo, será então remetido à autoridade que determinou a sua instauração, para julgamento.

5.14.3.3. Julgamento

A autoridade julgadora deve proferir sua decisão em **vinte dias,** contados do recebimento do processo (art. 167).

É importante observar que se trata de um **prazo impróprio**, vale dizer, o julgamento fora do prazo legal **não implica nulidade do processo** (art. 169, § 1.º). A consequência que pode advir da demora no julgamento é a prescrição da punição. Ocorrendo a prescrição, em decorrência da demora no julgamento administrativo, por motivo imputável à autoridade julgadora, será ela responsabilizada (art. 169, § 2.º).

A regra geral é ser da própria **autoridade instauradora** do processo a **competência** para o seu **julgamento**. Entretanto, se a sanção a ser impingida **exceder a alçada** da autoridade instauradora do processo, ele **será encaminhado à autoridade que tenha competência para aplicar a penalidade**, a qual, a partir do recebimento do processo, terá um **novo prazo** (impróprio) de **vinte dias** para decidir. Havendo mais de um indiciado e diversidade de sanções, o julgamento caberá à autoridade competente para a imposição da pena mais grave (art. 167, §§ 1.º e 2.º).

A Lei 8.112/1990 estabelece uma série de competências relativas à aplicação de penalidades em seu art. 141. São elas:

a) nas hipóteses de **demissão** e **cassação de aposentadoria ou disponibilidade**, a penalidade, conforme o Poder, órgão, ou entidade a que se vincula o servidor, deverá ser aplicada pelo Presidente da República, pelos presidentes das casas do Poder Legislativo e dos tribunais federais e pelo ProcuradorGeral da República;

b) na hipótese de **suspensão superior a 30 dias**, a penalidade deverá ser aplicada pelas autoridades administrativas de hierarquia imediatamente inferior às descritas na letra "a";

c) as penalidades de **advertência** e **suspensão de até 30 dias** são aplicadas pelo chefe da repartição e outras autoridades, na forma dos respectivos regimentos ou regulamentos;

d) a **destituição de cargo em comissão** será aplicada pela autoridade que houver feito a nomeação.

Cabe registrar que o Supremo Tribunal Federal já deixou assente que **a competência para aplicação da penalidade de demissão pode ser delegada** pelo Presidente da República aos seus Ministros de Estado – simetricamente, pode ser delegada, nos estados, pelo Governador aos secretários estaduais e, nos municípios, pelo Prefeito aos secretários municipais.[237] Consoante a jurisprudência de nossa Corte Suprema, a competência para **prover** cargos públicos **inclui a de desprovê-los**; e essa competência, prevista na primeira parte do inciso XXV do art. 84 da Constituição Federal, **é delegável**, por expressa autorização do parágrafo único desse mesmo artigo.

O Decreto 11.123/2022 "dispõe sobre a delegação de competência em matéria administrativa-disciplinar no âmbito dos órgãos e das entidades da administração pública federal".

A autoridade julgadora **não** se encontra **estritamente vinculada** à conclusão do relatório da comissão. Existe, porém, uma vinculação relativa, uma vez que a lei assevera que o relatório deve ser acatado, **salvo se a conclusão for contrária à**

---

[237] MS 25.518/DF, rel. Min. Sepúlveda Pertence, 14.06.2006; ARE-AgR 680.964/GO, rel. Min. Ricardo Lewandowski, 26.06.2012; ARE-AgR 748.456/GO, rel. Min. Cármen Lúcia, 17.12.2013.

prova dos autos. Neste caso, a autoridade julgadora, sempre **motivadamente** – e o motivo será exatamente a contradição entre a conclusão do relatório e as provas dos autos –, **poderá agravar ou abrandar a penalidade proposta, ou isentar o servidor de penalidade**.

Se o relatório da comissão tiver concluído pela **inocência** do servidor, a própria **autoridade instauradora** do processo determinará o seu **arquivamento**, **exceto** quando a conclusão for **flagrantemente contrária à prova dos autos** (art. 167, § 4.º).

Caso a infração esteja capitulada como **crime**, o processo disciplinar será remetido ao **Ministério Público** para instauração da ação penal, ficando trasladado na repartição (art. 171).

Verificada a ocorrência de **vício insanável** em alguma etapa do processo, a autoridade que determinou sua instauração ou outra de hierarquia superior declarará a sua **nulidade**, total ou parcial – neste caso, a nulidade atingirá o ato viciado e todos os atos processuais posteriores que dele tenham decorrido ou a ele estejam logicamente relacionados –, e ordenará, no mesmo ato, a **constituição de outra comissão para instauração de novo processo** (art. 169).

É muito importante anotar que, **uma vez efetuado o julgamento**, o PAD estará **encerrado**. O julgamento possui um caráter de **definitividade** (relativa), que se manifesta pelo fato de só haver **duas hipóteses** em que ele poderá deixar de subsistir, a saber:

a) no caso de **vício insanável** no PAD, com a consequente nulidade do processo e instauração de um novo (a partir do ato nulo); e

b) na hipótese de **revisão**, quando se apresentarem **fatos novos** que justifiquem **abrandar** a penalidade aplicada, ou mesmo **declarar a inocência** do servidor que fora apenado.

A jurisprudência do **Superior Tribunal de Justiça (STJ)** é firme quanto à **inadmissibilidade** do assim chamado "**rejulgamento**" cuja finalidade seja **agravar** a penalidade já definida pela autoridade julgadora, mesmo que a pretexto de adequar a sanção a orientações normativas ou à própria cominação legal abstrata para aquela infração. Literalmente, assevera o STJ que "**é impossível o agravamento da penalidade imposta a servidor público após o encerramento do respectivo processo disciplinar**, ainda que a sanção anteriormente aplicada não esteja em conformidade com a lei ou orientação normativa interna".[238]

É imprescindível frisar que o STJ **não admite** que se pretenda considerar "**vício insanável**" a mera aplicação de uma penalidade de **suspensão**, por exemplo, quando a Lei 8.112/1990 estabelecesse, em abstrato, para aquela infração caracterizada no PAD, a sanção de **demissão**. A base apontada pela própria Corte Superior para esse entendimento é a **Súmula 19 do Supremo Tribunal Federal**, nos termos da qual

---

[238] MS 13.523/DF, rel. Min. Arnaldo Esteves Lima, 13.05.2009; MS 13.341/DF, rel. Min. Haroldo Rodrigues, 22.06.2011; MS 10.950/DF, rel. Min. Og Fernandes, 23.05.2012 (Informativo 498 do STJ); MS 11.554/DF, rel. Min. Og Fernandes, 11.09.2013; MS 11.749/DF, rel. Min. Benedito Gonçalves, 11.06.2014.

"é inadmissível segunda punição de servidor público, baseada no mesmo processo em que se fundou a primeira".

Para o STJ, é cabível que a administração pública anule determinado PAD em casos como os de inobservância de formalidade essencial, ou de violação ao devido processo legal, ou de incompetência da autoridade julgadora para a penalidade que aplicou, entre outras situações que possam ser enquadradas como "vício insanável". Porém, certo é que, no entendimento pacificado desse Tribunal Superior, a mera alegação de que **a penalidade aplicada está em desacordo com a sanção que a lei abstratamente comina** para aquela infração não autoriza o "rejulgamento" – geralmente precedido de uma "anulação parcial" ilegítima (porquanto inexistente vício que a justifique) – para o fim de **agravar a penalidade** originalmente aplicada. Essa pretensão, conforme a posição sedimentada no âmbito do STJ, ofende o devido processo legal e esbarra na **proibição de *bis in idem*** (dupla punição com base no mesmo fato), bem como na regra segundo a qual a **revisão** da pena aplicada no PAD só se pode dar para melhorar a situação do servidor (vedação à *reformatio in pejus*).

Por fim, não se deve esquecer que a decisão proferida pela administração pública no julgamento de um PAD é um ato administrativo como outro qualquer e, assim, passível de **controle de legalidade** (incluído o controle de razoabilidade e proporcionalidade) pelo **Poder Judiciário**, o qual **anulará** qualquer decisão **ilegal**, desde que o interessado o provoque. Vale registrar, a esse respeito, a jurisprudência do Superior Tribunal de Justiça, nos termos da qual "é possível ao Judiciário examinar a motivação do ato que impõe pena disciplinar ao servidor, com o desiderato de averiguar se existem provas suficientes da prática da infração ou mesmo se ocorre flagrante ofensa ao princípio da proporcionalidade".[239] Frise-se que o Poder Judiciário não aplicará, ele mesmo, uma penalidade disciplinar ao servidor, substituindo-se à autoridade administrativa competente. Simplesmente, se constatar ilegalidade no PAD ou na decisão neste prolatada, o Poder Judiciário, uma vez provocado, **anulará** o processo ou a decisão, tal como pode ocorrer com todos os processos e decisões administrativos em nosso ordenamento jurídico.

5.14.4. Rito sumário (acumulação, abandono de cargo, inassiduidade habitual)

A Lei 8.112/1990 foi alterada pela Lei 9.527/1997, que entre inúmeras outras disposições, estabeleceu, para os casos de **acumulação** ilícita de cargos públicos e de **abandono de cargo** ou **inassiduidade habitual**, um rito especial de investigação e julgamento, denominado, pela própria lei, **rito sumário**.

O prazo para a conclusão do processo administrativo disciplinar submetido ao rito sumário é de **trinta dias**, contados da data de publicação do ato que constituir a comissão, admitida a sua **prorrogação** por até **quinze dias**, quando as circunstâncias o exigirem.

O PAD submetido a esse rito sumário segue a disciplina dos arts. 133 e 140 da Lei 8.112/1990 e, **subsidiariamente**, as disposições pertinentes ao PAD ordinário.

---

[239] MS 14.993/DF, rel. Min. Maria Thereza de Assis Moura, 08.06.2011 (Informativo 476 do STJ).

Quanto à acumulação ilegal, constatada esta a qualquer tempo, o servidor deverá ser notificado para apresentar opção no prazo improrrogável de **dez dias**, contados da data da ciência da notificação. Caso o servidor não apresente a opção no prazo, será instaurado processo administrativo, sob procedimento sumário, visando à apuração e regularização da sua situação.

O processo administrativo disciplinar sumário, nessa hipótese, terá as seguintes fases e prazos:

1) **instauração**: ocorre com a publicação do ato que constituir a comissão, a ser composta por **dois servidores estáveis**. O próprio ato de instauração deverá indicar a autoria e a materialidade da transgressão objeto da apuração (descrição dos cargos, empregos ou funções públicas em situação de acumulação ilegal, dos órgãos ou entidades de vinculação, das datas de ingresso, do horário de trabalho e do correspondente regime jurídico);

2) **instrução sumária**: compreende as subfases **indiciação, defesa** e **relatório**;

3) **julgamento**.

A comissão lavrará, até três dias após a publicação do ato que a constituiu, termo de indiciação e promoverá a citação pessoal do servidor indiciado, ou por intermédio de sua chefia imediata, para, no prazo de cinco dias, apresentar defesa escrita, sendo assegurada a ele vista do processo na repartição.

A opção pelo servidor até o último dia de prazo para defesa configurará sua boa-fé, hipótese em que se converterá automaticamente em pedido de **exoneração** do outro cargo.

Apresentada a defesa, a comissão elaborará relatório conclusivo quanto à inocência ou à responsabilidade do servidor, em que resumirá as peças principais dos autos, opinará sobre a licitude da acumulação em exame, indicará o respectivo dispositivo legal e remeterá o processo à autoridade instauradora, para julgamento.

No prazo de **cinco dias**, contados do recebimento do processo, a autoridade julgadora proferirá a sua decisão.

Caracterizada a acumulação ilegal e provada a má-fé, aplicar-se-á a pena de demissão, destituição ou cassação de aposentadoria ou disponibilidade em relação aos cargos, empregos ou funções públicas em regime de acumulação ilegal, hipótese em que os órgãos ou entidades de vinculação serão comunicados.

Conforme antes mencionado, na apuração de abandono de cargo ou inassiduidade habitual também será adotado o procedimento sumário, com as seguintes peculiaridades:

a) a indicação da materialidade, na hipótese de abandono de cargo, consiste na indicação precisa do período de ausência intencional do servidor ao serviço superior a trinta dias;

b) a indicação da materialidade, na hipótese de inassiduidade habitual, é feita pela indicação dos dias de falta ao serviço sem causa justificada, por período igual ou superior a sessenta dias, interpoladamente, durante o período de doze meses.

DIREITO ADMINISTRATIVO DESCOMPLICADO • *Marcelo Alexandrino & Vicente Paulo*

Após a apresentação da defesa, a comissão elaborará relatório conclusivo quanto à inocência ou à responsabilidade do servidor, em que resumirá as peças principais dos autos, indicará o respectivo dispositivo legal, opinará, na hipótese de abandono de cargo, sobre a intencionalidade da ausência ao serviço superior a trinta dias e remeterá o processo à autoridade instauradora para julgamento.

5.14.5. Revisão do PAD

A **revisão** do processo administrativo disciplinar está regulada nos arts. 174 a 182 da Lei 8.112/1990.

Conforme foi visto nos tópicos precedentes, o PAD federal ocorre em instância única. Não há uma segunda instância à qual o servidor possa, automaticamente, recorrer sempre que inconformado com a decisão. Aliás, um recurso hierárquico, em grande parte das situações, nem mesmo seria possível. Basta lembrar, por exemplo, que a penalidade de demissão, no Poder Executivo, é julgada e aplicada pelo próprio Presidente da República (embora essa competência admita delegação).

A possibilidade de **revisão** do PAD **não pode** ser considerada uma segunda instância desse processo administrativo. Deveras, só se pode falar em revisão depois que o processo a ser revisto está concluído, terminado, encerrado. A rigor, a revisão é um **novo processo administrativo**, que corre em apenso ao processo originário (art. 178).

A revisão somente é cabível quando se apresentarem **fatos novos ou circunstâncias suscetíveis de justificar a inocência do punido ou a inadequação da penalidade aplicada** (art. 174).

Frise-se este ponto: como não se trata de uma segunda instância a que o servidor tivesse direito subjetivo, a simples alegação de injustiça da penalidade não constitui fundamento para a revisão, a qual **requer elementos novos, ainda não apreciados no processo originário** (art. 176).

A revisão poderá ocorrer de ofício (iniciativa da própria administração) ou a pedido do servidor. Em caso de falecimento, ausência ou desaparecimento do servidor, qualquer pessoa da família poderá requerer a revisão do processo (art. 174, § 1.º). No caso de incapacidade mental do servidor, a revisão deve ser requerida pelo respectivo curador (art. 174, § 2.º).

A revisão pode ocorrer a **qualquer tempo**, significa dizer, a possibilidade de revisão do PAD **não é alcançada por prazo extintivo** de espécie alguma.

Caso seja deferida a revisão do processo – o juízo de admissibilidade compete ao Ministro de Estado ou autoridade equivalente –, será constituída uma comissão de revisão, observadas as mesmas regras da comissão investigadora do PAD, a qual terá **sessenta dias**, **improrrogáveis**, para a conclusão dos seus trabalhos. O prazo (impróprio) para **julgamento**, que deve ser realizado pela **mesma autoridade** que aplicou a penalidade, é de **vinte dias**.

Julgada **procedente** a revisão, será declarada **sem efeito a penalidade aplicada**, restabelecendo-se todos os direitos do servidor, exceto em relação à destituição de cargo em comissão, que será convertida em exoneração (art. 182).

Por fim, duas importantes regras concernentes à revisão do PAD devem ser anotadas, a saber:

a) o ônus da prova, na revisão a pedido, cabe ao requerente. No PAD, o ônus da prova é da administração. Na revisão a pedido, inverte-se esse ônus;

b) da revisão não pode resultar agravamento da penalidade, isto é, não se admite a denominada *reformatio in pejus*. Trata-se de uma relevante exceção ao princípio da verdade material, por força do qual a regra geral é a possibilidade da *reformatio in pejus* nos processos administrativos.

Capítulo 8

ATOS ADMINISTRATIVOS

1. INTRODUÇÃO

Os **atos administrativos** são espécie do gênero "ato jurídico".

Fazendo uma rápida digressão, na seara do direito privado, podemos afirmar que tudo aquilo que interessa ao direito – isto é, todos os eventos, naturais ou humanos, a que o direito atribui significação, e aos quais vincula consequências jurídicas – integra os denominados **fatos jurídicos em sentido amplo**. Esses fatos jurídicos em sentido amplo subdividem-se em:

a) fatos jurídicos em sentido estrito: são eventos da natureza – ou seja, acontecimentos que não decorrem diretamente de manifestação de vontade humana – dos quais resultam consequências jurídicas. Exemplos são a passagem do tempo, o nascimento, a morte, uma inundação que ocasione destruição de bens etc.;

b) atos jurídicos: são qualquer manifestação unilateral humana voluntária que tenha a finalidade imediata (direta) de produzir determinada alteração no mundo jurídico.

Preferimos reservar a expressão "ato jurídico" especificamente para as manifestações ou declarações **unilaterais** (por exemplo, uma promessa de recompensa, uma oferta de ações de uma sociedade anônima, a assinatura de uma nota promissória). Utilizamos o vocábulo "contrato" para os vínculos jurídicos que só se aperfeiçoam com mais de uma declaração ou manifestação de vontade (por exemplo, o contrato de compra e venda e o contrato de doação são bilaterais na sua formação; o contrato de constituição de uma sociedade com mais de dois sócios é plurilateral na sua formação).

Não obstante, reconhecemos que nenhum problema há no emprego da expressão "ato jurídico bilateral" como sinônimo de contrato (especificamente, de contratos bilaterais na sua formação, que correspondem à esmagadora maioria dos contratos).

2. CONCEITO

Conforme antes afirmado, os atos administrativos enquadram-se na categoria dos atos jurídicos. Logo, são manifestações humanas, e não meros fenômenos da natureza. Ademais, são sempre manifestações unilaterais de vontade (as bilaterais compõem os chamados contratos administrativos).

O que peculiariza os atos administrativos no âmbito do gênero "atos jurídicos", entretanto, é o fato de serem manifestações ou declarações da administração pública, agindo nesta qualidade, ou de particulares que estejam exercendo prerrogativas públicas, por terem sido investidos em funções públicas (a exemplo dos que recebem delegação do poder público, como uma concessionária ou uma permissionária de serviços públicos).

Por serem praticados no exercício de atribuições públicas, os atos administrativos estão sujeitos ao regime de direito público. São eles manifestações ou declarações exaradas sempre no âmbito de relações jurídicas de direito público.

Segundo o conceito elaborado por Hely Lopes Meirelles, "ato administrativo é toda manifestação unilateral de vontade da Administração Pública que, agindo nessa qualidade, tenha por fim imediato adquirir, resguardar, transferir, modificar, extinguir e declarar direitos, ou impor obrigações aos administrados ou a si própria".

Maria Sylvia Di Pietro define ato administrativo como "a declaração do Estado ou de quem o represente, que produz efeitos jurídicos imediatos, com observância da lei, sob regime jurídico de direito público e sujeita a controle pelo Poder Judiciário".

Merece referência, também, a formulação proposta por Celso Antônio Bandeira de Mello, para quem ato administrativo é uma "declaração do Estado (ou de quem lhe faça as vezes – como, por exemplo, um concessionário de serviço público), no exercício de prerrogativas públicas, manifestada mediante providências jurídicas complementares da lei a título de lhe dar cumprimento, e sujeitas a controle de legitimidade por órgão jurisdicional".

De nossa parte, baseados nas lições dos grandes mestres, propomos a seguinte definição de ato administrativo: **manifestação ou declaração da administração pública, nesta qualidade, ou de particulares no exercício de prerrogativas públicas, que tenha por fim imediato a produção de efeitos jurídicos determinados, em conformidade com o interesse público e sob regime predominante de direito público**.

Os atos administrativos não se confundem com os assim chamados **atos políticos ou de governo**. São esses os atos da administração pública em sentido amplo, praticados em obediência direta à Constituição, com base imediata no texto constitucional (exemplos: iniciativa de leis, sanção ou veto a projetos de lei, celebração de tratados internacionais, decretação do estado de sítio, dentre outros). Os atos políticos não estão sujeitos à teoria geral dos atos administrativos.

Por fim, deve-se ressaltar que, no exercício geral da atividade pública, três distintas categorias de atos podem ser reconhecidas, cada qual sendo o ato típico de um dos Poderes do Estado:

Cap. 8 • ATOS ADMINISTRATIVOS

a) atos legislativos (elaboração de normas primárias);

b) atos judiciais (exercício da jurisdição); e

c) atos administrativos.

Embora os atos administrativos sejam os atos típicos do Poder Executivo no exercício de suas funções próprias, não se deve esquecer que **os Poderes Judiciário e Legislativo também editam atos administrativos**, principalmente relacionados ao exercício de suas atividades de gestão interna, como atos relativos à contratação de seu pessoal, à aquisição de material de consumo etc.

3. ATOS PRIVADOS PRATICADOS PELA ADMINISTRAÇÃO PÚBLICA

Em diversas situações a administração pública age sem revestir a qualidade de poder público, ou seja, despida de suas prerrogativas de direito público. Frequentemente isso ocorre quando órgãos ou entidades administrativas atuam no domínio econômico, exercendo atividades próprias do setor produtivo. Por exemplo, quando uma sociedade de economia mista vende, no mercado, bens de sua produção, ou um banco estatal celebra, com um particular, um contrato de abertura de conta corrente, ou, ainda, quando um agente público competente dos quadros de um órgão da administração direta assina um cheque para pagar um fornecedor.

Nesses casos, submete-se a administração às regras do direito privado que regulam tais atos jurídicos. Tome-se o último exemplo acima aduzido – assinatura de um cheque por um agente público com essa competência –, a fim de ilustrar o que se vem de afirmar: a emissão de um cheque e seus efeitos são regulados pelo direito privado; uma vez emitido o cheque, as consequências decorrentes desse ato passam a ser inteiramente regradas pelo direito comercial – e não pelo direito administrativo. Seria rematado absurdo, por exemplo, cogitar que a administração pudesse pretender valer-se de prerrogativas de direito público a fim de, mediante ato unilateral, revogar o cheque por ela emitido.

A doutrina, por vezes, utiliza a expressão "**atos da administração**" para se referir especificamente a esses atos que a administração pública pratica quando está desprovida de prerrogativas públicas, quando está atuando em igualdade jurídica com os particulares, sob regência predominante do direito privado.

Cumpre alertar, entretanto, que é mais usual a expressão "atos da administração" ser empregada genericamente, ou de forma ampla, para aludir a qualquer ato praticado pela administração pública.

Nessa acepção ampla ou genérica, os "atos da administração" incluem:

a) os "atos administrativos" propriamente ditos (manifestação de vontade cujo fim imediato seja a produção de efeitos jurídicos, regida pelo direito público);

b) os atos da administração pública regidos pelo direito privado; e

c) os chamados "atos materiais" praticados pela administração pública, que são os atos de mera execução de determinações administrativas (portanto, não têm como conteúdo uma manifestação de vontade), a exemplo da varrição de uma praça, da dissolução de uma passeata, da pavimentação de uma estrada, da demolição de um prédio que esteja ameaçando ruir.

Esses "atos materiais" da administração pública correspondem a uma das definições de "fato administrativo", conforme adiante será visto.

4. FATOS ADMINISTRATIVOS

A noção de "**fato administrativo**" é algo problemática, pois existe discrepância entre os principais administrativistas, acarretando uma pluralidade de conceitos para a mesma expressão.

Numa acepção tradicional, fatos administrativos são descritos como a materialização da função administrativa; consubstanciam o exercício material da atividade administrativa, correspondem aos denominados "atos materiais". São exemplos a apreensão de mercadorias, a construção de uma escola pública pela administração, a limpeza de um logradouro público.

Um fato administrativo, em regra, resulta de um ato administrativo (ou de mais de um), decorre de uma decisão ou determinação administrativa, mas com esta não se confunde. Uma vez expressa a vontade da administração mediante a edição de um (ou mais) ato administrativo (manifestação dotada de conteúdo jurídico), surge como consequência um fato administrativo (a implementação do ato). Exemplificando, a demolição de um prédio (fato administrativo) pode ser resultante de uma ordem de serviço da administração (ato administrativo); a edição de um decreto (ato administrativo) pode ter como consequência a desapropriação de um bem particular (fato administrativo).

Os fatos administrativos não têm por fim a produção de efeitos jurídicos; nessa acepção, eles consubstanciam, tão somente, a implementação material de atos administrativos, de decisões ou de determinações administrativas.

Segundo outra definição – que pode coincidir parcialmente com a anteriormente exposta – fatos administrativos são quaisquer atuações da administração que produzam efeitos jurídicos, mas que não tenham por finalidade imediata a produção desses efeitos jurídicos. São atuações que não correspondem a uma manifestação de vontade da administração, mas que trazem consequências jurídicas.

Exemplo seria a colisão entre um veículo oficial da administração pública dirigido por um agente público, nesta qualidade, e um veículo particular. Nessa hipótese, a colisão resultou de uma atuação administrativa e produzirá efeitos jurídicos, mas não se trata de um ato administrativo, porque não houve uma manifestação de vontade da administração que tivesse a finalidade de produzir esses efeitos jurídicos. Trata-se de um fato administrativo.

Vale notar que não se pode dizer, no exemplo acima, que o fato administrativo (colisão do veículo oficial) tenha resultado de um ato administrativo ou de uma decisão administrativa. Simplesmente, uma atuação da administração pública trouxe, para ela, consequências jurídicas, sem que tivesse existido, em algum momento, a finalidade de produzir esses resultados.

Um terceiro conceito de fato administrativo – perfilhado pelo Prof. Celso Antônio Bandeira de Mello – considera como tal o silêncio (ou a inércia, ou a omissão) da administração que produza efeitos jurídicos. Por exemplo, quando ocorre a decadência do direito de a administração anular um ato administrativo que contenha vício, a inércia (omissão), da qual resultou a decadência (efeito jurídico), é um fato administrativo, uma omissão da administração (não anular o ato dentro do prazo) que produziu efeitos jurídicos. Observe-se que esse não fazer, essa omissão juridicamente relevante é conceituada como "fato administrativo" independentemente de a administração ter desejado a produção dos efeitos respectivos. Mesmo numa situação em que a administração permaneça deliberadamente inerte, exatamente com a finalidade de obter os efeitos jurídicos dessa inércia, não se pode falar que tenha sido praticado um "ato administrativo", pela razão singela de que um "não fazer" é o oposto de um ato: é um "não ato".

Por fim, cabe registrar que a Prof.ª Maria Sylvia Di Pietro considera fatos administrativos eventos da natureza, não decorrentes de manifestação ou declaração humana, que produzam efeitos no âmbito do direito administrativo, a exemplo da morte de um servidor público. Consoante se constata, segundo essa definição, fatos administrativos seriam espécie do gênero "fatos jurídicos em sentido estrito". A mesma autora alude, ainda, a **fatos da administração**. Para ela, estes diferem dos fatos administrativos por não produzirem efeitos jurídicos no âmbito do direito administrativo. Transcrevemos a lição da ilustre administrativista, na qual essas definições são expostas (grifos no original):

> O Direito Civil faz distinção entre **ato e fato**; o primeiro é imputável ao homem; o segundo decorre de acontecimentos naturais, que independem do homem ou que dele dependem apenas indiretamente.
>
> Quando o fato corresponde à descrição contida na norma legal, ele é chamado **fato jurídico** e produz efeitos no mundo do Direito. Quando o fato descrito na norma legal produz efeitos no campo do Direito Administrativo, ele é um **fato administrativo**, como ocorre com a morte de um funcionário, que produz a vacância de seu cargo; com o decurso do tempo, que produz a prescrição administrativa.
>
> Se o fato não produz qualquer efeito jurídico no Direito Administrativo, ele é chamado **fato da Administração**.

Seja qual for a definição adotada, certo é que os fatos administrativos não estão sujeitos à teoria geral dos atos administrativos. Em qualquer das acepções antes expostas, pode-se afirmar a respeito dos fatos administrativos: (a) não têm como finalidade a produção de efeitos jurídicos (embora possam deles eventualmente decorrer efeitos jurídicos); (b) não há manifestação ou declaração de vontade, com conteúdo jurídico, da administração pública; (c) não faz sentido falar em "presunção de legitimidade" de fatos administrativos; (d) não se pode cogitar revogação ou anulação de fatos administrativos; (e) não faz sentido falar em fatos administrativos discricionários ou vinculados.

5. CLASSIFICAÇÕES

5.1. Atos vinculados e discricionários

Atos vinculados são os que a administração pratica sem margem alguma de liberdade de decisão, pois a lei previamente determinou o único comportamento possível a ser obrigatoriamente adotado sempre que se configure a situação objetiva descrita na lei. Não cabe ao agente público apreciar oportunidade ou conveniência administrativas quanto à edição do ato; uma vez atendidas as condições legais, o ato tem que ser praticado, invariavelmente.

Consoante a definição de Celso Antônio Bandeira de Mello, atos vinculados são "aqueles em que, por existir prévia e objetiva tipificação legal do único possível comportamento da Administração em face de situação igualmente prevista em termos de objetividade absoluta, a Administração, ao expedi-los, não interfere com apreciação subjetiva alguma".

Dito de outra forma, temos um ato vinculado quando a lei faz corresponder a um motivo objetivamente determinado uma única e obrigatória atuação administrativa.

Para exemplificar, tomemos a concessão da licença-paternidade, regulada na Lei 8.112/1990. Atendidas as condições da lei (cuja base direta é a Constituição), ou seja, nascido o filho de servidor público, não cabe ao administrador, sob nenhuma circunstância, alegar que o servidor é essencial ao serviço, que não seria conveniente seu afastamento, ou qualquer outra tentativa de não editar o devido ato de concessão da licença. Configurada a hipótese legal, somente uma atitude é admissível: a edição do ato concessivo, sem espaço para juízo de oportunidade ou conveniência administrativa.

Atos discricionários são aqueles que a administração pode praticar com certa liberdade de escolha, nos termos e limites da lei, quanto ao seu conteúdo, seu modo de realização, sua oportunidade e sua conveniência administrativas.

Enquanto o agente público está rigidamente adstrito à lei quanto a todos os elementos de um ato vinculado (competência, finalidade, forma, motivo e objeto), ao praticar um ato discricionário possui ele certa liberdade (dentro dos limites da lei) quanto à valoração dos motivos e à escolha do objeto (conteúdo), segundo os seus privativos critérios de oportunidade e conveniência administrativas.

Exemplificando, tome-se a licença para tratar de interesses particulares, disciplinada na Lei 8.112/1990. De pronto, observamos que a lei utiliza a expressão "a critério da Administração", para referir-se à concessão da licença (art. 91). Resulta que, embora o ato esteja previsto na lei, fica a critério da administração, sempre obedecidos, entre outros, os princípios da moralidade e da impessoalidade, valorar a oportunidade e a conveniência da prática, ou não, do ato.

A definição de discricionariedade até aqui exposta é há muito apresentada pelos autores tradicionais, os quais só costumam mencionar a possibilidade de atuação discricionária quando a lei explicitamente confere tal faculdade à administração. Todavia, a doutrina mais moderna – a nosso ver, hoje majoritária – identifica a existência

Cap. 8 • ATOS ADMINISTRATIVOS

de discricionariedade nesses casos e, **também**, quando a lei usa conceitos jurídicos indeterminados na descrição do motivo que enseja a prática do ato administrativo.

Explicando, a maior parte de nossa doutrina administrativista atual entende que também há discricionariedade, ou possibilidade de atuação discricionária do agente público, na aplicação das leis que utilizam conceitos indeterminados – tais como "boa-fé", "conduta escandalosa", "moralidade pública" –, quando, no caso concreto, o agente se depara com situações em que não existe possibilidade de afirmar, com certeza, a ocorrência ou não do enquadramento do fato no conteúdo da norma. Nessas situações, a administração, dentre as possibilidades de atuação juridicamente legítimas, determinará a mais oportuna e conveniente, tendo em vista o interesse público; o Poder Judiciário não pode substituir a administração nesse juízo de valor (porque se trata de um juízo de mérito administrativo).

Teoricamente, um conceito jurídico indeterminado possui uma zona de certeza positiva – a qual abrange todas as situações fáticas que, com certeza, se enquadram no conceito –, uma zona de certeza negativa – a qual abrange todas as situações fáticas que, com certeza, não se enquadram no conceito – e uma zona de indeterminação – na qual reside a discricionariedade.

Quando uma situação concreta estiver enquadrada na zona de indeterminação (ou "área de incerteza", ou "zona de penumbra") de um conceito jurídico indeterminado, não será possível estabelecer uma única atuação juridicamente válida. Mais precisamente, quando o caso concreto escapa às áreas de certeza positiva e negativa de um conceito jurídico indeterminado, a administração tem discricionariedade para decidir acerca do enquadramento, ou não, da situação na norma legal.

Tal decisão pertence ao âmbito do mérito administrativo, isto é, caberá ao agente público, conforme seus critérios exclusivos de conveniência e oportunidade administrativas, determinar se mais adequado ao interesse público é praticar o ato previsto na lei – caso em que enquadrará a situação concreta no conceito indeterminado empregado na descrição do motivo legal –, ou se mais bem atende ao interesse público deixar de praticar o ato – hipótese em que decidirá que a situação concreta não se enquadra na lei, não corresponde ao conceito indeterminado empregado na descrição do motivo legal.

Importante é frisar que o Poder Judiciário não pode substituir a administração quanto a esse juízo valorativo, isto é, quando a administração, diante de um caso concreto passível de ser encaixado na área de incerteza de um conceito jurídico indeterminado, efetua esse enquadramento e pratica o ato que a lei faz a ele corresponder, é vedado ao Poder Judiciário decidir que o ato não deveria ter sido praticado. Se o fizesse, o Judiciário estaria emitindo juízo de oportunidade e conveniência administrativas, estaria adentrando a esfera de valoração legítima do mérito administrativo para substituir a atuação discricionária administrativa pela sua própria.

Tomemos um exemplo dessa espécie de discricionariedade, a fim de facilitar a compreensão de seu funcionamento. A Lei 8.112/1990 estabelece que a demissão "será aplicada" nos casos de "conduta escandalosa" na repartição.

A estrutura da norma, portanto, segue o esquema: quando "X" (antecedente = motivo), então será "Y" (consequente = objeto).

478 DIREITO ADMINISTRATIVO DESCOMPLICADO • Marcelo Alexandrino & Vicente Paulo

Note-se que, pela estrutura da norma, poder-se-ia pensar tratar-se de um ato vinculado, em razão do comando imperativo (a demissão "**será** aplicada"). Entretanto, como o motivo descrito na lei configura um conceito jurídico indeterminado, a verdade é que, no caso concreto, quando a situação estiver enquadrada na "zona de indeterminação" do conceito de "conduta escandalosa", a administração poderá decidir, discricionariamente, se enquadra ou não a conduta do servidor na norma legal, valorando a situação da forma mais adequada ao interesse público, conforme o seu juízo de mérito administrativo. Se enquadrar, demitirá o servidor; se decidir que é inoportuno ou inconveniente enquadrar, não demitirá (considerará que a norma não incidiu, que não houve subsunção entre o fato concreto e o conceito jurídico indeterminado descrito na norma como motivo determinante da demissão).

É claro que essa decisão da administração, assim como qualquer atuação administrativa, deve ser pautada pela estrita finalidade de bem atender ao interesse público e ser orientada, ademais, por todos os outros princípios jurídicos pertinentes (moralidade, impessoalidade, razoabilidade, proporcionalidade, entre outros); caso contrário, será ilegal ou ilegítima, passível de anulação, inclusive pelo Poder Judiciário.

Em síntese, segundo a corrente hoje dominante em nossa doutrina, existe discricionariedade:

a) quando a lei expressamente dá à administração liberdade para atuar dentro de limites bem definidos; são as hipóteses em que a própria norma legal explicita, por exemplo, que a administração "poderá" prorrogar determinado prazo por "até quinze dias", ou que é facultado à administração, "a seu critério", conceder ou não uma determinada autorização, ou que, no exercício do poder disciplinar ou de polícia administrativa, o ato a ser praticado "poderá" ter como objeto (conteúdo) "esta ou aquela" sanção, e assim por diante;

b) quando a lei emprega conceitos jurídicos indeterminados na descrição do motivo determinante da prática de um ato administrativo e, no caso concreto, a administração se depara com uma situação em que não existe possibilidade de afirmar, com certeza, se o fato está ou não abrangido pelo conteúdo da norma; nessas situações, a administração, conforme o seu juízo privativo de oportunidade e conveniência administrativas, tendo em conta o interesse público, decidirá se considera, ou não, que o fato está enquadrado no conteúdo do conceito indeterminado empregado no antecedente da norma e, conforme essa decisão, praticará, ou não, o ato previsto no respectivo consequente.[1]

---

[1] Sustentando a mesma linha que perfilhamos nesta obra, o Prof. Celso Antônio Bandeira de Mello e a Prof.ª Maria Sylvia Di Pietro reconhecem que o emprego de conceitos jurídicos indeterminados na descrição legal do motivo que enseja a prática de um ato administrativo **pode** resultar em discricionariedade diante de um determinado caso concreto, quando os fatos não tenham como ser enquadrados, nem na zona de certeza positiva, nem na de certeza negativa do conceito, resultando em mais de uma possível atuação igualmente legítima. A eminente autora, entretanto, alerta que é grande a controvérsia na doutrina, nesta passagem, cuja transcrição vem a calhar (destaque no original):
"No que diz respeito aos conceitos jurídicos indeterminados, ainda há muita polêmica, podendo-se falar de duas grandes correntes: a dos que entendem que eles não conferem discricionariedade à Administração, porque, diante deles, a Administração tem que fazer um trabalho de **interpretação** que leve à única solução válida possível; e a dos que entendem que eles

Cap. 8 • ATOS ADMINISTRATIVOS

Por fim, deve-se distinguir discricionariedade de arbitrariedade. A primeira implica existência de lei e prática do ato dentro dos limites por ela impostos, ou dela decorrentes; a segunda significa prática de ato contrário à lei, ou não previsto em lei.

5.2. Atos gerais e individuais

Os **atos administrativos gerais** caracterizam-se por não possuir destinatários determinados. Apresentam apenas hipóteses normativas aplicáveis a todas as pessoas e situações fáticas que se enquadrem nessas hipóteses abstratamente neles descritas. Diz-se que tais atos possuem "generalidade e abstração", ou, ainda, que eles têm "normatividade" – razão pela qual são também chamados de atos normativos.

No aspecto material – isto é, quanto a serem um conjunto de disposições gerais e abstratas – tais atos não diferem das leis. A diferença existente, fora o aspecto formal (a lei provém dos órgãos legislativos do Poder Legislativo e o ato administrativo geral emana de órgão ou entidade da administração pública), é a possibilidade de inaugurar o direito, de inovar o ordenamento jurídico: as leis podem inovar o direito, isto é, criar direitos e obrigações, ou modificar ou extinguir direitos e obrigações preexistentes; os atos administrativos gerais não podem inovar o direito, ou seja, teoricamente o seu conteúdo sempre está limitado ao conteúdo das leis, tendo eles a função de simplesmente dar a elas fiel execução, de assegurar a uniformidade no cumprimento das leis por parte dos agentes públicos. Pode-se afirmar que há uma diferença de hierarquia: os atos administrativos são subordinados às leis.

Os atos gerais são sempre discricionários, pelo menos quanto ao seu conteúdo. O conteúdo é limitado ao das leis às quais o ato se subordina, mas, como o ato não é mera reprodução da lei – ou seria inútil –, sempre há alguma margem de escolha para a administração.

Os atos gerais prevalecem sobre os individuais, significa dizer, a administração, na prática de atos individuais, é obrigada a observar os atos gerais pertinentes, por ela própria editados.

Os atos gerais podem ser revogados a qualquer tempo; caso a aplicação de um ato geral em um caso concreto tenha gerado direito adquirido para alguém, esse direito será mantido para a pessoa que já o adquiriu, mas isso não impede a revogação do ato geral. Afinal, o ato geral tem, potencialmente, um número ilimitado de destinatários, e a sua revogação evita que, doravante, ele incida sobre todos quantos poderiam vir a concretamente se enquadrar na hipótese abstratamente nele descrita. Conforme veremos adiante, os atos individuais é que, por terem destinatários certos, não podem ser revogados na hipótese de terem gerado direitos adquiridos para esses destinatários.

Exemplos de atos gerais são os decretos regulamentares, as instruções normativas, os atos declaratórios normativos, algumas resoluções editadas por agências

---

podem conferir discricionariedade à Administração, desde que se trate de conceitos de valor, que impliquem a possibilidade de apreciação do interesse público, em cada caso concreto, afastada a discricionariedade diante de conceitos de experiência ou de conceitos técnicos, que não admitem solução alternativa."

reguladoras, dentre muitos outros (a denominação utilizada pelos diferentes órgãos e entidades administrativos não é uniforme).

Os atos gerais necessitam ser publicados em meio oficial, porque se destinam a produzir efeitos externos. A publicação do ato é condição para sua eficácia. Cabe observar que alguns autores consideram que nessas situações em que a publicação de um ato administrativo é obrigatória, não se pode nem mesmo considerar o ato concluído (perfeito) enquanto ele não for publicado, ou seja, a publicação integraria o próprio ciclo de formação do ato. Desse modo, para tais autores, enquanto não publicado, o ato é não só ineficaz, mas também imperfeito.

Conforme lição da Prof.ª Maria Sylvia Di Pietro, os atos administrativos gerais não podem ser objeto de impugnação direta por meio de recursos administrativos, isto é, não será provido um recurso administrativo cujo pedido seja o reconhecimento da invalidade de um ato administrativo geral.

Afirma ainda a referida autora que um ato geral não pode ser **diretamente** atacado, mediante ação judicial, pela pessoa a quem o ato tenha sido aplicado, isto é, não será acolhida a ação judicial em que o autor apresente como pedido a anulação de um ato geral. O autor pode pedir a anulação de um ato individual, praticado em cumprimento a um ato geral, alegando, em sua petição, a ilegalidade ou inconstitucionalidade do ato geral, e pedindo, **incidentalmente**, o afastamento da aplicação do ato geral ao seu caso concreto. O que não é possível é ajuizar uma ação em que o pedido seja, diretamente, a anulação de um ato geral.

Cumpre anotar que um ato administrativo geral pode ser impugnado mediante ação direta de inconstitucionalidade, pelos órgãos e autoridades constitucionalmente legitimados, desde que sejam atendidos os pressupostos dessa ação.

Os **atos administrativos individuais** são aqueles que possuem destinatários determinados, produzindo diretamente efeitos concretos, constituindo ou declarando situações jurídicas subjetivas. O ato individual pode ter um único destinatário (ato singular) ou diversos destinatários (ato plúrimo), desde que **determinados**.

São exemplos de atos individuais a nomeação de aprovados em um concurso público (ato plúrimo), a exoneração de um servidor (ato singular), uma autorização de uso de bem público, um decreto declarando a utilidade pública de um imóvel para fins de desapropriação etc.

Os atos individuais que devam produzir efeitos externos, ou que onerem o patrimônio público, necessitam ser publicados em meio oficial. Caso não exista necessidade de dar conhecimento do ato individual ao público em geral, pode a administração simplesmente providenciar a intimação do ato ao destinatário, como ocorre, por exemplo, no caso em que a administração dá ciência ao administrado da decisão que ela proferiu em um recurso administrativo por ele interposto, quando a decisão não acarreta ônus ao erário, nem tem repercussão para outros administrados.

Os atos individuais podem ser vinculados ou discricionários. A revogação de um ato individual somente é possível se ele não tiver gerado direito adquirido para o seu destinatário.

Os atos individuais admitem impugnação direta por meio de recursos administrativos, bem como de ações judiciais, tais quais o mandado de segurança, a ação popular, as ações ordinárias etc.

5.3. Atos internos e externos

Atos administrativos internos são aqueles destinados a produzir efeitos somente no âmbito da administração pública, atingindo diretamente apenas seus órgãos e agentes.

Como, em princípio, não obrigam nem geram direitos para os administrados, os atos internos não necessitam ser publicados em meio oficial para vigerem e produzirem efeitos, bastando a comunicação direta aos destinatários ou a utilização de outros meios de divulgação interna. Deve-se observar, entretanto, que, qualquer espécie de ato, quando onere o patrimônio público, exige publicação, como condição para a regular produção de seus efeitos.

Os atos internos, em regra, não geram direitos adquiridos para seus destinatários e podem ser revogados a qualquer tempo pela administração que os expediu.

São exemplos de atos internos: uma portaria de remoção de um servidor, as ordens de serviço em geral, uma portaria de criação de grupos de trabalho, um memorando indicando determinado servidor para participar de um curso de aperfeiçoamento promovido pela própria administração etc.

Os **atos administrativos externos** são aqueles que atingem os administrados em geral, criando direitos ou obrigações gerais ou individuais, declarando situações jurídicas etc.

São também considerados atos externos os que, embora não destinados aos administrados, devam produzir efeitos fora da repartição que os editou, ou onerem o patrimônio público, casos em que é imprescindível a observância do princípio da publicidade.

É condição de vigência e de eficácia dos atos externos a publicação em meio oficial, antes da qual evidentemente não pode ser presumido o seu conhecimento nem exigida a sua observância. Se não for necessário que o ato externo seja conhecido do público em geral, pode a administração limitar-se a providenciar a ciência do ato diretamente ao destinatário, como ocorre no caso de uma intimação que o fisco faça a um contribuinte, para este comparecer à repartição a que esteja circunscrito, a fim de prestar esclarecimentos sobre as informações constantes de sua declaração de rendimentos.

São exemplos de atos externos todos os atos normativos, a nomeação de candidatos aprovados em um concurso público, um edital de licitação etc.

5.4. Ato simples, complexo e composto

Ato administrativo simples é o que decorre de uma única manifestação de vontade de um único órgão, unipessoal (ato simples singular) ou colegiado (ato simples colegiado). O ato simples está completo com essa só manifestação, não dependendo de outras, concomitantes ou posteriores, para que seja considerado perfeito. Não depende, tampouco, de manifestação de outro órgão ou autoridade para que possa iniciar a produção de seus efeitos.

O principal cuidado é observar que **não interessa o número de pessoas que pratica o ato**, mas sim a **expressão de vontade**, que **deve ser unitária**. Portanto, são **simples** tanto o ato de exoneração de um servidor ocupante de um cargo em comissão (ato singular), ou a decisão de um processo administrativo hierárquico proferida por um Superintendente Regional da Receita Federal do Brasil (ato singular), quanto um acórdão do Conselho Administrativo de Recursos Fiscais (CARF), "tribunal administrativo" integrante da estrutura do Ministério da Fazenda (ato colegiado).

Ato administrativo complexo é o que necessita, para sua formação, da manifestação de vontade de dois ou mais diferentes órgãos ou autoridades. Significa que o ato não pode ser considerado perfeito (completo, concluído, formado) com a manifestação de um só órgão ou autoridade.

Esse fato possui importância porque o ato só poderá ser objeto de questionamento administrativo ou judicial depois de já terem sido expressas todas as manifestações necessárias à sua formação; antes disso o ato não pode ser atacado, uma vez que ainda não está formado (é um ato imperfeito). Os prazos para impugnação administrativa ou judicial também não começam a correr enquanto não estiver perfeito (completo) o ato.

Deve-se diferenciar o ato complexo do procedimento administrativo. Este constitui uma série encadeada de atos administrativos (diversos atos perfeitos, concluídos) visando ao atingimento de um objetivo final ou à prática de um ato final, que finaliza o procedimento.

A principal diferença reside no fato de poderem os atos intermediários do procedimento ser objeto de impugnação administrativa ou judicial. Isso ocorre exatamente porque os atos que integram um procedimento são, por si sós, atos perfeitos (completos, terminados, concluídos). Exemplos de procedimentos administrativos são as licitações públicas e os concursos públicos para ingresso em cargos ou empregos públicos.

No caso do ato complexo, temos um único ato, e não uma série de atos encadeados. Além disso, o ato complexo não se aperfeiçoa e não está apto a gerar direitos e obrigações enquanto não manifestadas as vontades distintas necessárias à sua formação. Por essa razão, só pode ser atacado depois que essas vontades, todas elas, já tiverem sido manifestadas.

Exemplo de ato complexo é a concessão de determinados regimes especiais de tributação que dependem de aprovação por parte de diferentes ministérios, como ocorre no caso das reduções tributárias aplicáveis a alguns bens de informática, que dependem de aprovação, cumulativa, do Ministério da Ciência, Tecnologia e Inovação e do Ministério da Fazenda.

Igualmente, a redução de alíquotas de IPI para alguns refrigerantes depende de aprovação integrada do Ministério da Agricultura e Pecuária e do Ministério da Fazenda (as manifestações não são simultâneas; o regime especial de redução de alíquotas somente passa a existir quando exaradas ambas as manifestações).

Cap. 8 • ATOS ADMINISTRATIVOS

Também alguns regimes especiais relativos a documentos fiscais somente se aperfeiçoam com a edição de um ato concessivo do fisco estadual e outro da Secretaria Especial da Receita Federal do Brasil, ambos integrados e indispensáveis à existência do regime.

Um último exemplo são os atos normativos editados conjuntamente por órgãos diferentes da administração federal, a exemplo das portarias conjuntas ou instruções normativas conjuntas da Secretaria Especial da Receita Federal do Brasil e da Procuradoria-Geral da Fazenda Nacional.

Ato administrativo composto é aquele cujo conteúdo resulta da manifestação de um só órgão, mas a sua edição ou a produção de seus efeitos depende de um **outro ato** que o aprove. A função desse outro ato é meramente instrumental: autorizar a prática do ato principal, ou conferir eficácia a este. O ato acessório ou instrumental em nada altera o conteúdo do ato principal.

Não é a conjugação de vontades diversas que dá existência ao ato composto. Seu conteúdo é formado pela manifestação de uma só vontade. Ocorre que se faz necessária uma outra manifestação para que o ato possa ser praticado ou para que possa produzir os efeitos que lhe são próprios. Esse outro ato pode ser posterior ou prévio ao principal. Conforme o caso, esse ato acessório recebe a denominação de aprovação, autorização, ratificação, visto, homologação, dentre outras.

Cabe observar que, na hipótese de o ato acessório ser prévio, sua função não é simplesmente possibilitar a produção de efeitos do ato principal; mais do que isso, como o ato acessório prévio é pressuposto do principal – vale dizer, é condição imprescindível para a prática do ato principal –, sem aquele este nem sequer chega a existir.

É importante ressaltar que, enquanto no **ato complexo** temos **um único ato**, integrado por manifestações homogêneas de vontades de órgãos diversos, no **ato composto** existem **dois atos**, um principal e outro acessório ou instrumental.

Esse ato acessório tem por conteúdo a aprovação do ato principal, tão somente: quando a aprovação é prévia, sua função é autorizar a prática do ato principal; quando posterior, a aprovação tem a função de conferir eficácia, exequibilidade ao ato principal.

Para a Prof.ª Maria Sylvia Di Pietro, seriam exemplos de atos compostos as nomeações de autoridades ou dirigentes de entidades da administração sujeitas à aprovação prévia pelo Poder Legislativo. A autora cita como exemplo de ato composto a nomeação do Procurador-Geral da República, precedida de aprovação pelo Senado. O ato de nomeação seria o ato principal, editado pelo Presidente da República, e o ato de aprovação, que nesse caso é prévia, seria o ato acessório ou instrumental, praticado pelo Senado Federal. Nas palavras da eminente administrativista, "a nomeação é o ato principal, sendo a aprovação prévia o ato acessório, pressuposto do principal".

Concluímos que a mesma lógica vale para todas as nomeações de dirigentes de entidades da administração pública em que a Constituição ou a lei exija aprovação legislativa prévia, conforme previsto, por exemplo, no art. 52, III, "d" e "f", da Carta de 1988.

5.5. Atos de império, de gestão e de expediente

Os **atos de império**, também chamados "atos de autoridade", são aqueles que a administração impõe coercitivamente aos administrados, criando para eles obrigações ou restrições, de forma unilateral e independentemente de sua anuência. Têm como fundamento o princípio da supremacia do interesse público; sua prática configura manifestação do denominado "poder extroverso" ou "poder de império".

Tais atos são praticados de ofício (*ex officio*) pela administração, isto é, sem que tenham sido requeridos ou solicitados pelo administrado. A observância dos atos de império é obrigatória para os seus destinatários, sem prejuízo, evidentemente, da possibilidade de serem questionados judicialmente.

São exemplos de atos de império a desapropriação de um bem privado, a interdição de um estabelecimento comercial, a apreensão de mercadorias, a imposição de multas administrativas etc.

Os **atos de gestão** são praticados pela administração na qualidade de gestora de seus bens e serviços, sem exercício de supremacia sobre os particulares. São típicos das atividades de administração de bens e serviços em geral, assemelhando-se aos atos praticados pelas pessoas privadas. Deve-se notar que tais atos não têm fundamento direto no princípio da supremacia do interesse público, mas nem por isso deixam de ser realizados sob regime jurídico-administrativo, uma vez que na sua prática está a administração sujeita ao princípio da indisponibilidade do interesse público.

São exemplos de atos de gestão a alienação ou a aquisição de bens pela administração, o aluguel a um particular de um imóvel de propriedade de uma autarquia, os atos negociais em geral, como a autorização ou a permissão de uso de um bem público etc.

Os **atos de expediente** são atos internos da administração pública, relacionados às rotinas de andamento dos variados serviços executados por seus órgãos e entidades administrativos. São caracterizados pela **ausência de conteúdo decisório**. Conforme ensina Hely Lopes Meirelles, tais atos não podem vincular a administração em outorgas e contratos com os administrados, nomear ou exonerar servidores, criar encargos ou direitos para os particulares ou servidores.

São exemplos de atos de expediente o encaminhamento de documentos à autoridade que possua atribuição de decidir sobre seu mérito, a formalização, o preparo e a movimentação de processos, o recebimento de documentos e petições protocolados pelos particulares; o cadastramento de um processo nos sistemas informatizados de um órgão público etc.

Em nossa opinião, a classificação dos atos administrativos exposta neste tópico – de império, de gestão e de expediente – não tem, hoje, utilidade prática, embora ainda costume aparecer nos livros didáticos tradicionais.

A distinção entre atos de império e atos de gestão teve importância na época em que vigorava a teoria da **dupla personalidade do Estado**, segundo a qual este seria pessoa jurídica de direito público quando praticava atos de império e pessoa jurídica de direito privado quando praticava atos de gestão.

Cap. 8 • ATOS ADMINISTRATIVOS

Mais relevante: somente os atos de gestão, se causassem dano aos particulares, poderiam acarretar responsabilidade civil para o Estado, mas não os atos de império, porque traduziriam manifestação da própria soberania.

Tanto a teoria da personalidade dupla do Estado quanto a exclusão de responsabilidade civil pelos atos de império encontram-se há muito superadas, têm valor meramente histórico.

5.6. Ato-regra, ato-condição e ato subjetivo

O célebre tratadista francês Léon Duguit formulou uma classificação dos atos jurídicos em geral que aparece, por vezes, em obras voltadas ao direito administrativo. Embora seja tradicional, a classificação de Duguit não é aceita – ou não é adotada – por grande parte dos juristas brasileiros, e mesmo os que a mencionam discrepam significativamente na descrição das respectivas categorias de atos.

Simplificadamente, pode-se afirmar que, para Léon Duguit, os atos jurídicos tripartem-se nas seguintes categorias (frise-se que não se trata de uma classificação exclusiva de atos administrativos, mas sim de atos jurídicos em geral):

a) **ato-regra**: são emanados dos órgãos competentes para proferirem comandos gerais e abstratos, não destinados a qualquer indivíduo determinado. São exemplos os atos administrativos normativos em geral;

b) **ato-condição**: é o ato praticado por um indivíduo (pessoa física ou jurídica), que o insere, voluntariamente ou **não**, em um determinado regime jurídico preestabelecido, sem que o indivíduo possa proferir qualquer manifestação de vontade sobre as características desse regime jurídico. O ato praticado pelo indivíduo acarreta automaticamente um conjunto de consequências jurídicas obrigatórias, pretendesse, ou não, o sujeito que praticou o ato sujeitar-se a essas consequências jurídicas. São exemplos o ato em que o servidor público toma posse e o casamento. O ato-condição faz o indivíduo que o pratica sujeitar-se a um conjunto de normas preestabelecidas e alteráveis unilateralmente (mediante a alteração das normas jurídicas que estabelecem o respectivo regime jurídico), sem que ele possa modificá-las, nem invocar direito adquirido a sua manutenção;

c) **ato subjetivo** (ou ato individual): é o ato praticado por um indivíduo (pessoa física ou jurídica), em que este possui razoável liberdade para estabelecer as características do vínculo jurídico a que se submete; nesses atos, a vontade do indivíduo pode, nos limites da lei, configurar os efeitos jurídicos da relação em que ele pretende inserir-se. São exemplos os contratos regidos pelo direito privado, nos quais haja cláusulas dispositivas, passíveis de regulação livre pelos contratantes. Os atos subjetivos geram direito adquirido à manutenção da situação jurídica por eles estabelecida (no caso dos contratos, traduzido no brocardo *pacta sunt servanda*).

No intuito de reforçar a exposição que se vem de fazer, transcrevemos a lição do Prof. Celso Antônio Bandeira de Mello acerca das definições pertinentes à classificação de Duguit:

(1) Atos-regra – os que criam situações gerais, abstratas e impessoais e por isso mesmo a qualquer tempo modificáveis pela vontade de quem os produziu, sem que se possa opor direito adquirido à persistência destas regras. Exemplo: o regulamento.

(2) Atos subjetivos – os que criam situações particulares, concretas e pessoais, produzidas quanto à formação e efeitos pela vontade das partes, sendo imodificáveis pela vontade de uma só delas e gerando, então, direitos assegurados à persistência do que dispuseram. Exemplo: o contrato.

(3) Atos-condição – os que alguém pratica incluindo-se, isoladamente ou mediante acordo com outrem, debaixo de situações criadas pelos atos-regra, pelo quê sujeitam-se às eventuais alterações unilaterais delas. Exemplo: o ato de aceitação de cargo público; o acordo na concessão de serviço público.

5.7. Ato constitutivo, extintivo, modificativo e declaratório

As expressões utilizadas para designar os atos relacionados neste tópico dizem respeito mais precisamente aos efeitos ou aos resultados obtidos com a sua prática; não se trata propriamente de uma classificação. Conforme os seus efeitos ou os resultados que deles decorram os atos podem receber as denominações abaixo expostas.

Ato constitutivo: é aquele que cria uma **nova** situação jurídica individual para seus destinatários, em relação à administração. Essa situação jurídica poderá ser o reconhecimento de um direito ou a imposição de uma obrigação ao administrado. O que importa é que o ato crie uma situação jurídica **nova**, como ocorre na concessão de uma licença, na nomeação de servidores, na aplicação de sanções administrativas etc.

Ato extintivo ou desconstitutivo: é aquele que põe fim a situações jurídicas individuais existentes. São exemplos a cassação de uma autorização de uso de bem público, a demissão de um servidor, a decretação de caducidade de uma concessão de serviço público etc.

Ato modificativo: é o que tem por fim alterar situações preexistentes, sem provocar a sua extinção. O ato modifica uma determinada situação jurídica a ele anterior, mas **não** suprime direitos ou obrigações. São exemplos a alteração de horários numa dada repartição, a mudança de local da realização de uma reunião etc.

Ato declaratório: é aquele que apenas afirma a existência de um fato ou de uma situação jurídica anterior a ele. O ato declaratório atesta um fato, ou reconhece um direito ou uma obrigação **preexistente**; confere, assim, certeza jurídica quanto à existência do fato ou situação nele declarada. Essa espécie de ato, frise-se, **não** cria situação jurídica **nova**, tampouco modifica ou extingue uma situação existente.

São exemplos, dentre outros, a expedição de uma certidão de regularidade fiscal; a emissão de uma declaração de tempo de serviço ou de contribuição previdenciária, para o fim de averbação nos registros funcionais de um servidor; o atestado, emitido por junta médica oficial, de que o servidor apresenta patologia incapacitante para

Cap. 8 • ATOS ADMINISTRATIVOS

o desempenho das atribuições de seu cargo, caracterizando invalidez para efeito de aposentadoria.

Por fim, consideramos oportuno mencionar que alguns autores, ao tratarem da classificação dos atos administrativos quanto a seus efeitos, que acabamos de apresentar, falam, ainda, em "**atos enunciativos**". Na acepção restrita por tais autores adotada, atos administrativos enunciativos seriam tão somente os atos que contêm um juízo de valor, uma opinião, uma sugestão ou uma recomendação de atuação administrativa. São exemplo típico de atos com esse conteúdo os pareceres. O que caracteriza os atos enunciativos assim descritos é não produzirem eles, por si sós, efeitos jurídicos quaisquer, dependendo sempre de um outro ato, de conteúdo decisório, que eventualmente adote como razão de decidir a fundamentação expendida no ato enunciativo.

A nosso ver, os atos enunciativos, nessa acepção restrita, não devem ser arrolados na classificação exposta neste tópico, exatamente porque eles, por si mesmos, não produzem nenhum efeito jurídico.

5.8. Ato válido, nulo, anulável e inexistente

Ato válido é o que está em conformidade com o ordenamento jurídico. É o ato que observou as exigências legais e infralegais impostas para que seja regularmente editado, bem como os princípios jurídicos orientadores da atividade administrativa. O ato válido respeitou, em sua formação, todos os requisitos jurídicos relativos à competência para sua edição, à sua finalidade, à sua forma, aos motivos determinantes de sua prática e ao seu objeto. Por outras palavras, é o ato que não contém qualquer vício, qualquer irregularidade, qualquer ilegalidade.[2]

Ato nulo é aquele que nasce com vício insanável, normalmente resultante da ausência de um de seus elementos constitutivos, ou de defeito substancial em algum deles (por exemplo, o ato com motivo inexistente, o ato com objeto não previsto em lei e o ato praticado com desvio de finalidade). O ato nulo está em desconformidade com a lei ou com os princípios jurídicos (é um ato ilegal ou ilegítimo) e seu defeito não pode ser convalidado (corrigido). O ato nulo não pode produzir efeitos válidos entre as partes.

Em relação à produção de efeitos pelo ato nulo, merecem análise os pontos a seguir expostos.

---

[2] O Prof. Celso Antônio Bandeira de Mello classifica atos administrativos **válidos** que contenham defeitos materialmente irrelevantes, ou que desatendam a normas ordinatórias da administração cuja função seja de mera padronização interna (regras que "não têm qualquer relevância em relação à segurança e ao conteúdo do ato, à publicidade dele ou às garantias do administrado"), como "**atos irregulares**". Cita como exemplo a utilização de um nome incorreto para designar determinado ato administrativo, desde que essa troca de nomes não tenha qualquer consequência jurídica legalmente prevista. A nosso ver, o uso do vocábulo "irregular" para fazer referência a um **ato válido** deve ser evitado, sob pena de gerar grande confusão semântica, porquanto uma das acepções dessa palavra, nos dicionários, é, exatamente, a de algo contrário à lei ou aos regulamentos. Em suma, parece-nos uma contradição intrínseca, em linguagem corrente, falar em um "ato válido irregular"!

Em primeiro lugar, cumpre frisar que, em decorrência dos atributos da presunção de legitimidade e da imperatividade, todo e qualquer ato administrativo, legítimo ou eivado de vícios, tem força obrigatória desde a sua expedição, produzindo normalmente os seus efeitos e devendo ser observado até que – se for o caso – venha a ser anulado, pela própria administração, de ofício ou provocada, ou pelo Poder Judiciário, se provocado.

O outro ponto a destacar concerne ao fato de que a anulação retira o ato do mundo jurídico com eficácia retroativa (*ex tunc*), desfazendo os efeitos já produzidos pelo ato e impedindo que ele permaneça gerando efeitos. Esses efeitos da anulação, entretanto, aplicam-se às partes diretamente envolvidas no ato (emissor e destinatários diretos). Os efeitos que o ato eventualmente já tenha produzido para **terceiros** de boa-fé são mantidos, não são desconstituídos; por outras palavras, são ressalva à eficácia retroativa da anulação do ato administrativo os efeitos **já produzidos** perante **terceiros** de boa-fé (pessoas que não foram parte no ato, mas foram alcançadas pelos efeitos do ato, e desconheciam o seu vício).

Como exemplo, tome-se uma situação em que tenha havido vício insanável no ato de posse de um servidor público (o servidor foi empossado em um cargo privativo de bacharel em direito, mas não era graduado, apresentou um diploma falso, suponha-se). Verificada posteriormente a ilegalidade, a administração ou o Poder Judiciário deverão anular o ato de posse, desfazendo, para as partes (servidor e administração), retroativamente, os vínculos funcionais nascidos daquele ato.

A anulação não alcançará, porém, os atos praticados pelo servidor que tenham terceiros de boa-fé como destinatários. Assim, se o servidor, enquanto estava exercendo a função do cargo que ocupava – embora o fizesse com base em um vínculo nulo (estava na condição de "funcionário de fato") –, expediu uma certidão para Fulano, que desconhecia a ilegalidade da situação funcional do servidor, a certidão é válida e produzirá todos os efeitos que lhe são próprios.

Outro exemplo seria uma importação de bens para revenda, realizada por uma grande rede de lojas de comércio varejista, em que tenha ocorrido vício insanável no despacho aduaneiro de importação. Imagine-se que, um mês depois do despacho, seja constatada pela administração a ilegalidade. Nesse caso, obrigatoriamente o despacho aduaneiro terá que ser anulado, ou seja, toda a importação foi nula e os efeitos dela decorrentes – inclusive a entrada das mercadorias no Brasil – têm que ser desfeitos. Entretanto, supondo que alguns dos produtos importados já tenham sido vendidos a consumidores finais, que desconheciam por completo o vício (compraram o produto em lojas de uma grande rede, com emissão de nota fiscal, sem nenhum elemento que indicasse que a entrada dos bens no País foi irregular), essas aquisições não serão desfeitas e a propriedade dos bens permanecerá com os compradores, terceiros de boa-fé.

Cumpre notar que nos exemplos apresentados não se pode falar em um "direito adquirido" à manutenção de um ato nulo. Não se trata disso, porque o ato viciado é, sim, anulado. Também não se pode invocar "direito adquirido", a fim de obter algum efeito que o ato ainda não tenha produzido até o momento de sua anulação. Depois de anulado, o ato não mais originará efeitos, descabendo cogitar a invocação

Cap. 8 • ATOS ADMINISTRATIVOS

de "direitos adquiridos" visando a obter efeitos que o ato não gerou antes de sua anulação. O que ocorre é que eventuais efeitos **já produzidos** perante terceiros de boa-fé, antes da anulação do ato, serão mantidos. Mas serão mantidos esses efeitos, e só eles, não o ato em si.

Ato inexistente é aquele que possui apenas aparência de manifestação de vontade da administração pública, mas, em verdade, não se origina de um agente público, mas de alguém que se passa por tal condição, como o usurpador de função.

Imagine-se um médico sem qualquer vínculo com a administração pública que, para fazer um "favor" solicitado por um amigo, titular de um cargo público privativo de médico em um hospital federal, "substitui" este no dia de seu plantão, trabalhando em seu lugar. O médico "substituto", nesse exemplo, está na condição de usurpador de função. Caso ele pratique atos com aparência de atos administrativos, serão eles atos inexistentes (assinar um termo de recebimento de determinado material cirúrgico adquirido pelo hospital, por exemplo).

A principal diferença entre um ato nulo e um ato inexistente é que nenhum efeito que este tenha produzido pode ser validamente mantido, nem mesmo perante terceiros de boa-fé.

É verdade que, no exemplo elaborado acima, o Estado poderia ser condenado a indenizar o particular que eventualmente tivesse sofrido prejuízo em decorrência do ato praticado pelo usurpador de função, se o particular ajuizasse uma ação cível de reparação de danos.

Mas a indenização não é um efeito do ato inexistente, em si mesmo considerado, e sim uma consequência de uma omissão estatal culposa que possibilitou uma situação geradora de um dano ao particular. A indenização não é um efeito próprio do ato do usurpador de função, mas sim a consequência jurídica da omissão culposa da administração pública, que deixou de cumprir o seu dever de vigilância (culpa *in vigilando*), possibilitando a situação irregular (um usurpador de função atuando nas dependências de um hospital público) que ocasionou para o particular um dano.

Cabe registrar que, para o Prof. Celso Antônio Bandeira de Mello, também são atos inexistentes os atos cujos objetos sejam juridicamente impossíveis. Seria exemplo uma ordem para a prática de um crime. Por exemplo, uma ordem do delegado de polícia determinando que um agente policial torture um preso. O autor enfatiza que, no caso dos atos inexistentes, "uma vez proclamado o vício em que incorreram, em nenhuma hipótese são ressalvados efeitos pretéritos que hajam produzido".

Outra distinção relevante entre o ato nulo e o ato inexistente é que este não tem prazo para que a administração ou o Judiciário declare a sua inexistência e desconstitua os efeitos que ele já produziu, vale dizer, constatada, **a qualquer tempo**, a prática de um ato inexistente, será declarada a sua inexistência e serão **desconstituídos os efeitos** produzidos por esse ato. Diferentemente, a anulação, regra geral, tem prazo para ser realizada. Na esfera federal, os atos administrativos eivados de vício que acarrete a sua nulidade, quando favoráveis ao destinatário, têm o prazo de cinco anos para ser anulados, salvo comprovada má-fé (Lei 9.784/1999, art. 54).

Ato anulável é o que apresenta defeito sanável, ou seja, passível de **convalidação** pela própria administração que o praticou, desde que ele não seja lesivo ao interesse

490 DIREITO ADMINISTRATIVO DESCOMPLICADO • *Marcelo Alexandrino & Vicente Paulo*

público, nem cause prejuízo a terceiros. São sanáveis o vício de competência quanto à pessoa, exceto se se tratar de competência exclusiva, e o vício de forma, a menos que se trate de forma exigida pela lei como condição essencial à validade do ato.

Na esfera federal, a convalidação de atos administrativos é disciplinada no art. 55 da Lei 9.784/1999, que será estudado adiante. Convém observar que essa lei não utiliza, em ponto algum, o termo "ato anulável", mas tal expressão está, hoje, consagrada pela doutrina administrativista.

Cabe registrar, ainda, que a citada lei considera uma decisão discricionária da administração pública a convalidação de um ato anulável, vale dizer, caso a administração entenda mais conveniente anular o ato, poderá anulá-lo, em vez de convalidá-lo. Decidindo pela anulação, esta se sujeitará às mesmas regras aplicáveis àquela que atinge um ato nulo, e terá idênticos efeitos.

5.9. Ato perfeito, eficaz, pendente e consumado

A classificação que será analisada neste tópico diz respeito à formação e à possibilidade de produção de efeitos do ato administrativo. Sob esse prisma, o ato pode ser: perfeito, imperfeito, eficaz, ineficaz, pendente e consumado.

Ato perfeito é aquele que está pronto, terminado, que já concluiu o seu ciclo, suas etapas de formação; tem-se um ato perfeito quando já se esgotaram todas as fases necessárias a sua produção. Seu processo de formação está concluído. A perfeição diz respeito ao processo de elaboração do ato: está perfeito o ato em que todas as etapas de seu processo de produção foram concluídas.

É importante distinguir o ato perfeito do ato válido.

A **perfeição** está relacionada com a finalização das etapas de formação do ato, com o término das fases de sua produção, previstas na lei como necessárias a que o ato se considere pronto, concluído, formado. Por exemplo, um ato de homologação de um concurso público que tenha sido escrito, motivado, assinado e publicado na imprensa oficial é um ato **perfeito**, pois já completou sua formação, já passou por todas as fases integrantes de sua produção.

A **validade** diz respeito à conformidade do ato com a lei, vale dizer, para o ato ser válido os seus elementos devem estar de acordo com as exigências de legalidade e legitimidade. No exemplo acima, o ato, já perfeito, de homologação de um concurso público, será também válido se tiver sido editado por agente público com competência legal para tanto, sem desvio de finalidade, se a motivação descrever fatos existentes e enquadrá-los corretamente em hipóteses normativas pertinentes ao ato administrativo editado, se a publicação tiver ocorrido na forma exigida em lei etc. Caso algum desses elementos tenha contrariado a lei ou princípios jurídicos, o ato, embora perfeito (concluído), não será válido (será nulo ou anulável, dependendo do vício e das circunstâncias).

A partir dessas considerações, podemos observar que o ato administrativo pode ser **perfeito**, por ter completado o seu ciclo de formação, mas ser **inválido**, por estar em desacordo com a lei ou os princípios jurídicos. Todo ato que teve sua formação concluída é perfeito, seja ele válido ou inválido. O que não se pode é dizer

Cap. 8 • ATOS ADMINISTRATIVOS   491

se um ato é válido ou inválido, enquanto ele não estiver concluído. A rigor, um ato imperfeito, isto é, não concluído, nem mesmo existe, porque sua formação não está completa. Não seria cabível, portanto, analisar a validade ou a invalidade de um ato que ainda não existe.

Enfim, um ato perfeito pode ser válido ou inválido; por outro lado, se alguém afirma que um ato é válido ou inválido, concluímos, com certeza, que esse ato é perfeito, porque só um ato que já esteja completamente formado (esteja perfeito) pode ser avaliado quanto a sua conformidade, ou não, com a lei e os princípios jurídicos.

Ato imperfeito é aquele que **não** completou o trâmite necessário a sua formação, como a minuta de um parecer ainda não assinado, o voto proferido pelo conselheiro relator em uma decisão de processo administrativo em julgamento no Conselho Administrativo de Recursos Fiscais (CARF) do Ministério da Fazenda, ou um ato não publicado, caso a publicação seja exigida por lei. Rigorosamente, o ato imperfeito, por estar **incompleta** a sua formação, ainda nem existe como ato administrativo.

Ato eficaz é aquele que já está disponível para a produção de seus efeitos próprios; a produção de efeitos não depende de evento posterior, como uma condição suspensiva, um termo inicial ou um ato de controle (aprovação, homologação, ratificação, visto etc.).

Cumpre observar que um ato **inválido** pode ser **eficaz**. Se o ato já completou toda a sua formação, ele é um ato perfeito; caso não esteja sujeito a qualquer condição ou termo, estará disponível, desde logo, para produzir os seus efeitos, ou seja, será um ato eficaz. Esse fato independe de ele ser um ato válido ou inválido, porque, em razão dos atributos da presunção de legitimidade e da imperatividade, o ato administrativo tem possibilidade de produzir os seus efeitos mesmo que contenha vícios, cabendo ao interessado em afastar a aplicação do ato impugná-lo, administrativa ou judicialmente, sendo seu o ônus de provar o vício e obter a sua anulação, ou pelo menos um provimento cautelar que suspenda provisoriamente a aplicação do ato.

Ato pendente é aquele que, embora perfeito, está sujeito a condição (evento futuro e incerto) ou termo (evento futuro e certo) para que comece a produzir efeitos. O ato pendente é um ato perfeito que ainda não está apto a produzir efeitos, por não se haver implementado o termo ou a condição a que está sujeito.

O **ato pendente** não pode ser confundido com o **ato imperfeito**. O ato imperfeito, conforme visto, é aquele que não completou o seu ciclo de formação, em que ainda falta alguma fase de sua elaboração. O ato pendente, ao contrário, sempre é um ato perfeito, completamente formado, mas que só poderá iniciar a produção de seus efeitos quando ocorrer o evento futuro que subordina a sua eficácia (termo ou condição).

Ato consumado (ou exaurido) é o que já produziu todos os efeitos que estava apto a produzir, que já esgotou sua possibilidade de produzir efeitos.

Por exemplo, a autorização para a realização de uma passeata torna-se um ato consumado depois que ela já foi realizada. Outro exemplo de ato consumado: caso determinada editora queira participar da Feira do Livro de Porto Alegre, necessitará, para poder montar o seu estande, de um ato administrativo de "autorização de uso de bem público", porque a feira acontece no passeio público do centro da cidade. Se a editora obtiver esse ato administrativo, ele produzirá todos os efeitos que poderia produzir durante os dias de realização do evento; a editora poderá ocupar, com o seu estande, determinado espaço do passeio público. Imediatamente depois de terminada a feira, entretanto, o ato de "autorização de uso de bem público" passará a ser um ato consumado, exaurido; isso ocorre automaticamente, sem necessidade de edição de qualquer outro ato administrativo para que a condição de ato consumado seja declarada.

Ato ineficaz é expressão genérica aplicável a qualquer ato que não tenha possibilidade efetiva de produzir efeitos atuais. Um ato pode ser ineficaz porque ainda não está formado, ou seja, todo ato imperfeito é ineficaz. Pode, também, um ato ser ineficaz porque já foi extinto. Por exemplo, um ato revogado é ineficaz a partir da sua revogação. Ainda, são ineficazes os atos exauridos (ou consumados), pois já produziram todos os efeitos que poderiam ter produzido, não têm mais possibilidade de produzir qualquer efeito. Por fim, o ato que, embora perfeito, depende de um evento futuro para que possa iniciar a produção de seus efeitos também é um ato ineficaz, vale dizer, todo ato pendente é ineficaz.

Exemplo dessa última hipótese: uma instrução normativa publicada na imprensa oficial no dia 5 de outubro de 2008, que contenha um artigo determinando sua entrada em vigor "no primeiro dia do mês seguinte ao de sua publicação", será um ato perfeito desde 5 de outubro de 2008, mas será um ato ineficaz até 31 de outubro de 2008, porque existe um termo (evento futuro e certo) que impede a produção imediata de seus efeitos. Note-se que, entre 5 e 31 de outubro, essa instrução normativa é classificada como ato pendente.

Em suma, os conceitos aqui tratados podem ser assim trabalhados: o ato **incompleto** em sua formação é um ato **imperfeito**; o ato **completo** em sua formação é um ato **perfeito**; esse ato perfeito pode ser **eficaz**, por estar **já disponível** para produzir **efeitos** (não está sujeito a termo ou condição), ou ser um ato **pendente**, por estar **sujeito a um termo ou condição** para que possa **iniciar** a produção de seus **efeitos** (o ato pendente é um ato ineficaz).

Para finalizar este tópico, reproduzimos um trecho bastante interessante, de lavra do Prof. Celso Antônio B. de Mello, acerca das relações entre os conceitos de perfeição, validade e eficácia:

> Nota-se, por conseguinte, que um ato pode ser:
>
> a) perfeito, válido e eficaz – quando, concluído o seu ciclo de formação, encontra-se plenamente ajustado às exigências legais e está disponível para deflagração dos efeitos que lhe são típicos;
>
> b) perfeito, inválido e eficaz – quando, concluído o seu ciclo de formação e apesar de não se achar conformado às exigências normativas, encontra-se produzindo os efeitos que lhe seriam inerentes;
>
> c) perfeito, válido e ineficaz – quando, concluído o seu ciclo de formação e estando adequado aos requisitos de legitimidade, ainda não se encontra disponível para a eclosão de seus efeitos típicos, por depender de um termo inicial ou de uma condição suspensiva,

Cap. 8 • ATOS ADMINISTRATIVOS

ou autorização, aprovação ou homologação, serem manifestados por uma autoridade controladora;

d) perfeito, inválido e ineficaz – quando, esgotado seu ciclo de formação, sobre encontrar-se em desconformidade com a ordem jurídica, seus efeitos ainda não podem fluir, por se encontrarem na dependência de algum acontecimento previsto como necessário para a produção dos efeitos (condição suspensiva ou termo inicial, ou aprovação ou homologação dependentes de outro órgão).

5.9.1. *Ato eficaz* versus *ato exequível*

O conceito de ato eficaz que adotamos nesta obra é o proposto pelo Prof. Celso Antônio Bandeira de Mello. Para o ilustre autor, ato eficaz é o que, desde já, pode produzir efeitos, é o que pode produzir efeitos atuais, imediatos, não depende de nenhum evento futuro para poder iniciar a produção de seus efeitos.

Optamos por essa definição de eficácia para os atos administrativos não só porque ela tem sido a que mais frequentemente aparece em questões de concursos públicos, mas, sobretudo, porque ela é a definição usualmente empregada em outros ramos do direito, aplicável à produção de efeitos de atos em geral, e é a que mais se harmoniza com o próprio significado lexical da palavra "eficácia" (os dicionários comuns atribuem ao vocábulo eficácia o significado de "capacidade de produzir efeitos").

Outros autores, entretanto, apresentam uma acepção bastante diversa para "ato eficaz". Para eles, "ato eficaz" é o ato que tem aptidão para produzir efeitos, mesmo que se trate de uma aptidão potencial, isto é, mesmo que o ato esteja sujeito a um termo ou condição e, por isso, não possa ainda iniciar a efetiva produção de seus efeitos.

Os administrativistas que perfilham essa definição de "ato eficaz" reservam a expressão "ato exequível" para o ato que pode, desde já, produzir os seus efeitos, que não está sujeito a termo ou condição para poder iniciar a produção de seus efeitos.

Conforme podemos constatar, os autores que adotam essas acepções de "ato eficaz" e "ato exequível" identificam os primeiros com os "atos perfeitos" (para eles, "ato perfeito" e "ato eficaz" são a mesma coisa) e os últimos com a definição que empregamos para "ato eficaz".

Em nossa opinião, soa quase como um contrassenso chamar de "ato eficaz" um ato que não possa ainda produzir os seus efeitos, porque está pendente do implemento de um termo ou condição. Equivale a dizer que o ato é eficaz, mas não pode produzir efeitos, pelo menos não agora – se estiver sujeito a uma condição (evento futuro e incerto) e esta nunca se implementar, o ato será eficaz mas jamais produzirá efeito algum! Ademais, essa concepção de "ato eficaz" torna inútil a definição de "ato perfeito", que é consagrada entre os administrativistas. De todo modo, fica o registro.

Vale repetir as definições que adotamos, pelas razões expostas acima, e que serão mantidas ao longo desta obra: "ato perfeito" é o ato concluído, inteiramente formado; "ato eficaz" é o ato perfeito que já pode produzir os seus efeitos, que não está com os seus efeitos suspensos, subordinados à ocorrência de um evento futuro; "ato pendente" é o ato perfeito que não pode ainda produzir efeitos, porque depende do implemento de um termo ou condição (todo ato pendente é ineficaz). Por fim, na acepção que perfilhamos, **"ato eficaz" é sinônimo de "ato exequível"**.

No intuito de reforçar o que acabamos de expor, transcrevemos, abaixo, a definição de eficácia do Prof. Celso Antônio Bandeira de Mello:

> O ato administrativo é eficaz quando está disponível para a produção de seus efeitos próprios; ou seja, quando o desencadear de seus efeitos típicos não se encontra dependente de qualquer evento posterior, como uma condição suspensiva, termo inicial ou ato controlador a cargo de outra autoridade.
>
> Eficácia, então, é a situação atual de disponibilidade para produção dos efeitos típicos, próprios, do ato.

6. REQUISITOS DE VALIDADE OU ELEMENTOS DOS ATOS ADMINISTRATIVOS

A doutrina administrativista, com base na lei que regula a ação popular (Lei 4.717/1965), costuma apontar cinco assim chamados requisitos ou elementos dos atos administrativos: competência, finalidade, forma, motivo e objeto.

Trata-se de requisitos de validade, pois o ato que desatenda a um deles, isto é, o ato praticado em desacordo com o que a lei estabeleça para cada requisito, será, em regra, um ato nulo (nos casos de vício nos elementos competência ou forma, dependendo do vício, o ato poderá ser apenas anulável, vale dizer, potencialmente apto a ser convalidado).

Analisemos cada um.

6.1. Competência

Podemos definir competência como o poder legal conferido ao agente público para o desempenho específico das atribuições de seu cargo. A doutrina também se refere, por vezes, ao elemento competência, simplesmente, como "sujeito". Somente a lei pode estabelecer competências administrativas; por essa razão, seja qual for a natureza do ato administrativo – vinculado ou discricionário – o seu elemento competência é sempre vinculado.

O Prof. Celso Antônio Bandeira de Mello trata com grande profundidade do tema "competências públicas", demonstrando que qualquer poder só é atribuído pelo ordenamento jurídico aos agentes públicos na exata medida em que seja necessário para que estes consigam atingir os fins cuja busca o mesmo ordenamento lhes impõe, sempre, em última análise, voltados à satisfação do interesse público. Por essa razão, o autor dá grande ênfase ao fato de que os agentes públicos têm, acima de tudo, **deveres** e que somente para o cumprimento desses deveres é que o direito lhes confere poderes ou prerrogativas especiais.

Assim sendo, o renomado administrativista propõe esta definição de competência, focada na obrigatoriedade do seu exercício: "círculo compreensivo de um plexo de deveres públicos a serem satisfeitos mediante o exercício de correlatos e demarcados poderes instrumentais, legalmente conferidos para a satisfação de interesses públicos".

Como consequência lógica dessa definição, o Prof. Celso Antônio Bandeira de Mello enumera as seguintes características da competência:

a) é de **exercício obrigatório** para os órgãos e agentes públicos;

b) é **irrenunciável**. Não obstante, o **exercício** da competência (e **não** a sua **titularidade**) pode ser parcial e temporariamente delegado, desde que atendidos os requisitos legais. A delegação, de toda sorte, não implica renúncia à competência pela autoridade delegante, que **permanece apta a exercer a função que delegou**, concorrentemente com o agente que recebeu a delegação. Ademais, a autoridade delegante poder revogar a delegação a qualquer tempo;

c) é **intransferível**. Valem, aqui, as mesmas observações feitas acima, acerca da delegação. A delegação **não** transfere a **titularidade** da competência, mas, tão somente, em caráter temporário, o **exercício** de parte das atribuições do agente delegante, o qual **permanece apto a exercê-las**, concomitantemente com o agente delegado, além de poder revogar a delegação a qualquer tempo;

d) é **imodificável** pela vontade do agente. Essa característica é corolário do fato de a competência decorrer da lei e ser sempre elemento vinculado. Como é a lei que estabelece as competências, somente mediante lei podem elas ser alteradas, e não por algum ato de vontade dos agentes administrativos;

e) é **imprescritível**, pois o não exercício da competência, não importa por quanto tempo, não a extingue, permanecendo ela sob a titularidade daquele a quem a lei a atribuiu.

Parte da doutrina menciona, ainda, a **improrrogabilidade** como atributo da competência, significando que o fato de um órgão ou agente incompetente praticar um ato não faz com que ele passe a ser considerado competente, salvo disposição legal expressa que assim estabeleça. Vale dizer, a competência não se estende automaticamente a órgão ou agente incompetente pela simples circunstância de haver ele praticado o ato, ou de ter sido ele o primeiro a tomar conhecimento dos fatos que ensejariam a prática desse ato.

6.1.1. Delegação e avocação de competências

Sobre delegação de competências e avocação, é importante conhecer o que dispõem os arts. 11 a 15 da Lei 9.784/1999. Embora essa lei, a rigor, seja endereçada apenas à esfera federal, ela incorporou boa parte daquilo que, há muito, estava sedimentado na doutrina pátria, e mesmo em nossa jurisprudência. Por essa razão, é acertado afirmar que, como regra, os demais entes federados observam normas similares às vazadas na Lei 9.784/1999.

DIREITO ADMINISTRATIVO DESCOMPLICADO • *Marcelo Alexandrino & Vicente Paulo*

Os seguintes aspectos concernentes à **delegação de competências** merecem destaque:

a) a regra geral é a possibilidade de delegação; esta só não é admitida se houver impedimento legal;

b) a delegação pode ser feita para órgãos ou agentes subordinados, mas ela também é possível **mesmo que não exista subordinação hierárquica;**

c) a delegação deve ser de apenas parte das competências do órgão ou agente, e não de todas as suas atribuições;

d) a delegação deve ser feita por **prazo determinado;**[3]

e) a delegação de determinada competência **não afasta** a possibilidade de seu exercício pela autoridade delegante, vale dizer, esta permanece apta a exercer, **concorrentemente** com o agente que recebeu a delegação, as atribuições que a ele delegou;

f) o ato de delegação pode conter ressalva de exercício da atribuição delegada, isto é, o exercício da atribuição pode não ser conferido em sua plenitude ao agente delegado, e sim com restrições ou ressalvas. Por exemplo, o delegante, se assim entender conveniente, pode enumerar casos ou circunstâncias em que o agente delegado necessite receber dele uma autorização prévia específica para exercer a atribuição delegada, ou mesmo enumerar situações ou hipóteses em que fique vedado o exercício da atribuição pelo delegado;

g) o ato de delegação é **discricionário** e **revogável a qualquer tempo** pela autoridade delegante;

h) o ato de delegação e sua revogação deverão ser **publicados no meio oficial;**

i) o ato praticado por delegação deve mencionar expressamente esse fato e é considerado adotado pelo delegado, ou seja, quem responde pelo ato é o agente que efetivamente o praticou (embora por delegação).

A Lei 9.784/1999, em seu art. 13, proíbe a delegação de competências para a prática de determinados atos administrativos. Isso não impede que outras leis estabeleçam outras vedações específicas, ou mesmo genéricas. São as seguintes as **proibições** enumeradas no art. 13 da Lei 9.784/1999:

> Art. 13. Não podem ser objeto de delegação:
>
> I – a edição de atos de caráter normativo;
>
> II – a decisão de recursos administrativos;
>
> III – as matérias de competência exclusiva do órgão ou autoridade.

---

[3] O art. 14, § 1.º, da Lei 9.784/1999 exige que o ato de delegação **especifique a duração dela**. Entendemos que, à luz dos princípios jurídicos que orientam a atuação administrativa, essa norma legal obsta a delegação de competências por prazo indeterminado. O Decreto-Lei 200/1967 nada preceitua sobre fixação de prazo na delegação de competências. O Decreto 83.937/1979, a pretexto de regulamentar as normas sobre delegação de competências contidas do DL 200/1967, estabeleceu, de forma autônoma, que o ato de delegação deve indicar, "quando for o caso, o prazo de vigência, que, na omissão, ter-se-á por indeterminado" (art. 2.º, *caput*). Nossa opinião é que esse dispositivo infralegal deixou de ser aplicável com a publicação da Lei 9.784/1999, por ser incompatível com o que ela determina no § 1.º do seu art. 14.

Quanto à **avocação**, muito menos detalhadas são as regras estabelecidas pela Lei 9.784/1999. No único dispositivo em que cuida da matéria (art. 15), afirma a lei, tão somente, que "será permitida, em caráter excepcional e por motivos relevantes devidamente justificados, a avocação temporária de competência atribuída a órgão hierarquicamente inferior".

A **avocação** é um **ato discricionário** mediante o qual o superior hierárquico chama para si, temporariamente, o **exercício** (e não a titularidade) de determinada competência originariamente pertencente a um agente público a ele **subordinado**. Vale dizer, o superior hierárquico traz para si, por meio de um **ato administrativo**, o exercício temporário de uma competência que a **lei** confere ao seu subordinado. Somente é possível ocorrer a avocação quando há relação de **hierarquia** entre os órgãos ou agentes envolvidos, conforme explicita a Lei 9.784/1999.

A avocação deve ser medida **excepcional** e **fundamentada**, mas a Lei 9.784/1999 **não exige** que estejam especificadas em lei, uma por uma, as competências passíveis de serem avocadas.

Convém ressaltar que, embora seja certo que tanto o ato administrativo de delegação de competências quanto o de avocação são **discricionários**, outros aspectos concernentes à disciplina legal dessas figuras jurídicas diferem acentuadamente. De fato, enquanto a **avocação** de competências deve ser adotada em caráter **extraordinário**, a **delegação nada tem de excepcional** – em regra, ela é permitida; somente não o será se houver proibição legal expressa.

A Lei 9.784/1999 nada dispõe acerca de competências que não possam ser avocadas. A doutrina preleciona – e perfilhamos essa orientação – que a **avocação não será admitida quando se tratar de competência exclusiva do subordinado**.

Por fim, cumpre repetir que, na delegação, é do delegante a titularidade da competência delegada, ao passo que na avocação é do subordinado a competência legal avocada. Por essa razão não se deve confundir a **revogação** de um ato de delegação com a avocação.

6.1.2. Excesso de poder, função de fato e usurpação de função

Ao tratar dos vícios dos atos administrativos, a Lei 4.717/1965 (que regula a ação popular) refere-se ao vício de competência nestes termos: "a incompetência fica caracterizada quando o ato não se incluir nas atribuições legais do agente que o praticou" (art. 2.º, parágrafo único, alínea "a"). Esse enunciado nos reporta à definição de "excesso de poder", tema importante no estudo da competência como requisito de validade dos atos administrativos.

Ocorre **excesso de poder** quando o agente público atua fora ou além de sua esfera de competências, estabelecida em lei. O excesso de poder é uma das modalidades de "**abuso de poder**" (a outra modalidade é o "**desvio de poder**", que corresponde a vício no elemento finalidade dos atos administrativos).

Segundo a lição da Prof.ª Maria Sylvia Di Pietro "o excesso de poder ocorre quando o agente público excede os limites de sua competência; por exemplo, quando a autoridade, competente para aplicar a pena de suspensão, impõe penalidade mais grave, que não é de sua atribuição; ou quando a autoridade policial se excede no uso da força para praticar ato de sua competência".

O vício de competência (excesso de poder), entretanto, nem sempre obriga à anulação do ato. O vício de competência admite convalidação, salvo se se tratar de competência em razão da matéria ou de competência exclusiva.

Estudaremos, adiante, a convalidação dos atos administrativos.

A Prof.ª Maria Sylvia Di Pietro aponta ainda, ao lado do excesso de poder, duas outras situações que envolvem irregularidades relacionadas ao elemento competência: a "usurpação de função" e a "função de fato".

A **usurpação de função** é crime, e o usurpador é alguém que não foi por nenhuma forma investido em cargo, emprego ou função públicos; não tem nenhuma espécie de relação jurídica funcional com a administração.

Diferentemente, ocorre a denominada **função de fato** quando a pessoa foi investida no cargo, no emprego público ou na função pública, mas há alguma ilegalidade em sua investidura ou algum impedimento legal para a prática do ato. A ilustre administrativista cita os seguintes exemplos: "falta de requisito legal para a investidura, como certificado de sanidade vencido; inexistência de formação universitária para função que a exige, idade inferior ao mínimo legal; o mesmo ocorre quando o servidor está suspenso do cargo, ou exerce funções depois de vencido o prazo de sua contratação, ou continua em exercício após a idade-limite para aposentadoria compulsória".

Na hipótese de função de fato, em virtude da "teoria da aparência" (a situação, para os administrados, tem total aparência de legalidade, de regularidade), o ato é considerado válido, ou, pelo menos, são considerados válidos os efeitos por ele produzidos ou dele decorrentes.[4] Na hipótese de usurpação de função, diferentemente, a maioria da doutrina considera o ato inexistente.

6.2. Finalidade

A finalidade foi estudada em capítulo anterior desta obra, não como elemento dos atos administrativos, mas como umas das facetas (a mais tradicionalmente co-

---

[4] Sobre **funcionário de fato**, é exemplar esta lição do Prof. Celso Antônio Bandeira de Mello: "De passagem, anote-se que o defeito invalidante da investidura de um agente não acarreta, só por só, a invalidade dos atos que este praticou. É a conhecida teoria do 'funcionário de fato' (ou 'agente público de fato'). 'Funcionário de fato' é aquele cuja investidura foi irregular, mas cuja situação tem aparência de legalidade. Em nome do princípio da aparência, da boa-fé dos administrados, da segurança jurídica e do princípio da presunção de legalidade dos atos administrativos reputam-se válidos os atos por ele praticados, se por outra razão não forem viciados.

Por outro lado, uma vez invalidada a investidura do funcionário de fato, nem por isso ficará ele obrigado a repor aos cofres públicos aquilo que percebeu até então. Isto porque, havendo trabalhado para o Poder Público, se lhe fosse exigida a devolução dos vencimentos auferidos haveria um enriquecimento sem causa do Estado, o qual, dessarte, se locupletaria com trabalho gratuito."

mentada) do princípio da impessoalidade. Os estudos obviamente se sobrepõem; afinal, a finalidade como princípio de atuação da administração pública é a mesma finalidade descrita como elemento ou requisito dos atos administrativos.

Podemos identificar nos atos administrativos:

a) uma finalidade **geral** ou mediata, que é sempre a mesma, expressa ou implicitamente estabelecida na lei: a **satisfação do interesse público**;

b) uma finalidade **específica**, imediata, que é o objetivo direto, o resultado específico a ser alcançado, previsto na lei, e que deve determinar a prática do ato.

Segundo o entendimento doutrinário tradicional – e ainda hoje amplamente majoritário –, a finalidade é um elemento sempre **vinculado**. Nunca é o agente público quem determina a finalidade a ser perseguida em sua atuação, mas sim **a lei**.

Vale pontuar, todavia, que parcela **minoritária** da doutrina sustenta que, na apreciação da **finalidade geral** do ato, pode surgir, **em um caso concreto**, alguma possibilidade de decisão discricionária, exatamente porque **interesse público** é um **conceito jurídico indeterminado**. Desse modo, seria teoricamente possível, em uma situação concreta, restar ao agente margem de liberdade para praticar determinado ato administrativo, ou abster-se de adotá-lo, conforme entendesse, lastreado em um juízo de natureza discricionária, que, naquele caso, a prática do ato atenderia, ou não, à sua finalidade de bem atender ao interesse público.

6.2.1. Desvio de finalidade

O desatendimento a qualquer das finalidades de um ato administrativo – geral ou específica – configura **vício insanável**, com a obrigatória anulação do ato. O vício de finalidade é denominado pela doutrina **desvio de poder** (ou desvio de finalidade) e constitui uma das modalidades do denominado abuso de poder (a outra é o excesso de poder, vício relacionado à competência).

Nos termos literais do art. 2.º, parágrafo único, alínea "e", da Lei 4.717/1965 (que regula a ação popular), "o desvio de finalidade se verifica quando o agente pratica o ato visando a fim diverso daquele previsto, explícita ou implicitamente, na regra de competência" (a expressão "regra de competência" é empregada nesse dispositivo da Lei 4.717/1965 como sinônimo de "lei"; o enunciado do dispositivo não se refere a vício de competência, e sim, tão somente, a vício no elemento finalidade).

Conforme seja desatendida a finalidade geral ou a específica, teremos duas espécies de desvio de poder:

a) o agente busca uma finalidade alheia ou contrária ao interesse público (exemplo, um ato praticado com o fim exclusivo de favorecer ou prejudicar alguém);

b) o agente pratica um ato condizente com o interesse público, mas a lei não prevê aquela finalidade específica para o tipo de ato praticado (por exemplo, a remoção de ofício de um servidor, a fim de puni-lo por indisciplina; será desvio de finalidade, ainda que a localidade para a qual ele foi removido necessite realmente de pessoal; isso porque o ato de remoção, nos termos da lei, não pode ter o fim de punir um servidor, mas, unicamente, o de adequar o número de agentes de determinado cargo às necessidades de pessoal das diferentes unidades administrativas em que esses agentes sejam lotados).

Seja qual for o caso, o vício de finalidade **não** pode ser convalidado e o ato que o contenha é sempre **nulo**.

6.3. Forma

A forma é o modo de exteriorização do ato administrativo.

Todo ato administrativo é, em princípio, formal, e a forma exigida pela lei quase sempre é a escrita (no caso dos atos praticados no âmbito do processo administrativo federal, a forma é sempre e obrigatoriamente a escrita).

Existem, entretanto, atos administrativos não escritos, como são exemplos: ordens verbais do superior ao seu subordinado; gestos, apitos e sinais luminosos na condução do trânsito; cartazes e placas que expressam uma ordem da administração pública, tais quais as que proíbem estacionar, proíbem fumar etc.

Conforme observa a Prof.ª Maria Sylvia Di Pietro, alguns autores perfilham uma **acepção ampla de forma**, que inclui, além do modo de exteriorização do ato administrativo, também as **formalidades** cuja observância a lei exige para que o ato seja considerado válido.

É evidente que as formalidades exigidas para a emissão válida do ato administrativo são elementos externos a ele, não são, a rigor, parte intrínseca do ato, não integram o ato em si mesmo considerado. A eminente administrativista supracitada observa, aliás, que, "na concepção ampla, considera-se o ato dentro de um **procedimento**", mas pondera que "tanto a inobservância da forma como a do procedimento produzem o mesmo resultado, ou seja, a ilicitude do ato". E arremata: "a observância das formalidades constitui requisito de validade do ato administrativo, de modo que o **procedimento** administrativo **integra o conceito de forma**".

Por esse raciocínio, padecerá de **vício de forma** (insanável) o ato de demissão de um servidor público, na hipótese de não ter havido instauração prévia de um processo administrativo disciplinar, ou se, neste, não tiverem sido devidamente assegurados o contraditório e a ampla defesa. Vale dizer, considera-se que a inobservância de **formalidade** essencial, da qual resultou a (incontroversa) **nulidade** do ato, configurou **vício de forma** – mesmo se, examinado **isoladamente**, destacado do procedimento, o ato administrativo de demissão houvesse observado plenamente a forma prevista em lei (estivesse consubstanciado em uma portaria oficialmente publicada, assinada pela autoridade competente, com descrição da infração imputada ao servidor, indicação dos dispositivos legais infringidos etc.).

A doutrina tradicional costumava classificar a forma dos atos administrativos como um elemento vinculado. Atualmente, esse tema é controverso.

Cap. 8 • ATOS ADMINISTRATIVOS 501

Apesar de autores como o Prof. Hely Lopes Meirelles prelecionarem que a forma é elemento sempre vinculado nos atos administrativos, pensamos que, hoje, essa afirmativa deve, no máximo, ser considerada uma regra geral.

Com efeito, além de existirem administrativistas importantes para os quais a forma pode ser elemento vinculado ou discricionário, deve-se atentar para o que dispõe o art. 22 da Lei 9.784/1999.

O referido dispositivo legal estatui em seu *caput*, literalmente, que "os atos do processo administrativo **não dependem de forma determinada senão quando a lei expressamente a exigir**" (embora o § 1.º do mesmo art. 22 estabeleça que tais atos devem ser produzidos por escrito, em vernáculo, com a data e o local de sua realização e a assinatura da autoridade responsável).

A nosso ver, o assunto deve ser assim tratado:

a) quando a lei não exigir forma determinada para os atos administrativos, cabe à administração adotar aquela que considere mais adequada, conforme seus critérios de conveniência e oportunidade administrativas; a liberdade da administração é, entretanto, estreita, porque a forma adotada deve proporcionar segurança jurídica e, se se tratar de atos restritivos de direitos ou sancionatórios, deve possibilitar que os administrados exerçam plenamente o contraditório e a ampla defesa;

b) diferentemente, sempre que a lei expressamente exigir determinada forma para a validade do ato, a inobservância acarretará a sua nulidade.

6.3.1. Vício de forma

Em regra, o vício de forma é passível de convalidação, vale dizer, é defeito sanável, que pode ser corrigido sem obrigar à anulação do ato. Entretanto, a convalidação não é possível quando a lei estabelece determinada forma como essencial à validade do ato, caso em que o ato será nulo se não observada a forma legalmente exigida.

Cabe registrar que o art. 2.º, parágrafo único, "b", da Lei 4.717/1965 (que regula a ação popular), embora utilize uma linguagem um tanto obsoleta, já permitia inferir, desde aquela época, que só a forma que a lei considere essencial à validade do ato é que, se descumprida, origina um ato nulo. Com efeito, estabelece o referido dispositivo, literalmente, que "o vício de forma consiste na omissão ou na observância incompleta ou irregular de formalidades indispensáveis à existência ou seriedade do ato".

É possível sustentar, ademais, com base na redação desse mesmo dispositivo, que o legislador considera **vício de forma** não só o **descumprimento de aspectos formais intrínsecos** ao ato (por exemplo, um auto de infração administrativa sem a assinatura da autoridade competente) como também a **inobservância de formalidades legalmente exigidas** para que ele seja validamente praticado (por exemplo, a aplicação de uma sanção administrativa sem que fosse, previamente, instaurado procedimento em que se assegurasse ao administrado a garantia de ampla defesa).

A esse respeito, faz-se mister trazer à luz a lição do Prof. José dos Santos Carvalho Filho, para quem, "embora se distinga **forma** e **procedimento**, no sentido de que aquela indica apenas a exteriorização da vontade e este uma sequência ordenada de atos e atividades, costuma-se caracterizar os defeitos em ambos como **vícios de forma**".

Por fim, é relevante pontuar que a **motivação** – declaração escrita dos motivos que ensejaram a prática do ato – **integra a forma** do ato administrativo. A ausência de motivação, quando a motivação for obrigatória, acarreta a nulidade do ato, por **vício de forma** (nesses casos, a lei considera a forma "ato com motivação expressa" essencial à validade do ato).

6.4. Motivo

O motivo é a causa imediata do ato administrativo. É a situação de fato e de direito que determina ou autoriza a prática do ato, ou, em outras palavras, o pressuposto fático e jurídico (ou normativo) que enseja a prática do ato.

O que a enunciação acima pretende descrever é que os atos administrativos são praticados quando ocorre a coincidência, ou subsunção, entre uma situação de fato (ocorrida no mundo natural, também chamado mundo empírico) e uma hipótese descrita em norma legal. A doutrina, por vezes, utiliza o vocábulo "causa" para aludir ao elemento motivo.

Exemplos de motivos: na concessão de licença-paternidade, o motivo será sempre o nascimento do filho do servidor; na punição do servidor, o motivo é a infração por ele cometida; na ordem para demolição de um prédio, o motivo é o perigo que ele representa, em decorrência da sua má conservação; no tombamento, o motivo é o valor histórico do bem.

Detalhando um pouco mais, tomando o primeiro dos exemplos enumerados no parágrafo anterior: a lei diz que o servidor que tenha filho faz jus a licença-paternidade, com duração de cinco dias. Se um servidor apresenta um requerimento de licença-paternidade à administração provando o nascimento de seu filho (pressuposto fático), a administração, verificando que a situação fática se enquadra na hipótese descrita na norma legal (pressuposto de direito), ou seja, que ocorreu a subsunção do fato à norma, terá que praticar o ato, exatamente com o conteúdo descrito na lei: concessão da licença pelo prazo de cinco dias.

Nesse exemplo da licença-paternidade, como temos um ato vinculado, a lei **determina** que, à vista daquele fato, seja obrigatoriamente praticado aquele ato, com aquele conteúdo (concessão da licença-paternidade por cinco dias).

Assim, quando o ato é vinculado, a lei descreve, completa e objetivamente, a situação de fato que, uma vez ocorrida no mundo empírico, determina, obrigatoriamente, a prática de determinado ato administrativo cujo conteúdo deverá ser exatamente o especificado na lei.

Quando se trata de um ato discricionário, a lei **autoriza** a prática do ato, à vista de determinado fato. Constatado o fato, a administração pode, ou não, praticar o ato; algumas vezes a lei faculta ainda à administração escolher entre diversos objetos, conforme a valoração que faça dos motivos que se lhe apresentam; em qualquer

Cap. 8 • ATOS ADMINISTRATIVOS

caso, a decisão da administração é adotada segundo os seus critérios privativos de oportunidade e conveniência, e sempre nos limites da lei.

Por exemplo, a Lei 8.112/1990 diz que o servidor que não esteja em estágio probatório pode pedir licença não remunerada para tratar de interesses particulares, que poderá ter a duração de até três anos, e será concedida, ou não, a critério da administração federal.

Assim, se um servidor federal que não esteja em estágio probatório solicita a licença à administração, pelo período de um ano, a administração, conforme seu exclusivo critério de oportunidade e conveniência, poderá conceder, ou não, a licença. A administração decidirá a partir da valoração dos motivos que podem justificar o deferimento ou o indeferimento do pleito do servidor, levando em conta, por exemplo, se há excesso ou carência de pessoal na repartição, a falta que o servidor faria para o bom andamento do serviço da repartição, a economia de recursos que adviria da concessão da licença, entre outros fatores. Caso opte por conceder a licença, a administração poderá decidir, dentro dos limites da lei, qual a duração que considera mais conveniente (escolha do objeto), mesmo que o pedido do servidor tenha sido para uma duração diferente.

6.4.1. Vício de motivo

A Lei 4.717/1965 (que regula a ação popular), no seu art. 2.º, parágrafo único, alínea "d", descreve o vício de motivo nestes termos: "a inexistência dos motivos se verifica quando a matéria de fato ou de direito, em que se fundamenta o ato, é materialmente inexistente ou juridicamente inadequada ao resultado obtido".

Embora esse dispositivo da Lei 4.717/1965 mencione, literalmente, tão só a "inexistência dos motivos", o seu enunciado, na verdade, permite identificar – assim como o faz a doutrina – duas variantes de vício de motivo, a saber:

a) motivo inexistente;

Melhor seria dizer fato inexistente. Nesses casos, a norma prevê: somente quando presente o fato "x", deve-se praticar o ato "y". Se o ato "y" é praticado sem que tenha ocorrido o fato "x", o ato é viciado por inexistência material do motivo.

Por exemplo, a Lei 8.112/1990 determina que o servidor em estágio probatório será avaliado quanto a cinco quesitos: assiduidade, disciplina, capacidade de iniciativa, produtividade e responsabilidade.

Suponha-se que ao término do estágio probatório de determinado servidor, a administração considere que ele deva ser reprovado e edite o consequente ato de exoneração, declarando como motivo da exoneração a inassiduidade do servidor.

Nessa hipótese, se for demonstrado que o servidor não faltava ao serviço, nem se atrasava, teremos uma situação de motivo inexistente, porque o fato afirmado pela administração não ocorreu. O ato de exoneração é nulo, por inexistência de motivo.

Um detalhe: se a lei descreve mais de um fato como motivo suficiente, isoladamente, para a adoção do ato, é possível que, mesmo diante da prova da inexistência de um dos motivos eventualmente declarados pela administração como justificativa da prática do ato, este subsista, não caiba a sua anulação.

Por exemplo, a lei estatui: presente o fato "a", ou o fato "b", deverá ser emitido o ato "x". Se a administração pratica o ato "x" e afirma, na motivação escrita, que estavam presentes os fatos "a" e "b", mas, mais tarde, fica provado que, na verdade, o fato "b" não ocorreu, não poderá o ato ser anulado – pelo menos não por vício de motivo.

b) motivo ilegítimo (ou juridicamente inadequado).

Nessas hipóteses, existe uma norma que prevê: somente quando presente o fato "x", deve-se praticar o ato "y". A administração, diante do fato "z", enquadra-o erroneamente na hipótese legal, e pratica o ato "y". Pode-se dizer que há incongruência entre o fato e a norma, ou seja, está errado o enquadramento daquele fato naquela norma.

A diferença dessa situação para a anterior é que, na anterior, não havia fato algum, ao passo que falamos em motivo ilegítimo, incongruente, impertinente ou juridicamente inadequado quando existe um fato, mas tal fato não se enquadra corretamente na norma que determina ou autoriza a prática do ato. A administração pratica o ato, ou porque analisou erroneamente o fato, ou porque interpretou erroneamente a descrição hipotética do motivo constante da norma.

Tomando o mesmo exemplo do servidor federal em estágio probatório, imagine-se, dessa vez, que a administração considere que ele deva ser reprovado, mas, no ato de exoneração, declare como motivo "apresentação pessoal imprópria". Ora, nesse caso, ainda que se possa comprovar que, realmente, o servidor apresenta-se na repartição com trajes destoantes dos utilizados pelos demais servidores, ou em precárias condições de asseio, não há como enquadrar esse fato na hipótese legal, porque esta prevê como motivo para a reprovação no estágio probatório, exclusivamente, a falta de assiduidade, ou a indisciplina, ou a reduzida capacidade de iniciativa, ou a baixa produtividade, ou a falta de responsabilidade.

É até possível que a administração alegasse que o fator "boa apresentação pessoal" estaria enquadrado na hipótese normativa "disciplina". Supondo que possamos afirmar que a hipótese normativa "disciplina" não comporta essa interpretação, resultará claro que o ato de exoneração é nulo por vício de motivo, na variante "incongruência entre o fato e a norma", decorrente de erro de interpretação da hipótese normativa descritora do motivo determinante da prática do ato.

6.5. Objeto

O objeto é o próprio conteúdo material do ato.

O objeto do ato administrativo identifica-se com o seu conteúdo, por meio do qual a administração manifesta sua vontade, ou atesta simplesmente situações preexistentes. Pode-se dizer que o objeto do ato administrativo é a própria alteração no mundo jurídico que o ato provoca, é o efeito jurídico imediato que o ato produz.

Cap. 8 • ATOS ADMINISTRATIVOS

Assim, é objeto do ato de concessão de uma licença a própria concessão da licença; é objeto do ato de exoneração a própria exoneração; é objeto do ato de suspensão do servidor a própria suspensão (neste caso, há liberdade de escolha do conteúdo específico – número de dias de suspensão –, dentro dos limites legais de até noventa dias, conforme a valoração da gravidade da falta cometida).

Nos atos vinculados, a um motivo corresponde um único objeto; verificado o motivo, a prática do ato (com aquele conteúdo estabelecido na lei) é obrigatória.

Nos atos discricionários, há liberdade de valoração do motivo e, como resultado, escolha do objeto, dentre os possíveis, autorizados na lei; o ato só será praticado se e quando a administração considerá-lo oportuno e conveniente, e com o conteúdo escolhido pela administração, nos limites da lei.

Pode-se afirmar, portanto, como o faz a doutrina em geral, que: (a) nos atos vinculados, motivo e objeto são vinculados; (b) nos atos discricionários, motivo e objeto são discricionários.

Consoante se constata, são os elementos **motivo** e **objeto** que permitem verificar se o ato é vinculado ou discricionário.

Nos atos discricionários, o binômio motivo-objeto determina o denominado **mérito administrativo**, cujos aspectos relevantes serão detalhados adiante.

6.5.1. Vício de objeto

O vício de objeto é insanável, ou seja, invariavelmente acarreta a nulidade do ato.[5]

A Lei 4.717/1965 (que regula a ação popular), no seu art. 2.º, parágrafo único, alínea "c", descreve de maneira um tanto imprecisa – e incompleta – o vício de objeto. Nos termos do referido dispositivo, "a ilegalidade do objeto ocorre quando o resultado do ato importa em violação de lei, regulamento ou outro ato normativo".

No âmbito do direito privado, são hipóteses tradicionais de vício de objeto nos atos e negócios jurídicos, há muito descritas, o "objeto impossível" e o "objeto proibido pela lei". São plenamente aplicáveis na seara do direito administrativo. Além delas – e, a nosso ver, mais relevantes –, duas outras possibilidades de vício de objeto nos atos administrativos merecem referência, a saber:

a) ato praticado com conteúdo não previsto em lei;

Por exemplo, a Lei 8.112/1990 estabelece como sanção disciplinar a suspensão do servidor público federal por até 90 dias. Se a administração editasse um ato punitivo suspendendo um servidor por 120 dias, esse ato seria nulo por vício de objeto.

---

[5] Conforme será analisado à frente, em tópico específico, grande parte dos administrativistas defende a possibilidade de a administração, em determinadas circunstâncias, realizar a chamada "**conversão**" de um **ato nulo** em razão de vício de objeto, substituindo-o, retroativamente, por um ato de outra categoria, que, naquelas condições em que foi praticado o ato nulo, seria válido.

b) ato praticado com objeto diferente daquele que a lei prevê para aquela situação.

Imagine-se, por exemplo, que a lei de um município preveja que a instalação de bancas de jornais no passeio público deva ser consentida ao administrado mediante **permissão** de uso de bem público e a instalação de barracas em feiras livres deva ser facultada ao particular mediante **autorização** de uso de bem público.

Suponha-se que um particular tenha pleiteado à administração que lhe seja possibilitada a instalação de uma banca de jornais em determinada localidade do município. Caso fosse editado para esse particular um ato de "autorização de uso de bem público para o fim de instalação de banca de jornais", esse ato padeceria de vício de objeto, seria nulo. Isso porque a lei prevê, para aquela situação – instalação de banca de jornais –, um ato administrativo com objeto diferente: a "permissão de uso de bem público".

Convém assinalar que nem sempre é possível distinguir essa última espécie de vício de objeto do vício de motivo na variante "incongruência entre o fato e a norma".

A nosso ver, o critério para diferençar um do outro é que a citada modalidade de vício de motivo decorre de conhecimento defeituoso do fato, ou de erro de interpretação da hipótese legal descritora do motivo do ato (antecedente da norma). A administração faz o enquadramento do fato na norma, mas esse enquadramento está errado. Feito o enquadramento (errado), então a administração pratica o ato, com o conteúdo previsto na lei. O conteúdo não é vedado; seria exatamente esse o objeto do ato, se o enquadramento do fato na hipótese legal (antecedente da norma) tivesse sido realizado corretamente.

Diferentemente, quando ocorre o vício de objeto na variante "objeto diferente daquele que a lei prevê para aquela situação", a administração não comete erro nem na análise do fato nem na interpretação da hipótese legal descritora do motivo. Ela faz o enquadramento correto, mas pratica um ato com objeto que não corresponde, na lei, àquele enquadramento.

Sem embargo da existência de um critério teórico de distinção, reconhecemos que em muitas situações o vício de motivo e o vício de objeto podem se confundir. Afinal, a relação entre esses elementos é de causa-efeito, ou antecedente-consequente. Quando se verifica incongruência nessa relação, nem sempre se consegue identificar se a origem foi um erro na avaliação da causa (motivo) ou um erro na determinação da consequência (objeto). De todo modo, existe aqui, tão somente, um problema acadêmico ou especulativo, porque a incongruência originará, em qualquer caso, um ato nulo.

7. MÉRITO DO ATO ADMINISTRATIVO

Nos atos administrativos **vinculados**, os cinco elementos – competência, finalidade, forma, motivo e objeto – encontram-se rigidamente determinados no texto legal, restando ao agente público nenhuma liberdade ao praticá-los. Significa dizer: **os requisitos de validade dos atos vinculados são, todos eles, sempre vinculados**.

Nos atos **discricionários**, somente são estritamente vinculados os elementos competência, finalidade e forma, enquanto **os elementos motivo e objeto são discricionários**.

Vale lembrar que essa é a orientação tradicional e majoritária, mas parte da doutrina, e mesmo certas leis, admitem alguma discricionariedade quanto à escolha da forma, se não houver estipulação legal de forma específica como condição de validade do ato. Além dessa divergência relativa à forma, vimos também que há uma corrente minoritária que admite a possibilidade de a finalidade geral do ato administrativo comportar certo grau de discricionariedade em determinados casos concretos, uma vez que aquela finalidade, invariavelmente, é o interesse público, expressão que traduz um conceito jurídico indeterminado. Em que pesem essas ressalvas, trabalharemos, aqui, com o posicionamento consagrado, segundo o qual, em qualquer ato administrativo – vinculado ou discricionário –, **a competência, a finalidade e a forma são requisitos de validade sempre vinculados**.

No âmbito dos requisitos de validade **motivo e objeto**, especificamente nos atos administrativos **discricionários**, reside o que a doutrina e a jurisprudência costumam chamar de "**mérito administrativo**".

O **mérito administrativo** é, em poucas palavras, o poder conferido pela lei ao agente público para que ele decida sobre a oportunidade e a conveniência de praticar determinado **ato discricionário**, e escolha o conteúdo desse ato, dentro dos limites estabelecidos na lei. Vale repetir, **só existe mérito administrativo em atos discricionários**.

Na tradicional definição do Prof. Hely Lopes Meirelles, o mérito administrativo consiste "na valoração dos motivos e na escolha do objeto do ato, feitas pela Administração incumbida de sua prática, quando autorizada a decidir sobre a conveniência, oportunidade e justiça do ato a realizar".

É fácil justificar essa necessidade de, em certas circunstâncias, a lei conferir poder ao administrador para decidir sobre a oportunidade e a conveniência da prática de um ato administrativo: é ao administrador que se apresentam, cotidianamente, as diversas situações concretas pertinentes às relações entre a administração pública e os administrados; é ele quem conhece profundamente os aspectos técnicos e práticos da atividade administrativa, quem está próximo dos fatos a serem avaliados; em suma, é o administrador quem tem melhores condições de aferir se atende ao interesse público (se é conveniente) praticar determinado ato e o momento (oportunidade) em que a prática do ato mais bem satisfaz ao interesse público.

Dito de outra forma, a autorização legal para a prática de um ato discricionário ocorre porque o legislador entendeu que, se a lei conferisse nenhuma liberdade ao agente público na edição daquele ato, obrigando sempre à mesma atuação diante das situações abstrata e padronizadamente nela descritas, em muitos casos concretos poderia essa atuação não ser a mais adequada à satisfação do interesse público, ou mesmo ocasionar injustiças. Por isso, nos casos em que o legislador considera que o administrador é quem melhores condições tem de avaliar os aspectos envolvidos em cada situação concreta e decidir qual atuação atende de forma mais satisfatória ao interesse público, ele, legislador, confere ao administrador discricionariedade para proceder a essa avaliação e tomar essa decisão, dentro dos limites legais.

Esse é o motivo pelo qual não se admite a aferição do mérito administrativo pelo Poder Judiciário. Seria contrário ao interesse público facultar sempre ao juiz, órgão voltado à atividade jurisdicional, distante das necessidades e da realidade administrativas, substituir, pela sua, a ótica do administrador, que vive aquela realidade no seu dia a dia. Com efeito, se fosse dado ao juiz modificar a valoração de oportunidade e conveniência administrativas realizada pelo administrador na prática de atos discricionários de sua competência, estaria o juiz simplesmente substituindo o administrador no exercício dessa atividade discricionária. Se isso ocorresse, o Poder Judiciário estaria afrontando a própria decisão explicitada pelo legislador, de conferir ao administrador público, quanto a determinado ato, discricionariedade para decidir a atuação mais adequada ao interesse público, nos limites da lei.

Não se deve, todavia, confundir a vedação a que o Judiciário aprecie o mérito administrativo com a possibilidade de aferição judicial da **legalidade ou legitimidade** dos atos discricionários. São coisas completamente distintas.

Quando se diz que o mérito administrativo não está sujeito ao controle judicial – e tal asserção está correta –, deve-se bem entender essa afirmação: **controle de mérito** é sempre controle de oportunidade e conveniência; portanto, controle de mérito resulta na **revogação** ou não do ato, **nunca** em sua **anulação**; o Poder Judiciário, no exercício de função jurisdicional, **não revoga** atos administrativos, somente os anula, se houver ilegalidade ou ilegitimidade.

O Poder Judiciário, se provocado, pode controlar a **legalidade ou legitimidade** de um ato discricionário, **quanto a qualquer elemento desse ato**, inclusive nos casos em que a administração pública alegue estar atuando legitimamente dentro da sua esfera privativa de apreciação do mérito administrativo, mas tenha, na verdade, extrapolado os limites da lei.

É o que acontece, por exemplo, no controle de razoabilidade e proporcionalidade, controle que incide sobre os elementos **motivo e objeto** do ato discricionário, resguardado, entretanto, o mérito administrativo, dentro dos limites legitimamente estabelecidos na lei. Um ato considerado desproporcional ou desarrazoado pelo Poder Judiciário é um ato nulo; o Poder Judiciário procederá à sua anulação, jamais à sua revogação, ou seja, exercerá controle de legalidade ou legitimidade, e não controle de mérito.

Em resumo, em um ato discricionário o Poder Judiciário pode apreciar, quanto à legalidade e legitimidade, a sua competência, a sua finalidade, a sua forma e, **também**, o seu motivo e o seu objeto, ressalvada a existência, nesses elementos motivo e objeto, de uma esfera privativa de apreciação pela administração pública (o mérito administrativo), estabelecida pela lei; a extrapolação ou não, pela administração, dos limites dessa esfera de mérito administrativo é passível de controle pelo Poder Judiciário, o que configura controle de legalidade ou legitimidade, e não controle de mérito.

Frise-se, o Poder Judiciário, no exercício de função jurisdicional, **nunca** vai adentrar o **mérito** administrativo para dizer se o ato foi ou não conveniente e oportuno, substituindo a administração nessa análise. Isso seria controle **de mérito**, pelo Judi-

Cap. 8 • ATOS ADMINISTRATIVOS

ciário, de atos administrativos de outro Poder, o que nosso ordenamento jurídico não permite (ofende o princípio da separação dos Poderes). O Judiciário deve se limitar a controlar a legalidade do exercício da discricionariedade pela administração, mas não substituí-la no juízo de conveniência e oportunidade, vale dizer, no juízo de mérito.

8. MOTIVAÇÃO

Não se deve confundir motivação com motivo do ato administrativo. A motivação faz parte da **forma** do ato, isto é, ela integra o elemento forma e não o elemento motivo. Se o ato deve ser motivado para ser válido, e a motivação não é feita, o ato é nulo por **vício de forma** (vício insanável) e **não** por vício de motivo.

Motivação é a declaração escrita do motivo que determinou a prática do ato. É a demonstração, por escrito, de que os pressupostos autorizadores da prática do ato realmente estão presentes, isto é, de que determinado fato aconteceu e de que esse fato se enquadra em uma norma jurídica que impõe ou autoriza a edição do ato administrativo que foi praticado.

Na demissão de um servidor, por exemplo, o elemento **motivo** é a infração por ele praticada, determinante dessa modalidade de punição; já a **motivação** consiste na caracterização, por escrito, da infração (pressuposto de fato) – mediante a descrição dos fatos ocorridos, o relato da conduta adotada pelo servidor, a enumeração dos elementos que demonstram a existência de dolo ou culpa etc. – e na indicação, por escrito, de que aquela infração está enquadrada em um dispositivo legal que determina a demissão do servidor.

Em suma, a motivação é, simplesmente, a declaração escrita do motivo que levou à prática do ato. É o agente público, ao editar o ato, escrever: "Fulano, servidor público deste órgão, teve um filho (pressuposto fático); como a Lei X determina que deve ser concedida licença de cinco dias nesses casos (pressuposto de direito), concedo a Fulano, por cinco dias, a referida licença (objeto do ato administrativo)".

Observe-se que todo ato administrativo tem que ter um motivo (a inexistência de motivo – seja a não ocorrência do fato, seja a inexistência da norma – resulta na nulidade do ato), mas podem existir atos administrativos em que os motivos não sejam declarados (atos que não estão sujeitos à regra geral de obrigatoriedade de motivação).

O fundamento da exigência de motivação é o princípio da transparência da administração pública (que deriva diretamente do princípio da publicidade), cuja base mediata é o princípio da indisponibilidade do interesse público. De forma mais ampla, a cidadania fundamenta a exigência de motivação, uma vez que esta é essencial para assegurar o efetivo controle da administração, inclusive o controle popular.

O princípio da motivação dos atos administrativos não é um princípio que esteja **expresso** na Constituição Federal para toda a administração pública. Entretanto, especificamente para a atuação administrativa dos tribunais do Poder Judiciário a motivação está **expressamente** exigida no texto constitucional no art. 93, inciso X.

Em regra, a motivação, quando obrigatória, **deve ser prévia ou contemporânea à expedição do ato**, sob pena de **nulidade** deste. A doutrina costuma defender, não obstante, que, em caráter excepcional, poderá ser aceita posteriormente à emissão do ato administrativo a motivação essencial à sua validade, desde que a administração consiga demonstrar (o ônus da prova é dela) que o motivo declarado a destempo realmente estava presente quando o ato foi praticado e que foi efetivamente esse o motivo que determinou a adoção daquele ato. Transcrevemos abaixo trecho ilustrativo desse entendimento, de lavra do Prof. Celso Antônio Bandeira de Mello:

> Os atos administrativos praticados sem a tempestiva e suficiente motivação são ilegítimos e invalidáveis pelo Poder Judiciário toda vez que sua fundamentação tardia, apresentada apenas depois de impugnados em juízo, não possa oferecer segurança e certeza de que os motivos aduzidos efetivamente existiam ou foram aqueles que embasaram a providência contestada.

Os atos mais frequentemente apontados pela doutrina como exemplo de atos que não precisam ser motivados são a nomeação para cargos em comissão e a exoneração dos ocupantes desses cargos (chamadas nomeação e exoneração *ad nutum*). A bem da verdade, pelo fato de a motivação ser um verdadeiro princípio administrativo – aliás, expresso no *caput* do art. 2.º da Lei 9.784/1999 –, resultam muito escassos os exemplos de atos que não precisam ser motivados.

De todo modo, a Lei 9.784/1999 – que afirma ter o escopo de regular, mediante normas gerais, o processo administrativo federal, mas que contém muitas disposições aplicáveis a todos os atos administrativos federais, mesmo aos que não sejam praticados no âmbito de um processo administrativo – enumerou expressamente atos administrativos que exigem motivação, nos seguintes termos:

> Art. 50. Os atos administrativos deverão ser motivados, com indicação dos fatos e dos fundamentos jurídicos, quando:
>
> I – neguem, limitem ou afetem direitos ou interesses;
>
> II – imponham ou agravem deveres, encargos ou sanções;
>
> III – decidam processos administrativos de concurso ou seleção pública;
>
> IV – dispensem ou declarem a inexigibilidade de processo licitatório;
>
> V – decidam recursos administrativos;
>
> VI – decorram de reexame de ofício;
>
> VII – deixem de aplicar jurisprudência firmada sobre a questão ou discrepem de pareceres, laudos, propostas e relatórios oficiais;
>
> VIII – importem anulação, revogação, suspensão ou convalidação de ato administrativo.
>
> § 1.º A motivação deve ser explícita, clara e congruente, podendo consistir em declaração de concordância com fundamentos de anteriores pareceres, informações, decisões ou propostas, que, neste caso, serão parte integrante do ato.
>
> § 2.º Na solução de vários assuntos da mesma natureza, pode ser utilizado meio mecânico que reproduza os fundamentos das decisões, desde que não prejudique direito ou garantia dos interessados.

Cap. 8 • ATOS ADMINISTRATIVOS

§ 3.º A motivação das decisões de órgãos colegiados e comissões ou de decisões orais constará da respectiva ata ou de termo escrito.

Vale apontar que a parte final do § 1.º supratranscrito – que permite que a motivação consista em "declaração de concordância com fundamentos de anteriores pareceres, informações, decisões ou propostas, que, neste caso, serão parte integrante do ato" – consagrou, no âmbito do processo administrativo federal, a legitimidade da assim chamada **motivação** *aliunde* ou **motivação** *per relationem*, isto é, da motivação que, embora não esteja escrita no corpo do próprio ato administrativo, mas em outro documento formalmente distinto, é expressamente assim adotada por aquele ato, passando a ser considerada parte integrante dele. Aliás, vem a propósito registrar que o Superior Tribunal de Justiça (STJ) consolidou, na mesma toada, o entendimento de que essa espécie de motivação pode ser utilizada no âmbito de **processos administrativos disciplinares** em geral. Deveras, reza a **Súmula 674 do STJ**:

> **674** – A autoridade administrativa
>
> pode se utilizar de fundamentação *per relationem* nos processos disciplinares.

O art. 50 da Lei 9.784/1999, de certa forma, explicita que **a motivação não é obrigatória para todo e qualquer ato administrativo** – não obstante o seu *status* de um verdadeiro princípio administrativo. Afinal, ao indicar expressamente os atos que exigem motivação, o legislador está admitindo, ainda que implicitamente, que **pode haver atos que a dispensem**.

É certo que os atos vinculados devem sempre ser motivados por escrito, e o motivo apontado como justificador e determinante de sua prática deve ser exatamente aquele previsto na lei. No caso de um ato vinculado, a motivação consiste, simplesmente, em descrever um fato ocorrido e demonstrar que aquele fato se enquadra em um comando legal que, nessas circunstâncias, obriga sempre à edição do ato administrativo que foi praticado, com aquele único conteúdo possível.

Já os atos discricionários podem, ou não, ser motivados por escrito, mas a doutrina enfatiza que a regra é a obrigatoriedade de motivação, como decorrência dos princípios constitucionais da publicidade, da moralidade e do amplo acesso ao Poder Judiciário, dentre outros. A motivação de um ato discricionário deverá apontar as razões que levaram o agente público a considerar conveniente e oportuna a sua prática, com aquele conteúdo, escolhido dentre os legalmente admitidos, e demonstrar que o ato foi editado dentro dos limites impostos pela lei, uma vez que a liberdade do administrador para a prática de atos discricionários é sempre uma liberdade legalmente restrita.

Em resumo, todos os atos administrativos válidos possuem um **motivo** expressa ou implicitamente previsto na lei, ou deixado, pela lei – dentro dos limites nela descritos ou dela decorrentes – à escolha do administrador, consoante a valoração dele acerca da conveniência e oportunidade da prática do ato. Entretanto, nem sempre a lei exige que a administração declare expressamente os motivos que a levaram à prática do ato administrativo. Nesses casos, embora o ato tenha um motivo que determinou a sua prática, esse motivo não será expresso pela administração, ou seja, embora o motivo exista, não haverá **motivação** do ato.

Enfatizamos novamente que a boa prática administrativa recomenda a motivação de todos os atos administrativos, uma vez que a declaração escrita dos motivos que levaram à edição do ato possibilita um controle mais eficiente da atuação administrativa por toda a sociedade e pela própria administração, concretizando o princípio da transparência e sendo consentânea à cidadania, fundamento da República Federativa do Brasil.

Por fim, vale repetir que, nos casos em que a motivação é obrigatória (que são a regra geral), a sua ausência implica vício do ato relativamente ao elemento forma. Caso a lei imponha como condição de validade do ato a motivação, esta passa a integrar o modo obrigatório de exteriorização do ato, e a sua falta será um vício insanável de forma, não passível de convalidação, ou seja, o ato será nulo.

8.1. Teoria dos motivos determinantes

A denominada **teoria dos motivos determinantes** consiste em, simplesmente, explicitar que a administração pública está sujeita ao controle administrativo e judicial (portanto, controle de legalidade ou legitimidade) relativo à existência e à pertinência ou adequação dos motivos – fático e legal – que ela declarou como causa determinante da prática de um ato.

Caso seja comprovada a não ocorrência da situação declarada, ou a inadequação entre a situação ocorrida (pressuposto de fato) e o motivo descrito na lei (pressuposto de direito), o ato será nulo.

A teoria dos motivos determinantes aplica-se tanto a **atos vinculados** quanto a **atos discricionários**, mesmo aos atos discricionários em que, embora não fosse obrigatória, tenha havido a motivação.

É importante frisar que a teoria dos motivos determinantes tem aplicação mesmo que a motivação do ato não fosse obrigatória, mas tenha sido efetivamente realizada pela administração.

Exemplificando, a nomeação e a exoneração do servidor ocupante de cargo em comissão independem de motivação declarada. O administrador pode, portanto, dentro da sua esfera de competências, nomear e exonerar livremente, sem estar obrigado a apresentar qualquer motivação. Contudo, caso ele decida motivar o seu ato, ficará sujeito à verificação da existência e da adequação do motivo exposto.

Dessa forma, supondo que a autoridade competente exonerasse um servidor comissionado e decidisse motivar por escrito o ato de exoneração, afirmando que o servidor foi exonerado em razão de sua inassiduidade, poderia o servidor contestar perante o Judiciário (ou perante a própria administração, mediante um recurso administrativo) esse motivo, comprovando, se for o caso, sua inexistência, isto é, provando que não faltava ao serviço, nem se atrasava.

Assim, se o servidor não teve faltas nem atrasos durante o período em que esteve comissionado, ficaria evidente a inexistência do motivo declarado como determinante do ato de exoneração. Esse ato de exoneração, portanto, seria inválido e poderia ser anulado pelo Poder Judiciário ou pela própria administração.

É oportuno ainda esclarecer o seguinte ponto: é usual a afirmação de que a declaração escrita do motivo que levou a administração a praticar um ato vincula a administração à existência e à adequação desse motivo, mesmo que para a prática daquele ato não fosse inicialmente exigida a motivação expressa.

Isso não significa que, ao declarar o motivo determinante da prática de um ato discricionário, a administração converta-o em ato vinculado. De forma alguma. O ato continua sendo ato discricionário em sua origem, o que significa que houve a liberdade do administrador na decisão quanto à oportunidade e conveniência da prática do ato.

Ocorre que, uma vez feita essa decisão discricionária, o administrador declarou os motivos que determinaram a valoração por ele realizada conforme permitido pela lei. A declaração desse motivo, após o exercício da atividade discricionária da qual resultou a prática do ato, vincula a administração à existência e legitimidade desse motivo declarado, conforme exemplificado acima, o que não significa transformar o ato discricionário em ato vinculado (tal possibilidade nem sequer existe).

O Prof. José Carlos Santos Carvalho Filho apresenta outro exemplo de aplicação da teoria dos motivos determinantes, a merecer transcrição:

> Veja-se um exemplo: se um servidor requer suas férias para determinado mês, pode o chefe da repartição indeferi-las sem deixar expresso no ato o motivo; se, todavia, indefere o pedido sob a alegação de que há falta de pessoal na repartição, e o interessado prova que, ao contrário, há excesso, o ato estará viciado no motivo. Vale dizer: terá havido incompatibilidade entre o motivo expresso no ato e a realidade fática; esta não se coaduna com o motivo determinante.

Como se vê, só aos atos em que houve motivação – fosse ou não obrigatória a motivação – aplica-se a teoria dos motivos determinantes.

9. ATRIBUTOS DO ATO ADMINISTRATIVO

Atributos são qualidades ou características dos atos administrativos. Enquanto os requisitos dos atos administrativos constituem condições que devem ser observadas para sua válida edição, os atributos podem ser entendidos como as características inerentes aos atos administrativos.

Os atributos dos atos administrativos descritos pelos principais autores são:

a) presunção de legitimidade;
b) imperatividade;
c) autoexecutoriedade;
d) tipicidade.

Os atributos imperatividade e autoexecutoriedade são observáveis somente em determinadas espécies de atos administrativos.

9.1. Presunção de legitimidade

A presunção de legitimidade ou presunção de legalidade é um atributo presente em todos os atos administrativos, quer imponham obrigações, quer reconheçam ou confiram direitos aos administrados. Esse atributo deflui da própria natureza do ato administrativo, está presente desde o nascimento do ato e independe de norma legal que o preveja.

O fundamento da presunção de legitimidade dos atos administrativos é a necessidade de que o poder público possa exercer com agilidade suas atribuições, tendo em conta a defesa do interesse público. Essa agilidade inexistiria caso a administração dependesse de manifestação prévia do Poder Judiciário quanto à validade de seus atos toda a vez que os editasse.

Dessarte, em regra, o ato administrativo obriga os administrados por ele atingidos, ou produz os efeitos que lhe são próprios, desde o momento de sua edição, ainda que alguém aponte a existência de vícios em sua formação, que possam acarretar a futura invalidação do ato.

Esse requisito autoriza, assim, a imediata execução de um ato administrativo, mesmo se ele estiver eivado de vícios ou defeitos aparentes; enquanto não anulado, ou sustados temporariamente os seus efeitos, pela administração ou pelo Poder Judiciário, o ato inválido será plenamente eficaz, como se inteiramente válido fosse, devendo ser fielmente cumprido.

Cabe observar, todavia, que a presunção de legitimidade não impede, desde que sejam utilizados os meios adequados, que o particular logre sustar os efeitos ou a execução – até mesmo preventivamente, em alguns casos – de um ato administrativo que ele entenda estar eivado de irregularidade. Existem remédios aptos a sustar a produção de efeitos do ato administrativo que o particular repute inválido, tais como liminares em mandado de segurança ou em outras ações cautelares, antecipação de tutela em ações ordinárias etc.

Aliás, é interessante abrir um parêntese para comentar que a regra geral é recursos administrativos não terem efeito suspensivo. Vale dizer, se não houver previsão legal expressa, o recurso administrativo não sustará a produção de efeitos nem impedirá a execução do ato questionado ou recorrido. Essa regra é corolário, exatamente, da presunção de legitimidade dos atos administrativos: salvo se a lei dispuser em contrário, não se suspendem os efeitos do ato impugnado ou recorrido, uma vez que ele é presumido legítimo.

De toda sorte, como decorrência da presunção de legitimidade, **o ônus da prova da existência de vício no ato administrativo é de quem alega**, ou seja, do administrado – essa é a mais importante consequência jurídica desse atributo –, porque os fatos que a administração declara terem ocorrido são presumidos verdadeiros e o enquadramento desses fatos na norma invocada pela administração como fundamento da prática do ato administrativo é presumido correto.

Frise-se que essa presunção é relativa (*iuris tantum*), significa dizer, admite prova em contrário, ou seja, prova de que o ato é ilegítimo. Logo, a efetiva consequência do atributo da presunção de legitimidade dos atos administrativos é imputar a quem

Cap. 8 • ATOS ADMINISTRATIVOS

invoca a ilegitimidade do ato o ônus da prova dessa ilegitimidade, uma vez que se trata de uma presunção relativa.

A Prof.ª Maria Sylvia Di Pietro aponta, ainda, outro efeito da presunção de legitimidade do ato administrativo, nesta passagem:

> O Judiciário não pode apreciar *ex officio* a validade do ato; sabe-se que, em relação ao ato jurídico de direito privado, o art. 168 do CC determina que as nulidades absolutas podem ser alegadas por qualquer interessado ou pelo Ministério Público, quando lhe couber intervir, e devem ser **pronunciadas pelo juiz**, quando conhecer do ato ou dos seus efeitos; o mesmo não ocorre em relação ao ato administrativo, cuja nulidade só pode ser decretada pelo Judiciário a pedido da pessoa interessada.

É oportuno registrar, por fim, que a referida autora desmembra o atributo da presunção de legitimidade em duas facetas, uma relativa ao plano normativo e outra ao plano fático, desta forma:

a) presunção de legitimidade, significando que a interpretação e a aplicação da **norma jurídica** pela administração foram corretas;

b) presunção de veracidade, significando que os **fatos** alegados pela administração existem, ocorreram, são verdadeiros.

Portanto, quando a Prof.ª Maria Sylvia Di Pietro utiliza simplesmente a expressão presunção de legitimidade, a autora **não está se referindo à presunção de veracidade dos fatos** declarados pela administração como ensejadores da prática do ato administrativo, mas, tão somente, à presunção de que a administração interpretou e aplicou corretamente determinada norma jurídica que prevê a prática do ato administrativo que ela efetivamente editou.

Os demais administrativistas, de um modo geral, empregam a expressão "presunção de legitimidade" ou "presunção de legalidade" de forma abrangente, incluindo tanto a presunção de que os fatos apontados pela administração efetivamente ocorreram quanto a presunção de que a administração enquadrou corretamente esses fatos na norma que invocou como fundamento da prática do ato que ela adotou e, ainda, a presunção de que essa norma foi corretamente interpretada e aplicada pela administração.

9.2. Imperatividade

Rigorosamente, imperatividade traduz a possibilidade de a administração pública, unilateralmente, criar obrigações para os administrados, ou impor-lhes restrições.

A imperatividade decorre do denominado **poder extroverso** do Estado. Essa expressão é utilizada para representar a prerrogativa que o poder público tem de praticar atos que extravasam sua própria esfera jurídica e adentram a esfera jurídica alheia, alterando-a, independentemente da anuência prévia de qualquer pessoa.

Como se depreende, não é um atributo presente em qualquer ato, mas apenas naqueles atos que implicam obrigação para o administrado, ou que são a ele impostos, e devem ser por ele obedecidos, sem necessidade de seu consentimento, como é o caso dos atos punitivos de um modo geral (por exemplo, a imposição de uma multa por descumprimento de um contrato administrativo), incluídos os praticados no exercício do poder de polícia (por exemplo, apreensão e destruição de alimentos impróprios para consumo encontrados durante fiscalização em um restaurante).

Por outro lado, os atos administrativos cuja prática é solicitada pelo administrado, em seu próprio interesse (desde que, também, atendam ao interesse público), tais como a obtenção de uma certidão ou de uma autorização de uso de bem público, não têm como atributo a imperatividade, uma vez que, evidentemente, não criam obrigações para ele, nem são a ele impostos.

Em decorrência do atributo da presunção de legitimidade, presente em todos os atos administrativos, os atos caracterizados pela imperatividade podem ser imediatamente impostos aos particulares a partir de sua edição, mesmo que estejam sendo questionados administrativa ou judicialmente quanto à sua validade, salvo na hipótese de impugnação ou recurso administrativo com efeito suspensivo, ou decisão judicial que suste ou impeça a aplicação do ato.

Portanto, cabe enfatizar, a imperatividade do ato administrativo que possua esse atributo nasce com a simples existência do ato, ainda que ele esteja eivado de ilicitude. Assim, salvo em hipóteses excepcionais (por exemplo, a previsão expressa em lei de que o servidor que receba uma ordem manifestamente ilegal deixe de cumpri-la e represente contra quem a expediu), deve ele ser fielmente cumprido ou obedecido, até que seja retirado do mundo jurídico ou que sejam suspensos os seus efeitos, nas hipóteses em que isso for possível.

9.3.   Autoexecutoriedade

Atos autoexecutórios são os que podem ser materialmente implementados pela administração, diretamente, inclusive mediante o uso da força, se necessária, sem que a administração precise obter autorização judicial prévia.

Entenda-se bem: a autoexecutoriedade **jamais afasta a apreciação judicial** do ato; apenas dispensa a administração de obter ordem judicial prévia para poder praticá-lo. Aliás, nada impede que o particular destinatário do ato autoexecutório provoque até mesmo o seu controle judicial prévio. Se o particular, com antecedência, souber que a administração praticará determinado ato autoexecutório, pode conseguir no Judiciário uma liminar impedindo sua prática, desde que demonstre a potencial ilegalidade do ato que seria praticado. O que nunca é necessário no ato autoexecutório é que a administração, previamente, procure o Poder Judiciário para ser autorizada a praticá-lo.

É fácil constatar que a autoexecutoriedade não é um atributo presente em todos os atos administrativos. Genericamente, afirma-se que a autoexecutoriedade é qualidade própria dos atos inerentes ao exercício de atividades típicas da administração, quando ela está atuando na condição de poder público. A necessidade de defesa ágil dos interesses da sociedade justifica essa possibilidade de a administração agir

Cap. 8 • ATOS ADMINISTRATIVOS

sem prévia intervenção do Poder Judiciário, especialmente no exercício do poder de polícia. A presteza requerida evidentemente faltaria se fosse necessário recorrer ao Judiciário toda vez que o particular opusesse resistência às atividades administrativas contrárias a seus interesses.

Importantes autores prelecionam que a autoexecutoriedade existe em duas situações: quando a lei expressamente a prevê e, mesmo quando não expressamente prevista, em situações de urgência. A primeira das hipóteses, entretanto, não significa que a lei, literalmente, afirme: "este ato é autoexecutório". Significa, tão somente, que o ato é expressamente previsto em lei como passível de ser adotado diretamente pela administração em uma situação determinada. No outro caso, o de urgência, a administração pode adotar um ato não expressamente previsto em lei, ou atuar numa situação não expressamente prevista em lei, a fim de garantir a segurança da coletividade, a incolumidade pública, evitando uma lesão maior ao interesse público.

Transcreve-se, para bem ilustrar o sobredito, a lição da Prof.ª Maria Sylvia Di Pietro a respeito:

> No Direito Administrativo, a autoexecutoriedade não existe, também, em todos os atos administrativos; ela só é possível:
>
> 1. quando expressamente prevista em lei. Em matéria de contrato, por exemplo, a Administração Pública dispõe de várias medidas autoexecutórias, como a retenção da caução, a utilização dos equipamentos e instalações do contratado para dar continuidade à execução do contrato, a encampação etc.; também em matéria de polícia administrativa, a lei prevê medidas autoexecutórias, como a apreensão de mercadorias, o fechamento de casas noturnas, a cassação de licença para dirigir;
>
> 2. quando se trata de medida urgente que, caso não adotada de imediato, possa ocasionar prejuízo maior para o interesse público; isso acontece, também, no âmbito da polícia administrativa, podendo-se citar, como exemplo, a demolição de prédio que ameaça ruir, o internamento de pessoa com doença contagiosa, a dissolução de reunião que ponha em risco a segurança de pessoas e coisas.[6]

Cabe repetir, não se deve em nenhuma hipótese confundir a dispensa de manifestação prévia do Poder Judiciário nos atos administrativos autoexecutórios com

---

[6] Essa afirmação, de que é possível haver atuação da administração não expressamente prevista em lei, à primeira vista, parece afrontar o princípio da legalidade administrativa, porque, segundo esse princípio, a administração não pode agir quando não há lei. Deve-se lembrar, entretanto, que nesse enunciado do princípio da legalidade administrativa a palavra "lei" é usada em sentido amplo, com o significado de "direito", "ordenamento jurídico". Dessa forma, pode-se defender a orientação proposta pela doutrina argumentando que, ao atuar em situações de emergência, adotando condutas não expressamente previstas em lei (em sentido estrito), a fim de garantir a segurança da população e evitar uma lesão maior ao interesse público, a administração dá cumprimento, diretamente, a princípios jurídicos mais amplos, que genericamente e em conjunto lhe atribuem o dever – e, portanto, o correlato poder, ainda que implícito – de zelar pela incolumidade pública.

alguma (inexistente) restrição ao acesso do particular ao Judiciário, sempre que entenda estar configurada ameaça ou lesão a direito seu.

A autoexecutoriedade dos atos administrativos apenas permite sua implementação material direta pela administração, mas, sempre que o administrado entenda haver desvio ou excesso de poder, ou quaisquer outras ilegalidades, pode exercer seu direito inafastável de buscar a tutela jurisdicional. O Poder Judiciário, se considerar pertinentes as alegações do particular, poderá declarar a nulidade dos atos praticados, ou, se provocado preventivamente, sustar a sua edição, em caráter cautelar ou definitivo.

São exemplos típicos de atos autoexecutórios: a retirada da população de um prédio que ameaça desabar, a demolição desse mesmo prédio, a apreensão de mercadorias entradas ou encontradas no País irregularmente, a destruição de alimentos impróprios para o consumo encontrados numa prateleira de supermercado, a demolição de obras clandestinas que ponham em risco a segurança da população, a dissolução de uma passeata, dentre outros.

Exemplo tradicional de ato não revestido de autoexecutoriedade é a cobrança de multa, quando resistida pelo particular. Embora a **imposição** da multa pela administração independa de qualquer manifestação prévia do Poder Judiciário, a **execução** (cobrança forçada) da quantia correspondente deve, sim, ser realizada judicialmente. Significa dizer, nos casos em que o particular se recusa a pagar, a administração somente pode haver a quantia a ela devida mediante uma ação judicial de cobrança, denominada execução fiscal, ou seja, não pode a administração obter por meios próprios, sem a interveniência do Poder Judiciário, o valor a ela devido.

Cumpre, todavia, pontuar que, no caso de multas decorrentes do **poder disciplinar** (mas **não** do poder de polícia), existem exceções, isto é, **há hipóteses em que mesmo a cobrança da multa é autoexecutória**. É o que ocorre, por exemplo, com as multas administrativas aplicadas ao particular em razão de adimplemento irregular de contrato administrativo em que tenha havido prestação de garantia. A administração pode executar diretamente a penalidade, sem necessidade de consentimento do contratado, subtraindo da garantia o valor da multa (Lei 14.133/2021, art. 139, III, "c"). Mesmo se não tiver sido prestada garantia, a administração pode descontar o valor dessas multas das quantias que ela eventualmente deva ao contratado pela execução do contrato (Lei 14.133/2021, art. 139, IV). Outro exemplo é o da penalidade disciplinar de suspensão aplicada a um servidor público federal, quando a administração decide convertê-la em multa. Não se cogita cobrar judicialmente essa multa; simplesmente, o servidor permanece em serviço, recebendo, durante os dias em que deixou de estar suspenso, somente metade de sua remuneração (Lei 8.112/1990, art. 130, § 2.º).

Para finalizar, é relevante observar que o Prof. Celso Antônio Bandeira de Mello aponta, como figuras distintas, atributos que ele denomina **exigibilidade** e **executoriedade** (o autor não utiliza a expressão autoexecutoriedade). Para o mestre, a exigibilidade seria caracterizada pela obrigação que o administrado tem de cumprir o ato, ao passo que a executoriedade seria a possibilidade de a administração, ela própria, praticar o ato, ou compelir direta e materialmente o administrado a praticá-lo (coação material).

Cap. 8 • ATOS ADMINISTRATIVOS

Por exemplo, a administração pode intimar o particular a construir uma calçada defronte sua casa. Esse ato é exigível, vale dizer, faz surgir uma obrigação para o administrado, que deve ser cumprida. Se a ordem for descumprida, a administração multará o administrado, o que é um meio indireto de compeli-lo a cumprir a determinação administrativa. A determinação de que construa a calçada não é, entretanto, um ato executório, porque a administração não pode coagir materialmente o particular a construir a calçada; ela só pode usar meios indiretos, a exemplo da aplicação da multa pelo descumprimento da ordem. Na linguagem do Prof. Celso Antônio, quando a administração só tem possibilidade de utilizar **meios indiretos** para constranger o administrado a adotar determinada conduta, diz-se que a imposição administrativa é exigível, mas não é executória.

Pela definição do eminente administrativista, a diferença entre a imperatividade e a exigibilidade seria que a primeira apenas estaria relacionada à possibilidade de a administração, unilateralmente, criar a obrigação para o particular. Já a exigibilidade traduziria a noção de que o particular é obrigado a cumprir a obrigação. Em nossa opinião, pode-se afirmar que, para Celso Antônio Bandeira de Mello, todo ato imperativo é exigível, mas nem sempre executório. O autor resume assim suas definições:

> Sintetizando, graças à exigibilidade, a Administração pode valer-se de meios indiretos que induzirão o administrado a atender ao comando imperativo. Graças à executoriedade, quando esta exista, a Administração pode ir além, isto é, pode satisfazer diretamente sua pretensão jurídica, compelindo materialmente o administrado, por meios próprios e sem necessidade de ordem judicial, para proceder a esta compulsão. Quer-se dizer, pela exigibilidade pode-se induzir à obediência, pela executoriedade pode-se compelir, constranger fisicamente.

9.4. Tipicidade

Segundo a Prof.ª Maria Sylvia Di Pietro, tipicidade "é o atributo pelo qual o ato administrativo deve corresponder a figuras definidas previamente pela lei como aptas a produzir determinados resultados".

Segundo a autora, esse atributo, corolário do princípio da legalidade, teria o condão de afastar a possibilidade de a administração praticar atos inominados. Teoricamente, para cada finalidade que a administração pretenda alcançar deve existir um ato típico definido em lei.

Duas outras consequências são apontadas pela eminente administrativista como decorrentes desse atributo:

a) representa uma garantia para o administrado, pois impede que a administração pratique um ato, unilateral e coercitivo, sem prévia previsão legal;

b) afasta a possibilidade de ser praticado ato totalmente discricionário, pois a lei, ao prever o ato, já define os limites em que a discricionariedade poderá ser exercida.

DIREITO ADMINISTRATIVO DESCOMPLICADO • Marcelo Alexandrino & Vicente Paulo

Por fim, a Prof.ª Maria Sylvia esclarece que "a tipicidade só existe com relação aos atos unilaterais; não existe nos contratos porque, com relação a eles, não há imposição de vontade da administração, que depende sempre da aceitação do particular; nada impede que as partes convencionem um contrato inominado, desde que atenda melhor ao interesse público e ao do particular".

10. ESPÉCIES DE ATOS ADMINISTRATIVOS

10.1. Atos normativos

Os atos administrativos normativos contêm determinações gerais e abstratas (diz-se que há "normatividade" quando um comando jurídico é caracterizado pela generalidade e pela abstração). Tais atos não têm destinatários determinados; incidem sobre todos os fatos ou situações que se enquadrem nas hipóteses que abstratamente preveem. Correspondem aos "atos gerais", já estudados no tópico acerca das classificações dos atos administrativos.

Os atos normativos possuem conteúdo análogo ao das leis – são "lei em sentido material". A principal diferença – além do aspecto formal – é que os atos administrativos normativos **não podem inovar** o ordenamento jurídico, criando para os administrados direitos ou obrigações que não se encontrem previamente estabelecidos em uma lei.

A função dos atos normativos não é, entretanto, simplesmente repetir o que se encontra enunciado na lei. Sendo destinados a possibilitar a fiel execução de leis pela administração, os atos normativos devem detalhar, explicitar o conteúdo das leis que regulamentam e, sobretudo, uniformizar a atuação e os procedimentos a serem adotados pelos agentes administrativos, sempre que se deparem com situações concretas semelhantes.

Vale lembrar que, a partir da EC 32/2001, passaram a existir em nosso ordenamento **decretos autônomos**, isto é, decretos editados como atos primários, atos que decorrem diretamente do texto constitucional. Tais decretos não são expedidos em função de alguma lei ou de algum outro ato infraconstitucional.

As matérias a serem disciplinadas por meio de decreto autônomo (matérias submetidas à denominada "reserva de administração") estão descritas no art. 84, VI, da Constituição. São estas, **unicamente**: (a) organização e funcionamento da administração federal, desde que não implique aumento de despesa nem criação ou extinção de órgãos públicos; e (b) extinção de funções ou cargos públicos, quando vagos.

Conforme se constata, somente a primeira das duas hipóteses de edição de decreto autônomo configura, efetivamente, um ato normativo (mesmo assim de efeitos internos). A segunda das hipóteses – extinção de funções ou cargos públicos, quando vagos – corresponde à edição de um ato administrativo de efeitos concretos, e não de um ato administrativo normativo.

Os atos administrativos normativos não podem ser atacados pelos administrados diretamente, em tese, mediante recursos administrativos ou mesmo na esfera judicial. Significa dizer, não se admite um recurso administrativo ou uma ação judicial proposta pelo administrado cujo pedido principal seja a anulação de um ato normativo. Entretanto, quando o ato normativo vem a produzir efeitos concretos para determinado administrado, passa a ser possível a impugnação direta desses efeitos pelo interessado, na esfera administrativa ou judicial (por exemplo, mediante mandado de segurança). Nessas situações, o pedido principal será a desconstituição dos efeitos concretos produzidos – por exemplo, a anulação de um ato individual que tenha sido praticado com fundamento no ato normativo –, mas poderá, incidentalmente, ser alegada a ilegalidade ou inconstitucionalidade do ato normativo que deu origem àqueles efeitos.

Cumpre anotar que, embora não seja usual, um ato administrativo normativo pode ser impugnado mediante ação direta de inconstitucionalidade, pelos órgãos e autoridades constitucionalmente legitimados, desde que sejam atendidos os pressupostos dessa ação – entre os quais merece especial menção a exigência de que o ato normativo represente uma ofensa direta (e não meramente reflexa) à Constituição, o que ocorre nas situações em que, legitimamente ou não, ele é dotado de autonomia, significa dizer, não existe um dispositivo de lei ao qual seja possível reportá-lo.

Importa consignar que a Lei 13.874/2019 – que instituiu a **Declaração de Direitos de Liberdade Econômica** – determina, como regra geral, que a edição, por "órgão ou entidade da administração pública **federal**", de atos normativos que tenham repercussão na esfera de interesses de agentes econômicos e de usuários de serviços seja precedida da realização de **análise de impacto regulatório** (AIR). É o que consta no seu art. 5.º (regulamentado pelo Decreto 10.411/2020), a seguir reproduzido (grifamos):

> Art. 5.º As propostas de edição e de alteração de **atos normativos** de **interesse geral** de **agentes econômicos** ou de **usuários dos serviços prestados**, editadas por **órgão ou entidade** da administração pública **federal**, incluídas as autarquias e as fundações públicas, serão precedidas da realização de **análise de impacto regulatório**, que conterá informações e dados sobre os possíveis efeitos do ato normativo para verificar a razoabilidade do seu impacto econômico.
>
> Parágrafo único. **Regulamento** disporá sobre a **data de início da exigência** de que trata o *caput* deste artigo e sobre **o conteúdo, a metodologia** da análise de impacto regulatório, os **quesitos mínimos** a serem objeto de exame, as **hipóteses em que será obrigatória** sua realização e as **hipóteses em que poderá ser dispensada**.

São exemplos de atos normativos os decretos regulamentares, as instruções normativas, os atos declaratórios normativos, resoluções editadas pelos ministérios e por agências reguladoras, entre muitos outros.

A verdade é que, abaixo dos **decretos**, não há uniformidade alguma na denominação dos atos administrativos normativos, nem mesmo no âmbito do mesmo ente da Federação. Não é raro ocorrer, por exemplo, que um determinado órgão utilize "instrução normativa", para uma dada finalidade, e outro órgão, do mesmo ente federativo, chame de "resolução" os atos por ele editados com escopo análogo.[7]

10.2. Atos ordinatórios

Os atos ordinatórios são atos administrativos internos, endereçados aos servidores públicos, que veiculam determinações concernentes ao adequado desempenho de suas funções.

Os atos ordinatórios têm fundamento no poder hierárquico e somente vinculam os servidores que se encontrem subordinados à autoridade que os expediu. Não atingem os administrados; não criam para eles direitos ou obrigações.

Os atos ordinatórios são inferiores em hierarquia aos atos normativos, significa dizer, a autoridade administrativa, ao editar um ato ordinatório, deve observância aos atos administrativos normativos que tratem da matéria a ele relacionada.

São exemplos de atos ordinatórios as instruções (orientações aos subalternos relativas ao desempenho de uma dada função), as circulares internas (atos que visam a uniformizar o tratamento conferido a determinada matéria), as portarias (como uma portaria de delegação de competências, ou uma portaria de remoção de um servidor), as ordens de serviço, os memorandos e os ofícios.

10.3. Atos negociais

Os **atos negociais** são editados em situações nas quais o ordenamento jurídico exige que o particular obtenha anuência prévia da administração para realizar certa atividade privada de interesse dele, ou exercer determinado direito, ou, ainda, utilizar um bem público em condições especiais. Quando há direito do particular, a administração deve praticar o ato, sempre que o administrado demonstre que cumpre todos os requisitos estabelecidos na lei como condição para exercício daquele direito. Na hipótese de existir mero interesse do administrado (e não um direito subjetivo à obtenção do ato negocial), a administração praticará, ou não, o ato negocial solicitado, conforme seus critérios de conveniência e oportunidade administrativas.

Mister é ter em mente que sempre deverá o ato negocial – tal qual ocorre com qualquer ato administrativo – ter por finalidade a satisfação do interesse público, ainda que este possa coincidir com um interesse do particular que solicitou a anuência administrativa.

É fácil perceber que não cabe cogitar a existência de imperatividade, coercitividade ou autoexecutoriedade nos atos negociais. O administrado solicita à administração

---

[7] Na tentativa de atenuar essa situação evidentemente indesejável – e incompatível com a mais elementar noção de **segurança jurídica** –, foi publicado o Decreto 10.139/2019, com o intuito de estabelecer normas "sobre a revisão e a consolidação dos atos normativos inferiores a decreto editados por órgãos e entidades da administração pública federal direta, autárquica e fundacional". Esse decreto foi revogado e, de certa forma, substituído pelo Decreto 12.002/2024 (também aplicável somente no âmbito do Poder Executivo Federal), o qual, entre outras disposições, "estabelece normas para elaboração, redação, alteração e consolidação de atos normativos".

Cap. 8 • ATOS ADMINISTRATIVOS

consentimento para exercer determinada atividade ou utilizar em condições especiais um dado bem público, ou requer o reconhecimento de um direito; a administração, caso o ato requerido atenda ao interesse público (ainda que o interesse seja predominantemente do particular), defere o pedido do administrado.

Deve ficar claro que um ato negocial **não é um contrato**, e sim **manifestação unilateral** da administração (provocada mediante requerimento ou solicitação), coincidente com a pretensão do particular. Os atos negociais produzem **efeitos concretos e individuais** para o administrado.

Os atos negociais, dependendo de sua espécie, podem ser vinculados ou discricionários e definitivos ou precários.

Os atos negociais **vinculados** são aqueles que reconhecem um **direito subjetivo** do particular. Uma vez demonstrado pelo interessado, em seu requerimento, que estão atendidos todos os requisitos previstos em lei para a obtenção do ato, não há escolha para a administração: o ato terá de ser praticado nos termos na lei estipulados.

Os atos negociais **discricionários** são aqueles que podem, ou não, ser editados, conforme juízo de oportunidade e conveniência administrativas. Assim, mesmo que o particular tenha atendido às exigências da lei necessárias para a solicitação do ato, poderá ser negada a sua edição pela administração. Não existe um direito subjetivo do administrado à obtenção do ato negocial discricionário, mas, sim, mero interesse; por isso, a edição do ato depende do juízo de oportunidade e conveniência, privativo da administração pública.

Os atos ditos **precários** podem ser revogados a qualquer tempo, não geram direito adquirido para os seus destinatários. Ademais, como regra, a revogação não implica direito a indenização para o particular.

Somente atos discricionários podem ser precários (nem sequer existe revogação de atos vinculados). A doutrina costuma afirmar que o fundamento da existência de precariedade nos atos negociais discricionários reside no fato de eles atenderem predominantemente ao interesse do particular – embora, como em qualquer ato administrativo, sua prática deva sempre visar ao interesse público.

Os atos ditos **definitivos** são aqueles praticados em face de um direito individual do requerente. São atos administrativos vinculados e, por isso, não comportam revogação. Pode, entretanto, ocorrer a **cassação** do ato pela administração, na hipótese de serem exigidas do particular condições para manutenção do ato e elas deixarem de ser cumpridas. Ademais – como se dá com qualquer ato administrativo –, o ato negocial definitivo deverá ser anulado, se tiver havido ilegalidade na sua edição; nesse caso, poderá resultar para o particular direito a indenização de eventuais prejuízos decorrentes da anulação, desde que esta não tenha decorrido de causa a ele imputável.

Observa-se que, apesar da denominação consagrada, os "**atos definitivos**" geram para o particular, a rigor, mera expectativa de definitividade, uma vez que existem situações em que, independentemente da concordância do administrado, será cabível a sua extinção pela administração.

A Lei 13.874/2019 – que instituiu a **Declaração de Direitos de Liberdade Econômica** – preceitua, em norma de abrangência nacional, que devem ser interpretadas "em favor da liberdade econômica, da boa-fé e do respeito aos contratos, aos investimentos e à propriedade todas as normas de ordenação pública sobre atividades econômicas privadas" (art. 1.º, § 2.º).

Além disso, declara como direito "de toda pessoa, natural ou jurídica", entre outros, "desenvolver **atividade econômica de baixo risco**, para a qual se valha exclusivamente de propriedade privada própria ou de terceiros consensuais, **sem a necessidade de quaisquer atos públicos de liberação da atividade econômica**" (art. 3.º, I). Nessa hipótese, a fiscalização do exercício do direito será realizada posteriormente, de ofício ou como consequência de denúncia encaminhada à autoridade competente (art. 3.º, § 2.º).

Nos termos da Lei 13.874/2019, são "atos públicos de liberação a licença, a autorização, a concessão, a inscrição, a permissão, o alvará, o cadastro, o credenciamento, o estudo, o plano, o registro e os demais atos exigidos, sob qualquer denominação, por órgão ou entidade da administração pública na aplicação de legislação, como condição para o exercício de atividade econômica" (art. 1.º, § 6.º).

A classificação de "**atividades de baixo risco**" deve ser estabelecida em **legislação estadual, distrital ou municipal específica** – e o ente federativo precisa encaminhar notificação ao Ministério da Economia sobre a edição de sua norma.[8] Inexistindo a referida legislação específica, ato do Poder Executivo federal disporá sobre a classificação em questão. Na hipótese de ausência desse ato do Poder Executivo federal, "será aplicada resolução do Comitê para Gestão da Rede Nacional para a Simplificação do Registro e da Legalização de Empresas e Negócios (CG-SIM), independentemente da aderência do ente federativo à Rede Nacional para a Simplificação do Registro e da Legalização de Empresas e Negócios (Redesim)" (art. 3.º, § 1.º). O Decreto 10.178/2019 "dispõe sobre os critérios e os procedimentos a serem observados pelos órgãos e pelas entidades da administração pública federal direta, autárquica e fundacional para a classificação do nível de risco de atividade econômica e para fixar o prazo para aprovação tácita do ato público de liberação".

As principais espécies de atos negociais são a seguir descritas.

10.3.1. Licença

Licença é ato administrativo vinculado e definitivo, editado com fundamento no poder de polícia administrativa, nas situações em que o ordenamento jurídico exige a obtenção de anuência prévia da administração pública como condição para o exercício, pelo particular, de um direito subjetivo de que ele seja titular.

Por ser a licença um ato vinculado, uma vez atendidas as exigências legais e regulamentares pelo interessado, deve a administração concedê-la, ou seja, existe direito subjetivo do particular à sua obtenção. Esse também é o motivo de revestir a licença uma expectativa de definitividade: não pode uma licença ser revogada (nenhum ato vinculado o pode), embora seja possível a sua cassação – na hipótese de deixarem

---

[8] Por força do art. 51, inciso IV, da Lei 14.600/2023, o Ministério da Economia foi desmembrado em: (a) Ministério da Fazenda; (b) Ministério da Gestão e da Inovação em Serviços Públicos; (c) Ministério do Planejamento e Orçamento; e (d) Ministério do Desenvolvimento, Indústria, Comércio e Serviços.

Cap. 8 • ATOS ADMINISTRATIVOS

de ser atendidas as condições legais impostas para que ela permaneça em vigor –, ou a sua anulação, caso tenha ocorrido ilegalidade na sua edição.

São exemplos de licenças a concessão de um alvará para a realização de uma obra, a concessão de um alvará para o funcionamento de um estabelecimento comercial, a licença para o exercício de uma profissão, a licença para dirigir etc.

10.3.2. Autorização

Autorização é um ato administrativo por meio do qual a administração pública possibilita ao particular a realização de alguma atividade de predominante interesse deste, ou a utilização de um bem público.

Na maior parte dos casos, a autorização configura um ato de polícia administrativa – quando constitui uma exigência imposta como condição para a prática de uma atividade privada ou para o uso de um bem público –, mas existem também autorizações que representam uma modalidade de descentralização mediante delegação, visando à prestação indireta de determinados serviços públicos.

Segundo o entendimento doutrinário há muito consagrado, a autorização, seja qual for o seu objeto, é um **ato discricionário**. Assim, cabe exclusivamente à administração decidir sobre a oportunidade e a conveniência do deferimento, ou não, da autorização requerida, significa dizer, não se pode cogitar a existência de direito subjetivo do particular à obtenção do ato. Ademais, mesmo depois de obtida a autorização, não tem o particular direito à sua manutenção, podendo a administração revogá-la a qualquer tempo, ou seja, trata-se de um ato administrativo **precário**.

Ordinariamente, a autorização é outorgada sem prazo determinado. Também é regra geral a inexistência de direito a indenização para o particular que tenha a sua autorização revogada. Todavia, especialmente nos casos em que a autorização tenha sido outorgada por prazo certo, pode ocorrer de a sua revogação, antes do termo final estipulado, ensejar direito a indenização do particular.

Cumpre lembrar que nenhum ato administrativo pode ser praticado com fim diverso do atendimento ao interesse público. O ato de autorização, dessarte, sempre tem como finalidade geral o interesse público. A atividade a ser autorizada, entretanto, será, em regra, de preponderante interesse do particular.[9] A necessidade de anuência prévia da administração pública para o seu exercício normalmente se justifica pelo fato de se tratar de atividade potencialmente perigosa ou lesiva a bens jurídicos que afetam a coletividade, os quais, por essa razão, devem ter sua integridade assegurada pelo Estado.

---

[9] Alguns autores falam em "interesse **exclusivo** do particular". Preferimos empregar a expressão "interesse preponderante do particular" simplesmente no intuito de evitar que um leitor desavisado eventualmente imaginasse que o ato administrativo de autorização possa ser editado independentemente de considerações acerca do interesse público. Por outras palavras, ainda que se diga que a atividade a ser autorizada é de interesse exclusivo do particular, a verdade é que deve ela atender também ao interesse público, pelo menos indiretamente, uma vez que o ato de autorização, por definição – qual ocorre com todo ato administrativo, sem exceção –, tem como finalidade geral a satisfação do interesse público.

526 DIREITO ADMINISTRATIVO DESCOMPLICADO • Marcelo Alexandrino & Vicente Paulo

Consoante afirmado anteriormente, diversos podem ser os objetos do ato administrativo de autorização. Enumeramos, abaixo, algumas hipóteses de atos de autorização que consideramos relevantes:

a) ato de **polícia administrativa** exigido para a prática de determinada atividade privada – a qual, sem a autorização, seria ilegal – em que o interesse do particular seja amplamente preponderante. O exemplo típico é a autorização para porte de arma de fogo;

b) ato de **polícia administrativa** exigido para o exercício de atividade econômica em sentido estrito, cujo potencial de ocasionar lesão a interesses da coletividade justifique a exigência de consentimento prévio do poder público, observado o disposto no parágrafo único do art. 170 da Constituição Federal;[10]

c) ato de **polícia administrativa** mediante o qual o poder público possibilita ao particular o exercício de atividades de interesse social que **não sejam** de titularidade exclusiva do poder público, a exemplo dos **serviços privados** de educação e de saúde;[11]

d) ato de **polícia administrativa** mediante o qual o poder público faculta ao particular a utilização de um bem público, denominado **autorização de uso de bem público**. Como exemplo, pode ser citada a hipótese de um município que promova uma feira de artesanato local em um salão de sua propriedade e faculte aos particulares interessados, mediante autorização, a utilização dos estandes para a exposição dos seus produtos. São também exemplos, entre outros, a autorização para utilização do passeio público e de vias públicas pelas feiras livres e a autorização para bloquear o trânsito de uma rua para realização de competição esportiva;

e) ato mediante o qual a administração delega ao particular a exploração de um serviço público, denominada **autorização de serviço público**; tratase de um **ato de delegação**, para a **prestação indireta** de um serviço de titularidade exclusiva do poder público, e **não** de um ato de polícia administrativa. É exemplo a autorização para a prestação do serviço de táxi, utilizada em alguns municípios.

Por fim, cumpre registrar que, não obstante a tradicional orientação da doutrina administrativista, nosso direito legislado contempla pelo menos um caso de autorização expressamente disciplinada como **ato administrativo vinculado**. Trata-se da autorização para "exploração de serviço de telecomunicações no regime privado", prevista no § 1.º do art. 131 da Lei 9.472/1997 (Lei Geral de Telecomunicações – LGT).

A nosso ver, nada impede que o legislador assim disponha. Examinamos detalhadamente esse tema no capítulo acerca dos serviços públicos, especialmente no tópico pertinente à autorização de serviço público, ao qual remetemos o leitor, a fim de evitar repetições despiciendas.

---

[10] CF, art. 170, parágrafo único: "É assegurado a todos o livre exercício de qualquer atividade econômica, independentemente de autorização de órgãos públicos, salvo nos casos previstos em lei."

[11] É a essa espécie de autorização – ato de polícia administrativa – que alude o inciso II do art. 209 da Constituição Federal, abaixo transcrito (grifo nosso):
"Art. 209. O ensino é livre à iniciativa privada, atendidas as seguintes condições:
(...)
II – **autorização** e avaliação de qualidade pelo Poder Público."

10.3.3. Permissão

Permissão, segundo a doutrina tradicional, é um ato administrativo discricionário e precário mediante o qual é consentida ao particular alguma conduta, ou a utilização de um bem público, desde que, em qualquer caso, seja predominante o interesse da coletividade.

Cumpre alertar, desde logo, que, especificamente, as **permissões de serviços públicos** são **contratos administrativos** (bilaterais), e não meros atos administrativos (unilaterais) – esse ponto será detalhado adiante neste tópico.

O ato administrativo de permissão, embora discricionário e precário, pode ter prazo determinado. Pode, ademais, a permissão ser remunerada, ou podem ser impostas condições a serem cumpridas pelo particular. O deferimento por prazo certo, ou sob condições, de ato administrativo de permissão, embora não chegue a desnaturar o seu caráter de ato precário, restringe a liberdade da administração no tocante à sua revogação, especialmente se as condições implicarem ônus para o permissionário – como a obrigação de realizar determinadas obras ou investimentos de interesse predominante da comunidade.

Com efeito, os atos administrativos que atribuam ao particular permissões por prazo certo ou condicionadas (onerosas), conquanto não deixem de ser atos discricionários e precários, podem gerar direitos para o permissionário. Assim, a regra é a revogação de permissão onerosa para o particular, ou de permissão por prazo determinado, acarretar direito a indenização dos gastos que ele tenha realizado, ou dos prejuízos comprovados que a revogação tenha ocasionado (danos emergentes); ademais, o ato de revogação – que exige motivação escrita – deve ter por fundamento relevante interesse público, assegurando-se contraditório e ampla defesa ao permissionário.

A partir da promulgação da Constituição de 1988, a delegação da prestação de serviços públicos mediante permissão passou a exigir a celebração de um contrato. Deveras, o vigente texto constitucional, no seu art. 175, parágrafo único, inciso I, explicita que a **permissão de serviços públicos** deve ser um **contrato administrativo**, e **não** mais um simples ato administrativo, como antes propunha a doutrina.

A Lei 8.987/1995, que estabelece normas gerais acerca de concessão e permissão de serviços públicos, conceitua **permissão de serviço público** como "a delegação, a título precário, mediante licitação, da prestação de serviços públicos, feita pelo poder concedente à pessoa física ou jurídica que demonstre capacidade para seu desempenho, por sua conta e risco" (art. 2.º, IV). No seu art. 40, a mesma lei prevê a celebração de **contrato administrativo** nos casos de **permissão de serviços públicos**, em atenção ao que preceitua a atual Carta Política. É a seguinte a redação do art. 40 da Lei 8.987/1995:

> Art. 40. A permissão de serviço público será formalizada mediante contrato de adesão, que observará os termos desta Lei, das demais normas pertinentes e do edital de licitação, inclusive quanto à precariedade e à revogabilidade unilateral do contrato pelo poder concedente.

528 DIREITO ADMINISTRATIVO DESCOMPLICADO • Marcelo Alexandrino & Vicente Paulo

Portanto, atualmente, o conceito de permissão como **ato administrativo** negocial somente pode ser aplicado às permissões que **não** constituam delegação de serviços públicos. É exemplo de **ato administrativo** negocial a **permissão de uso de bem público**.

Diferentemente, quando a permissão consubstanciar delegação de serviço público, será um contrato administrativo (a Lei 8.987/1995 entendeu por bem afirmar que se trata de um "contrato de adesão", aludindo, ainda, "à precariedade e à revogabilidade unilateral do contrato pelo poder concedente").

Finalizando este tópico, é interessante, quanto ao aspecto mencionado nos dois parágrafos precedentes, estabelecer as seguintes distinções entre autorizações, permissões e concessões, de um modo geral:

a) autorizações são atos administrativos discricionários e precários;

b) permissões de uso de bens públicos são atos administrativos discricionários e precários; permissões de serviços públicos (instrumento de delegação da prestação de serviços públicos), nos termos da Lei 8.987/1995, são formalizadas mediante "contratos de adesão" caracterizados pela "precariedade" e pela "revogabilidade unilateral";

c) concessões, qualquer que seja o seu objeto, são contratos administrativos; não existe concessão precária, tampouco concessão passível de "revogação".

10.4. Atos enunciativos

Existe alguma discrepância entre os administrativistas quanto à definição de "atos enunciativos". Em uma acepção estrita, "atos enunciativos" são definidos como atos que contêm apenas um juízo de valor, uma opinião, uma sugestão ou uma recomendação de atuação administrativa. São exemplo típico de atos com esse conteúdo os pareceres. O que caracteriza os atos enunciativos assim descritos é não produzirem eles, por si sós, efeitos jurídicos quaisquer, dependendo sempre de um outro ato, de conteúdo decisório, que eventualmente adote como razão de decidir a fundamentação expendida no ato enunciativo.

Em um sentido mais abrangente – de emprego mais tradicional na doutrina –, são também "atos enunciativos" os atos de conteúdo declaratório (e não meramente opinativo), tais como as certidões e os atestados.

O ponto comum a todas as definições de "atos enunciativos" apresentadas pelos diferentes autores é a afirmação de que eles não contêm uma manifestação de vontade da administração. São, portanto, considerados atos administrativos apenas em sentido formal.

É interessante observar que alguns administrativistas que adotam o conceito amplo de atos enunciativos costumam asseverar que tais atos, por si sós, não produzem efeitos jurídicos.

Concordamos plenamente com essa afirmação no que respeita aos atos cujo conteúdo é simplesmente a exposição de uma opinião, de uma sugestão ou de uma recomendação, tais como os pareceres. Atos com esse conteúdo, realmente, não produzem,

Cap. 8 • ATOS ADMINISTRATIVOS

por si sós, efeitos jurídicos, porque sempre dependem de um outro ato, de conteúdo decisório, que eventualmente aplique o que foi proposto no ato de conteúdo opinativo.

Diferentemente, os atos de conteúdo declaratório, como as certidões e os atestados, segundo pensamos, produzem, sim, efeitos jurídicos por si sós. Tal efeito consiste em conferir certeza a determinada situação fática ou jurídica.

E não se trata de um efeito irrelevante.

Basta pensarmos que a certidão de dívida ativa tributária – ato enunciativo que declara a existência de um crédito tributário inscrito em dívida ativa – representa um título executivo extrajudicial que aparelha a fazenda pública para ajuizar, diretamente, uma ação de execução fiscal.

Um exemplo ainda mais patente: nos termos do art. 130 do Código Tributário Nacional, quando conste do título de aquisição de um imóvel a prova de quitação dos tributos a este relativos, fica afastada a possibilidade de surgir responsabilidade tributária para o adquirente do imóvel.

Essa prova de quitação de tributos é feita mediante uma certidão negativa de débitos, que é um ato administrativo enunciativo de natureza declaratória. Ora, a certidão juntada ao título de aquisição de um imóvel produz, por si só, automaticamente, sem necessidade de qualquer outro ato administrativo, o efeito jurídico de excluir a responsabilidade tributária do respectivo adquirente – ainda que se descubra, mais tarde, que houve erro na expedição da certidão, que se descubra que havia, sim, débitos tributários não quitados relativos àquele imóvel.

Em nossa opinião, o que se pretende dizer quando se afirma que os atos enunciativos de conteúdo declaratório não produzem efeitos por si sós é que, no mais das vezes, um ato declaratório é requerido para que o administrado, com ele, obtenha um outro ato administrativo de conteúdo constitutivo, modificativo ou extintivo. Por exemplo, um atestado, emitido por junta médica oficial, de que o servidor apresenta patologia incapacitante para o desempenho das atribuições de seu cargo, embora produza efeitos jurídicos por si só (conferir certeza jurídica à situação fática do servidor), é requerido, sobretudo, para possibilitar a obtenção de um outro ato administrativo, de natureza constitutiva, cujo conteúdo será a concessão da aposentadoria ao servidor.

De todo modo, fica o registro: é usual, mesmo entre os autores que perfilham a acepção abrangente de atos enunciativos – a qual inclui os meramente opinativos e também os declaratórios –, afirmar que "os atos enunciativos não produzem, por si sós, efeitos jurídicos".

Adotando a definição ampla – a qual pensamos ser a mais tradicional –, podemos enumerar como atos enunciativos mais importantes os descritos a seguir.

10.4.1. Certidão e atestado

Certidão é uma cópia de informações registradas em algum livro em poder da administração, geralmente requerida pelo administrado que algum interesse tenha nessas informações.

Atualmente, os dados declarados em uma certidão não costumam constar de livros em sentido literal, livros de papel, mas sim de bancos de dados eletrônicos administrados pelos mais diversos órgãos públicos. Da mesma forma, a certidão não costuma ser, hoje, literalmente, uma fotocópia de páginas de um livro de papel, mas sim uma folha impressa com dados extraídos de um banco de dados eletrônico. Por uma questão de tradição, muitas vezes ainda hoje se fala em "livros", mesmo para designar esses bancos eletrônicos de dados, e em "cópia", para aludir à impressão de dados extraídos desses "livros".

A obtenção de certidões em repartições públicas, para defesa de direitos e esclarecimento de situações de interesse pessoal, independentemente do pagamento de taxas, é direito individual constitucional assegurado no art. 5.º da Carta de 1988. Devemos lembrar, ainda, que, nos termos do art. 205 do CTN, a prova de quitação de tributos pode ser feita por meio de certidão negativa de débitos, expedida pelo fisco no prazo de 10 dias da data de entrada do requerimento na repartição.

Para as outras espécies de certidões administrativas, inexistindo lei específica, o prazo de expedição deve ser de 15 dias, improrrogáveis, contados do registro do pedido (Lei 9.051/1995).

A Lei 13.874/2019 – que instituiu a **Declaração de Direitos de Liberdade Econômica** – determina, em norma aplicável a todos os entes da Federação, que a administração pública, direta e indireta, **não pode exigir certidão sem previsão expressa em lei** (art. 3.º, XII). Estabelece, ademais, que "é ilegal delimitar prazo de validade de certidão emitida sobre fato imutável, inclusive sobre óbito" (art. 3.º, § 11).

Atestado é uma declaração da administração referente a uma situação de que ela toma conhecimento em decorrência de uma atuação de seus agentes. Por exemplo, um atestado, emitido por junta médica oficial, de que o servidor apresenta determinada patologia, requerido para que ele possa gozar de licença para tratamento da própria saúde. O atestado difere da certidão simplesmente porque o fato nele declarado não corresponde a um registro previamente constante de um livro ou arquivo da administração.

10.4.2. Parecer

Parecer é um documento técnico, de caráter opinativo, emitido por órgão especializado na matéria de que trata.

Conforme antes explicado, um parecer, por si só, não produz efeitos jurídicos. É necessário um outro ato administrativo, com conteúdo decisório, que aprove ou adote o parecer, para, só então, dele decorrerem efeitos jurídicos.

O parecer típico é aquele emitido por um órgão técnico durante a instrução de um processo administrativo, destinado a orientar, a fornecer subsídios para a tomada de decisão pela autoridade que possua essa competência. Essa autoridade poderá aprovar o parecer, adotando os seus fundamentos como sua razão de decidir, ou poderá rejeitá-lo, desde que motivadamente, decidindo, então, contrariamente ao que propunha o parecer.

Há pareceres, entretanto, que são editados por órgãos técnicos dotados de competência específica (por exemplo, o órgão de assessoria jurídica de um ministério) e se

Cap. 8 • ATOS ADMINISTRATIVOS

531

destinam, uma vez aprovados pela autoridade administrativa competente, a orientar internamente a atuação de outros órgãos e servidores da própria administração pública que aprovou o parecer. Geralmente tais pareceres são denominados pareceres vinculantes. A rigor, apenas na sua origem eles são atos enunciativos, porque, depois de aprovados, passam a ser verdadeiros atos ordinatórios (eles mantêm, formalmente, o nome de "parecer", mas, com o ato de aprovação da autoridade superior, tornando obrigatória, por parte dos seus subordinados, a observância das orientações deles constantes, passam a ser, quanto a seus efeitos, verdadeiros atos ordinatórios).

Por fim, há pareceres que, depois de aprovados, tornam-se obrigatórios, não só para a administração pública, mas para os próprios administrados. Esses pareceres, depois de aprovados, sempre necessitam ser publicados em meio oficial para poderem obrigar os administrados, e não podem, de forma alguma, inovar o direito; o seu conteúdo é meramente interpretativo e deve estar restrito ao conteúdo e ao alcance das leis que interpretem. São conhecidos como pareceres normativos porque, realmente, depois de aprovados e publicados em meio oficial, passam a ter a eficácia de verdadeiras normas administrativas. Assim, só na sua origem tais pareceres são atos enunciativos; depois de aprovados pela autoridade competente (geralmente a autoridade máxima do órgão que tenha competência para dispor acerca da matéria tratada no parecer) e publicados em meio oficial passam a ser, quanto a seus efeitos, verdadeiros atos administrativos normativos (formalmente, o nome do ato costuma ser "parecer normativo").

10.4.3. Apostila

Apostilar é anotar à margem, emendar, corrigir, complementar um documento. **Apostila** é um aditamento a um ato administrativo, ou a um contrato administrativo, para o fim de retificá-lo, atualizá-lo ou complementá-lo. É um ato aditivo, que pode ser usado para corrigir dados constantes de um documento, ou para registrar alterações. Utiliza-se, por exemplo, para anotação de alterações na situação funcional de um servidor, como promoções, locais de lotação, registro de tempo de serviço em cargos anteriores, aposentadoria etc. Frequentemente emprega-se o vocábulo "averbação" como sinônimo de "apostila".

A Lei 14.133/2021, em seu art. 136, estabelece que "registros que **não caracterizam alteração** do contrato podem ser realizados por **simples apostila**, dispensada a celebração de termo aditivo".

10.5. Atos punitivos

Os atos punitivos são os meios pelos quais a administração pode impor diretamente sanções a seus servidores ou aos administrados em geral.

O ato punitivo pode ter fundamento:

    a) no **poder disciplinar**, no que tange aos servidores públicos e aos particulares ligados à administração por algum vínculo jurídico específico (por exemplo, um contrato administrativo);

b) no **poder de polícia**, quanto aos particulares em geral, não ligados à administração por vínculo jurídico específico (esses atos punitivos são aplicados no exercício do poder de polícia administrativa de natureza repressiva).

Não deve a edição de atos punitivos ser confundida com o exercício do *jus puniendi* do Estado, por meio do qual este aplica o direito penal objetivo visando a reprimir as infrações conceituadas em lei como crimes ou contravenções. O exercício do *jus puniendi* sempre exige intervenção prévia do Poder Judiciário, diferentemente do que ocorre relativamente às sanções administrativas. As sanções administrativas podem, em regra, ser diretamente aplicadas pela administração, sem necessidade de intervenção **prévia** do Poder Judiciário.

Os atos punitivos podem ser internos, quando têm como destinatários os servidores públicos. São exemplos as penalidades disciplinares, como a advertência, a suspensão ou a demissão.

Podem, diversamente, ser atos externos, tendo como destinatários os particulares que pratiquem infrações administrativas em geral. São exemplos as sanções administrativas aplicadas aos particulares incumbidos da execução de contratos administrativos e as penalidades aplicadas no âmbito da atividade de polícia administrativa.

Como se vê, os atos punitivos praticados no exercício do poder de polícia são sempre atos externos, ao passo que os atos punitivos praticados no exercício do poder disciplinar podem ser externos (como as sanções aplicadas a um administrado que incorra em irregularidades na execução de um contrato administrativo) ou internos (a exemplo das sanções disciplinares aplicadas a servidores públicos).

11. EXTINÇÃO DOS ATOS ADMINISTRATIVOS

O ato administrativo em vigor permanecerá no mundo jurídico até que algo capaz de alterar esta situação lhe aconteça. Uma vez publicado, esteja eivado de vícios ou não, terá vigência e deverá ser cumprido, em respeito ao atributo da presunção de legitimidade, até que ocorra formalmente o seu desfazimento.

O desfazimento do ato administrativo poderá ser resultante do reconhecimento de sua ilegitimidade, de vícios na sua formação, ou poderá simplesmente advir da desnecessidade de sua existência, isto é, mesmo legítimo o ato pode tornar-se desnecessário e pode ser declarada inoportuna ou inconveniente a sua manutenção. Poderá, ainda, resultar da imposição de um ato sancionatório ao particular que deixou de cumprir condições exigidas para a manutenção do ato.

Dessa distinção surgem as noções de revogação, anulação e cassação, espécies do gênero desfazimento do ato administrativo.

11.1. Anulação

A anulação deve ocorrer quando há vício no ato, relativo à legalidade ou legitimidade (ofensa à lei ou ao direito como um todo). É sempre um controle de legalidade, nunca um controle de mérito.

Cap. 8 • ATOS ADMINISTRATIVOS

Um vício de legalidade ou legitimidade pode ser sanável ou não. A anulação do ato que contenha vício insanável é obrigatória; já o ato que contenha vício sanável e não acarrete lesão ao interesse público nem prejuízo a terceiros pode ser anulado ou convalidado (a convalidação é ato discricionário, privativo da administração).

A anulação de atos com vícios insanáveis, por ser obrigatória, é, ela própria, um ato vinculado.

É oportuno abrir um parêntese para mencionar que, embora a Lei 9.784/1999 explicite a possibilidade de atos com vícios sanáveis serem convalidados, em vez de serem anulados, deixando claro, portanto, que, nesses casos, a anulação é facultativa (podendo, em vez dela, decidir a administração por convalidar o ato), o seu art. 53, pela redação adotada, transmite a impressão de que a anulação, qualquer que fosse o vício, seria obrigatória. Com efeito, nos termos do art. 53 da Lei 9.784/1999, "a Administração deve anular seus próprios atos, quando eivados de vício de legalidade".

Não obstante a redação da citada lei federal – que reproduz o que costumava ser afirmado na época em que a maioria dos administrativistas não aceitava a possibilidade de convalidação de atos administrativos –, a verdade é que, hoje, o correto é afirmar que a administração **deve** anular os seus atos que contenham vícios insanáveis, mas **pode** anular, ou convalidar, os atos com vícios sanáveis que não acarretem lesão ao interesse público nem prejuízo a terceiros. De todo modo, durante tanto tempo prevaleceu a doutrina que não admitia a convalidação de atos administrativos que, até hoje, é frequente ser tida por verdadeira – inclusive em questões de concursos públicos – a afirmação, sem qualquer ressalva, de que "os atos administrativos que contenham vícios devem ser anulados".

Voltando dessa breve digressão, é relevante notar que tanto os atos vinculados quanto os atos discricionários são passíveis de anulação. O que nunca existe é anulação de um ato por questão de mérito administrativo, ou seja, a esfera do mérito não é passível de controle de legalidade. Isso é a mesma coisa que dizer que um ato nunca pode ser anulado por ser considerado inoportuno ou inconveniente.

Como a anulação retira do mundo jurídico atos com defeito de validade (atos inválidos), ela retroage seus efeitos ao momento da prática do ato (*ex tunc*). Dessa forma, todos os efeitos produzidos pelo ato devem ser desconstituídos. O ato inválido não gera direitos ou obrigações para as partes e não cria situações jurídicas definitivas; ademais, caso se trate de um ato nulo (ato com vício insanável), não é possível sua convalidação.

Devem, entretanto, ser **resguardados os efeitos já produzidos em relação aos terceiros de boa-fé**. Isso não significa que o ato nulo gere **direito adquirido**. Não há direito adquirido à produção de efeitos de um ato nulo. Depois de anulado, o ato não mais originará efeitos, descabendo cogitar a invocação de "direitos adquiridos" visando a obter efeitos que o ato não gerou antes de sua anulação. O que ocorre é que eventuais efeitos **já produzidos** perante terceiros de boa-fé, antes da data de anulação do ato, não serão desfeitos. Mas serão mantidos esses efeitos, e só eles, não o ato em si.

Um exemplo é o do servidor cujo ingresso no serviço público decorre de um ato nulo (a nomeação ou a posse contém vício insanável). Imagine-se que esse servidor emita uma certidão negativa de tributos para Fulano e, no dia seguinte, o servidor seja exonerado em decorrência da nulidade de seu vínculo com a administração. Os efeitos dos atos praticados entre o servidor e a administração devem ser desfeitos. Mas Fulano, que obteve a certidão, é um terceiro de boa-fé. Sua certidão é válida.

Uma observação: o servidor não terá que devolver as remunerações já recebidas, decorrentes de seu trabalho. Mas isso tem fundamento em outra regra, que se sobrepõe, que prevalece sobre o desfazimento dos efeitos do ato nulo. Essa regra maior é a vedação ao enriquecimento sem causa. O serviço, mesmo fundado em vínculo nulo, foi efetivamente prestado ao Estado; se a remuneração fosse devolvida, haveria enriquecimento sem causa do Estado.

A anulação pode ser feita pela administração (autotutela), de ofício ou mediante provocação, ou pelo Poder Judiciário, mediante provocação.

Apesar de a anulação de atos ilegais ou ilegítimos consistir em verdadeiro poder-dever da administração pública, a doutrina, há muito, advoga que, na hipótese de a anulação de um ato **afetar interesse** do administrado, modificando desfavoravelmente sua situação jurídica, deve ser instaurado procedimento administrativo em que se dê a ele oportunidade de contraditório **prévio**, isto é, seja-lhe formalmente facultado apresentar, **previamente** à anulação, alegações que eventualmente demonstrem ser ela indevida.

A jurisprudência do Supremo Tribunal Federal consagrou essa lição ao deixar assente que, com a promulgação da Constituição de 1988, foram erigidos ao patamar de garantias constitucionais do administrado o contraditório e a ampla defesa, **inclusive** quando ele se encontre na posição de **mero interessado**. Na decisão em que essa orientação restou consolidada, o Ministro Dias Toffoli, em seu voto condutor, consignou que, "a partir de então, **qualquer ato** da administração pública que tiver o condão de **repercutir** sobre a **esfera de interesses** do cidadão deverá ser **precedido** de procedimento em que se assegure ao interessado o **efetivo exercício** do direito ao contraditório e à ampla defesa".[12]

Em outra oportunidade, nossa Alta Corte asseverou, ainda, que **não basta**, para atender à ampla defesa, conceder ao administrado a possibilidade de **impugnar**, mediante **recurso** administrativo, a decisão, **já prolatada**, que tenha anulado o ato que o beneficiava. É necessário que se assegure formalmente ao administrado oportunidade de manifestar-se e apresentar contrarrazões **previamente** à própria emissão da decisão administrativa que repercutirá negativamente em sua esfera de interesses.[13]

Cumpre destacar: essa posição jurisprudencial é aplicável a **todas as formas de desfazimento de atos administrativos** pela própria administração. O administrado deve ter assegurado o efetivo exercício do seu direito de defesa **previamente** à extinção, pela administração, de ato que seja de interesse dele, nada importa se o ato será retirado do mundo jurídico mediante anulação, cassação, revogação etc.

---

[12] RE 594.296/MG (**repercussão geral**), rel. Min. Dias Toffoli, 21.09.2011 (Informativo 641 do STF). No mesmo sentido: MS 25.399/DF, rel. Min. Marco Aurélio, 15.10.2014 (Informativo 763 do STF).
[13] RMS 31.661/DF, rel. Min. Gilmar Mendes, 10.12.2013 (Informativo 732 do STF).

Cap. 8 • ATOS ADMINISTRATIVOS

Vem a propósito pontuar, aliás, que o art. 64 da Lei 9.784/1999, concernente às decisões prolatadas, já em grau de recurso, no âmbito dos processos administrativos federais, está em plena harmonia com a orientação ora em tela, conforme abaixo se lê:

> Art. 64. O órgão competente para decidir o recurso poderá confirmar, modificar, anular ou revogar, total ou parcialmente, a decisão recorrida, se a matéria for de sua competência.
>
> Parágrafo único. Se da aplicação do disposto neste artigo puder decorrer gravame à situação do recorrente, este deverá ser cientificado para que formule suas alegações antes da decisão.

Na esfera federal, o art. 54 da Lei 9.784/1999 estabelece em **cinco anos** o prazo para a anulação de atos administrativos ilegais, quando os efeitos do ato forem favoráveis ao administrado, salvo comprovada má-fé.[14] Transcreve-se o dispositivo citado:

> Art. 54. O direito da Administração de anular os atos administrativos de que decorram efeitos favoráveis para os destinatários decai em cinco anos, contados da data em que foram praticados, salvo comprovada má-fé.
>
> § 1.º No caso de efeitos patrimoniais contínuos, o prazo de decadência contar-se-á da percepção do primeiro pagamento.
>
> § 2.º Considera-se exercício do direito de anular qualquer medida de autoridade administrativa que importe impugnação à validade do ato.

Verificamos que o texto legal não explicita a natureza do vício que ensejaria a anulação a que ele se refere. Há razoável consenso doutrinário de que a norma de decadência ora em comento tem aplicação seja qual for o vício, **sanável ou insanável**. A segurança jurídica e a necessidade de estabilização das relações entre administração e administrado, bem como a proteção à confiança legítima e à boa-fé (por isso a norma exclui os casos de má-fé), são valores que, nessa situação, prevalecem sobre o próprio princípio da legalidade.

Não obstante, embora realmente a regra geral seja a de que o art. 54 da Lei 9.784/1999 alcance **qualquer espécie de vício**, é relevante anotar que nossa Corte Suprema já teve oportunidade de decidir que ele **não tem aplicação** quando se trate

---

[14] Convém registrar que, especificamente no caso de anulação de atos administrativos pela **Previdência Social**, o dispositivo legal aplicável é outro, a saber, o art. 103-A da Lei 8.213/1991, incluído pela Lei 10.839/2004 – e claramente inspirado no art. 54 da Lei 9.784/1999, porém com prazo diferente –, que assim dispõe (grifamos):

"Art. 103-A. O direito da **Previdência Social** de **anular** os atos administrativos de que decorram **efeitos favoráveis** para os seus beneficiários decai em **dez anos**, contados da data em que foram praticados, **salvo comprovada má-fé**.

§ 1.º No caso de efeitos patrimoniais contínuos, o prazo decadencial contar-se-á da percepção do primeiro pagamento.

§ 2.º Considera-se exercício do direito de anular qualquer medida de autoridade administrativa que importe impugnação à validade do ato."

de anular atos que **contrariem flagrantemente a Constituição Federal**, conforme se lê nesta incisiva passagem:[15]

> Situações flagrantemente inconstitucionais como o provimento de serventia extrajudicial sem a devida submissão a concurso público não podem e não devem ser superadas pela simples incidência do que dispõe o art. 54 da Lei 9.784/1999, sob pena de subversão das determinações insertas na Constituição Federal.

Em suma, o art. 54 da Lei 9.784/1999 contém uma norma de **decadência** do direito de a administração anular atos administrativos ilegais favoráveis ao administrado, qualquer que seja o vício que os macule, salvo comprovada má-fé. Essa regra, porém, em situações excepcionais, quando se constate que um ato afronta flagrantemente determinação expressa da Constituição Federal, deve ser afastada, vale dizer, a anulação, nessas hipóteses, pode ocorrer a qualquer tempo, não estando sujeita a prazo decadencial.

O art. 54 da Lei 9.784/1999 será novamente analisado, à frente, neste capítulo, quando estudarmos a convalidação de atos administrativos.

11.2. Revogação

Revogação é a retirada, do mundo jurídico, de um **ato válido**, mas que, segundo critério discricionário da administração, tornou-se inoportuno ou inconveniente.

Na lição do Prof. Hely Lopes Meirelles, "revogação é a supressão de um ato administrativo legítimo e eficaz, realizada pela Administração – e somente por ela – por não mais lhe convir sua existência".

A revogação tem fundamento no poder discricionário. Ela somente se aplica aos atos discricionários. A revogação é, em si, um ato discricionário, uma vez que decorre exclusivamente de critério de oportunidade e conveniência.

A revogação de atos administrativos configura o denominado "controle de mérito", que incide sobre atos válidos, sem quaisquer vícios, diferentemente do controle de legalidade ou de legitimidade, que incide sobre atos ilegais ou ilegítimos, anulando-os.

A revogação somente produz efeitos prospectivos, para frente (*ex nunc*), porque o ato revogado era válido, não tinha vício nenhum. Além disso, devem ser respeitados os direitos adquiridos.

A revogação é ato privativo da administração que praticou o ato que está sendo revogado.

Vale registrar que, segundo o entendimento prevalente no âmbito do Superior Tribunal de Justiça, a revogação de um **ato complexo** somente poderá ser efetuada – por uma questão de **simetria** – mediante **ato conjunto dos mesmos órgãos** que editaram o ato a ser revogado. Assim, uma portaria interministerial emitida, conjuntamente, pelo

---

[15] MS 28.279/DF, rel. Min. Ellen Gracie, 16.12.2010 (Informativos 613 e 624 do STF). No mesmo sentido, dentre outros: MS 26.860/DF, rel. Min. Luiz Fux, 02.04.2014 (Informativo 741 do STF); MS 29.323/DF, red. p/ o acórdão Min. Alexandre de Moraes, 12.02.2019 (Informativo 930 do STF).

Ministério da Fazenda e pelo Ministério da Agricultura e Pecuária somente poderá ser revogada por uma outra portaria subscrita, igualmente, por esses dois órgãos.[16]

Por fim, um esclarecimento faz-se oportuno: todos os Poderes têm competência para revogar os atos administrativos editados por eles mesmos.

Foi visto anteriormente que, embora os atos administrativos sejam tipicamente atos do Poder Executivo (em virtude de sua função precípua), os Poderes Legislativo e Judiciário, no exercício de funções administrativas (atípicas ou acessórias), também editam atos administrativos.

É correto afirmar que o Poder Judiciário jamais revogará um ato administrativo editado pelo Poder Executivo ou pelo Poder Legislativo. De forma mais ampla, é acertado asseverar que o Poder Judiciário, **no exercício de sua função típica jurisdicional**, nunca **revogará** um ato administrativo.

Por outro lado, os atos administrativos editados pelo próprio Poder Judiciário, no exercício de suas funções administrativas, somente poderão ser revogados por ele mesmo (Judiciário); cumpre ressaltar, todavia, que, ao revogar seus próprios atos administrativos, o Judiciário não estará exercendo função jurisdicional, mas sim administrativa, estará atuando na qualidade de administração pública, valorando a conveniência e a oportunidade administrativas de um ato administrativo por ele mesmo editado.

11.2.1. *Atos que não podem ser revogados*

O poder de revogação da administração pública, fundado no poder discricionário, não é ilimitado. Existem determinadas situações, seja pela natureza do ato praticado, seja pelos efeitos por ele já produzidos, que são insuscetíveis de modificação por parte da administração, com base em critérios de conveniência ou oportunidade. São as hipóteses de atos irrevogáveis e de situações em que a revogação não é cabível, decorrentes das limitações ao poder de revogar.

São insuscetíveis de revogação:

a) os atos consumados, que já exauriram seus efeitos (a impossibilidade de revogá-los decorre de uma questão lógica, uma vez que, sendo a revogação prospectiva, *ex nunc*, não faz sentido revogar um ato que não tem mais nenhum efeito a produzir);

Por exemplo, um ato que concedeu uma licença funcional discricionária a um servidor; se este já gozou a licença, o ato já exauriu seus efeitos, e não há que se cogitar sua revogação. Ou um ato de autorização de uso de bem público por prazo determinado; expirado o prazo, a autorização é um ato consumado, que já exauriu seus efeitos, tornando-se inteiramente sem sentido pretender revogá-la.

b) os atos vinculados, porque não comportam juízo de oportunidade e conveniência;

Por exemplo, se o indivíduo preenche todos os requisitos exigidos para o exercício de determinada profissão regulamentada em lei, tem direito a obter a licença

---

16 MS 14.731/DF, rel. Min. Napoleão Nunes Maia Filho, 14.12.2016.

DIREITO ADMINISTRATIVO DESCOMPLICADO • *Marcelo Alexandrino & Vicente Paulo*

do poder público para o seu exercício, e essa licença não pode ser revogada pela administração. Posteriormente, se o indivíduo deixar de atender às condições exigidas para ter direito ao exercício da profissão, sua licença será passível de **cassação**, mas nunca de revogação.

c) os atos que já geraram direitos adquiridos, gravados por garantia constitucional (CF, art. 5.º, XXXVI); deveras, se nem a lei pode prejudicar um direito adquirido, muito menos o poderia um juízo de conveniência ou oportunidade administrativa;

Por exemplo, o candidato aprovado em um concurso público adquire, com a nomeação, o direito subjetivo de tomar posse no cargo respectivo. Ainda que a administração não estivesse obrigada a nomear, ou não precisasse fazê-lo naquele momento, certo é que, uma vez praticado o ato administrativo de nomeação, não mais será possível a sua revogação, porque o nomeado adquire direito à investidura no cargo correspondente.

d) os atos que integram um procedimento, porque, sendo o procedimento administrativo uma sucessão ordenada de atos, a cada ato praticado passa-se a uma nova etapa do procedimento, ocorrendo a **preclusão** administrativa relativamente à etapa anterior, ou seja, torna-se incabível uma nova apreciação do ato anterior quanto ao seu mérito.

Por exemplo, no procedimento de licitação, o ato de adjudicação do objeto ao vencedor não pode ser revogado quando já celebrado o respectivo contrato.

Também não é cabível a revogação quando já se exauriu a competência da autoridade que editou determinado ato. Por exemplo, se uma pessoa apresentou recurso administrativo contra uma decisão proferida em um processo administrativo, e o recurso já está sendo apreciado pela instância superior, a autoridade que praticou o ato recorrido não mais poderá revogá-lo, porque já está exaurida sua competência nesse processo.

Registramos, por fim, que a Prof.ª Maria Sylvia Di Pietro aponta como irrevogáveis, ainda, os atos que ela denomina "**meros atos administrativos**". Para a autora, são exemplos de "meros atos administrativos" as certidões, os atestados, os votos e os pareceres. Tais atos seriam irrevogáveis "porque os efeitos deles decorrentes são estabelecidos pela lei".

Ousamos propor uma explicação um pouco diferente da apresentada pela insigne administrativista. Pensamos que as certidões e atestados, assim como todos os atos de conteúdo **meramente declaratório**, não podem ser revogados porque eles se limitam a declarar que uma situação existe, ou não existe, sendo descabido "revogar a realidade". De outra parte, os atos de conteúdo **meramente opinativo**, segundo pensamos, não podem ser revogados porque eles não produzem efeitos por si sós; como a revogação retira do mundo jurídico um ato administrativo a fim de impedir que, dali para frente, ele produza efeitos jurídicos, nenhum sentido faria cogitar a revogação de um ato que não tem possibilidade de produzir efeitos por si só.

De forma mais abrangente, a nosso ver, os atos administrativos a que se refere a eminente autora não são passíveis de revogação porque não encerram uma ma-

Cap. 8 • ATOS ADMINISTRATIVOS

nifestação de vontade da administração pública.[17] Assim sendo, não comportam juízo de oportunidade e conveniência administrativas, ou quanto aos efeitos que eventualmente possam produzir, ou quanto a sua edição. Os atos de conteúdo declaratório, aliás, são efetivamente, no mais das vezes, atos vinculados (e não existe revogação de atos vinculados).

11.3. Cassação

A cassação é a extinção do ato administrativo quando o seu beneficiário deixa de cumprir os requisitos que deveria permanecer atendendo, como exigência para a manutenção do ato e de seus efeitos. No mais das vezes, a cassação funciona como uma sanção para aquele particular que deixou de cumprir as condições exigidas para a manutenção de um determinado ato.

Por exemplo, a cassação de uma licença para construir, concedida pelo poder público sob determinadas condições previstas em lei, na hipótese de o particular vir a descumprir tais condições; a cassação de uma licença para o exercício de certa profissão, quando o profissional incorrer numa das hipóteses em que a lei autorize essa medida.

11.4. Outras formas de extinção dos atos administrativos

A anulação, a revogação e a cassação são classificadas como formas do chamado **desfazimento volitivo**, resultante da manifestação expressa do administrador ou do Poder Judiciário, relativamente ao ato que esteja sendo extinto. Há, porém, formas de extinção do ato administrativo que independem de manifestação expressa relativa ao ato extinto, ou mesmo que independem de qualquer manifestação ou declaração. Enumeramos as principais delas a seguir.

A **extinção natural** desfaz um ato administrativo pelo mero cumprimento normal de seus efeitos. Por exemplo, uma permissão de uso concedida por dois meses será extinta, naturalmente, no termo final desse prazo.

A **extinção subjetiva** ocorre quando há o desaparecimento do sujeito que se beneficiou do ato. Por exemplo, uma autorização para o porte de arma para o particular extingue-se com o seu falecimento.

A **extinção objetiva** ocorre quando desaparece o próprio objeto do ato praticado. Em razão de um fato superveniente, o ato fica sem objeto, desfazendo-se. Por exemplo, o ato de interdição de um estabelecimento é desfeito se este vem a ser extinto pela empresa de que ele fazia parte.

A **caducidade** ocorre quando uma nova legislação impede a permanência da situação anteriormente consentida pelo poder público. Surge uma nova norma jurídica que contraria aquela que respaldava a prática do ato. O ato, que passa a contrariar a nova legislação, extingue-se.

---

[17] São eles atos administrativos apenas em sentido formal; correspondem àqueles que, em tópico anterior, quando tratamos das "espécies de atos administrativos", denominamos "atos enunciativos em sentido amplo".

O Prof. José dos Santos Carvalho Filho cita o seguinte exemplo: "uma permissão para uso de um bem público; se, supervenientemente, é editada lei que proíbe tal uso privativo por particular, o ato anterior, de natureza precária, sofre caducidade, extinguindo-se".

Outro exemplo é apresentado pela Prof.ª Maria Sylvia Di Pietro: "a caducidade de permissão para explorar parque de diversões em local que, em face da nova lei de zoneamento, tornou-se incompatível com aquele tipo de uso".

Por fim, cabe citar a **contraposição**, na qual um ato, emitido com fundamento em uma determinada competência, extingue outro ato, anterior, editado com base em competência diversa, ocorrendo a extinção porque os efeitos daquele são opostos aos deste. O ato anterior será extinto pelo ato superveniente cujos efeitos são a ele contrapostos. O exemplo dado pela Prof.ª Maria Sylvia Di Pietro é a exoneração, que tem efeitos contrapostos aos da nomeação (o ato de nomeação é extinto automaticamente pelo ato de exoneração, sem que seja necessário praticar um terceiro ato, afirmando que ficou "cancelada", ou que se tornou "sem efeitos" a nomeação do servidor exonerado).

12. CONVALIDAÇÃO

Os administrativistas tradicionais costumavam propugnar que os atos administrativos, quanto à existência de vícios em sua formação, poderiam ser enquadrados, exclusivamente, ou como atos **válidos** (sem nenhum vício), ou como atos **nulos** (com qualquer vício de validade, sem exceção). Filiavam-se à denominada escola monista, que recebe esse nome pelo fato de só admitir uma espécie de ato inválido: o ato nulo. Para a teoria monista, qualquer defeito em qualquer elemento de um ato administrativo classifica-se como vício insanável, resultando, invariavelmente, em um ato nulo.

Outros autores, na época minoritários, defendiam a possibilidade de os atos administrativos com defeitos de validade serem nulos ou anuláveis, conforme o vício fosse classificado como insanável ou sanável (que pode ser "corrigido"), respectivamente. Eram os adeptos da chamada escola dualista, originária do direito privado, que recebe esse nome exatamente por admitir duas categorias de atos com vícios de legalidade: os nulos e os anuláveis.

Com a evolução doutrinária, um número cada vez maior de administrativistas passou a reconhecer que há vícios de legalidade que representam uma lesão de grande intensidade ao ordenamento jurídico e há vícios cuja lesividade é pouco relevante. Sobretudo, começou a existir razoável consenso quanto ao fato de que, em alguns casos, pode ocorrer de o interesse público ser mais adequadamente satisfeito com a manutenção do ato portador de um vício de menor gravidade, mediante a "correção" retroativa desse defeito, do que com a anulação do ato e a consequente desconstituição dos efeitos que ele já produziu.

Essa corrente, hoje amplamente majoritária, admite, ao lado dos atos administrativos nulos, eivados de vícios insanáveis, a existência dos atos administrativos anuláveis, portadores de vícios sanáveis.

Os atos administrativos anuláveis são exatamente os que podem ser objeto de **convalidação** (ou saneamento), dependendo das circunstâncias e do juízo de oportunidade e conveniência privativo da administração pública.

Portanto, convalidar um ato é "corrigi-lo", "regularizá-lo", desde a origem (*ex tunc*), de tal sorte que: (a) os efeitos já produzidos passem a ser considerados efeitos válidos, não passíveis de desconstituição; e (b) esse ato permaneça no mundo jurídico como um ato válido, apto a produzir efeitos regulares.

A Lei 9.784/1999 – que afirma ter sido editada para disciplinar, mediante normas gerais, o processo administrativo federal, mas que contém muitas disposições aplicáveis a todos os atos administrativos federais, mesmo aos que não sejam praticados no âmbito de um processo administrativo – encampou a doutrina atualmente majoritária acerca da possibilidade de convalidação de atos administrativos maculados por defeitos sanáveis.

Na esfera federal, portanto, a convalidação de atos administrativos integra o direito legislado, tornando inócua qualquer discussão doutrinária que pudesse ainda subsistir a respeito da possibilidade de haver atos administrativos anuláveis.[18] Com efeito, preceitua o art. 55 da Lei 9.784/1999:

> Art. 55. Em decisão na qual se evidencie não acarretarem lesão ao interesse público nem prejuízo a terceiros, os atos que apresentarem defeitos sanáveis poderão ser convalidados pela própria Administração.

Extrai-se da leitura do dispositivo transcrito que, na esfera federal, são condições cumulativas para que um ato possa ser convalidado:

a) defeito sanável;

b) o ato não acarretar lesão ao interesse público;

c) o ato não acarretar prejuízo a terceiros;

d) decisão discricionária da administração acerca da conveniência e oportunidade de convalidar o ato (em vez de anulá-lo).

Há razoável consenso na doutrina quanto aos vícios de legalidade do ato administrativo que podem ser enquadrados como defeitos sanáveis. São eles:

a) vício relativo à competência quanto à pessoa (não quanto à matéria), desde que não se trate de competência exclusiva;

Por exemplo, se é do Superintendente da Receita Federal do Brasil a competência para editar um determinado ato e o Delegado da Receita Federal do Brasil, que não

---

[18] É interessante observar que a Lei 9.784/1999 não emprega, em nenhum ponto, a expressão "atos anuláveis". A doutrina administrativista, entretanto, utiliza a expressão "atos anuláveis" como sinônimo de "atos com defeitos sanáveis", ou seja, atos que admitem convalidação expressa. Portanto, os "atos que apresentarem defeitos sanáveis" a que se refere o art. 55 da Lei 9.784/1999 são exatamente os atos que os administrativistas habitualmente chamam de "atos administrativos anuláveis".

possui tal competência, pratica esse ato, o Superintendente poderá convalidá-lo, desde que: (a) o ato não seja de sua competência exclusiva; (b) o ato não tenha acarretado lesão ao interesse público, nem prejuízo a terceiros; e (c) o Superintendente considere conveniente e oportuno convalidar o ato, em vez de anulá-lo.

A rigor, não basta que o ato não seja da competência exclusiva da autoridade que tem a possibilidade de convalidá-lo. Não poderá ser admitida a convalidação em quaisquer hipóteses em que estivesse vedada a delegação da prática do ato àquela autoridade que, indevidamente, o adotou. Voltando ao nosso exemplo, se existisse algum impedimento legal à delegação da competência para a prática daquele ato que foi emitido pelo Delegado da Receita Federal do Brasil, não poderia o Superintendente da Receita Federal do Brasil proceder à sua convalidação (assim como não poderia tê-lo delegado, também não poderá convalidá-lo).

Exemplo de **vício de competência quanto à matéria**: o Ministro da Saúde pratica um ato cujo conteúdo diga respeito a assunto de competência do Ministério da Fazenda. Esse ato sempre será nulo, isto é, **não admite convalidação**.

   b) vício de forma, desde que a lei não considere a forma elemento essencial à validade daquele ato.

No caso do vício de forma, como se vê, a regra geral é a possibilidade de convalidação, que só não será possível se houver alguma forma específica exigida expressamente em lei como condição de validade do ato.

Por exemplo, em qualquer ato de aplicação de sanção disciplinar a um servidor público, a motivação é obrigatória. Assim, um ato de aplicação de suspensão disciplinar a um servidor, em que não tenha sido escrita expressamente a motivação (descrição da infração praticada, enquadramento legal, fatores que determinaram a formação do juízo de valor da autoridade que decidiu pela aplicação daquela sanção, por aquele número de dias etc.), será um ato nulo, não passível de convalidação.

O ato administrativo de convalidação tem efeitos *ex tunc*, retroagindo seus efeitos ao momento em que foi originariamente praticado o ato convalidado. Caso os efeitos fossem meramente prospectivos, o instituto da convalidação seria inteiramente inútil, uma vez que convalidar equivaleria a anular o ato e, no mesmo momento, praticar um outro ato válido, sem o vício do ato que acabou de ser anulado. Por outras palavras, se os efeitos fossem prospectivos, em vez de convalidação teríamos simplesmente uma anulação seguida da edição de um novo ato, agora sem defeito.

A convalidação pode recair sobre atos vinculados ou discricionários, uma vez que não se trata de controle de mérito, e sim de controle de legalidade, relativo a vícios sanáveis verificados nos elementos competência ou forma (caso se tratasse de controle de mérito, teria que recair sobre os elementos motivo e objeto; ademais, o controle de mérito só pode acarretar a revogação de um ato; o controle de mérito não é, em nenhuma hipótese, uma escolha entre anular e convalidar um ato).

Cumpre notar que, em atenção aos princípios da legalidade administrativa e da indisponibilidade do interesse público, a **regra geral continua sendo a anulação** dos atos que contenham vícios de legalidade ou legitimidade. Reforça esse enten-

Cap. 8 • ATOS ADMINISTRATIVOS

dimento a constatação de que a Lei 9.784/1999 explicitamente disciplinou o ato de convalidação como um **ato discricionário**. Significa dizer, ainda que estejam cumpridas todas as exigências legalmente impostas para a convalidação, a administração pública, conforme o seu juízo privativo de conveniência e oportunidade, tendo em conta a decisão que considere mais apropriada ao interesse público, poderá convalidar o ato ou anulá-lo.

A nosso ver, andou bem o legislador federal ao conferir à administração a faculdade de convalidar certos atos administrativos. Existem, de fato, algumas situações em que o prejuízo resultante da anulação de um ato pode ser muito maior do que o decorrente da sua manutenção, vale dizer, da convalidação do ato irregular. Nessas hipóteses excepcionais é que o administrador público poderá, obedecidos os princípios da motivação, da moralidade e da impessoalidade, valorar a conveniência e a oportunidade de convalidar certo ato e, caso considere esta a decisão mais adequada à satisfação do interesse público, proceder à convalidação.

Não obstante o exposto nos dois parágrafos anteriores, é mister anotar que Celso Antônio Bandeira de Mello e Maria Sylvia Di Pietro, com base na doutrina de Weida Zancaner,[19] defendem a ideia de que, como regra geral, o ato de convalidação deve ser considerado ato administrativo vinculado (obrigatório). Cumpre registrar que, sem embargo de sua opinião, a Prof.ª Maria Sylvia reconhece que essa posição é contrária ao que está expresso no art. 55 da Lei 9.784/1999, o qual atribui poder discricionário à administração federal para convalidar o ato com defeitos sanáveis.

Feita novamente essa importante ressalva – **por força da Lei 9.784/1999, art. 55, a convalidação expressa, na esfera federal, é tratada como ato discricionário** –, transcrevemos os seguintes excertos da obra da Prof.ª Maria Sylvia Di Pietro:[20]

> Evoluímos, no entanto, a partir da 11.ª edição, para acompanhar o pensamento de Weida Zancaner (1990:55), no sentido de que o ato de convalidação é, às vezes, vinculado, e outras vezes, discricionário. Entende a autora que "só existe uma hipótese em que a Administração Pública pode optar entre o dever de convalidar e o dever de invalidar segundo critérios discricionários. É o caso de ato discricionário praticado por autoridade incompetente (...)".
>
> (...)
>
> Assiste razão à autora, pois, tratando-se de ato vinculado praticado por autoridade incompetente, a autoridade competente não poderá deixar de convalidá-lo, se estiverem presentes os requisitos para a prática do ato; a convalidação é obrigatória, para dar validade aos efeitos já produzidos; se os requisitos legais não estiverem presentes, ela deverá necessariamente anular o ato. Se o ato praticado por autoridade incompetente é discricionário e, portanto, admite apreciação subjetiva quanto aos aspectos de mérito, não pode a

---

[19] *Da Convalidação e da Invalidação dos Atos Administrativos.* 2.ª ed. São Paulo: Malheiros Editores, 1996.

[20] *Direito Administrativo.* 20.ª ed. São Paulo: Editora Atlas, 2007, p. 228 e 229.

autoridade competente ser obrigada a convalidá-lo, porque não é obrigada a aceitar a mesma avaliação subjetiva feita pela autoridade incompetente; nesse caso, ela poderá convalidar ou não, dependendo de sua própria apreciação discricionária.[21]

A seguir, sintetizamos as principais diferenças entre a anulação, a revogação e a convalidação de atos administrativos descrita no art. 55 da Lei 9.784/1999.

ANULAÇÃO	REVOGAÇÃO	CONVALIDAÇÃO
Retirada de atos inválidos, com vício, ilegais.	Retirada de atos válidos, sem qualquer vício.	Correção de atos com vícios sanáveis, desde que tais atos não tenham acarretado lesão ao interesse público nem prejuízo a terceiros.
Opera retroativamente, resguardados os efeitos já produzidos perante terceiros de boa-fé.	Efeitos prospectivos; não é possível revogar atos que já tenham gerado direito adquirido.	Opera retroativamente. Corrige o ato, tornando regulares os seus efeitos, passados e futuros.
Pode ser efetuada pela administração, de ofício ou provocada, ou pelo Judiciário, se provocado.	Só pode ser efetuada pela própria administração que praticou o ato.	Só pode ser efetuada pela própria administração que praticou o ato.
Pode incidir sobre atos vinculados e discricionários, exceto sobre o mérito administrativo.	Só incide sobre atos discricionários (não existe revogação de ato vinculado).	Pode incidir sobre atos vinculados e discricionários.
A anulação de ato com vício insanável é um ato vinculado. A anulação de ato com vício sanável que fosse passível de convalidação é um ato discricionário.	A revogação é um ato discricionário.	A convalidação é um ato discricionário. Em tese, a administração pode optar por anular o ato, mesmo que ele fosse passível de convalidação.

Finalizando este tópico, é oportuno lembrar que o art. 54 da Lei 9.784/1999, aplicável no âmbito federal, estipula o **prazo decadencial** de **cinco anos** para a ad-

---

[21] Consoante afirmado, a mesma posição é propugnada por Celso Antônio B. de Mello. O autor, consignando expressamente arrimar-se nos "ensinamentos constantes do aprofundado estudo monográfico efetuado por Weida Zancaner", assevera que a administração "não pode, outrossim, eleger livremente entre as alternativas de convalidar ou invalidar, ressalvada uma única hipótese: tratar-se de vício de competência em ato de conteúdo discricionário. Neste único caso, cabe ao superior hierárquico, a quem competiria expedi-lo, decidir se confirma o ato ou se reputa inconveniente fazê-lo, quando, então, será obrigado a invalidá-lo".

Pensamos não ser excessivo lembrar que essa posição é contrária ao que está positivado na Lei 9.784/1999, cujo art. 55, que disciplina a convalidação expressa na esfera federal, explicitamente dispõe que a administração **poderá** convalidar os atos que apresentem defeitos sanáveis, desde que não acarretem lesão ao interesse público nem prejuízo a terceiros.

ministração pública **anular** atos ilegais favoráveis ao administrado, salvo comprovada má-fé. Passado esse prazo sem que ocorra a anulação, ela não mais poderá fazê-lo, ainda que se trate de **vício insanável**. Ora, como o ato, depois da decadência do direito de anulá-lo, permanecerá no mundo jurídico produzindo efeitos que passarão a ser considerados válidos desde sempre, pode-se afirmar que ocorreu a sua **convalidação**. Note-se, porém, que, nesse caso, **não há** um **ato** de convalidação, e sim uma **omissão** do poder público cujo resultado é impedir a anulação de um ato inicialmente viciado, acarretando a sua manutenção no mundo jurídico como se fora um ato válido e eficaz.

Alguns juristas não admitem que se chame de convalidação a hipótese em que um ato com **vício insanável** permanece operante por ter ocorrido a decadência do direito de anulá-lo. Tais autores chamam a essa situação **estabilização** ou **consolidação** do ato administrativo e reservam o termo "convalidação" para os casos em que um ato expresso – e não uma omissão associada ao decurso de prazo – corrige o defeito de um ato que tenha sido inicialmente praticado com **vício sanável**, regularizando-o desde a origem.

É bem verdade que a Lei 9.784/1999 **não emprega o vocábulo "convalidação"** para se referir à regra de decadência do direito de anular atos ilegais constante de seu art. 54 – mas **também não usa as palavras "estabilização" ou "consolidação"**; ela simplesmente fala em **decadência** do direito de anular.

De toda sorte, importante é ter em mente que os fundamentos gerais dessa norma são os princípios da **segurança jurídica** e da **proteção à boa-fé e à confiança legítima**. E que, não obstante, o Supremo Tribunal Federal já decidiu pela **inaplicabilidade** do art. 54 da Lei 9.784/1999 a atos administrativos que contrariem **flagrantemente** a **Constituição Federal**. Estes podem ser anulados **a qualquer tempo**, isto é, a anulação de tais atos não está sujeita a prazo extintivo – eles **nunca** podem ser "estabilizados" ou "convalidados por decurso de prazo" (conforme a denominação que se prefira adotar).[22]

13. CONVERSÃO

No âmbito do estudo dos vícios do ato administrativo e das respectivas possibilidades de providências a eles correspondentes, os principais administrativistas costumam mencionar a chamada "**conversão**".

Embora não exista consenso quanto à definição desse instituto, parece-nos majoritária a orientação segundo a qual a "conversão" consiste em um ato privativo da administração pública mediante o qual ela aproveita um ato nulo de uma determinada espécie transformando-o, retroativamente, em um ato válido de outra categoria, pela modificação de seu enquadramento legal.

---

[22] MS 28.279/DF, rel. Min. Ellen Gracie, 16.12.2010 (Informativos 613 e 624 do STF). No mesmo sentido, dentre outros: MS 26.860/DF, rel. Min. Luiz Fux, 02.04.2014 (Informativo 741 do STF); MS 29.323/DF, red. p/ o acórdão Min. Alexandre de Moraes, 12.02.2019 (Informativo 930 do STF).

Explicando mais detalhadamente, imagine-se que a lei estabeleça que o atendimento às condições "x", "y" e "z" é essencial para a obtenção, pelo particular, do ato administrativo "ALFA"; imagine-se que outra lei trate do ato administrativo "BETA" e exija para a sua obtenção pelo particular apenas o atendimento às condições "x" e "y". Suponha-se, ainda, que os efeitos decorrentes do ato "ALFA" sejam similares aos efeitos produzidos pelo ato "BETA", sendo a diferença principal entre eles alguma variação no regime jurídico (por exemplo, "BETA" é um ato discricionário e "ALFA" é um ato vinculado).

Fulano apresenta à administração um requerimento solicitando a edição do ato "ALFA", mas só atende às condições "x" e "y". O ato "ALFA" é editado, tendo Fulano como destinatário. Logo, esse ato "ALFA" é **nulo**. Entretanto, se a administração, constatada a nulidade, considerar mais adequada ao interesse público a manutenção dos efeitos já produzidos do que a anulação do ato praticado, ela pode "converter" o ato "ALFA" em "BETA", mantendo todos os efeitos já produzidos e assegurando a continuidade da produção de efeitos, agora pelo ato "BETA", resultante da conversão de "ALFA".

Note-se que a conversão opera retroativamente (*ex tunc*). A rigor, considera-se (por ficção jurídica) que todos os efeitos foram produzidos, desde a origem, pelo ato "BETA", como se o ato "ALFA" nunca tivesse existido. Frise-se, também, que a decisão entre converter e anular é discricionária, portanto, exclusiva da administração. A conversão, ademais, não poderá acarretar lesão ao interesse público, nem prejuízo a terceiros.

A conversão tem maiores possibilidades de ser utilizada no caso de **vício de objeto** (o vício de objeto é sempre insanável, ou seja, o ato é sempre nulo). A bem da verdade – talvez pelo fato de a conversão consistir na "troca" de um ato de uma espécie por um ato de outra espécie –, a maioria dos autores somente menciona o vício de objeto como passível de conversão.

Formulemos um exemplo simples de vício de objeto e a respectiva conversão do ato.

Em determinadas circunstâncias, poderia ser legítima a edição pela administração de um ato de autorização de uso de bem público, mas não a edição de um ato de permissão de uso de bem público. Nesse caso, se fosse editado um ato de permissão de uso de bem público, ele seria nulo, por vício de objeto (teria que ser autorização e não permissão). Com a conversão, o ato de permissão seria "transformado", retroativamente, em um ato de autorização. O objeto do ato resultante da conversão, agora, seria um objeto válido (autorização) e teria "substituído", retroativamente, o anterior objeto vedado pela lei naquelas circunstâncias (permissão), que tornava nulo o ato.

Tentemos elaborar um exemplo um pouco mais concreto.

Suponha-se que a lei de regência dos servidores públicos estatutários de determinado município preveja duas espécies de licenças não remuneradas: (a) uma denominada "licença para dedicação a atividades privadas", exclusiva para servidores que não estejam em estágio probatório, disciplinada no art. 131 da lei municipal; e (b) uma denominada "licença para tratar de assuntos pessoais", que somente pode ser concedida a servidores que tenham pelo menos dez anos de serviço efetivo em cargos daquele município, estejam, ou não, em estágio probatório no cargo em que peçam a licença, regulada no art. 137 da lei municipal.

Imagine-se que o servidor Beltrano, com quinze anos de serviço em diversos cargos daquele município, esteja em estágio probatório no cargo que ocupa atualmente e peça a "licença para dedicação a atividades privadas", de que trata o art. 131 da lei municipal. Se essa licença for concedida, o ato de concessão será um **ato nulo**, por **vício de objeto** (o objeto do ato poderia ter sido a concessão da licença do art. 137, mas não a do art. 131).

Embora o ato seja nulo, a administração, caso julgue conveniente e oportuno, tendo em conta o interesse público, poderá converter o ato de concessão da licença do art. 131 em um ato de concessão da licença do art. 137. Se isso ocorrer, considerar-se-á que, desde o início, o servidor gozou a licença do art. 137, sendo mantidos todos os efeitos já produzidos por aquele ato nulo na origem como se, desde o início, ele tivesse sido um ato de concessão da licença de que trata o art. 137 da lei municipal.

Em suma, com a conversão, um ato nulo é desfeito, mas é substituído, retroativamente, por um ato de outra espécie, cuja prática, se tivesse ocorrido na época, estaria em plena conformidade com o ordenamento jurídico; os efeitos já produzidos pelo ato originário são mantidos, como se tivessem sido produzidos pelo novo ato; a partir da conversão, o novo ato permanece produzindo regularmente os efeitos que lhe são próprios.

Convém enfatizar que, na prática, é muitíssimo rara a utilização da assim chamada "conversão" pela administração pública brasileira, de todos os níveis. Uma razão óbvia é a pequena probabilidade de ocorrerem, concretamente, situações em que ela poderia ser aplicada, vale dizer, situações em que um ato nulo seja praticado e exista um ato de outra categoria, de efeitos similares, que, se tivesse sido praticado no lugar daquele ato nulo, seria plenamente válido, sendo a substituição do ato nulo a conduta mais adequada ao interesse público e não prejudicial a terceiros.

Outro motivo plausível para o uso pouco difundido da "conversão" é haver dúvida quanto à aceitação pelo Poder Judiciário. Com efeito, se fosse prática corriqueira da administração a realização de conversões, seria muito provável que elas sofressem contestação em juízo, e não é possível prever até que ponto o Judiciário consideraria legítimas essas tentativas de "salvar" atos nulos!

Por essa razão – quase inexistência prática do uso da conversão –, são de uso corrente asserções tais como "o vício insanável obriga à anulação do ato", ou "o ato nulo deve obrigatoriamente ser anulado". Afirmações dessa ordem, embora talvez devessem ser ressalvadas, teoricamente, quanto à eventualidade de o ato nulo poder ser alvo de "conversão", em vez de ser sempre anulado, são absolutamente consagradas, pela doutrina e pela jurisprudência. Assim sendo, em outros tópicos desta obra, mais de uma vez asseveramos ser obrigatória a anulação de atos com vícios insanáveis, deixando de fazer menção, deliberadamente, à possibilidade teórica de um ato nulo ser objeto de conversão, como alternativa eventual à sua anulação.

Capítulo 9

LICITAÇÕES PÚBLICAS

1. INTRODUÇÃO

O preceito mais genérico existente em nosso ordenamento jurídico acerca da obrigatoriedade de a administração pública realizar licitação previamente a suas contratações está no inciso XXI do art. 37 da Constituição de 1988, cuja redação abaixo se reproduz:

> XXI – ressalvados os casos especificados na legislação, as obras, serviços, compras e alienações serão contratados mediante processo de licitação pública que assegure igualdade de condições a todos os concorrentes, com cláusulas que estabeleçam obrigações de pagamento, mantidas as condições efetivas da proposta, nos termos da lei, o qual somente permitirá as exigências de qualificação técnica e econômica indispensáveis à garantia do cumprimento das obrigações;

Note-se que esse dispositivo constitucional admite a possibilidade de a legislação estabelecer **hipóteses excepcionais** de celebração de contratos administrativos **sem a realização de licitação** (a denominada "**contratação direta**"). Diferentemente, quando cuida, em disposição específica, dos **contratos de concessão e permissão de serviços públicos**, o Texto Magno não abre qualquer possibilidade de ser afastada a licitação. Deveras, consoante a dicção do art. 175 da Constituição, "incumbe ao Poder Público, na forma da lei, diretamente ou sob regime de concessão ou permissão, **sempre** através de licitação, a prestação de serviços públicos".

A competência para legislar sobre **normas gerais** aplicáveis a licitações e contratos administrativos é **privativa da União**, prevista no art. 22, XXVII, da Carta de 1988. Trata-se de competência para editar normas de **caráter nacional**, isto é, que obrigam todos os entes federados.

É interessante destacar que o citado inciso confere à União competência para editar, tão somente, **normas gerais**. Por essa razão, não se aplica a essa hipótese de competência privativa o parágrafo único do mesmo art. 22, vale dizer, **não há necessidade de autorização em lei complementar** para que os estados legislem sobre **questões específicas** relacionadas a licitações públicas e contratos administrativos. Aliás, os municípios também podem fazê-lo, no uso de suas competências para legislar sobre "assuntos de interesse local" e para "suplementar a legislação federal e a estadual no que couber" (CF, art. 30, I e II).

Portanto, os estados, o Distrito Federal e os municípios têm competência para legislar sobre **questões específicas** acerca de licitações públicas e contratos administrativos, independentemente de qualquer autorização – desde que as leis que eles produzam não contrariem as **normas gerais** editadas pela União, com fundamento no art. 22, XXVII, da Constituição. A rigor, a própria União pode editar normas específicas sobre licitações públicas e contratos administrativos, caso em que tais normas obrigarão apenas a ela mesma (serão meras normas federais de direito administrativo, **sem caráter nacional**).

A Lei 8.666/1993 – mais tarde complementada pela Lei 10.520/2002, que instituiu uma importante modalidade de licitação denominada **pregão** – foi, de 1993 a 2021, a nossa principal lei de normas gerais sobre licitações e contratos administrativos. A Lei 8.666/1993 e a Lei 10.520/2020, embora revogadas, ainda regem muitos contratos administrativos atualmente em vigor; ambas são leis de **caráter nacional**, isto é, suas disposições alcançam todos os entes da Federação (União, estados, Distrito Federal e municípios).

Ao lado das duas leis citadas no parágrafo anterior, deve ser mencionada a Lei 12.462/2011, também já revogada, que instituiu o denominado **Regime Diferenciado de Contratações Públicas (RDC)**.

Entre outras hipóteses, o RDC podia ser adotado em licitações e contratos relacionados: a obras e serviços de engenharia no âmbito do Sistema Único de Saúde (SUS) e dos sistemas públicos de ensino e de pesquisa, ciência e tecnologia; a obras e serviços de engenharia para construção, ampliação, reforma e administração de estabelecimentos penais e de unidades de atendimento socioeducativo; a obras e serviços de engenharia destinados a melhorar a mobilidade urbana ou à ampliação de infraestrutura logística; a ações em órgãos e entidades dedicados à ciência, à tecnologia e à inovação.

Em 1.º de abril de 2021, foi publicada a Lei 14.133/2021, para substituir a Lei 8.666/1993, a Lei 10.520/2002 e os arts. 1.º a 47-A da Lei 12.462/2011 (os arts. 48 e seguintes da Lei 12.462/2011 versam sobre matérias estranhas a licitações e contratos). Entretanto, **essa substituição somente ocorreu, por completo, a partir de 30 de dezembro de 2023.**[1]

---

[1] O texto original da Lei 14.133/2021 estipulava, no art. 193, que a revogação total da Lei 8.666/1993 e da Lei 10.520/2002 e a revogação dos arts. 1.º a 47-A da Lei 12.462/2011 ocorreriam após decorridos dois anos, contados da data da sua publicação (1.º de abril de 2021). A Lei Complementar 198, de 28.06.2023, alterou nesse ponto o art. 193 da Lei 14.133/2021, adiando as referidas revogações para 30 de dezembro de 2023.

De 1.º de abril de 2021 a 29 de dezembro de 2023, a administração pública – na União, nos estados, no Distrito Federal e nos municípios – pôde decidir, em cada licitação, se adotaria os procedimentos e seguiria as disposições previstos naquelas leis ou na Lei 14.133/2021. A **opção** feita precisava ser **indicada expressamente** no edital ou no instrumento de contratação direta (arts. 191 e 193, II).

Em qualquer hipótese, **é vedada a combinação da Lei 14.133/2021 com as leis antes citadas** (Lei 8.666/1993, Lei 10.520/2002 e Lei 12.462/2011). Significa dizer, **não pode** uma mesma licitação seguir um **procedimento híbrido**, no qual ora se pratiquem atos previstos na Lei 14.133/2021, ora se adote a tramitação estabelecida em alguma daquelas três leis de licitações e contratações.

Nos casos em que a administração tenha **optado** por licitar ou efetuar contratação direta de acordo com a Lei 8.666/1993, a Lei 10.520/2002 ou a Lei 12.462/2011, o **contrato** resultante, **durante toda a sua vigência**, será **regido pelas regras nelas previstas**. Isso significa que, **mesmo depois de revogadas**, essas leis ainda serão aplicadas a tais contratos, **até o fim da vigência deles**.

A Lei 14.133/2021 **revogou**, já na data da sua publicação, **somente** os arts. 89 a 108 da Lei 8.666/1993. Esses dispositivos tratam "Dos Crimes e das Penas" (arts. 89 a 99) e "Do Processo e do Procedimento Judicial" (arts. 100 a 108) – matérias que não interessam diretamente ao direito administrativo. Os demais artigos da Lei 8.666/1993, a Lei 10.520/2002 e os arts. 1.º a 47-A da Lei 12.462/2011, vale repetir, **foram revogados em 30 de dezembro de 2023**.

Aplica-se a Lei 14.133/2021 nas hipóteses previstas na legislação em geral que façam referência expressa à Lei 8.666/1993, à Lei 10.520/2002 e aos arts. 1.º a 47-A da Lei 12.462/2011. Essa norma, prevista no art. 189 da Lei 14.133/2021, entrou em vigor já na data da sua publicação, **sem regra de transição**. O objetivo evidente é facilitar a interpretação de leis e outros atos normativos que se refiram às leis que serão revogadas pela Lei 14.133/2021. Na prática, essa "adaptação" ensejará dificuldades frequentes, algumas vezes insuperáveis.

Por exemplo, suponha-se que uma lei mande aplicar, quando verificada uma situação nela descrita, determinado artigo da Lei 8.666/1993. Se a norma contida nesse artigo continuar existindo, sem modificação substancial, na Lei 14.133/2021, é possível aplicá-la, basta identificar o artigo da Lei 14.133/2021 que corresponda àquele artigo da Lei 8.666/1993 referido na nossa lei hipotética. Mas pode acontecer de o artigo da Lei 8.666/1993 veicular uma norma que deixou de existir, ou que foi substancialmente modificada. Em casos que tais, simplesmente não é possível obedecer de forma estrita o comando do art. 189 da Lei 14.133/2021.

Cada pessoa política da Federação tem competência para, em seu âmbito, regulamentar a Lei 14.133/2021. Não obstante, os estados, o Distrito Federal e os municípios, se assim desejarem, podem aplicar os regulamentos editados pela União para execução da Lei 14.133/2021, conforme expressamente autoriza o seu art. 187.

É importante pontuar que a Lei 14.133/2021 introduziu, no regime jurídico das licitações públicas e dos contratos administrativos, uma quantidade significativa de inovações, mas não se pode perder de vista o fato de que muitas das normas constantes na Lei 14.133/2021 consubstanciam, rigorosamente, uma consolidação de disposições que já existiam nas leis gerais de licitações e contratos anteriores a ela.

O antes citado inciso XXVII do art. 22 da Constituição Federal, na sua parte final, trata da **competência privativa** da União para editar normas gerais sobre licitações e contratações aplicáveis às empresas públicas e sociedades de economia mista, com a seguinte redação, dada pela EC 19/1998 (grifamos):

> Art. 22. Compete privativamente à União legislar sobre:
>
> (...)
>
> XXVII – normas gerais de licitação e contratação, em todas as modalidades, para as administrações públicas diretas, autárquicas e fundacionais da União, Estados, Distrito Federal e Municípios, obedecido o disposto no art. 37, XXI, **e para as empresas públicas e sociedades de economia mista, nos termos do art. 173, § 1.º, III;**

Devemos lembrar que o § 1.º do art. 173 da Constituição, a partir da alteração nele introduzida pela EC 19/1998, passou a determinar que o legislador ordinário estabeleça "o estatuto jurídico da empresa pública, da sociedade de economia mista e de suas subsidiárias que explorem **atividade econômica** de produção ou comercialização de bens ou de prestação de serviços". E, consoante o inciso III desse dispositivo, o "estatuto jurídico" em questão deve dispor sobre "licitação e contratação de obras, serviços, compras e alienações, observados os princípios da administração pública".

Esse parágrafo da Lei Fundamental tem o seu alcance limitado às empresas públicas e sociedades de economia mista, e suas subsidiárias, que atuam no **domínio econômico em sentido estrito**, uma vez que o *caput* do artigo em que ele se insere versa sobre as situações **excepcionais** em que o Estado é autorizado a exercer o papel de agente econômico produtivo (Estado-empresário). Analisamos detalhadamente essa matéria no capítulo sobre a organização administrativa brasileira, nos tópicos referentes às empresas públicas e sociedades de economia mista, aos quais remetemos o leitor, a fim de evitar repetições improfícuas.

Em julho de 2016, foi publicada a Lei 13.303/2016, que dispõe acerca do estatuto jurídico das empresas públicas e sociedades de economia mista, e suas subsidiárias, da União, dos estados, do Distrito Federal e dos municípios, **atuantes no domínio econômico, incluídas as prestadoras de serviços públicos** de índole econômica.

Conforme se constata, a Lei 13.303/2016 **não restringiu** sua abrangência às entidades dedicadas à exploração de atividades econômicas em sentido estrito, haja vista terem sido inseridas em seu escopo aquelas cujo objeto seja a prestação de **serviços públicos** que configurem **atividade econômica em sentido amplo**.

A Lei 13.303/2016 contém normas próprias sobre licitações aplicáveis às entidades sujeitas às suas disposições. Consoante o seu art. 28, os contratos celebrados pelas empresas públicas e sociedades de economia mista por ela abrangidas "**serão precedidos de licitação nos termos desta Lei**" – ressalvadas as hipóteses de dispensa e de inexigibilidade nela mesma disciplinadas.

As regras sobre licitação vazadas na Lei 13.303/2016 são estudadas separadamente, em outro tópico deste capítulo.

Deve-se mencionar, ainda, que nossa lei de normas gerais, de caráter nacional, sobre **concessões e permissões de serviços públicos** é a Lei 8.987/1995. Por esse motivo, os contratos de concessão e permissão **de serviços públicos**, bem como as licitações que sempre os devem preceder, são regrados, precipuamente, pela Lei 8.987/1995, aplicando-se, **subsidiariamente**, as disposições da Lei 14.133/2021.

Ademais, a Lei 11.079/2004 veicula normas gerais sobre **parcerias público-privadas (PPP)**, as quais consistem em peculiares contratos de **concessão** (cujo objeto pode incluir a prestação de serviço público). Qualquer PPP será regida primariamente pela Lei 11.079/2004 e, **subsidiariamente**, pela Lei 14.133/2021.

Encerrando estas noções introdutórias, cumpre mencionar: (a) a Lei 12.232/2010 – editada pela União, no exercício de sua competência privativa –, a qual estabelece normas gerais sobre licitação e contratação de **serviços de publicidade prestados por intermédio de agências de propaganda**; e (b) a Lei Complementar 182/2021, que instituiu o "marco legal das *startups* e do empreendedorismo inovador".

A Lei 12.232/2010 é examinada em tópico específico, neste capítulo.

A Lei Complementar 182/2021 criou uma "modalidade especial" de licitação (mas não atribuiu um nome próprio à modalidade por ela instituída) e autorizou a administração pública a adotá-la para "contratar pessoas físicas ou jurídicas, isoladamente ou em consórcio, para o teste de soluções inovadoras por elas desenvolvidas ou a ser desenvolvidas, com ou sem risco tecnológico". Essa modalidade de licitação e as contratações a que ela se destina, por terem aplicação demasiadamente restrita, não serão estudadas nesta obra.

Exporemos, a seguir, algumas das principais normas acerca de **licitações** vazadas na Lei 14.133/2021. No capítulo referente aos contratos administrativos são estudados os preceitos a eles concernentes. Todos os artigos que forem indicados sem explicitação da lei a que pertencem são artigos da Lei 14.133/2021.

2. LICITAÇÕES REGIDAS PELA LEI 14.133/2021

2.1. Abrangência e aplicação da Lei 14.133/2021

A Lei 14.133/2021 é uma lei geral de **caráter nacional**, significa dizer, as suas disposições aplicam-se à União, aos estados, ao Distrito Federal e aos municípios. Literalmente, afirma a lei que estão abrangidos por suas normas: (a) "as administrações públicas diretas, autárquicas e fundacionais" de todos os entes da Federação; (b) "os órgãos dos Poderes Legislativo e Judiciário", "quando no desempenho de função administrativa"; e (c) "os fundos especiais e as demais entidades controladas direta ou indiretamente pela administração pública".

As empresas públicas e sociedades de economia mista regidas pela Lei 13.303/2016, assim como as subsidiárias dessas entidades, **não estão sujeitas** à Lei 14.133/2021, exceto quanto ao disposto no seu art. 178. O referido artigo acrescentou ao Código

Penal o Capítulo II-B ("Dos Crimes em Licitações e Contratos Administrativos"), composto pelos arts. 337-E a 337-P, nos quais são descritos tipos penais relacionados à matéria em questão – e cominadas as penas respectivas.

As disposições da Lei 14.133/2021 aplicam-se, **subsidiariamente**, à Lei 8.987/1995 (concessões e permissões de serviços públicos), à Lei 11.079/2004 (parcerias público-privadas) e à Lei 12.232/2010 (serviços de publicidade). Essa norma, prevista no art. 186 da Lei 14.133/2021, entrou em vigor já na data da sua publicação, **sem regra de transição**.

A Lei 14.133/2021 aplica-se a (art. 2.º):

> I – alienação e concessão de direito real de uso de bens;
>
> II – compra, inclusive por encomenda;
>
> III – locação;
>
> IV – concessão e permissão de uso de bens públicos;
>
> V – prestação de serviços, inclusive os técnico-profissionais especializados;
>
> VI – obras e serviços de arquitetura e engenharia;
>
> VII – contratações de tecnologia da informação e de comunicação.

Não se subordinam ao regime da Lei 14.133/2021 (art. 3.º):

> I – contratos que tenham por objeto operação de crédito, interno ou externo, e gestão de dívida pública, incluídas as contratações de agente financeiro e a concessão de garantia relacionadas a esses contratos;
>
> II – contratações sujeitas a normas previstas em legislação própria.

2.2. Conceito, objeto e princípios orientadores das licitações

A doutrina conceitua licitação como um procedimento administrativo, de observância obrigatória pelas entidades governamentais, em que, observada a igualdade entre os participantes, deve ser selecionada a melhor proposta dentre as apresentadas pelos interessados em com elas travar determinadas relações de conteúdo patrimonial, uma vez preenchidos os requisitos mínimos necessários ao bom cumprimento das obrigações a que eles se propõem.

Cabe comentar, de passagem, que a Lei 14.133/2021, na maior parte do seu texto, utiliza a expressão "**processo** licitatório", em vez de "**procedimento** licitatório". A doutrina administrativista, de um modo geral, defende o uso da segunda expressão para as licitações, preferindo reservar o vocábulo "processo" para as situações em que exista um litígio entre a administração e o administrado. Seja como for, a própria Lei 14.133/2021, em alguns de seus dispositivos, refere-se a "procedimento licitatório". Nesta obra, quando estivermos tratando de licitações públicas, utilizaremos, indistintamente, as duas expressões, com o mesmo sentido.

Licitação traz a ideia de disputa isonômica ao fim da qual será selecionada a **proposta mais vantajosa** aos interesses da administração com vistas à celebração, entre ela e o particular vencedor do certame, de um **contrato administrativo** que poderá ter por objeto obras, serviços, compras, alienações, concessões, permissões de serviços públicos ou locações.

Estabelece o art. 5.º da Lei 14.133/2021 que, na sua aplicação, deverão ser observados os seguintes **princípios**: (a) legalidade; (b) impessoalidade; (c) moralidade; (d) publicidade; (e) eficiência; (f) interesse público; (g) probidade administrativa; (h) igualdade; (i) planejamento; (j) transparência; (k) eficácia; (l) segregação de funções; (m) motivação; (n) vinculação ao edital; (o) julgamento objetivo; (p) segurança jurídica; (q) razoabilidade; (r) competitividade; (s) proporcionalidade; (t) celeridade; (u) economicidade; e (v) desenvolvimento nacional sustentável.

O mesmo artigo explicita, ainda, que, na aplicação da Lei 14.133/2021, deverão ser observadas as disposições do Decreto-Lei 4.657/1942 (Lei de Introdução às Normas do Direito Brasileiro) – especialmente aquelas estudadas no capítulo sobre "controle da administração pública" desta obra, ao qual remetemos o leitor, a fim de evitar repetições improfícuas.

Esses princípios orientadores das licitações públicas, enumerados no art. 5.º da Lei 14.133/2021, já constavam, há muito, na Lei 8.666/1993, ou em outras leis administrativas relacionadas à matéria, ou, ainda, nas obras jurídicas dos administrativistas pátrios. Realmente nova é a enunciação textual do princípio da "**segregação de funções**". A ideia subjacente é evitar a concentração de competências em um ou em poucos agentes públicos, evitar que a mesma pessoa seja incumbida de dar execução a diversas fases do processo licitatório, ou de dar andamento a procedimentos e atos que serão por ela mesma controlados, enfim, tal postulado visa a reduzir os riscos de falhas na detecção de irregularidades e a assegurar a eficácia dos controles, sobretudo dos controles internos da administração pública.

Esclarecedor acerca do conteúdo do princípio em questão é o § 1.º do art. 7.º da Lei 14.133/2021, nos termos do qual a autoridade máxima do órgão ou da entidade competente para designar os agentes públicos que serão incumbidos de desempenhar as funções essenciais à execução das normas nessa lei estabelecidas "deverá observar o **princípio da segregação de funções**, vedada a designação do mesmo agente público para atuação simultânea em funções mais suscetíveis a riscos, de modo a reduzir a possibilidade de ocultação de erros e de ocorrência de fraudes na respectiva contratação".

2.3. Portal Nacional de Contratações Públicas (PNCP)

A Lei 14.133/2021, em seu art. 174, criou o **Portal Nacional de Contratações Públicas** (**PNCP**), sítio eletrônico oficial no qual serão divulgados, de forma **centralizada e obrigatória**, os principais atos concernentes aos procedimentos licitatórios e aos contratos por ela regidos. A própria lei expressamente indica os atos que deverão ser divulgados no PNCP.

A nosso ver, a característica mais importante do PNCP é a obrigatoriedade de que **todos os entes da Federação** – União, estados, Distrito Federal e municípios – divulguem nele os atos que a Lei 14.133/2021 determina.

O PNCP também pode ser utilizado, facultativamente, para órgãos e entidades dos Poderes Executivo, Legislativo e Judiciário, de todos os entes federativos, realizarem as suas contratações (isso porque, como será visto, o PNCP oferece uma série de funcionalidades, ele não consiste em um mero banco de dados).

O § 2.º do art. 174 estabelece que o PNCP deverá conter, entre outras, as seguintes informações acerca das contratações:

I – planos de contratação anuais;

II – catálogos eletrônicos de padronização;

III – editais de credenciamento e de pré-qualificação, avisos de contratação direta e editais de licitação e respectivos anexos;

IV – atas de registro de preços;

V – contratos e termos aditivos;

VI – notas fiscais eletrônicas, quando for o caso.

Além de informações, o PNCP deverá oferecer algumas funcionalidades, de que são exemplos (art. 174, § 3.º): (a) sistema de registro cadastral unificado; (b) painel para consulta de preços, banco de preços em saúde e acesso à base nacional de notas fiscais eletrônicas; (c) sistema eletrônico para a realização de sessões públicas; e (d) acesso ao Cadastro Nacional de Empresas Inidôneas e Suspensas (CEIS) e ao Cadastro Nacional de Empresas Punidas (CNEP).

Sem prejuízo das regras referentes ao PNCP, os entes federativos poderão instituir sítio eletrônico oficial para divulgação complementar e realização das respectivas contratações.[2]

2.4. Disposições gerais acerca do procedimento licitatório

Estabelece a Lei 14.133/2021 que o processo licitatório tem por **objetivos** (art. 11): (a) assegurar a seleção da proposta apta a gerar o resultado de contratação mais vantajoso para a administração pública, inclusive no que se refere ao ciclo de vida do objeto; (b) assegurar tratamento isonômico entre os licitantes, bem como a justa competição; (c) evitar contratações com sobrepreço ou com preços manifestamente inexequíveis e superfaturamento na execução dos contratos; (d) incentivar a inovação e o desenvolvimento nacional sustentável.

No procedimento de licitação regido pela Lei 14.133/2021, "o desatendimento de exigências meramente formais que não comprometam a aferição da qualificação do licitante ou a compreensão do conteúdo de sua proposta não importará seu afastamento da licitação ou a invalidação do processo" (art. 12, III).

---

[2] Até 31 de dezembro de 2023, os municípios deverão realizar divulgação complementar de suas contratações mediante publicação de extrato de edital de licitação em jornal diário de grande circulação local (art. 175, § 2.º). Além dessa, o art. 176 estabelece outras regras de transição, aplicáveis aos municípios com **até vinte mil habitantes**, concedendo-lhes o **prazo de seis anos**, contado da data de publicação da Lei 14.133/2021, para cumprirem algumas das normas nela contidas (enumeradas no próprio art. 176).

A licitação, como regra geral, é conduzida pelo denominado **agente de contratação**, definido pela lei como "pessoa designada pela autoridade competente, entre **servidores efetivos ou empregados públicos dos quadros permanentes da Administração Pública**, para tomar decisões, acompanhar o trâmite da licitação, dar impulso ao procedimento licitatório e executar quaisquer outras atividades necessárias ao bom andamento do certame **até a homologação**" (art. 8.º).

O agente de contratação será auxiliado por equipe de apoio e responderá individualmente pelos atos que praticar, salvo quando induzido a erro pela atuação da equipe.

Na modalidade **pregão** de licitação, o agente responsável pela condução do certame é designado **pregoeiro**.

Em licitação que envolva **bens ou serviços especiais**, o agente de contratação **poderá** ser **substituído** por **comissão de contratação** formada por, **no mínimo**, **três membros**, que responderão solidariamente por todos os atos praticados pela comissão, ressalvado o membro que expressar posição individual divergente fundamentada e registrada em ata lavrada na reunião em que houver sido tomada a decisão.

Em licitação que envolva bens ou serviços especiais cujo objeto **não seja rotineiramente contratado pela administração**, poderá ser contratado, por prazo determinado, **serviço de empresa ou de profissional especializado** para **assessorar** os agentes públicos responsáveis pela condução da licitação.

A Lei 14.133/2021 determina que as regras relativas à atuação do agente de contratação e da equipe de apoio, ao funcionamento da comissão de contratação e à atuação de fiscais e gestores de contratos de que ela trata sejam estabelecidas em **regulamento**. Desde logo, a lei estabelece que, no regulamento, deverá ser prevista a possibilidade de os referidos agentes públicos contarem com o apoio dos órgãos de assessoramento jurídico e de controle interno para o desempenho das suas funções. No âmbito da administração pública federal direta, autárquica e fundacional, esse regulamento está consubstanciado no Decreto 11.246/2022.

É **vedado** ao agente público designado para atuar na área de licitações e contratos, ressalvados os casos previstos em lei (art. 9.º):

> I – admitir, prever, incluir ou tolerar, nos atos que praticar, situações que:
>
> a) comprometam, restrinjam ou frustrem o caráter competitivo do processo licitatório, inclusive nos casos de participação de sociedades cooperativas;
>
> b) estabeleçam preferências ou distinções em razão da naturalidade, da sede ou do domicílio dos licitantes;
>
> c) sejam impertinentes ou irrelevantes para o objeto específico do contrato;
>
> II – estabelecer tratamento diferenciado de natureza comercial, legal, trabalhista, previdenciária ou qualquer outra entre empresas brasileiras e estrangeiras, inclusive no que se refere a moeda, modalidade e local de pagamento, mesmo quando envolvido financiamento de agência internacional;

III – opor resistência injustificada ao andamento dos processos e, indevidamente, retardar ou deixar de praticar ato de ofício, ou praticá-lo contra disposição expressa em lei.

Essas **vedações** estendem-se a terceiro que auxilie a condução da contratação na qualidade de integrante de equipe de apoio, profissional especializado ou funcionário ou representante de empresa que preste assessoria técnica.

Não podem participar, direta ou indiretamente, da licitação ou da execução do contrato agentes públicos de órgão ou entidade licitante ou contratante, devendo ser observadas as situações que possam configurar conflito de interesses no exercício ou após o exercício do cargo ou emprego, nos termos da legislação que disciplina a matéria.

Os atos praticados no processo licitatório são **públicos**, ressalvadas as hipóteses de informações cujo sigilo seja imprescindível à segurança da sociedade e do Estado, na forma da lei.

A publicidade, todavia, será **diferida** (isto é, somente ocorrerá em um momento posterior):

a) quanto ao conteúdo das propostas, até a respectiva abertura; e

b) quanto ao orçamento da administração, nos termos do art. 24 da Lei 14.133/2021.

É o seguinte o teor do art. 24 da Lei 14.133/2021, citado na letra "b" da enumeração precedente:

> Art. 24. Desde que justificado, o orçamento estimado da contratação poderá ter caráter sigiloso, sem prejuízo da divulgação do detalhamento dos quantitativos e das demais informações necessárias para a elaboração das propostas, e, nesse caso:
>
> I – o sigilo não prevalecerá para os órgãos de controle interno e externo;
>
> II – (VETADO.)
>
> Parágrafo único. Na hipótese de licitação em que for adotado o critério de julgamento por maior desconto, o preço estimado ou o máximo aceitável constará do edital da licitação.

Não poderão disputar licitação ou participar da execução de contrato, direta ou indiretamente (art. 14):

> I – autor do anteprojeto, do projeto básico ou do projeto executivo, pessoa física ou jurídica, quando a licitação versar sobre obra, serviços ou fornecimento de bens a ele relacionados;
>
> II – empresa, isoladamente ou em consórcio, responsável pela elaboração do projeto básico ou do projeto executivo, ou empresa da qual o autor do projeto seja dirigente, gerente, controlador, acionista ou detentor de mais de 5% (cinco por cento) do capital

com direito a voto, responsável técnico ou subcontratado, quando a licitação versar sobre obra, serviços ou fornecimento de bens a ela necessários;

III – pessoa física ou jurídica que se encontre, ao tempo da licitação, impossibilitada de participar da licitação em decorrência de sanção que lhe foi imposta;

IV – aquele que mantenha vínculo de natureza técnica, comercial, econômica, financeira, trabalhista ou civil com dirigente do órgão ou entidade contratante ou com agente público que desempenhe função na licitação ou atue na fiscalização ou na gestão do contrato, ou que deles seja cônjuge, companheiro ou parente em linha reta, colateral ou por afinidade, até o terceiro grau, devendo essa proibição constar expressamente do edital de licitação;

V – empresas controladoras, controladas ou coligadas, nos termos da Lei 6.404/1976, concorrendo entre si;

VI – pessoa física ou jurídica que, nos 5 (cinco) anos anteriores à divulgação do edital, tenha sido condenada judicialmente, com trânsito em julgado, por exploração de trabalho infantil, por submissão de trabalhadores a condições análogas às de escravo ou por contratação de adolescentes nos casos vedados pela legislação trabalhista.

A lei permite que o autor dos projetos e a empresa aludidos nos incisos I e II atuem, a critério da administração e somente a serviço dela, no **apoio** das atividades de **planejamento da contratação**, de **execução da licitação** ou de **gestão do contrato**, desde que sob supervisão exclusiva de agentes públicos do órgão ou entidade. Equiparam-se aos autores do projeto as empresas integrantes do mesmo grupo econômico.

As vedações descritas no art. 14 da Lei 14.133/2021 **não impedem** a licitação ou a contratação de obra ou serviço que inclua como encargo do contratado a elaboração do **projeto executivo**. Ademais, especificamente quando o regime de execução for a **contratação integrada**, o contratado é responsável por elaborar e desenvolver os **projetos básico e executivo**.

Salvo proibição devidamente justificada no processo licitatório, pessoas jurídicas **podem** participar de licitação em **consórcio**, caso em que deverão apresentar compromisso público ou particular de constituição de consórcio, subscrito por todos os integrantes, e indicar a **empresa líder** do consórcio, que será responsável por representá-lo perante a administração. As pessoas jurídicas integrantes são **solidariamente responsáveis** pelos atos praticados em consórcio, tanto na fase de licitação quanto na de execução do contrato. O licitante **vencedor** é **obrigado** a promover, antes da celebração do contrato, **a constituição e o registro do consórcio**, nos termos do compromisso anteriormente referido (art. 15).

Os profissionais organizados sob a forma de **cooperativa** podem participar de licitação, desde que satisfeita uma série de condições e exigências estipuladas no art. 16 da Lei 14.133/2021.

2.5. Fases do processo de licitação

As licitações disciplinadas pela Lei 14.133/2021 desenvolvem-se nas seguintes fases, nesta sequência (art. 17):

I – preparatória;

II – de divulgação do edital de licitação;

III – de apresentação de propostas e lances, quando for o caso;

IV – de julgamento;

V – de habilitação;

VI – recursal;

VII – de homologação.

Observa-se que a fase de **habilitação** ocorre **posteriormente** às etapas de apresentação de propostas e lances e de julgamento. Mas isso é uma **regra geral**. Com efeito, estabelece o § 1.º do art. 17 que a habilitação **poderá**, mediante **ato motivado** com **explicitação dos benefícios** decorrentes, **anteceder** aquelas etapas, desde que **expressamente previsto no edital** de licitação.

As licitações serão realizadas **preferencialmente** sob a **forma eletrônica**. A lei admite a utilização **excepcional** da forma **presencial**, mas, para tanto, exige **motivação** expressa.

A administração pode convocar, com antecedência mínima de oito dias úteis, **audiência pública**, presencial ou a distância, na forma eletrônica, sobre licitação que pretenda realizar. Deverão ser previamente disponibilizadas informações pertinentes, inclusive estudo técnico preliminar, elementos do edital e outros. Todos os interessados terão possibilidade de manifestar-se (art. 21).

A lei faculta à administração, também, submeter a licitação a prévia **consulta pública**, mediante a disponibilização de seus elementos a todos os interessados, que poderão formular sugestões no prazo fixado (art. 21, parágrafo único).

O edital **poderá** contemplar **matriz de alocação de riscos** entre o contratante e o contratado, hipótese em que o cálculo do valor estimado da contratação poderá considerar taxa de risco compatível com o objeto da licitação e os riscos atribuídos ao contratado, de acordo com metodologia predefinida pelo ente federativo (art. 22).

A Lei 14.133/2021 define "matriz de riscos" no inciso XXVII do seu art. 6.º, nestes termos:

> XXVII – **matriz de riscos**: cláusula contratual definidora de riscos e de responsabilidades entre as partes e caracterizadora do equilíbrio econômico-financeiro inicial do contrato, em termos de ônus financeiro decorrente de eventos supervenientes à contratação, contendo, no mínimo, as seguintes informações:
>
> a) listagem de possíveis eventos supervenientes à assinatura do contrato que possam causar impacto em seu equilíbrio econômico-financeiro

e previsão de eventual necessidade de prolação de termo aditivo por ocasião de sua ocorrência;

b) no caso de obrigações de resultado, estabelecimento das frações do objeto com relação às quais haverá liberdade para os contratados inovarem em soluções metodológicas ou tecnológicas, em termos de modificação das soluções previamente delineadas no anteprojeto ou no projeto básico;

c) no caso de obrigações de meio, estabelecimento preciso das frações do objeto com relação às quais não haverá liberdade para os contratados inovarem em soluções metodológicas ou tecnológicas, devendo haver obrigação de aderência entre a execução e a solução predefinida no anteprojeto ou no projeto básico, consideradas as características do regime de execução no caso de obras e serviços de engenharia;

Quando a contratação tiver por objeto obras e serviços de **grande vulto** ou forem adotados os regimes de **contratação integrada e semi-integrada**, o edital **obrigatoriamente** contemplará **matriz de alocação de riscos** entre o contratante e o contratado. Nas contratações integradas ou semi-integradas, **deverão** ser alocados na matriz de riscos, como **responsabilidade do contratado**, os riscos decorrentes de **fatos supervenientes** à contratação **associados à escolha da solução de projeto básico** por ele efetuada.

O **edital deve conter** o objeto da licitação e as regras relativas à convocação, ao julgamento, à habilitação, aos recursos e às penalidades da licitação, à fiscalização e à gestão do contrato, à entrega do objeto e às condições de pagamento (art. 25).

Serão adotadas pela administração, sempre que o objeto permitir, **minutas padronizadas de edital e de contrato com cláusulas uniformes**.

Todos os elementos do edital, incluídos minuta de contrato, termos de referência, anteprojeto, projetos e outros anexos, serão **divulgados em sítio eletrônico oficial** na mesma data de divulgação do edital, sem necessidade de registro ou de identificação para acesso.

Pode ser prevista no edital a responsabilidade do contratado pela obtenção do **licenciamento ambiental** e pela realização da **desapropriação** autorizada pelo poder público.

Nas contratações de **obras e serviços de engenharia**, sempre que a **responsabilidade pelo licenciamento ambiental for da administração**, a manifestação prévia ou licença prévia, quando cabíveis, **deverão** ser **obtidas antes da divulgação do edital** (art. 115, § 4.º).

Independentemente do prazo de duração do contrato, é **obrigatória** a previsão no edital de **índice de reajustamento de preço** com data-base vinculada à data do orçamento estimado. Poderá ser estabelecido mais de um índice específico ou setorial, em conformidade com a realidade de mercado dos respectivos insumos.

A lei **faculta** que, na forma disposta em **regulamento**, o edital contenha exigência de que o contratado destine um **percentual mínimo da mão de obra** responsável pela execução do objeto da contratação:

a) a mulheres vítimas de violência doméstica (art. 25, § 9.º, inciso I, regulamentado, no âmbito do Poder Executivo federal, pelo Decreto 11.430/2023); e

b) a indivíduos oriundos ou egressos do sistema prisional (art. 25, § 9.º, inciso II).

2.6. Margens de preferência e licitações com participação restrita

A figura das "**margens de preferência**" em licitações foi inicialmente introduzida na Lei 8.666/1993 pela Lei 12.349/2010. Antes dessa inovação, era acertado afirmar que, em uma licitação do tipo menor preço, a proposta vencedora **nunca** poderia apresentar um **preço final** superior ao oferecido em qualquer das outras propostas, dentre as classificadas. Pois bem, isso é exatamente o que pode acontecer quando se estabelecem **margens de preferência** em um certame. *Grosso modo*, hoje é possível, por exemplo, ser prevista, em uma licitação do tipo menor preço para aquisição de determinados produtos industrializados, margem de preferência, digamos, de cinco por cento, para o **produto nacional**. Nesse caso, poderá ocorrer que uma proposta de fornecimento de bens de origem estrangeira apresente o preço unitário de dez mil reais, e outra proposta, em que os bens sejam nacionais, tenha o preço unitário de dez mil e quatrocentos reais. Nesse certame hipotético, a proposta **vencedora** seria a do produto oferecido por dez mil e quatrocentos reais!

As regras acerca do estabelecimento de **margens de preferência** nos certames licitatórios regulados pela Lei 14.133/2021 encontram-se nos seus arts. 26 e 27.

Nas licitações regidas pela Lei 14.133/2021, **poderá** ser estabelecida margem de preferência para (art. 26):

> I – bens manufaturados e serviços nacionais que atendam a normas técnicas brasileiras;
>
> II – bens reciclados, recicláveis ou biodegradáveis, conforme regulamento.

A margem de preferência poderá ser de até **dez por cento** sobre o preço dos bens e serviços que não se enquadrem nos incisos I ou II. Significa dizer, se uma licitação tem por objeto a aquisição de um determinado bem, no critério menor preço, e um licitante oferece esse bem, **não reciclado**, por R$ 100,00 (cem reais), ao passo que outro concorrente oferece o mesmo bem, mas **reciclado** (conforme regulamento), por qualquer valor inferior a R$ 110,00 (cento e dez reais), o segundo licitante será o vencedor. Em razão da margem de preferência, o bem de R$ 100,00 (cem reais) não reciclado "empataria" com o bem reciclado de R$ 110,00 (cento e dez reais).

Essa margem de preferência pode ser estendida a bens manufaturados e serviços originários de Estados-Partes do Mercado Comum do Sul (**Mercosul**), desde que haja reciprocidade com o País prevista em acordo internacional aprovado pelo Congresso Nacional e ratificado pelo Presidente da República.

Na hipótese do inciso I, determina a lei que a margem de preferência seja "definida em **decisão fundamentada** do Poder Executivo **federal**" (art. 26, § 1.º, I). É curiosa essa restrição: somente ser mencionada a possibilidade de o Poder Executivo da União **decidir** sobre a definição da margem de preferência – e **não** o Poder Executivo dos demais entes federativos. Aparentemente, os estados, o Distrito Federal e os municípios não podem estabelecer, nos seus processos licitatórios, margem de preferência para "bens manufaturados e serviços nacionais que atendam a normas técnicas brasileiras".

Para os bens manufaturados nacionais e serviços nacionais resultantes de **desenvolvimento e inovação tecnológica no País**, definidos conforme regulamento do Poder Executivo **federal**, a margem de preferência poderá ser de até **vinte por cento** (art. 26, § 2.º). Observa-se que, nesse dispositivo, a lei apenas exige que o **regulamento** do Poder Executivo federal **defina** "bens manufaturados nacionais e serviços nacionais resultantes de desenvolvimento e inovação tecnológica no País", o que não impede, de maneira nenhuma, que os outros entes federados realizem licitações em que seja prevista essa margem de preferência de vinte por cento – desde que, obviamente, respeitem a definição que deve constar no regulamento federal.

A margem de preferência **não se aplica** aos bens manufaturados nacionais e aos serviços nacionais, **se a capacidade de produção desses bens ou de prestação desses serviços no Brasil for inferior** (art. 26, § 5.º):

I – à quantidade a ser adquirida ou contratada; ou

II – aos quantitativos fixados em razão do parcelamento do objeto, quando for o caso.

Consoante o § 7.º do art. 26 da Lei 14.133/2021, nas contratações destinadas à implantação, à manutenção e ao aperfeiçoamento dos **sistemas de tecnologia de informação e comunicação considerados estratégicos** em ato do **Poder Executivo federal**, a licitação poderá ser **restrita** a bens e serviços com **tecnologia desenvolvida no Brasil** produzidos de acordo com o processo produtivo básico previsto na legislação pertinente (norma idêntica constava no § 12 do art. 3.º da Lei 8.666/1993). Simplificadamente, o termo **processo produtivo básico** designa um conjunto **mínimo** de operações que **devem ser efetivamente realizadas no território nacional**, relacionadas a determinado bem ou serviço, a fim de que ele possa gozar ou ensejar a fruição de variados benefícios previstos em leis e outros atos normativos.

Subjacente a essa reserva de mercado – possibilidade de serem realizadas licitações restritas a bens e serviços com tecnologia desenvolvida no Brasil – está a ideia de que o direcionamento, ao setor produtivo nacional, das compras públicas, dado o seu vulto, poderá contribuir para viabilizar cadeias industriais que necessitam de escala, o que é frequente em setores de tecnologia avançada.

Em suma, na esteira de políticas públicas que são adotadas em outros países, o Brasil pode utilizar o enorme peso econômico das compras governamentais como um instrumento teoricamente apto a "**incentivar a inovação e o desenvolvimento nacional sustentável**", sobretudo fortalecendo empresas que têm potencial para gerar emprego e aumento de renda no âmbito doméstico, bem como instituições voltadas para os setores de pesquisa e de criação de tecnologias nacionais – além de privilegiar a produção de bens, a prestação de serviços e a realização de obras que adotem as chamadas "**práticas de sustentabilidade**", isto é, que preservem o meio ambiente e os recursos naturais.

Trata-se de orientação impregnada de forte matiz ideológico, cuja eficácia suscita polêmica, não só do ponto de vista da teoria econômica, mas também quanto ao seu funcionamento na prática (aumentam muito as "brechas" para desvios e favorecimentos espúrios). De toda sorte, aqueles que a defendem – e propugnam a sua validade constitucional – asseveram estar contribuindo para tornar efetivo o objetivo fundamental da República Federativa do Brasil insculpido no inciso II do art. 3.º da Carta Política de 1988: "garantir o desenvolvimento nacional".

O Decreto 11.890/2024 **regulamenta** o art. 26 da Lei 14.133/2021, "para dispor sobre a aplicação da margem de preferência no âmbito da administração pública federal direta, autárquica e fundacional, e institui a Comissão Interministerial de Contratações Públicas para o Desenvolvimento Sustentável" (CICS).

Estabelece o art. 27 da Lei 14.133/2021 – em um preceito cujo escopo evidente é reforçar o postulado da **transparência** – que **deverá** ser **divulgada**, em sítio eletrônico oficial, a cada exercício financeiro, a **relação de empresas favorecidas** pela aplicação das regras estipuladas no seu art. 26, com indicação do volume de recursos destinados a cada empresa.

2.7. Preferência na contratação de microempresas e empresas de pequeno porte

A Lei Complementar 123/2006 (**Estatuto Nacional da Microempresa e da Empresa de Pequeno Porte**) determina que todos os órgãos e entidades da administração pública brasileira – "administração direta e indireta, autárquica e fundacional, federal, estadual e municipal" –, em suas **contratações públicas**, concedam "tratamento diferenciado e simplificado para as microempresas e empresas de pequeno porte objetivando a promoção do desenvolvimento econômico e social no âmbito municipal e regional, a ampliação da eficiência das políticas públicas e o incentivo à inovação tecnológica" (art. 47). Acerca, especificamente, das **compras públicas**, estabelece a referida lei que, enquanto não sobrevier legislação estadual, municipal ou regulamento específico de cada órgão, mais favorável à microempresa (ME) e empresa de pequeno porte (EPP), **aplica-se a legislação federal** (art. 47, parágrafo único).

A fim de conferir efetividade aos objetivos delineados no parágrafo precedente, preceitua a LC 123/2006, em seu art. 48, que a administração pública (grifamos):

> I – **deverá** realizar processo licitatório destinado **exclusivamente** à participação de microempresas e empresas de pequeno porte nos **itens de contratação** cujo valor seja de **até R$ 80.000,00** (oitenta mil reais);
>
> II – **poderá**, em relação aos processos licitatórios destinados à aquisição de **obras e serviços**, exigir dos licitantes a **subcontratação** de microempresa ou empresa de pequeno porte;

III – **deverá** estabelecer, em certames para **aquisição de bens** de natureza divisível, cota de até 25% (vinte e cinco por cento) do objeto para a contratação de microempresas e empresas de pequeno porte.

Observe-se que **apenas o inciso II** contém uma norma de adoção **facultativa**. Os **outros dois incisos** são de observância **obrigatória**.

Caso seja prevista no edital da licitação a exigência de subcontratação de que trata o inciso II, os empenhos e pagamentos do órgão ou entidade da administração pública poderão ser destinados diretamente às ME e EPP subcontratadas (art. 48, § 2.º).

Na aplicação desses benefícios previstos no art. 48 da LC 123/2006, **poderá** ser concedida, justificadamente, **prioridade** de contratação de ME e EPP **sediadas local ou regionalmente**, até o **limite de dez por cento do melhor preço válido** (art. 48, § 3.º).

Preceitua o art. 49 da LC 123/2006 que as disposições dos seus arts. 47 e 48 **não se aplicam** quando:

a) não houver um mínimo de **três fornecedores** competitivos enquadrados como microempresas ou empresas de pequeno porte sediados local ou regionalmente e capazes de cumprir as exigências estabelecidas no instrumento convocatório;

b) o tratamento diferenciado e simplificado para as microempresas e empresas de pequeno porte não for vantajoso para a administração pública ou representar prejuízo ao conjunto ou complexo do objeto a ser contratado;

c) a licitação for dispensável ou inexigível, salvo nas hipóteses de licitação dispensável em razão do valor do contrato (Lei 14.133/2021, art. 75, I e II), nas quais "a compra deverá ser feita preferencialmente de microempresas e empresas de pequeno porte, aplicando-se o disposto no inciso I do art. 48".

O art. 44 da LC 123/2006 dispõe que "nas licitações será assegurada, como critério de desempate, preferência de contratação para as microempresas e empresas de pequeno porte". Embora o texto legal, literalmente, fale em **critério de desempate**, a regra que a lei estabelece não se aplica somente a casos em que efetivamente haja um empate, isto é, quando seja **igual** o valor da proposta da ME ou da EPP e o de uma outra empresa (supondo uma licitação do tipo **menor preço**).

Com efeito, o § 1.º do art. 44 estatui que **se entendem por empate** "aquelas situações em que as propostas apresentadas pelas microempresas e empresas de pequeno porte sejam iguais ou até 10% (dez por cento) superiores à proposta mais bem classificada". Por outras palavras, o dispositivo legal criou uma "equiparação a empate"; ele **equipara a empate** a apresentação, pela ME ou EPP, de proposta de valor **até dez por cento superior** ao da proposta mais bem classificada.

Dessa forma, se a licitação visava a efetuar compras, e o menor valor do bem a ser adquirido, digamos, R$ 100,00 por unidade, constava da proposta oferecida por uma grande empresa, será considerada "empatada" com ela a proposta oferecida por uma ME ou EPP em que o bem tenha preço unitário de até R$ 110,00 (note-se que isso, obviamente, não é um empate, mas uma equiparação legal a empate).

Essa é a regra geral. Na modalidade **pregão** de licitação, só serão **consideradas empatadas** as propostas de ME e EPP que sejam **até cinco por cento superiores** ao melhor preço (art. 44, § 2.º).

Ocorrendo o empate (real ou equiparado), o art. 45 da LC 123/2006 determina que sejam adotados os seguintes procedimentos:

1) a ME ou EPP mais bem classificada poderá apresentar proposta de preço inferior àquela considerada vencedora do certame, situação em que será adjudicado em seu favor o objeto licitado;

2) se a ME ou EPP mais bem classificada não oferecer proposta de preço inferior àquela considerada vencedora do certame, serão convocadas as remanescentes, na ordem classificatória, para o exercício do mesmo direito (desde que os valores **originais** das propostas dessas ME e EPP remanescentes estejam dentro dos limites estipulados na LC 123/2006 para "equiparação a empate" com a proposta vencedora do certame);

3) no caso de serem idênticos os valores das propostas originais apresentadas pelas ME e EPP (e desde que sejam propostas que se enquadrem nos critérios de "equiparação a empate" com a proposta vencedora do certame), será realizado sorteio entre elas para determinar aquela que primeiro poderá apresentar melhor oferta.

No caso de **pregão**, a ME ou EPP mais bem classificada será convocada para apresentar nova proposta no prazo máximo de **cinco minutos** após o encerramento dos lances, sob pena de **preclusão** (art. 45, § 3.º).

Se não for possível, mediante a adoção dos procedimentos acima explicados nos itens 1, 2 e 3, obter uma proposta de ME ou EPP que tenha preço inferior ao da melhor oferta inicial, **o objeto licitado será adjudicado em favor da proposta originalmente vencedora** do certame (art. 45, § 1.º).

Em qualquer caso, os procedimentos explicados nos itens 1, 2 e 3 somente se aplicam quando a melhor oferta inicial **não** tiver sido apresentada por ME ou EPP (art. 45, § 2.º).

Conforme se constata, as regras contidas nos arts. 44 e 45 da LC 123/2006 efetivamente criaram para as ME e EPP uma situação privilegiada, em comparação com a das outras empresas, mas não chegaram ao ponto de prever a contratação pela administração pública por um preço superior ao da proposta de preço mais baixo.

Pode-se dizer que essas regras instituíram uma espécie de "**repescagem**" das ME e EPP que tenham apresentado propostas de valores não muito superiores aos da proposta que, se não fosse concedida essa **segunda chance** às ME e EPP, seria desde logo a vencedora. A ME ou EPP beneficiada pela "repescagem" tem, concretamente, uma nova oportunidade: se reformular a sua proposta de modo que o preço dela passe a ser menor do que aquele oferecido pelo licitante que fora inicialmente mais bem classificado, o objeto será adjudicado a ela.

É importante registrar que a Lei 13.303/2016 – estatuto jurídico das empresas públicas e sociedades de economia mista, e suas subsidiárias, atuantes no domínio econômico, incluídas as prestadoras de serviços públicos que se enquadrem como

Cap. 9 • LICITAÇÕES PÚBLICAS

atividade econômica (em sentido amplo) – expressamente **impõe a observância**, pelas entidades por ela regidas, nas licitações e contratações que realizem, das **normas de favorecimento** das microempresas e empresas de pequeno porte vazadas na Lei Complementar 123/2006.

Por fim, cabe anotar que a Lei 14.133/2021, em seu art. 4.º, expressamente trata da aplicação das regras de favorecimento estudadas neste tópico às licitações e contratações por ela regidas, nestes exatos termos (grifamos):

> Art. 4.º Aplicam-se às licitações e contratos disciplinados por esta Lei as disposições constantes dos arts. 42 a 49 da Lei Complementar n.º 123, de 14 de dezembro de 2006.
>
> § 1.º As disposições a que se refere o *caput* deste artigo **não são aplicadas:**
>
> I – no caso de licitação para aquisição de bens ou contratação de serviços em geral, **ao item cujo valor estimado for superior à receita bruta máxima admitida para fins de enquadramento como empresa de pequeno porte;**
>
> II – no caso de contratação de obras e serviços de engenharia, **às licitações cujo valor estimado for superior à receita bruta máxima admitida para fins de enquadramento como empresa de pequeno porte.**
>
> § 2.º A obtenção de benefícios a que se refere o *caput* deste artigo fica **limitada** às microempresas e às empresas de pequeno porte que, no ano-calendário de realização da licitação, **ainda não tenham celebrado contratos com a administração pública cujos valores somados extrapolem a receita bruta máxima admitida para fins de enquadramento como empresa de pequeno porte**, devendo o órgão ou entidade exigir do licitante declaração de observância desse limite na licitação.
>
> § 3.º Nas contratações com **prazo de vigência superior a 1 (um) ano**, será considerado o **valor anual do contrato** na aplicação dos limites previstos nos §§ 1.º e 2.º deste artigo.

2.8. Preferência na contratação de bens, serviços e obras baseada em critérios e práticas de sustentabilidade

A Lei 14.133/2021, no art. 5.º, cita o "desenvolvimento nacional sustentável" como um princípio a ser observado nas licitações e contratações por ela regidas e, no art. 11, IV, preceitua que o processo licitatório tem por objetivo, entre outros, "incentivar a inovação e o desenvolvimento nacional sustentável".

Vale lembrar que o art. 189 da Lei 14.133/2021 determina que essa lei seja aplicada às hipóteses previstas na legislação que façam referência explícita à Lei 8.666/1993.

O Decreto 7.746/2012 expressamente define como seu objeto a regulamentação do art. 3.º da Lei 8.666/1993, "para estabelecer critérios e práticas para a promoção do desenvolvimento nacional sustentável por meio das contratações realizadas pela administração pública federal direta, autárquica e fundacional e pelas empresas estatais dependentes" (o art. 3.º da Lei 8.666/1993 estabelecia como finalidade das licitações públicas "garantir a observância do princípio constitucional da isonomia, a seleção da proposta mais vantajosa para a administração e a **promoção do desenvolvimento nacional sustentável**").

Em face das normas expostas nos parágrafos precedentes, é certo que as disposições concernentes a "desenvolvimento nacional sustentável" contidas no Decreto 7.746/2012 devem ser observadas nas licitações e contratações regidas pela Lei 14.133/2021.

O termo "**desenvolvimento sustentável**", conforme empregado nas normas ora em apreço, tem sido entendido como fundamento para considerar-se legítimo que, nas licitações, a seleção da proposta mais vantajosa leve em conta não apenas critérios imediatamente econômico-financeiros, mas também "**práticas de sustentabilidade**". Quando se fala em "sustentabilidade", nesse contexto, a preocupação principal está voltada para a **preservação do meio ambiente** e a **economia de recursos naturais** de um modo geral.

É claro que "**sustentabilidade**" comporta uma acepção muito mais ampla – e, por óbvio, não se garante "desenvolvimento nacional sustentável" com a simples opção, nas licitações, pelas soluções mais "ecologicamente amigáveis" apresentadas pelo setor produtivo. Não obstante, no presente tópico, para efeito de simplificação, concentraremos nossa atenção especialmente em medidas relacionadas à proteção e à conservação do ambiente e dos recursos naturais.

O objetivo de utilizar as licitações para promover o "desenvolvimento nacional **sustentável**" reporta à noção de "licitação sustentável". A doutrina tem definido "**licitação sustentável**" como aquela em que os **custos efetivos** da contratação levam em conta o **longo prazo**, o impacto que a produção do bem adquirido, ou a prestação do serviço contratado, ou a execução da obra, terá sobre o ambiente natural, de tal sorte que a proposta considerada mais vantajosa não seja exclusivamente identificada por critérios econômico-financeiros imediatos, isoladamente avaliados, mas sim como a que proporcionará maiores benefícios à sociedade e à economia do País, com manutenção ou mesmo recuperação de um meio ambiente ecologicamente equilibrado.

Apesar de todas essas expressões ainda se mostrarem um tanto vagas, e da incipiência da implementação efetiva desses objetivos, certo é que se trata de uma relevante mudança de paradigma e de uma tendência irreversível – aliás, em âmbito internacional. No intuito de tornar mais concreto o cumprimento dessas metas e finalidades, ao menos pelo Poder Executivo federal, foi editado o Decreto 7.746/2012, mencionado anteriormente, no início desta exposição.

O Decreto 7.746/2012, nos termos da **redação original** do seu art. 2.º, autorizava (mas **não obrigava**) que, nas aquisições de bens e contratações de serviços e obras, os órgãos e entidades por ele alcançados levassem em consideração critérios e práticas de sustentabilidade objetivamente definidos no instrumento convocatório, desde que tal opção fosse justificada nos autos do respectivo processo de licitação e preservasse o caráter competitivo do certame.

O referido art. 2.º foi alterado pelo Decreto 9.178/2017 e passou a estabelecer que, nas aquisições de bens e contratações de serviços e obras, os órgãos e entidades abrangidos pelas normas do Decreto 7.746/2012 **adotarão** critérios e práticas sustentáveis nos instrumentos convocatórios, observadas as disposições contidas no próprio Decreto 7.746/2012. Permaneceu a exigência de que seja **resguardado o caráter competitivo do certame** e foi explicitado que deverá ser **justificada** nos autos do processo de licitação "a adequação da especificação do objeto da contratação e das obrigações da contratada aos critérios e às práticas de sustentabilidade".

Os critérios e práticas de sustentabilidade em comento devem figurar no instrumento convocatório como **especificação técnica do objeto** da futura contratação, como **obrigação da contratada** ou como **requisito previsto em lei especial** (hipótese em que a prova do atendimento ao requisito será feita durante a fase de **habilitação**, no procedimento licitatório).

O art. 4.º do Decreto 7.746/2012 – deixando bem claro que se trata de uma lista meramente **exemplificativa** – assim dispõe:

> Art. 4.º Para os fins do disposto no art. 2.º, são considerados critérios e práticas sustentáveis, entre outras:
>
> I – baixo impacto sobre recursos naturais como flora, fauna, ar, solo e água;
>
> II – preferência para materiais, tecnologias e matérias-primas de origem local;
>
> III – maior eficiência na utilização de recursos naturais como água e energia;
>
> IV – maior geração de empregos, preferencialmente com mão de obra local;
>
> V – maior vida útil e menor custo de manutenção do bem e da obra;
>
> VI – uso de inovações que reduzam a pressão sobre recursos naturais;
>
> VII – origem sustentável dos recursos naturais utilizados nos bens, nos serviços e nas obras; e
>
> VIII – utilização de produtos florestais madeireiros e não madeireiros originários de manejo florestal sustentável ou de reflorestamento.

A administração contratante poderá **exigir** no instrumento convocatório para a **aquisição de bens** que estes sejam constituídos por **material renovável, reciclado, atóxico ou biodegradável**, entre outros critérios de sustentabilidade (art. 5.º).

No caso de **contratação de obras e serviços de engenharia**, as especificações e demais exigências do projeto básico ou executivo devem ser elaboradas de modo a proporcionar a **economia da manutenção e operacionalização da edificação** e a **redução do consumo de energia e água**, por meio de tecnologias, práticas e materiais que **reduzam o impacto ambiental** (art. 6.º).

Ao lado do Decreto 7.746/2012, vem a propósito aludir à Lei 12.187/2009, que instituiu a Política Nacional sobre Mudança do Clima (PNMC). No inciso XII do art. 6.º, essa lei enumera como um dos instrumentos da PNMC "o estabelecimento de **critérios de preferência nas licitações** e concorrências públicas, compreendidas aí as parcerias público-privadas e a autorização, permissão, outorga e concessão para exploração de serviços públicos e recursos naturais, **para as propostas que propiciem maior economia de energia, água e outros recursos naturais e redução da emissão de gases de efeito estufa e de resíduos**".

Também digna de menção é a Lei 12.305/2010, que instituiu a Política Nacional de Resíduos Sólidos e, no inciso XI do seu art. 7.º, traça como objetivo dessa política, entre outros, que nas aquisições e contratações governamentais seja dada **prioridade** para: (a) **produtos reciclados e recicláveis**; e (b) **bens, serviços e obras** que considerem critérios compatíveis com **padrões de consumo social e ambientalmente sustentáveis**.

Enfim, é fácil constatar que, com essas diversas normas, está a legislação possibilitando que a noção de "**proposta mais vantajosa**" **não se baseie só nos custos diretos e imediatos** da contratação, mas tome em consideração **também** outros fatores, os quais, embora difíceis de mensurar e avaliar, assumirão importância crescente nas licitações e contratações públicas. Com o tempo, espera-se que sejam criados mecanismos aptos a reduzir a margem de **subjetivismo** que a ponderação desses outros critérios envolve e a auxiliar a administração na tarefa complexa de encontrar o desejado **equilíbrio entre as exigências de sustentabilidade e a competitividade nos certames licitatórios**, aperfeiçoando o sistema de modo a evitar distorções prejudiciais ao interesse público. Não requer agudeza intelectual perceber que há riscos ingentes à espreita. Basta lembrar que a estipulação, nos editais de licitação, de exigências excessivas, ou muito difíceis de serem cumpridas, sempre foi um meio largamente empregado, nesse campo, para a concretização de interesses espúrios – por exemplo, direcionando o certame a empresas determinadas, ou mesmo provocando uma situação artificial de "inexigibilidade de licitação". Amiúde, esses interesses inconfessáveis apresentam-se travestidos de uma "boa causa" – seria, desta vez, a "**causa ambiental**".

2.9. Modalidades de licitação

As licitações são classificadas em diferentes modalidades, conforme as peculiaridades do respectivo procedimento, ou do objeto do contrato administrativo a ser celebrado.

Na Lei 14.133/2021, estão previstas cinco modalidades de licitação, enumeradas em seu art. 28, a saber: (a) **pregão**; (b) **concorrência**; (c) **concurso**; (d) **leilão**; (e) **diálogo competitivo**.

Ao lado dessas, cumpre registrar, ainda, a existência de uma modalidade denominada **consulta**, conforme adiante se verá.

Nos expressos termos da Lei 14.133/2021, é **vedada** a criação de outras modalidades de licitação ou, ainda, a combinação daquelas nela previstas (art. 28, § 2.º).

As modalidades de licitação disciplinadas na Lei 14.133/2021 **não têm relação com o valor do contrato** a ser celebrado; a escolha da modalidade adotada no certame, em cada caso, deve ser efetuada com base no objeto da contratação, seja qual for o seu valor estimado.

Vale pontuar que, com a revogação da Lei 8.666/1993, **deixaram de existir**, em nosso ordenamento jurídico, as modalidades de licitação **tomada de preços** e **convite** (essas duas modalidades tinham a sua escolha relacionada ao valor do contrato a ser celebrado).

A Lei 14.133/2021 define nos incisos XXXVIII a XLII do seu art. 6.º as modalidades de licitação nela previstas. Merecem transcrição os citados dispositivos (grifamos):

> XXXVIII – **concorrência**: modalidade de licitação para contratação de **bens e serviços especiais** e de **obras e serviços comuns e especiais de engenharia**, cujo critério de julgamento poderá ser:
>
> a) menor preço;
>
> b) melhor técnica ou conteúdo artístico;
>
> c) técnica e preço;
>
> d) maior retorno econômico;
>
> e) maior desconto;
>
> XXXIX – **concurso**: modalidade de licitação para escolha de **trabalho técnico, científico ou artístico**, cujo critério de julgamento será o de **melhor técnica ou conteúdo artístico**, e para concessão de **prêmio ou remuneração** ao vencedor;
>
> XL – **leilão**: modalidade de licitação para **alienação** de **bens imóveis** ou de **bens móveis inservíveis ou legalmente apreendidos** a quem oferecer o **maior lance**;
>
> XLI – **pregão**: modalidade de licitação **obrigatória** para aquisição de **bens e serviços comuns**, cujo critério de julgamento poderá ser o de **menor preço** ou o de **maior desconto**;
>
> XLII – **diálogo competitivo**: modalidade de licitação para contratação de **obras, serviços e compras** em que a administração pública realiza diálogos com licitantes previamente selecionados mediante critérios objetivos, com o intuito de **desenvolver uma ou mais alternativas capazes de atender às suas necessidades**, devendo os licitantes apresentar **proposta final após o encerramento dos diálogos**.

Para adequada compreensão dessas definições, faz-se necessário conhecer estas outras, também extraídas do art. 6.º da Lei 14.133/2021 (grifamos):

> XII – **obra**: toda atividade estabelecida, por força de lei, como privativa das profissões de arquiteto e engenheiro que implica intervenção no meio ambiente por meio de um conjunto harmônico de ações que, agregadas, formam um todo que **inova o espaço físico**

da natureza ou **acarreta alteração substancial das características originais de bem imóvel;**

XIII – **bens e serviços comuns**: aqueles cujos padrões de desempenho e qualidade podem ser objetivamente definidos pelo edital, por meio de especificações usuais de mercado;

XIV – **bens e serviços especiais**: aqueles que, por sua **alta heterogeneidade ou complexidade**, não podem ser descritos na forma do inciso XIII do *caput* deste artigo, **exigida justificativa prévia do contratante;**

(...)

XXI – **serviço de engenharia**: toda atividade ou conjunto de atividades destinadas a obter determinada utilidade, intelectual ou material, de interesse para a administração e que, **não enquadradas no conceito de obra** a que se refere o inciso XII do *caput* deste artigo, são estabelecidas, por força de lei, como privativas das profissões de arquiteto e engenheiro ou de técnicos especializados, que compreendem:

a) **serviço comum de engenharia**: todo serviço de engenharia que tem por objeto ações, **objetivamente padronizáveis em termos de desempenho e qualidade**, de manutenção, de adequação e de adaptação de bens móveis e imóveis, com preservação das características originais dos bens;

b) **serviço especial de engenharia**: aquele que, por sua **alta heterogeneidade ou complexidade**, não pode se enquadrar na definição constante da alínea "a" deste inciso.

A concorrência e o pregão seguem o **rito procedimental comum** a que se refere o art. 17 da Lei 14.133/2021, isto é, serão observadas, em sequência, as seguintes fases: (a) preparatória; (b) de divulgação do edital de licitação; (c) de apresentação de propostas e lances, quando for o caso; (d) de julgamento; (e) de habilitação; (f) recursal; e (g) de homologação. Vale lembrar que a fase de **habilitação** poderá, mediante ato motivado com explicitação dos benefícios decorrentes, **anteceder** as fases de apresentação de propostas e lances e de julgamento, **desde que expressamente previsto no edital de licitação** (art. 17, § 1.º).

O **pregão deverá** ser adotado **sempre** que o objeto possuir padrões de desempenho e qualidade que possam ser objetivamente definidos pelo edital, por meio de especificações usuais de mercado.

O parágrafo único do art. 29 da Lei 14.133/2021 estatui que o pregão **não se aplica** às contratações de: (a) **serviços técnicos especializados** de natureza **predominantemente intelectual**; (b) **obras de engenharia**; e (c) **serviços especiais de engenharia**. O mesmo dispositivo legal explicita que **o pregão pode ser utilizado para a contratação de serviços comuns de engenharia**.

O **concurso** observará as regras e condições previstas em edital, que indicará (art. 30): (a) a qualificação exigida dos participantes; (b) as diretrizes e formas de apresentação do trabalho; e (c) as condições de realização e o prêmio ou remuneração a ser concedida ao vencedor.

Nos **concursos** destinados à **elaboração de projeto**, a lei exige que o vencedor ceda à administração pública todos os direitos patrimoniais relativos ao projeto e autorize a sua execução conforme juízo de conveniência e oportunidade das autoridades competentes – além disso, o projeto poderá ser livremente utilizado e alterado pela administração em outras ocasiões, sem necessidade de nova autorização de seu autor (art. 30, parágrafo único).

O **leilão** poderá ser cometido a leiloeiro oficial **ou** a servidor designado pela autoridade competente da administração, e **regulamento** deverá dispor sobre seus procedimentos operacionais (art. 31).[3]

O **edital** do **leilão** deve ser previamente divulgado em sítio eletrônico oficial e, também, afixado em local de ampla circulação de pessoas na sede da administração; poderá, ainda, ser divulgado por outros meios necessários para ampliar a publicidade e a competitividade da licitação. O **edital** do leilão **conterá** (art. 31, § 2.º):

> I – a descrição do bem, com suas características, e, no caso de imóvel, sua situação e suas divisas, com remissão à matrícula e aos registros;
>
> II – o valor pelo qual o bem foi avaliado, o preço mínimo pelo qual poderá ser alienado, as condições de pagamento e, se for o caso, a comissão do leiloeiro designado;
>
> III – a indicação do lugar onde estiverem os móveis, os veículos e os semoventes;
>
> IV – o sítio da internet e o período em que ocorrerá o leilão, salvo se excepcionalmente for realizado sob a forma presencial por comprovada inviabilidade técnica ou desvantagem para a Administração, hipótese em que serão indicados o local, o dia e a hora de sua realização;
>
> V – a especificação de eventuais ônus, gravames ou pendências existentes sobre os bens a serem leiloados.

O **leilão** não exige registro cadastral prévio, **não tem fase de habilitação** e deve ser homologado assim que concluída a fase de lances, superada a fase recursal e efetivado o pagamento pelo licitante vencedor, na forma definida no edital (art. 31, § 4.º).

A Lei 14.133/2021 criou uma modalidade de licitação **inteiramente nova**, não prevista em nenhuma lei anterior sobre licitações públicas: o **diálogo competitivo**. Como seria de esperar, há na lei uma quantidade grande de disposições acerca dessa nova modalidade de licitação. A bem da verdade, mesmo com essa pletora de regras, não fica, a nosso ver, perfeitamente nítido o funcionamento do processo licitatório

---

[3] O Decreto 11.461, de 31.03.2023, regulamenta o art. 31 da Lei 14.133/2021 "para dispor sobre os procedimentos operacionais da licitação na modalidade leilão, na forma eletrônica, para alienação de bens móveis inservíveis ou legalmente apreendidos, e institui o Sistema de Leilão Eletrônico, no âmbito da administração pública federal direta, autárquica e fundacional".

concernente a essa modalidade. Possivelmente será alcançada maior clareza com a regulamentação e a utilização prática do procedimento. Apresentamos, a seguir, uma (tentativa de) visão geral das normas da Lei 14.133/2021 relativas à modalidade **diálogo competitivo** de licitação.

O uso da modalidade diálogo competitivo é **restrito** a determinadas situações, descritas nos incisos do art. 32 da Lei 14.133/2021. Aparentemente, as condições previstas nesses incisos **não são cumulativas**, isto é, basta o enquadramento em um deles para ser possível a adoção do diálogo competitivo.

Segundo o art. 32 da Lei 14.133/2021, a modalidade diálogo competitivo é restrita a contratações em que a administração:

I – vise a contratar objeto que envolva as seguintes condições:

a) inovação tecnológica ou técnica;

b) impossibilidade de o órgão ou entidade ter sua necessidade satisfeita sem a adaptação de soluções disponíveis no mercado; e

c) impossibilidade de as especificações técnicas serem definidas com precisão suficiente pela administração;

II – verifique a necessidade de definir e identificar os meios e as alternativas que possam satisfazer suas necessidades, com destaque para os seguintes aspectos:

a) a solução técnica mais adequada;

b) os requisitos técnicos aptos a concretizar a solução já definida;

c) a estrutura jurídica ou financeira do contrato;

III – (VETADO.)

O **procedimento de diálogo competitivo**, resumidamente, desenvolve-se assim (art. 32, § 1.º):

a) a administração apresenta no edital as suas necessidades e as exigências que já estão definidas e estabelece um prazo mínimo de **vinte e cinco dias úteis** para manifestação de interesse de participação no certame;

b) o edital deve prever os critérios que serão empregados para pré-seleção dos licitantes; serão admitidos **todos** os interessados que preencherem os **requisitos objetivos** estabelecidos;

c) abre-se uma "**fase de diálogo**", na qual a administração realiza reuniões com os licitantes pré-selecionados – devidamente registradas e gravadas – até que, em decisão fundamentada, identifique a solução ou as soluções que atendam às suas necessidades;

d) a administração declara que o diálogo foi concluído e tem início a **fase competitiva**, com a divulgação de edital contendo a especificação da solução encontrada e os critérios objetivos a serem utilizados para seleção da proposta mais vantajosa para implementação da referida solução; será aberto prazo, não inferior a **sessenta dias úteis**, para todos os licitantes apresentarem suas propostas, que deverão conter os elementos necessários à realização do projeto;

Cap. 9 • LICITAÇÕES PÚBLICAS — 575

e) a administração definirá a proposta vencedora de acordo com critérios divulgados no início da fase competitiva, assegurada a contratação mais vantajosa como resultado.

O diálogo competitivo é conduzido por **comissão de contratação** composta de **pelo menos três** servidores efetivos ou empregados públicos pertencentes aos quadros permanentes da administração, admitida a contratação de profissionais para **assessoramento técnico** da comissão.

2.10. Critérios de julgamento

O art. 33 da Lei 14.133/2021 enumera os **critérios de julgamento** que podem ser adotados nas licitações por ela regradas. Na Lei 8.666/1993, os diferentes critérios de julgamento determinavam os assim chamados, literalmente, "tipos de licitação". A Lei 14.133/2021 **não** adotou a expressão "**tipos de licitação**".

É a seguinte a redação do art. 33 da Lei 14.133/2021:

> Art. 33. O julgamento das propostas será realizado de acordo com os seguintes critérios:
> I – menor preço;
> II – maior desconto;
> III – melhor técnica ou conteúdo artístico;
> IV – técnica e preço;
> V – maior lance, no caso de leilão;
> VI – maior retorno econômico.

O julgamento por menor preço ou maior desconto e, quando couber, por técnica e preço **considerará o menor dispêndio para a administração**, atendidos os **parâmetros mínimos de qualidade** definidos no edital de licitação (art. 34).

Os **custos indiretos**, relacionados com as despesas de manutenção, utilização, reposição, depreciação e impacto ambiental do objeto licitado, entre outros fatores vinculados ao seu ciclo de vida, **poderão ser considerados para a definição do menor dispêndio**, sempre que **objetivamente** mensuráveis, conforme disposto em **regulamento**.

O julgamento por **maior desconto** terá como referência o **preço global fixado no edital de licitação**, e o desconto será estendido aos eventuais termos aditivos.

Quando adotado o critério de **melhor técnica ou conteúdo artístico**, o edital deve definir o **prêmio ou a remuneração** que será atribuída aos vencedores. Esse critério pode ser utilizado para a contratação de **projetos e trabalhos de natureza técnica, científica ou artística** (art. 35).

O julgamento por **técnica e preço** considerará a maior pontuação obtida a partir da ponderação, segundo **fatores objetivos previstos no edital**, das notas atribuídas aos aspectos de técnica e de preço da proposta (art. 36). Esse critério deve ser escolhido quando estudo técnico preliminar demonstrar que a avaliação e a ponderação da qualidade técnica das propostas que superarem os requisitos mínimos estabelecidos no edital são relevantes aos fins pretendidos pela administração.

No julgamento por técnica e preço, deverão ser avaliadas e ponderadas as propostas técnicas e, em seguida, as propostas de preço apresentadas pelos licitantes, na **proporção máxima de setenta por cento de valoração para a proposta técnica** (art. 36, § 2.º). O **desempenho pretérito** na execução de contratos com a administração pública **deverá** ser considerado na **pontuação técnica** (art. 36, § 3.º).

Nas contratações de **serviços técnicos especializados de natureza predominantemente intelectual**, o critério de julgamento de **técnica e preço** deverá ser **preferencialmente** empregado. A lei também prevê a utilização desse critério – mas sem afirmar que a sua adoção deva ser preferencial – nas licitações para contratação, **entre outras hipóteses**, de: serviços majoritariamente dependentes de tecnologia sofisticada e de domínio restrito, bens e serviços especiais de tecnologia da informação e de comunicação e obras e serviços especiais de engenharia (art. 36, § 1.º).

Ressalvados os casos de inexigibilidade de licitação, o julgamento será por (a) **melhor técnica** ou (b) **técnica e preço**, na proporção de **setenta por cento** de valoração da **proposta técnica**, nas licitações com valor estimado da contratação superior a R$ 300.000,00 (trezentos mil reais) que **tenham por objeto a prestação dos seguintes serviços técnicos especializados de natureza predominantemente intelectual** (art. 37, § 2.º):[4]

a) estudos técnicos, planejamentos, projetos básicos e projetos executivos;

b) fiscalização, supervisão e gerenciamento de obras e serviços; e

c) controles de qualidade e tecnológico, análises, testes e ensaios de campo e laboratoriais, instrumentação e monitoramento de parâmetros específicos de obras e do meio ambiente e demais serviços de engenharia cuja natureza seja predominantemente intelectual.

No julgamento por **melhor técnica** ou por **técnica e preço**, a obtenção de pontuação devido à capacitação técnico-profissional **exigirá** que a execução do respectivo contrato tenha **participação direta e pessoal** do profissional correspondente (art. 38).

O julgamento por **maior retorno econômico** é utilizado **exclusivamente** para a celebração de **contrato de eficiência**, assim definido no inciso LIII do art. 6.º da Lei 14.133/2021:

> LIII – **contrato de eficiência**: contrato cujo objeto é a prestação de serviços, que pode incluir a realização de obras e o fornecimento de bens, com o objetivo de proporcionar economia ao contratante, na forma de redução de despesas correntes, remunerado o contratado com base em percentual da economia gerada.

---

[4] Conforme determina o art. 182 da Lei 14.133/2021, esse valor foi atualizado pelo Decreto 12.343/2024, vigente a partir de 1.º de janeiro de 2025, para R$ 376.353,48 (trezentos e setenta e seis mil trezentos e cinquenta e três reais e quarenta e oito centavos).

No julgamento por **maior retorno econômico** é considerada a **maior economia para a administração**, e a remuneração do licitante vencedor é fixada em percentual que incidirá de forma proporcional à economia efetivamente obtida na execução do contrato (art. 39). Os licitantes apresentam as suas propostas de preço, que devem corresponder a um percentual sobre a economia estimada (indicada na proposta de trabalho apresentada pelo licitante) durante determinado período, expressa em unidade monetária. Para efeito de julgamento, o retorno econômico corresponderá ao resultado da economia que se estima gerar com a execução da proposta de trabalho, deduzida do preço proposto pelo licitante.

Nos casos em que não for gerada a economia prevista no contrato de eficiência (art. 39, § 4.º):

> I – a diferença entre a economia contratada e a efetivamente obtida será descontada da remuneração do contratado;
>
> II – se a diferença entre a economia contratada e a efetivamente obtida for superior ao limite máximo estabelecido no contrato, o contratado sujeitar-se-á, ainda, a outras sanções cabíveis.

2.11. Controle de legalidade e divulgação do edital

Terminada a fase preparatória, o processo licitatório deve seguir para o órgão de assessoramento jurídico da administração, que realizará **controle prévio de legalidade** e emitirá **parecer** a respeito (art. 53).

O órgão de assessoramento jurídico **também** deve realizar controle prévio de legalidade de contratações diretas, acordos, termos de cooperação, convênios, ajustes, adesões a atas de registro de preços, outros instrumentos congêneres e de seus termos aditivos (art. 53, § 4.º).

É **dispensável** a análise jurídica nas hipóteses previamente definidas em ato da autoridade jurídica máxima competente, que deverá considerar o baixo valor, a baixa complexidade da contratação, a entrega imediata do bem ou a utilização de minutas de editais e instrumentos de contrato, convênio ou outros ajustes previamente padronizados pelo órgão de assessoramento jurídico (art. 53, § 5.º).

Estabelece o art. 54 da Lei 14.133/2021 que a **publicidade** do edital de licitação será realizada mediante divulgação e manutenção do inteiro teor do ato convocatório e de seus anexos no Portal Nacional de Contratações Públicas (PNCP). Sem prejuízo dessa exigência, é **obrigatória** a publicação de extrato do edital no Diário Oficial da União, do estado, do Distrito Federal ou do município, ou, no caso de consórcio público, do ente de maior nível entre eles, bem como em jornal diário de grande circulação (art. 54, § 1.º).

Os documentos elaborados na fase preparatória que porventura não tenham integrado o edital e seus anexos serão disponibilizados no PNCP **após a homologação** do processo licitatório (art. 54, § 3.º).

Qualquer pessoa é parte legítima para **impugnar edital** de licitação por irregularidade na aplicação da Lei 14.133/2021 ou para **solicitar esclarecimento** sobre os seus termos, devendo protocolar o pedido **até três dias úteis antes da data de abertura do certame** (art. 164). A **resposta** à impugnação ou ao pedido de esclarecimento será divulgada em sítio eletrônico oficial no prazo de **até três dias úteis**, limitado ao **último dia útil** anterior à data de abertura do certame.

2.12. Apresentação de propostas e lances

O art. 56 da Lei 14.133/2021 prevê **dois modos de disputa**, que podem, **em regra**, ser adotados **isolada ou conjuntamente**. São eles:

> I – **aberto**, hipótese em que os licitantes apresentarão suas propostas por meio de lances públicos e sucessivos, crescentes ou decrescentes;
>
> II – **fechado**, hipótese em que as propostas permanecerão em sigilo até a data e hora designadas para sua divulgação.

É **vedada** a utilização **isolada** do modo de disputa **fechado**, quando forem adotados os critérios de julgamento de **menor preço ou** de **maior desconto**.

É **vedada** a utilização do modo de disputa **aberto**, quando for adotado o critério de julgamento de **técnica e preço**.

O edital de licitação **pode estabelecer intervalo mínimo de diferença de valores entre os lances**. Essa regra – que, embora a lei não explicite, somente pode ser aplicada ao modo de disputa aberto – incidirá tanto em relação aos lances intermediários quanto em relação à proposta que cobrir a melhor oferta (art. 57).

Um lance é considerado **intermediário** se ele for: (a) igual ou inferior ao maior lance já ofertado, quando adotado o critério de julgamento de maior lance; e (b) igual ou superior ao menor lance já ofertado, quando adotados os demais critérios de julgamento.

Após a definição da melhor proposta, se a **diferença** em relação à proposta classificada em **segundo lugar** for de **pelo menos cinco por cento**, a administração poderá admitir o **reinício da disputa aberta**, nos termos estabelecidos no instrumento convocatório, **para a definição das demais colocações** (art. 56, § 4.º). Nessa hipótese, a melhor proposta será mantida, mas a colocação dos demais licitantes, conforme os lances que eles se disponham a fazer, poderá ser alterada (por exemplo, aquele licitante que havia ficado em terceiro lugar antes do reinício da disputa poderá fazer novos lances que o levem a terminar, dessa vez, em segundo lugar).

Os prazos mínimos para apresentação de propostas e lances, contados a partir da data de divulgação do edital de licitação, estão previstos no art. 55 da Lei 14.133/20214. São eles:

> I – para aquisição de bens:
>
> a) **8 (oito) dias úteis**, quando adotados os critérios de julgamento de menor preço ou de maior desconto;

Cap. 9 • LICITAÇÕES PÚBLICAS 579

b) **15 (quinze) dias úteis**, nas hipóteses não abrangidas pela alínea "a" deste inciso;

II – no caso de serviços e obras:

a) **10 (dez) dias úteis**, quando adotados os critérios de julgamento de menor preço ou de maior desconto, no caso de serviços comuns e de obras e serviços comuns de engenharia;

b) **25 (vinte e cinco) dias úteis**, quando adotados os critérios de julgamento de menor preço ou de maior desconto, no caso de serviços especiais e de obras e serviços especiais de engenharia;

c) **60 (sessenta) dias úteis**, quando o regime de execução for de contratação integrada;

d) **35 (trinta e cinco) dias úteis**, quando o regime de execução for o de contratação semi-integrada ou nas hipóteses não abrangidas pelas alíneas "a", "b" e "c" deste inciso;

III – para licitação em que se adote o critério de julgamento de maior lance, **15 (quinze) dias úteis**;

IV – para licitação em que se adote o critério de julgamento de técnica e preço ou de melhor técnica ou conteúdo artístico, **35 (trinta e cinco) dias úteis**.

Esses prazos poderão, mediante **decisão fundamentada**, ser **reduzidos até a metade** nas licitações realizadas pelo **Ministério da Saúde**, no âmbito do **Sistema Único de Saúde** (**SUS**).

Eventuais **modificações no edital** implicarão **nova divulgação** na mesma forma de sua divulgação inicial, além do **cumprimento dos mesmos prazos** dos atos e procedimentos originais, **exceto quando a alteração não comprometer a formulação das propostas** (art. 55, § 1.º).

2.13. Exigência de garantia dos licitantes

O art. 58 da Lei 14.133/2021 autoriza a administração a exigir dos licitantes, **no momento da apresentação das propostas**, a comprovação do recolhimento de quantia a título de **garantia de proposta**, como **requisito de pré-habilitação**.

Essa garantia corresponderá, **no máximo**, a **um por cento** do valor estimado para a contratação.

A garantia de proposta será **devolvida** aos licitantes no prazo de **dez dias úteis**, contado da assinatura do contrato ou da data em que for declarada fracassada a licitação.

Caso o licitante vencedor se **recuse a assinar** o contrato ou **não apresente os documentos** necessários à contratação, o **valor integral** da garantia de proposta será **executado**. A lei não afirma textualmente, mas essa execução é efetivada pela própria administração, trata-se de **ato autoexecutório**, não há necessidade de intervenção judicial prévia.

A **garantia de proposta** poderá ser prestada nas **modalidades**: (a) **caução em dinheiro ou em títulos da dívida pública**, emitidos sob a forma escritural, mediante registro em sistema centralizado de liquidação e de custódia autorizado pelo Banco Central do Brasil, e avaliados por seus valores econômicos, conforme definido pelo Ministério da Economia;[5] (b) **seguro-garantia**; ou (c) **fiança bancária** emitida por banco ou instituição financeira devidamente autorizada a operar no País pelo Banco Central do Brasil.

2.14. Julgamento e critérios de desempate

A Lei 14.133/2021 trata da fase de julgamento nos seus arts. 59 a 61. Cuida, primeiro, das hipóteses de **desclassificação** das propostas. Em linhas gerais – tal como se dá em qualquer lei sobre licitações –, devem ser desclassificadas as propostas que não atendam às exigências do edital, as que se mostrem inexequíveis e aquelas em que se constate a presença de algum vício (jurídico) insanável.

Serão **desclassificadas** as propostas que (art. 59):

> I – contiverem vícios insanáveis;
>
> II – não obedecerem às especificações técnicas pormenorizadas no edital;
>
> III – apresentarem preços inexequíveis ou permanecerem acima do orçamento estimado para a contratação;
>
> IV – não tiverem sua exequibilidade demonstrada, quando exigido pela Administração;
>
> V – apresentarem desconformidade com quaisquer outras exigências do edital, desde que insanável.

A lei **autoriza** a administração, se assim entender conveniente, a efetuar a verificação de conformidade **exclusivamente em relação à proposta mais bem classificada** (art. 59, § 1.º).

No caso de **obras e serviços de engenharia**, são consideradas **inexequíveis** as propostas cujos valores sejam **inferiores a setenta e cinco por cento do valor orçado pela administração**.

Em caso de **empate** entre duas ou mais propostas, a Lei 14.133/2021 determina a utilização dos seguintes critérios de desempate, **nesta ordem** (art. 60):

> I – disputa final, hipótese em que os licitantes empatados poderão apresentar nova proposta em ato contínuo à classificação;
>
> II – avaliação do desempenho contratual prévio dos licitantes, para a qual deverão preferencialmente ser utilizados registros cadastrais para efeito de atesto de cumprimento de obrigações previstos nesta Lei;

---

[5] Por força do art. 51, inciso IV, da Lei 14.600/2023, o Ministério da Economia foi desmembrado em: (a) Ministério da Fazenda; (b) Ministério da Gestão e da Inovação em Serviços Públicos; (c) Ministério do Planejamento e Orçamento; e (d) Ministério do Desenvolvimento, Indústria, Comércio e Serviços.

III – desenvolvimento pelo licitante de ações de equidade entre homens e mulheres no ambiente de trabalho, conforme regulamento;[6]

IV – desenvolvimento pelo licitante de programa de integridade, conforme orientações dos órgãos de controle.

Essas regras devem ser aplicadas sem prejuízo das regras de favorecimento a microempresas e empresas de pequeno porte previstas no art. 44 da Lei Complementar 123/2006 (estudadas em tópico anterior deste capítulo).

Em igualdade de condições, **se não houver desempate**, será assegurada **preferência**, **sucessivamente**, aos bens e serviços produzidos ou prestados por:

I – empresas estabelecidas no território do Estado ou do Distrito Federal do órgão ou entidade da Administração Pública estadual ou distrital licitante ou, no caso de licitação realizada por órgão ou entidade de Município, no território do Estado em que este se localizedo órgão ou entidade da administração pública estadual licitante ou no estado em que se localiza o órgão ou entidade da administração pública municipal licitante;

II – empresas brasileiras;

III – empresas que invistam em pesquisa e no desenvolvimento de tecnologia no País;

IV – empresas que comprovem a prática de mitigação, nos termos da Lei n.º 12.187, de 29 de dezembro de 2009.[7]

Definido o resultado do julgamento, **a administração poderá negociar condições mais vantajosas com o primeiro colocado** (art. 61).

A negociação poderá ser feita com os **demais licitantes**, segundo a ordem de classificação inicialmente estabelecida, quando o primeiro colocado, em determinado momento, mesmo após a negociação, for **desclassificado por sua proposta permanecer acima do preço máximo definido pela administração**.

2.15. Habilitação

A observância da igualdade entre os concorrentes no procedimento licitatório possui uma dupla vertente: devem ser tratados isonomicamente todos os que participam da disputa – o que significa vedação a discriminações injustificadas no julgamento das propostas – e deve ser dada oportunidade de participação nas licitações em

---

[6] O Decreto 11.430/2023 regulamenta esse dispositivo, no âmbito do Poder Executivo federal.

[7] A Lei 12.187/2009, que instituiu a "Política Nacional sobre Mudança do Clima – PNMC", assim define **"mitigação"**: "mudanças e substituições tecnológicas que reduzam o uso de recursos e as emissões por unidade de produção, bem como a implementação de medidas que reduzam as emissões de gases de efeito estufa e aumentem os sumidouros" (art. 2.º, VII). A mesma lei define **"sumidouro"** como "processo, atividade ou mecanismo que remova da atmosfera gás de efeito estufa, aerossol ou precursor de gás de efeito estufa" (art. 2.º, IX).

geral a quaisquer interessados que demonstrem estar aptos a cumprir regularmente o contrato que será celebrado.

Não configura, por essa razão, **violação ao princípio da isonomia** a estipulação legal de requisitos mínimos de **habilitação** cuja finalidade seja **exclusivamente** assegurar, pelo menos em tese, que o licitante vencedor tem condições de executar adequadamente o futuro contrato.

A fim de propiciar a mais ampla competitividade possível – e evitar que o certame seja direcionado para favorecer pessoas, empresas ou grupos determinados –, **não é admitida qualquer exigência**, para fins de habilitação, que **não esteja expressamente prevista em lei**.

Não é demasiado repisar que, no procedimento licitatório regulado pela Lei 14.133/2021, a fase de habilitação, regra geral, ocorre posteriormente à de julgamento – e que, como exceção, a lei abre a possibilidade de a habilitação anteceder as etapas de apresentação de propostas e lances e de julgamento, desde que o edital da licitação expressamente assim preveja e que a decisão de seguir essa ordem de fases seja formalizada em ato motivado, com explicitação dos benefícios decorrentes. Seja qual for a sequência das etapas adotada, a **inabilitação** implica a **exclusão** do interessado do procedimento licitatório.

Em suma, a **habilitação** é a fase da licitação em que se verifica o conjunto de informações e de documentos estabelecidos na lei como **necessários e suficientes** para presumir-se a aptidão do licitante ao bom cumprimento do objeto da licitação, dividindo-se em (art. 62):

I – jurídica;

II – técnica;

III – fiscal, social e trabalhista;

IV – econômico-financeira.

A administração pode exigir dos licitantes **declaração de que atendem aos requisitos de habilitação**. O declarante responderá pela veracidade das informações prestadas, sujeitando-se, conforme o caso, às sanções legalmente previstas.

A **apresentação dos documentos** de habilitação **será exigida apenas do licitante vencedor**, salvo nas hipóteses excepcionais em que a fase de habilitação preceda a de julgamento. Especificamente, os documentos relativos à **regularidade fiscal** sempre serão exigidos **apenas do licitante mais bem classificado**, e em momento posterior ao julgamento das propostas, em qualquer caso – inclusive quando a fase de habilitação anteceder a de julgamento.

Será exigida do licitante declaração de que cumpre as exigências de reserva de cargos para pessoa com deficiência e para reabilitado da Previdência Social, previstas em lei e em outras normas específicas.

Vem a propósito registrar que a Lei Complementar 123/2006 – **Estatuto Nacional da Microempresa e da Empresa de Pequeno Porte** –, nos seus arts. 42 e 43, estabelece regras especiais quanto às exigências de comprovação de **regularidade**

Cap. 9 • LICITAÇÕES PÚBLICAS

fiscal e de **regularidade trabalhista** para microempresas e empresas de pequeno porte que participem de procedimentos licitatórios (a Lei 14.133/2021 determina, no seu art. 4.º, que essas regras sejam observadas nas licitações e contratações por ela disciplinadas, observadas as restrições estipuladas nos §§ 1.º e 2.º do mesmo artigo, expostas anteriormente neste capítulo).

Nos termos do art. 42 da LC 123/2006, a comprovação de regularidade fiscal e de regularidade trabalhista das microempresas e empresas de pequeno porte que participem de licitações públicas **somente será exigida para efeito de assinatura do contrato**. Assim, mesmo que uma microempresa (ME) ou uma empresa de pequeno porte (EPP) esteja com a sua situação fiscal e trabalhista irregular, ela **poderá participar da licitação**. Somente no caso de sagrar-se vitoriosa no certame é que, então, previamente à assinatura do contrato, ela terá de regularizar a sua situação.

O art. 43 da LC 123/2006 determina que as ME e EPP que participem da licitação apresentem **toda a documentação** exigida para efeito de comprovação de regularidade fiscal e trabalhista, mesmo que nela conste alguma restrição. Se a ME ou EPP que apresentou a documentação contendo ressalvas vencer a licitação, aí, sim, terá ela o prazo de **cinco dias úteis**, contados a partir do momento em que for declarada vencedora do certame, **prorrogáveis por mais cinco dias úteis**, a critério da administração, para regularização da documentação, para pagamento ou parcelamento do débito e para emissão de eventuais certidões negativas ou positivas com efeito de certidão negativa.

Se a ME ou EPP que apresentou documentação com restrições e venceu a licitação não providenciar a regularização referida no parágrafo anterior, ocorrerá a **decadência do seu direito à contratação**. Ela estará, ainda, sujeita às sanções legais cominadas para as hipóteses em que se caracteriza o **descumprimento total da obrigação assumida**. Ademais, a decadência do direito à contratação ora em foco faculta à administração pública convocar os licitantes remanescentes, na ordem de classificação, para a assinatura do contrato, ou revogar a licitação (LC 123/2006, art. 43, § 2.º).

O § 1.º do art. 63 da Lei 14.133/2021 determina que o edital de licitação contenha cláusula que exija dos licitantes, sob pena de desclassificação, declaração de que suas propostas econômicas compreendem a integralidade dos custos para atendimento dos direitos trabalhistas assegurados na Constituição Federal, nas leis trabalhistas, nas normas infralegais, nas convenções coletivas de trabalho e nos termos de ajustamento de conduta vigentes na data de entrega das propostas.

Após a entrega dos documentos para habilitação, **não será permitida a substituição ou a apresentação** de novos documentos, **salvo** no âmbito de eventual diligência, para (art. 64): (a) complementação de informações acerca dos documentos já apresentados pelos licitantes e desde que necessária para apurar fatos existentes à época da abertura do certame; e (b) atualização de documentos cuja validade tenha expirado após a data de recebimento das propostas.

Quando a fase de habilitação **anteceder** a de julgamento e já tiver sido **encerrada**, **não caberá exclusão** de licitante por **motivo relacionado à habilitação**, salvo em razão de fatos supervenientes ou só conhecidos após o julgamento.

A **habilitação jurídica** visa a demonstrar a capacidade de o licitante exercer direitos e assumir obrigações, e a documentação a ser apresentada por ele limita-se à comprovação de existência jurídica da pessoa e, quando cabível, de autorização para o exercício da atividade a ser contratada (art. 66).

A **habilitação técnica** é tratada no art. 67 da Lei 14.133/2021, o qual enumera uma série de documentos e traz uma grande quantidade de regras concernentes ao que a lei denomina "qualificação técnico-profissional e técnico-operacional". São exemplos de exigências estipuladas nesse artigo:

a) apresentação de profissional detentor de atestado de responsabilidade técnica por execução de obra ou serviço de características semelhantes;

b) apresentação de certidões ou atestados que demonstrem capacidade operacional na execução de serviços similares de complexidade tecnológica e operacional equivalente ou superior;

c) indicação do pessoal técnico, das instalações e do aparelhamento adequados e disponíveis para a realização do objeto da licitação, bem como da qualificação de cada membro da equipe técnica que se responsabilizará pelos trabalhos;

d) declaração de que o licitante tomou conhecimento de todas as informações e das condições locais para o cumprimento das obrigações objeto da licitação.

Os **profissionais indicados** pelo licitante conforme previsto nas letras "a" e "c" dessa lista **devem participar** da obra ou do serviço objeto da licitação. Pode ser admitida, entretanto, desde que **aprovada pela administração**, a sua **substituição** por profissionais de **experiência equivalente ou superior** (art. 67, § 6.º).

No caso de **serviços contínuos**, o edital pode exigir certidão ou atestado que demonstre que o licitante tenha executado serviços similares ao objeto da licitação, em períodos sucessivos ou não, por um prazo mínimo, que não poderá ser superior a três anos (art. 67, § 5.º).

Para as **habilitações fiscal, social e trabalhista**, os licitantes devem apresentar documentação apta a comprovar (art. 68): inscrição no cadastro nacional de pessoas físicas (CPF) ou jurídicas (CNPJ); inscrição nos cadastros de contribuintes estadual ou municipal, se for o caso; regularidade perante as fazendas federal, estadual e municipal do domicílio ou sede do licitante; regularidade relativa à Seguridade Social e ao Fundo de Garantia do Tempo de Serviço (FGTS); regularidade perante a Justiça do Trabalho; e cumprimento do disposto no art. 7.º, XXXIII, da Constituição Federal ("proibição de trabalho noturno, perigoso ou insalubre a menores de dezoito e de qualquer trabalho a menores de dezesseis anos, salvo na condição de aprendiz, a partir de quatorze anos").

A **habilitação econômico-financeira** visa a demonstrar a aptidão econômica do licitante para cumprir as obrigações decorrentes do futuro contrato, devendo ser comprovada de forma objetiva, por coeficientes e índices econômicos previsto no edital, devidamente justificados no processo licitatório. Para tanto, devem ser apresentados (art. 69): balanço patrimonial, demonstração de resultado de exercício e demais demonstrações contábeis dos **dois últimos exercícios sociais**; e certidão negativa de feitos sobre falência expedida pelo distribuidor da sede do licitante.

No caso de a pessoa jurídica ter sido **constituída há menos de dois anos**, as demonstrações contábeis referidas no parágrafo precedente serão limitadas ao **último exercício** (art. 69, § 6.º).

Vale anotar que o § 1.º do art. 65 da Lei 14.133/2021 estatui que as **empresas criadas no exercício financeiro da licitação** deverão atender a **todas as exigências** da habilitação, mas são **autorizadas a substituir os demonstrativos contábeis pelo balanço de abertura**.

É **vedada** a exigência de valores mínimos de faturamento anterior e de índices de rentabilidade ou lucratividade (art. 69, § 2.º).

Nas **compras para entrega futura** e na **execução de obras e serviços**, a administração poderá estabelecer no edital a exigência de **capital mínimo** ou de **patrimônio líquido mínimo** equivalente a **até dez por cento** do valor estimado da contratação (art. 69, § 4.º).

Na fase de habilitação, a **documentação** exigida na Lei 14.133/2021 poderá ser (art. 70):

> I – apresentada em original, por cópia ou por qualquer outro meio expressamente admitido pela administração;
>
> II – substituída por registro cadastral emitido por órgão ou entidade pública, desde que previsto no edital e que o registro tenha sido feito em obediência ao disposto nesta Lei;
>
> III – dispensada, total ou parcialmente, nas contratações para entrega imediata, nas contratações em valores inferiores a 1/4 (um quarto) do limite para dispensa de licitação para compras em geral e nas contratações de produto para pesquisa e desenvolvimento até o valor de R$ 300.000,00 (trezentos mil reais).[8]

A Lei 14.133/2021 define **produtos para pesquisa e desenvolvimento** nestes termos: "bens, insumos, serviços e obras necessários para atividade de pesquisa científica e tecnológica, desenvolvimento de tecnologia ou inovação tecnológica, discriminados em projeto de pesquisa" (art. 6.º, LV).

As **empresas estrangeiras** que não funcionem no Brasil deverão apresentar documentos equivalentes, na forma de **regulamento** emitido pelo Poder Executivo **federal**.

---

[8] Conforme determina o art. 182 da Lei 14.133/2021, esse valor foi atualizado pelo Decreto 12.343/2024, vigente a partir de 1.º de janeiro de 2025, para R$ 376.353,48 (trezentos e setenta e seis mil trezentos e cinquenta e três reais e quarenta e oito centavos).

2.16. Encerramento da licitação: adjudicação, homologação, revogação e anulação

O art. 71 da Lei 14.133/2021 trata da finalização do procedimento licitatório, que se dá **depois de esgotada a etapa recursal**.

A forma natural de encerramento da licitação é, por óbvio, a adjudicação do seu objeto ao vencedor e a homologação (nessa ordem). Ambas – adjudicação e homologação – são de competência da autoridade superior, que a elas procederá se constatar que durante o procedimento tudo correu conforme determina a lei e que não há razão que impeça a celebração do contrato (nem a torne inoportuna ou inconveniente).

Embora o desfecho esperado seja, deveras, a adjudicação e a homologação do processo, há outras possibilidades, enumeradas nos incisos do art. 71, a seguir transcrito:

> Art. 71. Encerradas as fases de julgamento e habilitação, e exauridos os recursos administrativos, o processo licitatório será encaminhado à autoridade superior, que poderá:
>
> I – determinar o retorno dos autos para saneamento de irregularidades;
>
> II – revogar a licitação por motivo de conveniência e oportunidade;
>
> III – proceder à anulação da licitação, de ofício ou mediante provocação de terceiros, sempre que presente ilegalidade insanável;
>
> IV – adjudicar o objeto e homologar a licitação.

A **adjudicação** é o ato pelo qual se atribui ao vencedor o objeto da licitação. Não se deve confundir a adjudicação com a celebração do contrato. A adjudicação apenas garante ao vencedor que será com ele – e não com qualquer outro interessado – que a administração firmará o contrato concernente ao objeto da licitação, quando (e se) a contratação efetivamente se concretizar.

Na etapa de **homologação** é exercido um controle de legalidade do procedimento licitatório. A licitação será homologada, e assim finalizada, se a autoridade competente constatar que o procedimento observou adequadamente, em todas as etapas, as normas estabelecidas na legislação de regência (é interessante anotar que, nos certames regidos pela Lei 8.666/1993, o ato final do procedimento licitatório era a adjudicação, que ocorria depois da homologação). Verificando irregularidade em qualquer fase, a autoridade não homologará o certame e devolverá o processo ao órgão ou ao servidor competente para correção das falhas apontadas, se isso for possível. Caso se trate de vício insanável, deverá ser anulado o procedimento, se não integralmente, pelo menos a partir do ato ilegal, inclusive.

Nas hipóteses de **anulação e de revogação**, será assegurada a **prévia manifestação dos interessados** (art. 71, § 3.º).

Foi estudado alhures que a **revogação** retira do mundo jurídico um ato administrativo **válido** que se tornou inoportuno ou inconveniente ao interesse público, conforme critério **discricionário** da administração.

A **revogação** da licitação – que é um **procedimento administrativo**, isto é, uma sequência encadeada de atos administrativos que visam a um fim determinado – sofre restrições em relação à regra geral aplicável aos atos administrativos.

Com efeito, a regra geral é a possibilidade de a administração pública, com base no poder de autotutela, revogar os seus atos discricionários, por motivo de oportunidade e conveniência.

Diferentemente, a **revogação** do procedimento licitatório – embora esteja averbado na Lei 14.133/2021 que ela se dê "por motivo de conveniência e oportunidade" – **somente** será cabível se o seu **motivo determinante** resultar de **fato superveniente devidamente comprovado** (art. 71, § 2.º). Evidentemente, **depois** de assinado o contrato, **não** se pode mais **revogar** a licitação.

Na declaração de **nulidade** da licitação, a autoridade competente deve **indicar expressamente os atos com vícios insanáveis** – e serão tornados **sem efeito** todos os **atos subsequentes** que dependam deles (art. 71, § 1.º). A anulação dá ensejo à apuração de responsabilidade de quem tenha dado causa aos vícios que macularam o processo.

Hely Lopes Meirelles pontua que, "diversamente do que ocorre com a anulação, que pode ser total ou parcial, não é possível a revogação de um simples ato do procedimento licitatório". Sendo o caso, "é todo o procedimento que se revoga".

É importante destacar que **não há, na lei, previsão de indenização que possa ser devida a licitantes, como decorrência da anulação do certame**. No limite, com base apenas no texto legal, poder-se-ia sustentar que, se a anulação da licitação for decretada antes da celebração do contrato, não será devida indenização a ninguém.

Por fim, estabelece a Lei 14.133/2021 que as disposições do seu art. 71, aqui estudadas, aplicam-se, **no que couber**, à contratação direta e aos procedimentos auxiliares da licitação.

2.17. Convocação para assinatura do contrato

Estabelece o art. 90 da Lei 14.133/2021 que a administração convocará regularmente o licitante vencedor para assinar o termo de contrato, ou para aceitar ou retirar o instrumento equivalente, **dentro do prazo e nas condições estabelecidas no edital de licitação**. Caso o convocado não o faça, **decairá o direito à contratação**, sem prejuízo das sanções na própria lei previstas. O prazo de convocação poderá ser **prorrogado uma vez**, por **igual período**, mediante **solicitação da parte** durante seu transcurso, **devidamente justificada**, e desde que o motivo apresentado seja aceito pela Administração (art. 90, § 1.º).

A Lei 14.133/2021 **não estipula um prazo para a assinatura do contrato**, mas deixa ao edital da licitação essa incumbência. Muito embora no texto da lei sejam empregadas as expressões "convocará regularmente" e "direito à contratação", a verdade é que **não existe direito adquirido**, ou um direito subjetivo do licitante vencedor à contratação. A administração **pode deixar de contratar** – e isso **não só** nas situações expressamente previstas na lei (a exemplo das hipóteses de revogação e de anulação da licitação).

De toda sorte, apesar de não se poder falar em "direito adquirido" do vencedor, é certo que, não lhe sendo imputável a causa da não contratação, poderá ele pleitear indenização pelos prejuízos que demonstre ter sofrido. Porém, salvo nas hipóteses em que a própria lei preveja o direito à indenização, será necessário ao administrado recorrer ao Poder Judiciário, haja vista que, em razão do princípio da indisponibilidade da coisa pública, não tem o administrador autonomia para conceder indenizações sem que haja autorização legal expressa.

A asserção de que a lei não atribui à administração uma obrigação indeclinável de contratar é confirmada pelo disposto no § 3.º do art. 90, segundo o qual, **decorrido o prazo de validade** da proposta indicado no edital sem convocação para a contratação, ficarão os licitantes **liberados dos compromissos assumidos**.

Cabe destacar que a Lei 14.133/2021 **não fixa**, ela mesma, o **prazo de validade das propostas**, mas lega essa tarefa ao edital de licitação (diferentemente, a Lei 8.666/1993, no art. 64, § 3.º, estabelecia em sessenta dias o prazo de validade das propostas).

Quando o convocado **não** assinar o termo de contrato ou **não** aceitar ou **não** retirar o instrumento equivalente no prazo e nas condições estabelecidas, a lei **faculta** à administração **convocar os licitantes remanescentes**, na ordem de classificação, para a celebração do contrato **nas condições propostas pelo licitante vencedor** (art. 90, § 2.º).

Na hipótese de **nenhum** dos licitantes remanescentes aceitar celebrar o contrato nas condições propostas pelo licitante vencedor, a administração, **observados o valor estimado e sua eventual atualização** nos termos do edital, **poderá** (art. 90, § 4.º):

> I – convocar os licitantes remanescentes para negociação, na ordem de classificação, com vistas à obtenção de preço melhor, mesmo que acima do preço do adjudicatário;
>
> II – adjudicar e celebrar o contrato nas condições ofertadas pelos licitantes remanescentes, atendida a ordem classificatória, quando frustrada a negociação de melhor condição.

A **recusa injustificada** do adjudicatário em assinar o contrato ou em aceitar ou retirar o instrumento equivalente no prazo estabelecido pela administração caracterizará o **descumprimento total da obrigação assumida** e o sujeitará às penalidades legalmente estabelecidas e à **imediata perda da garantia de proposta em favor do órgão ou entidade licitante** (art. 90, § 5.º).

A regra do parágrafo precedente **não se aplica**, por óbvio, aos licitantes remanescentes que não cheguem a um acordo com a administração na negociação por ela promovida a fim de obter preços melhores do que aqueles que tais licitantes haviam ofertado originariamente (negociação prevista no inciso I do § 4.º, anteriormente transcrito). Mas ela **tem, sim, aplicação** na hipótese em que a administração convoque, obedecida a ordem de classificação, os licitantes remanescentes para assinar o contrato **nas condições originalmente por eles ofertadas** na fase de apresentação de propostas do certame (hipótese prevista no inciso II do § 4.º do art. 90).

Cap. 9 • LICITAÇÕES PÚBLICAS

A lei **faculta** à administração, observados os mesmos critérios estabelecidos nos §§ 2.º e 4.º do art. 90, a convocação dos demais licitantes classificados para a **contratação de remanescente de obra, de serviço ou de fornecimento** em consequência de rescisão contratual (art. 90, § 7.º).

2.18. Contratação direta: inexigibilidade e dispensa de licitação

2.18.1. Introdução

Conforme anteriormente exposto, a regra geral é a necessidade de a administração pública como um todo, previamente à celebração de contratos administrativos, realizar licitação, em decorrência do princípio da indisponibilidade do interesse público. A própria Constituição, entretanto, no inciso XXI do art. 37, prevê a possibilidade de a lei estabelecer hipóteses em que a licitação não ocorrerá ou poderá não ocorrer (vale lembrar que, diferentemente, para as concessões e permissões de serviços públicos a Carta Política, no seu art. 175, exige **sempre** a licitação prévia).

A Lei 14.133/2021 – tal como fazia a Lei 8.666/1993 – divide as hipóteses em que não haverá ou poderá não haver licitação, isto é, as situações que ensejam a **contratação direta** (celebração de contratos sem prévia realização de licitação) em dois grupos: **inexigibilidade** e **dispensa**.

Há **inexigibilidade** quando, caracterizada a **inviabilidade de competição**, não se mostra juridicamente possível a realização de licitação.

Em todos os casos de **dispensa**, a competição é teoricamente possível, mas a licitação não será realizada, ou poderá deixar de sê-lo. Existem duas variantes, a saber:

a) **licitação dispensável**: a lei confere à autoridade administrativa competência para, em cada caso, decidir, segundo critério de oportunidade e conveniência – decisão discricionária, portanto –, se realizará, ou não, licitação previamente à contratação;

b) **licitação dispensada**: a lei, desde logo, dispensa a licitação (não há discricionariedade por parte da autoridade administrativa).

Em qualquer caso, é **obrigatória** a **motivação** do ato administrativo que decida sobre a **dispensa** ou a **inexigibilidade** de licitação.

Não é demasiado reiterar que, nos termos do art. 175 da Constituição da República, nenhuma hipótese de contratação direta tem aplicação às concessões e às permissões de serviços públicos.

A Lei 14.133/2021 contém uma lista – que a doutrina sustenta ter natureza taxativa (*numerus clausus*) – em que são enumeradas as (muitas) situações de licitação **dispensável**.

Os casos de licitação **dispensada** referem-se a hipóteses de alienação de bens, **imóveis e móveis**, pela administração (art. 76).

O processo de contratação direta, tanto nos casos de inexigibilidade quanto nos de dispensa de licitação, deve ser instruído com uma série de documentos, apontados no art. 72 da Lei 14.133/2021, dos quais destacamos: (a) parecer jurídico e pareceres técnicos, se for o caso, que demonstrem o atendimento dos requisitos exigidos; (b) comprovação de que o contratado preenche os requisitos de habilitação e qualificação mínima necessária; (c) razão de escolha do contratado; (d) justificativa de preço.

Constatada a ocorrência de **contratação direta indevida**, com **dolo, fraude ou erro grosseiro**, o contratado e o agente público responsável responderão **solidariamente** pelo dano causado ao erário, sem prejuízo de outras sanções legais cabíveis (art. 73).

2.18.2. Licitação inexigível

A **inexigibilidade** de licitação se verifica quando, juridicamente, a competição mostrar-se **inviável**.

Deveras, a licitação consiste em uma disputa entre interessados em estabelecer determinada relação patrimonial com a administração, na qual ela selecionará a proposta que lhe seja mais vantajosa. Ora, como a licitação é uma disputa, forçosamente, para que ela seja possível, deve existir mais de uma pessoa (física ou jurídica) capaz de satisfazer o seu objeto – ou seja, realizar a obra, prestar o serviço, fornecer a mercadoria etc.

Assim, se a administração precisa contratar um serviço tão específico que somente seja prestado por uma determinada empresa (no mundo inteiro, no Brasil ou em determinada região, dependendo do âmbito da licitação), é evidente que terá de celebrar o ajuste diretamente com tal prestador, pois não há como cogitar disputa ou melhor oferta nesse caso. Esse exemplo se aplica à aquisição de bens singulares, como um quadro específico de um determinado pintor ou a arma que foi utilizada por Getúlio Vargas ao suicidar-se, à prestação de determinados serviços por profissionais de notória especialização, como a elaboração de um parecer por um renomado jurista em um caso particularmente complexo etc.

O art. 74 da Lei 14.133/2021 enumera hipóteses de **inexigibilidade** de licitação. A lista nele contida tem natureza explicitamente **exemplificativa** ("em especial nos casos de"). A rigor, configurada situação em que a competição seja inviável, justifica-se a contratação direta, com fundamento na "inexigibilidade de licitação", ainda que o caso concreto não esteja enquadrado entre aqueles expressamente descritos na lei.

Transcreve-se o art. 74 da Lei 14.133/2021 (grifamos):

> Art. 74. É **inexigível** a licitação quando **inviável a competição**, em especial nos casos de:
>
> I – aquisição de materiais, de equipamentos ou de gêneros ou contratação de serviços que só possam ser fornecidos por produtor, empresa ou representante comercial **exclusivos**;
>
> II – contratação de **profissional do setor artístico**, diretamente ou por meio de empresário exclusivo, desde que **consagrado** pela **crítica especializada** ou pela **opinião pública**;

III – contratação dos seguintes **serviços técnicos especializados de natureza predominantemente intelectual com profissionais ou empresas de notória especialização, vedada** a inexigibilidade para serviços de **publicidade e divulgação**:

a) estudos técnicos, planejamentos, projetos básicos ou projetos executivos;

b) pareceres, perícias e avaliações em geral;

c) assessorias ou consultorias técnicas e auditorias financeiras ou tributárias;

d) fiscalização, supervisão ou gerenciamento de obras ou serviços;

e) patrocínio ou defesa de causas judiciais ou administrativas;

f) treinamento e aperfeiçoamento de pessoal;

g) restauração de obras de arte e de bens de valor histórico;

h) controles de qualidade e tecnológico, análises, testes e ensaios de campo e laboratoriais, instrumentação e monitoramento de parâmetros específicos de obras e do meio ambiente e demais serviços de engenharia que se enquadrem no disposto neste inciso;

IV – objetos que devam ou possam ser contratados por meio de credenciamento;

V – **aquisição ou locação de imóvel** cujas características de **instalações** e de **localização** tornem **necessária** sua escolha.

Para a contratação de serviços técnicos especializados de natureza predominantemente intelectual referida no inciso III, considera-se de **notória especialização** o profissional ou a empresa cujo conceito no campo de sua especialidade, decorrente de desempenho anterior, estudos, experiência, publicações, organização, aparelhamento, equipe técnica ou outros requisitos relacionados com suas atividades, **permita inferir que o seu trabalho é essencial e reconhecidamente adequado à plena satisfação do objeto do contrato**. Nessas contratações, é **vedada a subcontratação** de empresas **ou a atuação de profissionais distintos** daqueles que tenham justificado a inexigibilidade.

É importante destacar que a Lei 14.133/2021 **não repetiu a exigência** (que constava explicitamente na Lei 8.666/1993) de que o serviço técnico especializado apto a justificar a inexigibilidade da licitação seja de **natureza singular**. À primeira vista, essa supressão poderia ensejar a interpretação de que teria passado a ser legítima a contratação com inexigibilidade, digamos, de uma empresa de assessoria tributária, de reconhecida excelência no seu mister, para atuar em assuntos **rotineiros** concernentes aos tributos que gerem obrigações para a entidade contratante – **não seria necessário** que a empresa fosse contratada para cuidar de questões cuja complexidade, de tão elevada, caracterizasse o serviço a ser prestado como algo ímpar, como uma atividade "de natureza singular".

A nosso ver, essa interpretação, segundo a qual seria possível contratar com inexigibilidade, para prestação de serviços comezinhos, banais ou ordinários, profissionais e empresas renomados, desconsidera, **indevidamente**, a definição legal de "**notória**

especialização". Segundo pensamos, permanece incontornavelmente **ilícita** a pretensão de efetuar contratação direta (a pretexto de "inexigibilidade") nessa hipótese, porque, quando o serviço a ser prestado for **corriqueiro**, jamais se sustentará a alegação de que o trabalho do profissional de "notória especialização" seja "**essencial** e reconhecidamente adequado à plena satisfação do objeto do contrato". Não temos dúvida de que, promovendo uma licitação, a administração conseguirá contratar, com um **custo muito inferior**, para a prestação de "serviços técnicos especializados de natureza predominantemente intelectual" **rotineiros**, um profissional ou empresa que, realizando um trabalho de boa qualidade – não obrigatoriamente "excepcional", pois não há necessidade de "brilhantismo" aqui –, satisfará plenamente o objeto do contrato.

Abre-se um parêntese para registar que a Lei 14.039/2020, em dois preceitos cuja finalidade parece ser a de burlar a exigência de que o serviço tenha **natureza singular** para que se justifique a inexigibilidade de licitação, perpetrou a singeleza de asseverar que "os serviços profissionais de **advogado**" e "os serviços profissionais de **contabilidade**" "são, por sua natureza, técnicos e **singulares**, quando comprovada sua notória especialização, nos termos da lei". Todavia, a própria Lei 14.039/2020 apresenta um conceito de "notória especialização" que, na essência, é o mesmo averbado na Lei 14.133/2021.[9] Dessa forma – e tendo em consideração princípios jurídicos como os da moralidade, da impessoalidade e da economicidade –, sustentamos que sempre será **ilícito** declarar inexigível a licitação para contratação de qualquer profissional ou sociedade de profissionais, por mais renomados que possam ser, para mera prestação de serviços de natureza ordinária, simples, corriqueira.

Aliás, interessa pontuar que o Supremo Tribunal Federal, em 2024, apreciou a validade da hipótese de inexigibilidade de licitação que constava no art. 25, inciso II, combinado com o art. 13, inciso V, da revogada Lei 8.666/1993. Trata-se da autorização para contratação direta de serviços técnicos especializados de "**patrocínio ou defesa de causas judiciais ou administrativas**" prestados por "profissionais ou empresas de notória especialização". Essa hipótese de inexigibilidade de licitação está prevista, atualmente, na Lei 14.133/2021, no art. 74, inciso III, alínea "d" – lembrando que somente na Lei 8.666/1993 constava a exigência explícita de que o serviço a ser objeto de contratação direta tenha "natureza singular". Pois bem, a Corte Suprema, sobre esse tema, fixou a seguinte **tese de repercussão geral** (grifamos):[10]

> São constitucionais os arts. 13, V, e 25, II, da Lei n.º 8.666/1993, **desde de que interpretados** no sentido de que a contratação direta de serviços advocatícios pela administração pública, por **inexigibilidade de licitação**, além dos critérios já previstos expressamente (necessidade de procedimento administrativo formal; notória espe-

---

[9] A parte final da definição vazada na Lei 14.039/2020 (idêntica à que existia na Lei 8.666/1993) estabelece que a "notória especialização" do profissional ou da pessoa jurídica permite "inferir que o seu trabalho é essencial e **indiscutivelmente o mais adequado** à plena satisfação do objeto do contrato". Na Lei 14.133/2021, consta apenas: "inferir que o seu trabalho é essencial e **reconhecidamente adequado** à plena satisfação do objeto do contrato".

[10] RE 656.558/SP (**repercussão geral**), rel. Min. Dias Toffoli, 18.10.2024 (Informativo 1.156 do STF).

cialização profissional; natureza singular do serviço), **deve observar**: (i) inadequação da prestação do serviço pelos integrantes do Poder Público; e (ii) cobrança de **preço compatível** com a responsabilidade profissional exigida pelo caso, **observado**, também, o **valor médio cobrado** pelo escritório de advocacia contratado **em situações similares** anteriores.

Nas contratações com inexigibilidade de licitação fundadas no inciso V do art. 74 – aquisição ou locação de imóvel cujas características de instalações e de localização tornem necessária sua escolha – devem ser observados os seguintes requisitos (art. 74, § 5.º):

I – avaliação prévia do bem, do seu estado de conservação, dos custos de adaptações, quando imprescindíveis às necessidades de utilização, e do prazo de amortização dos investimentos;

II – certificação da inexistência de imóveis públicos vagos e disponíveis que atendam ao objeto;

III – justificativas que demonstrem a singularidade do imóvel a ser comprado ou locado pela administração e que evidenciem vantagem para ela.

2.18.3. Licitação dispensável

A Lei 14.133/2021 traz a lista **taxativa** (*numerus clausus*) de hipóteses de **licitação dispensável** em seu art. 75, cuja transcrição faz-se oportuna:

Art. 75. É dispensável a licitação:

I – para contratação que envolva valores inferiores a R$ 100.000,00 (cem mil reais), no caso de obras e serviços de engenharia ou de serviços de manutenção de veículos automotores;[11]

II – para contratação que envolva valores inferiores a R$ 50.000,00 (cinquenta mil reais), no caso de outros serviços e compras;[12]

III – para contratação que mantenha todas as condições definidas em edital de licitação realizada há menos de 1 (um) ano, quando se verificar que naquela licitação:

a) não surgiram licitantes interessados ou não foram apresentadas propostas válidas;

---

[11] Conforme determina o art. 182 da Lei 14.133/2021, esse valor foi atualizado pelo Decreto 12.343/2024, vigente a partir de 1.º de janeiro de 2025, para R$ 125.451,15 (cento e vinte e cinco mil quatrocentos e cinquenta e um reais e quinze centavos).

[12] Conforme determina o art. 182 da Lei 14.133/2021, esse valor foi atualizado pelo Decreto 12.343/2024, vigente a partir de 1.º de janeiro de 2025, para R$ 62.725,59 (sessenta e dois mil setecentos e vinte e cinco reais e cinquenta e nove centavos).

b) as propostas apresentadas consignaram preços manifestamente superiores aos praticados no mercado ou incompatíveis com os fixados pelos órgãos oficiais competentes;

IV – para contratação que tenha por objeto:

a) bens, componentes ou peças de origem nacional ou estrangeira necessários à manutenção de equipamentos, a serem adquiridos do fornecedor original desses equipamentos durante o período de garantia técnica, quando essa condição de exclusividade for indispensável para a vigência da garantia;

b) bens, serviços, alienações ou obras, nos termos de acordo internacional específico aprovado pelo Congresso Nacional, quando as condições ofertadas forem manifestamente vantajosas para a Administração;

c) produtos para pesquisa e desenvolvimento, limitada a contratação, no caso de obras e serviços de engenharia, ao valor de R$ 300.000,00 (trezentos mil reais);[13]

d) transferência de tecnologia ou licenciamento de direito de uso ou de exploração de criação protegida, nas contratações realizadas por instituição científica, tecnológica e de inovação (ICT) pública ou por agência de fomento, desde que demonstrada vantagem para a Administração; [14]

e) hortifrutigranjeiros, pães e outros gêneros perecíveis, no período necessário para a realização dos processos licitatórios correspondentes, hipótese em que a contratação será realizada diretamente com base no preço do dia;

f) bens ou serviços produzidos ou prestados no País que envolvam, cumulativamente, alta complexidade tecnológica e defesa nacional;

g) materiais de uso das Forças Armadas, com exceção de materiais de uso pessoal e administrativo, quando houver necessidade de manter a padronização requerida pela estrutura de apoio logístico dos meios navais, aéreos e terrestres, mediante autorização por ato do comandante da força militar;

h) bens e serviços para atendimento dos contingentes militares das forças singulares brasileiras empregadas em operações de paz no exterior, hipótese em que a contratação deverá ser justificada quanto ao preço e à escolha do fornecedor ou executante e ratificada pelo comandante da força militar;

---

[13] Conforme determina o art. 182 da Lei 14.133/2021, esse valor foi atualizado pelo Decreto 12.343/2024, vigente a partir de 1.º de janeiro de 2025, para R$ 376.353,48 (trezentos e setenta e seis mil trezentos e cinquenta e três reais e quarenta e oito centavos).

[14] A Lei 10.973/2004, no inciso V do seu art. 2.º, assim define **Instituição Científica, Tecnológica e de Inovação** (ICT): "órgão ou entidade da administração pública direta ou indireta ou pessoa jurídica de direito privado sem fins lucrativos legalmente constituída sob as leis brasileiras, com sede e foro no País, que inclua em sua missão institucional ou em seu objetivo social ou estatutário a pesquisa básica ou aplicada de caráter científico ou tecnológico ou o desenvolvimento de novos produtos, serviços ou processos".

Cap. 9 • LICITAÇÕES PÚBLICAS

i) abastecimento ou suprimento de efetivos militares em estada eventual de curta duração em portos, aeroportos ou localidades diferentes de suas sedes, por motivo de movimentação operacional ou de adestramento;

j) coleta, processamento e comercialização de resíduos sólidos urbanos recicláveis ou reutilizáveis, em áreas com sistema de coleta seletiva de lixo, realizados por associações ou cooperativas formadas exclusivamente de pessoas físicas de baixa renda reconhecidas pelo poder público como catadores de materiais recicláveis, com o uso de equipamentos compatíveis com as normas técnicas, ambientais e de saúde pública;

k) aquisição ou restauração de obras de arte e objetos históricos, de autenticidade certificada, desde que inerente às finalidades do órgão ou com elas compatível;

l) serviços especializados ou aquisição ou locação de equipamentos destinados ao rastreamento e à obtenção de provas previstas nos incisos II e V do *caput* do art. 3.º da Lei n.º 12.850, de 2 de agosto de 2013, quando houver necessidade justificada de manutenção de sigilo sobre a investigação;

m) aquisição de medicamentos destinados exclusivamente ao tratamento de doenças raras definidas pelo Ministério da Saúde;

V – para contratação com vistas ao cumprimento do disposto nos arts. 3.º, 3.º-A, 4.º, 5.º e 20 da Lei n.º 10.973, de 2 de dezembro de 2004, observados os princípios gerais de contratação constantes da referida Lei;[15]

VI – para contratação que possa acarretar comprometimento da segurança nacional, nos casos estabelecidos pelo Ministro de Estado da Defesa, mediante demanda dos comandos das Forças Armadas ou dos demais ministérios;

VII – nos casos de guerra, estado de defesa, estado de sítio, intervenção federal ou de grave perturbação da ordem;

VIII – nos casos de emergência ou de calamidade pública, quando caracterizada urgência de atendimento de situação que possa ocasionar prejuízo ou comprometer a continuidade dos serviços públicos ou a segurança de pessoas, obras, serviços, equipamentos e outros bens, públicos ou particulares, e somente para aquisição dos bens necessários ao atendimento da situação emergencial ou calamitosa e para as parcelas de obras e serviços que possam ser concluídas no prazo máximo de 1 (um) ano, contado da data de ocorrência da emergência ou da calamidade, vedadas a prorrogação dos respectivos contratos e a recontratação de empresa já contratada com base no disposto neste inciso;

---

[15] A Lei 10.973/2004 "dispõe sobre incentivos à inovação e à pesquisa científica e tecnológica no ambiente produtivo e dá outras providências".

IX – para a aquisição, por pessoa jurídica de direito público interno, de bens produzidos ou serviços prestados por órgão ou entidade que integrem a Administração Pública e que tenham sido criados para esse fim específico, desde que o preço contratado seja compatível com o praticado no mercado;

X – quando a União tiver que intervir no domínio econômico para regular preços ou normalizar o abastecimento;

XI – para celebração de contrato de programa com ente federativo ou com entidade de sua Administração Pública indireta que envolva prestação de serviços públicos de forma associada nos termos autorizados em contrato de consórcio público ou em convênio de cooperação;

XII – para contratação em que houver transferência de tecnologia de produtos estratégicos para o Sistema Único de Saúde (SUS), conforme elencados em ato da direção nacional do SUS, inclusive por ocasião da aquisição desses produtos durante as etapas de absorção tecnológica, e em valores compatíveis com aqueles definidos no instrumento firmado para a transferência de tecnologia;

XIII – para contratação de profissionais para compor a comissão de avaliação de critérios de técnica, quando se tratar de profissional técnico de notória especialização;

XIV – para contratação de associação de pessoas com deficiência, sem fins lucrativos e de comprovada idoneidade, por órgão ou entidade da Administração Pública, para a prestação de serviços, desde que o preço contratado seja compatível com o praticado no mercado e os serviços contratados sejam prestados exclusivamente por pessoas com deficiência;

XV – para contratação de instituição brasileira que tenha por finalidade estatutária apoiar, captar e executar atividades de ensino, pesquisa, extensão, desenvolvimento institucional, científico e tecnológico e estímulo à inovação, inclusive para gerir administrativa e financeiramente essas atividades, ou para contratação de instituição dedicada à recuperação social da pessoa presa, desde que o contratado tenha inquestionável reputação ética e profissional e não tenha fins lucrativos;

XVI – para aquisição, por pessoa jurídica de direito público interno, de insumos estratégicos para a saúde produzidos por fundação que, regimental ou estatutariamente, tenha por finalidade apoiar órgão da Administração Pública direta, sua autarquia ou fundação em projetos de ensino, pesquisa, extensão, desenvolvimento institucional, científico e tecnológico e de estímulo à inovação, inclusive na gestão administrativa e financeira necessária à execução desses projetos, ou em parcerias que envolvam transferência de tecnologia de produtos estratégicos para o SUS, nos termos do inciso XII deste *caput*, e que tenha sido criada para esse fim específico em data anterior à entrada em vigor desta Lei, desde que o preço contratado seja compatível com o praticado no mercado;

XVII – para contratação de entidades privadas sem fins lucrativos para a implementação de cisternas ou outras tecnologias sociais de acesso à água para consumo humano e produção de alimentos, a fim de beneficiar as famílias rurais de baixa renda atingidas pela seca ou pela falta regular de água; e

XVIII – para contratação de entidades privadas sem fins lucrativos, para a implementação do Programa Cozinha Solidária, que tem como finalidade fornecer alimentação gratuita preferencialmente à população em situação de vulnerabilidade e risco social, incluída a população em situação de rua, com vistas à promoção de políticas de segurança alimentar e nutricional e de assistência social e à efetivação de direitos sociais, dignidade humana, resgate social e melhoria da qualidade de vida.

No caso de compras, obras e serviços contratados por **consórcios públicos ou por autarquias ou fundações qualificadas como agências executivas, duplicam-se** os valores previstos nos incisos I e II.

A dispensa prevista na alínea "c" do inciso IV, quando aplicada a **obras e serviços de engenharia**, seguirá **procedimentos especiais** instituídos em **regulamentação específica**.

Para os fins do inciso VIII, considera-se **emergencial** a contratação por dispensa com objetivo de manter a **continuidade do serviço público**. Os valores deverão ser compatíveis com aqueles praticados pelo mercado, considerados os preços constantes de bancos de dados públicos e as quantidades a serem contratadas, observadas a potencial economia de escala e as peculiaridades do local de execução do objeto. Serão adotadas as providências necessárias para a conclusão do processo licitatório e, sendo o caso, apuradas as responsabilidades dos agentes públicos que tenham dado causa à situação emergencial.

O Supremo Tribunal Federal conferiu interpretação conforme à Constituição à parte final desse inciso VIII do art. 75 da Lei 14.133/2021 ("vedadas a prorrogação dos respectivos contratos e a recontratação de empresa já contratada com base no disposto neste inciso"), para estabelecer que a proibição ali contida somente se aplica **quando a recontratação se fundamente na mesma situação emergencial ou calamitosa e o período total de vigência das contratações extrapole o prazo máximo de um ano**. Por outro lado, restou averbado na mesma decisão que deve ser permitida a prorrogação do período de vigência contratual ou ser autorizada a recontratação da empresa se: (i) o prazo total da contratação não superar um ano; e (ii) os demais requisitos legais aplicáveis forem observados. Esclareceu ainda a Corte Suprema que o particular contratado com fundamento no inciso VIII do art. 75 **não fica impedido** de participar de futura licitação para executar objeto contratual relacionado à contratação direta, nem de ser contratado diretamente por fundamento diverso. Sobre essa matéria, foi fixada a seguinte **tese jurídica**:[16]

> 1. É constitucional a vedação à recontratação de empresa contratada diretamente por dispensa de licitação nos casos de emergência ou calamidade pública, prevista no inciso VIII do art. 75 da Lei 14.133/2021.
>
> 2. A vedação incide na recontratação fundada na mesma situação emergencial ou calamitosa que extrapole o prazo máximo legal de 1 (um) ano, e não impede que a empresa participe de eventual licitação substitutiva à dispensa de licitação e seja contratada diretamente por outro fundamento previsto em lei, incluindo uma nova emergência ou calamidade pública, sem prejuízo do controle de abusos ou ilegalidades na aplicação da norma.

Ainda, especificamente em relação a situações de calamidade pública, faz-se oportuno abrir um parêntese para registrar que, depois das trágicas chuvas e inundações que assolaram o Estado do Rio Grande do Sul no primeiro semestre de 2024, foi editada a Lei 14.981/2024, que, entre outras matérias, "dispõe sobre medidas excepcionais para a aquisição de bens e a contratação de obras e de serviços, inclusive de engenharia, destinados ao enfrentamento de impactos decorrentes de estado de calamidade pública".

A aplicação das medidas excepcionais previstas na Lei 14.981/2024 está condicionada: (a) a declaração ou reconhecimento do estado de calamidade pública pelo Chefe do Poder Executivo do estado ou do Distrito Federal ou pelo Poder Executivo federal; e (b) a edição de ato do Poder Executivo federal ou do Chefe do Poder Executivo do estado ou do Distrito Federal, com a autorização para aplicação das medidas excepcionais e a indicação do prazo dessa autorização. Além disso, as medidas excepcionais para enfrentamento das consequências decorrentes do estado de calamidade pública só poderão ser adotadas "quando caracterizada urgência de atendimento de situação que possa ocasionar prejuízo ou comprometer a continuidade dos serviços públicos ou a segurança de pessoas, de obras, de serviços, de equipamentos e de outros bens, públicos ou particulares".

Aplicam-se **subsidiariamente** as disposições da Lei 14.133/2021 às licitações e às contratações efetuadas com base na Lei 14.981/2024, naquilo que não a contrariem. Fecha-se o parêntese.

É também **dispensável** a licitação "para a aquisição, por pessoa jurídica de direito público interno, de **serviços prestados por entidades que integrem a administração pública federal** e que tenham, entre as suas finalidades legal, regulamentar ou estatutária, a **prestação de serviços técnicos para projetos de concessão e de parceria público-privada**" (Lei 14.227/2021, art. 10).

Todos os valores previstos na Lei 14.133/2021 deverão ser **atualizados** pelo Poder Executivo **federal** com base no Índice Nacional de Preços ao Consumidor

---

[16] ADI 6.890/DF, rel. Min. Cristiano Zanin, 09.09.2024 (Informativo 1.149 do STF).

Amplo Especial (IPCA-E), ou por índice que venha a substituí-lo, **a cada dia 1.º de janeiro**, e serão divulgados no Portal Nacional de Contratações Públicas (art. 182).

A Lei 13.303/2016, que dispõe acerca do **estatuto jurídico** das **empresas públicas e sociedades de economia mista**, e suas subsidiárias, atuantes no **domínio econômico**, **incluídas** as prestadoras de **serviços públicos enquadrados como atividade econômica** (em sentido amplo), submete tais entidades a hipóteses específicas de licitação dispensável, enumeradas em seu art. 29 (que será estudado em outro tópico). O art. 75 da Lei 14.133/2021 **não se aplica** às entidades sujeitas à observância do art. 29 da Lei 13.303/2016.

2.19. Alienação de bens pela administração pública

As regras sobre alienação de bens pela administração pública encontram-se no art. 76 da Lei 14.133/2021.

As empresas públicas e sociedades de economia mista regidas pela Lei 13.303/2016, bem como as subsidiárias delas, seguem normas próprias, nessa mesma lei estabelecidas.

Nos termos do art. 76 da Lei 14.133/2021, a alienação de bens da administração pública exige, em qualquer caso, **interesse público devidamente justificado** e **avaliação prévia**.

Para a alienação de **bens imóveis**, inclusive os pertencentes às autarquias e às fundações, é necessária **autorização legislativa** e realização de **licitação** na modalidade **leilão**. Especificamente no caso de alienação de bens imóveis cuja aquisição tenha decorrido de **procedimentos judiciais** ou de **dação em pagamento** é **dispensada a autorização legislativa** – exige-se **apenas** avaliação prévia e licitação na modalidade leilão.

Para a alienação de bens móveis, **não há exigência de autorização legislativa** – bastam o interesse público devidamente justificado, a avaliação prévia e a realização de licitação na modalidade **leilão**.

Para a **venda de bens imóveis**, será concedido **direito de preferência** ao **licitante** que, submetendo-se a todas as regras do edital, **comprove a ocupação do imóvel** objeto da licitação (art. 77).

Os incisos I e II do art. 76 da Lei 14.133/2021, em suas alíneas, enumeram hipóteses de **licitação dispensada** para a alienação, respectivamente, de bens imóveis e móveis. Destacamos as seguintes:

> 1) Na alienação de **bens imóveis**, é dispensada a realização de licitação nos casos de:
>
> 1.a. dação em pagamento;
>
> 1.b. doação para outro órgão ou entidade da administração pública, de qualquer esfera de governo (a lei enumera, como exceção a essa regra, hipóteses específicas em que também se admite, com dispensa de licitação, a doação a particulares);
>
> 1.c. permuta por outros imóveis que atendam aos requisitos relacionados às finalidades precípuas da administração, desde que a diferença apurada não ultrapasse a metade do valor do imóvel que

será ofertado pela União, segundo avaliação prévia, e ocorra a torna de valores, sempre que for o caso;

1.d. investidura;

1.e. venda a outro órgão ou entidade da administração pública de qualquer esfera de governo.

2) Na alienação de **bens móveis**, é dispensada a realização de licitação nos casos de:

2.a. doação, permitida exclusivamente para fins e uso de interesse social, após avaliação de oportunidade e conveniência socioeconômica em relação à escolha de outra forma de alienação;

2.b. permuta, permitida exclusivamente entre órgãos ou entidades da administração pública;

2.c. venda de ações, que poderão ser negociadas em bolsa, observada a legislação específica;

2.d. venda de títulos, observada a legislação pertinente;

2.e. venda de bens produzidos ou comercializados por entidades da administração pública, em virtude de suas finalidades;

2.f. venda de materiais e equipamentos sem utilização previsível por quem deles dispõe para outros órgãos ou entidades da administração pública.

Algumas das hipóteses de dispensa relativas a **bens imóveis** arroladas na Lei 14.133/2021 são extremamente específicas, e não serão aqui reproduzidas.

Para os fins da Lei 14.133/2021, entende-se por **investidura** a (art. 76, § 5.º):

I – alienação, ao proprietário de imóvel lindeiro, de área remanescente ou resultante de obra pública que se tornar inaproveitável isoladamente, por preço que não seja inferior ao da avaliação nem superior a 50% (cinquenta por cento) do valor máximo permitido para dispensa de licitação de bens e serviços previsto nesta Lei;

II – alienação, ao legítimo possuidor direto ou, na falta dele, ao poder público, de imóvel para fins residenciais construído em núcleo urbano anexo a usina hidrelétrica, desde que considerado dispensável na fase de operação da usina e que não integre a categoria de bens reversíveis ao final da concessão.

No caso da doação prevista no item "1.b", o imóvel doado, se deixarem de existir as razões que justificaram a sua doação, será revertido ao patrimônio da pessoa jurídica doadora, vedada a sua alienação pelo beneficiário.

A **doação com encargo** será licitada e de seu instrumento constarão, obrigatoriamente, os encargos, o prazo de seu cumprimento e a cláusula de reversão, sob pena de nulidade do ato, **dispensada a licitação em caso de interesse público devidamente justificado**. Doação com encargo (ou **onerosa**) é aquela na qual o doador

Cap. 9 • LICITAÇÕES PÚBLICAS

601

impõe, como contrapartida, alguma obrigação a ser cumprida pelo donatário a fim de adquirir o direito ao bem que lhe será doado.

Essa norma concernente à doação com encargo, estatuída no § 6.º do art. 76, aplica-se a **bens móveis e imóveis**, porquanto o texto legal não traz especificação alguma. Embora a lei, aqui, preveja uma situação em que, segundo a sua redação, é "**dispensada a licitação**", a hipótese sem dúvida **envolve discricionariedade**, uma vez que o juízo quanto à existência, ou não, de interesse público é feito em torno de um **conceito jurídico indeterminado** ("**interesse público**"). A exigência de justificativa expressa (motivação) não retira o caráter discricionário da decisão quanto à realização, ou não, de licitação, apenas impõe à autoridade competente a explicitação daquilo que foi considerado condizente com o interesse público, em cotejo com as peculiaridades do caso concreto.

2.20. Procedimentos auxiliares

A Lei 14.133/2021 disciplina **cinco** figuras, relacionadas ao processo licitatório, por ela denominadas "**procedimentos auxiliares**". Tais procedimentos estão listados no art. 78 e as normas a seu respeito encontram-se nos arts. 79 a 88. Cumpre transcrever o art. 78:

> Art. 78. São procedimentos auxiliares das licitações e das contratações regidas por esta Lei:
>
> I – credenciamento;
>
> II – pré-qualificação;
>
> III – procedimento de manifestação de interesse;
>
> IV – sistema de registro de preços;
>
> V – registro cadastral.

A lei define **credenciamento** como o "processo administrativo de chamamento público em que a administração pública convoca interessados em prestar serviços ou fornecer bens para que, preenchidos os requisitos necessários, se credenciem no órgão ou na entidade **para executar o objeto quando convocados**" (art. 6.º, XLIII).

O **credenciamento** poderá ser usado nas **seguintes hipóteses de contratação** (art. 79):

> I – **paralela e não excludente**: caso em que é viável e vantajosa para a administração a realização de contratações simultâneas em condições padronizadas;
>
> II – **com seleção a critério de terceiros**: caso em que a seleção do contratado está a cargo do beneficiário direto da prestação;
>
> III – **em mercados fluidos**: caso em que a flutuação constante do valor da prestação e das condições de contratação inviabiliza a seleção de agente por meio de processo de licitação.

A administração deverá divulgar e manter à disposição do público, em sítio eletrônico oficial, edital de chamamento de interessados, de modo a permitir o **cadastramento permanente de novos interessados.** Os procedimentos de credenciamento devem ser definidos em **regulamento**, observadas as normas pertinentes constantes na Lei 14.133/2021. No âmbito da administração pública federal direta, autárquica e fundacional, a regulamentação está vazada no Decreto 11.878, de 9 de janeiro de 2024.

A **pré-qualificação**, segundo a definição legal, consiste no "procedimento seletivo prévio à licitação, convocado por meio de edital, destinado à análise das condições de habilitação, total ou parcial, dos interessados ou do objeto" (art. 6.º, XLIV).

A pré-qualificação **poderá ser aberta a licitantes ou a bens**, observando-se o seguinte (art. 80, § 1.º):

> I – quando aberta a **licitantes**, poderão ser dispensados os documentos que já constarem do registro cadastral;
>
> II – quando aberta a **bens**, poderá ser exigida a comprovação de qualidade.

O procedimento de pré-qualificação ficará **permanentemente aberto** para a inscrição de interessados.

Os bens e os serviços pré-qualificados deverão integrar o **catálogo de bens e serviços da administração**.

A pré-qualificação **terá validade pelo prazo** (art. 80, § 8.º):

> I – de 1 (um) ano, no máximo, e poderá ser atualizada a qualquer tempo;
>
> II – não superior ao prazo de validade dos documentos apresentados pelos interessados.

A **licitação** que se seguir ao procedimento da pré-qualificação **poderá ser restrita a licitantes ou bens pré-qualificados**.

O **procedimento de manifestação de interesse** é disciplinado no art. 81 da Lei 14.133/2021. Trata-se de um procedimento aberto, iniciado com a publicação de **edital de chamamento público**, por meio do qual a administração pública solicita à iniciativa privada a propositura e a realização de estudos, investigações, levantamentos e projetos de soluções inovadoras que contribuam com questões de relevância pública, **na forma de regulamento**.

A realização pela iniciativa privada de estudos, investigações, levantamentos e projetos em decorrência do procedimento de manifestação de interesse (art. 81, § 2.º):

> I – não atribuirá ao realizador direito de preferência no processo licitatório;
>
> II – não obrigará o poder público a realizar licitação;
>
> III – não implicará, por si só, direito a ressarcimento de valores envolvidos em sua elaboração;

IV – será remunerada somente pelo vencedor da licitação, vedada, em qualquer hipótese, a cobrança de valores do poder público.

O **procedimento de manifestação de interesse** poderá ser restrito a *startups*, assim considerados os microempreendedores individuais, as microempresas e as empresas de pequeno porte, de natureza emergente e com grande potencial, que se dediquem à pesquisa, ao desenvolvimento e à implementação de novos produtos ou serviços baseados em soluções tecnológicas inovadoras que possam causar alto impacto, exigida, na seleção definitiva da inovação, validação prévia fundamentada em métricas objetivas, de modo a demonstrar o atendimento das necessidades da Administração (art. 81, § 4.º).

O procedimento auxiliar das licitações e contratações denominado "**registro cadastral**" é tratado nos arts. 87 e 88 da Lei 14.133/2021. Determina o art. 87 que os órgãos e entidades da administração pública utilizem o **sistema de registro cadastral unificado** disponível no Portal Nacional de Contratações Públicas, para efeito de cadastro unificado de licitantes, **na forma disposta em regulamento**.

O sistema de registro cadastral unificado será público e deve ser amplamente divulgado e estar permanentemente aberto aos interessados, e será **obrigatória a realização de chamamento público** pela internet, **no mínimo anualmente**, para atualização dos registros existentes e para ingresso de novos interessados.

A administração **poderá realizar licitação restrita a fornecedores cadastrados**, atendidos os critérios, as condições e os limites estabelecidos em regulamento, bem como a ampla publicidade dos procedimentos para o cadastramento. É importante enfatizar que, mesmo nessa hipótese, **serão admitidos outros fornecedores, desde que realizem seus cadastros dentro do prazo previsto no edital para a apresentação de propostas**.

Ao requerer, **a qualquer tempo**, inscrição no cadastro ou a sua atualização, o interessado fornecerá os elementos necessários **exigidos para habilitação** previstos na Lei 14.133/2021 (art. 88). Ao inscrito **será fornecido certificado**, renovável sempre que atualizar o registro.

O interessado que requerer inscrição no cadastro **poderá participar de licitações** até a decisão da administração, mas **a celebração do contrato ficará condicionada à emissão do certificado** aludido no parágrafo anterior.

Estabelece a Lei 14.133/2021 que deverá ser implementado e regulamentado o **cadastro de atesto de cumprimento de obrigações**, no qual serão registrados **documentos comprobatórios de avaliações** realizadas pelos contratantes relativas à atuação dos contratados no cumprimento das obrigações assumidas.

No documento comprobatório aludido no parágrafo anterior, será mencionado o **desempenho do contratado** na execução contratual, com base em indicadores objetivamente definidos e aferidos, e serão anotadas eventuais **penalidades aplicadas**.

O objetivo, segundo a lei, é "possibilitar a implementação de medidas de incentivo aos licitantes que possuírem ótimo desempenho anotado em seu registro cadastral" (art. 88, § 4.º). Vale lembrar que o desempenho pretérito na execução de contratos com a administração pública **deve** ser considerado para efeito de **pontuação técni-**

ca, nos casos de licitações em que seja adotado o critério de julgamento de **técnica e preço** (art. 36, § 3.º).

A qualquer tempo poderá ser **alterado, suspenso ou cancelado** o registro cadastral de inscrito que **deixar de satisfazer exigências** determinadas na Lei 14.133/2021 ou em regulamento.

Descritos, resumidamente, esses quatro procedimentos auxiliares – credenciamento, pré-qualificação, procedimento de manifestação de interesse e registro cadastral –, falta tratar do **sistema de registro de preços**. Como esse é, a nosso ver, o mais importante dos procedimentos auxiliares regulados na Lei 14.133/2021, estudaremos em subitem próprio, a seguir, os preceitos legais a ele relativos.

2.20.1. Sistema de registro de preços

O denominado **sistema de registro de preços** é um meio apto a viabilizar diversas contratações de compras (a rigor, aquisições de bens e serviços), concomitantes ou sucessivas, por órgãos e entidades da administração pública, sem a realização de um específico procedimento licitatório previamente a cada uma dessas contratações.

É utilizado por órgãos e entidades que realizam compras frequentes de determinado bem (ou serviço), ou quando não é previamente conhecida a quantidade que será necessário contratar, entre outras hipóteses. Tem como vantagens, entre outras, tornar ágeis as contratações e evitar a necessidade de formação de estoques pelos órgãos e entidades públicos, além de proporcionar transparência quanto aos preços pagos pela administração pelos bens e serviços que adquire frequentemente.

Além de servir para a contratação direta com os fornecedores registrados (que são aqueles que se classificaram na licitação para a formação do registro), sempre obedecidas a ordem de classificação e as condições oferecidas no certame, o sistema de registro de preços é útil como orientação para toda administração pública, no que concerne aos preços praticados nas compras de bens e serviços pelos seus órgãos e entidades.

A Lei 14.133/2021 define **sistema de registro de preços** como o "conjunto de procedimentos para realização, **mediante contratação direta ou licitação nas modalidades pregão ou concorrência**, de registro formal de preços relativos a prestação de serviços, a obras e a aquisição e locação de bens para contratações futuras" (art. 6.º, XLV).

Acerca do "planejamento de compras", determina a Lei 14.133/2021 que seja observado, entre outros requisitos, o seu "processamento por meio de sistema de registro de preços, quando pertinente" (art. 40, II).

Estabelece o art. 82 que o **edital de licitação** para registro de preços observará as regras gerais previstas na Lei 14.133/2021 e **deverá dispor sobre** (grifamos):

> I – as especificidades da licitação e de seu objeto, inclusive a **quantidade máxima de cada item** que poderá ser adquirida;
>
> II – a **quantidade mínima a ser cotada** de unidades de bens ou, no caso de serviços, de unidades de medida;

Cap. 9 • LICITAÇÕES PÚBLICAS

III – a possibilidade de prever **preços diferentes**:

a) quando o objeto for realizado ou entregue em **locais diferentes**;

b) em razão da **forma** e do **local** de **acondicionamento**;

c) quando admitida cotação variável em razão do **tamanho do lote**;

d) por outros motivos justificados no processo;

IV – a possibilidade de o licitante oferecer ou não proposta em quantitativo inferior ao máximo previsto no edital, **obrigando-se nos limites dela**;

V – o **critério de julgamento** da licitação, que será o de **menor preço** ou o de **maior desconto** sobre tabela de preços praticada no mercado;

VI – as condições para alteração de preços registrados;

VII – o **registro de mais de um fornecedor ou prestador de serviço**, desde que aceitem cotar o objeto em **preço igual ao do licitante vencedor**, assegurada a **preferência** de contratação de acordo com a **ordem de classificação**;

VIII – a **vedação à participação do órgão ou entidade em mais de uma ata de registro de preços** com o mesmo objeto no prazo de validade daquela de que já tiver participado, **salvo** na ocorrência de **ata que tenha registrado quantitativo inferior ao máximo** previsto no edital;

IX – as **hipóteses de cancelamento da ata de registro de preços** e suas consequências.

Na definição da Lei 14.133/2021, **ata de registro de preços** é o "documento **vinculativo e obrigacional**, com característica de **compromisso para futura contratação**, no qual são registrados o objeto, os preços, os fornecedores, os órgãos participantes e as condições a serem praticadas, conforme as disposições contidas no edital da licitação, no aviso ou instrumento de contratação direta e nas propostas apresentadas" (art. 6.º, XLVI).

O prazo de **vigência** da **ata de registro de preços** é de **um ano** e **pode ser prorrogado**, por **igual período**, desde que comprovado o preço vantajoso (art. 84).

Quando for demonstrada a inviabilidade de se promover a adjudicação por item – e **somente** em tal situação –, poderá ser adotado o critério de julgamento de **menor preço por grupo de itens**, desde que evidenciada a sua vantagem técnica e econômica. Nesse caso, o edital deve indicar o critério de aceitabilidade de preços unitários máximos (art. 82, § 1.º).

Na hipótese mencionada no parágrafo precedente, a contratação posterior de item específico constante de grupo de itens deverá – observados os parâmetros estipulados na Lei 14.133/2021 para a determinação do valor previamente estimado da contratação – ser precedida de realização de pesquisa de mercado e da demonstração de sua vantagem para o órgão ou a entidade.

O sistema de registro de preços **pode** ser usado para a contratação de **bens e serviços**, inclusive de **obras e serviços de engenharia**, devendo ser observadas as seguintes condições (art. 82, § 5.º):

I – realização prévia de ampla pesquisa de mercado;

II – seleção de acordo com os procedimentos previstos em regulamento;

III – desenvolvimento obrigatório de rotina de controle;

IV – atualização periódica dos preços registrados;

V – definição do período de validade do registro de preços;

VI – inclusão, em ata de registro de preços, do licitante que aceitar cotar os bens ou serviços em preços iguais aos do licitante vencedor na sequência de classificação da licitação e inclusão do licitante que mantiver sua proposta original.

O sistema de registro de preços **pode ser utilizado nas hipóteses de inexigibilidade e de dispensa de licitação** para a aquisição de bens ou para a contratação de serviços por mais de um órgão ou entidade, **na forma prevista em regulamento**.

Vale observar que a Lei 14.133/2021, no seu art. 20, estipula que os **itens de consumo** adquiridos para suprir as demandas da própria administração pública **devem ser de qualidade comum**, não superior à necessária para cumprir as finalidades às quais se destinam, **vedada a aquisição de artigos de luxo**. O § 1.º desse mesmo artigo determina que os Poderes Executivo, Legislativo e Judiciário definam em **regulamento** os limites para o enquadramento dos bens de consumo nas categorias comum e luxo. No Poder Executivo federal, esse comando legal foi atendido com a edição do Decreto 10.818/2021, que, no seu art. 5.º, reitera a proibição legal, vedando categoricamente a "aquisição de bens de consumo enquadrados como bens de luxo", conforme definidos no próprio decreto.

A existência de preços registrados **implica compromisso de fornecimento** nas condições estabelecidas, mas **não obriga a administração a contratar**, facultada a realização de licitação específica para a aquisição pretendida, desde que devidamente **motivada** (art. 83).

O **órgão ou entidade gerenciadora** deve, na fase preparatória do processo licitatório, para fins de registro de preços, realizar **procedimento público de intenção de registro de preços** para, **nos termos de regulamento**, possibilitar, pelo **prazo mínimo de oito dias úteis**, a participação de outros órgãos ou entidades na respectiva ata e determinar a estimativa total de quantidades da contratação (art. 86). Esse procedimento **não é exigido** quando o órgão ou entidade gerenciadora for o **único contratante**.

A Lei 14.133/2021 define **órgão ou entidade gerenciadora** nestes termos: "órgão ou entidade da administração pública responsável pela condução do conjunto de procedimentos para registro de preços e pelo gerenciamento da ata de registro de preços dele decorrente" (art. 6.º, XLVII).

Ao lado dessa, importa conhecer, ainda, as definições de órgão ou entidade **participante e não participante**, averbadas nos incisos XLVIII e XLIX do art. 6.º da Lei 14.133/2021, a saber:

XLVIII – **órgão ou entidade participante**: órgão ou entidade da administração pública que **participa dos procedimentos iniciais da contratação** para registro de preços e **integra a ata de registro de preços**;

XLIX – **órgão ou entidade não participante**: órgão ou entidade da administração pública que **não participa dos procedimentos iniciais** da licitação para registro de preços e **não integra a ata de registro de preços**.

Órgãos e entidades que **não tenham participado dos procedimentos iniciais da licitação** para registro de preços **podem aderir** à ata de registro de preços na condição de **não participantes** (vulgarmente chamados de "**caronas**"), observados os seguintes requisitos (art. 86, § 2.º): (a) apresentação de **justificativa da vantagem da adesão**, inclusive em situações de provável desabastecimento ou descontinuidade de serviço público; (b) demonstração de que os valores registrados estão compatíveis com aqueles praticados pelo mercado; e (c) **prévias consulta e aceitação do órgão ou entidade gerenciadora e do fornecedor**.

A faculdade de **aderir à ata de registro de preços** na **condição de não participantes** ("caronas") somente poderá ser exercida: (a) por órgãos e entidades da administração pública federal, estadual, distrital e municipal, relativamente a ata de registro de preços de órgão ou entidade gerenciadora federal, estadual ou distrital; ou (b) por órgãos e entidades da administração pública municipal, relativamente a ata de registro de preços de órgão ou entidade gerenciadora municipal, desde que o sistema de registro de preços tenha sido formalizado mediante licitação.

As aquisições ou as contratações adicionais a serem efetuadas pelos órgãos que adiram à ata na condição de não participantes ("caronas") **não poderão exceder, por órgão ou entidade, a cinquenta por cento dos quantitativos dos itens** do instrumento convocatório registrados na ata de registro de preços para o órgão gerenciador e para os órgãos participantes (art. 86, § 4.º).

Além disso, o quantitativo decorrente das adesões à ata **não poderá exceder, na totalidade, ao dobro do quantitativo de cada item** registrado na ata de registro de preços para o órgão gerenciador e os órgãos participantes, **independentemente do número de órgãos não participantes** que aderirem (art. 86, § 5.º).

A adesão à ata de registro de preços de órgão ou entidade gerenciadora do Poder Executivo federal por órgãos e entidades da administração pública estadual, distrital e municipal **poderá ser exigida para fins de transferências voluntárias**. Nessa hipótese, **a adesão não estará sujeita ao limite global** aludido no § 5.º do art. 86, desde que se destine à execução descentralizada de programa ou projeto federal e seja comprovada a compatibilidade dos preços registrados com os valores praticados no mercado.

Para **aquisição emergencial de medicamentos e material de consumo médico- -hospitalar** por órgãos e entidades da administração pública federal, estadual, distrital e municipal, a **adesão** à ata de registro de preços **gerenciada pelo Ministério da Saúde não estará sujeita ao limite global** previsto no § 5.º do art. 86.

No âmbito do Poder Executivo federal (administração direta, autarquias e fundações públicas), o sistema de registro de preços disciplinado na Lei 14.133/2021 está **regulamentado** pelo Decreto 11.462, de 31.03.2023.

2.21. Infrações e sanções administrativas

Verificando a ocorrência de infrações legalmente previstas, a administração pública tem o poder-dever de aplicar aos licitantes e aos contratados infratores as sanções administrativas na lei cominadas, desde que lhes assegure o exercício do contraditório e da ampla defesa, no âmbito de um processo administrativo regularmente instaurado. Tais sanções serão impostas diretamente pela administração pública – são **atos autoexecutórios**, isto é, sua aplicação **independe** de prévia manifestação do Poder Judiciário.

A Lei 14.133/2021 enumera, em uma extensa lista, as **infrações** que ensejam responsabilização administrativa **do licitante e/ou do contratado**. São elas (art. 155):

I – dar causa à inexecução parcial do contrato;

II – dar causa à inexecução parcial do contrato que cause grave dano à administração, ao funcionamento dos serviços públicos ou ao interesse coletivo;

III – dar causa à inexecução total do contrato;

IV – deixar de entregar a documentação exigida para o certame;

V – não manter a proposta, salvo em decorrência de fato superveniente devidamente justificado;

VI – não celebrar o contrato ou não entregar a documentação exigida para a contratação, quando convocado dentro do prazo de validade de sua proposta;

VII – ensejar o retardamento da execução ou da entrega do objeto da licitação sem motivo justificado;

VIII – apresentar declaração ou documentação falsa exigida para o certame ou prestar declaração falsa durante a licitação ou a execução do contrato;

IX – fraudar a licitação ou praticar ato fraudulento na execução do contrato;

X – comportar-se de modo inidôneo ou cometer fraude de qualquer natureza;

XI – praticar atos ilícitos com vistas a frustrar os objetivos da licitação;

XII – praticar ato lesivo previsto no art. 5.º da Lei 12.846, de 1.º de agosto de 2013.[17]

---

[17] A Lei 12.846/2013 "dispõe sobre a responsabilização objetiva administrativa e civil de pessoas jurídicas pela prática de atos contra a administração pública, nacional ou estrangeira". O art. 5.º dessa lei enumera "atos lesivos à administração pública, nacional ou

Cap. 9 • LICITAÇÕES PÚBLICAS

As sanções cominadas para a prática dessas infrações estão previstas nos incisos do art. 156, a saber:

I – advertência;

II – multa;

III – impedimento de licitar e contratar;

IV – declaração de inidoneidade para licitar ou contratar.

Na aplicação das sanções, devem ser considerados (art. 156, § 1.º):

I – a natureza e a gravidade da infração cometida;

II – as peculiaridades do caso concreto;

III – as circunstâncias agravantes ou atenuantes;

IV – os danos que dela provierem para a Administração Pública;

V – a implantação ou o aperfeiçoamento de programa de integridade, conforme normas e orientações dos órgãos de controle.

Interessa registrar que a Lei 14.770/2023 acrescentou o § 7.º ao art. 92 da Lei 14.133/2021, a fim de estabelecer que, para os efeitos da Lei 14.133/2021, "consideram-se como **adimplemento da obrigação contratual** a prestação do serviço, a realização da obra ou a entrega do bem, ou parcela destes, bem como qualquer outro evento contratual a cuja ocorrência esteja vinculada a emissão de documento de cobrança".

Os órgãos e entidades dos Poderes Executivo, Legislativo e Judiciário de todos os entes federados deverão, no prazo máximo de quinze dias úteis, contado da data de aplicação da sanção, informar e manter atualizados os dados relativos às sanções por eles aplicadas, para fins de publicidade no Cadastro Nacional de Empresas Inidôneas e Suspensas (Ceis) e no Cadastro Nacional de Empresas Punidas (CNEP), instituídos no âmbito do Poder Executivo federal (art. 161).

Para fins de aplicação das sanções previstas no art. 156, o Poder Executivo regulamentará a forma de cômputo e as consequências da soma de diversas sanções aplicadas a uma mesma empresa e derivadas de contratos distintos.

A penalidade de **advertência** será aplicada **exclusivamente** pela infração prevista no inciso I art. 155 ("dar causa à inexecução parcial do contrato"), quando não se justificar a imposição de sanção mais gravosa.

A penalidade de **multa** pode ser aplicada pela prática de qualquer das infrações administrativas previstas no art. 155 e será calculada conforme o disposto no edital ou no contrato, não podendo ser inferior a 0,5% (cinco décimos por cento) nem superior a 30% (trinta por cento) do valor do contrato licitado ou celebrado com contratação direta. A **multa** pode ser aplicada **cumulativamente** com as demais penalidades administrativas previstas no art. 156 da Lei 14.133/2021.

---

estrangeira". A Lei 12.846/2013 é estudada, nesta obra, no capítulo sobre "controle da Administração Pública".

Na aplicação da sanção de **multa**, será **facultada a defesa** do interessado no prazo de **quinze dias úteis**, contado da data de sua intimação (art. 157).

A penalidade de **impedimento de licitar e contratar** será aplicada ao responsável pelas infrações administrativas previstas nos incisos II, III, IV, V, VI e VII do art. 155, quando não se justificar a imposição de penalidade mais grave. Essa sanção impede o responsável de licitar ou contratar no âmbito da administração pública direta e indireta **do ente federativo que a tiver aplicado**, pelo prazo **máximo** de **três anos**.

A penalidade de **declaração de inidoneidade para licitar ou contratar** será aplicada ao responsável pelas infrações administrativas previstas nos incisos VIII, IX, X, XI e XII do art. 155, bem como pelas infrações administrativas previstas nos incisos II, III, IV, V, VI e VII do referido artigo que justifiquem a imposição de penalidade mais grave. Essa sanção impede o responsável de licitar ou contratar no âmbito da administração pública direta e indireta **de todos os entes federativos**, pelo prazo **mínimo** de **três anos** e **máximo** de **seis anos**.

Têm **competência exclusiva** para aplicar a sanção de declaração de inidoneidade para licitar ou contratar: (a) ministro de Estado, secretário estadual, secretário municipal e autoridade máxima de autarquia ou de fundação, conforme o caso; e (b) autoridade de nível hierárquico equivalente às autoridades referidas na letra "a", **na forma prevista em regulamento**, quando a penalidade for aplicada por órgãos dos Poderes Legislativo e Judiciário, pelo Ministério Público e pela Defensoria Pública no desempenho da função administrativa.

Se a multa aplicada e as indenizações cabíveis forem superiores ao valor de pagamento eventualmente devido pela administração ao contratado, além da perda desse valor, a diferença será **descontada da garantia** prestada **ou** será **cobrada judicialmente** (art. 156, § 8.º).

A aplicação das sanções ora em foco **não exclui**, em hipótese alguma, a **obrigação de reparação integral do dano** causado à Administração Pública (art. 156, § 9.º).

A aplicação das sanções de **impedimento de licitar e contratar** e de **declaração de inidoneidade para licitar ou contratar** requer a instauração de **processo de responsabilização**, nos termos na Lei 14.133/2021 (art. 158).

Estabelece o § 4.º do art. 158 que a **prescrição** do direito de aplicar as sanções de impedimento de licitar e contratar e de declaração de inidoneidade para licitar ou contratar ocorre em **cinco anos**, contados da ciência da infração pela administração, e será: (a) interrompida pela instauração do processo de responsabilização pertinente; (b) suspensa pela celebração de acordo de leniência previsto na Lei 12.846/2013; e (c) suspensa por decisão judicial que inviabilize a conclusão da apuração administrativa.

É relevante observar que a jurisprudência do Superior Tribunal de Justiça firmou-se pela **inexistência** de **efeito rescisório automático** como decorrência da aplicação das **sanções de declaração de inidoneidade e de suspensão do direito de contratar e licitar**. Significa dizer que essas penalidades só têm efeitos prospectivos (*ex nunc*), **obstando**, enquanto a sanção durar, a celebração de **futuros contratos**. Elas não autorizam que se considerem automaticamente rescindidos os contratos administrativos já aperfeiçoados juridicamente e em curso de execução.[18] Essa orientação foi fixada a respeito das sanções administrativas cominadas na Lei 8.666/1993, porém, a nosso ver, não há razão para que se adote entendimento diferente acerca das sanções de "impedimento de licitar e contratar" e de "declaração de inidoneidade para licitar ou contratar" previstas na Lei 14.133/2021.

Não soa demasiado anotar, todavia, embora seja um tanto óbvio, que essa ausência de efeito rescisório automático não impede que, **sendo o caso**, a administração pública adote os procedimentos necessários para rescindir contratos que tenha com aquele particular que sofreu a penalidade, desde que demonstre estar presente alguma situação que se enquadre nas hipóteses legais autorizadoras de rescisão contratual, sempre observados o contraditório e a ampla defesa.

O atraso injustificado na execução do contrato sujeita o contratado a **multa de mora**, na forma prevista em edital ou em contrato (art. 162). Observa-se, portanto, que a Lei 14.133/2021 prevê duas modalidades de multa: (a) aquela disposta no inciso II do art. 156; e (b) a **multa de mora**.

Nos termos do parágrafo único do art. 162, a aplicação de multa de mora **não impede** que a administração a **converta** em **multa compensatória** e promova a extinção unilateral do contrato com a aplicação cumulada de outras sanções previstas na Lei 14.133/2021.

É interessante apontar que esse dispositivo é o único em que a lei se refere a uma multa "**compensatória**". Deduz-se que ele esteja se reportando à multa prevista no art. 156, haja vista que não parece haver, na Lei 14.133/2021, outra espécie de multa além daquela do art. 156 e da multa de mora. Outro aspecto curioso é que, no inciso I do art. 137, a lei estabelece que o descumprimento de prazos constituiu motivo suficiente para a extinção unilateral do contrato. Assim sendo, não se mostra trivial vislumbrar por que a administração precisaria converter a multa de mora em compensatória para extinguir unilateralmente o contrato. O certo, contudo, é que, com base na redação do parágrafo único do art. 162, fica a impressão de que não pode a administração extinguir o contrato por motivo de atraso na sua execução e limitar-se a aplicar a multa de mora – seria sempre necessário, por essa leitura, em caso de extinção unilateral do contrato motivada por atraso, aplicar a multa do art. 156 ("compensatória"), cumulada com outras sanções.

Os atos previstos como infrações administrativas na Lei 14.133/2021 ou em outras leis de licitações e contratos da administração pública que **também sejam tipificados como atos lesivos** na Lei 12.846/2013 – a qual "dispõe sobre a responsabilização objetiva administrativa e civil de pessoas jurídicas pela prática de atos contra a administração pública, nacional ou estrangeira" –, serão apurados e julgados conjuntamente, nos mesmos autos, observado o rito procedimental e a autoridade competente definidos na Lei 12.846/2013 (art. 159).

A **personalidade jurídica poderá ser desconsiderada** sempre que utilizada com abuso do direito para facilitar, encobrir ou dissimular a prática dos atos ilícitos previstos na Lei 14.133/2021 ou para provocar confusão patrimonial. Na hipótese de

---

[18] MS 13.964/DF, rel. Min. Teori Zavascki, 13.05.2009; MS 14.002/DF, rel. Min. Teori Zavascki, 28.10.2009; REsp-AgR 1.148.351/MG, rel. Min. Herman Benjamin, 18.03.2010.

desconsideração da personalidade jurídica, **todos os efeitos das sanções aplicadas à pessoa jurídica serão estendidos** aos seus administradores e sócios com poderes de administração, a pessoa jurídica sucessora ou a empresa do mesmo ramo com relação de coligação ou controle, de fato ou de direito, com o sancionado. Deverão ser observados, sempre, o contraditório, a ampla defesa e a obrigatoriedade de análise jurídica prévia (art. 160).

Por fim, a lei prevê a possibilidade de **reabilitação** do licitante ou do contratado, no seu art. 163, a seguir trasladado (grifamos):

> Art. 163. É admitida a **reabilitação** do licitante ou contratado perante a própria autoridade que aplicou a penalidade, exigidos, **cumulativamente**:
>
> I – reparação integral do dano causado à Administração Pública;
>
> II – pagamento da multa;
>
> III – transcurso do **prazo mínimo de 1 (um) ano** da aplicação da penalidade, no caso de **impedimento de licitar e contratar**, ou de **3 (três) anos** da aplicação da penalidade, no caso de **declaração de inidoneidade**;
>
> IV – cumprimento das condições de reabilitação definidas no ato punitivo;
>
> V – análise jurídica prévia, com posicionamento conclusivo quanto ao cumprimento dos requisitos definidos neste artigo.
>
> Parágrafo único. A sanção pelas infrações previstas nos incisos VIII e XII do *caput* do art. 155 desta Lei exigirá, como condição de reabilitação do licitante ou contratado, a **implantação ou aperfeiçoamento de programa de integridade** pelo responsável.

2.22. Recursos

O art. 165 da Lei 14.133/2021 disciplina os recursos (em sentido amplo) cabíveis para o administrado contestar atos da administração relacionados ao procedimento licitatório. Os arts. 166 e 167 preveem os recursos (em sentido amplo) passíveis de interposição em caso de aplicação de sanções ao administrado.

É a seguinte a redação do art. 165:

> Art. 165. Dos atos da Administração decorrentes da aplicação desta Lei cabem:
>
> I – recurso, no prazo de 3 (três) dias úteis, contado da data de intimação ou de lavratura da ata, em face de:
>
> a) ato que defira ou indefira pedido de pré-qualificação de interessado ou de inscrição em registro cadastral, sua alteração ou cancelamento;
>
> b) julgamento das propostas;
>
> c) ato de habilitação ou inabilitação de licitante;
>
> d) anulação ou revogação da licitação;

Cap. 9 • LICITAÇÕES PÚBLICAS

e) extinção do contrato, quando determinada por ato unilateral e escrito da Administração;

II – pedido de reconsideração, no prazo de 3 (três) dias úteis, contado da data de intimação, relativamente a ato do qual não caiba recurso hierárquico.

O recurso previsto no inciso I será dirigido à autoridade que tiver editado o ato ou proferido a decisão recorrida, que, **se não reconsiderar** o ato ou a decisão no prazo de **três dias úteis**, encaminhará o recurso com a sua motivação à **autoridade superior**, a qual deverá proferir sua **decisão** no prazo **máximo de dez dias úteis**, contado do recebimento dos autos.

Observe-se que, nos termos da Lei 14.133/2021, a interposição do **recurso** – embora o administrado não formule expressamente, também, um pedido de reconsideração – abre **automaticamente**, para a autoridade **recorrida**, a possibilidade de, sendo o caso, **reconsiderar** (isto é, **desfazer**) o seu ato ou a sua decisão; se ela, a autoridade recorrida, reconsiderar, o recurso nem mesmo subirá para apreciação da autoridade superior, a pretensão do administrado recorrente será desde logo satisfeita; somente se entender que o seu ato ou a sua decisão devem ser mantidos (ou seja, se entender que não há razão para reconsiderá-los) é que a autoridade recorrida, então, encaminhará o recurso, na via hierárquica, para ser decidido (provido, desprovido ou não conhecido) pela autoridade superior. Essa sistemática é a mesma que a Lei 9.784/1999 estabelece para a tramitação dos recursos por ela regidos, conquanto os prazos sejam diferentes daqueles estipulados na Lei 14.133/2021.

Cabe **recurso**, a ser interposto no prazo de **quinze dias úteis**, contado da data de intimação, em face da aplicação das sanções **advertência**, **multa** e **impedimento de licitar e contratar**. Esse recurso, previsto no art. 166 da Lei 14.133/2021, será dirigido à autoridade que tiver proferido a decisão recorrida, que, **se não a reconsiderar** no prazo de **cinco dias úteis**, encaminhará o recurso com sua motivação à **autoridade superior**, a qual deverá proferir sua **decisão** no prazo **máximo de vinte dias úteis**, contado do recebimento dos autos.

Na hipótese de aplicação da penalidade de **declaração de inidoneidade para licitar ou contratar**, caberá **apenas pedido de reconsideração**, que deverá ser apresentado pelo administrado no prazo de **quinze dias úteis**, contado da data de intimação, e decidido no prazo **máximo de vinte dias úteis**, contado do seu recebimento (art. 167).

Observe-se que um **pedido de reconsideração** sempre é decidido pela própria autoridade que praticou o ato ou proferiu a decisão questionada. Têm competência para aplicar a sanção de declaração de inidoneidade para licitar ou contratar somente autoridades que ocupam o nível máximo, ou o penúltimo degrau, na hierarquia do órgão ou da entidade respectivos. Por exemplo, se se tratar de órgão do Poder Executivo federal, só o Ministro de Estado tem competência para aplicar a sanção ora em foco. Se fosse cabível recurso hierárquico, ele teria de ser decidido pelo Presidente da República. No caso de uma autarquia ou fundação, nem mesmo existe, em sentido próprio, uma autoridade hierarquicamente superior àquela que tem competência para aplicar a penalidade de declaração de inidoneidade.

Por essa razão, o legislador optou pelo caminho que parece ser o mais natural: somente previu a possibilidade de, na esfera administrativa, ser apresentado pedido de reconsideração.

O art. 168 da Lei 14.133/2021, literalmente, preceitua que "o recurso e o pedido de reconsideração **terão efeito suspensivo** do ato ou da decisão recorrida até que sobrevenha decisão final da autoridade competente". Como o dispositivo não faz qualquer ressalva, nem indica um (ou mais de um) recurso específico, só é possível concluir que essa norma se aplica a todos os recursos e pedidos de reconsideração estudados no presente tópico. Vale lembrar que a regra geral é os recursos administrativos (em sentido amplo) não serem dotados de efeito suspensivo, o que significa que, para eles terem tal efeito, é necessária previsão legal expressa – exatamente o que se dá com os recursos ora em apreço, por força do sobredito art. 168 da Lei 14.133/2021.

3. NORMAS GERAIS APLICÁVEIS ÀS LICITAÇÕES E ÀS CONTRATAÇÕES DE SERVIÇOS DE PUBLICIDADE (LEI 12.232/2010)

O legislador nacional, já na elaboração da Lei 8.666/1993, demonstrou grande preocupação em explicitar a sujeição obrigatória dos contratos de **publicidade e divulgação** à exigência de licitação. Prova disso eram os arts. 1.º e 2.º dessa lei – que desde logo enfatizavam estarem os serviços de publicidade incluídos entre aqueles cuja contratação pressupõe a realização de licitação –, bem como, mais enfaticamente, o inciso II do art. 25, que **proibia** de forma **absoluta** a **declaração de inexigibilidade** de licitação para contratação de serviços de publicidade e divulgação.

Atualmente, a Lei 14.133/2021, conforme consta em seu art. 74, inciso III, **proíbe** expressamente que a contratação de **serviços de publicidade e divulgação** seja enquadrada como hipótese de **licitação inexigível**.

Pois bem, é consabido que essas e outras precauções não impediram que, em todas as esferas de governo, as contratações de agências de propaganda para prestação de serviços de publicidade aos órgãos e entidades da administração pública sejam frequentes focos de denúncias de favorecimentos a publicitários responsáveis pelas campanhas dos políticos vencedores das eleições da vez, de escândalos de superfaturamento, de aplicação irregular de dinheiro público, direta ou indiretamente, incluindo a dilapidação do patrimônio de empresas estatais, enfim, não há dúvida de que a sociedade brasileira, há muito, vê com profunda – e merecida! – desconfiança as contratações ora em comento.

Esse quadro de notório descalabro levou o legislador, em abril de 2010, a editar uma **nova lei de normas gerais**, endereçada especificamente às **licitações e contratações**, efetuadas pela administração pública, de **serviços de publicidade** prestados **por intermédio de agências de propaganda**. Trata-se da Lei 12.232/2010, que instituiu detalhadas regras e peculiares procedimentos aplicáveis a tais contratações.

O § 2.º do art. 1.º da Lei 12.232/2010 determina a aplicação, aos procedimentos e contratações por ela regidos, das normas da Lei 8.666/1993, **de forma complementar**. Consoante será exposto ao final do presente tópico, **a lei aplicável subsidiariamente** à Lei 12.232/2010, atualmente, **é a Lei 14.133/2021** – e **não mais a Lei 8.666/1993**.

Cumpre ressaltar que, embora verse especificamente sobre licitações e contratações de serviços de publicidade prestados por intermédio de agências de propaganda, a Lei 12.232/2010 é uma lei de **normas gerais**, de **caráter nacional** – isto é, de observância obrigatória por parte de todos os membros da Federação. Literalmente, ela estabelece que estão sujeitos às suas disposições "os órgãos do Poder Executivo, Legislativo e Judiciário, as pessoas da administração indireta e todas as entidades controladas direta ou indiretamente" pela União, pelos estados, pelo Distrito Federal e pelos municípios (art. 1.º, § 1.º).

Muito importante, porém, é destacar que a lei em comento é de 2010. Fazemos esse alerta porque, em 2016, foi publicada a Lei 13.303/2016, que dispõe acerca do **estatuto jurídico** das **empresas públicas e sociedades de economia mista**, e suas subsidiárias, da União, dos estados, do Distrito Federal e dos municípios, atuantes no **domínio econômico, incluídas** as prestadoras de **serviços públicos** enquadrados como atividade econômica (em sentido amplo).

O art. 28 da Lei 13.303/2016 assevera que os contratos com terceiros destinados à prestação de serviços às entidades por ela abrangidas, **inclusive de publicidade**, "serão precedidos de licitação nos termos desta Lei" – ressalvadas as hipóteses de dispensa e inexigibilidade na mesma lei disciplinadas. E, no art. 68, a Lei 13.303/2016 afirma que os contratos de que ela trata "regulam-se pelas suas cláusulas, pelo disposto nesta Lei e pelos preceitos de direito privado".

A nosso ver, nas hipóteses em que incida a Lei 13.303/2016, fica afastada a aplicação da Lei 12.232/2010. Talvez se possa admitir a utilização supletiva ou subsidiária de alguma disposição da Lei 12.232/2010 relativa ao procedimento licitatório ou à execução do contrato respectivo, quando, em um caso concreto, seja necessário colmatar manifesta lacuna normativa verificada na Lei 13.303/2016 – e desde que haja compatibilidade entre esta e a norma integrativa cogitada.

A Lei 12.232/2010 define "**serviços de publicidade**" no *caput* do seu art. 2.º, a seguir transcrito:

> Art. 2.º Para fins desta Lei, considera-se serviços de publicidade o conjunto de atividades realizadas integradamente que tenham por objetivo o estudo, o planejamento, a conceituação, a concepção, a criação, a execução interna, a intermediação e a supervisão da execução externa e a distribuição de publicidade aos veículos e demais meios de divulgação, com o objetivo de promover a venda de bens ou serviços de qualquer natureza, difundir ideias ou informar o público em geral.

Simplificadamente, são serviços de publicidade, para os efeitos da Lei 12.232/2010, a **criação** de publicidade (execução interna) e a **intermediação** e a **supervisão** da execução externa, bem como a **distribuição** de publicidade a quaisquer veículos de divulgação, com o objetivo de promover a venda de bens ou serviços de qualquer natureza, difundir ideias ou informar o público em geral.

O § 1.º do art. 2.º da Lei 12.232/2010 define como "**atividades complementares**" aos serviços de publicidade os serviços especializados pertinentes:

a) a pesquisas e avaliações sobre o mercado, o público-alvo e os meios de divulgação nos quais serão difundidas as peças e ações publicitárias, ou sobre os resultados das campanhas realizadas, sendo vedada a inclusão nas pesquisas e avaliações de matéria estranha ao objeto do contrato de prestação de serviços de publicidade;

b) à produção e à execução técnica das peças e projetos publicitários criados;

c) à criação e ao desenvolvimento de formas inovadoras de comunicação publicitária, em consonância com novas tecnologias, visando à expansão dos efeitos das mensagens e das ações publicitárias.

Somente pessoas físicas ou jurídicas **previamente cadastradas** pela administração contratante poderão fornecer ao contratado bens ou serviços especializados relacionados com as acima enumeradas "atividades complementares" da execução do objeto do contrato (art. 14).

Essas definições legais, embora um tanto extensas, assumem grande relevância no contexto da Lei 12.232/2010, porque o § 2.º do seu art. 2.º **proíbe**, categoricamente, que os contratos de serviços de publicidade tenham por objeto qualquer atividade diferente dessas que foram definidas na lei como "serviços de publicidade" e como "atividades complementares" aos serviços de publicidade.

O referido § 2.º enumera como **exemplos** de atividades cuja inclusão no contrato é **vedada** as de assessoria de imprensa, comunicação e relações públicas, bem como as que tenham por finalidade a realização de eventos festivos de qualquer natureza. Arremata explicitando que **qualquer atividade estranha** às definidas como "serviços de publicidade" e como "atividades complementares" aos serviços de publicidade deve ser contratada por meio de **procedimentos licitatórios separados, não regidos pela Lei 12.232/2010**.

Preceito interessante consta do § 3.º do art. 2.º da Lei 12.232/2010, segundo o qual, na contratação dos serviços de publicidade nessa lei definidos, **é facultada a adjudicação do objeto da licitação a mais de uma agência de propaganda**, sem a segregação em itens ou contas publicitárias, mediante justificativa no processo de licitação.

Quando isso ocorrer – adjudicação a mais de uma agência de propaganda –, a escolha da agência, dentre as contratadas, que executará determinada ação de comunicação publicitária no âmbito daquele contrato será feita mediante **procedimento de seleção interna** entre elas, obrigatoriamente instituído pelo órgão ou entidade contratante, cuja metodologia será aprovada pela administração e publicada na imprensa oficial (art. 2.º, § 4.º).

Os serviços de publicidade a que se refere a Lei 12.232/2010 **somente** podem ser contratados com agências de propaganda cujas atividades sejam disciplinadas pela Lei 4.680/1965 (que regula o exercício da profissão de publicitário e de agenciador de propaganda, entre outras disposições ao tema relacionadas), e que tenham obtido certificado de qualificação técnica de funcionamento, emitido pelo Conselho Executivo das NormasPadrão (CENP), ou por entidade equivalente, legalmente reconhecida como fiscalizadora e certificadora das condições técnicas de agências de propaganda.

A Lei 12.232/2010 não criou alguma modalidade nova de licitação. Com efeito, nos termos do seu art. 5.º, as licitações nela previstas serão processadas pelos órgãos e entidades responsáveis pela contratação, "respeitadas as modalidades definidas no art. 22 da Lei 8.666/1993" (leia-se: "observadas as modalidades de licitação **estabelecidas na Lei 14.133/2021**"). Devem ser adotados, **obrigatoriamente**, os critérios de julgamento "**melhor técnica**" ou "**técnica e preço**".

É importante registrar que, apesar de não ter sido criada nova modalidade de licitação, os certames regidos pela Lei 12.232/2010 **sempre terão a inversão das fases de habilitação e julgamento**, ocorrendo aquela depois desta. De fato, a lei determina que **os documentos de habilitação serão apresentados apenas pelos licitantes classificados no julgamento final das propostas** (art. 6.º, I, e art. 11, XI).

Independentemente do critério de julgamento adotado no certame – "melhor técnica" ou "técnica e preço" –, sempre deverá haver:

(a) uma **proposta técnica**, composta:

    (a.1.) por um **plano de comunicação publicitária**; e

    (a.2.) por um conjunto de informações referentes ao proponente, padronizadas em quesitos destinados a avaliar a sua capacidade de execução do contrato e o nível dos trabalhos por ele realizados para seus clientes; e

(b) uma **proposta de preço**, que conterá quesitos representativos das formas de remuneração vigentes no mercado publicitário.

O plano de comunicação publicitária será apresentado em duas vias, uma sem a identificação de sua autoria e outra com a identificação.

As propostas de preços serão apresentadas em um invólucro e as propostas técnicas em três invólucros distintos, destinados um para a via não identificada do plano de comunicação publicitária, um para a via identificada do mesmo plano e o terceiro para as demais informações integrantes da proposta técnica (art. 9.º).

Nas licitações do tipo "melhor técnica" devem ser fixados critérios objetivos e automáticos de identificação da proposta mais vantajosa para a administração, no caso de empate na soma de pontos das propostas técnicas.

As licitações previstas na Lei 12.232/2010 **serão processadas e julgadas por comissão permanente ou especial**, com **exceção** da análise e julgamento das **propostas técnicas**, as quais serão analisadas e julgadas por **subcomissão técnica**, constituída por, pelo menos, três membros que sejam formados em comunicação, publicidade ou *marketing* ou que atuem em uma dessas áreas, sendo que pelo menos um terço deles não pode manter nenhuma espécie de vínculo com o órgão ou a entidade responsável pela licitação (art. 10, *caput* e § 1.º).

Quando a licitação ocorrer na modalidade **convite**, excepcionalmente, nas pequenas unidades administrativas, e desde que comprovada a impossibilidade de constituição da subcomissão técnica conforme as exigências da Lei 12.232/2010, tal comissão será substituída pela comissão permanente de licitação ou, inexistindo esta, por servidor formalmente designado pela autoridade competente, que deverá possuir conhecimentos na área de comunicação, publicidade ou *marketing* (art. 10, § 10).

O processamento e o julgamento da licitação obedecerão, resumidamente, ao seguinte procedimento:

1) abertura do invólucro com a via não identificada do plano de comunicação e do invólucro que contém as outras informações integrantes da proposta técnica (os quesitos referentes ao proponente), em sessão pública, pela comissão permanente ou especial;

2) encaminhamento das propostas técnicas à subcomissão técnica para análise e julgamento;

3) análise e julgamento pela subcomissão técnica do plano de comunicação publicitária, desclassificando-se os que desatenderem as exigências legais ou estabelecidas no instrumento convocatório;

4) encaminhamento à comissão permanente ou especial da pontuação atribuída a cada plano de comunicação publicitária, fundamentada uma a uma;

5) análise e julgamento pela subcomissão técnica dos quesitos referentes às outras informações integrantes da proposta técnica (os quesitos referentes ao proponente), desclassificando-se as que desatenderem quaisquer das exigências legais ou estabelecidas no instrumento convocatório;

6) encaminhamento à comissão permanente ou especial da pontuação atribuída aos quesitos referidos no item anterior, com a correspondente fundamentação;

7) realização de sessão pública para apuração, pela comissão permanente ou especial, do resultado geral das propostas técnicas, na qual: (a) serão identificadas as autorias dos planos de comunicação publicitária; (b) será elaborada uma planilha com as pontuações atribuídas a cada um dos quesitos de cada proposta técnica; e (c) será proclamado o resultado do julgamento geral das propostas técnicas, registrando-se em ata as propostas desclassificadas e a ordem de classificação;

8) abertura dos invólucros com as propostas de preços, em sessão pública, adotando-se, conforme o caso, os procedimentos previstos na Lei 14.133/2021 para julgamento segundo os critérios "melhor técnica" ou "técnica e preço";

9) publicação do resultado do julgamento final das propostas;

10) convocação dos licitantes classificados no julgamento final das propostas para apresentação dos documentos de habilitação;

11) decisão quanto à habilitação ou inabilitação dos licitantes;

12) homologação do procedimento e adjudicação do objeto licitado, cabendo lembrar que, mediante justificativa no processo de licitação, é possível a adjudicação do

seu objeto a mais de uma agência de propaganda, sem a segregação em itens ou contas publicitárias.

O descumprimento, por parte de agente do órgão ou entidade responsável pela licitação, dos dispositivos da Lei 12.232/2010 destinados a garantir o julgamento do plano de comunicação publicitária sem o conhecimento de sua autoria, até a abertura dos invólucros, implicará a **anulação** do certame, sem prejuízo da apuração de eventual responsabilidade administrativa, civil ou criminal dos envolvidos na irregularidade.

Muito relevante é consignar que a Lei 14.133/2021 **não revogou, nem revogará**, a Lei 12.232/2010. O art. 186 da Lei 14.133/2021 estabelece, textualmente, que as disposições dela se aplicam, **subsidiariamente**, à Lei 12.232/2011; e o art. 189 da Lei 14.133/2021 **determina a aplicação dessa lei** "às hipóteses previstas na legislação que **façam referência expressa**" à Lei 8.666/1993, à Lei 10.520/2002 e à Lei 12.462/2011.

As normas estabelecidas nos arts. 186 e 189 da Lei 14.133/2021, mencionadas no parágrafo anterior, entraram em vigor já na data da sua publicação (1.º de abril de 2021), **sem regra de transição**.

Há **muitas** referências expressas à Lei 8.666/1993 na Lei 12.232/2010 – e vale lembrar, conforme foi apontado no início do presente tópico, que o § 2.º do art. 1.º da Lei 12.232/2010, literalmente, manda aplicar, aos procedimentos licitatórios e aos contratos nela disciplinados, a Lei 8.666/1993, **de forma complementar**.

Pois bem, conjugando os arts. 186 e 189 da Lei 14.133/2021, tem-se que: (a) devem ser aplicadas, **subsidiariamente** aos procedimentos licitatórios e aos contratos disciplinados na Lei 12.232/2010, as disposições da Lei 14.133/2021; e (b) na aplicação dos dispositivos da Lei 12.232/2010, que fazem referência expressa a preceito da Lei 8.666/1993, deverá ser seguido o preceito equivalente porventura existente na Lei 14.133/2021.

É claro que, em algumas situações, poderá ser difícil – ou mesmo impossível – encontrar, na Lei 14.133/2021, a norma equivalente àquela veiculada em determinado dispositivo da Lei 8.666/1993 referido expressamente na Lei 12.232/2010. Não logramos antever uma solução genérica para esse problema – a administração deverá resolvê-lo em cada caso.

Por fim, embora não se trate de regras pertinentes ao procedimento de licitação propriamente dito, merecem alusão as quatro normas a seguir expostas, introduzidas pela Lei 12.232/2010, todas elas com evidente intuito moralizador e, segundo pensamos, dotadas efetivamente de potencial para atingirem os objetivos almejados.

Determina o art. 15 da Lei 12.232/2010 que os custos e as despesas de veiculação apresentados ao contratante para pagamento sejam acompanhados da demonstração do valor devido ao veículo, de sua tabela de preços, da descrição dos descontos negociados e dos pedidos de inserção correspondentes, bem como de relatório de checagem de veiculação, a cargo de empresa independente, sempre que possível.

Ademais, **pertencem à administração contratante** as vantagens obtidas em negociação de compra de mídia diretamente ou por intermédio de agência de propaganda, incluídos os eventuais descontos e as bonificações na forma de tempo, espaço ou reaplicações que tenham sido concedidos pelo veículo de divulgação.

O art. 16 da Lei 12.232/2010 estabelece que as informações sobre a execução dos contratos de serviços de publicidade, com os nomes dos fornecedores de serviços especializados e veículos, devem ser divulgadas em sítio próprio, aberto para aquele contrato, na rede mundial de computadores (**internet**), garantido o **livre acesso às informações** por quaisquer interessados. As **informações sobre valores pagos** serão divulgadas pelos totais de cada tipo de serviço de fornecedores e de cada meio de divulgação.

As agências contratadas têm a obrigação de manter, durante o período de, no mínimo, **cinco anos após a extinção do contrato**, acervo comprobatório da totalidade dos serviços prestados e das peças publicitárias produzidas (art. 17).

A quarta e última norma encontra-se no art. 21 da Lei 12.232/2010, segundo o qual devem ser discriminadas em categorias de programação específicas no projeto e na lei orçamentária anual as dotações orçamentárias destinadas às despesas com publicidade institucional e com publicidade de utilidade pública, inclusive quando for produzida ou veiculada por órgão ou entidade integrante da administração pública.

4. LICITAÇÕES REALIZADAS POR EMPRESAS PÚBLICAS E SOCIEDADES DE ECONOMIA MISTA (LEI 13.303/2016)

4.1. Introdução

O § 1.º do art. 173 da Constituição Federal, a partir da alteração nele introduzida pela EC 19/1998, passou a determinar que o legislador ordinário estabeleça "o estatuto jurídico da empresa pública, da sociedade de economia mista e de suas subsidiárias que explorem **atividade econômica** de produção ou comercialização de bens ou de prestação de serviços".

Em julho de 2016, com muitos anos de atraso, foi publicada a Lei 13.303/2016, que dispõe acerca do estatuto jurídico das empresas públicas e sociedades de economia mista, e suas subsidiárias, da União, dos estados, do Distrito Federal e dos municípios, **atuantes no domínio econômico, incluídas as prestadoras de serviços públicos** de índole econômica.

Constata-se, assim, que a Lei 13.303/2016 **não limitou** sua abrangência às empresas públicas e sociedades de economia mista dedicadas à exploração de atividades econômicas em sentido estrito, haja vista terem sido inseridas em seu escopo aquelas cujo objeto seja a prestação de **serviços públicos** que configurem **atividade econômica em sentido amplo**.

A Lei 13.303/2016 contém normas próprias sobre **licitações**, aplicáveis, em âmbito nacional, às entidades administrativas sujeitas às suas disposições. Conforme se verá, essa lei criou **um procedimento único** de licitação, **específico** – e **não** diversas modalidades.

Está dito na Lei 13.303/2016 que, ressalvadas as hipóteses de dispensa e inexigibilidade nela estipuladas, os contratos celebrados pelas empresas públicas e sociedades de economia mista submetidas às suas disposições "**serão precedidos de licitação nos termos desta Lei**" (art. 28).

A própria Lei 13.303/2016, entretanto, determina a adoção **preferencial** da modalidade **pregão** de licitação "para a aquisição de bens e serviços comuns, assim considerados aqueles cujos padrões de desempenho e qualidade possam ser objetivamente definidos pelo edital, por meio de especificações usuais no mercado". Impõe, também, a observância, por parte das empresas públicas e sociedades de economia mista sob sua regência, das normas de favorecimento às microempresas e empresas de pequeno porte constantes nos arts. 42 a 49 da Lei Complementar 123/2006 (examinadas em outro ponto do presente capítulo).

Estudaremos, a seguir, as principais disposições sobre licitações contidas na Lei 13.303/2016.

4.2. Hipóteses legais de contratação direta

Conforme foi exposto alhures, neste capítulo, a **contratação direta** – isto é, **sem licitação** – pela administração pública pode ocorrer quando: (a) a competição é inviável (**inexigibilidade** de licitação); (b) a competição é possível, mas a lei, desde logo, afastou a realização de licitação (licitação **dispensada**); e (c) a competição é viável e a lei deixa a critério da administração, em cada caso, realizar ou não a licitação (licitação **dispensável**).

A Lei 13.303/2016 segue essa mesma lógica. No § 3.º do art. 28, ela estabelece situações em que a licitação é dispensada; no art. 29, são arroladas as hipóteses de licitação dispensável; e o art. 30 trata da inexigibilidade de licitação.

A licitação é **dispensada** diretamente pela Lei 13.303/2016 nas seguintes situações (art. 28, § 3.º):

a) quando as empresas públicas e sociedades de economia mista por ela regidas comercializem, prestem ou executem, de forma direta, produtos, serviços ou obras especificamente relacionados com seus respectivos objetos sociais;

b) nos casos em que a escolha do parceiro esteja associada a suas características particulares, vinculada a oportunidades de negócio definidas e específicas, justificada a inviabilidade de procedimento competitivo.

Embora se trate de uma questão meramente teórica, ou acadêmica, a situação descrita na letra "b" talvez devesse ter sido legalmente enquadrada como hipótese de inexigibilidade de licitação, e não de licitação dispensada. Seja como for, essas "**oportunidades de negócio**" referidas na letra "b" são assim definidas na Lei 13.303/2016: "a formação e a extinção de parcerias e outras formas associativas, societárias ou contratuais, a aquisição e a alienação de participação em sociedades e outras formas associativas, societárias ou contratuais e as operações realizadas no âmbito do mercado de capitais, respeitada a regulação pelo respectivo órgão competente" (art. 28, § 4.º).

DIREITO ADMINISTRATIVO DESCOMPLICADO • *Marcelo Alexandrino & Vicente Paulo*

As hipóteses de **licitação dispensável** estão arroladas no art. 29 da Lei 13.303/2016. É interessante anotar que os limites de valores até os quais é facultada a contratação direta baseada no valor do contrato **poderão ser alterados por deliberação do conselho de administração** da empresa pública ou sociedade de economia mista, para refletir a variação de custos, **admitindo-se valores diferenciados para cada entidade** (art. 29, § 3.º).

Faz-se necessária a transcrição integral do art. 29 da Lei 13.303/2016 (grifamos):

Art. 29. É **dispensável** a realização de licitação por empresas públicas e sociedades de economia mista:

I – para obras e serviços de engenharia de valor **até R$ 100.000,00 (cem mil reais)**, desde que não se refiram a parcelas de uma mesma obra ou serviço ou ainda a obras e serviços de mesma natureza e no mesmo local que possam ser realizadas conjunta e concomitantemente;

II – para outros serviços e compras de valor **até R$ 50.000,00 (cinquenta mil reais)** e para alienações, nos casos previstos nesta Lei, desde que não se refiram a parcelas de um mesmo serviço, compra ou alienação de maior vulto que possa ser realizado de uma só vez;

III – quando **não acudirem interessados à licitação anterior** e essa, justificadamente, não puder ser repetida sem prejuízo para a empresa pública ou a sociedade de economia mista, bem como para suas respectivas subsidiárias, desde que **mantidas as condições preestabelecidas**;

IV – quando as propostas apresentadas consignarem **preços manifestamente superiores** aos praticados **no mercado nacional ou incompatíveis** com os **fixados pelos órgãos oficiais** competentes;

V – para a compra ou locação de imóvel destinado ao atendimento de suas finalidades precípuas, quando as necessidades de instalação e localização condicionarem a escolha do imóvel, **desde que o preço seja compatível com o valor de mercado, segundo avaliação prévia**;

VI – na contratação de **remanescente de obra, de serviço ou de fornecimento**, em consequência de **rescisão contratual**, desde que **atendida a ordem de classificação** da licitação anterior e **aceitas as mesmas condições** do contrato encerrado por rescisão ou distrato, inclusive quanto ao preço, devidamente corrigido;

VII – na contratação de instituição brasileira incumbida regimental ou estatutariamente da pesquisa, do ensino ou do desenvolvimento institucional ou de instituição dedicada à recuperação social do preso, desde que a contratada detenha inquestionável reputação ético-profissional e não tenha fins lucrativos;

VIII – para a aquisição de componentes ou peças de origem nacional ou estrangeira necessários à manutenção de equipamentos durante o período de garantia técnica, junto ao fornecedor original desses

Cap. 9 • LICITAÇÕES PÚBLICAS

equipamentos, quando tal condição de exclusividade for indispensável para a vigência da garantia;

IX – na contratação de associação de pessoas com deficiência física, sem fins lucrativos e de comprovada idoneidade, para a prestação de serviços ou fornecimento de mão de obra, desde que o preço contratado seja compatível com o praticado no mercado;

X – na contratação de concessionário, permissionário ou autorizado para fornecimento ou suprimento de energia elétrica ou gás natural e de outras prestadoras de serviço público, segundo as normas da legislação específica, desde que o objeto do contrato tenha pertinência com o serviço público;

XI – nas **contratações entre empresas públicas ou sociedades de economia mista e suas respectivas subsidiárias**, para **aquisição ou alienação de bens e prestação ou obtenção de serviços**, desde que os **preços sejam compatíveis com os praticados no mercado** e que o **objeto do contrato tenha relação com a atividade da contratada** prevista em seu estatuto social;

XII – na contratação de coleta, processamento e comercialização de resíduos sólidos urbanos recicláveis ou reutilizáveis, em áreas com sistema de coleta seletiva de lixo, efetuados por associações ou cooperativas formadas exclusivamente por pessoas físicas de baixa renda que tenham como ocupação econômica a coleta de materiais recicláveis, com o uso de equipamentos compatíveis com as normas técnicas, ambientais e de saúde pública;

XIII – para o fornecimento de bens e serviços, produzidos ou prestados no País, que envolvam, cumulativamente, alta complexidade tecnológica e defesa nacional, mediante parecer de comissão especialmente designada pelo dirigente máximo da empresa pública ou da sociedade de economia mista;

XIV – nas contratações visando ao cumprimento do disposto nos arts. 3.º, 4.º, 5.º e 20 da Lei n.º 10.973, de 2 de dezembro de 2004, observados os princípios gerais de contratação dela constantes;

XV – em **situações de emergência**, quando caracterizada urgência de atendimento de situação que possa ocasionar prejuízo ou comprometer a segurança de pessoas, obras, serviços, equipamentos e outros bens, públicos ou particulares, e **somente** para os **bens necessários** ao atendimento da situação emergencial e para as **parcelas de obras e serviços** que possam ser **concluídas no prazo máximo de 180 (cento e oitenta) dias consecutivos e ininterruptos**, contado da ocorrência da emergência, **vedada a prorrogação** dos respectivos contratos, observado o disposto no § 2.º;

XVI – na transferência de bens a órgãos e entidades da administração pública, inclusive quando efetivada mediante permuta;

XVII – na doação de bens móveis para fins e usos de interesse social, após avaliação de sua oportunidade e conveniência socioeconômica relativamente à escolha de outra forma de alienação;

XVIII – na compra e venda de ações, de títulos de crédito e de dívida e de bens que produzam ou comercializem.

§ 1.º Na hipótese de **nenhum dos licitantes aceitar** a contratação nos termos do inciso VI do *caput*, a empresa pública e a sociedade de economia mista **poderão** convocar os **licitantes remanescentes**, na ordem de classificação, para a celebração do contrato **nas condições ofertadas por estes**, desde que o respectivo **valor seja igual ou inferior ao orçamento estimado para a contratação**, inclusive quanto aos preços atualizados nos termos do instrumento convocatório.

§ 2.º A contratação direta com base no inciso XV do *caput* não dispensará a responsabilização de quem, por ação ou omissão, tenha dado causa ao motivo ali descrito, inclusive no tocante ao disposto na Lei n.º 8.429, de 2 de junho de 1992.

§ 3.º Os valores estabelecidos nos incisos I e II do *caput* **podem ser alterados**, para refletir a variação de custos, **por deliberação do Conselho de Administração** da empresa pública ou sociedade de economia mista, **admitindo-se valores diferenciados para cada sociedade**.

Cumpre registrar que o Pleno do Supremo Tribunal Federal, em medida cautelar, conferiu interpretação conforme à Constituição ao inciso XVIII do artigo em comento, nestes termos (grifamos):[19]

> i) a **alienação do controle acionário** de **empresas públicas e sociedades de economia mista** exige **autorização legislativa e licitação**; e
>
> ii) a exigência de **autorização legislativa**, todavia, **não se aplica à alienação do controle** de suas **subsidiárias e controladas**. Nesse caso, a operação pode ser realizada **sem** a necessidade de **licitação**, desde que siga procedimentos que observem os princípios da administração pública inscritos no art. 37 da Constituição, respeitada, sempre, a exigência de necessária competitividade.

Não ficou explícito se a lei autorizadora da extinção da entidade (item "i") deveria, ou não, ser **específica**. Em 2021, nossa Corte Suprema, em outro julgado, com decisão de mérito, estabeleceu que, para a desestatização de entidades administrativas, é suficiente, **em regra**, autorização **genérica** constante em lei que veicule programa de desestatização. Trata-se de regra geral porque, no caso de empresas estatais cuja

---

[19] ADIMC 5.624/DF, rel. Min. Ricardo Lewandowski, 06.06.2019 (Informativo 943 do STF); Rcl-MC 42.576/DF, red. p/ o acórdão Min. Alexandre de Moraes, 01.10.2020 (Informativo 993 do STF).

Cap. 9 • LICITAÇÕES PÚBLICAS

lei instituidora tenha previsto, **expressamente**, a necessidade de lei específica para extinção ou privatização, essa exigência evidentemente terá de ser observada.[20]

A posição averbada no item "ii" foi reafirmada ulteriormente, em decisão proferida em arguição de descumprimento de preceito fundamental, na qual restou assente que "**é dispensável a autorização legislativa para a alienação de controle acionário de empresas subsidiárias** de empresas públicas e de sociedades de economia mista".[21]

O art. 30 da Lei 13.303/2016 versa sobre a **inexigibilidade de licitação**, nestes termos (grifamos):

> Art. 30. A contratação direta será feita quando houver **inviabilidade de competição**, em especial na hipótese de:
>
> I – aquisição de materiais, equipamentos ou gêneros que **só possam ser fornecidos** por produtor, empresa ou representante comercial exclusivo;
>
> II – contratação dos seguintes **serviços técnicos especializados**, com profissionais ou empresas de **notória especialização**, vedada a inexigibilidade para serviços de publicidade e divulgação:
>
> a) estudos técnicos, planejamentos e projetos básicos ou executivos;
>
> b) pareceres, perícias e avaliações em geral;
>
> c) assessorias ou consultorias técnicas e auditorias financeiras ou tributárias;
>
> d) fiscalização, supervisão ou gerenciamento de obras ou serviços;
>
> e) patrocínio ou defesa de causas judiciais ou administrativas;
>
> f) treinamento e aperfeiçoamento de pessoal;
>
> g) restauração de obras de arte e bens de valor histórico.

A lista das situações em que pode haver inviabilidade de competição é **exemplificativa**, uma vez que o *caput* do dispositivo em apreço termina com a expressão "em especial na hipótese de". Diferentemente, é **taxativo** (ou exaustivo) o rol dos "serviços técnicos especializados", discriminados nas alíneas do inciso II, conforme resulta da sua redação: "contratação **dos seguintes** serviços técnicos especializados".

Considera-se de **notória especialização** o profissional ou a empresa cujo conceito no campo de sua especialidade, decorrente de desempenho anterior, estudos, experiência, publicações, organização, aparelhamento, equipe técnica ou outros requisitos relacionados com suas atividades, permita inferir que **o seu trabalho é essencial e indiscutivelmente o mais adequado à plena satisfação do objeto do contrato** (art. 30, § 1.º).

É importante destacar que a Lei 13.303/2016 **não repetiu a exigência** (que constava explicitamente na Lei 8.666/1993) de que o serviço técnico especializado apto a

---

[20] ADI 6.241/DF, rel. Min. Cármen Lúcia, 06.02.2021 (Informativo 1.004 do STF).

[21] ADPF 794/DF, rel. Min. Gilmar Mendes, 24.05.2021 (Informativo 1.018 do STF).

justificar a inexigibilidade da licitação seja de **natureza singular**. À primeira vista, essa supressão poderia ensejar a interpretação de que teria passado a ser legítima a contratação com inexigibilidade, digamos, de uma empresa de assessoria tributária, de reconhecida excelência no seu mister, para atuar em assuntos **rotineiros** concernentes aos tributos que gerem obrigações para a entidade contratante – **não seria necessário** que a empresa fosse contratada para cuidar de questões cuja complexidade, de tão elevada, caracterizasse o serviço a ser prestado como algo ímpar, como uma atividade "de natureza singular".

A nosso ver, essa interpretação segundo a qual seria possível contratar com inexigibilidade, para prestação de serviços comezinhos, banais ou ordinários, profissionais e empresas renomados desconsidera, **indevidamente**, a definição legal de "**notória especialização**". Segundo pensamos, permanece incontornavelmente **ilícita** a pretensão de efetuar contratação direta (a pretexto de "inexigibilidade") nessa hipótese, porque, quando o serviço a ser prestado for **corriqueiro**, jamais se sustentará a alegação de que o trabalho do profissional de "notória especialização" seja "**essencial e indiscutivelmente o mais adequado** à plena satisfação do objeto do contrato".

Em **qualquer caso de dispensa ou inexigibilidade de licitação**, seja qual for o dispositivo legal invocado, se ficar comprovado, pelo órgão de controle externo, **sobrepreço ou superfaturamento**, respondem **solidariamente** pelo dano causado **quem houver decidido** pela contratação direta e o **fornecedor** ou o **prestador de serviços** (art. 30, § 2.º).

O processo de contratação direta será instruído, no que couber, com os seguintes elementos (art. 30, § 3.º): (a) caracterização da situação emergencial ou calamitosa que justifique a dispensa, quando for o caso; (b) razão da escolha do fornecedor ou do executante; e (c) justificativa do preço.

4.3. Pessoas impedidas de participar da licitação e de ser contratadas

Está **impedida** de participar de licitações e de ser contratada pela empresa pública ou sociedade de economia mista a empresa (art. 38):

> I – cujo administrador ou sócio detentor de mais de 5% (cinco por cento) do capital social seja diretor ou empregado da empresa pública ou sociedade de economia mista contratante;
>
> II – suspensa pela empresa pública ou sociedade de economia mista;
>
> III – declarada inidônea pela União, por Estado, pelo Distrito Federal ou pela unidade federativa a que está vinculada a empresa pública ou sociedade de economia mista, enquanto perdurarem os efeitos da sanção;
>
> IV – constituída por sócio de empresa que estiver suspensa, impedida ou declarada inidônea;
>
> V – cujo administrador seja sócio de empresa suspensa, impedida ou declarada inidônea;

Cap. 9 • LICITAÇÕES PÚBLICAS

VI – constituída por sócio que tenha sido sócio ou administrador de empresa suspensa, impedida ou declarada inidônea, no período dos fatos que deram ensejo à sanção;

VII – cujo administrador tenha sido sócio ou administrador de empresa suspensa, impedida ou declarada inidônea, no período dos fatos que deram ensejo à sanção;

VIII – que tiver, nos seus quadros de diretoria, pessoa que participou, em razão de vínculo de mesma natureza, de empresa declarada inidônea.

Além dessas hipóteses, a Lei 13.303/2016 **também proíbe** (art. 38, parágrafo único):

a) a contratação de empregado ou dirigente da própria empresa pública ou sociedade de economia mista, como pessoa física, bem como a participação dele em procedimentos licitatórios, na condição de licitante;

b) a participação na licitação, ou a contratação, de quem tenha relação de parentesco, até o terceiro grau civil, com: (i) dirigente de empresa pública ou sociedade de economia mista; (ii) empregado de empresa pública ou sociedade de economia mista cujas atribuições envolvam a atuação na área responsável pela licitação ou contratação; (iii) autoridade do ente público a que a empresa pública ou sociedade de economia mista esteja vinculada; e

c) a participação na licitação, ou a contratação, de empresa cujo proprietário, mesmo na condição de sócio, tenha terminado seu prazo de gestão ou rompido seu vínculo com a respectiva empresa pública ou sociedade de economia mista promotora da licitação ou contratante há menos de seis meses.

4.3.1. *Pessoas impedidas de participar das licitações para obras e serviços de engenharia*

Nas licitações para **obras e serviços de engenharia** regidas pela Lei 13.303/2016 é **vedada** a participação direta ou indireta (art. 44):

I – de pessoa física ou jurídica que tenha elaborado o anteprojeto ou o projeto básico da licitação;

II – de pessoa jurídica que participar de consórcio responsável pela elaboração do anteprojeto ou do projeto básico da licitação;

III – de pessoa jurídica da qual o autor do anteprojeto ou do projeto básico da licitação seja administrador, controlador, gerente, responsável técnico, subcontratado ou sócio, neste último caso quando a participação superar 5% (cinco por cento) do capital votante.

É permitida a participação das pessoas jurídicas e da pessoa física de que tratam os incisos II e III em licitação ou em execução de contrato, como consultor ou técnico, nas funções de fiscalização, supervisão ou gerenciamento, exclusivamente a serviço da empresa pública ou sociedade de economia mista interessada.

4.4. Finalidades e princípios regedores das licitações

Em seu art. 31, estatui a Lei 13.303/2016 que as licitações (e as contratações) realizadas pelas empresas públicas e sociedades de economia mista por ela regidas destinam-se: (a) a assegurar a **seleção da proposta mais vantajosa**, inclusive no que se refere ao ciclo de vida do objeto; e (b) a **evitar** operações em que se caracterize **sobrepreço** ou **superfaturamento**.

Segundo as definições da Lei 13.303/2016, ocorre: (a) **sobrepreço** quando os preços orçados para a licitação ou os preços contratados forem **expressivamente superiores aos preços referenciais de mercado**; e (b) **superfaturamento** quando houver **dano ao patrimônio da empresa pública ou sociedade de economia mista** caracterizado, por exemplo: (i) pela medição de quantidades superiores às efetivamente executadas ou fornecidas; (ii) pela deficiência na execução de obras e serviços de engenharia que resulte em diminuição da qualidade, da vida útil ou da segurança; (iii) por alterações no orçamento de obras e de serviços de engenharia que causem o desequilíbrio econômico-financeiro do contrato em favor do contratado; e (iv) por outras alterações de cláusulas financeiras que gerem recebimentos contratuais antecipados, distorção do cronograma físico-financeiro, prorrogação injustificada do prazo contratual com custos adicionais para a entidade administrativa ou reajuste irregular de preços.

Estão expressamente enumerados como **princípios** a serem observados nas licitações e contratações reguladas pela Lei 13.303/2016 (art. 31): impessoalidade, moralidade, igualdade, publicidade, eficiência, probidade administrativa, economicidade, desenvolvimento nacional sustentável, vinculação ao instrumento convocatório, obtenção de competitividade e julgamento objetivo.

Como desdobramento direto do **princípio da publicidade**, a Lei 13.303/2016 submete os atos e os procedimentos praticados com base nela à legislação que regula o acesso dos cidadãos às informações detidas pela administração pública, particularmente aos termos da Lei 12.527/2011 (**Lei de Acesso à Informação**). Evidentemente, o conteúdo das propostas, no modo de disputa fechado, mantido sob sigilo até a abertura delas. É também sigiloso, como regra geral, o valor estimado do objeto da licitação (esse ponto – sigilo do valor estimado do contrato – será examinado adiante, em tópico específico).

4.5. Obrigação de elaborar um regulamento interno de licitações e contratos

A Lei 13.303/2016 determina que, além das normas gerais sobre licitações e contratações que ela desde logo estabelece, as empresas públicas e sociedades de economia mista sob sua regência **publiquem** e **mantenham atualizado** um **regulamento interno de licitações e contratos**, compatível com as referidas normas gerais (art. 40). Esse regulamento interno – que, vale repetir, será **público** – deverá dispor, **especialmente** (a lista é exemplificativa), sobre:

  I – glossário de expressões técnicas;

  II – cadastro de fornecedores;

Cap. 9 • LICITAÇÕES PÚBLICAS

III – minutas-padrão de editais e contratos;

IV – procedimentos de licitação e contratação direta;

V – tramitação de recursos;

VI – formalização de contratos;

VII – gestão e fiscalização de contratos;

VIII – aplicação de penalidades;

IX – recebimento do objeto do contrato.

4.6. Critérios de julgamento

Os seguintes **critérios de julgamento** estão previstos para os procedimentos licitatórios regidos pela Lei 13.303/2016 (art. 54): (a) menor preço; (b) maior desconto; (c) melhor combinação de técnica e preço; (d) melhor técnica; (e) melhor conteúdo artístico; (f) maior oferta de preço; (g) maior retorno econômico; (h) melhor destinação de bens alienados.

O § 1.º do art. 54 estatui que "os critérios de julgamento serão **expressamente identificados** no **instrumento convocatório** e **poderão ser combinados na hipótese de parcelamento do objeto**, observado o disposto no inciso III do art. 32" (uma das **diretrizes** das licitações e contratos disciplinados na Lei 13.303/2016, arrolada no citado inciso III do art. 32, é exatamente o **parcelamento do objeto**, visando a ampliar a participação de licitantes, sem perda de economia de escala, e desde que a parcela não atinja valores inferiores àqueles até os quais é dispensável a licitação).

Na hipótese de adoção dos critérios referidos nas letras "c", "d", "e" e "g", o julgamento das propostas será efetivado mediante o emprego de parâmetros específicos, definidos no instrumento convocatório, destinados a limitar a subjetividade do julgamento (art. 54, § 2.º).

Eventuais vantagens oferecidas pelos licitantes, que não estejam previstas no instrumento convocatório, não serão consideradas para efeito de julgamento (art. 54, § 3.º).

O critério de **maior desconto** terá como referência o preço global fixado no instrumento convocatório, **estendendo-se o desconto** oferecido nas propostas ou lances vencedores a eventuais **termos aditivos**. No caso de obras e serviços de engenharia, o desconto incidirá de forma linear sobre a totalidade dos itens constantes do orçamento estimado, que deverá, obrigatoriamente, integrar o instrumento convocatório (art. 54, § 4.º).

Quando for utilizado o critério de **melhor combinação de técnica e preço**, a avaliação das propostas técnicas e de preço considerará o percentual de ponderação mais relevante, limitado a setenta por cento (art. 54, § 5.º).

No caso do critério de **maior retorno econômico**, os lances ou propostas terão o objetivo de **proporcionar economia** à empresa pública ou à sociedade de economia mista, por meio da **redução** de suas **despesas correntes**, remunerando-se o licitante vencedor com base em percentual da economia de recursos gerada (art. 54, § 6.º). Se, durante a execução do contrato, **não for gerada a economia prevista** no lance ou proposta, a **diferença** entre a economia contratada e a efetivamente obtida será **descontada da remuneração** do contratado (art. 79). Caso a **diferença** entre a economia contratada e a efetivamente obtida seja **superior à remuneração** do contratado, a este será aplicada a **penalidade administrativa** prevista no contrato para essa hipótese (trata-se de uma das cláusulas essenciais do contrato, arrolada no inciso VI do art. 69).

Na implementação do critério de **melhor destinação de bens alienados**, será obrigatoriamente considerada, nos termos do respectivo instrumento convocatório, a repercussão, no meio social, da finalidade para cujo atendimento o bem será utilizado pelo adquirente. O descumprimento de tal finalidade resultará na imediata restituição do bem alcançado ao acervo patrimonial da empresa pública ou da sociedade de economia mista, vedado, nessa hipótese, o pagamento de indenização em favor do adquirente (art. 54, §§ 7.º e 8.º).

4.7. Sigilo quanto ao valor estimado do contrato

A Lei 13.303/2016 estabelece como **regra geral** que o **valor estimado do contrato** a ser celebrado pela empresa pública ou sociedade de economia mista por ela regida seja **sigiloso**. Trata-se, vale repetir, de mera **regra geral**, uma vez que a própria lei **faculta** à entidade contratante conferir **publicidade** ao valor estimado do objeto da licitação. E a única exigência para que se adote essa opção é a de que, já na **fase de preparação** do procedimento licitatório, ela seja **motivada** pela empresa pública ou sociedade de economia mista – significa dizer, basta que seja apresentada uma **justificação escrita** para a **opção por divulgar o valor estimado** da contratação (art. 34).

Mesmo quando for mantido em sigilo o valor estimado do contrato, deve a entidade que estiver promovendo a licitação divulgar o detalhamento dos quantitativos e as demais informações necessárias para a elaboração das propostas.

Nas licitações em que o critério de julgamento seja o de **maior desconto**, o valor estimado do contrato **deve** ser informado no instrumento convocatório, ou seja, nessa **específica** hipótese, **a divulgação do valor estimado do objeto da licitação é obrigatória**.

No caso de julgamento por **melhor técnica**, o **valor do prêmio ou da remuneração deve ser incluído no instrumento convocatório**.

Em qualquer hipótese, **sem exceção**, as informações concernentes ao valor estimado do objeto da licitação **deverão** ser disponibilizadas aos **órgãos de controle externo e interno**. A empresa pública ou sociedade de economia mista deve registrar em documento formal a disponibilização dessas informações aos órgãos de controle, sempre que elas forem solicitadas.

4.8. Prazos mínimos para apresentação de propostas ou lances e impugnação do edital

As empresas públicas e sociedades de economia mista abrangidas pela Lei 13.303/2016 **deverão** manter na **internet** portal específico em que serão divulgados, dentre outras informações, os procedimentos licitatórios por elas realizados.

Devem ser adotados os seguintes **prazos mínimos** para **apresentação de propostas ou lances**, contados a partir da divulgação do instrumento convocatório (art. 39):

I – para **aquisição de bens**:

a) **5 (cinco) dias úteis**, quando adotado como critério de julgamento o **menor preço** ou o **maior desconto**;

b) **10 (dez) dias úteis**, nas **demais hipóteses**;

II – para contratação de **obras e serviços**:

a) **15 (quinze) dias úteis**, quando adotado como critério de julgamento o **menor preço** ou o **maior desconto**;

b) **30 (trinta) dias úteis**, nas **demais hipóteses**;

III – no mínimo **45 (quarenta e cinco) dias úteis** para licitação em que se adote como critério de julgamento a **melhor técnica** ou a **melhor combinação de técnica e preço**, bem como para licitação em que haja **contratação semi-integrada ou integrada**.

As modificações promovidas no instrumento convocatório serão objeto de divulgação nos mesmos termos e prazos dos atos e procedimentos originais, exceto quando a alteração não afetar a preparação das propostas.

A Lei 13.303/2016 atribui legitimidade a **qualquer cidadão** para **impugnar** o **edital** de licitação em que se verifique irregularidade na aplicação das suas disposições. A impugnação deve ser protocolada **até cinco dias úteis** antes da data fixada para a ocorrência do certame e a entidade deve julgá-la e respondê-la em **até três dias úteis** (art. 87, § 1.º).

Cabe registrar que, independentemente do disposto no parágrafo anterior, **qualquer pessoa** – física ou jurídica, incluídos, evidentemente, os licitantes e os contratados – pode **representar** ao **tribunal de contas ou aos órgãos integrantes do sistema de controle interno** contra irregularidades na aplicação da Lei 13.303/2016 (art. 87, § 2.º).

4.9. Procedimento da licitação

O procedimento das licitações regidas pela Lei 13.303/2016 segue esta sequência de **fases** (art. 51): (1.ª) preparação; (2.ª) divulgação; (3.ª) apresentação de lances ou propostas, conforme o modo de disputa adotado; (4.ª) julgamento; (5.ª) verificação de efetividade dos lances ou propostas; (6.ª) negociação; (7.ª) habilitação; (8.ª) interposição de recursos; (9.ª) adjudicação do objeto; (10.ª) homologação do resultado ou revogação do procedimento.

Observa-se que, em conformidade com a tendência prevalente em todos os procedimentos de licitação criados posteriormente à Lei 8.666/1993, a fase de habilitação está prevista para ocorrer **posteriormente** à de julgamento. Não obstante, a Lei 13.303/2016 **faculta** que, **excepcionalmente**, a habilitação **preceda** a fase de apresentação de lances ou propostas, desde que isso esteja **expressamente** estipulado no **instrumento convocatório**.

Os atos da entidade administrativa e os dos licitantes devem ser praticados, preferencialmente, por meio eletrônico. Os **avisos** contendo os **resumos dos editais**

das licitações e contratos devem ser previamente **publicados** no Diário Oficial da União, do estado ou do município **e** na internet.

O art. 52 da Lei 13.303/2016 afirma, literalmente, que, na fase de apresentação de lances ou propostas, "poderão ser adotados os **modos de disputa aberto ou fechado**, ou, **quando o objeto da licitação puder ser parcelado**, a **combinação** de ambos".

A lei **não** contém norma alguma que explique como deve funcionar a **combinação** dos modos de disputa aberto e fechado. A redação do art. 52 induz à conclusão de que essa "combinação" **só será admitida quando houver o parcelamento do objeto da licitação**. Pode-se imaginar que, por exemplo, em uma hipótese de fracionamento do objeto em duas parcelas, a "combinação" consistiria em adotar um dos modos de disputa (aberto ou fechado) para uma das parcelas licitadas e o outro modo para a outra. Se assim for, não nos parece inteiramente apropriado falar em "combinação" de modos de disputa, pois haveria, isso sim, duas disputas distintas e separadas – embora para um mesmo objeto, que foi licitado parceladamente.

No modo de disputa **aberto**, os licitantes apresentarão lances públicos e sucessivos, crescentes ou decrescentes, conforme o critério de julgamento adotado (art. 52, § 1.º).

No modo de disputa **fechado**, as **propostas** apresentadas pelos licitantes serão **sigilosas** até a data e a hora designadas para que sejam divulgadas (art. 52, § 2.º).

Quando for adotado o modo de disputa **aberto**, **poderão** ser admitidos (art. 53):

> I – a apresentação de lances intermediários;
>
> II – o reinício da disputa aberta, após a definição do melhor lance, para definição das demais colocações, quando existir diferença de pelo menos 10% (dez por cento) entre o melhor lance e o subsequente.

Nos termos da lei, são **lances intermediários**, no critério de maior oferta, aqueles inferiores ou iguais ao maior já ofertado e, nos demais critérios, aqueles superiores ou iguais ao menor já ofertado. Cumpre enfatizar que o edital **poderá** admitir, **ou não**, a formulação de lances intermediários.

Um lance intermediário é melhor do que o lance anterior que o mesmo licitante apresentou, mas, ainda assim, é insuficiente para colocá-lo em primeiro lugar na disputa, ou seja, o lance intermediário **não supera** o melhor lance que já foi apresentado.

Convém uma **explicação**: à primeira vista, a figura do **lance intermediário** poderia parecer absurda, ou, no mínimo, inútil. Afinal, o licitante que faz um lance intermediário já sabe que esse lance **não é o melhor**, ou seja, se tudo se mantiver como está no momento em que o lance intermediário é apresentado, esse lance não fará vencedor do certame o licitante que o apresentou. Entretanto, encerradas as etapas de apresentação de lances e de julgamento deles, pode ocorrer que, em uma fase posterior, o licitante que obtivera o primeiro lugar venha a ser **desclassificado** (por exemplo, verifica-se que a proposta dele não atendia a determinadas exigências técnicas previstas no edital) ou **inabilitado**. Com a desclassificação ou inabilitação do primeiro colocado, aquele licitante que apresentara um lance intermediário, digamos, a fim de garantir a segunda colocação, **passará ao primeiro lugar no cer-**

tame e, desde que ele não seja também desclassificado ou inabilitado, sagrar-se-á **vencedor** da licitação.

Em caso de **empate** entre duas propostas, serão utilizados, **na ordem em que se encontram enumerados**, os seguintes **critérios de desempate** (art. 55):

> I – disputa final, em que os licitantes empatados poderão apresentar nova proposta fechada, em ato contínuo ao encerramento da etapa de julgamento;
>
> II – avaliação do desempenho contratual prévio dos licitantes, desde que exista sistema objetivo de avaliação instituído;
>
> III – os critérios estabelecidos no art. 3.º da Lei n.º 8.248, de 23 de outubro de 1991, e no § 2.º do art. 3.º da Lei n.º 8.666, de 21 de junho de 1993;[22]
>
> IV – sorteio.

O procedimento instituído pela Lei 13.303/2016 contempla uma fase denominada "**verificação de efetividade dos lances ou propostas**", na qual serão **desclassificados** os licitantes que, dentre outras hipóteses, enumeradas no art. 56, tenham formulado propostas (ou lances) que contenham vícios insanáveis, descumpram especificações técnicas exigidas no edital, estejam acima do orçamento estimado para a contratação, desde que este seja divulgado (a regra geral é o sigilo do valor estimado do contrato), ou apresentem preços manifestamente inexequíveis.

Nas licitações de obras e serviços de engenharia, consideram-se inexequíveis as propostas com valores globais inferiores a **setenta por cento** do **menor** dos **seguintes valores** (art. 56, § 3.º):

> I – média aritmética dos valores das propostas superiores a 50% (cinquenta por cento) do valor do orçamento estimado pela empresa pública ou sociedade de economia mista; ou
>
> II – valor do orçamento estimado pela empresa pública ou sociedade de economia mista.

Para os demais objetos, a avaliação da exequibilidade ou de sobrepreço deverá ser efetuada com base em critérios de aceitabilidade de preços que considerem o preço global, os quantitativos e os preços unitários, assim definidos no instrumento convocatório (art. 56, § 4.º).

A etapa de **verificação de efetividade dos lances ou propostas** ocorre **depois** da fase de **julgamento**, e **pode** ser feita apenas em relação aos lances e propostas **mais bem classificados**. Ocorrendo, nessa etapa de verificação, a desclassificação de alguma proposta (ou lance), a ordem de classificação que havia sido estabelecida na fase de julgamento deverá ser correspondentemente alterada.

---

[22] A Lei 14.133/2021 determina que as suas disposições sejam aplicadas nas hipóteses previstas na legislação em geral que façam referência expressa à Lei 8.666/1993.

Confirmada a efetividade da proposta (ou do lance) que obteve a primeira colocação na etapa de julgamento, ou que passou a ocupar essa posição em decorrência da desclassificação de outra (ou outras), a entidade que esteja promovendo a licitação deverá **negociar** condições mais vantajosas com quem a apresentou (art. 57).

Quando o preço do primeiro colocado, mesmo **após a negociação**, permanecer **acima** do **orçamento estimado**, a negociação deverá ser feita com os **demais licitantes**, segundo a ordem inicialmente estabelecida. Adotado esse procedimento, se, ainda assim, **não** for obtido valor **igual ou inferior** ao **orçamento estimado** para a contratação, **será revogada a licitação**.

A Lei 13.303/2016 prevê, como **regra geral**, que a fase de **habilitação** ocorra depois do julgamento – mais precisamente, após a fase de negociação. **Excepcionalmente**, desde que isso esteja **expressamente** consignado no **instrumento convocatório**, poderá a habilitação anteceder a etapa de apresentação de lances ou propostas.

Nos termos do art. 58 da Lei 13.303/2016, a habilitação será apreciada **exclusivamente** a partir dos seguintes parâmetros (grifamos):

> I – exigência da apresentação de documentos aptos a comprovar a **possibilidade da aquisição de direitos e da contração de obrigações** por parte do licitante;
>
> II – **qualificação técnica**, restrita a parcelas do objeto técnica ou economicamente relevantes, de acordo com parâmetros estabelecidos de forma expressa no instrumento convocatório;
>
> III – **capacidade econômica e financeira**;
>
> IV – recolhimento de quantia a título de **adiantamento**, tratando-se de licitações em que se utilize como critério de julgamento a **maior oferta de preço**.

Poderão ser **dispensados** os requisitos de **qualificação técnica** e de **capacidade econômica e financeira** quando o critério de julgamento for o de **maior oferta de preço**.

A quantia eventualmente exigida no instrumento convocatório a título de adiantamento, na hipótese de utilização do critério de **maior oferta de preço**, reverterá em favor da empresa pública ou sociedade de economia mista, caso o licitante não efetue o restante do pagamento devido no prazo para tanto fixado.

Salvo no caso de inversão de fases, o procedimento licitatório terá **fase recursal única** (art. 59). Nessa hipótese – fase recursal única –, os recursos serão apresentados no prazo de **cinco dias úteis após a habilitação**. Poderão ser questionados os atos praticados nas fases de **julgamento**, de **verificação de efetividade dos lances ou propostas** e de **habilitação**.

Se houver **inversão de fases** – isto é, a habilitação ocorrer **antes** da fase de apresentação de lances ou propostas –, os licitantes poderão apresentar recursos após a fase de habilitação e **também** após a etapa de verificação de efetividade dos lances ou propostas, no mesmo prazo de **cinco dias úteis**. No **primeiro recurso**, serão apreciados os atos praticados na fase de **habilitação** e, no segundo recurso,

Cap. 9 • LICITAÇÕES PÚBLICAS

poderão ser questionados os atos relativos às fases de **julgamento** e de **verificação de efetividade dos lances ou propostas**.

Após a etapa de interposição de recursos, ocorre a **adjudicação** do objeto ao licitante vencedor e, depois desta, a **homologação** do resultado (ou, se for o caso, a revogação do procedimento).

É assaz relevante **enfatizar** que a Lei 13.303/2016 estabelece, literalmente, que "a **homologação** do resultado **implica a constituição de direito relativo à celebração do contrato** em favor do licitante vencedor" (art. 60). Entendemos que o vocábulo "relativo" foi empregado nesse dispositivo como sinônimo de "referente" – e não como antônimo de "absoluto" (como nenhum direito pode ser absoluto, seria inócuo afirmar que determinado direito tem caráter "relativo").

Significa dizer que, pela leitura que fazemos do art. 60 da Lei 13.303/2016, nas licitações por essa lei regidas a **homologação** do procedimento **confere ao licitante vencedor direito subjetivo à contratação**. Vale frisar que, diferentemente, **não existe** na Lei 14.133/2021 preceito algum que atribua ao vencedor da licitação **direito subjetivo** à celebração do contrato (tampouco havia na Lei 8.666/1993).

O art. 61 da Lei 13.303/2016 estatui que a empresa pública ou sociedade de economia mista **não** poderá celebrar contrato com **preterição da ordem de classificação** das propostas ou com **terceiros estranhos à licitação**.

4.10. Convocação para assinatura do contrato

Foi visto no tópico anterior que a **homologação** do resultado da licitação "implica a constituição de direito relativo à celebração do contrato em favor do licitante vencedor" (art. 60).

O art. 75 da Lei 13.303/2016 determina que a empresa pública ou sociedade de economia mista por ela regida convoque o licitante vencedor ou o destinatário de contratação com dispensa ou inexigibilidade de licitação para assinar o termo de contrato, observados o prazo e as condições estabelecidos, sob pena de **decadência do direito à contratação**.

A lei não estipula prazo para essa assinatura – nem mesmo um limite máximo ou mínimo –, o que nos leva à conclusão de que o prazo deverá estar **definido no instrumento convocatório** (ou no ato que determinou a contratação direta).

O prazo de convocação **poderá** ser **prorrogado uma vez**, por **igual período** (não há, na lei, qualquer menção às circunstâncias que autorizariam, ensejariam ou vedariam a prorrogação, portanto, a decisão quanto a prorrogar ou não é amplamente **discricionária**).

Quando o convocado **não** assinar o termo de contrato no prazo e nas condições estabelecidos, é **facultado** à empresa pública ou sociedade de economia mista (art. 75, § 2.º):

> I – convocar os licitantes remanescentes, na ordem de classificação, para fazê-lo em igual prazo e **nas mesmas condições propostas pelo**

primeiro classificado, inclusive quanto aos preços atualizados em conformidade com o instrumento convocatório;

II – **revogar a licitação**.

4.11. Revogação e anulação da licitação

A **revogação** da licitação está prevista:

a) como medida **obrigatória**, se, na fase de negociação, mesmo depois de adotados todos os procedimentos previstos na lei, não for obtido valor igual ou inferior ao orçamento estimado para a contratação (art. 57, § 3.º);

b) como **faculdade** a ser exercida pela empresa pública ou sociedade de economia mista, conforme autoriza o art. 75, § 2.º, quando o convocado não assinar o termo de contrato no prazo e nas condições estabelecidos (a entidade pode, em vez de revogar a licitação, convocar os competidores remanescentes, na ordem de classificação, para assinar o contrato nas mesmas condições propostas pelo primeiro classificado); e

c) como atribuição da pessoa competente para homologar o resultado da licitação, caso se façam presentes razões de interesse público decorrentes de fato superveniente que constitua óbice manifesto e incontornável (art. 62).

Um comentário é oportuno: **revogação**, por definição doutrinária, é um **ato discricionário** – pode ser praticado, ou não, conforme avaliação de oportunidade e conveniência a ser efetuada, em cada caso, pela autoridade administrativa competente. Não há, contudo, em nosso ordenamento jurídico, qualquer norma que proíba o legislador de estabelecer situações em que o administrador fique **obrigado** a promover a revogação de um ato ou procedimento.

Temos um exemplo claro de **revogação obrigatória** no art. 57, § 3.º, da Lei 13.303/2016 (letra "a" da lista ora em apreço). Os administrativistas poderão sustentar que, a despeito do nome empregado na lei, essa figura jurídica prevista no mencionado § 3.º do art. 57 não corresponde a uma revogação, em sentido próprio – seria, materialmente, um ato administrativo de alguma outra espécie. Todavia, tais discussões acadêmicas, conquanto pertinentes, não têm o dom de modificar o texto da lei. A fim de evitar confusão, optamos por seguir a mesma nomenclatura adotada pelo legislador.

O art. 62 da Lei 13.303/2016 (letra "c" da lista) estatui que a pessoa competente para homologar o resultado da licitação **poderá** revogá-la por motivo de **interesse público**. Até este passo, temos uma regra **típica** de ato **discricionário**. Porém, a norma continua afirmando que o interesse público que ela aponta como motivador da revogação da licitação deve decorrer de um "fato superveniente que constitua óbice manifesto e incontornável". Ou seja, o texto legal reporta-se a um quadro em que, depois de iniciado o procedimento licitatório, surge um fato que representa um impedimento evidente, incontroverso, indiscutível ("óbice manifesto") – e esse empecilho não tem como ser afastado, superado, vencido (ele é "incontornável"). É muito difícil conceber que uma expressão dotada de tão acentuada objetividade

– "óbice manifesto e incontornável" – possa ser considerada um "conceito jurídico indeterminado" apto a ensejar uma decisão discricionária por parte da autoridade administrativa competente para revogar a licitação.

A lei não explicita o que, exatamente, ficaria impedido pelo "fato superveniente que constitua óbice manifesto e incontornável" nela citado. Presumimos que tal fato **impossibilite** a **continuação do procedimento licitatório**, ou a **execução do futuro contrato**. Se assim for, não nos parece que exista discricionariedade alguma – não logramos vislumbrar a mínima margem de escolha. Afinal, a autoridade competente não teria como alegar oportunidade ou conveniência administrativa para decidir pela não revogação da licitação, diante de um fato que representa uma **barreira intransponível** ao prosseguimento do certame ou à execução do contrato a ser celebrado. Portanto, entendemos que o art. 62 da Lei 13.303/2016 descreve uma hipótese que, uma vez **concretamente verificada**, torna **obrigatória** a revogação da licitação.

Se a fase de apresentação de lances ou propostas já tiver iniciado, o certame **somente** poderá ser revogado depois de se conceder aos licitantes, que manifestarem interesse, prazo para contestar o ato de revogação (art. 62, § 3.º). A mesma disciplina se aplica à hipótese de **anulação** da licitação. A lei não estipula um prazo mínimo, apenas enuncia que ele deve ser capaz de assegurar o exercício do **direito ao contraditório e à ampla defesa** aos licitantes interessados.

A Lei 13.303/2016 confere à pessoa que tenha competência para homologar o resultado da licitação o poder-dever de **anulá-la** por **ilegalidade**, de ofício ou mediante provocação de terceiros, **salvo** quando for **viável a convalidação** do ato ou do procedimento viciado (art. 62). Nenhum dispositivo da Lei 13.303/2016 fornece a mais tênue luz a respeito das hipóteses em que seria "viável a convalidação do ato ou do procedimento viciado". No caso de ato administrativo de entidade **federal**, defendemos a aplicação das regras sobre convalidação existentes no art. 55 da Lei 9.784/1999.

A conjugação dos §§ 1.º e 2.º do art. 62 da Lei 13.303/2016 resulta no seguinte preceito: a **anulação** da licitação induz à nulidade do contrato e **não gera obrigação de indenizar**. A lei não faz ressalva alguma. Aparentemente, o legislador pretendeu **impedir a indenização** do licitante ou do contratado que sofra prejuízos em decorrência da anulação do procedimento licitatório (e do respectivo contrato), mesmo que ele não tenha contribuído absolutamente em nada para a ilegalidade que a motivou. Mais absurdo: tudo indica que o princípio da **vedação ao enriquecimento sem causa** tenha sido menoscabado, pois não está sequer prevista a obrigação de a entidade contratante efetuar o pagamento correspondente à parte do contrato eventualmente já executada.

Não temos dúvida de que muito mais consentânea com o direito brasileiro é a forma como a questão é disciplinada no art. 149 da Lei 14.133/2021, a saber: (a) o contratado faz jus ao pagamento de um valor correspondente ao trabalho que ele já executou, até o momento da anulação, em benefício da entidade contratante, a fim de evitar que ela enriqueça sem causa; e (b) o contratado tem direito à indenização dos prejuízos que comprovadamente a anulação lhe tenha causado, desde que ele não haja concorrido para a consumação da ilegalidade que a provocou.[23]

Convém repetir, entretanto, que a Lei 13.303/2016, nos §§ 1.º e 2.º do seu art. 62, assevera, **sem fazer ressalva alguma**, que a anulação da licitação (e a consequente nulidade do respectivo contrato) **não gera obrigação de indenizar**.

Por fim, o § 4.º do art. 62 afirma que as normas sobre revogação e anulação da licitação contidas no seu *caput* e nos seus §§ 1.º e 2.º aplicam-se, **no que couber**, aos atos que determinem a **contratação direta** (isto é, a contratação **sem licitação**).

Conclui-se, dessarte, que deverá ser **revogado**, com fundamento no § 4.º do art. 62 da Lei 13.303/2016, o ato que decidiu pela contratação direta, caso se façam presentes "razões de interesse público decorrentes de fato superveniente que constitua óbice manifesto e incontornável" (à futura execução do contrato). Segundo pensamos, a **revogação** somente é possível **antes** da celebração do contrato.

Pode-se também inferir, ainda com base no sobredito § 4.º do art. 62, que, havendo contratação direta, a **anulação** do ato que a determinou **implica a nulidade do contrato** resultante – e que a anulação "não gera obrigação de indenizar". Quanto a essa pretensão do legislador de afastar a indenização, sem estipular qualquer exceção, vale a crítica que alinhavamos anteriormente, quando examinamos as disposições sobre anulação do procedimento licitatório previstas nos §§ 1.º e 2.º do art. 62.

---

[23] A Lei 8.666/1993, no parágrafo único do seu art. 59, tratava da matéria nesses mesmos termos.

Capítulo 10

CONTRATOS ADMINISTRATIVOS

1. INTRODUÇÃO

Os contratos, públicos ou privados, são **acordos de vontades**. Portanto, **em sua formação**, os contratos são **bilaterais**. Esta é a primeira – e a principal – diferença entre atos jurídicos e contratos: os primeiros são declarações ou manifestações unilaterais e os últimos se formam mediante exteriorização bilateral de vontades.

Quando estudamos **atos administrativos**, vimos que eles são espécie do gênero ato jurídico. O que os peculiariza é serem praticados pela administração pública, na qualidade de poder público, ou por particular investido em prerrogativas públicas, estando sujeitos, portanto, predominantemente, a regime de direito público.

A mesma lógica vale para os **contratos administrativos**. Eles são espécie do gênero contrato e têm como nota distintiva o fato de a administração figurar em um dos polos como poder público, o que os sujeita, **predominantemente**, ao regime jurídico de **direito público**.

Cumpre assinalar, todavia, que, mesmo sendo os contratos administrativos regidos precipuamente por normas de direito público, sempre será necessária a livre manifestação de vontade do particular para a formação do vínculo contratual. O regime de direito público é caracterizado pela existência de prerrogativas especiais para a administração, as ditas "**cláusulas exorbitantes**", que serão vistas adiante.

Deve ficar claro, portanto, que o particular não pode ser obrigado, contra sua vontade, a procurar a administração para celebrar um contrato, mesmo quando este seja regulado por normas de direito público. A **iniciativa** de contratar deve sempre ser **livre**; após a assinatura do contrato, aí, sim, as partes passam a estar vinculadas às suas cláusulas e às disposições legais a ele relativas (com certas ressalvas quanto à integral vinculação da administração a algumas cláusulas contratuais, conforme será exposto à frente).

Para a **validade** de um contrato, entretanto, não basta a livre manifestação de vontade das partes. É necessário que o contrato **não contrarie disposição legal**, que o seu **objeto** seja **lícito e possível**, e que as **partes** contratantes sejam **capazes**. Além disso, sempre que a **lei** exigir **forma** determinada para um contrato, como **elemento essencial**, o desatendimento à forma prevista na lei implicará a **nulidade** dele.

É muito importante consignar que a administração pública, no exercício de suas diversas atribuições, celebra não somente contratos regidos predominantemente pelo direito público – isto é, **contratos administrativos** –, mas, **também**, contratos subordinados precipuamente ao **regime de direito privado**. Chamaremos estes últimos de "**contratos de direito privado da administração pública**". A doutrina emprega a expressão genérica "**contratos da administração**" para se referir a todos os contratos em que a administração pública figure como parte, abrangendo os contratos administrativos e os contratos de direito privado da administração pública.

A competência para legislar sobre **normas gerais**, de **caráter nacional** – isto é, de observância obrigatória por parte de todos os membros da Federação –, concernentes a licitações e contratações públicas, é **privativa da União**, prevista no art. 22, XXVII, da Constituição Federal, a seguir transcrito:

> Art. 22. Compete privativamente à União legislar sobre:
>
> (...)
>
> XXVII – normas gerais de licitação e contratação, em todas as modalidades, para as administrações públicas diretas, autárquicas e fundacionais da União, Estados, Distrito Federal e Municípios, obedecido o disposto no art. 37, XXI, e para as empresas públicas e sociedades de economia mista, nos termos do art. 173, § 1.º, III;

Diversas leis de caráter nacional foram editadas pela União com base nessa competência. Estas são algumas das mais importantes: Lei 8.666/1993, Lei 8.987/1995, Lei 11.079/2004, Lei 12.462/2011, Lei 13.303/2016 e Lei 14.133/2021.

A Lei 8.666/1993 desempenhou em nosso ordenamento jurídico, de 1993 a 2021, o papel de principal lei nacional de normas gerais sobre licitações e contratos administrativos.

Em 1.º de abril de 2021, foi publicada a Lei 14.133/2021, para substituir a Lei 8.666/1993, a Lei 10.520/2002 (que instituiu a modalidade de licitação denominada pregão) e os arts. 1.º a 47-A da Lei 12.462/2011 (essa lei criou o assim chamado "Regime Diferenciado de Contratações Públicas"; os arts. 48 e seguintes da Lei 12.462/2011 versam sobre matérias estranhas a licitações e contratos). Entretanto, **essa substituição somente ocorreu, por completo, a partir de 30 de dezembro de 2023.**[1]

---

[1] O texto original da Lei 14.133/2021 estipulava, no art. 193, que a revogação total da Lei 8.666/1993 e da Lei 10.520/2002 e a revogação dos arts. 1.º a 47-A da Lei 12.462/2011 ocorreriam após decorridos dois anos, contados da data da sua publicação (1.º de abril de 2021). A Lei Complementar 198, de 28.06.2023, alterou nesse ponto o art. 193 da Lei 14.133/2021, adiando as referidas revogações para 30 de dezembro de 2023.

De 1.º de abril de 2021 a 29 de dezembro de 2023, a administração pública – na União, nos estados, no Distrito Federal e nos municípios – pôde decidir, em cada licitação, se adotaria os procedimentos e seguiria as disposições previstos naquelas leis ou na Lei 14.133/2021. A **opção** feita precisava ser **indicada expressamente** no edital ou no instrumento de contratação direta (arts. 191 e 193, II).

Nos casos em que a administração tenha **optado** por licitar ou efetuar contratação direta de acordo com a Lei 8.666/1993, a Lei 10.520/2002 ou a Lei 12.462/2011, o **contrato** resultante, **durante toda a sua vigência**, será **regido pelas regras nelas previstas**. Assim, **mesmo depois de revogadas**, essas leis ainda serão aplicadas a tais contratos, **até o fim da vigência deles**.

Os contratos cujo instrumento tenha sido assinado antes da entrada em vigor da Lei 14.133/2021 continuarão a ser regidos pelas regras da legislação sob a qual foram celebrados, mesmo depois da revogação dessa legislação (art. 190).

Portanto, atualmente, os **contratos administrativos não sujeitos a legislação específica** estão disciplinados nos arts. 54 a 80 da Lei 8.666/1993, ou no Título III da Lei 14.133/2021 (arts. 89 a 154).

Os contratos administrativos de **concessões e permissões de serviços públicos** submetem-se a regramento próprio, constante na Lei 8.987/1995. Também seguem regulação especial, estabelecida na Lei 11.079/2004, os contratos administrativos de **parcerias público-privadas**, que consistem em uma peculiar modalidade de contrato de concessão. A Lei 14.133/2021 expressamente determina que as suas disposições sejam aplicadas, **subsidiariamente**, à Lei 8.987/1995 e à Lei 11.079/2004. As concessões e permissões de serviços públicos, assim como as parcerias público-privadas, são estudadas em outro capítulo desta obra.

A Lei 13.303/2016, que dispõe sobre o estatuto jurídico das **empresas públicas e sociedades de economia mista**, e suas subsidiárias, da União, dos estados, do Distrito Federal e dos municípios, atuantes no **domínio econômico**, incluídas as prestadoras de **serviços públicos** enquadrados como atividade econômica (em sentido amplo), contém regras próprias acerca dos contratos celebrados por essas entidades. O seu art. 68, categoricamente, assevera:

> Art. 68. Os contratos de que trata esta Lei regulam-se pelas suas cláusulas, pelo disposto nesta Lei e pelos preceitos de direito privado.

Exporemos, a seguir, alguns dos principais aspectos doutrinários e normativos concernentes aos **contratos administrativos**, com ênfase nas disposições vazadas na Lei 14.133/2021. Todas as referências feitas nos próximos tópicos a determinado artigo, sem explicitação da lei a que ele pertence, reportam-se à Lei 14.133/2021.

2. CONTRATOS ADMINISTRATIVOS E CONTRATOS DE DIREITO PRIVADO DA ADMINISTRAÇÃO PÚBLICA

Podemos conceituar contrato administrativo como o ajuste entre a administração pública, atuando **na qualidade de poder público**, e particulares, firmado nos termos estipulados pela própria administração contratante, em **conformidade com o interesse público**, e **sob regência predominante do direito público**.

A nota característica dos contratos administrativos é a existência de **prerrogativas** que podem ser exercidas pela administração pública contratante em face do particular contratado. Essas prerrogativas são denominadas "**cláusulas exorbitantes**" e decorrem de normas de **direito público** que situam a administração em posição de **supremacia** nos contratos administrativos – ou seja, a administração figura em tais contratos na qualidade de **poder público**. Diz-se, por essa razão, que há **verticalidade** na relação jurídica travada entre a administração e o particular no âmbito de um **contrato administrativo**.

É evidente que a atribuição desses poderes especiais à administração pública somente se justifica na estrita medida em que eles sejam necessários ao atendimento do interesse público, naquelas situações em que, sob o influxo do postulado da **supremacia do interesse público**, ela deva atuar na qualidade de poder público. A partir dessa constatação, a doutrina administrativista usualmente preleciona que a **regra geral** é os **contratos administrativos** (propriamente ditos) serem firmados por **pessoas jurídicas de direito público**.

Alertamos, porém, que **não existe**, na Lei 14.133/2021 (como também não havia na Lei 8.666/1993), algum preceito geral que permita afirmar que a celebração de contratos administrativos por pessoas jurídicas de **direito privado** integrantes da administração pública seja algo excepcional. Convém lembrar, todavia, que as empresas públicas e sociedades de economia mista, e suas subsidiárias, da União, dos estados, do Distrito Federal e dos municípios, que atuam no domínio econômico, incluídas as prestadoras de serviços públicos enquadrados como atividade econômica (em sentido amplo), têm os seus contratos disciplinados pela Lei 13.303/2016. A maioria das cláusulas exorbitantes previstas na Lei 14.133/2021 **não se aplica aos contratos sujeitos à Lei 13.303/2016**. Estes são regulados "pelas suas cláusulas", pelo disposto na própria Lei 13.303/2016 e "pelos preceitos de direito privado" (art. 68). Eles serão estudados à frente, neste capítulo.

Vejamos, agora, os aspectos concernentes à figura que a doutrina publicista usualmente conceitua como **contratos de direito privado da administração pública**.

Para desempenhar muitas das atividades de que é incumbida, a administração pública necessita celebrar contratos que são regidos predominantemente pelo **direito privado**. Em tais situações, ela assume, **em princípio**, uma posição de **igualdade jurídica** com o particular contratado. Sobretudo, o ordenamento jurídico, em tese, não deve conferir à administração, nessas hipóteses, prerrogativas de poder público; **não** há justificativa para cogitar **verticalidade** ou **supremacia**.

Seja como for, é incontroverso que, em qualquer caso, **estará a administração sujeita** às **restrições** próprias do regime jurídico administrativo – derivadas do **sempre** presente **princípio da indisponibilidade do interesse público**.

É importante esclarecer que os contratos de direito privado da administração pública são celebrados por **todas** as pessoas jurídicas integrantes da administração direta e indireta. **Não é correto** imaginar que eles sejam próprios de pessoas administrativas com personalidade de direito privado e, somente por exceção, possam ser firmados por pessoas jurídicas de direito público.

Expostos esses pontos doutrinários, podemos, de nossa parte, definir **contrato de direito privado da administração pública** como o acordo de vontades firmado entre a administração pública e particulares no qual a administração **não figura na qualidade de poder público**, sendo tal ajuste, por essa razão, **regido predominantemente pelo direito privado**.

A Lei 8.666/1993 mencionava, de forma explícita, contratos celebrados pela administração pública "cujo conteúdo seja regido, **predominantemente**, por norma de **direito privado**" – eram citados na própria lei, como exemplos, os contratos de seguro, de financiamento e de locação em que o poder público seja locatário. Todavia, contrariando, em certa medida, a doutrina administrativista tradicional, a Lei 8.666/1993 **estendia** a tais contratos – com a ressalva genérica: "no que couber" – algumas das mais importantes prerrogativas de direito público aplicáveis aos contratos administrativos em sentido próprio (art. 62, § 3.º).

A Lei 14.133/2021 **não contém** uma norma semelhante àquela que constava no art. 62, § 3.º, da Lei 8.666/1993, **nem menciona** a existência de contratos celebrados pela administração cujo conteúdo seja regido, predominantemente, pelo direito privado.

Simplesmente, assevera a Lei 14.133/2021, no seu art. 2.º, que as disposições nela vazadas **aplicam-se a**: (a) alienação e concessão de direito real de uso de bens; (b) compra, inclusive por encomenda; (c) locação; (d) concessão e permissão de uso de bens públicos; (e) prestação de serviços, inclusive os técnico-profissionais especializados; (f) obras e serviços de arquitetura e engenharia; e (g) contratações de tecnologia da informação e de comunicação.

De outra banda, o art. 3.º da Lei 14.133/2021 limita-se a afirmar que a ela **não estão sujeitos**: (a) contratos que tenham por objeto operação de crédito, interno ou externo, e gestão de dívida pública, incluídas as contratações de agente financeiro e a concessão de garantia relacionadas a esses contratos; e (b) contratações sujeitas a normas previstas em legislação própria.

Demais disso, ao tratar das **prerrogativas de direito público** de que a administração goza nos contratos que celebra com particulares, a Lei 14.133/2021 não faz qualquer ressalva, isto é, pelo texto da lei, o regime jurídico por ela instituído aplicar-se-ia, sem distinção, a **todas** aquelas contratações enumeradas no seu art. 2.º, supracitado.

Não obstante essa inexistência, na Lei 14.133/2021, de uma diferenciação explícita entre os regimes jurídicos aplicáveis aos contratos que a ela se submetem, soa evidente que, dependendo do objeto do contrato, especialmente quando se trata de matérias pertinentes ao **domínio econômico em sentido estrito**, o regime jurídico incidente será, **predominantemente**, o de **direito privado**. Tome-se como exemplo uma alienação de ações de que a União seja proprietária, realizada no pregão ordinário da bolsa de valores; ou uma compra de ações efetuada por uma autarquia estadual (supondo que se trate de operação compatível com a sua finalidade institucional), também no pregão regular da bolsa. Ora, tanto a alienação quanto a compra consubstanciam, ao fim e ao cabo, contratos de compra e venda; e, nesse caso de operações comuns efetuadas em bolsa de valores, os contratos, **em si mesmos considerados**, não apresentam peculiaridades que permitam estremá-los daqueles que são celebrados entre particulares, quando realizam essas mesmas operações.

Seja como for, pensamos que, a bem da verdade, a Lei 14.133/2021 atenua bastante a distinção efetiva identificável entre os ajustes que, na lição da doutrina tradicional, são definidos como "contratos administrativos" e como "contratos de direito privado da administração pública". Considerando estritamente o nosso direito legislado – e isso desde a publicação da Lei 8.666/1993 –, não parece razoável conferir relevância de monta a essa classificação, embora ela ainda tenha utilidade em algumas situações.

O quadro a seguir apresenta as semelhanças e diferenças comumente apontadas pela doutrina administrativista entre os contratos administrativos e os contratos de direito privado da administração pública.

Contratos administrativos	Contratos de direito privado da administração pública
Regidos predominantemente pelo direito público.	Regidos predominantemente pelo direito privado.
Administração figura em um dos polos, na qualidade de poder público.	Administração figura em um dos polos, sem revestir a condição de poder público.
Verticalidade da relação jurídica entre a administração e o particular.	Em princípio, há igualdade jurídica entre a administração e o particular.
Finalidade de interesse público.	Finalidade de interesse público.
Administração goza de prerrogativas públicas em relação ao contratado ("cláusulas exorbitantes").	As prerrogativas públicas ("cláusulas exorbitantes") próprias dos contratos administrativos típicos aplicam-se, em princípio, a tais contratos, salvo quando manifestamente incompatíveis com o seu conteúdo ou com a natureza das relações jurídicas específicas decorrentes da execução deles.
Sujeitos a restrições e formalidades previstas em lei.	Sujeitos a restrições e formalidades previstas em lei.

3. OBJETO E CARACTERÍSTICAS GERAIS DOS CONTRATOS ADMINISTRATIVOS

O objeto dos contratos administrativos consiste em uma relação jurídica (ou diversas relações jurídicas) concernente a qualquer bem, direito ou serviço que seja do interesse da administração pública, ou necessária ao desempenho de suas atividades – obras, serviços, compras, alienações, concessões, permissões de serviços públicos ou locações.

Nas matérias que devam ser regidas predominantemente pelo direito privado, como as concernentes ao domínio econômico em sentido estrito, devem ser celebrados, em regra, "contratos de direito privado da administração pública" – quando

Cap. 10 • CONTRATOS ADMINISTRATIVOS

atua no campo próprio do setor privado, a administração, ao menos teoricamente, não poderia cogitar o exercício amplo de prerrogativas públicas, ou seja, não caberia, nessa área, a celebração de contratos administrativos propriamente ditos.

Em qualquer caso, cumpre frisar, a administração somente pode atuar visando à satisfação do interesse público.

A nota realmente característica dos contratos administrativos, que os peculiariza, diferenciando-os dos contratos privados, é a existência das denominadas **cláusulas exorbitantes**. Tais "cláusulas", em verdade, decorrem diretamente da lei e configuram **prerrogativas de direito público** conferidas pela lei **exclusivamente à administração pública**, tendo em vista a sua **atuação na qualidade de poder público**. São chamadas "exorbitantes" porque extrapolam aquilo que existe, aquilo que seria admitido no direito comum (direito privado); por esse motivo, são elas, por vezes, referidas como "cláusulas exorbitantes do direito comum" (são "cláusulas" de direito público que exorbitam os limites existentes no direito comum).

Frise-se que, não obstante terem os contratos administrativos como característica essencial a sujeição a regras de direito público, a eles se aplicam, **subsidiariamente**, as normas e princípios de **direito privado** pertinentes à denominada "**teoria geral dos contratos**", consoante explicita o art. 89 da Lei 14.133/2021 (preceito com esse mesmo teor constava no art. 54 da Lei 8.666/1993).

Em razão de sua importância para o estudo dos contratos administrativos, as cláusulas exorbitantes serão estudadas separadamente, em tópicos específicos. Apresentaremos, neste item, outras características dos contratos administrativos, não obrigatoriamente próprias de direito público.

A doutrina administrativista costuma apontar como **principais características dos contratos administrativos** serem eles sempre **consensuais** (embora se trate de contratos de adesão) e, em regra, **formais**, **onerosos**, **comutativos** e firmados *intuitu personae* (devem, em princípio, ser executados pelo contratado, não se admitindo a livre subcontratação). Além dessas características, a celebração de contratos administrativos deve ser precedida de licitação, somente inexigível, dispensada ou dispensável nos casos previstos em lei.

Detalhemos essas características.

3.1. Formalismo

Na quase totalidade dos casos, os contratos administrativos devem ser **formais** e **escritos**. Enfaticamente, assevera a Lei 14.133/2021 que "é **nulo** e de nenhum efeito o **contrato verbal** com a administração". A única **exceção** prevista nessa lei é o **contrato de pequenas compras ou o de prestação de serviços de pronto pagamento**, assim entendidos aqueles de **valor não superior a dez mil reais** (art. 95, § 2.º).[2]

---

[2] Conforme determina o art. 182 da Lei 14.133/2021, esse valor foi atualizado pelo Decreto 12.343/2024, vigente a partir de 1.º de janeiro de 2025, para R$ 12.545,11 (doze mil quinhentos e quarenta e cinco reais e onze centavos).

Os contratos de que trata a Lei 14.133/2021 são regulados, **precipuamente**, pelas suas cláusulas e pelos preceitos de direito público. Aplicam-se a eles, **supletivamente**, os princípios da teoria geral dos contratos e as disposições de direito privado (art. 88).

Devem ser mencionados, em **todos os contratos** regidos pela Lei 14.133/2021: (a) os nomes das partes e os de seus representantes; (b) a finalidade; (c) o ato que autorizou a sua lavratura; (d) o número do processo da licitação ou da contratação direta; e (e) a sujeição dos contratantes às normas da Lei 14.133/2021 e às cláusulas contratuais.

Além disso, os contratos em questão devem estabelecer com clareza e precisão as condições para sua execução, expressas em cláusulas que definam os direitos, as obrigações e as responsabilidades das partes, em conformidade com os termos do edital de licitação e os da proposta vencedora, ou com os termos do ato que autorizou a contratação direta e os da respectiva proposta.

Os contratos e seus aditamentos adotarão a **forma escrita** e serão juntados ao processo que tiver dado origem à contratação, **divulgados** e mantidos à disposição do público em **sítio eletrônico oficial** (art. 91). Como exceção a essa regra de divulgação, a Lei 14.133/2021 prevê a possibilidade de serem **mantidos em sigilo** contratos e termos aditivos quando isso for **imprescindível à segurança da sociedade e do Estado**, nos termos da legislação que regula o acesso à informação.

O **instrumento de contrato**, como **regra geral**, é **obrigatório**. Ele **poderá ser substituído**, a critério da administração, por outro instrumento hábil – por exemplo, carta-contrato, nota de empenho de despesa, autorização de compra ou ordem de execução de serviço –, **nas seguintes hipóteses** (art. 95):

> I – dispensa de licitação em razão de valor;
>
> II – compras com entrega imediata e integral dos bens adquiridos e dos quais não resultem obrigações futuras, inclusive quanto a assistência técnica, independentemente de seu valor.

Contratos relativos a **direitos reais sobre imóveis** serão formalizados por **escritura pública** lavrada em notas de tabelião, cujo teor deverá ser **divulgado** e mantido à disposição do público em **sítio eletrônico oficial**.

Será admitida a forma eletrônica na celebração de contratos e de termos aditivos, atendidas as exigências previstas em regulamento.

Antes de formalizar ou prorrogar o prazo de vigência do contrato, a administração **deve** verificar a regularidade fiscal do contratado, consultar o Cadastro Nacional de Empresas Inidôneas e Suspensas (CEIS) e o Cadastro Nacional de Empresas Punidas (CNEP), emitir as certidões negativas de inidoneidade, de impedimento e de débitos trabalhistas e juntá-las ao respectivo processo.

A **divulgação** no **Portal Nacional de Contratações Públicas** (PNCP) é **condição indispensável para a eficácia do contrato e de seus aditamentos** e deverá ocorrer nos seguintes **prazos**, contados da data de sua assinatura (art. 94):

> I – **20 (vinte) dias úteis**, no caso de **licitação**;
>
> II – **10 (dez) dias úteis**, no caso de **contratação direta**.

Cap. 10 • CONTRATOS ADMINISTRATIVOS

Os contratos celebrados em caso de **urgência** terão **eficácia a partir da sua assinatura** e **deverão** ser **publicados** dentro desses **prazos** previstos nos incisos I e II do art. 94, **sob pena de nulidade.**

3.1.1. Cláusulas essenciais

Consoante o art. 92 da Lei 14.133/2021, "são **necessárias** em **todo contrato** cláusulas que estabeleçam" (grifamos):

I – o **objeto** e seus elementos característicos;

II – a **vinculação** ao edital de licitação e à proposta do licitante vencedor ou ao ato que tiver autorizado a contratação direta e à respectiva proposta;

III – a legislação aplicável à execução do contrato, inclusive quanto aos casos omissos;

IV – o **regime de execução** ou a **forma de fornecimento**;

V – o **preço** e as condições de pagamento, **os critérios, a data-base e a periodicidade do reajustamento de preços** e os critérios de atualização monetária entre a data do adimplemento das obrigações e a do efetivo pagamento;

VI – os critérios e a periodicidade da medição, quando for o caso, e o prazo para liquidação e para pagamento;

VII – os **prazos de início das etapas** de execução, conclusão, entrega, observação e recebimento definitivo, quando for o caso;

VIII – o crédito pelo qual correrá a despesa, com a indicação da classificação funcional programática e da categoria econômica;

IX – a **matriz de risco**, quando for o caso;

X – o **prazo para resposta ao pedido de repactuação de preços**, quando for o caso;

XI – o **prazo para resposta ao pedido de restabelecimento do equilíbrio econômico-financeiro**, quando for o caso;

XII – as **garantias** oferecidas para assegurar sua plena execução, quando exigidas, inclusive as que forem oferecidas pelo contratado no caso de antecipação de valores a título de pagamento;

XIII – o **prazo de garantia mínima do objeto**, observados os prazos mínimos estabelecidos nesta Lei e nas normas técnicas aplicáveis, e as condições de manutenção e assistência técnica, quando for o caso;

XIV – os direitos e as responsabilidades das partes, as **penalidades cabíveis** e os **valores das multas** e suas bases de cálculo;

XV – as condições de importação e a data e a taxa de câmbio para conversão, quando for o caso;

XVI – a obrigação do contratado de **manter**, durante toda a execução do contrato, em compatibilidade com as obrigações por ele assumidas,

todas as condições exigidas para a habilitação na licitação, **ou para a qualificação**, na contratação direta;

XVII – a obrigação de o contratado cumprir as exigências de reserva de cargos prevista em lei, bem como em outras normas específicas, para pessoa com deficiência, para reabilitado da Previdência Social e para aprendiz;

XVIII – o modelo de gestão do contrato, observados os requisitos definidos em regulamento;

XIX – os **casos de extinção**.

Independentemente do prazo de duração, o contrato deverá conter cláusula que estabeleça o **índice de reajustamento de preço**, com data-base vinculada à data do orçamento estimado, e poderá ser estabelecido mais de um índice específico ou setorial, em conformidade com a realidade de mercado dos respectivos insumos.

Na contratação de obras, fornecimentos e serviços, inclusive de engenharia, **poderá** ser estabelecida **remuneração variável** vinculada ao desempenho do contratado, com base em metas, padrões de qualidade, critérios de sustentabilidade ambiental e prazos de entrega definidos no edital de licitação e no contrato (art. 144). Quando o objeto do contrato visar à implantação de **processo de racionalização**, o pagamento poderá ser ajustado em base **percentual sobre valor economizado** em determinada despesa. A utilização de remuneração variável será **motivada** e respeitará o limite orçamentário fixado pela administração para a contratação.

3.1.2. Regimes de execução dos contratos destinados à execução de obras e serviços de engenharia

Os contratos destinados à execução de obras e serviços de engenharia sujeitos à disciplina da Lei 14.133/2021 podem ser celebrados sob os seguintes regimes (art. 46):

I – empreitada por preço unitário;

II – empreitada por preço global;

III – empreitada integral;

IV – contratação por tarefa;

V – contratação integrada;

VI – contratação semi-integrada;

VII – fornecimento e prestação de serviço associado.

Os regimes de execução listados nos incisos II, III, IV, V e VI devem ser licitados por **preço global**. Nesses regimes, será obrigatoriamente adotada sistemática de **medição e pagamento** associada à **execução de etapas** do cronograma físico-financeiro vinculadas ao cumprimento de metas de resultado, **vedada** a adoção de sistemática de remuneração orientada por **preços unitários** ou referenciada pela execução de quantidades de **itens unitários** (art. 46, § 9.º).

As definições de **empreitada por preço unitário**, **empreitada por preço global**, **empreitada integral** e **tarefa** vazadas na Lei 14.133/2021 – que são basicamente iguais às que constavam na Lei 8.666/1993 – encontram-se no art. 6.º, incisos XXVIII a XXXI, a seguir trasladados:

> XXVIII – **empreitada por preço unitário**: contratação da execução da obra ou do serviço por preço certo de unidades determinadas;
>
> XXIX – **empreitada por preço global**: contratação da execução da obra ou do serviço por preço certo e total;
>
> XXX – **empreitada integral**: contratação de empreendimento em sua integralidade, compreendida a totalidade das etapas de obras, serviços e instalações necessárias, sob inteira responsabilidade do contratado até sua entrega ao contratante em condições de entrada em operação, com características adequadas às finalidades para as quais foi contratado e atendidos os requisitos técnicos e legais para sua utilização com segurança estrutural e operacional;
>
> XXXI – **contratação por tarefa**: regime de contratação de mão de obra para pequenos trabalhos por preço certo, com ou sem fornecimento de materiais;

A **contratação integrada** foi uma inovação trazida pela Lei 12.462/2011 e incorporada, sem modificação relevante, pela Lei 14.133/2021. A **contratação semi-integrada** foi introduzida em nosso ordenamento jurídico pela Lei 13.303/2016 ("Lei das Estatais") e aproveitada, também sem alteração substancial, pela Lei 14.133/2021. Vale reproduzir as definições que a Lei 14.133/2021 apresenta para esses dois regimes de execução (art. 6.º, XXXII e XXXIII):

> XXXII – **contratação integrada**: regime de contratação de obras e serviços de engenharia em que o contratado é responsável por elaborar e desenvolver os projetos básico e executivo, executar obras e serviços de engenharia, fornecer bens ou prestar serviços especiais e realizar montagem, teste, pré-operação e as demais operações necessárias e suficientes para a entrega final do objeto;
>
> XXXIII – **contratação semi-integrada**: regime de contratação de obras e serviços de engenharia em que o contratado é responsável por elaborar e desenvolver o projeto executivo, executar obras e serviços de engenharia, fornecer bens ou prestar serviços especiais e realizar montagem, teste, pré-operação e as demais operações necessárias e suficientes para a entrega final do objeto.

A diferença entre a **contratação integrada** e a semi-integrada é que, na primeira, o contratado é responsável por elaborar e desenvolver os **projetos básico e executivo**, ao passo que, na **contratação semi-integrada**, o contratado elabora e desenvolve o projeto executivo, **mas não o projeto básico**.

O único regime de execução de obras e serviços de engenharia previsto na Lei 14.133/2021 que realmente constitui novidade em nosso direito é o "**fornecimento**

e prestação de serviço associado", assim definido no inciso XXXIV do art. 6.º da lei: "regime de contratação em que, além do fornecimento do objeto, o contratado responsabiliza-se por sua operação, manutenção ou ambas, por tempo determinado".

Imagine-se, por exemplo, que a administração esteja realizando uma obra de engenharia e precise adquirir determinada máquina cuja operação exija conhecimento técnico e mão de obra especializada. Pode, então, a administração promover licitação para aquisição dessa máquina e atribuir ao licitante vencedor a responsabilidade por operá-la, por um período certo, definido no edital.

É vedada a realização de obras e serviços de engenharia sem projeto executivo. A única exceção a essa vedação encontra-se no § 3.º do art. 18 da Lei 14.133/2021, a saber:

> § 3.º Em se tratando de estudo técnico preliminar para contratação de obras e serviços comuns de engenharia, se demonstrada a inexistência de prejuízo para a aferição dos padrões de desempenho e qualidade almejados, a especificação do objeto poderá ser realizada apenas em termo de referência ou em projeto básico, dispensada a elaboração de projetos.

Na hipótese de **contratação integrada**, a administração é **dispensada** da elaboração de **projeto básico**. É obrigatória, porém, a elaboração de **anteprojeto**, de acordo com metodologia definida em ato do órgão competente. Nos termos da Lei 14.133/2021, anteprojeto consiste em "peça técnica com todos os subsídios necessários à elaboração do projeto básico" – no inciso XXIV do art. 6.º são enumerados os elementos mínimos que devem constar no anteprojeto.

Na **contratação integrada**, após a elaboração do **projeto básico** pelo contratado, o conjunto de desenhos, especificações, memoriais e cronograma físico-financeiro deverá ser **submetido à aprovação da administração**, que avaliará sua adequação em relação aos parâmetros definidos no edital e conformidade com as normas técnicas, vedadas alterações que reduzam a qualidade ou a vida útil do empreendimento e mantida a responsabilidade integral do contratado pelos riscos associados ao projeto básico (art. 46, § 3.º).

Na **contratação semi-integrada**, mediante **prévia autorização** da administração, o **projeto básico poderá ser alterado**, desde que demonstrada a superioridade das inovações propostas pelo contratado em termos de redução de custos, de aumento da qualidade, de redução do prazo de execução ou de facilidade de manutenção ou operação, **assumindo o contratado a responsabilidade integral pelos riscos associados à alteração do projeto básico** (art. 46, § 5.º).

3.1.3. *Matriz de alocação de riscos*

O contrato **poderá** identificar os riscos contratuais previstos e presumíveis e estabelecer **matriz de alocação de riscos**, alocando-os entre **contratante e contratado**, mediante **indicação daqueles a serem assumidos pelo setor público ou pelo setor privado ou daqueles a serem compartilhados** (art. 103).

Vale destacar este ponto: a lei prevê a possibilidade de os contratantes – administração e particular –, antevendo **risco de ocorrência de eventos que, durante a execução do contrato, acarretariam dificuldades e custos adicionais**, ajustarem, desde logo, **qual das partes suportará o ônus decorrente**, ou, se for o caso, **como será ele compartilhado** entre elas. Essa antecipação de riscos e a estipulação prévia da forma como serão distribuídos entre as partes, caso eles se concretizem, os custos correspondentes consubstanciam a "**matriz de alocação de riscos**".

Evidentemente, a estipulação feita na matriz de alocação de riscos acerca da responsabilidade de cada parte **será levada em consideração para o estabelecimento do valor da contratação**. São esclarecedores, quanto a esse aspecto, o *caput* e o § 1.º do art. 22 da Lei 14.133/2021, a saber (grifamos):

> Art. 22. O edital poderá contemplar **matriz de alocação de riscos** entre o contratante e o contratado, hipótese em que **o cálculo do valor estimado da contratação poderá considerar taxa de risco compatível com o objeto da licitação e com os riscos atribuídos ao contratado**, de acordo com metodologia predefinida pelo ente federativo.
>
> § 1.º A matriz de que trata o *caput* deste artigo **deverá** promover a alocação eficiente dos riscos de cada contrato e **estabelecer a responsabilidade que caiba a cada parte contratante**, bem como os mecanismos que afastem a ocorrência do sinistro e mitiguem os seus efeitos, caso este ocorra durante a execução contratual.

Por essa razão, estabelece o § 4.º do art. 103 que a matriz de alocação de riscos definirá o equilíbrio econômico-financeiro inicial do contrato em relação a eventos supervenientes e deverá ser observada na solução de eventuais pleitos das partes.

Pelo mesmo motivo, ao tratar da alteração dos contratos, a Lei 14.133/2021 autoriza que ela ocorra, por acordo entre as partes, "para restabelecer o equilíbrio econômico-financeiro inicial do contrato em caso de força maior, caso fortuito ou fato do príncipe ou em decorrência de fatos imprevisíveis ou previsíveis de consequências incalculáveis, que inviabilizem a execução do contrato tal como pactuado, **respeitada, em qualquer caso, a repartição objetiva de risco estabelecida no contrato**" (art. 124, II, "d").

Quando a contratação se referir a **obras e serviços de grande vulto** ou forem adotados os **regimes de contratação integrada e semi-integrada**, o edital da licitação **obrigatoriamente** contemplará **matriz de alocação de riscos** entre o contratante e o contratado (art. 22, § 3.º).

Nas **contratações integradas ou semi-integradas**, os riscos decorrentes de fatos supervenientes à contratação associados à escolha da solução de projeto básico pelo contratado deverão ser alocados como de sua responsabilidade na matriz de riscos (art. 22, § 4.º).

Serão **preferencialmente** transferidos ao **contratado** os riscos que tenham **cobertura oferecida por seguradoras** (art. 103, § 2.º).

Sempre que atendidas as condições do contrato e da matriz de alocação de riscos, **será considerado mantido o equilíbrio econômico-financeiro**, renunciando as partes aos pedidos de restabelecimento do equilíbrio relacionados aos riscos assumidos, **exceto** no que se refere (art. 103, § 5.º): (a) às alterações unilaterais determinadas pela administração; e (b) ao aumento ou à redução, por legislação superveniente, dos tributos diretamente pagos pelo contratado em decorrência do contrato.

Para determinação da matriz de alocação de riscos, poderão ser adotados métodos e padrões usualmente utilizados por entidades públicas e privadas, e os ministérios e secretarias supervisores dos órgãos e das entidades da administração pública poderão definir os parâmetros e o detalhamento dos procedimentos necessários a sua identificação, alocação e quantificação financeira (art. 103, § 6.º).

3.2. Contrato de adesão

Os contratos administrativos enquadram-se na categoria dos denominados contratos de adesão.

Em um contrato de adesão, uma das partes propõe as cláusulas e a outra parte não pode propor alterações, supressões ou acréscimos a essas cláusulas. Nos contratos de adesão, a autonomia da vontade da parte que adere ao contrato é limitada à aceitação, ou não, das condições impostas para a formação do vínculo. A parte não é obrigada a aceitar as cláusulas propostas, mas, uma vez que não pode modificá-las, sua manifestação de vontade resume-se à não celebração do contrato, se for o caso.

O art. 92 da Lei 14.133/2021 enumera diversas cláusulas que obrigatoriamente deverão constar nos contratos administrativos por ela regidos. Além disso, a minuta do futuro contrato integrará o edital da licitação, que deverá ser divulgado com todos os elementos que o integram, incluída a minuta de contrato, em sítio eletrônico oficial, sem necessidade de registro ou de identificação para acesso (art. 25, § 3.º). Vale lembrar que, na fase de julgamento da licitação, determina a lei que sejam desclassificadas as propostas que apresentarem desconformidade insanável com quaisquer exigências do edital (art. 59).

Portanto, os particulares interessados em celebrar um contrato com a administração já conhecem as cláusulas que o integrarão, antes de decidirem se ingressarão no certame. Se optam por participar da licitação, sabem que, uma vez vencedores, deverão tão somente aderir ao contrato, com aquele conteúdo previamente estabelecido.

3.3. Pessoalidade (*intuitu personae*)

Os contratos administrativos, em regra, são contratos pessoais, celebrados *intuitu personae*, ou seja, a execução do contrato deve ser levada a termo pela mesma pessoa (física ou jurídica) que se obrigou perante a administração. A natureza pessoal dos contratos administrativos decorre principalmente do fato de serem eles celebrados após a realização de um procedimento licitatório em que se visa, não apenas a selecionar a proposta mais vantajosa para a administração, mas também a selecionar uma pessoa, física ou jurídica, que ofereça condições de assegurar a adequada execução do que foi contratado.

Por esse motivo, as licitações, regra geral, têm uma fase de **habilitação** (e nos processos de **contratação direta** é necessário comprovar que a pessoa a ser contratada preenche os requisitos de habilitação), na qual os pretendentes a contratar com a administração fazem comprovação de regularidade fiscal, social e trabalhista e demonstram que atendem a exigências mínimas de qualificação jurídica, técnica e econômico-financeira – condições pessoais que ensejam a presunção de que o futuro contratado tem aptidão para executar adequadamente o objeto do contrato.

Como decorrência direta da natureza pessoal dos contratos administrativos, não pode o contratado, a seu critério e sem limite, efetuar **subcontratações**, ou seja, o contratado não pode livremente cometer a terceiros a execução do objeto do contrato.

Outra consequência é a **extinção** do contrato nas hipóteses de falecimento do contratado e de decretação de falência ou de insolvência civil, ou de dissolução da sociedade, conforme previsto no art. 137, IV, da Lei 14.133/2021.

Não obstante, a regra segundo a qual os contratos administrativos são celebrados *intuitu personae* **não é absoluta**. A Lei 14.133/2021 prevê a possibilidade de o contratado, na execução do contrato, **subcontratar partes** da obra, do serviço ou do fornecimento até o limite autorizado, em cada caso, pela Administração (art. 122). A subcontratação não afasta as responsabilidades contratuais e legais do contratado.

Destaque-se este ponto: a subcontratação será **sempre parcial**, e a administração, ao autorizá-la, deverá estabelecer o seu **limite**, isto é, quanto do objeto daquele contrato poderá ser executado mediante subcontratação.

Cabe pontuar, ainda, que, no § 4.º do art. 74, a Lei 14.133/2021 estabelece uma **vedação absoluta à subcontratação**: no caso de declaração de inexigibilidade de licitação para contratação direta dos serviços técnicos especializados de natureza predominantemente intelectual enumerados no inciso III desse mesmo artigo, a serem prestados por profissionais ou empresas de notória especialização. Nessa hipótese, a lei proíbe "a subcontratação de empresas ou a atuação de profissionais distintos daqueles que tenham justificado a inexigibilidade".

4. PRERROGATIVAS DA ADMINISTRAÇÃO CONTRATANTE ("CLÁUSULAS EXORBITANTES")

A doutrina administrativista, de maneira uniforme, aponta como característica principal dos contratos administrativos – corolário do regime jurídico de **direito público** a que eles estão precipuamente submetidos – a existência de **prerrogativas** que podem (ou devem) ser exercidas pela administração pública, e que desbordam daquilo que seria admissível em contratos privados, nos quais as partes encontram-se em situação de igualdade jurídica. Essas prerrogativas de direito público são conhecidas como **cláusulas exorbitantes**.

Na Lei 14.133/2021, as principais cláusulas exorbitantes, tais como usualmente as descrevem os administrativistas, encontram-se enumeradas no seu art. 104, cuja reprodução faz-se necessária:

> Art. 104. O regime jurídico dos contratos instituído por esta Lei confere à Administração, em relação a eles, as prerrogativas de:
>
> I – modificá-los, unilateralmente, para melhor adequação às finalidades de interesse público, respeitados os direitos do contratado;

II – extingui-los, unilateralmente, nos casos especificados nesta Lei;

III – fiscalizar sua execução;

IV – aplicar sanções motivadas pela inexecução total ou parcial do ajuste;

V – ocupar provisoriamente bens móveis e imóveis e utilizar pessoal e serviços vinculados ao objeto do contrato nas hipóteses de:

a) risco à prestação de serviços essenciais;

b) necessidade de acautelar apuração administrativa de faltas contratuais pelo contratado, inclusive após extinção do contrato.

§ 1.º As cláusulas econômico-financeiras e monetárias dos contratos não poderão ser alteradas sem prévia concordância do contratado.

§ 2.º Na hipótese prevista no inciso I do *caput* deste artigo, as cláusulas econômico-financeiras do contrato deverão ser revistas para que se mantenha o equilíbrio contratual.

A seguir, além das cláusulas exorbitantes listadas nos incisos I a V supratranscritos, serão estudadas: (a) as restrições à oposição, pelo contratado, da denominada "exceção do contrato não cumprido" (art. 137, § 2.º, IV, e § 3.º, I); (b) as normas acerca de exigência de garantia pela administração (arts. 96 a 102); e (c) a possibilidade de a administração exigir do contratado medidas de compensação comercial, industrial ou tecnológica ou acesso a condições vantajosas de financiamento (art. 26, § 6.º). Esta última (letra "c"), embora não esteja inserida entre as disposições especificamente concernentes aos contratos administrativos, deve ser acrescentada à lista de cláusulas exorbitantes, uma vez que traduz prerrogativa da administração pública passível de ser imposta unilateralmente aos administrados que com ela contratem.

4.1. Alteração dos contratos e dos preços

A alteração **unilateral** do contrato administrativo deve sempre ter por escopo a sua melhor adequação às finalidades de interesse público. Devem, ademais, ser respeitados os direitos do administrado, especialmente o direito à observância dos limites legais de alteração por parte da Administração e o direito ao restabelecimento do equilíbrio econômico-financeiro originalmente estabelecido.

Em razão dessa prerrogativa de alteração unilateral por uma das partes (a Administração), diz-se que aos contratos administrativos não se aplica integralmente o postulado *pacta sunt servanda*. Tal princípio traduz a obrigação de cumprimento das cláusulas contratuais nos exatos termos em que foram pactuadas originalmente – e é um dos mais importantes postulados entre os que regem os contratos privados.

A Lei 14.133/2021 trata das hipóteses em que pode haver alteração dos contratos por ela regidos, sempre acompanhada das **devidas justificativas**, no seu art. 124. A alteração pode ser determinada **unilateralmente** pela administração, ou decorrer de **acordo entre as partes**. Evidentemente, só cabe falar em **prerrogativa de direito público**, isto é, em **cláusula exorbitante**, nas hipóteses de alteração unilateral – que, exatamente por se tratar de manifestação do **princípio da supremacia do interesse**

público, somente pode ser determinada pela administração, jamais pelo particular contratado. A alteração contratual por **acordo entre as partes**, portanto, **não configura cláusula exorbitante**, mas, ainda assim, somente poderá ocorrer nas situações estipuladas na lei – não existe liberdade ampla dos contratantes, haja vista que, **invariavelmente**, está a administração jungida à **indisponibilidade da coisa pública**.

Cumpre transcrever o art. 124 da Lei 14.133/2021 (grifamos):

> Art. 124. Os contratos regidos por esta Lei poderão ser alterados, com as devidas justificativas, nos seguintes casos:
>
> I – **unilateralmente** pela administração:
>
> a) quando houver **modificação do projeto ou das especificações**, para melhor adequação técnica a seus objetivos;
>
> b) quando for necessária a **modificação do valor contratual** em decorrência de **acréscimo ou diminuição quantitativa de seu objeto**, nos limites permitidos por esta Lei;
>
> II – por **acordo entre as partes**:
>
> a) quando conveniente a substituição da garantia de execução;
>
> b) quando necessária a modificação do regime de execução da obra ou do serviço, bem como do modo de fornecimento, em face de verificação técnica da inaplicabilidade dos termos contratuais originários;
>
> c) quando necessária a modificação da forma de pagamento por imposição de circunstâncias supervenientes, mantido o valor inicial atualizado e vedada a antecipação do pagamento em relação ao cronograma financeiro fixado sem a correspondente contraprestação de fornecimento de bens ou execução de obra ou serviço;
>
> d) para **restabelecer o equilíbrio econômico-financeiro** inicial do contrato em caso de **força maior**, **caso fortuito** ou **fato do príncipe** ou em decorrência de **fatos imprevisíveis ou previsíveis de consequências incalculáveis**, que inviabilizem a execução do contrato tal como pactuado, **respeitada, em qualquer caso, a repartição objetiva de risco estabelecida no contrato**.

O legislador entendeu por bem estabelecer, de forma expressa, que será aplicado o disposto na supratranscrita alínea "d" do inciso II quando, nas contratações de obras e serviços de engenharia, a execução for obstada pelo atraso na conclusão de procedimentos de desapropriação, desocupação, servidão administrativa ou licenciamento ambiental – desde que o atraso se deva a circunstâncias alheias ao contratado (art. 124, § 2.º). Não temos dúvida de que esse § 2.º do art. 124 tem caráter meramente **exemplificativo**: ele explicita uma situação em que o disposto na alínea "d" do inciso II do art. 124 tem aplicação, mas é evidente que tal situação não esgota, de modo algum, o alcance e as possibilidades de incidência da referida alínea.

Importante é destacar a parte final da alínea "d" do inciso II do art. 124, segundo a qual as alterações contratuais nela previstas – que dependem de acordo entre as partes – para restabelecimento do equilíbrio econômico-financeiro originalmente pactuado, mesmo diante de situação caracterizadora de força maior, caso fortuito ou fato do príncipe, ou de fatos imprevisíveis, ou previsíveis, mas de consequências incalculáveis, **deverão** respeitar, **sempre**, "a repartição objetiva de risco estabelecida no contrato". Essa exigência está em perfeita harmonia com o disposto no § 4.º do art. 103 da Lei 14.133/2021: **a matriz de alocação de riscos definirá o equilíbrio econômico-financeiro inicial do contrato em relação a eventos supervenientes e deverá ser observada na solução de eventuais pleitos das partes**.

Observe-se que as **alterações unilaterais** (art. 124, I) podem ser: (a) **qualitativas** (alínea "a"), em que algumas características do objeto do contrato são alteradas em decorrência de modificação do projeto ou das especificações; e (b) **quantitativas** (alínea "b"), quando são determinados pela administração acréscimos ou diminuições ao objeto do contrato.

Consoante preceitua o art. 125 da Lei 14.133/2021, nas alterações unilaterais – sejam elas qualitativas ou quantitativas –, o contratado é **obrigado** a aceitar, nas mesmas condições contratuais: (a) **acréscimos ou supressões** de **até vinte e cinco por cento** do valor inicial atualizado do contrato que se fizerem nas obras, nos serviços ou nas compras; e (b) **acréscimos** de **até cinquenta por cento**, no caso de reforma de edifício ou de equipamento.

Em qualquer hipótese, as alterações unilaterais (art. 124, I) **não podem transfigurar o objeto da contratação**, isto é, não serão admitidas alterações unilaterais que impliquem modificação substancial do objeto que foi licitado – caso contrário, haveria burla ao próprio procedimento licitatório.

A possibilidade de alteração unilateral do contrato pela administração somente abrange as **cláusulas regulamentares** (também chamadas cláusulas **de serviço** ou **de execução**), que são aquelas que dispõem sobre o objeto do contrato e a sua execução – e **não** sobre a **remuneração** do contratado. **Nunca** podem ser modificadas **unilateralmente** as denominadas **cláusulas econômico-financeiras** dos contratos, que estabelecem a relação entre a remuneração e os encargos do contratado, a qual deve ser mantida durante toda a execução do contrato.

Nessa toada, estabelece o art. 130 da Lei 14.133/2021 que, na hipótese de **alteração unilateral** do contrato que **aumente ou diminua** os encargos do contratado, a administração **deverá restabelecer**, no mesmo termo aditivo, o **equilíbrio econômico-financeiro inicial** (art. 130).

Vale lembrar que o § 5.º do art. 103 estatui que, sempre que estiverem atendidas as condições do contrato **e da matriz de alocação de riscos**, será considerado **mantido o equilíbrio econômico-financeiro**, renunciando as partes aos pedidos de restabelecimento do equilíbrio relacionados aos riscos assumidos, **exceto** no que se refere: (a) às **alterações unilaterais** determinadas pela administração; e (b) ao aumento ou à redução, por legislação superveniente, dos tributos diretamente pagos pelo contratado em decorrência do contrato.

É interessante anotar que a Lei 14.133/2021 expressamente prevê a possibilidade de que, **mesmo depois da extinção do contrato**, venha a ser reconhecido que houve desequilíbrio econômico-financeiro durante a sua execução. Nessa hipótese, será concedida indenização por meio de **termo indenizatório** (art. 131). O **pedido** de restabelecimento do equilíbrio econômico-financeiro, porém, deverá ser formulado **durante a vigência do contrato**. Ademais, nos contratos de serviços e fornecimentos contínuos – os quais, atendidas as condições na lei estipuladas, podem ser prorrogados sucessivamente –, o pedido deve ser apresentado antes de eventual prorrogação.

Em suma, a equação financeira originalmente fixada no momento da celebração do contrato deverá ser respeitada pela administração. Ela terá de proceder, sempre que determinar a alteração unilateral de alguma cláusula de execução que afete a equação financeira original, à **revisão** do contrato, é dizer, ao restabelecimento da relação encargo-remuneração inicialmente estipulada.

Tome-se como exemplo um contrato que preveja a pavimentação de 200 Km de uma rodovia, com remuneração de R$ 300.000,00 à empresa contratada para a execução. Como se sabe, a administração poderá alterar unilateralmente a quantidade de quilômetros a serem pavimentados, para mais ou para menos – desde que esses acréscimos ou supressões não ultrapassem o correspondente a 25% do valor inicial (atualizado) do contrato.

Caso a administração determine, unilateralmente, a pavimentação de uma extensão de rodovia maior do que aquela inicialmente contratada, ela será obrigada à **revisão** do valor do contrato para mais – podendo chegar, no máximo, a R$ 375.000,00 (desconsiderando eventual atualização).

Supondo, para efeito de simplificação, que o valor do contrato fosse estritamente proporcional ao número de quilômetros pavimentados, então, nesse exemplo, a administração poderia determinar, unilateralmente, que a contratada pavimentasse até 50 Km a mais de rodovia, chegando a um total máximo de 250 Km, mas ficaria **obrigada** a promover a **revisão** do valor do contrato, proporcionalmente, até R$ 375.000,00, a fim de assegurar a **manutenção do seu equilíbrio econômico-financeiro**.

O **mesmo raciocínio** se aplica na hipótese de **redução unilateral** do objeto do contrato.

Outra consequência da inalterabilidade do equilíbrio financeiro do contrato é a previsão legal e contratual de **reajuste** periódico de preços (art. 92, § 3.º). A Lei 14.133/2021 define "**reajustamento em sentido estrito**" como "forma de manutenção do equilíbrio econômico-financeiro de contrato consistente na aplicação do índice de correção monetária previsto no contrato, que deve retratar a variação efetiva do custo de produção, admitida a adoção de índices específicos ou setoriais" (art. 6.º, LVIII).

Conquanto muitas vezes seja feita confusão no emprego desses vocábulos, deve-se, tecnicamente, diferenciar a **revisão** do mero **reajuste**.

A **revisão** do contrato tem lugar quando a administração procede à alteração unilateral de suas cláusulas de execução, afetando a equação econômica original, ou quando algum evento, mesmo que externo ao contrato, modifica extraordinariamente os custos de sua execução. Nessas hipóteses, o contratado tem direito à chamada **revisão** do contrato, para restabelecimento de seu equilíbrio econômico-financeiro.

O mero **reajuste** é algo que ocorre periodicamente, estando relacionado à inflação ordinária ou à perda ordinária de poder aquisitivo da moeda, seguindo índices determinados, tudo conforme previamente estabelecido no próprio contrato.

A **revisão** não é algo que ocorra periodicamente, nenhuma relação tem com inflação ordinária ou perda ordinária de poder aquisitivo da moeda, descabendo, por isso, cogitar de "índices preestabelecidos", como ocorre na hipótese de reajuste.

Ambos, revisão e reajuste, entretanto, têm como fundamento a inalterabilidade do equilíbrio econômico-financeiro do contrato e, vale repetir, às vezes são empregados indiscriminadamente, como expressões sinônimas.

Nas alterações contratuais para **supressão** de obras, bens ou serviços, se o contratado **já houver adquirido os materiais** e os colocado no local dos trabalhos, estes **deverão ser pagos pela administração** pelos custos de aquisição regularmente comprovados e monetariamente reajustados, **podendo caber indenização por outros danos** eventualmente decorrentes da supressão, desde que regularmente comprovados (art. 129).

Quando for adotada a **contratação integrada ou semi-integrada**, é **vedada**, como **regra geral**, a alteração dos valores contratuais, exceto nos casos específicos descritos no art. 133 da Lei 14.133/2021, a saber: (a) para restabelecimento do equilíbrio econômico-financeiro decorrente de caso fortuito ou força maior; (b) por necessidade de alteração do projeto ou das especificações para melhor adequação técnica aos objetivos da contratação, a pedido da administração, desde que não decorrente de erros ou omissões por parte do contratado, observados os limites estabelecidos no art. 125; (c) por necessidade de alteração do projeto básico nas contratações semi-integradas, para incorporação de inovações propostas pelo contratado, desde que seja demonstrada a sua superioridade e haja prévia autorização da administração; e (d) por ocorrência de evento superveniente alocado na matriz de riscos como de responsabilidade da administração.

Os **preços** contratados **serão alterados**, **para mais ou para menos**, conforme o caso, se houver, após a data da apresentação da proposta, criação, alteração ou extinção de quaisquer tributos ou encargos legais ou a superveniência de disposições legais, com comprovada repercussão sobre os referidos preços (art. 134).

A Lei 14.133/2021 versa sobre uma figura por ela denominada **repactuação**, definida nestes termos: "forma de manutenção do equilíbrio econômico-financeiro de contrato utilizada para serviços contínuos com regime de dedicação exclusiva de mão de obra ou predominância de mão de obra, por meio da análise da variação dos custos contratuais, devendo estar prevista no edital com data vinculada à apresentação das propostas, para os custos decorrentes do mercado, e com data vinculada ao acordo, à convenção coletiva ou ao dissídio coletivo ao qual o orçamento esteja vinculado, para os custos decorrentes da mão de obra" (art. 6.º, LIX).

Os preços dos contratos para serviços contínuos com regime de dedicação exclusiva de mão de obra ou com predominância de mão de obra serão **repactuados** para **manutenção do equilíbrio econômico-financeiro**, mediante demonstração analítica da variação dos custos contratuais, com data vinculada (art. 135):

> I – à da apresentação da proposta, para custos decorrentes do mercado;
>
> II – ao acordo, à convenção coletiva ou ao dissídio coletivo ao qual a proposta esteja vinculada, para os custos de mão de obra.

Cap. 10 • CONTRATOS ADMINISTRATIVOS

A **repactuação** deverá observar o **interregno mínimo de um ano**, contado da data da apresentação da proposta ou da data da última repactuação, e será precedida de **solicitação do contratado**, acompanhada de **demonstração analítica da variação dos custos**, por meio de apresentação da planilha de custos e formação de preços, ou do novo acordo, convenção ou sentença normativa que fundamenta a repactuação.

A lei estabelece como condição para o contratado executar determinada prestação imposta pela administração no curso do contrato (que não estivesse originalmente prevista) a **formalização de termo aditivo**, a qual deve ocorrer, em regra, **antes** da execução da prestação, salvo nos casos de **justificada necessidade de antecipação** de seus efeitos, hipótese em que a **formalização** deverá ocorrer no **prazo máximo de um mês** (art. 132).

Registros que **não caracterizam alteração do contrato** podem ser realizados por simples **apostila**, dispensada a celebração de termo aditivo. São exemplos: (a) variação do valor contratual para fazer face ao reajuste ou à repactuação de preços previstos no próprio contrato; e (b) alterações na razão ou na denominação social do contratado (art. 136).

Nas hipóteses de impedimento, ordem de paralisação ou suspensão do contrato, o **cronograma de execução** será **prorrogado automaticamente** pelo tempo correspondente, anotadas tais circunstâncias mediante simples **apostila**. Caso se trate de **obras**, o impedimento, a ordem de paralisação ou a suspensão do contrato por **mais de um mês** acarreta para a administração a **obrigação de divulgar**, em sítio eletrônico oficial e em placa a ser afixada em local da obra de fácil visualização pelos cidadãos, **aviso público de obra paralisada**, com o **motivo** e o **responsável da inexecução temporária** do objeto do contrato e a **data prevista para o reinício** da sua execução (art. 115, §§ 5.º e 6.º).

4.2. Extinção unilateral do contrato

No direito privado, em regra, não existe a possibilidade de rescisão unilateral de um contrato, uma vez que as partes se encontram em posição de igualdade jurídica. Os contratos administrativos, diferentemente, são regidos predominantemente pelo direito público, o que confere a uma das partes – a administração pública – posição de supremacia jurídica ante a outra – o particular.

Uma das mais expressivas manifestações dessa desigualdade jurídica entre as partes em um contrato administrativo consiste na possibilidade que a lei confere à administração pública de rescindir unilateralmente o contrato, isto é, extingui-lo antes do prazo, sem necessidade de recorrer ao Poder Judiciário ou de obter o consentimento do particular contratado.

A maioria das hipóteses autorizadoras de extinção unilateral diz respeito a situações em que ocorre algum inadimplemento contratual inescusável por parte do particular contratado. Porém, é tamanha a extensão dessa prerrogativa da administração pública que a lei admite a rescisão unilateral até mesmo fundamentada em "razões de interesse público, justificadas pela autoridade máxima do órgão ou da entidade contratante", ou seja, sem que tenha havido qualquer descumprimento contratual por parte do particular. Também na hipótese "caso fortuito ou força maior, regularmente comprovados, impeditivos da execução do contrato", a extinção unilateral é prevista.

A Lei 14.133/2021, em seu art. 138, I, confere à administração a prerrogativa de **extinguir unilateralmente** os contratos administrativos, "exceto no caso de descumprimento decorrente de sua própria conduta". As hipóteses de rescisão unilateral e suas consequências para a administração e para o particular contratado serão detalhadas em outro tópico, acerca das formas gerais de extinção dos contratos administrativos previstas na Lei 14.133/2021.

4.3. Fiscalização da execução do contrato

A prerrogativa da administração pública de controlar e fiscalizar a execução dos contratos administrativos é um dos poderes inerentes à atividade administrativa de um modo geral e, por isso, a doutrina assevera estar esse poder implícito em toda contratação pública, dispensando cláusula expressa. De qualquer forma, a Lei 14.133/2021 textualmente enumera como prerrogativa da administração a fiscalização da execução dos contratos administrativos (art. 104, III).

A execução do contrato deve ser acompanhada e fiscalizada por **um ou mais fiscais do contrato**, representantes da administração especialmente designados, ou pelos respectivos substitutos, **permitida a contratação de terceiros para assisti-los e subsidiá-los com informações pertinentes** a essa atribuição (art. 117).

Na hipótese da contratação de terceiros referida no parágrafo anterior, a lei estipula que (art. 117, § 4.º):

> I – a empresa ou o profissional contratado assumirá **responsabilidade civil objetiva** pela **veracidade** e pela **precisão das informações prestadas**, firmará termo de compromisso de confidencialidade e não poderá exercer atribuição própria e exclusiva de fiscal de contrato;
>
> II – a contratação de terceiros **não eximirá de responsabilidade o fiscal do contrato, nos limites das informações recebidas do terceiro contratado.**

O fiscal do contrato será **auxiliado pelos órgãos de assessoramento jurídico e de controle interno da administração**, que deverão dirimir dúvidas e subsidiá-lo com informações relevantes para prevenir riscos na execução contratual.

O contratado deverá manter preposto aceito pela administração no local da obra ou do serviço para representá-lo na execução do contrato (art. 118).

É importante enfatizar que a fiscalização **não exclui ou reduz a responsabilidade do contratado** pelos danos que a execução do contrato venha causar à administração ou a terceiros, consoante explicita o art. 120 da Lei 14.133/2021, a seguir reproduzido:

> Art. 120. O contratado será responsável pelos danos causados diretamente à administração ou a terceiros em razão da execução do contrato, e **não excluirá nem reduzirá essa responsabilidade a fiscalização ou o acompanhamento pelo contratante.**

4.4. Aplicação direta de sanções

Verificando a ocorrência de **infrações legalmente previstas**, a administração pública tem o poder-dever de aplicar **aos licitantes e aos contratados** infratores as sanções administrativas na lei cominadas, desde que lhes assegure o exercício do contraditório e da ampla defesa, no âmbito de um processo administrativo regularmente instaurado. Tais sanções serão impostas diretamente pela administração pública – são **atos autoexecutórios**, isto é, sua aplicação **independe** de prévia manifestação do Poder Judiciário.

A Lei 14.133/2021 enumera, em seu art. 155, as **infrações** que ensejam responsabilização administrativa **do licitante e/ou do contratado**. As sanções cominadas para a prática dessas infrações estão previstas nos incisos do art. 156 da Lei 14.133/2021.

Essa matéria foi estudada, em tópico próprio, no capítulo sobre licitações públicas, ao qual remetemos o leitor, a fim de evitar repetições ociosas.

4.5. Ocupação provisória

A Lei 14.133/2021 trata da **ocupação provisória** no inciso V do seu art. 104. Nos termos desse dispositivo, a administração pública pode ocupar provisoriamente bens móveis e imóveis e utilizar pessoal e serviços vinculados ao objeto do contrato nas hipóteses de: (a) risco à prestação de serviços essenciais; (b) necessidade de acautelar apuração administrativa de faltas contratuais pelo contratado, inclusive após extinção do contrato.

Constata-se, em primeiro lugar, que a ocupação provisória fundada na Lei 14.133/2021 **não** se aplica **somente** a contratos que tenham por objeto **serviços essenciais**. Deveras, na situação descrita na letra "b" do parágrafo precedente – em que a ocupação tem natureza de **medida acautelatória** para a investigação de infrações –, **não há restrição quanto ao objeto do contrato**, pode a medida ser adotada sempre que for necessário assegurar que a apuração administrativa de faltas contratuais seja efetuada sem interferência, embaraço ou empecilho causados pelo contratado.

Além disso, nas duas hipóteses previstas no art. 104, V, da Lei 14.133/2021, a ocupação provisória **não obrigatoriamente implica extinção do contrato** – e, sendo o caso de extinção contratual, pode a ocupação ocorrer **antes ou depois** dela.

O art. 139, I e II, da Lei 14.133/2021 autoriza a administração, na hipótese de **extinção unilateral do contrato**, a: (a) assumir imediatamente, por ato próprio, o objeto do contrato, no estado e local em que se encontrar; e (b) promover "**ocupação e utilização** do local, das instalações, dos equipamentos, do material e do pessoal empregados na execução do contrato e **necessários à sua continuidade**". A aplicação dessas duas medidas "ficará **a critério da administração**, que poderá dar continuidade à obra ou ao serviço por **execução direta ou indireta**" (art. 139, § 1.º). Caso a administração pretenda promover a ocupação e utilização de que trata o art. 139 da Lei 14.133/2021, "o ato **deverá** ser **precedido** de **autorização expressa** do ministro de Estado, do secretário estadual ou do secretário municipal competente, conforme o caso" (art. 139, § 2.º).

4.6. Restrições à oposição da exceção do contrato não cumprido (*exceptio non adimpleti contractus*)

Nos contratos onerosos regidos pelo direito privado é permitido a qualquer dos contratantes suspender a execução de sua parte no contrato enquanto o outro contratante não adimplir a sua própria.

Assim, se José contrata a prestação de um serviço mensal a ser realizado por Pedro e este deixa de prestar o serviço, digamos, no quinto mês, é lícito a José suspender o pagamento até que Pedro cumpra as suas obrigações contratuais. Da mesma forma, se José não efetua o pagamento na data combinada, fica Pedro autorizado a não prestar o serviço enquanto não efetivado o pagamento.

A essa suspensão da execução do contrato pela parte prejudicada com a inadimplência do outro contratante dá-se o nome de oposição da exceção do contrato não cumprido (*exceptio non adimpleti contractus*).

Em relação aos contratos administrativos, a doutrina mais ortodoxa (anterior à própria Lei 8.666/1993) defendia a inoponibilidade, contra a administração, dessa exceção do contrato não cumprido, ou seja, não seria lícito ao particular interromper a execução da obra, o fornecimento dos bens ou a prestação do serviço objeto do contrato, mesmo que a administração permanecesse sem pagar pela obra, pelos bens ou pelo serviço. Ao particular prejudicado somente caberia indenização pelos prejuízos suportados, cumulada ou não com rescisão contratual judicial por culpa da administração. Invocava-se, para justificar essa prerrogativa da administração, o **princípio da continuidade dos serviços públicos**.

Essa orientação doutrinária, exageradamente rigorosa em prejuízo do contratado, resultou afastada com a edição da Lei 8.666/1993, que passou a possibilitar, como regra, a oposição da exceção do contrato não cumprido pelo particular, estabelecendo, contudo, **restrições** ao exercício desse direito.

A Lei 14.133/2021 seguiu a mesma linha – isto é, prevê a possibilidade de o particular opor a exceção do contrato não cumprido, desde que observadas as **condições e restrições** nela mesma estipuladas –, conforme se constata com a simples leitura dos seguintes dispositivos do seu art. 137 (grifamos):

> § 2.º O contratado terá direito à extinção do contrato nas seguintes hipóteses:
>
> (...)
>
> II – suspensão de execução do contrato, por ordem escrita da Administração, por prazo superior a 3 (três) meses;
>
> III – repetidas suspensões que totalizem 90 (noventa) dias úteis, independentemente do pagamento obrigatório de indenização pelas sucessivas e contratualmente imprevistas desmobilizações e mobilizações e outras previstas;
>
> IV – **atraso superior a 2 (dois) meses**, contado da emissão da nota fiscal, **dos pagamentos ou de parcelas de pagamentos devidos pela Administração** por despesas de obras, serviços ou fornecimentos;

(...)

§ 3.º As hipóteses de extinção a que se referem os incisos II, III e IV do § 2º deste artigo observarão as seguintes disposições:

I – não serão admitidas em caso de calamidade pública, de grave perturbação da ordem interna ou de guerra, bem como quando decorrerem de ato ou fato que o contratado tenha praticado, do qual tenha participado ou para o qual tenha contribuído;

II – **assegurarão ao contratado o direito de optar pela suspensão do cumprimento das obrigações assumidas até a normalização da situação**, admitido o restabelecimento do equilíbrio econômico-financeiro do contrato, na forma da alínea "d" do inciso II do *caput* do art. 124 desta Lei.

É oportuno anotar que, **no caso dos contratos de concessão e de permissão de serviços públicos, não é cabível a suspensão da execução do contrato pela concessionária ou permissionária**, seja qual for o inadimplemento da administração, dure quanto durar. Nesses contratos, o descumprimento de obrigação da administração para com a concessionária ou permissionária enseja **unicamente** a **rescisão judicial**, por iniciativa do particular, e os serviços prestados não poderão ser interrompidos ou paralisados, até o trânsito em julgado da decisão judicial.

Por último, deve-se atentar para o fato de que, **na hipótese de inadimplemento do particular**, a administração sempre pode opor imediatamente a exceção do contrato não cumprido e, automaticamente, deixar de cumprir suas obrigações para com o contratado inadimplente (suspendendo os pagamentos a ele devidos, por exemplo, sem prejuízo das demais sanções previstas na lei e no contrato).

4.7. Exigência de garantia

A exigência de que os particulares contratados (e também os licitantes) prestem **garantia** à Administração visando a assegurar o adequado adimplemento do contrato, ou, na hipótese de inexecução, facilitar o ressarcimento dos prejuízos sofridos pela administração, constitui uma das características dos contratos administrativos, considerada, por alguns autores, uma cláusula exorbitante, uma vez que o respectivo regramento legal confere prerrogativas à administração pública.

A Lei 14.133/2021 faculta à administração exigir garantia dos **licitantes** – que ela chama de "**garantia de proposta**" – como requisito de **pré-habilitação**. As normas concernentes a essa hipótese de exigência de garantia estão no art. 58 da Lei 14.133/2021 e foram estudadas no capítulo sobre licitações públicas.

A garantia prestada pelos **contratados**, nas contratações de **obras, serviços e fornecimentos**, poderá ser exigida, em cada caso, **a critério da autoridade competente**, desde que prevista no edital (art. 96).

Cabe ao **contratado optar** por uma das seguintes **modalidades** de garantia (art. 96, § 1.º):

I – caução em dinheiro ou em títulos da dívida pública emitidos sob a forma escritural, mediante registro em sistema centralizado de liquidação e de custódia autorizado pelo Banco Central do Brasil, e avaliados por seus valores econômicos, conforme definido pelo Ministério da Economia;[3]

II – seguro-garantia;

III – fiança bancária emitida por banco ou instituição financeira devidamente autorizada a operar no País pelo Banco Central do Brasil;

IV – título de capitalização custeado por pagamento único, com resgate pelo valor total.

A garantia prestada pelo contratado será **liberada ou restituída** após a **fiel execução** do contrato **ou** após a sua **extinção por culpa exclusiva da administração** e, quando em dinheiro, atualizada monetariamente (art. 100).

Nas contratações de obras, serviços e fornecimentos, a garantia poderá ser de **até cinco por cento** do valor inicial do contrato. Esse percentual **poderá** ser majorado para **até dez por cento**, desde que tal exigência seja **justificada** mediante análise da **complexidade técnica** e dos **riscos envolvidos** (art. 98).

Nas contratações de serviços e fornecimentos contínuos com **vigência superior a um ano**, assim como nas subsequentes prorrogações, a definição e a aplicação desses percentuais devem tomar por base o **valor anual do contrato**.

Preceitua o art. 99 da Lei 14.133/2021 que, nas contratações de **obras e serviços de engenharia de grande vulto**, poderá ser exigida a prestação de garantia, na modalidade seguro-garantia, "com cláusula de retomada prevista no art. 102", em percentual equivalente a **até trinta por cento** do valor inicial do contrato.

É interessante notar que, no art. 102 da Lei 14.133/2021, referido no parágrafo anterior, não aparece a expressão "cláusula de retomada". Dispõe esse artigo que, nas contratações de obras e serviços de engenharia (não necessariamente de grande vulto), o edital pode exigir a prestação da garantia na modalidade seguro-garantia e prever a obrigação de a seguradora, em caso de inadimplemento pelo contratado, assumir a execução e concluir o objeto do contrato, podendo subcontratar a sua conclusão, total ou parcialmente (caso a seguradora execute e conclua o objeto do contrato, ficará isenta da obrigação de pagar a importância segurada indicada na apólice; caso ela não assuma a execução do contrato, deverá pagar a integralidade da importância segurada indicada na apólice).

A lei define como obras, serviços e fornecimentos **de grande vulto** aqueles cujo valor estimado seja **superior a duzentos milhões de reais** (art. 6.º, XXII).[4]

Nas contratações de obras e serviços de engenharia, quando a **proposta** do licitante vencedor for **inferior a oitenta e cinco por cento do valor orçado pela**

---

[3] Por força do art. 51, inciso IV, da Lei 14.600/2023, o Ministério da Economia foi desmembrado em: (a) Ministério da Fazenda; (b) Ministério da Gestão e da Inovação em Serviços Públicos; (c) Ministério do Planejamento e Orçamento; e (d) Ministério do Desenvolvimento, Indústria, Comércio e Serviços.

[4] Conforme determina o art. 182 da Lei 14.133/2021, esse valor foi atualizado pelo Decreto 12.343/2024, vigente a partir de 1.º de janeiro de 2025, para R$ 250.902.323,87 (duzentos e cinquenta milhões novecentos e dois mil trezentos e vinte e três reais e oitenta e sete centavos).

Cap. 10 • CONTRATOS ADMINISTRATIVOS

administração, será exigida **garantia adicional**, que corresponderá à diferença entre este último e o valor da proposta – sem prejuízo das demais garantias passíveis de serem exigidas em conformidade com a Lei 14.133/2021 (art. 59, § 5.º).

Nos casos de contratos que impliquem a **entrega de bens pela administração**, dos quais o contratado ficará depositário, **o valor desses bens deverá ser acrescido ao valor da garantia** (art. 101).

A Lei 14.133/2021 estabelece, como regra geral, a **proibição** de que a administração efetue **pagamento antecipado**, parcial ou total, relativo a parcelas contratuais vinculadas ao fornecimento de bens, à execução de obras ou à prestação de serviços (art. 145). **Somente** será permitida a **antecipação de pagamento** se propiciar sensível economia de recursos ou se representar condição indispensável para a obtenção do bem ou para a prestação do serviço, hipótese que deverá ser **previamente justificada no processo licitatório e expressamente prevista no edital de licitação ou instrumento formal de contratação direta**. Caso o objeto não seja executado no prazo contratual, o valor antecipado deverá ser devolvido.

A administração **poderá** exigir a prestação de **garantia adicional** como condição para o **pagamento antecipado**.

Nos contratos de concessão de serviço público precedida da execução de obra pública é **obrigatória** a exigência de garantia relativa a essa parte específica do contrato – a realização da obra –, adequada a cada caso e limitada ao valor da obra (Lei 8.987/1995, art. 18, XV, e art. 23, parágrafo único, II).

Nos contratos de parcerias público-privadas **deverá** ser exigida do parceiro privado a prestação de garantia de até **dez por cento** do valor do contrato (Lei 11.079/2004, art. 5.º, VIII).

4.8. Exigência de medidas de compensação

A Lei 12.349/2010 introduziu significativas mudanças na Lei 8.666/1993, com o escopo, principalmente, de possibilitar que as licitações públicas passem a ser utilizadas como instrumento de "**promoção do desenvolvimento nacional sustentável**".

Subjacente está a noção de que as compras governamentais têm um peso tão grande na formação da demanda agregada nacional que podem, e devem, ser utilizadas para, entre outros objetivos, fortalecer o mercado interno – com aumento correspondente do emprego e da renda –, favorecendo o desenvolvimento do País.

Ademais, o próprio poder de barganha do Estado, decorrente do vulto das compras de bens e serviços que realiza, permite que ele imponha àqueles que desejam com ele contratar condições que normalmente não seriam aceitas pelo setor privado. Tal raciocínio não é novo. Entre particulares é absolutamente corriqueiro que o negociador de grande porte utilize como instrumento de pressão o tamanho potencial das suas contratações – presentes e futuras – para obter da contraparte concessões e vantagens com as quais ela jamais consentiria caso estivesse negociando com parceiros menores.

Pois bem, seguindo essa lógica concernente ao poder de barganha dos grandes compradores, a Lei 12.349/2010 acrescentou o § 11 ao art. 3.º da Lei 8.666/1993, o qual estatuía que os editais das licitações cujo objeto fosse a contratação de bens, serviços e obras poderiam, mediante prévia justificativa da autoridade competente, exigir que o contratado promova, em favor de órgão ou entidade integrante da administração pública ou daqueles por ela indicados a partir de processo isonômico, **medidas de compensação** comercial, industrial ou tecnológica **ou acesso a condições vantajosas de financiamento**, cumulativamente ou não, na forma estabelecida pelo Poder Executivo **federal**.

A Lei 14.133/2021, no § 6.º do seu art. 26, contém norma **substancialmente idêntica** àquela que constava no § 11 do art. 3.º da Lei 8.666/1993.

A primeira observação pertinente é que a imposição das exigências ora em apreço é **discricionária**: será feita a critério da administração, conforme análise efetuada em cada caso e **devidamente justificada**.

O segundo ponto relevante a destacar é que o dispositivo abrange contratos cujo objeto sejam **bens** (o que inclui compras públicas), prestação de **serviços** ou realização de **obras**.

Em terceiro lugar, nota-se que são duas as espécies de exigências que podem ser feitas, cumulativamente ou não, **desde que previstas no edital** de licitação, a saber:

a) que o contratado promova, em favor de órgão ou entidade da administração, ou em favor de pessoas que ela indique, **medidas de compensação** comercial, industrial ou tecnológica; e

b) que o contratado promova, em favor de órgão ou entidade da administração, ou em favor de pessoas que ela indique, acesso a **condições vantajosas de financiamento**.

Seria possível, por exemplo, no caso de uma licitação internacional mediante a qual o governo brasileiro pretendesse adquirir uma ampla rede de radares de grande porte, visando a modernizar o controle de todo o espaço aéreo nacional, que o edital exigisse do futuro contratado medidas de compensação comercial – como a obtenção de acesso favorecido aos mercados do país cuja empresa vencesse a licitação –, ou, ainda exemplificando, medidas de compensação tecnológica – como a transferência de conhecimento das tecnologias empregadas nos radares para uso por empresas brasileiras fabricantes de componentes eletrônicos relacionados a essa área.

Não logramos vislumbrar como poderia ser efetivamente concretizada a autorização legal para que os editais de licitações cujo objeto seja a contratação de bens, serviços ou obras exijam que o futuro contratado promova, em favor de órgão ou entidade da administração, ou em favor de pessoas que ela indique, acesso a **condições vantajosas de financiamento**.

Por fim, é interessante destacar que, no § 6.º do art. 26 da Lei 14.133/2021, está dito que as exigências nele previstas ocorrerão "na forma estabelecida pelo Poder Executivo federal" (preceito com o mesmo teor constava no § 11 do art. 3.º da Lei 8.666/1993). Como a Lei 14.133/2021 veicula normas gerais aplicáveis a **todos os entes federados**, é estranha essa previsão de **regulamentação** pelo Poder Executivo **federal** de um dispositivo legal que **não** está restrito expressamente à União. A bem

Cap. 10 • CONTRATOS ADMINISTRATIVOS

da verdade, não é difícil perceber que a norma ora em estudo tem o seu campo de aplicação por excelência nas licitações de âmbito internacional promovidas pelo governo brasileiro, isto é, pela União. Contudo, pelo menos literalmente, o texto legal não está limitado a essa hipótese. Seja como for, o art. 26 da Lei 14.133/2021, incluídas as disposições vazadas em seu § 6.º, está regulamentado, atualmente, pelo Decreto 11.890/2024.

5. PRAZOS DE DURAÇÃO DOS CONTRATOS ADMINISTRATIVOS

Estabelece a Lei 14.133/2021, em seu art. 105, que os contratos por ela regidos terão a **duração prevista em edital**, devendo ser observada, no momento da contratação e a cada exercício financeiro, a disponibilidade de créditos orçamentários – e, quando a duração **ultrapassar um exercício financeiro**, deverá haver previsão no **plano plurianual**.

A administração pode celebrar contratos com prazo de **até cinco anos** nas hipóteses de **serviços e fornecimentos contínuos**, de **aluguel de equipamentos** e de **utilização de programas de informática** (art. 106). Para tanto, a lei estabelece uma série de diretrizes, a saber: (a) a autoridade competente deverá atestar que essa contratação plurianual traz maior vantagem econômica; (b) no início da contratação e de cada exercício, deve a administração atestar a existência de créditos orçamentários vinculados à contratação e a vantagem em sua manutenção; e (c) a Administração terá a opção de extinguir o contrato, **sem ônus**, quando **não dispuser de créditos orçamentários** para sua continuidade ou quando **entender que o contrato não mais lhe oferece vantagem** (a extinção ocorrerá apenas na próxima data de aniversário do contrato e observará o prazo mínimo de dois meses, contado da referida data).

Os contratos de **serviços e fornecimentos contínuos** poderão ser **prorrogados** sucessivamente, respeitada a **vigência máxima de dez anos**, desde que haja previsão em edital e que a autoridade competente ateste que as condições e os preços permanecem vantajosos para a administração, permitida a negociação com o contratado ou a extinção contratual sem ônus para qualquer das partes (art. 107).

O Supremo Tribunal Federal já decidiu que, mesmo nas hipóteses em que a lei prevê a possibilidade de prorrogação da duração do contrato ao término do prazo inicialmente estipulado, o particular contratado tem **mera expectativa de direito**, cabendo à administração contratante, **discricionariamente**, decidir se prorrogará o contrato, ou se realizará uma nova licitação para celebrar um outro ajuste.[5]

O contrato que previr a **operação continuada de sistemas estruturantes de tecnologia da informação** poderá ter **vigência máxima de quinze anos** (art. 114).

A administração pode celebrar contratos com prazo de **até dez anos** nas hipóteses de licitação dispensável previstas nas alíneas "f" e "g" do inciso IV e nos incisos V, VI, XII e XVI do art. 75 da Lei 14.133/2021 (art. 108) – tais hipóteses foram vistas no capítulo sobre licitações públicas.

---

[5] MS 26.250/DF e MS 27.008/AM, rel. Min. Ayres Britto, 17.02.2010.

Na **contratação que gere receita** e no **contrato de eficiência que gere economia** para a administração, os prazos serão de (art. 110):

> I – **até 10 (dez) anos**, nos contratos **sem investimento**;
>
> II – **até 35 (trinta e cinco) anos**, nos contratos **com investimento**, assim considerados aqueles que impliquem a elaboração de benfeitorias permanentes, realizadas exclusivamente a expensas do contratado, que serão revertidas ao patrimônio da administração pública ao término do contrato.

Se a contratação previr a conclusão de **escopo predefinido**, o prazo de vigência será **automaticamente prorrogado** quando seu objeto não for concluído no período firmado no contrato. Caso seja do **contratado** a culpa pela não conclusão, será ele constituído em mora, aplicando-se-lhe as respectivas sanções administrativas, ou poderá a administração **optar pela extinção do contrato**, hipótese em que deverá adotar as medidas admitidas em lei para a continuidade da execução contratual (art. 111).

No art. 113, a Lei 14.133/2021 trata da **vigência** dos contratos firmados sob o regime de **fornecimento e prestação de serviço associado**. Estipula que a **vigência máxima** do contrato será definida pela **soma** do prazo relativo ao fornecimento inicial ou à entrega da obra com o prazo relativo ao serviço de operação e manutenção – e limita este último prazo a **cinco anos**, contados da data de recebimento do objeto inicial. Admite-se a **prorrogação** do contrato, respeitada a vigência máxima de **dez anos**, desde que haja previsão no edital e que a autoridade competente ateste que as condições e os preços permanecem vantajosos para a administração.

A Lei 14.133/2021 autoriza a administração a estabelecer a **vigência por prazo indeterminado** nos contratos em que seja usuária de serviço público oferecido em regime de monopólio, desde que comprovada, a cada exercício financeiro, a existência de créditos orçamentários vinculados à contratação (art. 109). Essa é a **única hipótese** de vigência de contrato por prazo **indeterminado** prevista na Lei 14.133/2021.

Na Lei 8.666/1993 – e não havia exceções em seu texto –, era expressamente "**vedado o contrato com prazo de vigência indeterminado**" (art. 57, § 3.º).

6. RESPONSABILIDADE PELA EXECUÇÃO DO CONTRATO E RESPECTIVOS ENCARGOS

Estabelece o art. 119 da Lei 14.133/2021 que o **contratado** tem **obrigação** de reparar, corrigir, remover, reconstruir ou substituir, às suas expensas, no total ou em parte, o objeto do contrato em que se verificarem vícios, defeitos ou incorreções resultantes de sua execução ou dos materiais empregados.

Ademais, o contratado **responderá pelos danos** causados diretamente à administração ou a terceiros em razão da execução do contrato. Essa regra de responsabilidade está averbada no art. 120 da Lei 14.133/2021. Ela corresponde à norma que constava no art. 70 da Lei 8.666/1993, com a diferença literal de que, **nesse último**, estava explícito que, para haver responsabilização do contratado, o dano deveria decorrer de **culpa ou dolo** na execução do contrato. Em qualquer hipótese, a responsabilidade do contratado **não é excluída nem reduzida** pelo simples fato de o contratante realizar a **fiscalização** e o **acompanhamento da execução do contrato** (logo, não cabe alegar culpa *in vigilando* da administração, como pretexto para afastar ou atenuar a responsabilidade do particular por danos decorrentes da execução do contrato).

Defendemos que, mesmo com a **supressão**, no art. 120 da Lei 14.133/2021, da menção a **dolo e culpa**, a responsabilidade do contratado pelos danos que decorram da execução do contrato continua, **em regra**, sendo do tipo **subjetiva**, isto é, exige comprovação de **dolo ou culpa**. Isso, entre outras razões, porque, na própria Lei 14.133/2021, há dispositivos que atribuem expressamente, nas situações neles descritas, responsabilidade **objetiva** a particulares relacionados ao processo licitatório ou às contratações que ela disciplina, ou seja, quando a lei pretende criar hipótese de responsabilidade do tipo objetiva, ou explicitar que, em determinada circunstância, é essa a espécie de responsabilidade aplicável, ela o faz textualmente. Aliás, vale observar, em reforço, que, no caso dos contratos celebrados por empresas públicas e sociedades de economia mista que atuam no domínio econômico em sentido amplo, o art. 76 da Lei 13.303/2016 atribui, literalmente, responsabilidade ao contratado pelos danos diretos que a execução do contrato causar, "independentemente da comprovação de sua culpa ou dolo" (responsabilidade **objetiva**).

Sem prejuízo do exposto no parágrafo anterior, não se deve olvidar que, em muitos casos, as contratações efetuadas com base na Lei 14.133/2021 contemplarão **matriz de alocação de riscos**. Assim, se um dano ocasionado à administração ou a terceiros durante a execução do contrato estiver vinculado a um evento que, na matriz de riscos, está alocado como de responsabilidade da administração, será ela, e não o contratado, que poderá ser responsabilizada – e vice-versa –, independentemente de culpa (a alocação de responsabilidade estipulada na matriz de riscos é objetiva).

O art. 121 da Lei 14.133/2021 estatui, nestes exatos termos (grifamos): "**Somente o contratado** será responsável pelos **encargos trabalhistas, previdenciários, fiscais e comerciais** resultantes da execução do contrato".

A **inadimplência do contratado** em relação aos encargos trabalhistas, fiscais e comerciais **não transfere à administração a responsabilidade pelo seu pagamento** – e não poderá onerar o objeto do contrato nem restringir a regularização e o uso das obras e das edificações, inclusive perante o registro de imóveis (art. 121, § 1.º).

A **única exceção** ao exposto no parágrafo anterior prevista na Lei 14.133/2021 refere-se à **contratação de serviços contínuos com regime de dedicação exclusiva de mão de obra** (art. 121, § 2.º). Nessa hipótese, se for comprovada falha da administração na fiscalização do cumprimento das obrigações do contratado, ela responderá: (a) **solidariamente** pelos encargos **previdenciários**; e (b) **subsidiariamente** pelos encargos **trabalhistas**.

Nos termos da lei, **serviços contínuos com regime de dedicação exclusiva de mão de obra** são aqueles cujo modelo de execução contratual exige, **entre outros requisitos**, que:

(a) os empregados do contratado fiquem à disposição nas dependências do contratante para a prestação dos serviços; (b) o contratado não compartilhe os recursos humanos e materiais disponíveis de uma contratação para execução simultânea de outros contratos; e (c) o contratado possibilite a fiscalização pelo contratante quanto à distribuição, controle e supervisão dos recursos humanos alocados aos seus contratos (art. 6.º, XVI).

No art. 71 da Lei 8.666/1993, havia uma regra análoga àquela vazada no art. 121 da Lei 14.133/2021, com a seguinte redação: "O **contratado** é responsável pelos **encargos trabalhistas, previdenciários, fiscais e comerciais** resultantes da execução do contrato". Destaque-se que, na redação do art. 121 da Lei 14.133/2021, a fim de superar controvérsias (conforme será exposto a seguir), o legislador teve o cuidado de explicitar que "**somente** o contratado" responderá pelos encargos ora em foco.

O § 1.º do art. 71 da Lei 8.666/1993 estabelecia que a inadimplência do contratado quanto aos encargos **trabalhistas**, **fiscais** e **comerciais** não transferiria à administração pública a responsabilidade pelo respectivo pagamento, nem poderia onerar o objeto do contrato ou restringir a regularização e o uso das obras e edificações, inclusive perante o registro de imóveis (diferentemente, o § 2.º do mesmo artigo preceituava que a administração pública responderia **solidariamente** com o contratado pelos encargos **previdenciários** resultantes da execução do contrato, nos termos do art. 31 da Lei 8.212/1991).

Importa saber que **o § 1.º do art. 71 da Lei 8.666/1993** foi objeto de apreciação no julgamento da Ação Declaratória de Constitucionalidade (ADC) 16/DF, ocasião em que o Supremo Tribunal Federal expressamente declarou a sua **compatibilidade** com a Carta Política.[6]

A confirmação da **constitucionalidade** do § 1.º do art. 71 da Lei 8.666/1993 pelo Supremo Tribunal Federal não foi suficiente para afastar, por completo, divergências acerca de sua aplicação. Em muitos casos, a Justiça do Trabalho continuou desconsiderando o disposto na norma legal, atribuindo ao poder público contratante responsabilidade subsidiária pelo descumprimento de **obrigações trabalhistas** pela contratada, com base na presunção (não declarada abertamente) de que o inadimplemento só foi possível porque ele não desempenhou adequadamente o seu dever de fiscalizar a execução do contrato. Segundo esse raciocínio, caberia à administração pública provar, de forma cabal, que, durante a execução do contrato, fiscalizou minuciosamente a atuação (e as omissões) da empresa contratada, mas, mesmo assim, não houve meio de impedir que ela descumprisse as suas obrigações trabalhistas – o poder público contratante teria de provar a inexistência de nexo causal entre qualquer omissão culposa que pudesse ser imputada a ele e o inadimplemento, pela sua contratada, dos encargos trabalhistas relativos aos empregados dela.

Essa tendência da Justiça do Trabalho a contornar o § 1.º do art. 71 da Lei 8.666/1993 nos casos concretos, alegando de forma um tanto generalizada a ocorrência de culpa *in vigilando* por parte da administração pública, levou o Supremo Tribunal Federal a enfrentar novamente a questão – dessa vez, na sistemática de **repercussão geral**.

---

6   ADC 16/DF, rel. Min. Cezar Peluso, 24.11.2010 (Informativo 610 do STF).

Nessa oportunidade, a Corte Constitucional reafirmou o que decidira na ADC 16/DF, destacando que a atribuição de responsabilidade **subsidiária** ao poder público pela falta de pagamento das obrigações trabalhistas devidas pelas prestadoras de serviços por ele contratadas é até possível, em situações específicas e em **caráter excepcional**. Sublinhou, porém, que **não é cabível presumir** a existência de culpa *in vigilando* do poder público pelo simples fato de a sua contratada não ter adimplido os encargos trabalhistas a que estava obrigada. Esclareceu ainda que, para restar configurada a responsabilidade da administração pública pelas obrigações trabalhistas descumpridas pela empresa privada que ela contratou, é imprescindível que **o interessado prove** categoricamente que **a fiscalização da execução do contrato foi deficiente** (ou ausente) **e demonstre** de forma clara **o nexo de causalidade** entre essa omissão e o dano que ele sofreu.[7]

Para efeito de **repercussão geral**, foi fixada a seguinte **tese**:

> O inadimplemento dos encargos trabalhistas dos empregados do contratado não transfere automaticamente ao poder público contratante a responsabilidade pelo seu pagamento, seja em caráter solidário ou subsidiário, nos termos do art. 71, § 1.º, da Lei 8.666/1993.

O Decreto 12.174/2024 dispõe sobre as garantias trabalhistas a serem observadas na execução dos contratos administrativos no âmbito da administração pública federal direta, autárquica e fundacional.

6.1. Subcontratação

As poucas regras relativas à **subcontratação** existentes na Lei 14.133/2021 encontram-se no seu art. 122. Nos termos desse artigo, o **contratado**, sem prejuízo das suas responsabilidades contratuais e legais pela execução do contrato, poderá subcontratar **partes** da obra, do serviço ou do fornecimento **até o limite autorizado, em cada caso, pela administração**.

O contratado deverá apresentar à administração **documentação que comprove a capacidade técnica do subcontratado**, que será avaliada e juntada aos autos do processo correspondente.

Regulamento ou edital de licitação **poderão vedar, restringir ou estabelecer condições** para a subcontratação.

É **vedada** a subcontratação de pessoa física ou jurídica, se aquela ou os dirigentes desta mantiverem vínculo de natureza técnica, comercial, econômica, financeira, trabalhista ou civil com dirigente do órgão ou entidade contratante ou com agente público que desempenhe função na licitação ou atue na fiscalização ou na gestão do contrato, ou se deles forem cônjuge, companheiro ou parente em linha reta, colateral, ou por afinidade, até o terceiro grau. Essa proibição **deve constar expressamente do edital** de licitação.

---

[7] RE 760.931/DF (**repercussão geral**), red. p/ o acórdão Min. Luiz Fux, 26.04.2017 (Informativo 862 do STF).

6.2. Meios alternativos de resolução de controvérsias

A Lei 14.133/2021 expressamente **autoriza** que, nas contratações por ela regidas, sejam utilizados meios alternativos de prevenção e resolução de controvérsias, notadamente a **conciliação**, a **mediação**, o **comitê de resolução de disputas** e a **arbitragem** (art. 151).

Os referidos meios alternativos de prevenção e resolução de controvérsias serão aplicados a controvérsias relacionadas a direitos patrimoniais disponíveis, como as questões relacionadas ao restabelecimento do equilíbrio econômico-financeiro do contrato, ao inadimplemento de obrigações contratuais por quaisquer das partes e ao cálculo de indenizações.

A **arbitragem** deverá ser sempre **de direito** e observar o princípio da publicidade (art. 152).

Os contratos **podem ser aditados** para **permitir a adoção dos meios alternativos de resolução de controvérsias** (art. 153).

Os **processos de escolha** dos árbitros, dos colegiados arbitrais e dos comitês de resolução de disputas devem ser efetuados com base em **critérios isonômicos, técnicos e transparentes** (art. 154).

7. RECEBIMENTO DO OBJETO DO CONTRATO

O "**recebimento**" do objeto do contrato é exatamente o que a palavra indica: terminada a execução do contrato, a administração pública deve "certificar" que ele foi corretamente executado e que o seu objeto lhe foi entregue. Ao "receber" o objeto do contrato, a administração está confirmando que foi executado o que tinha sido contratado. Isso **não** significa que, depois do recebimento, o contratado fique "liberado" de responsabilidade pelo objeto do contrato que ele executou. Significa, simplesmente, que, pelo menos "atestar" que foi executado o que tinha sido contratado, a administração já "atestou". Por outras palavras, se ela "recebeu" o objeto do contrato, ela "confirmou" que ele foi executado de acordo com aquilo que havia sido avençado.

Nos termos da lei, há um recebimento **provisório** e um recebimento **definitivo**. Na Lei 8.666/1993, havia hipóteses em que o recebimento **provisório** podia ser **dispensado**, mas, diferentemente, **não existe regra de dispensa de recebimento na Lei 14.133/2021**.

É só com o recebimento definitivo que a administração efetivamente confirma que o objeto do contrato foi executado conforme suas especificações. De todo modo, mesmo com o recebimento definitivo, deve ficar claro que o contratado responde pelo objeto do contrato. Basta lembrar os termos categóricos do art. 119 da Lei 14.133/2021: "O contratado será obrigado a reparar, corrigir, remover, reconstruir ou substituir, a suas expensas, no total ou em parte, o objeto do contrato em que se verificarem vícios, defeitos ou incorreções resultantes de sua execução ou de materiais nela empregados".

Igualmente explícito é o § 2.º do art. 140 da Lei 14.133/2021: "O recebimento provisório ou definitivo não excluirá a responsabilidade civil pela solidez e pela segurança da obra ou serviço nem a responsabilidade ético-profissional pela perfeita execução do contrato, nos limites estabelecidos pela lei ou pelo contrato".

Pois bem, vistas essas noções introdutórias, passemos aos dispositivos específicos sobre recebimento constantes no art. 140 da Lei 14.133/2021.

1) quando o objeto do contrato for **obra** ou **serviço** haverá:

   a) recebimento **provisório**, pelo responsável por seu acompanhamento e fiscalização, mediante termo detalhado, quando verificado o cumprimento das **exigências de caráter técnico**; e

   b) recebimento **definitivo**, por servidor ou comissão designada pela autoridade competente, mediante **termo detalhado** que comprove o atendimento das **exigências contratuais**;

2) quando o objeto do contrato for **compra** haverá:

   a) recebimento **provisório**, de forma sumária, pelo responsável por seu acompanhamento e fiscalização, com **verificação posterior** da conformidade do material com as exigências contratuais; e

   b) recebimento **definitivo**, por servidor ou comissão designada pela autoridade competente, mediante **termo detalhado** que comprove o atendimento das **exigências contratuais**.

Possivelmente, a diferença mais relevante entre as disposições sobre recebimento que constavam na Lei 8.666/1993 e as regras vazadas na Lei 14.133/2021 seja que, na primeira, havia um preceito categórico que determinava, literalmente: "a administração **rejeitará**, no todo ou em parte, obra, serviço ou fornecimento executado em desacordo com o contrato". Em contraste, na Lei 14.133/2021 está averbado, tão somente, que "o objeto do contrato **poderá ser rejeitado**, no todo ou em parte, quando estiver em desacordo com o contrato" (art. 140, § 1.º).

É exatamente essa a redação do § 1.º do art. 140, nada mais. Não consta na lei qualquer detalhamento, nenhum vislumbre de hipótese (se é que há) em que o objeto do contrato poderia ser recebido mesmo tendo sido executado em desacordo com as especificações contratuais. É verdade que o § 3.º do art. 140 estabelece que "os prazos e os métodos para a realização dos recebimentos provisório e definitivo serão definidos em regulamento ou no contrato". Talvez possa constar na referida regulamentação ou previsão contratual a eventual hipótese de "recebimento desconforme" que parece estar implicitamente autorizada no § 1.º do art. 140 (se algo pode ser rejeitado é porque, *a contrario sensu*, pode ser aceito).

Os ensaios, os testes e as demais provas para aferição da boa execução do objeto do contrato exigidos por normas técnicas oficiais **correrão por conta do contratado**, salvo disposição em contrário estipulada no edital ou em ato normativo (art. 140, § 4.º).

Não soa demasiado repisar: o recebimento (provisório e definitivo) **não exclui a responsabilidade civil** pela solidez e pela segurança da obra ou do serviço, nem a responsabilidade ético-profissional pela perfeita execução do contrato – nos limites estabelecidos pela lei ou pelo contrato (art. 140, § 2.º).

Quando o objeto do contrato consistir em **projeto de obra**, o recebimento definitivo pela administração **não eximirá** o projetista ou o consultor da **responsabilidade objetiva** por todos os **danos causados por falha de projeto** (art. 140, § 5.º). De acordo com essa regra, comprovado o nexo de causalidade (relação de causa e efeito) entre uma falha de projeto e danos sofridos por terceiros (ou pela própria administração) em decorrência dessa falha, resultará para o projetista ou consultor a obrigação de indenizar, mesmo que não se demonstre dolo ou culpa na sua atuação.

No § 6.º do art. 140, a lei também prevê hipótese de **responsabilidade objetiva**. Segundo esse dispositivo, no caso de **obras**, o recebimento definitivo pela administração **não eximirá** o **contratado**, pelo **prazo mínimo de cinco anos**, admitida a previsão de prazo de garantia superior no edital e no contrato, da **responsabilidade objetiva** pela solidez e pela segurança dos materiais e dos serviços executados e pela funcionalidade da construção, da reforma, da recuperação ou da ampliação do bem imóvel. Além disso, em caso de **vício, defeito ou incorreção** identificados, o **contratado** ficará **responsável** pela **reparação**, pela **correção**, pela **reconstrução** ou pela **substituição** necessárias.

8. EXTINÇÃO DO CONTRATO

A extinção do contrato administrativo implica o desfazimento do vínculo obrigacional de natureza contratual que existia entre a administração e o particular contratado. A extinção pode ocorrer em virtude da conclusão do objeto do contrato, ou do término do seu prazo de duração, ou, diversamente, decorrer de anulação ou de rescisão do contrato.

A extinção pela conclusão do objeto do contrato (por exemplo, conclusão da obra) e pelo término do prazo (por exemplo, um contrato de fornecimento de merenda escolar pelo prazo de um ano) são as formas ordinárias de extinção. Nessas hipóteses, houve o adimplemento por parte do contratado e a extinção do vínculo contratual ocorre de pleno direito, ou seja, não é necessária intervenção da administração pública, do Poder Judiciário, de juízo arbitral ou acordo entre as partes. Recebido pela administração o objeto do contrato, ou terminado o seu prazo de duração, considera-se automaticamente extinto o contrato administrativo.

Diferentemente, a anulação e a rescisão são formas de extinção contratual que exigem atuação da administração pública ou do Poder Judiciário, ou, se for o caso, acordo entre as partes ou arbitragem. A disciplina da **anulação** dos contratos administrativos estabelecida na Lei 14.133/2021 será estudada adiante, em tópico específico.

Excetuada a hipótese de anulação, as regras concernentes à **extinção** dos contratos regidos pela Lei 14.133/2021 encontram-se nos arts. 137 a 139 dessa lei, e são relativamente simples.

A possibilidade de extinção do contrato por **ato unilateral** da administração é considerada uma **cláusula exorbitante**, isto é, uma prerrogativa do poder público, uma medida que não seria admissível em contratos entre particulares. Outras formas de extinção, que não decorram de ato unilateral da administração contratante, não podem ser tidas por cláusula exorbitante, haja vista que, nelas, não há verticalidade

Cap. 10 • CONTRATOS ADMINISTRATIVOS

na atuação de uma das partes, não cabe falar em supremacia ou em poder de império como fundamento do rompimento do vínculo contratual.

A **extinção unilateral** pela administração é autorizada pela Lei 14.133/2021 em todas as hipóteses nela previstas, **exceto nos casos de descumprimento contratual decorrente de sua própria conduta**. Na maioria das situações que autorizam a extinção unilateral, há descumprimento contratual por motivo imputável ao contratado, mas também pode ocorrer essa forma de extinção em situações nas quais não existe um culpado, a exemplo das hipóteses de caso fortuito e força maior, de falecimento do contratado e de extinção fundada em "razões de interesse público".

Embora a lei não seja explícita, entendemos que todas as hipóteses descritas nos incisos I a IX do *caput* do art. 137 **autorizam a extinção unilateral** do contrato por ato próprio da administração – sem prejuízo da possibilidade de ocorrerem, conforme o caso, as outras modalidades de extinção previstas na lei (consensual e por decisão judicial ou arbitral). São as seguintes as hipóteses ora em foco (grifamos):

> Art. 137. Constituirão **motivos para extinção do contrato**, a qual deverá ser formalmente **motivada** nos autos do processo, assegurados **o contraditório e a ampla defesa**, as seguintes situações:
>
> I – **não cumprimento ou cumprimento irregular** de normas editalícias ou de cláusulas contratuais, de especificações, de projetos ou de prazos;
>
> II – **desatendimento das determinações** regulares emitidas pela autoridade designada para acompanhar e fiscalizar sua execução ou por autoridade superior;
>
> III – alteração social ou modificação da finalidade ou da estrutura da empresa que **restrinja sua capacidade de concluir o contrato**;
>
> IV – decretação de **falência** ou de **insolvência civil, dissolução** da sociedade ou **falecimento** do contratado;
>
> V – **caso fortuito ou força maior**, regularmente comprovados, **impeditivos da execução do contrato**;
>
> VI – **atraso** na obtenção da **licença ambiental**, ou impossibilidade de obtê-la, ou **alteração substancial** do anteprojeto que **dela resultar**, ainda que obtida no prazo previsto;
>
> VII – **atraso na liberação** das áreas sujeitas a **desapropriação**, a **desocupação** ou a **servidão administrativa**, ou **impossibilidade de liberação** dessas áreas;
>
> VIII – **razões de interesse público**, justificadas pela **autoridade máxima** do órgão ou da entidade contratante;
>
> IX – não cumprimento das obrigações relativas à reserva de cargos prevista em lei, bem como em outras normas específicas, para pessoa com deficiência, para reabilitado da Previdência Social ou para aprendiz.

É muito relevante destacar que, além da óbvia exigência de que a extinção seja **expressamente motivada** (isto é, de que haja exposição escrita dos fundamentos de fato e de direito que justificam a decisão de extinguir o contrato), o sobretranscrito art. 137 assegura ao contratado, para todas as hipóteses de extinção arroladas nos incisos do seu *caput*, **ampla defesa e contraditório** – mesmo que não lhe seja feita qualquer imputação de falta contratual, ou acusação alguma de cometimento de infrações. Ademais, o ato da administração que determine a extinção unilateral do contrato poderá ser objeto de **recurso administrativo**, a ser interposto no prazo de **três dias úteis**, contado da data de intimação do ato (art. 165, I, "e"). Esse recurso **possui efeito suspensivo**, isto é, ele suspende o ato ou a decisão recorrida **até que sobrevenha decisão final da autoridade competente** (art. 168).

O § 2.º do art. 137 trata das situações em que a extinção do contrato é um **direito do administrado**. Em todas elas, o contrato é descumprido, ou sua execução é atrasada, por **motivo imputável à administração**. É claro que, nessas situações, **não pode a administração extinguir unilateralmente o contrato**, mas é importante esclarecer que não é possível, tampouco, extinção unilateral de contrato determinada pelo particular contratado – tal figura simplesmente não existe! O administrado, conforme o caso, terá de obter extinção consensual, ou por decisão judicial ou arbitral. Assim dispõe o § 2.º do art. 137 da Lei 14.133/2021 (grifamos):

> § 2.º O **contratado terá direito à extinção do contrato** nas seguintes hipóteses:
>
> I – **supressão**, por parte da administração, de obras, serviços ou compras que acarrete modificação do valor inicial do contrato **além do limite permitido** no art. 125 desta Lei;
>
> II – **suspensão de execução** do contrato, por ordem escrita da administração, por **prazo superior a 3 (três) meses**;
>
> III – **repetidas suspensões** que totalizem **90 (noventa) dias úteis**, independentemente do pagamento obrigatório de indenização pelas sucessivas e contratualmente imprevistas desmobilizações e mobilizações e outras previstas;
>
> IV – **atraso superior a 2 (dois) meses**, contado da emissão da nota fiscal, **dos pagamentos ou de parcelas de pagamentos devidos pela administração** por despesas de obras, serviços ou fornecimento;
>
> V – **não liberação pela administração**, nos prazos contratuais, de **área, local ou objeto**, para execução de obra, serviço ou fornecimento, e de fontes de materiais naturais especificadas no projeto, **inclusive** devido a **atraso ou descumprimento** das obrigações atribuídas pelo contrato à administração relacionadas a **desapropriação**, a **desocupação de áreas públicas** ou a **licenciamento ambiental**.

Acerca das hipóteses arroladas nos incisos II, III e IV supratranscritos, estabelece o § 3.º do art. 137 que:

a) elas não se aplicam em caso de **calamidade pública**, de **grave perturbação da ordem interna** ou de **guerra**, bem como quando decorrerem de **ato ou fato**

que o contratado tenha praticado, do qual tenha **participado ou** para o qual tenha **contribuído**; e

b) em vez de intentar promover a extinção do contrato, assegura-se ao contratado **direito de optar pela suspensão do cumprimento das obrigações assumidas** até a normalização da situação, admitido o restabelecimento do equilíbrio econômico-financeiro do contrato.

As **formas de extinção** dos contratos regidos pela Lei 14.133/2021 estão previstas no seu art. 138. Nos termos desse artigo, a extinção poderá ser (grifamos):

> I – determinada por ato **unilateral** e escrito da administração, exceto no caso de descumprimento decorrente de sua própria conduta;
>
> II – **consensual**, por acordo entre as partes, por conciliação, por mediação ou por comitê de resolução de disputas, desde que haja interesse da administração;
>
> III – determinada por **decisão arbitral**, em decorrência de cláusula compromissória ou compromisso arbitral, ou por **decisão judicial**.

Quando a extinção decorrer de **culpa exclusiva da administração**, o contratado terá direito: (a) ao ressarcimento dos prejuízos regularmente comprovados que houver sofrido; (b) à devolução da garantia; (c) aos pagamentos devidos pela execução do contrato até a data da extinção; e (d) ao pagamento do custo da desmobilização.

Como se vê, a lei assegura o direito à indenização dos denominados **danos emergentes**, mas não dos **lucros cessantes** (indenização baseada no valor estimado do lucro que o contratado teria com a execução do contrato, mas deixará de obter em decorrência da sua extinção prematura).[8]

A extinção determinada por ato **unilateral** da administração **poderá acarretar**, sem prejuízo das sanções previstas na Lei 14.133/2021, as seguintes consequências (art. 139):

> I – assunção imediata do objeto do contrato, no estado e local em que se encontrar, por ato próprio da administração;

---

[8] A Administração Pública, ordinariamente, entende não ser cabível a indenização de lucros cessantes, nem mesmo nos casos de extinção de contrato administrativo decorrente de sua culpa exclusiva. Sob a ótica da administração pública, realmente, essa é a interpretação mais prudente, porque, à luz do princípio da indisponibilidade do interesse público, somente se houvesse expressa previsão legal poderia o administrador indenizar por lucros cessantes o particular. Não obstante, são frequentes decisões judiciais que concedem ao particular indenização de lucros cessantes, em hipóteses como essa de extinção contratual por motivo imputável ao poder público, com fundamento em orientações doutrinárias, ou em princípios jurídicos gerais, ou mesmo com base, diretamente, no art. 402 do Código Civil, nos termos do qual "salvo as exceções expressamente previstas em lei, as perdas e danos devidas ao credor abrangem, além do que ele efetivamente perdeu, o que razoavelmente deixou de lucrar". Alertamos, contudo, que não é consensual, de modo algum, a possibilidade de aplicação direta do art. 402 do Código Civil à generalidade das indenizações a que seja obrigada a administração pública.

II – ocupação e utilização do local, das instalações, dos equipamentos, do material e do pessoal empregados na execução do contrato e necessários à sua continuidade;

III – execução da garantia contratual para:

a) ressarcimento da administração pública por prejuízos decorrentes da não execução;

b) pagamento de verbas trabalhistas, fundiárias e previdenciárias, quando cabível;

c) pagamento das multas devidas à administração pública;

d) exigência da assunção da execução e da conclusão do objeto do contrato pela seguradora, quando cabível;

IV – retenção dos créditos decorrentes do contrato até o limite dos prejuízos causados à administração pública e das multas aplicadas.

A assunção imediata do objeto do contrato e a ocupação e utilização do local, bens e pessoal, previstas nos incisos I e II, serão adotadas, ou não, a critério da administração, que poderá dar continuidade à obra ou ao serviço por execução direta ou indireta. Na hipótese de ocupação e utilização do local, bens e pessoal (inciso II), o ato deverá ser **precedido de autorização expressa** do ministro de Estado, do secretário estadual ou do secretário municipal competente, conforme o caso.

8.1. Anulação do contrato

Na Lei 8.666/1993, a disciplina da anulação dos **contratos** administrativos seguia regras análogas àquelas aplicáveis à anulação dos **atos** administrativos. Nos termos dessa lei, um contrato administrativo deveria ser anulado quando se constatasse que houve ilegalidade na sua celebração, algum vício insanável.

Também estava prevista a anulação obrigatória do contrato quando a licitação que o precedeu fosse anulada (o § 2.º do art. 49 da Lei 8.666/1993 estipulava que "a nulidade do procedimento licitatório induz à do contrato").

A regra básica acerca da anulação dos contratos administrativos regidos pela Lei 8.666/1993 estava no seu art. 59, cuja transcrição faz-se oportuna:

Art. 59. A declaração de nulidade do contrato administrativo opera retroativamente impedindo os efeitos jurídicos que ele, ordinariamente, deveria produzir, além de desconstituir os já produzidos.

Parágrafo único. A nulidade não exonera a Administração do dever de indenizar o contratado pelo que este houver executado até a data em que ela for declarada e por outros prejuízos regularmente comprovados, contanto que não lhe seja imputável, promovendo-se a responsabilidade de quem lhe deu causa.

Cabe lembrar que, mesmo estando revogada, a Lei 8.666/1993 é o diploma aplicável aos contratos que foram celebrados sob a sua regência e ainda se encontram vigentes. No caso de anulação de um contrato administrativo regido pela Lei 8.666/1993, temos o seguinte quadro: (a) a anulação desfaz, **retroativamente**, o vínculo entre a administração e o contratado; (b) a nulidade, **em regra**, não acarreta para a administração obrigação de indenizar; (c) deverá, entretanto, ser o contratado indenizado pelo que houver executado até a data em que a nulidade for declarada, a fim de **impedir** o **enriquecimento sem causa** da administração; (d) caso a nulidade não tenha ocorrido por motivo imputável ao contratado, ele fará jus, também, à indenização de outros prejuízos que tenha sofrido (**danos emergentes**), desde que regularmente comprovados; (e) em qualquer hipótese, **será promovida a responsabilidade de quem houver dado causa à nulidade**. Vale destacar que **não** há nenhuma disposição na Lei 8.666/1993 que preveja indenização do contratado a título de **lucros cessantes** (indenização baseada no valor estimado do lucro que o contratado teria com a execução do contrato, mas deixará de obter em decorrência da anulação).

A Lei 14.133/2021 estabelece regras a respeito da anulação dos contratos por ela regidos muito mais "cuidadosas" do que aquelas que tradicionalmente se encontram nas leis administrativas. Na mesma linha da Lei 13.655/2018, que acrescentou os arts. 20 a 30 à Lei de Introdução às Normas do Direito Brasileiro, a Lei 14.133/2021 exige que a autoridade competente para anular contratos em que se constatem vícios pondere, no caso concreto, os custos e os benefícios que poderão decorrer da anulação, sempre em vista do interesse público, conferindo-lhe poderes, a depender da situação, para adotar outras medidas, menos gravosas do que a anulação, sem prejuízo da responsabilização de quem tenha praticado ilegalidades, ou se omitido indevidamente no dever de evitá-las.

Conforme preceitua o art. 147 da Lei 14.133/2021, constatada irregularidade no procedimento licitatório ou na execução contratual, a autoridade competente deve, em primeiro lugar, verificar se é possível o saneamento. Somente se não o for, deverá, então, **decidir sobre a suspensão da execução ou anulação do contrato** – e, mais importante, a suspensão ou anulação **somente será adotada** na hipótese em que se revelar medida de interesse público, com avaliação de inúmeros aspectos arrolados em uma extensa lista (exemplificativa) apresentada nos incisos do artigo em questão.

Consta na referida lista a **necessidade de avaliação**, entre muitos outros aspectos: (a) dos impactos econômicos e financeiros decorrentes do atraso na fruição dos benefícios do objeto do contrato; (b) dos riscos sociais, ambientais e à segurança da população local decorrentes do atraso na fruição dos benefícios do objeto do contrato; (c) do custo da deterioração ou da perda das parcelas executadas e da despesa necessária à preservação das instalações e dos serviços já executados; (d) do fechamento de postos de trabalho diretos e indiretos em razão da paralisação; (e) do custo para realização de nova licitação ou celebração de novo contrato.

O parágrafo único do art. 147 fecha essas disposições com aquele que, a nosso ver, é o seu mais relevante preceito: **caso a paralisação ou anulação não se revele medida de interesse público**, o poder público **deverá optar pela continuidade** do contrato. Nessa hipótese, a solução da irregularidade ocorrerá mediante **indenização por perdas e danos** – devida por aquele que tenha praticado ou dado causa à ilegalidade –, **sem prejuízo** da **apuração de responsabilidade** e da **aplicação de penalidades** cabíveis.

Se, mesmo depois de feita toda a análise aludida nos parágrafos anteriores, a autoridade competente concluir que não há como manter a continuidade do contrato, será declarada a sua **nulidade**, a qual **operará retroativamente**, impedindo os efeitos jurídicos que o contrato deveria produzir ordinariamente e desconstituindo os já produzidos (art. 148).

Caso **não seja possível o retorno à situação fática anterior**, a nulidade será resolvida pela **indenização por perdas e danos**, sem prejuízo da apuração de responsabilidade e aplicação das penalidades cabíveis.

Ao declarar a **nulidade** do contrato, a autoridade, com vistas à continuidade da atividade administrativa, **poderá decidir que ela só tenha eficácia em momento futuro**, suficiente para efetuar nova contratação, por prazo de **até seis meses**, **prorrogável uma única vez**.

O art. 149 da Lei 14.133/2021 – substancialmente igual ao parágrafo único do art. 59 da Lei 8.666/1993 – estatui que a nulidade **não exonera** a administração do dever de **indenizar** o contratado pelo que houver **executado até a data** em que for declarada ou tornada eficaz, bem como por **outros prejuízos regularmente comprovados**, desde que a ilegalidade não lhe seja imputável, devendo ser promovida a responsabilização de quem lhe tenha dado causa (art. 149).

Por fim – embora isso não esteja explícito, nem na Lei 8.666/1993, nem na Lei 14.133/2021 –, a anulação de um contrato administrativo por ato próprio da administração contratante exige que, antes, seja dada oportunidade ao contratado para manifestar-se. Não se trata propriamente de "contraditório e ampla defesa", mas, na linha da jurisprudência consolidada do Supremo Tribunal Federal, o exercício da autotutela administrativa, quando implique desfazimento de atos que afetem **interesse** do administrado, modificando desfavoravelmente a sua situação jurídica, **deve ser precedido da instauração de procedimento no qual se dê a ele oportunidade de contraditório**, isto é, de apresentar alegações contra a retirada do ato.[9] Essa orientação, a toda evidência, deve ser aplicada, igualmente, a atos e a contratos administrativos.

9. TEORIA DA IMPREVISÃO

Caracteriza **inadimplemento** do contrato administrativo o descumprimento total ou parcial de suas cláusulas por qualquer das partes, administração pública ou contratado.

A inexecução ou execução imperfeita do contrato pode dar-se **com culpa ou sem culpa** de qualquer das partes, variando, em função dessa ausência ou presença de culpa, as consequências para o inadimplente.

---

[9] RE 594.296/MG (**repercussão geral**), rel. Min. Dias Toffoli, 21.09.2011 (Informativo 641 do STF).

Configura inexecução **culposa** do contrato o descumprimento ou o cumprimento irregular das cláusulas contratuais em razão de ação ou omissão culposa ou dolosa do contratado ou da administração pública. A noção de culpa, aqui, reporta ao seu sentido amplo, abrangendo a culpa em sentido estrito (negligência, imprudência ou imperícia) e o dolo (intenção).

A inexecução culposa do contrato pelo particular contratado acarreta a aplicação, pela administração pública, das **sanções legais e contratuais** cabíveis. Possibilita, **também**, a **extinção unilateral** do contrato pela Administração, com as consequências desfavoráveis ao particular contratado anteriormente estudadas.

A inexecução por **culpa da administração** possibilita ao contratado pleitear a **extinção do contrato**, que pode ocorrer de forma **consensual ou por força de decisão judicial ou arbitral**. O contratado será ressarcido dos prejuízos comprovados que houver sofrido, tendo ainda direito à devolução da garantia, aos pagamentos devidos pela execução do contrato até a data da extinção e ao pagamento do custo da desmobilização.

A inexecução contratual **sem culpa** pressupõe a existência de uma **causa justificadora do inadimplemento** e libera o inadimplente de responsabilidade. O fundamento teórico dessa exclusão de responsabilidade quando há inadimplemento contratual sem culpa que possa ser imputada às partes tem origem na construção doutrinária e jurisprudencial conhecida como "**teoria da imprevisão**".

Consoante a teoria da imprevisão, restará configurada uma causa justificadora de inadimplemento contratual quando ocorrer, após a celebração do ajuste, um evento **imprevisível**, **extraordinário**, ou de **consequências que não poderiam ser antevistas**, que **impeça a execução** do contrato, ou, considerados os termos originalmente avençados, torne a sua execução **excessiva e desproporcionalmente onerosa**.

Vale repisar: a **teoria da imprevisão** foi, inicialmente, aplicada aos contratos administrativos com base em elaboração jurisprudencial e doutrinária – sem previsão expressa em lei. A Lei 8.666/1993, embora não sob esse exato título, positivou causas justificadoras da inexecução dos contratos administrativos – e também assim o faz a Lei 14.133/2021.

A nosso ver, tendo em vista, especialmente, o **princípio da indisponibilidade da coisa pública**, a administração somente pode, ela própria, reconhecer a existência de causas justificadoras de inexecução de contratos administrativos quando houver previsão legal expressa; não nos parece que o administrador público tenha autonomia para excluir, com base unicamente em construções doutrinárias, ou mesmo jurisprudenciais, a responsabilidade do contratado, em hipóteses de inexecução contratual que decorram de ação ou omissão dele, ainda que não seja possível a caracterização de culpa.

Segundo a **teoria da imprevisão**, ocorrendo uma causa justificadora do inadimplemento do contrato, a parte fica liberada dos encargos originários e o contrato poderá ser: (a) **alterado** (**revisto**), para garantir o restabelecimento do seu equilíbrio econômico-financeiro; ou (b) **extinto**, sem imputação de culpa a qualquer dos contratantes.

A teoria da imprevisão resulta da aplicação de uma antiga cláusula, **que se entende implícita em qualquer contrato de execução prolongada**, segundo a qual o vínculo obrigatório gerado pelo contrato somente subsiste enquanto se mantém inalterado o estado de fato vigente à época da estipulação. Essa cláusula implícita é conhecida como *rebus sic stantibus*, expressão que corresponde, na verdade, ao trecho final de uma longa fórmula latina (*contractus qui habent tractum sucessivum et dependentiam de futuro rebus sic stantibus intelliguntur*).

Embora a literalidade da cláusula pudesse fazer parecer que toda alteração no estado de fato originário autorizaria a revisão ou a extinção do contrato, não é essa a correta formulação da teoria da imprevisão. Todo contrato possui, inerentemente, um determinado risco econômico, denominado álea contratual ordinária. Somente **fatos imprevisíveis ou de consequências incalculáveis, extraordinários e extracontratuais** (a chamada **álea extraordinária e extracontratual**) podem ser alegados como causas justificadoras de inexecução e, mesmo assim, quando a sua ocorrência provoque um desequilíbrio excessivo da equação econômico-financeira original, ou impossibilite que o objeto do contrato seja executado em conformidade com as especificações e condições estipuladas em suas cláusulas.

Em síntese, pela **teoria da imprevisão**, tomada nos termos em que tradicionalmente preleciona a doutrina, a superveniência de um evento imprevisível ou de consequências incalculáveis, extraordinário e extracontratual que impossibilite a continuidade da execução de um contrato administrativo dá ensejo à sua extinção, que poderá ser decretada unilateralmente pela administração; se esse evento, em vez de impossibilitar, tornar excessivamente onerosa a execução do contrato (desbordando da álea econômica ordinária), duas possibilidades se desvelam: pode o contrato ser **revisto**, para restabelecimento do equilíbrio econômico-financeiro inicial, ou pode ele ser **extinto**, sem imputação de culpa a qualquer das partes.

A aplicação da teoria da imprevisão, tanto para o fim de **extinção** quanto para o de **alteração** (**revisão**) de contratos administrativos, conforme as lições de renomados autores, pode ocorrer nas situações em que a execução do contrato torna-se extraordinariamente onerosa, ou mesmo impossível, em razão da superveniência de: (a) caso fortuito ou força maior; (b) fato do príncipe; (c) fato da administração; e (d) interferências imprevistas. Apresentamos, a seguir, uma definição sintética dessas figuras:

a) **caso fortuito e força maior**: as leis brasileiras, a bem da verdade, não formulam definições teóricas de caso fortuito e de força maior, tampouco fazem distinção entre o primeiro e a segunda. Na seara acadêmica, costuma-se prelecionar, englobando as duas expressões, que se trata de eventos imprevisíveis, inevitáveis ou irresistíveis que impossibilitam ou dificultam extraordinariamente determinada atuação ou providência que devesse ser levada a termo. Salvo eventual lapso de nossa parte, as leis pertinentes ao direito administrativo que aludem a caso fortuito e a força maior atribuem idênticas consequências jurídicas ao advento de uma situação que deva ser assim caracterizada – sem qualquer diferenciação, seja quanto ao conceito (que sequer é enunciado), seja quanto aos efeitos normativos;

b) **fato do príncipe**: é toda **determinação estatal geral**, imprevisível ou inevitável, que impeça ou, o que é mais comum, onere substancialmente a execução de um contrato administrativo. A Lei 14.133/2021 faz alusão textual a "fato do príncipe" no art. 124, II, "d", sem conceituá-lo (o mesmo fazia a Lei 8.666/1993, no seu art. 65, II, "d"). Exemplos seriam um significativo e imprevisível aumento de um imposto incidente sobre bens a que o contratado tenha se obrigado a fornecer, ou mesmo a edição de lei proibindo a importação de um bem que devesse ser fornecido pelo contratado à administração (nesse caso, como a execução do contrato tornar-se-ia impossível, somente seria cabível a extinção sem culpa do contratado);

c) **fato da administração**: ocorre a causa justificadora conhecida como fato da administração toda vez que uma ação ou omissão do poder público, **especificamente relacionada ao contrato**, impede, dificulta ou retarda a sua execução. A **vinculação específica** entre a atuação (ou a omissão) administrativa e a execução do contrato é a nota diferenciadora entre fato da administração e fato do príncipe, haja vista que esse último é sempre uma medida estatal **geral**, que atinge o contrato apenas reflexamente. Ocorrendo uma situação que configure fato da administração, o contrato, dependendo do caso, poderá ser alterado, prorrogado ou mesmo rescindido, mas é importante ressaltar que **não caberá**, aqui, extinção do contrato por **ato unilateral da administração**;

d) **interferências imprevistas**: são obstáculos ou dificuldades materiais que **surgem durante a execução do contrato**, dificultando sobremaneira a sua execução ou tornando-a excessivamente onerosa. A característica essencial das interferências imprevistas é que elas antecedem a celebração do contrato. Sua existência, entretanto, por ser absolutamente excepcional ou incomum, não foi prevista à época da celebração do ajuste – e, se tivesse sido, o contrato teria sido firmado em bases diversas das observadas. São exemplos, da lavra do Prof. Hely Lopes Meirelles, o encontro de um terreno rochoso e não arenoso como indicado pela administração, na execução de uma obra pública; ou a passagem de canais ou dutos subterrâneos não revelados no projeto em execução.

É muito importante ressaltar que, na Lei 14.133/2021, é prevista a possibilidade de o contrato "identificar os riscos contratuais previstos e presumíveis e prever **matriz de alocação de riscos**, alocando-os entre contratante e contratado, mediante indicação daqueles a serem assumidos pelo setor público ou pelo setor privado ou daqueles a serem compartilhados" (art. 103).

Vale gizar este ponto: a lei prevê a possibilidade de os contratantes – administração e particular –, antevendo **risco de ocorrência de eventos que, durante a execução do contrato, acarretariam dificuldades e custos adicionais**, ajustarem, desde logo, **qual das partes suportará o ônus decorrente**, ou, se for o caso, **como será ele compartilhado** entre elas. Essa antecipação de riscos e a estipulação prévia da forma como serão distribuídos entre as partes, caso eles se concretizem, os custos correspondentes consubstanciam a "**matriz de alocação de riscos**".

Evidentemente, a estipulação feita na matriz de alocação de riscos acerca da responsabilidade de cada parte **será levada em consideração para o estabelecimento do valor da contratação**, como explicita o art. 22 da Lei 14.133/2021.

Na mesma toada, ao tratar da alteração dos contratos, a Lei 14.133/2021 autoriza que ela ocorra, por acordo entre as partes, "para restabelecer o equilíbrio econômico-financeiro inicial do contrato em caso de força maior, caso fortuito ou fato do príncipe ou em decorrência de fatos imprevisíveis ou previsíveis de consequências incalculáveis, que inviabilizem a execução do contrato tal como pactuado, **respeitada, em qualquer caso, a repartição objetiva de risco estabelecida no contrato**" (art. 124, II, "d").

Impende enfatizar a relevância da parte final da alínea "d" do inciso II do art. 124, segundo a qual as **alterações contratuais** nela previstas – que dependem de acordo entre as partes – para restabelecimento do equilíbrio econômico-financeiro originalmente pactuado, mesmo diante de situação caracterizadora de força maior, caso fortuito ou fato do príncipe, ou de fatos imprevisíveis, ou previsíveis, mas de consequências incalculáveis, **deverá** observar, **sempre**, "a **repartição objetiva de risco estabelecida no contrato**".

Essa exigência de que seja respeitada, para efeito de determinação do equilíbrio econômico-financeiro, "a repartição objetiva de risco estabelecida no contrato" está em perfeita harmonia com o disposto no § 4.º do art. 103 da Lei 14.133/2021: **a matriz de alocação de riscos definirá o equilíbrio econômico-financeiro inicial do contrato em relação a eventos supervenientes e deverá ser observada na solução de eventuais pleitos das partes.**

Enfim, essas e outras disposições acerca da figura denominada "**matriz de alocação de riscos**" trazidas pela Lei 14.133/2021 têm aptidão para modificar substancialmente, ou mesmo afastar, em muitos casos, a aplicação da teoria da imprevisão, na forma como ela é tradicionalmente formulada, para o fim de revisão contratual fundada em alegações de superveniência de desequilíbrios na equação econômico-financeira originalmente pactuada.

10. ESPÉCIES DE CONTRATOS

10.1. Introdução

Foi visto, em outro ponto deste capítulo, que a Lei 14.133/2021, conforme estabelece o seu art. 2.º, aplica-se a: (a) compras e alienações; (b) locações; (c) concessão e permissão de uso de bens públicos (e concessão de direito real de uso de bens); (d) prestação de serviços; (e) obras e serviços de arquitetura e engenharia; e (f) contratações de tecnologia da informação e de comunicação.

Compra é definida na Lei 14.133/2021 como "aquisição remunerada de bens para fornecimento de uma só vez ou parceladamente, considerada imediata aquela com prazo de entrega de até 30 (trinta) dias da ordem de fornecimento" (art. 6.º, X).

Não consta, na Lei 14.133/2021, definição específica de **alienação**, nem de **locação**.

Pelo Código Civil, "**locação de coisas**" é um contrato em que "uma das partes se obriga a ceder à outra, por tempo determinado ou não, o uso e gozo de coisa não fungível, mediante certa retribuição" (art. 565). A Lei 8.666/1993 enquadrava a "locação de bens" como espécie do gênero "serviço" (art. 6.º, II) e distinguia,

Cap. 10 • CONTRATOS ADMINISTRATIVOS

conforme a administração pública ocupasse a posição de locadora ou de locatária, o regime jurídico aplicável ao contrato de locação respectivo (art. 62, § 3.º, I). A Lei 14.133/2021 não enquadra locação como espécie de serviço nem diferencia o regime jurídico dos contratos de locação com base no polo em que a administração se encontra (locadora ou locatária).

O Código Civil não apresenta, exatamente, uma definição de "**alienação**", mas ela é arrolada como uma das formas de **perda da propriedade**, móvel e imóvel (art. 1.275). A alienação pode decorrer de contratos como o de compra e venda e o de doação, entre outros.

É interessante observar que a doutrina administrativista define a **permissão de uso de bens públicos** como um **ato administrativo** (e não como um contrato). A nosso ver, embora a Lei 14.133/2021 estabeleça expressamente que as permissões de uso de bens públicos submetem-se a suas disposições, não há, nela, **nenhum preceito que respalde a conclusão de que tais permissões teriam passado a revestir a forma de contrato administrativo** – diferentemente do que ocorre com as **permissões de serviços públicos**, as quais, por força de norma legal explícita, a saber, o art. 40 da Lei 8.987/1995 (cuja base é o art. 175, parágrafo único, I, da Constituição de 1988), são formalizadas "mediante contrato de adesão". Parece-nos, isso sim, que essa sujeição expressa das **permissões de uso de bens públicos** à disciplina da Lei 14.133/2021 reforça o entendimento, que já sustentávamos antes, com fulcro em outros dispositivos legais esparsos, de que, **em regra**, esse **ato administrativo** deve ser **precedido de licitação pública**.

Os contratos administrativos de compras, alienações e locações não apresentam particularidades, considerando tão somente os seus objetos, quando comparados com as avenças celebradas entre particulares. Por essa razão, não serão examinados separadamente nos subitens do presente tópico. Tampouco o serão os contratos que tenham por objeto aquisição de tecnologia da informação e de comunicação, não só por não estarem definidos de modo expresso na Lei 14.133/2021, mas, sobretudo, porque eles costumam assumir formas específicas, dependendo da regulação aplicável à modalidade de transferência de tecnologia a que se refiram.

Serão estudados, a seguir, os contratos de obra pública, de serviços e de concessões.

10.1.1. Contrato de obra pública

A Lei 14.133/2021, em seu art. 6.º, XII, define **obra** como "toda atividade estabelecida, por força de lei, como privativa das profissões de arquiteto e engenheiro que implica intervenção no meio ambiente por meio de um conjunto harmônico de ações que, agregadas, formam um todo que inova o espaço físico da natureza ou acarreta alteração substancial das características originais de bem imóvel". Logo, o contrato administrativo de obra pública será todo ajuste entre a administração e o particular que tenha por objeto a realização de atividades que possuam as características averbadas na definição em apreço e de que resulte a criação de um todo que: (a) **inova** o espaço físico da natureza; ou (b) **acarreta alteração substancial** das características originais de **bem imóvel**. Evidentemente, a contratação dessa atividade pela administração deverá ter por finalidade mediata a satisfação do interesse público.

O traço distintivo entre o contrato de **obra** e o de **serviços** em geral é a preponderância, no primeiro, do material sobre a atividade laborativa, além do fato de serem as obras limitadas no tempo, enquanto os serviços podem ser pontuais ou contínuos (os **serviços públicos**, especificamente, são regidos pelo **princípio da continuidade**). Posto de outro modo: no objeto do contrato de obra predomina o emprego de material para alguma realização física, ao passo que, no de serviço, a ênfase recai sobre a atividade em si, e não sobre o seu resultado, que pode mesmo não ser um bem físico.

O contrato de **obra pública** difere do contrato de **concessão de obra pública**.

A Prof.ª Maria Sylvia Di Pietro conceitua contrato de **concessão de obra pública** como "o contrato administrativo pelo qual o Poder Público transfere a outrem a execução de uma obra pública, para que a execute por sua conta e risco, mediante remuneração paga pelos beneficiários da obra ou obtida em decorrência da exploração dos serviços ou utilidades que a obra proporciona".

O traço distintivo essencial está no sujeito que remunera o contratado. Nos contratos de obra pública, o contratado é diretamente remunerado pela administração, ao passo que nos contratos de concessão de obra pública é do usuário ou do beneficiário da obra que o executor deve obter sua remuneração. A vantagem do contrato de concessão de obra pública para a administração é óbvia: ela consegue obter a execução da obra mesmo sem dispor de recursos, uma vez que não será ela quem terá de remunerar o contratado.

A Lei 14.133/2021 não trata especificamente dos contratos de concessão de obra pública (tampouco o fazia a Lei 8.666/1993). A Lei 8.987/1995 (normas gerais sobre concessões e permissões de serviços públicos), embora não discipline propriamente a concessão de obras públicas, alude a um contrato de concessão de serviço público que envolve a realização prévia de obra pública pelo concessionário, assim definido (art. 2.º):

> III – **concessão de serviço público precedida da execução de obra pública**: a construção, total ou parcial, conservação, reforma, ampliação ou melhoramento de quaisquer obras de interesse público, delegados pelo poder concedente, mediante licitação, na modalidade concorrência ou diálogo competitivo, a pessoa jurídica ou consórcio de empresas que demonstre capacidade para a sua realização, por sua conta e risco, de forma que o investimento da concessionária seja remunerado e amortizado mediante a exploração do serviço ou da obra por prazo determinado;

As obras públicas podem ser realizadas mediante **execução direta**, quando o são pelos órgãos e entidades da administração pública, com seus próprios meios, ou por **execução indireta**, hipótese em que terceiros contratados são incumbidos da sua realização. Vale lembrar que, para a **execução indireta** de **obras e serviços de engenharia**, a Lei 14.133/2021, no seu art. 46, prevê a possibilidade de serem adotados os seguintes regimes, já estudados em outro ponto deste capítulo:

> I – empreitada por preço unitário;
> II – empreitada por preço global;

Cap. 10 • CONTRATOS ADMINISTRATIVOS

III – empreitada integral;

IV – contratação por tarefa;

V – contratação integrada;

VI – contratação semi-integrada;

VII – fornecimento e prestação de serviço associado.

10.1.2. Contrato de serviço

A Lei 14.133/2021, no inciso XI do seu art. 6.º, contém uma definição genérica de "**serviço**" vazada nestes termos: "atividade ou conjunto de atividades destinadas a obter determinada utilidade, intelectual ou material, de interesse da Administração".

Em outros incisos do mesmo artigo, há definições específicas, conforme determinada característica do serviço que se queira enfatizar. Destacamos as seguintes:

XV – **serviços e fornecimentos contínuos**: serviços contratados e compras realizadas pela Administração Pública para a manutenção da atividade administrativa, decorrentes de necessidades permanentes ou prolongadas;

XVII – **serviços não contínuos ou contratados por escopo**: aqueles que impõem ao contratado o dever de realizar a prestação de um serviço específico em período predeterminado, podendo ser prorrogado, desde que justificadamente, pelo prazo necessário à conclusão do objeto;

XXI – **serviço de engenharia**: toda atividade ou conjunto de atividades destinadas a obter determinada utilidade, intelectual ou material, de interesse para a administração e que, não enquadradas no conceito de obra a que se refere o inciso XII do *caput* deste artigo, são estabelecidas, por força de lei, como privativas das profissões de arquiteto e engenheiro ou de técnicos especializados, que compreendem:

a) **serviço comum de engenharia**: todo serviço de engenharia que tem por objeto ações, objetivamente padronizáveis em termos de desempenho e qualidade, de manutenção, de adequação e de adaptação de bens móveis e imóveis, com preservação das características originais dos bens;

b) **serviço especial de engenharia**: aquele que, por sua alta heterogeneidade ou complexidade, não pode se enquadrar na definição constante da alínea "a" deste inciso;

Observa-se que a definição de "**serviço de engenharia**" (inciso XII do art. 6º) é dada por exclusão, significa dizer, a lei considera serviço de engenharia, simplificadamente, as atividades privativas das profissões de arquiteto e engenheiro ou de técnicos especializados que **não se enquadrem no conceito de obra**. Como foi visto no item precedente, a Lei 14.133/2021 define obra no inciso XII do seu art. 6.º, estabelecendo como característica essencial de uma **obra** o fato de ela (a) **inovar** o espaço físico da natureza; ou (b) **acarretar alteração substancial** das características originais de um **bem imóvel**.

Vale anotar que os contratos de serviço descritos neste tópico referem-se a **serviços privados** prestados à administração, e **não** a contratos que tenham por objeto a prestação de serviços públicos, uma vez que esses últimos são destinados ao atendimento de necessidades ou de conveniências da população em geral (e não da própria administração contratante). A **delegação** da prestação de **serviços públicos** a particulares deve ser efetuada por meio da celebração de **contrato de concessão** ou de **contrato de permissão** de serviço público, sempre precedidos de licitação.

10.1.2.1. Terceirização

A execução de serviços pela administração pública, tal como ocorre com as obras, admite as formas **direta e indireta**. Um serviço será executado de forma **indireta** sempre que a administração, em vez de empregar os seus próprios meios e recursos, humanos e materiais, na respectiva realização, optar por celebrar com uma empresa (ou um profissional privado) um **contrato administrativo** cujo objeto seja a execução daquela mesma atividade.

Já na década de 1960, o Decreto-Lei 200/1967, endereçado à administração pública federal, fixou como diretriz geral que a **execução indireta** de atividades materiais (não jurídicas) administrativas seria a forma preferível – mais do que isso, a administração pública federal deveria buscar, **sempre que possível**, a realização dessas atividades mediante **execução indireta**. É o que consta no § 7.º do art. 10 do Decreto-Lei 200/1967 – que não está formalmente revogado –, nestes abrangentes termos (grifamos):

> § 7.º Para melhor desincumbir-se das tarefas de planejamento, coordenação, supervisão e controle e com o objetivo de impedir o crescimento desmesurado da máquina administrativa, a administração procurará **desobrigar-se da realização material de tarefas executivas**, recorrendo, **sempre que possível**, à **execução indireta**, mediante contrato, desde que exista, na área, iniciativa privada suficientemente desenvolvida e capacitada a desempenhar os encargos de execução.

Embora não seja juridicamente bem definida, costuma-se empregar a expressão "**terceirização**" para descrever todas as situações em que uma empresa contrata outra para a execução de tarefas que, em tese, ela própria poderia efetivar. No âmbito da administração pública, o referido vocábulo é utilizado com o mesmo sentido, devendo-se observar, todavia, que, em razão de imposições de natureza constitucional – tais como a exigência de que a admissão de pessoal permanente aos quadros do serviço público ocorra por meio de concurso de provas ou de provas e títulos –, as possibilidades de terceirização mostram-se mais restritas.

No que respeita às **empresas particulares**, o Supremo Tribunal Federal firmou o entendimento de que a terceirização é **lícita**, nada importa se a tarefa a ser exercida pela pessoa jurídica contratada configura **atividade-meio ou atividade-fim** da contratante. Na oportunidade, chegou-se mesmo a aventar que, hoje, sequer seria viável insistir na distinção entre atividades-fim e atividades-meio na seara empresarial, haja vista os múltiplos modelos de organização produtiva adotados pelos agentes – empresas ou grupos econômicos – atuantes no setor privado. Sobre o tema, restou fixada a seguinte **tese de repercussão geral** (enfatizamos que não **estava em apreciação** a prática da terceirização na **administração pública**):[10]

> É lícita a terceirização ou qualquer outra forma de divisão do trabalho entre pessoas jurídicas distintas, independentemente do objeto social das empresas envolvidas, mantida a responsabilidade subsidiária da empresa contratante.

Na **administração federal**, o Decreto 9.507/2018 – vulgarmente conhecido como **"decreto da terceirização"** – "dispõe sobre a **execução indireta**, mediante contratação, de **serviços** da administração pública federal direta, autárquica e fundacional e das empresas públicas e das sociedades de economia mista controladas pela União".

O Decreto 9.507/2018 **não contém uma enumeração**, nem mesmo exemplificativa, de atividades que os órgãos e entidades a ele sujeitos **podem** terceirizar. Ele faz o contrário: apresenta a descrição de serviços, quanto aos seus aspectos materiais ou à sua natureza, que **não podem** ser objeto de **execução indireta**. É conferido um tratamento, mais restritivo, à administração direta, às autarquias e às fundações públicas e outro, mais flexível, às empresas públicas e às sociedades de economia mista.

Alguns dos termos adotados pelo decreto para descrever o conteúdo dos serviços **não passíveis de terceirização** mostram-se um tanto vagos ou indeterminados. De toda sorte, é importante transcrever, na íntegra, os dispositivos pertinentes (grifamos):

> Art. 3.º **Não serão objeto de execução indireta** na administração pública federal direta, autárquica e fundacional, **os serviços**:
>
> I – que envolvam a **tomada de decisão** ou **posicionamento institucional** nas áreas de **planejamento, coordenação, supervisão e controle**;
>
> II – que sejam **considerados estratégicos** para o órgão ou a entidade, cuja terceirização **possa colocar em risco o controle de processos e de conhecimentos e tecnologias**;
>
> III – que estejam relacionados ao **poder de polícia**, de **regulação**, de **outorga de serviços públicos** e de **aplicação de sanção**; e
>
> IV – que sejam **inerentes às categorias funcionais abrangidas pelo plano de cargos do órgão ou da entidade**, exceto disposição legal em contrário ou quando se tratar de cargo extinto, total ou parcialmente, no âmbito do quadro geral de pessoal.
>
> § 1.º Os **serviços auxiliares, instrumentais ou acessórios** de que tratam os incisos do *caput* **poderão** ser executados de forma indireta, vedada a transferência de responsabilidade para a realização de atos administrativos ou a tomada de decisão para o contratado.
>
> § 2.º (Revogado pelo Decreto 10.183/2019.)

---

[10] RE 958.252/MG (**repercussão geral**), rel. Min. Luiz Fux, 30.08.2018; ADPF 324/DF, rel. Min. Roberto Barroso, 30.08.2018 (Informativo 913 do STF).

Art. 4.º Nas **empresas públicas e nas sociedades de economia mista** controladas pela União, não serão objeto de execução indireta **os serviços que demandem** a utilização, pela contratada, de **profissionais com atribuições inerentes às dos cargos integrantes de seus Planos de Cargos e Salários, exceto** se contrariar os princípios administrativos da eficiência, da economicidade e da razoabilidade, tais como na ocorrência de, **ao menos, uma das seguintes hipóteses**:

I – **caráter temporário** do serviço;

II – **incremento temporário do volume** de serviços;

III – atualização de tecnologia ou especialização de serviço, quando for mais atual e segura, que reduzem o custo ou for menos prejudicial ao meio ambiente; ou

IV – **impossibilidade de competir no mercado concorrencial** em que se insere.

§ 1.º As situações de exceção a que se referem os incisos I e II do *caput* poderão estar relacionadas às especificidades da localidade ou à necessidade de maior abrangência territorial.

§ 2.º Os empregados da contratada com atribuições semelhantes ou não com as atribuições da contratante atuarão somente no desenvolvimento dos serviços contratados.

§ 3.º Não se aplica a vedação do *caput* quando se tratar de cargo extinto ou em processo de extinção.

§ 4.º O **Conselho de Administração ou órgão equivalente** das empresas públicas e das sociedades de economia mista controladas pela União **estabelecerá o conjunto de atividades que serão passíveis de execução indireta**, mediante contratação de serviços.

Compete ao Ministro de Estado da Economia **estabelecer os serviços** que serão **preferencialmente** objeto de **execução indireta** mediante contratação. Esse preceito, sim, contido no art. 2.º do Decreto 9.507/2018, implica a elaboração de uma lista com **serviços nominalmente identificados** a serem **terceirizados** – tal lista, vale repetir, não consta no decreto; se for o caso, será ela elaborada pelo Ministro de Estado da Economia e veiculada em ato de sua competência (por exemplo, uma portaria ou uma resolução ministerial).

É relevante registrar que o Decreto 9.739/2019, aplicável à administração federal direta e às autarquias e fundações públicas federais, estabelece que os órgãos e entidades por ele alcançados, quando entenderem que estão diante da necessidade de ampliar o seu quadro de pessoal, **deverão** formular pedido de autorização de concurso público com essa finalidade, no qual precisam demonstrar (entre muitas outras exigências) que **os serviços que justificam a realização do concurso público não podem ser prestados por meio da execução indireta de que trata o Decreto 9.507/2018.**[11]

---

[11] O Decreto 9.739/2019 estabelece que esse pedido de autorização de concurso público deverá ser submetido ao "Ministério da Economia". Observe-se, entretanto, que, por força do art. 51,

Posto de outro modo: atualmente, pelo menos em tese, **não será autorizada a realização de concurso público** para os quadros dos órgãos da administração direta federal, nem das autarquias e fundações públicas federais, **quando o serviço de que se necessita puder ser terceirizado** (Decreto 9.739/2019, art. 6.º, XIV).

Os contratos celebrados sob as normas do Decreto 9.507/2018 devem ter por objeto **exclusivamente** a **prestação de serviços**. É **vedada** a caracterização do objeto como **fornecimento de mão de obra**. São também **proibidas** quaisquer disposições que permitam a **pessoalidade** e a **subordinação direta** dos empregados da contratada **aos gestores da contratante**.

Entre outras cláusulas obrigatórias, o contrato deverá albergar uma que estabeleça que **o pagamento mensal pela contratante somente ocorrerá após a contratada comprovar que pagou as obrigações relativas aos seus empregados** – obrigações trabalhistas, previdenciárias e para com o Fundo de Garantia do Tempo de Serviço (FGTS) – que tenham participado da execução dos serviços contratados. Também deverá haver no contrato cláusula que preveja a verificação pela contratante do cumprimento de tais obrigações por parte da contratada.

Na hipótese de não ser apresentada a documentação comprobatória do cumprimento das obrigações ora em foco, a contratante comunicará o fato à contratada e **reterá o pagamento da fatura mensal**, em valor proporcional ao inadimplemento, **até que a situação esteja regularizada**.

Se a contratada não quitar essas obrigações no prazo de **até quinze dias**, a contratante poderá efetuar o pagamento dos valores devidos diretamente aos empregados da contratada que tenham participado da execução dos serviços contratados. O decreto preocupou-se em afirmar expressamente que esse pagamento, caso ocorra, **não configura vínculo empregatício**, nem implica a assunção de responsabilidade por quaisquer obrigações, entre a contratante e os empregados da contratada, que pudessem decorrer do pagamento efetuado.

É interessante destacar que o Decreto 9.507/2018, no art. 5.º, contém uma norma expressa **contra o nepotismo**, segundo a qual, para todos os órgãos e entidades sujeitos a suas disposições, é vedada a contratação de pessoa jurídica na qual haja **administrador ou sócio com poder de direção** que tenham **relação de parentesco**: (a) com servidor em cargo comissionado ou com função de confiança que atue na área responsável pela demanda ou pela contratação; ou (b) com autoridade hierarquicamente superior no âmbito de cada órgão ou entidade.

Faz-se oportuno registrar que a Lei 14.133/2021 (posterior, portanto, ao Decreto 9.507/2018) contém, entre as normas que versam sobre a contratação, pela administração pública, de serviços em geral, um artigo que trata especificamente de **terceirização** (art. 48). Dada a sua importância, impõe-se a transcrição de seu inteiro teor, com a qual encerramos este tópico (grifamos):

---

inciso IV, da Lei 14.600/2023, o Ministério da Economia foi desmembrado em: (a) Ministério da Fazenda; (b) Ministério da Gestão e da Inovação em Serviços Públicos; (c) Ministério do Planejamento e Orçamento; e (d) Ministério do Desenvolvimento, Indústria, Comércio e Serviços.

DIREITO ADMINISTRATIVO DESCOMPLICADO • Marcelo Alexandrino & Vicente Paulo

Art. 48. Poderão ser objeto de **execução por terceiros** as **atividades materiais acessórias, instrumentais ou complementares** aos assuntos que constituam **área de competência legal do órgão ou da entidade, vedado** à administração ou a seus agentes, na contratação do serviço terceirizado:

I – indicar pessoas expressamente nominadas para executar direta ou indiretamente o objeto contratado;

II – fixar salário inferior ao definido em lei ou em ato normativo a ser pago pelo contratado;

III – estabelecer vínculo de subordinação com funcionário de empresa prestadora de serviço terceirizado;

IV – definir forma de pagamento mediante exclusivo reembolso dos salários pagos;

V – demandar a funcionário de empresa prestadora de serviço terceirizado a execução de tarefas fora do escopo do objeto da contratação;

VI – prever em edital exigências que constituam intervenção indevida da administração na gestão interna do contratado.

Parágrafo único. Durante a vigência do contrato, é **vedado ao contratado contratar cônjuge, companheiro ou parente em linha reta, colateral ou por afinidade, até o terceiro grau, de dirigente do órgão ou entidade contratante ou de agente público que desempenhe função na licitação ou atue na fiscalização ou na gestão do contrato**, devendo essa proibição constar expressamente do edital de licitação.

10.1.3. Contrato de concessão

Embora não exista uniformidade entre os autores, filiamo-nos à corrente que defende a existência de três tipos de contratos como espécies do gênero "concessão": a **concessão de serviços públicos**, a **concessão de uso de bem público** e a **concessão de obra pública**.

Enquadra-se nessa concepção a seguinte definição de "contrato de concessão", de lavra da Prof.ª Maria Sylvia Di Pietro: "contrato administrativo pelo qual a administração confere ao particular a execução remunerada de serviço público ou de obra pública, ou lhe cede o uso de bem público, para que o explore por sua conta e risco, pelo prazo e nas condições regulamentares e contratuais".

Os contratos de **concessão de obra pública** foram definidos anteriormente, no tópico acerca dos contratos de obra pública. O que caracteriza um contrato de concessão de obra pública é o fato de a remuneração do executor da obra ser feita pelo usuário ou beneficiário da obra, e não pela administração.

O uso privativo de bens públicos, ou a utilização de bens públicos de acesso restrito, pode ser atribuído ao particular mediante concessão, permissão ou autorização de uso de bem público. A **concessão de uso de bem público** é um contrato administrativo; a autorização de uso de bem público é um ato administrativo, discricionário e precário; a doutrina administrativista define a permissão de uso de bem público também como um ato administrativo, discricionário e precário, embora esse ato administrativo, nos termos do atual direito legislado pátrio, deva ser, em regra, precedido de licitação pública.

Cap. 10 • CONTRATOS ADMINISTRATIVOS

Maria Sylvia Di Pietro define a concessão de uso de bem público como o "contrato administrativo pelo qual a administração pública faculta ao particular a utilização privativa de bem público, para que a exerça conforme a sua destinação". Ensina a autora que o contrato é "de direito público, sinalagmático, oneroso ou gratuito, comutativo e realizado *intuitu personae*".

Portanto, os contratos de concessão de uso de bem público podem, ou não, prever remuneração por parte do particular. Mediante a celebração de tais contratos, a administração outorga ao particular o direito pessoal e intransferível de utilizar um bem segundo sua destinação específica, como, por exemplo, a concessão de direito de uso de lojas em um mercado público municipal.

Cabe mencionar que existe uma outra forma de atribuição a particulares de direito de uso de bens públicos, mas, nesse caso, não como um direito pessoal, e sim como um direito real (um direito referido ao bem em si, e não a uma pessoa determinada). Trata-se da **concessão de direito real de uso de bens**, a que faz menção expressa, embora genérica, o art. 2.º, I, da Lei 14.133/2021, sendo regulada, de forma específica, no Decreto-Lei 271/1967, com alterações trazidas pela Lei 11.481/2007.

Consiste a concessão de direito real de uso de bens em um contrato que confere ao particular um direito real resolúvel, por **prazo certo ou indeterminado**, de forma remunerada ou gratuita. O contrato de concessão de direito real de uso de bens pode ser formalizado por instrumento público ou particular, ou por simples termo administrativo, e será inscrito e cancelado em livro especial.

Analisamos mais detalhadamente as normas pertinentes à concessão de direito real de uso no capítulo sobre bens públicos, ao qual remetemos o leitor, a fim de evitar repetições ociosas.

A **concessão de serviço público**, precedida ou não de realização de obra pública, está assim definida na Lei 8.987/1995, art. 2.º, II e III (redação dada pela Lei 14.133/2021):[12]

> II – **concessão de serviço público**: a delegação de sua prestação, feita pelo poder concedente, mediante licitação, na modalidade concorrência ou diálogo competitivo, a pessoa jurídica ou consórcio de empresas que demonstre capacidade para seu desempenho, por sua conta e risco e por prazo determinado;
>
> III – **concessão de serviço público precedida da execução de obra pública**: a construção, total ou parcial, conservação, reforma, ampliação ou melhoramento de quaisquer obras de interesse público, delegados pelo poder concedente, mediante licitação, na modalidade concorrência ou diálogo competitivo, a pessoa jurídica ou consórcio de empresas que demonstre capacidade para a sua realização, por sua conta e risco, de forma que o investimento da concessionária seja remunerado e amortizado mediante a exploração do serviço ou da obra por prazo determinado;

---

[12] A modalidade de licitação denominada "**diálogo competitivo**" foi introduzida em nosso ordenamento jurídico pela Lei 14.133/2021. Suas características e o procedimento respectivo estão descritos no capítulo sobre "licitações públicas" desta obra.

Por fim, é relevante registrar que as **parcerias público-privadas** (PPP) disciplinadas na Lei 11.079/2004 são consubstanciadas em contratos especiais de concessão. Deve-se ressalvar que é **vedada** a celebração de contrato de parceria público-privada que tenha como **objeto único** a **execução de obra pública**, ou seja, uma PPP não pode ser, unicamente, uma "concessão de obra pública".

No capítulo desta obra relativo aos serviços públicos são estudadas as concessões de serviços públicos e as parcerias público-privadas.

11. CONTRATOS CELEBRADOS POR EMPRESAS PÚBLICAS E SOCIEDADES DE ECONOMIA MISTA (LEI 13.303/2016)

11.1. Introdução

A Lei 13.303/2016, conforme literalmente assevera o seu art. 1.º, dispõe sobre o estatuto jurídico das empresas públicas e sociedades de economia mista, e suas subsidiárias, da União, dos estados, do Distrito Federal e dos municípios, que explorem "**atividade econômica** de produção ou comercialização de bens ou de prestação de serviços, ainda que a **atividade econômica** esteja sujeita ao **regime de monopólio** da União ou seja de **prestação de serviços públicos**".

Dessarte, está sujeita ao regime estabelecido por essa lei a esmagadora maioria das empresas públicas e sociedades de economia mista existentes no Brasil, a saber: **todas** as que atuam no **domínio econômico em sento estrito** e **todas** as que prestam **serviços públicos enquadrados como atividade econômica** (em sentido amplo).

Dependendo da linha doutrinária que se perfilhe, é plausível sustentar que não deveriam existir empresas públicas e sociedades de economia mista com objetos outros que não esses inseridos no escopo da Lei 13.303/2016. Mas o **fato incontroverso é que existem**. É o caso, por exemplo, de empresas públicas e sociedades de economia mista que desempenham atividades de regulação e exercem poder de polícia, possibilidade que o Supremo Tribunal Federal já declarou compatível com a Constituição da República. Analisamos em detalhes essa questão – abrangência da Lei 13.303/2016 – no capítulo sobre a organização administrativa brasileira, ao qual remetemos o leitor, a fim de evitar repetições desnecessárias.

A Lei 13.303/2016 contém regras específicas acerca dos **contratos** celebrados pelas entidades sob sua regência. Aliás, não é despiciendo comentar que as normas sobre **licitações e contratos** da Lei 13.303/2016 (arts. 28 a 84) encontram-se no seu Título II, que tem a seguinte epígrafe (grifamos):

> Disposições aplicáveis às empresas públicas, às sociedades de economia mista e às suas subsidiárias que explorem **atividade econômica** de produção ou comercialização de bens ou de prestação de serviços, ainda que a **atividade econômica** esteja sujeita ao regime de monopólio da união ou seja de prestação de serviços públicos.

No Título II da Lei 13.303/2016, os preceitos pertinentes aos **contratos** inserem-se no Capítulo II, cujo artigo inaugural, categoricamente, preceitua:

Art. 68. Os contratos de que trata esta Lei regulam-se pelas suas cláusulas, pelo disposto nesta Lei e pelos preceitos de direito privado.

O primeiro aspecto importante a deslindar, acerca do dispositivo supratranscrito, é o alcance da expressão "**os contratos de que trata esta lei**". Seriam todos os contratos celebrados pelas empresas públicas e sociedades de economia mista, e suas subsidiárias, alcançadas pela Lei 13.303/2016?

Não há, no texto legal, uma resposta explícita a essa pergunta. No art. 28, ao discorrer sobre a exigência de licitação, a Lei 13.303/2016 diz que tal procedimento, como regra, deve preceder a celebração de "contratos com terceiros destinados à prestação de serviços às empresas públicas e às sociedades de economia mista, inclusive de engenharia e de publicidade, à aquisição e à locação de bens, à alienação de bens e ativos integrantes do respectivo patrimônio ou à execução de obras a serem integradas a esse patrimônio, bem como à implementação de ônus real sobre tais bens".

Parece-nos que esses seriam os objetos dos contratos abarcados pela Lei 13.303/2016. Por **simplificação**, entretanto, consideraremos que **todos** os contratos celebrados pelas entidades incluídas no campo de incidência da Lei 13.303/2016, **inclusive os de publicidade**, enquadram-se no seu art. 68, isto é, regulam-se pelas cláusulas deles próprios, pelo disposto na Lei 13.303/2016 **e** pelos **preceitos de direito privado**.

O segundo ponto a esclarecer concerne à seguinte dúvida: considerando a classificação doutrinária tradicional, os contratos regidos pela Lei 13.303/2016 integram a categoria dos "contratos administrativos" ou a dos "contratos de direito privado da administração pública"?

Em nossa opinião, esses contratos disciplinados na Lei 13.303/2016 não se enquadram com precisão em **nenhum dos dois grupos** – embora estejam **mais próximos** dos "contratos de direito privado da administração pública".

De fato, por um lado, a Lei 13.303/2016 **não estendeu** aos contratos por ela regidos a maioria das prerrogativas de direito público – "cláusulas exorbitantes" – que estavam previstas na Lei 8.666/1993 (a Lei 13.303/2016 é anterior à Lei 14.133/2021, mas, em linhas gerais, as cláusulas exorbitantes que constavam na Lei 8.666/1993 foram reiteradas na Lei 14.133/2021). De outra banda, porém, a Lei 13.303/2016 não contemplou diferenças de regime jurídico atreladas ao conteúdo dos contratos, significa dizer, **todos** os contratos jungidos à disciplina da Lei 13.303/2016, **independentemente do objeto** deles, sujeitam-se a **idêntico regime jurídico**.

Em que pesem essas considerações, reiteramos que, a nosso ver, os contratos regrados pela Lei 13.303/2016 têm **mais pontos em comum** com os "**contratos de direito privado da administração pública**" do que com os contratos administrativos propriamente ditos (regidos predominantemente pelo direito público). Conforme será detalhado nos próximos tópicos, de todas as características dos contratos regulados pela Lei 13.303/2016, a única que constitui uma indiscutível prerrogativa de direito público é a possibilidade de a empresa pública ou sociedade de economia mista aplicar **diretamente** (sem necessidade de intervenção do Poder Judiciário) **sanções administrativas** aos particulares por ela contratados. Foi incluída, também – para os que entendem que esta seja uma cláusula exorbitante –, a faculdade de a entidade

DIREITO ADMINISTRATIVO DESCOMPLICADO • Marcelo Alexandrino & Vicente Paulo

contratante exigir do contratado prestação de garantia. Por outro lado, os contratos sujeitos à Lei 13.303/2016:

a) não podem ser alterados unilateralmente;

b) não podem ser rescindidos unilateralmente;

c) não ensejam ocupação provisória de bens móveis, imóveis, pessoal e serviços vinculados ao objeto do contrato;

d) não comportam atenuação em favor da entidade administrativa da exceção do contrato não cumprido (*exceptio non adimpleti contractus*).

Convém pontuar que o § 3.º do art. 27 da Lei 13.303/2016 autoriza as empresas públicas e sociedades de economia mista por ela regidas a celebrarem **convênio ou contrato de patrocínio** com pessoa física ou com pessoa jurídica para a promoção de atividades culturais, sociais, esportivas, educacionais e de inovação tecnológica, desde que comprovadamente vinculadas ao fortalecimento da marca da entidade. Preceitua esse dispositivo legal, reiterado no § 2.º do art. 28, que o aludido **convênio ou contrato de patrocínio** deverá observar, **no que couber**, as normas de licitações e contratos fixadas na Lei 13.303/2016. Não logramos vislumbrar uma razão plausível para a citada ressalva ("no que couber"). É consabido que esses "patrocínios" consubstanciam um tradicional valhacouto para os mais variados desvios, favorecimentos espúrios e descalabros em geral. Se não era possível, pura e simplesmente, proibi-los, que fossem, então, pelo menos, submetidos integralmente às normas de licitações e contratações aplicáveis aos demais contratos alcançados pela Lei 13.303/2016.[13]

11.2. Características dos contratos regidos pela Lei 13.303/2016

11.2.1. Forma dos contratos e cláusulas necessárias

Os contratos regidos pela Lei 13.303/2016 devem adotar a **forma escrita**. Só há uma **exceção**: é dispensada a redução a termo do contrato "no caso de **pequenas despesas** de **pronta entrega e pagamento** das quais **não resultem obrigações futuras** por parte da empresa pública ou da sociedade de economia mista" (art. 73).

A lei não define "**pequenas despesas**". Também não está explícito que, nessa hipótese excepcional de dispensa da redução a termo, o contrato possa ser verbal. Parece-nos que pode, uma vez que a expressão "**redução a termo**" significa, exatamente, "passar para a forma escrita". Independentemente dessas dúvidas, certo é

---

[13] Reconhecemos que o legislador procurou minorar o problema em questão, ao menos quanto aos montantes envolvidos. Com efeito, o art. 93 da Lei 13.303/2016 estipula que as **despesas** da empresa pública ou sociedade de economia mista **com publicidade e patrocínio não podem ultrapassar**, em cada exercício, **meio por cento** da receita operacional bruta do exercício anterior. Trata-se de uma **regra geral**, pois a **diretoria**, "com base em parâmetros de mercado do setor específico de atuação" da entidade, pode propor a **ampliação do limite para até dois por cento**, exigida a aprovação do conselho de administração (art. 93, § 1.º). Ao lado desses limites, o § 2.º do art. 93 **proíbe** que, em **ano de eleição** para cargos do ente federativo a que a entidade seja vinculada, ela realize **despesas** com **publicidade e patrocínio** que **excedam a média dos gastos nos três últimos anos que antecedem o pleito ou no último ano imediatamente anterior à eleição**.

Cap. 10 • CONTRATOS ADMINISTRATIVOS

que, em todos os contratos, inclusive nesses em que o instrumento escrito foi dispensado, deverá ser efetuado "o registro contábil exaustivo dos valores despendidos" e exigido "recibo por parte dos respectivos destinatários" (art. 73, parágrafo único).

O art. 69 da Lei 13.303/2016 enumera as **cláusulas necessárias** dos contratos sob sua regência. São elas:

I – o objeto e seus elementos característicos;

II – o regime de execução ou a forma de fornecimento;

III – o preço e as condições de pagamento, os critérios, a data-base e a periodicidade do reajustamento de preços e os critérios de atualização monetária entre a data do adimplemento das obrigações e a do efetivo pagamento;

IV – os prazos de início de cada etapa de execução, de conclusão, de entrega, de observação, quando for o caso, e de recebimento;

V – as garantias oferecidas para assegurar a plena execução do objeto contratual, quando exigidas, observado o disposto no art. 68;[14]

VI – os direitos e as responsabilidades das partes, as tipificações das infrações e as respectivas penalidades e valores das multas;

VII – os casos de rescisão do contrato e os mecanismos para alteração de seus termos;

VIII – a vinculação ao instrumento convocatório da respectiva licitação ou ao termo que a dispensou ou a inexigiu, bem como ao lance ou proposta do licitante vencedor;

IX – a obrigação do contratado de manter, durante a execução do contrato, em compatibilidade com as obrigações por ele assumidas, as condições de habilitação e qualificação exigidas no curso do procedimento licitatório;

X – matriz de riscos.

Dentre essas cláusulas, merece nota, por constituir uma bem-vinda inovação (incorporada, depois, pela Lei 14.133/2021), a "**matriz de riscos**", assim definida na Lei 13.303/2016 (art. 42, X):

X – **matriz de riscos**: cláusula contratual definidora de riscos e responsabilidades entre as partes e caracterizadora do equilíbrio econômico-financeiro inicial do contrato, em termos de ônus financeiro decorrente de eventos supervenientes à contratação, contendo, no mínimo, as seguintes informações:

a) listagem de possíveis eventos supervenientes à assinatura do contrato, impactantes no equilíbrio econômico-financeiro da avença, e previsão de eventual necessidade de prolação de termo aditivo quando de sua ocorrência;

---

[14] "Art. 68. Os contratos de que trata esta Lei regulam-se pelas suas cláusulas, pelo disposto nesta Lei e pelos preceitos de direito privado."

b) estabelecimento preciso das frações do objeto em que haverá liberdade das contratadas para inovar em soluções metodológicas ou tecnológicas, em obrigações de resultado, em termos de modificação das soluções previamente delineadas no anteprojeto ou no projeto básico da licitação;

c) estabelecimento preciso das frações do objeto em que não haverá liberdade das contratadas para inovar em soluções metodológicas ou tecnológicas, em obrigações de meio, devendo haver obrigação de identidade entre a execução e a solução predefinida no anteprojeto ou no projeto básico da licitação.

A evidente orientação moralizante dessas disposições é complementada pelo § 8.º do art. 81 da lei, que **proíbe** "a celebração de **aditivos** decorrentes de eventos supervenientes alocados, na matriz de riscos, como de responsabilidade da contratada".

11.2.2. Prazo de duração dos contratos

A Lei 13.303/2016 estabelece como **regra geral** que a **duração** dos contratos nela disciplinados **não excederá a cinco anos**, contados de sua celebração (art. 71). Esse prazo não se aplica, isto é, ele **pode ser excedido**:

I – para projetos contemplados no plano de negócios e investimentos da empresa pública ou da sociedade de economia mista;

II – nos casos em que a pactuação por prazo superior a 5 (cinco) anos seja prática rotineira de mercado e a imposição desse prazo inviabilize ou onere excessivamente a realização do negócio.

Em qualquer hipótese, **é vedado o contrato por prazo indeterminado**.

Não há regras sobre **prorrogação** dos contratos na Lei 13.303/2016, salvo, apenas, a explicitação de que é considerado **superfaturamento** o dano ao patrimônio das entidades que ela abrange ocasionado, dentre outras hipóteses, pela "prorrogação injustificada do prazo contratual com custos adicionais para a empresa pública ou a sociedade de economia mista" (art. 31, § 1.º, II, "d").

11.2.3. Regimes de execução dos contratos destinados à execução de obras e serviços de engenharia

Os contratos destinados à execução de **obras e serviços de engenharia** sujeitos à disciplina da Lei 13.303/2016 podem ser celebrados sob os seguintes regimes (art. 43):

I – **empreitada por preço unitário**, nos casos em que os objetos, por sua natureza, possuam imprecisão inerente de quantitativos em seus itens orçamentários;

II – **empreitada por preço global**, quando for possível definir previamente no projeto básico, com boa margem de precisão, as quantidades dos serviços a serem posteriormente executados na fase contratual;

Cap. 10 • CONTRATOS ADMINISTRATIVOS

III – **contratação por tarefa**, em contratações de profissionais autônomos ou de pequenas empresas para realização de serviços técnicos comuns e de curta duração;

IV – **empreitada integral**, nos casos em que o contratante necessite receber o empreendimento, normalmente de alta complexidade, em condição de operação imediata;

V – **contratação semi-integrada**, quando for possível definir previamente no projeto básico as quantidades dos serviços a serem posteriormente executados na fase contratual, em obra ou serviço de engenharia que possa ser executado com diferentes metodologias ou tecnologias;

VI – **contratação integrada**, quando a obra ou o serviço de engenharia for de natureza predominantemente intelectual e de inovação tecnológica do objeto licitado ou puder ser executado com diferentes metodologias ou tecnologias de domínio restrito no mercado.

A novidade introduzida pela Lei 13.303/2016 foi a **contratação semi-integrada**, que, segundo a definição legal, é a "contratação que envolve a elaboração e o desenvolvimento do projeto executivo, a execução de obras e serviços de engenharia, a montagem, a realização de testes, a pré-operação e as demais operações necessárias e suficientes para a entrega final do objeto" (art. 42, V).

A diferença entre a contratação semi-integrada e a contratação integrada é, tão somente, que esta última inclui não só a elaboração do projeto executivo, mas **também a do projeto básico**.

Vale repetir: a **contratação integrada** é o **único** regime em que o projeto executivo e **também** o **projeto básico** ficam a cargo do contratado – no edital da licitação respectiva há tão somente um "**anteprojeto de engenharia**", do qual constarão "elementos técnicos que permitam a caracterização da obra ou do serviço e a elaboração e comparação, de forma isonômica, das propostas a serem ofertadas pelos particulares" (art. 42, § 1.º, I, "a"). Em **todos os outros** regimes de execução, o **projeto básico**, que ficará disponível para exame de qualquer interessado, deverá ser elaborado **antes da licitação** para a contratação da obra ou do serviço de engenharia (art. 43, § 1.º).

A Lei 13.303/2016 preceitua que, no caso de licitação de obras e serviços de engenharia, as empresas públicas e sociedades de economia mista por ela abrangidas **deverão** utilizar a **contratação semi-integrada**, cabendo a elas a elaboração ou a contratação do projeto básico antes da licitação (art. 42, § 4.º). Apesar da redação categórica, o mesmo dispositivo **autoriza** a utilização de **outros regimes de execução**, desde que essa opção seja **devidamente justificada** – fica **expressamente vedado**, porém, que a entidade promotora da licitação apresente como **justificativa** para a adoção da modalidade de **contratação integrada** a ausência de projeto básico (art. 42, § 5.º).

Deve-se frisar este ponto: a **contratação semi-integrada** é a **regra geral** nas contratações de **obras e serviços de engenharia** efetuadas com base na Lei 13.303/2016.

É **vedada** a execução, **sem projeto executivo**, de **obras e serviços de engenharia** (art. 43, § 2.º). Essa regra **não comporta exceção**.

Cumpre anotar, por fim, que a lei prevê a possibilidade de ser estabelecida **remuneração variável** na contratação de obras e serviços, inclusive de engenharia

DIREITO ADMINISTRATIVO DESCOMPLICADO • Marcelo Alexandrino & Vicente Paulo

(art. 45). A variação da remuneração estará **vinculada ao desempenho do contratado**, aferido com base em metas, padrões de qualidade, critérios de sustentabilidade ambiental e prazos de entrega **definidos no instrumento convocatório e no contrato**.

11.2.4. Exigência de garantia

A Lei 13.303/2016 **faculta** a exigência de **garantia** nos contratos que tenham por objeto **obras, serviços e compras** (art. 70). A **modalidade** de garantia, quando esta for exigida, será **escolhida pelo contratado**, dentre as seguintes: (a) caução em dinheiro; (b) seguro-garantia; ou (c) fiança bancária.

É interessante abrir um parêntese para observar que a modalidade **caução em títulos da dívida pública**, que estava prevista na Lei 8.666/1993 (e está reiterada na Lei 14.133/2021), **não foi contemplada na Lei 13.303/2016**.

Regra geral, a garantia exigida será de **até cinco por cento do valor do contrato**, devendo o valor dela ser atualizado nas mesmas condições nele estabelecidas.

Para obras, serviços e fornecimentos de **grande vulto** envolvendo **complexidade técnica** e **riscos financeiros elevados**, o limite de garantia poderá ser elevado para **até dez por cento do valor do contrato**.

A garantia prestada pelo contratado será liberada ou restituída após a execução do contrato, devendo ser atualizada monetariamente quando tiver sido prestada na modalidade "caução em dinheiro".

11.2.5. Subcontratação

A Lei 13.303/2016 prevê a possibilidade de **subcontratação parcial** em contratos que tenham por objeto **obra, serviço ou fornecimento**.

Com efeito, o art. 78 da Lei 13.303/2016 estabelece que o contratado, na execução do contrato, sem prejuízo das responsabilidades contratuais e legais, poderá **subcontratar partes** da obra, serviço ou fornecimento, **até o limite admitido**, **em cada caso**, pela empresa pública ou pela sociedade de economia mista, **conforme previsto no edital da licitação**.

A empresa subcontratada deverá atender, em relação ao objeto da subcontratação, as exigências de qualificação técnica impostas ao licitante vencedor.

É **vedada** a subcontratação de empresa ou consórcio que tenha participado: (a) do procedimento licitatório do qual se originou a contratação; e (b) direta ou indiretamente, da elaboração de projeto básico ou executivo.

Ao lado dessas vedações, há uma hipótese específica em que a subcontratação **não será admitida**: quando uma empresa de prestação de serviços técnicos especializados tiver apresentado no procedimento licitatório, ou na contratação direta, a relação dos integrantes do seu corpo técnico, ela deverá garantir que estes **executem pessoal e diretamente** as obrigações a eles imputadas (art. 78, § 3.º).

11.2.6. Alteração dos contratos

Os contratos regidos pela Lei 13.303/2016 **não podem ser modificados unilateralmente**. Eles "**somente** poderão ser alterados por **acordo entre as partes**, vedando-se

Cap. 10 • CONTRATOS ADMINISTRATIVOS

701

ajuste que resulte em violação da obrigação de licitar" (art. 72). Cabe anotar que é cláusula essencial de tais contratos a que estabeleça "os mecanismos para alteração de seus termos" (art. 69, VII).

Além dessas disposições genéricas sobre alteração contratual, a Lei 13.303/2016 **determina** que os contratos destinados à **execução de obras e serviços de engenharia** nos regimes de contratação por tarefa, empreitada por preço unitário, empreitada por preço global, empreitada integral e contratação semi-integrada (**não** foi incluída a **contratação integrada**) contenham cláusula que estabeleça a possibilidade de alteração, **também por acordo entre as partes**, nos seguintes casos (art. 81):

> I – quando houver modificação do projeto ou das especificações, para melhor adequação técnica aos seus objetivos;
>
> II – quando necessária a modificação do valor contratual em decorrência de acréscimo ou diminuição quantitativa de seu objeto, nos limites permitidos por esta Lei;
>
> III – quando conveniente a substituição da garantia de execução;
>
> IV – quando necessária a modificação do regime de execução da obra ou serviço, bem como do modo de fornecimento, em face de verificação técnica da inaplicabilidade dos termos contratuais originários;
>
> V – quando necessária a modificação da forma de pagamento, por imposição de circunstâncias supervenientes, mantido o valor inicial atualizado, vedada a antecipação do pagamento, com relação ao cronograma financeiro fixado, sem a correspondente contraprestação de fornecimento de bens ou execução de obra ou serviço;
>
> VI – para restabelecer a relação que as partes pactuaram inicialmente entre os encargos do contratado e a retribuição da administração para a justa remuneração da obra, serviço ou fornecimento, objetivando a manutenção do equilíbrio econômico-financeiro inicial do contrato, na hipótese de sobrevirem fatos imprevisíveis, ou previsíveis porém de consequências incalculáveis, retardadores ou impeditivos da execução do ajustado, ou, ainda, em caso de força maior, caso fortuito ou fato do príncipe, configurando álea econômica extraordinária e extracontratual.

A Lei 13.303/2016 estabeleceu, para contratos que tenham por objeto obras, serviços ou compras, **limites percentuais** de **alteração** do respectivo **valor inicial atualizado**. É o que consta dos §§ 1.º e 2.º do art. 81, a saber:

> § 1.º O contratado poderá aceitar, nas mesmas condições contratuais, os acréscimos ou supressões que se fizerem nas obras, serviços ou compras, até 25% (vinte e cinco por cento) do valor inicial atualizado do contrato, e, no caso particular de reforma de edifício ou de equipamento, até o limite de 50% (cinquenta por cento) para os seus acréscimos.
>
> § 2.º Nenhum acréscimo ou supressão poderá exceder os limites estabelecidos no § 1.º, salvo as supressões resultantes de acordo celebrado entre os contratantes.

702 DIREITO ADMINISTRATIVO DESCOMPLICADO • *Marcelo Alexandrino & Vicente Paulo*

Da leitura conjunta desses dois dispositivos resulta que, pelo menos teoricamente, **só os acréscimos ficaram sujeitos a limites percentuais**. Deveras, o § 1.º afirma que poderão ser aceitos **acréscimos ou supressões** de até 25% do valor inicial atualizado do contrato nas obras, serviços ou compras (e **acréscimos** de até 50% no caso específico de reforma de edifício ou de equipamento). Porém, o § 2.º autoriza "**supressões** resultantes de acordo celebrado entre os contratantes" que ultrapassem esse percentual de 25% do valor inicial atualizado do contrato. Ora, como o acordo entre as partes é exigido em **todos** os casos de alteração dos contratos regidos pela Lei 13.303/2016, tem-se que, no plano lógico, simplesmente **não há limite fixado para as supressões** que se fizerem nas obras, serviços ou compras.

No caso de supressão de obras, bens ou serviços, se o contratado já houver adquirido os materiais e posto no local dos trabalhos, esses materiais deverão ser pagos pela empresa pública ou sociedade de economia mista pelos custos de aquisição regularmente comprovados e monetariamente corrigidos, podendo caber indenização por outros danos eventualmente decorrentes da supressão, desde que regularmente comprovados (art. 81, § 4.º).

A criação, a alteração ou a extinção de quaisquer tributos ou encargos legais, bem como a superveniência de disposições legais, quando ocorridas após a data da apresentação da proposta, com **comprovada repercussão nos preços contratados**, implicarão a **revisão** destes **para mais ou para menos**, conforme o caso (art. 81, § 5.º).

Havendo alteração do contrato que aumente os encargos do contratado, a empresa pública ou a sociedade de economia mista deverá restabelecer, por aditamento, o equilíbrio econômico-financeiro inicial (art. 81, § 6.º).

A variação do valor contratual para fazer face ao reajuste de preços previsto no próprio contrato e as atualizações, compensações ou penalizações financeiras decorrentes das condições de pagamento nele previstas, bem como o empenho de dotações orçamentárias suplementares até o limite do seu valor corrigido, **não caracterizam alteração do contrato** e **podem ser registrados por simples apostila**, dispensada a celebração de aditamento (art. 81, § 7.º).

11.2.7. Responsabilidades e encargos do contratado

O contratado tem a obrigação de entregar à empresa pública ou sociedade de economia mista contratante o objeto do contrato em perfeitas condições, sem quaisquer impropriedades. O art. 76 da Lei 13.303/2016 incisivamente estabelece que "o contratado é obrigado a reparar, corrigir, remover, reconstruir ou substituir, **às suas expensas**, no total ou em parte, o objeto do contrato em que se verificarem vícios, defeitos ou incorreções resultantes da execução ou de materiais empregados".

Além disso, o contratado tem responsabilidade civil do tipo **objetiva** pelos danos que, na execução do contrato, sejam causados diretamente a terceiros ou à empresa pública ou sociedade de economia mista (art. 76). Vale repetir: se, **na execução do contrato**, o contratado **diretamente** causar lesão a terceiros ou à entidade contratante, ele será obrigado a indenizar os prejuízos, **independentemente de comprovação de sua culpa ou dolo**.

Cap. 10 • CONTRATOS ADMINISTRATIVOS

Observe-se que essa é uma **regra legal específica** de atribuição de responsabilidade objetiva ao contratado, diferente da norma do § 6.º do art. 37 da Constituição, que confere responsabilidade extracontratual objetiva às pessoas jurídicas de direito público e às pessoas jurídicas de direito privado prestadoras de serviços públicos. Com efeito, para a incidência da norma constitucional mencionada, não é necessário que a pessoa jurídica esteja executando contrato administrativo algum: basta que lhe seja imputável um ato ou fato administrativo, lícito ou ilícito, do qual haja decorrido dano a terceiro.

O contratado é responsável pelos **encargos trabalhistas, fiscais e comerciais** resultantes da execução do contrato (art. 77). A inadimplência do contratado quanto aos encargos trabalhistas, fiscais e comerciais **não transfere** à empresa pública ou sociedade de economia mista a responsabilidade pelo respectivo pagamento, nem poderá onerar o objeto do contrato ou restringir a regularização e o uso das obras e edificações, inclusive perante o Registro de Imóveis (art. 77, § 1.º).

Não há qualquer regra específica a respeito de **encargos previdenciários** na Lei 13.303/2016. No projeto de lei respectivo, havia o § 2.º do art. 77 – que estabelecia responsabilidade solidária, entre a entidade contratante e o contratado, "pelos encargos previdenciários resultantes da execução do contrato, nos termos do art. 31 da Lei 8.212/1991" –, mas ele foi **vetado** pelo Presidente da República, "por contrariedade ao interesse público" (Mensagem 359/2016).

Encerrando este tópico, cabe pontuar que, por força do art. 80 da Lei 13.303/2016, os **direitos patrimoniais e autorais** de projetos ou serviços técnicos especializados desenvolvidos por profissionais autônomos ou por empresas contratadas **passam a ser propriedade** da empresa pública ou sociedade de economia mista que os tenha contratado, sem prejuízo da preservação da identificação dos respectivos autores e da responsabilidade técnica a eles atribuída.

11.2.8. Fiscalização da execução do contrato

A Lei 13.303/2016 **não** contém normas especificamente voltadas a disciplinar a fiscalização que as empresas públicas e sociedades de economia mista devem efetuar com o propósito de assegurar que os contratos por elas celebrados – por exemplo, em que figurem como tomadoras de um serviço, de um fornecimento ou de uma obra de engenharia – sejam corretamente executados. Diferentemente do que há na Lei 14.133/2021 (e havia na Lei 8.666/1993), **não constam**, na Lei 13.303/2016, regras sobre acompanhamento, pela entidade contratante, da execução do contrato, ou sobre medidas acauteladoras ou corretivas que possam ser adotadas no curso dos trabalhos, quando se verifiquem desvios ou inadequações, ou, ainda, sobre recebimento do respectivo objeto.

O que existe, na Lei 13.303/2016, são normas genéricas concernentes à fiscalização que os órgãos de controle e a sociedade podem ou devem exercer sobre as atividades das empresas públicas e sociedades de economia mista, especialmente sobre a gestão e a aplicação de seus recursos, o que inclui, evidentemente, a análise do conteúdo dos ajustes por elas celebrados e da qualidade ou efetividade dos serviços, materiais e obras recebidos em decorrência de tais contratações.

Nessa linha, o art. 85 da Lei 13.303/2016 estabelece que os órgãos de controle externo e interno das três esferas de governo fiscalizarão as empresas públicas e sociedades de economia mista a elas relacionadas, inclusive aquelas domiciliadas no exterior, quanto à legitimidade, à economicidade e à eficácia da aplicação de seus recursos, sob o ponto de vista contábil, financeiro, operacional e patrimonial.

Para poderem desempenhar essa atividade fiscalizatória, os órgãos de controle devem ter **acesso irrestrito** aos documentos e às informações necessários à realização dos seus trabalhos, **inclusive** àqueles classificados como **sigilosos** pela empresa pública ou sociedade de economia mista.

O art. 86 determina que as informações das empresas públicas e sociedades de economia mista relativas a **licitações e contratos** constem de bancos de dados eletrônicos atualizados e com **acesso em tempo real aos órgãos de controle** competentes.

Aliás, é permitido a **qualquer interessado** o conhecimento dos termos do contrato e a obtenção de cópia autenticada do seu conteúdo, no todo ou em parte – apenas se admite, na hipótese de reprodução de documentos, a exigência de ressarcimento à empresa pública ou sociedade de economia mista dos custos dos serviços e dos materiais utilizados. Essa regra, vazada no art. 74 da Lei 13.303/2016, expressamente remete aos termos previstos na Lei 12.527/2011 ("**Lei de Acesso à Informação**") – e, nesta última, a expressão "**qualquer interessado**" é empregada com o significado de "**qualquer pessoa**", sendo necessárias, tão somente, a identificação do requerente e a especificação da informação requerida, "vedadas quaisquer exigências relativas aos motivos determinantes da solicitação de informações de interesse público" (art. 10).

As empresas públicas e sociedades de economia mista sujeitas à disciplina da Lei 13.303/2016 deverão disponibilizar para **conhecimento público**, por meio eletrônico, **informação completa** mensalmente atualizada sobre a **execução de seus contratos e de seu orçamento**, admitindo-se retardo de até dois meses na divulgação das informações (art. 88). A disponibilização de informações contratuais referentes a operações de perfil estratégico ou que tenham por objeto segredo industrial receberá proteção mínima necessária para lhes garantir confidencialidade – mas esta não é oponível à fiscalização dos órgãos de controle interno e do tribunal de contas, sem prejuízo da responsabilização administrativa, civil e penal do servidor que der causa à eventual divulgação das informações sigilosas.

Por fim, merece menção a exigência de que seja dada **publicidade**, com **periodicidade mínima semestral**, em sítio eletrônico oficial na internet de acesso irrestrito, à **relação das aquisições de bens** efetuadas pelas empresas públicas e sociedades de economia mista abrangidas pela Lei 13.303/2016, compreendidas as seguintes informações (art. 48): (a) identificação do bem comprado, de seu preço unitário e da quantidade adquirida; (b) nome do fornecedor; (c) valor total de cada aquisição.

11.2.9. Aplicação direta de sanções

A Lei 13.303/2016 confere às empresas públicas e sociedades de economia mista contratantes a **prerrogativa** de aplicar aos particulares por elas contratados **sanções** pelo atraso injustificado e pela inexecução total ou parcial dos contratos sob sua regência. Trata-se, indiscutivelmente, de uma **cláusula exorbitante**, de algo que seria inconcebível em contratos celebrados entre particulares. É um poder especial atribuído àquelas entidades administrativas, exercido unilateralmente – **sempre** assegurada a **defesa prévia** –, sem necessidade de interveniência do Poder Judiciário, cujo fundamento precípuo é o **princípio da supremacia do interesse público**.

Exige a lei que os contratos por ela regulados contenham cláusulas com sanções administrativas a serem aplicadas em decorrência de **atraso injustificado na execução do contrato**, sujeitando o contratado a **multa de mora**, na forma prevista no instrumento convocatório **ou** no contrato (art. 82).

A multa de mora, aplicada **após regular processo administrativo**, pode ser acumulada com as outras penalidades previstas na Lei 13.303/2016 – e a sua aplicação não impede que a empresa pública ou a sociedade de economia mista rescinda o contrato (a rescisão terá que ser judicial ou por acordo entre as partes, porque **não há possibilidade de rescisão unilateral** dos contratos regidos pela Lei 13.303/2016).

Pela **inexecução total ou parcial do contrato**, a empresa pública ou a sociedade de economia mista poderá, garantida a **prévia defesa**, aplicar ao contratado as seguintes sanções (art. 83):

> I – advertência;
>
> II – multa, na forma prevista no instrumento convocatório ou no contrato;
>
> III – suspensão temporária de participação em licitação e impedimento de contratar com a entidade sancionadora, por prazo não superior a 2 (dois) anos.

A **defesa prévia** deverá ser apresentada pelo interessado, no respectivo processo, no prazo de **dez dias úteis**. A lei não explicita o termo inicial da contagem desse prazo, mas podemos presumir que seja a data do recebimento da intimação ao interessado para a apresentação da sua defesa.

A sanção de **advertência** e a de **suspensão** podem ser aplicadas juntamente com a **multa decorrente da inexecução** total ou parcial do contrato. E, não é demais repetir, a **multa de mora**, sendo o caso, pode ser acumulada com qualquer outra sanção prevista na Lei 13.303/2016.

As **multas** – tanto a de mora quanto a decorrente de inexecução total ou parcial do contrato – serão **descontadas** da **garantia** prestada pelo contratado (se houver). Caso o valor da multa (ou das multas) seja superior ao valor da garantia prestada, além da perda desta, responderá o contratado pela diferença, que será descontada dos pagamentos eventualmente devidos pela empresa pública ou pela sociedade de economia mista e, se isso ainda não for suficiente, cobrada judicialmente.

A penalidade de **suspensão** temporária de participação em licitação e impedimento de contratar com a entidade sancionadora, por prazo não superior a dois anos, poderá também ser aplicada às empresas ou aos profissionais que, em razão dos contratos regidos pela Lei 13.303/2016 (art. 84):

> I – tenham sofrido condenação definitiva por praticarem, por meios dolosos, fraude fiscal no recolhimento de quaisquer tributos;

II – tenham praticado atos ilícitos visando a frustrar os objetivos da licitação;

III – demonstrem não possuir idoneidade para contratar com a empresa pública ou a sociedade de economia mista em virtude de atos ilícitos praticados.

Vale observar que não se inclui no rol de penalidades constante na Lei 13.303/2016 a **declaração de inidoneidade** para licitar ou contratar – sanção prevista na Lei 8.666/1993 e na Lei 14.133/2021.

O art. 37, *caput*, da Lei 13.303/2016 determina que as entidades sob sua regência informem os dados relativos às sanções por elas impostas aos contratados, "nos termos definidos no art. 83", a fim de manter atualizado o **Cadastro Nacional de Empresas Inidôneas e Suspensas** (CEIS) de que trata a Lei 12.846/2013. Como a Lei 13.303/2016 não contempla a sanção de declaração de inidoneidade para licitar e contratar, somente será cabível o registro no CEIS da penalidade de "suspensão temporária de participação em licitação e impedimento de contratar com a entidade sancionadora", prevista no inciso III do art. 83 da Lei 13.303/2016.

O § 1.º do art. 37 assevera que o fornecedor incluído no CEIS **não poderá disputar licitação ou participar, direta ou indiretamente, da execução de contrato**. Conquanto o preceito legal não seja absolutamente explícito, entendemos que a vedação nele estipulada tem o mais amplo alcance, significa dizer, a restrição abarca as licitações e os contratos da administração pública, direta e indireta, de todos os entes da Federação. Por essa razão, soa contraditório o fato de o inciso III do art. 83 da Lei 13.303/2016, ao tratar da penalidade de suspensão, consignar que ela só impede o particular punido de licitar e contratar "com a entidade sancionadora". Afinal, depois que ele for inscrito no CEIS, a restrição se estenderá a toda a administração pública.

Talvez a contradição que parece existir possa ser afastada, em um caso concreto, pelo § 2.º do mesmo art. 37, haja vista que, consoante esse dispositivo, serão excluídos do CEIS, **a qualquer tempo**, os fornecedores que demonstrarem a superação dos motivos que deram causa à restrição contra eles promovida. Assim, se um fornecedor fosse suspenso, digamos, por um ano e, seis meses depois, obtivesse a sua exclusão do cadastro em questão, ele voltaria a poder licitar e ser contratado, exceto, até o termo final da penalidade de suspensão infligida, com a empresa pública ou sociedade de economia mista que a impôs.

Por derradeiro, abrimos um parêntese para registrar que o art. 178 da Lei 14.133/2021 acrescentou ao Código Penal os arts. 337-E a 337-P, nos quais são descritos tipos penais concernentes a licitações e contratações públicas – e cominadas as penas respectivas. O art. 185 da Lei 14.133/2021 estatui expressamente que **são aplicáveis** às licitações e aos contratos regidos pela Lei 13.303/2016 os referidos artigos do Código Penal. Sem embargo dessa determinação, é importante consignar que, no § 1.º do seu art. 1.º, a Lei 14.133/2021 categoricamente assevera que, à exceção do disposto no sobredito art. 178, as normas nela vazadas **não alcançam** as empresas públicas e sociedades de economia mista sujeitas à Lei 13.303/2016, nem as subsidiárias dessas entidades.

O quadro a seguir apresenta as semelhanças e diferenças entre os contratos administrativos regidos pela Lei 14.133/2021 e os contratos disciplinados pela Lei 13.303/2016:

Contratos administrativos da Lei 14.133/2021	Contratos da Lei 13.303/2016
Regidos predominantemente por normas de direito público.	Regidos predominantemente por normas de direito privado.
Forma escrita (regra geral). Sujeição a regras e formalidades legais.	Forma escrita (regra geral). Sujeição a regras e formalidades legais.
Prazo de duração previsto em edital. Na lei, há diversas regras de estipulação de prazos máximos, dependendo do objeto do contrato. Em uma hipótese específica, a lei faculta vigência por prazo indeterminado.	Prazo de duração, em regra, de até cinco anos. Vedado prazo de vigência indeterminado.
Facultada exigência de garantia, nas modalidades (à escolha do contratado): caução em dinheiro ou em títulos da dívida pública; seguro-garantia; ou fiança bancária.	Facultada exigência de garantia, nas modalidades (à escolha do contratado): caução em dinheiro; seguro-garantia; ou fiança bancária.
Admitida subcontratação parcial em contratos de obra, serviço ou fornecimento, até o limite autorizado, em cada caso, pela administração contratante. Regulamento ou edital de licitação poderão vedar, restringir ou estabelecer condições para a subcontratação.	Admitida subcontratação parcial em contratos de obra, serviço ou fornecimento, até o limite admitido, em cada caso, pela entidade contratante, conforme previsto no edital da licitação.
Admitida, nas hipóteses previstas na lei, a alteração unilateral do contrato pela administração.	Impossibilidade de alteração unilateral do contrato.
Admitida, nas hipóteses previstas na lei, a extinção unilateral do contrato pela administração.	Impossibilidade de rescisão unilateral do contrato.
Restrições à aplicação, contra a administração, da exceção do contrato não cumprido (*exceptio non adimpleti contractus*).	A exceção do contrato não cumprido (*exceptio non adimpleti contractus*) pode ser oposta, em princípio, por qualquer das partes.
Possibilidade de a administração ocupar provisoriamente bens móveis e imóveis e utilizar pessoal e serviços vinculados ao objeto do contrato.	Impossibilidade de ocupação provisória.
Em regra, será subjetiva a responsabilidade civil do contratado pelos danos causados diretamente à administração ou a terceiros em razão da execução do contrato.	Responsabilidade civil objetiva do contratado pelos danos diretamente causados a terceiros ou à entidade contratante em decorrência da execução do contrato.
Possibilidade de aplicação direta de sanções administrativas pela administração contratante.	Possibilidade de aplicação direta de sanções administrativas pela entidade contratante.

12. CONVÊNIOS ADMINISTRATIVOS

O estudo do assunto "convênios administrativos" apresenta certa dificuldade, porque não existe uma "lei de normas gerais" ou diploma semelhante a eles aplicável – diferentemente do que acontece, por exemplo, com os contratos administrativos –, e porque os administrativistas, além de, em regra, pouco se dedicarem ao tema, divergem sobremaneira quando o fazem.

A rigor, como adotamos a concepção que nos parece predominante na doutrina, a matéria nem mesmo deveria estar aqui inserida. Com efeito, a maioria dos autores entende que não podem os convênios ser considerados uma espécie de contrato. Embora se reconheça como ponto comum entre convênios e contratos a necessidade de acordo de vontades para a formação do vínculo jurídico entre os participantes, tantas distinções substanciais existem que não soa juridicamente congruente incluir no mesmo gênero essas duas figuras.

Apontamos, a seguir, algumas diferenças relevantes entre contratos e convênios (também chamados "atos coletivos"), consoante usualmente menciona a doutrina:

a) nos contratos há interesses opostos, ao passo que nos convênios o interesse é comum às partes; por exemplo, em um contrato de prestação de serviço, o tomador deseja obter o serviço de melhor qualidade possível pelo menor preço e o prestador deseja executar o serviço nas melhores condições (com as menores exigências), com os menores custos, recebendo a maior remuneração possível; diversamente, em um convênio, digamos, entre uma entidade pública e uma instituição privada para a prestação de um serviço de interesse social, todas as partes têm o mesmo interesse, qual seja, a prestação do serviço à população, com qualidade satisfatória;

b) os contratos podem ser celebrados entre entidades que possuam objetivos sociais ou institucionais absolutamente distintos, e pelo menos o de uma das partes não precisa coincidir com o objeto do contrato; os convênios devem ser firmados entre entidades cujos objetivos sociais ou institucionais sejam ao menos parcialmente coincidentes entre si, e incluam o objeto do próprio convênio;

c) nos contratos (pelo menos nos onerosos) existe uma remuneração que, uma vez paga, passa a integrar o patrimônio da parte que a recebeu, a qual pode dela dispor, sem prestar contas de sua aplicação; nos convênios não existe remuneração, e sim, no mais das vezes, repasse de recursos; os recursos recebidos, entretanto, são e permanecem vinculados à utilização prevista no convênio; se na origem são recursos públicos, não perdem essa natureza depois de repassados, permanecendo, por isso, sujeitos a todos os controles de direito público incidentes sobre a gestão e a aplicação de recursos públicos;

d) previamente à celebração de contratos administrativos, é necessária, salvo nas hipóteses legais de inexigibilidade e de dispensa, a realização de licitação pública formal; não há licitação no caso de convênios firmados entre entidades públicas e, mesmo quando celebrados entre estas e entidades privadas, a regra geral é não haver licitação propriamente dita (em sentido estrito);

e) nos contratos, a regra geral é não poderem as partes romper o vínculo sem terem cumprido integralmente suas obrigações contratuais, sujeitando-se, caso

Cap. 10 • CONTRATOS ADMINISTRATIVOS

o façam, a sanções previstas no próprio contrato e nas leis; nos convênios, a regra geral é a possibilidade de qualquer das partes romper o vínculo (denunciar o convênio) a qualquer tempo, promovendo, se for o caso, o acerto de contas (devolução dos repasses já realizados e ainda não aplicados, por exemplo).

Convém frisar, também, que convênios administrativos **não são instrumentos de delegação de serviço público** a entidades privadas. Quando um convênio é celebrado entre uma entidade da administração pública e uma pessoa jurídica privada, está-se diante de **fomento**, de incentivo à realização pela entidade privada, em colaboração com o Poder Público, de uma **atividade privada** de interesse social.

Cabe, ainda, destacar que a doutrina advoga a **impossibilidade** de "convênios administrativos" serem firmados entre o Poder Público e entidades privadas que **tenham finalidade de lucro**.

Vistas essas linhas gerais, podemos definir **convênios administrativos** como acordos firmados entre entidades públicas de qualquer espécie, ou entre estas e entidades privadas sem finalidade de lucro, destinados a possibilitar a colaboração mútua entre os participantes, visando à consecução de objetivos de interesse comum a eles. Como pelo menos um dos participantes sempre será uma entidade da administração pública, os citados "objetivos de interesse comum" devem, obrigatoriamente, ser objetivos que atendam ao **interesse público**.

É necessário, neste passo, fazer um **alerta**. As características dos convênios administrativos e o conceito aqui apresentados correspondem ao que há muito preleciona a nossa doutrina. Entretanto, a Lei 13.019/2014, que estabeleceu o "**marco regulatório das organizações da sociedade civil**" – e é uma lei de abrangência nacional, de observância obrigatória por parte de todos os entes da Federação –, contém dispositivos (arts. 41, 84 e 84-A) que, interpretados em conjunto, levam à conclusão de que, a partir da sua entrada em vigor (23 de janeiro de 2016), a celebração do instrumento "**convênio**" passou a ser permitida, tão somente: (a) "entre entes federados ou pessoas jurídicas a eles vinculadas"; e (b) entre o Poder Público e entidades filantrópicas e sem fins lucrativos, **no âmbito do Sistema Único de Saúde** (SUS), conforme previsto no art. 199 da Constituição Federal. Significa dizer: desde a entrada em vigor da Lei 13.019/2014, o instrumento **convênio** não mais pode ser firmado entre a administração pública e **pessoas jurídicas da iniciativa privada**, salvo, unicamente, no caso dos convênios celebrados com entidades filantrópicas e sem fins lucrativos no âmbito do SUS. A **regra geral** para a celebração de parcerias entre a administração pública e entidades da iniciativa privada passou a ser a utilização dos instrumentos previstos na Lei 13.019/2014, a saber: "**termo de colaboração**", "**termo de fomento**" e "**acordo de cooperação**".

Conforme anotamos no início deste tópico, muito pouco existe em nosso direito positivo acerca dos convênios administrativos.

Na Constituição Federal, praticamente só há menções esparsas, em uns poucos preceitos, a convênios administrativos, a maioria delas introduzida pelo constituinte reformador. Enumeramos a seguir alguns exemplos:

a) o inciso XXII do art. 37 estabelece que as administrações tributárias dos diversos entes federados devem atuar de forma integrada, inclusive com o compartilhamento de cadastros e de informações fiscais, na forma da lei ou de **convênio**; essa previsão de os entes federados celebrarem convênios entre si para implementarem conjuntamente atividades concernentes à administração e à fiscalização de tributos existe no Brasil, há muito, de que dá testemunho o art. 199 do Código Tributário Nacional (CTN);

b) o § 2.º do art. 39 determina que as diversas pessoas políticas (União, estados, Distrito Federal e municípios) mantenham escolas de governo para a formação e o aperfeiçoamento dos servidores públicos, facultada, para isso, a celebração de **convênios** ou contratos entre elas;

c) o inciso VI do art. 71 atribui competência ao Tribunal de Contas da União para fiscalizar a aplicação de quaisquer recursos repassados pela União mediante **convênio**, acordo, ajuste ou outros instrumentos congêneres, a estado, ao Distrito Federal ou a município;

d) o art. 199 da Carta Política assevera que a assistência à saúde é livre à iniciativa privada e prevê a possibilidade de as instituições particulares participarem de forma complementar do sistema único de saúde, segundo diretrizes deste, mediante contrato de direito público ou **convênio**, tendo preferência as entidades filantrópicas e as sem fins lucrativos.

Especial menção é de ser feita ao art. 241 da Constituição, introduzido pela EC 19/1998. Nos termos desse dispositivo, a União, os estados, o Distrito Federal e os municípios devem disciplinar, por meio de lei, os consórcios públicos e os **convênios de cooperação entre os entes federados**, autorizando a **gestão associada de serviços públicos**, bem como a transferência total ou parcial de encargos, serviços, pessoal e bens essenciais à continuidade dos serviços transferidos.

A primeira observação relevante diz respeito à abrangência dessa norma constitucional: ela não alcança todos os convênios administrativos, mas, tão somente, aqueles celebrados entre os **entes federados** e que tenham por objeto a gestão associada de **serviços públicos**, ou as transferências ali mencionadas.

O art. 241 da Constituição Federal foi parcialmente regulamentado pela Lei 11.107/2005. A regulamentação foi apenas parcial porque essa lei foi editada para disciplinar os consórcios públicos, e não os convênios de cooperação. Quinze anos depois, entretanto, com a publicação da Lei 14.026/2020, foi acrescentado ao art. 1.º daquela lei o § 4.º, o qual, literalmente, **determina que sejam aplicadas aos convênios de cooperação, no que couber, as disposições da Lei 11.107/2005 relativas aos consórcios públicos**.

O Decreto 6.017/2007 regulamentou a Lei 11.107/2005. Conquanto ele não devesse versar sobre convênios administrativos, o seu elaborador entendeu por bem definir a espécie "convênio de cooperação entre entes federados", no inciso VIII do seu art. 2.º, desta forma: "pacto firmado exclusivamente por entes da Federação, com o objetivo de autorizar a gestão associada de serviços públicos, desde que ratificado ou previamente disciplinado por lei editada por cada um deles".

Voltando aos **convênios administrativos em geral** – não apenas à espécie de que cuida o art. 241 da Constituição –, e prosseguindo na análise de nosso direito positivo, cabe registrar que, apesar de realmente não existir uma "lei de normas gerais" própria acerca do assunto, a Lei 8.666/1993 continha uns poucos preceitos sobre convênios administrativos no seu art. 116, cujo *caput* determinava a aplicação das disposições dessa lei, **no que coubesse**, aos convênios, acordos, ajustes e outros instrumentos congêneres celebrados por órgãos e entidades da administração.

Em 1.º abril de 2021, foi publicada a Lei 14.133/2021, para substituir a Lei 8.666/1993 (e também a Lei 10.520/2002 e a Lei 12.462/2011, que não interessam ao assunto ora em foco). Entretanto, essa substituição somente ocorreu, por completo, **a partir de 30 de dezembro de 2023**, data em que se deu a revogação total da Lei 8.666/1993.[15]

A Lei 14.133/2021 autorizou a administração pública a decidir, nas licitações ou contratações diretas realizadas até 29 de dezembro de 2023, se adotaria os procedimentos e seguiria as disposições nela previstos **ou** aqueles estabelecidos na Lei 8.666/1993 (ou na Lei 10.520/2002 ou na Lei 12.462/2011, quando cabível). Nos casos em que a administração tenha **optado** por licitar ou efetuar contratação direta de acordo com a Lei 8.666/1993 (ou a Lei 10.520/2002 ou a Lei 12.462/2011), o **contrato** resultante, **durante toda a sua vigência**, será **regido pelas normas nessas leis previstas**.

Pois bem, **não há** regra na Lei 14.133/2021 que expressamente dê à administração a opção de celebrar **convênios** com base na Lei 8.666/1993. Mas é certo que, até 29 de dezembro de 2023, a Lei 8.666/1993 estava em vigor. E, para piorar, as únicas disposições que a Lei 14.133/2021 trazia **originariamente** sobre convênios são as vazadas nos seus arts. 53, § 4.º, e 184, *caput*. Esse último tem a redação semelhante à do *caput* do art. 116 da Lei 8.666/1993, antes citado. É o seguinte o teor do *caput* do art. 184 da Lei 14.133/2021 (grifamos):

> Art. 184. Aplicam-se as disposições desta Lei, **no que couber e na ausência de norma específica**, aos convênios, acordos, ajustes e outros instrumentos congêneres celebrados por órgãos e entidades da administração pública, **na forma estabelecida em regulamento do Poder Executivo federal**.

O art. 53, § 4.º, da Lei 14.133/2021, aludido no parágrafo precedente, apenas exige que os termos de convênios (e outros instrumentos) sejam submetidos a controle prévio de legalidade efetuado pelo órgão de assessoramento jurídico da administração pública (o parágrafo único do art. 38 da Lei 8.666/1993 continha regra similar).

No final de dezembro 2023, foi publicada a Lei 14.770/2023, que acrescentou à Lei 14.133/2023 algumas regras sobre convênios e instrumentos congêneres, a seguir apresentadas.

A primeira das regras aludidas (art. 184, § 2.º) diz respeito a situações em que se verifique que o **valor global inicialmente previsto** no convênio (ou instrumento congênere) **não será suficiente para a execução do objeto** respectivo. Os eventos

---

[15] O texto original da Lei 14.133/2021 estipulava, no art. 193, que a revogação total da Lei 8.666/1993 ocorreria após decorridos dois anos, contados da data da sua publicação (1.º de abril de 2021). A Lei Complementar 198, de 28.06.2023, alterou nesse ponto o art. 193 da Lei 14.133/2021, adiando a referida revogação para 30 de dezembro de 2023.

a que se reporta essa norma (enumerados no art. 124, II, "d", da Lei 14.133/2021) são aqueles caracterizados como "força maior", "caso fortuito", "fato do príncipe" e "fatos imprevisíveis ou previsíveis de consequências incalculáveis". Uma vez constatado que, em razão de algum desses eventos, o valor inicialmente pactuado será insuficiente para a execução do objeto do convênio (ou avença congênere), a lei autoriza que sejam:

I – utilizados saldos de recursos ou rendimentos de aplicação financeira;

II – aportados novos recursos pelo concedente;

III – reduzidas as metas e as etapas, desde que isso não comprometa a fruição ou a funcionalidade do objeto pactuado.

A segunda disposição incluída pela Lei 14.770/2023 **autoriza** que, nos instrumentos celebrados com **recursos de transferências voluntárias**, sejam feitos ajustes que impliquem **alterações em seu objeto**, desde que (art. 184, § 3.º):

I – isso não importe transposição, remanejamento ou transferência de recursos de uma categoria de programação para outra ou de um órgão para outro;

II – seja apresentada justificativa objetiva pelo convenente; e

III – quando se tratar de obra, seja mantido o que foi pactuado quanto a suas características.

A Lei 14.770/2023 acrescentou ainda à Lei 14.133/2021 o art. 184-A, que criou um **regime simplificado** aplicável a convênios (e congêneres) cujo **valor global não ultrapasse um milhão e meio de reais e que tenham como parte a União**. São as seguintes, literalmente, as disposições concernentes ao referido **regime simplificado**:

Art. 184-A. À celebração, à execução, ao acompanhamento e à prestação de contas dos convênios, contratos de repasse e instrumentos congêneres em que for parte a União, com valor global de até R$ 1.500.000,00 (um milhão e quinhentos mil reais), aplicar-se-á o seguinte regime simplificado:

I – o plano de trabalho aprovado conterá parâmetros objetivos para caracterizar o cumprimento do objeto;

II – a minuta dos instrumentos deverá ser simplificada;

III – (VETADO);

IV – a verificação da execução do objeto ocorrerá mediante visita de constatação da compatibilidade com o plano de trabalho.

§ 1.º O acompanhamento pela concedente ou mandatária será realizado pela verificação dos boletins de medição e fotos georreferenciadas registradas pela empresa executora e pelo convenente do Transferegov e por vistorias in loco, realizadas considerando o marco de execução de 100% (cem por cento) do cronograma físico, podendo ocorrer outras vistorias, quando necessárias.

Cap. 10 • CONTRATOS ADMINISTRATIVOS

§ 2.º Não haverá análise nem aceite de termo de referência, ante-projeto, projeto, orçamento, resultado do processo licitatório ou outro documento necessário para o início da execução do objeto, e caberá à concedente ou mandatária verificar o cumprimento do objeto pactuado ao final da execução do instrumento.

§ 3.º (VETADO).

§ 4.º O regime simplificado de que trata este artigo aplica-se aos convênios, contratos de repasse e instrumentos congêneres celebrados após a publicação desta Lei.[16]

A nosso ver, do quadro aqui exposto resulta que os convênios administrativos, **salvo aqueles para os quais exista legislação específica** (ainda que esta consista em atos infralegais), não têm, na prática, condições de ser celebrados com um mínimo de segurança jurídica somente fundados nas disposições a eles relativas constantes na Lei 14.133/2021 – mesmo depois dos acréscimos trazidos pela Lei 14.770/2023.

Vale mencionar que o Decreto 11.531/2023 (cujo preâmbulo faz menção expressa ao art. 184 da Lei 14.133/2021) regulamenta, especificamente: (a) os "convênios e contratos de repasse relativos às transferências de recursos da União"; e (b) as "parcerias sem transferências de recursos, por meio da celebração de acordos de cooperação técnica ou de acordos de adesão".

---

[16] A Lei 14.770/2023 foi publicada em 22 de dezembro de 2023.

Capítulo 11

SERVIÇOS PÚBLICOS

1. NOÇÕES INTRODUTÓRIAS

As disposições mais genéricas sobre **serviços públicos** existentes na Constituição de 1988 encontram-se no art. 175, que está inserido no Título VII, relativo à **"Ordem Econômica e Financeira"**. É a seguinte a sua redação:

> Art. 175. Incumbe ao poder público, na forma da lei, diretamente ou sob regime de concessão ou permissão, sempre através de licitação, a prestação de serviços públicos.
>
> Parágrafo único. A lei disporá sobre:
>
> I – o regime das empresas concessionárias e permissionárias de serviços públicos, o caráter especial de seu contrato e de sua prorrogação, bem como as condições de caducidade, fiscalização e rescisão da concessão ou permissão;
>
> II – os direitos dos usuários;
>
> III – política tarifária;
>
> IV – a obrigação de manter serviço adequado.

Do conteúdo desse artigo decorre que a **titularidade** dos serviços públicos é do **poder público**. E que este pode prestá-los **ou diretamente ou por delegação** – hipótese em que se diz **indireta** a prestação –, mediante **concessão ou permissão**.

Desde logo, faz-se necessário averbar que, em outros dispositivos, a própria Constituição Federal prevê **também** a **autorização** como instrumento de **delegação de serviços públicos** (arts. 21, XI e XII, e 223). No entanto, a sua utilização deve ser **excepcional**; ordinariamente, é de se esperar que a delegação seja efetuada por meio de concessão e de permissão de serviços públicos.

Outro aspecto importante a apontar é que, embora o art. 175 da Carta de 1988 assevere categoricamente que a titularidade dos serviços públicos é do poder público, a verdade é que **nem sempre uma atividade desempenhada pelo Estado como serviço público é subtraída à livre-iniciativa privada.**

Ora, não se pode olvidar que o citado dispositivo encontra-se topicamente inserido no Título VII da Constituição, que trata da "**Ordem Econômica e Financeira**". Logo, os serviços públicos a que o art. 175 se reporta são aqueles classificados como **atividade econômica em sentido amplo**, caracterizados pela possibilidade de serem explorados com **intuito de lucro**, sem perder a natureza de serviço público (é exatamente por essa razão que eles têm aptidão para serem prestados por particulares, mediante **delegação**). São exemplos os serviços públicos enumerados nos arts. 21, XI e XII, 25, § 2.º, e 30, V, do Texto Magno.

A **titularidade** desses serviços públicos submetidos ao art. 175 da Constituição Federal é **exclusiva do Estado**, isto é, os **particulares não podem prestá-los por sua livre-iniciativa**. Caso pretendam fazê-lo, deverão, obrigatoriamente, receber **delegação** do poder público, cujo instrumento será um **contrato** de **concessão** ou de **permissão** de serviço público, sempre precedido de licitação, ou, ainda, nas restritas hipóteses em que admitido, um **ato administrativo** de **autorização** de serviço público.

A delegação **nunca** transfere a **titularidade** do serviço público, de sorte que o particular que a recebe assume a condição de **mero executor** daquela atividade. É essa a razão de se dizer que, nessa hipótese, ocorre **prestação indireta** do serviço público pelo Estado. Também por esse motivo, a prestação do serviço público pelo particular delegatário está sujeita a um **regime de direito público** que enseja **ampla interferência estatal**, com previsão até mesmo de retomada compulsória pelo poder público (por exemplo, nos casos de caducidade e de encampação, que serão estudados em outro tópico).

Sem prejuízo do exposto nos parágrafos precedentes, há atividades que devem ser prestadas pelo Estado como serviços públicos, porém, ao mesmo tempo, são abertas à livre-iniciativa, isto é, podem ser exercidas **complementarmente** pelo setor privado por direito próprio, **sem estar submetidas ao regime de delegação**, mas, tão somente, aos controles inerentes ao **poder de polícia administrativa**. Nessa peculiar situação encontram-se, caracteristicamente, os **direitos fundamentais sociais** (CF, art. 6.º), especialmente as atividades tratadas no Título VIII da Constituição, relativo à "**Ordem Social**".

Tais atividades, se exercidas por **particulares**, têm a natureza de **serviço privado** – e podem ser exploradas com ou sem intuito de lucro. Diferentemente, quando é o Estado que as executa, serão sempre qualificadas como **serviços públicos** – prestados, portanto, sob **regime jurídico de direito público**, mas com duas relevantes distinções em comparação com aqueles a que alude o art. 175 da Carta Política, a saber: (a) o Estado – tanto a sua administração direta quanto a indireta – jamais poderá explorar essas atividades com intuito de lucro; e (b) não cabe cogitar a delegação de seu exercício a particulares (haja vista que estes desempenham as referidas atividades como serviços de natureza privada, sujeitos apenas a fiscalização e controle estatal pertinentes ao poder de polícia).

É **obrigatória** a prestação efetiva pelo **Estado** desses **serviços públicos** que se enquadram como **direitos constitucionais sociais**. Entretanto, a **titularidade** deles **não é exclusiva** do poder público.

Vale repetir: a prestação desses serviços que representam direitos sociais descritos no Título VIII da Constituição é **livre à iniciativa privada**, isto é, particulares podem fazê-lo por direito próprio, **sem qualquer delegação** do poder público, na qualidade de prestadores de **serviço privado** (a **gestão** do serviço é da própria **pessoa privada**, ao passo que a **gestão** – direta ou indireta – dos **serviços públicos** é **sempre** do **Estado**).

Note-se que, nessas hipóteses, **não é correto** falar em "**prestação indireta**" pelo Estado; tem-se, isso sim, prestação de um serviço privado por um particular, sob **regime de direito privado**. O exercício dessas atividades que configuram direitos sociais fundamentais por particulares sujeita-se apenas aos controles estatais próprios do **poder de polícia administrativa** (são controles rigorosos, porque se trata de atividades que têm potencial de afetar muito intensamente o bem-estar da coletividade, mas, ainda assim, eles são bem menos abrangentes do que aqueles que o poder público exerce sobre os delegatários de serviços públicos).

Os exemplos mais importantes de atividades enquadradas na situação que acabamos de descrever são a **educação** e a **saúde**. É significativo que o constituinte tenha tido o cuidado de explicitar que "a assistência à saúde é livre à iniciativa privada" (art. 199), "cabendo ao poder público dispor, nos termos da lei, sobre sua regulamentação, fiscalização e controle" (art. 197). E que, na mesma esteira, tenha se preocupado em expressamente averbar que "o ensino é livre à iniciativa privada", desde que atendidas as condições impostas pelo próprio texto constitucional e pelo poder público (art. 209).

Resumindo todo o quadro aqui exposto, a **regra geral**, decorrente do art. 175 da Constituição Federal, é que as atividades enquadradas como **serviços públicos** sejam de **titularidade exclusiva do Estado**, restando **afastada a livre-iniciativa**; se esses serviços puderem ser prestados por particulares, forçosamente o serão mediante **delegação** (**prestação indireta**). Todavia, atividades pertinentes aos **direitos fundamentais sociais**, embora devam ser executadas efetivamente pelo Estado como serviço público, **não são de sua titularidade exclusiva** – e, por essa razão, não foram retiradas da esfera da livre-iniciativa, vale dizer, podem ser desempenhadas por particulares, **sem que a elas se aplique o regime de delegação**. Nessa hipótese, são classificadas como **serviços privados** e estão sujeitas, tão somente, a fiscalização e controle estatal inerentes ao **poder de polícia**.

Abre-se um parêntese para esclarecer que os particulares que pretendam prestar um desses **serviços privados** que correspondam a direitos sociais fundamentais necessitam da anuência prévia do poder público. Geralmente, esta é materializada em um ato administrativo de **autorização**. Tal espécie de autorização, porém, representa exercício de **poder de polícia**, isto é, controle estatal incidente sobre uma atividade privada; ela **não deve ser confundida** com aquele outro ato administrativo de autorização que funciona como **instrumento de delegação de serviço público**.

Finalmente, ainda no âmbito destas noções introdutórias, cabe observar que a expressão "**poder público**" utilizada no *caput* do art. 175 da Carta Política deve ser lida como "**administração pública**", de modo a abranger não só os órgãos da administração direta de cada ente federativo, mas **também** todas as entidades integrantes das respectivas administrações indiretas. Por conseguinte, em face do texto constitucional, impõe-se enquadrar como **prestação direta** de serviço público tanto a promovida pela administração direta quanto a efetuada pela administração indireta. E, *a contrario sensu*, será **prestação indireta** de serviço público tão somente aquela efetuada por particulares, mediante delegação. Esse tema será detalhado em outro tópico.

Passemos à noção de serviço público e às tentativas de conceituá-lo.

2. CONCEITO DE SERVIÇO PÚBLICO

Deve-se atentar, preliminarmente, para a circunstância de que a Constituição da República não conceitua serviço público; tampouco o fazem as leis no Brasil. É mister, dessarte, perquirir como a doutrina trata o problema da definição do objeto de nosso estudo.

Certo é que não existe um conceito doutrinário consensual de "serviço público". O que há são escolas ou correntes teóricas que, segundo critérios variados, procuram indicar os elementos relevantes para a identificação ou a conceituação de uma atividade como "serviço público".

De um modo geral, os principais administrativistas aludem aos assim designados critério subjetivo, critério material e critério formal como elementos úteis ou necessários à identificação ou definição dos serviços públicos. A adoção de um critério isoladamente, ou a combinação de critérios, conduz a uma gama bastante variada de definições.

Antes de analisarmos pormenorizadamente esses critérios, convém registrar que a expressão "serviço público" pode ser utilizada em um sentido subjetivo, quando se refere ao conjunto de órgãos e entidades que desempenham atividade administrativa, ou em um sentido objetivo, quando se refere a uma determinada coleção de atividades. Cumpre, também, apontar a existência de definições amplas e definições restritas de serviço público, assim consideradas conforme o espectro de atividades que nelas se incluam. São esses os assuntos que veremos nos dois próximos tópicos, respectivamente.

2.1. Serviço público em sentido subjetivo e em sentido objetivo

Não é raro a expressão "serviço público" ser empregada em um **sentido subjetivo** (ou orgânico), simplesmente como sinônimo de "administração pública em sentido formal". Quando isso ocorre, a expressão "serviço público" não se refere a qualquer atividade específica, e sim ao conjunto de órgãos e entidades que desenvolvem atividades administrativas as mais variadas, ou seja, a todo o aparelhamento administrativo do Estado.

Cap. 11 • SERVIÇOS PÚBLICOS

Encontramos exemplos nítidos desse uso da expressão "serviço público" no próprio texto constitucional, como ocorre no art. 37, XIII, e no art. 40, § 1.º, III. A fim de ilustrar o afirmado, transcrevemos o primeiro dos dispositivos citados:

> XIII – é vedada a vinculação ou equiparação de quaisquer espécies remuneratórias para o efeito de remuneração de pessoal do serviço público;

Não utilizaremos a expressão "serviço público" em sentido subjetivo no presente capítulo.

Em **sentido objetivo** (ou material) a expressão "serviço público" reporta a uma determinada atividade, ou a um conjunto de atividades. As atividades abrangidas pela expressão variarão conforme os critérios que cada autor, ou escola doutrinária, leve em consideração. De todo modo, o certo é que a expressão "serviço público" em sentido objetivo sempre se refere a atividades – sejam quais forem –, e não aos órgãos, entidades ou pessoas que as realizem.

Neste capítulo, somente empregamos a expressão "serviço público" em sentido objetivo, focando a atividade realizada, e **não** com o significado de "aparelho administrativo do Estado".

2.2. Conceitos amplos e conceitos restritos de serviço público

As definições amplas e restritas de serviço público que serão apresentadas neste tópico são, segundo pensamos, definições utilizadas atualmente em nosso direito, algumas com maior frequência, outras mais raramente.

Antes de passarmos a elas, julgamos oportuno registrar que a noção de serviço público, historicamente, teve sua elaboração iniciada na França e desenvolveu-se intensamente sob os auspícios da denominada "escola do serviço público", capitaneada por Léon Duguit.

O principal objetivo dessa escola, conforme ensina o Prof. Celso Antônio Bandeira de Mello, era deslocar o centro de gravidade do estudo do direito administrativo da ideia de "poder estatal" para a de "serviço aos administrados". Mais tarde, a noção de serviço público foi utilizada, também, para delimitar as competências das duas jurisdições existentes na França (comum e administrativa, decorrente da adoção do sistema dual de jurisdição nesse país).

Com o passar do tempo, entretanto, foram sendo incorporadas cada vez mais atividades ao conceito de serviço público proposto por essa corrente de pensamento, a tal ponto que, em certa época, eram enquadradas como serviço público todas as atividades que o Estado exercia, diretamente ou mediante delegação, sem exclusão sequer das atividades econômicas em sentido estrito exercidas pelo Estado sob regime jurídico de direito privado. Até mesmo algumas atividades privadas, exploradas por particulares sem delegação, eram tidas por serviços públicos.

Os próprios franceses acabaram reconhecendo que um conceito dotado de contornos tão elasticecidos é inteiramente inútil para qualquer efeito jurídico, de sorte que a doutrina administrativista em geral passou a trabalhar definições menos abrangentes.

Ainda hoje, no Brasil, é possível nos depararmos ocasionalmente com o emprego, em algum trabalho ou peça jurídica, de variações em torno da acepção amplíssima de serviço público acima referida, sobretudo para abranger nessa expressão o exercício pelo Estado de atividade econômica em sentido estrito, sob regime de direito privado. Não a trataremos, todavia, como uma definição em vigor.

Segundo pensamos, estas a seguir expostas são as definições de serviço público cujo uso podemos identificar, com razoável frequência, entre nossos administrativistas.

Na mais ampla das acepções atuais, a expressão "serviço público" é empregada como sinônimo de "função pública" ou "atividade pública". Abrange, assim, o conjunto de todas as atividades que são exercidas sob regime jurídico de direito público: a atividade jurisdicional, a atividade legislativa, a atividade de governo (atividade política) e as atividades consideradas de administração pública em sentido material – inclusive a prestação de serviços públicos em sentido estrito realizada por intermédio de delegatários.

A nosso ver, uma acepção tão ampla não tem significativa utilidade; fizemos o registro, mormente, no intuito de alertar que, por vezes, a expressão "serviço público" é empregada nos textos legais e trabalhos jurídicos como sinônimo de "função pública" ou "atividade pública".

Uma acepção ampla mais frequente é a que identifica "serviço público" com "atividade de administração pública em sentido material". Alberga, portanto, a prestação de serviços públicos em sentido estrito – efetuada diretamente ou por meio de delegatários –, o exercício do poder de polícia, as atividades de fomento e a intervenção (não incluída a atuação do Estado como agente econômico em sentido estrito).

Por outras palavras, nessa acepção ficam excluídas a atividade legislativa, a atividade jurisdicional e a atividade de governo (formulação de políticas públicas). Cumpre anotar que essa é a definição usualmente adotada quando os textos jurídicos, no âmbito do direito administrativo, fazem referência ao "princípio da continuidade dos serviços públicos".

Os conceitos amplos têm sido cada vez menos utilizados pelos administrativistas em geral, quando propõem as suas definições de serviço público. Procuramos registrar que esses conceitos, quando utilizados hoje, o são, especialmente, na linguagem adotada incidentalmente em textos jurídicos, muitas vezes por uma questão de tradição. As definições efetivamente apresentadas pelos autores atuais para conceituar serviço público são definições restritas. Segundo pensamos, as mais importantes são as duas abaixo referidas.

Um conceito restrito de serviços públicos perfilhado por importantes autores, como a Prof.ª Maria Sylvia Di Pietro, é o que abrange todas as prestações de utilidades ou comodidades materiais efetuadas **diretamente** à população, pela administração pública ou pelos delegatários de serviços públicos, e **também** as atividades internas ou atividades-meio da administração (por vezes chamadas de "serviços administrativos"), voltadas apenas **indiretamente** aos interesses ou necessidades dos administrados.

Por fim, a mais restrita das definições – proposta pelo Prof. Celso Antônio Bandeira de Mello –, que adotamos nesta obra, considera serviço público unicamente a prestação **direta** à população, pela administração pública ou pelos delegatários de

Cap. 11 • SERVIÇOS PÚBLICOS

serviços públicos, de utilidades ou comodidades materiais voltadas à satisfação de suas necessidades ou meros interesses.

2.3. Critérios propostos para identificação de uma atividade como serviço público

No tópico precedente apresentamos conceitos amplos e conceitos restritos de serviço público. Na exposição que ali fizemos é possível perceber que o principal aspecto levado em conta para delimitar o alcance de uma determinada definição foi a natureza das atividades nela albergadas. Todavia, um estudo mais aprofundado exige a análise de outros aspectos.

Historicamente, a doutrina administrativista em geral, a partir da noção francesa de serviço público propugnada pela "escola do serviço público", apontava a necessidade de serem atendidos, **cumulativamente**, três critérios para que uma atividade fosse considerada serviço público, a saber:

a) critério **subjetivo ou orgânico**: dá relevância ao prestador do serviço público; só considera serviço público aquele prestado diretamente pelos órgãos e entidades estatais, integrantes da administração pública;

b) critério **material**: confere relevância à atividade, em si mesma considerada; segundo esse critério, as atividades de **importância** crucial para o grupo social, das quais depende a própria existência deste, devem ser tidas por serviço público; as atividades que visam à satisfação de **necessidades** coletivas fundamentais deveriam, portanto, ser prestadas como serviço público;

c) critério **formal**: dá relevância ao regime jurídico sob o qual é desenvolvida a atividade; exige que os serviços públicos sejam prestados sob regime jurídico de direito público, portanto, orientados pelo princípio da supremacia do interesse público (que assegura prerrogativas especiais para a sua prestação) e pelo princípio da indisponibilidade do interesse público (que resulta em restrições não existentes no exercício de atividades privadas).

Não é difícil perceber que, hoje, nenhum administrativista pode defender a necessidade de serem atendidos, simultaneamente, os três critérios para que uma atividade seja considerada serviço público. Basta pensarmos nas modalidades de delegação de serviços públicos a particulares (desatendem ao critério subjetivo), ou lembrarmos que há serviços não essenciais, como as loterias, que são prestados sob regime jurídico de direito público (desatendem ao critério material).[1] Ainda, há serviços essenciais que podem ser prestados como serviço privado, ou seja, podem

---

[1] Conforme a jurisprudência do STF: (a) "a exploração de loterias ostenta natureza jurídica de serviço público" (ADPF 492/RJ, ADPF 493/DF e ADI 4.986/MT, rel. Min. Gilmar Mendes, 30.09.2020 – Informativo 993 do STF); e (b) "a execução do serviço público de loteria por agentes privados depende de delegação estatal precedida de licitação" (tese de repercussão geral fixada no RE 1.498.128/CE, rel. Min. Roberto Barroso, 28.09.2024 – Informativo 1.152 do STF). A Lei 12.869/2013 disciplina a exploração de **serviços lotéricos** sob o regime de **permissão** (contratos de permissão de serviços lotéricos, precedidos de **licitação**).

ser explorados por particulares sob regime jurídico de direito privado, a exemplo dos serviços privados de educação e de saúde.

Portanto, atualmente, os administrativistas costumam utilizar para definir serviço público um dos critérios acima expostos, ou a combinação de dois deles, mas não exigem o atendimento aos três, conjuntamente, como ocorria na época em que era hegemônica a "escola do serviço público".

2.3.1. *Essencialistas* versus *legalistas*

Ainda acerca dos critérios propostos para a identificação de uma atividade como serviço público merece referência a contraposição existente entre os denominados essencialistas e os assim chamados formalistas (ou legalistas).

Os adeptos da escola essencialista defendem a utilização, unicamente, do critério material para definir uma atividade como serviço público. Mais do que isso, para eles, sempre que uma atividade possa ser considerada imprescindível à satisfação das necessidades existenciais básicas do grupo social, das demandas inafastáveis da coletividade, que digam com a sua própria sobrevivência, essa atividade deve obrigatoriamente ser considerada um serviço público, não importa quem a preste.

Observe-se que os essencialistas jamais definem uma atividade como serviço público tomando por base o seu regime de prestação. Entretanto, como eles consideram que todas as atividades imprescindíveis à satisfação das **necessidades** primordiais da sociedade devem tidas por serviços públicos, entendem que o regime jurídico a que se sujeita a prestação dessas atividades, não importa quem as execute, deve ser o mesmo, e deve possibilitar a obtenção do serviço por todos quantos o demandem.

A corrente **formalista** entende que não é possível identificar um núcleo essencial irredutível, concernente à relevância social da atividade, que forçosamente acarretasse a sua classificação como serviço público.

Entretanto, a situação dos autores intitulados formalistas ou legalistas apresenta uma peculiaridade: se eles propuserem a observância, exclusivamente, do critério formal (isto é, do regime de prestação) para definir uma atividade como serviço público, todas as atividades estatais exercidas sob regime jurídico de direito público serão enquadradas como serviço público, resultando em um conceito demasiadamente amplo, que abrangerá a função jurisdicional, a função legislativa, o exercício do poder de polícia, a intervenção do Estado no domínio econômico como agente regulador etc.

Conforme vimos anteriormente, teve defensores, deveras, em dada época, essa concepção amplíssima de serviço público. Atualmente, contudo, ela não costuma ser empregada, porque se reconhece sua reduzida utilidade, tal qual se dá com qualquer conceito de contornos excessivamente alargados (não é possível identificar princípios específicos a que se sujeite um dado conjunto cujos elementos sejam por demais heterogêneos).

Por essa razão, a fim de obter uma definição restrita de serviço público, os administrativistas filiados à corrente formalista – majoritária na doutrina brasileira – conjugam atualmente o critério formal de definição de serviço público com um elemento material, estabelecido como pressuposto. Vale dizer, eles estipulam um

Cap. 11 • SERVIÇOS PÚBLICOS

critério material como condição prévia para a verificação do enquadramento, ou não, da atividade como serviço público (em sentido estrito).

Esse elemento material não diz respeito à eventual **importância da atividade** para a satisfação de necessidades vitais do grupo social, e sim, exclusivamente, à **natureza da atividade**: somente pode ser serviço público (em sentido estrito) uma prestação, um "fazer algo", de sorte que essa prestação configure, em si mesma, uma utilidade ou comodidade material para a população em geral.

Ficam excluídas, assim:

a) a atividade jurisdicional, a atividade legislativa e a atividade de governo (atividade política);

b) o fomento em geral (qualquer prestação cujo objeto seja "dar algo", em vez de um "fazer");

c) todas as atividades que impliquem imposição de sanções, condicionamentos, proibições ou quaisquer outras restrições (polícia administrativa e intervenção na propriedade privada, por exemplo);

d) as obras públicas (porque, nestas, não é o "fazer algo", em si mesmo considerado, que representa uma utilidade ou comodidade material oferecida à população; é o resultado desse "fazer", qual seja, a obra realizada, que constitui uma utilidade ou comodidade que pode ser fruída pelo grupo social).

Portanto, no intuito de chegar a um conceito restrito de serviço público, os filiados à escola formalista fazem uso de um elemento de ordem material, isto é, concernente à natureza da atividade – deve ser ela uma prestação que configure, em si mesma, uma utilidade ou comodidade material para a população em geral. Uma vez atendido esse critério material, o enquadramento, ou não, da atividade como serviço público é feito, aí sim, com base somente no critério formal: a atividade será **serviço público** sempre que o ordenamento jurídico determine que ela seja prestada sob **regime jurídico de direito público**, sendo **irrelevante** verificar se ela é, ou não, imprescindível à satisfação de necessidades existenciais do grupo social.

2.3.2. *Atividades jurídicas do Estado* versus *atividades sociais do Estado*

Enquanto prevaleceu o modelo liberal clássico nos ordenamentos constitucionais do mundo ocidental, teve utilidade para classificar as atividades estatais a vetusta dicotomia entre "atividades jurídicas do Estado" e "atividades sociais do Estado".

Os autores antigos classificavam como "**atividades jurídicas do Estado**" todas as atuações estatais baseadas no poder de império, manifestação da própria soberania. Nos primórdios do liberalismo, somente elas eram consideradas atividades estatais próprias. As assim chamadas "**atividades jurídicas**" estatais – expressão ainda hoje utilizada – têm por escopo assegurar a manutenção da integridade do ordenamento jurídico, garantir a incolumidade pública e a paz social; em regra, consubstanciam manifestação do poder de coerção próprio e privativo do Estado. É exemplo a atividade de **polícia administrativa**.

A expressão "atividades sociais do Estado" era empregada, nessa época, para designar as demais atividades estatais: quaisquer **atividades materiais** desempenhadas pelo Estado, sem envolver exercício de poder de império. Tratava-se, em geral, de prestações administrativas eventuais, mediante as quais alguns serviços eram fornecidos aos particulares visando a aumentar o seu nível de conforto material.

Em suma, as "atividades sociais do Estado" se identificavam com as atividades materiais que o poder público eventualmente exercia visando a proporcionar à população utilidades ou comodidades, sem lastro direto ou indireto no poder de império. Eram tidas por atividades estatais impróprias, no modelo liberal clássico.

Não demanda grande esforço perceber que, no atual ordenamento constitucional brasileiro – assim como no de todos os Estados democráticos sociais –, não se pode simplesmente dividir as atividades estatais entre "aquelas que traduzem exercício de poder de império" e "aquelas que não envolvem exercício de poder de império", a fim de tratar estas últimas como sinônimo de "**serviço público**" (em **sentido estrito**).

Caso fosse adotado, hoje, tal critério, resultariam classificadas como "**serviço público**" todas as **atividades materiais** desempenhadas pelo Estado sem imposição de obrigações ou restrições aos administrados, o que implicaria enquadrar como "serviço público", por exemplo, a atuação do Estado no domínio econômico em sentido estrito, na qualidade de agente econômico (cabe lembrar que essa hipótese de atuação estatal não era cogitada nos albores do liberalismo), ou, ainda exemplificando, a execução direta de uma obra de infraestrutura por determinado órgão da administração pública.

Em síntese, é verdadeiro que as "**atividades jurídicas do Estado**" não configuram serviço público em sentido estrito. É também acertado afirmar que os serviços públicos em sentido estrito – que são **atividade material** – classificam-se entre as "atividades sociais do Estado". **Não** é válido, porém, atualmente, enquadrar **todas** as atividades estatais de natureza material que tenham a finalidade direta ou indireta de aumentar o conforto da população e não envolvam exercício de poder de império – as "**atividades sociais do Estado**" – como serviço público em sentido estrito.

Antes de finalizarmos este tópico, vem a propósito abrir um parêntese para mencionarmos a situação muito peculiar dos **serviços notariais e de registro** (serventias extrajudiciais). Trata-se de competências públicas que são exercidas por particulares, mediante delegação, obtida com a aprovação em concurso público de provas e títulos. A atividade dos serviços notariais e de registro **não** se enquadra como serviço público em sentido estrito (**atividade material**), mas **sim** como "**atividade jurídica**" estatal. Afinal, embora sua atuação não implique coerção direta (uso de força), os serviços notariais e de registro praticam atos indiscutivelmente fundados no poder de império do Estado – os quais, por essa razão, gozam da presunção de legitimidade própria dos atos administrativos.

A esse respeito, é sobremaneira esclarecedora a ementa abaixo transcrita, de acórdão do Supremo Tribunal Federal (grifamos):[2]

---

[2] ADI 2.415/SP, rel. Min. Ayres Britto, 22.09.2011 (vale fazer a ressalva de que, diferentemente do afirmado na ementa em apreço, a Lei 8.987/1995, no inciso IV do seu art. 2.º, prevê

Cap. 11 • SERVIÇOS PÚBLICOS

REGIME JURÍDICO DOS SERVIÇOS NOTARIAIS E DE REGISTRO.

I – Trata-se de **atividades jurídicas** que são próprias do Estado, porém exercidas por particulares **mediante delegação**. Exercidas ou traspassadas, mas **não** por conduto da **concessão ou da permissão**, normadas pelo *caput* do art. 175 da Constituição como **instrumentos contratuais** de privatização do exercício dessa **atividade material (não jurídica)** em que se constituem os **serviços públicos**. II – A delegação que lhes timbra a funcionalidade não se traduz, por nenhuma forma, em cláusulas contratuais. III – A sua delegação **somente pode recair sobre pessoa natural**, e não sobre uma empresa ou pessoa mercantil, visto que de empresa ou pessoa mercantil é que versa a Magna Carta Federal em tema de concessão ou permissão de serviço público. IV – Para se tornar delegatária do Poder Público, **tal pessoa natural há de ganhar habilitação em concurso público de provas e títulos**, e **não** por adjudicação em **processo licitatório**, regrado, este, pela Constituição como **antecedente necessário do contrato de concessão ou de permissão para o desempenho de serviço público**. V – Cuida-se ainda de atividades estatais cujo exercício privado jaz sob a exclusiva fiscalização do Poder Judiciário, e não sob órgão ou entidade do Poder Executivo, sabido que por órgão ou entidade do Poder Executivo é que se dá a imediata fiscalização das empresas concessionárias ou permissionárias de serviços públicos. Por órgãos do Poder Judiciário é que se marca a presença do Estado para conferir certeza e liquidez jurídica às relações inter-partes, com esta conhecida diferença: o modo usual de atuação do Poder Judiciário se dá sob o signo da contenciosidade, enquanto o invariável modo de atuação das serventias extra-forenses não adentra essa delicada esfera da litigiosidade entre sujeitos de direito. VI – Enfim, **as atividades notariais e de registro não se inscrevem no âmbito das remuneráveis por tarifa ou preço público**, mas no círculo das que se pautam por uma tabela de emolumentos, jungidos estes a normas gerais que se editam por lei necessariamente federal.

2.4. Definições propostas pela doutrina pátria. Conceito adotado nesta obra

Conforme afirmado alhures, nossa doutrina majoritariamente entende ser o critério formal o mais relevante, em regra, para a definição de serviço público, desde que observados certos pressupostos materiais concernentes à natureza da atividade que possa ser assim considerada.

Pensamos que o critério formal é, efetivamente, aquele que nosso ordenamento jurídico utiliza, no mais das vezes, para distinguir serviços públicos de serviços privados.

---

expressamente a possibilidade de o contrato de **permissão** de serviço público ser celebrado com **pessoa natural**, e **não só** com pessoa jurídica).

Podemos afirmar que uma atividade exercida como **serviço público sempre** estará sujeita a **regime jurídico de direito público**; de outra parte, um serviço prestado sob **regime jurídico de direito privado** será, **invariavelmente**, um **serviço privado**. Essas duas asserções são verdadeiras mesmo no caso das atividades em que predomina o critério subjetivo para a sua identificação como serviço público ou serviço privado, a exemplo dos serviços de educação e de saúde.

Deve-se ter em conta que, no Brasil, a **concepção essencialista não é adotada** pelo ordenamento jurídico para o fim de classificar uma atividade como serviço público. Sendo assim, não interessa, para esse efeito, indagar se a atividade é ou não importante para a existência da comunidade, para a satisfação de suas necessidades fundamentais. Realmente, há atividades que, embora imprescindíveis, admitem exploração por particulares como serviço privado – a exemplo dos serviços relacionados às áreas de educação e de saúde –, e existem outras que, incontroversamente, não são indispensáveis à satisfação de necessidades vitais da coletividade, mas são exercidas pelo Estado como serviço público – as loterias são um caso frequentemente citado.[3]

Em suma, a **importância intrínseca** de uma atividade **não permite** afirmar, no direito brasileiro, se ela configura, ou não, **um serviço público; não existe** entre nós um **conceito jurídico** de serviço público que permita enquadrar como tal uma prestação material a partir da análise, tão somente, da sua imprescindibilidade para a sobrevivência do grupo social. Quem determina que uma atividade seja prestada sob regime de direito público é o ordenamento jurídico. Podemos afirmar que são serviços públicos todos aqueles que a própria Constituição atribui diretamente às pessoas políticas como competências a serem por elas exercidas, bem como outras prestações que, por mera imposição legal, devam ser realizadas sob regime jurídico de direito público. É importante frisar que **não existe** – nem é possível existir – uma **lista taxativa** de atividades que devam ser exercidas como **serviços públicos**.

Não obstante imperar razoável consenso sobre os pontos até aqui expostos, nossos principais administrativistas propõem definições bastante divergentes de serviço público, sobretudo no que toca ao espectro de atividades abrangidas. Apresentamos, abaixo, algumas definições consagradas, tecendo os breves comentários que julgarmos oportunos.

Para Hely Lopes Meirelles, "serviço público é todo aquele prestado pela administração ou por seus delegados, sob normas e controles estatais, para satisfazer necessidades essenciais ou secundárias da coletividade ou simples conveniências do Estado".

A nosso ver, o conceito é demasiado amplo, porque não distingue as prestações que, em si mesmas, representam uma utilidade para a população, das prestações que, embora visem a assegurar o bem-estar geral, implicam imposição de sanções

---

[3] Conforme a jurisprudência do STF: (a) "a exploração de loterias ostenta natureza jurídica de serviço público" (ADPF 492/RJ, ADPF 493/DF e ADI 4.986/MT, rel. Min. Gilmar Mendes, 30.09.2020 – Informativo 993 do STF); e (b) "a execução do serviço público de loteria por agentes privados depende de delegação estatal precedida de licitação" (tese de repercussão geral fixada no RE 1.498.128/CE, rel. Min. Roberto Barroso, 28.09.2024 – Informativo 1.152 do STF). A Lei 12.869/2013 disciplina a exploração de **serviços lotéricos** sob o regime de **permissão** (contratos de permissão de serviços lotéricos, precedidos de **licitação**).

Cap. 11 • SERVIÇOS PÚBLICOS

ou restrição a atividades dos particulares, isto é, a definição não permite diferençar serviço público em sentido estrito de poder de polícia. Também não exige que a atividade satisfaça **diretamente** algum interesse da população em geral, dessarte abrangendo, por exemplo, atividades internas da administração pública (os denominados "serviços administrativos").

Maria Sylvia Di Pietro define serviço público como "toda atividade material que a lei atribui ao Estado para que a exerça diretamente ou por meio de seus delegados, com o objetivo de satisfazer concretamente às necessidades coletivas, sob regime jurídico total ou parcialmente público".

Percebe-se que a autora propõe uma definição restrita de serviço público, mas ela não exige que a prestação estatal satisfaça **diretamente** uma necessidade coletiva, isto é, resultam enquadradas atividades internas da administração pública ("serviços administrativos"), bem como outras atividades que possam beneficiar apenas **indiretamente** a sociedade. Também não é explicitado que a atividade, em si mesma, deve representar uma utilidade para a população, ou seja, a definição proposta não permite diferençar serviço público de realização de obra pública.

Quanto ao aspecto material, por outro lado, a insigne autora menciona somente as "necessidades coletivas". Se o vocábulo "**necessidades**" for tomado em sua literalidade, não se enquadrarão nessa definição de serviço público aquelas atividades que visam a atender meros interesses secundários da coletividade, ou quaisquer atividades francamente dispensáveis, ainda que o ordenamento jurídico exija que elas sejam exercidas sob regime jurídico de direito público.

Para José dos Santos Carvalho Filho, serviço público é "toda atividade prestada pelo Estado ou por seus delegados, basicamente sob regime de direito público, com vistas à satisfação de necessidades essenciais e secundárias da coletividade".

Conforme se constata, as duas primeiras observações que fizemos acerca da definição da Prof.ª Maria Sylvia Di Pietro aplicam-se também aqui: não se exige que a prestação estatal satisfaça **diretamente** uma necessidade ou interesse da população e o enunciado não permite distinguir serviço público de realização de obra pública.

Quando ao aspecto material, a definição é mais abrangente, considerando serviço público também atividades não essenciais à sociedade.

Preleciona Celso Antônio Bandeira de Mello que "serviço público é toda atividade de oferecimento de utilidade ou comodidade material fruível diretamente pelos administrados, prestado pelo Estado ou por quem lhe faça as vezes, sob um regime de Direito Público – portanto, consagrador de prerrogativas de supremacia e de restrições especiais – instituído pelo Estado em favor dos interesses que houver definido como próprios no sistema normativo".

Essa definição perfilha o mais restrito dos conceitos de serviço público, conforme analisamos anteriormente neste capítulo, em tópico específico. Só abrange as utilidades ou comodidades que sejam **diretamente** fruíveis pela população. Por outro lado, quanto ao aspecto material, é inteiramente aberta, vale dizer, desde que seja uma prestação de utilidade ou comodidade material fruível diretamente pelos administrados, qualquer atividade poderá ser eleita pelo ordenamento jurídico para ser prestada como serviço público, portanto, sob regime jurídico de direito público.

DIREITO ADMINISTRATIVO DESCOMPLICADO • Marcelo Alexandrino & Vicente Paulo

Adotamos esse mesmo conceito restrito de serviço público. A partir dele, propomos esta definição: **serviço público** é **atividade administrativa concreta** traduzida em **prestações** que **diretamente** representem, em si mesmas, **utilidades ou comodidades materiais** para a **população em geral**, executada sob **regime jurídico de direito público** pela administração pública ou, se for o caso, por particulares delegatários (concessionários e permissionários, ou, ainda, em restritas hipóteses, detentores de autorização de serviço público).

Com essa definição pretendemos limitar o conceito de serviço público a atividades administrativas e excluir dele o poder de polícia, as atividades de fomento, as intervenções estatais restritivas, as obras públicas, bem como as atividades internas e atividades-meio da administração, ou quaisquer outras atividades que apenas indiretamente atendam a interesses da população.

Ademais, não fazemos alusão à importância da atividade para o grupo social, podendo a definição abranger necessidades vitais, meros interesses secundários e até atividades francamente dispensáveis, desde que, em qualquer caso, o ordenamento jurídico preveja a sua execução sob regime jurídico de direito público.

Não afirmamos, tampouco, que a atividade deva estar sob titularidade exclusiva do poder público, haja vista que as prestações que concretizem **direitos fundamentais sociais** (art. 6.º e Título VIII da Constituição), muito embora devam ser oferecidas à população pelo Estado como **serviço público** (trata-se de obrigação indeclinável), podem, **complementarmente**, ser efetuadas por particulares como **serviço privado**.

Acreditamos que a definição que propomos permite isolar e descrever um conjunto de princípios específicos que orientem a regulação e a prestação dos serviços públicos, assim como uma coleção de regras uniformes aplicáveis a essa atividade. A nosso ver, esse deve ser o objetivo de uma definição que pretenda ter, juridicamente, alguma utilidade, embora, evidentemente, não se possa afirmar que ela seja "mais correta" ou "menos correta" do que qualquer outra.

3. CLASSIFICAÇÕES

Dada a grande diversidade de definições de serviço público propostas pela doutrina, é de esperar que muita discrepância haja, igualmente, entre as classificações apresentadas pelos diferentes autores.

Classificações doutrinárias de um modo geral somente são úteis quando permitem identificar princípios aplicáveis uniformemente a determinadas categorias ou espécies jurídicas. Devem, ademais, utilizar critérios congruentes e ser aceitas, ou mesmo adotadas, de forma homogênea, por uma expressiva parcela dos juristas, bem como pela jurisprudência.

Das inúmeras classificações de serviços públicos propostas pelos administrativistas, quase nenhuma atende aos requisitos acima apontados. Em nossa opinião, essas classificações quase sempre acarretam mais confusão do que auxiliam na sistematização da matéria, seja por empregarem expressões equívocas, seja por terem aceitação reduzida, seja por misturarem acepções amplas e restritas de serviço público, ou

Cap. 11 • SERVIÇOS PÚBLICOS

por utilizarem critérios heterogêneos na identificação de atividades que consideram serviço público, dentre muitas outras deficiências.

Por essas razões, limitar-nos-emos a registrar algumas classificações que julgamos serem menos contraditórias, conquanto não livres de problemas. Reiteramos que consideramos essas classificações, no mais das vezes, despidas de utilidade prática.

a) serviços gerais e serviços individuais;

A classificação que distingue os serviços públicos em **gerais e individuais** é a única, segundo pensamos, que possui relevância prática. Com efeito, essa classificação tem sido reiteradamente utilizada pelo Supremo Tribunal Federal para o fim de identificar serviços públicos que podem ser remunerados mediante a espécie tributária taxa.

A Constituição de 1988, no art. 145, II, estatui que taxas podem ser instituídas para remunerar serviços públicos específicos e divisíveis. Em sentido contrário, é legítimo afirmar que serviços públicos gerais e indivisíveis não podem ser indicados pelo legislador como hipótese de incidência de taxas.

Conforme a orientação do Supremo Tribunal Federal, **serviços públicos gerais** (*uti universi*) ou **indivisíveis** são aqueles prestados a toda coletividade, indistintamente, ou seja, seus usuários são indeterminados e indetermináveis. Não é possível ao poder público identificar, de forma individualizada, as pessoas beneficiadas por um serviço prestado *uti universi*. Não há, tampouco, meio de mensurar a utilização por parte de cada usuário.

Exemplos de serviços gerais são o serviço de iluminação pública, o serviço de varrição de ruas e praças, o serviço de conservação de logradouros públicos, entre outros. Caso se adote uma concepção ampla de serviço público, poderão ser designados ainda como serviços gerais ou indivisíveis o policiamento urbano, a garantia da segurança nacional, a defesa das fronteiras etc.

Os **serviços individuais**, **específicos** ou **singulares** (*uti singuli*), ou, ainda, **divisíveis**, são prestados a beneficiários determinados. A administração pública sabe a quem presta o serviço e é capaz de mensurar a utilização por parte de cada um dos usuários, separadamente. Tais serviços podem ser remunerados mediante a cobrança de **taxas** (regime legal) ou de **tarifas** (regime contratual).

São exemplos os serviços de coleta domiciliar de lixo, de fornecimento domiciliar de água encanada, de gás canalizado, de energia elétrica, o serviço postal, os serviços telefônicos etc.

b) serviços delegáveis e serviços indelegáveis;

Segundo os autores que propõem essa classificação, são **serviços públicos delegáveis** aqueles que podem ser prestados pelo Estado – centralizadamente ou por meio das entidades integrantes da administração indireta – ou, alternativamente, ter a sua prestação delegada a particulares, mediante contratos de concessão ou permissão de serviço público (ou, ainda, se cabível, mediante ato administrativo de autorização de serviço público).

Exemplos são os serviços de telefonia, de fornecimento de energia elétrica, de transporte coletivo rodoviário de passageiros etc.

São **serviços públicos indelegáveis** aqueles que somente podem ser prestados pelo Estado, centralizadamente, ou pelas pessoas jurídicas de direito público integrantes da administração indireta. São, portanto, **serviços públicos cuja prestação exige exercício de poder de império**. Os exemplos usualmente apontados são a garantia da defesa nacional, da segurança interna, a fiscalização de atividades etc.

Conforme se constata, essa classificação utiliza uma **concepção ampla de serviço público**, porque abrange o exercício de **poder de polícia**, bem como outras atividades que não consubstanciam prestações que representem, em si mesmas, comodidades diretamente fruíveis pela coletividade.

c) serviços administrativos, serviços sociais e serviços econômicos;

A doutrina costuma chamar de **serviços públicos administrativos** as atividades internas da administração pública, as suas atividades-meio. São todas aquelas atividades que, embora não representem uma prestação **diretamente** fruível pela população, beneficiam **indiretamente** a coletividade, porque são necessárias ao adequado funcionamento dos órgãos públicos e entidades administrativas. São, ademais, atividades preparatórias que visam a assegurar a efetiva e eficiente prestação dos serviços diretamente fruíveis pela população.

São **serviços públicos sociais** todos os que correspondam a atividades pertinentes ao Título VIII da Constituição de 1988 ("Da Ordem Social"). Eles devem **obrigatoriamente** ser oferecidos à população pelo Estado, que os presta como **serviços públicos**, portanto, sob regime jurídico de direito público.

São exemplos os serviços de educação, saúde e assistência social prestados por órgãos e entidades integrantes da administração pública.

Essas atividades de índole social **não são** de titularidade exclusiva do Estado, vale dizer, **particulares** também podem oferecê-las, **complementarmente** ao poder público, como **serviços privados**. É evidente que, quando prestados por particulares, tais serviços **não** se enquadram na classificação ora em estudo, pois ela versa sobre **serviços públicos**.

São **serviços públicos econômicos** (também chamados **serviços públicos comerciais ou industriais**) as atividades a que se refere o art. 175 da Constituição, ou seja, serviços públicos que se enquadram como **atividade econômica em sentido amplo**. Eles devem ter possibilidade – ao menos teórica, observado o arcabouço constitucional pátrio – de ser explorados com **intuito de lucro**, segundo os princípios norteadores da atividade empresarial. Por opção do legislador constituinte (ou do legislador ordinário, dependendo do caso), essas atividades são postas sob **titularidade exclusiva do Estado**, que pode exercê-las diretamente ou mediante delegação a particulares.

São exemplos os serviços de telefonia, de fornecimento de energia elétrica, de fornecimento domiciliar de gás canalizado etc.

Observe-se que **não se enquadram nessa categoria as atividades econômicas em sentido estrito**, regidas pelo art. 173 da Carta Política. Isso porque, mesmo se forem excepcionalmente desempenhadas pelo Estado, essas atividades o serão sob regime jurídico (predominante) de direito privado, e **não como serviço público** – e a classificação ora em apreço é uma classificação de serviços públicos.

d) serviços próprios e serviços impróprios.

Mencionamos, por último, a classificação que distingue **serviços públicos próprios** de **serviços públicos impróprios**. Adiantamos que, a nosso ver, essa classificação é inadequada e, o que é pior, a sua descrição varia conforme o autor.

Segundo a concepção que nos parece ser a tradicional, **serviços públicos próprios** são as atividades traduzidas em prestações que representem comodidades materiais para a população, desempenhadas sob **regime jurídico de direito público**, **diretamente** pela administração pública ou, **indiretamente**, mediante **delegação** a particulares.

Diferentemente, **serviços públicos impróprios** seriam atividades de natureza social executadas por particulares sem delegação, ou seja, **serviços privados** – sujeitos a **regime jurídico de direito privado** –, submetidos somente a fiscalização e controle estatal inerentes ao poder de polícia.

São exemplos os serviços de educação, saúde e assistência social prestados por estabelecimentos particulares.

Consideramos inadequada essa classificação exatamente porque os assim denominados "**serviços públicos impróprios**" simplesmente **não são serviços públicos**.

O Prof. Hely Lopes Meirelles apresenta uma definição diferente. Para o insigne administrativista, **serviços próprios do Estado** "são aqueles que se relacionam intimamente com as atribuições do poder público", "para a execução dos quais a administração usa da sua supremacia sobre os administrados". Por essa razão, "só devem ser prestados por órgãos ou entidades públicas, sem delegação a particulares". Ainda na lição do autor, **serviços impróprios do Estado** "são os que não afetam substancialmente as necessidades da comunidade" e, por isso, a administração pode prestá-los diretamente ou delegar sua prestação a particulares. Conforme se constata, o Prof. Hely Lopes Meirelles identifica as definições de **serviços próprios** e **serviços impróprios** com as de **serviços indelegáveis** e **serviços delegáveis**, respectivamente.

4. DISTRIBUIÇÃO CONSTITUCIONAL DAS COMPETÊNCIAS PARA A PRESTAÇÃO DE SERVIÇOS PÚBLICOS

A **repartição constitucional de competências** é a técnica utilizada para distribuir entre as pessoas políticas de um Estado do tipo federativo as diferentes atividades de que ele é incumbido. A **autonomia política** dos entes federados assenta-se, precisamente, na existência de competências que lhes são atribuídas como próprias **diretamente** pela **Constituição Federal**.

Na Carta Política de 1988, o legislador constituinte adotou como critério ou fundamento para a repartição de competências entre os diferentes entes federativos o denominado **princípio da predominância do interesse**. Parte-se da premissa de que há assuntos que, por sua natureza, devem, essencialmente, ser tratados de maneira uniforme em todo o País e outros em que, no mais das vezes, é possível ou mesmo desejável a diversidade de regulação e atuação do poder público, ora em âmbito regional, ora em âmbito local.

Na República Federativa do Brasil, temos um ente federado nacional (União), entes federados regionais (estados) e entes federados locais (municípios). Logo, se a matéria é de **interesse predominantemente geral**, a competência é outorgada à União. Aos estados são reservadas as matérias de **interesse predominantemente regional**. Cabe aos municípios a competência sobre as matérias de **interesse predominantemente local**.

Um exemplo que facilita a compreensão da aplicação do princípio da predominância do interesse é o que ocorre com a prestação de serviços de transporte público de passageiros. Se o transporte é intramunicipal, de interesse nitidamente local, a competência para sua prestação é do respectivo município. Caso o transporte seja intermunicipal (intraestadual), a competência será do estado-membro, por envolver interesse predominantemente regional. Se o transporte é interestadual ou internacional, há predominância do interesse geral, cabendo sua exploração, portanto, à União.

Ao Distrito Federal, em razão da vedação à sua divisão em municípios, foram outorgadas, em regra, as competências legislativas, tributárias e administrativas dos estados e dos municípios (CF, art. 32, § 1.º).

Norteado pelo princípio da predominância do interesse, o legislador constituinte repartiu as competências entre os entes federados da seguinte forma:

a) enumerou taxativa e expressamente a competência da União – a denominada **competência enumerada expressa** (arts. 21 e 22, principalmente);

b) enumerou taxativamente a competência dos municípios (art. 30, principalmente), mediante arrolamento de competências expressas e indicação de um critério de determinação das demais, qual seja, o **interesse local** (legislar sobre assuntos de interesse local; organizar e prestar os serviços públicos de interesse local – art. 30, I e V);

c) outorgou ao Distrito Federal, em regra, as competências dos estados e dos municípios (art. 32, § 1.º);

d) não enumerou expressamente as competências dos estados-membros, reservando a estes as competências que não lhes forem vedadas na Constituição – a denominada **competência remanescente**, **não enumerada** ou **residual** (art. 25, § 1.º);

e) fixou uma **competência administrativa comum** – em que todos os entes federados poderão atuar paralelamente, em situação de igualdade (art. 23);

f) fixou uma **competência legislativa concorrente** – estabelecendo uma concorrência vertical legislativa entre a União, os estados e o Distrito Federal (art. 24).

Esse modelo de partilha constitui a regra geral para a divisão das competências entre os entes federativos.

Ao direito administrativo interessam, sobretudo, as **competências administrativas**. Especialmente no presente capítulo importa conhecer as competências administrativas que tenham por objeto a prestação de serviços públicos. Não significa, entretanto, que as competências legislativas sejam irrelevantes, afinal, a atribuição a um ente federado de competência para a prestação de determinado serviço público implica, obrigatoriamente, ainda que de forma implícita, a atribuição de competência para legislar sobre essa atividade, para regular a prestação do serviço.

Tendo em vista o foco da presente exposição, nos limitaremos a mencionar, a seguir, algumas das competências administrativas dos diversos entes federados, constitucionalmente estabelecidas, concernentes à prestação de serviços públicos.

O art. 21 da Constituição Federal estabelece a denominada competência **exclusiva da União**. Essa competência tem natureza **administrativa** e é indelegável a outros entes federados. São exemplos de serviços públicos arrolados no art. 21 da Carta Política:

a) manter o serviço postal e o correio aéreo nacional;

b) explorar, diretamente ou mediante autorização, concessão ou permissão, os serviços de telecomunicações, nos termos da lei, que disporá sobre a organização dos serviços, a criação de um órgão regulador e outros aspectos institucionais;

c) explorar, diretamente ou mediante autorização, concessão ou permissão: os serviços de radiodifusão sonora, e de sons e imagens; os serviços e instalações de energia elétrica e o aproveitamento energético dos cursos de água, em articulação com os estados onde se situam os potenciais hidroenergéticos; a navegação aérea, aeroespacial e a infraestrutura aeroportuária; os serviços de transporte ferroviário e aquaviário entre portos brasileiros e fronteiras nacionais, ou que transponham os limites de estado ou Território; os serviços de transporte rodoviário interestadual e internacional de passageiros; os portos marítimos, fluviais e lacustres;

d) organizar e manter os serviços oficiais de estatística, geografia, geologia e cartografia de âmbito nacional.

O art. 23 da Constituição Federal enumera as matérias integrantes da denominada **competência comum** (**paralela** ou **cumulativa**). Trata-se de competência de natureza **administrativa**, outorgada à União, aos estados, ao Distrito Federal e aos municípios para atuarem, quanto às respectivas matérias, de forma paralela, isto é, em condições de igualdade, sem qualquer relação de subordinação e sem que a atuação de um exclua a dos outros.

A fim de evitar conflitos e superposição de esforços no âmbito da competência comum, **leis complementares** deverão fixar normas para a cooperação entre a União e os estados, o Distrito Federal e os municípios, tendo em vista o equilíbrio do desenvolvimento e do bem-estar em âmbito nacional (CF, art. 23, parágrafo único).

Dentre os serviços públicos de competência comum da União, dos estados, do Distrito Federal e dos municípios, destacamos os seguintes:

a) cuidar da saúde e assistência pública, da proteção e garantia das pessoas portadoras de deficiência;

b) proteger os documentos, as obras e outros bens de valor histórico, artístico e cultural, os monumentos, as paisagens naturais notáveis e os sítios arqueológicos;

c) proporcionar os meios de acesso à cultura, à educação e à ciência;

d) proteger o meio ambiente e combater a poluição em qualquer de suas formas;

e) promover programas de construção de moradias e a melhoria das condições habitacionais e de saneamento básico.

A Constituição da República, em seu art. 25, § 1.º, atribui aos estadosmembros, genericamente, a chamada **competência remanescente ou residual**. Significa que, mesmo não estando expressamente enumeradas, competem aos estados as matérias que não tenham sido atribuídas discriminadamente à União, nem se enquadrem como de interesse local dos municípios. Não obstante essa atribuição de competência remanescente aos estados, há umas poucas competências a eles conferidas expressamente no texto constitucional, como a competência para a criação, incorporação, fusão e desmembramento de municípios (art. 18, § 4.º); para a exploração direta, ou mediante concessão, dos serviços locais de gás canalizado (art. 25, § 2.º); para a instituição de regiões metropolitanas, aglomerações urbanas e microrregiões (art. 25, § 3.º) e para a organização da sua própria Justiça (art. 125).

É verdade que, das competências expressas arroladas no parágrafo precedente, apenas a referente ao serviço de gás diz respeito a um serviço público propriamente dito. De toda sorte, além desta e da atribuição genérica de competência remanescente, têm os estados, também, as competências comuns descritas no art. 23 da Carta Política.

Cabe mencionar, ainda, que o Supremo Tribunal Federal já teve oportunidade de decidir, com fundamento no § 1.º do art. 25 da Constituição Federal, que é da competência dos estados-membros a exploração e, consequentemente, a regulamentação do serviço de transporte rodoviário intermunicipal de passageiros.[4]

As competências municipais estão enumeradas, sobretudo, no art. 30 da Constituição Federal. Os municípios têm competência legislativa e administrativa acerca dos **assuntos de interesse local**, identificados a partir do princípio da predominância do interesse. Não há uma enumeração constitucional, expressa e taxativa, dos chamados assuntos de interesse local, de competência do ente municipal – nem isso seria possível, dada a ampliação constante da gama de demandas sociais que necessitam ser atendidas pelo poder público. Devem os serviços de competência municipal ser identificados caso a caso, a partir da aplicação do princípio da predominância do interesse.

Dentre as competências administrativas dos municípios, relacionadas à prestação de serviços públicos, arroladas no art. 30 da Carta Política, destacamos as seguintes:

a) organizar e prestar, diretamente ou sob regime de concessão ou permissão, os serviços públicos de interesse local, incluído o de transporte coletivo, que tem caráter essencial;

---

4 ADI 2.349/ES, rel. Min. Eros Grau, 31.08.2005.

Cap. 11 • SERVIÇOS PÚBLICOS   **735**

b) manter, com a cooperação técnica e financeira da União e do estado, programas de educação infantil e de ensino fundamental;

c) prestar, com a cooperação técnica e financeira da União e do estado, serviços de atendimento à saúde da população.

O Supremo Tribunal Federal já decidiu que os **serviços funerários** constituem serviços municipais, dado que dizem respeito a necessidades imediatas do município, em consonância com o art. 30, V, da Constituição da República.[5]

Além dessas, os municípios têm, ainda, as competências comuns arroladas no art. 23 da Carta da República, anteriormente analisadas.

Ao Distrito Federal competem, em regra, os serviços públicos da competência dos estados – inclusive os que decorram da competência remanescente (art. 25, § 1.º) –, bem como, cumulativamente, os serviços públicos da competência dos municípios (CF, art. 32, § 1.º). Possui, ademais, as competências comuns enumeradas no art. 23 da Carta Política.

5. FORMAS DE PRESTAÇÃO DOS SERVIÇOS PÚBLICOS

Nos termos literais do *caput* do art. 175 da Constituição de 1988, incumbe ao poder público, "**diretamente ou sob regime de concessão ou permissão**", a prestação de serviços públicos.

Não faz sentido algum imaginar que o ente federativo constitucionalmente competente para prestar determinado serviço público precise celebrar um **contrato** de concessão ou de permissão para transferir tal incumbência a uma **entidade da sua própria administração indireta**. Afinal, para criar essa pessoa jurídica, ele deve editar uma **lei específica** que a institua, ou autorize a sua instituição – e isso inclui a estipulação, nessa lei, das competências da entidade.

Assim, se a entidade administrativa recebeu da lei que a criou, ou autorizou a sua criação, a competência para a prestação do serviço público, configuraria, no mínimo, um despropósito que o ente federado a cuja administração indireta a entidade pertence promovesse uma licitação para transferir a ela, mediante um contrato administrativo de concessão ou de permissão, a execução desse mesmo serviço público. Para piorar, o que seria feito de nossa hipotética pessoa jurídica administrativa, se ela não vencesse a licitação?

Voltando, então, à leitura do *caput* do art. 175 da vigente Constituição, obtém-se que **prestação direta** do serviço público é a efetuada pelo poder público e, *a contrario sensu*, aquela realizada "sob regime de concessão ou permissão" deve ser tida por **prestação indireta**. Como ficou demonstrado que somente particulares – e não as entidades da administração indireta – devem celebrar contratos de concessão ou de permissão de serviços públicos a fim de promoverem a respectiva execução, resulta que apenas a prestação de serviços públicos por particulares, mediante delegação, é **prestação indireta**. E também se conclui que a expressão "**poder público**" deve ser

---

[5]   RE 387.990/SP, rel. Min. Carlos Velloso, 13.05.2004.

lida, no dispositivo constitucional ora em exame, como "**administração pública**", incluídas a administração direta **e** a indireta.

Em suma, **prestação direta** de serviço público é a efetuada pela própria administração pública – tanto pelos órgãos da administração direta quanto pelas entidades da administração indireta; **prestação indireta** de serviço público é, tão somente, a sua execução pelos **particulares**, mediante **delegação**, nas modalidades de concessão ou de permissão de serviço público, ambas obrigatoriamente precedidas de licitação (em algumas hipóteses é possível, ainda, ocorrer a delegação por meio de ato administrativo de autorização de serviço público).

Abrimos um parêntese para esclarecer um detalhe: afirmamos, inúmeras vezes, que **delegar** um serviço público, mediante concessão e permissão, ou mesmo autorização, **não tem cabimento** quando se trata de entidade da administração indireta **do próprio poder concedente**. Assim, não há razão, por exemplo, para a União celebrar um contrato de concessão com uma empresa pública federal, a fim de delegar a esta um serviço público que seja da competência constitucional da União – a prestação desse serviço já deve estar prevista **na lei** que autorizou a instituição da empresa pública, como competência própria dessa entidade (competência **legal**, e não contratual). Esse raciocínio, porém, **não vale** – de forma nenhuma! – para entidades da administração indireta de um ente federativo **diferente** daquele em cuja esfera de competências constitucionais está inserido o serviço público a ser prestado. Imagine-se, por exemplo, uma sociedade de economia mista com competência legal para realizar o serviço de coleta domiciliar de lixo urbano, instituída pelo Município X. Caso o Município Y queira delegar o serviço público de coleta de lixo de sua competência, e a sociedade de economia mista do Município X tenha intenção de assumir essa incumbência, ela estará, perante o Município Y, na mesma situação de um particular qualquer, ou seja, deverá nossa hipotética sociedade de economia mista participar da licitação que o Município Y terá que promover, **em pé de igualdade** com os **demais concorrentes**, e, **somente se vencer** a disputa, **celebrará**, então, com o Município Y, um **contrato de concessão de serviço público** como qualquer outro, **sem peculiaridade alguma**. Fecha-se o parêntese.

A **prestação direta** de serviço público é dita **centralizada**, se for a administração direta que a efetua, e **descentralizada**, quando promovida pelas entidades da administração indireta.

A **prestação indireta** de serviço público é classificada, **invariavelmente**, como prestação **descentralizada**.

É fácil perceber que há duas variedades de **descentralização**. O ponto comum a ambas é o fato de a prestação do serviço público ser efetuada por uma **pessoa diferente do ente federativo constitucionalmente competente** (União, estados, Distrito Federal ou municípios).

Na primeira modalidade, denominada **descentralização por serviços** (ou **descentralização mediante outorga legal**), uma lei específica cria diretamente uma entidade com personalidade jurídica própria, ou autoriza a criação da entidade, e atribui a ela a titularidade de um determinado serviço público. A lei, desde logo, enumera as competências da entidade que está sendo instituída, ou cuja instituição está sendo autorizada. Essa entidade pode ser uma autarquia, uma empresa pública, uma sociedade de economia mista ou uma fundação pública, ou seja, alguma das entidades integrantes da administração pública indireta.

São exemplos de serviços **descentralizados** prestados por integrantes da **administração indireta**: o serviço postal prestado pela ECT, empresa pública federal, os serviços de abastecimento de água e de esgotamento sanitário realizados por empresas públicas ou por sociedades de economia mista estaduais e os serviços de coleta domiciliar de lixo e de limpeza urbana executados pela COMLURB, sociedade de economia mista municipal (Município do Rio de Janeiro).

Na segunda hipótese, conhecida como **descentralização por colaboração** (ou **descentralização mediante delegação**), a prestação de um serviço público é atribuída a um particular, isto é, a uma pessoa não integrante da administração pública. A delegação pode se dar por concessão, permissão ou, em alguns casos, autorização para a prestação do serviço. A delegação consiste em transferir ao particular, sempre temporariamente, a incumbência de prestar, mediante remuneração, determinado serviço público, cuja **titularidade permanece com o poder público**. Aliás, nosso ordenamento jurídico chega ao ponto de considerar que, nessa modalidade de descentralização, há verdadeira **prestação indireta** pelo Estado delegante, expressão que enfatiza o seu dever de exercer um rigoroso controle sobre a atividade do delegatário, a fim de assegurar que este ofereça um **serviço adequado** ao pleno atendimento dos usuários.

Cumpre trazer à baila uma última expressão: diz-se que uma pessoa jurídica presta um serviço público de forma **desconcentrada** quando as diversas competências dela estão distribuídas em órgãos integrantes de sua estrutura e um deles tem como competência específica a prestação daquele serviço.

É possível existir prestação **desconcentrada centralizada** (realizada por um órgão da **administração direta** dotado de competência específica para a prestação do serviço) e prestação **desconcentrada descentralizada** (efetuada por um órgão integrante da estrutura de uma entidade da **administração indireta** dotado de competência específica para a prestação do serviço). Nas duas situações, o serviço público é de titularidade da pessoa jurídica a cuja estrutura o órgão prestador pertence.

Sintetizando as definições expostas neste tópico, temos o seguinte:

a) **prestação direta**: o serviço é prestado pela **administração pública**, direta ou indireta;

b) **prestação indireta**: o serviço é prestado por **particulares**, aos quais, mediante **delegação** do poder público, é atribuída a sua mera execução;

c) **prestação centralizada**: o serviço é prestado pela **administração direta**;

d) **prestação descentralizada**: o serviço é prestado por **pessoa diversa** do ente federado constitucionalmente competente;

    d.1. **descentralização por serviços**: o serviço é prestado por entidade da **administração indireta**, à qual a lei transfere a sua titularidade;

d.2. **descentralização por colaboração**: o serdviço é prestado por **particulares**, aos quais, mediante delegação do poder público, é atribuída a sua mera execução;

e) **prestação desconcentrada**: o serviço é prestado por um órgão, com essa competência específica, integrante da estrutura da **pessoa jurídica que detém a titularidade do serviço**;

e.1. **prestação desconcentrada centralizada**: o órgão com competência específica para prestar o serviço integra a **administração direta** do ente federado constitucionalmente competente;

e.2. **prestação desconcentrada descentralizada**: o órgão com competência específica para prestar o serviço integra a estrutura de uma entidade da **administração indireta** do ente federado constitucionalmente competente.

6. REGULAMENTAÇÃO E CONTROLE

A **regulação** de determinado serviço público é atribuição da **pessoa política** – União, estados, Distrito Federal ou municípios – em cuja esfera de competências constitucionais ele se insere. Essa regra se aplica tanto aos casos de prestação centralizada (pelos órgãos da administração direta do ente federado competente) quanto aos de prestação descentralizada (pelas entidades da administração indireta do ente federado competente e por particulares delegatários).

A **regulação de serviços públicos** é uma **atividade estatal exclusiva**, absolutamente **indelegável a particulares**.

A doutrina tradicional costuma falar em **regulamentação do serviço**, abrangendo, com essa expressão, a elaboração das leis necessárias à fixação das condições e diretrizes gerais de sua prestação, bem como a emissão dos atos administrativos infralegais regulamentares destinados a dar fiel execução a essas leis.

Preferimos adotar o vocábulo **regulação**, de sorte a indicar a ampliação do rol de atividades públicas envolvidas. Deveras, no exercício de sua **função regulatória**, o Estado edita todos os atos – legislativos, administrativos normativos, administrativos concretos – necessários à completa determinação das condições de prestação do serviço público, o que inclui, quando for o caso, a estipulação das regras a serem observadas na outorga de concessões ou permissões, das instâncias aptas a promoverem a mediação e a solução de conflitos, dos investimentos em infraestrutura a cargo do poder público e dos agentes privados delegatários, das diretrizes gerais da política tarifária, em suma, o poder público estabelece o assim chamado **marco regulatório** do serviço público.

Encontramos em algumas leis relevantes a expressão **regulação**, em substituição ao tradicional termo **regulamentação**. Por exemplo, na literal dicção do art. 4.º, III, da Lei 11.079/2004, a contratação de parcerias público-privadas deve observar como diretriz a "indelegabilidade das funções de regulação, jurisdicional, do exercício do poder de polícia e de outras atividades exclusivas do Estado".

É importante anotar que, majoritariamente, a doutrina administrativista defende a possibilidade de a atividade de **regulação** ser desempenhada não só pelo próprio ente federativo, centralizadamente, mas também pelas **pessoas jurídicas de direito público** integrantes de sua administração indireta, mais especificamente pelas **autarquias**.

Foi exatamente com fundamento nessa orientação que surgiram entre nós as **agências reguladoras**, todas elas, pelo menos na esfera federal, instituídas sob a forma de **autarquias em regime especial** (cabe observar que nem todas as agências reguladoras atuam na regulação de serviços públicos; algumas desempenham regulação de **atividades econômicas em sentido estrito**, a exemplo da Agência Nacional do Petróleo, Gás Natural e Biocombustíveis – ANP).

Evidentemente, para a edição das **leis**, com a determinação das diretrizes regulatórias mais gerais, é **imprescindível** a atuação do **Poder Legislativo** da pessoa política à qual o serviço público foi constitucionalmente atribuído. Mas essas mesmas leis frequentemente têm conferido às entidades ou órgãos administrativos reguladores um **amplo poder normativo**, mediante o qual são estabelecidas inúmeras regras complementares à lei (e não meramente regulamentares), no exercício da denominada **discricionariedade técnica**.

À vista do que foi até aqui exposto, afigura-se oportuno fazer um acréscimo ao conteúdo do primeiro parágrafo deste tópico, a fim de torná-lo mais preciso: a **regulação** de um serviço público é **atribuição da pessoa política** em cuja esfera de competências constitucionais ele se insere; entretanto, essa pessoa política pode, por meio de **lei**, conferir a uma **autarquia** de sua administração indireta competência para editar **atos administrativos** que tenham por escopo a **complementação do marco regulatório** daquele serviço público.

No caso de serviços públicos de competência comum (CF, art. 23), cada ente federado deve disciplinar, em suas leis e atos administrativos, as atividades que serão concretamente por ele desenvolvidas, sem que isso exclua a competência dos demais, quanto à regulação daquelas que efetivamente desempenharão.

Ao lado dessas considerações, não se deve olvidar que a Constituição Federal atribui à União competência para editar leis de **normas gerais** acerca de diversas matérias. Essas leis têm **caráter nacional**, isto é, **obrigam todos os integrantes da Federação**. Por essa razão, quando elas repercutem sobre a disciplina de determinados serviços públicos, é evidente que os entes federados que detêm a respectiva titularidade sofrem uma restrição ao exercício da sua função regulatória, pois terão que observar as normas gerais estabelecidas pela União. Exemplifica essa situação a Lei 8.987/1995 – que contém *normas gerais sobre concessões e permissões de serviços públicos* –, editada pela União no uso da competência prevista no art. 175, parágrafo único, da Carta Política.

O **controle** dos serviços públicos deve ser exercido pela própria administração pública, pela população em geral e pelos órgãos incumbidos de tutelar interesses coletivos e difusos, tais como o Ministério Público e os órgãos de defesa do consumidor.

Quando um serviço público é prestado pela própria administração pública, ele está sujeito aos controles usuais aplicáveis a todas as atividades administrativas, decorrentes do **poder de autotutela** e também, no caso das entidades da administração indireta, da sua sujeição à **tutela administrativa** (ou **supervisão**). Deve ser um controle especialmente rigoroso, uma vez que se trata de atividades que mere-

740 DIREITO ADMINISTRATIVO DESCOMPLICADO • *Marcelo Alexandrino & Vicente Paulo*

ceram redobrada atenção do legislador constituinte, por interessarem diretamente à população, a ponto de algumas delas serem consideradas essenciais à subsistência da coletividade.

No caso de **delegação** da prestação do serviço público, a administração pública exerce sobre a atividade do **particular delegatário** um controle ainda mais abrangente, porquanto a **titularidade** do serviço **permanece com o poder público**, que tem o dever de assegurar que, ao fim e ao cabo, ele seja **adequadamente prestado**. Por esse motivo, o ordenamento jurídico confere ao poder concedente prerrogativas especiais, tais quais a possibilidade de alteração unilateral das cláusulas contratuais, de intervenção na concessão ou permissão, de encampação, de decretação de caducidade e outras, conforme será estudado mais à frente neste capítulo.

O art. 3.º da Lei 8.987/1995 estabelece que "as concessões e permissões sujeitar-se-ão à **fiscalização** pelo poder concedente responsável pela delegação, com a cooperação dos usuários". O inciso I do art. 29 da mesma lei atribui ao poder concedente a incumbência de "regulamentar o serviço concedido e **fiscalizar permanentemente** a sua prestação". E o seu art. 30 estatui que, "no exercício da **fiscalização**, o poder concedente terá acesso aos dados relativos à administração, contabilidade, recursos técnicos, econômicos e financeiros da concessionária". Cumpre assinalar a previsão de **duas modalidades de fiscalização** na Lei 8.987/1995 (art. 30, parágrafo único):

a) uma fiscalização **permanente**, nos moldes da ordinariamente prevista para os contratos administrativos em geral, que "será feita por intermédio de órgão técnico do poder concedente ou por entidade com ele conveniada";

b) uma fiscalização realizada "**periodicamente**, conforme previsto em norma regulamentar, por **comissão** composta de representantes do poder concedente, da concessionária e dos usuários" (ou seja, há previsão de uma **fiscalização periódica**, realizada por uma **comissão tripartite** especificamente instituída para esse fim).

Esses preceitos da Lei 8.987/1995 referentes à **fiscalização dos serviços públicos delegados** são reforçados pelo art. 33 da Lei 9.074/1995, que assim dispõe:

> Art. 33. Em cada modalidade de serviço público, o respectivo regulamento determinará que o poder concedente, observado o disposto nos arts. 3.º e 30 da Lei n.º 8.987, de 1995, estabeleça forma de participação dos usuários na fiscalização e torne disponível ao público, periodicamente, relatório sobre os serviços prestados.

O art. 22 da Lei 8.987/1995 assegura a **qualquer pessoa** a obtenção de **certidões** sobre atos, contratos, decisões ou pareceres relativos à licitação ou às próprias concessões e permissões de serviços públicos. A norma **não impõe como condição** que o requerente da certidão **seja usuário** do serviço público. Nem mesmo exige demonstração de interesse pessoal.

Quanto ao **controle popular**, além das disposições legais citadas, merece referência o inciso I do § 3.º do art. 37 da Constituição Federal, nos termos do qual "a lei disciplinará as formas de participação do usuário na administração pública direta e indireta, regulando especialmente as reclamações relativas à prestação dos serviços públicos em geral, asseguradas a manutenção de serviços de atendimento ao usuário e a avaliação periódica, externa e interna, da qualidade dos serviços". Esse dispositivo constitucional foi regulamentado pela Lei 13.460/2017, de **abrangência nacional**, a qual "estabelece normas básicas para participação, proteção e defesa dos direitos do usuário dos serviços públicos prestados direta ou indiretamente pela administração pública". Os principais pontos da Lei 13.460/2017 serão expostos adiante, em subitem específico.

Para mais do controle pelo poder público e do controle popular – exercido diretamente ou por intermédio de órgãos incumbidos da defesa de interesses coletivos ou difusos –, não se deve olvidar que, no Brasil, vigora o **princípio da inafastabilidade de jurisdição**, ou sistema de jurisdição única, por força do qual não podem as leis excluir da apreciação do Poder Judiciário lesão ou ameaça a direito.

Dessarte, em qualquer situação que implique lesão ou ameaça a direito, inclusive a direitos coletivos ou difusos, poderá o ato ou fato lesivo ser apreciado pelo Poder Judiciário, mediante a utilização, pelos legitimados, das ações apropriadas, com vistas à anulação dos atos que sejam ilegais ou ilegítimos, ou à reparação dos danos eventualmente suportados pelos usuários ou pela administração, com a responsabilização de quem lhes tenha dado causa.

6.1. Direitos básicos dos usuários de serviços públicos (Lei 13.460/2017)

Com o escopo de regulamentar o inciso I do § 3.º do art. 37 da Constituição Federal, foi editada a Lei 13.460/2017, a qual "estabelece normas básicas para participação, proteção e defesa dos direitos do usuário dos serviços públicos prestados direta ou indiretamente pela administração pública". As disposições dessa lei têm **caráter nacional**, significa dizer, alcançam a administração pública direta e indireta da União, dos estados, do Distrito Federal e dos municípios.

O Decreto 9.094/2017 e o Decreto 9.492/2018 regulamentam a Lei 13.460/2017, no âmbito do Poder Executivo federal. O Decreto 9.094/2017 obriga "os órgãos e as entidades do Poder Executivo federal"; o Decreto 9.492/2018, consoante expressamente nele previsto, tem aplicação (art. 2.º): (a) "aos órgãos da administração pública federal direta, autárquica e fundacional"; (b) "às empresas públicas e às sociedades de economia mista, incluídas aquelas que explorem atividade econômica de produção ou comercialização de bens ou de prestação de serviços".[6]

Antes de quaisquer outras análises, faz-se necessário esclarecer que a expressão "**serviço público**" é empregada na Lei 13.460/2017 em **sentido amplo**, isto é,

---

[6] Vale mencionar, também, para aqueles que desejem se aprofundar na matéria, a Lei 14.129/2021, que, consoante estabelece sua ementa, "dispõe sobre princípios, regras e instrumentos para o Governo Digital e para o aumento da eficiência pública". Essa lei, em princípio, tem incidência limitada à esfera federal, mas o inciso III do seu art. 2.º prevê a aplicação das disposições dela a estados, municípios e ao Distrito Federal, "**desde que adotem os comandos desta Lei por meio de atos normativos próprios**".

abrange não só as prestações materiais consistentes no fornecimento de utilidades à população, como também as atividades administrativas de um modo geral. Expressamente, a lei considera **serviço público**, para os fins nela colimados, a "atividade administrativa **ou** de prestação direta ou indireta de bens ou serviços à população, exercida por órgão ou entidade da administração pública" (art. 2.º, II).

Ainda como preliminar, cumpre destacar que a Lei 13.460/2017, consoante assevera o § 3.º do seu art. 1.º, tem **aplicação subsidiária** "aos serviços públicos prestados por particular". Ora, partindo da premissa (correta) de que particulares somente podem prestar serviços públicos propriamente ditos mediante delegação estatal, conclui-se que o preceito legal citado tem por destinatárias as concessionárias e permissionárias de serviço público, bem como as pessoas detentoras de autorização de serviço público. De toda sorte, as disposições da Lei 13.460/2017 **não excluem** eventuais normas regulamentadoras específicas, **tampouco**, quando caracterizada relação de consumo, a incidência do Código de Defesa do Consumidor (Lei 8.078/1990).

Determina a Lei 13.460/2017 que os serviços públicos e o atendimento do usuário sejam prestados de forma **adequada**, observados os princípios da regularidade, continuidade, efetividade, segurança, atualidade, generalidade, transparência e cortesia (art. 4.º).

O art. 5.º reafirma que o usuário tem **direito** à **adequada prestação do serviço público** e enumera diretrizes a serem observadas pelos "agentes públicos e prestadores de serviços públicos". São elas (grifamos):

> I – urbanidade, respeito, acessibilidade e cortesia no atendimento aos usuários;
>
> II – **presunção de boa-fé do usuário**;
>
> III – atendimento por ordem de chegada, ressalvados casos de urgência e aqueles em que houver possibilidade de agendamento, asseguradas as prioridades legais às pessoas com deficiência, aos idosos, às gestantes, às lactantes e às pessoas acompanhadas por crianças de colo;
>
> IV – adequação entre meios e fins, **vedada a imposição de exigências, obrigações, restrições e sanções não previstas na legislação**;
>
> V – **igualdade no tratamento aos usuários**, vedado qualquer tipo de discriminação;
>
> VI – **cumprimento de prazos** e normas procedimentais;
>
> VII – definição, publicidade e observância de horários e normas compatíveis com o bom atendimento ao usuário;
>
> VIII – adoção de medidas visando a proteção à saúde e a segurança dos usuários;
>
> IX – **autenticação de documentos pelo próprio agente público**, à vista dos originais apresentados pelo usuário, vedada **a exigência de reconhecimento de firma, salvo em caso de dúvida de autenticidade**;
>
> X – manutenção de instalações salubres, seguras, sinalizadas, acessíveis e adequadas ao serviço e ao atendimento;

Cap. 11 • SERVIÇOS PÚBLICOS

XI – **eliminação de formalidades e de exigências** cujo custo econômico ou social seja superior ao risco envolvido;

XII – observância dos códigos de ética ou de conduta aplicáveis às várias categorias de agentes públicos;

XIII – aplicação de soluções tecnológicas que visem a simplificar processos e procedimentos de atendimento ao usuário e a propiciar melhores condições para o **compartilhamento das informações;**

XIV – utilização de **linguagem simples e compreensível**, evitando o uso de siglas, jargões e estrangeirismos;

XV – **vedação da exigência de nova prova sobre fato já comprovado** em documentação válida apresentada; e

XVI – **comunicação prévia** ao consumidor de que o serviço será **desligado em virtude de inadimplemento**, bem como do **dia a partir do qual será realizado o desligamento**, necessariamente **durante horário comercial.**

Parágrafo único. A **taxa de religação** de serviços **não** será devida se houver **descumprimento da exigência de notificação prévia** ao consumidor prevista no inciso XVI do *caput* deste artigo, o que ensejará a aplicação de **multa à concessionária**, conforme regulamentação.

No art. 6.º da Lei 13.460/2017, são enumerados os "**direitos básicos do usuário**", a saber:

I – participação no acompanhamento da prestação e na avaliação dos serviços;

II – obtenção e utilização dos serviços com liberdade de escolha entre os meios oferecidos e sem discriminação;

III – acesso e obtenção de informações relativas à sua pessoa constantes de registros ou bancos de dados, observado o disposto no inciso X do *caput* do art. 5.º da Constituição Federal e na Lei n.º 12.527, de 18 de novembro de 2011;

IV – proteção de suas informações pessoais, nos termos da Lei n.º 12.527, de 18 de novembro de 2011;

V – atuação integrada e sistêmica na expedição de atestados, certidões e documentos comprobatórios de regularidade; e

VI – obtenção de informações precisas e de fácil acesso nos locais de prestação do serviço, assim como sua disponibilização na internet, especialmente sobre:

a) horário de funcionamento das unidades administrativas;

b) serviços prestados pelo órgão ou entidade, sua localização exata e a indicação do setor responsável pelo atendimento ao público;

c) acesso ao agente público ou ao órgão encarregado de receber manifestações;

d) situação da tramitação dos processos administrativos em que figure como interessado;

e) valor das taxas e tarifas cobradas pela prestação dos serviços, contendo informações para a compreensão exata da extensão do serviço prestado; e

VII – comunicação prévia da suspensão da prestação de serviço.

Parágrafo único. É vedada a suspensão da prestação de serviço em virtude de inadimplemento por parte do usuário que se inicie na sexta-feira, no sábado ou no domingo, bem como em feriado ou no dia anterior a feriado.

Cabe pontuar que, nos termos da Lei 14.534/2023, o **número de inscrição no Cadastro de Pessoas Físicas (CPF)** é o "número único e suficiente para identificação do cidadão nos bancos de dados de serviços públicos" e que esse número "deverá constar dos cadastros e dos documentos de órgãos públicos, do registro civil de pessoas naturais ou dos conselhos profissionais".

O art. 10-A, *caput*, da Lei 13.460/2017 (acrescentado pela Lei 14.129/2021) estatui que, para fins de acesso a informações e serviços, de exercício de direitos e obrigações ou de obtenção de benefícios perante os órgãos e as entidades federais, estaduais, distritais e municipais ou os serviços públicos delegados, **a apresentação de documento de identificação com fé pública em que conste o número do CPF será suficiente para identificação do cidadão, dispensada a apresentação de qualquer outro documento**. O § 3.º desse artigo, entretanto, estabelece a possibilidade de que ato de cada ente federativo ou Poder disponha sobre "casos excepcionais ao previsto no *caput*".

Vem a propósito registrar que a Lei 13.874/2019 – que instituiu a **Declaração de Direitos de Liberdade Econômica** (regulamentada pelo Decreto 10.178/2019) – estabelece como direito "de toda pessoa, natural ou jurídica", entre outros, "ter a garantia de que, nas solicitações de atos públicos de liberação da atividade econômica" a ela sujeitos, uma vez "apresentados todos os elementos necessários à instrução do processo, o particular será cientificado expressa e imediatamente do **prazo máximo** estipulado para a análise de seu pedido e de que, transcorrido o prazo fixado, o **silêncio** da autoridade competente importará **aprovação tácita** para todos os efeitos, **ressalvadas as hipóteses expressamente vedadas em lei**". O prazo será definido pelo órgão ou pela entidade da administração pública solicitada, observados os princípios da impessoalidade e da eficiência e os **limites máximos estabelecidos em regulamento** (art. 3.º, § 8.º).

Tal preceito, vazado no inciso IX do art. 3.º da Lei 13.874/2019, somente sujeita, **em regra**, a órbita **federal**. Entretanto, ele terá **também** aplicação aos estados, ao Distrito Federal e aos municípios **se**: (a) o ato público de liberação da atividade econômica for delegado por legislação ordinária federal, ou dela derivado; **ou** (b) o ente federativo ou o órgão responsável pelo ato decidir vincular-se ao preceito em questão por meio de instrumento válido e próprio (art. 1.º, § 5.º).

Nos termos da Lei 13.874/2019, são "atos públicos de liberação a licença, a autorização, a concessão, a inscrição, a permissão, o alvará, o cadastro, o credenciamento, o estudo, o plano, o registro e os demais atos exigidos, sob qualquer denominação,

Cap. 11 • SERVIÇOS PÚBLICOS

por órgão ou entidade da administração pública na aplicação de legislação, como condição para o exercício de atividade econômica" (art. 1.º, § 6.º).

O direito previsto no inciso IX do art. 3.º da Lei 13.874/2019 **não se aplica quando** (art. 3.º, § 6.º):

> I – versar sobre questões tributárias de qualquer espécie ou de concessão de registro de marcas;
>
> II – a decisão importar em compromisso financeiro da administração pública; e
>
> III – houver objeção expressa em tratado em vigor no País.

A **aprovação tácita** prevista na norma ora em foco **não se aplica** quando "a titularidade da solicitação for de agente público ou de seu cônjuge, companheiro ou parente em linha reta ou colateral, por consanguinidade ou afinidade, até o 3.º (terceiro) grau, dirigida a autoridade administrativa ou política do próprio órgão ou entidade da administração pública em que desenvolva suas atividades funcionais" (art. 3.º, § 7.º).

Voltando à Lei 13.460/2017, interessa trazer a lume o disposto no seu art. 7.º, o qual determina que os órgãos e entidades por ela abrangidos divulguem "**Carta de Serviços ao Usuário**", documento que "tem por objetivo informar o usuário sobre os serviços prestados pelo órgão ou entidade, as formas de acesso a esses serviços e seus compromissos e padrões de qualidade de atendimento ao público". A lei estipula um núcleo mínimo de informações que deverão constar da Carta de Serviços ao Usuário e atribui, a "cada Poder e esfera de Governo", competência para, mediante **regulamento específico**, dispor "sobre a operacionalização da Carta de Serviços ao Usuário".[7]

Para garantir seus direitos, o usuário poderá apresentar **manifestação** acerca da prestação de serviço público, dirigida à **ouvidoria** do órgão ou entidade responsável. A manifestação deverá conter a identificação do requerente, mas são **vedadas** quaisquer **exigências relativas aos motivos** determinantes da sua apresentação. Em nenhuma hipótese poderá ser recusado o recebimento de manifestações formuladas nos termos da Lei 13.460/2017, sob pena de responsabilidade do agente público (arts. 9.º a 11).

Recebida a manifestação, deverá ser analisada a questão nela suscitada – podendo ser solicitadas informações, se necessário – e proferida uma "**decisão administrativa final**" a seu respeito, da qual será dada **ciência ao usuário** (art. 12).

Nos termos da Lei 13.460/2017, a participação dos usuários no acompanhamento da prestação e na avaliação dos serviços públicos será feita, sem prejuízo de outras formas previstas na legislação, por meio de **conselhos de usuários**. A lei define esses conselhos como órgãos de **caráter consultivo** e enumera, desde logo, as suas

---

[7] O Decreto 9.094/2017 dispõe acerca da Carta de Serviços ao Usuário que deverá ser elaborada e divulgada, no âmbito da respectiva esfera de competências, pelos órgãos e entidades do **Poder Executivo federal** que, direta ou indiretamente, prestam atendimento aos usuários dos serviços públicos (art. 11).

atribuições, determinando, ademais, que **regulamento específico**, de cada Poder e esfera de Governo, disponha sobre a organização e o funcionamento dos conselhos de usuários (arts. 18 a 22). No âmbito do Poder Executivo Federal, a regulamentação dos "conselhos de usuários de serviços públicos" encontra-se no Capítulo II-A (arts. 24-C a 24-J) do Decreto 9.492/2018, incluído pelo Decreto 10.228/2020.

A Lei 13.460/2017 trata, no seu Capítulo IV (arts. 13 a 17), das ouvidorias e, desde logo, enumera as suas "atribuições precípuas", "sem prejuízo de outras estabelecidas em regulamento específico". Como exemplos de competências fixadas na própria lei, citamos: "acompanhar a prestação dos serviços, visando a garantir a sua efetividade"; "propor aperfeiçoamentos na prestação dos serviços"; "receber, analisar e encaminhar às autoridades competentes as manifestações, acompanhando o tratamento e a efetiva conclusão das manifestações de usuário perante órgão ou entidade a que se vincula"; e "promover a adoção de mediação e conciliação entre o usuário e o órgão ou a entidade pública, sem prejuízo de outros órgãos competentes". O Decreto 9.492/2018 instituiu o **Sistema de Ouvidoria do Poder Executivo federal**, "com a finalidade de coordenar as atividades de ouvidoria desenvolvidas pelos órgãos e pelas entidades da administração pública federal" alcançados pelo decreto (listados no seu art. 2.º, citado no início do presente tópico).

Os órgãos e entidades públicos abrangidos pela Lei 13.460/2017 deverão avaliar – mediante **pesquisa de satisfação** feita, no mínimo, uma vez por ano, ou por qualquer outro meio que garanta significância estatística aos resultados – os serviços por eles prestados, quanto a aspectos tais como satisfação dos usuários, cumprimento de prazos, quantidade de manifestações recebidas, entre outros. O **resultado da avaliação** deverá ser **integralmente publicado** no sítio do órgão ou entidade na internet, incluindo a lista, por ordem de classificação, de entidades com maior incidência de reclamação dos usuários. Regulamento específico, de cada Poder e esfera de Governo, deverá dispor sobre a avaliação da efetividade e dos níveis de satisfação dos usuários (arts. 23 e 24).

6.1.1. Lei Geral da Desburocratização – racionalização e simplificação de procedimentos administrativos (Lei 13.726/2018)

Com o objetivo de **racionalizar** "atos e procedimentos administrativos" – no âmbito da União, dos estados, do Distrito Federal e dos municípios, em todos os Poderes –, "mediante a **supressão** ou a **simplificação** de formalidades ou exigências desnecessárias ou superpostas, cujo custo econômico ou social, tanto para o erário como para o cidadão, seja superior ao eventual risco de fraude", foi editada, no final de 2018, a Lei 13.726/2018 (podemos chamá-la, tendo em conta o seu alcance, de **Lei Geral da Desburocratização**). Essa mesma lei instituiu o Selo de Desburocratização e Simplificação.

Foi visto, no tópico precedente, que a Lei 13.460/2017 tem por escopo assegurar direitos aos usuários de serviços públicos, mas, conforme destacamos então, a expressão "serviços públicos" empregada nessa lei, na definição que ela própria formula, reveste **sentido amplo**, abrangendo não só prestações que, materialmente, configuram utilidades ou comodidades oferecidas à sociedade, mas as **atividades de natureza administrativa de um modo geral**.

A conclusão a que se chega ao analisar os campos de incidência dessas duas leis – Lei 13.726/2018 e Lei 13.460/2017 – é de que **algumas de suas normas sobrepõem-se total ou parcialmente**. Como as duas leis garantem direitos aos administrados, explicitando, fortalecendo ou mesmo ampliando alguns que já eram tratados em diversos outros diplomas normativos, e como ambas alcançam todos os entes federativos, podemos estabelecer, como diretriz geral, que, diante de um caso concreto em que seja teoricamente aplicável um dispositivo da Lei 13.726/2018 ou um preceito da Lei 13.460/2017, prevalecerá aquele que menor restrição acarretar à esfera jurídica do administrado.

O art. 3.º da Lei 13.726/2018 arrola as normas de desburocratização realmente importantes. Elas são bastante objetivas e autoexplicativas e, diferentemente do que se costuma ver em outros diplomas, têm o seu alcance bem determinado, pois não trazem em seu texto as inconvenientes exceções de conteúdo aberto, do tipo "salvo preceito legal em contrário...", ou "ressalvadas as hipóteses legalmente previstas...", ou "se não houver disposição em lei própria" – ou, ainda, a pior delas, o famigerado "no que couber...".

Cumpre transcrever, na íntegra, o art. 3.º da Lei 13.726/2018 (grifamos):

> Art. 3.º Na relação dos órgãos e entidades dos Poderes da União, dos Estados, do Distrito Federal e dos Municípios com o cidadão, é **dispensada a exigência** de:
>
> I – **reconhecimento de firma**, devendo o **agente administrativo**, confrontando a assinatura com aquela constante do documento de identidade do signatário, ou estando este presente e assinando o documento diante do agente, **lavrar sua autenticidade** no próprio documento;
>
> II – **autenticação de cópia de documento**, cabendo ao agente administrativo, mediante a comparação entre o original e a cópia, **atestar a autenticidade**;
>
> III – **juntada de documento pessoal** do usuário, que poderá ser substituído por **cópia autenticada pelo próprio agente administrativo**;
>
> IV – **apresentação de certidão de nascimento**, que **poderá ser substituída** por cédula de identidade, título de eleitor, identidade expedida por conselho regional de fiscalização profissional, carteira de trabalho, certificado de prestação ou de isenção do serviço militar, passaporte ou identidade funcional expedida por órgão público;
>
> V – apresentação de título de eleitor, exceto para votar ou para registrar candidatura;
>
> VI – apresentação de autorização com firma reconhecida para viagem de menor se os pais estiverem presentes no embarque.
>
> § 1.º É **vedada a exigência** de prova relativa a **fato que já houver sido comprovado** pela apresentação de **outro documento válido**.

§ 2.º Quando, por motivo não imputável ao solicitante, **não for possível** obter diretamente do órgão ou entidade responsável documento comprobatório de regularidade, **os fatos poderão ser comprovados mediante declaração escrita e assinada pelo cidadão**, que, em caso de declaração falsa, ficará sujeito às sanções administrativas, civis e penais aplicáveis.

§ 3.º Os órgãos e entidades **integrantes de Poder** da União, de Estado, do Distrito Federal ou de Município **não poderão exigir** do cidadão a apresentação de **certidão ou documento** expedido por **outro órgão ou entidade** do **mesmo Poder**, **ressalvadas as seguintes hipóteses**:

I – certidão de antecedentes criminais;

II – informações sobre pessoa jurídica;

III – outras expressamente previstas em lei.

Finalizando, estabelece a Lei 13.726/2018 que a **comunicação entre o poder público e o cidadão poderá ser feita por qualquer meio**. Isso inclui **comunicação verbal**, **direta ou telefônica**, e **correio eletrônico** (se necessário, a circunstância deve ser registrada). Essa dispensa de formalidades na comunicação com o administrado **não vale** para "os casos que impliquem imposição de deveres, ônus, sanções ou restrições ao exercício de direitos e atividades".

7. CONCESSÃO E PERMISSÃO DE SERVIÇOS PÚBLICOS (LEI 8.987/1995)

7.1. Definições legais e aspectos gerais

O art. 22, XXVII, da Constituição da República confere à União competência legislativa para a edição de normas gerais – de obrigatória observância pelos órgãos e entidades administrativos de todos os níveis da Federação – sobre licitações e contratos, em todas as modalidades.

O parágrafo único do art. 175 da Carta de 1988 prevê a edição de lei que disponha sobre o regime jurídico das concessões e permissões de serviços públicos, as condições de caducidade, fiscalização e extinção dos respectivos contratos, a obrigação de manter serviço adequado, os direitos dos usuários e a política tarifária.

Respaldada nos dispositivos constitucionais mencionados, a União editou a Lei 8.987/1995. Essa é a nossa lei de **normas gerais sobre os regimes de concessão e de permissão de serviços públicos**. Trata-se de uma lei de caráter nacional, ou seja, obriga a União, os estados, o Distrito Federal e os municípios.

Não obstante o escopo da Lei 8.987/1995, a verdade é que existem serviços públicos aos quais ela não se aplica, ou tem aplicação apenas parcial ou subsidiária. Tais hipóteses são previstas em leis relativas a serviços ou a contratos de concessão ou de permissão específicos – e elas podem ser, inclusive, leis de normas gerais. A própria Lei 8.987/1995, em seu art. 41, **exclui de sua incidência**, desde logo, a "concessão, permissão e autorização para o **serviço de radiodifusão sonora e de sons e imagens**".

A Lei 11.079/2004 – que estabelece normas gerais sobre licitação e contratação de **parcerias público-privadas** – é um exemplo de **lei de caráter nacional** que afasta dos contratos e do procedimento licitatório nela regulados grande parte das disposições da **Lei 8.987/1995**. Conforme veremos em outro tópico, o legislador atribuiu às **parcerias públicoprivadas** a natureza de **contratos de concessão**, dotados, porém, de peculiaridades que os **distinguem** da "**concessão comum**" disciplinada na Lei 8.987/1995.

É importante ressaltar que os diversos entes federados podem editar leis próprias acerca de concessões e permissões dos serviços públicos pertinentes a suas esferas de competências, bem como sobre parcerias público-privadas, desde que essas leis específicas não contrariem as normas gerais estabelecidas, respectivamente, na Lei 8.987/1995 e na Lei 11.079/2004.

Apesar de a Lei 8.987/1995 ser a nossa lei de normas gerais sobre as **concessões** e as **permissões** de serviços públicos, a verdade é que o legislador quase somente se preocupou em editar disposições expressas acerca das concessões. Quanto às permissões, pouco mais faz a lei do que estatuir, no parágrafo único do art. 40: "Aplica-se às permissões o disposto nesta Lei."

Note-se que nem mesmo uma ressalva do tipo "no que couber" consta do preceito supratranscrito! Embora evidentemente tal ressalva esteja implícita no dispositivo, pensamos que ela só terá aplicação nos raros casos em que determinada regra estabelecida para as concessões se mostre manifestamente incompatível com o parco regramento específico das permissões existente na lei.

Em face desse quadro normativo, é acertado asseverar que, atualmente, o regramento jurídico aplicável às permissões de serviços públicos é praticamente o mesmo a que se submetem as concessões. As poucas diferenças são, em sua maioria, meramente acadêmicas, sem repercussão efetiva no respectivo regime jurídico. Aliás, em determinada oportunidade, o Supremo Tribunal Federal chegou ao ponto de afirmar, de passagem, que a Constituição de 1988, por força do inciso I do parágrafo único do seu art. 175, "**afastou qualquer distinção conceitual entre permissão e concessão**, ao conferir àquela o caráter contratual próprio desta".[8]

Por essa razão – estarem as concessões e permissões de serviços públicos sujeitas a regimes jurídicos em quase tudo igualados –, quando fizermos referência, neste capítulo, a "concessões", será ela extensiva às permissões de serviços públicos, a menos que explicitemos eventual ressalva.

É interessante observar, aliás, que a Lei 8.987/1995 emprega a expressão "poder concedente" para se referir ao **ente federado** delegante, tanto no caso em que a delegação se dá mediante concessão, quanto na hipótese de delegação mediante permissão. São os seguintes os literais termos do art. 2.º, I, da Lei 8.987/1995:

> Art. 2.º Para os fins do disposto nesta Lei, considera-se:
>
> I – poder concedente: a União, o Estado, o Distrito Federal ou o Município, em cuja competência se encontre o serviço público, precedido ou não da execução de obra pública, objeto de concessão ou permissão;

---

[8] Veja-se a notícia veiculada no Informativo 117 do STF acerca do julgamento da ADIMC 1.491/DF, rel. Min. Carlos Velloso.

Os incisos II e IV do art. 2.º da Lei 8.987/1995 assim definem as modalidades de delegação objeto de nosso estudo (redação do inciso II dada pela Lei 14.133/2021 – grifamos):[9]

> II – **concessão de serviço público**: a delegação de sua prestação, feita pelo poder concedente, mediante licitação, na **modalidade concorrência ou diálogo competitivo**, a **pessoa jurídica ou consórcio de empresas** que demonstre capacidade para seu desempenho, por sua conta e risco e por prazo determinado;
>
> (...)
>
> IV – **permissão de serviço público**: a delegação, a título **precário**, mediante licitação, da prestação de serviços públicos, feita pelo poder concedente à **pessoa física ou jurídica** que demonstre capacidade para seu desempenho, por sua conta e risco.

O inciso III do art. 2.º da Lei 8.987/1995, com a redação dada pela Lei 14.133/2021, define, ainda, "**concessão de serviço público precedida da execução de obra pública**", nestes termos: "a construção, total ou parcial, conservação, reforma, ampliação ou melhoramento de quaisquer obras de interesse público, delegados pelo poder concedente, mediante licitação, na **modalidade concorrência ou diálogo competitivo**, a pessoa jurídica ou consórcio de empresas que demonstre capacidade para a sua realização, por sua conta e risco, de forma que o **investimento da concessionária seja remunerado e amortizado mediante a exploração do serviço ou da obra por prazo determinado**". É bom enfatizar que, mesmo quando a contrapartida financeira da concessionária advenha somente da exploração da obra que ela executou, o contrato **sempre** deverá envolver a **prestação de um serviço público** (ou teríamos simplesmente uma concessão de obra pública).

Na hipótese de concessão outorgada a **consórcio de empresas**, a empresa líder do consórcio é quem responde perante o poder concedente pelo cumprimento do contrato de concessão; há, entretanto, **responsabilidade solidária** das demais consorciadas (art. 19, § 2.º).

A **permissão de serviço público** será formalizada mediante **contrato de adesão**; a lei expressamente se refere "**à precariedade e à revogabilidade unilateral do contrato pelo poder concedente**" (art. 40).

Conforme se constata, as poucas diferenças, formais ou apenas teóricas, entre concessão e permissão de serviços públicos, nos termos da lei, são:

a) só há concessão para pessoas jurídicas ou consórcios de empresas, ao passo que as permissões podem ser celebradas com pessoas físicas ou jurídicas;

b) as concessões obrigatoriamente devem ser precedidas de licitação na modalidade concorrência ou diálogo competitivo, enquanto as permissões devem

---

[9] A modalidade de licitação denominada "**diálogo competitivo**" foi introduzida em nosso ordenamento jurídico pela Lei 14.133/2021. Suas características e o procedimento respectivo estão descritos no capítulo sobre "licitações públicas" desta obra.

Cap. 11 • SERVIÇOS PÚBLICOS

obrigatoriamente ser precedidas de licitação, mas a lei não especifica modalidade determinada;

c) a lei afirma que as permissões devem ser formalizadas em um "contrato de adesão", aludindo "à precariedade e à revogabilidade unilateral do contrato pelo poder concedente"; diferentemente, não se refere a "contrato de adesão" para qualificar o contrato de concessão, tampouco a "precariedade" ou a "revogabilidade unilateral" desse contrato.

Não se deve olvidar, acima de tudo, que, por expressa imposição **constitucional**, tanto as permissões quanto as concessões de serviços públicos são **contratos administrativos** (art. 175, parágrafo único, I). Quanto a esse aspecto, a Lei 8.987/1995 nada mais fez do que observar o disposto em nossa Carta Política.

Em decorrência de sua **natureza contratual**, é incontroverso que as concessões e as permissões de serviços públicos revestem as mesmas características gerais dos **contratos administrativos** apontadas pela doutrina: elas são contratos **bilaterais**, **formais**, **de adesão** e **celebrados** *intuitu personae*.

Ademais, conforme preceito expresso vazado no art. 186 da Lei 14.133/2021 – a qual estabelece normas gerais, de caráter nacional, sobre licitações públicas e contratos administrativos –, as disposições dessa lei aplicam-se, **subsidiariamente**, à Lei 8.987/1995.

A Lei 8.987/1995 entendeu por bem asseverar, literalmente, no seu art. 40, que a **permissão de serviços públicos** "será formalizada mediante **contrato de adesão**", o que significa, simplesmente, que as suas cláusulas são redigidas unilateralmente pela administração pública, **sem possibilidade de serem negociadas entre as partes**. Não há no texto legal, diferentemente, a mesma afirmação a respeito dos contratos de concessão de serviços públicos.

A distinção aparentemente pretendida pelo legislador quanto a esse ponto é inteiramente destituída de relevância jurídica, pois, não é demasiado repetir, todo e qualquer contrato administrativo propriamente dito é um **contrato de adesão**. E é fácil entender o motivo: juntamente com o edital da **licitação** prévia à celebração do contrato, deve ser apresentada a **minuta** deste; se as cláusulas pudessem ser posteriormente "modificadas mediante negociação", haveria verdadeira **fraude à licitação**, pois muitos dos potenciais interessados que, à vista daquela minuta, não se animaram a participar do certame, poderiam ter desejado fazê-lo se conhecessem o "contrato final", resultante das "alterações negociadas" das cláusulas originalmente divulgadas.

Outra questão a merecer nota é que, comparando as definições apresentadas pela Lei 8.987/1995, constata-se que foi textualmente averbado que as **concessões de serviços públicos** são celebradas "por **prazo determinado**" (art. 2.º, II), ao passo que nada foi dito acerca do prazo do contrato na definição de **permissão de serviços públicos** (art. 2.º, IV).

Em que pese a omissão do legislador (evidentemente intencional), a verdade é que tanto os contratos de concessão quanto os de permissão de serviços públicos devem, **obrigatoriamente**, ser celebrados por **prazo determinado**. Detalharemos essa matéria adiante, em tópico próprio.

A seguir, apresentamos quadro comparativo com as principais características das concessões e das permissões de serviços públicos, **conforme descritas na Lei 8.987/1995.**

CONCESSÃO	PERMISSÃO
Delegação da prestação de serviço público, permanecendo a titularidade com o poder público (descentralização por colaboração).	Delegação da prestação de serviço público, permanecendo a titularidade com o poder público (descentralização por colaboração).
Prestação do serviço por conta e risco da concessionária, sob fiscalização do poder concedente. Obrigação de prestar serviço adequado, sob pena de intervenção, aplicação de penalidades administrativas ou extinção por caducidade.	Prestação do serviço por conta e risco da permissionária, sob fiscalização do poder concedente. Obrigação de prestar serviço adequado, sob pena de intervenção, aplicação de penalidades administrativas ou extinção por caducidade.
Sempre precedida de licitação, na modalidade concorrência ou diálogo competitivo.	Sempre precedida de licitação. Não há determinação legal de modalidade específica.
Natureza contratual.	Natureza contratual; a lei explicita tratar-se de contrato de adesão.
Prazo determinado, podendo o contrato prever sua prorrogação, nas condições nele estipuladas.	Prazo determinado, podendo o contrato prever sua prorrogação, nas condições nele estipuladas.
Celebração com pessoa jurídica ou consórcio de empresas, mas não com pessoa física.	Celebração com pessoa física ou jurídica; não prevista permissão a consórcio de empresas.
Não há precariedade.	Delegação a título precário.
Não é cabível **revogação** do contrato.	Revogabilidade unilateral do contrato pelo poder concedente.

Cabe, ainda, registrar que a Lei 9.074/1995 (art. 2.º) tornou obrigatória a edição de **lei autorizativa** para a execução indireta de serviços públicos mediante concessão ou permissão. Essa exigência é aplicável à União, aos estados, ao Distrito Federal e aos municípios.

Ficaram dispensados da exigência de lei autorizativa, para a execução indireta mediante concessão ou permissão, os serviços de saneamento básico e limpeza urbana, bem como os serviços públicos que a Constituição Federal, as Constituições estaduais e as Leis Orgânicas do Distrito Federal e dos municípios, desde logo, indiquem como passíveis de ser prestados mediante delegação (Lei 9.074/1995, art. 2.º, *caput*).

Ademais, a Lei 9.074/1995, no seu art. 1.º, expressamente autorizou a utilização do regime de concessão, ou, quando couber, de permissão, nos termos da Lei 8.987/1995, para a execução dos seguintes serviços e obras públicas de competência da União:

a) vias federais, precedidas ou não da execução de obra pública;

b) exploração de obras ou serviços federais de barragens, contenções, eclusas ou outros dispositivos de transposição hidroviária de níveis, diques, irrigações, precedidas ou não da execução de obras públicas;

Cap. 11 • SERVIÇOS PÚBLICOS

c) estações aduaneiras e outros terminais alfandegados de uso público, não instalados em área de porto ou aeroporto, precedidos ou não de obras públicas; e

d) os serviços postais.

Para finalizar este tópico, vem a propósito mencionar que a Lei 12.815/2013 (regulamentada pelo Decreto 8.033/2013) disciplina a "**concessão de porto organiza-do**", o "**arrendamento de instalação portuária**" e estabelece procedimentos próprios para as licitações prévias à celebração dos respectivos contratos. As características dos contratos de concessão de porto organizado e de arrendamento de instalação portuária, incluídas as suas cláusulas essenciais, e as regras aplicáveis aos pertinentes procedimentos licitatórios estão detalhadamente descritas na Lei 12.815/2013 e no Decreto 8.033/2013. Em razão de sua especificidade, esses assuntos não serão objeto de nosso estudo.

7.2. Licitação prévia à celebração dos contratos

Conforme anteriormente estudado, a Lei 14.133/2021 (tal como ocorria na Lei 8.666/1993) contempla diversas hipóteses em que é legítima a **contratação direta** de obras, compras, serviços e alienações pelo poder público, vale dizer, situações em que é validamente celebrado um contrato administrativo **sem licitação prévia**. Trata-se das hipóteses de **dispensa** e de **inexigibilidade** de licitação, as quais têm fundamento genérico no inciso XXI do art. 37 da Constituição de 1988.

No caso das licitações prévias à celebração de contratos de **concessão e de permissão de serviços públicos**, entretanto, existe regra específica, vazada no art. 175 da Carta Política. Segundo a literalidade desse preceito constitucional, as concessões e permissões de serviços públicos devem **sempre** ser precedidas de licitação.

Em face da redação imperativa do art. 175 da Constituição da República, julgamos acertado asseverar **não têm aplicação** às concessões e permissões de **serviços públicos** quaisquer normas legais que prevejam ou facultem a celebração de contratos administrativos sem licitação prévia.

As licitações necessárias à contratação de concessões e de permissões de serviços públicos são reguladas por disposições próprias, contidas principalmente na Lei 8.987/1995. As normas gerais de licitação vazadas na Lei 14.133/2021 têm aplicação apenas **subsidiária**, conforme estabelece o seu art. 186.

A Lei 8.987/1995 exige que a licitação prévia às **concessões** seja realizada na modalidade **concorrência** ou **diálogo competitivo** (art. 2.º, II).[10] Diferentemente, não há em ponto algum da Lei 8.987/1995 regra que estabeleça modalidade específica de licitação a ser observada para a celebração de contratos de **permissão** de serviços públicos.

---

[10] Existem hipóteses legais, bastante restritas, nas quais é **facultada** a adoção da modalidade **leilão** nas licitações prévias às **concessões de serviços públicos**. São exemplos algumas normas, relacionadas às vulgarmente chamadas "**privatizações de serviços públicos**", contidas na Lei 9.074/1995 (arts. 27, I e § 3.º, 29 e 30) e na Lei 9.491/1997 (art. 4.º, § 3.º).

O art. 14 da Lei 8.987/1995 estatui:

> Art. 14. Toda concessão de serviço público, precedida ou não da execução de obra pública, será objeto de prévia licitação, nos termos da legislação própria e com observância dos princípios da legalidade, moralidade, publicidade, igualdade, do julgamento por critérios objetivos e da vinculação ao instrumento convocatório.

É relevante lembrar que a Lei 9.074/1995, no seu art. 2.º, estabeleceu como regra geral a necessidade de **autorização legislativa** prévia às outorgas de concessões e permissões de serviços públicos, nos termos seguintes:

> Art. 2.º É vedado à União, aos Estados, ao Distrito Federal e aos Municípios executarem obras e serviços públicos por meio de concessão e permissão de serviço público, sem lei que lhes autorize e fixe os termos, dispensada a lei autorizativa nos casos de saneamento básico e limpeza urbana e nos já referidos na Constituição Federal, nas Constituições Estaduais e nas Leis Orgânicas do Distrito Federal e Municípios, observados, em qualquer caso, os termos da Lei n.º 8.987, de 1995.

Haja ou não a lei autorizativa de que trata o dispositivo reproduzido acima, exige o art. 5.º da Lei 8.987/1995 que, em todos os casos, o poder concedente, previamente ao edital de licitação, publique um ato administrativo específico justificando a conveniência da outorga de concessão ou permissão, caracterizando seu objeto, área e prazo.

O art. 15 da Lei 8.987/1995 estabelece os possíveis **critérios de julgamento** a serem adotados nas licitações prévias às concessões de serviços públicos. O critério de julgamento escolhido em cada licitação **sempre** deverá estar explicitado no respectivo edital. Não há preferência entre os critérios de julgamento, nem algum deles que deva ser considerado como sendo a regra geral. Transcreve-se o art. 15 da Lei 8.987/1995:

> Art. 15. No julgamento da licitação será considerado um dos seguintes critérios:
>
> I – o menor valor da tarifa do serviço público a ser prestado;
>
> II – a maior oferta, nos casos de pagamento ao poder concedente pela outorga da concessão;
>
> III – a combinação, dois a dois, dos critérios referidos nos incisos I, II e VII;
>
> IV – melhor proposta técnica, com preço fixado no edital;
>
> V – melhor proposta em razão da combinação dos critérios de menor valor da tarifa do serviço público a ser prestado com o de melhor técnica;
>
> VI – melhor proposta em razão da combinação dos critérios de maior oferta pela outorga da concessão com o de melhor técnica; ou
>
> VII – melhor oferta de pagamento pela outorga após qualificação de propostas técnicas.

§ 1.º A aplicação do critério previsto no inciso III só será admitida quando previamente estabelecida no edital de licitação, inclusive com regras e fórmulas precisas para avaliação econômico-financeira.

§ 2.º Para fins de aplicação do disposto nos incisos IV, V, VI e VII, o edital de licitação conterá parâmetros e exigências para formulação de propostas técnicas.

§ 3.º O poder concedente recusará propostas manifestamente inexequíveis ou financeiramente incompatíveis com os objetivos da licitação.

§ 4.º Em igualdade de condições, será dada preferência à proposta apresentada por empresa brasileira.

Será **desclassificada** a proposta que, para sua viabilização, necessite de vantagens ou subsídios que não estejam previamente autorizados em lei e à disposição de todos os concorrentes (art. 17). Será, **também**, desclassificada a proposta de entidade estatal alheia à esfera político-administrativa do poder concedente que, para sua viabilização, necessite de vantagens ou subsídios do poder público controlador da referida entidade (art. 17, § 1.º). As vantagens e os subsídios aqui aludidos incluem **qualquer tipo de tratamento tributário diferenciado**, ainda que em consequência da natureza jurídica do licitante, que comprometa a isonomia fiscal que deve prevalecer entre todos os concorrentes (art. 17, § 2.º).

A Lei 8.987/1995 estabelece como regra geral a **ausência de exclusividade** na outorga de concessão ou permissão (art. 16). **Somente** se for **técnica ou economicamente inviável** a coexistência de duas ou mais concessões ou permissões para o mesmo serviço público é que a delegação poderá ter caráter exclusivo. A inviabilidade deve ser **fundamentadamente** demonstrada no ato que precederá o edital de licitação, previsto no art. 5.º da lei, antes mencionado.

O art. 18-A da Lei 8.987/1995 **faculta** que o edital preveja a **inversão da ordem das fases de habilitação e julgamento**, hipótese em que este ocorrerá antes daquela. É a seguinte a sua redação:

> Art. 18-A. O edital poderá prever a inversão da ordem das fases de habilitação e julgamento, hipótese em que:
>
> I – encerrada a fase de classificação das propostas ou o oferecimento de lances, será aberto o invólucro com os documentos de habilitação do licitante mais bem classificado, para verificação do atendimento das condições fixadas no edital;
>
> II – verificado o atendimento das exigências do edital, o licitante será declarado vencedor;
>
> III – inabilitado o licitante melhor classificado, serão analisados os documentos habilitatórios do licitante com a proposta classificada em segundo lugar, e assim sucessivamente, até que um licitante classificado atenda às condições fixadas no edital;
>
> IV – proclamado o resultado final do certame, o objeto será adjudicado ao vencedor nas condições técnicas e econômicas por ele ofertadas.

DIREITO ADMINISTRATIVO DESCOMPLICADO • *Marcelo Alexandrino & Vicente Paulo*

Na hipótese de o licitante vencedor ser um **consórcio**, é facultado ao poder concedente, desde que previsto no edital, **determinar** que ele se **constitua em empresa** antes da celebração do contrato (Lei 8.987/1995, art. 20).

Os autores ou responsáveis economicamente pelo projeto básico ou pelo projeto executivo **podem participar**, direta ou indiretamente, da licitação prévia às concessões e permissões de serviços públicos, ou da execução de obras ou serviços a elas relacionados (art. 31 da Lei 9.074/1995). Essa regra também se aplica às parcerias público-privadas (art. 3.º, caput e § 1.º, da Lei 11.079/2004; art. 18 do Decreto 8.428/2015). Diferentemente, a **Lei 14.133/2021** – tal como fazia a Lei 8.666/1993 (art. 9.º) – **veda** a referida participação nas licitações por ela regidas (art. 14, I e II).

Finalizando este tópico, cabe ainda pontuar que a Lei 8.987/1995 **não** traz disposições **expressamente** endereçadas às licitações prévias às **permissões de serviços públicos**. Lembramos, apenas, que, enquanto a lei exige para as concessões que a licitação ocorra na modalidade concorrência ou diálogo competitivo, inexiste regra semelhante relativa às permissões. Tal omissão nos leva a inferir que, no caso das **permissões de serviços públicos**, poderão ser adotadas nas licitações **quaisquer modalidades** que porventura se mostrem viáveis, dependendo das características do contrato a ser celebrado. Afora essa diferença – e eventuais incompatibilidades que dela possam decorrer –, entendemos que as normas de licitação previstas na Lei 8.987/1995 aplicam-se, por força do disposto no parágrafo único do seu art. 40, às concessões e às permissões de serviços públicos, igualmente.

7.3. Cláusulas essenciais dos contratos

O art. 23 da Lei 8.987/1995 enumera aquelas que, literalmente, denomina **cláusulas essenciais** dos contratos de concessão de serviços públicos, a saber:

> Art. 23. São cláusulas essenciais do contrato de concessão as relativas:
>
> I – ao objeto, à área e ao prazo da concessão;
>
> II – ao modo, forma e condições de prestação do serviço;
>
> III – aos critérios, indicadores, fórmulas e parâmetros definidores da qualidade do serviço;
>
> IV – ao preço do serviço e aos critérios e procedimentos para o reajuste e a revisão das tarifas;
>
> V – aos direitos, garantias e obrigações do poder concedente e da concessionária, inclusive os relacionados às previsíveis necessidades de futura alteração e expansão do serviço e consequente modernização, aperfeiçoamento e ampliação dos equipamentos e das instalações;
>
> VI – aos direitos e deveres dos usuários para obtenção e utilização do serviço;
>
> VII – à forma de fiscalização das instalações, dos equipamentos, dos métodos e práticas de execução do serviço, bem como a indicação dos órgãos competentes para exercê-la;
>
> VIII – às penalidades contratuais e administrativas a que se sujeita a concessionária e sua forma de aplicação;

IX – aos casos de extinção da concessão;

X – aos bens reversíveis;

XI – aos critérios para o cálculo e a forma de pagamento das indenizações devidas à concessionária, quando for o caso;

XII – às condições para prorrogação do contrato;

XIII – à obrigatoriedade, forma e periodicidade da prestação de contas da concessionária ao poder concedente;

XIV – à exigência da publicação de demonstrações financeiras periódicas da concessionária; e

XV – ao foro e ao modo amigável de solução das divergências contratuais.

Parágrafo único. Os contratos relativos à concessão de serviço público precedido da execução de obra pública deverão, adicionalmente:

I – estipular os cronogramas físico-financeiros de execução das obras vinculadas à concessão; e

II – exigir garantia do fiel cumprimento, pela concessionária, das obrigações relativas às obras vinculadas à concessão.

Em tese, somente deveriam ser chamadas de **cláusulas essenciais** aquelas cuja ausência acarretasse a **nulidade** do contrato. Porém, no artigo supratranscrito, a expressão **não é empregada com esse significado**. De fato, a própria Lei 8.987/1995, no seu art. 18, XIV, estatui que o edital de licitação, dentre outros elementos, deverá conter, "nos casos de concessão, a minuta do respectivo contrato, que conterá as cláusulas essenciais referidas no art. 23 desta Lei, **quando aplicáveis**".

Assim sendo, já se sabe, desde logo, que é possível faltar alguma (ou algumas) das cláusulas enumeradas no art. 23 em um determinado contrato, sem implicar a nulidade deste, contanto que se demonstre que ela não seria aplicável àquele caso específico. Há cláusulas, todavia, que em nenhuma circunstância podem faltar, por exemplo, as que estabelecem o objeto e o prazo do contrato (inciso I) e os parâmetros definidores da qualidade do serviço (inciso III).

Algumas das cláusulas arroladas no supratranscrito art. 23 causam uma certa perplexidade. É exemplo a exigência de que constem do contrato os "casos de **extinção da concessão**" (inciso IX).

Ora, a Lei 8.987/1995 trata das hipóteses de extinção das concessões, de forma bastante abrangente, nos seus arts. 35 a 39. Cumpre, então, indagar: pode o contrato de concessão deixar de enumerar alguma das hipóteses de extinção estabelecidas na lei? Caso o faça, essa hipótese de extinção omitida deixa de ser aplicável?

Parece-nos que não, porque as hipóteses de extinção previstas na lei correspondem ou a poderes da administração (por exemplo, a decretação de caducidade e a encampação), portanto, indisponíveis, ou a direitos da concessionária (caso da rescisão, a que se refere o art. 39), que, se fossem suprimidos, desequilibrariam o contrato a ponto de ofender os princípios da razoabilidade e da proporcionalidade, entre outros.

Dúvidas similares podem ser aventadas – ainda exemplificando – a respeito da cláusula vazada no inciso VIII. Poderia o contrato deixar de prever alguma **penalidade administrativa** a que se sujeita a concessionária?

Ora, as penalidades administrativas diferenciam-se das penalidades contratuais justamente pelo fato de serem estabelecidas em lei, como prerrogativas da administração pública, portanto, indisponíveis. Estudaremos o poder de aplicação direta de penalidades pela administração à frente.

Ao lado dessas dificuldades, uma outra muito maior se apresenta, como ocorre, aliás, com quase todas as disposições da Lei 8.987/1995: das cláusulas listadas no art. 23, quais seriam aplicáveis às permissões de serviços públicos? Alguma delas não o seria? Por quê?

A nosso ver, o fato de o inciso I do parágrafo único do art. 175 da Constituição de 1988 tratar de forma indistinta as concessões e as permissões de serviços públicos, referindo-se ao "caráter especial de seu contrato", qual este fora uma só e a mesma coisa, bem como a categórica redação do parágrafo único do art. 40 da Lei 8.987/1995, que simplesmente manda aplicar às permissões "o disposto nesta Lei", possibilita asseverar que somente na eventualidade de nos depararmos com uma incompatibilidade manifesta é que será legítimo cogitar a inaplicabilidade de algum preceito da Lei 8.987/1995 às permissões. Na ausência de conflito óbvio, pensamos ser mais condizente com o nosso ordenamento jurídico aplicar às permissões as disposições da Lei 8.987/1995.

Em razão do exposto no parágrafo antecedente, nossa opinião é que não há distinção entre as concessões e as permissões de serviços públicos no que respeita à sujeição dos respectivos contratos aos incisos I a XV do art. 23 da Lei 8.987/1995. Conforme detalharemos em tópico próprio, o ponto que pode suscitar controvérsia diz respeito ao **prazo**. Já externamos, alhures, nossa posição sobre o tema: os contratos de **permissão** de serviços públicos **devem**, também, ser celebrados por **prazo determinado**.

O art. 23-A da Lei 8.987/1995 possibilita que o contrato de concessão preveja o uso da **arbitragem** para a solução de conflitos a ele relacionados, disposição aplicável também aos contratos de permissão, pelas razões que acabamos de expor. É a seguinte a redação do dispositivo citado:

> Art. 23-A. O contrato de concessão poderá prever o emprego de mecanismos privados para resolução de disputas decorrentes ou relacionadas ao contrato, inclusive a arbitragem, a ser realizada no Brasil e em língua portuguesa, nos termos da Lei n.º 9.307, de 23 de setembro de 1996.

Preceito praticamente idêntico consta do art. 11, III, da Lei 11.079/2004 (lei de normas gerais sobre a contratação de parcerias público-privadas).

7.4. Prazo

No âmbito das **normas gerais** sobre concessões e permissões de serviços públicos contidas na Lei 8.987/1995, **não foram fixados prazos**, máximos ou mínimos, para a duração dos contratos correspondentes.

Cap. 11 • SERVIÇOS PÚBLICOS

Dessa forma, no caso dos serviços públicos cuja delegação esteja sujeita às normas gerais da Lei 8.987/1995, caberá à **lei própria** que estabeleça a **disciplina específica** de cada um, editada pelo ente federado constitucionalmente competente, dispor acerca do **prazo de duração** das respectivas concessões e permissões.

Citamos como exemplo, na esfera federal, a Lei 9.472/1997, que, em seu art. 99, prevê, para as **concessões de serviços de telecomunicações**, o prazo máximo de 20 anos, prorrogável por iguais períodos, desde que cumpridas pela concessionária as condições na mesma lei estipuladas.

Pode também acontecer de simplesmente não existir, para alguns serviços públicos, preceito legal expresso acerca da duração, máxima ou mínima, das suas concessões ou permissões.

Seja como for, é a **administração pública** que determina, **concretamente**, o prazo da concessão ou da permissão que será outorgada em cada caso – e isso é feito já na elaboração da minuta do contrato correspondente, que deve ser anexada ao edital da prévia licitação.

Por óbvio, nem o administrador público, nem mesmo o legislador de cada um dos entes federativos têm inteira liberdade para dispor sobre a duração de um contrato de concessão ou de permissão de serviço público. Além de estarem jungidos à observância dos princípios administrativos pertinentes, como os da moralidade, da impessoalidade, da eficiência e da razoabilidade, eles deverão estipular prazos que possibilitem a **amortização dos investimentos** que os delegatários são obrigados a realizar no intuito de cumprir a exigência de **prestação adequada** do serviço.

Sem prejuízo de tais parâmetros, não é demasiado repetir que a Lei 8.987/1995 **não contempla**, entre as suas normas gerais, a fixação de prazos máximos e mínimos para a duração das concessões e permissões de serviços públicos a que ela se aplica, ou seja, **não há**, quanto a essa matéria, **uniformização em âmbito nacional** – como ocorre, por exemplo, no caso das **parcerias público-privadas** (que consistem em peculiares espécies de contratos de concessão). De fato, a Lei 11.079/2005, que estabelece as **normas gerais** sobre **parcerias público-privadas**, preceitua que a duração dos respectivos contratos deverá ser "compatível com a amortização dos investimentos realizados", mas, desde logo, estatui que o seu prazo de vigência não pode ser inferior a cinco anos, nem superior a trinta e cinco anos, incluída eventual prorrogação (art. 5.º, I). Convém frisar que **não são aplicáveis às concessões e permissões de serviços públicos** as disposições sobre prazos de duração de contratos administrativos averbadas nos arts. 105 a 114 da Lei 14.133/2021.

Merece exame mais detalhado a questão concernente à possibilidade, ou não, de contratos de **permissão de serviços públicos** serem validamente celebrados **sem a fixação** de **prazo determinado** para a sua duração.

Quando estudamos as definições legais de concessão e de permissão de serviços públicos, vimos que o legislador explicitou que as concessões são contratos que devem ter **prazo determinado** e, intencionalmente, omitiu-se sobre esse ponto ao conceituar as permissões. Mais ainda, achou por bem afirmar, no art. 40 da Lei 8.987/1995, que são características do contrato de permissão de serviços públicos a "**precariedade**" e a "**revogabilidade unilateral**".

Adiantamos que essas duas expressões contidas no art. 40 da Lei 8.987/1995 são inteiramente inócuas, do ponto de vista jurídico.

Em primeiro lugar, **contratos administrativos**, em linguagem técnica, **não** são passíveis de **revogação**, e **sim** de **rescisão**. E qualquer contrato administrativo pode ser rescindido unilateralmente, desde que estejam presentes as circunstâncias, legalmente previstas, que ensejem tal medida. O uso da expressão "**revogabilidade unilateral**" – redundante, pois qualquer revogação **sempre** é unilateral – nada muda nesse quadro: os contratos de permissão de serviços públicos são passíveis de rescisão unilateral nas mesmas situações em que o são os contratos de concessão de serviços públicos – e a rescisão trará idênticas consequências para o concessionário e para o permissionário.

De toda sorte, o nome que o legislador atribua a uma figura jurídica não modifica a sua natureza. Aliás, conforme veremos ao estudarmos as hipóteses de extinção das concessões (e das permissões) de serviços públicos, a Lei 8.987/1995 **não utiliza** o vocábulo **rescisão** para designar a extinção do contrato por ato unilateral da administração, e sim outros termos, como **encampação** e **decretação de caducidade**.

Ao afirmar que os contratos de permissão de serviços públicos são caracterizados pela "**precariedade**", talvez o legislador tenha pretendido tornar possível a sua rescisão unilateral a qualquer tempo, segundo exclusivo critério da administração pública, **sem que o permissionário tivesse direito a indenização**.

A verdade, contudo, é que tais prerrogativas podiam ser reconhecidas antes da Constituição de 1988, quando as **permissões**, de **qualquer espécie**, eram meros **atos administrativos**. E a doutrina, de fato, lecionava que as permissões eram atos administrativos que, regra geral, podiam ser revogados a qualquer tempo, sem maiores justificativas e sem indenização ao permissionário.

Essas noções, no entanto, são absolutamente inconcebíveis em face de um vínculo jurídico de **natureza contratual** – mesmo quando se trata de contratos administrativos, com suas **cláusulas exorbitantes** características (prerrogativas especiais da administração pública que não existem nos contratos entre particulares, regidos pelo direito privado). E não se discute o fato de as **permissões de serviços públicos** terem natureza de **contrato**, seja por definição legal, seja – acima de tudo! – em decorrência de disposição constitucional incontornável (art. 175, parágrafo único, I). Para completar, são elas contratos cuja celebração obrigatoriamente é precedida de **licitação pública**, em um procedimento formal e solene, razoavelmente complexo e custoso.

A ideia de um "**contrato precário**" de permissão de serviço público que, por força dessa qualificação, pudesse ser extinto unilateralmente pela administração a qualquer tempo, sem indenização, é incompatível não só com princípios jurídicos básicos, como o da segurança jurídica, mas também com a lógica mais elementar.

Ora, se é certo que ninguém pode ser obrigado a procurar a administração pública para com ela contratar, como seria possível cogitar a existência de um contrato administrativo objetivamente inviável sob o prisma econômico? É evidente que nenhum empreendedor privado minimamente lúcido se disporia a assumir os encargos da permissão, realizando os investimentos necessários à permanente prestação do

Cap. 11 • SERVIÇOS PÚBLICOS

serviço adequado, sem qualquer garantia de que esses investimentos teriam tempo para ser amortizados, de sorte que, ao fim e ao cabo, entre dispêndios incorridos e receitas percebidas, restasse para ele como saldo algum retorno financeiro.

Em resumo, enquanto o art. 40 da Lei 8.987/1995 estiver em vigor, forçoso é continuarmos afirmando que os contratos de **permissão de serviços públicos** são caracterizados pela "**precariedade**" e pela "**revogabilidade unilateral**". Mais importante, porém, é sabermos que, nesse caso específico, tais qualificações não têm reflexo algum no mundo do direito.

Falta apenas verificarmos se, na **definição de permissão de serviço público** vazada no inciso IV do art. 2.º da Lei 8.987/1995, tem consequência jurídica a **omissão**, visivelmente proposital, relativa à necessidade de o respectivo contrato ser celebrado por prazo determinado. A resposta é enfaticamente **negativa**, pelas razões a seguir alinhavadas.

Na própria Lei 8.987/1995, o art. 5.º explicitamente menciona prazo ao se referir às permissões de serviços públicos, nestes termos: "o poder concedente publicará, previamente ao edital de licitação, ato justificando a conveniência da outorga de **concessão ou permissão**, caracterizando seu objeto, área **e prazo**".

Alguém talvez pudesse defender que, literalmente, não contrariaria esse dispositivo o edital de licitação que caracterizasse o prazo de uma permissão como "indeterminado". Não concordamos com essa lucubração: em nosso entendimento, "**prazo indeterminado**" é o mesmo que **ausência ou inexistência de prazo**.

Independentemente dessa argumentação, temos na Constituição da República o disposto no inciso I do parágrafo único do art. 175, segundo o qual deve a lei dispor sobre "o regime das empresas concessionárias e permissionárias de serviços públicos, o caráter especial de seu contrato **e de sua prorrogação**". Parece-nos irrefutável a impossibilidade lógica de se falar em "prorrogação" de um contrato que não tenha prazo determinado!

Se não bastassem todas essas considerações, não temos dúvida em sustentar que a celebração de um contrato de permissão de serviço público sem prazo certo violaria diversos princípios administrativos, a exemplo dos postulados da moralidade administrativa, da impessoalidade, da transparência e da segurança jurídica.

Enfim, julgamos haver demonstrado à exaustão que **tanto os contratos de concessão quanto os de permissão** de serviços públicos **obrigatoriamente** deverão conter, dentre suas cláusulas essenciais, a que estabeleça o **prazo certo** de sua duração e as condições para a sua prorrogação.

7.5. Contratação com terceiros, subconcessão, transferência da concessão e transferência de controle societário

Como todos os contratos administrativos, as concessões e permissões de serviços públicos têm **natureza pessoal** (são outorgadas *intuitu personae*). Com efeito, no procedimento licitatório, para a escolha da concessionária ou permissionária, leva-se em consideração não apenas a **melhor proposta** oferecida pelos licitantes à administração pública (**aspecto objetivo**), mas também fatores relacionados propriamente à pessoa que será contratada (**aspecto subjetivo**), exigindo-se, para **habilitação** no certame, dentre outros requisitos, a demonstração de capacidade técnica e idoneidade econômico-financeira, de sorte a respaldar a presunção de que o vencedor da disputa terá condições de prestar adequadamente o serviço que lhe será delegado.

Ilustra bem o **caráter pessoal** desses contratos o fato de a falência ou a extinção da empresa concessionária e o falecimento ou a incapacidade do titular de empresa individual acarretarem a **extinção da concessão** (Lei 8.987/1995, art. 35, VI).

É consectário da **pessoalidade** dos contratos de concessão (e de permissão) de serviços públicos o disposto no *caput* do art. 25 da Lei 8.987/1995, que explicita ser incumbência da concessionária a execução do serviço a ela delegado, "cabendo-lhe responder por todos os prejuízos causados ao poder concedente, aos usuários ou a terceiros, sem que a fiscalização exercida pelo órgão competente exclua ou atenue essa responsabilidade".

Não obstante essa regra vazada no *caput* do art. 25, permite o § 1.º do mesmo artigo que a concessionária (ou a permissionária), sem que isso afaste a sua responsabilidade, contrate com terceiros o desenvolvimento de **atividades inerentes**, **acessórias** ou **complementares** ao serviço concedido, bem como a implementação de **projetos associados**.

Não há dificuldade na interpretação desse dispositivo quanto às atividades acessórias ou complementares, tampouco acerca da menção a "projetos associados". O **problema** é definir o que seriam "**atividades inerentes**" ao serviço concedido – e se há limites à contratação de terceiros para a execução de tais atividades.

O Supremo Tribunal Federal entende que o § 1.º do art. 25 da Lei 8.987/1995 autoriza a concessionária a terceirizar qualquer atividade, sem que se possa fazer distinção, para o efeito de avaliar a licitude da terceirização, entre "atividade-meio" e "atividade-fim". Portanto, é acertado asseverar que não há proibição de que a concessionária terceirize suas atividades-fim, isto é, a prestação do serviço público concedido pode, em princípio, ser contratada (mediante contrato privado) com terceiros pela concessionária. Veja-se, entre as decisões da Corte Suprema sobre a matéria, este excerto de ementa (grifamos):[11]

> 2. Declaração de constitucionalidade do art. 25, § 1.º, da Lei nº 8.987/1995, o qual autoriza a terceirização de atividades por empresas concessionárias de serviço público. 3. Jurisprudência do STF consolidada nos julgamentos da ADPF 324, rel. Ministro Roberto Barroso e, sob a sistemática da repercussão geral, do RE 958.252, rel. Ministro Luiz Fux (tema 725), no sentido de **reconhecer a constitucionalidade do instituto da terceirização em qualquer área da atividade econômica**, afastando a incidência do enunciado sumular trabalhista [Súmula 331 do TST]. 4. Pedido julgado procedente para declarar a constitucionalidade do art. 25, § 1.º, da Lei nº 8.987/1995.

---

[11] ADC 26/DF, rel. Min. Edson Fachin, 23.08.2019. No mesmo sentido: ARE 791.932/DF (**repercussão geral**), rel. Min. Alexandre de Moraes, 11.10.2018; ADC 57/DF, rel. Min. Edson Fachin, 03.10.2019.

Em que pese essa orientação do Supremo Tribunal Federal, nossa opinião é que o § 1.º do art. 25 da Lei 8.897/1995 **não autoriza a concessionária a terceirizar integralmente a prestação do serviço público a ela concedido**. Se isso fosse possível, além de restar configurada burla flagrante à exigência de licitação, tornar-se-iam absolutamente inúteis as condições e restrições impostas pela lei para a subconcessão do serviço (as quais serão examinadas adiante neste tópico). Dito de outro modo, se nenhum limite houvesse, a concessionária teria o dom de atuar praticamente como poder concedente, escolhendo, a seu talante, qualquer pessoa privada para prestar o serviço público cuja execução a própria Lei 8.987/1995, explicitamente, afirma incumbir a ela, concessionária (art. 25, *caput*).

A nosso ver, as decisões do STF que declararam constitucional o § 1.º do art. 25 e afastaram a pretensão de considerar ilícita a terceirização de atividades-fim da concessionária tiveram por escopo, essencialmente, reconhecer a **inexistência de relação de emprego automática** entre os trabalhadores da empresa contratada (terceirizada) e a concessionária contratante. **Não consistem** elas em **autorização indiscriminada para a concessionária**, por conta própria, **substituir-se integralmente por um terceiro na prestação do serviço público** cuja concessão detém (e que obteve depois de sagrar-se vencedora em procedimento licitatório exigido expressamente pela Constituição da República).

Ao "contratar com terceiros o desenvolvimento de atividades inerentes, acessórias ou complementares ao serviço concedido", conforme previsto no § 1.º do art. 25, a concessionária (ou a permissionária) firma **contratos privados**, com pessoas da iniciativa privada, sem necessidade de consentimento do poder público ou qualquer participação deste na celebração do ajuste. Por essa razão, não é afastada, em nada, a responsabilidade dela perante o poder concedente e perante os usuários.

A lei preocupou-se, ainda, em explicitar que os contratos ora em apreço são regidos pelo **direito privado** e não originam qualquer relação jurídica entre o poder concedente e aqueles terceiros que a concessionária (ou a permissionária) contratou (art. 25, § 2.º). De todo modo, a execução das atividades contratadas com terceiros pressupõe o cumprimento das normas regulamentares da modalidade do serviço concedido (art. 25, § 3.º).

Essas disposições do art. 25 da Lei 8.987/1995 são reforçadas e complementadas pelo parágrafo único do seu art. 31, segundo o qual "as contratações, inclusive de mão de obra, feitas pela concessionária serão regidas pelas disposições de **direito privado** e pela **legislação trabalhista**, não se estabelecendo qualquer relação entre os terceiros contratados pela concessionária e o poder concedente".

Não se deve confundir a execução privada de atividades inerentes, acessórias ou complementares ao serviço público, efetuada por terceiros contratados pela concessionária, com a **subconcessão**. Esta consiste na **transferência parcial da prestação do serviço público concedido** a uma pessoa que não seja a concessionária, isto é, a uma outra prestadora, que assumirá a condição de subconcessionária.

A Prof.ª Maria Sylvia Di Pietro apresenta o exemplo de uma concessão de dez linhas de ônibus em que ocorra a subconcessão de duas das linhas, ou seja, uma outra empresa (a subconcessionária), distinta da concessionária, passará a prestar o serviço público de transporte coletivo correspondente às duas linhas subconcedidas, ao passo que a concessionária permanecerá explorando as oito linhas restantes.

O art. 26 da Lei 8.987/1995 **admite a subconcessão** do serviço público concedido, **nos termos previstos no contrato de concessão**, desde que **expressamente autorizada** pelo poder concedente. A subconcessão, entretanto, será **sempre precedida de concorrência**.[12]

Percebe-se uma primeira **distinção** relevante entre o regramento da **subconcessão** e as normas concernentes a **subcontratação** aplicáveis aos demais contratos administrativos, estabelecidas na Lei 14.133/2021.

A Lei 14.133/2021 admite a subcontratação parcial em contratos administrativos que tenham por objeto a execução de obra, serviço ou fornecimento, se essa possibilidade estiver prevista no edital da licitação e no próprio contrato, e desde que seja expressamente autorizada, em cada caso, pela administração pública, que deve estabelecer os limites das partes do objeto do contrato a serem subcontratadas (art. 122).

Atendidos esses requisitos, o particular contratado deverá encontrar uma outra pessoa privada, que tenha interesse em celebrar com ele um **contrato privado**, cujo objeto será a execução da parcela do contrato administrativo que teve a subcontratação autorizada pela administração. O particular contratado apresentará à administração documentação que comprove a **capacidade técnica** do subcontratado, a qual será avaliada e juntada aos autos do processo correspondente. Esse segundo particular, incumbido de executar a parte subcontratada do objeto do contrato administrativo, **não tem relação jurídica com a administração pública**, mas somente com o particular subcontratante. Essa era também a disciplina que constava na Lei 8.666/1993 (art. 72).

No caso da subconcessão a situação é bem diversa. Com efeito, o fato de a Lei 8.987/1995 exigir que a subconcessão seja precedida de licitação (na modalidade concorrência) enseja a conclusão de que **é o próprio poder concedente quem efetivamente outorga a subconcessão**, e **não a concessionária**. A única atuação da concessionária é solicitar ao poder concedente que promova a subconcessão de parte do objeto do contrato dela, nos termos e limites que estiverem previstos nesse mesmo contrato de concessão.

Em suma, a concessionária não pode, de forma alguma, escolher a pessoa que receberá a subconcessão. É o poder concedente que deve realizar uma licitação e, então, adjudicar ao licitante vencedor o objeto da subconcessão.

A subconcessionária se sub-rogará todos os direitos e obrigações da concessionária dentro dos limites da subconcessão. Isso significa que a subconcessionária substitui

---

[12] A Lei 14.133/2021 alterou a redação do inciso II do art. 2.º da Lei 8.987/1995 para estabelecer que as concessões de serviços públicos devem ser precedidas de licitação nas modalidades concorrência **ou diálogo competitivo**. Não modificou, entretanto, o § 1.º do art. 26 da Lei 8.987/1995, que determina que a subconcessão seja precedida de **concorrência**. Entendemos, por essa razão, que não cabe cogitar a utilização da modalidade diálogo competitivo de licitação para a outorga de subconcessão (tal pretensão sequer se justificaria, tendo em conta as características da modalidade diálogo competitivo, criada pela Lei 14.133/2021).

a concessionária em todos os direitos e obrigações que eram desta, relativamente à parte da concessão que foi subconcedida.

Por outras palavras, não há relações jurídicas entre a concessionária e a subconcessionária. A subconcessionária só tem relações jurídicas com o poder concedente e com os usuários do serviço público cuja prestação a subconcessão preveja. Como se vê, a subconcessionária celebra com o poder concedente um contrato sujeito ao mesmo regime jurídico a que se submete qualquer contrato de concessão de serviço público. Trata-se de um contrato administrativo, regido predominantemente pelo direito público, no qual a administração pública figura revestida de todas as prerrogativas e poderes especiais previstos para o poder concedente nas leis administrativas pertinentes.

Os pontos descritos no parágrafo anterior constituem a segunda diferença importante entre a subconcessão de serviço público e a subcontratação regida pela Lei 14.133/2021. Nesta, nenhuma relação jurídica é formada entre o subcontratado e a administração pública. Ademais, o contrato que efetiva uma subcontratação regulada pela Lei 14.133/2021 é um **contrato privado**, regido pelo direito privado, firmado entre dois particulares, sem participação da administração pública. O mesmo vale para as subcontratações relacionadas a contratos administrativos ainda vigentes que tenham sido celebrados sob a Lei 8.666/1993.

Abrimos um parêntese para observar que a Lei 8.987/1995, literalmente, afirma que a subconcessionária se sub-rogará todos os direitos e obrigações da "subconcedente". Foi utilizado esse vocábulo – "subconcedente" – em referência à concessionária. A nosso ver, essa utilização é um tanto inadequada, porque, a rigor, não é a concessionária que atua como "subconcedente"; é o poder concedente quem subconcede.

Feita a observação acima, julgamos oportuno fixar as seguintes regras a respeito da possibilidade de subconcessão, conforme estabelecida na Lei 8.987/1995:

a) a subconcessão tem por objeto parcela do objeto próprio da concessão, ou seja, é subconcedida a prestação de serviço público;

b) somente é possível subconcessão parcial;

c) a possibilidade de subconcessão tem que estar prevista no contrato de concessão e tem que ser expressamente autorizada pelo poder concedente;

d) o contrato de subconcessão será sempre precedido de concorrência; portanto, quem efetivamente outorga a subconcessão é o poder concedente, e não a concessionária (esta se limita a pedir ao poder concedente que promova a subconcessão);

e) a subconcessionária assume todos os direitos e obrigações que eram da concessionária, relativamente à parte da concessão que foi subconcedida; não se formam, portanto, relações jurídicas entre a concessionária e a subconcessionária, mas, tão somente, entre a subconcessionária e o poder concedente, bem como entre a subconcessionária e os usuários do serviço público subconcedido;

f) o contrato celebrado entre a subconcessionária e o poder concedente é um contrato administrativo, regido pelo direito público; a rigor, é um contrato sujeito, integralmente, ao mesmo regime jurídico a que se submete qualquer contrato de concessão de serviço público.

As regras aplicáveis à subconcessão valem, também, para as permissões de serviços públicos, por força do disposto no parágrafo único do art. 40 da Lei 8.987/1995.

Ao lado da hipótese de subconcessão, regrada no art. 26 da Lei 8.987/1995, são mencionadas, no art. 27, duas outras figuras em alguma medida assemelhadas: a "transferência de concessão" (realizada pela própria concessionária) e a "transferência do controle societário da concessionária".

Segundo o texto legal, a transferência da concessão ou a transferência do controle societário da concessionária, **sem prévia anuência** do poder concedente, **implicará a caducidade** da concessão (extinção unilateral motivada por falta imputável à concessionária).

Muito importante é destacar que a lei **não exige** a realização de **licitação** para a transferência da concessão ou a transferência do controle societário da concessionária.

A nosso ver, a previsão de **transferência da concessão** (sem prévio procedimento licitatório com esse objeto específico) deveria ser considerada burla à imposição, vazada no art. 175 da Carta de 1988, de que as concessões e permissões de serviços públicos sejam sempre precedidas de licitação.

Ressaltamos que bem diversa é a hipótese de **transferência do controle societário** da concessionária, pois os sócios (pessoas físicas ou jurídicas) não se confundem com a sociedade (pessoa jurídica). Assim, a mera transferência do controle desta para outrem não representa menoscabo à exigência de licitação, porquanto **o serviço continuará sendo prestado pela mesma concessionária**.

Certo é que, independentemente de objeções teóricas, o art. 27 da Lei 8.987/1995 encontra-se integralmente em vigor – e sua **constitucionalidade** foi expressamente declarada pelo Supremo Tribunal Federal.13 Nos termos do § 1.º do artigo em questão, a fim de obter a **anuência do poder concedente**, aquele que pretenda **receber a transferência** da concessão **ou assumir o controle societário** da concessionária deverá, **tão somente**:

> I – atender às exigências de capacidade técnica, idoneidade financeira e regularidade jurídica e fiscal necessárias à assunção do serviço; e

> II – comprometer-se a cumprir todas as cláusulas do contrato em vigor.

A Lei 13.097/2015 acrescentou à Lei 8.987/1995 o art. 27-A, que estabelece a possibilidade de o poder concedente autorizar, nas condições fixadas no contrato de concessão, a **assunção do controle ou da administração temporária da concessionária** por seus financiadores e garantidores com quem não mantenha vínculo societário direto, para promover sua reestruturação financeira e assegurar a continuidade da prestação dos serviços. Nessa hipótese, o poder concedente exigirá que os financiadores e os garantidores cumpram as exigências de regularidade jurídica e fiscal, **podendo alterar ou dispensar** a necessidade de atendimento às **exigências de capacidade técnica e de idoneidade financeira** previstas no inciso I do § 1.º do art. 27, transcrito acima.

A assunção do controle ou da administração temporária referida no parágrafo anterior não alterará as obrigações da concessionária e de seus controladores para com

---

13 ADI 2.946/DF, rel. Min. Dias Toffoli, 09.03.2022 (Informativo 1.046 do STF).

terceiros, poder concedente e usuários dos serviços públicos. Além disso, a administração temporária não acarretará responsabilidade aos financiadores e garantidores em relação a tributação, encargos, ônus, sanções, obrigações ou compromissos com terceiros, inclusive com o poder concedente ou empregados (art. 27-A, §§ 2.º e 5.º).

O art. 28 da Lei 8.987/1995 faculta às concessionárias, nos financiamentos que obtenham, oferecer em garantia os **direitos emergentes da concessão**, até o limite que não comprometa a operacionalização e a continuidade da prestação do serviço.

O art. 28-A da Lei 8.987/1995, acrescentado pela Lei 11.196/2005, prevê a possibilidade de as concessionárias, nos contratos de **mútuo de longo prazo**, destinados a investimentos relacionados aos contratos de concessão, **cederem** ao mutuante, em caráter fiduciário, parcela de seus **créditos operacionais futuros**, como garantia da operação de mútuo, desde que observadas diversas condições, estipuladas nos incisos do citado artigo. Para esse fim, são considerados contratos de longo prazo aqueles cujas obrigações tenham prazo médio de vencimento superior a **cinco anos** (art. 28-A, parágrafo único).

7.6. Política tarifária

A expressão **preço público** é genericamente empregada para designar pagamentos de natureza **não tributária** efetuados com a finalidade de remunerar ou ressarcir o poder público, ou os seus delegatários, pelo uso de bens públicos por particulares, pela exploração econômica privada de bens e recursos pertencentes ao Estado, ou pela prestação de determinados serviços públicos.

Não é raro serem tratados como sinônimos os termos **tarifa** e **preço público**. Filiamo-nos, porém, à corrente doutrinária que considera as tarifas uma espécie do gênero preço público. Segundo essa orientação, **tarifa** é, especificamente, o nome dado ao preço público que representa a **contraprestação pecuniária de um serviço público**, pago diretamente pelo usuário ao respectivo prestador.

É importante diferençar **preço público**, incluídas as tarifas, de **taxa**.

As **taxas** são uma das espécies existentes de **tributo**. Sujeitam-se, portanto, ao regime jurídico tributário, configuram uma prestação compulsória, de natureza legal (*ex lege*). Classificam-se como **receita pública derivada**.

Os **preços públicos**, incluídas as tarifas, **não são tributo**, estão sujeitos ao regime jurídico administrativo, configuram prestação de uma obrigação de natureza contratual (a formação do vínculo jurídico, em tese, depende da vontade das partes). Quando são recebidos **pelo Estado**, classificam-se como **receita pública originária**. Evidentemente, tarifas pagas a um **particular** delegatário de um serviço público são receita dessa pessoa privada, e **não** receita pública.

Em nosso ordenamento jurídico, **somente** pessoas jurídicas de **direito público** podem ser **sujeitos ativos** em relações obrigacionais **tributárias**, vale dizer, pessoas privadas **não** têm aptidão para exigir **tributos**, nem mesmo mediante delegação do poder público. Assim sendo, **não podem particulares** delegatários de serviço público ser remunerados mediante **taxas** por eles mesmos exigidas, em hipótese nenhuma.

A **regra geral** é a remuneração do **particular** prestador de serviço público advir de **tarifa**, mas é possível – embora não seja comum – que **outras formas de remuneração** decorrentes da exploração do serviço delegado **substituam** a tarifa. É o que ocorre, por exemplo, no caso das concessões de rádio ou de televisão aberta, em que a receita da concessionária não advém de pagamento do serviço pelo ouvinte ou pelo telespectador, mas de cobrança feita aos anunciantes pela veiculação das suas mensagens ou peças ou de publicidade e propaganda.

É possível também – e mais frequente – que, ao lado da remuneração mediante tarifa, o particular delegatário obtenha **outras receitas, complementares ou acessórias**, oriundas da exploração do serviço público delegado. É o que acontece, por exemplo, no caso de concessionárias do serviço de conservação de estradas de rodagem que obtêm receita com a locação de espaços para afixação de publicidade às margens da rodovia objeto da concessão.

Vale notar que nos conceitos de concessão e de permissão de serviços públicos enunciados na Lei 8.987/1995 **não há** menção à **cobrança de tarifas** como algo inerente àquelas figuras jurídicas. Mais ainda: não existe, nessa lei, norma alguma que, incontroversamente, trate as tarifas como um componente obrigatório dos contratos de concessão e de permissão nela disciplinados.

Na doutrina, há autores que consideram a cobrança de tarifa ao usuário pelo delegatário do serviço público imprescindível à caracterização do contrato de concessão ou de permissão, e outros, a exemplo da Prof.ª Maria Sylvia Di Pietro, que, expressamente, falam sobre as tarifas como um elemento que pode, **ou não**, estar presente em tais contratos.

O Prof. Celso Antônio Bandeira de Mello leciona que, na concessão (e na permissão) de serviço público, a remuneração do particular deve advir de alguma forma de exploração econômica da própria atividade que lhe foi delegada, não obrigatoriamente da cobrança de tarifas pela respectiva prestação. O exemplo típico de exploração do serviço sem cobrança de tarifa dos usuários é o das concessões ou permissões de rádio e televisão aberta. Para o insigne administrativista, se a remuneração do delegatário provier somente de fontes estranhas à exploração do serviço, não se terá concessão (ou permissão) de serviço público, mas modalidade contratual diversa.

É interessante constatar que, na definição de "**concessão de serviço público precedida da execução de obra pública**", a Lei 8.987/1995 explicitamente prevê "que o investimento da concessionária seja remunerado e amortizado mediante a **exploração do serviço ou da obra** por prazo determinado" (art. 2.º, III).

Inclinamo-nos a perfilhar o entendimento do Prof. Celso Antônio Bandeira de Mello, mas reconhecemos que não há base, na Lei 8.987/1995 – tampouco em alguma outra que seja do nosso conhecimento –, para afirmarmos que qualquer concessão ou permissão de serviço público deva ser remunerada (total ou parcialmente) por tarifa, nem mesmo que seja inadmissível a remuneração do particular delegatário advir exclusivamente de fontes não relacionadas à exploração econômica do serviço. Respaldo legal, só encontramos, deveras, para pontificar que, no caso da **concessão de serviço público precedida da execução de obra pública**, é necessário "que o investimento da concessionária seja remunerado e amortizado mediante a **exploração do serviço ou da obra** por prazo determinado".

A Constituição de 1988, ao tratar dos serviços públicos, praticamente não apresenta normas acerca do respectivo regime tarifário. Limita-se a prescrever, no inciso III do parágrafo único do art. 175, que "a lei disporá sobre política tarifária".

A Constituição de 1967, diferentemente, nas disposições relativas ao regime das "empresas concessionárias de serviços públicos", expressava a necessidade de que a lei estabelecesse "tarifas que permitam a justa remuneração do capital, o melhoramento e a expansão dos serviços e assegurem o equilíbrio econômico e financeiro do contrato"; determinava, ainda, que a lei previsse "revisão periódica das tarifas" (art. 160). Essas disposições foram mantidas na Constituição de 1969 (art. 167).

Não obstante o silêncio da atual Carta Política, há consenso na doutrina e na jurisprudência quanto à aplicabilidade das mesmas diretrizes explicitadas no ordenamento constitucional pretérito: as tarifas devem possibilitar a remuneração do capital investido pelo particular delegatário, o melhoramento e a expansão dos serviços; impõe-se, ademais, a previsão de reajustes periódicos e de mecanismos de revisão destinados a assegurar a manutenção do equilíbrio econômico-financeiro do contrato.

A Lei 8.987/1995, textualmente, destina um capítulo à "**política tarifária**" (arts. 9.º a 13). A despeito dessa aparência de atenção especial dispensada pelo legislador ao tema, a verdade é que foram estabelecidas somente algumas regras básicas sobre reajuste, revisão, manutenção do equilíbrio financeiro dos contratos – e umas poucas mais, conforme passamos a expor.

De início, cabe anotar que a Lei 8.987/1995 considera **serviço adequado** o que satisfaz a condição, dentre outras, de **modicidade das tarifas** (art. 6.º, § 1.º). Pode-se afirmar, assim, que o valor das tarifas deve ser tal que assegure à concessionária (ou permissionária) retorno satisfatório sobre o capital investido, mas é inadmissível que ela venha a auferir lucros exorbitantes, extraordinários, superiores àqueles usuais nas atividades econômicas privadas em geral.

Trata-se, entretanto, de um comando legal voltado precipuamente ao **poder concedente**, que deve envidar esforços para que as tarifas dos serviços públicos efetivamente sejam **módicas** (acessíveis), até mesmo mediante o oferecimento de **subvenções** cujo intuito seja reduzir os valores cobrados dos usuários.

Cabe lembrar, todavia, que, no procedimento licitatório antecedente à delegação, será desclassificada a proposta que, para sua viabilização, necessite de vantagens ou subsídios que não estejam previamente autorizados em lei e à disposição de todos os concorrentes (art. 17).

Com o objetivo de favorecer a **modicidade das tarifas**, o art. 11 da Lei 8.987/1995 **faculta** que o poder concedente preveja, "em favor da concessionária, no edital de licitação, a possibilidade de **outras fontes** provenientes de receitas alternativas, complementares, acessórias ou de projetos associados, com ou sem exclusividade". E o art. 18, VI, determina que o edital da licitação prévia à concessão contenha "as possíveis fontes de receitas alternativas, complementares ou acessórias, bem como as provenientes de projetos associados".

Essas fontes de receitas outras que não as tarifas serão **obrigatoriamente** consideradas para a aferição do **inicial equilíbrio econômico-financeiro** do contrato (art. 11, parágrafo único). Significa, por exemplo, que, se a concessionária, em sua proposta financeira, esperava obter um faturamento mensal de dez milhões de reais, e o poder concedente logrou assegurar fontes acessórias de receitas aptas a proporcionar, digamos, três milhões de reais mensais, as tarifas deverão ser fixadas em valor tal que o faturamento mensal previsto especificamente com a sua cobrança seja de sete milhões de reais.

A **regra geral** é a concessionária (ou a permissionária) cobrar **tarifas uniformes** para um mesmo serviço por ela prestado. O art. 13 da Lei 8.987/1995, entretanto, prevê a possibilidade de cobrança de tarifas "diferenciadas em função das características técnicas e dos custos específicos provenientes do atendimento aos distintos segmentos de usuários". Relacionado a esse dispositivo, merece menção o art. 35 da Lei 9.074/1995, abaixo reproduzido (negritos acrescentados):

> Art. 35. A estipulação de novos **benefícios tarifários** pelo poder concedente, fica condicionada à previsão, em lei, da origem dos recursos ou da simultânea revisão da estrutura tarifária do concessionário ou permissionário, de forma a **preservar o equilíbrio econômico-financeiro do contrato**.
>
> Parágrafo único. A concessão de qualquer benefício tarifário **somente** poderá ser atribuída a **uma classe ou coletividade de usuários** dos serviços, **vedado**, sob qualquer pretexto, **o benefício singular**.

Nos termos do art. 9.º, *caput*, da Lei 8.987/1995, "a tarifa do serviço público concedido **será fixada** pelo preço da proposta vencedora da licitação **e preservada** pelas regras de **revisão** previstas nesta Lei, no edital e no contrato".

A concessionária deverá divulgar em seu sítio eletrônico, de forma clara e de fácil compreensão pelos usuários, tabela com o **valor das tarifas** praticadas e a **evolução das revisões ou reajustes** realizados nos últimos **cinco anos** (art. 9.º, § 5.º).

O § 2.º do art. 9.º preceitua, literalmente, que "os contratos poderão prever mecanismos de revisão das tarifas, a fim de manter-se o equilíbrio econômicofinanceiro". Essa redação poderia ensejar a conclusão de que a previsão, nos contratos de concessão (ou de permissão), de mecanismos de **revisão** das tarifas fosse **facultativa**. A interpretação sistemática da lei, entretanto, permite sustentar que a manutenção da equação financeira estabelecida no momento da celebração do contrato é um **direito subjetivo da concessionária** (e da permissionária). Basta observar que no já citado *caput* do art. 9.º está dito que a tarifa **será preservada** pelas regras de **revisão**. Em reforço, o art. 23, IV, estipula que, nos contratos de concessão, uma das **cláusulas essenciais** é aquela concernente "ao preço do serviço e aos critérios e procedimentos para o **reajuste e a revisão das tarifas**".

O § 3.º do art. 9.º estabelece que a criação, alteração ou extinção de quaisquer **tributos ou encargos legais**, após a apresentação da proposta, quando comprovado seu impacto, **implicará a revisão** da tarifa, para mais ou para menos, conforme o caso.

Trata-se da situação que a doutrina, no estudo da assim chamada **teoria da imprevisão**, descreve como **fato do príncipe**. A rigor, há uma diferença: a teoria da imprevisão só considera obrigatória a revisão quando a alteração no estado de coisas provocada pelo poder público implica para o particular um **ônus excessivo e extraordinário**, enquanto o § 3.º do art. 9.º da Lei 8.987/1995 prevê a necessidade de revisão em face da comprovação de **qualquer impacto** (para mais e para menos) sobre as tarifas, decorrente das modificações ali mencionadas. Há ressalva expressa, no dispositivo legal ora em foco, aos **"impostos sobre a renda"**, vale dizer, caso ocorra um aumento ou uma redução das alíquotas do imposto sobre a renda das pessoas jurídicas, não poderá ser cogitada revisão alguma de tarifas, seja qual for o impacto econômico sobre as operações dos diversos delegatários de serviços públicos provocado por aquela mudança de carga tributária.

No caso de **alteração unilateral** do contrato que afete o seu **inicial equilíbrio econômico-financeiro** – situação que, na teoria da imprevisão, é conhecida como **fato da administração** –, o poder concedente **deverá restabelecer** esse equilíbrio, concomitantemente à alteração (art. 9.º, § 4.º).

A Lei 8.987/1995 parece confundir, por vezes, **reajuste** com **revisão**. Para a doutrina administrativista, o termo **reajuste** deve ser empregado em referência a alterações de valor que representem **mera atualização** de sua expressão monetária, calculadas, com periodicidade preestabelecida, a partir da aplicação de índices que reflitam a variação dos custos dos insumos envolvidos na prestação do serviço – tudo isso objetivamente definido no contrato. Em suma, o reajuste destina-se a manter o **valor real** da tarifa. Diferentemente, ainda segundo essa orientação, deve-se reservar o vocábulo **revisão** para designar as alterações de valor da tarifa cujo escopo seja **restabelecer o equilíbrio econômico-financeiro**, quando fatores pontuais modificam de modo extraordinário as condições inicialmente existentes. Enseja a **revisão** de tarifas, por exemplo, a alteração unilateral das cláusulas de execução do contrato promovida pelo poder concedente.

Na Lei 8.987/1995, temos um exemplo em que fica bem nítida a adoção da distinção que acabamos de explanar. Trata-se do disposto no art. 29, V, segundo o qual "incumbe ao poder concedente homologar reajustes e proceder à revisão das tarifas na forma desta Lei, das normas pertinentes e do contrato". Ora, no caso dos **reajustes**, a atribuição do poder concedente é simplesmente **homologar** os cálculos que a concessionária (ou a permissionária) pode, ela mesma, efetuar, haja vista que a periodicidade e os índices a serem utilizados já estão objetivamente definidos no contrato. Diferentemente, cabe ao poder concedente **proceder à revisão**, porque esta não consiste em mera aplicação periódica de índices e fórmulas preestabelecidos para a execução de um cálculo numérico, mas, sim, num procedimento administrativo, que deve ser inteiramente realizado pelo poder concedente, em cada caso, à vista de elementos que possam comprovar, documentadamente, a superveniência de circunstâncias que tenham alterado o equilíbrio econômico-financeiro do contrato, estabelecido no momento de sua celebração.

Segundo a literalidade do art. 10 da Lei 8.987/1995, "sempre que forem atendidas as condições do contrato, considerase mantido seu equilíbrio econômico-financeiro". Embora o enunciado seja bastante obscuro, certo é que tal preceito legal não pode ser interpretado de modo a afastar a obrigação do poder concedente de proceder à **revisão** do contrato sempre que fatores **extraordinários, ou extracontratuais**, modifiquem a equação financeira inicialmente fixada – pois a própria lei determina, em outros dispositivos, que a referida revisão seja feita.

Provavelmente o legislador queria deixar patente que a garantia de manutenção do equilíbrio econômico dos contratos de concessão (e de permissão) de serviços públicos não vai ao ponto de proteger a concessionária contra a denominada **álea contratual ordinária**. Explica-se: cabe à concessionária assumir os **riscos ordinários do negócio**, presentes em todo empreendimento empresarial. Por essa razão, é descabido cogitar uma **revisão** do valor das tarifas pelo simples fato de as receitas com elas auferidas não estarem correspondendo às expectativas da concessionária em consequência de fatores corriqueiros, de adversidades que não desbordam o risco inerente a qualquer atividade econômica privada, no regime capitalista. Se o negócio não vai bem, mas o contrato está sendo seguido à risca, e os problemas tampouco decorrem de circunstâncias extraordinárias estranhas às cláusulas contratuais, deve a concessionária arcar com os prejuízos, ou as frustrações de receitas, sem que se lhe reconheça qualquer direito a revisão tarifária.

Por fim, demanda um breve comentário o § 1.º do art. 9.º da Lei 8.987/1995. Esse dispositivo contém uma regra que parece ter sido escrita especialmente com o propósito de legitimar a cobrança de pedágios nas estradas de rodagem, mesmo quando não exista uma via alternativa gratuita à disposição dos motoristas.

Ocorre que alguns administrativistas defendem a impossibilidade de serem cobrados pedágios com natureza de tarifa quando a rodovia em que eles estejam sendo exigidos constitua a única via de acesso a determinada localidade ou região. Advogam que, nessas circunstâncias, a cobrança equivaleria à imposição de uma prestação de caráter compulsório, o que se coaduna com as obrigações tributárias, mas é inadmissível nas tarifárias. Portanto, somente na forma de taxa poderiam ser exigidos pedágios nessas rodovias, as quais, por isso, não poderiam ser objeto de concessão a particulares.

Em que pese a inegável consistência dessa argumentação, a verdade é que ela não se sustenta diante de nosso direito positivo. Com efeito, o antes citado § 1.º do art. 9.º da Lei 8.987/1995 textualmente estabelece – de forma ampla, e não apenas para os pedágios – que a cobrança de tarifas **somente** poderá ser condicionada à existência de **serviço público alternativo e gratuito** para o usuário nos casos **expressamente previstos em lei**.

7.7. Direitos e obrigações do usuário

O art. 7.º da Lei 8.987/1995 dispõe:

> Art. 7.º Sem prejuízo do disposto na Lei n.º 8.078, de 11 de setembro de 1990, são direitos e obrigações dos usuários:
>
> I – receber serviço adequado;

Cap. 11 • SERVIÇOS PÚBLICOS

II – receber do poder concedente e da concessionária informações para a defesa de interesses individuais ou coletivos;

III – obter e utilizar o serviço, com liberdade de escolha entre vários prestadores de serviços, quando for o caso, observadas as normas do poder concedente;

IV – levar ao conhecimento do poder público e da concessionária as irregularidades de que tenham conhecimento, referentes ao serviço prestado;

V – comunicar às autoridades competentes os atos ilícitos praticados pela concessionária na prestação do serviço;

VI – contribuir para a permanência das boas condições dos bens públicos através dos quais lhes são prestados os serviços.

Cabe destacar, inicialmente, a expressa referência feita no *caput* desse artigo à Lei 8.078/1990 – **Código de Defesa do Consumidor** (CDC). Decorre daí que entre a concessionária ou permissionária e o usuário do serviço público existe uma **relação de consumo**, vale dizer, o usuário de serviço público qualifica-se, juridicamente, como **consumidor** – e, por essa razão, podem ser utilizadas em seu favor as normas de proteção vazadas no CDC. Reforçam esse entendimento dispositivos do próprio CDC, dos quais são exemplos o art. 4.º, VII, ao enunciar como um dos princípios da Política Nacional das Relações de Consumo a "racionalização e melhoria dos serviços públicos", e o art. 6.º, X, que arrola como direito básico do consumidor "a adequada e eficaz prestação dos serviços públicos em geral".

O inciso I do art. 7.º da Lei 8.987/1995, supratranscrito, afirma que constitui direito do usuário "receber serviço adequado". A expressão **serviço adequado** é empregada pela própria Constituição da República. De fato, no inciso IV do parágrafo único do art. 175, impõe o texto constitucional às concessionárias e permissionárias de serviços públicos "a obrigação de manter serviço adequado", conforme dispuser a lei. Esse assunto será estudado em tópico próprio, relativo às **obrigações** das concessionárias (e permissionárias).

De resto, há pouca coisa a comentar sobre o art. 7.º da Lei 8.987/1995. Pode-se notar que, muito embora o seu *caput* afirme que os respectivos incisos contêm "direitos e obrigações dos usuários" de serviços públicos, a verdade é que eles praticamente só enumeram **direitos**. A única **obrigação** ali textualmente arrolada é "contribuir para a permanência das boas condições dos bens públicos através dos quais lhes são prestados os serviços" (inciso VI). A obrigação mais óbvia, que é **pagar as tarifas**, não foi explicitada (mas, quando estudarmos as normas sobre "serviço adequado", veremos que o não pagamento pelo usuário autoriza a concessionária ou permissionária, desde que atenda às condições estipuladas na lei, a interromper a respectiva prestação).

Ainda sobre **direitos** dos usuários de serviços públicos, é necessário transcrever o art. 7.º-A da Lei 8.987/1995:

Art. 7.º-A. As concessionárias de serviços públicos, de direito público e privado, nos Estados e no Distrito Federal, são obrigadas a oferecer ao consumidor e ao usuário, dentro do mês de vencimento, o mínimo de seis datas opcionais para escolherem os dias de vencimento de seus débitos.

Por fim, cabe observar que todas essas regras concernentes a direitos e obrigações dos usuários **têm aplicação tanto às concessionárias quanto às permissionárias de serviços públicos**.

7.8. Obrigações da concessionária (ou permissionária)

A Lei 8.987/1995 trata dos **encargos da concessionária** em seu art. 31, que assim dispõe:

> Art. 31. Incumbe à concessionária:
>
> I – prestar serviço adequado, na forma prevista nesta Lei, nas normas técnicas aplicáveis e no contrato;
>
> II – manter em dia o inventário e o registro dos bens vinculados à concessão;
>
> III – prestar contas da gestão do serviço ao poder concedente e aos usuários, nos termos definidos no contrato;
>
> IV – cumprir e fazer cumprir as normas do serviço e as cláusulas contratuais da concessão;
>
> V – permitir aos encarregados da fiscalização livre acesso, em qualquer época, às obras, aos equipamentos e às instalações integrantes do serviço, bem como a seus registros contábeis;
>
> VI – promover as desapropriações e constituir servidões autorizadas pelo poder concedente, conforme previsto no edital e no contrato;
>
> VII – zelar pela integridade dos bens vinculados à prestação do serviço, bem como segurá-los adequadamente; e
>
> VIII – captar, aplicar e gerir os recursos financeiros necessários à prestação do serviço.
>
> Parágrafo único. As contratações, inclusive de mão de obra, feitas pela concessionária serão regidas pelas disposições de direito privado e pela legislação trabalhista, não se estabelecendo qualquer relação entre os terceiros contratados pela concessionária e o poder concedente.

A obrigação mais elementar de todas as concessionárias (e permissionárias) está explicitada logo no inciso I do artigo supratranscrito: devem elas prestar adequadamente o serviço público que lhes foi delegado. O dispositivo legal nada mais faz do que repetir aquilo que a Constituição Federal expressamente determina (art. 175, parágrafo único, IV). A noção de **serviço adequado** – dada a sua importância central como obrigação dos delegatários e direito dos usuários de serviços públicos

Cap. 11 • SERVIÇOS PÚBLICOS

– encontra-se em capítulo próprio da Lei 8.987/1995 e será estudada adiante, em tópico específico.

De resto, o conteúdo do art. 31 da Lei 8.987/1995 é autoexplicativo. Limitar-nos--emos a tecer um breve comentário sobre o seu inciso VI, que prevê a possibilidade de a concessionária **executar desapropriações** e **constituir servidões administrativas**, quando isso for necessário à prestação do serviço público ou à realização de obra pública a ele relacionada.

Sobre esse preceito, é importante destacar que a prévia **decretação da utilidade ou da necessidade pública** do bem a ser desapropriado é atribuição **exclusiva do poder público**. Já a **execução** da desapropriação pode ser encargo do poder público ou da concessionária. Se for da **concessionária**, a ela incumbirá **pagar as indenizações** cabíveis (é evidente que tais ônus devem estar previamente explicitados no edital de licitação da concessão, para que os interessados possam levá-los em conta na formulação das suas propostas).

Essas regras acerca da decretação da utilidade ou da necessidade pública do bem a ser desapropriado, do pagamento das indenizações e da obrigatoriedade de que haja previsão expressa dos respectivos encargos no edital da licitação decorrem dos arts. 18, XII, e 29, VIII e IX, da Lei 8.987/1995 – e valem também para a constituição de **servidões administrativas**.

Por fim, convém deixar assente que todas as disposições aqui expostas aplicam-se, **igualmente**, às **permissionárias** de serviços públicos.

7.8.1. Serviço adequado

Mencionamos precedentemente que a Constituição de 1988, no inciso IV do parágrafo único do seu art. 175, estatui, acerca da prestação de serviços públicos, que "a lei disporá sobre a obrigação de manter serviço adequado".

A Lei 8.987/1995, em atenção ao comando constitucional, estabelece, em seu art. 6.º, *caput*, que "toda concessão ou permissão pressupõe a prestação de serviço adequado ao pleno atendimento dos usuários".

No § 1.º desse mesmo art. 6.º a lei enumera uma série de princípios, ou requisitos mínimos, que devem ser atendidos para que se considere que a concessionária ou a permissionária esteja prestando um serviço adequado. É a seguinte a redação do dispositivo:

> § 1.º Serviço adequado é o que satisfaz as condições de regularidade, continuidade, eficiência, segurança, atualidade, generalidade, cortesia na sua prestação e modicidade das tarifas.

Logo em seguida, o legislador teve unicamente a preocupação de explicitar o que se deve entender por **atualidade** e de enumerar situações em que a interrupção da prestação do serviço **não caracteriza**, juridicamente, ofensa à exigência de **continuidade**. Essas regras encontram-se nos §§ 2.º a 4.º do referido art. 6.º da Lei 8.987/1995, cuja transcrição faz-se oportuna:

§ 2.º A atualidade compreende a modernidade das técnicas, do equipamento e das instalações e a sua conservação, bem como a melhoria e expansão do serviço.

§ 3.º Não se caracteriza como descontinuidade do serviço a sua interrupção em situação de emergência ou após prévio aviso, quando:

I – motivada por razões de ordem técnica ou de segurança das instalações; e

II – por inadimplemento do usuário, considerado o interesse da coletividade.

§ 4.º A interrupção do serviço na hipótese prevista no inciso II do § 3.º deste artigo não poderá iniciar-se na sexta-feira, no sábado ou no domingo, nem em feriado ou no dia anterior a feriado.

Convém notar que, nos termos da lei, o requisito "atualidade" não se restringe à exigência de atualização, de **modernidade** dos materiais e técnicas, como seria de imaginar. De fato, na definição de "atualidade" a lei incluiu a "**conservação**" dos equipamentos e instalações e, ainda, a "**melhoria e expansão do serviço**".

Para além dessa singela observação, é importante destacar a existência de hipóteses em que a lei **admite a paralisação** da prestação do serviço público, sem que a interrupção caracterize violação ao **postulado da continuidade** (também denominado **princípio da permanência**). São as seguintes:

a) interrupção da prestação em situação de **emergência**;

b) paralisação ocasionada por motivos de **ordem técnica** ou de **segurança das instalações** (manutenção periódica e reparos preventivos, por exemplo);

c) interrupção da prestação do serviço motivada pela **inadimplência do usuário**, desde que "considerado o interesse da coletividade".

Na interrupção motivada por **emergência**, **não** se cogita, por óbvio, exigir **aviso prévio**. Nas duas outras situações acima listadas, a paralisação da prestação do serviço somente poderá ser considerada legítima se tiver sido **previamente comunicada. Além disso,** quando motivada por inadimplência, não pode a paralisação iniciar sexta-feira, sábado ou domingo, nem em feriado ou véspera de feriado.

Para a interrupção do fornecimento do serviço fundada no **inadimplemento do usuário**, a lei determina que seja "**considerado o interesse da coletividade**". Em face dessa restrição, é acertado asseverar que a concessionária (ou permissionária) **não poderá paralisar** a prestação do serviço público quando essa medida comprometa o funcionamento de estabelecimentos de interesse do grupo social, tais como escolas, hospitais, repartições públicas. Se esses usuários especiais – cujas operações afetam intensamente "o interesse da coletividade" – deixarem de pagar pelo serviço recebido, só restará ao delegatário prestador tentar recuperar o valor a ele devido utilizando-se dos meios ordinários de cobrança, mediante a propositura, perante o Poder Judiciário, das ações cabíveis.

Cap. 11 • SERVIÇOS PÚBLICOS

Embora a Lei 8.987/1995 nada esclareça a respeito do conteúdo do **princípio da generalidade**, costuma ele ser identificado com a exigência de que a concessionária (ou permissionária) providencie a prestação do serviço a ela delegado, sem discriminação, a todos quantos por ele demandem, dentro da área abrangida pela delegação, desde que atendam a condições gerais, estabelecidas com observância do princípio da isonomia. Além disso, deve ser assegurado que a concessionária (ou permissionária) atenderá ao mercado de forma abrangente, sem exclusão das populações de baixa renda e das áreas de baixa densidade populacional, inclusive as rurais (Lei 9.074/1995, art. 3.º, IV).

O princípio da generalidade, dessa forma descrito, também é denominado simplesmente **princípio da igualdade dos usuários**. Em última análise, nada mais representa do que um específico desdobramento do princípio da isonomia.

Por fim, sem prejuízo da obrigatória observância do princípio da generalidade, vale lembrar que o art. 13 da Lei 8.987/1995 prevê a possibilidade de cobrança de tarifas "diferenciadas em função das características técnicas e dos custos específicos provenientes do atendimento aos distintos segmentos de usuários". E que a Lei 9.074/1995 estabelece que "a concessão de qualquer benefício tarifário somente poderá ser atribuída a uma classe ou coletividade de usuários dos serviços, vedado, sob qualquer pretexto, o benefício singular" (art. 35, parágrafo único).

7.9. Prerrogativas do poder concedente

Foi ressaltado mais de uma vez neste capítulo que as concessões e as permissões de serviços públicos são **contratos administrativos** – não por acaso, as disposições da Lei 14.133/2021, conforme preceitua o seu art. 186, aplicam-se **subsidiariamente** à Lei 8.987/1995.

A nota característica dos contratos administrativos é a presença das denominadas **cláusulas exorbitantes**, termo doutrinário que se reporta à existência de poderes especiais, ou **prerrogativas de direito público**, atribuídos à administração pública – decorrentes do princípio da supremacia do interesse público –, que seriam inadmissíveis em relações de direito privado, uma vez que estas são marcadas pela horizontalidade jurídica entre os contratantes.

A Lei 14.133/2021 apresenta uma lista com algumas das mais importantes cláusulas exorbitantes em seu art. 104. Outras ainda há, como a possibilidade de exigência de garantias (arts. 96 a 102) e a previsão de restrições à oponibilidade, pelo particular, da exceção do contrato não cumprido (art. 137, § 2.º, IV, e § 3.º, I).

Faz-se oportuno enumerar as prerrogativas de direito público conferidas à administração pública contratante pelo art. 104 da Lei 14.133/2021, vale dizer, as mais características cláusulas exorbitantes previstas para os contratos administrativos de um modo geral:

a) modificação unilateral do contrato;

b) extinção unilateral do contrato;

c) fiscalização da execução do contrato;

d) aplicação direta de sanções motivadas pela inexecução total ou parcial do ajuste;

e) decretação da denominada "ocupação temporária" (ou "ocupação provisória").

No que respeita às concessões e permissões de serviços públicos, usualmente a doutrina fala em "prerrogativas do poder concedente" para reportar às regras de direito público que conferem à administração pública delegante a posição de supremacia ante o particular delegatário do serviço público. Tais prerrogativas, como seria de esperar, correspondem em linhas gerais às cláusulas exorbitantes aplicáveis aos demais contratos administrativos, apresentando – quando a Lei 8.987/1995 expressamente preveja – uma ou outra peculiaridade.

A Lei 8.987/1995 não traz uma lista de cláusulas exorbitantes. É fácil constatar, todavia, que o seu art. 29 – embora inserido em capítulo textualmente concernente aos "**encargos do poder concedente**" (talvez uma alusão ao fato de se tratar, em regra, de **poderes-deveres**) – enumera, entre outras disposições, algumas prerrogativas análogas àquelas estabelecidas no art. 104 da Lei 14.133/2021. Vale transcrever o art. 29 da Lei 8.987/1995 (grifamos):

> Art. 29. Incumbe ao poder concedente:
>
> I – **regulamentar o serviço** concedido e **fiscalizar** permanentemente a sua prestação;
>
> II – **aplicar as penalidades** regulamentares e contratuais;
>
> III – **intervir na prestação** do serviço, nos casos e condições previstos em lei;
>
> IV – **extinguir a concessão**, nos casos previstos nesta Lei e na forma prevista no contrato;
>
> V – homologar reajustes e proceder à revisão das tarifas na forma desta Lei, das normas pertinentes e do contrato;
>
> VI – cumprir e **fazer cumprir** as disposições regulamentares do serviço e as cláusulas contratuais da concessão;
>
> VII – zelar pela boa qualidade do serviço, receber, apurar e solucionar queixas e reclamações dos usuários, que serão cientificados, em até trinta dias, das providências tomadas;
>
> VIII – **declarar de utilidade pública** os bens necessários à execução do serviço ou obra pública, promovendo as desapropriações, diretamente **ou mediante outorga de poderes à concessionária, caso em que será desta a responsabilidade pelas indenizações** cabíveis;
>
> IX – **declarar de necessidade ou utilidade pública**, para fins de instituição de servidão administrativa, os bens necessários à execução de serviço ou obra pública, promovendo-a diretamente **ou mediante outorga de poderes à concessionária, caso em que será desta a responsabilidade pelas indenizações** cabíveis;
>
> X – estimular o aumento da qualidade, produtividade, preservação do meio-ambiente e conservação;

Cap. 11 • SERVIÇOS PÚBLICOS

XI – incentivar a competitividade; e

XII – estimular a formação de associações de usuários para defesa de interesses relativos ao serviço.

Além das prerrogativas listadas nesse artigo, a Lei 8.987/1995, em outros dispositivos, faz referências pontuais a poderes da administração pública delegante, correspondentes a algumas das cláusulas exorbitantes atualmente previstas na Lei 14.133/2021, sem, entretanto, disciplinar o exercício deles. Como a Lei 14.133/2021 tem aplicação **subsidiária** à Lei 8.987/1995, as prerrogativas do poder público cujo exercício não esteja detalhado nesta última lei devem seguir – salvo eventual incompatibilidade manifesta – o regramento geral, estipulado na Lei 14.133/2021.

Mereceram maior detalhamento a **intervenção** e as hipóteses de **extinção da concessão** – temas acerca dos quais as normas contidas na Lei 8.987/1995 terminam por derrogar a maior parte dos preceitos que poderiam a elas corresponder, existentes nas leis gerais.

A partir do rol de cláusulas exorbitantes apresentado no art. 104 da Lei 14.133/2021, analisaremos, a seguir, as principais prerrogativas do poder concedente. Em tópicos separados, estudaremos a intervenção na concessão e as hipóteses de extinção.

Passemos à análise das principais prerrogativas do poder concedente.

a) poder de alteração unilateral das cláusulas de execução;

A Lei 8.987/1995 apenas menciona de forma indireta a possibilidade de alteração unilateral dos contratos de concessão e de permissão.

Na Lei 14.133/2021, há **limites** quantitativos e qualitativos estipulados para a alteração unilateral dos contratos, explicitados, respectivamente, nos seus arts. 125 e 126.

Na Lei 8.987/1995, existe, tão somente, esta menção, no § 4.º do art. 9.º:

> § 4.º Em havendo alteração unilateral do contrato que afete o seu inicial equilíbrio econômico-financeiro, o poder concedente deverá restabelecê-lo, concomitantemente à alteração.

Resulta claro que deve ser observada a regra geral segundo a qual a modificação unilateral do contrato administrativo nunca diz respeito a suas cláusulas econômicas, mas somente a suas cláusulas de execução (também chamadas cláusulas regulamentares ou cláusulas de serviço).

Mais do que isso, a alteração unilateral de um contrato administrativo, quando tenha repercussão no equilíbrio econômico-financeiro inicialmente fixado (relação entre a remuneração e os encargos do contratado), obriga ao concomitante restabelecimento desse equilíbrio, pelo poder público.

Também é certo que, uma vez assegurada a manutenção da equação econômico--financeira originalmente estabelecida entre as partes, a concessionária (ou a permissionária) é **obrigada** a cumprir o contrato com as alterações que o poder concedente imponha, visando a ajustar as características do serviço às necessidades, variáveis no tempo, do grupo social, de sorte a satisfazer da melhor maneira o interesse público.

Frise-se, entretanto, que o poder concedente não pode proceder à alteração **qualitativa** do contrato a um ponto tal que resulte na desnaturação de seu objeto. É claro a esse respeito o art. 126 da Lei 14.133/2021 (a nosso ver, inteiramente aplicável aqui), ao enunciar que as alterações unilaterais do contrato determinadas pela administração "não poderão transfigurar o objeto da contratação". Conforme, há muito, adverte o Prof. Celso Antônio Bandeira de Mello, a modificação substancial do objeto do contrato seria equivalente, ao fim e ao cabo, à outorga de uma nova concessão (ou permissão), evidentemente **ilícita**, pois implicaria **burla à exigência de licitação**.

Quanto à aplicabilidade, ou não, às concessões e permissões de serviços públicos, dos limites à alteração unilateral **quantitativa**, estabelecidos no art. 125 da Lei 14.133/2021 em percentuais máximos de acréscimos ou supressões ao valor inicial atualizado do contrato, parece-nos que, sempre que isso for possível, eles deverão ser observados.

b)   poder de extinguir unilateralmente a concessão (ou permissão) antes do término do prazo inicialmente estipulado;

O assunto "extinção da concessão" (arts. 35 a 39 da Lei 8.987/1995) merece atenção especial no estudo dos serviços públicos. São as seguintes as hipóteses de extinção das concessões (ou permissões) enumeradas na lei: (a) advento do termo contratual; (b) encampação; (c) caducidade; (d) rescisão; (e) anulação; e (f) falência ou extinção da empresa concessionária e falecimento ou incapacidade do titular, no caso de empresa individual.

Evidentemente, só configuram prerrogativas do poder concedente as hipóteses de **extinção unilateral**, a saber, a encampação, a decretação de caducidade e a anulação.

As demais não traduzem poderes. Com efeito, o advento do termo não é hipótese de extinção antes do fim do prazo (é justamente extinção em decorrência do término do prazo). A rescisão é a única modalidade de extinção por iniciativa da concessionária (ou permissionária), configurando uma hipótese de extinção judicial. A extinção decorrente de falência da empresa ou falecimento do empresário individual, a nosso ver, não representa propriamente uma prerrogativa, mas sim uma hipótese de extinção de pleno direito, automática, sem envolver um ato decisório por parte do poder concedente.

Estudaremos todas as formas de extinção da concessão (também aplicáveis às permissões de serviços públicos) à frente, em tópico específico.

c)   poder de inspeção e fiscalização;

Encontramos referência a esse verdadeiro poder-dever, principalmente, nos arts. 3.º e 30 da Lei 8.987/1995, a seguir transcritos:

> Art. 3.º As concessões e permissões sujeitar-se-ão à fiscalização pelo poder concedente responsável pela delegação, com a cooperação dos usuários.
>
> (...)

> Art. 30. No exercício da fiscalização, o poder concedente terá acesso aos dados relativos à administração, contabilidade, recursos técnicos, econômicos e financeiros da concessionária.
>
> Parágrafo único. A fiscalização do serviço será feita por intermédio de órgão técnico do poder concedente ou por entidade com ele conveniada, e, periodicamente, conforme previsto em norma regulamentar, por comissão composta de representantes do poder concedente, da concessionária e dos usuários.

Vale lembrar que os aspectos relevantes relacionados à fiscalização da prestação dos serviços pelo poder público já foram examinados, em item específico do presente capítulo, acerca da regulamentação e controle dos serviços públicos, ao qual remetemos o leitor, a fim de obviar repetições ociosas.

d) poder de aplicar diretamente penalidades contratuais e administrativas;

Essa prerrogativa é simplesmente mencionada no inciso II do art. 29 da Lei 8.987/1995, sem detalhamento algum.

Como a Lei 8.987/1995 não traz qualquer regra específica acerca das espécies de sanções administrativas (ou regulamentares) a que se sujeitam as concessionárias (ou permissionárias), são plenamente aplicáveis a elas as sanções previstas na Lei 14.133/2021, estudadas em tópico próprio, no capítulo sobre "licitações públicas" desta obra.

É importante lembrar que a Lei 8.987/1995 descreve como "cláusula essencial" do contrato de concessão (e de permissão) a relativa "às penalidades contratuais e administrativas a que se sujeita a concessionária e sua forma de aplicação".

Portanto, além das sanções administrativas (ou regulamentares), previstas na Lei 14.133/2021, poderá haver outras penalidades específicas, estipuladas no contrato (sanções contratuais).

Enfatizamos que a Lei 8.987/1995 exige que as penalidades, sejam quais forem, não só constem expressamente do contrato de concessão (ou de permissão), como também tenham sido previamente explicitadas na minuta deste, que deve acompanhar o edital da licitação respectiva (art. 18, XIV).

Vale anotar, por fim, que, segundo a jurisprudência do Supremo Tribunal Federal, deverá ser observado, como **regra geral**, o **princípio da publicidade** quanto a processos administrativos instaurados por agências reguladoras que tenham por fim apurar infrações e aplicar sanções a concessionárias (e permissionárias) de serviço público.[14]

Na oportunidade em que essa posição foi firmada, estava em apreciação – e foi declarado **inconstitucional** – o art. 78-B da Lei 10.233/2001, nos termos do qual os processos sancionadores instaurados pela Agência Nacional de Transportes Terrestres (ANTT) e pela Agência Nacional de Transportes Aquaviários (ANTAQ) deveriam

---

[14] ADI 5.371/DF, rel. Min. Roberto Barroso, 02.03.2022 (Informativo 1.045 do STF).

permanecer "**em sigilo até decisão final**". Acerca da matéria, restou fixada a seguinte **tese de julgamento**:

> Os processos administrativos sancionadores instaurados por agências reguladoras contra concessionárias de serviço público devem obedecer ao princípio da publicidade durante toda a sua tramitação, ressalvados eventuais atos que se enquadrem nas hipóteses de sigilo previstas em lei e na Constituição.

A nosso ver, essa orientação deve ser estendida – também como **regra geral** – a quaisquer processos administrativos sancionadores instaurados contra pessoas físicas ou jurídicas que possuam relação jurídica contratual com a administração pública.

e)   **poder de intervenção na concessão (ou permissão).**

A Lei 8.987/1995 **não** utiliza a expressão "ocupação provisória" (ou "ocupação temporária"), empregada pela doutrina, tampouco contém dispositivo que se refira textualmente à prerrogativa da administração de "ocupar provisoriamente bens móveis e imóveis e utilizar pessoal e serviços vinculados ao objeto do contrato", como se encontra no inciso V do art. 104 da Lei 14.133/2021.

A bem da verdade, o **poder de intervenção** na concessão (ou permissão) configura uma das poucas prerrogativas da administração pública delegante a receber um regramento específico na Lei 8.987/1995, derrogando as disposições gerais vazadas na Lei 14.133/2021. Por essa razão, as regras concernentes à intervenção na concessão (ou permissão) serão analisadas separadamente, no próximo subitem.

7.9.1.   Intervenção na concessão (ou permissão)

O **poder de intervenção** na concessão (ou permissão) é uma variante específica da cláusula exorbitante conhecida como "ocupação temporária" ou "ocupação provisória".

Como a prerrogativa de intervenção no serviço delegado está detalhadamente disciplinada na Lei 8.987/1995, entendemos que não têm aplicação às concessões e permissões de serviços públicos as disposições da Lei 14.133/2021 que, tratando dos contratos administrativos em geral, versam sobre "ocupação provisória" (ou "ocupação temporária").

Na Lei 8.987/1995, a intervenção na concessão (ou permissão) está prevista e regrada nos arts. 32 a 34, cuja transcrição faz-se oportuna, haja vista tratar-se de preceitos praticamente autoexplicativos:

> Art. 32. O poder concedente poderá intervir na concessão, com o fim de assegurar a adequação na prestação do serviço, bem como o fiel cumprimento das normas contratuais, regulamentares e legais pertinentes.
>
> Parágrafo único. A intervenção far-se-á por decreto do poder concedente, que conterá a designação do interventor, o prazo da intervenção e os objetivos e limites da medida.

Art. 33. Declarada a intervenção, o poder concedente deverá, no prazo de trinta dias, instaurar procedimento administrativo para comprovar as causas determinantes da medida e apurar responsabilidades, assegurado o direito de ampla defesa.

§ 1.º Se ficar comprovado que a intervenção não observou os pressupostos legais e regulamentares será declarada sua nulidade, devendo o serviço ser imediatamente devolvido à concessionária, sem prejuízo de seu direito à indenização.

§ 2.º O procedimento administrativo a que se refere o *caput* deste artigo deverá ser concluído no prazo de até cento e oitenta dias, sob pena de considerar-se inválida a intervenção.

Art. 34. Cessada a intervenção, se não for extinta a concessão, a administração do serviço será devolvida à concessionária, precedida de prestação de contas pelo interventor, que responderá pelos atos praticados durante a sua gestão.

Ressaltamos os seguintes pontos:

a) a intervenção é ocasionada pela prestação de **serviço inadequado**;

b) a intervenção é determinada por **decreto** (ato privativo do chefe do Poder Executivo), que deve conter: (i) designação do interventor; (ii) prazo da intervenção; (iii) objetivos e limites da intervenção;

c) não existe intervenção por prazo indeterminado; a Lei 8.987/1995, entretanto, **não** estabelece **prazo de duração** da intervenção, nem mínimo, nem máximo;

d) decretada a intervenção, o poder concedente deverá, no **prazo de trinta dias**, instaurar **procedimento administrativo** para comprovar as causas determinantes da medida e apurar responsabilidades, assegurado o direito de ampla defesa;

e) o procedimento administrativo deve ser concluído no prazo de até **cento e oitenta dias**, sob pena de considerar-se inválida a intervenção;

f) a intervenção não resulta obrigatoriamente na extinção da concessão (ou permissão); se não for o caso de extinção, cessada a intervenção a administração do serviço será devolvida à concessionária (ou permissionária).

Observe-se que a **intervenção**, por si só, **não é uma sanção**. Ela consiste em mero procedimento acautelatório, mediante o qual o poder concedente assume a gestão do serviço público, visando a assegurar a prestação de serviço adequado, sem quebra de continuidade, enquanto apura as irregularidades eventualmente havidas na sua prestação pela concessionária (ou permissionária), bem como as responsabilidades decorrentes. Por isso, a intervenção é decretada desde logo, sem contraditório e defesa **prévios**. Depois de decretada a intervenção, já durante o procedimento administrativo de apuração, é que, obviamente, são plenamente garantidos o contraditório e a ampla defesa.

Por fim, é de grande importância registrar que **a intervenção nas concessões e permissões de serviço público de energia elétrica passou a ter regramento próprio e específico** com a edição da Lei 12.767/2012, sendo expressamente **excluída** em tal hipótese, por essa mesma lei, **a aplicação dos arts. 32 a 34 da Lei 8.987/1995**.

7.10. Extinção da concessão (ou permissão)

Concessões e permissões de serviços públicos são formas de **descentralização por delegação** (ou por colaboração). Essa modalidade de descentralização – diferentemente do que ocorre com a descentralização por outorga legal (ou por serviços) – caracteriza-se pela **temporalidade**. Ademais, os contratos administrativos de concessão e de permissão de serviços públicos sempre devem ser firmados por **prazo determinado**.

Em suma, uma concessão ou permissão de serviços públicos está invariavelmente fadada à extinção, seja pelo término do prazo, seja antes disso, caso configurada alguma das situações legais que ensejem a antecipação.

Extinta a concessão (ou a permissão), passam à propriedade do poder concedente todos os **bens reversíveis**, direitos e privilégios transferidos à concessionária, conforme previsto no edital e estabelecido no contrato. A lei chama de **bens reversíveis** aqueles, expressamente descritos no contrato, que passarão automaticamente à propriedade do poder concedente com a extinção da concessão (ou da permissão) – qualquer que seja a modalidade de extinção.

Extinta a concessão (ou a permissão), haverá a **imediata assunção do serviço pelo poder concedente**, procedendo-se aos levantamentos, avaliações e liquidações necessários. A assunção do serviço autoriza a ocupação das instalações e a utilização, pelo poder concedente, de todos os bens reversíveis.

Examinamos, a seguir, as hipóteses de extinção listadas no art. 35 da Lei 8.987/1995. Embora a lei se refira sempre às concessões, as regras são igualmente aplicáveis às permissões, por força do parágrafo único do seu art. 40.

a) advento do termo contratual (art. 35, I);

Essa é a forma ordinária de extinção da concessão, também chamada, simplesmente, "reversão da concessão". Ocorre, como o nome indica, quando chega ao fim o prazo estabelecido no respectivo contrato.

Os bens reversíveis, especificados no contrato (art. 23, X), passam à propriedade do poder concedente (como ocorre em todas as hipóteses de extinção, e não só nessa).

A concessionária tem direito a indenização: os investimentos que houver realizado nos bens reversíveis e ainda não tenham sido inteiramente depreciados ou amortizados serão a ela indenizados pelas parcelas restantes (isto é, só será indenizada a parte não depreciada ou não amortizada). Essa disposição tem o objetivo de garantir que a concessionária permaneça realizando investimentos até o fim do contrato, com vistas a assegurar a continuidade e a atualidade do serviço concedido (art. 36).

Essa regra de indenização – serem indenizadas as parcelas não depreciadas ou não amortizadas dos investimentos efetuados nos bens reversíveis – é comum a **todas as hipóteses de extinção**. As diferenças mais importantes, como veremos, são que, na encampação, a indenização tem que ser prévia e, na caducidade, a administração desconta do valor a indenizar os prejuízos causados pela concessionária e as multas por ela devidas.

Nos casos de término da concessão por advento do termo contratual e por encampação, a Lei 8.987/1995 determina que o poder concedente, antecipando-se à extinção do contrato, proceda aos levantamentos e avaliações necessários à determinação dos montantes da indenização que será devida à concessionária (art. 35, § 4.º).

b) encampação (art. 37);

É a retomada do serviço pelo poder concedente, antes do término do prazo da concessão, baseada em razões de **interesse público**, sem que haja qualquer vício na concessão ou qualquer irregularidade na prestação do serviço pela concessionária.

A lei estabelece como condições para que possa haver a encampação: (a) **interesse público**; (b) **lei autorizativa** específica; (c) pagamento **prévio** da indenização.

Conforme antes explicado, a regra relativa ao valor a ser indenizado é sempre a mesma: serão indenizadas as parcelas não depreciadas ou não amortizadas dos investimentos efetuados nos bens reversíveis com o objetivo de garantir a continuidade e a atualidade do serviço concedido. Note-se que a lei **não prevê**, em ponto algum, nem mesmo na hipótese de encampação, a possibilidade de **indenização por lucros cessantes** (indenização baseada no valor estimado do lucro que a concessionária teria com a execução do contrato até o termo final).

c) caducidade (art. 38 e art. 27);

Caducidade é o vocábulo utilizado pela Lei 8.987/1995 para designar a extinção da concessão em razão de **inexecução total ou parcial do contrato** por parte da concessionária.

Há necessidade de comunicação à concessionária, **antes da instauração do processo administrativo**, dos descumprimentos contratuais que lhe são imputados, com a fixação de prazo para que ela corrija as falhas e transgressões apontadas.

Se não ocorrer a correção, o processo administrativo será instaurado e, caso comprovada a inadimplência, a caducidade será imposta por **decreto** do poder concedente.

Em todas as hipóteses descritas no § 1.º do art. 38, a decretação da caducidade é um **ato discricionário** – ao poder concedente é **facultado**, a seu critério, decretar a caducidade **ou** aplicar ao delegatário inadimplente as sanções previstas no contrato. Transcrevemos esse dispositivo (grifos nossos):

> § 1.º A caducidade da concessão **poderá** ser declarada pelo poder concedente quando:
>
> I – o **serviço estiver sendo prestado de forma inadequada ou deficiente**, tendo por base as normas, critérios, indicadores e parâmetros definidores da qualidade do serviço;
>
> II – a concessionária **descumprir cláusulas contratuais ou disposições legais** ou regulamentares concernentes à concessão;
>
> III – a concessionária **paralisar o serviço** ou concorrer para tanto, **ressalvadas** as hipóteses decorrentes de **caso fortuito** ou **força maior**;
>
> IV – a concessionária perder as condições econômicas, técnicas ou operacionais para manter a adequada prestação do serviço concedido;

DIREITO ADMINISTRATIVO DESCOMPLICADO • Marcelo Alexandrino & Vicente Paulo

V – a concessionária **não cumprir as penalidades impostas por infrações**, nos devidos prazos;

VI – a concessionária não atender a intimação do poder concedente no sentido de regularizar a prestação do serviço; e

VII – a concessionária **não atender a intimação** do poder concedente para, em 180 (cento e oitenta) dias, **apresentar a documentação relativa a regularidade fiscal**, no curso da concessão, na forma do art. 29 da Lei n.º 8.666, de 21 de junho de 1993.[15]

Cabe registrar que existe, ainda, na Lei 8.987/1995, uma hipótese em que a decretação de caducidade está disciplinada como um **ato vinculado**. É a descrita no *caput* do seu art. 27, a saber (grifamos):

Art. 27. A transferência de concessão ou do controle societário da concessionária sem prévia anuência do poder concedente **implicará a caducidade** da concessão.

Seja qual for a causa da decretação de caducidade, a concessionária tem direito a indenização. O cálculo do valor segue a regra invariável: corresponde ele às parcelas não amortizadas ou não depreciadas dos investimentos realizados nos bens reversíveis com o objetivo de garantir a continuidade e a atualidade do serviço concedido.

A indenização **não é prévia** (a lei diz que a indenização será calculada no decurso do processo). Ademais, descontam-se do montante de indenização calculado as multas contratuais e o valor dos danos causados pela concessionária.

É evidente que se as multas e o valor dos danos ocasionados superarem o montante de indenização calculado segundo as regras acima explicadas, nada receberá a concessionária. Pelo contrário, a administração pública cobrará o excedente, podendo descontar da garantia (se houver) e reter pagamentos que porventura deva à concessionária. Evidentemente, se, ainda assim, restar dívida, e a concessionária não pagar espontaneamente, a administração terá que cobrar mediante as ações judiciais pertinentes.

Extinta a concessão pela caducidade, **não resultará** para o poder concedente **qualquer espécie de responsabilidade** em relação aos encargos, ônus, obrigações ou compromissos com terceiros ou com empregados da concessionária.

d) rescisão (art. 39);

A rescisão da concessão decorre do descumprimento de normas contratuais pelo poder concedente e é **sempre judicial**.

A Lei 8.987/1995 somente utiliza a palavra **rescisão** para designar especificamente a extinção por iniciativa da concessionária, fundada em descumprimento contratual por parte do poder concedente.

---

[15] A Lei 14.133/2021, no seu art. 189, manda aplicar as disposições nela constantes às hipóteses, previstas na legislação em geral, que façam referência expressa à Lei 8.666/1993.

Os serviços prestados pela concessionária não poderão ser interrompidos ou paralisados, até a **decisão judicial transitada em julgado** que reconheça o inadimplemento do poder concedente e autorize a concessionária a considerar extinto o contrato pela rescisão (art. 39, parágrafo único).

Constata-se, dessarte, que, nos contratos de concessão de serviços públicos (e também nos de permissão), é **absoluta** a inoponibilidade da exceção do contrato não cumprido (*exceptio non adimpleti contractus*) pela concessionária, diferentemente do que acontece com os contratos administrativos regidos pela Lei 14.133/2021 (e com aqueles ainda vigentes celebrados sob a Lei 8.666/1993).

e) anulação (art. 35, V);

A anulação é a extinção do contrato em decorrência de vício, isto é, por motivo de ilegalidade ou ilegitimidade. Pode ser declarada unilateralmente pelo poder concedente ou, se houver provocação, pelo Poder Judiciário. Acarreta a responsabilização de quem tiver dado causa à ilegalidade.

Não há nenhuma regra específica na Lei 8.987/1995 acerca da anulação dos contratos de concessão e de permissão de serviços públicos. Por isso, aplicam-se, integralmente, as normas sobre a matéria existentes na Lei 14.133/2021, estudadas em tópico próprio do capítulo sobre "contratos administrativos" desta obra.

f) falência ou extinção da empresa concessionária e falecimento ou incapacidade do titular, no caso de empresa individual (art. 35, VI).

A Lei 8.987/1995 nada preceitua relativamente a essa hipótese de extinção, cujo fundamento patente é a natureza pessoal (*intuitu personae*) dos contratos de concessão e de permissão de serviços públicos.

A Lei 11.101/2005 – "Lei de Falências" –, no seu art. 195, assevera que "a decretação da falência das concessionárias de serviços públicos implica extinção da concessão, na forma da lei". Consideramos esse artigo inócuo, porque a lei que trata da matéria – à qual ele estaria fazendo referência em sua parte final ("na forma da lei") – é a própria Lei 8.987/1995.

O certo é que a Lei 8.987/1995 não estabeleceu forma alguma a ser observada para que se dê a extinção da concessão (ou permissão) no caso de falência do delegatário do serviço público. Não obstante, segundo pensamos, essa hipótese de extinção ocorre de pleno direito, isto é, automaticamente, independentemente de qualquer ato decisório por parte da administração pública, ou de qualquer procedimento especial que precise ser expressamente estabelecido em lei – geral ou específica.

Antes de encerrar o presente tópico, faz-se oportuno registrar que a Lei 13.448/2017 introduziu em nosso ordenamento uma figura por ela denominada "**relicitação**", a qual consiste em um procedimento que envolve uma **extinção amigável** da concessão e a realização de licitação para escolha de um outro concessionário, com um novo contrato, em novas condições contratuais.

A **relicitação** prevista na Lei 13.448/2017 **somente** se aplica aos **setores rodoviário, ferroviário e aeroportuário** da administração pública **federal**. Além disso, somente poderá alcançar empreendimento público prévia e especificamente qualificado para esse fim no Programa de Parcerias de Investimentos (PPI), instituído pela Lei 13.334/2016.

A relicitação **não se restringe a concessões**, mas abrange todas as modalidades de **contratos de parceria** enumeradas na Lei 13.334/2016, a saber: "a concessão comum, a concessão patrocinada, a concessão administrativa, a concessão regida por legislação setorial, a permissão de serviço público, o arrendamento de bem público, a concessão de direito real" e os outros negócios público-privados que adotem estrutura jurídica semelhante.

A Lei 13.448/2017 assim define **relicitação**: "procedimento que compreende a extinção amigável do contrato de parceria e a celebração de novo ajuste negocial para o empreendimento, em novas condições contratuais e com novos contratados, mediante licitação promovida para esse fim" (art. 4.º, III).

Nos termos do art. 13 da Lei 13.448/2017, a relicitação tem por objetivo assegurar a continuidade da prestação dos serviços e poderá ser efetuada, desde que satisfeitas as condições que ela estipula, quando as disposições contratuais não estiverem sendo atendidas, ou os contratados demonstrarem incapacidade de adimplir as obrigações contratuais ou financeiras assumidas originalmente.

Caso qualificado o contrato de parceria para a relicitação, serão sobrestadas as medidas destinadas a instaurar ou a dar seguimento a processos de caducidade eventualmente em curso contra o contratado.

A Lei 13.448/2017 (regulamentada pelo Decreto 9.957/2019) estabelece uma série de regras concernentes às exigências para que se efetue a relicitação nela disciplinada e aos procedimentos correspondentes. Essas disposições, em razão de sua especificidade, escapam do escopo desta obra – e não serão aqui detalhadas.

8. PARCERIAS PÚBLICO-PRIVADAS (LEI 11.079/2004)

8.1. Noções introdutórias

A Lei 11.079/2004, editada com fundamento na competência prevista no inciso XXVII do art. 22 da Constituição Federal, estabelece **normas gerais** sobre parcerias público-privadas (PPP) – as quais, a rigor, consistem em duas modalidades específicas de **contratos de concessão**.

É uma lei de **caráter nacional**. Deveras, conforme literalmente disposto no parágrafo único de seu art. 1.º, a Lei 11.079/2004 aplica-se aos órgãos da administração pública direta dos Poderes Executivo e Legislativo, aos fundos especiais, às autarquias, às fundações públicas, às empresas públicas, às sociedades de economia mista e às demais entidades controladas direta ou indiretamente pela União, estados, Distrito Federal e municípios.

Para sermos precisos, é de mister pontuar que nem todos os dispositivos da Lei 11.079/2004 configuram normas gerais, de abrangência nacional. Com efeito, ao lado destas, aplicáveis aos diversos entes de nossa Federação, há preceitos que são endereçados exclusivamente à União. Estão eles contidos nos arts. 14 a 22, que serão examinados à frente, em tópico próprio.

As disposições constantes na Lei 14.133/2021, conforme determina o seu art. 186, aplicam-se **subsidiariamente** à Lei 11.079/2004. Além disso, no caso dos dispositivos da Lei 11.079/2004 que fazem referência expressa à Lei 8.666/1993, deverá ser aplicada, em vez desta, a Lei 14.133/2021, consoante preceitua o art. 189 dessa última lei.

As parcerias público-privadas têm como objetivo atrair o setor privado, nacional e estrangeiro, basicamente para investimentos em projetos de infraestrutura de grande vulto, necessários ao desenvolvimento do País, cujos recursos envolvidos excedem a capacidade financeira do setor público.

A principal estratégia para atrair esses investimentos é, simplificadamente, assegurar ao "parceiro privado" (denominação que a lei utiliza para referir-se ao particular contratado) um retorno mínimo sobre o capital investido. Esse "retorno mínimo" é proporcionado por uma "contraprestação" paga ao investidor privado pela administração pública contratante ("parceiro público").

Como os contratos de parcerias público-privadas têm vigência muito longa, há um risco acentuado de que eles acarretem desequilíbrios nas contas do parceiro público, em consequência dos dispêndios de longo prazo que originam para este.

Na tentativa de evitar esse problema, a Lei 11.079/2004 estabelece que a União somente poderá contratar parceria público-privada quando a soma das despesas de caráter continuado derivadas do conjunto das parcerias **já contratadas** não tiver excedido, no **ano anterior**, a **um por cento** da receita corrente líquida do exercício, e as **despesas anuais** dos **contratos vigentes**, nos **dez anos subsequentes**, não excedam a **um por cento** da receita corrente líquida projetada para os respectivos exercícios (art. 22).

Em consonância com essa regra, e com igual intuito – evitar desequilíbrios fiscais decorrentes dos gastos públicos com as PPP –, preceitua o *caput* do art. 28 da Lei 11.079/2004 (redação dada pela Lei 12.766/2012):

> Art. 28. A União não poderá conceder garantia ou realizar transferência voluntária aos Estados, Distrito Federal e Municípios se a soma das despesas de caráter continuado derivadas do conjunto das parcerias já contratadas por esses entes tiver excedido, no ano anterior, a 5% (cinco por cento) da receita corrente líquida do exercício ou se as despesas anuais dos contratos vigentes nos 10 (dez) anos subsequentes excederem a 5% (cinco por cento) da receita corrente líquida projetada para os respectivos exercícios.

Além dessas precauções, o legislador inseriu, no art. 10, a exigência expressa de observância de condições e limites estabelecidos na Lei Complementar 101/2000 – **Lei de Responsabilidade Fiscal**.

Finalizando estas noções introdutórias, cabe reproduzir o art. 4.º da Lei 11.079/2004, um de seus dispositivos mais genéricos, no qual são estabelecidas as **diretrizes** a serem observadas na contratação de parcerias público-privadas:

> Art. 4.º Na contratação de parceria público-privada serão observadas as seguintes diretrizes:

DIREITO ADMINISTRATIVO DESCOMPLICADO • *Marcelo Alexandrino & Vicente Paulo*

I – eficiência no cumprimento das missões de Estado e no emprego dos recursos da sociedade;

II – respeito aos interesses e direitos dos destinatários dos serviços e dos entes privados incumbidos da sua execução;

III – indelegabilidade das funções de regulação, jurisdicional, do exercício do poder de polícia e de outras atividades exclusivas do Estado;

IV – responsabilidade fiscal na celebração e execução das parcerias;

V – transparência dos procedimentos e das decisões;

VI – repartição objetiva de riscos entre as partes;

VII – sustentabilidade financeira e vantagens socioeconômicas dos projetos de parceria.

É interessante observar que no inciso III, supratranscrito, está explícito que não são passíveis de delegação a função de **regulação**, a atividade **jurisdicional**, o exercício do **poder de polícia** e outras **atividades exclusivas** do Estado.

Trata-se de dispositivo visivelmente inserido por excesso de precaução, porém útil, quando mais não seja, para esclarecer que **regulação** e **poder de polícia** são **atividades exclusivas de Estado**.

8.2. Modalidades de parcerias público-privadas

A Lei 11.079/2004 define duas espécies de parcerias público-privadas, a saber (art. 2.º):

a) **concessão patrocinada**: é a concessão de serviços públicos ou de obras públicas descrita na Lei 8.987/1995, quando envolver, adicionalmente à tarifa cobrada dos usuários, **contraprestação pecuniária do parceiro público ao parceiro privado**;

b) **concessão administrativa**: é o contrato de prestação de serviços de que a administração pública seja a usuária direta ou indireta, ainda que envolva execução de obra ou fornecimento e instalação de bens.

Aplicam-se subsidiariamente às **concessões patrocinadas** a Lei 8.987/1995 e as leis a esta correlatas. No caso das **concessões administrativas**, a Lei 11.079/2004 prevê a aplicação subsidiária apenas de determinados artigos da Lei 8.987/1995 – muito embora se trate de alguns dos mais importantes (arts. 21, 23, 25 e 27 a 39) –, bem como do art. 31 da Lei 9.074/1995.

Não configura parceria público-privada a **concessão comum**, definida no § 3.º do art. 2.º da Lei 11.079/2004 como a concessão de serviços públicos ou de obras públicas de que trata a Lei 8.987/1995, quando **não envolva contraprestação pecuniária do parceiro público** ao parceiro privado.

A Lei 11.079/2004, consoante dispõe o § 2.º do seu art. 3.º, **não se aplica** às **concessões comuns**, as quais permanecem sob a regência da Lei 8.987/1995 e das leis a esta correlatas. Ademais, assevera o § 3.º do mesmo artigo que "os contratos administrativos que não caracterizem concessão comum, patrocinada ou administrativa" continuam regidos "exclusivamente" pela Lei 8.666/1993 e pelas leis que lhe são correlatas.

Não é difícil perceber que, ao fim e ao cabo, esses preceitos da Lei 11.079/2004 têm o intuito de explicitar que ela **não regula nenhum outro contrato administrativo** que não sejam os de **concessão patrocinada** e de **concessão administrativa**.

É muito importante repisar que o art. 186 da Lei 14.133/2021 estabelece que as disposições dessa lei devem ser aplicadas, **subsidiariamente**, à Lei 11.079/2004. Além disso, no caso dos dispositivos da Lei 11.079/2004 que fazem referência expressa à Lei 8.666/1993, deverá ser aplicada, em vez desta, a Lei 14.133/2021, conforme determina o art. 189 dessa última lei.

A nosso ver, não é fácil visualizar o funcionamento pretendido pelo legislador para a modalidade de parceria público-privada denominada "concessão administrativa". É certo que se trata de concessão, não só pelo nome, mas porque o *caput* do art. 2.º da Lei 11.079/2004 categoricamente afirma que as parcerias público-privadas são contratos de concessão. Todavia, na **concessão administrativa**, a administração pública é a usuária (direta ou indireta) de serviços prestados pelo parceiro privado. Note-se que a definição legal não é explícita quanto à natureza do serviço prestado pelo parceiro privado à administração, vale dizer, não está dito se o objeto da concessão administrativa será uma atividade enquadrada ou não como **serviço público**.

Segundo pensamos, pode ser objeto de concessão administrativa um **serviço público** não remunerado por tarifa cobrada dos usuários. Sendo um serviço público, será prestado à população diretamente, mas quem pagará pelo serviço será a administração pública, na qualidade de "usuária indireta".

Também poderá ser objeto de concessão administrativa um serviço comum (não enquadrado como serviço público), prestado diretamente à administração. Nesse caso, a administração pública simplesmente pagará pelo serviço a ela mesma prestado, na qualidade de "usuária direta".

Importa destacar que, mesmo nessa última hipótese, o contrato de parceria público-privada será uma **concessão**, e **não** um contrato administrativo ordinário de **prestação de serviços**. Corrobora essa asserção o fato de a Lei 11.079/2004 mandar aplicar às concessões administrativas diversos preceitos da Lei 8.987/1995 que são claramente incompatíveis com as normas de regências de contratos de mera prestação de serviços vazadas na Lei 14.133/2021 (e também com aquelas que constavam na Lei 8.666/1993).

Na mesma linha do entendimento que adotamos, a Prof.ª Maria Sylvia Di Pietro considera possível que a concessão administrativa tenha por objeto a prestação de um **serviço público**, hipótese em que a administração será aquilo que a lei chama de "**usuária indireta**". Consoante preleciona da autora, "quando se fala em usuária indireta, está-se pressupondo que os usuários diretos sejam terceiros aos quais a administração pública presta serviços públicos (como os estudantes de uma escola pública, os pacientes de um hospital público etc.)".

Seja como for, **em qualquer modalidade de parceria público-privada haverá uma contraprestação pecuniária do parceiro público ao parceiro privado**. Ao que parece, na **concessão administrativa** essa contraprestação pecuniária será o próprio valor que a administração pública pagará, na qualidade de usuária direta ou indireta, pelos serviços prestados pelo parceiro privado.

Em que pesem as dificuldades de interpretação do texto legal que acabamos de apontar, é possível afirmar, em resumo, que na **concessão patrocinada** o valor da remuneração do parceiro privado resulta essencialmente da soma da tarifa paga pelo usuário do serviço público com a contraprestação paga pelo parceiro público, ao passo que na **concessão administrativa** a remuneração do parceiro privado consiste basicamente na contraprestação a ele paga pela administração pública.

Na opinião da Prof.ª Maria Sylvia Di Pietro, **não é cabível a cobrança de tarifa na concessão administrativa**, mas "não há impedimento a que o concessionário receba recursos de outras fontes de receitas complementares, acessórias, alternativas ou decorrentes de projetos associados".

As **concessões patrocinadas** em que **mais de setenta por cento** da remuneração do parceiro privado deva ser paga pela administração pública dependerão de **autorização legislativa específica** (art. 10, § 3.º). Tal regra configura, a toda evidência, mais uma medida voltada à redução do risco de desequilíbrio fiscal decorrente das despesas públicas relacionadas às parcerias público-privadas.

É **vedada a celebração** de parceria público-privada (art. 2.º, § 4.º):

a) cujo valor do contrato seja **inferior a dez milhões de reais**;

b) cujo período de prestação do serviço seja **inferior a cinco anos** (o período máximo é de trinta e cinco anos); ou

c) que tenha como **objeto único** o fornecimento de mão de obra, o fornecimento e instalação de equipamentos ou a execução de obra pública.

8.3. Cláusulas contratuais, contraprestação da administração pública e garantias

As cláusulas dos contratos de parceria público-privada atenderão, no que couber, ao disposto no art. 23 da Lei 8.987/1995 – o qual enumera as cláusulas essenciais dos contratos de concessão comum – e devem também prever (art. 5.º):

a) o prazo de vigência do contrato, compatível com a amortização dos investimentos realizados, **não inferior a cinco**, **nem superior a trinta e cinco anos**, incluindo eventual prorrogação;

b) as **penalidades** aplicáveis à **administração pública e ao parceiro privado** em caso de inadimplemento contratual, fixadas sempre de forma proporcional à gravidade da falta cometida, e às obrigações assumidas;

c) a **repartição de riscos** entre as partes, inclusive os referentes a caso fortuito, força maior, fato do príncipe e álea econômica extraordinária;

d) as formas de **remuneração** e de **atualização** dos valores contratuais;

e) os mecanismos para a preservação da **atualidade** da prestação dos serviços;

f) os fatos que caracterizem a **inadimplência pecuniária** do **parceiro público**, os modos e o prazo de regularização e, quando houver, a forma de acionamento da garantia;

Cap. 11 • SERVIÇOS PÚBLICOS

g) os critérios objetivos de **avaliação do desempenho** do parceiro privado;

h) a prestação, pelo parceiro privado, de **garantias** de execução suficientes e compatíveis com os ônus e riscos envolvidos, limitadas a **até dez por cento do valor do contrato**, observando-se que, no caso de contratos que envolvam a **entrega de bens** pela administração, dos quais o parceiro privado será depositário, ao valor da garantia deverá ser **acrescido o valor desses bens**; ainda, no caso de **concessão patrocinada** que envolva a execução de **obra pública**, as garantias exigidas para essa parte específica do contrato são **limitadas ao valor da obra**;

i) o **compartilhamento** com a administração pública de **ganhos econômicos** efetivos do parceiro privado **decorrentes da redução do risco de crédito** dos financiamentos utilizados pelo parceiro privado;

j) a realização de vistoria dos bens reversíveis, podendo o parceiro público **reter os pagamentos** ao parceiro privado, no valor necessário para reparar as irregularidades eventualmente detectadas;

k) caso o contrato preveja o **aporte de recursos** em favor do parceiro privado para a realização de obras e aquisição de **bens reversíveis**, deverá conter cláusula que estabeleça o cronograma e os marcos para o repasse ao parceiro privado das parcelas desse aporte de recursos, na fase de investimentos do projeto e/ou após a disponibilização dos serviços.

As cláusulas contratuais de **atualização automática** de valores baseadas em índices e fórmulas matemáticas, quando houver, serão aplicadas **sem necessidade de homologação pela administração pública**, exceto se esta publicar, na imprensa oficial, onde houver, até o prazo de **quinze dias** após apresentação da fatura, razões para a **rejeição da atualização**, fundamentadas na Lei 11.079/2004 ou no contrato (art. 5.º, § 1.º).

Os contratos de parceria público-privada **poderão** prever **adicionalmente** (art. 5.º, § 2.º):

a) os requisitos e condições em que o parceiro público autorizará a transferência do controle ou a administração temporária da sociedade de propósito específico aos seus financiadores e garantidores com quem não mantenha vínculo societário direto, com o objetivo de promover a sua reestruturação financeira e assegurar a continuidade da prestação dos serviços, não se aplicando para este efeito as exigências de capacidade técnica, idoneidade financeira e regularidade jurídica e fiscal previstas no art. 27 da Lei 8.987/1995;

b) a possibilidade de emissão de empenho em nome dos financiadores do projeto em relação às obrigações pecuniárias da administração pública;

c) a legitimidade dos financiadores do projeto para receber indenizações por extinção antecipada do contrato, bem como pagamentos efetuados pelos fundos e empresas estatais garantidores de parcerias público-privadas.

A **contraprestação da administração pública** nos contratos de parceria público-privada poderá ser feita por (art. 6.º):

a) ordem bancária;

b) cessão de créditos não tributários;

c) outorga de direitos em face da administração pública;

d) outorga de direitos sobre bens públicos dominicais;

e) outros meios admitidos em lei.

Faculta a lei que o contrato preveja o pagamento ao parceiro privado de **remuneração variável** vinculada ao seu desempenho, conforme metas e padrões de qualidade e disponibilidade definidos no contrato (art. 6.º, § 1.º).

Também poderá o contrato prever **aporte de recursos** em favor do parceiro privado para **realização de obras** e **aquisição de bens reversíveis** (os quais devem estar perfeitamente indicados e caracterizados no edital de licitação). Esse aporte de recursos deverá ser **autorizado em lei específica**, se o contrato tiver sido celebrados **até 8 de agosto de 2012**. Para contratos celebrados **depois** dessa data, é exigido apenas que o aporte de recursos seja **autorizado no edital de licitação** (art. 6.º, § 2.º).

É claro que, por ocasião da **extinção** do contrato, o parceiro privado **não receberá indenização** pelas parcelas de investimentos vinculados a bens reversíveis ainda não amortizadas ou depreciadas, **quando tais investimentos tiverem sido realizados com valores provenientes do aporte de recursos** ora em comento (art. 6.º, § 5.º).

O *caput* do art. 7.º da Lei 11.079/2004 determina que a **contraprestação** paga pela administração pública seja **obrigatoriamente precedida da disponibilização do serviço** objeto do contrato de parceria público-privada.

Nem sempre, entretanto, o pagamento da referida contraprestação será condicionado à **integral** disponibilização do serviço pelo parceiro privado; é **possível** haver pagamento de contraprestação pela disponibilização **parcial** do serviço, quando a parte disponibilizada puder ser fruída de forma independente.

Com efeito, conforme preceitua o § 1.º do art. 7.º, é **facultado** à administração, nos termos do contrato, efetuar o pagamento da contraprestação relativa a **parcela fruível** do serviço objeto do contrato de parceria público-privada. Por outras palavras, se o serviço objeto do contrato for divisível, e alguma (ou algumas) de suas parcelas puder ser desfrutada separadamente, poderá a administração pública, havendo previsão no contrato, pagar contraprestação pela disponibilização dessa parcela.

O **aporte de recursos** pelo parceiro público, para a realização de obras e aquisição de bens reversíveis, **quando for efetuado durante a fase dos investimentos** a cargo do parceiro privado, deverá guardar **proporcionalidade** com as **etapas efetivamente executadas** (art. 7.º, § 2.º).

Podemos concluir que a lei não considera esse "aporte de recursos", propriamente, uma "contraprestação da administração pública". Isso porque, como visto, o *caput* do art. 7.º proíbe o parceiro público de pagar contraprestação antes da disponibilização do serviço objeto do contrato, mas o citado aporte de recursos **pode** ser feito na fase de investimentos mesmo **antes** de existir **qualquer serviço disponibilizado** (art. 5.º, XI). Em suma, o **aporte de recursos** aqui em foco pode se dar mesmo antes de ser disponibilizado algum serviço; a lei estabelece apenas que, se ele ocorrer na fase de investimentos de que incumbido o parceiro privado, "deverá guardar proporcionalidade com as etapas efetivamente executadas" (art. 7.º, § 2.º).

As obrigações pecuniárias **contraídas pela administração pública** em contrato de parceria público-privada poderão ser **garantidas** mediante (art. 8.º):

a) **vinculação de receitas**, observado o disposto no inciso IV do art. 167 da Constituição Federal (o dispositivo constitucional mencionado veda a vinculação de receitas de **impostos** a fundo, órgão ou despesa, ressalvadas unicamente as hipóteses de vinculação previstas na própria Constituição);

b) instituição ou utilização de **fundos especiais** previstos em lei;

c) contratação de seguro-garantia com as companhias seguradoras que **não sejam controladas pelo poder público**;

d) garantia prestada por organismos internacionais ou instituições financeiras;

e) garantias prestadas por **fundo garantidor** ou **empresa estatal criada para essa finalidade**;

f) outros mecanismos admitidos **em lei**.

É interessante apontar que, em sua **redação originária**, a Lei 11.079/2004 estipulava que as **instituições financeiras** referidas na letra "d" não poderiam ser controladas pelo poder público. A Lei 14.227/2021 suprimiu essa restrição, de sorte que, atualmente, **podem** prestar garantia instituições financeiras **controladas ou não** pelo poder público.

Não é obrigatória a previsão de garantias da contraprestação do **parceiro público** a serem concedidas ao parceiro privado, mas, se houver, elas deverão estar especificadas no edital da licitação (art. 11, parágrafo único).

8.4. Sociedade de propósito específico

Antes da celebração do contrato, o licitante vencedor deverá, **obrigatoriamente**, providenciar a constituição de uma **sociedade de propósito específico**, que terá a incumbência de **implantar e gerir o objeto da parceria** (art. 9.º, *caput*).

Acerca dessa exigência legal, explica o Prof. José dos Santos Carvalho Filho:

> Pretendeu o legislador colocar em apartado a pessoa jurídica interessada na parceria, de um lado, e a pessoa jurídica incumbida da execução do objeto do contrato, de outro. A providência, de fato, permitirá melhor forma de controle do poder concedente sobre as atividades, o desempenho e as contas do parceiro privado.

A transferência do controle da sociedade de propósito específico é condicionada à autorização expressa da administração pública, nos termos do edital e do contrato. Além disso, o pretendente à aquisição do controle deverá:

a) atender às exigências de capacidade técnica, idoneidade financeira e regularidade jurídica e fiscal necessárias à assunção do serviço; e

b) comprometer-se a cumprir todas as cláusulas do contrato em vigor.

Vale lembrar que, na hipótese de o contrato de parceria público-privada conter cláusula prevendo – nas condições que ela estipule – a possibilidade de o parceiro público autorizar a transferência do controle ou a administração temporária da sociedade de propósito específico aos seus financiadores e garantidores com quem não mantenha vínculo societário direto, com o objetivo de promover a sua reestruturação financeira e assegurar a continuidade da prestação dos serviços, a obtenção da autorização do poder público **não é condicionada** ao atendimento, pelos financiadores e garantidores, das exigências de capacidade técnica, idoneidade financeira e regularidade jurídica e fiscal (art. 5.º, § 2.º, I).

A sociedade de propósito específico poderá assumir a forma de companhia aberta, com valores mobiliários admitidos a negociação no mercado, e deverá obedecer a padrões de governança corporativa e adotar contabilidade e demonstrações financeiras padronizadas, conforme regulamento.

É vedado à administração pública ser titular da maioria do capital votante das sociedades de propósito específico aqui estudadas, exceto na hipótese de aquisição da maioria do capital votante da sociedade de propósito específico por instituição financeira controlada pelo poder público, quando tal aquisição decorra de inadimplemento de contratos de financiamento (art. 9.º, §§ 4.º e 5.º).

8.5. Licitação prévia à contratação de parcerias público-privadas

O Capítulo V da Lei 11.079/2004 (arts. 10 a 13) contém as regras sobre licitação.

A contratação de parcerias público-privadas será **sempre** precedida de licitação, podendo ser adotadas as modalidades **concorrência ou diálogo competitivo**.[16]

A abertura do procedimento licitatório é condicionada à autorização da autoridade competente, fundamentada em estudo técnico que demonstre a conveniência e a oportunidade da contratação, mediante identificação das razões que justifiquem a opção pela forma de parceria público-privada.

Deverá o referido estudo técnico, também, demonstrar explicitamente que serão atendidas as pertinentes exigências estipuladas na Lei Complementar 101/2000 – **Lei de Responsabilidade Fiscal**.

A Lei 11.079/2004 impõe, ainda, como condição para a abertura da licitação, que o objeto da parceria público-privada esteja previsto no **plano plurianual** em vigor no âmbito onde o contrato será celebrado. Prescreve, ademais, a necessidade de obtenção de **licença ambiental** prévia, ou a expedição das **diretrizes para o licenciamento ambiental** do empreendimento, na forma do regulamento, sempre que o objeto do contrato a ser celebrado o exija.

A minuta do edital e do contrato deve ser submetida à **consulta pública**, mediante publicação na imprensa oficial, em jornais de grande circulação e por meio eletrônico, que deverá informar a justificativa para a contratação, a identificação do

---

[16] A modalidade de licitação denominada "**diálogo competitivo**" foi introduzida em nosso ordenamento jurídico pela Lei 14.133/2021. Suas características e o procedimento respectivo estão descritos no capítulo sobre "licitações públicas" desta obra.

objeto, o prazo de duração do contrato, seu valor estimado, fixando-se prazo mínimo de **trinta dias** para recebimento de sugestões, cujo termo dar-se-á pelo menos **sete dias** antes da data prevista para a publicação do edital.

O edital de licitação conterá **minuta do futuro contrato**, podendo prever o emprego dos mecanismos privados de resolução de disputas, inclusive a **arbitragem**, a ser realizada no Brasil e em língua portuguesa, nos termos da Lei 9.307/1996 – **Lei da Arbitragem** –, para dirimir conflitos decorrentes do contrato, ou a ele relacionados (art. 11, III).

É facultado que o edital estabeleça a exigência de **garantia de proposta**, a ser **prestada pelos licitantes**, até o limite de **um por cento** do valor estimado do objeto da contratação. Ademais, deverão estar nele especificadas, quando houver, as **garantias da contraprestação** do parceiro público a serem concedidas ao parceiro privado.

O edital pode permitir o saneamento de falhas, a complementação de insuficiências ou ainda a realização de correções de caráter formal no curso do procedimento, desde que o licitante possa satisfazer as exigências dentro do prazo fixado no instrumento convocatório.

O **julgamento** da licitação poderá adotar como **critérios** (art. 12, II):

a) menor valor da tarifa do serviço público a ser prestado;

b) melhor proposta em razão da combinação do critério de menor valor da tarifa do serviço público a ser prestado com o de melhor técnica;

c) menor valor da contraprestação a ser paga pela administração pública;

d) melhor proposta em razão da combinação do critério de menor valor da contraprestação a ser paga pela administração pública com o de melhor técnica, de acordo com os pesos estabelecidos no edital.

Seja qual for o critério adotado, o julgamento **poderá** ser precedido de etapa de **qualificação de propostas técnicas**, desclassificando-se os licitantes que não alcançarem a pontuação mínima, os quais não participarão das etapas seguintes.

A Lei 11.079/2004 trouxe algumas inovações ao procedimento que, na época, a Lei 8.666/1993 estabelecia para a modalidade **concorrência** de licitação (algumas delas foram, depois, incorporadas ao regramento da concorrência constante na Lei 14.133/2021).

Assim, no que toca às propostas econômicas, é **facultado** que o edital, alternativamente à tradicional sistemática, em que são oferecidas apenas propostas escritas em envelopes lacrados, preveja a apresentação de propostas escritas seguidas de **lances em viva voz**.

Os lances em viva voz serão sempre feitos na ordem inversa da classificação das propostas escritas, ou seja, o licitante cuja proposta escrita obteve a pior classificação será o primeiro a apresentar lances verbais.

O edital não pode limitar a quantidade de lances em viva voz. Pode, entretanto, restringir o número de licitantes aptos a oferecê-los, considerando capacitados a tanto somente os licitantes cuja proposta escrita tenha sido no máximo **vinte por cento** maior que o valor da melhor proposta (art. 12, § 1.º).

O art. 13 da Lei 11.079/2004 **autoriza** que o edital estabeleça a **inversão da ordem das fases de habilitação e julgamento**, nestes termos:

> Art. 13. O edital poderá prever a inversão da ordem das fases de habilitação e julgamento, hipótese em que:
>
> I – encerrada a fase de classificação das propostas ou o oferecimento de lances, será aberto o invólucro com os documentos de habilitação do licitante mais bem classificado, para verificação do atendimento das condições fixadas no edital;
>
> II – verificado o atendimento das exigências do edital, o licitante será declarado vencedor;
>
> III – inabilitado o licitante melhor classificado, serão analisados os documentos habilitatórios do licitante com a proposta classificada em 2.º (segundo) lugar, e assim, sucessivamente, até que um licitante classificado atenda às condições fixadas no edital;
>
> IV – proclamado o resultado final do certame, o objeto será adjudicado ao vencedor nas condições técnicas e econômicas por ele ofertadas.

É importante ressaltar que a Lei 11.079/2004 expressamente estatui que, na ausência de regra específica nela contida, "o certame para a contratação de parcerias público-privadas obedecerá ao procedimento previsto na legislação vigente sobre licitações e contratos administrativos" (art. 12, *caput*). Atualmente, o procedimento a ser observado na ausência de regra específica da Lei 11.079/2004 é aquele estabelecido na Lei 14.133/2021 – consoante, aliás, decorre também do comando averbado no art. 186 da própria Lei 14.133/2021, o qual determina a aplicação **subsidiária** das disposições dela à Lei 11.079/2004.

A Prof.ª Maria Sylvia Di Pietro observa que a Lei 11.079/2004 atribuiu ampla competência discricionária à administração pública, no que respeita à fixação das regras a que estará sujeito cada procedimento licitatório realizado previamente à celebração de uma PPP. Reproduzimos esta precisa passagem da eminente autora:

> Nota-se que a lei deixou larga margem de discricionariedade para a elaboração do edital, cabendo à autoridade decidir sobre a inclusão ou não dos seguintes itens: exigência de garantia, emprego dos mecanismos privados de resolução de disputas, inclusive arbitragem, classificação de propostas técnicas antes da fase de julgamento, forma de apresentação das propostas econômicas, critérios de julgamento, saneamento de falhas, limitação dos lances em viva voz aos licitantes cuja proposta escrita for no máximo 20% maior que o valor da melhor proposta, inversão das fases de habilitação e julgamento. Sendo decisões discricionárias do poder concedente e derrogando a legislação vigente sobre licitação, a ausência de qualquer dessas possibilidades no instrumento convocatório significará que não poderão ser adotadas posteriormente.

Por fim, é interessante registrar que, nas parcerias público-privadas – tal qual se dá com as concessões e permissões de serviços públicos –, os autores ou responsáveis economicamente pelos projetos básico ou executivo **podem participar**, direta ou indiretamente, da licitação ou da execução das obras ou serviços (art. 3.º, *caput* e § 1.º, da Lei 11.079/2004; art. 18 do Decreto 8.428/2015). Vale lembrar que, nas licitações reguladas pela Lei 14.133/2021, essa participação é proibida (art. 14, I e II) – vedação que também constava na Lei 8.666/1993 (art. 9.º).

8.6. Regras aplicáveis especificamente à União

8.6.1. Órgão gestor de parcerias público-privadas

Conforme foi explicado em item anterior, a Lei 11.079/2004 contém, ao lado das normas gerais sobre contratação de parcerias público-privadas, de abrangência nacional, outras regras que somente se aplicam à União.

Dentre essas últimas, cumpre mencionar a previsão, no art. 14 da Lei 11.079/2004, de que seja criado, por decreto, um **órgão gestor de parcerias público-privadas federais**.

Tal órgão gestor terá competência para: (a) definir os serviços prioritários para execução no regime de parceria público-privada; (b) disciplinar os procedimentos para celebração dos contratos de parceria público-privada; (c) autorizar a abertura da licitação e aprovar o seu edital; e (d) apreciar os relatórios de execução dos contratos.

O órgão gestor de parcerias público-privadas federais será integrado por um representante titular, e respectivo suplente, de cada um dos seguintes órgãos:

a) Ministério da Economia, que o coordenará;[17]

b) Casa Civil da Presidência da República.

Participará das reuniões do órgão gestor federal, destinadas a examinar projetos de parcerias público-privadas, um representante do órgão da administração pública direta cuja área de competência seja pertinente ao objeto do contrato em análise.

O órgão gestor de parcerias público-privadas federais deve remeter ao Congresso Nacional e ao Tribunal de Contas da União, com periodicidade anual, relatórios de desempenho dos contratos de parceria público-privada (art. 14, § 5.º).

A Câmara dos Deputados e o Senado Federal, por meio de atos das respectivas Mesas, poderão dispor sobre a matéria de que trata o art. 14 da Lei 11.079/2004 – instituição de órgão gestor de parcerias público-privadas, sua composição, competências e funcionamento –, no caso de parcerias público-privadas por eles realizadas (art. 14-A).

---

[17] Por força do art. 51, inciso IV, da Lei 14.600/2023, o Ministério da Economia foi desmembrado em: (a) Ministério da Fazenda; (b) Ministério da Gestão e da Inovação em Serviços Públicos; (c) Ministério do Planejamento e Orçamento; e (d) Ministério do Desenvolvimento, Indústria, Comércio e Serviços.

Compete aos ministérios e às agências reguladoras, nas suas respectivas áreas de competência, submeter o edital de licitação ao órgão gestor, proceder à licitação e acompanhar e fiscalizar a execução dos contratos de parceria público-privada (art. 15). Note-se que o **órgão gestor não realiza as licitações**; quem o faz é o ministério ou a agência reguladora, nas respectivas áreas de competência.

Os ministérios e as agências reguladoras encaminharão ao órgão gestor de parcerias público-privadas federais, com **periodicidade semestral**, relatórios circunstanciados acerca da execução dos contratos de parceria público-privada, na forma definida em regulamento (art. 15, parágrafo único).

8.6.2. *Fundo Garantidor de Parcerias Público-Privadas*

A Lei 11.079/2004, no âmbito das regras especificamente aplicáveis à União, prevê a criação do denominado **Fundo Garantidor de Parcerias Público-Privadas** (FGP), disciplinando-o nos arts. 16 a 21.

Foi visto precedentemente que a lei, no seu art. 8.º, arrola como um dos instrumentos passíveis de ser utilizados para a prestação de garantias ao parceiro privado pelo parceiro público a instituição de fundo garantidor.

Pois bem, a própria lei autoriza, desde logo, no seu art. 16, a União, seus fundos especiais, suas autarquias, suas fundações públicas e suas empresas estatais dependentes a participar, no limite global de **seis bilhões de reais**, em FGP que terá por finalidade prestar garantia de pagamento de obrigações pecuniárias assumidas pelos parceiros públicos federais, distritais, estaduais ou municipais em virtude de parcerias público-privadas.

O FGP deve ser criado, administrado, gerido e representado judicial e extrajudicialmente por **instituição financeira** controlada, direta ou indiretamente, pela União (art. 17). Caberá à instituição financeira deliberar sobre a gestão e alienação dos bens e direitos do FGP, zelando pela manutenção de sua rentabilidade e liquidez.

Segundo a lei, o FGP terá **natureza privada** e patrimônio próprio separado do patrimônio dos cotistas, e será sujeito a direitos e obrigações próprios (art. 16, § 1.º).

O patrimônio do fundo será formado pelo aporte de bens e direitos realizado pelos cotistas, por meio da integralização de cotas e pelos rendimentos obtidos com sua administração.

O FGP responderá por suas obrigações com os bens e direitos integrantes de seu patrimônio, **não respondendo os cotistas** por qualquer obrigação do fundo, salvo **pela integralização das cotas** que subscreverem.

A integralização das cotas poderá ser realizada em dinheiro, títulos da dívida pública, bens imóveis dominicais, bens móveis, inclusive ações de sociedade de economia mista federal excedentes ao necessário para a manutenção de seu controle pela União, ou outros direitos com valor patrimonial. A integralização com bens será feita **independentemente de licitação**, mediante prévia avaliação e autorização específica do Presidente da República, por proposta do Ministro da Fazenda. É **admitido**, inclusive, o aporte de bens públicos de **uso especial** ou de **uso comum** ao FGP, desde que o poder público proceda à sua **desafetação** de forma individualizada.

O FGP poderá ser capitalizado por meio de **recursos orçamentários**. Nessa hipótese, a **capitalização** do FGP dar-se-á por ação orçamentária específica para esta finalidade, no âmbito de **Encargos Financeiros da União** (art. 16, § 8.º).

O FGP não pagará rendimentos a seus cotistas, assegurando-se a qualquer deles o direito de requerer o resgate total ou parcial de suas cotas, correspondente ao patrimônio ainda não utilizado para a concessão de garantias, fazendo-se a liquidação com base na situação patrimonial do fundo (art. 19).

O estatuto e o regulamento do FGP devem deliberar sobre a política de concessão de garantias, inclusive no que se refere à relação entre ativos e passivos do fundo (art. 18, *caput*).

A garantia será prestada na forma aprovada pela assembleia dos cotistas do FGP. As **modalidades de garantia** estão previstas no § 1.º do art. 18 da Lei 11.079/2004, cuja transcrição faz-se oportuna:

> § 1.º A garantia será prestada na forma aprovada pela assembleia dos cotistas, nas seguintes modalidades:
>
> I – fiança, sem benefício de ordem para o fiador;
>
> II – penhor de bens móveis ou de direitos integrantes do patrimônio do FGP, sem transferência da posse da coisa empenhada antes da execução da garantia;
>
> III – hipoteca de bens imóveis do patrimônio do FGP;
>
> IV – alienação fiduciária, permanecendo a posse direta dos bens com o FGP ou com agente fiduciário por ele contratado antes da execução da garantia;
>
> V – outros contratos que produzam efeito de garantia, desde que não transfiram a titularidade ou posse direta dos bens ao parceiro privado antes da execução da garantia;
>
> VI – garantia, real ou pessoal, vinculada a um patrimônio de afetação constituído em decorrência da separação de bens e direitos pertencentes ao FGP.

O FGP poderá prestar garantia mediante contratação de instrumentos disponíveis em mercado, inclusive para complementação dessas modalidades listadas no § 1.º.

O FGP poderá prestar contragarantias a seguradoras, instituições financeiras e organismos internacionais que garantirem o cumprimento das obrigações pecuniárias dos cotistas em contratos de parcerias públicoprivadas.

O **parceiro privado poderá acionar o FGP** nos casos de (art. 18, § 5.º – grifamos):

> I – crédito líquido e certo, constante de título exigível aceito e não pago pelo parceiro público após **15 (quinze) dias** contados da data de vencimento; e
>
> II – débitos constantes de faturas emitidas e não aceitas pelo parceiro público após **45 (quarenta e cinco) dias** contados da data de vencimento, desde que não tenha havido rejeição expressa por ato motivado.

É **proibido** ao FGP pagar faturas **rejeitadas expressamente** por ato motivado. O parceiro público deverá informar o FGP sobre qualquer fatura rejeitada e sobre os motivos da rejeição no prazo de **quarenta dias** contado da data de vencimento. A ausência de aceite ou rejeição expressa de fatura por parte do parceiro público no prazo de **quarenta dias** contado da data de vencimento implicará **aceitação tácita**. O FGP é **obrigado a honrar** faturas **aceitas e não pagas** pelo parceiro público, inclusive no caso de aceite tácito (art. 18, §§ 9.º a 12).

O agente público que contribuir, por ação ou omissão, para a aceitação tácita referida no parágrafo precedente, ou que rejeitar fatura sem motivação, será responsabilizado pelos danos que causar, em conformidade com a legislação civil, administrativa e penal em vigor (art. 18, § 13).

O FGP poderá usar parcela da cota da União para prestar garantia aos fundos especiais desta, às empresas estatais dela dependentes, bem como às autarquias e às fundações públicas federais (art. 18, § 8.º).

Em caso de **inadimplemento**, os **bens e direitos do fundo poderão ser objeto de constrição judicial e alienação** para satisfazer as obrigações garantidas (art. 18, § 7.º). A Prof.ª Maria Sylvia Di Pietro critica com notável precisão esse dispositivo legal, no trecho abaixo reproduzido:

> Se os bens da União, autarquias e fundações públicas são públicos e, portanto, impenhoráveis, por força do art. 100 da Constituição, não perdem essa natureza pelo fato de ficarem vinculados a um Fundo. Se isso fosse possível, estar-se-ia, pela via indireta, alcançando objetivo que o constituinte quis coibir com a regra do referido dispositivo constitucional. A cada vez que uma pessoa pública quisesse oferecer bens de seu patrimônio em garantia de dívidas, poderia instituir um fundo ao qual esses bens ficassem vinculados. Nem por lei isso pode ser feito, sob pena de burla ao preceito constitucional.

A quitação de débito pelo FGP importará sub-rogação deste nos direitos do parceiro privado, ou seja, o FGP passará a ser o titular do direito de cobrança desse débito contra o parceiro público inadimplente (art. 18, § 6.º).

A **dissolução** do FGP deverá ser deliberada pela assembleia dos cotistas e ficará condicionada à prévia quitação da **totalidade** dos débitos garantidos ou liberação das garantias pelos credores (art. 20). Dissolvido o FGP, o seu patrimônio será rateado entre os cotistas, com base na situação patrimonial verificada na data da dissolução.

É mister, por fim, registrar o disposto no art. 21 da Lei 11.079/2004, abaixo transcrito:

> Art. 21. É facultada a constituição de patrimônio de afetação que não se comunicará com o restante do patrimônio do FGP, ficando vinculado exclusivamente à garantia em virtude da qual tiver sido constituído, não podendo ser objeto de penhora, arresto, sequestro, busca e apreensão ou qualquer ato de constrição judicial decorrente de outras obrigações do FGP.

Parágrafo único. A constituição do patrimônio de afetação será feita por registro em Cartório de Registro de Títulos e Documentos ou, no caso de bem imóvel, no Cartório de Registro Imobiliário correspondente.

Acerca dessa possibilidade de instituição de um **patrimônio de afetação** dentro do FGP, isolado do restante do patrimônio do fundo, e destinado a garantir um **específico contrato** de parceria público-privada, merece citação o seguinte comentário da Prof.ª Maria Sylvia Di Pietro:

> Por outras palavras, esse patrimônio de afetação será criado para privilegiar determinado credor, o que é de constitucionalidade pelo menos duvidosa, por contrariar os princípios da isonomia e impessoalidade que devem nortear a destinação dos recursos orçamentários.

9. PROGRAMA DE PARCERIAS DE INVESTIMENTOS (LEI 13.334/2016)

A Lei 13.334/2016 instituiu, no âmbito da Presidência da República, o **Programa de Parcerias de Investimentos** (PPI), "destinado à ampliação e fortalecimento da interação entre o Estado e a iniciativa privada por meio da celebração de contratos de parceria para a execução de empreendimentos públicos de infraestrutura e de outras medidas de desestatização" (art. 1.º).

É importante frisar que, embora a Lei 13.334/2016 afirme textualmente que o PPI terá por base a celebração de "**contratos de parceria**" entre o setor público e empresas privadas, ela **não criou nenhum tipo novo de contrato ou de vínculo jurídico** a ser formado entre as partes interessadas, nem modificou o regime jurídico de modalidades preexistentes de ajustes ou de acordos de vontade em geral.

De fato, nos literais termos da lei, "consideram-se **contratos de parceria** a concessão comum, a concessão patrocinada, a concessão administrativa, a concessão regida por legislação setorial, a permissão de serviço público, o arrendamento de bem público, a concessão de direito real e os outros negócios público-privados que, em função de seu caráter estratégico e de sua complexidade, especificidade, volume de investimentos, longo prazo, riscos ou incertezas envolvidos, adotem estrutura jurídica semelhante" (art. 1.º, § 2.º).

Podem integrar o PPI (art. 1.º, § 1.º):

> I – os empreendimentos públicos de infraestrutura em execução ou a serem executados por meio de contratos de parceria celebrados pela administração pública direta e indireta da União;
>
> II – os empreendimentos públicos de infraestrutura que, por delegação ou com o fomento da União, sejam executados por meio de contratos de parceria celebrados pela administração pública direta ou indireta dos estados, do Distrito Federal ou dos municípios;

III – as demais medidas do Programa Nacional de Desestatização a que se refere a Lei 9.491/1997; e

IV – as obras e os serviços de engenharia de interesse estratégico.

O PPI será regulamentado por meio de **decretos** que, nos termos e limites das leis setoriais e da legislação geral aplicável, definirão (art. 4.º):

I – as políticas federais de longo prazo para o investimento por meio de parcerias em empreendimentos públicos federais de infraestrutura e para a desestatização;

II – os empreendimentos públicos federais de infraestrutura qualificados para a implantação por parceria;

III – as políticas federais de fomento às parcerias em empreendimentos públicos de infraestrutura dos estados, do Distrito Federal ou dos municípios; e

IV – as obras e os serviços de engenharia de interesse estratégico.

Os projetos qualificados no PPI serão tratados como empreendimentos de **interesse estratégico** e terão **prioridade nacional** perante todos os agentes públicos nas esferas administrativa e controladora da União, dos estados, do Distrito Federal e dos municípios (art. 5.º).

Os contratos de parceria referidos na Lei 13.334/2016 que vierem a integrar a carteira de projetos do PPI não terão seus projetos licitados antes da **submissão das minutas do edital e do contrato a consulta ou audiência pública** (art. 13-A).

Os órgãos, entidades e autoridades estatais, inclusive as autônomas e independentes, da União, dos estados, do Distrito Federal e dos municípios, com competências de cujo exercício dependa a viabilização de empreendimento do PPI, têm o dever de atuar, em conjunto e com eficiência, para que sejam concluídos, de forma uniforme, econômica e em prazo compatível com o caráter prioritário nacional do empreendimento, todos os processos e atos administrativos necessários à sua estruturação, liberação e execução (art. 17).

Por derradeiro, vale registrar que, a fim de conferir efetividade ao PPI, a Lei 13.334/2016 criou o **Conselho do Programa de Parcerias de Investimentos da Presidência da República** e a **Secretaria Especial do Programa de Parcerias de Investimentos**. Além disso, autorizou o BNDES a constituir e participar do **Fundo de Apoio à Estruturação de Parcerias** (FAEP), que terá por finalidade a prestação onerosa, por meio de contrato, de serviços técnicos profissionais especializados para a estruturação de parcerias de investimentos e de medidas de desestatização.

10. AUTORIZAÇÃO DE SERVIÇO PÚBLICO

O art. 175 da Constituição de 1988 **somente** se refere à prestação indireta de serviços públicos mediante **concessão e permissão**, ambas **contratos** administrativos, **sempre** exigida licitação prévia. Não há qualquer menção à autorização como

Cap. 11 • SERVIÇOS PÚBLICOS

modalidade de prestação indireta de serviços públicos no art. 175 da Carta da República. Tampouco foi a autorização de serviço público disciplinada na Lei 8.987/1995.

Há que se observar, todavia, que o texto constitucional, nos incisos XI e XII do art. 21, explicitamente alude à possibilidade de exploração indireta, mediante **autorização** a particulares, de determinadas atividades de **titularidade exclusiva da União**. Aliás, no caso específico dos serviços de radiodifusão sonora e de sons e imagens (emissoras de rádio e de televisão) – arrolados na alínea "a" do citado inciso XII –, a Carta Política reitera, no art. 223, que a **delegação** pode ser outorgada mediante **autorização**.

O ato administrativo de **autorização** constitucionalmente previsto nas hipóteses referidas no parágrafo precedente **não tem a mesma natureza** da autorização que a administração pública defere, no exercício do **poder de polícia**, como condição para a prática de **atividades privadas**. É importante enfatizar esse ponto.

Com efeito, o **ato de polícia administrativa** denominado **autorização** tem por objeto o exercício de atividade regida pelo direito privado, franqueada à **livre-iniciativa** – desde que atendidas as condições gerais a todos impostas –, podendo ser uma atividade de interesse predominante do particular, ou uma atividade de interesse social, mas **não uma atividade de titularidade exclusiva do poder público**.

Assim sendo, a autorização enquadrada como ato de polícia **não é instrumento de delegação**, porque não diz respeito a uma atividade de titularidade exclusiva do poder público. Configura, essa autorização, um ato administrativo de controle prévio que condiciona o exercício, pelo particular, de uma **atividade privada**, regida pelo direito privado.

A autorização que configura **ato de polícia administrativa** pode ser exigida do particular nas situações a seguir **exemplificadas**:

a) para o exercício de atividades privadas em que o interesse do particular seja largamente preponderante, a exemplo da autorização para o porte de arma e da autorização para o uso privativo de bem público;

b) para o exercício de atividade econômica em sentido estrito, nos casos previstos em lei (CF, art. 170);

c) para o exercício de atividades de interesse social que não sejam de titularidade exclusiva do poder público, a exemplo dos serviços privados de educação e de saúde.

Diferentemente, a autorização enquadrada como forma de prestação indireta de serviço público, isto é, como **modalidade de delegação**, obrigatoriamente deve ter por objeto uma atividade de **titularidade exclusiva do poder público**, consoante ilustram as hipóteses, precedentemente mencionadas, previstas nos incisos XI e XII do art. 21 da Constituição Federal.

A doutrina administrativista preleciona que, em regra, a delegação de serviço público mediante autorização é adequada:

a) aos casos em que o serviço seja oferecido a um grupo restrito de usuários – em vez de ser disponibilizado amplamente a toda a população –, e o beneficiário exclusivo ou principal da respectiva prestação seja o próprio particular autorizado;

b) a situações de emergência e a situações transitórias ou especiais.

Não há licitação para a outorga de autorização de serviço público. Os serviços públicos autorizados estão sujeitos a modificação ou revogação discricionária do ato de delegação – denominado **termo de autorização** – pela administração pública delegante, dada a sua precariedade característica. Ordinariamente, a autorização é outorgada **sem prazo determinado**. Também é regra geral que **não** haja direito de **indenização** para o particular cuja autorização seja revogada. Entretanto, especialmente nos casos de autorização outorgada por **prazo certo**, pode a sua revogação ensejar direito de indenização ao particular pelos prejuízos comprovadamente decorrentes da revogação (danos emergentes).

O Prof. Celso Antônio Bandeira de Mello cita como exemplo de serviço prestado a um grupo restrito de usuários em benefício exclusivo ou principal do próprio particular autorizado a atividade de **telecomunicação** exercida pelos praticantes de **radioamadorismo**.

É interessante observar que, para o eminente autor, hipóteses como essa não dizem respeito propriamente a delegação de **serviços públicos**, haja vista que, por definição, estes devem ser disponibilizados à população em geral, e não a um círculo fechado de usuários.

O argumento é consistente, sobremaneira. Rigorosamente, nessas hipóteses em que um serviço de titularidade exclusiva do poder público é delegado a um particular, mediante autorização, para prestação a usuários restritos, essencialmente em benefício do próprio delegatário, tem-se uma situação limítrofe, na qual não se logra enquadrar perfeitamente a atividade, nem como serviço público – pois lhe falta o requisito da generalidade –, nem como serviço privado, porquanto não pode o particular executá-la como titular, por direito próprio.

Contudo, a nosso ver, a **autorização** para o exercício de atividades de **titularidade exclusiva** do poder público **jamais** configura mero ato de polícia administrativa – e sim, invariavelmente, um **ato de delegação**. Este, portanto, deve ser o critério diferenciador: se o particular recebe autorização para desempenhar uma atividade cuja **titularidade** o ordenamento jurídico **reserva ao Estado**, temos um ato de delegação; caso, diferentemente, o indivíduo necessite de autorização administrativa para exercer uma **atividade privada**, por direito próprio, o consentimento estatal manifesta mero **ato de polícia**.

Exemplo bastante peculiar de exploração, mediante **autorização**, de atividade de **titularidade exclusiva** do Estado temos na Lei 12.815/2013, que "dispõe sobre a exploração direta e indireta pela União de portos e instalações portuárias e sobre as atividades desempenhadas pelos operadores portuários". Nos expressos termos do art. 21, XII, "f", da Constituição de 1988, é da **competência exclusiva** da União explorar, "diretamente ou mediante autorização, concessão ou permissão", "os portos marítimos, fluviais e lacustres". Pois bem, a Lei 12.815/2013, em seu art. 8.º, estatui que "serão exploradas mediante **autorização**, precedida de chamada ou anúncio públicos e, quando for o caso, processo seletivo público, as **instalações portuárias** localizadas **fora da área do porto organizado**". E mais: essa **autorização** será formalizada por meio de **contrato de adesão**, com prazo de até **25 anos**, prorrogável por períodos sucessivos!

Cap. 11 • SERVIÇOS PÚBLICOS

Como se vê, o legislador criou uma figura absolutamente destoante de tudo o que, há muito, está consagrado pela doutrina a respeito da **autorização**. A rigor, a Lei 12.815/2013 chama de "autorização" uma modalidade de delegação que se assemelha ao conceito doutrinário de "permissão de serviço público". Mas, em vez de exigir que o interessado submeta-se a um procedimento licitatório convencional – como sempre é obrigatório no caso das permissões de serviços públicos –, limita-se a prever que a "autorização" nela disciplinada será "precedida de chamada ou anúncio públicos e, quando for o caso, processo seletivo público".

Disciplina semelhante à estabelecida na sobredita Lei 12.815/2013 – e igualmente discrepante das lições dos administrativistas pátrios consagrados – foi instituída pela Lei 14.273/2021, desta feita para a **autorização para exploração de ferrovias em regime privado**. Essa modalidade de exploração de ferrovias poderá ser efetuada por **operadora ferroviária requerente ou selecionada mediante chamamento público**. A **autorização** em comento será formalizada por meio de "**contrato por prazo determinado**". Trata-se de um **contrato de adesão**, que deverá ser estipulado pelo regulador ferroviário – a partir de proposta da requerente ou fixado no ato de chamamento público – e terá **duração de vinte e cinco a noventa e nove anos**, podendo ser **prorrogado por períodos sucessivos**!

Muito antes da Lei 12.815/2013 e da Lei 14.273/2021, já existia, em nosso direito legislado, uma outra figura, também chamada de "autorização", mas que não corresponde ao ato de autorização reconhecido pelos administrativistas pátrios. Trata-se da autorização para "exploração de serviço de telecomunicações no **regime privado**", prevista na Lei 9.472/1997 (Lei Geral de Telecomunicações). Vale transcrever o § 1.º do seu art. 131:

> § 1.º Autorização de serviço de telecomunicações é o ato administrativo vinculado que faculta a exploração, no regime privado, de modalidade de serviço de telecomunicações, quando preenchidas as condições objetivas e subjetivas necessárias.

Essa autorização descrita no § 1.º do art. 131 da Lei Geral de Telecomunicações (LGT) apresenta características conceituais do ato usualmente definido como **licença**. Consoante a doutrina administrativista, licença é um **ato administrativo vinculado**, praticado com fundamento no **poder de polícia**, que possibilita a todo particular que preencha os requisitos legais e regulamentares o exercício de um **direito subjetivo** de que ele seja titular.

A LGT criou essa hipótese que ela chama de "exploração de serviço de telecomunicações no **regime privado**" e estabeleceu que se trata da modalidade aplicável quando o serviço for de **interesse restrito**.

O Supremo Tribunal Federal já definiu que o fato de o art. 21, inciso XI, da Constituição Federal atribuir competência à União para "explorar, diretamente ou mediante **autorização**, concessão ou permissão, os serviços de telecomunicações" implica a possibilidade de criação de um regime privado para a prestação de tais serviços. Deixou assente o Min. Edson Fachin que, "a despeito da previsão mais genérica do art. 175, no caso dos serviços de telecomunicações, é o texto constitucional que permite a exploração por meio de autorização, o que significa conferir à administração a faculdade de instituir um regime privado, submetido à livre concorrência – ainda que derrogado parcialmente pela regulação estabelecida pela ANATEL".[18]

Hipótese de autorização de serviço público que, a nosso ver, conflita abertamente com a posição sustentada pela doutrina tradicional surgiu com a publicação da Lei 12.996/2014, a qual alterou a Lei 10.233/2001, de tal sorte que esta passou a estabelecer que será feita mediante **autorização** a outorga da "**prestação regular** de serviços de **transporte terrestre coletivo interestadual e internacional de passageiros** desvinculados da exploração da infraestrutura". O Supremo Tribunal Federal decidiu pela **constitucionalidade** dessa previsão, em acórdão cuja ementa cumpre reproduzir parcialmente (grifamos):[19]

> 1. A assimetria regulatória estabelecida no artigo 21, XII, *e*, da Constituição Federal assegurou a possibilidade de se outorgar a prestação de transporte rodoviário interestadual e internacional de passageiros (TRIIP) por autorização de serviço público, máxime **em razão da inexistência de restrições à oferta que justifiquem a oposição de barreiras à entrada de concorrentes no setor**; da descentralização à agência reguladora de poderes para assegurar a observância de aspectos qualitativos inerentes à adequada prestação do serviço; e de a abertura do mercado para novos entrantes contribuir para a universalização do serviço e demais benefícios à população usuária.
>
> 2. A escolha estratégica pela descentralização operacional do setor, que se insere na esfera democraticamente reservada à deliberação política, porquanto concomitante à centralização normativa, confere maior normatividade ao comando constitucional contido no *caput* do artigo 174 da Constituição Federal, bem como aos princípios constitucionais que orientam à atuação da Administração Pública e a Ordem Econômica (...).
>
> 3. **As finalidades precípuas de concretização dos princípios da isonomia, da moralidade e de obtenção da proposta mais vantajosa são perseguidas pela ampla concorrência na execução do serviço público, via competição no mercado, porquanto inexistentes restrições à oferta que justifiquem a oposição de barreiras à entrada,** hipótese em que a competição para o mercado (*competition for the market*), via **licitação, criaria uma exclusividade ineficiente e ilegítima, ao restringir o acesso dos possíveis interessados.**
>
> 4. **A previsão constitucional de prestação do TRIIP por meio de autorização (Art. 21, XI, e) afasta a incidência do artigo 175 da Constituição Federal, que impõe prévio procedimento licitatório**

---

[18] Trecho do voto do relator, Min. Edson Fachin, no julgamento da ADI 1.668/DF, finalizado em 27.02.2021 (veja-se o Informativo 1.007 do STF).

[19] ADI 5.549/DF e ADI 6.270/DF, rel. Min. Luiz Fux, 29.03.2023.

especificamente às modalidades de outorga que pressupõem a excludência em razão da contratação pela Administração com determinado particular.

(...)

7. A abertura do setor de transporte rodoviário interestadual e internacional a novos entrantes amplia a concorrência em um serviço inegavelmente essencial, cuja relevância para os usuários e para o desenvolvimento nacional torna ainda mais expressivas as externalidades advindas da livre concorrência, como o incremento tecnológico, o aumento da qualidade e a redução dos custos.

8. *Ex positis*, o artigo 3.º da Lei n. 12.996/2014, ao outorgar o serviço público de transporte rodoviário coletivo internacional e interestadual de passageiros por meio de autorização, insere-se no espaço de deliberação política delineado no artigo 21, XII, e, da Constituição, de modo que, observados os valores constitucionalmente tutelados, em especial os princípios que orientam a Administração Pública e a ordem econômica, **não se reveste de inconstitucionalidade**.

A verdade é que a **autorização de serviço público** é frequentemente empregada em situações que desbordam daquelas advogadas pela doutrina como adequadas a tal modalidade de prestação indireta. Citamos, como derradeiro exemplo, o caso do serviço de táxi, que em muitos municípios é objeto de autorização, apesar de se tratar de um serviço disponibilizado à população em geral e não revestir, de forma alguma, caráter excepcional, emergencial ou transitório.

Aliás, sobre o serviço de táxi, cabe um registro: a Lei 12.587/2012, que instituiu as diretrizes da "Política Nacional de Mobilidade Urbana", tratava tal atividade, na redação original de seu art. 12, como serviço público (espécie da categoria "serviços públicos de transporte individual de passageiros") e previa que a sua prestação se desse sob o regime de permissão. Contudo, a Lei 12.865/2013 modificou esse artigo, suprimindo a exigência de que o serviço de táxi seja prestado sob permissão – e passando a designar a categoria em que ele se inclui como "serviços de utilidade pública de transporte individual de passageiros". Atualmente, portanto, não há indicação, em lei de caráter nacional, do regime que deve ser observado para a prestação do serviço de táxi.

Aproveitamos para abrir um parêntese a fim de comentar que a Lei 13.640/2018 alterou a Lei 12.587/2012 para regulamentar, no âmbito das **normas gerais de abrangência nacional**, a atividade de transporte individual remunerado realizada por intermédio de aplicativos de telefonia móvel ligados à internet (Uber e Cabify, por exemplo), conceituando-a como um **serviço privado** – o seu prestador **não é delegatário do poder público**.

Conforme a redação dada ao inciso X do art. 4.º dessa última lei, tais serviços configuram "transporte remunerado privado individual de passageiros", assim definido: "serviço remunerado de transporte de passageiros, não aberto ao público, para a realização de viagens individualizadas ou compartilhadas solicitadas exclusi-

810 DIREITO ADMINISTRATIVO DESCOMPLICADO • *Marcelo Alexandrino & Vicente Paulo*

vamente por usuários previamente cadastrados em aplicativos ou outras plataformas de comunicação em rede".

A competência para regulamentar e fiscalizar a atividade em comento é exclusiva dos municípios e do Distrito Federal, no âmbito dos respectivos territórios (art. 11-A). A própria lei, desde logo, estabelece uma série de condições que deverão ser observadas pelos motoristas que prestem o serviço de transporte remunerado privado individual de passageiros, "nos municípios que optarem pela sua regulamentação" (art. 11-B).

O Supremo Tribunal Federal já esclareceu que, "no exercício de sua competência para regulamentação e fiscalização do transporte privado individual de passageiros, os municípios e o Distrito Federal não podem contrariar os parâmetros fixados pelo legislador federal". Deixou assente, ademais, que "a proibição ou restrição da atividade de transporte privado individual por motorista cadastrado em aplicativo é inconstitucional, por violação aos princípios da livre-iniciativa e da livre concorrência".[20] Fecha-se o parêntese.

Segundo pensamos, não é possível estipular uma rígida regra teórica, apta a determinar aprioristicamente todas as situações em que o uso da autorização de serviço público possa ser considerado legítimo. Pode-se afirmar, em traços amplos, que é cabível o emprego da autorização para a delegação de serviços públicos cuja prestação não exija elevado grau de especialização técnica, nem vultosos investimentos por parte do delegatário. Além disso, entendemos necessária a existência de **lei que expressamente preveja a possibilidade de delegação do serviço mediante autorização** e estabeleça os termos e condições que deverão ser observados pelo poder público delegante e pelo particular delegatário. Mesmo o legislador somente deveria facultar a utilização da autorização como forma de delegação quando estiverem presentes elementos que justifiquem a opção por essa modalidade de prestação indireta, isto é, quando as características do serviço a ser delegado possibilitem harmonizar com o interesse público o emprego de um instrumento de delegação **discricionário**, de **natureza precária** e, sobretudo, **não sujeito à exigência de licitação**.

Qualquer outorga de autorização que não atenda às condições enunciadas no parágrafo precedente será contrária ao interesse público e aos princípios norteadores da atividade administrativa, configurando ainda verdadeira burla à inflexível exigência constitucional de licitação para a prestação indireta de serviços públicos mediante concessão ou permissão.

Confirma o que foi afirmado no parágrafo precedente uma decisão do Supremo Tribunal Federal, proferida na sistemática da repercussão geral, na qual foi dada interpretação conforme à Constituição a normas do Estado de São Paulo que facultavam a utilização de "autorizações" como modalidade ordinária de delegação de serviços públicos de transporte de passageiros. Explicitou a Corte Suprema que a interpretação a ser dada aos atos estaduais deveria restringir a possibilidade de

---

[20] ADPF 449/DF, rel. Min. Luiz Fux, 09.05.2019; RE 1.054.110/SP, rel. Min. Roberto Barroso, 09.05.2019 (Informativo 939 do STF).

delegação mediante "autorizações" somente a **"situações comprovadamente excepcionais"**. Sobre o tema, fixou-se a seguinte **tese jurídica**:[21]

> Salvo em situações excepcionais devidamente comprovadas, serviço público de transporte coletivo pressupõe prévia licitação.

Por fim, sintetizando o que foi expendido neste tópico, julgamos ser possível definir **autorização de serviço público** como o ato administrativo **discricionário** mediante o qual é **delegada** a um particular, em caráter **precário**, a prestação de **serviço público** que não exija elevado grau de especialização técnica, nem vultoso aporte de capital. É modalidade de **delegação** para cuja outorga **não se exige licitação**, e sua utilização é adequada, regra geral, em casos de emergência ou em situações transitórias ou especiais, ou, ainda, quando o serviço seja prestado a usuários restritos, em benefício exclusivo ou principal do próprio particular autorizado.

---

[21] RE 1.001.104/SP (**repercussão geral**), rel. Min. Marco Aurélio, 14.05.2020.

Capítulo 12

RESPONSABILIDADE CIVIL DA ADMINISTRAÇÃO PÚBLICA

1. CONCEITO

A **responsabilidade civil**, também denominada **responsabilidade extracontratual**, tem sua origem no direito civil. Consubstancia-se na obrigação de indenizar um dano patrimonial, moral ou estético causado ou possibilitado por um fato humano. No direito privado, para o nascimento da obrigação de indenizar, a **regra geral** é a necessidade de estarem presentes os seguintes elementos:

a) uma atuação lesiva culposa ou dolosa do agente; a regra geral no direito privado é a exigência de caracterização de culpa em sentido amplo na conduta; a culpa em sentido amplo abrange o dolo (intenção) e a culpa em sentido estrito (negligência, imprudência ou imperícia);

b) a ocorrência de um dano patrimonial, moral ou estético; e

c) o nexo causal (ou relação de causalidade) entre o dano havido e a conduta do agente, o que significa ser necessário que o dano efetivamente tenha decorrido da ação do agente (ou de sua omissão ilícita, caso tenha ele o dever legal de agir).

No direito brasileiro, a responsabilidade civil, como regra geral, é orientada pela assim chamada **teoria da causalidade direta e imediata**, segundo a qual ninguém pode ser responsabilizado por algo a que não tenha dado causa – e somente se considera causa o evento que produziu direta e concretamente o resultado danoso. Portanto, só origina responsabilidade civil, em princípio, o nexo causal **direto e imediato**, isto é, deve haver ligação lógica direta entre a conduta (comissiva ou omissiva) e o dano efetivo.[1]

---

[1] RE 130.764/PR, rel. Min. Moreira Alves, 12.05.1992; RE 369.820/RS, rel. Min. Carlos Velloso, 04.11.2003; AI-AgR 400.336/RJ, rel. Min. Joaquim Barbosa, 24.05.2011 (Informativo 634 do STF).

Danos causados a terceiros por ações do poder público, ou ocasionados por omissões deste, podem gerar para aqueles direito à indenização dos prejuízos sofridos. A responsabilidade civil do Estado é regida por **normas e princípios de direito público**. Traduz-se ela na obrigação da administração pública, ou dos delegatários de serviços públicos, de **indenizar** os danos que os seus servidores, empregados e prepostos, atuando na **qualidade de agentes públicos**, causem a terceiros. São indenizáveis as lesões que configurem dano **patrimonial**, dano **moral** e dano **estético** (nossa jurisprudência admite a cumulação de indenizações de dano moral e dano estético, conforme explicita o enunciado da Súmula 387 do Superior Tribunal de Justiça). A responsabilidade extracontratual se **exaure com a indenização** do dano causado.

Não se confunde a responsabilidade civil com as responsabilidades administrativa e penal, sendo essas três esferas de responsabilização, **em regra**, independentes entre si, podendo as sanções correspondentes ser aplicadas separada ou cumulativamente, conforme as circunstâncias de cada caso. A responsabilidade penal resulta da prática de **crimes ou contravenções** tipificados em lei prévia ao ato ou conduta. Já a responsabilidade administrativa decorre de infração, pelos agentes da administração pública – ou por particulares que com ela possuam vinculação jurídica específica, sujeitos, portanto, ao **poder disciplinar** –, das leis e regulamentos administrativos que regem os seus atos e condutas.

2. EVOLUÇÃO

A evolução da responsabilidade do Estado passou, basicamente, pelas seguintes fases:

2.1. Irresponsabilidade do Estado

A **teoria da não responsabilização do Estado** ante os atos de seus agentes que fossem lesivos aos particulares teve relevância nos **regimes absolutistas**. Baseava-se na ideia de que não era possível ao Estado, literalmente personificado na figura do rei, lesar seus súditos, uma vez que o rei não cometia erros, tese consubstanciada na parêmia *"the king can do no wrong"*, conforme os ingleses, ou *"le roi ne peut mal faire"*, para os franceses.

Os agentes públicos, como representantes do próprio rei, não poderiam, portanto, ser responsabilizados por seus atos, ou melhor, seus atos, na qualidade de atos do rei, não poderiam ser considerados lesivos aos súditos. Desnecessário comentar que tal doutrina somente possui valor histórico, encontrando-se inteiramente superada, mesmo na Inglaterra e nos Estados Unidos, últimos países a abandoná-la.

2.2. Responsabilidade civil com culpa comum do Estado

A doutrina de responsabilização extracontratual estatal baseada em "**culpa comum**" refletia o **individualismo** característico do liberalismo clássico. Ela equiparava o Estado ao indivíduo, reconhecendo a obrigação estatal de indenizar os danos que

Cap. 12 • RESPONSABILIDADE CIVIL DA ADMINISTRAÇÃO PÚBLICA

sua atuação causasse aos particulares nas mesmas hipóteses em que se configura tal obrigação para os indivíduos em geral.

Assim, como o Estado atua por meio de seus agentes, somente havia obrigação de indenizar quando estes, os agentes, tivessem atuado com culpa (ou dolo), cabendo ao particular prejudicado o ônus de demonstrar a presença desse elemento subjetivo na conduta deles.

Essa teoria não é adotada no Brasil, pelo menos, desde a promulgação da Constituição de 1946.

2.3. Teoria da culpa administrativa

A **teoria da culpa administrativa** representou o primeiro estágio da transição entre a doutrina subjetiva da culpa civil e a responsabilidade objetiva atualmente adotada pela maioria dos países ocidentais.

Segundo a teoria da culpa administrativa, o dever do Estado de indenizar o dano sofrido pelo particular somente existe caso seja comprovada a ocorrência de uma **falha na prestação de um serviço público** – uma *faute de service*, consoante a expressão consagrada pelo direito administrativo francês. Não se trata de investigar se houve culpa subjetiva de um determinado agente público na causação de um dano a um particular, mas de perquirir, objetivamente, se a prestação defeituosa de um serviço público, ou a falta dele, quando obrigatório, acarretou prejuízo a determinado administrado.

Subjacente está a ideia de que somente o dano decorrente de irregularidade na execução da atividade administrativa ensejaria indenização ao particular, ou seja, exige-se também uma espécie de culpa, mas não a culpa subjetiva do agente, e sim uma culpa especial da administração pública à qual se convencionou chamar **culpa administrativa** ou **culpa anônima**. Muito embora a configuração, no caso concreto, da culpa administrativa deva ser verificada por meio de uma análise objetiva, o fato de ser exigida a caracterização de uma espécie de culpa leva a responsabilidade extracontratual fundada na teoria da culpa administrativa a ser classificada pela doutrina como uma responsabilidade do tipo **subjetiva**.

A culpa administrativa pode decorrer de uma das três formas possíveis de falta do serviço: inexistência do serviço, mau funcionamento do serviço ou retardamento do serviço. Para fazer jus à indenização, cabe ao particular prejudicado pela falta comprovar a sua ocorrência e o nexo de causalidade entre ela e o dano sofrido.

2.4. Teoria do risco administrativo

Pela **teoria do risco administrativo**, a atuação estatal que cause dano a terceiros faz nascer para a administração pública a obrigação de indenizar, independentemente da existência de falta do serviço ou de culpa de determinado agente público. Basta que exista o dano decorrente de atuação administrativa, sem que para ele tenha concorrido o terceiro prejudicado. Como o dano causado a terceiros pela atividade administrativa deverá ser indenizado independentemente de perquirição a respeito

DIREITO ADMINISTRATIVO DESCOMPLICADO • *Marcelo Alexandrino & Vicente Paulo*

da existência de culpa – seja "culpa administrativa", seja culpa pessoal de um determinado agente público –, diz-se que essa modalidade de responsabilidade civil é do tipo **objetiva**.

Em resumo, presentes o fato do serviço e o **nexo direto de causalidade** entre o fato e o dano ocorrido, nasce para o poder público a obrigação de indenizar. Ao terceiro que sofreu o dano não incumbe comprovação de qualquer espécie de culpa do Estado ou do agente público. A administração é que, na sua defesa, poderá, se for o caso, visando a afastar ou a atenuar a sua responsabilidade, comprovar – **e o ônus da prova é dela** – a ocorrência de alguma das chamadas **excludentes**. Embora haja divergência na doutrina, são usualmente aceitos como excludentes a culpa exclusiva da vítima, a força maior e o caso fortuito. Caso a administração pública demonstre que houve **culpa recíproca** – isto é, dela e do particular, concomitantemente –, a sua obrigação de indenizar será **proporcionalmente atenuada**.

2.5. Teoria do risco integral

Vimos que, pela teoria do risco administrativo, a responsabilização civil da administração pública dispensa a prova de culpa na sua atuação (responsabilidade objetiva), mas é possível ela eximir-se da obrigação de indenizar, caso comprove culpa exclusiva do terceiro que sofreu o dano, ou alguma outra excludente (ou ainda atenuar a sua responsabilidade, se provar a existência de culpa recíproca).

Em outras palavras: não significa a **teoria do risco administrativo** que o Estado, inexoravelmente, tenha a obrigação de indenizar o terceiro que sofra danos causados por atividades administrativas. Ela apenas dispensa a vítima da necessidade de comprovar a culpa estatal. Por exemplo, havendo um acidente entre um veículo conduzido por um agente público e um particular, não necessariamente será devida pela administração a indenização dos danos. Pode ser que ela consiga provar que houve culpa recíproca dos dois condutores (hipótese em que a indenização será proporcionalmente atenuada) ou mesmo que a culpa tenha sido exclusivamente do motorista particular (hipótese em que restaria excluída a obrigação de indenização por parte da administração, cabendo, sim, ao particular a obrigação de reparação).

Já a **teoria do risco integral** consiste em uma exacerbação da responsabilidade civil objetiva da administração pública. Segundo essa teoria, **basta a existência do evento danoso e do nexo causal** para que surja a obrigação de indenizar para o Estado, **sem a possibilidade de que este alegue excludentes de sua responsabilidade**.

É relevante obtemperar que não há consenso doutrinário quanto às notas caracterizadoras da responsabilidade civil estatal na modalidade risco integral – a noção que apresentamos acima é, a nosso ver, a mais tradicional no âmbito do direito administrativo. Ademais, divergem os administrativistas acerca da existência, ou não, de hipóteses em que o nosso ordenamento jurídico tenha adotado a teoria do risco integral para a responsabilização extracontratual do Estado. Para alguns juristas, ela se aplicaria na hipótese de **danos causados por acidentes nucleares** (CF, art. 21, XXIII, "d").

Finalizando este tópico, é oportuno abrir um parêntese para observar que, nos casos de **danos ambientais**, a doutrina e a jurisprudência reconhecem ter sido ado-

Cap. 12 • RESPONSABILIDADE CIVIL DA ADMINISTRAÇÃO PÚBLICA

tada no Brasil a responsabilidade civil baseada no risco integral. E o conceito de "risco integral" que empregam é praticamente o mesmo que expusemos acima: **obrigação de reparar o dano decorrente da atividade, sem possibilidade de alegação de excludentes**. É importante frisar, todavia, que o "risco integral" que caracteriza a responsabilidade por danos ambientais aplica-se de forma absolutamente **igual para todos**, sem peculiaridades no que toca aos danos ocasionados pela administração pública. Por isso, não se trata de matéria estudada no direito administrativo, e sim na seara do **direito ambiental**. De toda sorte, consideramos útil aproveitar este parêntese para transcrever, abaixo, resumo bastante didático, veiculado no Informativo 507 do Superior Tribunal de Justiça, de decisão sobre o tema:[2]

> A responsabilidade por dano ambiental é objetiva e pautada no risco integral, não se admitindo a aplicação de excludentes de responsabilidade. Conforme a previsão do art. 14, § 1.º, da Lei n. 6.938/1981, recepcionado pelo art. 225, §§ 2.º e 3.º, da CF, a responsabilidade por dano ambiental, fundamentada na teoria do risco integral, pressupõe a existência de uma atividade que implique riscos para a saúde e para o meio ambiente, impondo-se ao empreendedor a obrigação de prevenir tais riscos (princípio da prevenção) e de internalizá-los em seu processo produtivo (princípio do poluidor-pagador). Pressupõe, ainda, o dano ou risco de dano e o nexo de causalidade entre a atividade e o resultado, efetivo ou potencial, não cabendo invocar a aplicação de excludentes de responsabilidade.

3. FUNDAMENTO DA ATRIBUIÇÃO DE RESPONSABILIDADE CIVIL OBJETIVA À ADMINISTRAÇÃO PÚBLICA PELOS DANOS DECORRENTES DE SUAS ATIVIDADES

A ideia subjacente à **teoria do risco administrativo**, que atribui ao Estado (e às pessoas jurídicas de direito privado prestadoras de serviços públicos) responsabilidade extracontratual independentemente de perquirição a respeito de culpa na sua atuação – **responsabilidade civil objetiva** –, é a de que as atividades administrativas são desempenhadas no interesse de toda a sociedade e, portanto, é justo que um indivíduo (ou um grupo determinado de indivíduos) que tenha sofrido danos por elas causados, não infligidos aos demais membros da coletividade, seja por esta indenizado.

A doutrina e a jurisprudência referem-se a esse fundamento da responsabilidade objetiva estatal como **princípio da repartição igualitária dos ônus e encargos sociais**. Evidencia esse postulado que o Estado e as pessoas jurídicas prestadoras de

---

[2] REsp 1.346.430/PR, rel. Min. Luis Felipe Salomão, 18.10.2012 (no mesmo sentido: REsp 1.374.284/MG, rel. Min. Luis Felipe Salomão, 27.08.2014 – **recurso repetitivo**). Além disso, em decisões proferidas na sistemática de **repercussão geral**, o Supremo Tribunal Federal fixou as seguintes **teses jurídicas**: "É imprescritível a pretensão de reparação civil de dano ambiental" (RE 654.833/AC, rel. Min. Alexandre de Moraes, 17.04.2020); "É imprescritível a pretensão de ressarcimento ao erário decorrente da exploração irregular do patrimônio mineral da União, porquanto indissociável do dano ambiental causado" (RE 1.427.694/SC, rel. Min. Rosa Weber, 02.09.2023).

serviços públicos em geral têm **responsabilidade pelo mero risco** que a atividade por eles exercida envolve, isto é, mesmo que a atuação estatal seja perfeitamente **lícita**, a prestação do serviço público tenha ocorrido de forma incontestavelmente **regular**, o simples fato de um **dano específico** ter sido causado a um terceiro na execução da atividade implicará a obrigação de indenizá-lo pelo prejuízo sofrido.

Por exemplo, se a administração pública necessita interditar o tráfego de pessoas e veículos em uma via pública para executar obras de ampliação das galerias pluviais e essa medida causa prejuízos a um estabelecimento comercial situado naquele local, o seu proprietário fará jus a uma indenização destinada a compensar o **dano específico** que ele sofreu, ainda que absolutamente nenhuma irregularidade seja imputada ao poder público. É claro que, se ocorrerem ilicitudes na atuação administrativa, os danos decorrentes deverão ser igualmente indenizados, mas o que nos interessa ilustrar, nesse exemplo, é a desnecessidade de que se verifiquem desvios, abusos ou vícios na atuação estatal para que a indenização seja devida.

Em síntese, as atividades administrativas – **tanto as executadas sem irregularidade alguma quanto aquelas maculadas por vícios** – acarretam para a pessoa jurídica que as desempenhou a obrigação de indenizar **danos específicos** que causem a terceiros. Para que lhe seja reconhecido o direito à indenização, o terceiro prejudicado só precisa provar o dano sofrido e demonstrar o nexo de causalidade entre este e a atividade estatal, sem necessidade de qualquer imputação de culpa ao Estado (ou à pessoa privada delegatária de serviço público) ou aos seus agentes públicos.

Observe-se que, no fim das contas, o pagamento da indenização implica entregar ao prejudicado valores do erário, os quais pertencem a toda a sociedade. A utilização do dinheiro da coletividade para indenizar o terceiro que sofreu uma lesão específica promove a **repartição igualitária dos ônus** decorrentes da atividade administrativa. Os riscos a ela inerentes – não só o risco de que danos venham a ser causados pelo exercício perfeitamente regular de atividades públicas, mas também o de ocorrerem desvios, abusos e ilegalidades de um modo geral – devem ser suportados igualmente por todos, uma vez que a atividade administrativa é presumidamente desempenhada em prol do interesse comum.

Por derradeiro, vale pontuar que a doutrina administrativista – como decorrência do fundamento da responsabilidade objetiva ora em apreço – defende que, no caso de pessoa privada que preste serviço público mediante delegação do poder público, **sendo impossível ao terceiro prejudicado obter dela a reparação** (por exemplo, se o patrimônio da delegatária for insuficiente para suportar a indenização imposta), **o Estado deverá responder subsidiariamente**. O Supremo Tribunal Federal encampou essa orientação, consoante deflui da ementa de aresto abaixo transcrita (grifamos):[3]

> 1. A responsabilidade civil do Estado subsume-se à **teoria do risco administrativo**, tanto para as condutas estatais comissivas quanto paras as omissivas, na forma do artigo 37, § 6.º, da Constituição Federal. 2. O Estado e as pessoas jurídicas de direito privado prestadoras de serviços públicos respondem pelos danos que seus agentes,

---

[3]   RE 662.405/AL (**repercussão geral**), rel. Min. Luiz Fux, 26.06.2020.

nessa qualidade, causem a terceiros, quando comprovado o nexo de causalidade entre a conduta e o dano sofrido pelo particular. 3. **A pessoa jurídica de direito privado prestadora de serviço público responde de forma primária e objetiva por danos causados a terceiros**, visto possuir personalidade jurídica, patrimônio e capacidade próprios. 4. O cancelamento de provas de concurso público em virtude de indícios de fraude gera a responsabilidade direta da entidade privada organizadora do certame de restituir aos candidatos as despesas com taxa de inscrição e deslocamento para cidades diversas daquelas em que mantenham domicílio. **Ao Estado, cabe somente a responsabilidade subsidiária**, no caso de a instituição organizadora do certame se tornar insolvente.

4. RESPONSABILIDADE OBJETIVA NA MODALIDADE RISCO ADMINISTRATIVO: ART. 37, § 6.º, DA CONSTITUIÇÃO DE 1988

Assim dispõe o § 6.º do art. 37 da Constituição Federal:[4]

> § 6.º As pessoas jurídicas de direito público e as de direito privado prestadoras de serviços públicos responderão pelos danos que seus agentes, nessa qualidade, causarem a terceiros, assegurado o direito de regresso contra o responsável nos casos de dolo ou culpa.

Esse dispositivo constitucional atribui ao Estado responsabilidade civil **objetiva**, nos moldes da teoria do "**risco administrativo**", pelos danos causados a terceiros em decorrência de **atuação** de seus agentes. O Supremo Tribunal Federal firmou na sua jurisprudência o entendimento de que esse é também o preceito aplicável em relação a prejuízos ocasionados a particulares por **omissão** da Administração Pública.[5] Conforme será estudado adiante, em tópico próprio, há divergência na doutrina administrativista quanto à incidência dessa modalidade de responsabilidade extracontratual nas hipóteses de **omissão** estatal.

A responsabilidade civil objetiva prevista no art. 37, § 6.º, **não** se restringe à prática de **atos administrativos**; mesmo a atuação administrativa que **não** configure ato administrativo **pode** acarretar obrigação de reparar dano.

Um exemplo simples é o do motorista servidor público que, dirigindo a serviço um veículo oficial, colide com um carro particular, sem que seja possível averiguar de quem seria a culpa. Em uma situação como essa, a responsabilidade civil será

---

[4] No mesmo diapasão, **embora endereçado apenas às pessoas jurídicas de direito público**, o art. 43 do Código Civil preceitua: "As pessoas jurídicas de direito público interno são civilmente responsáveis por atos dos seus agentes que nessa qualidade causem danos a terceiros, ressalvado direito regressivo contra os causadores do dano, se houver, por parte destes, culpa ou dolo".

[5] RE 385.943/SP, rel. Min. Celso de Mello, 05.10.2009; AI 299.125/SP, rel. Min. Celso de Mello, 05.10.2009; RE-AgR 543.469/RJ, rel. Min. Ellen Gracie, 16.03.2010; RE 608.880/MT (**repercussão geral**), red. p/ o acórdão Min. Alexandre de Moraes, 04.09.2020; RE 662.405/AL (**repercussão geral**), rel. Min. Luiz Fux, 26.06.2020.

regulada pelo art. 37, § 6.º – a administração terá de indenizar o particular pelo prejuízo decorrente da colisão. Note-se que o dano não foi causado por um ato administrativo, isto é, por uma manifestação de vontade ou declaração da administração cujo fim imediato fosse produzir no mundo jurídico uma alteração determinada. O evento ocorrido configura, tão somente, um **fato administrativo** (também chamado **ato material**).

É sempre oportuno reiterar que, mesmo na hipótese de o dano resultar de um ato ou fato administrativo perfeitamente **lícito**, a administração terá obrigação de indenizar o terceiro prejudicado, a menos que consiga provar a ocorrência de alguma excludente.

Dessa forma, voltando ao exemplo do servidor público dirigindo a serviço um automóvel oficial que colide com o de um particular, deve-se enfatizar que a responsabilidade da administração pública pelo dano não é afetada, absolutamente, pela existência, ou não, de culpa do seu agente. Ela responderá pelo prejuízo sofrido pelo particular, salvo se provar a ocorrência de alguma excludente.

Ponto relevante a examinar diz respeito às **pessoas** que estão abrangidas pela regra de **responsabilidade objetiva** contida no § 6.º do art. 37 da Carta Política: ela alcança **todas** as pessoas jurídicas de direito **público** – administração direta, autarquias e fundações de direito público –, independentemente das atividades que exerçam, e, também, **todas** as pessoas jurídicas de direito **privado** prestadoras de **serviços públicos** – o que inclui as empresas públicas e as sociedades de economia mista prestadoras de serviços públicos, as fundações públicas com personalidade jurídica de direito privado que prestem serviços públicos e, ainda, as pessoas privadas, **não integrantes** da administração pública, **delegatárias de serviços públicos** (concessionárias, permissionárias e detentoras de autorização de serviços públicos).

Ressalte-se que **não estão incluídas** na norma vazada no § 6.º do art. 37 as empresas públicas e as sociedades de economia mista **exploradoras de atividade econômica** em sentido estrito. Estas respondem sem quaisquer peculiaridades pelos danos que seus agentes causarem a terceiros, isto é, a responsabilidade extracontratual das referidas entidades segue as mesmas regras de direito privado aplicáveis às pessoas jurídicas privadas em geral.

Quanto à responsabilidade objetiva das concessionárias, permissionárias e autorizadas de serviços públicos, a jurisprudência do Supremo Tribunal Federal consolidou, com **repercussão geral**, a orientação de que há responsabilidade civil **objetiva** das empresas que prestam serviço público mesmo em relação aos danos que sua atuação cause a **terceiros não usuários do serviço público**.[6] Consoante bem sintetizou o Ministro Ricardo Lewandowski, relator do recurso extraordinário em que essa posição restou sedimentada, a Constituição Federal **não** faz qualquer **distinção** sobre a qualificação do **sujeito passivo do dano**, ou seja, não exige que a pessoa atingida pela lesão ostente a condição de usuário do serviço público. E "onde a lei não distingue, não cabe ao intérprete distinguir" (*ubi lex non distinguit, nec nos distinguere debemos*).

---

[6] RE 591.874/MS, rel. Min. Ricardo Lewandowski, 26.08.2009.

Portanto, é **irrelevante** perquirir se a **vítima** de prejuízo causado por prestador de serviço público é, ou não, **usuária** do serviço, **bastando** que o dano seja produzido pelo sujeito na qualidade de **prestador de serviço público**.

Por exemplo, em um acidente de trânsito entre um automóvel particular e um ônibus de permissionária de serviço público, a responsabilidade civil será objetiva, regida pelo art. 37, § 6.º, da Constituição, vale dizer, a permissionária responderá mesmo que nenhuma culpa de seu agente seja provada, somente podendo se eximir da obrigação de indenizar se ela, permissionária, conseguir provar a presença de alguma excludente, a exemplo da culpa exclusiva da vítima ou de caso fortuito ou força maior.

Nossa Corte Constitucional também teve oportunidade, por diversas vezes, de explicitar que os "**terceiros**" a que se reporta o preceito constitucional ora em apreço **podem ser, ou não, servidores públicos**. Isto é, se determinada atuação estatal causar prejuízo a um agente público, seja ele integrante ou não dos quadros do órgão ou entidade que determinou aquela atuação, terá esse agente que sofreu o dano direito à indenização nas mesmas bases a que faria jus um "terceiro" particular que não possuísse relação funcional alguma com o poder público.[7]

Prosseguindo na análise do texto do § 6.º do art. 37, verifica-se que, na sua parte final, é feita referência à responsabilidade do agente causador do dano, que, se for o caso, terá de ressarcir a pessoa jurídica que foi condenada a indenizar o "terceiro" que o sofreu. Explicita o preceito constitucional que o agente somente será responsabilizado se for comprovado que ele atuou com **dolo ou culpa**, ou seja, a sua responsabilidade é **subjetiva**, na modalidade "**culpa comum**". O ônus da prova da culpa do agente é da pessoa jurídica a cujos quadros ele pertence – e é necessário que ela já tenha sido condenada a indenizar o "terceiro" que sofreu o dano (a pessoa jurídica deverá ajuizar uma ação contra o seu agente, a fim de provar a culpa dele e, assim, obter o ressarcimento da quantia que foi condenada a indenizar).

A expressão "**agente**" utilizada no dispositivo constitucional ora em foco **não** se restringe aos servidores públicos estatutários, agentes das pessoas jurídicas de direito público; ela inclui os empregados das entidades de direito privado prestadoras de serviços públicos, integrantes ou não da administração pública.

Porém – e esse aspecto é de grande importância –, para restar configurada a responsabilidade civil objetiva da pessoa jurídica, é **imprescindível** que, ao praticar o ato lesivo, o seu agente estivesse atuando, corretamente ou não, **na condição de agente público**, no desempenho das atribuições próprias de sua função pública, ou a pretexto de exercê-las. **Nada importa** perquirir se a atuação do agente foi **lícita ou ilícita**. O que interessa é **exclusivamente** a qualidade de agente público **ostentada** na sua atuação. É necessário, tão somente, verificar se a condição de agente público foi determinante para a prática do ato. Enfim, basta que, ao praticar o ato, **lícito ou ilícito**, o agente esteja atuando "**na qualidade** de agente público" (incluídos nessa expressão os agentes das delegatárias de serviço público).

---

[7] AI-AgR 473.381/AP, rel. Min. Carlos Velloso, 20.09.2005; RE-AgR 435.444/RS, rel. Min. Roberto Barroso, 18.03.2014.

Com efeito, ideia que fundamenta a atribuição ao Estado de responsabilidade extracontratual objetiva é a de que a atividade administrativa envolve riscos que são assumidos em benefício de todo o grupo social e de que, por essa razão, os eventuais danos dela decorrentes devem ter o seu ônus entre todos repartido. Essa lógica se aplica aos danos causados por **atuação lícita** e **também** por **atos ilícitos** dos agentes estatais, uma vez que, ao fim e ao cabo, a atuação deles – legal ou ilegal – é **imputada** ao órgão ou à entidade a cujos quadros pertencem.

Dessa forma, se um policial fardado, agindo em nome do Estado – o que, no caso, presume-se pelo só fato de o agente estar fardado e integrar efetivamente os quadros da corporação policial –, ainda que fora de seu horário de expediente, causar dano ao particular, a obrigação de indenizar compete ao poder público, independentemente da existência de irregularidade na conduta do agente.

Nesse diapasão, já decidiu o Supremo Tribunal Federal que o poder público responde objetivamente por lesões causadas por policial a profissional de imprensa que estivesse trabalhando na cobertura de manifestação na qual tenham ocorrido atos de violência. Salientou-se que o fato de o profissional permanecer realizando atividade jornalística no local da manifestação popular no momento em que ocorre um tumulto não pode, por si só, ser considerado como caracterizador de "culpa exclusiva da vítima" (excludente da responsabilidade civil objetiva na modalidade risco administrativo), sob pena de ofensa ao livre exercício da liberdade de imprensa. Para efeito de **repercussão geral**, fixou-se a seguinte **tese jurídica**:[8]

> É objetiva a responsabilidade civil do Estado em relação a profissional da imprensa ferido por agentes policiais durante cobertura jornalística, em manifestações em que haja tumulto ou conflitos entre policiais e manifestantes. Cabe a excludente da responsabilidade da culpa exclusiva da vítima, nas hipóteses em que o profissional de imprensa descumprir ostensiva e clara advertência sobre acesso a áreas delimitadas, em que haja grave risco à sua integridade física.

Também deixou assente a Corte Constitucional que, na hipótese de operações de segurança pública que resultem em morte ou ferimento de pessoas, é objetiva a responsabilidade civil do Estado, nos termos da teoria do risco administrativo. Dessarte, será do poder público o ônus de provar eventuais excludentes de sua culpa (por exemplo, demonstrar, no caso concreto, que não foram os seus agentes que deram causa à morte ou ao ferimento); se não for possível fazer essa comprovação, impõe-se ao Estado a obrigação de indenizar. Essa posição está consignada na seguinte **tese de repercussão geral**:[9]

> (i) O Estado é responsável, na esfera cível, por morte ou ferimento decorrente de operações de segurança pública, nos termos da Teoria

---

[8] RE 1.209.429/SP (**repercussão geral**), red. p/ o acórdão Min. Alexandre de Moraes, 10.06.2021 (Informativo 1.021 do STF).

[9] ARE 1.385.315/RJ, rel. Min. Edson Fachin, 11.04.2024 (Informativo 1.132 do STF).

Cap. 12 • RESPONSABILIDADE CIVIL DA ADMINISTRAÇÃO PÚBLICA

do Risco Administrativo; (ii) É ônus probatório do ente federativo demonstrar eventuais excludentes de responsabilidade civil; (iii) A perícia inconclusiva sobre a origem de disparo fatal durante operações policiais e militares não é suficiente, por si só, para afastar a responsabilidade civil do Estado, por constituir elemento indiciário.

A lógica é sempre a mesma: com a outorga de competência, pelo ordenamento jurídico, a determinado agente para, em nome do Estado, exercer uma atividade pública, ou para custodiar um bem, ou para zelar pela guarda e condução de uma viatura, passa a ser do próprio poder público o risco relacionado à execução dessa atividade, ficando ele obrigado a ressarcir os eventuais danos dela oriundos, inclusive em caso de atuação ilegal do agente (pois toda atuação do agente será imputada ao Estado). O mesmo raciocínio vale para as delegatárias de serviços públicos, as quais desempenham atividade pública por sua conta e risco, com base em contrato administrativo (concessão ou permissão de serviço público) ou em ato administrativo (autorização de serviço público), e operam por meio de seus agentes, imputando-se a elas a atuação deles.

Note-se, porém, que é necessária a **existência efetiva** de **algum vínculo jurídico** entre o agente e a pessoa jurídica que responderá pelo dano que ele causou, ainda que tal vínculo seja nulo, isto é, esteja maculado por um vício insanável (caso do denominado "**funcionário de fato**"). Um dano ocasionado por atuação de alguém que **não tenha vínculo algum** com a administração pública, nem mesmo um vínculo eivado de nulidade – a exemplo de um **usurpador de função** –, **não acarreta** a incidência do art. 37, § 6.º, da Constituição Federal. Afinal, nessas situações, **não ocorre** a **imputação**, significa dizer, a atuação dessa pessoa cujo vínculo com o poder público é **inexistente** não será imputada ao Estado, não será considerada uma atuação da própria administração pública.

Não haverá, tampouco, responsabilidade da administração pública nos casos em que o agente causador do dano seja realmente um agente público, mas a **atuação** dele **não esteja** relacionada à sua **condição de agente público**. Como exemplo, mencionamos julgado em que o Supremo Tribunal Federal considerou não haver obrigação do Estado de indenizar vítima de disparo de arma de fogo utilizada por policial durante período de folga, embora a arma pertencesse à corporação.[10] Considerou-se que, no caso, "o dano fora praticado por policial que se encontrava fora de suas funções públicas" e que o evento danoso decorrera de interesse privado, que o policial atuara movido por sentimento pessoal, concernente ao relacionamento amoroso que mantinha com a vítima.

Na oportunidade, nosso Tribunal Supremo asseverou que "o art. 37, § 6.º, da Constituição Federal exige, para a configuração da responsabilidade objetiva do Estado, que a ação causadora do dano a terceiro tenha sido praticada por agente público, nessa qualidade, **não podendo** o Estado ser responsabilizado **senão** quando o agente estatal estiver a **exercer seu ofício ou função**, ou a **proceder como se estivesse a exercê-la**". Não foi acolhido, dessarte, o argumento da vítima segundo o

---

[10] RE 363.423/SP, rel. Min. Carlos Britto, 16.11.2004.

qual o Estado deveria ser obrigado a indenizá-la por haver incorrido em hipótese de culpa *in eligendo* (culpa pela escolha inadequada do agente) ou de culpa *in vigilando* (culpa pela vigilância insuficiente dos atos do agente).

Dissemos, há pouco, que a expressão "agente", empregada no § 6.º do art. 37, inclui os servidores públicos estatutários e os empregados das pessoas jurídicas de direito privado prestadoras de serviços públicos, integrantes ou não da administração pública. A esse respeito, cabe uma observação acerca da responsabilidade extracontratual por danos causados a terceiros em decorrência de atuação de **notários e registradores**.

A Constituição Federal, no *caput* do art. 236, estabelece que "os serviços notariais e de registro são exercidos em caráter privado, por delegação do poder público". O § 1.º desse artigo remete à lei, entre outras matérias, a disciplina da "responsabilidade civil e criminal dos notários, dos oficiais de registro e de seus prepostos". A Lei 8.935/1994, no *caput* do seu art. 22, preceitua que "os notários e oficiais de registro são civilmente responsáveis por todos os prejuízos que causarem a terceiros, **por culpa ou dolo**, pessoalmente, pelos substitutos que designarem ou escreventes que autorizarem, assegurado o direito de regresso".

Fica claro, portanto, que, nos termos da lei, os notários e registradores (que são pessoas físicas) têm responsabilidade subjetiva pelos danos que, no exercício de suas funções, causarem a terceiros. Havia controvérsia, contudo, quanto à possibilidade e à forma de **responsabilização do Estado** por esses danos.

Em 2019, no julgamento de recurso apreciado sob a sistemática de repercussão geral, essa questão foi pacificada, com a confirmação, pelo Supremo Tribunal Federal, do entendimento que perfilhara em julgados anteriores, segundo o qual o Estado tem responsabilidade civil objetiva, direta e primária, nos termos do § 6.º do art. 37 da Carta Política, pelos danos causados a terceiros em decorrência da atuação de notários e registradores. O poder público, uma vez condenado a indenizar, terá, então, obrigação de ajuizar ação regressiva contra o notário, ou o registrador, desde que comprove que ele incorreu em dolo ou culpa. Na oportunidade, a seguinte tese de repercussão geral foi fixada:[11]

> O Estado responde, objetivamente, pelos atos dos tabeliães e registradores oficiais que, no exercício de suas funções, causem dano a terceiros, assentado o dever de regresso contra o responsável, nos casos de dolo ou culpa, sob pena de improbidade administrativa.

Por fim, cumpre repisar que a responsabilidade extracontratual objetiva fundada no § 6.º do art. 37 da Constituição **admite excludentes** – em conformidade com a teoria do risco administrativo. Entre elas, merece menção, neste passo, a hipótese de **culpa exclusiva da vítima** (serão estudadas adiante, em tópico específico, as situações de força maior e caso fortuito).

---

[11]   RE 842.846/RJ (**repercussão geral**), rel. Min. Luiz Fux, 27.02.2019 (Informativo 932 do STF). Julgados anteriores no mesmo sentido: RE-AgR 209.354/PR, rel. Min. Carlos Velloso, 02.03.1999; RE-AgR 518.894/SP, rel. Min. Ayres Britto, 02.08.2011.

Cap. 12 • RESPONSABILIDADE CIVIL DA ADMINISTRAÇÃO PÚBLICA

A responsabilidade do poder público (ou da delegatária de serviço público) fica **excluída** na hipótese de ser demonstrada **culpa exclusiva** do terceiro que sofreu o dano; e será proporcionalmente **reduzida** se comprovada **culpa concorrente** da administração e do terceiro.[12] Em qualquer caso, o **ônus da prova** é da **administração** (ou da delegatária de serviço público); se não for provada culpa do terceiro, cabe inteiramente à pessoa jurídica administrativa causadora do dano a responsabilidade civil, isto é, a obrigação de indenizar a vítima pela lesão sofrida.

Essa exclusão da responsabilidade objetiva é explicada, por juristas de renome, como decorrência do fato de **não haver nexo causal** na hipótese de culpa exclusiva de quem sofreu o dano. Convenhamos que, se a lesão foi provocada por **culpa exclusiva** de quem a sofreu, não se pode dizer que exista nexo causal (relação de causa e consequência) entre alguma atuação da administração e o dano ocorrido. Parece-nos, contudo, que não é tão fácil aceitar essa explicação na hipótese de **redução proporcional** da responsabilidade civil objetiva, quando há **culpa concorrente** do Estado e do terceiro. Seja como for, fica o registro de que, mesmo nesses casos de culpa concorrente, há autores, a exemplo do Prof. Celso Antônio Bandeira de Mello, que sustentam residir no nexo causal a explicação para a redução da obrigação de indenizar, por parte do Estado.

5. RESPONSABILIDADE POR DANOS DECORRENTES DE OMISSÃO ESTATAL

A Constituição de 1988 **não** trata explicitamente da responsabilidade extracontratual por danos que os particulares venham a sofrer em decorrência de **omissão estatal**. De fato, o § 6.º do art. 37 da Carta da República somente se refere, textualmente, à responsabilidade civil das pessoas jurídicas de direito público e de direito privado prestadoras de serviços públicos pelos **danos que os seus agentes causarem a terceiros**. Pela **literalidade** do preceito constitucional, para restar configurada a responsabilidade em hipótese de omissão estatal, seria necessário identificar um agente público específico (ou mais de um) que, em uma situação determinada, deveria ter agido e, não o tendo feito, a sua inação causou, de forma direta e imediata, alguma lesão a um administrado. A prova em juízo de tais elementos ou circunstâncias será, na maior parte dos casos, demasiado complexa para o particular prejudicado.

Alguns de nossos mais respeitados administrativistas prelecionam que, em face de danos ensejados por **omissão estatal**, a responsabilidade extracontratual segue, em regra, a **teoria da culpa administrativa**.

Assim, na hipótese de danos advindos de omissões estatais, a **regra geral** seria a sujeição do poder público a uma modalidade **subjetiva** de responsabilidade civil

---

[12] A orientação segundo a qual há atenuação da obrigação de indenizar na hipótese de o dano decorrer de culpa concorrente entre o agente que praticou o ato lesivo e o terceiro prejudicado resultou inicialmente de construção jurisprudencial. Hoje ela está incorporada ao nosso direito legislado. De fato, o vigente Código Civil, no seu art. 945, assim dispõe: "Se a vítima tiver concorrido culposamente para o evento danoso, a sua indenização será fixada tendo-se em conta a gravidade de sua culpa em confronto com a do autor do dano."

em que a pessoa que sofreu a lesão deveria provar (o ônus da prova é dela) a falta ou a deficiência de um serviço público a cuja prestação o Estado estava obrigado e demonstrar a existência de um efetivo nexo de causalidade entre a lesão por ela sofrida e a omissão havida.

É importante frisar que, diferentemente do que ocorre na responsabilização extracontratual fundada em "culpa comum", **não há necessidade**, para a caracterização da "culpa administrativa", de **individualizar os agentes** aos quais a falta do serviço possa ser imputada (por prescindir de identificação de agentes públicos relacionados à omissão estatal, a expressão "**culpa anônima**" é também utilizada em referência a essa modalidade de responsabilidade subjetiva).

Dessarte, nos termos da **teoria da culpa administrativa**, o particular que sofreu o dano não necessita comprovar que a falta do serviço público decorreu de omissão culposa de um agente público determinado; basta-lhe demonstrar que o serviço público deveria ter sido prestado e que foi a sua ausência ou deficiência que efetivamente implicou a ocorrência do dano.

Observe-se que estamos tratando de situações em que **não há uma atuação estatal** que seja, ela própria, concretamente, a causadora do dano. Este é produzido diretamente por elementos estranhos à atividade administrativa, no mais das vezes, por **atos de terceiros**, não agentes públicos – por exemplo, delinquentes ou multidões –, ou por **fenômenos da natureza** – por exemplo, uma enchente ou um vendaval.

Para que lhe seja reconhecido direito a indenização, o particular deverá demonstrar que a atuação estatal regular, normal, ordinária, teria sido suficiente para evitar o dano a ele infligido. É necessário que ele comprove que concorreu para o resultado lesivo determinada **omissão culposa** do Estado: este estava obrigado a agir, tinha possibilidade material de atuar e, se tivesse agido, poderia ter evitado o dano. Nisso consiste, quando estamos diante de um caso de responsabilidade civil subjetiva por culpa administrativa, o nexo de causalidade entre o dano e a falta na prestação do serviço público (que pode assumir as modalidades omissivas **inexistência do serviço**, **deficiência do serviço** ou **atraso na prestação do serviço**).

São exemplos das situações ora em foco um protesto de rua em que uma multidão (particulares, não agentes públicos) destrua propriedades privadas; ou a ocorrência de eventos da natureza, como vendavais e enchentes, que imponham prejuízos à população. Nessas hipóteses, a indenização estatal **só será devida se restar comprovado** – e o ônus da prova é de quem sofreu o dano – que determinada **omissão culposa da administração pública** contribuiu para o surgimento do resultado danoso, ou seja, que o dano não teria ocorrido se o poder público tivesse prestado adequadamente os serviços públicos de que o ordenamento jurídico lhe incumbe (responsabilidade **subjetiva**, na modalidade "**culpa administrativa**" ou "**culpa anônima**").

Assim, na contingência de uma enchente, se ficar comprovado que os serviços a que estava obrigada a administração pública deixaram de ser prestados, ou o foram insuficientemente, poderá ela ser responsabilizada (por exemplo, as galerias pluviais e os bueiros de escoamento das águas, cuja manutenção é obrigação do poder público, estavam entupidos ou sujos, propiciando o acúmulo das águas e os consequentes prejuízos).

Entretanto, se todo o sistema de escoamento de águas pluviais estivesse em perfeitas condições, houvesse sido previamente vistoriado e recuperado pela administração pública, mas, mesmo assim, devido a uma excepcional e imprevisível continuidade e intensidade das chuvas, a capacidade de vazão não tenha sido suficiente, restará descaracterizada a responsabilidade do Estado, porque os danos produzidos pela enchente terão decorrido **exclusiva e diretamente de uma situação de caso fortuito ou de força maior**, sem qualquer parcela de culpa imputável ao poder público.

Em síntese, segundo a posição doutrinária exposta nos parágrafos precedentes, quando um dano causado a um particular não decorre de uma atuação de agentes públicos, e sim de outras circunstâncias, tais como atos de terceiros ou eventos climáticos, o Estado somente poderá ser obrigado a indenizar consoante os termos da **teoria da culpa administrativa**, isto é, se a vítima lograr comprovar que, para aquele resultado danoso, **concorreu determinada omissão culposa da administração pública** (não há necessidade de individualização de um agente público cuja conduta omissiva tenha ocasionado a falta do serviço). Caso se verifique que o dano foi produzido **por fatores que não consubstanciam atividade administrativa**, a exemplo de atos de terceiros ou intempéries, sem concurso de uma omissão culposa do poder público perfeitamente identificada, **não restará caracterizada a responsabilidade extracontratual estatal**.

Em alguns julgados, o Supremo Tribunal Federal perfilhou essa orientação. Por exemplo, no julgamento do RE 237.561/RS, em seu voto condutor, assim prelecionou o Min. Sepúlveda Pertence (destaques no original):[13]

> Parece dominante na doutrina brasileira contemporânea a postura segundo a qual somente conforme os cânones da teoria **subjetiva**, derivada da **culpa**, será admissível imputar ao Estado a responsabilidade pelos danos possibilitados por sua omissão.

Em outra oportunidade, a Segunda Turma do Pretório Constitucional firmou a distinção entre a responsabilidade civil do Estado decorrente de **ação** de seus agentes e aquela verificada no caso de danos possibilitados pela alegada **omissão** da administração pública, nestes termos (grifamos):[14]

> I – A responsabilidade civil das pessoas jurídicas de direito público e das pessoas jurídicas de direito privado prestadoras de serviço público, **responsabilidade objetiva**, com base no risco administrativo, ocorre diante dos seguintes **requisitos**: a) do dano; b) da **ação** administrativa; c) e desde que haja nexo causal entre o dano e a **ação** administrativa. II – Essa responsabilidade objetiva, com base no risco administrativo, admite pesquisa em torno da culpa da vítima, para

---

[13] RE 237.561/RS, rel. Min. Sepúlveda Pertence, 18.12.2001.

[14] RE 179.147/SP, rel. Min. Carlos Velloso, 12.12.1997.

828 DIREITO ADMINISTRATIVO DESCOMPLICADO • *Marcelo Alexandrino & Vicente Paulo*

o fim de abrandar ou mesmo excluir a responsabilidade da pessoa jurídica de direito público ou da pessoa jurídica de direito privado prestadora de serviço público. III – Tratando-se de **ato omissivo do poder público, a responsabilidade civil por tal ato é subjetiva, pelo que exige dolo ou culpa, numa de suas três vertentes, negligência, imperícia ou imprudência**, não sendo, entretanto, necessário individualizá-la, dado que pode ser atribuída ao serviço público, de forma genérica, a *faute de service* dos franceses.

Em diversas outras decisões, porém – todas elas mais recentes –, o Supremo Tribunal Federal tem asseverado que a responsabilidade civil do poder público é do tipo **objetiva**, na modalidade **risco administrativo**, em qualquer hipótese, **inclusive nos casos de danos advindos de omissão estatal** (sem fazer distinção entre a omissão genérica e a omissão em que há descumprimento de um dever legal específico).[15]

Nessa linha, transcrevemos parte desta ementa de acórdão proferido em 2020, na sistemática de **repercussão geral** (negritos acrescentados, itálicos no original):[16]

> 1. A responsabilidade civil das pessoas jurídicas de direito público e das pessoas jurídicas de direito privado prestadoras de serviço público baseia-se no **risco administrativo**, sendo **objetiva**, exige os seguintes requisitos: *ocorrência do dano;* ***ação ou omissão*** *administrativa; existência de* ***nexo causal*** *entre o dano e a* ***ação ou omissão*** *administrativa e ausência de causa excludente da responsabilidade estatal.*
>
> 2. A jurisprudência desta Corte, inclusive, entende ser **objetiva a responsabilidade civil decorrente de omissão**, seja das pessoas jurídicas de direito público ou das pessoas jurídicas de direito privado prestadoras de serviço público.
>
> 3. Entretanto, o princípio da responsabilidade objetiva não se reveste de caráter absoluto, eis que admite o abrandamento e, até mesmo, a exclusão da própria responsabilidade civil do Estado, nas hipóteses excepcionais configuradoras de situações liberatórias como o caso fortuito e a força maior ou evidências de ocorrência de culpa atribuível à própria vítima.
>
> 4. A **fuga de presidiário** e o cometimento de crime, sem qualquer relação lógica com sua evasão, extirpa o elemento normativo, segundo o qual **a responsabilidade civil só se estabelece em relação aos efeitos diretos e imediatos causados pela conduta do agente**. Nesse cenário, em que **não há causalidade direta** para fins de atribuição de responsabilidade civil extracontratual do poder público, não se apresentam os requisitos necessários para a imputação da respon-

---

[15] Vejam-se, entre outros: RE 385.943/SP, rel. Min. Celso de Mello, 05.10.2009; AI 299.125/SP, rel. Min. Celso de Mello, 05.10.2009; RE-AgR 543.469/RJ, rel. Min. Ellen Gracie, 16.03.2010; RE 662.405/AL (**repercussão geral**), rel. Min. Luiz Fux, 26.06.2020.

[16] RE 608.880/MT (**repercussão geral**), red. p/ o acórdão Min. Alexandre de Moraes, 04.09.2020.

Cap. 12 • RESPONSABILIDADE CIVIL DA ADMINISTRAÇÃO PÚBLICA

sabilidade objetiva prevista na Constituição Federal – em especial, como já citado, por ausência do *nexo causal*.

No mesmo aresto, foi averbada a seguinte **tese de repercussão geral**:

> Nos termos do artigo 37, § 6.º, da Constituição Federal, não se caracteriza a responsabilidade civil objetiva do Estado por danos decorrentes de crime praticado por pessoa foragida do sistema prisional, quando não demonstrado o nexo causal direto entre o momento da fuga e a conduta praticada.

Veja-se que, na hipótese de fuga de presos, não pode haver qualquer dúvida quanto a estarmos diante de uma **omissão** estatal. Precisa ocorrer uma falha na segurança carcerária, isto é, uma atuação que se esperava do poder público não se materializou, ou deu-se de forma insuficiente. Ademais, no acórdão, de forma explícita, o Supremo Tribunal Federal afirmou que, consoante a sua jurisprudência, a responsabilidade extracontratual estatal, na hipótese de danos ensejados por omissões, é **objetiva**, na modalidade **risco administrativo**. Entretanto, especificamente no caso de presidiários evadidos, a obrigação estatal de indenizar uma pessoa que venha a sofrer violência contra ela praticada pelo fugitivo somente existirá se a lesão for infligida na hora – e como decorrência direta – da fuga. Diferentemente, se, em um momento posterior, quando não mais estiver sendo perseguido, o foragido causar dano a alguém, não se há de cogitar responsabilidade civil do poder público, porque não existirá causalidade direta e imediata entre a sua omissão (deixar o presidiário fugir) e a violência ulteriormente perpetrada contra terceiro.[17]

É importante apontar que a divergência verificada entre parcela respeitável da doutrina administrativista e o Supremo Tribunal Federal acerca da responsabilidade civil em caso de omissão do Estado – aquela propugnando a aplicação da teoria da culpa administrativa (*faute de service*) e este reconhecendo a incidência do § 6.º do art. 37 da Carta Política – desaparece quando existe para o Estado um dever **específico** de agir e ele o descumpre (total ou parcialmente).

Em tais situações – como ocorre, entre outras hipóteses, quando pessoas ou coisas estão sob a guarda, a proteção direta ou a custódia do Estado (o poder público encontra-se na posição de **garante**), quando o poder público tem o dever legal de assegurar a integridade de pessoas ou coisas que estejam a ele vinculadas por alguma **condição específica** –, a responsabilidade civil estatal por eventuais danos é, **incontroversamente**, do tipo **objetiva**, na modalidade **risco administrativo**.

Não é demasiado repetir: quando o Estado tem o **dever jurídico específico** de garantir a integridade de pessoas ou coisas que estejam sob sua proteção direta, ele responderá com base no art. 37, § 6.º, por danos a elas ocasionados, **mesmo que a lesão não te-**

---

[17] Sobre o tema (danos causados por condenados foragidos), e perfilhando a mesma lógica enfim estabelecida com repercussão geral no RE 608.880/MT, vejam-se, entre outros: RE 130.764/PR, rel. Min. Moreira Alves, 12.05.1992; RE 172.025/RJ, rel. Min. Ilmar Galvão, 08.10.1996; RE 369.820/RS, rel. Min. Carlos Velloso, 04.11.2003; AI-AgR 463.531/RS, rel. Min. Ellen Gracie, 29.09.2009.

nha sido concretamente causada por atuação de seus agentes. Nessas situações, o só fato de haver possibilitado a ocorrência do dano levará o Estado a responder por uma **omissão específica** (deixou de cumprir um **dever específico**, legal ou constitucional, a ele atribuído) – e, para efeito de responsabilidade extracontratual do poder público, tal omissão equipara-se a uma conduta **comissiva**, a uma **atuação** estatal.[18]

Seria o caso, por exemplo, de uma criança, aluno de uma escola pública, que sofresse uma lesão no horário de aula, nas dependências da escola, por agressão perpetrada por outro aluno, ou um paciente internado em um hospital público que fosse agredido e ferido por alguma pessoa não integrante dos seus quadros funcionais. Em situações que tais, o dano sofrido pela criança ou pelo paciente evidentemente não terá decorrido de uma atuação de um agente público da escola ou do hospital, mas o Estado terá responsabilidade civil objetiva, na modalidade risco administrativo.

Outro exemplo teríamos na hipótese de ferimento sofrido por um preso, dentro da penitenciária, em uma briga com um companheiro de cela. Da mesma forma, não terá sido a atuação de um agente público a causa do dano, e sim uma omissão do Estado, que não atuou diligentemente a fim de impedir a lesão infligida contra uma pessoa que estava sob sua custódia.

Aliás, especificamente acerca de **danos causados a detentos dentro de estabelecimentos prisionais**, merecem registro duas orientações firmadas na jurisprudência do Supremo Tribunal Federal.

A primeira delas estabelece que, em caso de **morte** do detento, o Estado tem **responsabilidade civil objetiva**, com fundamento no § 6.º do art. 37 da Carta Política. Sobre essa questão, foi exarada a seguinte **tese de repercussão geral**:[19]

> Em caso de inobservância do seu dever específico de proteção previsto no artigo 5.º, inciso XLIX, da Constituição Federal, o Estado é responsável pela morte do detento.

Consoante a segunda orientação, a omissão do poder público em adotar providências destinadas a solucionar problemas como a superlotação e a falta de condições mínimas de saúde e de higiene em presídios pode acarretar a **obrigação de indenizar os detentos mantidos em situação degradante**. A matéria é objeto da **tese de repercussão geral** a seguir reproduzida:[20]

> Considerando que é dever do Estado, imposto pelo sistema normativo, manter em seus presídios os padrões mínimos de humanidade previstos no ordenamento jurídico, é de sua responsabilidade, nos termos do art. 37, § 6.º, da Constituição, a obrigação de ressarcir os danos, inclusive morais, comprovadamente causados aos detentos em decorrência da falta ou insuficiência das condições legais de encarceramento.

---

[18] AI-AgR 799.789/GO, rel. Min. Ricardo Lewandowski, 02.12.2010; RE-AgR 633.138/DF, rel. Min. Luiz Fux, 04.09.2012; ARE-AgR 697.326/RS, rel. Min. Dias Toffoli, 05.03.2013.

[19] RE 841.526/RS (**repercussão geral**), rel. Min. Luiz Fux, 30.03.2016 (Informativo 819 do STF).

[20] RE 580.252/MS (**repercussão geral**), red. p/ o acórdão Min. Gilmar Mendes, 16.02.2017 (Informativo 854 do STF).

Cap. 12 • RESPONSABILIDADE CIVIL DA ADMINISTRAÇÃO PÚBLICA

Outra decisão relevante em que a Corte Suprema asseverou expressamente que a caracterização, ou não, da responsabilidade extracontratual do Estado em hipóteses de **omissão** no cumprimento de um dever jurídico específico é **objetiva**, na modalidade **risco administrativo** – e deve ser verificada com base no § 6.º do art. 37 da Constituição –, envolveu o **comércio de fogos de artifício** (na situação concreta, danos a terceiros foram causados por uma explosão havida em estabelecimento que vendia tais artefatos de forma clandestina). Dessa vez, porém, o entendimento perfilhado pelo Tribunal Maior acabou favorecendo sobremaneira o poder público, porquanto se decidiu que, sendo clandestinas as operações, não caberia cogitar omissão estatal, haja vista que as autoridades administrativas competentes não tinham conhecimento das atividades praticadas. A responsabilização, segundo a Corte Máxima, somente ocorreria se o poder público soubesse da existência do referido comércio e não tomasse providências, ou se, no caso de atividade não clandestina, fosse negligente na concessão de licença para o funcionamento do estabelecimento, ou em sua fiscalização. Como corolário dessa orientação, fixou-se a seguinte **tese de repercussão geral**:[21]

> Para que fique caracterizada a responsabilidade civil do Estado por danos decorrentes do comércio de fogos de artifício, é necessário que exista a violação de um dever jurídico específico de agir, que ocorrerá quando for concedida a licença para funcionamento sem as cautelas legais ou quando for de conhecimento do poder público eventuais irregularidades praticadas pelo particular.

É sempre oportuno lembrar que a responsabilidade fundada na teoria do risco administrativo **admite excludentes**, tais como a comprovação de culpa exclusiva da pessoa que sofreu a lesão, ou da caracterização de caso fortuito ou força maior.

Assim, não haverá responsabilidade extracontratual estatal em relação a danos oriundos de um evento imprevisível e irresistível, sem relação com qualquer ação ou omissão da administração pública (hipótese de força maior ou caso fortuito). Por exemplo, se ocorreu uma invasão imprevisível, inevitável e absolutamente excepcional de uma escola pública, por um bando armado, que causou ferimentos em diversos estudantes, poderá a administração, provando essa excludente de força maior ou caso fortuito desvinculada de qualquer omissão culposa de sua parte, ver afastada a sua responsabilidade; porém, se um dano sofrido por determinado aluno deu-se em circunstâncias normais da escola, dentro da sala de aula, e a atuação eficaz e diligente da administração pudesse ter evitado a sua ocorrência, o Estado será responsabilizado.

Por fim, cabe fazer uma observação sobre o **dano nuclear**.

Consoante o art. 21, XXIII, da Constituição da República, compete exclusivamente à União "explorar os serviços e instalações **nucleares** de qualquer natureza e exercer **monopólio** estatal sobre a pesquisa, a lavra, o enriquecimento e reprocessamento, a industrialização e o comércio de minérios nucleares e seus derivados". Pode ser exercida por particulares, entretanto, "sob regime de permissão", "a comercialização e a utilização de radioisótopos para pesquisa e uso agrícolas e industriais" e "a comercialização e

---

[21] RE 136.861/SP (**repercussão geral**), red. p/ o acórdão Min. Alexandre de Moraes, 11.03.2020.

a utilização de radioisótopos para pesquisa e uso médicos". Em qualquer hipótese, "a responsabilidade civil por danos nucleares independe da existência de culpa".

Não nos parece razoável considerar que essa regra constitucional sobre a responsabilidade civil por danos nucleares configure um mero reforço específico (e inócuo) do § 6.º do art. 37 – o qual, de forma ampla, atribui responsabilidade objetiva ao poder público (e às delegatárias de serviços públicos) pelos prejuízos que seus agentes causem a terceiros. Pensamos que, em relação ao **dano nuclear**, o constituinte pretendeu estabelecer que a responsabilidade extracontratual do poder público, ou de particulares permissionários que lidem com radioisótopos, será **sempre objetiva** – bastam o dano e o nexo causal para caracterizá-la, embora sejam admitidas as excludentes próprias da modalidade risco administrativo –, não só por atuação dos agentes respectivos, mas também em **quaisquer hipóteses de omissão**, específica ou genérica.

Alertamos que o assunto é controverso. Alguns autores simplesmente não fazem distinção entre a responsabilidade civil estatal por dano nuclear e as demais hipóteses de responsabilidade extracontratual do poder público. E outros entendem que a Constituição teria adotado, no caso do dano nuclear, a **teoria do risco integral**, isto é, a responsabilidade do Estado seria objetiva e não estaria sujeita a quaisquer excludentes.

6. FORÇA MAIOR E CASO FORTUITO

São controversas, na doutrina, as definições de **força maior** e de **caso fortuito**. Há autores que empregam a primeira expressão para designar fenômenos naturais irresistíveis e a segunda para aludir a situações inevitáveis decorrentes de atuação direta do homem. Outros juristas perfilham orientação exatamente oposta a essa.

Na sua origem, a noção de **caso fortuito** costumava ser associada à imprevisibilidade ("fortuito" significa "obra do acaso", "inesperado"), ao passo que a de força maior evocava eventos avassaladores, isto é, acontecimentos a cujo desenrolar não se poderia opor resistência eficaz.

O problema é que, mesmo se adotadas essas acepções lastreadas no sentido lexicográfico dos vocábulos componentes das expressões em foco, a diferença, quanto aos resultados das situações em que uma ou outra hipótese se configure, é praticamente nenhuma. De fato, em uma situação de força maior (irresistível), não existe possibilidade de evitar o resultado, ainda que saibamos, com antecedência, que ele ocorrerá. Já na hipótese de caso fortuito (imprevisível), não há como antever o resultado. Em ambas as circunstâncias, portanto, ao fim e ao cabo, o resultado é **inevitável** – ou porque não se podia prever, ou porque, mesmo sendo previsível, não era possível resistir a sua concretização.

Provavelmente seja por essas dificuldades que nosso direito legislado e a jurisprudência do Supremo Tribunal Federal não costumam distinguir força maior de caso fortuito, nem conceitualmente, nem quanto aos efeitos decorrentes das circunstâncias que sejam assim consideradas.

Deveras, embora o vigente Código Civil não contenha uma conceituação abrangente de força maior e de caso fortuito, o parágrafo único do seu art. 393, pertinente ao assim chamado "direito das obrigações", estatui que "o caso fortuito ou de força

Cap. 12 • RESPONSABILIDADE CIVIL DA ADMINISTRAÇÃO PÚBLICA

maior verifica-se no fato necessário, cujos efeitos não era possível evitar ou impedir". Como se vê, esse dispositivo da lei civil trata, **indistintamente**, como "caso fortuito ou de força maior" eventos – tanto atos humanos como fenômenos da natureza – cuja **ocorrência é inescapável** ("fato necessário") e cujos **efeitos** – previsíveis ou não – são **inevitáveis ou irresistíveis**.

É fácil constatar, em reforço, que nossas leis administrativas tampouco diferenciam força maior de caso fortuito, seja quanto ao aspecto conceitual, seja quanto aos efeitos. Citamos como exemplos que confirmam essa assertiva dispositivos da Lei 8.112/1990 (art. 44, parágrafo único), da Lei 14.133/2021 (arts. 124, II, "d", 133, I, e 137, V), da Lei 8.987/1995 (art. 38, § 1.º, III) e da Lei 11.079/2004 (art. 5.º, III).

A jurisprudência do Supremo Tribunal Federal também tende a não diferençar caso fortuito de força maior, considerando excludente da responsabilidade extracontratual estatal qualquer situação causadora de dano a terceiros que possa ser enquadrada como força maior ou como caso fortuito.[22]

É usual a asserção de que a ocorrência de caso fortuito e de força maior **rompe o nexo de causalidade** entre eventual conduta do agente e o dano sofrido pelo terceiro. Isso explicaria a exclusão da responsabilidade do Estado (e das delegatárias de serviços públicos), porque, mesmo sendo ela objetiva, na modalidade "risco administrativo", **o nexo causal é elemento essencial** para a sua configuração.

Imagine-se, como exemplo, a situação em que agentes públicos estivessem derrubando uma árvore situada no passeio público, cujo tronco estivesse parcialmente apodrecido (árvore morta). Suponha-se que tenham sido adotadas todas as precauções, conforme as determinações técnicas mais rigorosas, direcionando a queda do tronco para um determinado lado. Imagine-se, ainda, que, no momento exato em que os agentes da administração iniciassem o corte do tronco, uma violenta rajada de vento, imprevisível e irresistível, derrubasse o tronco para o lado oposto ao que estava predeterminado, causando danos a uma casa.

Nessa situação, embora estivesse ocorrendo uma **atuação** administrativa (o corte do tronco), o dano não teria sido por ela causado, e sim pelo evento de força maior ou de caso fortuito (não fazemos distinção entre um e outro). Por outras palavras, não há nexo causal entre a atuação administrativa e o dano que a queda da árvore provocou. O que derrubou a árvore foi o vento, e não a atuação administrativa; ademais, mesmo com todas as precauções técnicas corretamente observadas, não foi possível evitar que o tronco tombasse para um lado diferente do pretendido.

Assim, embora incontroversamente estejamos diante de situação em que a responsabilidade extracontratual é regida pela teoria do **risco administrativo** – houve uma atuação administrativa –, o Estado não será condenado a indenizar o proprietário da casa, em razão da ocorrência de uma excludente que, por si só, de forma autônoma, ocasionou o dano.

Vejamos, agora, caso se admita a existência de situações em que a responsabilidade do Estado deva ser regulada pela teoria da **culpa administrativa,** como seriam tratados, nessas hipóteses, eventos de força maior e caso fortuito (vale lembrar que

---

[22] AI 455.846/RJ, rel. Min. Celso de Mello, 11.10.2004.

o Supremo Tribunal Federal firmou em sua jurisprudência o entendimento de que a responsabilidade extracontratual do poder público no Brasil é objetiva, na modalidade **risco administrativo**, tanto em relação a danos causados por **atuação** de agentes públicos quanto por **omissão estatal**).

Para os administrativistas que defendem essa possibilidade, tem-se responsabilidade subjetiva ("culpa anônima") da administração pública nas hipóteses de danos ocasionados por **omissão** que caracterize **falta do serviço público** (inexistência, deficiência ou atraso na prestação). Em casos que tais, é fácil constatar que a força maior ou o caso fortuito serão igualmente excludentes da obrigação de indenizar, desde que o dano decorra exclusivamente desses eventos, isto é, desde que a administração pública não tenha concorrido culposamente – por omissão, na modalidade "culpa administrativa" – para o surgimento do dano.

Assim é porque a responsabilidade por falta do serviço (*faute de service*) só existe quando o dano era evitável, quando o dano poderia ter sido evitado pela adequada prestação do serviço. Se uma circunstância imprevisível, inevitável e invencível ou irresistível foi a **exclusiva** causadora do dano, não se há de imputar à administração responsabilidade por uma eventual omissão culposa, porque essa eventual omissão não terá relação direta com o dano havido.

Por exemplo, imagine-se que em um determinado município ocorra uma enchente provocada por chuvas extremamente intensas e absolutamente anormais para aquela região. Suponha-se que seja possível demonstrar que, apesar de as galerias de escoamento pluvial não estarem em perfeitas condições de manutenção, esse fato não contribuiu em nada para os danos causados pela enchente. Embora tenha havido falhas na manutenção das galerias, a capacidade de escoamento destas não foi reduzida. A enchente ocorreria de qualquer forma, com aquela mesma intensidade; as galerias pluviais estavam desobstruídas, mas não deram vazão ao volume de água, e isso nada teve a ver com as falhas constatadas na sua manutenção.

Nessa hipótese, os danos terão decorrido exclusivamente do evento de força maior ou de caso fortuito e não há qualquer obrigação de indenizar por parte da administração pública.

Diferentemente, se a mesma chuva caísse, mas fosse possível demonstrar que as galerias de escoamento pluvial, por deficiência de manutenção, estavam parcialmente obstruídas, existiria responsabilidade civil da administração pública, na modalidade "culpa administrativa", porque a sua omissão culposa concorreu diretamente (nexo causal direto) para o surgimento do resultado danoso. Com efeito, nessa hipótese, se o serviço público obrigatório de desobstrução das galerias pluviais tivesse sido prestado adequadamente (e poderia ter sido), reduziria a intensidade da enchente, e menores teriam sido os danos efetivos por ela provocados.

Aliás, o raciocínio exposto no parágrafo precedente se aplica, igualmente, às hipóteses de danos oriundos dos assim chamados "**atos de terceiros**" (lesões ou prejuízos causados por delinquentes ou por multidões). Sendo o evento causador do dano um "ato de terceiro", somente poderá ser a administração pública responsabilizada se ficar demonstrado que a sua omissão indevida concorreu de forma direta para o surgimento do resultado danoso, ou seja, se restar comprovado que ela deveria ter prestado um serviço que teria impedido efetivamente o dano decorrente

Cap. 12 • RESPONSABILIDADE CIVIL DA ADMINISTRAÇÃO PÚBLICA

do "ato de terceiro", mas, culposamente, deixou de prestar tal serviço, ou prestou deficientemente ou com atraso.

Em suma, pensamos que é contraproducente sustentar a existência de distinções conceituais entre força maior e caso fortuito, porquanto nem nosso direito legislado nem a jurisprudência pátria o fazem. Caso fortuito e força maior – sem distinção entre um e outro – devem ser considerados excludentes da responsabilidade civil da administração pública. E devem ser considerados excludentes tanto da responsabilidade extracontratual objetiva, na modalidade risco administrativo, quanto da responsabilidade civil subjetiva, na modalidade culpa administrativa, desde que, em qualquer caso, o resultado danoso decorra exclusivamente do evento de força maior ou de caso fortuito.

7. DANOS DE OBRA PÚBLICA

A responsabilidade civil por **danos decorrentes de obras públicas** exige a análise de dois aspectos, a saber:

a) se o dano foi causado pelo denominado **só fato da obra**, ou se foi causado por má execução da obra; e

b) se a obra está sendo executada diretamente pela administração pública ou se a execução está a cargo de um particular que tenha celebrado com o poder público um contrato administrativo com esse objeto (execução da obra).

Na hipótese de ser o dano causado pelo **só fato da obra**, a responsabilidade extracontratual da administração pública é do tipo objetiva, na modalidade do "risco administrativo", **independentemente de quem esteja executando a obra** (se é a administração, diretamente, ou se a execução da obra foi confiada a um particular contratado).

Diz-se que o dano foi causado pelo **só fato da obra** quando ele decorre da própria natureza da obra, ou foi causado por um fato imprevisível ou inevitável ocorrido na execução da obra, sem que tenha havido culpa de alguém. São os danos causados pela obra em si mesma, pela sua localização, extensão ou duração, **sem qualquer irregularidade na sua execução**. Nessa hipótese, sendo uma obra pública um empreendimento que, em tese, beneficia toda a sociedade, não deve um particular, ou um grupo restrito de pessoas, sofrer um ônus extraordinário em decorrência de sua execução, não suportado pelos outros indivíduos da coletividade. Por isso, a fim de repartir igualmente o ônus decorrente dos prejuízos advindos da realização da obra, a própria administração pública deve responder objetivamente pelos danos causados, independentemente da ocorrência de culpa de sua parte, e mesmo que a obra esteja sendo executada por um particular para tanto contratado.

Por exemplo, pode acontecer, numa obra de perfuração e abertura de galerias para ampliação do metrô de São Paulo, que as explosões necessárias, a despeito de todas as precauções e cuidados técnicos, provoquem rachaduras nas paredes dos prédios próximos. Nessa situação, o dano aos prédios terá sido ocasionado pelo só fato da obra, sem que alguém tenha culpa – e deverá ser indenizado pela administração pública (**responsabilidade civil objetiva**), mesmo que a obra esteja sendo executada por um particular por ela contratado.

Pode, entretanto, ocorrer que uma obra pública ocasione dano a particulares em decorrência de **má execução**, de irregularidades imputáveis a quem esteja realizando a obra. Trata-se dos danos causados por **culpa do executor**.

Nessa hipótese, interessa saber quem está executando a obra. Se a obra estiver sendo realizada pela própria administração pública, diretamente, teremos uma situação ordinária de responsabilidade civil passível de enquadramento no art. 37, § 6.º, da Constituição, caso em que a administração responde objetivamente, perante o prejudicado, pelo dano causado, e, uma vez condenada a indenizá-lo, tem ação regressiva contra o respectivo agente público, devendo provar a existência de culpa ou dolo na conduta desse agente.

Diferentemente, se a obra estiver sendo realizada por um particular contratado pela administração pública para esse mister, é ele, executor da obra, quem responde civilmente pelo dano, perante a pessoa prejudicada. A responsabilidade é do tipo **subjetiva**, ou seja, o executor só responderá se tiver atuado com dolo ou culpa.

Se o dano decorrente da má execução da obra puder ser imputado, **concorrentemente**, ao contratado e à administração pública, haverá redução proporcional da responsabilidade – **cada um responderá parcialmente pelo dano causado, na medida de sua culpabilidade**.

A natureza **subjetiva** da responsabilidade civil do particular contratado pela administração quanto aos danos que ele cause, na execução do contrato, diretamente a ela ou a terceiros estava explícita no art. 70 da Lei 8.666/1993 (aplicável a **qualquer contrato** ainda vigente regido por essa lei). Veja-se a sua redação (grifamos):

> Art. 70. O contratado é responsável pelos danos causados diretamente à administração ou a terceiros, **decorrentes de sua culpa ou dolo** na execução do contrato, não excluindo ou reduzindo essa responsabilidade a fiscalização ou o acompanhamento pelo órgão interessado.

Na Lei 14.133/2021, o preceito equivalente está no seu art. 120, com a diferença literal de que, nele, não há menção expressa a culpa ou dolo. É este o teor do artigo:

> Art. 120. O contratado será responsável pelos danos causados diretamente à administração ou a terceiros em razão da execução do contrato, e não excluirá nem reduzirá essa responsabilidade a fiscalização ou o acompanhamento pelo contratante.

Deixamos assente em outro ponto deste livro, no capítulo concernente aos contratos administrativos, que, segundo nosso entendimento, mesmo com a **supressão**, no art. 120 da Lei 14.133/2021, da menção expressa a **dolo e culpa**, a responsabilidade do contratado pelos danos que decorram da execução do contrato continua, **em regra**, sendo do tipo **subjetiva** – isto é, faz-se necessário comprovar que houve atuação (ou omissão) culposa ou dolosa por parte dele. Isso, entre outras razões, porque, na própria Lei 14.133/2021, há dispositivos que atribuem, com todas as letras, nas situações neles descritas, responsabilidade **objetiva** a particulares relacionados ao processo licitatório ou às contratações que ela regula, ou seja, quando a lei pretende

Cap. 12 • RESPONSABILIDADE CIVIL DA ADMINISTRAÇÃO PÚBLICA

criar hipótese de responsabilidade do tipo **objetiva**, ou explicitar que, em determinada circunstância, é essa a espécie de responsabilidade aplicável, ela o faz textualmente.

Não se deve olvidar, porém, que, em muitos casos, as contratações efetuadas com base na Lei 14.133/2021 contemplarão **matriz de alocação de riscos**. Assim, se um dano ocasionado à administração ou a terceiros durante a execução do contrato estiver vinculado a um evento que, na matriz de riscos, está alocado como de responsabilidade da administração, será ela, e não o contratado, que poderá ser responsabilizada – e vice-versa –, independentemente de culpa (a alocação de responsabilidade estipulada na matriz de riscos é objetiva).

Por fim, é relevante anotar que a matéria trazida a lume neste tópico foi exposta em conformidade com as **orientações tradicionalmente formuladas pela doutrina e pela jurisprudência**. Entretanto, especificamente na Lei 13.303/2016 – estatuto jurídico das empresas públicas e sociedades de economia mista, e suas subsidiárias, atuantes no domínio econômico, inclusive as prestadoras de serviços públicos enquadrados como atividade econômica (em sentido amplo) –, deverá ser observado o disposto no seu art. 76 (grifamos):

> Art. 76. O contratado é obrigado a reparar, corrigir, remover, reconstruir ou substituir, às suas expensas, no total ou em parte, o objeto do contrato em que se verificarem vícios, defeitos ou incorreções resultantes da execução ou de materiais empregados, e **responderá por danos** causados diretamente a terceiros ou à empresa pública ou sociedade de economia mista, **independentemente da comprovação de sua culpa ou dolo na execução do contrato**.

Não conhecemos jurisprudência a respeito desse artigo. Não é possível saber se o Poder Judiciário admitirá a aplicação textual das disposições nele vazadas, mas, caso seja aceita, teremos que, nos contratos celebrados entre um particular e uma entidade contratante sujeita à disciplina da Lei 13.303/2016, cujo **objeto** seja a **realização de uma obra pública**, será do contratado a responsabilidade pela indenização de eventuais danos que a execução do contrato cause **diretamente** a terceiros ou à entidade contratante, mesmo que não se demonstre que, na execução do contrato, o particular incorreu em dolo ou culpa.

A nosso ver, a interpretação literal do art. 76 da Lei 13.303/2016 – se vier a ser adotada no caso de obra pública executada por particular contratado – **excluirá** a responsabilidade perante terceiros da entidade administrativa contratante, desde que o dano a indenizar decorra **diretamente** da execução do contrato, ainda que se trate de hipótese tradicionalmente enquadrada pela doutrina como "dano causado pelo só fato da obra".

8. ATOS LEGISLATIVOS

Os atos legislativos, em regra, não acarretam responsabilidade extracontratual para o Estado.

O Poder Legislativo, na sua função normativa, consubstancia manifestação da própria soberania estatal, sujeitando-se apenas às limitações impostas pela Constituição. Portanto, desde que aja em estrita conformidade com os mandamentos constitucionais, elaborando normas gerais e abstratas, o Estado não pode ser responsabilizado por sua função legislativa.

Porém, a doutrina e a jurisprudência reconhecem a possibilidade de atos legislativos ensejarem responsabilidade civil estatal em duas situações:

a) leis inconstitucionais; e
b) leis de efeitos concretos.

Em relação às **leis inconstitucionais**, parte-se da premissa de que o Poder Legislativo é, sim, soberano na edição de leis, desde que elas sejam elaboradas em conformidade com a Constituição. O Poder Legislativo tem o dever de respeitar as regras constitucionais; descumprindo esse dever, pode surgir a responsabilidade do Estado.

A edição de uma lei inconstitucional poderá, portanto, ensejar a responsabilidade do Estado, caso tenha ela efetivamente causado dano ao particular. A responsabilização do Estado, nessa hipótese, depende da declaração da inconstitucionalidade da lei pelo Supremo Tribunal Federal, guardião da Carta Política. Não se deve imaginar, entretanto, uma obrigação de indenizar automática. Havendo a declaração da inconstitucionalidade da lei, a pessoa que tenha sofrido danos oriundos da sua incidência terá que ajuizar uma ação específica pleiteando a indenização pelo dano decorrente da aplicação dessa lei que foi declarada inconstitucional.

Pode ocorrer, também, a responsabilidade civil do Estado no caso de edição das chamadas **leis de efeitos concretos**, assim consideradas aquelas que não possuem caráter normativo, que não são dotadas de generalidade, impessoalidade e abstração. São leis apenas em sentido formal (pois oriundas do Poder Legislativo), que têm destinatários certos, determinados. Materialmente, elas são análogas aos atos administrativos individuais, com destinatários determinados e efeitos concretos.

Uma lei de efeitos concretos, desde que sua aplicação acarrete danos ao particular, pode gerar responsabilidade extracontratual para o Estado, possibilita que o indivíduo pleiteie o reconhecimento do direito à reparação dos prejuízos por ela causados.

9. ATOS JURISDICIONAIS

No Brasil, a **regra geral** é a irresponsabilidade do Estado por eventuais danos advindos de **atos jurisdicionais**, isto é, de atos praticados pelos juízes e tribunais do Poder Judiciário no exercício de sua função típica, de solucionar litígios mediante decisões nas quais dizem o direito aplicável ao caso levado a sua apreciação.

Alguns aspectos demandam comentários.

Os **atos não jurisdicionais** praticados pelos juízes e pelos demais órgãos do Poder Judiciário não apresentam quaisquer peculiaridades que os diferenciem de outros atos da administração pública: sujeitam o Estado, pelos danos que causem a terceiros, à responsabilidade extracontratual **objetiva**, na modalidade "**risco administrativo**" (CF, art. 37, § 6.º). Enquadram-se nessa categoria de atos todos aqueles concernentes às **atividades administrativas do Poder Judiciário**, quer tenham sido

Cap. 12 • RESPONSABILIDADE CIVIL DA ADMINISTRAÇÃO PÚBLICA

praticados pelos magistrados, quer por outros agentes a ele vinculados (escrivães, motoristas, oficiais de justiça etc.).

O segundo aspecto a merecer nota refere-se à seara **penal**. A Constituição de 1988, no inciso LXXV do art. 5.º, preceitua que "o Estado indenizará o condenado por erro judiciário, assim como o que ficar preso além do tempo fixado na sentença". Assim, se o indivíduo é condenado na **esfera penal** e, mais tarde, resta comprovado que a condenação foi indevida (um pedido de **revisão criminal** é ajuizado e esta é julgada procedente), terá ele direito, contra o Estado, à reparação dos danos que o **erro judiciário** lhe causou. A responsabilidade do Estado é **objetiva** – aplica-se, à hipótese, o art. 37, § 6.º, da Carta Política, vale dizer, o direito à indenização **independe de o erro judiciário haver resultado de dolo ou de culpa** do magistrado que proferiu a decisão condenatória.[23]

É importante ressaltar que o art. 5.º, LXXV, da Carta da República **tem aplicação exclusivamente na esfera penal**, isto é, o Estado não está sujeito a responsabilidade extracontratual por eventuais prejuízos que alguém venha a sofrer em consequência de erro cometido na prolação de sentença concernente a matéria cível – ou a qualquer outra matéria que não seja penal.

Um terceiro ponto a examinar diz respeito à possibilidade de as **prisões cautelares** (também denominadas **prisões provisórias** ou **prisões processuais**) ensejarem indenização ulterior por dano moral, especialmente na hipótese de o réu, na decisão definitiva, vir a ser absolvido. A jurisprudência do Supremo Tribunal Federal é majoritária quanto à inexistência, em regra, do direito à indenização nesses casos, especialmente quanto à inexistência de responsabilidade civil **objetiva** do Estado pelo dano moral decorrente da prisão preventiva (que é uma espécie de prisão cautelar).[24] Consoante essa orientação, o "decreto judicial de prisão preventiva não se confunde com o erro judiciário – CF, art. 5.º, LXXV – mesmo que o réu, ao final da ação penal, venha a ser absolvido".[25]

Por último, vem a propósito destacar que, nos termos do Código de Processo Civil, o **juiz** responderá, civil e **regressivamente**, por perdas e danos quando, no exercício de suas funções, proceder com **dolo ou fraude** (art. 143, I). Mister é frisar que, nessa hipótese, o juiz responderá **regressivamente**, isto é, a ação contra ele será movida pelo Estado, depois que este tiver sido condenado a indenizar a pessoa que sofreu o dano causado pela conduta dolosa ou fraudulenta do magistrado. É importante, também, enfatizar que o juiz **não responderá** pessoalmente por eventuais erros decorrentes de **culpa** (negligência, imprudência ou imperícia), ainda que acarretem dano às partes.

---

[23] RE 505.393/PE, rel. Min. Sepúlveda Pertence, 26.06.2007.

[24] Cabe mencionar que, dependendo das circunstâncias do caso concreto, é possível, sim, o Poder Judiciário reconhecer o direito à indenização pelo dano moral decorrente de prisões cautelares, especialmente quando não tenham sido observados os pressupostos legais para a adoção da medida. É exemplo de julgado em que a indenização foi admitida pelo Supremo Tribunal Federal o RE-AgR 385.943/SP, rel. Min. Celso de Mello, 15.12.2009.

[25] RE 429.518/SC, rel. Min. Carlos Velloso, 17.08.2004.

10. A AÇÃO DE REPARAÇÃO DO DANO: TERCEIRO LESADO *X* ADMINISTRAÇÃO

A reparação do dano infligido pelo Estado ao terceiro poderá dar-se na **esfera administrativa**, se houver **acordo** entre as partes, **ou** por meio de **ação judicial de indenização**. Nessa última hipótese – que é aquela verificada na quase totalidade dos casos –, o terceiro que sofreu a lesão causada pela atuação de um agente público deverá intentar a ação de indenização em face da administração pública, e não contra o agente que, nessa qualidade, produziu o dano. Exemplificando, se Fulano, servidor público da União, agindo nessa qualidade, causar um prejuízo a um particular, a ação de indenização movida por este será contra a União, e não contra o agente Fulano.

Em um julgado de 1980, o Supremo Tribunal Federal havia decidido que a pessoa que sofreu a lesão teria a faculdade de mover a ação de indenização simultaneamente contra a pessoa jurídica e o respectivo agente público. Tratar-se-ia, segundo essa orientação antiga, de uma hipótese de **litisconsórcio passivo facultativo**.[26]

Já sob a vigente Constituição, o Pretório Supremo firmou o entendimento de que a pessoa a quem o dano foi infligido **não pode** ajuizar a ação indenizatória diretamente **contra o agente público** – e **não podem**, tampouco, figurar no polo passivo dessa ação, conjuntamente, como **litisconsortes**, a pessoa jurídica e o seu agente, pessoa natural. Merece transcrição este trecho da ementa do acórdão em que tal orientação foi perfilhada (grifamos):[27]

> Esse mesmo dispositivo constitucional [o § 6.º do art. 37 da Constituição] consagra, ainda, **dupla garantia**: uma, em favor do particular, possibilitando-lhe ação indenizatória contra a pessoa jurídica de direito público, ou de direito privado que preste serviço público, dado que bem maior, praticamente certa, a possibilidade de pagamento do dano objetivamente sofrido. **Outra garantia**, no entanto, **em prol do servidor estatal**, que **somente responde** administrativa e civilmente **perante a pessoa jurídica** a cujo quadro funcional se vincular.

Posto de outro modo: para nossa Corte Constitucional, a ação de reparação movida pelo terceiro que sofreu a lesão tem de ser ajuizada **somente** contra a **pessoa jurídica** sujeita à regra constitucional de responsabilidade civil objetiva. Essa pessoa jurídica, se condenada, terá, então, ação regressiva contra o seu agente que, atuando nessa qualidade, causou o dano – e precisará provar que ele agiu com dolo ou culpa.

Inúmeros julgados ulteriores ratificaram essa posição.[28] O assunto, hoje, está sedimentado no âmbito do Tribunal Maior, conforme sintetiza a seguinte **tese de repercussão geral**:[29]

---

[26] RE 90.071/SC, rel. Min. Cunha Peixoto, 18.06.1980.

[27] RE 327.904/SP, rel. Min. Ayres Britto, 15.08.2006 (precedente citado: AI-AgR 167.659/PR, rel. Min. Carlos Velloso, 18.06.1996).

[28] RE 344.133/PE, rel. Min. Marco Aurélio, 09.09.2008; RE-AgR 470.996/RO, rel. Min. Eros Grau, 18.08.2009; RE 634.790/MG, rel. Min. Dias Toffoli, 15.10.2012.

[29] RE 1.027.633/SP (**repercussão geral**), rel. Min. Marco Aurélio, 14.08.2019 (Informativo 947 do STF).

A teor do disposto no art. 37, § 6.º, da Constituição Federal, a ação por danos causados por agente público deve ser ajuizada contra o Estado ou a pessoa jurídica de direito privado prestadora de serviço público, sendo parte ilegítima para a ação o autor do ato, assegurado o direito de regresso contra o responsável nos casos de dolo ou culpa.

Na ação de indenização, basta ao terceiro prejudicado demonstrar a existência de uma relação **direta** de causa e consequência entre o fato lesivo e o dano, bem como o valor patrimonial deste (além do pedido de indenização pelos danos moral e estético, se for o caso). Isso porque a responsabilidade da administração é do tipo **objetiva**, restando caracterizada com a mera comprovação de que estão presentes os pressupostos **nexo causal direto e dano**. A partir daí, incumbe à administração, para eximir-se da obrigação de indenizar, provar, se for o caso, que a vítima concorreu com dolo ou culpa para o evento lesivo, podendo resultar três situações:

1) se não conseguir provar, responderá integralmente pelo dano, devendo indenizar o particular;

2) se comprovar que a culpa total foi do particular, ficará eximida da obrigação de reparar;

3) se comprovar que houve culpa recíproca (parcial de ambas as partes), a obrigação será atenuada proporcionalmente.

O valor da indenização deve abranger o que a vítima efetivamente perdeu e o que gastou – por exemplo, com advogado – para ressarcir-se do prejuízo (**danos emergentes**), bem como o que deixou de ganhar em consequência direta do ato lesivo praticado pelo agente (**lucros cessantes**). Some-se a isso, quando for o caso, a indenização pelos **danos moral e estético**.

Exemplificando: se um automóvel da administração colide com um táxi, com perda total do veículo do taxista, que fica três meses impossibilitado de trabalhar, a indenização abrangerá não só o valor do reparo do táxi e os gastos incorridos para a obtenção do direito a ela como também o valor médio que o taxista teria recebido se estivesse trabalhando durante aqueles três meses – e que deixou de receber justamente por causa de sua inatividade forçada nesse período, decorrente do evento danoso.

Ainda para ilustrar, se o taxista fosse acometido de depressão severa, provocada, segundo laudo médico pericial, pela inatividade forçada, a indenização teria que incluir o ressarcimento dos dispêndios com o tratamento do quadro psíquico e um valor estipulado pelo Poder Judiciário a título de indenização pelo dano moral. Caso, além de todos esses problemas, tivesse resultado do acidente alguma deformidade que comprometesse de modo relevante a aparência do taxista, poderia ele pedir indenização pelo dano estético, independentemente das indenizações pelos danos patrimonial e moral – e cumulativamente com elas.

Conquanto grasse alguma divergência na doutrina, a jurisprudência do Supremo Tribunal Federal **não admite** que, na ação de indenização movida pelo particular prejudicado, a administração promova a **denunciação da lide** a seus agentes. Esse ponto demanda uma explicação, apresentada a seguir.

Nos termos do inciso II do art. 125 do Código de Processo Civil, a **denunciação da lide** pode ser promovida "àquele que estiver obrigado, por lei ou pelo contrato, a indenizar, em ação regressiva, o prejuízo de quem for vencido no processo".

Dessarte, se fosse aplicável a denunciação da lide pela administração, esta, na ação de indenização em que figura como ré, movida pelo terceiro lesado, denunciaria a lide a seu servidor cuja atuação ocasionou o dano, de sorte que o dolo ou a culpa do agente público seriam objeto de discussão desde logo – e não em uma ação autônoma, ulterior (ação regressiva).

Percebe-se que, se fosse cabível a denunciação da lide ao agente público pela administração, haveria inegável desvantagem para o terceiro que sofreu o dano, porque seria retardado o reconhecimento do seu direito à reparação. De fato, a **administração** será condenada a indenizar com base na **responsabilidade objetiva**. Diferentemente, se tivesse que ser discutida, na mesma ação de indenização, eventual **responsabilidade do agente perante a administração** – e a responsabilidade dele é **subjetiva**, na modalidade **culpa comum** –, ficaria o litígio na dependência da demonstração, pela administração, de que o agente atuou com dolo ou culpa, questão que nenhum interesse tem para o particular que sofreu o dano (a este somente importa que a administração seja condenada a indenizá-lo; é totalmente irrelevante, para ele, a relação entre a administração e o seu agente). Enfim, o ingresso do agente público no litígio retardaria a reparação do dano à vítima, pois o direito desta não depende da comprovação de que ele agiu com dolo ou culpa.

A fim de ilustrar o sobredito, retomemos o exemplo do taxista. Já sabemos que a obrigação da administração de reparar o dano será averiguada segundo a **teoria do risco administrativo**, ou seja, a única discussão acerca de culpa que pode ocorrer na ação judicial estará limitada, se for o caso, à pretensão da administração de provar (e o ônus da prova é dela) que houve culpa exclusiva, ou pelo menos concorrente, da vítima. Se, por exemplo, não ficar comprovada qualquer culpa do taxista, deverá a administração indenizá-lo, sem que caiba questionar se houve culpa, ou não, do agente administrativo.

É possível, portanto, que, mesmo inexistindo culpa do taxista, tampouco fique comprovada culpa do agente administrativo. Nesse caso, não terá o agente obrigação de ressarcir a administração, mas subsiste sem nenhuma alteração a obrigação da administração perante o taxista.

Como se vê, se fosse cabível a denunciação da lide, ocorreria, dentro do processo do taxista contra a administração, uma discussão relativa à existência ou não de culpa do agente, e essa discussão em nada interessa ao particular, pois os fundamentos da responsabilidade nas relações **administração-taxista** (**objetiva**) são diversos dos da relação **administração-agente** (**subjetiva**).

O resultado da denunciação da lide promovida pela administração, se fosse admitida, seria retardar (e muito) a indenização do taxista, porque seriam baralhadas no mesmo processo relações distintas e discussões, entre a administração e o agente, que não dizem respeito ao taxista.

É interessante observar que não seria possível ter certeza, com base apenas na literalidade do § 6.º do art. 37 da Constituição, de que a denunciação da lide não

Cap. 12 • RESPONSABILIDADE CIVIL DA ADMINISTRAÇÃO PÚBLICA **843**

pudesse ser promovida pela administração a seus agentes, porque esse dispositivo constitucional não fala em "ação regressiva", empregando, em vez disso, a expressão genérica "direito de regresso". A vedação ao uso da denunciação da lide, nessa hipótese, é construção jurisprudencial do Supremo Tribunal Federal, conforme explicamos anteriormente.

No caso dos servidores estatutários federais, a Lei 8.112/1990, diferentemente do texto constitucional, é **explícita**: "tratando-se de dano causado a terceiros, responderá o servidor perante a Fazenda Pública, em **ação regressiva**" (art. 122, § 2.º). Ou seja, a lei determinou que o exercício do "direito de regresso" contra os servidores por ela regidos dar-se-á mediante ajuizamento, pelo Estado, de uma ação própria, **autônoma** – e não por meio de denunciação da lide.

É de **cinco anos** o prazo de **prescrição** da ação de reparação, ou seja, o prazo que o terceiro lesado tem para intentar a ação judicial contra a pessoa jurídica, visando a obter a indenização dos danos causados pela atuação dos agentes dela. Esse prazo prescricional se aplica às ações ajuizadas em face das **pessoas jurídicas de direito público** e das **pessoas jurídicas de direito privado prestadoras de serviços públicos** (incluídas as **delegatárias de serviços públicos**, não integrantes da administração pública formal), consoante estabelece a Lei 9.494/1997, no seu art. 1.º-C – dispositivo que se encontra em pleno vigor e já foi declarado perfeitamente **constitucional** pelo Supremo Tribunal Federal.[30]

11. A AÇÃO REGRESSIVA: ADMINISTRAÇÃO X AGENTE PÚBLICO

O § 6.º do art. 37 da Constituição estabelece que a administração pública (ou a delegatária de serviços públicos), depois de condenada a indenizar o dano que o seu agente causou a terceiros, tem direito de promover ação regressiva contra esse agente, desde que comprove que houve **dolo ou culpa** na atuação dele. A administração não pode, simplesmente, descontar da remuneração do seu agente público, de forma automática, sem consentimento dele, os valores que ela foi condenada a indenizar, haja vista que essa medida representaria inconcebível violação às garantias fundamentais do contraditório e da ampla defesa.

Há dois aspectos que devem ser destacados:

1) como condição para intentar a ação contra o seu agente, a pessoa jurídica deverá comprovar que já foi condenada judicialmente a indenizar o terceiro que suportou a lesão, pois o **direito de regresso** dela nasce com o **trânsito em julgado da decisão condenatória**, prolatada na ação de indenização;

2) enquanto a responsabilidade civil da administração (ou da delegatária de serviços públicos) perante o terceiro que sofreu o dano é **objetiva**, na modalidade "risco administrativo" (independe de culpa ou dolo), a responsabilidade extracontratual do agente perante a administração (ou a delegatária) só se configura

---

[30] ADI 2.418/DF, rel. Min. Teori Zavascki, 04.05.2016 (Informativo 824 do STF).

se restar comprovado **dolo** ou **culpa** desse agente (responsabilidade **subjetiva**, na modalidade "culpa comum").

Em suma, a administração pública (ou a delegatária de serviços públicos) que causou o dano indeniza o particular independentemente de comprovação de culpa ou dolo dela, mas o agente só será condenado a ressarcir a administração (ou a delegatária), em ação regressiva, se ela provar que houver dolo ou culpa dele.

Vale anotar que a ação regressiva pode ser ajuizada mesmo depois de ter sido alterado ou extinto o vínculo entre o agente e a administração pública (ou a delegatária de serviços públicos). Nada impede a responsabilização do agente que já tenha pedido exoneração, esteja aposentado, encontre-se em disponibilidade etc.

Ademais, a obrigação de ressarcir a administração pública (ou a delegatária de serviços públicos), em ação regressiva, transmite-se aos sucessores do agente que tenha atuado com dolo ou culpa – pois se trata de ação de natureza cível. Assim, mesmo após a morte do agente, podem os seus sucessores ser chamados a responder pelo valor que a administração (ou a delegatária) foi condenada a pagar na ação de indenização (sempre respeitado o limite do valor do patrimônio transferido na sucessão, por força do disposto no inciso XLV do art. 5.º da Carta Política).

No caso dos servidores públicos federais (estatutários), o direito de regresso da administração pública contra o seu agente que, atuando com dolo ou culpa, tenha causado dano a terceiros está disciplinado no art. 122 da Lei 8.112/1990. Esse artigo, no seu *caput*, assevera que a responsabilidade civil do servidor público decorre de ato omissivo ou comissivo, doloso ou culposo, que resulte em prejuízo ao erário ou a terceiros e, no § 2.º, preceitua que, na hipótese de dano causado a terceiros, "responderá o servidor perante a fazenda pública, em **ação regressiva**".

A Lei 13.655/2018 acrescentou, entre outros, o art. 28 à Lei de Introdução às Normas do Direito Brasileiro (LINDB) – aplicável a todos os entes da Federação. Nos termos desse artigo, "o agente público responderá pessoalmente por suas **decisões ou opiniões técnicas** em caso de **dolo ou erro grosseiro**". Demais disso, o Decreto 9.830/2019 estabelece, de forma explícita, reportando-se ao art. 28 da LINDB, que, "no âmbito do Poder Executivo federal, o direito de regresso previsto no § 6.º do art. 37 da Constituição **somente** será exercido na hipótese de o agente público ter agido com **dolo ou erro grosseiro** em suas **decisões ou opiniões técnicas**" (art. 14). Esses dois dispositivos serão examinados com maior profundidade no próximo tópico, relativo às "responsabilidades administrativa, civil e penal do agente público".

Por fim, faz-se necessária uma breve exposição acerca da **prescrição** da ação regressiva aqui tratada. O § 5.º do art. 37 da Constituição de 1988 contém esta disposição:

> § 5.º A lei estabelecerá os prazos de prescrição para ilícitos praticados por qualquer agente, servidor ou não, que causem prejuízos ao erário, ressalvadas as respectivas ações de ressarcimento.

A doutrina administrativista costumava prelecionar que, por força da parte final desse dispositivo constitucional, todas as **ações judiciais de ressarcimento ao erário** seriam imprescritíveis (o ilícito em si, fosse qual fosse, estaria sujeito a prescrição, mas a ação de ressarcimento ao erário, apenas ela, seria imprescritível). Havia algumas decisões do Supremo Tribunal Federal que pareciam confirmar esse entendimento.

Pois bem, em fevereiro de 2016, no julgamento de um caso referente a um acidente de trânsito que provocara prejuízos à União, nossa Corte Suprema decidiu, com **repercussão geral**, que a parte final do § 5.º do art. 37 da Constituição **não** pode ser interpretada como uma regra de **imprescritibilidade** aplicável a ações de ressarcimento ao erário relativas a prejuízos ocasionados por **todo e qualquer ilícito**. Especificamente, ficou estabelecido que **estão sujeitas a prescrição** as ações judiciais de ressarcimento de prejuízos ao erário causados por **ilícito civil comum** – isto é, por **mero ilícito civil**, por uma conduta que, além de não ser tipificada como crime, não se enquadra como ato de improbidade administrativa. O prazo prescricional será aquele previsto na lei aplicável (o art. 206, § 3.º, V, do Código Civil em vigor estabelece que prescreve em três anos "a pretensão de reparação civil"). Na mesma ocasião, foi **expressamente** ressaltado que **não seria posto em discussão** se outras hipóteses de ações de ressarcimento ao erário, relacionadas a ilícitos sujeitos a enquadramento diverso – tais como a prática de atos de improbidade administrativa ou de infrações tipificadas como crimes –, estariam, ou não, sujeitas a prescrição.[31]

Em 2018, nossa Corte Constitucional, novamente com **repercussão geral**, definiu especificamente uma dessas importantes questões: **são imprescritíveis** as ações de ressarcimento ao erário dos prejuízos causados por **atos de improbidade administrativa dolosa**.[32] Nesse julgado, restou fixada a seguinte **tese**:

> São imprescritíveis as ações de ressarcimento ao erário fundadas na prática de ato doloso tipificado na Lei de Improbidade Administrativa.

Essa orientação foi firmada antes das alterações da Lei 8.429/1992 (**Lei de Improbidade Administrativa**) trazidas pela Lei 14.230/2021, quando ainda era possível enquadrar determinadas condutas meramente **culposas** como ato de improbidade administrativa. Atualmente, **não existem atos culposos de improbidade administrativa**, todos eles resultam obrigatoriamente de condutas **dolosas**. Esse fato, contudo, não prejudica a sobredita jurisprudência: **ações de ressarcimento ao erário dos prejuízos causados por atos (dolosos) de improbidade administrativa são imprescritíveis**.

Posteriormente, em 2020, o STF decidiu, mais uma vez com repercussão geral, que **são prescritíveis** as ações judiciais de ressarcimento ao erário baseadas em **decisões de tribunais de contas** (as quais têm força de título executivo extrajudicial). Sobre esse ponto, fixou-se a seguinte **tese jurídica**:[33]

> É prescritível a pretensão de ressarcimento ao erário fundada em decisão de Tribunal de Contas.

---

[31] RE 669.069/MG (**repercussão geral**), rel. Min. Teori Zavascki, 03.02.2016 (Informativos 813 e 830 do STF).

[32] RE 852.475/SP (**repercussão geral**), red. p/ o acórdão Min. Edson Fachin, 08.08.2018 (Informativo 910 do STF).

[33] RE 636.886/AL (**repercussão geral**), rel. Min. Alexandre de Moraes, 17.04.2020.

No mesmo julgado, estabeleceu-se que, nessas ações de ressarcimento que tenham por base decisões de tribunais de contas: (a) o prazo de prescrição aplicável é aquele previsto no art. 174 do Código Tributário Nacional, significa dizer, é de **cinco anos**, contados da data da constituição do crédito em favor do erário; (b) a prescrição pode ser declarada de ofício pelo juiz, isto é, independentemente de provocação da parte interessada; e (c) admite-se a ocorrência de prescrição intercorrente, nas condições previstas no art. 40 da Lei de Execuções Fiscais (Lei 6.830/1980).

Impende frisar, por derradeiro, que, nas três decisões aqui citadas, **não foi definida** – sequer foi apreciada – esta questão: se a demanda (cível) que tenha por objeto a recuperação de perdas causadas aos cofres públicos por delito tipificado como **crime** está, ou não, sujeita a prescrição.

12. AS RESPONSABILIDADES ADMINISTRATIVA, CIVIL E PENAL DO AGENTE PÚBLICO

As infrações cometidas pelo agente público podem acarretar, para ele, conforme o caso, responsabilização nas esferas **administrativa** (penalidades disciplinares), **cível** (indenização por danos patrimonial, moral e estético) e **criminal** (sanções penais).

O agente público, na esfera **cível**, responde pelos danos que causar, por ação ou omissão, desde que se comprove que houve dolo (intenção) ou culpa (negligência, imperícia ou imprudência) de sua parte.

A **responsabilidade civil** do agente público é do tipo **subjetiva**, na modalidade "**culpa comum**" – expressão empregada para diferenciá-la da responsabilidade subjetiva por "culpa administrativa" (ou "culpa anônima"), conforme estudado em outros pontos deste capítulo.

Se a atuação (comissiva ou omissiva) do agente causar, diretamente, um prejuízo ao patrimônio público, deverá o Estado, desde logo, ajuizar contra ele a ação de reparação.

Diferentemente, se a atuação do agente causar **dano a terceiro**, terá este ação perante o Estado, o qual, uma vez condenado a indenizar, deverá, então, ajuizar **ação regressiva** contra o seu agente.

Não é excessivo repetir que a ação **regressiva** é sempre uma segunda ação. A primeira é movida contra o Estado pela pessoa que sofreu a lesão. Só depois que for condenado, com trânsito em julgado, nessa primeira ação é que o Estado, visando a obter o ressarcimento do valor determinado na sua condenação, passa a ter ação (regressiva) contra o agente que ocasionou o dano.

Na ação regressiva, a responsabilidade civil do servidor somente será reconhecida se o Estado conseguir provar que ele agiu (ou omitiu-se) com dolo ou culpa.

Veja-se o disposto no *caput* e no § 2.º do art. 122 da Lei 8.112/1990, endereçados aos servidores estatutários federais (grifamos):

> Art. 122. A **responsabilidade civil** decorre de ato omissivo ou comissivo, **doloso ou culposo**, que resulte em **prejuízo ao erário ou a terceiros**.

Cap. 12 • RESPONSABILIDADE CIVIL DA ADMINISTRAÇÃO PÚBLICA

(...)

§ 2.º Tratando-se de **dano causado a terceiros**, responderá o servidor perante a fazenda pública, em **ação regressiva**.

Ao lado desses preceitos, necessário é ter em consideração, conforme foi aludido de passagem no tópico precedente, o disposto no art. 28 da Lei de Introdução às Normas do Direito Brasileiro (LINDB) – aplicável a todos os entes federativos –, nela incluído pela Lei 13.655/2018. Nos termos desse artigo, "o agente público responderá pessoalmente por suas **decisões ou opiniões técnicas** em caso de **dolo ou erro grosseiro**".

O **texto legal**, portanto, exclui a possibilidade de se responsabilizar, na esfera cível, o agente público que, na emissão de uma decisão ou opinião técnica, tenha atuado com mera culpa, com culpa simples ou ordinária – a expressão "**erro grosseiro**" pressupõe "**culpa grave**", isto é, uma atuação culposa caracterizada por um grau especialmente elevado de negligência, imperícia ou imprudência.

Além disso, o Decreto 9.830/2019 estabelece, de forma explícita, reportando-se ao art. 28 da LINDB, que, "no âmbito do Poder Executivo federal, o direito de regresso previsto no § 6.º do art. 37 da Constituição **somente** será exercido na hipótese de o agente público ter agido com **dolo ou erro grosseiro** em suas **decisões ou opiniões técnicas**" (art. 14).[34]

Dessarte, conjugando essas **normas legais**, tem-se o seguinte quadro: o agente que causar prejuízos à administração pública, decorrentes de **decisão ou opinião técnica** que ele tenha emitido, somente será responsabilizado na esfera cível se restar comprovado **dolo ou erro grosseiro** ("culpa grave") na sua atuação. Caso, ao emitir a referida decisão ou opinião técnica, o agente tenha atuado com **culpa simples ou ordinária** (negligência, imperícia ou imprudência **sem peculiaridades agravantes**), **não haverá responsabilidade civil** sua, ainda que seja possível demonstrar a existência de nexo de causalidade entre a decisão ou opinião técnica e os prejuízos sofridos pela administração. Em qualquer outra hipótese que não seja na emissão de decisões ou opiniões técnicas, o agente público responderá na órbita cível pelos danos a que der ensejo mediante atuação (comissiva ou omissiva) dolosa ou culposa, sendo suficiente a comprovação de culpa simples ou ordinária.

Cabe abrir um parêntese: muito antes da inovação legislativa operada pelo art. 28 da LINDB, o Supremo Tribunal Federal havia firmado jurisprudência segundo a qual danos ocasionados por atos ou decisões administrativos emitidos com base em **parecer jurídico** de natureza **meramente opinativa** (não vinculante) somente acarretariam responsabilização solidária entre a autoridade que praticou o ato ou proferiu a decisão e o agente público autor do parecer se restasse demonstrado que houve "**culpa ou erro grosseiro**" na atuação deste.[35] Como o art. 28 da LINDB somente permite que o agente público seja responsabilizado, pelas suas **opiniões**

---

[34] No capítulo sobre "controle da administração pública", os artigos acrescentados à LINDB pela Lei 13.655/2018 e a regulamentação trazida pelo Decreto 9.830/2019 são examinados com maior detalhamento.

[35] MS 24.073/DF, rel. Min. Carlos Velloso, 06.11.2002; MS 24.631/DF, rel. Min. Joaquim Barbosa, 09.08.2007; MS-AgR 27.867/DF, rel. Min. Dias Toffoli, 18.09.2012.

técnicas (o que inclui a elaboração de pareceres jurídicos) **e decisões**, "em caso de **dolo ou erro grosseiro**", parece-nos que restou superada essa orientação de nossa Corte Suprema (uma vez que, nessas hipóteses previstas no art. 28, não se admite a responsabilidade civil com base em mera culpa, em culpa simples ou ordinária).

No âmbito da responsabilidade civil, a obrigação de reparar o dano estende-se aos sucessores do servidor público e contra eles será executada, até o limite do valor da herança recebida. Para os servidores federais, essa norma consta no art. 122, § 3.º, da Lei 8.112/1990.

A responsabilidade penal de qualquer pessoa decorre da prática de atos (ou decorre de omissões) definidos em lei como crimes ou contravenções. Há determinados crimes que a lei penal estabelece como próprios de servidores públicos. A Lei 8.112/1990 trata genericamente da responsabilidade penal dos servidores públicos federais no art. 123, nestes termos:

> Art. 123. A responsabilidade penal abrange os crimes e contravenções imputadas ao servidor, nessa qualidade.

Nosso ordenamento jurídico **admite** a **cumulação** das responsabilidades civil, administrativa e penal do agente público em razão de ato danoso por ele praticado. Significa dizer, **um mesmo ato lesivo** de um agente público que infrinja, **simultaneamente**, normas pertinentes aos direitos civil, administrativo e penal poderá acarretar a sua responsabilização **cumulativa** nas três esferas.

Imagine-se, por exemplo, que um agente público, nesta qualidade, dirigindo imprudentemente, colida o veículo oficial com um carro particular, resultando dessa colisão a morte de uma pessoa.

Nesse caso, responderá o agente perante a administração pública pela **infração disciplinar** (dirigir com imprudência), estando sujeito a uma das penalidades disciplinares previstas nas leis administrativas, tais como a advertência, a suspensão ou a demissão (responsabilidade administrativa).

Responderá **também** à administração pública na **esfera cível**, em **ação regressiva** – depois que a administração tiver sido condenada a indenizar os danos resultantes da colisão –, porque o acidente decorreu de **culpa** do agente.

Estará sujeito, ainda, a responsabilização no âmbito criminal, pelo **ilícito penal** praticado, que, nesse exemplo, admite a modalidade culposa (homicídio culposo).

Em suma, as responsabilidades administrativa, civil e penal do agente são **cumulativas** e, em princípio, **independentes**. Para os servidores estatutários federais, isso está explícito no art. 125 da Lei 8.112/1990.

Atente-se para o fato de que a independência das esferas é uma **regra geral**. Deveras, quando a órbita **penal** está envolvida, é possível ocorrer exceção à autonomia das esferas de responsabilização, dependendo do conteúdo da sentença penal.

Assim, na hipótese de um **mesmo fato** estar tipificado em uma lei penal como crime (ou contravenção), enquadrar-se em uma lei administrativa como infração disciplinar e, além disso, causar dano patrimonial, moral ou estético a terceiro (responsabilidade civil), a **condenação criminal** do servidor **por esse fato**, uma vez

Cap. 12 • RESPONSABILIDADE CIVIL DA ADMINISTRAÇÃO PÚBLICA **849**

transitada em julgado, pode ter reflexo nas órbitas administrativa e cível, e acarretar a responsabilização do servidor, **por esse fato**, nessas duas esferas.

Isso ocorre porque, sendo o ilícito penal mais do que o ilícito civil ou administrativo, existe a presunção de que a condenação na esfera criminal ter-se-á baseado em indícios e provas mais numerosos e robustos do que aqueles que seriam necessários para a responsabilização nas esferas cível e administrativa.

Pela mesma razão, a **absolvição penal** pela **negativa de autoria** ou pela **inexistência do fato** também interfere nas órbitas administrativa e cível. Ora, se a jurisdição criminal, em que a apreciação das provas é mais abrangente e minuciosa, categoricamente afirma que não foi o agente o autor do fato a ele imputado, ou que sequer ocorreu o fato aventado, não há como sustentar o contrário nas outras esferas. Na Lei 8.112/1990, esse efeito das sentenças penais proferidas sob tais fundamentos está explícito no art. 126.

Na hipótese de absolvição criminal por **negativa de autoria** ou **inexistência do fato**, será reconhecida a total ausência de responsabilidade do servidor, ainda que ele já tenha sido condenado nas outras esferas **pelo mesmo fato** – os processos de apuração das responsabilidades podem, como regra, correr separada e independentemente em cada órbita.

Logo, se o servidor havia sido demitido mediante processo administrativo disciplinar que lhe imputou a autoria daquele fato, será **reintegrado** por força da sentença penal transitada em julgado que o absolveu com fundamento na **negativa de autoria** ou na **inexistência do fato**. Eventual condenação cível também deverá ser desconstituída.

O art. 935 do Código Civil, aplicável a todas as pessoas, e não só a agentes públicos, reforça as normas aqui apontadas acerca da interferência da órbita penal no plano cível, com um enunciado mais incisivo e abrangente, alcançando tanto sentenças penais absolutórias quanto condenatórias. É este o teor do artigo referido:

> Art. 935. A responsabilidade civil é independente da criminal, não se podendo questionar mais sobre a existência do fato, ou sobre quem seja o seu autor, quando estas questões se acharem decididas no juízo criminal.

E a Lei 13.869/2019 – claramente inspirada no art. 935 do Código Civil – acrescenta ao preceito a esfera administrativa, no seu art. 7.º, com este teor:

> Art. 7.º As responsabilidades civil e administrativa são independentes da criminal, não se podendo mais questionar sobre a existência ou a autoria do fato quando essas questões tenham sido decididas no juízo criminal.

Vale destacar o que está averbado na parte final do art. 7.º da Lei 13.869/2019: se a sentença penal definir a autoria ou a existência do fato, nenhuma decisão administrativa ou cível poderá afirmar algo diferente.

Dessa forma, se a sentença penal diz que foi Fulano o autor do fato, ou que Fulano não foi o autor do fato, essa questão estará resolvida, em todas as esferas; se a sentença criminal afirma que o fato ocorreu, ou que ele não ocorreu, não poderão decisões cíveis ou administrativas afirmar algo diferente. Perceba-se, vale repisar, que essa norma do art. 7.º tem aplicação tanto a sentenças penais condenatórias quanto a absolutórias.

O art. 8.º da Lei 13.869/2019 contém uma regra de interferência da sentença penal nos planos cível e administrativo que destoa da lógica subjacente às demais hipóteses de exceção à independência das esferas de responsabilização – e, até onde sabemos, representa uma **inovação** em nosso ordenamento jurídico. Esse artigo refere-se a figuras que são bem próprias do direito penal – as quais, uma vez verificadas, excluem o crime (por isso, são chamadas "**excludentes de ilicitude**") – e estende os efeitos delas às órbitas cível e administrativa. As excludentes de ilicitude – **estado de necessidade, legítima defesa, estrito cumprimento de dever legal e exercício regular de direito** – são tratadas nos arts. 23 a 25 do Código Penal (e não cabe examiná-las nesta obra). É a seguinte a redação do citado art. 8.º:

> Art. 8.º Faz coisa julgada em âmbito cível, assim como no administrativo-disciplinar, a sentença penal que reconhecer ter sido o ato praticado em estado de necessidade, em legítima defesa, em estrito cumprimento de dever legal ou no exercício regular de direito.

Convém observar que a Lei 13.869/2019 versa sobre os "**crimes de abuso de autoridade**", ela não é uma lei geral sobre direito penal ou sobre os efeitos das sentenças penais. Ainda assim, não nos parece minimamente sustentável cogitar que o disposto no seu art. 8.º somente fosse aplicável a sentenças concernentes àqueles crimes, sobretudo porque esse artigo, assim como o art. 7.º, não estipula limitação alguma em seu texto.

A absolvição criminal por mera insuficiência de provas, ou por ausência de tipicidade ou de culpabilidade penal, ou por **qualquer outro motivo** (que não seja inexistência do fato, negativa de autoria ou presença de uma excludente de ilicitude), **não interfere** nas demais esferas. A lógica é sempre a mesma (salvo no caso das excludentes de ilicitude penal): por ser mais grave o ilícito penal – exigindo mais elementos para sua caracterização –, não é suficiente para afastar a condenação nas outras esferas a simples circunstância de não ficar conclusivamente demonstrada a responsabilidade criminal do agente, ou de sua culpabilidade não chegar ao ponto de acarretar a condenação penal.

Ademais, é possível (e bastante frequente) que um determinado fato, ou uma dada conduta, não configure crime ou contravenção, mas caracterize infração administrativa, ou cause dano a alguém (ilícito civil).

Imagine-se, por exemplo, que uma determinada conduta, quando dolosa (intencional), seja enquadrada como crime, mas não quando meramente culposa (sem intenção). Trata-se de situação corriqueira, haja vista que a regra geral, na órbita penal, é uma conduta configurar crime apenas quando dolosa; é excepcional e depende de expressa previsão na lei penal a incriminação de condutas culposas.

Diferentemente, na órbita administrativa (assim como na esfera cível) a regra é a possibilidade de responsabilização por atos meramente culposos, isto é, decorrentes de negligência, de imperícia ou de imprudência, mas não intencionais.

Cap. 12 • RESPONSABILIDADE CIVIL DA ADMINISTRAÇÃO PÚBLICA

Dessa forma, pode ocorrer de um **mesmo fato**, ou uma **mesma conduta**, ser um **indiferente penal** e, não obstante, configurar uma infração administrativa (bem como um ilícito civil). Nessas situações, a absolvição criminal – salvo se tiver como fundamento a inexistência do fato, a negativa de autoria ou a presença de uma excludente de ilicitude – não impede a responsabilização administrativa e civil.

A doutrina e a jurisprudência utilizam a expressão "**falta residual**" para aludir ao fato que não chega a acarretar condenação na órbita penal, mas configura ilícito administrativo ou cível, ensejando a responsabilização do agente nessas esferas. É pertinente ao tema a Súmula 18 do STF, abaixo transcrita:

> **18** – Pela falta residual, não compreendida na absolvição pelo juízo criminal, é admissível a punição administrativa do servidor público.

Capítulo 13

CONTROLE DA ADMINISTRAÇÃO PÚBLICA

1. INTRODUÇÃO

O assunto "controle da administração pública" não é de sistematização fácil, pois não existe um diploma único que o discipline, nem a Constituição dele tratou concentradamente em um específico título ou capítulo.

O que se observa, contrariamente, é que diferentes modalidades, hipóteses, instrumentos, órgãos de controle encontram-se previstos e regrados em diversos atos normativos, sendo, ainda, de grande importância para o estudo do tema o conhecimento das orientações doutrinárias e jurisprudenciais a ele relativas.

A sujeição das atividades administrativas do Poder Público ao mais amplo controle possível é um corolário dos Estados de Direito, nos quais somente a lei, manifestação da vontade do povo, único titular da coisa pública, deve pautar toda a atividade da administração pública, atividade esta cujo fim mediato deve sempre ser o mesmo: a defesa do interesse público.

Mais precisamente, a ideia central, quando se fala em controle da administração pública, reside no fato de o titular do patrimônio público (material e imaterial) ser o povo, e não a administração pública, razão pela qual ela se sujeita, em toda a sua atuação, sem qualquer exceção, ao princípio da indisponibilidade do interesse público. Assim sendo, na qualidade de mera gestora de coisa alheia, sem que dela possa dispor, deve a administração pública pautar a integralidade de suas condutas pela mais ampla transparência, a fim de que o efetivo titular da coisa pública possa, a todo tempo, ter condições de verificar se esta – a coisa pública – está realmente sendo gerida da forma mais adequada ao interesse público.

Sob essa orientação, já na década de 60 do século passado, o Decreto-Lei 200/1967, que instrumentou a denominada, na época, "reforma administrativa federal" (não confundir com a "reforma administrativa" operada pela EC 19/1998, aplicável a todos os níveis da Federação) elegeu o **controle** como um dos princípios fundamentais da administração pública.

Neste capítulo estudaremos o controle da administração pública como um todo, abrangendo não só os órgãos e entidades administrativos do Poder Executivo, mas também os que integram a estrutura dos Poderes Legislativo e Judiciário, ou a eles se vinculam.

Quanto ao último ponto, aliás, é oportuno mencionar que o legislador constituinte derivado, atento à necessidade imperativa de controle eficaz de quaisquer órgãos administrativos, introduziu no texto constitucional a previsão de criação de dois órgãos com essa atribuição específica de controle: o Conselho Nacional de Justiça – CNJ, e o Conselho Nacional do Ministério Público – CNMP, previstos, respectivamente, no art. 103-B e no art. 130-A da Carta Política, ambos acrescentados pela EC 45/2004 ("reforma do Judiciário").

Com efeito, ao CNJ compete, entre outras atribuições, "o controle da atuação administrativa e financeira do Poder Judiciário e do cumprimento dos deveres funcionais dos juízes", bem como "zelar pela observância do art. 37 e apreciar, de ofício ou mediante provocação, a legalidade dos atos administrativos praticados por membros ou órgãos do Poder Judiciário, podendo desconstituí-los, revê-los ou fixar prazo para que se adotem as providências necessárias ao exato cumprimento da lei, sem prejuízo da competência do Tribunal de Contas da União".

Na mesma toada, tem o CNMP, entre outras, competência para "o controle da atuação administrativa e financeira do Ministério Público e do cumprimento dos deveres funcionais de seus membros", e para "zelar pela observância do art. 37 e apreciar, de ofício ou mediante provocação, a legalidade dos atos administrativos praticados por membros ou órgãos do Ministério Público da União e dos Estados, podendo desconstituí-los, revê-los ou fixar prazo para que se adotem as providências necessárias ao exato cumprimento da lei, sem prejuízo da competência dos Tribunais de Contas".

2. CONCEITO

Pode-se conceituar **controle administrativo** como o conjunto de instrumentos que o ordenamento jurídico estabelece a fim de que a própria administração pública, os Poderes Judiciário e Legislativo, e ainda o povo, diretamente ou por meio de órgãos especializados, possam exercer o **poder de fiscalização, orientação e revisão da atuação administrativa** de todos os órgãos, entidades e agentes públicos, em todos os Poderes e níveis da Federação.

A mais ampla **sindicabilidade** dos atos administrativos – e da atuação administrativa globalmente considerada, inclusive das omissões indevidas – é corolário da cidadania, fundamento da República, e garantia de legitimação da administração pública como aparato de concretização e defesa do interesse público.

O poder-dever de controle é efetuado pelos Poderes Executivo, Legislativo e Judiciário e alcança toda atividade administrativa e todos os agentes públicos que a desempenham, em todos os órgãos e entidades administrativos de todos os Pode-

Cap. 13 • CONTROLE DA ADMINISTRAÇÃO PÚBLICA

res da República. Por essa razão, diversas são as formas de exercício do controle e, como seria de esperar, muito variadas as denominações e classificações propostas pela doutrina.

Veremos, a seguir, aquelas que pensamos ser as mais consagradas.

3. CLASSIFICAÇÃO DAS FORMAS DE CONTROLE

3.1. Conforme a origem

3.1.1. Controle interno

Controle interno é aquele exercido dentro de um mesmo Poder, seja o exercido no âmbito hierárquico, seja o exercido por meio de órgãos especializados, sem relação de hierarquia com o órgão controlado, ou ainda o controle que a administração direta exerce sobre a administração indireta de um mesmo Poder.

Assim, o controle que as chefias exercem sobre os atos de seus subordinados dentro de um órgão público é classificado como controle interno.

Da mesma forma, o controle que o Conselho Administrativo de Recursos Fiscais (CARF) do Ministério da Fazenda, quando provocado, exerce sobre as decisões proferidas pelas Delegacias de Julgamento da Secretaria Especial da Receita Federal do Brasil é modalidade de controle interno, exercido por órgão especializado.

Ainda exemplificando, o controle que o Ministério da Fazenda exerce sobre determinados atos administrativos praticados pela autarquia Comissão de Valores Mobiliários (CVM), a ele vinculada, é forma de controle interno.

O mesmo raciocínio vale para os demais Poderes.

Sempre que um agente ou órgão do Poder Legislativo possuir atribuição de fiscalizar a prática de determinado ato administrativo praticado pelo mesmo Poder Legislativo estaremos diante de hipótese de controle interno.

Igualmente, quando órgãos ou agentes do Poder Judiciário verificam a legitimidade e a regularidade dos atos administrativos praticados pelo próprio Judiciário, a hipótese será de controle interno.

O art. 74 da Constituição de 1988 determina que os Poderes mantenham sistemas de controle interno, estabelecendo os itens mínimos a serem objeto desse controle, consoante abaixo se lê:

> Art. 74. Os Poderes Legislativo, Executivo e Judiciário manterão, de forma integrada, sistema de controle interno com a finalidade de:
>
> I – avaliar o cumprimento das metas previstas no plano plurianual, a execução dos programas de governo e dos orçamentos da União;
>
> II – comprovar a legalidade e avaliar os resultados, quanto à eficácia e eficiência, da gestão orçamentária, financeira e patrimonial nos órgãos e entidades da administração federal, bem como da aplicação de recursos públicos por entidades de direito privado;

III – exercer o controle das operações de crédito, avais e garantias, bem como dos direitos e haveres da União;

IV – apoiar o controle externo no exercício de sua missão institucional.

O parágrafo primeiro desse artigo estabelece que "os responsáveis pelo controle interno, ao tomarem conhecimento de qualquer irregularidade ou ilegalidade, dela darão ciência ao Tribunal de Contas da União, sob pena de responsabilidade solidária".

3.1.2. Controle externo

Diz-se externo o controle quando exercido por um Poder sobre os atos administrativos praticados por outro Poder.

São exemplos de atos de controle externo:

a) a sustação, pelo Congresso Nacional, de atos normativos do Poder Executivo que exorbitem do poder regulamentar (CF, art. 49, V);

b) a anulação de um ato do Poder Executivo por decisão judicial;

c) o julgamento anual, pelo Congresso Nacional, das contas prestadas pelo Presidente da República e a apreciação dos relatórios, por ele apresentados, sobre a execução dos planos de governo (CF, art. 49, IX);

d) a auditoria realizada pelo Tribunal de Contas da União sobre despesas realizadas pelo Poder Executivo federal.

Registramos a orientação de alguns autores, segundo a qual o controle exercido pela administração direta sobre as entidades da administração indireta (controle finalístico, supervisão ou tutela administrativa) seria também classificado como controle externo. Essa é a classificação proposta pela Prof.ª Maria Sylvia Di Pietro e pelo Prof. José dos Santos Carvalho Filho.

Pensamos que essa orientação, ao considerar externo o controle exercido no âmbito de um mesmo Poder (o controle exercido pelos órgãos do Poder Executivo sobre as entidades da administração indireta vinculadas ao mesmo Poder Executivo), destoa do texto constitucional, que, em mais de um ponto, adota a expressão "controle interno" para referir-se ao controle exercido no âmbito interno de um mesmo Poder e "controle externo" para tratar do controle exercido por um Poder sobre a atuação de outro Poder (por exemplo, art. 70, *caput*, art. 71, *caput*, art. 74, *caput*, todos da Constituição da República).

Dessa forma, reiteramos nossa preferência pela classificação segundo a qual só é controle externo o que um Poder exerce sobre a atuação do outro, reservando a expressão "controle interno" para todo e qualquer controle exercido no âmbito de um mesmo Poder, ainda que entre pessoas jurídicas distintas. Essa é a posição perfilhada, também, pelo Prof. Celso Antônio Bandeira de Mello.

3.1.3. Controle popular

Como decorrência do princípio da indisponibilidade do interesse público, a Constituição da República contém diversas **normas que possibilitam aos administrados**, diretamente ou por intermédio de órgãos institucionalmente incumbidos do exercício de controle administrativo, **verificar a regularidade** da atuação da administração pública e **impedir a prática** de atos contrários ao ordenamento jurídico, lesivos ao indivíduo ou à coletividade – ou **provocar a reparação** dos danos e a **punição do agente** responsável, se não mais for possível obstar o procedimento vicioso.

É ilustrativo de preceito com tal escopo o inciso LXXIII do art. 5.º da Carta Política, ao estabelecer que "qualquer cidadão é parte legítima para propor ação popular que vise a anular ato lesivo ao patrimônio público ou de entidade de que o Estado participe, à moralidade administrativa, ao meio ambiente e ao patrimônio histórico e cultural".

Com o mesmo desiderato, o § 3.º do art. 31 do Texto Magno determina que as contas dos municípios fiquem, durante sessenta dias, anualmente, à disposição de qualquer contribuinte, para exame e apreciação, o qual poderá questionar-lhes a legitimidade, nos termos da lei.

Ainda, o § 3.º do art. 37 da Constituição estatui que a lei deve disciplinar as formas de participação do usuário na administração pública direta e indireta, regulando especialmente:

> I – as reclamações relativas à prestação dos serviços públicos em geral, asseguradas a manutenção de serviços de atendimento ao usuário e a avaliação periódica, externa e interna, da qualidade dos serviços;
>
> II – o acesso dos usuários a registros administrativos e a informações sobre atos de governo, observado o disposto no art. 5.º, X e XXXIII;
>
> III – a disciplina da representação contra o exercício negligente ou abusivo de cargo, emprego ou função na administração pública.

Vale lembrar que os incisos I e II desse § 3.º foram regulamentados, respectivamente, pela Lei 13.460/2017 e pela Lei 12.527/2011, já estudadas, em tópicos próprios, nos capítulos pertinentes.

Encerrando os exemplos de normas referentes ao **controle popular** da atividade administrativa, mencionamos o § 2.º do art. 74 da Constituição, o qual estipula que "qualquer cidadão, partido político, associação ou sindicato é parte legítima para, na forma da lei, denunciar irregularidades ou ilegalidades perante o Tribunal de Contas da União".

3.2. Conforme o momento de exercício

3.2.1. Controle prévio ou preventivo (a priori)

Diz-se prévio o controle quando exercido antes do início da prática ou antes da conclusão do ato administrativo, constituindo-se em requisito para a validade ou para a produção de efeitos do ato controlado.

Exemplo de controle prévio é a autorização do Senado Federal necessária para que a União, os estados, o Distrito Federal ou os municípios possam contrair empréstimos externos.

É também exemplo a aprovação, pelo Senado Federal, da escolha de ministros dos tribunais superiores, do Procurador-Geral da República, do presidente do Banco Central etc., conforme previsto no art. 52 da Constituição de 1988. A aprovação ali referida é um ato de controle prévio, pois precede a nomeação dos citados agentes públicos, conforme se depreende da leitura do art. 84, XIV, da Carta Política.

Por último, pode-se citar como controle prévio a concessão de uma medida liminar em mandado de segurança preventivo que impeça a prática ou a conclusão de um ato administrativo que o administrado entenda ameaçar direito líquido e certo seu.

3.2.2. Controle concomitante

O controle concomitante, como o nome indica, é exercido durante a realização do ato e permite a verificação da regularidade de sua formação.

São exemplos de controle concomitante a fiscalização da execução de um contrato administrativo, a realização de uma auditoria durante a execução do orçamento, o acompanhamento de um concurso pela corregedoria competente etc.

3.2.3. Controle subsequente ou corretivo

O controle subsequente, talvez a mais comum das modalidades, é exercido após a conclusão do ato.

Mediante o controle subsequente é possível a correção de defeitos do ato, a declaração de sua nulidade, a sua revogação, a sua cassação, ou mesmo conferir eficácia ao ato.

Exemplos são a homologação de um procedimento licitatório, a homologação de um concurso público, a sustação, pelo Congresso Nacional, de atos normativos do Poder Executivo que exorbitem do poder regulamentar etc.

O controle judicial dos atos administrativos é, regra geral, um controle subsequente. Os controles realizados pelos tribunais de contas também são, no mais das vezes, controles subsequentes.

É oportuno observar que, embora seja usual a doutrina utilizar a expressão "controle corretivo" como sinônimo de "controle posterior" ou de "controle subsequente", a verdade é que o controle posterior não se presta somente a corrigir um ato com algum defeito. De fato, na hipótese de revogação, o controle extingue um ato plenamente válido, porém inoportuno ou inconveniente. Ademais, em muitos casos o controle posterior simplesmente confirma, certifica, atesta a regularidade do ato praticado (como ocorre nas homologações e ratificações, por exemplo).

3.3. Quanto ao aspecto controlado

3.3.1. Controle de legalidade ou legitimidade

Por esse controle verifica-se se o ato foi praticado em conformidade com o ordenamento jurídico. Faz-se o confronto entre uma conduta administrativa e uma

Cap. 13 • CONTROLE DA ADMINISTRAÇÃO PÚBLICA

norma jurídica, que pode estar na Constituição, na lei ou em outro ato normativo primário, ou mesmo em ato administrativo (infralegal) de conteúdo impositivo para a própria administração. É corolário imediato do princípio da legalidade.

Ressalte-se que o controle de legalidade ou legitimidade não verifica apenas a compatibilidade entre o ato e a literalidade da norma legal positivada.

Devem, também, ser apreciados os aspectos relativos à obrigatória observância do ordenamento jurídico como um todo, mormente dos princípios administrativos, tais como o princípio da moralidade ou o da finalidade (impessoalidade).

É mister anotar, ainda, que, a partir da EC 45/2004, passou a ser expressamente obrigatória a observância, pela administração pública, do disposto em súmulas vinculantes, editadas pelo Supremo Tribunal Federal. Com efeito, reza o art. 103-A, § 3.º, da Carta da República que o ato administrativo que contrariar a súmula vinculante aplicável, ou que indevidamente a aplicar, dá ensejo à apresentação de "reclamação ao Supremo Tribunal Federal que, julgando-a procedente, anulará o ato administrativo".

O controle de legalidade ou legitimidade pode ser exercido pela própria administração que praticou o ato, hipótese em que teremos controle interno de legalidade, no exercício do poder de autotutela.

Pode, também, ser exercido pelo Poder Judiciário, no exercício de sua função precípua jurisdicional, ou pelo Poder Legislativo, nos casos previstos na Constituição (ambas as hipóteses são de controle externo). O exame pelo Judiciário, em mandado de segurança, da legalidade de um ato do Executivo e a apreciação pelo Poder Legislativo, por meio do Tribunal de Contas da União, da legalidade dos atos de admissão de pessoal do Executivo são exemplos de controle de legalidade externo.

O exercício do controle de legalidade pode ter como resultado a confirmação da validade, a anulação ou a convalidação do ato controlado.

O controle que visa à **confirmação da validade** de um ato geralmente é exercido por autoridade diversa daquela que o praticou. Os instrumentos típicos desse controle são atos como a homologação, a ratificação, o visto, ou qualquer outro – não importa o nome – cujo conteúdo traduza a certificação de que o ato ou o procedimento verificado está em conformidade com o ordenamento jurídico, não contém qualquer defeito concernente a sua validade.

A **anulação** de um ato ou procedimento decorre da constatação de que houve vício de validade na sua prática. Pelo fato de a anulação ter por fundamento uma ilegalidade ou ilegitimidade, ela pode ser feita pela própria administração (controle interno) ou pelo Poder Judiciário (controle externo). A anulação opera efeitos retroativos (*ex tunc*), isto é, retroage à origem do ato, desfazendo as relações dele resultantes (resguardados, entretanto, os efeitos já produzidos para terceiros de boa-fé).

É importante atentar para o fato de que nem sempre um vício de validade no ato acarretará a sua anulação. Em alguns casos, em vez de anular o ato, pode a administração optar por mantê-lo no mundo jurídico. Deveras, os atos que contenham defeitos sanáveis, desde que não acarretem lesão ao interesse público nem prejuízo a terceiros, podem ser objeto de **convalidação** – "correção" do ato, com efeitos retroativos, ou seja, o ato e seus respectivos efeitos são "regularizados" desde a origem.

860 DIREITO ADMINISTRATIVO DESCOMPLICADO • Marcelo Alexandrino & Vicente Paulo

A opção por convalidar é privativa da própria administração pública, quando ela considere que essa providência atende melhor ao interesse público do que anular o ato. Vale dizer, a convalidação, quando é possível, depende de decisão discricionária da administração pública que praticou o ato.

Na esfera federal, a possibilidade de convalidação expressa de atos administrativos pela administração pública está regrada no art. 55 da Lei 9.784/1999.

Em resumo, mediante o controle de legalidade ou legitimidade, a administração, ou o Poder Judiciário e, nos casos expressos na Constituição, o Poder Legislativo, confirmam a validade de atos praticados em conformidade com o ordenamento jurídico, ou anulam atos administrativos ilegais ou ilegítimos. No âmbito desse controle é possível, ainda, a convalidação, pela administração, de atos praticados com defeitos sanáveis (e que não acarretem lesão ao interesse público ou prejuízo a terceiros).

3.3.2. Controle de mérito

O controle de mérito visa a verificar a oportunidade e a conveniência administrativas do ato controlado. Trata-se, portanto, de atuação discricionária, exercida, igualmente, sobre atos discricionários.

O controle de mérito propriamente dito é um controle administrativo que, como regra, compete exclusivamente ao próprio Poder que, atuando na função de administração pública, editou o ato administrativo.

Excepcionalmente, e apenas nos casos expressos na Constituição da República, o Poder Legislativo tem competência para exercer controle de mérito sobre atos praticados pelo Poder Executivo (e pelo Poder Judiciário, no exercício de função administrativa). Trata-se de um controle sobretudo político, mas costuma ser enquadrado como controle de mérito pelos administrativistas, no intuito de ressaltar o fato de que não se trata de um simples controle de legalidade (o Poder Legislativo também exerce controle de legalidade sobre os atos administrativos praticados pelos demais Poderes, conforme se estudará adiante).

Nas hipóteses de controle político, o Poder Legislativo atua com discricionariedade. São exemplos as diversas situações em que é necessária uma autorização prévia ou aprovação do Legislativo para a prática de algum ato pelo Executivo, como ocorre na apreciação prévia pelo Senado dos nomes escolhidos pelo Presidente da República para presidente e diretores do Banco Central.

O controle legislativo, entretanto, embora possa em algumas situações ser um controle discricionário, não chega ao ponto de permitir que o órgão controlador proceda à **revogação** de um ato discricionário sujeito ao seu controle, ou seja, não pode o referido órgão substituir, pelo seu próprio, o juízo de oportunidade e conveniência do administrador, quando tal juízo tiver sido exercido em conformidade com a lei e os princípios jurídicos.

Tradicionalmente afirma-se não caber ao Poder Judiciário exercer controle de mérito sobre atos praticados pelo Poder Executivo (tampouco pelo Legislativo, no exercício de função administrativa). Essa afirmação está absolutamente correta, mas deve ser entendida em seus precisos termos.

Cap. 13 • CONTROLE DA ADMINISTRAÇÃO PÚBLICA 861

Com efeito, o controle exercido pelo Poder Judiciário sobre os atos do Executivo (e sobre os atos administrativos praticados pelo Legislativo) é, **sempre**, um controle de legalidade e legitimidade. Se o Judiciário entender que o ato é ilegal ou ilegítimo, promoverá a sua anulação, **nunca** a sua **revogação**, porque esta se refere a juízo de oportunidade e conveniência administrativas, concernente a atos discricionários, e não à apreciação da validade do ato.

O resultado do exercício do controle de mérito é, portanto, a **revogação**, pela administração, de atos discricionários por ela própria regularmente editados; atos plenamente válidos que passaram a ser considerados inconvenientes. Assim, o Poder Judiciário nunca realiza controle de mérito de ato praticado por outro Poder.

O que se vem de afirmar não deve ser confundido com o controle de legalidade ou legitimidade que o Judiciário exerce sobre os limites da **válida atuação discricionária** da administração pública.

Deveras, a doutrina usualmente afirma que os princípios administrativos fundamentais, especialmente os princípios implícitos da razoabilidade e da proporcionalidade, são eficazes instrumentos de controle da discricionariedade administrativa. Isso significa, tão somente, que, com base em princípios jurídicos, o Poder Judiciário pode decidir, em um determinado caso, que um ato administrativo que a administração alegava haver editado no uso legítimo de seu poder discricionário foi, na verdade, praticado com abuso de poder, além dos limites da válida atuação discricionária que a lei, naquele caso, possibilitava à administração.

Simplificadamente, o Judiciário poderá decidir que a atuação discricionária que a administração alega ter sido legítima foi, na verdade, uma atuação fora da esfera legal de discricionariedade, foi uma atuação, simplesmente, ilegal ou ilegítima.

Portanto, pode ocorrer de o Poder Judiciário, por exemplo, **anular** um ato administrativo de aplicação de uma penalidade disciplinar por entender a sanção desproporcional aos motivos declarados pela administração, ou **anular** um ato administrativo de dispensa de licitação por considerar inexistente a alegada situação emergencial apontada como motivo pela administração etc.

Deve-se frisar bem que o Judiciário não estará interferindo em uma eventual avaliação feita pelo Poder Executivo (ou pelo Poder Legislativo no exercício de função administrativa) quanto à oportunidade e à conveniência administrativas da prática de um ato discricionário. O que o Judiciário pode fazer, e tem feito, é declarar **ilegal** um ato que, a pretexto de basear-se em valoração de oportunidade e conveniência, esteja malferindo princípios jurídicos, especialmente os da razoabilidade e proporcionalidade.

Deve restar claro, igualmente, que em tais situações o resultado da atividade jurisdicional é a **anulação** do ato administrativo viciado. Em nenhuma hipótese é possível a **revogação**, pelo Poder Judiciário, de atos praticados pelo Poder Executivo (ou pelo Poder Legislativo).

O resultado do exercício do controle de mérito realizado pela administração é, portanto, a **revogação** de atos discricionários por ela própria regularmente editados. A revogação retira do mundo jurídico atos válidos, legítimos, sem vícios, mas que a administração considera terem se tornado inconvenientes ou inoportunos. Esse juízo

DIREITO ADMINISTRATIVO DESCOMPLICADO • Marcelo Alexandrino & Vicente Paulo

e a consequente revogação do ato, repita-se, são exclusivos da própria administração que praticou o ato que será revogado.

A revogação tem por fundamento o poder discricionário. Somente pode ser realizada pela própria administração e pode, em princípio, alcançar qualquer ato discricionário, resguardados, entretanto, os direitos adquiridos. Em todos os casos, como o ato revogado era um ato válido, sua revogação somente pode produzir efeitos prospectivos (*ex nunc*).

Cabe, por fim, reforçar um ponto acima aludido: todos os Poderes têm competência para revogar os atos administrativos por eles próprios editados. Embora os atos administrativos sejam tipicamente atos do Poder Executivo (em virtude de sua função precípua), todos os Poderes, em exercício de funções atípicas ou secundárias, editam atos administrativos.

Assim, é correto afirmar, como acima fizemos, que o Poder Judiciário nunca revogará um ato administrativo no exercício de sua função típica jurisdicional. Decorre daí que o Poder Judiciário – seja qual for a natureza da função que estiver exercendo – jamais revogará um ato administrativo editado pelo Poder Executivo ou pelo Poder Legislativo. Todavia, os atos administrativos editados pelo próprio Poder Judiciário, no exercício de suas funções administrativas, somente poderão ser revogados por ele próprio (Judiciário), ressaltando-se que, ao revogar os seus próprios atos administrativos, o Judiciário não estará exercendo função jurisdicional, mas sim administrativa (estará considerando inoportuno ou inconveniente para o interesse público o ato administrativo por ele editado).

3.4. Quanto à amplitude

3.4.1. Controle hierárquico

O controle hierárquico decorre do escalonamento vertical de órgãos da administração direta ou do escalonamento vertical de órgãos integrantes de cada entidade da administração indireta. O controle hierárquico é sempre um controle interno. É típico do Poder Executivo, mas nada impede que exista escalonamento vertical entre órgãos administrativos e agentes públicos nos Poderes Legislativo e Judiciário, resultando em relações superior-subordinado, com a consequente e automática existência de controle hierárquico.

Exemplificando, na administração direta federal, os ministérios exercem controle hierárquico sobre suas secretarias, as quais, por sua vez, controlam hierarquicamente suas superintendências, que exercem controle hierárquico sobre suas delegacias e assim por diante. No âmbito interno de uma entidade da administração indireta é, também, exercido o controle hierárquico. Por exemplo, o presidente de uma autarquia controla os atos dos superintendentes seus subordinados, que por sua vez exercem controle hierárquico sobre os atos dos chefes de departamentos a eles subordinados e assim por diante.

Em resumo, sempre que, dentro da estrutura de uma mesma pessoa jurídica, houver escalonamento vertical entre órgãos ou entre agentes públicos, haverá controle hierárquico do superior sobre os atos praticados pelos subordinados.

Em razão de sua natureza, o controle hierárquico é pleno (irrestrito), permanente e automático (não depende de norma específica que o estabeleça ou autorize).

Por meio do controle hierárquico podem ser verificados todos os aspectos concernentes à legalidade e ao mérito de todos os atos praticados pelos agentes ou órgãos subalternos a determinado agente ou órgão.

Conforme ensina Hely Lopes Meirelles, para o exercício do controle hierárquico são necessárias as faculdades de supervisão, coordenação, orientação, fiscalização, aprovação, revisão e avocação das atividades controladas. É também fundamental que os agentes responsáveis pelo controle possuam meios corretivos dos desvios e irregularidades verificados.

3.4.2. Controle finalístico

O controle finalístico é aquele exercido pela administração direta sobre as pessoas jurídicas integrantes da administração indireta.

Como resultado da descentralização administrativa, compõem a administração pública não só os órgãos da administração direta, que integram a estrutura organizacional de uma única pessoa (a União, cada um dos estados, o Distrito Federal, cada um dos municípios), mas também outras pessoas jurídicas, com autonomia administrativa e financeira, vinculadas (e não subordinadas) à administração direta. Assim, na administração pública federal, temos a administração direta federal (centralizada), composta por órgãos despersonalizados inseridos na estrutura orgânica da pessoa política União, e a administração indireta federal, composta pelas autarquias, fundações públicas, empresas públicas e sociedades de economia mista federais, vinculadas a um ministério relacionado às atividades desenvolvidas pela pessoa jurídica (ou vinculadas diretamente à Presidência da República).

Em razão da autonomia administrativa mencionada, o controle das entidades da administração indireta em muito difere do controle hierárquico pleno e automático acima descrito.

Com efeito, o controle finalístico depende de norma legal que o estabeleça, determine os meios de controle, os aspectos a serem controlados e as ocasiões de realização do controle. Deve, ainda, ser indicada a autoridade controladora e as finalidades objetivadas.

Em resumo, o controle finalístico, uma vez que fundamentado em uma relação de vinculação entre pessoas (e não em subordinação entre órgãos ou agentes), é um controle limitado e teleológico, ou seja, restringe-se à verificação do enquadramento da entidade controlada no programa geral do governo e à avaliação objetiva do atingimento, pela entidade, de suas finalidades estatutárias.

O **controle finalístico** é também denominado pela doutrina, simplesmente, **tutela administrativa**. O Decreto-Lei 200/1967, que se aplica à administração federal, refere-se a ele como **supervisão ministerial**. Embora essa expressão ainda seja usada, convém alertar que nem todas as entidades da administração indireta federal são vinculadas especificamente a um ministério – algumas são vinculadas diretamente à Presidência da República.

É interessante anotar a lição do Prof. Celso Antônio Bandeira de Mello acerca da tutela administrativa. Para o emérito administrativista, o controle finalístico exercido em condições normais precisa estar expressamente previsto em lei (entendimento doutrinário amplamente majoritário). Ressalta, entretanto, que, em situações excepcionais, de condutas patentemente aberrantes de entidades da administração indireta, cabe o controle por parte da administração direta, mesmo na ausência de expressa previsão legal. Trata-se daquilo que o autor denomina **tutela extraordinária**. Reproduzimos este trecho de sua doutrina, que, embora verse especificamente sobre o controle das autarquias, pode ser aplicado a todas as entidades da administração indireta:

> Não é demais recordar que a doutrina, acertadamente, encarece que o controle das autarquias existe nos casos, forma e modos que a lei estabelece. Com efeito, se o Legislativo entendeu de fraturar a unidade da Administração, criando tais sujeitos como pessoas diferentes do Estado, ou seja, como entidades da Administração indireta, o Executivo não poderia, por si mesmo, recompor tal unidade. A ingerência que cabe à Administração Central exercer sobre elas e a própria integração de suas atividades no planejamento geral administrativo hão de realizar-se segundo os meios que a lei haja previsto, ao estabelecer o controle da entidade autárquica. Tal controle configura a chamada tutela ordinária. Cumpre observar, entretanto, que a doutrina admite, em circunstâncias excepcionais, perante casos de descalabro administrativo, de graves distorções no comportamento da autarquia, que a Administração Central, para coibir desmandos sérios, possa exercer, mesmo à falta de disposição legal que a instrumente, o que denominam de tutela extraordinária.

4. LEI DE INTRODUÇÃO ÀS NORMAS DO DIREITO BRASILEIRO: DISPOSIÇÕES INTRODUZIDAS PELA LEI 13.655/2018

Em abril de 2018, foi publicada a Lei 13.655/2018, a qual **acrescentou** à **Lei de Introdução às Normas do Direito Brasileiro** (Decreto-Lei 4.657/1942 – originalmente chamado de Lei de Introdução ao Código Civil) diversos artigos que, em linhas gerais, procuram orientar a administração pública quanto à atuação: (a) nas atividades de controle que ela exerce sobre os seus próprios atos; (b) na sua produção normativa; e (c) na responsabilização de seus agentes e gestores. Os dispositivos introduzidos pela Lei 13.655/2018 também se aplicam, em sua maioria, ao Poder Judiciário e aos órgãos de controle existentes em quaisquer dos Poderes, quanto às decisões que tenham por objeto o controle da atividade administrativa de um modo geral.

Foram inseridos na Lei de Introdução às Normas do Direito Brasileiro (LINDB) os arts. 20 a 30, com exceção do art. 25, que foi integralmente vetado (em alguns dos outros artigos, houve vetos a incisos e parágrafos).

É assaz interessante observar que, embora, na sua ementa, a Lei 13.655/2018 assevere (um tanto pretensiosamente) que os artigos que ela incluiu na LINDB contêm "disposições sobre **segurança jurídica** e **eficiência** na **criação** e na **aplicação**

do direito público", a verdade é que, ironicamente, o conteúdo deles, em grande parte, contempla expressões vagas e imprecisas (quando não obscuras), conceitos jurídicos indeterminados, comandos abertos (alguns deles com escopo quase ilimitado), preceitos normativos permeáveis a ingentes doses de subjetivismo na sua interpretação, enfim, muitas disposições da Lei 13.655/2018, conforme se verá, são sobremodo difíceis de apreender – e não parecem alvissareiras as perspectivas para sua aplicação, na prática, por parte dos seus destinatários.

No intuito de minorar os problemas apontados, foi publicado, em junho de 2019, o Decreto 9.830/2019, que, conforme assevera o seu art. 1.º, regulamenta o disposto nos arts. 20 a 30 da LINDB – no âmbito do Poder Executivo federal. Conforme se verá, poucos esclarecimentos ele trouxe.

Exporemos, a seguir, os artigos acrescentados à LINDB pela Lei 13.655/2018, acompanhados, quando for o caso, da análise do conteúdo respectivo e da regulamentação correspondente, contida no Decreto 9.830/2019.

Estabelece o art. 20 da LINDB (grifamos):

> Art. 20. Nas esferas **administrativa**, controladora e judicial, **não** se decidirá com base em **valores jurídicos abstratos** sem que sejam **consideradas as consequências práticas da decisão**.
>
> Parágrafo único. A **motivação** demonstrará a **necessidade e a adequação** da medida imposta ou da **invalidação de ato, contrato, ajuste, processo ou norma administrativa**, inclusive em face das **possíveis alternativas**.

No *caput* do art. 20, o legislador partiu da premissa de que "**valores jurídicos abstratos**" sempre são caracterizados por um grau de **indeterminação** elevado e, por isso, permitem ao aplicador do direito escolher entre soluções alternativas igualmente **válidas**. Nessa hipótese, este deverá considerar as "consequências práticas" da sua decisão, isto é, a autoridade competente fica obrigada a adotar, na sua decisão, a solução que seja menos gravosa ao destinatário, ou que acarrete menos ônus ao erário, ou que implique menor risco ao meio ambiente, ou que mais favoreça grupos sociais vulneráveis, enfim, é virtualmente infinita a potencial lista de "consequências práticas" que o aplicador do direito terá de considerar na sua decisão. Por óbvio, inúmeras "consequências práticas" simultâneas, por vezes sobrepostas ou conflitantes, podem advir de uma única decisão, sendo inviável, de antemão, definir qual solução jurídica, entre as disponíveis, melhor atende ao disposto no *caput* do artigo em comento (se é que tal definição será possível em algum momento).

Quanto ao parágrafo único, percebe-se que, ao mencionar "**a necessidade e a adequação**" da medida imposta ou das invalidações nele referidas, a norma está se reportando aos **princípios da razoabilidade e da proporcionalidade**. Ou seja, a decisão que impõe uma medida (restritiva, supõe-se) ou determina a invalidação de ato, contrato, ajuste, processo ou norma administrativa deverá, na **motivação** respectiva (sempre por escrito), deixar patente que o seu conteúdo foi submetido aos crivos de razoabilidade e proporcionalidade e, mais ainda, havendo "**possíveis alternativas**", terá de demonstrar que aquela escolhida é a que importa menor restrição a direitos, ou menor ônus para o administrado e a sociedade, se comparada com as demais.

O Decreto 9.830/2019, em seu art. 2.º, versa, de forma genérica, sobre **motivação** (ou fundamentação). Determina que as decisões sejam motivadas com a "contextualização dos fatos", quando cabível, e com a "indicação dos fundamentos de mérito e jurídicos", apontando-se "as normas, a interpretação jurídica, a jurisprudência ou a doutrina" aplicadas ao caso. Para mais desses elementos, a **motivação** deve apresentar, "de forma argumentativa", a **congruência entre as normas e os fatos** que embasaram a decisão.

Sem prejuízo desses preceitos – que não constituem novidade em nosso direito –, o Decreto 9.830/2019 explicita a possibilidade de ser utilizada a assim chamada **motivação** *aliunde* ou **motivação** *per relationem*, ao afirmar que "a motivação poderá ser constituída por declaração de concordância com o conteúdo de notas técnicas, pareceres, informações, decisões ou propostas que precederam a decisão" (art. 2.º, § 3.º).

Cabe abrir um parêntese para registrar que o Superior Tribunal de Justiça (STJ) consolidou o entendimento de que essa espécie de motivação pode ser utilizada no âmbito de **processos administrativos disciplinares** em geral. Deveras, reza a **Súmula 674 do STJ**:

> 674 – A autoridade administrativa pode se utilizar de fundamentação *per relationem* nos processos disciplinares.

O art. 3.º do Decreto 9.830/2019 trata das decisões baseadas em "valores jurídicos abstratos", por ele definidos, de forma tautológica, como "aqueles previstos em normas jurídicas com alto grau de indeterminação e abstração". A rigor, o art. 3.º, ora em apreço, limita-se a repetir aquilo que está escrito no art. 20 da LINDB. Sua única utilidade parece ser a atenuação da exigência contida na parte final do *caput* desse artigo legal, porquanto a norma regulamentar estabelece que, "na indicação das consequências práticas da decisão, o decisor apresentará **apenas** aquelas **consequências práticas** que, no exercício diligente de sua atuação, **consiga vislumbrar** diante dos fatos e fundamentos de mérito e jurídicos" (art. 3.º, § 2.º).

Passemos ao art. 21 da LINDB (grifamos):

> Art. 21. A decisão que, nas esferas **administrativa**, controladora ou judicial, decretar a **invalidação** de ato, contrato, ajuste, processo ou norma administrativa **deverá** indicar de **modo expresso** suas **consequências jurídicas e administrativas**.
>
> Parágrafo único. A decisão a que se refere o *caput* deste artigo **deverá**, quando for o caso, indicar as condições para que a **regularização** ocorra de modo **proporcional e equânime** e sem prejuízo aos interesses gerais, **não** se podendo impor aos **sujeitos atingidos ônus ou perdas** que, em função das peculiaridades do caso, sejam **anormais ou excessivos**.

Esse art. 21 trata de **invalidações** em geral, e não apenas daquelas decididas "com base em valores jurídicos abstratos" (foco do art. 20). A norma vazada no *caput* do art. 21 exige um exercício exaustivo de **análise combinatória** por parte da autoridade competente, quando não de **futurologia**. O conteúdo da parte final é aberto: a autoridade deverá indicar as "**consequências jurídicas e administrativas**" da invalidação. Não conseguimos saber que espécies de "consequências jurídicas e administrativas" seriam essas, nem mesmo qual seria a diferença efetiva entre consequências jurídicas e consequências administrativas.

O Decreto 9.830/2019, na tentativa de delimitar de algum modo essa norma de escopo infinito, estatui que "a consideração das consequências jurídicas e administrativas é **limitada aos fatos e fundamentos** de mérito e jurídicos que se espera do decisor no **exercício diligente** de sua atuação" (art. 4.º, § 1.º).

O parágrafo único do art. 21 da LINDB é ainda mais difícil de interpretar. O dispositivo trata de "**regularização**" (a cláusula "quando for o caso" provavelmente se reporta a essa "regularização"). Mas o *caput* do artigo fala em "invalidação". Se houver "regularização", não haverá "invalidação"! E mais: como seria uma "regularização" que ocorre "de modo proporcional e equânime e sem prejuízo aos interesses gerais"?

A parte final do parágrafo único parece referir-se à "invalidação" e não à "regularização", isto é, pensamos que ela diz o seguinte: a invalidação **não pode** "impor aos sujeitos atingidos ônus ou perdas que, em função das peculiaridades do caso, sejam anormais ou excessivos". O que seriam ônus ou perdas anormais ou excessivos – e, ainda por cima, "em função das peculiaridades do caso"? E se ocorrerem esses tais ônus ou perdas anormais ou excessivos, os sujeitos atingidos pela invalidação terão direito a indenização? Ou a invalidação fica impedida?

O § 4.º do art. 4.º do Decreto 9.830/2019 talvez tenha pretendido regulamentar o parágrafo único do art. 21 da LINDB. Não se pode ter certeza, porquanto a verdade é que esse dispositivo do decreto contém uma **inovação**, uma **norma autônoma**, isto é, uma disposição que **não está prevista na lei**. É a seguinte a sua redação (grifamos):

> § 4.º Na declaração de **invalidade** de atos, contratos, ajustes, processos ou normas administrativos, o decisor **poderá**, consideradas as consequências jurídicas e administrativas da decisão para a administração pública e para o administrado:
>
> I – **restringir os efeitos da declaração**; ou
>
> II – **decidir que sua eficácia se iniciará em momento posteriormente definido**.

Salvo engano de nossa parte, esse § 4.º pretende alcançar as **decisões administrativas** de invalidação. É uma **inovação radical** em nosso ordenamento jurídico, porquanto confere à autoridade administrativa competente a possibilidade de: (a) **anular** um ato, contrato, processo ou norma com **desfazimento apenas parcial** dos seus efeitos (ou mesmo do seu conteúdo); e (b) **modular a eficácia temporal da anulação** de ato, contrato, processo ou norma (isto é, a anulação deixaria de produzir efeitos *ex tunc*).

Resta saber como será aplicada (se o for) essa norma – que nem mesmo base legal possui – e, principalmente, se o Poder Judiciário, caso provocado, confirmará sua validade.

Complementam o dispositivo em tela os §§ 3.º e 5.º do mesmo art. 4.º do Decreto 9.830/2019. Segundo o § 3.º, quando for cabível, a decisão de invalidação "indicará, **na modulação de seus efeitos**, as condições para que a regularização ocorra de forma proporcional e equânime e sem prejuízo aos interesses gerais". E o § 5.º estabelece que "**a modulação dos efeitos** da decisão buscará a mitigação dos ônus ou das perdas dos administrados ou da administração pública que sejam anormais ou excessivos em função das peculiaridades do caso".

O art. 22 da LINDB tem por destinatários muito mais os órgãos de controle (por exemplo, os tribunais de contas, os órgãos de controle interno administrativo e mesmo o Poder Judiciário) do que propriamente a administração pública atuante. Ele procura "proteger" o gestor público que se vê na contingência (nada rara) de exercer suas funções em condições materiais precárias, ou que precisa lidar com normas elaboradas para um "mundo ideal", absolutamente destoantes da realidade brasileira. É a seguinte a sua redação:

> Art. 22. Na interpretação de normas sobre gestão pública, serão considerados os obstáculos e as dificuldades reais do gestor e as exigências das políticas públicas a seu cargo, sem prejuízo dos direitos dos administrados.
>
> § 1.º Em decisão sobre regularidade de conduta ou validade de ato, contrato, ajuste, processo ou norma administrativa, serão consideradas as circunstâncias práticas que houverem imposto, limitado ou condicionado a ação do agente.
>
> § 2.º Na aplicação de sanções, serão consideradas a natureza e a gravidade da infração cometida, os danos que dela provierem para a administração pública, as circunstâncias agravantes ou atenuantes e os antecedentes do agente.
>
> § 3.º As sanções aplicadas ao agente serão levadas em conta na dosimetria das demais sanções de mesma natureza e relativas ao mesmo fato.

Uma vez mais temos, no *caput* e no § 1.º, disposições de aplicação prática extremamente difícil – se é que terão algum efeito concreto. Não entrevemos como seria possível, na interpretação de normas sobre gestão pública, considerar "os obstáculos e as dificuldades reais do gestor" e, ao mesmo tempo, assegurar que a gestão ocorra "**sem prejuízo dos direitos dos administrados**". É evidente que, quando um hospital público presta atendimento inadequado à população, ou uma escola pública oferece ensino de má qualidade, há, sim, inexoravelmente, "prejuízo dos direitos dos administrados"!

Também temos grande dificuldade em enxergar como o § 1.º seria aplicado. Como poderiam "circunstâncias práticas" limitadoras ou condicionantes da ação do agente influenciar uma decisão sobre "validade de ato, contrato, ajuste, processo ou norma administrativa"? O ato, contrato, processo ou norma administrativa que estivessem em desacordo com a legislação de regência – por exemplo, maculados por um vício insanável – poderiam deixar de ser anulados? E uma conduta irregular do agente poderia deixar de ser punida? A nosso ver, esse § 1.º do art. 22 confere um grau excessivo de discricionariedade à decisão nele referida, conflitando com inúmeras normas existentes sobre apuração de irregularidades na conduta de agentes públicos e sobre invalidação de atos, contratos, processos e normas administrativos.

Os §§ 2.º e 3.º são autoexplicativos. Aliás, o § 2.º reproduz quase literalmente o art. 128 da Lei 8.112/1990, estudado nesta obra em capítulo precedente, no tópico concernente ao regime disciplinar dos servidores estatutários federais. E o § 3.º aparentemente atenua a independência entre as órbitas de responsabilização do agente público: permanece a possibilidade de um **mesmo fato** ensejar a sua punição em **mais de uma esfera**, mas, quando as sanções forem de **mesma natureza** (penalidades de multa, por exemplo), a graduação da segunda (ou da terceira) a ser aplicada levará em conta aquela que já o foi (ou aquelas que já o foram).

O Decreto 9.830/2019 faz alusão a um instrumento que ele denominou "**termo de ajustamento de gestão**". Consoante o seu art. 11, "poderá ser celebrado termo de ajustamento de gestão entre os agentes públicos e os órgãos de controle interno da administração pública com a finalidade de corrigir falhas apontadas em ações de controle, aprimorar procedimentos, assegurar a continuidade da execução do objeto, sempre que possível, e garantir o atendimento do interesse geral". É feita a ressalva de que "não será celebrado termo de ajustamento de gestão na hipótese de ocorrência de dano ao erário praticado por agentes públicos que agirem com dolo ou erro grosseiro" (art. 11, § 2.º).

O art. 23 da LINDB contém uma norma que visivelmente busca prestigiar o princípio da **segurança jurídica**. Trata-se, entretanto – e paradoxalmente –, de disposição aberta, com acentuadíssimo grau de discricionariedade. É a seguinte a sua redação (grifamos; havia um parágrafo único que foi vetado):

> Art. 23. A decisão administrativa, controladora ou judicial que estabelecer interpretação ou orientação nova sobre **norma de conteúdo indeterminado**, impondo novo dever ou novo condicionamento de direito, deverá prever **regime de transição** quando **indispensável** para que o novo dever ou condicionamento de direito seja cumprido de modo proporcional, equânime e eficiente e sem prejuízo aos interesses gerais.

O principal problema, por óbvio, é saber, efetivamente, quando o **regime de transição** "deverá" ser estabelecido. O comando não prima pela clareza: o regime de transição deverá ser previsto quando for "indispensável" para assegurar **proporcionalidade**, **equanimidade** e **eficiência** no cumprimento de uma imposição decorrente de nova interpretação de alguma norma de conteúdo indeterminado – e isso "sem prejuízo aos interesses gerais"!

O Decreto 9.830/2019, nos seus arts. 6.º e 7.º, procurou regulamentar esse art. 23 da LINDB.

O art. 6.º nada mais faz além de afirmar o óbvio: a decisão de instituir um regime de transição deverá ser adequadamente motivada e "a motivação considerará as condições e o tempo necessário para o cumprimento proporcional, equânime e eficiente do novo dever ou do novo condicionamento de direito e os eventuais prejuízos aos interesses gerais" (art. 6.º, § 2.º). Define, também, "nova interpretação ou nova orientação": é "aquela que altera o entendimento anterior consolidado" (art.

6.º, § 3.º). Não logrou, a nosso ver, sequer amenizar as obscuridades mais flagrantes da norma legal.

E o art. 7.º do decreto dispõe acerca do "regime de transição" referido no art. 23 da LINDB, em termos também pouco elucidativos:

> Art. 7.º Quando cabível, o regime de transição preverá:
>
> I – os órgãos e as entidades da administração pública e os terceiros destinatários;
>
> II – as medidas administrativas a serem adotadas para adequação à interpretação ou à nova orientação sobre norma de conteúdo indeterminado; e
>
> III – o prazo e o modo para que o novo dever ou novo condicionamento de direito seja cumprido.

O art. 24 da LINDB é mais um que tem por baldrame o postulado da **segurança jurídica** – e, pelo menos ele, apresenta um texto claro e de compreensão fácil. A rigor, não nos parece que o artigo contenha uma disposição inovadora, ele nada mais faz do que reiterar a regra existente em muitos outros diplomas jurídicos segundo a qual **interpretação nova não pode retroagir para prejudicar** os destinatários da norma interpretada. De toda sorte, o preceito é bastante abrangente, porque considera também como **fator de estabilização** a observância da "**prática administrativa reiterada e de amplo conhecimento público**". Cumpre transcrevê-lo (grifamos):

> Art. 24. A **revisão**, nas esferas administrativa, controladora ou judicial, quanto à **validade** de ato, contrato, ajuste, processo ou norma administrativa **cuja produção já se houver completado** levará em conta as orientações gerais da época, sendo **vedado** que, com base em **mudança posterior de orientação geral**, se declarem **inválidas** situações plenamente constituídas.
>
> Parágrafo único. Consideram-se **orientações gerais** as interpretações e especificações contidas em **atos públicos de caráter geral ou em jurisprudência judicial ou administrativa majoritária**, e ainda as adotadas por **prática administrativa reiterada e de amplo conhecimento público**.

O Decreto 9.830/2019 acrescentou (sem base na lei) preceitos à norma do art. 24 da LINDB.

Segundo o *caput* do art. 5.º do decreto, as tais "orientações gerais da época" deverão ser consideradas para a tomada de decisão que determine a revisão, quanto à validade, de atos, contratos, ajustes, processos ou normas administrativos "**cuja produção de efeitos esteja em curso ou que tenha sido concluída**".

Ora, a lei **não** fala em produção de **efeitos**; ela se refere apenas ao ato, contrato ou processo **cuja produção** já se tenha completado, isto é, ao ato, contrato ou processo juridicamente perfeito, terminado, concluído – ele já tramitou por todas as etapas do ciclo de formação respectivo, ou seja, **a produção dele está completa**.

Para piorar, o § 1.º do art. 5.º do decreto repete a parte final do *caput* do art. 24 da LINDB, nestas palavras: "É vedado declarar inválida situação plenamente constituída devido à mudança posterior de orientação geral". Até este passo, problema não haveria. Ocorre que o § 2.º assevera que "o disposto no § 1.º não exclui a possibilidade de **suspensão de efeitos futuros** de **relação em curso**". Não há respaldo em ponto algum da LINDB para essa norma "regulamentar" do § 2.º do art. 5.º e, dependendo da situação em que se pretenda aplicá-la, é duvidoso que ela se mostre compatível com o nosso ordenamento jurídico.

Dentre os dispositivos incluídos na LINDB pela Lei 13.655/2018, não temos dúvida de que os arts. 26 e 27 são os mais abstrusos. Cumpre trasladá-los:

> Art. 26. Para eliminar irregularidade, incerteza jurídica ou situação contenciosa na aplicação do direito público, inclusive no caso de expedição de licença, a autoridade administrativa poderá, após oitiva do órgão jurídico e, quando for o caso, após realização de consulta pública, e presentes razões de relevante interesse geral, celebrar compromisso com os interessados, observada a legislação aplicável, o qual só produzirá efeitos a partir de sua publicação oficial.
>
> § 1.º O compromisso referido no *caput* deste artigo:
>
> I – buscará solução jurídica proporcional, equânime, eficiente e compatível com os interesses gerais;
>
> II – (vetado);
>
> III – não poderá conferir desoneração permanente de dever ou condicionamento de direito reconhecidos por orientação geral;
>
> IV – deverá prever com clareza as obrigações das partes, o prazo para seu cumprimento e as sanções aplicáveis em caso de descumprimento.
>
> § 2.º (vetado).
>
> Art. 27. A decisão do processo, nas esferas administrativa, controladora ou judicial, poderá impor compensação por benefícios indevidos ou prejuízos anormais ou injustos resultantes do processo ou da conduta dos envolvidos.
>
> § 1.º A decisão sobre a compensação será motivada, ouvidas previamente as partes sobre seu cabimento, sua forma e, se for o caso, seu valor.
>
> § 2.º Para prevenir ou regular a compensação, poderá ser celebrado compromisso processual entre os envolvidos.

O art. 26 trata da celebração de um "compromisso" com os "interessados", que tem o objetivo de "eliminar irregularidade, incerteza jurídica ou situação contenciosa na aplicação do direito público" e que deverá – "presentes razões de relevante interesse geral" – observar a "legislação aplicável".

Ora, se existir uma "legislação aplicável" ao tal "compromisso", esse art. 26 só atrapalha, será melhor utilizar apenas a hipotética "legislação aplicável". Se não for isso, a legislação referida no *caput* seria "aplicável" a quê?

Longe está de se mostrar singela, ademais, a visualização do que seria uma situação de irregularidade, de incerteza jurídica ou de contenciosidade – "inclusive no caso de expedição de licença" – que pudesse ser **eliminada** por meio do tal "compromisso". Tampouco logramos identificar com clareza quem seriam os "interessados" aos quais alude o texto legal. Nem mesmo sabemos quais poderão ser os "efeitos" que o compromisso deverá produzir "a partir de sua publicação oficial".

Os poucos pontos que se podem obter, especialmente com a leitura dos incisos do § 1.º do art. 26, são que o "compromisso" é celebrado por uma "autoridade administrativa", que ele pode **desonerar** deveres ou condicionamentos jurídicos, desde que **não** o faça em caráter **permanente**, e que ele deverá prever "com clareza" **obrigações** para as "partes" (serão previstas obrigações para a administração pública?) – além do **prazo** para adimpli-las e das **penalidades** pelo descumprimento.

O Decreto 9.830/2019 dispõe acerca do "compromisso" em questão no seu art. 10. Em larga medida, os dispositivos desse artigo cingem-se a reproduzir o que consta no art. 26 da LINDB.

Estabelece o inciso III do § 2.º do art. 10 do decreto que o compromisso deverá prever: (a) as obrigações das partes; (b) o prazo e o modo para seu cumprimento; (c) a forma de fiscalização quanto a sua observância; (d) os fundamentos de fato e de direito; (e) a sua **eficácia de título executivo extrajudicial**; e (f) as sanções aplicáveis em caso de descumprimento.

Além disso, nos termos do § 4.º desse mesmo artigo:

> § 4.º O processo que subsidiar a decisão de celebrar o compromisso será instruído com:
>
> I – o parecer técnico conclusivo do órgão competente sobre a viabilidade técnica, operacional e, quando for o caso, sobre as obrigações orçamentário-financeiras a serem assumidas;
>
> II – o parecer conclusivo do órgão jurídico sobre a viabilidade jurídica do compromisso, que conterá a análise da minuta proposta;
>
> III – a minuta do compromisso, que conterá as alterações decorrentes das análises técnica e jurídica previstas nos incisos I e II; e
>
> IV – a cópia de outros documentos que possam auxiliar na decisão de celebrar o compromisso.

Se o compromisso depender de autorização do Advogado-Geral da União e de Ministro de Estado (caso se trate do acordo ou transação ou do termo de ajustamento de conduta previstos, respectivamente, no § 4.º do art. 1.º e no art. 4.º-A da Lei 9.469/1997, ambos celebrados com o fito de prevenir ou terminar litígios), ou se for firmado pela Advocacia-Geral da União, o processo deverá estar acompanhado de manifestação de interesse da autoridade máxima do órgão ou da entidade da administração pública na celebração do compromisso. Nessas hipóteses, a decisão final quanto à celebração do compromisso será do Advogado-Geral da União (Decreto 9.830/2019, art. 10, §§ 5.º e 6.º).

Cap. 13 • CONTROLE DA ADMINISTRAÇÃO PÚBLICA

O art. 27 versa sobre uma "**compensação**" que poderá ser **imposta** na "decisão do processo, nas esferas administrativa, controladora ou judicial". O motivo jurídico para a **imposição** dessa "compensação" é a ocorrência de "benefícios indevidos ou prejuízos anormais ou injustos resultantes do processo ou da conduta dos envolvidos".

Não somos capazes de imaginar a que espécie de situação estaria o art. 27 potencialmente aludindo. Quem teria obtido "**benefícios indevidos**" ou sofrido "**prejuízos anormais**"? Os administrados ou a administração? Como o "**processo**" resultaria em "benefícios indevidos ou prejuízos anormais"? Aliás, "processo" de que espécie, sobre qual matéria, com qual objeto?

Se o administrado obteve "benefícios indevidos" em detrimento dos cofres públicos, ele tem de ressarcir o erário, o que lhe será exigido em ação própria. Se o administrado sofreu "prejuízos anormais", talvez seja o caso de um pedido de indenização proposto por ele, na via cabível, invocando, se for o caso, o § 6.º do art. 37 da Constituição (responsabilidade extracontratual objetiva na modalidade risco administrativo). Caso os "prejuízos anormais" tenham sido da administração e seja possível identificar quem lhes deu causa, a hipótese será de ajuizamento de ação de reparação civil contra o responsável.

Enfim, não conhecemos essa figura da "compensação" imposta na "decisão do processo" – ela "substitui" ações de responsabilização por conduta irregular e de ressarcimento ao erário? Como seria possível "prevenir" a "compensação" por meio do "compromisso processual" mencionado no § 2.º?

O Decreto 9.830/2019 versa sobre essa "**compensação**" no seu art. 9.º, sem trazer informações adicionais relevantes, exceto, talvez, estas duas: (a) a compensação tem "a finalidade de evitar procedimentos contenciosos de ressarcimento de danos"; e (b) "a compensação poderá ser efetivada por meio do compromisso com os interessados" (refere-se ao compromisso previsto no art. 26 da LINDB, anteriormente analisado).

Estabelece o art. 28 da LINDB (grifamos; havia três parágrafos que foram vetados):

> Art. 28. O agente público responderá pessoalmente por suas **decisões** ou **opiniões técnicas** em caso de **dolo** ou **erro grosseiro**.

Entendemos que esse artigo legal deveria ser interpretado em conformidade com o art. 37, § 6.º, da Constituição, sem restringir o direito de regresso previsto em sua parte final. Cabe lembrar a redação do citado § 6.º do art. 37 (grifamos):

> § 6.º As pessoas jurídicas de direito público e as de direito privado prestadoras de serviços públicos responderão pelos danos que seus agentes, nessa qualidade, causarem a terceiros, **assegurado o direito de regresso** contra o responsável nos casos de **dolo** ou **culpa**.

Assim, segundo a posição que sustentamos, se a **decisão** ou a **opinião técnica** a que alude o art. 28 da LINDB for emitida por um agente de pessoa jurídica de direito público ou de pessoa jurídica de direito privado prestadora de serviço público, atuando nessa qualidade, e acarretar um dano a terceiro (verificando-se uma relação de causalidade direta e imediata), o agente público poderá ser responsabilizado, em ação regressiva movida pela administração pública contra ele (depois que ela tiver sido condenada a indenizar o terceiro que sofreu o dano), desde que a administração consiga provar que houve **dolo ou culpa** do agente – e **não somente em caso de dolo ou erro grosseiro** (costuma-se definir "**erro grosseiro**" como aquele resultante de "**culpa grave**", caracterizada por negligência, imperícia ou imprudência gritantes, flagrantes, insofismáveis).

Observe-se que é possível ocorrer, em determinada situação, de restar demonstrado que um agente público emitiu **decisão** ou **opinião técnica** agindo de forma **culposa** (com simples negligência, imprudência ou imperícia), mas **não** haver nelas um "**erro grosseiro**".

Por exemplo, uma decisão administrativa elaborada com desleixo na fundamentação, apesar de estar correta a sua conclusão, pode vir a ser anulada – e a anulação, a depender das circunstâncias, pode acarretar prejuízos para a administração.

Pergunta-se: pode um agente público ser responsabilizado por eventuais prejuízos decorrentes de uma **decisão** ou **opinião técnica** em cuja emissão ele tenha atuado de forma culposa (não dolosa, evidentemente), mas **sem cometer** "**erro grosseiro**"?

Defendemos que, na hipótese de restar configurada uma situação que se enquadre no art. 37, § 6.º, da Carta Política, o agente poderia, sim, ser responsabilizado, nos exatos termos desse dispositivo constitucional, a saber: em **ação regressiva** ajuizada contra ele pela pessoa jurídica que tenha sido condenada a indenizar os danos que a **decisão** ou a **opinião técnica** causou a terceiros, cabendo a ela o ônus de provar que o agente atuou de forma culposa ao emitir a **decisão** ou a **opinião técnica**.

Nessa linha de raciocínio que perfilhamos, **somente** se **não fosse o caso de incidência do preceito constitucional** em comento, o art. 28 da LINDB poderia ser aplicado sem ressalvas: em tal hipótese – não enquadramento da situação no § 6.º do art. 37 da Constituição –, a pessoa jurídica administrativa que tenha sofrido um prejuízo em decorrência de decisão ou opinião técnica de um agente dela deverá, a fim de responsabilizá-lo, **provar que ele agiu com dolo ou com erro grosseiro**, não bastando, para esse efeito, caracterizar culpa simples ou ordinária.

Pois bem, **não foi essa a interpretação adotada pelo Decreto 9.830/2019**. O ato regulamentar, desassombradamente, considerou que, no caso de **decisões administrativas ou opiniões técnicas**, o art. 28 da LINDB teria derrogado o § 6.º do art. 37 da Constituição, ou aberto uma exceção, no tocante ao **direito de regresso** das pessoas de direito público e das pessoas jurídicas de direito privado prestadoras de serviços públicos (como se a lei pudesse afastar, ainda que parcialmente, uma garantia – fundada no princípio da indisponibilidade da coisa pública – que o constituinte originário expressamente conferiu a entidades administrativas).

De toda sorte, enquanto não for infirmada (se vier a ser) a validade das disposições pertinentes do decreto, as regras nelas contidas deverão ser observadas **no âmbito do Poder Executivo federal** – deve-se frisar que elas se limitam a dispor acerca da **responsabilidade civil** do agente (obrigação de indenizar), mas **não** sobre a **responsabilidade administrativa disciplinar**. Cumpre transcrevê-las, sem necessidade, a nosso ver, de comentários adicionais (grifamos):

Cap. 13 • CONTROLE DA ADMINISTRAÇÃO PÚBLICA

Art. 12. O agente público **somente** poderá ser responsabilizado por suas **decisões ou opiniões técnicas** se agir ou se omitir com **dolo**, direto ou eventual, **ou cometer erro grosseiro**, no desempenho de suas funções.

§ 1.º Considera-se **erro grosseiro** aquele manifesto, evidente e inescusável praticado com **culpa grave**, caracterizado por ação ou omissão com **elevado grau** de negligência, imprudência ou imperícia.

§ 2.º Não será configurado dolo ou erro grosseiro do agente público se não restar comprovada, nos autos do processo de responsabilização, situação ou circunstância fática capaz de caracterizar o dolo ou o erro grosseiro.

§ 3.º O **mero nexo de causalidade** entre a conduta e o resultado danoso **não implica responsabilização**, exceto se **comprovado** o **dolo ou o erro grosseiro** do agente público.

§ 4.º A complexidade da matéria e das atribuições exercidas pelo agente público serão consideradas em eventual responsabilização do agente público.

§ 5.º O **montante do dano ao erário**, ainda que expressivo, **não** poderá, **por si só**, ser elemento para **caracterizar** o **erro grosseiro** ou o **dolo**.

§ 6.º A responsabilização pela opinião técnica não se estende de forma automática ao decisor que a adotou como fundamento de decidir e somente se configurará se estiverem presentes elementos suficientes para o decisor aferir o dolo ou o erro grosseiro da opinião técnica ou se houver conluio entre os agentes.

§ 7.º No **exercício do poder hierárquico**, só responderá por **culpa *in vigilando*** aquele cuja **omissão** caracterizar **erro grosseiro ou dolo**.

§ 8.º O disposto neste artigo não exime o agente público de atuar de forma diligente e eficiente no cumprimento dos seus deveres constitucionais e legais.

(...)

Art. 14. No âmbito do Poder Executivo federal, o **direito de regresso** previsto no § 6.º do art. 37 da Constituição **somente** será exercido na hipótese de o agente público ter agido com **dolo ou erro grosseiro** em suas decisões ou opiniões técnicas, nos termos do disposto no art. 28 do Decreto-Lei nº 4.657, de 1942, e com observância aos princípios constitucionais da proporcionalidade e da razoabilidade.

(...)

Art. 17. O disposto no art. 12 **não afasta** a possibilidade de aplicação de **sanções** previstas em normas **disciplinares, inclusive** nos casos de ação ou de omissão **culposas de natureza leve**.

O art. 29 da LINDB é autoexplicativo. Ele **autoriza** a realização de **consulta pública** pelo poder público previamente à edição de **atos normativos** por **autori-**

dades administrativas. Embora o dispositivo tenha como destinatários explícitos "qualquer órgão ou Poder", entendemos que o vocábulo "órgão" foi empregado em um sentido amplo, abrangendo **quaisquer órgãos ou entidades administrativos** em todos os Poderes.

É importante enfatizar que o dispositivo confere uma **faculdade** ao poder público, e **não uma obrigação** – aliás, a nosso ver, consultas públicas prévias à edição de atos administrativos em geral poderiam ser realizadas da mesma forma, por iniciativa do órgão ou entidade interessados, mesmo sem autorização legal expressa. É a seguinte a redação do art. 29 da LINDB (grifamos; havia um § 2.º que foi vetado):

> Art. 29. Em **qualquer órgão ou Poder**, a edição de **atos normativos** por **autoridade administrativa**, salvo os de mera organização interna, **poderá** ser precedida de **consulta pública** para manifestação de interessados, preferencialmente por meio eletrônico, a qual será considerada na decisão.
>
> § 1.º A convocação conterá a minuta do ato normativo e fixará o prazo e demais condições da consulta pública, observadas as normas legais e regulamentares específicas, se houver.

Atualmente, no âmbito do Poder Executivo federal, as normas infralegais concernentes a **consulta pública** encontram-se nos arts. 27 a 32 do Decreto 12.002/2024. As disposições do Decreto 9.830/2019 que versavam sobre consulta pública estavam vazadas em seu art. 18, e foram **revogadas** pelo Decreto 12.002/2024.

O último artigo acrescentado à LINDB pela Lei 13.655/2018 estabelece (grifamos):

> Art. 30. As autoridades públicas **devem** atuar para aumentar a segurança jurídica na aplicação das normas, **inclusive** por meio de **regulamentos**, **súmulas administrativas** e **respostas a consultas**.
>
> Parágrafo único. Os instrumentos previstos no *caput* deste artigo **terão caráter vinculante em relação ao órgão ou entidade a que se destinam**, até ulterior revisão.

É louvável a diretriz vazada no *caput* do art. 30 da LINDB. Não há dúvida de que súmulas (administrativas ou judiciais), regulamentos (em sentido amplo, isto é, não só os decretos regulamentares, mas também outros atos infralegais de regulamentação e de consolidação de legislação editados por órgãos e entidades dotados de poder normativo) e respostas a consultas são instrumentos que fortalecem a **segurança jurídica** para todos – poder público e cidadãos.

O dispositivo traz um comando endereçado às "**autoridades públicas**", expressão ampla que, a nosso ver, alcança agentes públicos dotados de competências decisórias no âmbito de todos os Poderes.

Infelizmente, apesar da semântica impositiva – "as autoridades públicas **devem** atuar" –, soa acertado vaticinar que a norma desempenhará, na prática, o papel de mera "recomendação", porquanto **nenhuma consequência jurídica** está prevista para o caso de seu descumprimento.

Os arts. 19 a 23 do Decreto 9.830/2019 versam sobre essa matéria – instrumentos destinados a "aumentar a segurança jurídica na aplicação das normas" – e o art. 24 determina que os órgãos e entidades da administração pública os divulguem e mantenham atualizados nos seus sítios na internet.

5. CONTROLE EXERCIDO PELA ADMINISTRAÇÃO SOBRE SEUS PRÓPRIOS ATOS (CONTROLE ADMINISTRATIVO)

5.1. Introdução

O controle que a própria administração pública realiza sobre suas atividades costuma ser referido, simplesmente, como **controle administrativo** – em contraposição aos denominados controle legislativo e controle judicial. Neste tópico, a expressão "controle administrativo" será empregada com esse significado.

Portanto, controle administrativo é o **controle interno**, fundado no poder de **autotutela**, exercido pelo Poder Executivo e pelos órgãos administrativos dos Poderes Legislativo e Judiciário sobre sua própria atuação administrativa, tendo em vista aspectos de legalidade e de mérito administrativo (conveniência e oportunidade administrativas).

O controle administrativo típico é aquele realizado pelo Poder Executivo sobre os atos de seus próprios órgãos e entidades. Entretanto, o Legislativo e o Judiciário também realizam controle administrativo, quando, exercendo função administrativa, fiscalizam os atos administrativos editados pelos seus próprios órgãos.

Assim, quando o Poder Legislativo aprecia a legitimidade ou o mérito de um ato administrativo oriundo de um dos seus órgãos, está realizando controle administrativo. Por exemplo, quando uma autoridade do Legislativo exonera um servidor nomeado para cargo em comissão (controle de mérito), ou quando a corregedoria do Legislativo de um município anula um concurso público realizado para preenchimento de cargos efetivos na respectiva câmara municipal, no qual constatou alguma irregularidade (controle de legalidade), está sendo exercido controle administrativo.

É também controle administrativo aquele exercido pelo Judiciário, no exercício de função administrativa, sobre os seus próprios atos de natureza administrativa. Por exemplo, quando o diretor da secretaria de uma determinada vara da Justiça do Trabalho revoga uma portaria de delegação de competência que editara a fim de transferir a um subordinado o exercício de uma de suas atribuições legais (controle de mérito), ou quando a autoridade competente para homologar uma licitação realizada por um tribunal do Poder Judiciário verifica uma irregularidade no procedimento e anula a licitação (controle de legalidade), está ocorrendo controle administrativo.

Vale registrar que a Emenda Constitucional 109/2021 acrescentou ao art. 37 da Carta Política o § 16, nos termos do qual "os órgãos e entidades da administração pública, individual ou conjuntamente, devem realizar avaliação das políticas públicas, inclusive com divulgação do objeto a ser avaliado e dos resultados alcançados, na forma da lei". Essa norma constitucional se aplica a todos os entes federados, mas depende de regulamentação a ser veiculada em lei de cada qual – embora a realização de avaliações de políticas públicas por órgãos e entidades administrativos evidentemente possa (e deva) ser efetuada sempre, independentemente de exigência explícita como essa incluída pelo § 16 do art. 37 da Constituição da República.

O controle administrativo é um controle de legalidade e de mérito. É sempre um **controle interno**, porque é realizado por órgãos integrantes do mesmo Poder que praticou o ato. Deriva do poder de **autotutela** que a administração pública tem sobre seus próprios atos e agentes, cuja expressão está sintetizada na Súmula 473 do STF, com esta redação:

> **473** – A Administração pode anular seus próprios atos, quando eivados de vícios que os tornem ilegais, porque deles não se originam direitos; ou revogá-los, por motivo de conveniência ou oportunidade, respeitados os direitos adquiridos e ressalvada, em todos os casos, a apreciação judicial.

O exercício do controle administrativo pode ocorrer de ofício, isto é, por iniciativa da própria administração pública, ou ser deflagrado por provocação dos administrados, mediante reclamações, representações, impugnações, recursos e petições administrativas de um modo geral, tenham ou não denominação específica.

O Supremo Tribunal Federal já deixou assente que o exercício da autotutela administrativa, quando implique desfazimento de atos que afetem **interesse** do administrado, modificando desfavoravelmente a sua situação jurídica, **deve ser precedido da instauração de procedimento no qual se dê a ele oportunidade de contraditório**, isto é, de apresentar alegações contra a retirada do ato.[1] Esse entendimento é aplicável a **todas as formas de desfazimento de atos administrativos** pela própria administração – basta que a retirada do ato repercuta negativamente na esfera jurídica do administrado.

O controle administrativo pode ser hierárquico ou não hierárquico.

Existe controle **hierárquico** entre os órgãos da administração direta que sejam escalonados verticalmente, em cada Poder, e existe controle hierárquico entre os órgãos de cada entidade da administração indireta que sejam escalonados verticalmente, no âmbito interno da própria entidade.

Fazemos a ressalva sobre a necessidade de os órgãos serem "escalonados verticalmente" porque o simples fato de dois ou mais órgãos integrarem a mesma pessoa jurídica não significa, obrigatoriamente, que exista relação de hierarquia entre eles.

Tome-se como exemplo a relação entre o Ministério da Saúde e o Ministério do Turismo, ou mesmo a relação entre o Ministério da Educação e a Secretaria da Receita Federal do Brasil. Simplesmente não existe nenhuma relação de hierarquia entre esses órgãos, embora todos eles integrem a pessoa jurídica União. O mesmo raciocínio vale para os órgãos existentes no âmbito interno de uma entidade da administração indireta: somente haverá hierarquia entre aqueles que se situem numa mesma linha vertical, no organograma da entidade.

Em suma, para existir hierarquia, é necessário não só que se trate de órgãos e agentes da mesma pessoa jurídica, mas, também, que, na estrutura organizacional dessa pessoa jurídica, esses órgãos e agentes estejam localizados na mesma linha hierárquica. Só nesse caso é possível falar em escalonamento vertical, em linha de comando, em relação superior-subordinado.

---

[1] RE 594.296/MG (**repercussão geral**), rel. Min. Dias Toffoli, 21.09.2011 (Informativo 641 do STF).

Conforme visto antes, o controle hierárquico é pleno (irrestrito), permanente e automático (não depende de norma específica que o estabeleça ou autorize). Por meio dele, podem ser verificados todos os aspectos concernentes à legalidade e ao mérito de todos os atos praticados pelos agentes ou órgãos subordinados a determinado agente ou órgão.

De outra parte, existe controle administrativo **não hierárquico**:

a) entre órgãos que, embora integrem uma só pessoa jurídica, não estão na mesma linha de escalonamento vertical; e

b) entre a administração direta e a administração indireta (tutela ou controle finalístico).

Tanto o controle hierárquico quanto o não hierárquico podem ocorrer de ofício, no exercício da denominada fiscalização administrativa, ou ser provocados pelo administrado.

A doutrina em geral menciona diversos meios ou instrumentos passíveis de ser utilizados pelo administrado para provocar o controle administrativo, todos eles espécie do abrangente direito fundamental previsto no art. 5.º, XXXIV, "a", da Constituição Federal, conhecido como "**direito de petição**".

As leis que tratam dessas modalidades de pleitos administrativos são esparsas e assistemáticas, e a doutrina discrepa sobremaneira acerca da definição de cada uma.

Mencionaremos algumas espécies de petição, mas alertamos que o nome utilizado na prática não é importante, vale dizer, não pode a administração recusar determinada petição que o administrado tenha chamado de "recurso" sob a alegação de que deveria ter sido utilizado o nome "representação", por exemplo.

A bem da verdade, o administrado não precisa usar nome algum, basta apresentar o seu pleito à administração, que esta é obrigada a recebê-lo, encaminhá-lo conforme a via que constate ser a adequada, apreciá-lo e emitir uma resposta explícita, em um prazo razoável. Essa obrigação indeclinável da administração pública de todos os níveis decorre diretamente do art. 5.º, XXXIV, "a", da Constituição da República, sem que haja, absolutamente, qualquer necessidade de lei que a estabeleça.

Segundo a Prof.ª Maria Sylvia Di Pietro, usa-se o vocábulo "**representação**" para "a denúncia de irregularidades feita perante a própria Administração". De seu turno, o Prof. Celso Antônio Bandeira de Mello considera relevante para qualificar uma petição como "representação" o fato de o peticionário não ser parte diretamente interessada, mas apenas alguém que tem interesse genérico, ou como cidadão, em impugnar a medida.

A nosso ver, "representação" é designação usualmente empregada nas leis para situações em que o administrado, ou um servidor público, de algum modo tem notícia de ilegalidade, omissão, conflito entre decisões administrativas ou abuso de poder e quer levar o fato ao conhecimento da própria administração pública em que a situação ocorreu, ou a um órgão de controle, inclusive ao Ministério Público (evidentemente, se a hipótese for de ajuizamento pelo administrado de ação perante o Poder Judiciário, teremos controle judicial, e não representação).

Para os particulares, a representação é um direito, ao passo que, para os servidores públicos, ela é um dever. No caso dos servidores federais estatutários, o dever de representação está previsto no art. 116, XII, da Lei 8.112/1990. Na hipótese de abuso de autoridade, a representação está disciplinada na Lei 13.869/2019.

O Prof. Celso Antônio Bandeira de Mello refere-se a "**denúncia**" como uma petição similar à representação "na qual, todavia, prepondera o intuito de alertar a autoridade competente para conduta administrativa apresentada como censurável".

A denominada "**reclamação administrativa**" é uma expressão bastante genérica, utilizada para reportar a qualquer forma de manifestação de discordância do administrado quanto a um ato (ou omissão), ou quanto a uma decisão da administração pública.

A Prof.ª Maria Sylvia Di Pietro formula uma definição ampla de "reclamação administrativa", nestes termos: "ato pelo qual o administrado, seja particular ou servidor público, deduz uma pretensão perante a Administração Pública, visando obter o reconhecimento de um direito ou a correção de um ato que lhe cause lesão ou ameaça de lesão".

O Prof. Celso Antônio Bandeira de Mello também reconhece que a expressão "**reclamação administrativa**" tem caráter genérico e "designa a manifestação de inconformismo do administrado em face de decisão administrativa que lhe afeta direitos ou interesses".

A Lei 9.784/1999 utiliza o vocábulo "reclamações" em acepção genérica, a nosso ver, como sinônimo de petição, em seu art. 48, cuja redação é: "a Administração tem o dever de explicitamente emitir decisão nos processos administrativos e sobre solicitações ou reclamações, em matéria de sua competência". Vale lembrar, ainda, que o Código Tributário Nacional, em seu art. 151, III, emprega o termo "reclamações" com o sentido de "impugnação administrativa", meio de instauração dos denominados processos administrativos fiscais ou tributários.

Cabe registrar que o art. 6.º do Decreto 20.910/1932 – ainda em vigor, com *status* de lei ordinária –, estabelece que "o direito a reclamação administrativa, que não tiver prazo fixado em disposição de lei para ser formulada, prescreve em um ano a contar da data do ato ou fato do qual a mesma se originar". É relevante ressaltar que essa disposição somente se aplica quando não exista lei específica que preveja prazo diferente.

A expressão "**pedido de reconsideração**" tem significado mais preciso, tanto nas leis quanto na doutrina. Refere-se à solicitação feita à própria autoridade que emitiu o ato, ou proferiu a decisão, para que ela o aprecie novamente.

Também com significado razoavelmente bem definido, as leis e a doutrina utilizam o vocábulo "**revisão**" para aludir à petição apresentada em face de uma decisão administrativa que tenha resultado na aplicação de sanção, visando a desfazê-la ou abrandá-la, desde que se apresentem fatos novos que demonstrem a inadequação da penalidade aplicada.

No caso específico do processo administrativo disciplinar federal, a revisão está prevista nos arts. 174 a 182 da Lei 8.112/1990. O art. 174 dessa lei estabelece que "o processo disciplinar poderá ser revisto, a qualquer tempo, a pedido ou de ofício,

Cap. 13 • CONTROLE DA ADMINISTRAÇÃO PÚBLICA

quando se aduzirem fatos novos ou circunstâncias suscetíveis de justificar a inocência do punido ou a inadequação da penalidade aplicada".

De modo mais amplo, a Lei 9.784/1999 dispõe, em seu art. 65, que "os processos administrativos de que resultem sanções poderão ser revistos, a qualquer tempo, a pedido ou de ofício, quando surgirem fatos novos ou circunstâncias relevantes suscetíveis de justificar a inadequação da sanção aplicada".

Por fim, é empregada a expressão "**recurso administrativo**", em um sentido restrito, para referir à petição manejada pela parte que já obteve uma decisão em um processo administrativo, mas, não obstante, tenciona submeter a matéria à reapreciação de uma outra autoridade ou órgão administrativo, competente para emitir uma nova decisão.

Quando o recurso é interposto pela própria autoridade administrativa que proferiu a decisão recorrida ele é chamado "recurso de ofício" – só cabível, em regra, nas situações expressamente previstas em lei.

Alertamos que a expressão "recurso administrativo" é frequentemente usada em um sentido genérico, abrangendo – além das hipóteses descritas nos dois parágrafos precedentes – qualquer ato do administrado mediante o qual ele deflagre um processo administrativo em que figurará como parte interessada, visando a modificar um ato administrativo, ainda que esse ato tenha sido praticado de ofício, sem que houvesse processo previamente instaurado.

Finalizando este tópico, julgamos oportuno repetir que essas designações adotadas pelas leis ou pela doutrina para as diferentes petições administrativas não têm relevância prática, além de serem discrepantes em demasia. Ademais, os nomes e expressões que vimos de expor formam uma enumeração meramente exemplificativa. Com efeito, leis e atos normativos podem perfeitamente empregar outros nomes e expressões – como efetivamente ocorre –, a exemplo de "impugnação", "manifestação de inconformidade", "solicitação de revisão", entre outros.

5.2. Contrato de gestão ou contrato de desempenho (CF, art. 37, § 8.º, e Lei 13.934/2019)

Estudaremos neste tópico a figura de que trata o § 8.º do art. 37 da Constituição, incluído pela EC 19/1998, a seguir reproduzido (grifamos):

> § 8.º A **autonomia** gerencial, orçamentária e financeira dos **órgãos** e **entidades** da administração **direta** e **indireta** poderá ser **ampliada** mediante **contrato**, a ser firmado entre seus **administradores** e o poder público, que tenha por objeto a fixação de **metas de desempenho** para o **órgão** ou **entidade**, cabendo à lei dispor sobre:
>
> I – o prazo de duração do contrato;
>
> II – os controles e critérios de avaliação de desempenho, direitos, e obrigações e responsabilidade dos dirigentes;
>
> III – a remuneração do pessoal.

No capítulo pertinente aos "princípios fundamentais da administração pública", ao analisarmos o postulado da **eficiência**, introduzido no *caput* do art. 37 da Carta da República pela EC 19/1998, foi enfatizado que o legislador constituinte derivado, na elaboração dessa emenda constitucional (conhecida, na época, como "**reforma administrativa**"), teve por diretriz operar a transição do paradigma tradicional de administração pública adotado no Brasil ("administração burocrática") para um esquema teórico alegadamente mais moderno, correspondente à denominada "**administração gerencial**".

O modelo "**gerencial**" de administração pública é caracterizado por privilegiar a **obtenção de resultados**, reduzindo os controles de atividades-meio (controles de procedimentos) e concentrando-se na aferição do atingimento de metas previamente estipuladas – o que implica um alargamento da esfera de autonomia dos órgãos e entidades públicos. O objetivo é obter um padrão elevado de **eficiência** no desempenho das atividades administrativas.

O instrumento aludido no § 8.º do art. 37 da Constituição – nomeadamente um **contrato** – cria um vínculo entre as partes que possibilita uma espécie de **controle** de uma sobre a outra. Este não se enquadra como controle hierárquico, nem como tutela administrativa em sentido estrito. Não é, tampouco, um controle de legalidade, nem de mérito administrativo, significa dizer, a concretização desse controle não tem como consequência a anulação ou a revogação de atos administrativos. Pode-se dizer que é um **controle de resultados** (quanto a esse aspecto, não deixa de ser um controle do tipo **finalístico**), ou de atingimento de metas, sem, contudo, visar à correção de atos administrativos específicos. Trata-se, ademais, de um **controle administrativo** (desempenhado pela administração pública, em qualquer dos Poderes, sobre atuação de seus próprios órgãos e entidades) e **interno** (ocorre no âmbito de um mesmo Poder).

A doutrina administrativista, de modo uniforme, refere-se à figura prevista no § 8.º do art. 37 da Constituição como **contrato de gestão**. Todo contrato de gestão (essa figura não foi inventada pela EC 19/1998) consiste, em linhas gerais, em um ajuste que visa ao cumprimento de uma espécie de programa, em troca de algo que seja do interesse da parte que se compromete a atingir as metas nele definidas.

Em dezembro de 2019 (mais de duas décadas depois da promulgação da EC 19/1998), foi publicada a Lei 13.934/2019, que regulamentou o dispositivo constitucional ora em foco "no âmbito da administração pública federal direta de qualquer dos Poderes da União e das autarquias e fundações públicas federais". Essa lei, literalmente, intitulou de "**contrato de desempenho**" o instrumento tratado no § 8.º do art. 37 do Texto Magno.

Mudou apenas o nome (e os demais entes da Federação não estão obrigados a adotar a nova denominação): o instrumento em questão continua sendo um meio formal para se estabelecerem metas a serem atingidas por órgãos e entidades administrativos em contrapartida à ampliação da autonomia de gestão deles.

Aliás, a Lei 9.649/1998, nos seus arts. 51 e 52 – ainda vigentes e aplicáveis no âmbito do Poder Executivo federal –, versa sobre a qualificação como **agências executivas** de autarquias e fundações públicas que celebrem com a administração direta a que se vinculam **contrato de gestão** (é essa a expressão constante na lei). Os Decretos 2.487/1998 e 2.488/1998 regulamentam os referidos preceitos legais, sempre se referindo a "contrato de gestão". As agências executivas foram estudadas em tópico específico, em outro capítulo desta obra. O que se pretende, neste passo, é simplesmente observar que, ao editar a Lei 13.934/2019, o legislador achou por bem inovar, empregando o termo "**contrato de desempenho**" para designar o instrumento mencionado no § 8.º do art. 37 da Constituição – há muito consagrado na doutrina e mesmo na legislação pátria com o nome de "contrato de gestão". Talvez tenha feito isso na tentativa de distinguir mais claramente esses contratos, que são firmados entre órgãos e entidades integrantes da administração pública, dos contratos de gestão que o poder público celebra com pessoas privadas, especificamente com as organizações sociais e com alguns serviços sociais autônomos ("atípicos").

Acerca da modalidade de contrato prevista no § 8.º do art. 37 da Constituição, a Prof.ª Maria Sylvia Di Pietro obtempera que dificilmente estarão presentes as características típicas de um contrato quando a celebração se der entre **órgãos** da administração direta, haja vista não terem eles personalidade jurídica, sendo a sua atuação imputada à pessoa jurídica a cuja estrutura pertencem. Tais contratos, ao fim e ao cabo, serão firmados entre integrantes da mesma pessoa jurídica. Ressalta a autora que, evidentemente, inexiste contraposição de interesses entre as partes envolvidas na avença, razão pela qual conclui que, nesses casos, a sua natureza jurídica seria a de um "termo de compromisso" assumido pelo dirigente do órgão.

Mesmo no caso de contratos de gestão (ou de desempenho) firmados entre o poder público e **entidades** da administração indireta, os administrativistas consideram difícil reconhecer ao ajuste natureza jurídica contratual. Isso porque não pode haver, entre a administração direta e a administração indireta, interesses opostos e contraditórios, uma das características presentes nos contratos em geral. Tais contratos, a rigor, assemelhar-se-iam a "convênios".

De forma mais ampla, é usual na doutrina a concepção de que, em nosso direito, faz-se necessária a existência de interesses opostos e recíprocos para que um acordo de vontades tenha natureza propriamente contratual. E essa contraposição de interesses não pode, conceitualmente, ocorrer entre a administração pública e suas entidades e órgãos. Aceitas essas premissas, forçoso seria reconhecer que os contratos previstos no § 8.º do art. 37 da Constituição configurariam simples acordos, mediante os quais se programam atuações conjuntas, visando a idênticos resultados de interesse comum.

Um aspecto interessante é que o texto do dispositivo constitucional em apreço literalmente afirma que o contrato ali previsto é celebrado entre o poder público e os **administradores** de órgãos da administração direta e de entidades da administração indireta. Aparentemente, o constituinte derivado tentou contornar, com essa redação, o problema da ausência de personalidade jurídica dos órgãos públicos. É questionável, porém, a possibilidade de existir um **contrato** entre o poder público e os **administradores** públicos de seus próprios órgãos despersonalizados, uma vez que a atuação do órgão é imputada à pessoa jurídica que ele integra, e não ao administrador público, pessoa natural.

Ademais, para alguns juristas, a hierarquia existente na administração pública bastaria para a consecução do interesse público, baseado na lei, sem necessidade de se cogitar a celebração de ajustes, acordos, avenças ou instrumentos outros que tenham a finalidade de instar os administradores públicos a atuarem de forma eficiente (obrigação desde sempre decorrente da Constituição e das leis, muito antes de qualquer contrato, avença ou acordo).

Não obstante todas essas ponderações, certo é que, por força do disposto no § 8.º do art. 37 da Constituição, os ajustes ali previstos são classificados como **contratos**, podendo ser celebrados inclusive por **órgãos** públicos, meros centros de competência despersonalizados.

Passemos à exposição das principais normas contidas na Lei 13.934/2019.

Nos literais termos da Lei 13.934/2019 – vale repetir: aplicável "no âmbito da administração pública federal direta de qualquer dos Poderes da União e das autarquias e fundações públicas federais" –, o instrumento previsto no § 8.º do art. 37 do Texto Magno é denominado "**contrato de desempenho**", nela definido como "o acordo celebrado entre o órgão ou entidade supervisora e o órgão ou entidade supervisionada, por meio de seus administradores, para o estabelecimento de metas de desempenho do supervisionado, com os respectivos prazos de execução e indicadores de qualidade, tendo como contrapartida a concessão de flexibilidades ou autonomias especiais" (art. 2.º).

O contrato de desempenho constitui, para o supervisor, forma de **autovinculação** e, para o supervisionado, condição para a fruição das flexibilidades ou autonomias especiais. Essa afirmação, vazada no art. 3.º da lei, aparentemente significa que o administrador público que firma o contrato de desempenho na qualidade de supervisor passa a estar vinculado às cláusulas nele estipuladas. Trata-se de uma asserção um tanto óbvia. De todo modo, é certo que essa "autovinculação" a que a lei se refere não tem possibilidade de afastar quaisquer dos poderes-deveres cuja observância outras leis imponham à autoridade supervisora.

Conforme o art. 4.º da Lei 13.934/2019, compete aos chefes dos Poderes, mediante atos normativos próprios, definir: (a) os órgãos ou entidades supervisores responsáveis por analisar, aprovar e assinar o contrato; e (b) os requisitos gerenciais e demais critérios técnicos a serem observados para celebrar o contrato de desempenho.

O contrato de desempenho tem como objetivo fundamental a promoção da melhoria do desempenho do supervisionado, visando especialmente a (art. 5.º):

> I – aperfeiçoar o acompanhamento e o controle de resultados da gestão pública, mediante instrumento caracterizado por consensualidade, objetividade, responsabilidade e transparência;
>
> II – compatibilizar as atividades do supervisionado com as políticas públicas e os programas governamentais;
>
> III – facilitar o controle social sobre a atividade administrativa;
>
> IV – estabelecer indicadores objetivos para o controle de resultados e o aperfeiçoamento das relações de cooperação e supervisão;
>
> V – fixar a responsabilidade de dirigentes quanto aos resultados;

VI – promover o desenvolvimento e a implantação de modelos de gestão flexíveis, vinculados ao desempenho e propiciadores de envolvimento efetivo dos agentes e dos dirigentes na obtenção de melhorias contínuas da qualidade dos serviços prestados à comunidade.

O contrato de desempenho **poderá conferir ao supervisionado**, pelo período de sua vigência, as seguintes **flexibilidades e autonomias especiais**, sem prejuízo de outras previstas em lei ou decreto (art. 6.º): (a) definição de estrutura regimental, sem aumento de despesas, conforme os limites e as condições estabelecidos em regulamento; e (b) ampliação de autonomia administrativa quanto a limites e delegações relativos à celebração de contratos, ao estabelecimento de limites específicos para despesas de pequeno vulto e à autorização para formação de banco de horas.

Deverão constar no contrato, como cláusula obrigatória, a estimativa dos recursos orçamentários e o cronograma de desembolso dos recursos financeiros necessários à execução das ações pactuadas, referentes a toda a sua vigência (art. 7.º, II).

O **prazo de vigência** do contrato **não poderá ser superior a cinco anos nem inferior a um ano** (art. 7.º, VIII).

O **não atingimento de metas intermediárias**, comprovado objetivamente, dá ensejo, mediante ato motivado, à **suspensão do contrato** e da fruição das flexibilidades e autonomias especiais, enquanto não houver recuperação do desempenho ou repactuação das metas (art. 10).

O contrato poderá ser **rescindido** por acordo entre as partes ou, unilateralmente, por ato do supervisor nas hipóteses de insuficiência injustificada do desempenho do supervisionado ou de descumprimento reiterado das cláusulas contratuais (art. 11).

5.3. Processos administrativos

5.3.1. Noções gerais

A doutrina diverge sobremaneira nas definições que propõe para "processo administrativo". A nosso ver, essa discussão não tem relevância prática. Por esse motivo, definimos "**processo administrativo**", de modo bastante singelo, como uma série de atos ordenados em uma sucessão lógica, a qual tem por finalidade possibilitar à administração pública a prática de um ato administrativo final ou a prolação de uma decisão administrativa final.

Frise-se que a menção a um "ato final" ou a uma "decisão final" significa tão somente que se trata de um ato ou decisão que encerra aquele processo – algumas vezes exaurindo a via administrativa, ou seja, acarretando a preclusão da matéria na esfera administrativa (impossibilitando a sua reapreciação pela própria administração pública) –, porém não um ato ou decisão imutável, porquanto o controle judicial, em nosso sistema jurídico, é inafastável (CF, art. 5.º, XXXV).

A rigor, a definição que adotamos **não distingue "processo" de "procedimento"**, vale dizer, utilizamos a expressão "processo administrativo" em sentido amplo, abrangendo qualquer sequência preordenada de atos que tenha a finalidade de possibilitar à administração pública apreciar e decidir questões internas, ou de interesse específico dos administrados, ou de interesse geral, envolva ou não litígio, seja desencadeada de ofício, seja por alguma das diversas hipóteses de petições administrativas.

Conforme exposto anteriormente, a administração pública tem a prerrogativa – e mesmo o dever – de anular os seus atos ilegais e revogar os inconvenientes ou inoportunos, no exercício do seu poder de autotutela. Pode, ainda, desde que presentes as condições legais, convalidar atos com vícios sanáveis. Todas essas são modalidades do assim chamado controle administrativo – em contraposição aos denominados controle legislativo e controle judicial –, significa dizer, trata-se de controle que a administração pública realiza sobre os seus próprios atos.

A administração pode exercer as citadas prerrogativas a partir de provocação dos administrados. Pode, evidentemente, exercê-las de ofício, isto é, por iniciativa própria.

O exercício da autotutela por iniciativa da própria administração pode, ou não, exigir a instauração de um processo administrativo formal – sucessão ordenada de atos visando a um fim único e específico –, ou pode se materializar em um simples ato.

Por exemplo, a revogação, pelo superior, de uma portaria que delegou competências a um subordinado, é um mero ato administrativo, e não um processo formal, mas configura, ainda assim, exercício de controle administrativo.

Diferentemente, se a administração pretender revogar uma licitação pública, deverá instaurar um processo formal, ficando inclusive obrigada a assegurar aos interessados o direito de manifestação prévia, consoante exige o § 3.º do art. 71 da Lei 14.133/2021.

Note-se que, na hipótese de controle administrativo provocado, ou seja, decorrente de iniciativa dos administrados, o instrumento utilizado obrigatoriamente será um processo administrativo formal.

Com efeito, nesses casos, evidentemente, não há possibilidade de o controle administrativo se resumir a um único ato administrativo praticado de ofício pela administração pública, haja vista que o ato inicial sempre será uma petição do administrado, que deverá ser protocolada e registrada nos sistemas de acompanhamento do órgão encarregado de sua tramitação, e da qual resultará obrigatoriamente a necessidade de serem praticados diversos outros atos – no mínimo, imaginando que não seja requerido qualquer outro ato de instrução, haverá o ato de encaminhamento à autoridade competente para decidir, a prolação da decisão administrativa respondendo à petição, a ordem para intimação, a intimação da decisão ao peticionário, o registro nos autos de que a intimação foi efetuada e a ordem para arquivamento.

A instauração de processos administrativos, portanto, é o meio colocado à disposição dos administrados que pretendam provocar a administração pública a alterar, corrigir ou anular decisões ou atos administrativos que digam respeito a relações jurídicas em que eles, administrados, estejam envolvidos, ou que de algum modo sejam de seu interesse, ou mesmo de interesse coletivo ou geral.

Vale repetir, entretanto, que iniciar processos administrativos não é uma faculdade exclusiva dos administrados. De forma alguma. O direito de iniciativa dos administrados não exclui a prerrogativa que a própria administração detém para,

Cap. 13 • CONTROLE DA ADMINISTRAÇÃO PÚBLICA

de ofício, iniciar processos administrativos de um modo geral, quando tal medida for necessária ao exercício do poder de autotutela.

É oportuno observar que os processos administrativos **iniciados pelos administrados** desempenham uma **dupla função** em nosso ordenamento jurídico: (a) atendem a interesses do próprio administrado, representando um meio célere e gratuito posto a sua disposição para a prevenção ou a correção de lesões a seus direitos; e (b) atendem ao interesse público, impelindo a administração a reavaliar a legalidade e a conveniência dos atos que ela mesma praticou, para, se for o caso, anulá-los, modificá-los ou revogá-los.

Embora a instauração de processos administrativos seja uma faculdade do administrado, a opção deste pela utilização da via judicial implica renúncia à esfera administrativa, ou desistência do processo administrativo acaso em tramitação, no qual esteja sendo discutida a mesma matéria que o administrado resolveu submeter à apreciação do Poder Judiciário.

O Supremo Tribunal Federal já teve oportunidade de declarar válida norma legal que estabelece que a utilização de ação judicial pelo sujeito passivo acarreta a impossibilidade de discussão da mesma matéria na via administrativa.

Tratava-se, especificamente, de questionamento acerca da constitucionalidade do parágrafo único do art. 38 da Lei 6.830/1980 – "A propositura, pelo contribuinte, da ação prevista neste artigo importa em renúncia ao poder de recorrer na esfera administrativa e desistência do recurso acaso interposto."

Decidiu a Corte Suprema que essa regra legal é legítima, e não fere a garantia de livre acesso ao Poder Judiciário (CF, art. 5.º, XXXV), nem o direito de petição (CF, art. 5.º, XXXIV, "a").[2]

A nosso ver, essa orientação pode ser generalizada, isto é, podemos afirmar que é constitucional regra legal que impeça o sujeito passivo de litigar, simultaneamente, discutindo a mesma matéria, nas esferas administrativa e judicial, prevalecendo esta sobre aquela, vale dizer, a opção pela via judicial implica renúncia à esfera administrativa e, se o processo administrativo já tiver sido instaurado e estiver tramitando, acarreta sua extinção imediata, sem apreciação do mérito.

5.3.2. Recursos administrativos

A expressão "**recurso administrativo**", em um sentido restrito, é usualmente empregada para designar a petição apresentada pelo administrado que já obteve uma decisão em um processo administrativo em que figura como parte, mas não concorda com ela e deseja submeter a matéria à reapreciação de uma outra autoridade ou órgão, competente para emitir uma nova decisão.

Quando não há um rito processual específico, essa autoridade que analisará o recurso é a primeira hierarquicamente superior à que proferiu a decisão recorrida (recurso hierárquico).

---

[2] RE 233.582/RJ, rel. orig. Min. Marco Aurélio, rel. p/ o acórdão Min. Joaquim Barbosa, 16.08.2007.

Em processos com rito específico, pode ocorrer de o recurso previsto ser endereçado a um órgão especializado, fora da linha hierárquica da autoridade ou órgão recorrido, ou mesmo a um órgão integrante de entidade diversa da que proferiu a decisão. Nesses casos, temos os denominados recursos hierárquicos impróprios, que serão vistos com mais detalhe, adiante.

Ao lado dos recursos interpostos pelos administrados, existem, ainda, recursos administrativos que são apresentados pela própria administração pública que editou a decisão recorrida. Esses recursos interpostos pela própria administração, da decisão dela mesma, são denominados especificamente "**recursos de ofício**", expressão bastante consagrada, e são cabíveis, em regra, somente nos casos em que haja expressa previsão legal. Dependendo da previsão legal, os recursos de ofício podem ocorrer na linha hierárquica ou fora dela (recursos hierárquicos impróprios).

Abrimos um parêntese para alertar que a expressão "recurso administrativo" é frequentemente usada em um sentido genérico, como sinônimo de qualquer ato do administrado mediante o qual ele deflagre um processo administrativo em que figurará como parte interessada, visando a modificar um ato administrativo, ainda que esse ato tenha sido praticado de ofício, sem que houvesse processo previamente instaurado.

Ainda a título de observação, é conveniente registrar que os textos doutrinários e mesmo as leis, de um modo geral, quando empregam a expressão "recurso administrativo" estão se reportando ao recurso apresentado pelo administrado; o recurso que a própria administração interpõe da decisão dela mesma quase sempre é designado pelo termo específico "recurso de ofício", e não genericamente como "recurso administrativo".

Durante muito tempo, houve grande controvérsia doutrinária a respeito da possibilidade de exigência de garantia (caução) pela administração pública como condição de admissibilidade de recursos administrativos interpostos pelos administrados. Algumas leis previam a obrigatoriedade de o administrado recorrente oferecer garantia, normalmente depósito prévio, para que seu recurso fosse admitido e apreciado.

Em 2007, o Supremo Tribunal Federal decidiu que é **inconstitucional** a exigência, mesmo quando estabelecida em lei, de depósito prévio, arrolamento de bens e qualquer outra imposição onerosa, ou que implique constrição patrimonial, como **condição de admissibilidade de recursos** em processos administrativos concernentes a tributos.[3]

Embora seja certo que a referida orientação foi inicialmente firmada pela nossa Corte Suprema em julgados que diziam respeito especificamente a processos administrativos tributários, é importante frisar que, nos fundamentos das respectivas decisões, sempre foi explicitado que leis administrativas que contenham exigências dessa natureza – cauções, arrolamentos, depósitos, enfim, **garantias de instância** de um modo geral – ferem o art. 5.º, LV, da Constituição (princípios do **contraditório** e da **ampla defesa**), bem como o seu art. 5.º, XXXIV, "a", em que é assegurado o

---

[3] RREE 388.359/PE, 389.383/SP, 390.513/SP, rel. Min. Marco Aurélio, 28.03.2007; AI-AgR 398.933/RJ e AI-AgR 408.914/RJ, rel. Min. Sepúlveda Pertence, 28.03.2007; ADI 1.922/DF e ADI 1.976/DF, rel. Min. Joaquim Barbosa, 28.03.2007.

Cap. 13 • CONTROLE DA ADMINISTRAÇÃO PÚBLICA

direito de petição (direito fundamental amplo, que abrange as reclamações, impugnações, representações e recursos administrativos genericamente considerados).

Tendo em conta o fato de que os princípios constitucionais invocados nos fundamentos das aludidas decisões do Tribunal Excelso têm aplicação abrangente – não limitada, de forma alguma, a processos administrativos tributários –, a própria Corte, mais tarde, no julgamento do AI 698.626/SP, rel. Min. Ellen Gracie (02.10.2008), reconheceu a existência de repercussão geral da matéria em questão – exigência de garantia de instância como requisito de admissibilidade de recursos administrativos – e consignou, de forma ampla, que a orientação do Pretório Excelso é de que "a garantia constitucional da ampla defesa afasta a exigência do depósito como pressuposto de admissibilidade de recurso administrativo", seja qual for a matéria em exame.

Finalmente, em 2009, esse entendimento foi cristalizado na **Súmula Vinculante 21**, cujo enunciado reproduzimos abaixo:

> **21** – É inconstitucional a exigência de depósito ou arrolamento prévios de dinheiro ou bens para admissibilidade de recurso administrativo.

Em síntese, a Súmula Vinculante 21 veio explicitar que, segundo o entendimento consolidado do Supremo Tribunal Federal, são inconstitucionais preceitos legais que exijam garantias de instância – tais quais depósitos ou arrolamentos de bens – como condição para a interposição de recursos em processos administrativos de qualquer espécie.

Os recursos administrativos, regra geral, possuem tão somente **efeito devolutivo,** que é um efeito inerente a qualquer recurso, e significa simplesmente que a matéria recorrida é submetida a nova apreciação e decisão pelo órgão com competência recursal. Como decorrência do princípio da verdade material, que será analisado à frente, o efeito devolutivo nos recursos administrativos é amplo: em regra, toda a matéria tratada no processo em que foi prolatada a decisão recorrida é submetida a nova apreciação pela instância competente para decidir o recurso.

Vale repetir, a regra geral é os recursos administrativos somente revestirem efeito devolutivo. Para que um recurso administrativo tenha **efeito suspensivo** – isto é, suste a eficácia do ato que esteja sendo questionado no processo, ou, conforme o caso, impeça a produção de efeitos da decisão recorrida –, é necessária **expressa previsão legal**. Trata-se de **corolário da presunção de legitimidade**, atributo de todo e qualquer ato administrativo (incluídas as decisões proferidas no processo administrativo): no silêncio da lei, o efeito do recurso administrativo é apenas devolutivo, ou seja, o recurso interposto não afeta a eficácia, seja do ato cuja impugnação originou o processo, seja da decisão já prolatada no processo por determinada instância e questionada no recurso.

5.3.2.1. Recurso hierárquico e recurso hierárquico impróprio

Consoante aludido anteriormente, os recursos administrativos costumam ser classificados como recursos hierárquicos (próprios) e recursos hierárquicos impróprios. Sempre que for utilizada, simplesmente, a expressão "recurso hierárquico", ela se refere aos recursos hierárquicos próprios, em que efetivamente existe hierarquia entre o órgão recorrido e o órgão competente para decidir o recurso. A expressão "recurso hierárquico", empregada sem outro qualificativo, jamais se refere aos recursos hierárquicos impróprios pelo singelo motivo de que, apesar do nome, estes são recursos **não hierárquicos**.

Recurso hierárquico (próprio) é aquele dirigido à autoridade ou ao órgão imediatamente superior, **dentro da mesma pessoa jurídica** em que o ato foi praticado. Para que o recurso seja hierárquico (próprio), é necessário que o ato controlado provenha de agente ou de órgão **subordinado** ao agente ou ao órgão controlador.

Assim, um recurso dirigido ao superintendente da Receita Federal do Brasil contra ato praticado por um delegado da Receita Federal do Brasil a ele subordinado é recurso hierárquico próprio.

Diferentemente, um recurso contra decisão das delegacias de julgamento da Secretaria Especial da Receita Federal do Brasil (RFB), cuja apreciação incumbe ao Conselho Administrativo de Recursos Fiscais (CARF) – que é um órgão integrante da estrutura do Ministério da Fazenda, mas sem relação hierárquica com a RFB –, é um recurso hierárquico **impróprio**, apesar de ambos os órgãos (RFB e CARF) integrarem a mesma pessoa jurídica (União).

Os **recursos hierárquicos impróprios** são recursos dirigidos, ou a um órgão especializado na apreciação de recursos específicos, sem relação hierárquica com o órgão controlado, ou a um órgão integrante de uma pessoa jurídica diferente daquela da qual emanou o ato controlado. O termo "impróprio" traduz a noção de que entre o órgão ou a autoridade que proferiu o ato recorrido e o órgão a que se endereça o recurso **não há relação hierárquica**, embora eles possam estar localizados na mesma pessoa jurídica.[4]

Abrimos um parêntese para registrar que consideramos esdrúxula essa expressão "recursos hierárquicos impróprios"; só a usamos porque é realmente consagrada. A nosso ver, esses recursos deveriam ser denominados, simplesmente, "recursos não hierárquicos".

São recursos hierárquicos impróprios tanto um recurso ao CARF contra uma decisão de uma delegacia de julgamento da Secretaria da Receita Federal do Brasil quanto um recurso endereçado ao ministério a que esteja vinculada uma entidade da administração indireta, interposto contra um ato dessa entidade.

É uniforme na doutrina o entendimento de que os recursos hierárquicos impróprios somente são cabíveis quando exista lei que expressamente os preveja, desig-

---

[4] Transcrevemos este trecho, de lavra de Maria Sylvia Di Pietro (*Direito Administrativo*, 20ª ed., São Paulo, Editora Atlas, 2007, p. 680):
"O recurso hierárquico impróprio é dirigido a autoridade de outro órgão não integrado na mesma hierarquia daquele que proferiu o ato. Precisamente por isso é chamado **impróprio**. Não decorrendo da hierarquia, ele só é cabível se previsto expressamente em lei. A hipótese mais comum é a de recurso contra ato praticado por dirigente de autarquia, interposto perante o Ministério a que a mesma se acha vinculada ou perante o Chefe do Poder Executivo, dependendo do que estabeleça a lei. É o caso também de recursos interpostos perante tribunais administrativos, como o Tribunal de Impostos e Taxas ou o Conselho de Contribuintes."

Cap. 13 • CONTROLE DA ADMINISTRAÇÃO PÚBLICA 891

nando a autoridade ou o órgão com competência para apreciar e decidir o recurso e as hipóteses em que ele pode ser interposto.

Pode ocorrer uma exceção a essa exigência de expressa previsão legal no exercício da assim chamada **tutela extraordinária** – para os administrativistas que a admitem.

Com efeito, em uma situação de tutela extraordinária, seria possível, em tese, a interposição de ofício de recurso hierárquico impróprio sem expressa previsão legal.

Imagine-se, por exemplo, um caso em que o órgão competente para decidir recursos em processos administrativos no âmbito de uma autarquia profira uma decisão flagrantemente contrária à lei, um verdadeiro descalabro administrativo, escandalosamente prejudicial aos interesses da autarquia (portanto, também lesiva ao interesse público). Suponha-se, ainda, que, no âmbito dessa autarquia, a decisão desse órgão seja definitiva. Em um caso assim, seria possível o órgão jurídico da autarquia, que tivesse atuado no processo em defesa dos interesses desta, interpor de ofício recurso ao ministério supervisor, pedindo a reforma da decisão.

Observe-se que a própria autarquia estaria pedindo reforma da decisão dela mesma – uma vez que o recurso foi apresentado por um órgão dela contra uma decisão de um órgão também integrante de sua estrutura. Estaria, ademais, recorrendo a um órgão (o ministério) com o qual não mantém relação de hierarquia. Logo, seria um recurso de ofício e um recurso hierárquico impróprio, interposto, ademais, sem lei expressa que o previsse, no exercício da tutela administrativa, denominada, nesse caso, tutela extraordinária, cuja característica é exatamente ser exercida em casos extremos, que justifiquem o seu exercício mesmo na ausência de previsão legal específica.

5.3.3. Princípios

A Constituição de 1988 reconheceu, de modo incontroverso, a importância dos processos administrativos em nosso ordenamento jurídico ao estender a eles, expressa ou implicitamente, diversos dos postulados norteadores dos processos judiciais, sobretudo quando tais postulados traduzem direitos fundamentais dos indivíduos. Ilustra enfaticamente o afirmado a previsão literal, no texto constitucional, de sujeição dos processos administrativos às garantias do contraditório e da ampla defesa (CF, art. 5.º, LV), bem como ao princípio da celeridade processual, trazido a lume com a EC 45/2004 (CF, art. 5.º, LXXVIII).

Muitos dos princípios que regem os processos judiciais, portanto, são comuns aos processos administrativos, por vezes apresentando alguma peculiaridade na aplicação a estes. Há uns poucos princípios que são próprios dos processos administrativos, ou que diferem bastante quanto a sua aplicação a estes ou àqueles. Sem qualquer intenção de esgotar a matéria, veremos, a seguir, alguns dos princípios que têm aplicação aos processos e recursos administrativos de um modo geral, e que a nosso ver demandam uma breve análise.

5.3.3.1. Oficialidade

Por força do "princípio da oficialidade", ou do "impulso oficial do processo", incumbe à administração a movimentação do processo administrativo, ainda que inicialmente provocado pelo particular. Uma vez iniciado, o processo passa a pertencer ao Poder Público, que deve providenciar o seu prosseguimento, até a decisão final.

O fundamento desse princípio reside no fato de que o processo administrativo, mesmo quando instaurado mediante iniciativa do administrado, não tem a finalidade de atender tão somente a um interesse deste, mas também de satisfazer o interesse público, uma vez que possibilita o controle, pela administração, de seus próprios atos, colaborando para a manutenção da integridade do ordenamento jurídico.[5]

O princípio da oficialidade permite que os agentes administrativos encarregados do processo atuem, de ofício, na tomada de depoimentos, na inspeção de lugares e bens, na solicitação de pareceres, perícias e laudos, na realização de diligências, na produção de provas em geral etc.

É claro que pode ocorrer de ser necessária a prestação de informações ou a apresentação de documentos ou provas pelo administrado interessado, para que o processo tenha condições de obter uma decisão de mérito. Quando isso ocorre, a administração intima o interessado para que o faça. Entretanto, mesmo se for desatendida a intimação, a administração pode, em regra, suprir a falta, desde que considere tal medida adequada à satisfação do interesse público.

Evidentemente, se não for materialmente possível suprir a omissão do administrado, ou se o interesse público não o justificar, o processo será extinto ou arquivado, sem apreciação do mérito.

Note-se que, mesmo nessa hipótese, não terá havido exceção ao princípio do impulso oficial. Com efeito, o processo foi impulsionado de ofício pela administração, uma vez que ela efetuou a intimação para a adoção, pelo interessado, das providências necessárias à obtenção de uma decisão administrativa de mérito e, mesmo tendo o administrado desatendido à intimação, a administração não deixou de decidir: proferiu, sim, uma decisão final (ou seja, uma decisão que põe fim ao processo ou à sua tramitação), embora o conteúdo da decisão não tenha sido a apreciação do mérito da questão suscitada no processo, e sim a determinação da extinção deste, ou de seu arquivamento.

A Prof.ª Maria Sylvia Di Pietro resume as mais relevantes decorrências do princípio da oficialidade dos processos administrativos nestes termos:

> Portanto, a oficialidade está presente:
>
> 1. no poder de iniciativa para instaurar o processo;
>
> 2. na instrução do processo;

---

[5] Alguns autores aludem a "**princípio da legalidade objetiva**" como um postulado característico dos processos administrativos exatamente no intuito de traduzir a noção de que tais processos não visam somente a evitar ou a reparar uma lesão a um direito do administrado – direito "subjetivo" (do sujeito) –, mas têm o escopo, também, de assegurar a manutenção da integridade e da harmonia do ordenamento jurídico, isto é, do direito "objetivo" (não referido a pessoas determinadas) – daí o uso da expressão legalidade "objetiva" –, provocando a expulsão do mundo jurídico de atos ilegais ou ilegítimos, ou simplesmente inoportunos ou inconvenientes ao interesse público.

Cap. 13 • CONTROLE DA ADMINISTRAÇÃO PÚBLICA

3. na revisão de suas decisões.

Em todas essas fases, a Administração pode agir *ex officio.*

Registre-se que a doutrina, de um modo geral, afirma que nos processos judiciais não vigora o princípio da oficialidade, ou que a aplicação desse princípio aos processos judiciais é bastante restrita. Deveras, não cabe ao juiz iniciar, de ofício, processos judiciais, tampouco providenciar, de ofício, a sua instrução. Vale conferir, a respeito, a lição da Prof.ª Maria Sylvia Di Pietro, com a qual encerramos o presente tópico:

> Esse princípio também é mais amplo no processo administrativo. No processo judicial, ele só existe depois de instaurada a relação processual, cabendo ao juiz movimentar o procedimento nas suas várias fases até a decisão final.
>
> No âmbito administrativo, esse princípio assegura a possibilidade de instauração do processo por iniciativa da Administração, independentemente de provocação do administrado e ainda a possibilidade de impulsionar o processo, adotando todas as medidas necessárias a sua adequada instrução.

5.3.3.2. Informalismo

Em regra, não são exigidas formas ou formalidades especiais para os atos a serem praticados no processo administrativo, sobretudo para os atos a cargo do particular.

Note-se que dizer que o processo administrativo é orientado pelo "princípio do informalismo" não significa dizer que o processo não tenha uma forma. Pelo contrário, os processos administrativos são processos formais, isto é, são processos escritos, todos os acontecimentos pertinentes ao processo ocorridos durante a sua tramitação devem estar registrados por escrito em suas folhas, as folhas devem ser numeradas sequencialmente e rubricadas, enfim, o processo é formal – com o significado de escrito, documentado, registrado.

A doutrina menciona o informalismo como um princípio norteador dos processos administrativos tão somente a fim de explicitar que, em regra, os atos processuais devem adotar formas simples, apenas suficientes para proporcionar segurança jurídica e, no caso de atos que possam implicar restrições ao administrado, garantir plenamente o exercício do contraditório e da ampla defesa.

Assim, os atos processuais devem ser escritos ou, se admitidos atos produzidos verbalmente, seu conteúdo deve ser reduzido a termo, isto é, passado a escrito, mas não são exigidas formas rígidas ou formalidades específicas para que o ato seja válido, a menos que a lei expressamente o faça.

É importante frisar o último ponto mencionado: o informalismo dos atos processuais no processo administrativo é mera regra geral, porque, na hipótese de existir norma legal estabelecendo expressamente, como condição essencial à validade de determinado ato processual, forma determinada ou formalidade específica, deverá ela ser observada, sob pena de nulidade do ato.

Sempre que possível, deve-se interpretar o princípio do informalismo em favor do particular, inclusive porque ele pode atuar no processo pessoalmente, sem acompanhamento por advogado.[6]

Por último, registramos que o princípio do informalismo é um importante ponto de distinção entre os processos judiciais e os administrativos; nos processos judiciais, como regra, vigora o princípio da formalidade dos atos processuais.

5.3.3.3.   Instrumentalidade das formas

Segundo o denominado "princípio da instrumentalidade das formas", quando a lei estabelece uma determinada forma ou formalidade a ser observada na prática de um ato processual, a forma ou formalidade estipulada tem como objetivo, essencialmente, assegurar que o ato cumprirá a finalidade que lhe cabe no processo.

A ideia por trás desse princípio é que o legislador só impõe a exigência de forma ou formalidades específicas para determinado ato processual quando considera que, sem a observância dessa forma ou dessas formalidades, o ato terá grandes possibilidades de não cumprir satisfatoriamente o papel que deve desempenhar no processo.

Em suma, no processo, a forma é mero instrumento, cujo escopo é possibilitar que o ato atinja a sua finalidade. Assim, por esse princípio, se a finalidade do ato foi alcançada, mesmo que não tenha sido observada a forma prescrita, considera-se suprida a falta, sanada a irregularidade.

Exemplo nítido de aplicação desse princípio temos no § 5.º do art. 26 da Lei 9.784/1999, nos termos do qual "as intimações serão nulas quando feitas sem observância das prescrições legais, mas o comparecimento do administrado supre sua falta ou irregularidade".

O princípio da instrumentalidade das formas por vezes é mencionado como matriz de um outro, especificamente aplicável às nulidades processuais, segundo o qual a nulidade de um ato processual não deve ser declarada quando ela não causar prejuízo às partes, ou quando se constate que a lide, a despeito do ato viciado, será decidida em favor da parte à qual a declaração da nulidade aproveitaria. É frequente o uso da expressão francesa para designar esse princípio processual: *pas de nullité sans grief* (literalmente, "não há nulidade sem prejuízo").

Exemplo enfático de aplicação desse princípio temos no § 3.º do art. 59 do Decreto 70.235/1972 – ato normativo que, recepcionado pela Constituição de 1988 com status de lei ordinária, regula o processo administrativo tributário federal –, cuja redação é a seguinte: "Quando puder decidir do mérito a favor do sujeito passivo a quem aproveitaria a declaração de nulidade, a autoridade julgadora não a pronunciará nem mandará repetir o ato ou suprir-lhe a falta."

---

[6]   Especificamente acerca dos processos administrativos disciplinares (PAD), cumpre registrar que o Supremo Tribunal Federal editou súmula vinculante, nos termos do art. 103-A da Constituição Federal, explicitando a desnecessidade de acompanhamento por advogado. É a seguinte a redação da **Súmula Vinculante 5**: "A falta de defesa técnica por advogado no processo administrativo disciplinar não ofende a Constituição."

Cap. 13 • CONTROLE DA ADMINISTRAÇÃO PÚBLICA   **895**

O princípio da instrumentalidade das formas não é exclusivo do processo administrativo, assim como não o é o postulado *pas de nullité sans grief*. Entretanto, embora as diretrizes deles decorrentes norteiem também os processos judiciais, seu campo de aplicação aos processos administrativos é mais abrangente, porque estes são regidos pelo princípio do informalismo, diferentemente do que ocorre, em regra, com os processos judiciais.

Cabe observar que tanto a instrumentalidade das formas quanto o *pas de nullité sans grief* relacionam-se a um postulado mais amplo, mais genérico, usualmente referido como "princípio da economia processual". Simplificadamente, pode-se dizer que da noção de "economia processual" resulta que um ato processual praticado com alguma irregularidade só deve ser desconstituído e repetido se esse defeito efetivamente puder influenciar o resultado a que o processo chegaria se o vício não tivesse ocorrido.

Novamente, embora o postulado da economia processual seja aplicável a todos os processos, sua potencial efetividade no âmbito dos processos administrativos é mais acentuada, por conta do princípio do informalismo, que os rege. Note-se que a importância do princípio da economia processual redobrou a partir da EC 45/2004, uma vez que esta tornou expresso no inciso LXXVIII do art. 5.º da Carta da República o assim chamado "princípio da celeridade processual".

5.3.3.4.   Verdade material

O denominado "princípio da verdade material", ou da "verdade real", ou, ainda, da "liberdade na prova" é, talvez, o mais característico dos processos administrativos e representa uma de suas principais diferenças em relação aos processos judiciais.

No processo administrativo deve a administração procurar conhecer o fato efetivamente ocorrido. Importa saber como se deu o fato no mundo real.

No processo judicial, sobretudo na esfera cível, interessa apenas a chamada verdade formal ou verdade dos autos. Significa dizer que, em regra, o juiz somente aprecia os fatos e as provas trazidos aos autos pelas partes e, mesmo assim, somente se forem apresentados na fase específica designada para tanto. Aplica-se aos processos judiciais, em regra, o brocardo latino *quod non est in acti non est in mondo* ("o que não está nos autos não está no mundo" – entenda-se, mundo jurídico).

Nos processos administrativos, diferentemente, a administração pode se valer de qualquer prova (lícita, evidentemente) de que venha a ter conhecimento, em qualquer fase do processo (regra geral), visando a descobrir os fatos que realmente ocorreram. A autoridade processante ou julgadora administrativa, no mais das vezes, até o julgamento final pode conhecer de provas apresentadas pelo particular ou por terceiros, determinar de ofício a produção de provas pela própria administração, ou, ainda, utilizar provas constantes de outro processo administrativo ou judicial.

Em suma, por força do princípio da verdade material a administração, em regra, pode tomar conhecimento de qualquer elemento que lhe seja trazido aos autos, em qualquer fase, pode produzir provas de ofício, ou determinar de ofício a sua pro-

896 DIREITO ADMINISTRATIVO DESCOMPLICADO • Marcelo Alexandrino & Vicente Paulo

dução, enfim, admitir ou adotar quaisquer providências lícitas que possam auxiliar na apuração dos fatos efetivamente ocorridos.

Decorre, também, do princípio da verdade material, a possibilidade de, nos processos administrativos, ser decidido um recurso provocado pelo particular reformando a decisão inicial desfavoravelmente a ele. A essa possibilidade dá-se o nome de *reformatio in pejus* ("reforma em prejuízo"), a qual, em regra, é inadmissível nos processos judiciais.

Exemplificando, é possível que, em um processo administrativo fiscal, um contribuinte tenha obtido decisão de primeira instância parcialmente favorável. Digamos, manteve-se a cobrança de um imposto mas se entendeu indevida a multa aplicada no auto de infração. Se esse contribuinte, considerando indevida também a cobrança do imposto, ingressar com recurso administrativo contra tal cobrança, a segunda instância pode proferir decisão considerando devido o imposto e também a multa que houvera sido julgada improcedente na primeira instância.

Cabe ressalvar que, não obstante o princípio da verdade material, é perfeitamente possível que a lei proíba a *reformatio in pejus* em determinadas situações nos processos administrativos. Isso costuma ocorrer nos casos da denominada revisão de processos de que resulte aplicação de sanções administrativas. Exemplos de vedações à *reformatio in pejus* na esfera federal temos no art. 65, parágrafo único, da Lei 9.784/1999 e no art. 182, parágrafo único, da Lei 8.112/1990, ambos relativos a revisão de processos de caráter sancionatório.

5.3.3.5.   Gratuidade

A gratuidade é uma característica própria dos processos administrativos, que os diferencia da maior parte dos processos judiciais.

Com efeito, nos processos administrativos não são cobrados valores ordinariamente exigidos das partes nos processos judiciais, tais como custas judiciais, ônus de sucumbência, honorários de advogados ou de peritos, dentre outros.

É evidente que, se o administrado desejar contratar os serviços de peritos, contadores, advogados, ou de quaisquer profissionais privados, para auxiliar em sua atuação no processo, pagará por esses serviços, mas, em regra, contratações assim são mera faculdade do administrado.

Também deve ficar claro que, se em alguns processos administrativos houver expressa previsão legal de cobrança de determinadas despesas processuais, estas serão devidas. Atente-se, entretanto, que nem mesmo a lei é livre para criar encargos pecuniários para o administrado no âmbito do processo administrativo, porquanto existem óbices no próprio texto constitucional, como é o caso da **imunidade tributária** à cobrança de **taxas** para o exercício do direito de petição (CF, art. 5.º, XXXIV, "a").

Cabe, por fim, lembrar que o Supremo Tribunal Federal já decidiu que são inadmissíveis imposições onerosas (garantias de instância), mesmo que previstas em lei, como condição de admissibilidade de recursos administrativos interpostos contra decisões proferidas em processos administrativos tributários, entendimento

Cap. 13 • CONTROLE DA ADMINISTRAÇÃO PÚBLICA

que, segundo pensamos, pode ser estendido para abranger os demais processos administrativos, seja qual for a matéria discutida.[7]

5.3.3.6. Contraditório e ampla defesa

Os princípios do contraditório e da ampla defesa são comuns a todos os processos, judiciais e administrativos, nos quais possa existir alguma espécie de litígio ou controvérsia, ou alguma acusação seja imputada a alguém, conforme expressamente assegura a Constituição da República (art. 5.º, LV). Decorrem eles de outro princípio processual mais amplo, o princípio do devido processo legal (*due process of law*), também expresso na Carta Política, no inciso LIV do seu art. 5.º.

É usual falar, conjuntamente, em contraditório e ampla defesa, como se fossem um só princípio, porque eles realmente se aplicam a situações iguais – quando há acusados em geral, quando há litígio ou controvérsia, quando se pretenda praticar algum ato contrário a determinado interesse, ou que resultará em restrição a direito, e outras situações análogas a essas – e se traduzem em direitos muito semelhantes.

Pode-se afirmar que "ampla defesa" se refere à possibilidade de utilização de todos os meios lícitos para o acusado ou litigante provar os fatos de seu interesse e à exigência de que ao acusado ou litigante sejam apresentados todos os fatos e provas contrários a seu interesse que serão utilizados no processo. Também resultam da garantia de ampla defesa o direito de acompanhar a instrução do processo, o direito a fazer-se representar por advogado, o direito a apresentar alegações e defesa escrita e outros direitos dessa natureza.

A garantia do "contraditório" se refere mais especificamente à exigência de que seja dada ao interessado a oportunidade de se manifestar a respeito de todos os elementos trazidos ao processo que possam influenciar na decisão, contestando-os, se desejar, inclusive mediante a apresentação e juntada ao processo de outros elementos contrários àqueles. São corolários do contraditório a contestação, a redarguição de testemunhas, a impugnação de atos etc.

Não obstante essa tentativa de estremar um princípio do outro, a verdade é que não há, segundo pensamos, uma fronteira nítida entre eles. A nosso ver, "ampla defesa" é gênero que abrange o contraditório, vale dizer, sempre que se fala, genericamente, em "garantia de ampla defesa", ou simplesmente em "direito de defesa", está incluída na expressão a garantia do contraditório.

O cerceamento do direito de defesa, em qualquer fase do processo, acarreta sua nulidade relativamente a todos os atos subsequentes (quando isso for possível; caso contrário, acarreta a nulidade de todo o processo).

---

[7]   RREE 388.359/PE, 389.383/SP, 390.513/SP, rel. Min. Marco Aurélio, 28.03.2007; AI-AgR 398.933/RJ e AI-AgR 408.914/RJ, rel. Min. Sepúlveda Pertence, 28.03.2007; ADI 1.922/DF e ADI 1.976/DF, rel. Min. Joaquim Barbosa, 28.03.2007; AI 698.626/SP, rel. Min. Ellen Gracie, 02.10.2008.

5.4. Prescrição administrativa

A expressão "**prescrição administrativa**" costuma ser empregada de forma ampla para designar diferentes situações em que o ordenamento jurídico impõe prazos para que o administrado ou a administração pública instaurem ou provoquem a instauração de processos ou procedimentos na esfera administrativa. A fixação desses prazos extintivos visa a assegurar a estabilidade das relações jurídicas entre a administração pública e os administrados, ou entre ela e os seus agentes, depois de transcorrido determinado lapso temporal, em atenção ao **princípio da segurança jurídica**.

A rigor, sob essa rubrica genérica – "prescrição administrativa" – são estudadas hipóteses que costumam ser tecnicamente enquadradas como preclusão administrativa, prescrição propriamente dita e decadência.

Nem sempre há consenso quanto à identificação de determinado prazo legal como um ou outro desses institutos – e nem sempre têm relevância prática as eventuais celeumas doutrinárias.

A partir das definições apresentadas pelo Prof. Celso Antônio Bandeira de Mello podemos, resumidamente, sistematizar o assunto destarte: **preclusão** significa a perda do prazo estipulado para que ocorresse determinada manifestação no âmbito de um processo ou procedimento já instaurado; **prescrição** traduz a perda do prazo para ajuizamento de uma ação (ou apresentação de uma petição administrativa) mediante a qual se pretendesse defender um direito contra uma lesão ou ameaça de lesão (o prazo de prescrição tem curso antes de ser iniciado o processo judicial ou administrativo); **decadência** é a perda do prazo para o exercício de um direito substantivo (a decadência não pressupõe uma lesão anterior a um direito, não é um prazo para pleitear a defesa de um direito substantivo lesado, e sim para o exercício do próprio direito substantivo – mesmo quando esse exercício exija a instauração de um processo ou procedimento).

No presente tópico, enumeraremos, sem pretensão de esgotar o assunto, alguns desses prazos, envolvendo, essencialmente, três grupos de situações, a saber:

a) prazos para o administrado instaurar processos administrativos, ou interpor recursos no âmbito desses processos;

b) prazos para a administração pública rever os seus próprios atos;

c) prazos para a administração pública aplicar sanções administrativas.

O primeiro dos grupos de prazos, acima listado, é bastante heterogêneo. No âmbito de cada um dos entes federados costumam existir leis específicas estabelecendo prazos para a apresentação de petições e recursos administrativos relacionados a processos determinados.

Por exemplo, na esfera federal, é de trinta dias, contados da data em que se considera intimado o sujeito passivo, o prazo para impugnação de um lançamento tributário, com a consequente instauração do processo administrativo em que a legalidade da exigência do tributo será discutida (art. 15 do Decreto 70.235/1972, recepcionado pela Constituição de 1988 com o *status* de lei ordinária).

Cap. 13 • CONTROLE DA ADMINISTRAÇÃO PÚBLICA

Ainda exemplificando, a Lei 14.133/2021 estabelece em três dias úteis o prazo para interposição de recurso contra o ato de julgamento das propostas nos procedimentos licitatórios (art. 165, I, "b").

Na hipótese de inexistir uma lei que especificamente estabeleça prazo para a apresentação de petições e recursos no âmbito de determinado processo administrativo, é frequente haver uma lei de aplicação subsidiária, editada pelo respectivo ente federado, prevendo um prazo genérico.

É o que decorre, por exemplo, na esfera federal, do disposto no art. 59 da Lei 9.784/1999, nos termos do qual, "salvo disposição legal específica, é de dez dias o prazo para interposição de recurso administrativo, contado a partir da ciência ou divulgação oficial da decisão recorrida".

A doutrina majoritariamente defende a possibilidade de a administração pública apreciar os recursos administrativos mesmo quando apresentados fora do prazo legal. Nessa hipótese, deverá receber o recurso como simples petição inominada e promover a anulação, de ofício, do ato indicado pelo administrado, cuja ilegalidade ela constate efetivamente existir. Invocam os autores como fundamento dessa orientação a exigência de estrita observância do princípio da legalidade por parte da administração pública e o poder-dever de autotutela que o ordenamento jurídico lhe confere.

A Lei 9.784/1999, aplicável à esfera federal, perfilhou essa lição da doutrina. Com efeito, estatui a referida lei que o recurso interposto fora do prazo não será conhecido (art. 63, I), porém, logo em seguida, afirma que "o não conhecimento do recurso não impede a Administração de rever de ofício o ato ilegal, desde que não ocorrida preclusão administrativa" (art. 63, § 2.º).

Os administrativistas, entretanto, costumam afirmar que essa possibilidade de **rever de ofício** o ato impugnado **fora do prazo** não existe se, na data de apresentação do recurso administrativo extemporâneo, já tiver ocorrido a prescrição **judicial** (ou seja, além de o administrado ter perdido o prazo para recorrer na via administrativa, o seu direito de questionar judicialmente o ato que pretendia atacar já foi extinto pela prescrição da ação). A prescrição judicial a que se referem tais autores é a estabelecida no art. 1.º do Decreto 20.910/1932 (prescrição quinquenal das ações judiciais contra a fazenda pública), abaixo transcrito:

> Art. 1.º As dívidas passivas da União, dos Estados e dos Municípios, bem assim todo e qualquer direito ou ação contra a Fazenda federal, estadual ou municipal, seja qual for a sua natureza, prescrevem em cinco anos contados da data do ato ou fato do qual se originarem.

Cabe anotar que, não obstante o art. 1.º do Decreto 20.910/1932 (recepcionado pela CF/1988 com força de lei ordinária) tenha a redação abrangente que se vê na transcrição acima, a doutrina e a jurisprudência pacificaram o entendimento de que a prescrição quinquenal nele estabelecida **somente** se aplica às ações contra a administração pública que se refiram a **direitos de natureza pessoal**, mas **não** às concernentes a direitos de natureza **real**. Segundo tal orientação, as ações relativas a **direitos reais**, sejam quais forem as partes envolvidas, estão sujeitas aos **prazos de prescrição fixados no Código Civil**.

Quanto ao prazo para a administração pública rever os seus próprios atos, independentemente de provocação do administrado, filiamo-nos à corrente que defende que, **na ausência de previsão legal expressa**, e desde que não haja incompatibilidade com alguma norma legal específica, seja aplicada a regra de **prescrição quinquenal** das ações judiciais contra a administração pública estabelecida no art. 1.º do Decreto 20.910/1932.

Na esfera federal, o art. 54 da Lei 9.784/1999 estatui que é de **cinco anos** o prazo de **decadência** para a administração pública anular os atos administrativos de que decorram **efeitos favoráveis** aos destinatários, **salvo comprovada má-fé**.

Percebe-se que, nas hipóteses de **ato com efeitos deletérios** para o administrado e de **comprovação de má-fé** do beneficiário do ato, a lei federal não esclareceu se há algum prazo extintivo do direito de a administração pública proceder à respectiva anulação.

Conquanto grasse alguma controvérsia na doutrina, perfilhamos a orientação segundo a qual, nesses dois casos – ato desfavorável ao destinatário e prova de que o interessado no ato agiu de má-fé –, **não se aplica nenhum prazo extintivo**, significa dizer, a administração pode anular, **a qualquer tempo**, o seu ato ilegal.

No âmbito do Supremo Tribunal Federal, **não** há posição consolidada sobre a questão. Não obstante, registramos a existência de julgados em que foi sustentada a tese de que a **comprovação de má-fé** por parte do beneficiário do ato **afasta a decadência** do direito de anulação administrativa prevista no art. 54 da Lei 9.784/1999, ou seja, permite que o ato viciado seja anulado pela administração pública **a qualquer tempo** (não foi abordada, nesses julgados, a anulação de atos com efeitos contrários aos interesses do administrado).[8]

É interessante pontuar que o Supremo Tribunal Federal já teve ensejo de decidir que "é inconstitucional lei estadual que estabeleça prazo decadencial de 10 (dez) anos para anulação de atos administrativos reputados inválidos pela administração pública **estadual**".[9] Na ocasião, prelecionou a Corte Máxima que somente se admitem exceções ao princípio da isonomia quando houver fundamento razoável, baseado na necessidade de remediar um desequilíbrio específico entre as partes; assim, considerando que os demais estados da Federação aplicam, indistintamente, o prazo quinquenal para anulação de atos administrativos de que decorram efeitos favoráveis aos administrados, seja por previsão em lei própria ou por aplicação analógica do art. 54 da Lei 9.784/1999, não há fundamento constitucional que justifique a situação excepcional de um determinado estado-membro, impondo-se, dessarte, a necessidade de tratamento igualitário nas relações Estado-cidadão.

Sem prejuízo dessa posição, vale lembrar que nosso Pretório Supremo firmou em sua jurisprudência a orientação de que, diante de situações de **flagrante desrespeito à Constituição Federal**, a decadência do direito de a administração **anular** os seus

---

[8] RMS-ED 31.027/DF, rel. Min. Dias Toffoli, 26.06.2012; MS 32.569/DF, red. p/ o acórdão min. Edson Fachin, 13.09.2016 (Informativo 839 do STF); RE 817.338/DF, rel. Min. Dias Toffoli, 16.10.2019 (Informativo 956 do STF).

[9] ADI 6.019/SP, red. p/ o acórdão Min. Roberto Barroso, 12.05.2021 (Informativo 1.012 do STF).

Cap. 13 • CONTROLE DA ADMINISTRAÇÃO PÚBLICA

próprios atos não ocorre **nunca**. Nessas hipóteses, o art. 54 da Lei 9.784/1999 (ou outras normas de decadência equivalentes) é absolutamente inaplicável, porque o ato que viole frontalmente a Constituição da República **não pode se estabilizar jamais**, sob pena de completa **subversão da ordem jurídica**.[10]

Faz-se oportuno anotar, ainda, que existem normas legais que expressamente excluem a ocorrência da prescrição administrativa. Particularmente, no caso de atos **desfavoráveis** ao destinatário, não é raro haver normas legais que autorizem a revisão **a qualquer tempo**, isto é, disposições específicas que afastem a ocorrência de prescrição administrativa para beneficiar o administrado. Citamos como exemplos o art. 65 da Lei 9.784/1999 e o art. 174 da Lei 8.112/1990, os quais preveem a possibilidade de ser efetuada **a qualquer tempo** a **revisão** de processos administrativos que tenham acarretado a **aplicação de sanções**, para o fim de **reduzir ou afastar a penalidade** infligida. Também, na mesma Lei 8.112/1990, inserido no capítulo que regula o exercício, pelos servidores públicos, do direito de petição, encontramos o art. 114, em cujo texto se lê que "a administração deverá rever seus atos, **a qualquer tempo**, quando eivados de ilegalidade".[11]

Por fim, pensamos que não há prazo para a administração proceder à **revogação** de seus atos administrativos que se tornem inoportunos ou inconvenientes ao interesse público. É claro que, para isso ser possível, não deve estar presente qualquer das situações que acarretam a impossibilidade de revogação do ato, estudadas em capítulo anterior desta obra.

Em termos singelos, julgamos acertado afirmar que os atos administrativos que se tornem inoportunos ou inconvenientes podem ser revogados a qualquer tempo, desde que se trate de atos discricionários e não esteja presente alguma causa impeditiva da revogação – o ato não pode ter gerado direito adquirido para o seu destinatário, não pode ser um ato exaurido, não pode ser um ato integrante de um procedimento administrativo, entre outras hipóteses.

Vejamos, agora, os casos de prescrição administrativa relacionados à aplicação de sanções pela administração pública – tanto aos seus próprios agentes quanto aos administrados em geral.

A regra básica é similar à exposta para os casos até aqui estudados: se houver lei específica estabelecendo prazo para a imposição de determinada sanção, esse deverá ser o prazo observado pela administração pública. Nas situações em que não exista lei específica estabelecendo um prazo para a aplicação de determinada penalidade administrativa, em qualquer dos entes federados, utiliza-se o prazo de cinco anos previsto no art. 1.º do Decreto 20.910/1932, seja qual for a infração praticada, a

---

[10]   MS 28.279/DF, rel. Min. Ellen Gracie, 16.12.2010 (Informativos 613 e 624 do STF); MS 26.860/DF, rel. Min. Luiz Fux, 02.04.2014 (Informativo 741 do STF); MS 29.323/DF, red. p/ o acórdão Min. Alexandre de Moraes, 12.02.2019 (Informativo 930 do STF).

[11]   Entendemos que o art. 54 da Lei 9.784/1999 derrogou (revogou em parte) o art. 114 da Lei 8.112/1990, de tal sorte que a anulação "a qualquer tempo" nele referida passou a ser possível somente quando o ato administrativo eivado de ilegalidade for desfavorável ao servidor público, ou no caso de comprovada má-fé deste.

menos que o fato esteja tipificado, também, como crime, caso em que se aplicam os prazos de prescrição estabelecidos na lei penal.

É importante frisar que, quando se trata de **aplicação de penalidades**, os prazos de prescrição administrativa são sempre fatais e intransponíveis, porque operam como garantia do agente púbico, ou do particular administrado, conforme o caso.

Dos prazos legais específicos, merecem referência, a título de ilustração, os estabelecidos no art. 142 da Lei 8.112/1990 para a prescrição da aplicação de sanções disciplinares aos servidores públicos federais. Nos termos desse dispositivo, prescreve em cinco anos a ação disciplinar, quanto às infrações puníveis com demissão, em dois anos, quanto à suspensão, e em cento e oitenta dias, quanto à advertência, sempre contados esses prazos a partir da data em que o fato se tornou conhecido. Se a infração disciplinar, entretanto, estiver tipificada também como crime, os prazos de prescrição aplicáveis serão os estipulados na respectiva lei penal (art. 142, § 2.º).

Ainda é oportuna a menção à Lei 9.873/1999, que fixa em cinco anos, na esfera federal, o prazo prescricional das ações punitivas decorrentes do exercício do poder de polícia (art. 1.º), exceto se ocorrer de o fato também configurar crime, caso em que serão aplicáveis à ação punitiva da administração pública os prazos de prescrição previstos na lei penal (art. 1.º, § 2.º).

Finalizando este tópico, faz-se necessária uma breve exposição acerca da **prescrição** de ações judiciais que tenham por objeto o **ressarcimento de prejuízos causados ao erário**, mencionadas no § 5.º do art. 37 da Constituição de 1988, a seguir reproduzido:

> § 5.º A lei estabelecerá os prazos de prescrição para ilícitos praticados por qualquer agente, servidor ou não, que causem prejuízos ao erário, ressalvadas as respectivas ações de ressarcimento.

A doutrina administrativista costumava prelecionar que, por força da parte final desse dispositivo constitucional, todas as **ações judiciais de ressarcimento ao erário** seriam imprescritíveis (o ilícito em si, fosse qual fosse, estaria sujeito a prescrição, mas a ação de ressarcimento ao erário, apenas ela, seria imprescritível). Havia algumas decisões do Supremo Tribunal Federal que pareciam confirmar esse entendimento.

Pois bem, em fevereiro de 2016, no julgamento de um caso referente a um acidente de trânsito que provocara prejuízos à União, nossa Corte Suprema decidiu, com **repercussão geral**, que a parte final do § 5.º do art. 37 da Constituição **não** pode ser interpretada como uma regra de **imprescritibilidade** aplicável a ações de ressarcimento ao erário relativas a prejuízos ocasionados por **todo e qualquer ilícito**. Especificamente, ficou estabelecido que **estão sujeitas a prescrição** as ações judiciais de ressarcimento de prejuízos ao erário causados por **ilícito civil comum** – isto é, por **mero ilícito civil**, por uma conduta que, além de não ser tipificada como crime, não se enquadra como ato de improbidade administrativa. O prazo prescricional será aquele previsto na lei aplicável (o art. 206, § 3.º, V, do Código Civil em vigor estabelece que prescreve em três anos "a pretensão de reparação civil"). Na mesma ocasião, foi **expressamente** ressaltado que **não seria posto em discussão** se outras hipóteses de ações de ressarcimento ao erário, relacionadas a ilícitos sujeitos a enquadramento diverso – tais como a prática de atos de improbidade administrativa ou de infrações tipificadas como crimes –, estariam, ou não, sujeitas a prescrição.[12]

Em 2018, nossa Corte Constitucional, novamente com **repercussão geral**, definiu especificamente uma dessas importantes questões: **são imprescritíveis** as ações de ressarcimento ao erário dos prejuízos causados por **atos de improbidade administrativa dolosa**.[13] A seguinte **tese** restou fixada:

> São imprescritíveis as ações de ressarcimento ao erário fundadas na prática de ato doloso tipificado na Lei de Improbidade Administrativa.

Essa orientação foi firmada antes das alterações trazidas pela Lei 14.230/2021, quando a Lei 8.429/1992 (**Lei de Improbidade Administrativa**) ainda previa expressamente a possibilidade de enquadrar determinadas condutas meramente **culposas** como ato de improbidade administrativa. A partir da Lei 14.230/2021, deixaram de existir, na Lei 8.429/1992, atos culposos de improbidade administrativa. Posteriormente, em 2024, o Supremo Tribunal Federal firmou o entendimento de que, já no texto originário da Lei 8.429/1992, era **inconstitucional** a caracterização de atos culposos como improbidade administrativa, sob o fundamento de que, em razão da gravidade das sanções cominadas no § 4.º do art. 37 da Constituição de 1988,[14] "o dolo é necessário para a configuração de qualquer ato de improbidade administrativa" (assim, a Lei 14.230/2021 somente teria explicitado que a **improbidade administrativa sempre exigiu a presença do dolo**).[15] Sem prejuízo dessa orientação, pode-se atualmente dizer que ficou **redundante** a expressão "ato doloso de improbidade administrativa", mas não restou prejudicada a sobredita jurisprudência: **ações de ressarcimento ao erário dos prejuízos causados por atos (dolosos) de improbidade administrativa são imprescritíveis**.

Posteriormente, em 2020, o STF decidiu, mais uma vez com repercussão geral, que **são prescritíveis** as ações judiciais de ressarcimento ao erário baseadas em **decisões de tribunais de contas** (as quais têm força de título executivo extrajudicial). Sobre esse ponto, fixou-se a seguinte **tese jurídica**:[16]

> É prescritível a pretensão de ressarcimento ao erário fundada em decisão de Tribunal de Contas.

---

[12] RE 669.069/MG (**repercussão geral**), rel. Min. Teori Zavascki, 03.02.2016 (Informativos 813 e 830 do STF).

[13] RE 852.475/SP (**repercussão geral**), red. p/ o acórdão Min. Edson Fachin, 08.08.2018 (Informativo 910 do STF).

[14] CF, art. 37, § 4.º: "Os atos de improbidade administrativa importarão a suspensão dos direitos políticos, a perda da função pública, a indisponibilidade dos bens e o ressarcimento ao erário, na forma e gradação previstas em lei, sem prejuízo da ação penal cabível".

[15] RE 656.558/SP (**repercussão geral**), rel. Min. Dias Toffoli, 18.10.2024 (Informativo 1.156 do STF).

[16] RE 636.886/AL (**repercussão geral**), rel. Min. Alexandre de Moraes, 17.04.2020.

No mesmo julgado, estabeleceu-se que, nessas ações de ressarcimento que tenham por base decisões de tribunais de contas: (a) o prazo de prescrição aplicável é aquele previsto no art. 174 do Código Tributário Nacional, significa dizer, é de **cinco anos**, contados da data da constituição do crédito em favor do erário; (b) a prescrição pode ser declarada de ofício pelo juiz, isto é, independentemente de provocação da parte interessada; e (c) admite-se a ocorrência de prescrição intercorrente, nas condições previstas no art. 40 da Lei de Execuções Fiscais (Lei 6.830/1980).

Impende frisar, por derradeiro, que, nas três decisões aqui citadas, **não foi definida** – sequer foi apreciada – esta questão: se a demanda (cível) que tenha por objeto a recuperação de perdas causadas aos cofres públicos por delito tipificado como **crime** está, ou não, sujeita a prescrição.

6. CONTROLE LEGISLATIVO

6.1. Introdução

A fiscalização da administração pública exercida pelo Poder Legislativo é usualmente denominada controle legislativo. Como existe administração pública em todos os Poderes da República, é evidente que as prerrogativas do Poder Legislativo incluem a fiscalização da atuação administrativa em todos eles.

Entretanto, o controle que o Poder Legislativo exerce sobre os atos de sua própria administração pública tem natureza diversa daquele que ele realiza sobre a atuação administrativa dos Poderes Executivo e Judiciário. Na primeira hipótese, temos controle interno, ao passo que nos outros casos existe controle externo.

O controle que o Poder Legislativo efetua sobre a sua própria atuação administrativa, por ser um controle interno, não se distingue do controle administrativo, exercido com base no poder de autotutela, estudado anteriormente. No presente tópico será examinado o controle legislativo como controle externo, ou seja, aquele exercido sobre o Poder Executivo – que concentra a quase totalidade das hipóteses – e sobre os atos administrativos do Poder Judiciário.

O controle legislativo – por vezes chamado controle parlamentar –, pelo fato de ser um controle externo, somente pode ocorrer nas situações e nos limites diretamente previstos no texto da Constituição Federal. As leis de qualquer ente federado, as Constituições estaduais e as Leis Orgânicas dos municípios e do Distrito Federal **não podem** criar hipóteses ou estabelecer instrumentos de controle legislativo que não guardem simetria com a Carta da República. Caso o façam, serão inconstitucionais, por ofensa ao princípio da independência e harmonia dos Poderes.

O controle legislativo possui marcada índole política, razão pela qual ele não se limita ao estrito controle de legalidade formal, abrangendo outros aspectos, como a eficiência e, para alguns autores, até mesmo a conveniência pública de determinadas atuações do Poder Executivo.

Segundo pensamos, embora realmente se possa afirmar que o controle legislativo possibilita até mesmo juízo de mérito administrativo, isso **não significa** que o Poder Legislativo tenha possibilidade de, simplesmente, considerar que determinado ato administrativo praticado pelo Poder Executivo foi inconveniente ou inoportuno e, com base nesse juízo, **revogar** o referido ato.

Cap. 13 • CONTROLE DA ADMINISTRAÇÃO PÚBLICA

A nosso ver, os casos em que o Poder Legislativo realiza controle de mérito administrativo no exercício do controle externo são aqueles em que a Constituição Federal, diretamente, atribui a ele competência para, discricionariamente, intervir em determinada atuação do Poder Executivo.

Nessas situações, o Poder Legislativo exerce um controle sobretudo político, mas a doutrina costuma enquadrá-lo como controle de mérito, no intuito de ressaltar o fato de que não se trata de um simples controle de legalidade.

Nas hipóteses de controle político, o Poder Legislativo atua com ampla discricionariedade. São exemplos as diversas situações em que é necessária uma autorização do Legislativo para a prática de algum ato pelo Executivo, como ocorre na nomeação do presidente e dos diretores do Banco Central, que é condicionada à prévia aprovação pelo Senado Federal dos nomes escolhidos pelo Presidente da República (CF, art. 52, III, "d"), e na realização de operações externas de natureza financeira, de interesse de algum dos entes federados, que depende de autorização do Senado Federal (CF, art. 52, V).

O estudo do controle legislativo, em razão das características apontadas, deve centrar-se: (a) no conhecimento das disposições constitucionais que estabelecem hipóteses do denominado controle parlamentar direto (exercido pessoalmente pelos parlamentares, pelas mesas das casas legislativas ou por intermédio das comissões do Poder Legislativo); e (b) no estudo do controle contábil, financeiro e orçamentário, sobretudo das competências do Tribunal de Contas da União (TCU).

Serão esses os pontos expostos adiante, juntamente com os comentários que se fizerem oportunos. Enfatizamos que as hipóteses que serão estudadas aplicam-se, por simetria, no âmbito dos estados, do Distrito Federal e dos municípios, feitas as adaptações pertinentes, quando necessário.

6.2. Hipóteses constitucionais de controle parlamentar direto

6.2.1. Controles exercidos pelo Congresso Nacional

a) é competência exclusiva do Congresso Nacional fiscalizar e controlar, diretamente, ou por qualquer de suas Casas, os atos do Poder Executivo, incluídos os da administração indireta (art. 49, X);

O art. 49, X, da Constituição Federal confere ao Poder Legislativo, de forma ampla, competência para controlar os atos do Poder Executivo. Embora a literalidade desse dispositivo pudesse gerar a impressão de que o controle parlamentar seria ilimitado, não se deve esquecer a natureza política desse controle, uma vez que não há hierarquia entre os Poderes da República.

Há que ser respeitada, sempre, a independência e a harmonia entre os Poderes, razão pela qual se pode afirmar que o dispositivo em apreço tem a finalidade principal de explicitar que é **função típica** do Poder Legislativo – tão importante quanto a função de editar leis e outros atos normativos primários – o controle da administração pública, nos termos e limites estabelecidos pela Constituição Federal (o Poder Legislativo possui duas funções típicas, diferentemente dos demais Poderes da República).

Observe-se que a competência estabelecida no inciso X do art. 49 em comento é atribuída: (a) ao Congresso Nacional; e (b) a qualquer das Casas do Congresso

Nacional, isto é, à Câmara dos Deputados ou ao Senado Federal. Esse modelo deve ser obrigatoriamente observado, por simetria, pelos demais entes federados, com a diferença óbvia de que somente na esfera federal o Poder Legislativo é bicameral (não existe um correspondente ao Senado Federal nos entes federativos subnacionais).

Com fundamento nessa competência prevista na Constituição da República (e na obrigatoriedade de observância de simetria nos demais níveis da Federação), o Supremo Tribunal Federal já deixou assente que **norma estadual ou municipal não pode conferir a parlamentar, individualmente, o poder de requisitar informações ao Poder Executivo**, sob pena de violação ao princípio da separação dos Poderes.[17]

b) é competência exclusiva do Congresso Nacional sustar os atos normativos do Poder Executivo que exorbitem do poder regulamentar ou dos limites de delegação legislativa (art. 49, V);

Esse dispositivo constitucional deve ser interpretado em conjunto com o art. 84, IV, e com o art. 68, § 2.º.

O art. 84, IV, da Constituição Federal confere ao Presidente da República o denominado poder regulamentar – competência privativa para editar decretos e regulamentos visando a assegurar a fiel execução das leis.

Pode, todavia, ocorrer que, a título de exercício do poder regulamentar, seja editado um decreto que ultrapasse o conteúdo e o alcance da lei, ocasionando inovação no ordenamento jurídico (em vez de mera regulamentação da lei).

Nessa hipótese, dispõe o Congresso Nacional de competência para sustar as disposições do decreto que tenham exorbitado dos limites do legítimo exercício do poder regulamentar.

Vale lembrar que, a partir da EC 32/2001, passaram a existir em nosso ordenamento decretos autônomos, que deverão disciplinar as seguintes matérias, descritas no art. 84, VI, da Constituição: organização e funcionamento da administração federal, desde que não implique aumento de despesa nem criação ou extinção de órgãos públicos, e extinção de cargos ou funções públicas, quando vagos. Impende frisar que unicamente nessas hipóteses são admitidos, no Brasil, decretos autônomos, isto é, decretos editados com base direta na Constituição, sem estarem regulamentando lei alguma.

O art. 68 da Constituição trata das leis delegadas ("delegação legislativa"). Nos termos do § 2.º desse dispositivo, "a delegação ao Presidente da República terá a forma de resolução do Congresso Nacional, que especificará seu conteúdo e os termos de seu exercício".

Na hipótese de o Presidente da República exorbitar dos limites da delegação legislativa, ou seja, editar uma lei delegada extrapolando o disposto na resolução do Congresso Nacional a que se refere o art. 68, § 2.º, tem o Poder Legislativo competência para sustar as disposições exorbitantes contidas na lei delegada, conforme prevê a parte final do acima reproduzido art. 49, V, da Carta Política.

O controle exercido pelo Poder Legislativo com base no inciso V do art. 49, ora em análise, é um controle de legalidade ou legitimidade, e não um controle de mérito administrativo, haja vista que o dispositivo não autoriza o Poder Legislativo

---

[17] ADI 4.700/DF, rel. Min. Gilmar Mendes, 14.12.2021 (Informativo 1.041 do STF).

Cap. 13 • CONTROLE DA ADMINISTRAÇÃO PÚBLICA

a apreciar a oportunidade ou a conveniência dos atos controlados, e sim a sustar aqueles que extrapolem ou contrariem o exercício legítimo das competências conferidas ao Poder Executivo pela própria Constituição, ou pelo Congresso Nacional.

c) é competência do Congresso Nacional sustar contratos que apresentem ilegalidade, mediante solicitação do Tribunal de Contas da União (art. 71, § 1.º);

Conforme será estudado à frente, o Tribunal de Contas da União tem competência para sustar a execução de **atos administrativos**, diretamente, dando apenas ciência dessa providência à Câmara dos Deputados e ao Senado Federal (CF, art. 71, X).

No caso de **contratos administrativos**, diferentemente, o ato de sustação será adotado diretamente pelo Congresso Nacional, que solicitará, de imediato, ao Poder Executivo as medidas cabíveis. Apenas se o Congresso Nacional ou o Poder Executivo, no prazo de noventa dias, não efetivar as medidas cabíveis para a sustação do contrato é que o Tribunal de Contas da União adquirirá competência para decidir a respeito (CF, art. 71, §§ 1.º e 2.º).

d) é competência da Câmara dos Deputados e do Senado Federal, ou de qualquer de suas comissões, convocar Ministro de Estado, quaisquer titulares de órgãos diretamente subordinados à Presidência da República ou o Presidente do Comitê Gestor do Imposto sobre Bens e Serviços para prestarem, pessoalmente, informações sobre assunto previamente determinado, importando crime de responsabilidade a ausência sem justificação adequada (art. 50, *caput*);

e) é competência das Mesas da Câmara dos Deputados e do Senado Federal encaminhar pedidos escritos de informações a Ministros de Estado ou a quaisquer titulares de órgãos diretamente subordinados à Presidência da República, importando em crime de responsabilidade a recusa, ou o não atendimento, no prazo de trinta dias, bem como a prestação de informações falsas (art. 50, § 2.º);

f) é competência exclusiva do Congresso Nacional julgar anualmente as contas prestadas pelo Presidente da República e apreciar os relatórios sobre a execução dos planos de governo (art. 49, IX);

Acerca desse dispositivo (art. 49, IX), é relevante registrar que o Supremo Tribunal Federal não admite que a Constituição de um estado-membro estabeleça competência para que a assembleia legislativa (e, no âmbito municipal, a câmara municipal) julgue as contas dela própria, tampouco as contas do Tribunal de Justiça. Segundo o Pretório Excelso, somente cabe à assembleia legislativa o julgamento das contas do governador (e, à câmara municipal, o julgamento das contas do prefeito).[18]

Isso porque o **julgamento** de contas de quaisquer administradores públicos cabe aos **tribunais de contas**, ressalvado unicamente o julgamento das contas dos Chefes do Poder Executivo, o qual compete, diretamente, ao Poder Legislativo (Congresso Nacional, assembleia legislativa, câmara municipal ou Câmara Legislativa do Distrito Federal, conforme o caso).

---

[18] ADI 849/MT, rel. Min. Sepúlveda Pertence, 11.02.1999; ADI 1.964/ES, rel. Min. Dias Toffoli, 04.09.2014 (Informativo 757 do STF).

Assim deve ser em todos os entes federativos, por força do art. 71, I e II, da Constituição da República, conjugado com o seu art. 75 – o qual estende, obrigatoriamente, aos tribunais de contas dos estados e dos municípios (onde houver) o modelo de organização, composição e fiscalização do Tribunal de Contas da União.

Em suma, segundo o entendimento do Supremo Tribunal Federal, as Constituições estaduais **não podem** estabelecer que as contas anuais apresentadas pelo órgão administrativo da assembleia legislativa (a mesa da assembleia legislativa) sejam julgadas pela própria assembleia legislativa, atribuindo ao pronunciamento do respectivo tribunal de contas função meramente opinativa. Os **tribunais de contas** têm competência para **julgar** as contas – e **não** apenas **opinar** sobre a regularidade delas – de quaisquer administradores, mesmo quando se trate de contas prestadas pelos órgãos administrativos do próprio Poder Legislativo, **excepcionadas, unicamente, as contas apresentadas pelos Chefes do Poder Executivo** (CF, arts. 49, IX, 71, I e II, e 75).

No caso dos **municípios**, tem-se ainda uma peculiaridade: o parecer prévio emitido pela corte de contas competente sobre as contas que o prefeito deve anualmente prestar só deixará de prevalecer por decisão de dois terços dos membros da câmara municipal (CF, art. 31, § 2.º). Não obstante, cumpre enfatizar: as contas do prefeito – e somente elas – são **julgadas** pela **câmara municipal**. O tribunal de contas municipal (onde houver), ou o tribunal de contas do estado em que esteja localizado o município, **não** tem competência para **julgar** as contas do **prefeito** – mas **julga** as contas de **todos os demais administradores municipais**.[19]

g) é competência exclusiva do Congresso Nacional autorizar ou aprovar determinados atos concretos do Poder Executivo (art. 49, XII, XVI, XVII);

h) é competência do Congresso Nacional, auxiliado pelo Tribunal de Contas da União, exercer a fiscalização contábil, financeira e orçamentária federal (art. 70, *caput*).

A Constituição da República, no seu art. 70, atribui competência ao Congresso Nacional para, mediante controle externo, auxiliado pelo Tribunal de Contas da União, exercer a fiscalização contábil, financeira, orçamentária, operacional e patrimonial da União e das entidades da administração direta e Indireta federal, quanto à legalidade, legitimidade, economicidade, aplicação das subvenções e renúncia de receitas. Dessa importante função de controle exercida pelo Poder Legislativo trataremos separadamente, mais à frente.

6.2.2. Controles específicos exercidos pelo Senado Federal

No seu art. 52, a Constituição de 1988 estabelece as competências privativas do Senado Federal. A leitura dos diversos incisos desse artigo permite constatar que muitas das competências ali enumeradas referem-se a atribuições de controle, a serem exercidas especificamente pelo Senado sobre atos ou atividades do Poder Executivo federal.

---

[19] RE 729.744/MG (**repercussão geral**), rel. Min. Gilmar Mendes, 10.08.2016; RE 848.826/DF (**repercussão geral**), red. p/ o acórdão Min. Ricardo Lewandowski, 10.08.2016 (Informativos 834 e 835 do STF).

Cap. 13 • CONTROLE DA ADMINISTRAÇÃO PÚBLICA

É mister reiterar que, por simetria, essas hipóteses de controle também se aplicam aos demais entes federados, desde que seja cabível, e feitas as adaptações necessárias. Como só existe bicameralismo na esfera federal, é evidente que, nos estados, no Distrito Federal e nos municípios, os controles que devam ser exercidos por simetria com o art. 52 da Constituição Federal o serão pelo único órgão legislativo do ente federado: a assembleia legislativa, a Câmara Legislativa ou as câmaras municipais, conforme o caso.

Transcrevemos abaixo algumas das hipóteses de controle estabelecidas no art. 52 da Carta Política:

a) processar e julgar o Presidente e o Vice-Presidente da República nos crimes de responsabilidade, bem como os Ministros de Estado e os Comandantes da Marinha, do Exército e da Aeronáutica nos crimes da mesma natureza conexos com aqueles (art. 52, I);

b) aprovar previamente, por voto secreto, após arguição pública, a escolha de determinados magistrados e ministros do TCU, de governador de Território, do presidente e diretores do Banco Central, do Procurador-Geral da República e de outras autoridades que a lei estabeleça (art. 52, III);

c) aprovar previamente, por voto secreto, após arguição em sessão secreta, a escolha dos chefes de missão diplomática de caráter permanente (art. 52, IV);

d) autorizar operações externas de natureza financeira, de interesse da União, dos estados, do Distrito Federal, dos Territórios e dos municípios (art. 52, V);

e) aprovar, por maioria absoluta e por voto secreto, a exoneração, de ofício, do Procurador-Geral da República antes do término de seu mandato (art. 52, XI).

6.2.3. Controle exercido por meio de comissões

A Constituição de 1988 trata das comissões do Congresso Nacional e de suas Casas no art. 58. São previstas, nesse artigo, atribuições genéricas de controle para essas comissões, tais quais as descritas nos incisos III, IV, V e VI de seu § 2.º. Nos termos desses incisos, respectivamente, compete às comissões, em razão da matéria de sua competência: (a) convocar Ministros de Estado para prestar informações sobre assuntos inerentes a suas atribuições; (b) receber petições, reclamações, representações ou queixas de qualquer pessoa contra atos ou omissões das autoridades ou entidades públicas; (c) solicitar depoimento de qualquer autoridade ou cidadão; e (d) apreciar programas de obras, planos nacionais, regionais e setoriais de desenvolvimento e sobre eles emitir parecer.

Merecem menção, também, as denominadas **comissões parlamentares de inquérito** (CPI), assim disciplinadas no § 3.º do art. 58 da Constituição:

§ 3.º As comissões parlamentares de inquérito, que terão poderes de investigação próprios das autoridades judiciais, além de outros previstos nos regimentos das respectivas Casas, serão criadas pela Câmara dos Deputados e pelo Senado Federal, em conjunto ou separadamente, mediante requerimento de um terço de seus membros, para a apuração de fato determinado e por prazo certo, sendo suas conclusões, se for o caso, encaminhadas ao Ministério Público, para que promova a responsabilidade civil ou criminal dos infratores.

6.3. A fiscalização contábil, financeira e orçamentária na Constituição de 1988

A fiscalização contábil, financeira e orçamentária – muitas vezes denominada, simplesmente, "controle financeiro", em sentido amplo – é exercida sobre os atos de todas as pessoas que administrem bens ou dinheiros públicos.

O art. 70 da Constituição de 1988, situado no capítulo sobre o Poder Legislativo, preceitua:

> Art. 70. A fiscalização contábil, financeira, orçamentária, operacional e patrimonial da União e das entidades da administração direta e indireta, quanto à legalidade, legitimidade, economicidade, aplicação das subvenções e renúncia de receitas, será exercida pelo Congresso Nacional, mediante controle externo, e pelo sistema de controle interno de cada Poder.
>
> Parágrafo único. Prestará contas qualquer pessoa física ou jurídica, pública ou privada, que utilize, arrecade, guarde, gerencie ou administre dinheiro, bens e valores públicos ou pelos quais a União responda, ou que, em nome desta, assuma obrigações de natureza pecuniária.

Observa-se que há previsão de um controle interno, exercido pelo próprio Poder incumbido da gestão de determinado recurso público, e um controle externo, exercido pelo Poder Legislativo, com auxílio do tribunal de contas competente, sobre a atividade financeira dos demais Poderes.

No âmbito do Poder Executivo federal, o controle interno está disciplinado na Lei 10.180/2001. É oportuno registrar que o Supremo Tribunal Federal já deixou assente que é plenamente compatível com a Constituição de 1988, sem ferir a autonomia municipal, nem implicar usurpação de competência do Tribunal de Contas da União (TCU), a fiscalização exercida pela Controladoria-Geral da União (CGU) quanto à correta aplicação de recursos públicos federais repassados, nos termos de convênios, aos municípios.

Esclareceu nossa Corte Suprema que a CGU tem competência para fiscalizar a regularidade da aplicação de dinheiro da União onde quer que tal aplicação ocorra, e que essa fiscalização tem a natureza de controle interno, porque exercida exclusivamente sobre verbas oriundas do orçamento do Poder Executivo federal, embora destinadas a repasse a outros entes federados – a fiscalização da CGU, órgão integrante da Presidência da República, não pode alcançar verbas estaduais e municipais.

Na ocasião, lembrou o Pretório Excelso que a Constituição da República estabelece que o controle externo do Poder Executivo federal, o qual inclui o controle financeiro exercido pelo TCU, deve se dar sem prejuízo do controle interno efetuado pelo próprio Poder Executivo (RMS 25.943/DF, rel. Min. Ricardo Lewandowski, 24.11.2010).

O **controle interno** que cada Poder exerce em seu próprio âmbito é um controle pleno, irrestrito, abrangendo toda e qualquer verificação pertinente à legalidade ou à legitimidade da atuação dos respectivos órgãos e agentes e, quando se tratar de atuação discricionária, à conveniência e à oportunidade administrativas.

Cap. 13 • CONTROLE DA ADMINISTRAÇÃO PÚBLICA

O **controle financeiro externo**, exercido pelo Poder Legislativo, com o auxílio dos tribunais de contas, visa a aferir a probidade da atuação da administração pública e a regularidade na utilização de recursos públicos (em acepção abrangente), sendo um controle contábil e financeiro de legalidade e legitimidade, revestido, todavia, de marcada índole política.

Abrimos um parêntese para registrar que é frequente os autores afirmarem que, exatamente em razão do viés político do controle financeiro externo, chega ele ao ponto de possibilitar o questionamento de aspectos que envolvem a própria discricionariedade do administrador público.

É necessário tomar cuidado com essa afirmação.

Ela só é correta se ficar claro que o controle financeiro externo não permite ao órgão controlador **revogar** um ato discricionário sujeito ao seu controle, ou seja, não pode o referido órgão substituir, pelo seu próprio, o juízo de oportunidade e conveniência do administrador, quando tal juízo tiver sido exercido em conformidade com a lei e o direito.

Portanto, o que se pretende dizer com a asserção de que o controle financeiro externo envolve aspectos relacionados à discricionariedade é que ele não se restringe à análise meramente formal de legalidade e que ele possibilita o questionamento até mesmo da atuação discricionária do administrador, o qual terá que justificar, fundamentadamente, à luz da lei e do direito, as escolhas que fez no exercício de sua atividade administrativa, demonstrando que havia elementos, em cada caso, que o levaram a considerar que uma determinada atuação, por ele dotada – e não outra, igualmente válida –, mais adequadamente atendia ao interesse público.

Esse controle externo financeiro, conforme previsão do supratranscrito art. 70 da Constituição, concerne à receita, à despesa e à gestão dos recursos públicos, com vistas a preservar o erário de toda sorte de malversação.

As áreas alcançadas pelo chamado controle financeiro são: contábil, financeira, orçamentária, operacional e patrimonial.

Na área **contábil**, há preocupação com a correta formalização dos registros das receitas e despesas; na área **financeira**, o controle se efetiva por meio do acompanhamento dos depósitos bancários, dos empenhos de despesas, dos pagamentos efetuados, dos ingressos de valores etc.; o controle **orçamentário** diz respeito ao acompanhamento da execução do orçamento, à fiscalização dos registros nas rubricas orçamentárias adequadas etc.; na área **operacional**, controla-se a execução das atividades administrativas em geral, verificandose a observância dos procedimentos legais e a sua adequação às exigências de eficiência e economicidade; o controle **patrimonial** incide sobre os bens do patrimônio público, móveis e imóveis, constantes de almoxarifados, de estoques ou que estejam em uso pela administração.

Conforme o texto constitucional (art. 70), as áreas enumeradas no parágrafo precedente serão controladas, com vistas à verificação da regularidade da gestão da coisa pública, sob cinco diferentes aspectos: legalidade, legitimidade, economicidade, aplicação das subvenções e renúncia de receitas.

No exercício do controle da **legalidade** é confrontada determinada atuação da administração pública com as normas jurídicas de regência, acarretando a anulação do ato que lhes contrarie, ou a determinação para que seja anulado.

O controle da **legitimidade**, segundo a doutrina, complementa o controle da legalidade (em sentido meramente formal), possibilitando a apreciação de outros aspectos além da simples conformidade entre determinada atuação e o texto formal da lei.

Ao explicitar que o Poder Legislativo tem competência para controlar a legitimidade da atuação administrativa o dispositivo constitucional em apreço pretende afirmar que o controle externo não se restringe ao confronto formal entre a letra da lei e os atos da administração, mas também deve observar se a atuação administrativa se ajusta ao espírito e à finalidade da lei, à moralidade administrativa, enfim, ao ordenamento jurídico como um todo, inclusive aos princípios jurídicos expressos e implícitos na Constituição.

Cabe observar que, embora o texto do art. 70 da Constituição Federal, acima reproduzido, enumere como expressões distintas "legalidade" e "legitimidade", é bastante frequente a utilização desses vocábulos como sinônimos, tanto pela doutrina quanto pela jurisprudência.

Tal uso não deve ser considerado incorreto, uma vez que, a rigor, o exercício pleno do controle de legalidade implica sempre a possibilidade de ser verificada a conformidade entre a atuação controlada e a totalidade do ordenamento jurídico. Somente quando a doutrina emprega a expressão "controle meramente formal de legalidade" é que está a aludir à concepção – há muito ultrapassada – de "confronto estrito entre a atuação administrativa e o texto literal de uma lei formal". Seja como for, fica o registro: quando algum texto menciona "legalidade" e "legitimidade", qual fossem coisas distintas, a diferenciação teórica usual é essa que acabamos de explicar.

O controle de **economicidade** relaciona-se à noção de racionalidade e eficiência na realização da despesa pública. A verificação do atendimento à exigência de economicidade implica valorar se o administrador de recursos públicos procedeu, na realização da despesa pública, do modo mais econômico – não com o significado de mero corte de despesas, mas sim de racionalidade e eficiência, evitando desperdícios, aquisições de bens e serviços em quantidades superiores ou inferiores às necessárias, ou que desatendam a padrões satisfatórios de qualidade, ou que estejam com preços acima dos habitualmente praticados no mercado etc.

Em síntese, economicidade traduz a ideia de realização de despesa pública com vistas à obtenção da melhor **relação custo-benefício** possível, tendo em conta as disponibilidades orçamentárias.

Quanto ao controle da **aplicação das subvenções** é necessário, preliminarmente, conhecer o conceito legal de subvenção. A Lei 4.320/1964, que estabelece, em caráter nacional, "normas gerais de direito financeiro", define a expressão ora em tela no § 3.º do seu art. 12, nestes termos:

> § 3.º Consideram-se subvenções, para os efeitos desta lei, as transferências destinadas a cobrir despesas de custeio das entidades beneficiadas, distinguindo-se como:

Cap. 13 • CONTROLE DA ADMINISTRAÇÃO PÚBLICA

I – subvenções sociais, as que se destinem a instituições públicas ou privadas de caráter assistencial ou cultural, sem finalidade lucrativa;

II – subvenções econômicas, as que se destinem a empresas públicas ou privadas de caráter industrial, comercial, agrícola ou pastoril.

O controle da **aplicação das subvenções**, portanto, deve centrar-se na fiscalização do emprego efetivo e adequado, pela entidade beneficiária, dos recursos públicos recebidos a título de subvenção, no âmbito da atividade estatal de **fomento** (em sentido amplo). Por exemplo, se uma escola ou um hospital receberam recursos públicos (subvenções) para a manutenção de suas atividades estarão, automaticamente, sujeitos ao controle exercido pelo Poder Legislativo, com o auxílio do respectivo tribunal de contas, mesmo que se trate de entidades de natureza inteiramente privada.

Também exige definição prévia a expressão "**renúncia de receitas**". Nos termos da Lei Complementar 101/2000 ("Lei de Responsabilidade Fiscal"), que tem caráter de lei nacional, "a renúncia compreende anistia, remissão, subsídio, crédito presumido, concessão de isenção em caráter não geral, alteração de alíquota ou modificação de base de cálculo que implique redução discriminada de tributos ou contribuições, e outros benefícios que correspondam a tratamento diferenciado" (art. 14, § 1.º).

Para a concessão de benefício tributário que implique renúncia de receita, o art. 14 da Lei Complementar 101/2000, no *caput* e nos seus incisos, estabelece como condições, dentre outras:

a) estimativa do impacto orçamentário-financeiro no exercício em que deva iniciar a vigência do benefício e nos dois seguintes;

b) observância do disposto na lei de diretrizes orçamentárias;

c) medidas de compensação, por meio do aumento de receita, proveniente da elevação de alíquotas, ampliação da base de cálculo, majoração ou criação de tributos.

A renúncia de receitas deve ser acompanhada de perto pelo controle externo, dada a sua natureza excepcional, porquanto, em decorrência do princípio da indisponibilidade do interesse público, não pode o administrador público, por iniciativa própria, abrir mão de recursos que seriam empregados em bens e serviços destinados à coletividade. Por essa razão, aliás, qualquer renúncia a receitas públicas deve estar expressamente prevista em lei, e só pode ocorrer nos estritos termos e limites desta.

O parágrafo único do art. 70, acima transcrito, é importante para explicitar que não só agentes públicos e não só atos ou contratos administrativos propriamente ditos estão sujeitos à fiscalização contábil, financeira e orçamentária. Pelo contrário, a sujeição ao controle ora em foco é orientada pelo denominado **princípio da universalidade**: toda e qualquer pessoa, física ou jurídica – inclusive pessoas inteiramente privadas –, desde que, de algum modo, receba, administre ou esteja incumbida da aplicação de recursos públicos de qualquer espécie, mediante atos, contratos e convênios de qualquer natureza, ou execute quaisquer outras operações que onerem o erário, está sujeita ao controle contábil, financeiro e orçamentário, concernente à regularidade de seus procedimentos, exercido pelo Poder Legislativo, com o auxílio do tribunal de contas competente.

Impende, por fim, lembrar que, embora o art. 70 da Constituição da República seja endereçado especificamente à União, as regras aqui expostas são aplicáveis, por simetria, aos demais entes federados, feitas as adaptações pertinentes, quando necessárias.

6.3.1. Atribuições dos tribunais de contas

Os tribunais de contas são órgãos **vinculados** ao Poder Legislativo, que o auxiliam no exercício do controle externo da administração pública, sobretudo o controle financeiro. **Não existe hierarquia** entre as cortes de contas e o Poder Legislativo.

Os tribunais de contas não praticam atos de natureza legislativa, mas tão somente atos de fiscalização e controle, de natureza administrativa.

Não obstante recebam a denominação de "tribunais", as cortes de contas não exercem jurisdição, isto é, não dizem com definitividade o direito aplicável a um caso concreto litigioso; suas decisões não fazem "coisa julgada" em sentido próprio.

Acerca da posição constitucional dos tribunais de contas no Brasil, merece transcrição, pela sua marcante clareza, este excerto da decisão proferida pelo Ministro Celso de Mello, em 01.07.2009, na ADIMC 4.190/RJ, da qual é relator (grifamos):

> Cabe enfatizar, neste ponto, uma vez mais, na linha da jurisprudência do Supremo Tribunal Federal, que **inexiste qualquer vínculo de subordinação institucional dos Tribunais de Contas ao respectivo Poder Legislativo**, eis que esses órgãos que auxiliam o Congresso Nacional, as Assembleias Legislativas, a Câmara Legislativa do Distrito Federal e as Câmaras Municipais possuem, por expressa outorga constitucional, **autonomia** que lhes assegura o autogoverno, dispondo, ainda, os membros que os integram, de prerrogativas próprias, como os predicamentos inerentes à magistratura.
>
> Revela-se inteiramente falsa e completamente destituída de fundamento constitucional a ideia, de todo equivocada, de que os Tribunais de Contas seriam meros órgãos auxiliares do Poder Legislativo.
>
> Na realidade, os Tribunais de Contas ostentam posição eminente na estrutura constitucional brasileira, **não se achando subordinados, por qualquer vínculo de ordem hierárquica, ao Poder Legislativo**, de que **não são órgãos delegatários nem organismos de mero assessoramento técnico**.

Como corolário desse entendimento, vale mencionar, a título exemplificativo, que o Supremo Tribunal Federal julgou materialmente inconstitucionais dispositivos inseridos na Constituição do Estado do Rio Grande do Norte que: (a) permitiam à Assembleia Legislativa, por aprovação de dois terços de seus membros, sustar a eficácia de decisões liminares proferidas pelo Tribunal de Contas estadual (TCE/RN); e (b) determinavam que as decisões do TCE/RN que implicassem imputação de débito ou multa deveriam "observar os parâmetros de razoabilidade e de proporcionalidade estabelecida em lei".

Cap. 13 • CONTROLE DA ADMINISTRAÇÃO PÚBLICA

Nos termos do voto da relatora, Min. Rosa Weber, aprovado por unanimidade, "no âmbito das competências **autônomas** dos Tribunais de Contas, o órgão legislativo (federal ou estadual) **não possui competência para rever ou anular** os atos praticados pela Corte de Contas, **nem ficam suas decisões sujeitas à aprovação pelo Poder Legislativo**" (negritos no original). No mesmo voto, consignou-se que é "incompatível com a autonomia funcional da Corte de Contas e com o sistema de controle externo previsto na Constituição Federal" a autorização para "o legislador estadual, delimitando a amplitude da análise a ser realizada pelo Tribunal de Contas estadual, definir, *in abstracto*, quais serão os parâmetros conformadores da aplicação pelo Tribunal de Contas estadual dos critérios da proporcionalidade e da razoabilidade".[20]

O art. 71 da Constituição da República estabelece as competências do Tribunal de Contas da União, nos termos abaixo transcritos:

> Art. 71. O controle externo, a cargo do Congresso Nacional, será exercido com o auxílio do Tribunal de Contas da União, ao qual compete:
>
> I – apreciar as contas prestadas anualmente pelo Presidente da República, mediante parecer prévio que deverá ser elaborado em sessenta dias a contar de seu recebimento;
>
> II – julgar as contas dos administradores e demais responsáveis por dinheiros, bens e valores públicos da administração direta e indireta, incluídas as fundações e sociedades instituídas e mantidas pelo Poder Público federal, e as contas daqueles que derem causa a perda, extravio ou outra irregularidade de que resulte prejuízo ao erário público;
>
> III – apreciar, para fins de registro, a legalidade dos atos de admissão de pessoal, a qualquer título, na administração direta e indireta, incluídas as fundações instituídas e mantidas pelo Poder Público, excetuadas as nomeações para cargo de provimento em comissão, bem como a das concessões de aposentadorias, reformas e pensões, ressalvadas as melhorias posteriores que não alterem o fundamento legal do ato concessório;
>
> IV – realizar, por iniciativa própria, da Câmara dos Deputados, do Senado Federal, de Comissão técnica ou de inquérito, inspeções e auditorias de natureza contábil, financeira, orçamentária, operacional e patrimonial, nas unidades administrativas dos Poderes Legislativo, Executivo e Judiciário, e demais entidades referidas no inciso II;
>
> V – fiscalizar as contas nacionais das empresas supranacionais de cujo capital social a União participe, de forma direta ou indireta, nos termos do tratado constitutivo;
>
> VI – fiscalizar a aplicação de quaisquer recursos repassados pela União mediante convênio, acordo, ajuste ou outros instrumentos congêneres, a Estado, ao Distrito Federal ou a Município;
>
> VII – prestar as informações solicitadas pelo Congresso Nacional, por qualquer de suas Casas, ou por qualquer das respectivas Comissões,

---

[20] ADI 6.986/RN, rel. Min. Rosa Weber, 29.11.2021.

sobre a fiscalização contábil, financeira, orçamentária, operacional e patrimonial e sobre resultados de auditorias e inspeções realizadas;

VIII – aplicar aos responsáveis, em caso de ilegalidade de despesa ou irregularidade de contas, as sanções previstas em lei, que estabelecerá, entre outras cominações, multa proporcional ao dano causado ao erário;

IX – assinar prazo para que o órgão ou entidade adote as providências necessárias ao exato cumprimento da lei, se verificada ilegalidade;

X – sustar, se não atendido, a execução do ato impugnado, comunicando a decisão à Câmara dos Deputados e ao Senado Federal;

XI – representar ao Poder competente sobre irregularidades ou abusos apurados.

§ 1.º No caso de contrato, o ato de sustação será adotado diretamente pelo Congresso Nacional, que solicitará, de imediato, ao Poder Executivo as medidas cabíveis.

§ 2.º Se o Congresso Nacional ou o Poder Executivo, no prazo de noventa dias, não efetivar as medidas previstas no parágrafo anterior, o Tribunal decidirá a respeito.

§ 3.º As decisões do Tribunal de que resulte imputação de débito ou multa terão eficácia de título executivo.

§ 4.º O Tribunal encaminhará ao Congresso Nacional, trimestral e anualmente, relatório de suas atividades.

O controle que os tribunais de contas exercem sobre os atos ou contratos da administração pública é um controle posterior ou subsequente, salvo as inspeções e auditorias (controle concomitante), que podem ser realizadas a qualquer tempo.

O Supremo Tribunal Federal já teve oportunidade de declarar inconstitucional lei estadual que determinava que todos os contratos celebrados entre o governo do estado e empresas particulares dependeriam de registro prévio perante o tribunal de contas estadual. Entendeu-se que a lei em questão ofendia o art. 71 da Constituição da República – aplicável aos tribunais de contas estaduais em razão da regra de simetria vazada no art. 75 –, que não prevê como atribuição do Tribunal de Contas da União o controle prévio e amplo dos contratos celebrados pela administração pública (ADI 916/MT, rel. Min. Joaquim Barbosa, 02.02.2009).

A respeito das competências constitucionais do Tribunal de Contas da União (TCU), arroladas no art. 71 da Constituição Federal, merecem destaque os pontos que passamos a expor.

O **primeiro ponto** diz respeito à competência do TCU para "apreciar" e "julgar" as contas públicas.

No tocante às contas do Presidente da República (art. 71, I), o TCU tem competência, tão somente, para **apreciá-las**, mediante parecer prévio que deverá ser elaborado no prazo de sessenta dias a contar de seu recebimento. Portanto, **não** cabe ao TCU **julgar** as contas do Presidente da República. Quem as **julga** é o **Congresso Nacional**, consoante estabelece o art. 49, IX, da Constituição Federal.

Quanto às contas dos **demais administradores públicos**, o TCU dispõe de competência para **julgá-las**, por força do inciso II do art. 71 da Carta Política.

Cap. 13 • CONTROLE DA ADMINISTRAÇÃO PÚBLICA

Esse modelo, em decorrência do disposto no art. 75 da Carta Política, é de observância obrigatória nos estados, no Distrito Federal e nos municípios. Assim, no âmbito **estadual**, a competência para **julgar** as contas do **governador** será da **assembleia legislativa**, após a apreciação, mediante parecer prévio, do tribunal de contas do estado; e a competência para o **julgamento** das contas dos **demais administradores públicos** estaduais será do **tribunal de contas** do estado. No caso dos **municípios**, tem-se uma peculiaridade: o parecer prévio emitido pela corte de contas competente sobre as contas que o prefeito deve anualmente prestar só deixará de prevalecer por decisão de dois terços dos vereadores (CF, art. 31, § 2.º). Não obstante, cumpre enfatizar: as contas do prefeito – e somente elas – são **julgadas** pela **câmara municipal**. O tribunal de contas municipal (onde houver), ou o tribunal de contas do estado em que esteja localizado o município, **não** tem competência para **julgar** as contas do **prefeito** – mas **julga** as contas de **todos os demais administradores municipais**.[21]

Tendo em vista essa disciplina estabelecida na Constituição da República, o Supremo Tribunal Federal firmou o entendimento de que **não pode** a Constituição do estado-membro outorgar à respectiva assembleia legislativa competência para julgar as contas dela própria, tampouco as contas dos administradores do Poder Judiciário local – cabe **exclusivamente** ao **tribunal de contas** do estado o **julgamento** dessas contas.[22] A mesma vedação é aplicável à Lei Orgânica do município, quanto ao julgamento das contas da câmara municipal.

Aliás, o Supremo Tribunal Federal já teve oportunidade de declarar inconstitucional norma contida na Constituição de determinado estado-membro, segundo a qual os **julgamentos** de contas realizados pelo tribunal de contas respectivo estariam sujeitos a recurso para o plenário da assembleia legislativa. Asseverou-se que, por força do disposto no inciso II do art. 71 de nossa Carta Política, o exercício da competência de **julgamento** pelo tribunal de contas **não pode ficar subordinado ao crivo posterior do Poder Legislativo**.[23]

Enfim, sobre esse tema, nossa Corte Suprema deixou assente o seu entendimento, de forma ampla – e na sistemática de repercussão geral –, na seguinte **tese jurídica**:

> É inconstitucional norma de Constituição Estadual que amplia as competências de Assembleia Legislativa para julgamento de contas de gestores públicos, sem observar a simetria com a Constituição Federal, por violação aos arts. 71, II, e 75 da CF/1988.

O **segundo ponto**, palco de relevantes controvérsias, diz respeito à competência para o julgamento das contas da própria corte de contas.

Tal controvérsia tem assento constitucional, haja vista que a Constituição Federal de 1988 não dispôs, expressamente, a respeito dessa incumbência – julgar as contas das cortes de contas. Diante do silêncio constitucional, formou-se corrente doutrinária propugnando que caberia à própria corte de contas o julgamento de suas contas,

---

[21] RE 729.744/MG (**repercussão geral**), rel. Min. Gilmar Mendes, 10.08.2016; RE 848.826/DF (**repercussão geral**), red. p/ o acórdão Min. Ricardo Lewandowski, 10.08.2016 (Informativos 834 e 835 do STF).

[22] ADI 1.779/PE, rel. Min. Ilmar Galvão, 01.08.2001.

[23] ADI 3.715/TO, rel. Min. Gilmar Mendes, 21.08.2014 (Informativo 755 do STF).

sob o fundamento de que a hipótese estaria implicitamente albergada pelo inciso II do art. 71 da Carta Política.

No Distrito Federal, porém, a Lei Orgânica outorgou competência privativa à Câmara Legislativa para apreciar e julgar, anualmente, as contas do Tribunal de Contas do Distrito Federal.

A controvérsia foi levada ao conhecimento do Supremo Tribunal Federal, em ação direta de inconstitucionalidade ajuizada pelo Governador do Distrito Federal, que requereu a declaração da inconstitucionalidade dessa determinação da Lei Orgânica do Distrito Federal, sob o fundamento de que estaria havendo usurpação de competência da corte de contas distrital, cuja atribuição para julgar suas próprias contas decorreria, por simetria, do conteúdo implícito do inciso II do art. 71 da Constituição Federal.

O Supremo Tribunal Federal considerou constitucional a regra da Lei Orgânica do Distrito Federal, sob os seguintes fundamentos: (1) os princípios constitucionais administrativos impõem a prestação de contas no âmbito da administração pública direta e indireta; (2) os tribunais de contas, embora detenham autonomia, como ordenadores de despesas, possuem o dever de prestar contas a outro órgão; e (3) o crivo feito pelo Poder Legislativo harmoniza-se com a Constituição Federal.[24]

Em outra ação direta, o Pretório Excelso, com arrimo no entendimento exposto no parágrafo anterior, considerou legítimos dispositivos da Constituição do Estado do Pará que atribuíam competência exclusiva à assembleia legislativa para julgar as contas do tribunal de contas desse estado.[25]

A partir desses julgados, podemos asseverar que o Supremo Tribunal Federal considera válida norma constitucional estadual que outorgue competência à respectiva assembleia legislativa para o julgamento das contas da corte de contas do estado. Por força do art. 75 da Constituição Federal, esse entendimento é extensivo aos municípios, ou seja, a Lei Orgânica do município pode atribuir à câmara municipal competência para o julgamento das contas da corte de contas municipal, onde houver.

O **terceiro ponto** diz respeito à distinção que a Constituição estabeleceu quanto à atuação do TCU na hipótese de ele apurar irregularidades em **atos administrativos** e em **contratos administrativos**. Em ambos os casos, deve o TCU estabelecer um prazo para que o responsável adote as providências necessárias ao exato cumprimento da lei. Entretanto, se as determinações do TCU não forem atendidas, as consequências serão diferentes.

De fato, quando se trata de **ato administrativo**, cabe ao próprio TCU **sustar** a sua execução, dando ciência dessa providência à Câmara dos Deputados e ao Senado Federal (CF, art. 71, X).

Já se a irregularidade for constatada em um **contrato administrativo**, não tem o TCU, desde logo, competência para sustá-lo. O ato de sustação será adotado diretamente pelo Congresso Nacional, que solicitará, de imediato, ao Poder Executivo as medidas cabíveis. Entretanto, se o Congresso Nacional ou o Poder Executivo, no

---

[24] ADI 1.175/DF, rel. orig. Min. Carlos Velloso, rel. p/ acórdão Min. Marco Aurélio, 04.08.2004.

[25] ADI 2.597/PA, rel. Min. Nelson Jobim, 04.08.2004.

Cap. 13 • CONTROLE DA ADMINISTRAÇÃO PÚBLICA

prazo de **noventa dias**, não efetivar as medidas cabíveis, **o TCU adquirirá competência para decidir a respeito da sustação do contrato** (CF, art. 71, §§ 1.º e 2.º).

Convém abrir um parêntese para registrar que o art. 46 da Lei 8.443/1992 – Lei Orgânica do TCU – outorga a essa Corte de Contas, quando for "verificada a ocorrência de **fraude comprovada à licitação**", competência para declarar "a **inidoneidade** do **licitante** fraudador para participar, por **até cinco anos**, de licitação na administração pública federal" (art. 46).

Conforme a jurisprudência do Supremo Tribunal Federal, essa penalidade administrativa **não se confunde** com a declaração de inidoneidade que estava cominada no art. 87 da Lei 8.666/1993 – e as duas normas podem conviver harmoniosa e independentemente, sem que a aplicação de uma interfira na incidência da outra (vale lembrar que contratos celebrados sob a Lei 8.666/1993 que ainda estejam vigentes continuam a ser por ela regidos). Simplesmente, a Lei 8.666/1993 previa uma sanção a ser imposta pela própria administração pública contratante – portanto, no exercício de **controle interno** –, ao passo que a Lei 8.443/1992 estipula uma penalidade diferente (embora com o mesmo nome), aplicada, no exercício de **controle externo**, pelo Tribunal de Contas da União.[26]

Tal orientação de nosso Pretório Supremo não restou prejudicada com o advento da Lei 14.133/2021. De fato, nas licitações e contratações regidas por essa lei, pode a administração pública – igualmente no exercício de **controle interno** –, com fundamento no inciso IV do seu art. 156, aplicar aos licitantes e contratados que pratiquem as infrações nela descritas a sanção de "declaração de inidoneidade para licitar ou contratar".

O **quarto ponto** relevante refere-se à natureza das decisões do Tribunal de Contas da União das quais resulte **imputação de débito ou multa**. A Constituição atribuiu a essas decisões **eficácia de título executivo** (CF, art. 71, § 3.º). Isso significa que a multa aplicada, ou o débito imputado, pode ser levada diretamente ao Poder Judiciário para cobrança, em ação de execução, sem necessidade de discussão prévia, em uma ação judicial de conhecimento, acerca da legitimidade dessa multa ou desse débito. Segundo a jurisprudência consolidada do Supremo Tribunal Federal, **somente o ente público beneficiário da condenação patrimonial** imposta pelos tribunais de contas **possui legitimidade processual** para ajuizar a ação de execução. **Não pode o Ministério Público** – atuante ou não junto às cortes de contas, seja federal, seja estadual –, sob o argumento de que estaria promovendo a proteção do patrimônio público (CF, art. 129, III), **propor essa ação de execução** das multas ou débitos imputados pelos tribunais de contas.[27]

O **quinto ponto** a ser frisado concerne ao alcance do inciso II do art. 71 da Constituição, especialmente no que tange à assim chamada "**tomada de contas especial**".

A parte final do referido inciso atribui ao TCU competência para **julgar as contas** "daqueles que derem causa a perda, extravio ou outra **irregularidade** de que resulte **prejuízo ao erário público**". O exercício dessa competência se opera mediante a denominada **tomada de contas especial**, procedimento destinado a apurar fato

---

[26] Pet-AgR 3.606/DF, rel. Min. Sepúlveda Pertence, 21.09.2006; MS 30.788/MG, red. p/ o acórdão Min. Roberto Barroso, 21.05.2015 (Informativo 786 do STF).

[27] ARE 823.347/MA (**repercussão geral**), rel. Min. Gilmar Mendes, 02.10.2014.

específico em que haja suspeita de lesão ao erário. Difere da tomada e da prestação de contas **ordinárias** anuais, que **independem de suspeita de irregularidades**, e têm base no trecho inicial do inciso II do art. 71 da Carta Política. A disciplina detalhada dessas matérias encontra-se na Lei Orgânica do TCU (Lei 8.443/1992) e em atos normativos infralegais editados pela própria Corte de Contas.

Consoante a jurisprudência do Supremo Tribunal Federal, **todas as entidades da administração indireta**, não importa o seu objeto, nem a sua forma jurídica, estão sujeitas ao inciso II do art. 71, tanto à sua parte inicial quanto à final – isso inclui, sem exceção, as empresas públicas e as sociedades de economia mista, ainda que se trate de entidade dedicada à exploração de atividade econômica em sentido estrito.[28]

Entende a Corte Suprema, também, que, mediante **tomada de contas especial**, até mesmo o **Chefe do Poder Executivo** pode ser condenado pessoalmente ao pagamento de multas ou ao ressarcimento de débito, ou sofrer outras sanções administrativas previstas em lei, sem que a aplicação dessas penalidades pelo tribunal de contas deva ser submetida ao Poder Legislativo respectivo.

Para o Tribunal Excelso, o fato de as cortes de contas exercerem **atribuições não deliberativas** no **julgamento das contas anuais do Chefe do Poder Executivo** (análise ordinária das contas anuais, que se materializa pela elaboração de parecer prévio, de natureza meramente opinativa) **não exclui** a competência constitucional própria que esses mesmos tribunais de contas têm para aplicarem sanções atinentes ao pleno exercício das suas atividades fiscalizatórias. Com fulcro nessa orientação, foi fixada a seguinte tese de repercussão geral:[29]

> No âmbito da tomada de contas especial, é possível a condenação administrativa de Chefes dos Poderes Executivos municipais, estaduais e distrital pelos Tribunais de Contas, quando identificada a responsabilidade pessoal em face de irregularidades no cumprimento de convênios interfederativos de repasse de verbas, sem necessidade de posterior julgamento ou aprovação do ato pelo respectivo Poder Legislativo.

Além disso, para o Pretório Maior, o **prazo decadencial** consignado no art. 54 da Lei 9.784/1999 **não se aplica à tomada de contas especial**, porquanto o seu diploma de regência (Lei 8.443/1992) consubstancia **lei especial** em relação à Lei 9.784/1999, **não** cabendo cogitar a **aplicação supletiva** desta para impor a observância do referido prazo extintivo a tal procedimento de controle (dispõe o citado art. 54 que "o direito da administração de anular os atos administrativos de que decorram efeitos favoráveis para os destinatários decai em cinco anos, contados da data em que foram praticados, salvo comprovada má-fé").[30]

---

[28] MS 25.092/DF, rel. Min. Carlos Velloso, 10.11.2005; MS 25.181/DF, rel. Min. Marco Aurélio, 10.11.2005 (Informativo 408 do STF).

[29] ARE 1.436.197/RO (**repercussão geral**), rel. Min. Luiz Fux, 19.12.2023 (Informativo 1.121 do STF).

[30] MS 25.641/DF, rel. Min. Eros Grau, 22.11.2007; MS-AgR 33.414/DF, rel. Min. Luiz Fux, 02.08.2016; MS-AgR 26.297/DF, rel. Min. Edson Fachin, 17.03.2017; MS-AgR 35.038/DF, rel. Min. Rosa Weber, 12.11.2019 (Informativo 959 do STF).

Cap. 13 • CONTROLE DA ADMINISTRAÇÃO PÚBLICA

Ao lado dos aspectos até aqui destacados, impende mencionar que, em 1963, o Supremo Tribunal Federal aprovou a Súmula 347, com este enunciado:

> **347** – O Tribunal de Contas, no exercício de suas atribuições, pode apreciar a constitucionalidade das leis e dos atos do Poder Público.

A Súmula 347 permanece em vigor e o Supremo Tribunal Federal já declarou a sua compatibilidade com a Constituição de 1988. No dizer da Corte Suprema, os tribunais de contas – desde que isso seja imprescindível ao exercício do controle externo – têm a possibilidade de afastar incidentalmente normas cuja aplicação, no caso concreto, acarretaria um resultado inconstitucional (seja por violação patente a dispositivo da Constituição ou por contrariedade à jurisprudência do próprio STF sobre a matéria).[31] Cumpre enfatizar que essa atuação permitida aos tribunais de contas **não** pode configurar controle **abstrato** de constitucionalidade, e **sim** controle **incidental** – vale dizer, ela pressupõe o exame de um caso concreto e deve limitar-se às partes nele envolvidas. Mais ainda: não basta que o tribunal de contas esteja atuando em um caso concreto; para ser legítima, a sua decisão **não pode implicar o afastamento genérico da eficácia de dispositivo legal**, com transcendência de efeitos para a apreciação de outros casos pela administração pública, extrapolando, na prática, o alcance específico *inter partes*.[32]

Essa declaração de inconstitucionalidade pelos tribunais de contas deverá ser proferida pela **maioria absoluta** de seus membros, em atenção à cláusula de **reserva de plenário**, estabelecida no art. 97 da Constituição Federal – e está sujeita, por óbvio, à apreciação do Poder Judiciário, desde que provocado.

O Tribunal de Contas da União tem legitimidade, ademais, para a expedição de **medidas cautelares**, no intuito de prevenir a ocorrência de lesão ao erário, ou a direitos que deva proteger, e de assegurar a efetividade das suas decisões. O provimento cautelar pode ser concedido até mesmo **antes de ser ouvida a outra parte** (*inaudita altera parte*), sem que isso caracterize ofensa ao contraditório e à ampla defesa – o exercício dessas garantias fundamentais ocorrerá em fase processual ulterior, sempre observado o devido processo legal.

Entende o Supremo Tribunal Federal que, embora a possibilidade de concessão de medidas cautelares pelo TCU não esteja textualmente prevista na Carta Política, esta lhe outorgou os **poderes implícitos** necessários ao adequado atingimento de suas finalidades institucionais – dentre eles um **poder geral de cautela**. Dito de outro modo, o fato de o art. 71 da Constituição de 1988 haver conferido explicitamente ao TCU inúmeras competências próprias obriga ao reconhecimento de que também lhe foram, **implicitamente**, assegurados os meios necessários ao integral desempenho delas, dentre os quais a concessão de **medidas cautelares**, quando isso for indispensável à neutralização imediata de situações de lesividade ao interesse público ou à garantia da utilidade prática de suas deliberações finais.[33]

---

[31] MS-AgR 25.888/DF, rel. Min. Gilmar Mendes, 22.08.2023.

[32] MS 35.410/DF, MS 35.490/DF, MS 35.494/DF, MS 35.824/DF, rel. Min. Alexandre de Moraes, 13.04.2021.

[33] MS 33.092/DF, rel. Min. Gilmar Mendes, 24.03.2015 (Informativo 779 do STF).

Como **regra geral**, o Tribunal de Contas da União – e, por simetria, as demais cortes de contas – **não dispõe** de competência para requisitar diretamente das pessoas submetidas ao seu controle informações que impliquem quebra de **sigilo bancário** de terceiros.[34]

Entretanto, especificamente quando há **recursos públicos** envolvidos, pode o TCU exigir das instituições financeiras responsáveis o fornecimento de informações acerca de operações determinadas, por elas efetuadas com terceiros, nas quais aqueles valores tenham sido empregados.

Com efeito, nosso Pretório Constitucional já decidiu que "é prerrogativa constitucional do TCU o acesso a informações relacionadas a operações financiadas com recursos públicos" e que "operações financeiras que envolvam recursos públicos não estão abrangidas pelo sigilo bancário", porquanto "operações dessa espécie estão submetidas aos princípios da administração pública". Enfim, na lapidar dicção de nossa Suprema Corte, há "**inoponibilidade de sigilo bancário e empresarial ao TCU quando se está diante de operações fundadas em recursos de origem pública**".[35] Com base nesse entendimento, o STF assegurou ao TCU acesso às operações de crédito realizadas entre o Banco Nacional de Desenvolvimento Econômico e Social (BNDES) e um grupo empresarial privado (Grupo JBS/Friboi).

Não podem as cortes de contas alterar determinações constantes de **decisão judicial transitada em julgado**, ainda que a decisão judicial implique a concessão de benefício a servidor ou a administrado e destoe daquilo que venha sendo decidido, em casos análogos, pelo Supremo Tribunal Federal.[36] Assim é porque **a autoridade da coisa julgada não pode ser contrastada por nenhuma decisão administrativa** – e as decisões dos tribunais de contas têm natureza administrativa. Sentença judicial transitada em julgado, em matéria cível, só pode ser validamente desconstituída, se for o caso, mediante ação rescisória.

Também já foi decidido pelo Supremo Tribunal Federal que não é compatível com a Constituição da República a previsão de que os tribunais de contas funcionem como instância recursal em processos administrativos tributários. No caso concreto, havia uma norma de Constituição estadual que estabelecia que as decisões fazendárias de última instância **contrárias ao erário** seriam apreciadas, em grau de **recurso**, pelo tribunal de contas estadual. Entendeu nossa Corte Suprema não competir ao Poder Legislativo apreciar recursos interpostos contra decisões tomadas em processos administrativos em que se discute questão tributária, nada justificando tal atuação do tribunal de contas, por não encontrar respaldo no art. 71 da Carta Política, de observância impositiva pelos estados, por simetria.[37]

As normas da Constituição Federal relativas ao Tribunal de Contas da União "aplicam-se, no que couber, à organização, composição e fiscalização dos Tribunais de Contas dos Estados e do Distrito Federal, bem como dos Tribunais e Conselhos de

---

[34] MS 22.801/DF, rel. Min. Menezes Direito, 17.12.2007; MS 22.934/DF, rel. Min. Joaquim Barbosa, 17.04.2012 (Informativo 662 do STF).

[35] MS 33.340/DF, rel. Min. Luiz Fux, 26.05.2015 (Informativo 787 do STF).

[36] MS 30.488/MA, rel. Min. Cármen Lúcia, 26.06.2012; MS-AgR 30.312/RJ, rel. Min. Dias Toffoli, 27.11.2012 (Informativo 690 do STF).

[37] ADI 523/PR, rel. Min. Eros Grau, 03.04.2008.

Cap. 13 • CONTROLE DA ADMINISTRAÇÃO PÚBLICA

Contas dos Municípios" (CF, art. 75). Vale mencionar, de passagem, que o Supremo Tribunal Federal já teve oportunidade de declarar inconstitucionais, por desrespeito a essa exigência de simetria e por violação da autonomia federativa, dispositivos de lei federal que pretendiam criar competências a serem exercidas por tribunais de contas estaduais sem paralelo com as atribuições do Tribunal de Contas da União.[38] Sobre a matéria, foi fixada a seguinte **tese jurídica**:[39]

> 1. É inconstitucional, por ausência de simetria com as competências do TCU e por afronta à separação de poderes, lei que condicione generi-camente o repasse de recursos federais à prévia aprovação de projeto pelo Tribunal de Contas da unidade federativa destinatária das verbas.
>
> 2. É inconstitucional, por contrariedade ao art. 70 e incisos da CF/88 e por desrespeito à autonomia federativa, lei federal que atribua aos tribunais de contas estaduais competência para analisar contas relativas à aplicação de recursos federais.

Por fim, mister é assinalar que há disposições específicas aplicáveis aos municí-pios, no art. 31 da Constituição Federal, abaixo reproduzidas:

> Art. 31. A fiscalização do Município será exercida pelo Poder Le-gislativo Municipal, mediante controle externo, e pelos sistemas de controle interno do Poder Executivo Municipal, na forma da lei.
>
> § 1.º O controle externo da Câmara Municipal será exercido com o auxílio dos Tribunais de Contas dos Estados ou do Município ou dos Conselhos ou Tribunais de Contas dos Municípios, onde houver.
>
> § 2.º O parecer prévio, emitido pelo órgão competente sobre as contas que o Prefeito deve anualmente prestar, só deixará de prevalecer por decisão de dois terços dos membros da Câmara Municipal.
>
> § 3.º As contas dos Municípios ficarão, durante sessenta dias, anual-mente, à disposição de qualquer contribuinte, para exame e apreciação, o qual poderá questionar-lhes a legitimidade, nos termos da lei.
>
> § 4.º É vedada a criação de Tribunais, Conselhos ou órgãos de Contas Municipais.

6.3.2. *Os tribunais de contas e as garantias constitucionais do contraditório e da ampla defesa (Súmula Vinculante 3)*

Em 30 de maio de 2007, o Supremo Tribunal Federal aprovou a **Súmula Vincu-lante 3**, com a seguinte redação:

> **3** – Nos processos perante o Tribunal de Contas da União assegu-ram-se o contraditório e a ampla defesa quando da decisão puder resultar anulação ou revogação de ato administrativo que beneficie o interessado, excetuada a apreciação da legalidade do ato de concessão inicial de aposentadoria, reforma e pensão.

---

[38] Incisos I e V do art. 3.º-B da Lei Complementar 79/1994, incluídos pela Lei 13.500/2017.

[39] ADI 7.002/PR, rel. Min. Roberto Barroso, 25.04.2023 (Informativo 1.091 do STF).

A Súmula Vinculante 3 apresenta uma redação mais abrangente do que a interpretação que devemos adotar quanto ao alcance de seu conteúdo.

Inicialmente, é importante frisar que a referência legislativa e os precedentes judiciais expressamente apontados pelo Supremo Tribunal Federal como fundamentos da Súmula Vinculante 3 **restringem-se ao inciso III do art. 71 da Constituição Federal**.

Significa dizer que a súmula tem aplicação, tão somente, aos processos administrativos em tramitação no TCU que tenham por escopo:

a) a apreciação, para fins de **registro**, da **legalidade** dos **atos de admissão de pessoal** na administração pública, a qualquer título, **exceto** as nomeações para **cargo de provimento em comissão** (a rigor, o TCU realiza esse controle não só sobre os atos de admissão, mas **também**, de um modo geral, sobre **outros atos**, que tenham **repercussão financeira**, relacionados à situação funcional do pessoal da administração pública); e

b) a apreciação, para fins de **registro**, da **legalidade** das **concessões de aposentadorias, reformas e pensões** (ressalvadas as melhorias posteriores que não alterem o fundamento legal do ato concessório).

Limitando, portanto, ao inciso III do art. 71 da Carta da República a abrangência da Súmula Vinculante 3, resultam de seu texto **duas regras**:

a) **regra 1**: nos processos administrativos em que o TCU aprecie, para fins de registro, a legalidade dos atos de admissão de pessoal na administração pública (e outros atos com repercussão financeira, ligados à situação funcional desse pessoal), devem ser assegurados o contraditório e a ampla defesa ao administrado quando a decisão do processo possa implicar a anulação ou a revogação de ato administrativo que o beneficie;

b) **regra 2**: nos processos administrativos em que o TCU aprecie, para fins de registro, a legalidade dos atos de concessão inicial de aposentadoria, reforma e pensão, **não há direito a contraditório e ampla defesa** para o administrado, mesmo que a decisão do processo possa implicar a anulação ou a revogação de ato administrativo que o beneficie.

A regra correspondente à parte inicial do texto da Súmula Vinculante 3, que chamamos de "regra 1", deve ser entendida da seguinte forma: nos processos administrativos em que sejam partes o TCU e a administração pública, nos quais o TCU esteja exercendo o controle externo de legalidade dos atos de admissão de pessoal (ou de outros atos com repercussão financeira, relacionados ao vínculo funcional desse pessoal), o agente público que terá sua situação afetada, **mesmo sem ser parte no processo**, terá o direito de exercer o contraditório e a ampla defesa, quando se verifique que a decisão do TCU proferida no processo levará (ou poderá levar) a administração pública a anular ou a revogar um ato administrativo que beneficie aquele agente público.

Nesse diapasão, o Supremo Tribunal Federal, expressamente invocando a Súmula Vinculante 3, **anulou** acórdão do TCU que obrigava a administração a exigir a devolução de valores por ela pagos a uma servidora a título de adicional de dedicação exclusiva, sem que a interessada tivesse sido intimada para exercer, **previamente**, o contraditório e a ampla defesa.[40]

Em outro exemplo de aplicação dessa diretriz, o STF determinou a **reintegração** de dois servidores que foram demitidos em consequência de decisão do TCU que anulara o concurso público por meio do qual eles ingressaram em seus cargos, sem que tivesse havido intimação prévia dos servidores para apresentarem defesa. Conforme deixou consignado o Tribunal Maior, houve afronta à Súmula Vinculante 3 e, de modo mais amplo, ao entendimento, consagrado em sua jurisprudência, de que, **antes** de anular atos administrativos de interesse do administrado, **deve** a administração facultar-lhe o exercício da ampla defesa.[41]

Observe-se que a regra em comento **não** é precipuamente endereçada aos processos administrativos em que exista um **litígio direto** entre o administrado e o TCU, ou a processos em que esteja sendo feita alguma **acusação** contra o administrado. Em casos que tais – processos, sobre qualquer matéria, em que haja litígio imediato entre o administrado e o TCU, ou em que o TCU esteja de algum modo acusando o administrado –, não se precisa de súmula alguma, pois o contraditório e a ampla defesa são assegurados pela incidência insofismável do inciso LV do art. 5.º da Constituição Federal, sem necessidade de norma de reforço.

Em suma, por força dessa determinação do STF, mesmo em um processo concernente a um ato de admissão de pessoal em que as **partes** sejam **somente** o TCU e a administração pública, deverão ser assegurados o contraditório e a ampla defesa ao agente público – que não é parte no processo –, quando a decisão do TCU acarrete, ou possa acarretar, uma consequência que lhe seja desfavorável (anulação ou revogação de um ato administrativo que o beneficiava). Essa garantia decorrente da Súmula Vinculante 3 realmente é uma coisa nova, e não algo que já estivesse óbvio no inciso LV do art. 5.º da Carta da República.

Examinemos, agora, a parte final da Súmula Vinculante 3 (que chamamos, acima, de "regra 2") e o entendimento que atualmente vigora no âmbito de nossa Corte Suprema acerca da sua aplicação.

Segundo a jurisprudência pacífica do Supremo Tribunal Federal, aposentadorias, reformas e pensões são concedidas por meio de **ato administrativo complexo**. Vale dizer, para nossa Corte Suprema, a concessão de aposentadoria, reforma ou pensão somente se completa, se aperfeiçoa, com o registro feito pelo TCU (mediante o qual o TCU exerce o controle de legalidade da concessão do benefício).

Enquanto o TCU não aprecia a legalidade do ato de concessão de aposentadoria, reforma ou pensão e efetua o registro desse ato, ainda **não** existe um ato administrativo inteiramente formado, mas sim um ato incompleto, **imperfeito**, inacabado; só **depois do registro** pelo TCU é que passa a existir um ato **perfeito** (completo, concluído) de concessão de aposentadoria, reforma ou pensão.

Como corolário desse entendimento, afirma o STF que não existe, para o administrado, direito a contraditório e ampla defesa no caso da apreciação da legalidade

---

[40] MS 27.760/DF, rel. Min. Ayres Britto, 20.03.2012.

[41] MS 27.070/DF, rel. Min. Luiz Fux, 08.10.2013.

pelo TCU, para efeito de registro, do ato de concessão inicial de aposentadoria, reforma ou pensão, haja vista que, aqui, o registro faz parte da própria formação do ato. Antes do registro, não há qualquer espécie de litígio, nem mesmo indireto, com o administrado; o registro integra a formação do ato de concessão de aposentadoria, reforma ou pensão e não se cogita contraditório e ampla defesa enquanto o ato está sendo formado, completado, concluído, aperfeiçoado.

Outra consequência muito importante dessa construção jurisprudencial é que, sendo o registro pelo TCU uma etapa da própria formação do ato de aposentadoria, reforma ou pensão, não estaria ainda correndo prazo de decadência algum, vale dizer, a manifestação da Corte de Contas poderia dar-se a qualquer tempo, ainda que muitos anos depois de o órgão de origem ter praticado o ato inicial de concessão da aposentadoria, da reforma ou da pensão.

Pois bem, embora fosse extremamente desfavorável ao administrado, nosso Pretório Máximo realmente sustentou até 2020 essa posição (inexistência de prazo para o TCU apreciar a legalidade da concessão inicial do benefício). Em fevereiro desse ano, porém, em uma virada jurisprudencial muito relevante, em decisão proferida na sistemática da **repercussão geral**, o STF passou a entender que, muito embora o ato de concessão de aposentadoria, reforma ou pensão seja, deveras, um **ato complexo**, o administrado não pode ficar eternamente à mercê do TCU. Como não existe previsão legal de um prazo específico para a manifestação da Corte de Contas, deve-se adotar, **por analogia**, o prazo de **cinco anos** previsto no Decreto 20.910/1932 (que estabelece a assim chamada "prescrição quinquenal" das ações contra a Fazenda Pública). Faz-se mister transcrever este excerto da ementa do acórdão em que a nova orientação foi firmada (negritos acrescentados):[42]

> Recurso extraordinário. Repercussão geral. 2. Aposentadoria. **Ato complexo.** Necessária a conjugação das vontades do órgão de origem e do Tribunal de Contas. Inaplicabilidade do art. 54 da Lei 9.784/1999 antes da perfectibilização do ato de aposentadoria, reforma ou pensão. **Manutenção da jurisprudência quanto a este ponto.** 3. Princípios da segurança jurídica e da confiança legítima. Necessidade da estabilização das relações jurídicas. Fixação do prazo de **5 anos** para que o **TCU proceda ao registro** dos atos de concessão inicial de aposentadoria, reforma ou pensão, **após o qual se considerarão definitivamente registrados.** 4. Termo inicial do prazo. Chegada do processo ao Tribunal de Contas.

Para efeito de **repercussão geral**, restou fixada a seguinte **tese jurídica**:

> Em atenção aos princípios da segurança jurídica e da confiança legítima, os Tribunais de Contas estão sujeitos ao prazo de 5 anos para o julgamento da legalidade do ato de concessão inicial de apo-

---

[42] RE 636.553/RS (**repercussão geral**), rel. Min. Gilmar Mendes, 19.2.2020 (Informativo 967 do STF).

Cap. 13 • CONTROLE DA ADMINISTRAÇÃO PÚBLICA 927

sentadoria, reforma ou pensão, a contar da chegada do processo à respectiva Corte de Contas.

Situação **bem diferente** ocorre quando o TCU, **depois de já ter feito o registro**, isto é, já ter afirmado a legalidade do ato de concessão de aposentadoria, reforma ou pensão, **pretende anular a sua própria decisão**, por constatar que errou ao decidir, ou por qualquer outra razão que o leve a entender que o registro não deveria ter sido efetuado.

Nesse caso, a orientação do Supremo Tribunal Federal é de que a anulação pelo TCU de **sua própria decisão** está sujeita ao prazo **decadencial** de **cinco anos** previsto no art. 54 da Lei 9.784/1999. Isso porque o ato de aposentadoria (ou reforma ou pensão), com o registro efetuado pelo TCU, já estava **perfeito** (concluído, completo), inexistindo qualquer motivo válido para afastar a aplicação do referido prazo decadencial. Veja-se, como exemplo, a seguinte passagem, extraída da ementa do acórdão prolatado no MS 25.963/DF, rel. Min. Cezar Peluso, julgado em 23.10.2008 (grifamos):[43]

> Aposentadoria. Cumulação de gratificações. Anulação pelo Tribunal de Contas da União – TCU. Inadmissibilidade. **Ato julgado legal pelo TCU há mais de cinco (5) anos**. Anulação do julgamento. Inadmissibilidade. **Decadência administrativa**. Consumação reconhecida. (...) Aplicação do art. 5.º, inc. LV, da CF, e **art. 54 da Lei federal n.º 9.784/99**. Não pode o Tribunal de Contas da União, sob fundamento ou pretexto algum, anular aposentadoria que **julgou legal há mais de 5 (cinco) anos**.

É mister enfatizar que essa orientação segundo a qual o controle de legalidade feito pelo TCU é parte integrante de um **ato complexo**, cuja formação não se completa enquanto tal controle não é exercido, é adotada pelo STF **somente para as concessões de aposentadoria, reforma e pensão**, mas **não para outros atos** que a administração pública pratique em benefício de seus agentes. No caso de outros atos – que não sejam a concessão de aposentadoria, reforma e pensão – favoráveis ao agente público, o TCU está sujeito ao prazo decadencial de cinco anos previsto no art. 54 da Lei 9.784/1999 desde a data em que o ato é exarado pelo órgão ou entidade da administração, significa dizer, passados cinco anos da data em que o ato foi praticado, não pode mais o TCU determinar a sua anulação ao órgão ou entidade que o emitiu, porque já se terá operado a decadência do direito de anulá-lo.[44]

---

43   Entendimento reiterado em julgados posteriores, de que são exemplos o MS 28.432/DF, rel. Min. Dias Toffoli, 28.05.2012, e o MS 27.746/DF, rel. Min. Dias Toffoli, 12.06.2012. Merece registro, também, este excerto, de lavra do Min. Dias Toffoli, relator no MS 31.342/DF, julgado em 05.09.2012: "a jurisprudência há muito consolidada no STF é no sentido de que a aposentadoria é ato complexo e, como tal, o ato do órgão concedente somente se aperfeiçoa com o registro no Tribunal de Contas, de forma que o prazo decadencial previsto pelo artigo 54 da Lei n. 9.784/99 terá início a partir da publicação do registro da aposentadoria".

44   MS 26.353/DF, rel. Min. Marco Aurélio, 06.09.2007; MS 26.117/DF, rel. Min. Eros Grau, 20.05.2009; MS 28.953/DF, rel. Min. Cármen Lúcia, 28.02.2012; MS 31.344/DF, rel. Min. Marco Aurélio, 23.04.2013 (Informativo 703 do STF).

928 DIREITO ADMINISTRATIVO DESCOMPLICADO • Marcelo Alexandrino & Vicente Paulo

Por fim, não é demais lembrar que as orientações expostas neste tópico, embora sejam especificamente endereçadas ao Tribunal de Contas da União, alcançam as demais cortes de contas do País, uma vez que as disposições da Carta da República relativas ao TCU "aplicam-se, no que couber, à organização, composição e fiscalização dos Tribunais de Contas dos Estados e do Distrito Federal, bem como dos Tribunais e Conselhos de Contas dos Municípios" (CF, art. 75).

7. CONTROLE JUDICIÁRIO

7.1. Introdução

O denominado controle judiciário, ou judicial, é o controle realizado pelos órgãos do Poder Judiciário, no desempenho de atividade jurisdicional, sobre os atos administrativos praticados pelo Poder Executivo, bem como sobre os atos administrativos editados, no exercício de função administrativa, pelo Poder Legislativo e pelo próprio Poder Judiciário.

O controle judicial verifica exclusivamente a legalidade ou legitimidade dos atos administrativos, **nunca o mérito** administrativo. Trata-se, em regra, de um controle posterior, corretivo, incidente sobre o ato já praticado.

O Poder Judiciário, no exercício de sua atividade jurisdicional, sempre age mediante provocação do interessado ou do legitimado (em casos como o da ação popular, ou da ação civil pública, pode não existir interesse direto do autor relativamente ao bem ou direito lesado).

Mediante o exercício do controle judicial dos atos administrativos pode ser decretada a sua anulação (nunca a revogação, pois esta decorreria de controle de mérito).

Deve-se repisar que não se admite a aferição do mérito administrativo pelo Poder Judiciário. Não faria sentido o juiz, órgão voltado à atividade jurisdicional, muitas vezes distante da realidade e das necessidades administrativas, substituir, pela sua, a ótica do administrador. Significa que, se fosse dado ao juiz decidir sobre a legitimidade da valoração de oportunidade e conveniência realizada pelo administrador na prática de atos discricionários de sua competência, estaria esse juiz substituindo o administrador no exercício dessa atividade valorativa, vale dizer, substituindo a avaliação de conveniência e oportunidade realizada pelo administrador, que vivenciou a situação que ensejou a prática do ato, que tem como mister exatamente o exercício de atividades administrativas, por uma avaliação de conveniência e oportunidade realizada por ele, juiz, evidentemente distanciado do cotidiano da administração pública.

Não se deve, entretanto, confundir a vedação de que o Judiciário aprecie o mérito administrativo com a possibilidade de aferição pelo Poder Judiciário da legalidade dos atos discricionários.

Com efeito, os atos discricionários podem ser amplamente controlados pelo Judiciário, no que respeita a sua legalidade ou legitimidade. Por exemplo, um ato discricionário do Poder Executivo pode ser anulado pelo Poder Judiciário em razão de vício de competência, de desvio de finalidade, de vício de forma (se foi desatendida determinada forma ou formalidade que a lei considerasse essencial à validade do ato), de vício de motivo (por exemplo, comprovação de inexistência dos fatos alegados pela administração, na motivação do ato, como ensejadores de sua prática) e de vício de objeto (por exemplo, ato praticado com conteúdo não previsto em lei; imagine-se, na esfera federal, um ato de suspensão disciplinar por 100 dias: seria nulo por vício de objeto, porque a lei só autoriza a suspensão até 90 dias).

Ainda, os controles de razoabilidade e proporcionalidade possibilitam anulação, pelo Poder Judiciário, de atos discricionários que tenham sido praticados fora da esfera de mérito administrativo estabelecida pela lei.

Em resumo, o Poder Judiciário pode, sempre, desde que provocado, **anular** atos administrativos, vinculados ou discricionários, que apresentem vícios de ilegalidade ou ilegitimidade. O que não se admite é que o Poder Judiciário **revogue** um ato editado pelo Poder Executivo ou pelo Poder Legislativo. A revogação, que traduz exercício do controle de mérito administrativo, retira do mundo jurídico um ato discricionário válido que se tornou inoportuno ou inconveniente ao interesse público, segundo juízo exclusivo da administração pública que o praticou.

Cabe lembrar que no exercício de função administrativa o Poder Judiciário pode, sim, revogar atos discricionários que ele mesmo tenha editado, mas isso não é controle judicial propriamente dito, e sim controle administrativo (porque o Judiciário estará atuando como administração pública, e não exercendo função jurisdicional).

A seguir, mencionamos, resumidamente, específicos meios judiciais de controle dos atos da administração pública, alguns acessíveis a todos os administrados, outros restritos a legitimados determinados.

Desejamos deixar claro que as ações judiciais que selecionamos para uma análise mais detalhada, não são, de forma alguma, as únicas disponíveis para o exercício do controle judicial dos atos da administração pública. Outros instrumentos se prestam ao controle judicial, de que são exemplos, entre muitos, o mandado de injunção, o *habeas corpus*, o *habeas data*.

Até mesmo a ação direta de inconstitucionalidade – ADI e a ação declaratória de constitucionalidade – ADC são passíveis de utilização para o controle de atos administrativos, desde que providos de normatividade.

Em qualquer hipótese, deve-se ter em mente a regra básica do nosso ordenamento jurídico, constante do art. 5.º, XXXV, da Constituição, segundo a qual "a lei não excluirá da apreciação do Poder Judiciário lesão ou ameaça a direito" (princípio da inafastabilidade de jurisdição).

A rigor, uma relação de ações judiciais disponíveis para o controle judicial das atividades da administração pública sempre será meramente exemplificativa, e não exaustiva, uma vez que todo o pronunciamento do Poder Judiciário sobre um ato da administração pública, em qualquer ação judicial, configura controle judicial.

7.2. Controle judicial em espécie

7.2.1. Mandado de segurança

7.2.1.1. Introdução

Estabelece a Constituição de 1988, em seu art. 5.º, LXIX:

> LXIX – conceder-se-á mandado de segurança para proteger direito líquido e certo, não amparado por *habeas corpus* ou *habeas data*, quando o responsável pela ilegalidade ou abuso de poder for autoridade pública ou agente de pessoa jurídica no exercício de atribuições do Poder Público;

O mandado de segurança é ação judicial de rito sumário especial, passível de ser utilizada quando direito líquido e certo de pessoa física ou jurídica for violado (ou sofrer ameaça de lesão) por um ato ilegal (ou omissão ilegal) de autoridade administrativa, ou de agente de pessoa jurídica privada que esteja exercendo atribuição do Poder Público. É **sempre** uma ação de **natureza civil**.

Por mais de meio século o mandado de segurança esteve regulamentado, no Brasil, pela vetusta Lei 1.533/1951. Como seria de imaginar, essa lei sofreu diversas alterações ao longo de sua existência. Além disso, muitas regras legais pertinentes ao mandado de segurança foram veiculadas em outras leis, em complementação à Lei 1.533/1951, porém sem modificação do seu texto. Ainda mais importante para a configuração do perfil dessa nobre ação – verdadeira garantia constitucional fundamental – foi (e ainda é) o caudaloso labor jurisprudencial de nossas cortes judiciais, sobretudo do Supremo Tribunal Federal.

Pois bem, em agosto de 2009, o Congresso Nacional editou a Lei 12.016/2009, a qual passou a ser o diploma disciplinador do mandado de segurança individual e coletivo, revogando a Lei 1.533/1951, bem como diversas outras leis e dispositivos legais que tratavam da matéria. Pode-se afirmar – e essa conclusão tem sido apontada consensualmente pelos autores que já examinaram a nova lei – que a Lei 12.016/2009 teve o principal intuito de consolidar as regras legais dispersas que existiam sobre o mandado de segurança, atualizar uns poucos pontos e incorporar ao nosso direito legislado algumas orientações já consagradas pela jurisprudência. Não introduziu nenhuma alteração drástica na disciplina da ação. Além disso, o legislador regulamentou, embora sem maior riqueza de detalhes, o mandado de segurança coletivo, criado pela Constituição de 1988 e que, desde então, até antes Lei 12.016/2009, vinha sendo manejado com base nas leis pertinentes ao mandado de segurança individual, em leis processuais sobre outras ações coletivas, bem como em construções jurisprudenciais.

O estudo do mandado de segurança apresentado neste tópico e nos seguintes tem por base, essencialmente, a disciplina estabelecida na Lei 12.016/2009 e a jurisprudência ainda aplicável. Na medida do possível, não nos deteremos em comparações entre a Lei 1.533/1951 e a Lei 12.016/2009, porque essa abordagem fugiria ao escopo desta obra. Ao longo do texto, toda vez que for feita uma referência a artigo de lei, sem explicitação do diploma respectivo, estaremos nos reportando a dispositivo da Lei 12.016/2009.

Cap. 13 • CONTROLE DA ADMINISTRAÇÃO PÚBLICA

7.2.1.2. Bem jurídico tutelado

Assim dispõe o art. 1.º da Lei 12.016/2009:

> Art. 1.º Conceder-se-á mandado de segurança para proteger direito líquido e certo, não amparado por *habeas corpus* ou *habeas data*, sempre que, ilegalmente ou com abuso de poder, qualquer pessoa física ou jurídica sofrer violação ou houver justo receio de sofrê-la por parte de autoridade, seja de que categoria for e sejam quais forem as funções que exerça.

O bem jurídico a ser protegido por meio do mandado de segurança é o próprio direito subjetivo líquido e certo que esteja sendo violado ou ameaçado de lesão por um ato (ou omissão) de autoridade praticado com ilegalidade.

O pressuposto "ilegalidade" deve ser tomado na acepção mais abrangente possível, vale dizer, qualquer ato (ou omissão) de autoridade que, de algum modo, seja contrário ao ordenamento jurídico configura "ilegalidade" para efeito de impetração de mandado de segurança. Constata-se, dessarte, que, embora seja mencionado nos textos constitucional e legal o "abuso de poder", qual fora um pressuposto distinto da "ilegalidade", ele está, na verdade, incluído nesta, ou seja, é suficiente a referência genérica e ampla à "ilegalidade" como pressuposto da ação de mandado de segurança.

Considera-se direito líquido e certo aquele passível de ser comprovado de plano, no momento de apresentação da petição inicial, sem necessidade de instrução processual visando à produção de provas (não existe uma fase destinada à produção de provas no processo de mandado de segurança).

Ressalte-se que é a **matéria de fato** que deve se provada de pronto pelo impetrante, já na apresentação da petição inicial. Por outras palavras, os **fatos** que comprovam a liquidez e a certeza do direito alegado e os **fatos** dos quais decorre a alegada lesão, ou ameaça de lesão, ao direito líquido e certo do impetrante devem ser comprovados de forma cabal, em regra por meio de documentos, apresentados juntamente com a petição inicial, não sendo admitidas no mandado de segurança dilações probatórias, a exemplo de tomada de depoimentos, realização de diligências, acareações e outras que tais.

Segundo a jurisprudência do Supremo Tribunal Federal, a liquidez e a certeza exigidas **não** dizem respeito **à matéria de direito**, isto é, podem ser discutidas quaisquer questões concernentes a interpretação de leis, revogação, recepção, vigência, eficácia, conflitos de normas, ponderação de princípios etc. (Súmula 625 do STF). Significa que, por mais complexas que sejam as teses jurídicas em discussão, poderão elas ser apreciadas em sede de mandado de segurança, desde que os fatos alegados pelo impetrante estejam, desde logo, devidamente comprovados, como líquidos e certos, na petição inicial. Até mesmo a inconstitucionalidade de uma lei pode ser reconhecida no âmbito de um processo de mandado de segurança, desde que se trate de declaração incidental de inconstitucionalidade, no caso concreto.

DIREITO ADMINISTRATIVO DESCOMPLICADO • *Marcelo Alexandrino & Vicente Paulo*

Por fim, cumpre registrar que há uma exceção à exigência de que todos os documentos comprobatórios do direito do impetrante sejam apresentados já na petição inicial. Com efeito, estabelece o § 1.º do art. 6.º da Lei 12.016/2009:

> § 1.º No caso em que o documento necessário à prova do alegado se ache em repartição ou estabelecimento público ou em poder de autoridade que se recuse a fornecê-lo por certidão ou de terceiro, o juiz ordenará, preliminarmente, por ofício, a exibição desse documento em original ou em cópia autêntica e marcará, para o cumprimento da ordem, o prazo de 10 (dez) dias. O escrivão extrairá cópias do documento para juntá-las à segunda via da petição.

7.2.1.3. Objeto

O mandado de segurança pode ser **repressivo** – visando a obstar ou a reparar uma lesão já ocorrida – ou **preventivo** – visando a afastar uma **ameaça de lesão** ao direito líquido e certo do impetrante.

O mandado de segurança preventivo visa a evitar que determinada atuação ocorra concretamente. Para ser impetrado, deve ser possível comprovar que o ato de autoridade tem possibilidade concreta de ser praticado e que, se for praticado, acarretará lesão a direito líquido e certo do impetrante – ou seja, deve ser comprovada a existência de uma **efetiva ameaça** de lesão a direito líquido e certo do impetrante.

É interessante registrar que, segundo a jurisprudência do Supremo Tribunal Federal, a **efetiva ocorrência, depois da impetração**, do ato cuja prática se pretendia impedir com o mandado de segurança preventivo **não acarreta a perda de objeto** deste, isto é, a ação não fica prejudicada, sua tramitação prosseguirá – porém, agora, como um mandado de segurança **repressivo**.[45]

As situações mais comuns em que se utiliza o mandado de segurança preventivo são aquelas em que determinado ato administrativo vinculado é previsto em lei como consequência obrigatória de uma dada situação concreta.

Por exemplo, uma lei tributária estabelece que, praticada a operação "X", será devido o tributo "Y". Imagine-se que um indivíduo pratique a operação "X", mas considere que a referida lei tributária é inconstitucional. Nessa situação, pode esse indivíduo impetrar um mandado de segurança preventivo, pedindo que o juiz conceda ordem para que a autoridade fiscal se abstenha de cobrar dele o tributo "Y".

Note-se que ele impetra o mandado de segurança contra o ato administrativo concreto de cobrança do tributo (ainda não praticado); apenas incidentalmente deve ser arguida a inconstitucionalidade da lei que ensejaria a cobrança preventivamente impugnada.

Como ocorreu a operação "X", e a cobrança do tributo "Y" é um ato vinculado, há uma ameaça efetiva de ser concretamente praticado o ato administrativo de cobrança. O sujeito passivo entende que a cobrança é ilegítima porque considera in-

---

[45] Rcl 4.190/SP, rel. Min. Sepúlveda Pertence, 07.11.2006; MS 30.260/DF, rel. Min. Cármen Lúcia, 27.04.2011; MS 31.557/DF, rel. Min. Dias Toffoli, 28.06.2013; MS-MC 34.217/DF, rel. Min. Celso de Mello, 22.08.2016.

Cap. 13 • CONTROLE DA ADMINISTRAÇÃO PÚBLICA

constitucional a lei que a prevê. Logo, ele pode impetrar um mandado de segurança preventivo, apresentando como fundamento do pedido, como causa da alegada ilegitimidade da cobrança que fatalmente ocorreria, justamente a inconstitucionalidade da lei que determina a prática daquele ato administrativo vinculado.

Vale repetir: o pedido principal não pode ser a inconstitucionalidade, em tese, da lei tributária. O pedido principal é a prolação de sentença que determine a abstenção de cobrança do tributo "Y" pela autoridade fiscal. Apenas incidentalmente, como fundamento do pedido principal, é que se alega a inconstitucionalidade da lei que implicaria a prática do ato concreto preventivamente impugnado.

O mandado de segurança **repressivo** pode ser utilizado em face de uma **atuação** lesiva ou de uma **omissão** do Poder Público que ocasione lesão a direito líquido e certo do impetrante.

Em síntese, portanto, o **objeto da ação** de mandado de segurança pode ser:

a) a anulação de um ato lesivo ou a cessação de determinada conduta, quando se tratar de mandado de segurança repressivo contra um ato ou uma atuação;

b) a determinação de que seja praticado um ato ou adotada uma dada conduta, quando se tratar de mandado de segurança repressivo contra uma omissão;

c) a exigência de abstenção de praticar um ato ou de adotar uma dada conduta, quando se tratar de mandado de segurança preventivo.

A tutela requerida tem conteúdo mandamental, ou seja, a pretensão do impetrante é obter uma decisão judicial, endereçada à autoridade responsável pela ilegalidade (chamada de **autoridade coatora**), que determine a anulação de um ato, ou a cessação de uma conduta já adotada, ou exija uma dada atuação, ou, ainda, imponha uma abstenção (um não fazer). Se a autoridade descumprir a ordem judicial, incorrerá no crime de desobediência (art. 26).

7.2.1.4.   Restrições

Estabelece a Lei 12.016/2009 que não se concederá mandado de segurança quando se tratar (art. 5.º):

> I – de ato do qual caiba recurso administrativo com efeito suspensivo, independentemente de caução;
>
> II – de decisão judicial da qual caiba recurso com efeito suspensivo;
>
> III – de decisão judicial transitada em julgado.

A respeito do inciso I (que já constava da Lei 1.533/1951), preleciona a Prof.ª Maria Sylvia Di Pietro que "a jurisprudência evoluiu para admitir o mandado de segurança, mesmo que seja cabível o recurso administrativo com efeito suspensivo, desde que o interessado tenha deixado escoar o prazo, sem recorrer". Reproduzimos a lição da autora:

> Assim, se o interessado não quiser recorrer administrativamente, poderá deixar escoar o prazo ou renunciar ao recurso administrativo

e impetrar a segurança; o que não pode é propor a ação enquanto pendente de decisão o recurso com efeito suspensivo.

É interessante observar que, na hipótese de o mandado de segurança ser impetrado contra uma **omissão** ilegal, descabe por completo a aplicação da restrição vazada nesse inciso, uma vez que não pode ser cogitada a existência de um recurso administrativo com "efeito suspensivo" de um ato que justamente deixou de ser praticado.

Quanto ao inciso III, é oportuno registrar que a impossibilidade de ajuizar mandado de segurança contra decisão judicial com trânsito em julgado já era ponto há muito consagrado pela jurisprudência (Súmula 268 do STF). Decisões judiciais transitadas em julgado, na esfera cível, devem ser atacadas, quando couber, mediante **ação rescisória** (CPC, art. 966). E, na esfera penal, a ação adequada para desfazer uma decisão transitada em julgado, se for o caso, é a **revisão criminal** (CPP, art. 621).

É mister, ainda, frisar: o mandado de segurança sempre mantém sua natureza de **ação cível**, mesmo que seja utilizado contra decisão proferida em processo criminal, trabalhista, eleitoral, ou qualquer outro.

Para mais das restrições explicitadas no art. 5.º da Lei 12.016/2009, impende mencionar que **não cabe** mandado de segurança **contra lei em tese**, salvo se produtora de efeitos concretos (Súmula 266 do STF). Somente as leis de efeitos concretos são passíveis de impugnação mediante mandado de segurança, pois estas equivalem a atos administrativos, e, por terem destinatários certos, podem violar, diretamente, direitos individuais. Para a fiscalização da constitucionalidade das "leis em tese" existe a via própria – ação direta de inconstitucionalidade –, no âmbito do nosso sistema de controle abstrato de normas.

O mandado de segurança não pode ser impetrado como ação substitutiva da ação de cobrança (Súmula 269 do STF). Significa dizer que a concessão de mandado de segurança não produz efeitos patrimoniais em relação a período pretérito, os quais deverão ser reclamados administrativamente, ou pela via judicial própria.

Exemplificando: imagine-se que Fulano ingresse no serviço público federal em janeiro de 2009 e ajuíze um mandado de segurança, em 1.º de outubro de 2009, pleiteando reconhecimento de alegado direito líquido e certo a receber adicional de periculosidade, tendo em conta as características de sua atividade. Imagine-se que, em junho de 2010, seja prolatada a sentença, acolhendo o pedido.

Nessa situação, embora a sentença tenha reconhecido o direito líquido e certo ao adicional de periculosidade e, portanto, a ilegalidade da omissão do Poder Público em pagar essa vantagem a Fulano, a ordem mandamental, quanto aos efeitos pecuniários (pagamento do adicional), somente alcançará as prestações relativas ao período posterior à impetração (a partir de outubro de 2009).

Os adicionais relativos ao período de janeiro de 2009 a setembro de 2009 não serão pagos por força da sentença mandamental; deverão ser reclamados na via própria, judicial ou administrativa (Súmula 271 do STF).

Essa regra, há muito estabelecida pela jurisprudência, está hoje, especificamente no que respeita a pagamento de vencimentos e vantagens pecuniárias assegurados

Cap. 13 • CONTROLE DA ADMINISTRAÇÃO PÚBLICA

em sentença concessiva de mandado de segurança a servidores públicos, explicitada no § 4.º do art. 14 da Lei 12.016/2009, abaixo transcrito:

> § 4.º O pagamento de vencimentos e vantagens pecuniárias assegurados em sentença concessiva de mandado de segurança a servidor público da administração direta ou autárquica federal, estadual e municipal somente será efetuado relativamente às prestações que se vencerem a contar da data do ajuizamento da inicial.

Não pode, tampouco, ser o mandado de segurança utilizado com o escopo de substituir a ação popular (Súmula 101 do STF). A natureza da tutela requerida é diferente: na ação popular pretende-se obter uma sentença desconstitutiva (anulação de um ato administrativo) e, acessoriamente, condenatória (responsabilização do agente que praticou o ato); no mandado de segurança, a pretensão é obter uma sentença de conteúdo mandamental, uma ordem para que a autoridade coatora faça ou se abstenha de fazer alguma coisa. Ademais, no mandado de segurança individual o autor age em nome próprio, postulando direito próprio, ao passo que na ação popular o autor age como substituto processual, defendendo, em nome próprio, direito ou interesse de toda a coletividade.

Além de todas essas restrições, decorre do próprio texto constitucional que o mandado de segurança não pode ser utilizado para proteger direito amparado pelo *habeas corpus* (liberdade de locomoção) ou para proteger direito amparado pelo *habeas data* (conhecimento de informações relativas à pessoa do impetrante, constantes de registros ou bancos de dados de caráter público, ou retificação dessas informações).

Essa especificidade de objeto das ações de *habeas corpus* e *habeas data*, em comparação com o objeto do mandado de segurança, leva alguns autores a afirmar que o mandado de segurança tem "**natureza residual**". Tencionam com essa expressão traduzir a ideia de que o mandado de segurança protege contra ilegalidade, genericamente, todos os direitos subjetivos líquidos e certos, exceptuados apenas aqueles que especificamente são amparados pelo *habeas corpus* e pelo *habeas data*.

7.2.1.5.   Sujeitos

Têm **legitimidade ativa** para impetrar mandado de segurança individual (impetrantes):

a) as pessoas físicas ou jurídicas, nacionais ou estrangeiras, domiciliadas ou não no Brasil;

b) as universalidades reconhecidas por lei, que, embora sem personalidade jurídica, possuem capacidade processual para defesa de seus direitos (o espólio, a massa falida, o condomínio de apartamentos, a sociedade de fato etc.);

c) os órgãos públicos de alta hierarquia, na defesa de suas prerrogativas e atribuições;

d) o Ministério Público, competindo a impetração, perante os tribunais locais, ao promotor de justiça, quando o ato atacado emanar de juiz de primeiro grau de jurisdição (Lei 8.625/1993, art. 32);

e) os agentes políticos (governador de estado, prefeito municipal, magistrados, deputados, senadores, vereadores, membros do Ministério Público, membros dos tribunais de contas, ministros de Estado, secretários de estado etc.), na defesa de suas atribuições e prerrogativas.

Quando o direito ameaçado ou violado couber a várias pessoas, qualquer delas poderá requerer o mandado de segurança (art. 1.º, § 3.º). A formação de litisconsórcio ativo (mais de um impetrante no mesmo mandado de segurança individual) é possível, mas o ingresso de litisconsorte ativo não será admitido depois do despacho da petição inicial (art. 10, § 2.º).

Têm **legitimidade passiva** em mandado de segurança (impetrados):

a) autoridades públicas de quaisquer dos Poderes da União, dos estados, do Distrito Federal e dos municípios, sejam de que categoria forem e sejam quais forem as funções que exerçam;

b) os representantes ou órgãos de partidos políticos e os administradores de entidades autárquicas (incluídas as fundações governamentais com personalidade jurídica de direito público);

c) os dirigentes de pessoas jurídicas de direito privado, integrantes ou não da administração pública formal, e as pessoas naturais, desde que eles estejam no exercício de atribuições do Poder Público, e somente no que disser respeito a essas atribuições.

Não cabe mandado de segurança contra os **atos de gestão comercial** praticados pelos administradores de empresas públicas, de sociedade de economia mista e de concessionárias de serviço público (art. 1.º, § 2.º). O Supremo Tribunal Federal já apreciou e considerou legítima essa norma vazada no § 2.º do art. 1.º da Lei 12.016/2009. Frisou, na ocasião, que o ajuizamento do mandado de segurança é cabível apenas contra atos praticados no desempenho de atribuições do Poder Público, conforme estabelece o inciso LXIX do art. 5.º da Constituição da República, e que os referidos atos de gestão comercial "se destinam à satisfação de interesses privados na exploração de atividade econômica, submetendo-se a regime jurídico próprio das empresas privadas".[46]

Enquadra-se como autoridade coatora aquela que tenha praticado o ato impugnado ou da qual emane a ordem para a sua prática (art. 6.º, § 3.º).

Quando o agente atua mediante delegação de competência, que lhe confira poder decisório para praticar ato de autoridade, é ele quem deve ser apontado como autoridade coatora, e não a autoridade delegante. A Súmula 510 do STF é expressa quanto a esse ponto:

> 510 – Praticado o ato por autoridade, no exercício de competência delegada, contra ela cabe o mandado de segurança ou a medida judicial.

---

[46] ADI 4.296/DF, red. p/ o acórdão Min. Alexandre de Moraes, 09.06.2021 (Informativo 1.021 do STF).

No caso de impetração de mandado de segurança que vise a impugnar um ato complexo, todos os agentes cuja manifestação de vontade integrou a formação do ato devem ser apontados como autoridades coatoras, em litisconsórcio passivo. Quando se trata de impetração contra decisão adotada por um órgão colegiado, deve ser indicado como autoridade coatora o seu presidente.

Considera-se federal a autoridade coatora se as consequências de ordem patrimonial do ato contra o qual se requer o mandado tiverem de ser suportadas pela União **ou entidade por ela controlada** (art. 2.º). Consoante a jurisprudência consolidada do Supremo Tribunal Federal, o **dirigente de sociedade de economia mista federal** (e de outras pessoas jurídicas de direito privado controladas pela União) enquadra-se como autoridade federal, para efeito de impetração de mandado de segurança, quanto aos atos por ele praticados que digam respeito a **atribuições do poder público federal**.[47] Sempre que a autoridade coatora for considerada federal, a competência para o julgamento do mandado de segurança será da **Justiça Federal** (CF, art. 109, VIII).

O mandado de segurança é impetrado contra a autoridade coatora, pessoa física, e não contra a pessoa jurídica a que aquela se vincula. Embora o legitimado passivo – o impetrado – no mandado de segurança seja a autoridade coatora, quem suporta o ônus da decisão final é a pessoa jurídica a que o impetrado está vinculado.

Por essa razão, já na petição inicial o impetrante deve indicar, "além da autoridade coatora, a pessoa jurídica que esta integra, à qual se acha vinculada ou da qual exerce atribuições" (art. 6.º, *caput*).

Ainda, ao despachar a inicial, o juiz ordena que se notifique a autoridade coatora a fim de que ela, no prazo de **dez dias**, preste as informações que entender pertinentes acerca do ato (ou da omissão) impugnado e, concomitantemente, ordena "que se dê ciência do feito ao órgão de representação judicial da pessoa jurídica interessada, enviando-lhe cópia da inicial sem documentos, para que, querendo, ingresse no feito" (art. 7.º, II).

Ademais, é a pessoa jurídica quem deve **apresentar recursos** no âmbito do processo do mandado de segurança, muito embora o § 2.º do art. 14 da Lei 12.016/2009 estenda também à autoridade coatora o direito de recorrer – caso apresente recurso, a autoridade coatora deverá estar representada por advogado, conforme já decidiu o Supremo Tribunal Federal ("O art. 14, § 2.º, da Lei 12.016/2009, conferiu legitimidade recursal, não capacidade postulatória, à autoridade coatora").[48]

Em razão das peculiaridades apontadas no parágrafo precedente, parcela importante de nossa doutrina entende que **o verdadeiro réu no mandado de segurança é a pessoa jurídica**, e **não a pessoa física impetrada**, isto é, apontada como autoridade coatora. A nosso ver, as disposições da Lei 12.016/2009, sobretudo o *caput* do art. 6.º e o inciso II do art. 7.º, reforçam essa orientação, a qual adotamos.

O mandado de segurança poderá ser **individual** (para proteger o direito líquido e certo do impetrante ou, no caso de litisconsórcio ativo, dos impetrantes) ou **coletivo**. Frise-se que mesmo no caso de haver diversos impetrantes diferentes, defendendo

---

[47]   RE 726.035/SE (**repercussão geral**), rel. Min. Luiz Fux, 24.04.2014.

[48]   ADI 4.403/DF, rel. Min. Edson Fachin, 23.08.2019.

DIREITO ADMINISTRATIVO DESCOMPLICADO • *Marcelo Alexandrino & Vicente Paulo*

direito próprio, em litisconsórcio ativo, tem-se mandado de segurança individual. Só é coletivo o mandado de segurança quando o seu impetrante defende interesse alheio, na qualidade de substituto processual, conforme será detalhado adiante.

7.2.1.6. Liminar

Medida liminar é uma ordem judicial proferida prontamente, mediante um juízo sumário, porém precário (ou seja, não definitivo), de plausibilidade das alegações e de risco de que a demora na prestação jurisdicional ocasione dano de difícil reparação.

Os pressupostos de uma liminar, portanto, são a plausibilidade jurídica do pedido (*fumus boni juris*) e o risco de dano irreparável ou de difícil reparação em decorrência da demora na prestação jurisdicional definitiva (*periculum in mora*).

Presentes esses pressupostos, a medida liminar deve ser concedida, mas isso não impede, de maneira nenhuma, que a decisão judicial definitiva (decisão de mérito), ainda que prolatada pelo mesmo juiz que antes concedeu a liminar, seja contrária ao impetrante, isto é, seja pela improcedência do pedido (ou mesmo que a liminar seja revogada ou cassada ainda antes de ser julgado o mérito da causa).

A Lei 12.016/2009 admite expressamente a concessão de medida liminar no mandado de segurança, prescrevendo que, ao despachar a inicial, o juiz ordenará "que se suspenda o ato que deu motivo ao pedido, quando houver fundamento relevante e do ato impugnado puder resultar a ineficácia da medida, caso seja finalmente deferida" (art. 7.º, III).

Conforme se constata, estão mencionados nesse dispositivo os dois requisitos que devem ser atendidos simultaneamente para a concessão da liminar: a **plausibilidade jurídica do pedido** (*fumus boni juris*) e o **risco de dano irreparável** pela demora na prestação jurisdicional (*periculum in mora*).

O juiz pode conceder a liminar imediatamente, ao despachar a inicial, ou seja, antes mesmo de receber as informações que serão prestadas pela autoridade impetrada. Tem-se, nessa hipótese, a denominada concessão *inaudita altera parte* (sem oitiva da outra parte). É evidente que, se o juiz tiver dúvida acerca da plausibilidade jurídica do pedido, ele pode – e é prudente que o faça – aguardar as informações da autoridade impetrada para formar a sua convicção sobre o cabimento, ou não, da medida.

O **deferimento da medida liminar não implica prejulgamento**; apenas suspende o ato impugnado, para evitar, temporariamente, lesão irreparável a eventual direito do impetrante.

Por outro lado, a concessão da liminar pode acarretar prejuízos para a pessoa jurídica que deverá suportar os efeitos dela. Por essa razão, a Lei 12.016/2009 expressamente **faculta** ao juiz "exigir do impetrante **caução**, **fiança** ou **depósito**, com o objetivo de assegurar o ressarcimento à pessoa jurídica" (art. 7.º, III). Trata-se de **medidas de contracautela** com o evidente intuito de resguardar os direitos da pessoa jurídica impetrada, na eventualidade de a segurança vir a ser denegada quando for proferida a decisão de mérito.

O Supremo Tribunal Federal já declarou compatível com a Constituição essa regra do inciso III do art. 7.º da Lei 12.016/2009. Averbou, na ocasião, que, "no exercí-

Cap. 13 • CONTROLE DA ADMINISTRAÇÃO PÚBLICA

cio do seu poder geral de cautela, o magistrado pode analisar se determinado caso específico exige caução, fiança ou depósito" – e que esse dispositivo legal confere **mera opção**, a ser exercida pelo juiz como condição para a concessão da liminar, na hipótese de considerar necessária a adoção de medidas tendentes a assegurar o ressarcimento da pessoa jurídica, se a futura decisão de mérito for favorável a ela. Na dicção do Tribunal Maior, não se trata de um obstáculo ao poder geral de cautela, mas de uma **faculdade**.[49]

Os efeitos da medida liminar persistirão até a prolação da sentença, salvo se, antes disso, a liminar for revogada ou cassada (art. 7.º, § 3.º). É claro que, se a sentença deferir a segurança, o impetrante permanecerá amparado pela tutela jurisdicional por ele requerida, porém, agora, por efeito da sentença, e não mais da liminar.

Deferida a medida liminar, o processo terá prioridade para julgamento (art. 7.º, § 4.º).

Da decisão do juiz de primeiro grau que **conceder ou denegar** a liminar caberá agravo de instrumento, observado o disposto no Código de Processo Civil (art. 7.º, § 1.º).

Quando for de tribunal a competência originária para o julgamento de determinado mandado de segurança, caberá agravo – chamado agravo interno ou agravo regimental –, endereçado ao órgão competente do tribunal, em face da decisão do relator que **conceder ou denegar** a medida liminar (art. 16, parágrafo único).[50]

O § 2.º do art. 7.º da Lei 12.016/2009 proibia a concessão de medida liminar que tivesse por objeto: (a) a compensação de créditos tributários; (b) a entrega de mercadorias e bens provenientes do exterior; (c) a reclassificação ou equiparação de servidores públicos; e (d) a concessão de aumento ou a extensão de vantagens ou pagamento de qualquer natureza. Em 2021, entretanto, esse dispositivo foi invalidado pelo Supremo Tribunal Federal, sob o fundamento de que "é **inconstitucional** ato normativo que vede ou condicione a concessão de medida liminar na via mandamental".[51] Dessa forma, vale enfatizar: atualmente, **não é vedada** a concessão de liminares em mandados de segurança que versem sobre as matérias referidas no § 2.º do art. 7.º da Lei 12.016/2009 – esse parágrafo foi retirado do mundo jurídico por decisão de nossa Corte Suprema proferida em ação integrante do controle abstrato de normas.

Será decretada a **perempção ou caducidade** da liminar *ex officio* ou a requerimento do Ministério Público quando, concedida a medida, o impetrante criar obstáculo ao normal andamento do processo ou deixar de promover, por **mais de três dias úteis**, os atos e as diligências que lhe cumprirem (art. 8.º).

A liminar concedida (e mesmo a decisão concessiva da segurança) pode ter **suspensa a sua execução** pelo presidente do tribunal competente para conhecer o

---

[49] ADI 4.296/DF, red. p/ o acórdão Min. Alexandre de Moraes, 09.06.2021 (Informativo 1.021 do STF).

[50] Como decorrência dessa disposição, constante do parágrafo único do art. 16 da Lei 12.016/2009, restou superada a orientação jurisprudencial vazada na Súmula 622 do STF, a saber: "Não cabe agravo regimental contra decisão do relator que concede ou indefere liminar em mandado de segurança."

[51] ADI 4.296/DF, red. p/ o acórdão Min. Alexandre de Moraes, 09.06.2021 (Informativo 1.021 do STF).

recurso, em despacho fundamentado, a requerimento da pessoa jurídica de direito público interessada ou do Ministério Público, **para evitar grave lesão à ordem, à saúde, à segurança e à economia públicas** (art. 15).

Por fim, quanto à duração dos efeitos dessa suspensão da liminar em mandado de segurança, cumpre conhecer o teor da Súmula 626 do STF – não prejudicada pela superveniência da Lei 12.016/2009 –, cujo enunciado segue transcrito:

> **626** – A suspensão da liminar em mandado de segurança, salvo determinação em contrário da decisão que a deferir, vigorará até o trânsito em julgado da decisão definitiva de concessão da segurança ou, havendo recurso, até a sua manutenção pelo Supremo Tribunal Federal, desde que o objeto da liminar deferida coincida, total ou parcialmente, com o da impetração.

7.2.1.7. Aspectos processuais, sentença e coisa julgada

A competência para julgar mandado de segurança é definida pela categoria da **autoridade coatora** e pela sua sede funcional. É **irrelevante**, para a fixação da competência, **a matéria** a ser discutida em mandado de segurança. O juízo a que deve ser submetida a ação é determinado em razão da autoridade coatora, isto é, do agente que praticou o ato dito lesivo ou ao qual é imputada a omissão ilegal.

A Constituição da República prevê, desde logo, hipóteses de competência originária de tribunais. Por exemplo, a do Supremo Tribunal Federal para processar e julgar, originariamente, o mandado de segurança contra atos do Presidente da República, das Mesas da Câmara dos Deputados e do Senado Federal, do Tribunal de Contas da União, do Procurador-Geral da República e do próprio Supremo Tribunal Federal (CF, art. 102, I, "d"). Ainda como exemplo, fixa a Carta de 1988 competência originária para o Superior Tribunal de Justiça processar e julgar os mandados de segurança contra ato de ministro de Estado, dos comandantes da Marinha, do Exército e da Aeronáutica ou do próprio Superior Tribunal de Justiça (CF, art. 105, I, "b").

Segundo o Supremo Tribunal Federal, todos os tribunais têm competência para julgar, originariamente, os mandados de segurança contra os seus atos, os dos respectivos presidentes e os de suas câmaras, turmas ou seções. Assim, mandado de segurança contra ato do STJ, do presidente do STJ ou de uma turma do STJ será julgado pelo próprio STJ; se o mandado de segurança é contra ato do TST, do seu presidente ou de suas turmas, a competência para o julgamento será do próprio TST, e assim sucessivamente.

À Justiça Federal de primeira instância compete processar e julgar os mandados de segurança impetrados contra autoridades federais que não tenham foro originário em tribunal, determinado pela Constituição Federal.

Vale lembrar que a Lei 12.016/2009 expressamente estabelece que se considera federal a autoridade coatora caso as consequências de ordem patrimonial do ato contra o qual se requer o mandado devam ser suportadas pela União **ou entidade por ela controlada** (art. 2.º).

Cap. 13 • CONTROLE DA ADMINISTRAÇÃO PÚBLICA

No âmbito da Justiça estadual, caberá aos próprios estados-membros cuidar da competência para a apreciação do mandado de segurança contra atos de suas autoridades, por força do art. 125 da Constituição da República.

De acordo com a jurisprudência consolidada do Supremo Tribunal Federal, o mandado de segurança **admite desistência** em **qualquer tempo** e grau de jurisdição, mesmo que já tenha sido proferida **decisão de mérito**. A **desistência**, no mandado de segurança, seja qual for a fase em que o processo se encontre – desde que, evidentemente, ainda não tenha ocorrido o trânsito em julgado –, é **prerrogativa do impetrante** e, portanto, **independe de consentimento** do impetrado.[52]

A participação do Ministério Público no processo está prevista no art. 12 da Lei 12.016/2009. Nos termos desse dispositivo, findo o prazo para a autoridade coatora prestar as suas informações sobre o ato impugnado (que é de dez dias), deve o juiz ouvir "o representante do Ministério Público, que opinará, dentro do prazo improrrogável de 10 (dez) dias".

O Ministério Público, ao emitir o parecer a que se refere o preceito legal em comento, atua na defesa da integridade da ordem jurídica (atua como custos legis), de forma imparcial, como fiscal da aplicação da lei (em sentido amplo), podendo opinar pelo cabimento ou descabimento da ação.

Embora o juiz deva obrigatoriamente submeter os autos do mandado de segurança ao Ministério Público, para que este emita a sua opinião, a lei determina que, **com ou sem o parecer do Ministério Público**, os autos sejam conclusos ao juiz, para a decisão, a qual deverá ser necessariamente proferida em **trinta dias** (art. 12, parágrafo único).

Em caso de urgência, é permitido, observados os requisitos legais, impetrar mandado de segurança por telegrama, radiograma, fax ou outro meio eletrônico de autenticidade comprovada (art. 4.º). Poderá o juiz, em caso de urgência, notificar a autoridade por telegrama, radiograma ou outro meio que assegure a autenticidade do documento e a imediata ciência pela autoridade (art. 4.º, § 1.º). O uso de documentos eletrônicos deve observar as regras da Infraestrutura de Chaves Públicas Brasileira – ICP-Brasil (art. 4.º, § 3.º).

Da sentença, concessiva ou denegatória do mandado, cabe **apelação** (art. 14, *caput*). A sentença que conceder o mandado está sujeita **obrigatoriamente** ao **duplo grau de jurisdição** (art. 14, § 1.º). Significa que, no mandado de segurança, a decisão concessiva da ordem está sujeita a reexame obrigatório pelo tribunal ao qual caiba apreciar o recurso. Se a pessoa jurídica não apelar, ou se o seu recurso não for admissível, porque intempestivo, ou por não atender a qualquer formalidade, haverá a remessa dos autos, **de ofício**, para o tribunal, a fim de que este prolate um acórdão confirmando ou reformando a sentença.

---

[52] RE-AgR 231.671/DF, rel. Min. Ellen Gracie, 28.04.2009; RE-AgR 231.509/SP, rel. Min. Cármen Lúcia, 13.10.2009; RE 669.367/RJ (**repercussão geral**), red. p/ o acórdão Min. Rosa Weber, 02.05.2013; RE-AgR 550.258/SP, rel. Min. Dias Toffoli, 11.06.2013.

A obrigatoriedade de duplo grau de jurisdição, todavia, não impede que a sentença seja executada provisoriamente, salvo nos casos em que for vedada a concessão da medida liminar (art. 14, § 3.º).

Ademais, não há duplo grau de jurisdição obrigatório se a decisão foi proferida por tribunal do Poder Judiciário, no uso de competência originária (o duplo grau de jurisdição só é obrigatório diante de decisões concessivas da segurança proferidas por juízo de primeiro grau).

A sentença proferida no mandado de segurança pode acolher o pedido do impetrante ou negar a segurança.

A sentença desfavorável (denegatória da segurança) pode resultar de análise do mérito ou simplesmente extinguir o processo sem análise do mérito, isto é, sem apreciação do direito alegado.

A sentença que acolha o pedido ou que negue a segurança, **com resolução do mérito**, faz coisa julgada material e, por isso, a matéria não pode novamente ser suscitada, em qualquer outra ação judicial.

Diferentemente, se a decisão no mandado de segurança não apreciou o mérito, a matéria pode ser novamente discutida mediante outro mandado de segurança – desde que ainda não tenha escoado o prazo decadencial de 120 dias –, ou mediante outras ações judiciais. É o que acontece, por exemplo, quando a sentença extingue o processo porque seriam necessárias dilações probatórias para demonstração do direito alegado (falta liquidez e certeza ao direito), ou porque foi apontada autoridade coatora incorreta e o juiz entendeu que esse defeito seria insanável, entre outras hipóteses.

Em suma, uma decisão extingue o processo sem resolução do mérito sempre que o processo seja finalizado em razão de desatendimento a formalidades essenciais, a pressupostos ou a condições da ação. Nesses casos, a decisão não faz coisa julgada material e o direito alegado pode ser pleiteado em outra ação, até mesmo em outro mandado de segurança, se não tiver ocorrido a decadência.

Explicitam o que acabamos de afirmar o § 6.º do art. 6.º da Lei 12.016/2009 – "O pedido de mandado de segurança poderá ser renovado dentro do prazo decadencial, se a decisão denegatória não lhe houver apreciado o mérito." –, bem como o seu art. 19, abaixo transcrito:

> Art. 19. A sentença ou o acórdão que denegar mandado de seguran-ça, sem decidir o mérito, não impedirá que o requerente, por ação própria, pleiteie os seus direitos e os respectivos efeitos patrimoniais.

Nas decisões proferidas em mandado de segurança e nos respectivos recursos, o acór-dão, quando não publicado no prazo de **trinta dias**, contados da data do julgamento, será substituído pelas respectivas notas taquigráficas, independentemente de revisão (art. 17).

Das decisões em mandado de segurança proferidas em única instância pelos tribunais cabe recurso especial e extraordinário, nos casos legalmente previstos, e recurso ordinário, quando a ordem for denegada (art. 18).

Os processos de mandado de segurança e os respectivos recursos terão **priori-dade** sobre todos os atos judiciais, **salvo *habeas corpus*** (art. 20).

Cap. 13 • CONTROLE DA ADMINISTRAÇÃO PÚBLICA

Não cabe, no processo de mandado de segurança, a condenação ao pagamento de **honorários advocatícios**, sem prejuízo da aplicação de sanções no caso de litigância de má-fé (art. 25). Esse entendimento já estava, há muito, consagrado pela jurisprudência (Súmula 512 do STF).

7.2.1.8. Prazo

O prazo para impetração do mandado de segurança é de **cento e vinte dias**, contados da ciência, pelo interessado, do ato impugnado (art. 23). Tratase, conforme orientação do Supremo Tribunal Federal, de prazo **decadencial**, não passível de suspensão ou interrupção.

Observe-se que a lei estabelece como termo inicial da contagem do prazo, literalmente, a "ciência, pelo interessado, do ato impugnado". Decorrem dessa disposição relevantes conclusões, que abaixo sintetizamos, com base na precisa lição da Prof.ª Maria Sylvia Di Pietro:

a) se o mandado de segurança será impetrado contra um ato já praticado, conta-se o prazo a partir da ciência oficial do ato, mesmo que tenha sido apresentado recurso administrativo **sem efeito suspensivo** contra o mesmo ato;

b) se o mandado de segurança será impetrado contra um ato lesivo já praticado, que, todavia, **foi impugnado mediante recurso administrativo com efeito suspensivo**, o prazo começa a correr da data em que terminar a discussão administrativa (enquanto pendente o recurso, nem mesmo poderia ter sido impetrado o mandado de segurança);

c) se o mandado de segurança será impetrado contra uma **omissão**, e **há um prazo legal expresso** para a administração praticar o ato cuja não edição está ocasionando a lesão ao direito do impetrante, os 120 dias começarão a correr da data em que se esgotar o prazo fixado para a administração editar o ato;

d) se o mandado de segurança será impetrado contra uma omissão, e **não há um prazo legal expresso** previsto para a atuação da administração, **não cabe falar em decadência**; enquanto persistir a omissão, pode ser ajuizado o mandado de segurança;

e) quando se trata de **mandado de segurança preventivo, não cabe falar em decadência**; enquanto persistir a ameaça de lesão, pode ser impetrado o mandado de segurança.

Cabe registrar, ainda, que, segundo a jurisprudência do Supremo Tribunal Federal, "o prazo decadencial para ajuizamento do mandado de segurança, mesmo que tenha ocorrido perante juízo absolutamente incompetente, há de ser aferido pela data em que foi originariamente protocolizado".[53] Por outras palavras, mesmo que o interessado impetre o mandado de segurança perante juízo absolutamente incompetente não ocorrerá a decadência, desde que nessa primeira impetração tenha sido respeitado o prazo de 120 dias.

---

[53] MS-AgR 26.792/PR, rel. Min. Dias Toffoli, 04.09.2012.

DIREITO ADMINISTRATIVO DESCOMPLICADO • Marcelo Alexandrino & Vicente Paulo

Por fim, é importante notar que, ocorrida a decadência do direito de impetrar o mandado de segurança, o indivíduo que tenha sofrido uma violação a direito seu não fica impedido de buscar a tutela desse direito por meio de outras ações judiciais.

7.2.1.9.   Mandado de segurança coletivo

7.2.1.9.1.   Introdução

O mandado de segurança coletivo surgiu no Brasil com a Carta Política de 1988, arrolado entre as garantias constitucionais fundamentais, no art. 5.º, LXX. O texto constitucional limita-se a estabelecer a existência do mandado de segurança coletivo e a discriminar os legitimados à impetração. Nos termos da Constituição Federal, o mandado de segurança coletivo só pode ser impetrado por:

a) partido político com representação no Congresso Nacional; ou

b) organização sindical, entidade de classe ou associação legalmente constituída e em funcionamento **há pelo menos um ano**, em defesa dos interesses de seus membros ou associados.

O mandado de segurança coletivo permaneceu sem regulamentação legal até a edição da Lei 12.016/2009. Não obstante, desde o início, a doutrina e a jurisprudência entenderam que a norma constitucional que o prevê deveria ter eficácia imediata. Por essa razão, ao longo de todos esses anos – 1988 a 2009 –, o mandado de segurança coletivo tem sido impetrado, processado e julgado com base nas leis pertinentes ao mandado de segurança individual, aplicando-se subsidiariamente o Código de Processo Civil, ou, por analogia, leis processuais sobre outras ações coletivas, sendo utilizadas, ainda, as construções jurisprudenciais lavradas no interregno.

7.2.1.9.2.   Objeto e sujeitos

Com a edição da Lei 12.016/2009 restou claro que a disciplina processual do mandado de segurança coletivo é essencialmente a mesma aplicável ao mandado de segurança individual, com muito poucas diferenças, estabelecidas em regras específicas da própria Lei 12.016/2009, ou na jurisprudência.

A rigor, apenas dois artigos da Lei 12.016/2009 – os arts. 21 e 22 – versam especificamente sobre o mandado de segurança coletivo. O primeiro deles, sem dúvida o mais importante, tem a seguinte redação:

> Art. 21. O mandado de segurança coletivo pode ser impetrado por partido político com representação no Congresso Nacional, na defesa de seus interesses legítimos relativos a seus integrantes ou à finalidade partidária, ou por organização sindical, entidade de classe ou associação legalmente constituída e em funcionamento há, pelo menos, 1 (um) ano, em defesa de direitos líquidos e certos da totalidade, ou de parte, dos seus membros ou associados, na forma dos seus estatutos e desde que pertinentes às suas finalidades, dispensada, para tanto, autorização especial.

Cap. 13 • CONTROLE DA ADMINISTRAÇÃO PÚBLICA

Parágrafo único. Os direitos protegidos pelo mandado de segurança coletivo podem ser:

I – coletivos, assim entendidos, para efeito desta Lei, os transindividuais, de natureza indivisível, de que seja titular grupo ou categoria de pessoas ligadas entre si ou com a parte contrária por uma relação jurídica básica;

II – individuais homogêneos, assim entendidos, para efeito desta Lei, os decorrentes de origem comum e da atividade ou situação específica da totalidade ou de parte dos associados ou membros do impetrante.

Embora se trate de um único artigo, inúmeras regras podem ser dele extraídas. A partir do texto do dispositivo e dos pontos que já estão sedimentados em nossa jurisprudência (que não tenham sido prejudicados pela sobrevinda da regulamentação legal), as seguintes observações merecem destaque:

a) a exigência de um ano de constituição e funcionamento destina-se **apenas às associações,** não se aplicando às entidades sindicais e às entidades de classe;

b) para que se considere que um partido político satisfaz a exigência de estar representado no Congresso Nacional basta que ele tenha um deputado federal **ou** um senador, em **efetivo exercício** do mandato, **na data da impetração** do mandado de segurança coletivo;

c) as entidades que podem impetrar o mandado de segurança coletivo têm **legitimação extraordinária,** vale dizer, ocorre a denominada **substituição processual** (nas hipóteses de substituição processual, o autor postula, **em nome próprio,** direito de terceiros);

d) como se trata de hipótese de substituição processual, **não se exige a autorização expressa** dos titulares do direito, diferentemente do que acontece, por exemplo, no caso do inciso XXI do art. 5.º da Carta Política, o qual contempla hipótese de **representação** (e não de substituição).[54] A desnecessidade de autorização expressa dos titulares do direito para a entidade legitimada impetrar o mandado de segurança coletivo está explícita na parte final do *caput* do art. 21 da Lei 12.016/2009 e, mesmo antes desta, já se encontrava sedimentada na jurisprudência (Súmula 629 do STF).[55] Vale pontuar, todavia, que a Corte Suprema (2.ª Turma) já exarou acórdão em que ficou decidido que **a desnecessidade de autorização expressa** dos associados **não se aplica** às assim chamadas "**associações genéricas**" (associações que **não representam uma categoria econômica ou profissional específica**);[56]

---

[54] CF, art. 5.º, XXI – "as entidades associativas, quando expressamente autorizadas, têm legitimidade para representar seus filiados judicial ou extrajudicialmente".

[55] Acerca desse tema, vem a propósito, ainda, mencionar o ARE 1.293.130/SP, rel. Min. Luiz Fux, julgado em 18.12.2020, no qual restou fixada a seguinte tese de repercussão geral: "É desnecessária a autorização expressa dos associados, a relação nominal destes, bem como a comprovação de filiação prévia, para a cobrança de valores pretéritos de título judicial decorrente de mandado de segurança coletivo impetrado por entidade associativa de caráter civil".

[56] ARE-AgR 1.339.496/RJ, red. p/ o acórdão Min. André Mendonça, 07.02.2023 (Informativo 1.082 do STF).

DIREITO ADMINISTRATIVO DESCOMPLICADO • Marcelo Alexandrino & Vicente Paulo

e) os partidos políticos podem defender, mediante mandado de segurança coletivo, direitos relativos a seus integrantes **ou** direitos relacionados à **finalidade partidária**; a legitimação das demais entidades é mais restrita, uma vez que elas só podem defender direitos dos seus membros ou associados – **e desde que** esses direitos sejam pertinentes às finalidades da entidade (exigência esta introduzida pela lei, não expressa no texto constitucional);

f) é importante frisar que os direitos defendidos por organização sindical, entidade de classe ou associação não precisa ser um direito de todos os seus membros; pode ser um direito de apenas parte dos membros da entidade (tal orientação já estava consagrada na Súmula 630 do STF);[57]

g) assim como o mandado de segurança individual, o mandado de segurança coletivo tem como pressuposto a existência de direito líquido e certo que esteja sendo violado ou ameaçado de lesão por um ato ilegal de uma autoridade coatora;[58]

h) a lei expressamente afirma que os direitos passíveis de tutela por meio do mandado de segurança coletivo são os direitos coletivos e os direitos individuais homogêneos. **Não foram incluídos os direitos difusos**, decerto porque estes, tendo por titulares indivíduos indeterminados, não são conciliáveis com a exigência de liquidez e certeza;

i) as autoridades coatoras contra as quais pode ser impetrado o mandado de segurança coletivo são exatamente as mesmas contra as quais pode ser impetrado o mandado de segurança individual, vale dizer, deve ser a autoridade que tenha praticado o ato impugnado ou da qual tenha emanado a ordem para a sua prática (art. 6.º, § 3.º).

7.2.1.9.3. Aspectos processuais e coisa julgada

O art. 22 da Lei 12.016/2009 traz importantes regras sobre aspectos processuais concernentes ao mandado de segurança coletivo, a saber:

> Art. 22. No mandado de segurança coletivo, a sentença fará coisa julgada limitadamente aos membros do grupo ou categoria substituídos pelo impetrante.

---

[57] Sobre esse ponto, é oportuno transcrever a preclara lição do Prof. Humberto Theodoro Júnior, em comentário à Lei 12.016/2009: "Não é, contudo, ação que o ente coletivo possa utilizar para demandar na defesa de um ou outro membro ou associado. O objeto de mandado de segurança coletivo deve corresponder a direito que pertença a uma coletividade ou categoria representada por partido político, por organização sindical, por entidade de classe ou por associação legalmente constituída e em funcionamento há pelo menos um ano (CF, art 5.º, LXX, *a* e *b*), embora não se exija que a tutela envolva sempre a totalidade da categoria ou do grupo."

[58] Merece transcrição esta precisa passagem, de lavra do Prof. Humberto Theodoro Júnior, em análise à Lei 12.016/2009, acerca do objeto do mandado de segurança coletivo: "Não se trata, porém, de simples remédio para defesa de interesses coletivos. Baseando-se na liquidez e certeza do direito ofendido pelo abuso de autoridade, é preciso que o *writ* coletivo se volte para a tutela de concretos direitos subjetivos, demonstráveis por prova pré-constituída, ainda que pertençam a grupos ou categorias de pessoas e se apresentem como transindividuais e indivisíveis."

> § 1.º O mandado de segurança coletivo não induz litispendência para as ações individuais, mas os efeitos da coisa julgada não beneficiarão o impetrante a título individual se não requerer a desistência de seu mandado de segurança no prazo de 30 (trinta) dias a contar da ciência comprovada da impetração da segurança coletiva.

A Lei 12.016/2009 exigia, no § 2.º do art. 22 ora em comento, que, antes de o juiz conceder liminar em mandado de segurança coletivo, fosse ouvido o representante judicial da pessoa jurídica de direito público, que deveria pronunciar-se em até setenta e duas horas. Em 2021, o Supremo Tribunal Federal declarou a inconstitucionalidade do § 2.º do art. 22 da Lei 12.016/2009, sob o fundamento de que "impedir ou condicionar a concessão de medida liminar caracteriza verdadeiro obstáculo à efetiva prestação jurisdicional e à defesa do direito líquido e certo do impetrante".[59]

A **coisa julgada** no mandado de segurança coletivo **só alcança** os membros do grupo ou categoria **substituídos** pelo impetrante (art. 22).

É importante destacar que o mandado de segurança coletivo **não induz litispendência para as ações individuais** (art. 22, § 1.º).

Nos termos do Código de Processo Civil, a **litispendência** é configurada quando se ajuíza uma ação **idêntica** a outra que está em curso – e duas ações são consideradas **idênticas** quando têm as mesmas partes, a mesma causa de pedir e o mesmo pedido (CPC, art. 337, §§ 1.º a 3.º). A litispendência é causa de **extinção** da ação **sem resolução de mérito** (CPC, art. 485, V).

Dizer que o mandado de segurança coletivo **não** induz **litispendência** para as **ações individuais** significa, por exemplo, que, não obstante tenha uma entidade de classe impetrado um mandado de segurança coletivo em defesa de um direito de seus membros, qualquer um destes pode pleitear idêntico direito em ação individual, sem que se configure a litispendência (a qual, se ocorresse, implicaria extinção da ação individual sem resolução de mérito).

Note-se que, a rigor, um mandado de segurança coletivo não teria mesmo como ser idêntico a um mandado de segurança individual, porque, ainda que possam ser iguais o polo passivo, a causa de pedir e o pedido, o polo ativo (o impetrante) não o será.

Em suma, o ajuizamento de mandado de segurança coletivo não prejudica ações individuais em que se pleiteie o mesmo direito, seja a ação individual anterior ou posterior à impetração da segurança coletiva. Uma importante restrição, contudo, é feita na parte final do § 1.º do art. 22: os efeitos da coisa julgada do mandado coletivo **não beneficiarão** o impetrante de mandado de segurança individual que tenha o mesmo objeto se ele não requerer a **desistência** deste no prazo de **trinta dias**, contados da ciência comprovada da impetração da segurança coletiva.

---

[59] ADI 4.296/DF, red. p/ o acórdão Min. Alexandre de Moraes, 09.06.2021 (Informativo 1.021 do STF).

Por outras palavras, qualquer pessoa pode optar por defender o seu direito mediante mandado de segurança individual, sem que a impetração de mandado de segurança coletivo com o mesmo objeto, antes ou depois, prejudique a ação individual. Entretanto, quem quiser ser beneficiado pela coisa julgada no mandado coletivo terá que desistir do mandado de segurança individual que tenha impetrado, no prazo de trinta dias, depois de cientificado da impetração da segurança coletiva.

Por fim, as competências para julgamento, os recursos cabíveis, a participação do Ministério Público, enfim, todas as matérias que não sejam objeto de disciplina específica quanto ao mandado de segurança coletivo, seguem as mesmas regras aplicáveis ao mandado de segurança individual, a menos que se verifique manifesta incompatibilidade com as características da ação coletiva.

7.2.1.9.4. Distinção entre mandado de segurança coletivo e ação popular

O mandado de segurança coletivo não é sucedâneo da ação popular.

Além da já mencionada diferença quanto à tutela requerida, os direitos protegidos são de natureza distinta (não obstante ocorra substituição processual em ambas as ações).

Com efeito, o mandado de segurança coletivo deve defender direito subjetivo, líquido e certo, que, embora seja tutelado coletivamente, é de titularidade definida – o direito tutelado, seja um direito coletivo, seja um direito individual homogêneo, é de titularidade dos substituídos processuais, significa dizer, das pessoas determinadas cujos interesses o autor da ação, na qualidade de substituto processual, está defendendo.

A ação popular, diversamente, visa a anular ato administrativo lesivo ao patrimônio público, à moralidade administrativa, ao meio ambiente ou ao patrimônio histórico e cultural, independentemente de o ato impugnado ocasionar lesão direta a quem quer que seja. Os direitos defendidos mediante ação popular pertencem, em regra, a titulares indeterminados, isto é, são direitos difusos, os quais, conforme visto, não foram contemplados na Lei 12.016/2009 para tutela mediante mandado de segurança coletivo.

7.2.2. Ação popular

7.2.2.1. Introdução

A Carta da República, valorizando a participação popular no controle da gestão da coisa pública, que deve ser pautada, entre outros, pelos princípios constitucionais administrativos da legalidade e da moralidade, dispõe que (CF, art. 5.º, LXXIII):

> LXXIII – qualquer cidadão é parte legítima para propor ação popular que vise anular ato lesivo ao patrimônio público ou de entidade de que o Estado participe, à moralidade administrativa, ao meio ambiente e ao patrimônio histórico e cultural, ficando o autor, salvo comprovada má-fé, isento de custas judiciais e do ônus da sucumbência;

A ação popular é uma **ação civil**, regulada pela Lei 4.717/1965, diploma em grande parte ainda vigente. É uma ação destinada não à defesa de algum interesse

Cap. 13 • CONTROLE DA ADMINISTRAÇÃO PÚBLICA

subjetivo individual, mas sim uma ação de natureza coletiva, que visa a anular ato lesivo ao patrimônio público, à moralidade administrativa, ao meio ambiente e ao patrimônio histórico e cultural.

Tem por escopo, assim, viabilizar a concretização do **princípio republicano**, que impõe ao administrador público o dever de prestar contas a respeito da gestão da coisa pública. Sobre esse ponto, vale reproduzir esta precisa passagem, de autoria da Prof.ª Maria Sylvia Di Pietro:

> A ação popular foi a primeira que surgiu no direito brasileiro com características que a distinguem das demais ações judiciais; nestas, o autor pede a prestação jurisdicional para a defesa de um direito subjetivo próprio, sob pena de ser julgado carecedor da ação, por falta de interesse de agir. Na ação popular, o autor pede a prestação jurisdicional para defender o interesse público, razão pela qual tem sido considerado como um direito de natureza política, já que implica controle do cidadão sobre atos lesivos aos interesses que a Constituição quis proteger.
>
> Hoje, existem outros remédios que refogem também às características tradicionais do processo judicial, pela possibilidade de sua interposição na defesa de direitos ou interesses coletivos. Trata-se do mandado de segurança coletivo e da ação civil pública.

7.2.2.2. Bens jurídicos tutelados

A Lei 4.717/1965, no *caput* de seu art. 1.º, estatui, em linhas gerais, que a ação popular destina-se a proteger o patrimônio público contra atos a ele lesivos. O parágrafo primeiro desse mesmo artigo textualmente considera como "patrimônio público", para efeito de tutela por meio da ação popular, "os bens e direitos de valor econômico, artístico, estético, histórico ou turístico".

Podemos afirmar que essa enumeração legal tem função meramente exemplificativa, porque qualquer dos bens jurídicos descritos no inciso LXXIII do art. 5.º da Constituição de 1988 – cuja interpretação deve ser extensiva, uma vez que veicula um direito fundamental, e dos mais relevantes – pode ser tutelado mediante ação popular.

Desse modo, o âmbito de proteção da ação popular, na vigente Constituição, é bastante amplo, abrangendo:

a) o patrimônio público, tanto o patrimônio material (econômico), quanto o patrimônio moral (moralidade administrativa);

b) o patrimônio de entidade de que o Estado participe;

c) o meio ambiente;

d) o patrimônio histórico e cultural.

O entendimento pacífico do Supremo Tribunal Federal é de que **não se exige** a comprovação de um **prejuízo financeiro** aos cofres públicos, de uma efetiva lesão ao erário, material, pecuniária, para que tenha cabimento a ação popular. Literalmente, nossa Corte Constitucional já deixou averbado que a ação popular "tem como objetos a serem defendidos pelo cidadão, **separadamente**, qualquer ato lesivo ao **patrimônio material** público ou de entidade de que o Estado participe, ao **patrimônio moral**, ao **cultural** e ao **histórico**".[60]

Convém **enfatizar** este ponto: o ato passível de impugnação mediante ação popular não precisa ter causado nenhum prejuízo economicamente mensurável; a mera **ilegalidade** é, por si só, considerada "lesão ao patrimônio público" suficiente para ensejar o manejo do remédio constitucional ora em questão. E, quando se trata de ação popular, "ilegalidade" deve ser entendida em **sentido amplo**, abrangendo qualquer ato contrário aos princípios jurídicos, inclusive à **moralidade administrativa**, conforme, aliás, explicita o inciso LXXIII do art. 5.º da Constituição de 1988.

A lesão ou ameaça de lesão ao bem jurídico pode decorrer de um ato ou de uma conduta omissiva, contanto que produza efeitos concretos. A ação popular não pode ser utilizada como sucedâneo da ação direta de inconstitucionalidade (ADI), contra lei em tese, que não possua efeitos concretos.

Frise-se que é possível, na ação popular, obter o reconhecimento **incidental** da inconstitucionalidade de uma lei, que tenha embasado o ato lesivo impugnado; o que não se admite é que o pedido principal da ação seja a declaração, em tese, com eficácia geral (*erga omnes*), da inconstitucionalidade de uma lei.

Segundo orientação de nossa Corte Suprema, **não** cabe ação popular contra ato de conteúdo jurisdicional, praticado por membro do Poder Judiciário no desempenho de sua função típica (decisões judiciais).

7.2.2.3. Objeto

A Constituição Federal, no inciso LXXIII do seu art. 5.º, apenas se refere à ação popular como um instrumento destinado a "**anular ato lesivo**". A Lei 4.717/1965, ao explicitar o escopo da ação popular (art. 1.º, *caput*), segue a mesma linha.

A anulação de um ato lesivo deve, efetivamente, ser o **objeto do pedido** principal na ação popular. Portanto, a natureza da tutela requerida precipuamente deve ser **desconstitutiva** (constitutiva negativa).

A Lei 4.717/1965, todavia, estatui que, além de **anular o ato**, a sentença que julgue procedente a ação **condenará** ao pagamento de perdas e danos os responsáveis pelo ato e os beneficiários dele (art. 11). Essa condenação, evidentemente, depende de haver sido comprovada, ao longo do processo, a culpa dos responsáveis pelo ato e dos eventuais beneficiários do ato.[61]

A sentença determinará, ainda, se for o caso, a restituição de bens e valores indevidamente percebidos, estando a parte condenada sujeita a sequestro e penhora, desde a prolação da **sentença condenatória** (art. 14, § 4.º).

---

[60] ARE 824.781/MT (**repercussão geral**), rel. Min. Dias Toffoli, 27.08.2015.

[61] Mesmo que não tenham sido parte no processo, responderão em **ação regressiva** quaisquer outros agentes que tenham causado o dano, desde que provada a sua culpa (art. 11). Significa dizer, poderá haver uma ação própria (ação regressiva), ulterior, distinta da ação popular, para a responsabilização desses agentes que não integraram o processo na ação popular, quando se comprove que eles contribuíram culposamente para a causação do dano.

Cap. 13 • CONTROLE DA ADMINISTRAÇÃO PÚBLICA

Resulta, portanto, que, em regra, a **sentença** na ação popular terá natureza **desconstitutiva** (principal) e **condenatória** (subsidiária), traduzidas, respectivamente:

a) na anulação do ato lesivo; e

b) na condenação dos responsáveis em perdas e danos e à restituição de bens e valores indevidamente obtidos.

Cumpre repisar que o art. 11 da Lei 4.717/1965 estabelece que a sentença que julgue procedente a ação popular e anule o ato impugnado condenará em perdas e danos os responsáveis. Por outras palavras, o conteúdo principal da sentença é julgar procedente a ação e anular o ato – essa é a tutela precipuamente requerida pelo autor da ação. Entretanto, como consequência desse provimento, o juiz, na mesma sentença, desde que tenha restado comprovada, ao longo do processo, a culpa dos responsáveis pelo ato lesivo anulado, condena estes ao pagamento de perdas e danos, bem como à restituição de bens e valores indevidamente obtidos (se for o caso).

Em suma, na ação popular, ainda que o objeto do pedido principal seja apenas a anulação do ato lesivo, a sentença que julgar procedente a ação será **desconstitutiva** (anula o ato lesivo), preponderantemente, mas, subsidiariamente, será também **condenatória** (desde que, no processo, tenha ficado comprovada a culpa dos responsáveis pelo ato lesivo anulado).

A Lei 4.717/1965 admite expressamente a concessão de **medida liminar** que determine a suspensão do ato lesivo impugnado (art. 5.º, § 4.º). A bem da verdade, antes mesmo de haver um ato efetivamente realizado é possível a obtenção de uma liminar que impeça a sua prática. Basta que o autor demonstre que o ato será concretamente editado e alegue, com plausibilidade jurídica, que resultará desse ato lesão de difícil reparação a algum dos bens tutelados pela ação popular.

Por exemplo, imagine-se uma licitação – já homologada e com data marcada para assinatura do contrato – na qual houve conchavo entre os participantes, com o fim de elevar artificialmente os preços ofertados. Se um cidadão ajuizasse ação popular e conseguisse reunir elementos que dessem plausibilidade à alegação de que ocorreu conchavo e superfaturamento na licitação, poderia obter a concessão de liminar que obstasse a celebração do correspondente contrato administrativo.

Dessarte, a ação popular pode ser utilizada com finalidade preventiva ou repressiva. Será **preventiva** quando o seu escopo principal for **impedir** a consumação de um ato lesivo aos bens jurídicos por ela tutelados, quando for ajuizada antes da prática do ato lesivo. Será **repressiva** quando já houver um dano causado a algum dos bens jurídicos tutelados, ou seja, quando a ação for proposta depois da ocorrência da lesão, com o intuito precípuo de **anular** o ato lesivo.

7.2.2.4. Sujeitos

O **legitimado ativo** na ação popular é somente o **cidadão**. O autor da ação popular é a pessoa humana, no gozo dos seus direitos cívicos e políticos, isto é, que seja eleitor.

Somente a pessoa natural munida de seu título de eleitor, no gozo da chamada **capacidade eleitoral ativa**, tem legitimidade para propor a ação popular, devendo comprovar essa condição já na apresentação da petição inicial. Pode ser um brasileiro – nato ou naturalizado – ou um português equiparado, no gozo de seus direitos políticos (CF, art. 12, § 1.º).

Note-se, portanto, que nem mesmo o Ministério Público é legitimado para ajuizar ação popular, embora tenha importante papel no feito, conforme se verá adiante.

Estatui o art. 6.º da Lei 4.717/1965 que no polo passivo da ação popular **devem** figurar (sujeitos passivos da ação popular):

a) todas as pessoas jurídicas, públicas ou privadas, em nome das quais foi praticado o ato ou contrato a ser anulado;

b) todas as autoridades, os funcionários e administradores que houverem autorizado, aprovado, ratificado ou praticado pessoalmente o ato ou firmado o contrato a ser anulado, ou que, por omissos, permitiram a lesão;

c) todos os beneficiários diretos do ato ou contrato ilegal.

Constata-se que a lei impõe a formação de um **litisconsórcio passivo necessário**, é dizer, como réus na ação popular devem figurar, obrigatoriamente, as pessoas arroladas nas letras "a", "b" e "c" do parágrafo anterior. Evidentemente, se não existir um beneficiário direto do ato ou contrato lesivo, ou se for indeterminado ou desconhecido o beneficiário, a ação será proposta somente contra os outros sujeitos que devem integrar o litisconsórcio (art. 6.º, § 2.º).

As pessoas descritas na letra "a", acima, são as enumeradas no art. 1.º da Lei 4.717/1965, essencialmente as seguintes:

a) União, estados, Distrito Federal e municípios;

b) autarquias, fundações públicas, empresas públicas e sociedades de economia mista;

c) entidades privadas de que o Estado participe, ou de cuja criação tenha participado, ou que sejam por ele subvencionadas.

A situação da pessoa jurídica cujo ato está sendo impugnado é peculiar. Com efeito, originalmente ela integra o polo passivo da ação, como litisconsorte necessário, ou seja, figura como réu na petição inicial, será citada para contestar. Entretanto, mesmo sendo citada para contestar, pode ela adotar uma destas três condutas:

a) contestar a ação (atitude normal de qualquer réu);

b) abster-se de contestar;

c) passar para o polo ativo da ação, atuando ao lado do autor, visando a reforçar as alegações que sirvam de fundamento ao pedido de anulação do ato lesivo, bem como à responsabilização daqueles que ao ato deram causa ou que dele se beneficiaram.

Essas possibilidades defluem da leitura do § 3.º do art. 6.º da Lei 4.717/1965, cuja transcrição faz-se oportuna:

Cap. 13 • CONTROLE DA ADMINISTRAÇÃO PÚBLICA | **953**

§ 3.º A pessoa jurídica de direito público ou de direito privado, cujo ato seja objeto de impugnação, poderá abster-se de contestar o pedido, ou poderá atuar ao lado do autor, desde que isso se afigure útil ao interesse público, a juízo do respectivo representante legal ou dirigente.

É facultado a qualquer cidadão habilitar-se como litisconsorte ou assistente do autor da ação popular (art. 6.º, § 5.º).

O Ministério Público não pode ser originariamente autor na ação popular, porque a legitimidade ativa é do **cidadão**, pessoa natural. Entretanto, sua atuação no feito é muito relevante, como exemplificam as seguintes disposições da lei:

a) cabe ao Ministério Público acompanhar a ação, como fiscal da lei, e apressar a produção de provas, podendo opinar pela procedência ou improcedência da ação; é-lhe vedado, entretanto, em qualquer hipótese, assumir a defesa do ato impugnado ou dos seus autores (art. 6.º, § 4.º);

b) é atribuição do Ministério Público propor as ações cabíveis para promover a responsabilidade, civil ou criminal, que eventualmente decorra da conduta lesiva dos réus da ação popular (note-se que nas referidas ações, cíveis ou criminais, o Ministério Público será autor, e não mero fiscal da lei);

c) pode o Ministério Público atuar como substituto e sucessor do autor – na hipótese de este se omitir ou abandonar a ação –, caso considere ser de interesse público o prosseguimento da ação, até o julgamento (a rigor, o art. 9.º da lei faculta, de forma ampla, não só ao Ministério Público, mas a qualquer cidadão promover o prosseguimento da ação, no caso de abandono por parte do autor originário);

d) pode o Ministério Público recorrer das sentenças e decisões proferidas contra o autor da ação (essa faculdade, nos termos do art. 19, § 2.º, abrange não só o Ministério Público, mas qualquer cidadão).

7.2.2.5. Aspectos processuais, decisão judicial e execução da sentença

A Constituição Federal isenta o autor da ação popular de custas e de ônus de sucumbência, salvo comprovada má-fé.

A gratuidade beneficia o autor da ação, e não os réus; se julgada procedente a ação popular, serão estes condenados ao ressarcimento de eventuais despesas havidas pelo autor da ação.

A competência para conhecer da ação, processá-la e julgá-la é determinada pela origem do ato impugnado (art. 5.º). A Prof.ª Maria Sylvia Di Pietro esclarece:

> Para esse fim, equiparam-se aos da União, Estados, Municípios e Distrito Federal os atos das pessoas criadas ou mantidas por essas entidades, bem como os atos das sociedades de que elas sejam acionistas e os das pessoas ou entidades por elas subvencionadas ou em relação às quais tenham interesse patrimonial.

Se houver várias pessoas jurídicas interessadas, prevalece o juízo da entidade maior.

De acordo com o entendimento do Supremo Tribunal Federal, **não existe foro especial por prerrogativa de função nas ações populares**, diferentemente do que ocorre, para determinadas autoridades, nas ações penais. Significa dizer que os **tribunais** do Poder Judiciário **não** têm competência **originária** para o julgamento de ação popular, ainda quando proposta contra atos de autoridades que, na esfera criminal, dispõem de foro especial (Presidente da República, deputados federais, senadores, Governador de Estado, Prefeito, entre outros).

Em suma, a ação popular deverá ser proposta e julgada **originariamente** nos juízos de **primeira instância** ordinários – e a competência será da Justiça Federal ou da Justiça Estadual, a depender da pessoa jurídica em que o ato lesivo (ou omissão que ocasionou o dano) teve origem.

Estatui o art. 19 da Lei 4.717/1965 que a sentença que concluir pela **carência** ou pela **improcedência** da ação popular está sujeita ao **duplo grau de jurisdição**, não produzindo efeito senão depois de confirmada pelo tribunal. Da sentença que julgar a ação procedente caberá apelação, com efeito suspensivo.

Conforme anteriormente mencionado, das sentenças e decisões proferidas **contra o autor** da ação popular poderá recorrer qualquer cidadão e também o Ministério Público (art. 19, § 2.º).

A sentença terá eficácia de coisa julgada oponível *erga omnes*, exceto no caso de haver sido a ação julgada improcedente por deficiência de prova, caso em que qualquer cidadão poderá intentar outra ação com idêntico fundamento, valendo-se de nova prova (art. 18).

Determina o art. 16 da Lei 4.717/1965 que, passados sessenta dias da publicação da sentença condenatória de segunda instância, sem que o autor ou terceiro promova a respectiva execução, resulta para o Ministério Público a **obrigação** de promovê-la, nos 30 trinta dias seguintes. Conforme se constata, a atuação do Ministério Público como autor na **execução da sentença** é subsidiária – somente ocorre se a execução não for promovida pelo autor da ação popular ou por terceiro –, mas é obrigatória, ou seja, configurada a omissão das pessoas que poderiam ter promovido a execução, surge para o Ministério Público a obrigação de sucedê-las.

Por fim, o art. 21 da Lei 4.717/1965 fixa em **cinco anos** o prazo de **prescrição** da ação popular.

7.2.3. Ação civil pública

7.2.3.1. Introdução

A ação civil pública encontra-se expressamente prevista no art. 129, III, da Constituição de 1988, como uma relevante função institucional do Ministério Público. Não se trata de ação de titularidade exclusiva desse órgão, entretanto, haja vista que a própria Carta Política, no § 1.º do mesmo dispositivo, estatui que "a legitimação do Ministério Público para as ações civis previstas neste artigo não impede a de terceiros, nas mesmas hipóteses, segundo o disposto nesta Constituição e na lei".

A rigor, a ação civil pública não é um instrumento destinado especificamente ao controle da administração pública, mas costuma ser estudada, em linhas gerais, no âmbito do direito administrativo, porque é possível que no seu polo passivo figure o Poder Público.

Com efeito, nos termos da Constituição Federal, visa a ação civil pública à "proteção do patrimônio público e social, do meio ambiente e de outros interesses difusos e coletivos". Logo, sempre que o responsável pelo dano ou ameaça de dano a um dos bens jurídicos tutelados for a administração pública, poderá a ação civil pública representar um meio de controle de sua atuação (ou omissão).

O Prof. Celso Antônio Bandeira de Mello, com a maestria habitual, ensina que:

> A ação civil pública – a que alude o art. 129, III, da Constituição, reportando à competência do Ministério Público para promovê-la – é um instrumento utilizável, cautelarmente, para evitar danos ao meio ambiente, ao consumidor, aos bens e direitos de valor artístico, estético, histórico, turístico ou paisagístico, ou, então, para promover a responsabilidade de quem haja causado lesão a estes mesmos bens.

7.2.3.2. Bens jurídicos tutelados

Conforme anteriormente exposto, o inciso III do art. 129 da Constituição de 1988 estabelece como escopo da ação civil pública a "proteção do patrimônio público e social, do meio ambiente e de outros interesses difusos e coletivos". Sobre esse ponto, merece transcrição este trecho, de lavra da Prof.ª Maria Sylvia Di Pietro:

> Com a expressão *interesse difuso ou coletivo*, constante do art. 129, III, da Constituição, foram abrangidos os interesses públicos concernentes a grupos indeterminados de pessoas (interesse difuso) ou a toda a sociedade (interesse geral); a expressão *interesse coletivo* não está empregada, aí, em sentido restrito, para designar o interesse de uma coletividade de pessoas determinada, como ocorre com o mandado de segurança coletivo, mas em sentido amplo, como sinônimo de interesse público ou geral.

Como exemplo de admissibilidade do uso da ação civil pública para **proteção do patrimônio público**, citamos a jurisprudência do Supremo Tribunal Federal segundo a qual **pode** o Ministério Público ajuizar tal **ação coletiva** visando à **anulação de concessão ilegal de aposentadoria**. No entendimento de nossa Corte Constitucional, "ao ajuizar ação coletiva para a tutela do erário, o Ministério Público não age como representante da entidade pública, e sim como substituto processual de uma coletividade indeterminada, é dizer, a sociedade como um todo, titular do direito à boa administração do patrimônio público, da mesma forma que qualquer cidadão poderia fazê-lo por meio de ação popular". Com arrimo nessa orientação, foi aprovada a seguinte **tese de repercussão geral:**[62]

> O Ministério Público tem legitimidade para ajuizar ação civil pública que vise a anular ato administrativo de aposentadoria que importe em lesão ao patrimônio público.

A disciplina legal da ação civil pública está vazada na Lei 7.347/1985. O art. 1.º da lei dispõe acerca da abrangência da ação civil pública, quanto aos bens jurídicos tutelados, nestes termos:

> Art. 1.º Regem-se pelas disposições desta Lei, sem prejuízo da ação popular, as ações de responsabilidade por danos morais e patrimoniais causados:
>
> I – ao meio ambiente;
>
> II – ao consumidor;
>
> III – a bens e direitos de valor artístico, estético, histórico, turístico e paisagístico;
>
> IV – a qualquer outro interesse difuso ou coletivo;
>
> V – por infração da ordem econômica;
>
> VI – à ordem urbanística;
>
> VII – à honra e à dignidade de grupos raciais, étnicos ou religiosos;
>
> VIII – ao patrimônio público e social.

A enumeração legal é meramente **exemplificativa**. Tal asserção é confirmada pelo inciso IV do artigo transcrito e, sobretudo, pelo próprio texto da Constituição de 1988, que prescreve a utilização da ação civil pública, genericamente, para a proteção "**de outros interesses difusos e coletivos**" (art. 129, III). A nosso ver, qualquer interesse difuso ou coletivo pode ser tutelado pela ação civil pública – desde que realmente se trate de um interesse difuso ou coletivo –, independentemente de estar discriminado de forma explícita no rol do art. 1.º da Lei 7.347/1985.

A bem da verdade, a jurisprudência do Supremo Tribunal Federal admite o manejo da **ação civil pública** para a tutela de **interesses individuais homogêneos**, desde que esteja configurada **repercussão social relevante**.[63] Um interesse individual homogêneo caracteriza-se por ser divisível, individualizável, porém com uma origem comum, alcançando uniformemente os integrantes de um determinado grupo social. Quando um interesse individual homogêneo **transcende** os meros interesses individuais das pessoas envolvidas, alcançando significativa **relevância social**, torna-se **possível** a sua tutela coletiva por meio da **ação civil pública**.

---

[62] RE 409.356/RO (**repercussão geral**), rel. Min. Luiz Fux, 25.10.2018 (Informativo 921 do STF).

[63] RE-AgR 472.489/RS, rel. Min. Celso de Mello, 29.04.2008; RE-AgR 401.482/PR, rel. Min. Teori Zavascki, 04.06.2013; RE 631.111/GO (**repercussão geral**), rel. Min. Teori Zavascki, 07.08.2014 (Informativo 753 do STF).

Nessa linha, em várias ocasiões, asseverou o Tribunal Maior que o **Ministério Público tem legitimidade** para ajuizar **ação civil pública** em defesa dos **interesses individuais homogêneos dos consumidores**.[64] Seria exemplo uma ação civil pública proposta contra aumentos abusivos de mensalidades escolares praticados por instituições de ensino.

Na mesma esteira, decidiu o Pretório Excelso que o *Parquet* pode ajuizar ação civil pública a fim de obrigar o poder público a fornecer medicamento indicado para o tratamento de indivíduos acometidos por determinada moléstia.[65] Com fulcro nessa orientação, fixou a seguinte **tese de repercussão geral**:

> O Ministério Público é parte legítima para ajuizamento de ação civil pública que vise ao fornecimento de remédios a portadores de certa doença.

O parágrafo único do art. 1.º da Lei 7.347/1985 pretendeu excluir da proteção da lei de ação civil pública determinados interesses individuais homogêneos. Com efeito, nos termos desse dispositivo legal, "não será cabível ação civil pública para veicular pretensões que envolvam tributos, contribuições previdenciárias, o Fundo de Garantia do Tempo de Serviço (FGTS) ou outros fundos de natureza institucional cujos beneficiários podem ser individualmente determinados".

Pois bem, cumpre enfatizar que, reiteradamente, o Supremo Tribunal Federal tem decidido que mesmo essas matérias expressamente mencionadas no parágrafo único do art. 1.º da Lei 7.347/1985 podem ser discutidas em ação civil pública ajuizada pelo Ministério Público, desde que a questão trazida a lume, concernente ao resguardo de interesses individuais homogêneos, possua expressiva envergadura social, transcendendo os meros interesses isolados de cada indivíduo alcançado.

Dessa forma, a ação civil pública **não** pode ser utilizada para contestar a cobrança de determinado tributo, ou para requerer a repetição de indébito tributário, porque essas questões não chegam a ultrapassar os interesses particulares de cada contribuinte. Para nossa Corte Suprema, não tem o Ministério Público legitimidade ativa *ad causam* para, em ação civil pública, deduzir pretensão de **natureza tributária** em defesa de contribuintes, com o fim de **questionar a constitucionalidade de tributo ou a legalidade de sua exigência**, ou, ainda, de pleitear a **restituição dos valores pagos**, alegadamente indevidos.[66]

Diferentemente, já decidiu o Supremo Tribunal Federal que o **Ministério Público tem legitimidade** para ajuizar **ação civil pública** visando a impugnar a validade de concessão de **benefício fiscal**, ainda que de **natureza tributária**, quando evidenciada a possibilidade de prejuízo ao erário do ente federado que o concedeu. Deixou-se então assente que "o Ministério Público é parte legítima para questionar,

---

[64] AI-AgR 606.235/DF, rel. Min. Joaquim Barbosa, 05.06.2012; RE-AgR 466.623/SC, rel. Min. Gilmar Mendes, 16.04.2013; AI-ED 857.903/RJ, rel. Min. Gilmar Mendes, 27.08.2013.

[65] RE 605.533/MG (**repercussão geral**), rel. Min. Marco Aurélio, 15.08.2018 (Informativo 911 do STF).

[66] ARE 694.294/MG (**repercussão geral**), rel. Min. Luiz Fux, 25.04.2013.

em sede de ação civil pública, a validade de benefício fiscal concedido pelo estado a determinada empresa".[67]

Na ocasião, sustentou o Tribunal Maior que, em situações como essa, **não incide** o parágrafo único do art. 1.º da Lei 7.347/1985, uma vez que a concessão de benefício fiscal, se indevida, configura ato deletério ao erário, cuja integridade é do interesse de **todos os indivíduos** (metaindividual). Assim, é possível questioná-la mediante **ação civil pública**, não obstante seja individualizado o destinatário do ato concessivo. Afinal, o Ministério Público, ao impugnar judicialmente a concessão do benefício fiscal, sob alegação de que foi inválida, **não está protegendo direito de determinado contribuinte**, e sim **agindo em defesa do patrimônio público**, na forma preconizada pelo art. 129, III, da Constituição Federal.

Também admitiu o Supremo Tribunal Federal a utilização da ação civil pública pelo *Parquet* para contestar a forma de organização das contas individuais de FGTS pela Caixa Econômica Federal, especialmente com o fim de obrigá-la a unificá-las quando o empregado possui mais de um vínculo laboral. Considerou-se que, nessa hipótese, **não há incidência** do parágrafo único do art. 1.º da Lei 7.347/1985, porque não se está discutindo valores a serem depositados a título de FGTS, ou outras questões de natureza essencialmente individual, mas o próprio modelo organizacional das contas do FGTS, o que caracteriza, como finalidade da demanda, a **proteção de um interesse individual homogêneo de relevante repercussão social**. Nesse julgado, decidido na sistemática da **repercussão geral**, restou fixada a seguinte tese jurídica:[68]

O Ministério Público tem legitimidade para a propositura da ação civil pública em defesa de direitos sociais relacionados ao FGTS.

A ação civil pública **não pode ser utilizada**, seja qual for a matéria versada, visando à declaração de inconstitucionalidade, **em tese**, de leis e atos normativos. A ação civil pública não se presta ao controle **abstrato** de normas, em substituição à ação direta de inconstitucionalidade, sob pena de usurpação da competência do Supremo Tribunal Federal pelos juízos inferiores.[69]

Entretanto, é **legítima** a utilização da ação civil pública como instrumento de fiscalização **incidental** de constitucionalidade, pela **via difusa**, de quaisquer leis ou atos do Poder Público, desde que a controvérsia constitucional não se identifique como objeto único ou pedido principal da demanda, e sim como simples questão prejudicial, indispensável para a solução do litígio principal. Esse controle incidental em sede de ação civil pública, como em outras ações, pode ter por objeto leis federais, estaduais, distritais ou municipais.

---

[67] RE 576.155/DF, rel. Min. Ricardo Lewandowski, 12.08.2010 (Informativos 595 e 601 do STF); RE-AgR 586.705/DF, rel. Min. Ricardo Lewandowski, 23.08.2011; RE-AgR 547.532/DF, rel. Min. Dias Toffoli, 16.10.2012.

[68] RE 643.978/SE (**repercussão geral**), rel. Min. Alexandre de Moraes, 09.10.2019 (Informativo 955 do STF).

[69] Rcl 1.503/DF e Rcl 1.519/CE, red. p/ o acórdão Min. Dias Toffoli, 17.11.2011 (Informativo 648 do STF).

Cap. 13 • CONTROLE DA ADMINISTRAÇÃO PÚBLICA

7.2.3.3. Objeto

A ação civil pública visa a apurar responsabilidade por danos morais ou patrimoniais causados aos bens jurídicos por ela tutelados. Mais precisamente, a ação pode ter finalidade preventiva ou repressiva, isto é, pode ter por escopo evitar uma lesão, ou, se já ocorrida, repará-la (se possível) e responsabilizar os que a ocasionaram, por ação ou omissão.

A Lei 7.347/1985 refere-se a uma **ação cautelar** e a uma **ação principal** (arts. 4.º e 5.º). A ação cautelar, evidentemente, só pode ter finalidade preventiva. Seja cautelar ou principal a ação, admite-se a concessão de liminar, nos termos do art. 12 da lei, abaixo transcrito:

> Art. 12. Poderá o juiz conceder mandado liminar, com ou sem justificação prévia, em decisão sujeita a agravo.
>
> § 1.º A requerimento de pessoa jurídica de direito público interessada, e para evitar grave lesão à ordem, à saúde, à segurança e à economia pública, poderá o Presidente do Tribunal a que competir o conhecimento do respectivo recurso suspender a execução da liminar, em decisão fundamentada, da qual caberá agravo para uma das turmas julgadoras, no prazo de 5 (cinco) dias a partir da publicação do ato.
>
> § 2.º A multa cominada liminarmente só será exigível do réu após o trânsito em julgado da decisão favorável ao autor, mas será devida desde o dia em que se houver configurado o descumprimento.

A Lei 8.437/1992, no seu art. 2.º, estabelece que "no mandado de segurança coletivo **e na ação civil pública**, a **liminar** será concedida, quando cabível, **após a audiência do representante judicial da pessoa jurídica de direito público**, que deverá se pronunciar no prazo de setenta e duas horas". O art. 22, § 2.º, da Lei 12.016/2009, tratando especificamente do **mandado de segurança coletivo** (mas **não** da ação civil pública), continha regra análoga: exigência de que, antes de o juiz conceder liminar em **mandado de segurança coletivo**, fosse ouvido o representante judicial da pessoa jurídica de direito público, que deveria pronunciar-se em até setenta e duas horas. Em 2021, o Supremo Tribunal Federal declarou a inconstitucionalidade do § 2.º do art. 22 da Lei 12.016/2009, sob o fundamento de que "impedir ou condicionar a concessão de medida liminar caracteriza verdadeiro obstáculo à efetiva prestação jurisdicional".[70] Sendo assim, entendemos que, embora não tenha sido formalmente retirada do mundo jurídico, a norma vazada no art.

---

[70] ADI 4.296/DF, red. p/ o acórdão Min. Alexandre de Moraes, 09.06.2021 (Informativo 1.021 do STF). Veja-se, também, a decisão liminar proferida na ADI 975/DF, rel. Min. Celso de Mello, em 09.12.1993, que suspendeu a eficácia, dentre outros dispositivos, do art. 2.º da Medida Provisória 375/1993, o qual assim dispunha: "A concessão de medida cautelar ou de liminar contra órgão ou entidade da administração pública, bem assim contra ato ou omissão dos respectivos agentes ou administradores, somente será possível após a audiência do representante judicial da pessoa jurídica de direito público, ou da entidade da administração indireta, que deverá ser pessoalmente notificado para manifestar-se no prazo de setenta e duas horas". Como a MP 375/1993 não foi convertida em lei, a ADI 975/DF perdeu o objeto, não houve decisão definitiva de mérito.

2.º da Lei 8.437/1992 é incompatível com o ordenamento jurídico pátrio, segundo a jurisprudência de nossa Corte Suprema.

O objeto do pedido pode ser a condenação em dinheiro ou o cumprimento de obrigação de fazer ou não fazer (Lei 7.347/1985, art. 3.º).

No caso de **condenação em dinheiro** (perdas e danos), "a indenização pelo dano causado reverterá a um fundo gerido por um Conselho Federal ou por Conselhos Estaduais de que participarão necessariamente o Ministério Público e representantes da comunidade, sendo seus recursos destinados à reconstituição dos bens lesados" (art. 13). Na hipótese de acordo ou condenação com fundamento em dano causado por ato de **discriminação étnica**, a prestação em dinheiro reverterá diretamente a esse fundo e será utilizada para ações de promoção da igualdade étnica, conforme definição do Conselho Nacional de Promoção da Igualdade Racial, na hipótese de extensão nacional, ou dos Conselhos de Promoção de Igualdade Racial estaduais ou locais, nas hipóteses de danos com extensão regional ou local, respectivamente (art. 13, § 2.º). Enquanto o fundo não for regulamentado, o dinheiro ficará depositado em estabelecimento oficial de crédito, em conta com correção monetária (art. 13, § 1.º).

Se o conteúdo da decisão judicial for a imposição de uma **obrigação de fazer ou não fazer**, "o juiz determinará o cumprimento da prestação da atividade devida ou a cessação da atividade nociva, sob pena de execução específica, ou de cominação de multa diária, se esta for suficiente ou compatível, independentemente de requerimento do autor" (art. 11).

Vale frisar que o ajuizamento da ação civil pública **não impede a propositura de ações individuais** sobre o mesmo objeto, nem gera litispendência.

7.2.3.4.   Sujeitos

Os **legitimados ativos** na ação civil pública estão enumerados no art. 5.º da Lei 7.347/1985, abaixo reproduzido:

> Art. 5.º Têm legitimidade para propor a ação principal e a ação cautelar:
>
> I – o Ministério Público;
>
> II – a Defensoria Pública;
>
> III – a União, os Estados, o Distrito Federal e os Municípios;
>
> IV – a autarquia, empresa pública, fundação ou sociedade de economia mista;
>
> V – a associação que, concomitantemente:
>
> a) esteja constituída há pelo menos 1 (um) ano nos termos da lei civil;
>
> b) inclua, entre suas finalidades institucionais, a proteção ao patrimônio público e social, ao meio ambiente, ao consumidor, à ordem econômica, à livre concorrência, aos direitos de grupos raciais, étnicos ou religiosos ou ao patrimônio artístico, estético, histórico, turístico e paisagístico.

A legitimação da **Defensoria Pública** para propor a ação civil pública foi incluída expressamente no inciso II do art. 5.º da Lei 7.347/1985 pela Lei 11.448/2007. A validade desse preceito foi judicialmente impugnada, e o Supremo Tribunal Federal, decidindo a questão na sistemática de **repercussão geral**, deixou assente que "a Defensoria Pública tem legitimidade para a propositura da ação civil pública em ordem a promover a tutela judicial de direitos difusos e coletivos de que sejam titulares, em tese, pessoas necessitadas".[71]

Os órgãos públicos legitimados poderão tomar dos interessados compromisso de ajustamento de sua conduta às exigências legais, estipulando **cominações** (multa diária, por exemplo) para o caso de descumprimento. O **compromisso de ajustamento de conduta** tem eficácia de **título executivo extrajudicial** (art. 5.º, § 6.º).

O Ministério Público, **se não intervier no processo como parte**, atuará **obrigatoriamente** como **fiscal da lei** (art. 5.º, § 1.º). Admite-se a formação de **litisconsórcio facultativo** entre os Ministérios Públicos da União, do Distrito Federal e dos estados-membros na defesa dos interesses e direitos de que trata a Lei 7.347/1985 (art. 5.º, § 5.º).

É facultado ao Poder Público e às associações legitimadas habilitar-se como **litisconsortes** de qualquer das partes.

Em caso de **desistência** infundada ou **abandono** da ação por associação legitimada, o **Ministério Público** ou **outro legitimado** assumirá a **titularidade ativa**.

Qualquer pessoa **poderá** e o servidor público **deverá** provocar a iniciativa do Ministério Público, ministrando-lhe informações sobre fatos que constituam objeto da ação civil pública e indicando-lhe os elementos de convicção (art. 6.º).

Evidentemente, o Ministério Público pode atuar **de ofício**, ou seja, sem necessidade de provocação. A fim de apurar e reunir elementos para o ajuizamento da ação civil pública, poderá o Ministério Público instaurar um **inquérito civil** (procedimento de sua competência exclusiva). Essa medida, entretanto, **não é obrigatória**, ou seja, a ação pode ser proposta diretamente quando, mesmo sem um inquérito civil prévio, já houver elementos suficientes para justificá-la.

Se, no exercício de suas funções, os juízes e tribunais tiverem conhecimento de fatos que possam ensejar a propositura da ação civil, remeterão peças ao Ministério Público para as providências cabíveis (art. 7.º).

Como **sujeito passivo** na ação civil pública pode figurar **qualquer pessoa** que tenha ocasionado lesão ou ameaça de lesão aos bens jurídicos passíveis de serem tutelados pela referida ação. Isso inclui pessoas físicas e jurídicas, privadas ou públicas, inclusive os entes federados e as entidades da administração pública indireta.

Por fim, vale registrar que a Lei 7.853/1989, que dispõe sobre o apoio às **pessoas com deficiência** e, entre outras medidas, "institui a tutela jurisdicional de interesses coletivos ou difusos dessas pessoas", estabelece, no *caput* do seu art. 3.º, que:

> Art. 3.º As medidas judiciais destinadas à proteção de interesses coletivos, difusos, individuais homogêneos e individuais indisponíveis

---

[71] RE 733.433/MG (**repercussão geral**), rel. Min. Dias Toffoli, 04.11.2015 (Informativo 806 do STF). No mesmo sentido: ADI 3.943/DF, rel. Min. Cármen Lúcia, 07.05.2015.

da pessoa com deficiência poderão ser propostas pelo Ministério Público, pela Defensoria Pública, pela União, pelos Estados, pelos Municípios, pelo Distrito Federal, por associação constituída há mais de 1 (um) ano, nos termos da lei civil, por autarquia, por empresa pública e por fundação ou sociedade de economia mista que inclua, entre suas finalidades institucionais, a proteção dos interesses e a promoção de direitos da pessoa com deficiência.

Estatui o art. 5.º da Lei 7.853/1989, ainda, que "o Ministério Público intervirá obrigatoriamente nas ações públicas, coletivas ou individuais, em que se discutam interesses relacionados à deficiência das pessoas".

Os dispositivos da Lei 7.347/1985 aplicam-se, no que couber, à ação civil pública prevista na Lei 7.853/1989 (art. 7.º).

7.2.3.5. Aspectos processuais, decisão judicial e execução da sentença

Na ação civil pública não há adiantamento de custas, emolumentos, honorários periciais e quaisquer outras despesas, nem condenação da associação autora, salvo comprovada má-fé, em honorários de advogado, custas e despesas processuais (art. 18).

Em caso de litigância de má-fé, a associação autora e os diretores responsáveis pela propositura da ação serão solidariamente condenados em honorários advocatícios e ao décuplo das custas, sem prejuízo da responsabilidade por perdas e danos (art. 17).

A competência para processar e julgar a ação é determinada pelo local onde ocorreu ou deva ocorrer o dano. Da mesma forma que ocorre na ação popular, **não existe foro especial por prerrogativa de função nas ações civis públicas**, como há, para determinadas autoridades, nas ações penais.[72]

Desse modo, a ação civil pública deverá ser proposta e julgada originariamente nos juízos de primeira instância ordinários estaduais, a menos que o ato lesivo (ou omissão que ocasionou o dano) seja imputado a pessoa jurídica que tenha foro na Justiça Federal (CF, art. 109), hipótese em que a ação deve ser proposta no correspondente juízo federal de primeira instância.

Segundo orientação do Supremo Tribunal Federal, "em se tratando de ação civil pública de efeitos nacionais ou regionais, a competência deve observar o art. 93, II, da Lei 8.078/1990 (Código de Defesa do Consumidor)".[73]

Além disso, na hipótese de serem ajuizadas múltiplas ações civis públicas de âmbito nacional ou regional – e fixada a competência conforme a orientação exposta

---

[72] Veja-se, a título de exemplo, com citação de inúmeros precedentes do Plenário do STF: Pet-AgR 4.314/DF, rel. Min. Rosa Weber, 19.06.2013.

[73] Nos termos do citado art. 93, inciso II, do Código de Defesa do Consumidor, "ressalvada a competência da Justiça Federal, é competente para a causa a Justiça local no foro da capital do estado ou no do Distrito Federal, para os danos de âmbito nacional ou regional, aplicando-se as regras do Código de Processo Civil aos casos de competência concorrente."

Cap. 13 • CONTROLE DA ADMINISTRAÇÃO PÚBLICA

no parágrafo precedente –, "firma-se a prevenção do juízo que primeiro conheceu de uma delas, para o julgamento de todas as demandas conexas".[74]

Em sua redação originária, o art. 16 da Lei 7.347/1985 atribui eficácia geral (*erga omnes*) à sentença proferida em ação civil pública. A Lei 9.494/1997 modificou a redação desse artigo, para restringir a abrangência territorial dos efeitos da sentença, de sorte que o art. 16 passou a estatuir que "a sentença civil fará coisa julgada *erga omnes*, **nos limites da competência territorial do órgão prolator**". Em 2021, essa limitação foi considerada inconstitucional pelo Supremo Tribunal Federal, que determinou expressamente o retorno da redação primeva (repristinação) do art. 16 da Lei 7.347/1985.[75]

Atualmente, portanto, a eficácia da sentença prolatada em ação civil pública segue o disposto no art. 16 originário da Lei 7.347/1985, a saber:

> Art. 16. A sentença civil fará coisa julgada *erga omnes*, exceto se a ação for julgada improcedente por deficiência de provas, hipótese em que qualquer legitimado poderá intentar outra ação com idêntico fundamento, valendo-se de nova prova.

O juiz poderá conferir efeito suspensivo aos recursos, para evitar dano irreparável à parte (art. 14).

Decorridos sessenta dias do trânsito em julgado da sentença condenatória, sem que a associação autora lhe promova a execução, deverá fazê-lo o Ministério Público, facultada igual iniciativa aos demais legitimados (art. 15).

7.2.3.6. Diferenças entre ação civil pública e ação popular

Embora sejam ações de natureza coletiva, e possa ocorrer de um mesmo fato ensejar, concomitantemente, a propositura de ação popular e o ajuizamento de ação civil pública, as finalidades precípuas dessas ações são distintas, além de haver outras diferenças, conforme passamos a examinar.

A primeira diz respeito à **legitimidade ativa**.

Na **ação popular** a legitimidade ativa *ad causam* é outorgada, privativamente, ao cidadão. Na **ação civil pública**, a legitimação é atribuída ao Ministério Público, à Defensoria Pública, aos entes federados, às entidades da administração indireta e a associações que atuem na defesa dos bens jurídicos por esta ação tutelados.

A segunda diferença reside no **pedido principal**.

O pedido principal na **ação popular** deve ser a **anulação** de um ato que ocasione lesão ou ameaça de lesão aos bens jurídicos por ela tutelados. O pedido principal na **ação civil pública** deve ser o **cumprimento de obrigação de fazer ou não fazer**

---

[74] RE 1.101.937/SP (**repercussão geral**), rel. Min. Alexandre de Moraes, 08.04.2021 (Informativo 1.012 do STF).

[75] RE 1.101.937/SP (**repercussão geral**), rel. Min. Alexandre de Moraes, 08.04.2021 (Informativo 1.012 do STF).

ou a **condenação em dinheiro** do responsável por uma lesão ou ameaça de lesão aos bens jurídicos por ela tutelados.[76]

Abrimos um parêntese para registrar que, embora o conteúdo do pedido principal seja uniformemente apontado pela doutrina como um elemento de distinção entre as duas ações, a verdade é que a legislação posterior à Lei 7.347/1985 passou a prever a possibilidade de ser pedida a anulação de atos e negócios jurídicos por meio da ação civil pública. Dois importantes exemplos, coligidos pelo Prof. José dos Santos Carvalho Filho, temos no art. 51, § 4.º, da Lei 8.078/1990 (Código de Defesa do Consumidor), e no art. 25, IV, "b", da Lei 8.625/1993 (Lei Orgânica Nacional do Ministério Público). Mesmo fora dos casos expressamente previstos na legislação, tem sido aceito pelos nossos tribunais, inclusive pelo STF, o uso da ação civil pública para o fim de anular atos ou negócios jurídicos, públicos e privados. Não obstante essa constatação, continua sendo apontado pela doutrina, como critério teórico de distinção entre a ação popular e a ação civil pública, o objeto do pedido principal, conforme exposto no parágrafo anterior.

A terceira diferença diz respeito à **natureza da sentença** proferida pelo magistrado.

Na **ação popular**, a sentença é preponderantemente **desconstitutiva** (anula o ato lesivo) e apenas **subsidiariamente condenatória**, porquanto o dever de reparar o dano só surge com a desconstituição do ato ou contrato impugnado.

Note-se que o art. 11 da Lei 4.717/1965 estabelece que a sentença que julgue procedente a ação popular e anule o ato impugnado condenará em perdas e danos os responsáveis. Por outras palavras, o conteúdo principal da sentença é julgar procedente a ação e anular o ato – essa é a tutela precipuamente requerida pelo autor da ação. Entretanto, ainda que o objeto do pedido principal seja apenas a anulação do ato lesivo, a sentença que julgar procedente a ação será desconstitutiva (anula o ato lesivo), preponderantemente, mas, subsidiariamente, será também condenatória (desde que, no processo, tenha restado comprovada a culpa dos responsáveis pelo ato lesivo anulado).

Na **ação civil pública**, a sentença é preponderantemente **condenatória** (condenação em dinheiro) ou **mandamental** (obrigação de fazer ou não fazer). Em regra, a sentença **não tem** natureza desconstitutiva (não anula algum ato), até porque, na maioria das vezes, o desfazimento do dano causado não é possível (a poluição de um rio, com a consequente morte de milhares de peixes e outros animais aquáticos, por exemplo, não pode ser desfeita). Observe-se que essa é uma **regra geral**, haja vista a ressalva feita acima, relativa à existência de previsão legal e à aceitação jurisprudencial do uso da ação civil pública visando à anulação de atos e negócios jurídicos.

Enfim, em razão dessas diferenças – e também por expressa previsão da Lei 7.347/1985 (art. 1.º, *caput*) –, pode haver a concomitância de ação popular e ação civil pública relativamente ao mesmo fato. Vale dizer, a propositura de ação civil pública **não** exclui a de ação popular – nem o cabimento desta exclui o daquela.

---

[76] Vale anotar o disposto na **Súmula 629 do Superior Tribunal de Justiça**, relativa a **danos ambientais** (observe-se que o enunciado **não é restrito à ação civil pública**): "Quanto ao dano ambiental, é admitida a condenação do réu à obrigação de fazer ou à de não fazer cumulada com a de indenizar".

Cap. 13 • CONTROLE DA ADMINISTRAÇÃO PÚBLICA

Corroborando o que foi dito no parágrafo anterior, vem a propósito trazer à baila um importante julgado do Supremo Tribunal Federal, no qual se discutiu a possibilidade de o Ministério Público estadual ajuizar ação civil pública em defesa do patrimônio público municipal, com o fim de anular um contrato de compra e venda concernente a imóvel do município e condenar o agente público responsável ao ressarcimento de alegados prejuízos que sua atuação teria causado ao erário. No julgamento em questão, dois ministros do STF defenderam a tese de que não seria cabível a utilização da ação civil pública, sob o argumento principal de que o caso configurava objeto típico de ação popular. A maioria da Corte Suprema, entretanto, entendeu que "o Ministério Público está legitimado para ajuizar ações civis públicas para a proteção do patrimônio público, podendo postular, inclusive, a reparação direta do dano eventualmente causado a ente da Administração Pública" (RE 225.777/MG, red. p/ o acórdão Min. Dias Toffoli, 24.02.2011; *vide* Informativo 617 do STF).

8. IMPROBIDADE ADMINISTRATIVA (LEI 8.429/1992)

8.1. Aspectos gerais

8.1.1. Base constitucional e regulamentação legal

A **base constitucional** direta para a responsabilização pelos **atos de improbidade administrativa** encontra-se no § 4.º do art. 37 da Carta de 1988, abaixo reproduzido:

> § 4.º Os atos de improbidade administrativa importarão a suspensão dos direitos políticos, a perda da função pública, a indisponibilidade dos bens e o ressarcimento ao erário, na forma e gradação previstas em lei, sem prejuízo da ação penal cabível.

A norma alcança a administração pública direta e indireta de qualquer dos Poderes, em todos os entes da Federação, não só pela amplitude da sua redação, mas também, pelo fato de estar situada no art. 37 da Constituição da República.

Observa-se que o dispositivo constitucional não define **improbidade administrativa**, não descreve atos que devam ser enquadrados como tal, nem aponta os possíveis sujeitos ativos e passivos da conduta ímproba. Limita-se a enumerar um rol básico de sanções que devem ser aplicadas, "na forma e gradação previstas em lei", àqueles que praticarem atos de improbidade administrativa.

O § 4.º do art. 37 do Texto Magno é uma norma constitucional de **eficácia limitada**. Em 1992 ocorreu sua necessária regulamentação, operada pela Lei 8.429/1992, diploma de **caráter nacional**, isto é, de observância obrigatória para a União, os estados, o Distrito Federal e os municípios. Em 2021, a Lei 8.429/1992 foi profundamente modificada pela Lei 14.230/2021.

A Lei 8.429/1992, originalmente, não se preocupou em definir improbidade administrativa; optou o legislador por apresentar descrições genéricas, acompanhadas de extensas listas de condutas (inclusive omissivas) que se enquadram como "atos de improbidade administrativa" – classificados em **três categorias** –, estabelecendo as sanções aplicáveis.

A Lei 14.230/2021 acrescentou o § 5.º ao art. 1.º da Lei 8.429/1992, que, embora não veicule exatamente uma definição de ato de improbidade administrativa, assim estatui (grifamos):

> § 5.º Os atos de improbidade **violam a probidade na organização do Estado e no exercício de suas funções e a integridade do patrimônio público e social** dos Poderes Executivo, Legislativo e Judiciário, bem como da administração direta e indireta, no âmbito da União, dos estados, dos municípios e do Distrito Federal.

Passemos ao estudo dos assuntos mais relevantes concernentes à disciplina legal do "**sistema de responsabilização por atos de improbidade administrativa**". Todas as referências feitas à Lei 8.429/1992 tomam por base o seu texto atual, com as alterações introduzidas pela Lei 14.230/2021.

8.1.2. Bens jurídicos tutelados

Sob uma perspectiva geral ou mediata, os atos de improbidade administrativa vitimam a sociedade brasileira, globalmente considerada. Entretanto, um particular pessoa física, ou uma empresa privada que nenhuma relação específica tenha com o poder público, não pode ser **diretamente** alvo de um ato de improbidade administrativa.

O "**sistema de responsabilização por atos de improbidade administrativa**", estabelecido na Lei 8.429/1992, tem por escopo a tutela da "probidade na organização do Estado e no exercício de suas funções, como forma de assegurar a integridade do patrimônio público e social". A proteção legal abrange o "patrimônio público e social" dos três Poderes e da administração direta e indireta da União, dos estados, do Distrito Federal e dos municípios.

Aplicam-se as sanções da Lei 8.429/1992, **também**, aos atos de improbidade praticados contra o patrimônio de entidade privada – **independentemente de integrar a administração indireta** – para cuja criação ou custeio o erário haja concorrido ou concorra no seu patrimônio ou receita atual, **limitado o ressarcimento de prejuízos**, nesse caso, à repercussão do ilícito sobre a **contribuição dos cofres públicos** (art. 1.º, § 7.º).

Sujeitam-se, **ainda**, às sanções da Lei 8.429/1992 os atos de improbidade praticados contra o patrimônio de **entidade privada** que **receba** subvenção, benefício ou incentivo, fiscal ou creditício, **de quaisquer entes públicos ou governamentais** em todos os Poderes e níveis da Federação (art. 1.º, § 6.º).

Anote-se, por fim, que o art. 23-C da Lei 8.429/1992, incluído pela Lei 14.230/2021, estabelece que atos que ensejem enriquecimento ilícito, perda patrimonial, desvio, apropriação, malbaratamento ou dilapidação de recursos **públicos** dos **partidos políticos**, ou de suas **fundações**, serão responsabilizados nos termos da Lei 9.096/1995 (**Lei dos Partidos Políticos**). Em 27 de dezembro de 2022, o Supremo Tribunal Federal, em decisão monocrática do Ministro Alexandre de Moraes, que deverá ser submetida, posteriormente, a referendo do Plenário, conferiu interpretação conforme à Constituição ao referido art. 23-C da Lei 8.429/1992, "no sentido de que os atos

Cap. 13 • CONTROLE DA ADMINISTRAÇÃO PÚBLICA

que ensejem enriquecimento ilícito, perda patrimonial, desvio, apropriação, malbaratamento ou dilapidação de recursos públicos dos partidos políticos, ou de suas fundações, poderão ser responsabilizados nos termos da Lei 9.096/1995, mas **sem prejuízo da incidência da Lei de Improbidade Administrativa**".[77]

8.1.3. Sujeitos ativos

Aspecto da Lei 8.429/1992 a merecer exame concerne às pessoas que podem praticar atos de improbidade administrativa (os sujeitos ativos dos atos de improbidade administrativa) e, consequentemente, sofrer as penalidades nela estabelecidas.

Os **sujeitos ativos** dos atos de improbidade administrativa são, exatamente por essa razão, as pessoas que têm legitimidade para figurar no polo passivo da ação judicial de improbidade administrativa (são os legitimados passivos).

O conceito de **agente público** para efeito de enquadramento na Lei 8.429/1992 e sujeição às penalidades nela cominadas é bastante amplo. Deveras, nos termos do seu art. 2.º, são considerados agentes públicos "o agente político, o servidor público e todo aquele que exerce, ainda que transitoriamente ou sem remuneração, por eleição, nomeação, designação, contratação ou qualquer outra forma de investidura ou vínculo, mandato, cargo, emprego ou função" em:

a) órgãos ou entidades da administração pública direta e indireta de quaisquer dos Poderes, em todos os entes da Federação;

b) entidade privada que receba subvenção, benefício ou incentivo, fiscal ou creditício, de entes públicos ou governamentais; e

c) entidade privada para cuja criação ou custeio o erário haja concorrido ou concorra no seu patrimônio ou receita atual.

As normas da Lei 8.429/1992 que descrevem os atos de improbidade administrativa e cominam as sanções correspondentes são endereçadas precipuamente aos agentes públicos. Entretanto, elas são aplicáveis, **no que couber**, àquele que, mesmo **não sendo agente público, induza ou concorra dolosamente para a prática do ato de improbidade** (art. 3.º).

Também está sujeito às sanções previstas na Lei 8.429/1992, **no que se refere a recursos de origem pública**, o particular, pessoa física ou jurídica, que celebra com a administração pública convênio, contrato de repasse, contrato de gestão, termo de parceria, termo de cooperação ou ajuste administrativo equivalente (art. 2.º, parágrafo único).

Os sócios, os cotistas, os diretores e os colaboradores de pessoa jurídica de direito privado **não respondem** pelo ato de improbidade que venha a ser **imputado à pessoa jurídica**, salvo se, **comprovadamente**, houver **participação** e **benefícios diretos**, caso em que **responderão nos limites da sua participação** (art. 3.º, § 1.º).

---

[77] ADI 7.236/DF, rel. Min. Alexandre de Moraes, 27.12.2022.

8.1.4. Natureza das sanções cominadas

Quanto às penalidades, a Lei 8.429/1992 estabelece sanções de natureza **administrativa** (perda da função pública; proibição de contratar com o poder público; proibição de receber benefícios ou incentivos fiscais ou creditícios), **civil** (ressarcimento integral do efetivo dano patrimonial; perda dos bens ou valores acrescidos ilicitamente ao patrimônio; multa civil) e **política** (suspensão dos direitos políticos).

Percebe-se que há sanções previstas na lei que não constam no § 4.º do art. 37 da Constituição. Essa previsão legal de outras penalidades, como a multa e a proibição de contratar com o poder público, não é de forma nenhuma ilegítima. Leis podem perfeitamente estabelecer sanções pelo cometimento de ilícitos em geral. Ademais, a enumeração do § 4.º do art. 37 da Constituição não é taxativa; consiste ela, isso sim, num rol básico de cominações aplicáveis na hipótese de condenação pela prática de atos de improbidade administrativa.

A rigor, nem todas as consequências estabelecidas na Lei 8.429/1992 para os atos de improbidade são penalidades. A indisponibilidade dos bens, por exemplo, é uma medida de **natureza cautelar**, que tem a finalidade, não de sancionar alguém, mas de assegurar que a pessoa sob investigação não venha, eventualmente, a frustrar uma futura execução, por exemplo, transferindo fraudulentamente seus bens a terceiros.

Sobre a transmissão de responsabilidade a sucessores ou herdeiros, estipula o caput do art. 8.º da Lei 8.429/1992:

> Art. 8.º O sucessor ou o herdeiro daquele que causar dano ao erário ou que se enriquecer ilicitamente estão sujeitos apenas à obrigação de repará-lo até o limite do valor da herança ou do patrimônio transferido.

Embora o texto desse art. 8.º não seja claro, entendemos que, no caso em que o agente falecido que praticou o ato de improbidade **não tenha causado prejuízo** aos cofres públicos, mas **tenha enriquecido ilicitamente**, esse valor ilegalmente acrescido ao patrimônio dele **não pode ser validamente transferido** ao sucessor ou herdeiro.

A responsabilidade sucessória prevista no art. 8º da Lei 8.429/1992 aplica-se também na hipótese de alteração contratual, de transformação, de incorporação, de fusão ou de cisão societária (art. 8.º-A). Nas hipóteses de fusão e de incorporação, a responsabilidade da sucessora será restrita à obrigação de reparação integral do dano causado, até o limite do patrimônio transferido, não lhe sendo aplicáveis as demais sanções previstas na Lei 8.429/1992 decorrentes de atos e de fatos ocorridos antes da data da fusão ou da incorporação, exceto no caso de simulação ou de evidente intuito de fraude, devidamente comprovados.

A Lei 8.429/1992 **não** estabelece sanções **penais** pela prática de atos de improbidade administrativa. Deve-se notar, entretanto, que muitas das condutas descritas como atos de improbidade administrativa na Lei 8.429/1992 coincidem com tipos penais, ou seja, **também** constituem **crimes**, previstos em leis próprias.

Como **regra geral**, enunciada no *caput* do art. 12 da Lei 8.429/1992, as penalidades nela cominadas **podem** ser aplicadas **independentemente** das "sanções penais comuns e de responsabilidade, civis e administrativas previstas na legislação específica". As

Cap. 13 • CONTROLE DA ADMINISTRAÇÃO PÚBLICA

exceções, isto é, situações em que decisões proferidas em outras esferas **interferem** na incidência da Lei 8.429/1992, são estudadas no tópico relativo às sanções nessa lei previstas e à respectiva aplicação.

8.2. Atos de improbidade administrativa

Os atos de improbidade administrativa previstos na Lei 8.429/1992 são classificados em **três categorias** (ou grupos, ou modalidades), a saber:

a) atos de improbidade administrativa que importam em enriquecimento ilícito (art. 9.º);

b) atos de improbidade administrativa que causam prejuízo ao erário (art. 10); e

c) atos de improbidade administrativa que atentam contra os princípios da administração pública (art. 11).

A partir da edição da Lei 14.230/2021, o § 1.º do art. 1.º da Lei 8.429/1992 passou a averbar que são considerados atos de improbidade administrativa as condutas **dolosas** descritas nos seus arts. 9.º, 10 e 11, **ressalvados tipos previstos em leis especiais**.

Considerando, isoladamente, a redação atual do § 1.º do art. 1.º da Lei 8.429/1992, seria possível cogitar que outras leis (as "leis especiais" nele aludidas) pudessem tipificar atos de improbidade administrativa **meramente culposos**. Entretanto, conforme deflui dos §§ 1.º e 2.º do art. 11 da Lei 8.429/1992, somente haverá improbidade administrativa quando for comprovado na conduta funcional do agente público **o fim de obter proveito ou benefício indevido para si ou para outra pessoa ou entidade**. Essa restrição aplica-se tanto aos atos de improbidade administrativa descritos na Lei 8.429/1992, quanto aos previstos em leis especiais, e a quaisquer outros tipos especiais de improbidade administrativa instituídos por lei.

Por força desse preceito restritivo – e a Lei 8.429/1992 invoca expressamente, em respaldo a ele, a "Convenção das Nações Unidas contra a Corrupção" (promulgada pelo Decreto 5.687/2006) –, **não** pode haver, no ordenamento jurídico brasileiro hoje em vigor, caracterização de improbidade administrativa por ato (comissivo ou omissivo) **meramente culposo**.

Interessa registrar que, antes das profundas alterações introduzidas pela Lei 14.230/2021, estavam previstas na Lei 8.429/1992 hipóteses de **improbidade administrativa culposa**. Essa possibilidade existia nos casos de atos causadores de prejuízo ao erário, na redação original do art. 10 da Lei 8.429/1992. Pois bem, como visto, a Lei 14.230/2021 passou a exigir, para enquadramento como ato de improbidade administrativa, em qualquer caso, o **dolo**.

O Supremo Tribunal Federal confirmou a plena constitucionalidade dessa alteração produzida pela Lei 14.230/2021. Não obstante, com relação ao alcance temporal, decidiu que a Lei 14.230 **não retroagirá quando já houver trânsito em julgado de decisão condenatória anterior, nem terá reflexos na execução das respectivas penas e nos seus incidentes**. Todavia, nos casos em que ainda não tenha havido trânsito em julgado, as alterações perpetradas pela Lei 14.230/2021 incidirão, isto é, a condenação por ato de improbidade administrativa somente será admitida se o juízo competente comprovar que houve atuação dolosa do agente. Cabe ainda observar, entre parênteses, que, na mesma oportunidade, assentou a Corte Suprema o entendimento de que os prazos de prescrição introduzidos pela Lei 14.230/2021 (vistos adiante, em tópico próprio) não retroagem, somente se aplicam a partir da publicação dessa lei (ocorrida em 26.10.2021).

Essas orientações jurisprudenciais restaram fixadas na seguinte **tese de repercussão geral** (negritos acrescentados; as maiúsculas constam no original):[78]

> 1) É necessária a comprovação de responsabilidade subjetiva para a tipificação dos atos de improbidade administrativa, **exigindo-se – nos artigos 9.º, 10 e 11 da LIA – a presença do elemento subjetivo – DOLO**; 2) A norma benéfica da Lei 14.230/2021 – **revogação da modalidade culposa do ato de improbidade administrativa** –, é IRRETROATIVA, em virtude do artigo 5.º, inciso XXXVI, da Constituição Federal, não tendo incidência em relação à eficácia da coisa julgada; nem tampouco durante o processo de execução das penas e seus incidentes; 3) A nova Lei 14.230/2021 **aplica-se** aos atos de improbidade administrativa culposos praticados na vigência do texto anterior da lei, porém **sem condenação transitada em julgado**, em virtude da revogação expressa do texto anterior; **devendo o juízo competente analisar eventual dolo** por parte do agente; 4) O novo regime prescricional previsto na Lei 14.230/2021 é IRRETROATIVO, aplicando-se os novos marcos temporais a partir da publicação da lei.

É importante anotar que, posteriormente, em 2024, o Supremo Tribunal Federal, sob o fundamento de que a gravidade das sanções estipuladas no § 4.º do art. 37 da Constituição de 1988 torna a caracterização da improbidade administrativa **incompatível com a prática de atos culposos** (**ainda que se trate de "culpa grave"**), deixou assente que a Lei 14.230/2021, ao exigir o **dolo** para a configuração de **qualquer hipótese de improbidade administrativa**, possui caráter meramente **declaratório**, "somente corrobora o entendimento de que a improbidade administrativa **sempre** demandou a ocorrência do dolo". Dessa forma, foi declarada **inconstitucional** a previsão de atos culposos de improbidade administrativa que havia no texto originário da Lei 8.429/1992, averbando-se a seguinte **tese de repercussão geral**:[79]

> O dolo é necessário para a configuração de qualquer ato de improbidade administrativa (art. 37, § 4.º, da Constituição Federal), de modo que é inconstitucional a modalidade culposa de ato de improbidade administrativa prevista nos arts. 5.º e 10 da Lei n.º 8.429/92, em sua redação originária.

---

[78] ARE 843.989/PR (**repercussão geral**), rel. Min. Alexandre de Moraes, 18.08.2022 (Informativo 1.065 do STF).

[79] RE 656.558/SP (**repercussão geral**), rel. Min. Dias Toffoli, 18.10.2024 (Informativo 1.156 do STF).

Nos termos do § 2.º do art. 1.º da Lei 8.429/1992, considera-se **dolo** a vontade livre e consciente de alcançar o resultado ilícito tipificado nos seus arts. 9.º, 10 e 11, não bastando a voluntariedade do agente, ou seja, o dolo apto a caracterizar a improbidade administrativa deve ser específico, **não é suficiente o dolo genérico**, a simples atuação voluntária, a mera intenção de agir, sem demonstração de que a ação ou a omissão teve a finalidade de alcançar um resultado determinado.

Em complemento (e de modo algo redundante), explicita a lei que o mero exercício da função ou desempenho de competências públicas, **sem comprovação de ato doloso com fim ilícito, afasta a responsabilidade** por ato de improbidade administrativa (art. 1.º, § 3.º). Para rematar, achou por bem o legislador repetir, uma vez mais, desta feita no § 1.º do art. 17-C, que "a ilegalidade sem a presença de dolo que a qualifique não configura ato de improbidade".

Preceitua o § 8.º do art. 1º da Lei 8.429/1992, incluído pela Lei 14.230/2021, que "não configura improbidade a ação ou omissão decorrente de divergência interpretativa da lei, baseada em jurisprudência, ainda que não pacificada, mesmo que não venha a ser posteriormente prevalecente nas decisões dos órgãos de controle ou dos tribunais do Poder Judiciário". Em 27 de dezembro de 2022, **esse parágrafo teve a sua eficácia suspensa** pelo Supremo Tribunal Federal, em decisão monocrática do Ministro Alexandre de Moraes, que deverá ser submetida, posteriormente, a referendo do Plenário.[80]

A técnica empregada nos arts. 9.º e 10 da Lei 8.429/1992 foi a de apresentar, no *caput* de cada qual, uma descrição conceitual dos atos de improbidade administrativa que compõem a categoria a que o artigo se refere e, **exemplificativamente**, enumerar, em incisos, diversos atos ou condutas (comissivas e omissivas) nele enquadradas.

Lê-se, no *caput* do art. 9.º, que configura **ato de improbidade administrativa que acarreta enriquecimento ilícito** "auferir, mediante a prática de ato doloso, qualquer tipo de vantagem patrimonial indevida em razão do exercício de cargo, de mandato, de função, de emprego ou de atividade" nas entidades protegidas pelo "sistema de responsabilização por atos de improbidade administrativa", mencionadas anteriormente (no subitem relativo aos bens jurídicos tutelados pela Lei 8.429/1992). São **exemplos** de atos dessa categoria:

a) receber, para si ou para outrem, dinheiro, bens, ou qualquer outra vantagem econômica, direta ou indireta, de quem tenha interesse que possa ser afetado por ação ou omissão decorrente das atribuições do agente público;

b) perceber vantagem econômica, direta ou indireta, para facilitar a aquisição ou a contratação de bens ou serviços, pelas entidades tuteladas pela Lei 8.429/1992, por preço superior ao valor de mercado, ou para facilitar a oferta de bem público ou o fornecimento de serviço por ente estatal por preço inferior ao valor de mercado;

c) utilizar, em obra ou serviço particular, recursos das entidades tuteladas pela Lei 8.429/1992, ou o trabalho de servidores, de empregados ou de terceiros contratados por essas entidades;

---

[80] ADI 7.236/DF, rel. Min. Alexandre de Moraes, 27.12.2022.

972 DIREITO ADMINISTRATIVO DESCOMPLICADO • Marcelo Alexandrino & Vicente Paulo

d) receber vantagem econômica de qualquer natureza, direta ou indireta, para tolerar a exploração ou a prática de jogos de azar, de lenocínio, de narcotráfico, de contrabando, de usura ou de qualquer outra atividade ilícita, ou aceitar promessa de tal vantagem;

e) adquirir, para si ou para outrem, no exercício de mandato, de cargo, de emprego ou de função pública, e em razão deles, bens de qualquer natureza, decorrentes dos atos de improbidade descritos no *caput* do art. 9.º da Lei 8.429/1992, cujo valor seja desproporcional à evolução do patrimônio ou à renda do agente público, assegurada a demonstração pelo agente da licitude da origem dessa evolução;

f) aceitar emprego, comissão ou exercer atividade de consultoria ou assessoramento para pessoa física ou jurídica que tenha interesse suscetível de ser afetado por ação ou omissão decorrente das atribuições do agente público, durante a atividade;

g) perceber vantagem econômica para intermediar a liberação ou aplicação de verba pública de qualquer natureza;

h) receber vantagem econômica de qualquer natureza, direta ou indiretamente, para omitir ato de ofício, providência ou declaração a que esteja obrigado.

Estatui o *caput* do art. 10 que constitui **ato de improbidade administrativa que causa lesão ao erário** "qualquer ação ou omissão dolosa, que enseje, efetiva e comprovadamente, perda patrimonial, desvio, apropriação, malbaratamento ou dilapidação dos bens ou haveres" das entidades tuteladas pela Lei 8.429/1992. São **exemplos** de atos dessa categoria:

a) possibilitar que particulares incorporem indevidamente ao seu patrimônio, ou utilizem, sem observância das formalidades aplicáveis, bens ou valores integrantes do acervo patrimonial das entidades tuteladas pela Lei 8.429/1992;

b) possibilitar a aquisição de bens ou a contratação de serviços, pelas entidades tuteladas pela Lei 8.429/1992, por preço superior ao de mercado, ou possibilitar a alienação de bens ou a prestação de serviços, por essas entidades, por preço inferior ao de mercado;

c) realizar operação financeira sem observância das normas aplicáveis, ou aceitar garantia insuficiente ou inidônea;

d) conceder benefício administrativo ou fiscal sem a observância das formalidades aplicáveis;

e) frustrar a licitude de processo licitatório ou de processo seletivo para celebração de parcerias com entidades sem fins lucrativos, ou dispensá-los indevidamente, acarretando perda patrimonial efetiva;

f) ordenar ou permitir a realização de despesas não autorizadas em lei ou regulamento;

g) agir ilicitamente na arrecadação de tributo ou de renda, bem como no que diz respeito à conservação do patrimônio público;

h) agir para a configuração de ilícito na celebração, na fiscalização e na análise das prestações de contas de parcerias firmadas pela administração pública com entidades privadas;

Cap. 13 • CONTROLE DA ADMINISTRAÇÃO PÚBLICA

i) celebrar parcerias da administração pública com entidades privadas sem a observância das formalidades aplicáveis;

j) liberar recursos de parcerias firmadas pela administração pública com entidades privadas sem a estrita observância das normas pertinentes ou influir de qualquer forma para a sua aplicação irregular;

k) conceder, aplicar ou manter benefício financeiro ou tributário contrário ao que dispõem o *caput* e o § 1.º do art. 8.º-A da Lei Complementar 116/2003.[81]

Nos casos em que a inobservância de formalidades legais ou regulamentares **não implicar perda patrimonial efetiva, não ocorrerá imposição de ressarcimento**, vedado o enriquecimento sem causa das entidades tuteladas pela Lei 8.429/1992 (art. 10, § 1.º).

Não será considerada improbidade administrativa a mera **perda patrimonial decorrente da atividade econômica**, salvo se comprovado ato doloso praticado com essa finalidade (art. 10, § 2.º).

O art. 11 da Lei 8.429/1992, apesar de também enunciar em seu *caput* uma definição genérica – de atos de improbidade administrativa que atentam contra os princípios da administração pública –, traz, nos seus incisos, uma lista de condutas (comissivas e omissivas) que, a nosso ver, consubstancia um **rol taxativo** (*numerus clausus*).

Preceitua esse artigo que "constitui **ato de improbidade administrativa que atenta contra os princípios da administração pública** a ação ou omissão dolosa que viole os deveres de honestidade, de imparcialidade e de legalidade, **caracterizada por uma das seguintes condutas**":

a) revelar fato ou circunstância de que tem ciência em razão das atribuições e que deva permanecer em segredo, propiciando beneficiamento por informação privilegiada ou colocando em risco a segurança da sociedade e do Estado;

b) negar publicidade aos atos oficiais, exceto em razão de sua imprescindibilidade para a segurança da sociedade e do Estado ou de outras hipóteses instituídas em lei;

c) frustrar, em ofensa à imparcialidade, o caráter concorrencial de concurso público, de chamamento ou de procedimento licitatório, com vistas à obtenção de benefício próprio, direto ou indireto, ou de terceiros;

d) deixar de prestar contas quando esteja obrigado a fazê-lo, desde que disponha das condições para isso, com vistas a ocultar irregularidades;

---

[81] A LC 116/2003 veicula normas gerais acerca do imposto sobre serviços de qualquer natureza (ISSQN), de competência dos municípios e do Distrito Federal. O *caput* do seu art. 8.º-A estabelece para o ISSQN a alíquota mínima de dois por cento. E o § 1.º desse artigo proíbe a concessão de isenções, incentivos ou benefícios tributários ou financeiros, sob qualquer forma, que resulte, direta ou indiretamente, em carga tributária menor que a decorrente da aplicação da referida alíquota mínima de dois por cento, exceto para determinados serviços na própria LC 116/2003 discriminados.

974   DIREITO ADMINISTRATIVO DESCOMPLICADO • *Marcelo Alexandrino & Vicente Paulo*

e) revelar ou permitir que chegue ao conhecimento de terceiro, antes da respectiva divulgação oficial, teor de medida política ou econômica capaz de afetar o preço de mercadoria, bem ou serviço;

f) descumprir as normas relativas à celebração, fiscalização e aprovação de contas de parcerias firmadas pela administração pública com entidades privadas;

g) nomear cônjuge, companheiro ou parente em linha reta, colateral ou por afinidade, até o terceiro grau, inclusive, da autoridade nomeante ou de servidor da mesma pessoa jurídica investido em cargo de direção, chefia ou assessoramento, para o exercício de cargo em comissão ou de confiança ou, ainda, de função gratificada na administração pública direta e indireta em qualquer dos Poderes da União, dos estados, do Distrito Federal e dos municípios, compreendido o ajuste mediante designações recíprocas; e

h) praticar, no âmbito da administração pública e com recursos do erário, ato de publicidade que contrarie o disposto no § 1.º do art. 37 da Constituição Federal, de forma a promover inequívoco enaltecimento do agente público e personalização de atos, de programas, de obras, de serviços ou de campanhas dos órgãos públicos.

Não configura improbidade a **mera nomeação ou indicação política** por parte dos detentores de mandatos eletivos, **sendo necessária a aferição de dolo com finalidade ilícita por parte do agente**.

Esses atos de improbidade administrativa previstos no art. 11 da Lei 8.429/1992 **independem do reconhecimento da produção de danos ao erário e de enriquecimento ilícito dos agentes públicos**. Porém, **somente estarão sujeitos às sanções** cominadas na Lei 8.429/1992 na hipótese de restar caracterizada **lesividade relevante ao bem jurídico tutelado**. Além disso, o enquadramento de conduta funcional na categoria de atos ora em apreço pressupõe a **demonstração objetiva da prática de ilegalidade** no exercício da função pública, com a **indicação das normas constitucionais, legais ou infralegais violadas**.

8.3. Sanções cominadas e disposições acerca da respectiva aplicação

As penas cominadas à prática de atos de improbidade administrativa encontram-se no art. 12 da Lei 8.429/1992. É muito importante destacar que as sanções previstas nesse artigo **somente poderão ser executadas após o trânsito em julgado da sentença condenatória**.

Da análise da cominação de penas estabelecida na Lei 8.429/1992 deflui a existência de uma **hierarquia** entre os grupos de atos de improbidade administrativa **quanto a sua gravidade e lesividade social**. Os atos do primeiro grupo – os que importam enriquecimento ilícito – são os mais lesivos e juridicamente reprováveis, os atos enquadrados na segunda categoria – os que causam prejuízo ao erário, sem importar enriquecimento ilícito do agente – ocupam uma posição intermediária e os atos pertencentes ao terceiro grupo – os que atentam contra os princípios da administração pública – são considerados menos ofensivos ao ordenamento jurídico do que os demais.

Preceitua o art. 12 da Lei 8.429/1992, em seu *caput*, que, independentemente do ressarcimento integral do dano patrimonial, se efetivo, e das sanções penais – comuns

Cap. 13 • CONTROLE DA ADMINISTRAÇÃO PÚBLICA

e de responsabilidade –, civis e administrativas previstas na legislação específica, está o responsável pelo ato de improbidade sujeito às **seguintes cominações**, que podem ser aplicadas **isolada ou cumulativamente**, de acordo com a **gravidade do fato**:

a) para os **atos de improbidade administrativa que importam em enriqueci-mento ilícito**: (a.1) perda dos bens ou valores acrescidos ilicitamente ao patrimônio; (a.2) perda da função pública; (a.3) suspensão dos direitos políticos até catorze anos; (a.4) pagamento de multa civil equivalente ao valor do acréscimo patrimonial; e (a.5) proibição de contratar com o poder público ou de receber benefícios ou incentivos fiscais ou creditícios, direta ou indiretamente, ainda que por intermédio de pessoa jurídica da qual seja sócio majoritário, por prazo **não superior a catorze anos**;

b) para os **atos de improbidade administrativa que causam lesão ao erário**: (b.1) perda dos bens ou valores acrescidos ilicitamente ao patrimônio, se concorrer esta circunstância; (b.2) perda da função pública; (b.3) suspensão dos direitos políticos **até doze anos**; (b.4) pagamento de multa civil equivalente ao valor do dano; e (b.5) proibição de contratar com o poder público ou de receber benefícios ou incentivos fiscais ou creditícios, direta ou indiretamente, ainda que por intermédio de pessoa jurídica da qual seja sócio majoritário, por prazo **não superior a doze anos**;

c) para os **atos de improbidade administrativa que atentam contra os princípios da administração pública**: (c.1) pagamento de multa civil de até vinte e quatro vezes o valor da remuneração percebida pelo agente; e (c.2) proibição de contratar com o poder público ou de receber benefícios ou incentivos fiscais ou creditícios, direta ou indiretamente, ainda que por intermédio de pessoa jurídica da qual seja sócio majoritário, por prazo **não superior a quatro anos**.

O § 1.º do art. 12 da Lei 8.429/1992, incluído pela Lei 14.230/2021, estabeleceu, como regra geral, que a sanção de **perda da função pública** deveria atingir apenas o vínculo de mesma qualidade e natureza que o agente público ou político detinha com o poder público na época do cometimento da infração – permitindo, porém, que, **excepcionalmente**, o magistrado, na hipótese de ato de improbidade administrativa que importa em enriquecimento ilícito (letra "a"), **estendesse a perda aos demais vínculos**, consideradas as circunstâncias do caso e a gravidade da infração. Em 27 de dezembro de 2022, **esse parágrafo teve a sua eficácia suspensa** pelo Supremo Tribunal Federal, em decisão monocrática do Ministro Alexandre de Moraes, que deverá ser submetida, posteriormente, a referendo do Plenário.[82]

A **multa** pode ser aumentada **até o dobro**, se o juiz considerar que, em virtude da situação econômica do réu, o valor calculado na forma das letras "a", "b", e "c" (conforme o caso) será ineficaz para reprovação e prevenção do ato de improbidade.

No caso de **atos de menor ofensa aos bens jurídicos tutelados** pela Lei 8.429/1992, a sanção **limitar-se-á à aplicação de multa** – sem prejuízo do ressarcimento do dano e da perda dos valores obtidos, quando for o caso.

---

[82] ADI 7.236/DF, rel. Min. Alexandre de Moraes, 27.12.2022.

Se ocorrer lesão ao patrimônio público, será **deduzido da reparação** do dano determinada com base na Lei 8.429/1992 eventual **ressarcimento já ocorrido** – quando tenha por objeto os **mesmos fatos** – nas instâncias criminal, civil e administrativa.

A Lei 14.230/2021 acrescentou ao art. 12 da Lei 8.429/1992 o § 10, segundo o qual, "para efeitos de contagem do prazo da sanção de suspensão dos direitos políticos, computar-se-á retroativamente o intervalo de tempo entre a decisão colegiada e o trânsito em julgado da sentença condenatória". Por exemplo, se a primeira decisão colegiada (decisão de tribunal) fosse proferida em 2022, condenando o agente a suspensão dos direitos políticos por nove anos, e dessa decisão fossem interpostos recursos, de sorte que o trânsito em julgado só ocorresse em 2029, o início da suspensão dos direitos políticos só se daria efetivamente em 2029 (sanções aplicadas com fulcro na Lei 8.429/1992 somente podem ser executadas depois do trânsito em julgado) e duraria apenas até 2031, porque os nove anos impostos na condenação seriam contados retroativamente, desde 2022. Caso o trânsito em julgado somente ocorresse em 2031, não haveria suspensão alguma de direitos políticos a ser concretamente executada.

É importante registrar que, em 27 de dezembro de 2022, **esse dispositivo** (§ 10 do art. 12 da Lei 8.429/1992) **teve a sua eficácia suspensa** pelo Supremo Tribunal Federal, em decisão monocrática do Ministro Alexandre de Moraes, que deverá ser submetida, posteriormente, a referendo do Plenário.[83]

Na responsabilização de pessoa jurídica, deverão ser considerados os efeitos econômicos e sociais das sanções, de modo a **viabilizar a manutenção de suas atividades** (art. 12, § 3.º)

Em caráter **excepcional** e por motivos relevantes devidamente justificados, a sanção de proibição de contratação com o poder público pode **extrapolar o ente público lesado pelo ato de improbidade**, observados os impactos econômicos e sociais das sanções, de modo a preservar a função social da pessoa jurídica e viabilizar a manutenção de suas atividades (art. 12, § 4.º).

Embora a literalidade dos §§ 3.º e 4.º do art. 12, reproduzidos nos dois parágrafos precedentes, possa induzir à conclusão de que não seria admitida, com fundamento na Lei 8.429/1992, a aplicação de penalidades que, ao fim e ao cabo, resultassem na cessação das atividades de pessoas jurídicas, pensamos que essa interpretação implicaria excessiva (e inconstitucional) limitação à atuação do Poder Judiciário. A nosso ver, as normas vazadas nos §§ 3.º e 4.º do art. 12 devem ser lidas como "**regra geral**", ou melhor, devem ser entendidas destarte: a aplicação das penalidades previstas na Lei 8.4129/1992 deve buscar a preservação da função social das pessoas jurídicas afetadas e, **sempre que possível**, viabilizar a manutenção de suas atividades (desde que não haja incompatibilidade com o interesse público, evidentemente).

A sanção de **proibição de contratação com o poder público** deverá constar do Cadastro Nacional de Empresas Inidôneas e Suspensas (CEIS), **observadas as limitações territoriais determinadas em decisão judicial**.

As sanções da Lei 8.429/1992 **não se aplicarão à pessoa jurídica**, caso o ato de improbidade administrativa seja **também sancionado** como **ato lesivo à adminis-**

---

[83] ADI 7.236/DF, rel. Min. Alexandre de Moraes, 27.12.2022.

tração pública de que trata a **Lei 12.846/2013** (estudada em outro tópico deste capítulo). Além disso, na eventualidade de ser cabível a aplicação de sanções a pessoas jurídicas com base na Lei 8.429/1992 e **também** na Lei 12.846/2013, deverá ser observado o "**princípio constitucional do *non bis in idem***", isto é, não poderá haver aplicação da mesma pena duas vezes.

A **aplicação das sanções** previstas na Lei 8.429/1992 **independe** (art. 21):

a) da aprovação ou rejeição das contas pelo órgão de controle interno ou pelo tribunal ou conselho de contas;

b) **em regra**, da efetiva ocorrência de dano ao patrimônio público.

A norma enunciada na letra "b" configura mera **regra geral** porque a **comprovação de prejuízo efetivo à coisa pública** é expressamente **exigida**: (i) para aplicação da pena de ressarcimento e; (ii) para caracterização das condutas previstas no art. 10 (atos de improbidade administrativa que causam lesão ao erário).

Os atos do órgão de controle interno ou externo devem ser considerados pelo juiz quando tiverem servido de fundamento para a conduta do agente público.

As provas produzidas perante os órgãos de controle e as correspondentes decisões deverão ser consideradas na formação da convicção do juiz, sem prejuízo da análise acerca do dolo na conduta do agente.

Sanções eventualmente aplicadas em outras esferas **deverão ser compensadas** com as sanções aplicadas nos termos da Lei 8.429/1992.

As sentenças **civis e penais produzirão efeitos** em relação à ação de improbidade quando concluírem pela **inexistência da conduta** ou pela **negativa da autoria**.

O § 4.º do art. 21 da Lei 8.429/1992, incluído pela Lei 14.230/2021, preceitua que a **absolvição criminal** em ação que discuta os **mesmos fatos**, confirmada por **decisão colegiada**, impede o trâmite da ação de improbidade administrativa de que trata a Lei 8.429/1992, havendo **comunicação com todos os fundamentos de absolvição** previstos no art. 386 do Código de Processo Penal (CPP). Importa registrar que, em 27 de dezembro de 2022, **esse parágrafo teve a sua eficácia suspensa** pelo Supremo Tribunal Federal, em decisão monocrática do Ministro Alexandre de Moraes, que deverá ser submetida, posteriormente, a referendo do Plenário.[84]

Por fim, não é demasiado enfatizar que a **aplicação das penalidades** cominadas à prática de atos de improbidade administrativa na Lei 8.429/1992 é de **competência exclusiva do Poder Judiciário**.

8.4. Procedimentos administrativos e ações judiciais

A **autoridade** que tomar conhecimento de fatos que configurem indício de ato de improbidade tem o **dever** de **representar ao Ministério Público competente**, para as providências necessárias (art. 7.º).

---

[84] ADI 7.236/DF, rel. Min. Alexandre de Moraes, 27.12.2022.

A par dessa disposição, a Lei 8.429/1992 confere a **qualquer pessoa a faculdade** de representar à **autoridade administrativa** competente para que seja instaurada **investigação** destinada a apurar a prática de ato de improbidade (art. 14).

Em contraponto, a lei tipifica como **crime** a representação por ato de improbidade contra agente público ou terceiro beneficiário, quando o autor da denúncia o saiba inocente. Além da sanção penal, o denunciante está sujeito a indenizar o denunciado pelos danos materiais, morais ou à imagem que houver provocado (art. 19).

A representação deverá ser escrita e assinada (admite-se a representação efetuada oralmente, desde que seja reduzida a termo, isto é, passada a escrito). Dela devem constar a qualificação do representante, as informações sobre o fato e sua autoria e a indicação das provas de que o representante tenha conhecimento.

Caso não sejam atendidos os requisitos expostos no parágrafo anterior, deverá a autoridade administrativa, em **despacho fundamentado, rejeitar a representação**, o que **não impede** que o representante apresente **novamente** a mesma representação ao **Ministério Público**.

Se forem atendidos os requisitos da representação, a **autoridade administrativa** tem o **dever** indeclinável de determinar a **imediata apuração dos fatos**, mediante a instauração de um **processo administrativo disciplinar**, o qual observará a legislação aplicável, conforme o vínculo funcional do agente a ser investigado.

Embora a Lei 8.429/1992 preveja essa instauração de um processo administrativo disciplinar para apuração dos fatos imputados ao servidor na representação, a administração pública só pode aplicar aos seus servidores as sanções previstas nas respectivas leis que estabeleçam os seus regimes jurídicos, sobretudo o regime disciplinar. **A aplicação das sanções enumeradas na Lei 8.429/1992 é de competência exclusiva do Poder Judiciário**.

A comissão encarregada da instrução do processo administrativo deve dar conhecimento da existência dele ao Ministério Público e ao tribunal de contas competente, os quais poderão designar representante para acompanhar o procedimento administrativo (art. 15).

Na ação (**judicial**) de improbidade administrativa poderá ser formulado, em caráter antecedente ou incidente, **pedido de indisponibilidade de bens dos réus**, a fim de garantir a integral recomposição do erário ou do acréscimo patrimonial resultante de enriquecimento ilícito (art. 16).

Quando for o caso, o pedido de indisponibilidade de bens incluirá a investigação, o exame e o bloqueio de bens, contas bancárias e aplicações financeiras mantidas pelo indiciado no exterior, nos termos da lei e dos tratados internacionais.

O pedido de indisponibilidade de bens **somente será deferido** mediante a **demonstração** no caso concreto de **perigo de dano irreparável ou de risco ao resultado útil do processo**, desde que o juiz se convença da probabilidade da ocorrência dos atos descritos na petição inicial com fundamento nos respectivos elementos de instrução, **após a oitiva do réu em cinco dias**.

A indisponibilidade poderá ser decretada **sem a oitiva prévia do réu**, sempre que o contraditório prévio puder **comprovadamente** frustrar a efetividade da medida ou houver outras circunstâncias que recomendem a proteção liminar, **não podendo a urgência ser presumida**.

O **valor da indisponibilidade** considerará a estimativa de dano indicada na petição inicial, permitida a sua substituição por caução idônea, por fiança bancária ou por seguro-garantia judicial, a requerimento do réu, bem como a sua readequação durante a instrução do processo.

Se houver **mais de um réu** na ação, a **somatória dos valores** declarados indisponíveis **não poderá superar o montante indicado na petição inicial** como dano ao erário ou como enriquecimento ilícito.

A indisponibilidade recairá sobre bens que assegurem exclusivamente o integral ressarcimento do dano ao erário, **sem incidir** sobre os valores a serem eventualmente aplicados a título de **multa civil** ou sobre **acréscimo patrimonial decorrente de atividade lícita**.

A **indisponibilidade de bens de terceiro** dependerá da demonstração de que ele efetivamente concorreu para os atos ilícitos apurados ou, quando se tratar de pessoa jurídica, da instauração de incidente de desconsideração da personalidade jurídica, a ser processado na forma da lei processual.

A **ordem de indisponibilidade de bens** deverá priorizar veículos de via terrestre, bens imóveis, bens móveis em geral, semoventes, navios e aeronaves, ações e quotas de sociedades simples e empresárias, pedras e metais preciosos e, **apenas na inexistência** desses bens, o bloqueio de contas bancárias, de forma a **garantir a subsistência do acusado e a manutenção da atividade empresária** ao longo do processo.

O juiz, ao apreciar o pedido de indisponibilidade de bens do réu, observará os efeitos práticos da decisão, **vedada a adoção de medida capaz de acarretar prejuízo à prestação de serviços públicos**.

É **vedada** a decretação de indisponibilidade da quantia de **até quarenta salários mínimos** depositados em caderneta de poupança, em outras aplicações financeiras ou em conta corrente.

A Lei 8.429/1992 também **proíbe** a decretação de indisponibilidade do **bem de família do réu** – exceto se restar comprovado que o imóvel seja fruto de vantagem patrimonial indevida, obtida em decorrência de conduta descrita no seu art. 9.º (ato de improbidade administrativa que importa em enriquecimento ilícito).

Aplica-se à indisponibilidade de bens regida pela Lei 8.429/1992, **no que for cabível**, o regime da **tutela provisória de urgência** previsto na Lei 13.105/2015 (Código de Processo Civil – CPC).

É importante atentar para o fato de que o Ministério Público não depende de representação para pedir ao Poder Judiciário as medidas cautelares cabíveis. Mais precisamente, o Ministério Público não depende de qualquer provocação para atuar visando a apurar a prática de ato de improbidade administrativa.

Com efeito, o art. 22 da Lei 8.429/1992 expressamente confere competência ao Ministério Público para, **de ofício**, a **requerimento de autoridade administrativa** ou mediante **representação** formulada por qualquer pessoa (conforme previsto no art. 14 da lei) **instaurar inquérito civil ou procedimento investigativo assemelhado**

e requisitar a instauração de inquérito policial. Deverá ser garantida ao investigado a oportunidade de manifestação por escrito e de juntada de documentos que comprovem suas alegações e auxiliem na elucidação dos fatos.

Em seu texto original, no art. 17, a Lei 8.429/1992 atribuía **legitimidade ativa** para propositura da ação de improbidade administrativa ao Ministério Público e, **também**, à "pessoa jurídica interessada" (isto é, a entidade que tenha sofrido prejuízo em razão do ato de improbidade). A Lei 14.230/2021 **suprimiu** a possibilidade de a pessoa jurídica interessada propor a ação de improbidade (a legitimação ativa passou a ser **exclusiva** do Ministério Público). Entretanto, em agosto de 2022, o Supremo Tribunal Federal declarou inconstitucional tal supressão e firmou a orientação de que **as entidades que tenham sofrido prejuízos em razão de atos de improbidade também estão autorizadas, de forma concorrente com o Ministério Público, a propor ação e a celebrar acordos de não persecução civil em relação a esses atos**.[85]

A **autoridade judicial** competente poderá determinar o **afastamento** do agente público do exercício do cargo, do emprego ou da função, **sem prejuízo da remuneração**, quando a medida for **necessária à instrução processual** ou para **evitar a iminente prática de novos ilícitos**. O afastamento será de **até noventa dias**, prorrogáveis uma única vez por igual prazo, mediante decisão motivada (art. 20, §§ 1.º e 2.º).

Convém enfatizar que o afastamento temporário **não** é uma **sanção** – tanto assim que o agente continua recebendo sua remuneração –, mas sim uma medida cautelar. Por não configurar sanção, **não há contraditório e ampla defesa prévios**, em que o agente afastado pudesse discutir o cabimento, ou não, do seu afastamento temporário.

O art. 17 da Lei 8.429/1992 contém, em uma grande quantidade de parágrafos, regras concernentes ao processamento da ação judicial de improbidade administrativa. Enumeramos abaixo, resumidamente, algumas dentre as mais relevantes:

a) a ação deverá ser proposta perante o foro do local onde ocorrer o dano ou da pessoa jurídica prejudicada e a sua propositura prevenirá a competência do juízo para todas as ações posteriormente intentadas que possuam a mesma causa de pedir ou o mesmo objeto;

b) a petição inicial deverá individualizar a conduta do réu e apontar os elementos probatórios mínimos que demonstrem a ocorrência das hipóteses dos arts. 9.º, 10 e 11 da Lei 8.429/1992, salvo impossibilidade devidamente fundamentada, e deverá ser instruída com documentos ou justificação que contenham indícios suficientes da veracidade dos fatos e do dolo imputado, ou com razões fundamentadas da impossibilidade de apresentação de qualquer dessas provas;

c) se a petição inicial estiver em devida forma, o juiz mandará autuá-la e ordenará a **citação dos requeridos** para que a **contestem** no **prazo comum** de **trinta dias** (para determinação do dia do começo do prazo será observado o disposto no art. 231 do CPC); sem prejuízo da citação dos réus, quando o Ministério Público for o autor da ação, a pessoa jurídica interessada será intimada para, caso queira, intervir no processo;

---

[85] ADI 7.042/DF e ADI 7.043/DF, rel. Min. Alexandre de Moraes, 31.08.2022 (Informativo 1.066 do STF).

Cap. 13 • CONTROLE DA ADMINISTRAÇÃO PÚBLICA

d) havendo a possibilidade de solução consensual, poderão as partes requerer ao juiz a interrupção do prazo para a contestação, por prazo não superior a noventa dias;

e) oferecida a contestação e, se for o caso, ouvido o autor, o juiz: (i) procederá ao julgamento conforme o estado do processo, observada a eventual inexistência manifesta do ato de improbidade; (ii) poderá desmembrar o litisconsórcio, com vistas a otimizar a instrução processual;

f) após a réplica do autor da ação (o Ministério Público **ou** a pessoa jurídica prejudicada), o juiz proferirá decisão na qual indicará com precisão a tipificação do ato de improbidade administrativa imputável ao réu, sendo-lhe vedado modificar o fato principal e a capitulação legal apresentada pelo autor; para cada ato de improbidade administrativa, deverá necessariamente ser indicado apenas um tipo dentre aqueles previstos nos arts. 9.º, 10 e 11 da Lei 8.429/1992;

g) proferida a decisão mencionada no item anterior (letra "f"), as partes serão intimadas a especificar as provas que pretendem produzir;

h) ao réu será assegurado o direito de ser interrogado sobre os fatos de que trata a ação, e a sua recusa ou o seu silêncio não implicarão confissão;

i) será nula a decisão de mérito total ou parcial da ação de improbidade administrativa que: (i) condenar o requerido por tipo diverso daquele definido na petição inicial; ou (ii) condenar o requerido sem a produção das provas por ele tempestivamente especificadas;

j) em qualquer momento do processo, verificada a inexistência do ato de improbidade, o juiz julgará a demanda improcedente;

k) a qualquer momento, se o magistrado identificar a existência de ilegalidades ou de irregularidades administrativas a serem sanadas sem que estejam presentes todos os requisitos para a imposição das sanções aos agentes incluídos no polo passivo da demanda, poderá, em decisão motivada, converter a ação de improbidade administrativa em ação civil pública, regulada pela Lei 7.347/1985.

O § 20 do art. 17 da Lei 8.429/1992, incluído pela Lei 14.230/2021, estatui que, na hipótese de existir **parecer prévio** emitido por **assessoria jurídica** no qual seja **afirmada a legalidade** de determinado ato administrativo, a referida assessoria jurídica ficará **obrigada a defender judicialmente** o administrador público que venha a responder ação de improbidade administrativa por ter praticado tal ato, até que a decisão transite em julgado. O Supremo Tribunal Federal declarou parcialmente inconstitucional o § 20 do art. 17, "no sentido de que **não existe 'obrigatoriedade de defesa judicial'**; havendo, porém, a **possibilidade** dos órgãos da Advocacia Pública autorizarem a realização dessa representação judicial, por parte da assessoria jurídica que emitiu o parecer atestando a legalidade prévia dos atos administrativos praticados pelo administrador público, **nos termos autorizados por lei específica**".[86]

Não se aplicam na ação de improbidade administrativa (art. 17, § 19): (a) a presunção de veracidade dos fatos alegados pelo autor em caso de revelia; (b) a im-

---

[86] ADI 7.042/DF e ADI 7.043/DF, rel. Min. Alexandre de Moraes, 31.08.2022 (Informativo 1.066 do STF).

posição de ônus da prova ao réu prevista nos §§ 1º e 2º do art. 373 do CPC;[87] (c) o ajuizamento de mais de uma ação de improbidade pelo mesmo fato, competindo ao Conselho Nacional do Ministério Público dirimir conflitos de atribuições entre membros de Ministérios Públicos distintos; e (d) o reexame obrigatório da sentença de improcedência ou de extinção sem resolução de mérito.

Estabelece o art. 17-B da Lei 8.429/1992, incluído pela Lei 14.230/2021, que o Ministério Público poderá, conforme as circunstâncias do caso concreto, celebrar **acordo de não persecução civil**. Conforme decisão do Supremo Tribunal Federal, a **pessoa jurídica** que sofreu os danos decorrentes do ato de improbidade administrativa **também tem legitimidade** para a celebração de tal acordo.[88] Em qualquer hipótese, o **acordo de não persecução civil** somente poderá ser celebrado caso dele advenham, ao menos, os seguintes resultados:

I – o integral ressarcimento do dano;

II – a reversão à pessoa jurídica lesada da vantagem indevida obtida, ainda que oriunda de agentes privados.

Preceitua o § 3.º do art. 17-B da Lei 8.429/1992, incluído pela Lei 14.230/2021, que, "para fins de apuração do valor do dano a ser ressarcido, deverá ser realizada a oitiva do Tribunal de Contas competente, que se manifestará, com indicação dos parâmetros utilizados, no prazo de 90 (noventa) dias". Em 27 de dezembro de 2022, **esse parágrafo teve a sua eficácia suspensa** pelo Supremo Tribunal Federal, em decisão monocrática do Ministro Alexandre de Moraes, que deverá ser submetida, posteriormente, a referendo do Plenário.[89]

A celebração do **acordo de não persecução civil** depende, **cumulativamente** (art. 17-B, § 1.º):

I – da oitiva do ente federativo lesado, em momento anterior ou posterior à propositura da ação;

II – de aprovação, no prazo de até 60 (sessenta) dias, pelo órgão do Ministério Público competente para apreciar as promoções de arquivamento de inquéritos civis, se anterior ao ajuizamento da ação;

---

[87] O art. 373 do CPC, no seu *caput*, estabelece a **regra geral** segundo a qual **o ônus da prova incumbe**: (a) ao autor, quanto ao fato constitutivo de seu direito; e (b) ao réu, quanto à existência de fato impeditivo, modificativo ou extintivo do direito do autor. Os §§ 1.º e 2.º do art. 373 – que **não podem ser aplicados em ações de improbidade administrativa** regidas pela Lei 8.429/1992 – assim dispõem:
"§ 1.º Nos casos previstos em lei ou diante de peculiaridades da causa relacionadas à impossibilidade ou à excessiva dificuldade de cumprir o encargo nos termos do caput ou à maior facilidade de obtenção da prova do fato contrário, poderá o juiz atribuir o ônus da prova de modo diverso, desde que o faça por decisão fundamentada, caso em que deverá dar à parte a oportunidade de se desincumbir do ônus que lhe foi atribuído.
§ 2.º A decisão prevista no § 1.º deste artigo não pode gerar situação em que a desincumbência do encargo pela parte seja impossível ou excessivamente difícil."

[88] ADI 7.042/DF e ADI 7.043/DF, rel. Min. Alexandre de Moraes, 31.08.2022 (Informativo 1.066 do STF).

[89] ADI 7.236/DF, rel. Min. Alexandre de Moraes, 27.12.2022.

III – de homologação judicial, independentemente de o acordo ocorrer antes ou depois do ajuizamento da ação de improbidade administrativa.

As **negociações** para a celebração do **acordo de não persecução civil** ocorrerão entre o Ministério Público **ou** a pessoa jurídica prejudicada, de um lado, e, de outro, o investigado ou demandado e o seu defensor (art. 17-B, § 5.º).

O acordo poderá ser celebrado: (a) no curso da investigação de apuração do ilícito; (b) no curso da ação de improbidade; ou (c) no momento da execução da sentença condenatória. Em qualquer caso, **deverão ser consideradas** a personalidade do agente, a natureza, as circunstâncias, a gravidade e a repercussão social do ato de improbidade e as vantagens, para o interesse público, da rápida solução do caso.

Na hipótese de **descumprimento** do **acordo de não persecução civil**, o investigado ou o demandado ficará **impedido de celebrar novo acordo pelo prazo de cinco anos**, contado da data em que o Ministério Público ou a pessoa jurídica prejudicada tiverem conhecimento do efetivo descumprimento (art. 17-B, § 7.º).

É relevante registrar que o Supremo Tribunal Federal firmou o entendimento de que o **acordo de colaboração premiada** disciplinado na Lei 12.850/2013, embora tenha sido originalmente ideado como instrumento para obtenção de provas no âmbito criminal, pode ser validamente utilizado na esfera cível, em ação de improbidade administrativa movida pelo Ministério Público, desde que observadas diretrizes estipuladas pela própria Corte Suprema, dentre as quais destacamos as seguintes: (a) as declarações do agente colaborador, desacompanhadas de outros elementos de prova, são insuficientes para o início da ação civil por ato de improbidade; (b) a obrigação de ressarcimento do dano causado ao erário pelo agente colaborador deve ser integral, não podendo ser objeto de transação ou acordo, sendo válida a negociação em torno do modo e das condições para a indenização; (c) o acordo de colaboração deve ser celebrado pelo Ministério Público, com a interveniência da pessoa jurídica interessada e devidamente homologado pela autoridade judicial.[90]

A sentença proferida na ação de improbidade administrativa **não está sujeita a remessa necessária** (reexame obrigatório, como regra geral, de decisões desfavoráveis ao poder público) e deverá, **entre outros requisitos**: (a) indicar de modo preciso os fundamentos que demonstram os elementos a que se referem os arts. 9.º, 10 e 11 da Lei 8.429/992, que não podem ser presumidos; (b) considerar as consequências práticas da decisão, sempre que decidir com base em valores jurídicos abstratos; (c) considerar os obstáculos e as dificuldades reais do gestor e as exigências das políticas públicas a seu cargo, sem prejuízo dos direitos dos administrados e das circunstâncias práticas que houverem imposto, limitado ou condicionado a ação do agente; (d) considerar, na aplicação das sanções, a dosimetria das sanções relativas ao mesmo fato já aplicadas ao agente (e) indicar, na apuração da ofensa a princípios, critérios objetivos que justifiquem a imposição da sanção; (f) considerar, para a aplicação das sanções, de forma isolada ou cumulativa, aspectos como a natureza, a gravidade e

---

[90] ARE 1.175.650/PR (**repercussão geral**), rel. Min. Alexandre de Moraes, 03.07.2023 (Informativo 1.101 do STF).

o impacto da infração cometida, os antecedentes do agente, o proveito patrimonial por ele obtido e se ele atuou para minorar os prejuízos e as consequências advindas de sua conduta omissiva ou comissiva.

No caso de **litisconsórcio passivo**, a condenação ocorrerá no limite da participação de cada litisconsorte e dos benefícios diretos por ele obtidos, vedada **qualquer solidariedade** (art. 17-C, § 2.º).

Estabelece o art. 17-D da Lei 8.429/1992, literalmente, que "a ação por improbidade administrativa é repressiva, de caráter sancionatório, destinada à aplicação de sanções de caráter pessoal previstas nesta Lei, e não constitui ação civil, vedado seu ajuizamento para o controle de legalidade de políticas públicas e para a proteção do patrimônio público e social, do meio ambiente e de outros interesses difusos, coletivos e individuais homogêneos".

Não nos soa acurada a asserção de que a ação de improbidade administrativa disciplinada na Lei 8.429/1992 "**não constitui ação civil**". Aparentemente, o legislador pretendeu afirmar que a ação de improbidade administrativa **não pode ser confundida com a ação civil pública** regulada na Lei 7.347/1985, nem ser utilizada como sucedâneo a ela. Essa interpretação, a nosso ver, encontra reforço no disposto no parágrafo único do mesmo art. 17-D, a saber:

> Parágrafo único. Ressalvado o disposto nesta Lei, o controle de legalidade de políticas públicas e a responsabilidade de agentes públicos, inclusive políticos, entes públicos e governamentais, por danos ao meio ambiente, ao consumidor, a bens e direitos de valor artístico, estético, histórico, turístico e paisagístico, a qualquer outro interesse difuso ou coletivo, à ordem econômica, à ordem urbanística, à honra e à dignidade de grupos raciais, étnicos ou religiosos e ao patrimônio público e social submetem-se aos termos da Lei 7.347/1985.

A **sentença** que julgar **procedente** a ação fundada nos arts. 9.º e 10 da Lei 8.429/1992 condenará ao **ressarcimento dos danos** e à **perda ou à reversão dos bens e valores ilicitamente adquiridos**, conforme o caso, em favor da pessoa jurídica prejudicada pelo ilícito (art. 18). Para fins de apuração do valor do ressarcimento, **deverão ser descontados os serviços efetivamente prestados**. O juiz **poderá** autorizar o **parcelamento**, em **até quarenta e oito parcelas mensais** corrigidas monetariamente, do débito resultante de condenação pela prática de improbidade administrativa **se o réu demonstrar incapacidade financeira de saldá-lo de imediato**.

A requerimento do réu, na fase de cumprimento da sentença, o juiz **unificará** eventuais sanções aplicadas **com outras já impostas em outros processos**, tendo em vista a eventual **continuidade de ilícito ou a prática de diversas ilicitudes**, observado o seguinte (art. 18-A):

> I – no caso de continuidade de ilícito, o juiz promoverá a maior sanção aplicada, aumentada de 1/3 (um terço), ou a soma das penas, o que for mais benéfico ao réu;

Cap. 13 • CONTROLE DA ADMINISTRAÇÃO PÚBLICA

II – no caso de prática de novos atos ilícitos pelo mesmo sujeito, o juiz somará as sanções.

Ocorrendo essa **unificação**, deverá ser observado, para a duração das sanções de **suspensão de direitos políticos** e de **proibição de contratar ou de receber incentivos fiscais ou creditícios** do poder público, o **limite máximo de vinte anos** (art. 18-A, parágrafo único).

Nas ações e nos acordos regidos pela Lei 8.429/1992 **não haverá** adiantamento de custas, de preparo, de emolumentos, de honorários periciais e de quaisquer outras despesas. No caso de **procedência** da ação, as custas e as demais despesas processuais **serão pagas ao final**. Haverá **condenação em honorários sucumbenciais** em caso de **improcedência** da ação de improbidade **se comprovada má-fé** (art. 23-B).

8.5. Juízo competente

O Supremo Tribunal Federal perfilha o entendimento, há muito sedimentado, de que o foro especial por prerrogativa de função constitucionalmente previsto para determinadas autoridades públicas somente é invocável nos procedimentos de **caráter penal**, não se estendendo às ações de natureza cível.

Segundo essa orientação, **não** cabe cogitar **foro especial** na ação de improbidade administrativa, porquanto, incontroversamente, **ela não é uma ação penal**. Foi visto anteriormente que o parágrafo único do art. 17-D da Lei 8.429/1992 (artigo introduzido pela Lei 14.230/2021) assevera, sem maiores explicações, que a ação de improbidade administrativa "**não constitui ação civil**". Reiteramos nosso entendimento: o dispositivo teve a pretensão, tão somente, de afastar qualquer possibilidade de se utilizar a ação de improbidade prevista na Lei 8.429/1992 como sucedâneo à **ação civil pública** disciplinada na Lei 7.347/1985. Pensamos que a ação de improbidade administrativa regulada na Lei 8.429/1992 continua sendo uma ação de **natureza cível**.

De toda sorte, ainda que nosso entendimento, se for o caso, venha a ser futuramente refutado pela jurisprudência pátria, **certo é que a ação de improbidade administrativa de que trata a Lei 8.429/1992 não tem natureza penal**, logo, o processo e o julgamento respectivos, em princípio, ocorrerão no juízo ordinário de **primeiro grau**.

Nossa Corte Suprema já deixou assente, ademais, que a lista de suas competências originárias constitui rol **exaustivo**, constante no art. 102, inciso I, da Carta Política, o qual não contempla a competência para o julgamento de ações de improbidade administrativa.

A Lei 10.628/2002 pretendeu modificar esse quadro, acrescentando ao art. 84 do Código de Processo Penal (CPP) o § 2.º, o qual preceituava que a ação de improbidade administrativa fundada na Lei 8.429/1992 deveria ser proposta perante o tribunal competente para processar e julgar **criminalmente** a autoridade que goze de prerrogativa de foro em razão do exercício de função pública.

A mesma lei incluiu no CPP o § 1.º do art. 84, preceito que estabelecia que a competência especial por prerrogativa de função, relativa a atos administrativos do agente, prevaleceria mesmo que o inquérito ou a ação judicial fossem iniciados após a

DIREITO ADMINISTRATIVO DESCOMPLICADO • *Marcelo Alexandrino & Vicente Paulo*

cessação do exercício da função pública. Foi uma tentativa de superar a jurisprudência do Supremo Tribunal Federal, também consolidada há muito, segundo a qual o foro por prerrogativa de função, em regra, persiste apenas enquanto durar o mandato.[91]

Essas duas disposições trazidas pela Lei 10.628/2002 (§§ 1.º e 2.º do art. 84 do CPP) foram declaradas inconstitucionais pelo Pretório Excelso.[92] O resumo do julgado encontra-se no **Informativo 401 do STF**, do qual transcrevemos o seguinte excerto (grifamos):

> **Improbidade Administrativa e Prerrogativa de Foro**
>
> O Tribunal concluiu julgamento de duas ações diretas ajuizadas pela Associação Nacional dos Membros do Ministério Público – CONAMP e pela Associação dos Magistrados Brasileiros – AMB para declarar, por maioria, a **inconstitucionalidade dos §§ 1.º e 2.º do art. 84 do Código de Processo Penal, inseridos pelo art. 1.º da Lei 10.628/2002**. Entendeu-se que **o § 1.º do art. 84** do CPP, além de ter feito interpretação autêntica da Carta Magna, o que seria reservado à norma de hierarquia constitucional, usurpou a competência do STF como guardião da Constituição Federal ao **inverter a leitura por ele já feita de norma constitucional**, o que, se admitido, implicaria submeter a interpretação constitucional do Supremo ao referendo do legislador ordinário. Considerando, ademais, que **o § 2.º do art. 84 do CPP** veiculou duas regras – a que **estende, à ação de improbidade administrativa, a competência especial por prerrogativa de função para inquérito e ação penais** e a que manda aplicar, em relação à mesma ação de improbidade, a previsão do § 1.º do citado artigo – concluiu-se que a primeira **resultaria na criação de nova hipótese de competência originária não prevista no rol taxativo da Constituição Federal**, e a segunda estaria atingida por arrastamento. Ressaltou-se, ademais, que **a ação de improbidade administrativa é de natureza civil**, conforme se depreende do § 4.º do art. 37 da CF, e que **o STF jamais entendeu ser competente para o conhecimento de ações civis, por ato de ofício, ajuizadas contra as autoridades para cujo processo penal o seria**.

Depois dessa decisão – e muitas vezes invocando-a como precedente –, o Supremo Tribunal Federal tem **reiteradamente** confirmado que, à luz de sua jurisprudência, "**inexiste foro por prerrogativa de função nas ações de improbidade**

---

[91] Inquérito 2.295/MG, red. p/ o acórdão Min. Menezes Direito, 23.10.2008 (Informativo 525 do STF). Veja-se, ainda, sobre o tema, a decisão proferida pelo Plenário do STF na AP 937/RJ, rel. Min. Roberto Barroso, em 03.05.2018, na qual foram fixadas duas importantes teses jurídicas, a saber: (i) "o foro por prerrogativa de função aplica-se apenas aos crimes cometidos durante o exercício do cargo e relacionados às funções desempenhadas"; e (ii) "após o final da instrução processual, com a publicação do despacho de intimação para apresentação de alegações finais, a competência para processar e julgar ações penais não será mais afetada em razão de o agente público vir a ocupar outro cargo ou deixar o cargo que ocupava, qualquer que seja o motivo".

[92] ADI 2.797/DF e 2.860/DF, rel. Min. Sepúlveda Pertence, 15.09.2005.

Cap. 13 • CONTROLE DA ADMINISTRAÇÃO PÚBLICA

administrativa".[93] Não vislumbramos qualquer razão para que se possa cogitar que as (profundas) alterações trazidas à Lei 8.429/1992 pela Lei 14.230/2021 tenham de algum modo prejudicado essa jurisprudência.

Ao lado dessa orientação, cabe registrar que, durante algum tempo, uma corrente (minoritária) de juristas sustentou a tese de que aos **agentes políticos** sujeitos ao **"regime de crime de responsabilidade"** não se aplicaria a Lei 8.429/1992 (em sua redação originária). Essa posição chegou a ser perfilhada pelo Supremo Tribunal Federal, por um breve período.[94] Posteriormente, nossa Corte Constitucional firmou o entendimento de que os **agentes políticos** submetem-se à Lei 8.429/1992.

A **única exceção** é o **Presidente da República**, porque a própria Constituição, no seu art. 85, inciso V, insere os atos dele que atentem contra a probidade na administração no rol dos **crimes de responsabilidade**, os quais devem ser "definidos em lei especial, que estabelecerá as normas de processo e julgamento" – a Lei 1.079/1950 desempenha esse papel. Assim, a punição do Presidente da República por improbidade com base na Lei 1.079/1950 e também na Lei 8.429/1992 **implicaria ilegítima situação de *bis in idem*.**

Vale reproduzir, por sua notável didática, esta ementa de decisão do Plenário do STF sobre os últimos pontos aqui versados (grifamos):[95]

> 1. Os **agentes políticos**, com **exceção do Presidente da República**, encontram-se sujeitos a um **duplo regime sancionatório**, de modo que se submetem tanto à responsabilização civil pelos atos de improbidade administrativa, quanto à responsabilização político-administrativa por crimes de responsabilidade. Não há qualquer impedimento à concorrência de esferas de responsabilização distintas, de modo que carece de fundamento constitucional a tentativa de imunizar os agentes políticos das sanções da ação de improbidade administrativa, a pretexto de que estas seriam absorvidas pelo crime de responsabilidade. A **única exceção** ao duplo regime sancionatório em matéria de improbidade se refere aos atos praticados pelo **Presidente da República**, conforme previsão do art. 85, V, da Constituição.
>
> 2. O **foro especial por prerrogativa de função** previsto na Constituição Federal em relação às infrações penais comuns **não é extensível às ações de improbidade administrativa, de natureza civil**. Em primeiro lugar, o foro privilegiado é destinado a abarcar apenas as infrações penais. A suposta gravidade das sanções previstas no art. 37, § 4.º, da Constituição, **não reveste a ação de improbidade administrativa de natureza penal**. Em segundo lugar,

---

[93] AI-AgR 506.323/PR, rel. Min. Celso de Mello, 02.06.2009; RE-AgR 586.545/MG, rel. Min. Joaquim Barbosa, 07.12.2010; AI-AgR 556.727/SP, rel. Min. Dias Toffoli, 20.03.2012; Rcl 13.999/RJ, rel. Min. Cármen Lúcia, 12.03.2014.

[94] Veja-se a decisão, **superada**, proferida no julgamento da Rcl 2.138/DF, red. p/ o acórdão Min. Gilmar Mendes, 13.06.2007 (Informativo 471 do STF).

[95] Pet-AgR 3.240/DF, red. p/ o acórdão Min. Roberto Barroso, 10.05.2018 (Informativo 901 do STF).

o foro privilegiado submete-se a regime de direito estrito, já que representa exceção aos princípios estruturantes da igualdade e da república. Não comporta, portanto, ampliação a hipóteses não expressamente previstas no texto constitucional. E isso especialmente porque, na hipótese, não há lacuna constitucional, mas **legítima opção do poder constituinte originário em não instituir foro privilegiado para o processo e julgamento de agentes políticos pela prática de atos de improbidade na esfera civil**. Por fim, a fixação de competência para julgar a ação de improbidade no 1.º grau de jurisdição, além de constituir fórmula mais republicana, é atenta às capacidades institucionais dos diferentes graus de jurisdição para a realização da instrução processual, de modo a promover maior eficiência no combate à corrupção e na proteção à moralidade administrativa.

Em julgado posterior, concernente à possibilidade de aplicação das sanções da Lei 8.429/1992 a **prefeito** processado por crime de responsabilidade, fixou o Pretório Máximo a seguinte **tese de repercussão geral** (grifamos):[96]

> O processo e julgamento de prefeito municipal por crime de responsabilidade (Decreto-lei 201/67) **não impede sua responsabilização por atos de improbidade administrativa** previstos na Lei 8.429/1992, em virtude da **autonomia das instâncias**.

É importante anotar que a Lei 14.230/2021 tornou **explícito**, ao modificar o *caput* do art. 2.º da Lei 8.429/1992, que as disposições dessa lei **alcançam os agentes políticos**. Como a matéria já estava pacificada no âmbito do Supremo Tribunal Federal, essa alteração não deverá ter efeitos práticos. Além disso, considerando que a posição firmada pela Corte Suprema quanto à **não sujeição** (unicamente) do **Presidente da República** à Lei 8.429/1992 tem **fundamento direto na Constituição**, nada deve mudar com a nova redação do *caput* do art. 2.º dada pela Lei 14.230/2021.

Finalizando, é oportuno registrar que as ações de improbidade administrativa estão expressamente **excluídas** da competência dos **Juizados Especiais Federais** (Lei 10.259/2001, art. 3.º, § 1º, I).

8.6. Prescrição

As atuais disposições concernentes à **prescrição** da ação para a aplicação das sanções previstas na Lei 8.429/1992 foram trazidas pela Lei 14.230/2021. O Supremo Tribunal Federal já decidiu que os prazos de prescrição introduzidos pela Lei 14.230/2021 **não retroagem**, isto é, somente se aplicam a partir da publicação dessa lei, ocorrida em 26 de outubro de 2021.[97]

---

[96] RE 976.566/PA (**repercussão geral**), rel. Min. Alexandre de Moraes. 13.09.2019.

[97] ARE 843.989/PR (**repercussão geral**), rel. Min. Alexandre de Moraes, 18.08.2022 (Informativo 1.065 do STF).

Cap. 13 • CONTROLE DA ADMINISTRAÇÃO PÚBLICA

A ação destinada à aplicação das sanções previstas na Lei 8.429/1992 **prescreve** em oito anos, contados a partir da ocorrência do fato ou, no caso de infrações permanentes, do dia em que cessou a permanência (art. 23, *caput*).

A **instauração de inquérito civil ou de processo administrativo** para apuração dos ilícitos referidos na Lei 8.429/1992 suspende o curso do prazo prescricional por, **no máximo, cento e oitenta dias corridos**. O curso do prazo **recomeça** (do ponto em que se encontrava) após a conclusão do inquérito ou do processo administrativo ou, caso ainda não concluídos, depois de cento e oitenta dias de suspensão.

A Lei 8.429/1992 estabelece que o **inquérito civil** para apuração do ato de improbidade deve ser concluído no prazo de **trezentos e sessenta e cinco dias corridos, prorrogável uma única vez por igual período**, mediante ato fundamentado submetido à revisão da instância competente do órgão ministerial, conforme dispuser a respectiva lei orgânica. Encerrado esse prazo, a ação deverá ser proposta no **prazo de trinta dias**, se não for caso de arquivamento do inquérito civil (art. 23, §§ 2.º e 3.º).

O prazo de prescrição interrompe-se (art. 23, § 4.º):

> I – pelo ajuizamento da ação de improbidade administrativa;
>
> II – pela publicação da sentença condenatória;
>
> III – pela publicação de decisão ou acórdão de Tribunal de Justiça ou Tribunal Regional Federal que confirma sentença condenatória ou que reforma sentença de improcedência;
>
> IV – pela publicação de decisão ou acórdão do Superior Tribunal de Justiça que confirma acórdão condenatório ou que reforma acórdão de improcedência;
>
> V – pela publicação de decisão ou acórdão do Supremo Tribunal Federal que confirma acórdão condenatório ou que reforma acórdão de improcedência.

Estatui o § 5.º do art. 23 que, interrompida a prescrição, o prazo **recomeça a correr do dia da interrupção, pela metade do prazo de oito anos** previsto no *caput* do art. 23.

A **suspensão** e a **interrupção** da prescrição **produzem efeitos** relativamente a **todos** os que concorreram para a prática do ato de improbidade. Além disso, nos atos de improbidade conexos que sejam **objeto do mesmo processo**, a suspensão e a **interrupção** relativas a qualquer deles **estendem-se aos demais** (art. 23, §§ 6.º e 7.º).

O juiz ou o tribunal, depois de ouvido o Ministério Público, deverá, **de ofício ou a requerimento da parte interessada**, reconhecer a **prescrição intercorrente** da pretensão sancionadora e **decretá-la de imediato**, caso, entre os marcos interruptivos referidos no § 4.º do art. 23, **transcorra o prazo de quatro anos** previsto no § 5.º desse mesmo artigo.

Vale pontuar que, embora as ações destinadas à aplicação das sanções previstas na Lei 8.429/1992, conforme visto nos parágrafos anteriores, estejam sujeitas a prazo prescricional, o Supremo Tribunal Federal consolidou em sua jurisprudência o entendimento de que as **ações de ressarcimento ao erário dos prejuízos causados** por atos dolosos de improbidade administrativa são imprescritíveis.[98] Conquanto atualmente a expressão "atos **dolosos** de improbidade administrativa" tenha se tornado redundante, haja vista não ser admitida a caracterização de improbidade administrativa pela prática de atos culposos (ainda que se trate de "culpa grave"), a referida orientação jurisprudencial não ficou prejudicada.

9. RESPONSABILIZAÇÃO DE PESSOAS JURÍDICAS POR ATOS CONTRA A ADMINISTRAÇÃO PÚBLICA (LEI 12.846/2013)

A Lei 12.846/2013 – regulamentada pelo Decreto 11.129/2022 – dispõe sobre a responsabilização administrativa e civil de pessoas jurídicas pela prática de atos contra a administração pública, nacional ou estrangeira. Reconhecemos que a matéria tratada nessa lei não se insere com rigorosa exatidão no tema "controle da administração pública" – apenas indiretamente guarda relação com ele. Contudo, por não lograrmos enquadrá-la com maior precisão em qualquer outro capítulo desta obra, decidimos apresentá-la aqui, em breves traços.

Os arts. 1.º e 2.º da Lei 12.846/2013 estabelecem o seu escopo e a sua abrangência. Segundo esses dispositivos, as **pessoas jurídicas** serão responsabilizadas **objetivamente**, nos âmbitos **administrativo e civil**, pelos atos lesivos na própria lei descritos, praticados em seu interesse ou benefício, exclusivo ou não.

Os atos lesivos aqui referidos são praticados **contra a administração pública, nacional ou estrangeira**, por sociedades simples ou empresárias, personificadas ou não, fundações, associações de entidades ou pessoas, ou sociedades estrangeiras, que tenham sede, filial ou representação no território brasileiro, constituídas de fato ou de direito, ainda que temporariamente. Estão incluídos no campo de incidência da Lei 12.846/2013 os atos lesivos praticados por pessoa jurídica brasileira contra a administração pública estrangeira, **ainda que cometidos no exterior** (art. 28).

A Lei 12.846/2013 opera nas searas administrativa e cível, mas **não na esfera penal**.

O art. 30 da Lei 12.846/2013 assevera categoricamente que a aplicação das sanções nela previstas "não afeta os processos de responsabilização e aplicação de penalidades" decorrentes de atos de improbidade administrativa previstos na Lei 8.429/1992, bem como de infrações enquadradas nas leis concernentes a licitações e contratos da administração pública. É importante destacar, porém, que, em 2021, foi publicada a Lei 14.230/2021, a qual alterou profundamente a Lei 8.429/1992. Entre muitas outras modificações, foi inserido no art. 3.º da Lei 8.429/1992 o § 2.º, nos termos do qual as sanções nessa lei previstas "**não se aplicarão à pessoa jurídica, caso o ato de improbidade administrativa seja também sancionado como ato lesivo à administração pública**" tratado na Lei 12.846/2013.

A responsabilização da pessoa jurídica com base na Lei 12.846/2013 não exclui nem pressupõe a responsabilidade individual de seus dirigentes ou administradores

---

[98] RE 852.475/SP (**repercussão geral**), red. p/ o acórdão Min. Edson Fachin, 08.08.2018 (Informativo 910 do STF).

Cap. 13 • CONTROLE DA ADMINISTRAÇÃO PÚBLICA

– que respondem **na medida da sua culpabilidade** – ou de qualquer pessoa natural que seja autora, coautora ou partícipe do ato ilícito.

Deve-se frisar que, enquanto é **objetiva** a responsabilidade da pessoa jurídica, a das **pessoas naturais** é **subjetiva**, significa dizer, depende de demonstração de que elas agiram com **dolo ou culpa**. Sem prejuízo dessa observação, a Lei 12.846/2013 estabelece a possibilidade de **desconsideração da personalidade jurídica**, sempre que utilizada com abuso do direito para facilitar, encobrir ou dissimular a prática dos atos ilícitos nela enumerados ou para provocar confusão patrimonial, sendo estendidos aos administradores e sócios com poderes de administração da pessoa jurídica todos os efeitos das sanções a ela aplicadas – observados, invariavelmente, o contraditório e a ampla defesa (art. 14).

Os **atos lesivos** à administração pública, nacional ou estrangeira, que acarretam a incidência da Lei 12.846/2013 são todos aqueles que atentem contra o patrimônio público nacional ou estrangeiro, contra princípios da administração pública ou contra os compromissos internacionais assumidos pelo Brasil, assim **definidos**, literalmente, em seu art. 5.º:

> I – prometer, oferecer ou dar, direta ou indiretamente, vantagem indevida a agente público, ou a terceira pessoa a ele relacionada;
>
> II – comprovadamente, financiar, custear, patrocinar ou de qualquer modo subvencionar a prática dos atos ilícitos previstos nesta Lei;
>
> III – comprovadamente, utilizar-se de interposta pessoa física ou jurídica para ocultar ou dissimular seus reais interesses ou a identidade dos beneficiários dos atos praticados;
>
> IV – no tocante a licitações e contratos:
>
> a) frustrar ou fraudar, mediante ajuste, combinação ou qualquer outro expediente, o caráter competitivo de procedimento licitatório público;
>
> b) impedir, perturbar ou fraudar a realização de qualquer ato de procedimento licitatório público;
>
> c) afastar ou procurar afastar licitante, por meio de fraude ou oferecimento de vantagem de qualquer tipo;
>
> d) fraudar licitação pública ou contrato dela decorrente;
>
> e) criar, de modo fraudulento ou irregular, pessoa jurídica para participar de licitação pública ou celebrar contrato administrativo;
>
> f) obter vantagem ou benefício indevido, de modo fraudulento, de modificações ou prorrogações de contratos celebrados com a administração pública, sem autorização em lei, no ato convocatório da licitação pública ou nos respectivos instrumentos contratuais; ou
>
> g) manipular ou fraudar o equilíbrio econômico-financeiro dos contratos celebrados com a administração pública;
>
> V – dificultar atividade de investigação ou fiscalização de órgãos, entidades ou agentes públicos, ou intervir em sua atuação, inclusive no âmbito das agências reguladoras e dos órgãos de fiscalização do sistema financeiro nacional.

A responsabilização da pessoa jurídica com base na Lei 12.846/2013 acarretará, na esfera **administrativa**, a aplicação das seguintes **sanções** (art. 6.º):

I – multa, no valor de 0,1% (um décimo por cento) a 20% (vinte por cento) do faturamento bruto do último exercício anterior ao da instauração do processo administrativo, excluídos os tributos, a qual nunca será inferior à vantagem auferida, quando for possível sua estimação; e

II – publicação extraordinária da decisão condenatória.

Caso **não seja possível** utilizar o critério do **valor do faturamento bruto** da pessoa jurídica, a multa será de **seis mil** a **sessenta milhões** de reais.

A **publicação extraordinária** da decisão condenatória ocorrerá na forma de **extrato de sentença**, a expensas da pessoa jurídica, em meios de comunicação de grande circulação na área da prática da infração e de atuação da pessoa jurídica ou, na sua falta, em publicação de circulação nacional, bem como por meio de **afixação de edital**, pelo **prazo mínimo de trinta dias**, no próprio estabelecimento ou no local de exercício da atividade, de modo visível ao público, **e** no sítio eletrônico na rede mundial de computadores (**internet**).

As sanções serão aplicadas com a devida fundamentação, **isolada ou cumulativamente**, de acordo com as peculiaridades do caso concreto e com a gravidade e natureza dos atos lesivos, devendo ser levados em consideração a consumação ou não da infração, a vantagem auferida ou pretendida, a situação econômica do infrator, o valor dos contratos mantidos pela pessoa jurídica com o órgão ou entidade pública lesados, entre outros aspectos arrolados no art. 7.º da lei.

A aplicação das sanções administrativas **não exclui**, em hipótese alguma, a obrigação da **reparação integral do dano** causado (art. 6.º, § 3.º).

A instauração e o julgamento do **processo administrativo** para apuração da responsabilidade de pessoa jurídica são de competência – que poderá ser delegada, vedada, porém, a subdelegação – da autoridade máxima de cada órgão ou entidade dos Poderes Executivo, Legislativo e Judiciário, que agirá de ofício ou mediante provocação, sempre observados, evidentemente, o contraditório e a ampla defesa.

No âmbito do Poder Executivo federal, a **Controladoria-Geral da União (CGU)** terá **competência concorrente** para instaurar processos administrativos de responsabilização de pessoas jurídicas ou para avocar os processos instaurados, a fim de examinar a sua regularidade ou de corrigir o seu andamento.

No caso dos atos ilícitos praticados contra a administração pública **estrangeira**, a apuração, o processo e o julgamento fundados na Lei 12.846/2013 **competem à CGU**.

O processo administrativo para apuração da responsabilidade de pessoa jurídica será conduzido por uma **comissão** composta de **dois ou mais servidores estáveis**, que deverá concluí-lo no prazo de **cento e oitenta dias**, contados da data da publicação do ato que a instituir, apresentando, ao final, relatórios sobre os fatos apurados

Cap. 13 • CONTROLE DA ADMINISTRAÇÃO PÚBLICA

e eventual responsabilidade da pessoa jurídica e sugerindo, motivadamente, as sanções a serem aplicadas. Esse prazo de cento e oitenta dias **poderá ser prorrogado**, mediante ato fundamentado da **autoridade instauradora**.

O processo administrativo, com o **relatório da comissão**, será encaminhado à autoridade instauradora para **julgamento**.

A **comissão** poderá, **cautelarmente**, propor à **autoridade instauradora** que **suspenda os efeitos** do ato ou processo objeto da investigação.

Após a conclusão do procedimento administrativo, a comissão dará conhecimento da existência dele ao **Ministério Público**, para apuração de eventuais delitos (art. 15).

A responsabilidade da pessoa jurídica na esfera **administrativa não afasta** a possibilidade de sua responsabilização na esfera **judicial** (art. 18).

Quanto à **responsabilização judicial**, estatui o art. 19 da Lei 12.846/2013 que a prática dos atos lesivos nela descritos autoriza a União, os estados, o Distrito Federal, os municípios – por meio das respectivas Advocacias Públicas ou órgãos de representação judicial, ou equivalentes – e o Ministério Público a **ajuizarem ação** com vistas à aplicação às pessoas jurídicas infratoras das **seguintes sanções**, que poderão ser impostas de forma **isolada ou cumulativa**:

> I – perdimento dos bens, direitos ou valores que representem vantagem ou proveito direta ou indiretamente obtidos da infração, ressalvado o direito do lesado ou de terceiro de boa-fé;
>
> II – suspensão ou interdição parcial de suas atividades;
>
> III – dissolução compulsória da pessoa jurídica;
>
> IV – proibição de receber incentivos, subsídios, subvenções, doações ou empréstimos de órgãos ou entidades públicas e de instituições financeiras públicas ou controladas pelo poder público, pelo prazo mínimo de 1 (um) e máximo de 5 (cinco) anos.

A **dissolução compulsória** da pessoa jurídica será determinada quando comprovado: **(a)** ter sido a personalidade jurídica utilizada de forma habitual para facilitar ou promover a prática de atos ilícitos; **ou (b)** ter sido constituída para ocultar ou dissimular interesses ilícitos ou a identidade dos beneficiários dos atos praticados.

O Ministério Público ou a Advocacia Pública ou órgão de representação judicial, ou equivalente, do ente público poderá requerer a **indisponibilidade** de bens, direitos ou valores necessários à **garantia** do **pagamento da multa** ou da **reparação integral do dano** causado, ressalvado o direito do terceiro de boa-fé.

Sem prejuízo da aplicação dessas sanções que a Lei 12.846/2013 comina para a responsabilização judicial, poderão também, nas **ações ajuizadas pelo Ministério Público**, ser aplicadas aquelas penalidades previstas para a responsabilização administrativa – multa e publicação extraordinária da decisão condenatória (art. 6.º) –, **desde que constatada a omissão das autoridades competentes** para promover essa responsabilização (art. 20).

Nas ações de responsabilização judicial, será adotado o **rito** previsto na **lei da ação civil pública** (Lei 7.347/1985).

A **condenação** torna **certa** a obrigação de **reparar integralmente o dano causado** pelo ilícito, cujo valor será apurado em posterior liquidação, se não constar expressamente da sentença (art. 21, parágrafo único).

As multas, assim como os bens, direitos ou valores objeto de penalidade de perdimento, que resultem da aplicação da Lei 12.846/2013 serão destinados preferencialmente aos órgãos e entidades públicos lesados (art. 24).

A **prescrição** das infrações previstas na Lei 12.846/2013 ocorre em **cinco anos**, contados da data da ciência da infração ou, no caso de infração permanente ou continuada, do dia em que tiver cessado. Na esfera administrativa ou judicial, a prescrição será **interrompida** com a **instauração de processo** que tenha por objeto a apuração da infração (art. 25).

A autoridade competente que, tendo conhecimento das infrações previstas na Lei 12.846/2013, **não adotar providências** para a apuração dos fatos será **responsabilizada** penal, civil e administrativamente nos termos da legislação específica aplicável (art. 27).

Faz-se mister ressaltar que as **sanções** previstas na Lei 12.846/2013 – **exceto** aquelas arroladas nos incisos II, III e IV do art. 19, anteriormente reproduzidos – **aplicam-se às empresas públicas e sociedades de economia mista, e suas subsidiárias, regidas pela Lei 13.303/2016**, conforme o art. 94 desta preceitua.

A Lei 12.846/2013, em seu art. 16, faculta à autoridade máxima de cada órgão ou entidade pública celebrar o assim chamado "**acordo de leniência**" com as pessoas jurídicas que **colaborem efetivamente** com as investigações e o processo administrativo concernentes aos atos pelos quais estejam sendo responsabilizadas, desde que dessa colaboração resulte: **(a)** a identificação dos demais envolvidos na infração, quando couber; e **(b)** a obtenção célere de informações e documentos que comprovem o ilícito sob apuração.

O **acordo de leniência regulado na Lei 12.846/2013** somente poderá ser celebrado se preenchidos, **cumulativamente**, os seguintes requisitos (art. 16, § 1.º):

> I – a pessoa jurídica seja a primeira a se manifestar sobre seu interesse em cooperar para a apuração do ato ilícito;
>
> II – a pessoa jurídica cesse completamente seu envolvimento na infração investigada a partir da data de propositura do acordo;
>
> III – a pessoa jurídica admita sua participação no ilícito e coopere plena e permanentemente com as investigações e o processo administrativo, comparecendo, sob suas expensas, sempre que solicitada, a todos os atos processuais, até seu encerramento.

A **contrapartida** da celebração desse acordo de leniência para a pessoa jurídica está prevista no § 2.º do art. 16, a saber:

> a) **redução** em **até dois terços** do valor da **multa** aplicável;

Cap. 13 • CONTROLE DA ADMINISTRAÇÃO PÚBLICA

b) **exclusão** da penalidade de **publicação extraordinária** da decisão condenatória, prevista no art. 6.º, II; e

c) **exclusão** da penalidade de **proibição de receber incentivos, subsídios, subvenções, doações ou empréstimos** de órgãos ou entidades públicas e de instituições financeiras públicas ou controladas pelo poder público, pelo prazo mínimo de um e máximo de cinco anos, prevista no art. 19, IV.

O acordo de leniência **não exime** a pessoa jurídica da obrigação de **reparar integralmente o dano** causado e a sua celebração **interrompe o prazo prescricional** dos atos ilícitos de que trata a Lei 12.846/2013.

Em caso de **descumprimento do acordo de leniência**, a pessoa jurídica ficará **impedida de celebrar novo acordo pelo prazo de três anos** contados do conhecimento pela administração pública do referido descumprimento.

A **CGU** é o órgão competente para celebrar os **acordos de leniência** no âmbito do **Poder Executivo federal**, bem como no caso de atos lesivos praticados contra a administração pública **estrangeira** (art. 16, § 10).

É fácil perceber que o "acordo de leniência" é semelhante à figura que, no direito penal, é denominada "**colaboração premiada**" (vulgarmente chamada de "delação premiada") – de que tratam, especialmente, a Lei 9.807/1999 e a Lei 12.850/2013. Aliás, convém abrir um parêntese para registrar que a Lei 12.529/2011, relativa ao "Sistema Brasileiro de Defesa da Concorrência", também contém normas, em seus arts. 86 e 87, acerca de um "acordo de leniência" que pode ser celebrado administrativamente com pessoas físicas e jurídicas autoras de infração à ordem econômica, nos mesmos moldes deste que ora estamos estudando.

Merece referência o fato de a Lei 12.846/2013 haver criado, no âmbito do Poder Executivo federal, o **Cadastro Nacional de Empresas Punidas (CNEP)**, com o fim de reunir e dar publicidade às **sanções aplicadas**, com base nela, pelos órgãos ou entidades dos Poderes Executivo, Legislativo e Judiciário de **todas as esferas de governo** (art. 22).

Também deverão ser registradas no CNEP as informações acerca dos **acordos de leniência** celebrados, salvo se esse procedimento vier a causar prejuízo às respectivas investigações e aos processos administrativos, incluindo-se ainda no referido cadastro, caso a pessoa jurídica não cumpra os termos do acordo de leniência, referência a esse descumprimento (art. 22, §§ 3.º e 4.º).

Os registros das sanções e acordos de leniência serão **excluídos** do CNEP depois de decorrido o prazo previamente estabelecido no ato sancionador ou do cumprimento integral do acordo de leniência e da reparação do eventual dano causado, mediante solicitação do órgão ou entidade sancionadora (art. 22, § 5.º).

Sem prejuízo dessas regras relativas ao CNEP, cabe anotar, ainda, que, conforme preceitua o art. 23 da Lei 12.846/2013, os órgãos e entidades dos Poderes Executivo, Legislativo e Judiciário de todos os entes da Federação deverão informar e manter atualizados, para fins de publicidade, no **Cadastro Nacional de Empresas Inidôneas e Suspensas (CEIS)**, de caráter público, instituído no âmbito do Poder Executivo federal, os dados relativos às sanções por eles aplicadas, "nos termos do disposto" nos arts. 87 e 88 da Lei 8.666/1993.

O art. 23 da Lei 12.846/2013 faz referência genérica às sanções que constavam nos arts. 87 e 88 da Lei 8.666/1993, mas é evidente que não devem ser incluídas no CEIS empresas às quais tenham sido apenas aplicadas as penalidades de advertência ou de multa (incisos I e II do art. 87 da Lei 8.666/1993). De outra banda, deverão ser registradas as pessoas jurídicas que sofram as sanções de "impedimento de licitar e contratar" e de "declaração de inidoneidade para licitar ou contratar" previstas no art. 156 da Lei 14.133/2021.

Cumpre registrar que a Lei 13.303/2016 – estatuto jurídico das empresas públicas e sociedades de economia mista, e suas subsidiárias, atuantes no domínio econômico em sentido amplo – determina que as entidades sujeitas a suas disposições informem, para atualização do CEIS, os dados relativos às sanções que, com base na Lei 13.303/2016, elas apliquem aos seus contratados. Como a Lei 13.303/2016 não contempla a sanção de declaração de inidoneidade para licitar e contratar, somente será cabível o registro no CEIS da penalidade de "suspensão temporária de participação em licitação e impedimento de contratar com a entidade sancionadora", prevista no inciso III do art. 83 da Lei 13.303/2016.

Por fim, deve-se ressaltar que as disposições da Lei 12.846/2013 **não excluem** as competências do Conselho Administrativo de Defesa Econômica (CADE), do Ministério da Justiça e Segurança Pública e do Ministério da Fazenda para processar e julgar fato que constitua **infração à ordem econômica** (art. 29).

Capítulo 14

O PROCESSO ADMINISTRATIVO NO ÂMBITO DA ADMINISTRAÇÃO FEDERAL (LEI 9.784/1999)

1. INTRODUÇÃO

No presente capítulo analisaremos as disposições da Lei 9.784/1999 que estabelecem a disciplina geral do processo administrativo no âmbito da administração pública federal.

Preliminarmente, cumpre anotar que, embora a ementa da Lei 9.784/1999 afirme categoricamente que o seu escopo é regular o processo administrativo federal, a verdade é que a lei contém importantes normas aplicáveis de modo abrangente aos atos administrativos federais, e não só a atos praticados no âmbito de processos administrativos.

Por essa razão, tais normas foram estudadas detalhadamente no capítulo acerca dos atos administrativos, especificamente nos tópicos concernentes a competência, motivação, anulação, revogação e convalidação de atos administrativos, para os quais remetemos o leitor, a fim de evitar repetições improfícuas.

Da mesma forma, os princípios doutrinários relativos aos processos administrativos genericamente considerados – pormenorizadamente expostos no capítulo acerca do controle da administração pública – foram, aqui, apenas mencionados na estrita medida do necessário ao exame do conteúdo da Lei 9.784/1999.

Passemos à análise da lei.

2. ABRANGÊNCIA E APLICAÇÃO

É importante atentar para o âmbito de aplicação da Lei 9.784/1999. Trata-se ela de uma lei administrativa **federal**, isto é, suas normas são aplicáveis à administração pública federal, direta e indireta, **inclusive** aos órgãos dos Poderes Legislativo e

DIREITO ADMINISTRATIVO DESCOMPLICADO • *Marcelo Alexandrino & Vicente Paulo*

Judiciário da União, quando estes estiverem desempenhando **funções administrativas** (art. 1.º, *caput*, e § 1.º).

A Lei 9.784/1999, portanto, **não obriga** estados, municípios ou o Distrito Federal, vale dizer, ela **não é uma lei nacional**.[1]

Quanto à aplicação da Lei 9.784/1999 aos processos administrativos federais, aspecto relevante a observar é o seu caráter **supletivo** ou **subsidiário**. Com efeito, a Lei 9.784/1999 não revogou nem alterou nenhuma lei específica disciplinadora de processos administrativos determinados. Conforme expressamente estabelece o seu art. 69, os processos administrativos que sejam regulados em leis específicas permanecem regidos por essas leis, sendo apenas subsidiariamente aplicáveis a eles os preceitos da Lei 9.784/1999.

Significa dizer, caso **inexista** lei específica regulando um determinado processo administrativo, envolva ou não litígio, será ele **inteiramente** disciplinado pela Lei 9.784/1999.

Diferentemente, aos processos administrativos, litigiosos ou não, regulados em leis específicas, aplicam-se suas leis próprias. É o caso, por exemplo, do processo administrativo disciplinar federal – PAD, regulado pela Lei 8.112/1990, e do processo tributário federal de consulta, disciplinado basicamente pela Lei 9.430/1996.

Quanto a esses processos regulados em leis próprias, somente na eventual **omissão**, relativamente a determinado ponto, das **leis específicas** que os regem é que será utilizada, **subsidiariamente**, a Lei 9.784/1999.

3. PRINCÍPIOS

O art. 2.º, *caput*, da Lei 9.784/1999 traz enumerados diversos princípios norteadores da atividade administrativa de um modo geral. Alguns deles encontram-se expressos na própria Constituição Federal, ao passo que outros princípios explicitados na lei são fruto de construções doutrinárias, no mais das vezes considerados princípios implícitos no texto constitucional. Convém transcrever o art. 2.º, *caput*, da Lei 9.784/1999:

> Art. 2.º A Administração Pública obedecerá, dentre outros, aos princípios da legalidade, finalidade, motivação, razoabilidade, proporcionalidade, moralidade, ampla defesa, contraditório, segurança jurídica, interesse público e eficiência.

Ao lado desses postulados expressos na lei, é oportuno lembrar a existência de outros princípios implícitos, apontados tradicionalmente pela doutrina como ca-

---

[1] Muito embora seja **incontroverso** que o âmbito de aplicação da Lei 9.784/1999 é a órbita federal, interessa registar, sobre o tema, o disposto na **Súmula 633 do Superior Tribunal de Justiça**: "A Lei 9.784/1999, especialmente no que diz respeito ao prazo decadencial para a revisão de atos administrativos no âmbito da administração pública federal, pode ser aplicada, de forma subsidiária, aos estados e municípios, se inexistente norma local e específica que regule a matéria."

Cap. 14 • O PROCESSO ADMINISTRATIVO NO ÂMBITO DA ADMINISTRAÇÃO FEDERAL **999**

racterísticos dos processos administrativos genericamente considerados, tais como: **informalismo** (só são exigidas formas determinadas para os atos processuais se a lei assim estabelecer), **oficialidade** (ou impulso oficial, significando que, depois de iniciado o processo pelo administrado, compete à administração movimentá-lo até a decisão final), **verdade material** (deve-se buscar o conhecimento dos fatos efetivamente ocorridos, o que possibilita, em regra, serem trazidas aos autos provas de fatos relevantes mesmo depois da fase prevista para a apresentação de provas) e **gratuidade** (em regra, não existem os ônus característicos do processo judicial, tais como custas, ônus de sucumbência, honorários e outros).

No parágrafo único do art. 2.º da Lei 9.784/1999, são estabelecidos **critérios** a serem observados nos processos administrativos, os quais, conforme podemos constatar, decorrem direta ou indiretamente dos princípios antes enumerados. Reproduzimos a referida lista de critérios, acrescentando, entre parênteses, os princípios que entendemos estarem mais diretamente relacionados a cada qual:

I – atuação conforme a lei e o direito (legalidade);

II – atendimento a fins de interesse geral (impessoalidade/finalidade), vedada a renúncia total ou parcial de poderes ou competências, salvo autorização em lei (indisponibilidade do interesse público);

III – objetividade no atendimento do interesse público (impessoalidade/finalidade), vedada a promoção pessoal de agentes ou autoridades (impessoalidade);

IV – atuação segundo padrões éticos de probidade, decoro e boa-fé (moralidade);

V – divulgação oficial dos atos administrativos, ressalvadas as hipóteses de sigilo previstas na Constituição (publicidade);

VI – adequação entre meios e fins, vedada a imposição de obrigações, restrições e sanções em medida superior àquelas estritamente necessárias ao atendimento do interesse público (razoabilidade e proporcionalidade);

VII – indicação dos pressupostos de fato e de direito que determinarem a decisão (motivação);

VIII – observância das formalidades essenciais à garantia dos direitos dos administrados (segurança jurídica);

IX – adoção de formas simples, suficientes para propiciar adequado grau de certeza, segurança e respeito aos direitos dos administrados (segurança jurídica e informalismo);

X – garantia dos direitos à comunicação, à apresentação de alegações finais, à produção de provas e à interposição de recursos, nos processos de que possam resultar sanções e nas situações de litígio (ampla defesa e contraditório);

XI – proibição de cobrança de despesas processuais, ressalvadas as previstas em lei (gratuidade dos processos administrativos);

XII – impulsão, de ofício, do processo administrativo, sem prejuízo da atuação dos interessados (oficialidade);

XIII – interpretação da norma administrativa da forma que melhor garanta o atendimento do fim público a que se dirige (impessoalidade/finalidade), vedada aplicação retroativa de nova interpretação (segurança jurídica).

4. DIREITOS E DEVERES DOS ADMINISTRADOS

O art. 3.º da Lei 9.784/1999 apresenta uma lista exemplificativa de direitos dos administrados perante a administração pública.

Dentre os direitos ali enumerados, ressaltamos a permissão ao administrado para formular alegações e apresentar documentos até antes da decisão, decorrência direta do princípio da verdade material.

Reforçando o princípio da publicidade, explicita ainda o art. 3.º que o administrado tem o direito de ter ciência da tramitação dos processos administrativos em que se enquadre na condição de interessado, de ter vista dos autos, de obter cópias de documentos neles contidos e de conhecer as decisões proferidas (mais do que isso, o administrado tem o direito de obter, sempre, uma decisão explícita da administração, conforme assegura o art. 48).

Registramos, também, que o inciso IV do art. 3.º estabelece como direito do administrado "fazer-se assistir, facultativamente, por advogado, salvo quando obrigatória a representação, por força de lei".

A possibilidade de atuar no processo sem advogado é decorrência do princípio do informalismo, mas se trata de regra geral: pode a lei exigir a representação do administrado por advogado, caso em que a inobservância da exigência implicará nulidade do processo.

É mister anotar que, na **Súmula Vinculante 5**, o Supremo Tribunal Federal explicita a possibilidade de o interessado atuar sem advogado nos processos administrativos (quando não houver exigência legal), mesmo nos processos que possam resultar em sanções. Segundo a orientação firmada pela Corte Suprema, o simples fato de não ser feita a defesa do administrado por um advogado (desde que não haja exigência legal) não ofende, por si só, os princípios constitucionais da ampla defesa e do contraditório. É o seguinte o texto da Súmula Vinculante 5:

> 5 – A falta de defesa técnica por advogado no processo administrativo disciplinar não ofende a Constituição.

É oportuno, ainda, registrar que a Constituição estabelece como direito fundamental a "razoável duração do processo" e "meios que garantam a celeridade de sua tramitação" (art. 5.º, LXXVIII). A doutrina refere-se a essa norma como "princípio da celeridade processual" (aplicável aos processos administrativos e judiciais).

Cap. 14 • O PROCESSO ADMINISTRATIVO NO ÂMBITO DA ADMINISTRAÇÃO FEDERAL **1001**

Por fim, a Lei 9.784/1999, no seu art. 4.º, enumera alguns dos deveres que os administrados devem observar quando atuam no âmbito de processos administrativos, conforme abaixo transcrito:

> Art. 4.º São deveres do administrado perante a Administração, sem prejuízo de outros previstos em ato normativo:
>
> I – expor os fatos conforme a verdade;
>
> II – proceder com lealdade, urbanidade e boa-fé;
>
> III – não agir de modo temerário;
>
> IV – prestar as informações que lhe forem solicitadas e colaborar para o esclarecimento dos fatos.

4.1. Direito a regime de tramitação prioritária

A Lei 12.008/2009 acrescentou o art. 69-A à Lei 9.784/1999, o qual prevê **tramitação prioritária** para procedimentos administrativos de interesse das pessoas nele arroladas, nos termos a seguir reproduzidos:

> Art. 69-A. Terão prioridade na tramitação, em qualquer órgão ou instância, os procedimentos administrativos em que figure como parte ou interessado:
>
> I – pessoa com idade igual ou superior a 60 (sessenta) anos;
>
> II – pessoa portadora de deficiência, física ou mental;
>
> III – (VETADO)
>
> IV – pessoa portadora de tuberculose ativa, esclerose múltipla, neoplasia maligna, hanseníase, paralisia irreversível e incapacitante, cardiopatia grave, doença de Parkinson, espondiloartrose anquilosante, nefropatia grave, hepatopatia grave, estados avançados da doença de Paget (osteíte deformante), contaminação por radiação, síndrome de imunodeficiência adquirida, ou outra doença grave, com base em conclusão da medicina especializada, mesmo que a doença tenha sido contraída após o início do processo.
>
> § 1.º A pessoa interessada na obtenção do benefício, juntando prova de sua condição, deverá requerê-lo à autoridade administrativa competente, que determinará as providências a serem cumpridas.
>
> § 2.º Deferida a prioridade, os autos receberão identificação própria que evidencie o regime de tramitação prioritária.

É interessante averbar que o inciso I do art. 69-A apenas reforça a norma – de maior abrangência – contida no § 3.º do art. 71 da Lei 10.741/2003 (**Estatuto da Pessoa Idosa**), segundo a qual é assegurada prioridade, ao lado de outras hipóteses, à tramitação de "processos e procedimentos na Administração Pública" (da União, dos estados, do Distrito Federal e dos municípios) em que figure como interessada pessoa com idade igual ou superior a sessenta anos.

1002 DIREITO ADMINISTRATIVO DESCOMPLICADO • Marcelo Alexandrino & Vicente Paulo

O § 5.º do mesmo art. 71 estabelece, ademais, que, "dentre os processos de pessoas idosas, dar-se-á **prioridade especial** aos das **maiores de 80 (oitenta) anos**". A nosso ver, embora essa regra não esteja expressa no art. 69-A da Lei 9.784/1999, a garantia de **prioridade especial** para as **pessoas maiores de oitenta anos** alcança qualquer processo, em toda a Administração Pública brasileira.

Por último, embora não se trate de disposições especificamente endereçadas à tramitação de processos administrativos federais, vem a propósito mencionar que a Lei 13.146/2015 (**Estatuto da Pessoa com Deficiência**) contém normas que, de algum modo, guardam relação com o assunto exposto no presente tópico, a saber:

a) a pessoa com deficiência tem direito a receber atendimento prioritário em todas as instituições e serviços de atendimento ao público; esse direito é extensivo ao acompanhante da pessoa com deficiência ou ao seu atendente pessoal (art. 9.º, II, e § 1.º);

b) a pessoa com deficiência tem direito a prioridade em tramitação processual e procedimentos judiciais e administrativos em que for parte ou interessada, em todos os atos e diligências (art. 9.º, VII);

c) é vedado exigir o comparecimento de pessoa com deficiência perante os órgãos públicos quando seu deslocamento, em razão de sua limitação funcional e de condições de acessibilidade, imponha-lhe ônus desproporcional e indevido, hipótese na qual serão observados os seguintes procedimentos (art. 95):

c.1) quando for de interesse do poder público, o agente promoverá o contato necessário com a pessoa com deficiência em sua residência; e

c.2) quando for de interesse da pessoa com deficiência, ela apresentará solicitação de atendimento domiciliar ou fará representar-se por procurador constituído para essa finalidade.

5. INÍCIO DO PROCESSO E LEGITIMADOS A SUA INSTAURAÇÃO

Preceitua o art. 5.º da Lei 9.784/1999 que o processo pode ser iniciado pela própria administração (**de ofício**) – decorrência do princípio da oficialidade – ou mediante provocação do interessado (**a pedido**).

Sendo do administrado a iniciativa, deverá ele apresentar à administração **requerimento escrito**, salvo nos casos em que for admitida solicitação oral. O requerimento conterá os seguintes elementos: órgão ou autoridade administrativa a que se dirige; identificação do interessado ou de quem o represente; domicílio do requerente ou local para recebimento de comunicações; formulação do pedido, com exposição dos fatos e de seus fundamentos; data e assinatura do requerente ou de seu representante.

É importante observar que, no caso de faltarem elementos essenciais ao pedido, a administração deverá orientar o interessado a supri-los, sendo **vedada a simples recusa imotivada** de receber o requerimento ou outros documentos (parágrafo único do art. 6.º). A recusa injustificada de recebimento configura afronta ao direito de petição, estabelecido no art. 5.º, XXXIV, "a", da Constituição.

Cap. 14 • O PROCESSO ADMINISTRATIVO NO ÂMBITO DA ADMINISTRAÇÃO FEDERAL **1003**

A lei admite que uma pluralidade de interessados formule em **um único requerimento** os seus pedidos, quando estes tiverem conteúdo e fundamentos **idênticos**, salvo preceito legal em contrário (art. 8.º).

A Lei 9.784/1999 define como legitimados no processo, na qualidade de interessados (art. 9.º):

> I – pessoas físicas ou jurídicas que o iniciem como titulares de direitos ou interesses individuais ou no exercício do direito de representação;
>
> II – aqueles que, sem terem iniciado o processo, têm direitos ou interesses que possam ser afetados pela decisão a ser adotadaqualquer um que possua direitos ou interesses que possam ser afetados pela decisão do processo;
>
> III – as organizações e associações representativas, no tocante a direitos e interesses coletivos;
>
> IV – as pessoas ou as associações legalmente constituídas quanto a direitos ou interesses difusos.

Como regra geral, são considerados capazes, para fins de atuação no âmbito do processo administrativo, os maiores de **dezoito anos** (art. 10).

6. IMPEDIMENTO E SUSPEIÇÃO

Os arts. 18 e 20 cuidam, respectivamente, do impedimento e da suspeição, figuras típicas do direito processual, trazidas pela Lei 9.784/1999 para o âmbito do processo administrativo federal.

A previsão pelo legislador de hipóteses de impedimento e suspeição visa a preservar a atuação imparcial do agente público no âmbito do processo administrativo, reforçando o princípio da impessoalidade, assim como o da moralidade administrativa. Trata-se de situações em que se estabelece a presunção legal de que seria comprometida a imparcialidade do agente público. Assim, o agente é afastado daquele processo, especificamente.

Como se vê, a lei cria uma condição de incapacidade subjetiva do agente, não relacionada às atribuições do cargo que ele exerce (não há excesso de poder), e sim a certa situação pessoal do servidor, quanto a um processo determinado.

Reza o art. 18 que é **impedido** de atuar em processo administrativo o servidor ou autoridade que:

> I – tenha interesse direto ou indireto na matéria;
>
> II – tenha participado ou venha a participar como perito, testemunha ou representante, ou se tais situações ocorrem quanto ao cônjuge, companheiro ou parente e afins até o terceiro grau;
>
> III – esteja litigando judicial ou administrativamente com o interessado ou respectivo cônjuge ou companheiro.

A autoridade ou servidor que incorrer em impedimento deve comunicar o fato à autoridade competente, abstendo-se de atuar, sob pena de incorrer em falta grave, para efeitos disciplinares.

O art. 20 estabelece que **pode** ser arguida a **suspeição** de autoridade ou servidor que tenha amizade íntima ou inimizade notória com algum dos interessados ou com os respectivos cônjuges, companheiros, parentes e afins até o terceiro grau. O indeferimento de alegação de suspeição poderá ser objeto de recurso, sem efeito suspensivo (art. 21).

A alegação de **suspeição** é tratada pela lei como uma faculdade do interessado. Se não for alegada tempestivamente, ocorre a preclusão do direito de invocá-la. Observe-se que a lei **não** estabelece para o servidor a obrigação de se declarar suspeito, como o faz nos casos de impedimento.

7. FORMA, TEMPO E LUGAR DOS ATOS DO PROCESSO

O *caput* do art. 22 da Lei 9.784/1999 assevera, literalmente, que "os atos do processo administrativo não dependem de forma determinada senão quando a lei expressamente a exigir". Essa norma tem evidente fundamento no **princípio do informalismo**. Logo em seguida, no entanto, a própria lei exige que os atos do processo sejam **produzidos por escrito**, em língua portuguesa (**vernáculo**), contenham a **data** e o **local** de realização e a **assinatura** da autoridade responsável (art. 22, § 1.º). Além disso, as páginas do processo devem ser **numeradas sequencialmente** e **rubricadas** (art. 22, § 4.º).

Nos §§ 2.º e 3.º do art. 22 há duas outras decorrências do **informalismo moderado** dos processos administrativos: (a) o **reconhecimento de firma** somente será exigido quando houver imposição legal, ou em caso de dúvida de autenticidade; e (b) a **autenticação** de documentos exigidos em cópia pode ser feita pelo próprio órgão administrativo.

No âmbito do Poder Executivo federal, o Decreto 9.094/2017 versa sobre **reconhecimento de firma** e **autenticação de cópias** de documentos nos seus arts. 9.º e 10, a seguir reproduzidos (grifamos):

> Art. 9.º Exceto se existir dúvida fundada quanto à autenticidade ou previsão legal, fica **dispensado** o **reconhecimento de firma e a autenticação de cópia** dos documentos expedidos no País e destinados a fazer prova junto a órgãos e entidades do Poder Executivo federal.
>
> Art. 10. A apresentação de documentos por usuários dos serviços públicos poderá ser feita por meio de cópia autenticada, dispensada nova conferência com o documento original.
>
> § 1.º A **autenticação de cópia** de documentos poderá ser feita, por meio de **cotejo da cópia com o documento original, pelo servidor público** a quem o documento deva ser apresentado.
>
> § 2.º Constatada, a qualquer tempo, a **falsificação** de firma ou de cópia de documento público ou particular, o órgão ou a entidade

Cap. 14 • O PROCESSO ADMINISTRATIVO NO ÂMBITO DA ADMINISTRAÇÃO FEDERAL **1005**

do Poder Executivo federal **considerará não satisfeita a exigência documental** respectiva e, no prazo de até cinco dias, dará conhecimento do fato à autoridade competente para adoção das providências administrativas, civis e penais cabíveis.

Em que pese o disposto nos §§ 2.º e 3.º do art. 22 da Lei 9.784/1999 e nos arts. 9.º e 10 do Decreto 9.094/2017, deve-se consignar que a Lei 13.726/2018 (**Lei Geral da Desburocratização**), de abrangência nacional e aplicável aos atos e procedimentos administrativos de todos os Poderes, contém preceitos acerca de **reconhecimento de firma** e **autenticação de cópias de documentos** ainda mais favoráveis aos administrados. Os incisos I e II do art. 3.º dessa lei, de forma categórica, estabelecem que: (a) "é dispensada a exigência de reconhecimento de firma, devendo o agente administrativo, confrontando a assinatura com aquela constante do documento de identidade do signatário, ou estando este presente e assinando o documento diante do agente, lavrar sua autenticidade no próprio documento"; e (b) "é dispensada a exigência de autenticação de cópia de documento, cabendo ao agente administrativo, mediante a comparação entre o original e a cópia, atestar a autenticidade". A nosso ver, as disposições da Lei 13.726/2018 prevalecem sobre outras normas mais restritivas que versem sobre a mesma matéria.

Faz-se oportuno trazer à baila, ainda, algumas normas acerca do **processo administrativo eletrônico** contidas no **Decreto 8.539/2015** – o qual "dispõe sobre o uso do **meio eletrônico** para a realização do processo administrativo no âmbito dos órgãos e das entidades da administração pública federal direta, autárquica e fundacional".

Estabelece o art. 5.º desse decreto que, no **processo administrativo eletrônico** – definido como "aquele em que os atos processuais são registrados e disponibilizados em meio eletrônico" (art. 2.º, III) –, os atos processuais **deverão** ser realizados em **meio eletrônico**, exceto nas situações em que este procedimento for **inviável** ou em caso de **indisponibilidade** do meio eletrônico cujo prolongamento **cause dano relevante à celeridade** do processo.

O art. 7.º estipula que os **atos processuais em meio eletrônico** consideram-se realizados no dia e na hora do **recebimento pelo sistema informatizado** de gestão de processo administrativo eletrônico do órgão ou da entidade, o qual deverá fornecer recibo eletrônico de protocolo que os identifique. Quando o ato processual tiver que ser praticado em determinado prazo, por meio eletrônico, serão considerados **tempestivos** os efetivados, salvo disposição em contrário, **até as vinte e três horas e cinquenta e nove minutos do último dia do prazo**, no horário oficial de Brasília. Caso o sistema informatizado de gestão de processo administrativo eletrônico do órgão ou entidade esteja **indisponível por motivo técnico**, o prazo fica automaticamente **prorrogado** até as vinte e três horas e cinquenta e nove minutos do primeiro dia útil seguinte ao da resolução do problema.

Por fim, preceitua o Decreto 8.539/2015, em seu art. 12, que a **digitalização de documentos** recebidos ou produzidos pelos órgãos ou entidades sujeitos às suas normas "deverá ser acompanhada da **conferência da integridade** do documento digitalizado". E, ao realizar essa conferência, o servidor competente "deverá registrar se foi apresentado documento original, cópia autenticada em cartório, cópia autenticada administrativamente ou cópia simples". Os documentos criados a partir da digitalização de originais serão considerados cópia autenticada administrativamente. Já os documentos resultantes da digitalização de cópia autenticada em cartório, de cópia autenticada administrativamente ou de cópia simples terão valor de cópia simples.

Voltando à Lei 9.784/1999, temos, no seu art. 23, a **regra geral** segundo a qual "os atos do processo devem realizar-se em dias úteis, no horário normal de funcionamento da repartição na qual tramitar o processo". O parágrafo único desse artigo estabelece, como **exceção**, que os atos **já iniciados**, cujo adiamento prejudique o curso regular do procedimento, ou cause dano ao interessado ou à administração, **serão concluídos depois do horário normal**.

Os atos do processo devem realizar-se **preferencialmente** na sede do órgão. Se for outro o local de realização, o interessado deverá ser cientificado (art. 25).

O prazo para a prática de atos processuais, pela administração ou pelo particular, quando **não** houver **disposição específica**, é de **cinco dias**, salvo motivo de força maior. Poderá esse prazo ser **prorrogado** por **até cinco dias mais**, se houver causa **comprovada** que o justifique (art. 24).

8. INTIMAÇÃO DO INTERESSADO

Intimar é, simplesmente, dar ciência ao interessado de algum ato praticado no processo, ou de alguma providência que deva ser adotada, dependa, ou não, do comparecimento do interessado à repartição.

O art. 28 da Lei 9.784/1999 arrola, genericamente, os atos que necessitam ser intimados. Nos termos desse artigo, devem ser objeto de intimação os atos do processo que resultem para o interessado em imposição de deveres, ônus, sanções ou restrição ao exercício de direitos e atividades e os atos de outra natureza, de seu interesse (art. 28).

O art. 26 trata especificamente da intimação do interessado para **ciência de decisão** ou a **efetivação de diligências**. Conforme o seu § 1.º, essa intimação deverá conter:

> I – identificação do intimado e nome do órgão ou entidade administrativa;
>
> II – finalidade da intimação;
>
> III – data, hora e local em que deve comparecer;
>
> IV – se o intimado deve comparecer pessoalmente, ou fazer-se representar;
>
> V – informação da continuidade do processo independentemente do seu comparecimento;
>
> VI – indicação dos fatos e fundamentos legais pertinentes.

Quando for necessário o comparecimento do interessado à repartição, deverá ser ele intimado com, no mínimo, **três dias úteis** de antecedência (art. 26, § 2.º).

Cap. 14 • O PROCESSO ADMINISTRATIVO NO ÂMBITO DA ADMINISTRAÇÃO FEDERAL **1007**

Quanto à forma, a intimação pode ser:

a) pessoal, provada pela ciência no processo, anotada por ocasião do comparecimento à repartição do interessado ou, se for o caso, de quem o possa representar;

b) por via postal, com aviso de recebimento, ou por telegrama;

c) por outros meios, desde que assegurem a certeza da ciência do interessado;

d) por meio de publicação oficial, no caso de interessados indeterminados, desconhecidos ou com domicílio indefinido.

As formas descritas nos três primeiros itens não têm ordem de preferência. A intimação mediante publicação oficial somente deve ser feita nas hipóteses de interessados indeterminados, desconhecidos ou com domicílio incerto.

Importante é a regra do § 5.º do art. 26, segundo a qual as intimações que desatendam as prescrições legais são nulas, sendo suprida, entretanto, a falta ou nulidade pelo comparecimento do interessado.

Essa disposição tem fundamento imediato no denominado "princípio da instrumentalidade das formas", segundo o qual a forma estipulada para um ato processual visa essencialmente a assegurar que ele cumpra os seus fins. Vale dizer, a forma é mero instrumento, cujo escopo é possibilitar que o ato atinja a sua finalidade. Assim, por esse princípio, se a finalidade do ato foi alcançada, mesmo que não tenha sido observada a forma prescrita, considera-se suprida a falta, sanada a irregularidade.

Outro preceito relevante da Lei 9.784/1999 – corolário do princípio da verdade material – está no seu art. 27, cujo *caput* afasta a possibilidade de ser atribuído ao simples fato de o particular desatender à intimação o efeito de presunção de culpa, ou de confissão, ou de renúncia a direito. O parágrafo único do mesmo artigo exclui, ainda, a preclusão do direito de defesa do administrado que desatenda à intimação. O exercício desse direito fica assegurado, entretanto, **no prosseguimento do processo**, significa dizer, a tramitação não vai retroceder a fases processuais já concluídas – o administrado exercerá, sim, o seu direito de defesa, mas o exercício é prospectivo, a partir da fase em que o administrado volte a se manifestar no processo. Merece transcrição o artigo em comento:

> Art. 27. O desatendimento da intimação não importa o reconhecimento da verdade dos fatos, nem a renúncia a direito pelo administrado.
>
> Parágrafo único. No prosseguimento do processo, será garantido direito de ampla defesa ao interessado.

Vale lembrar que o particular tem o direito de apresentar documentos até antes da fase de decisão, sendo a administração obrigada a apreciá-los (art. 3.º, III).

9. INSTRUÇÃO E DECISÃO

Pode-se afirmar, genericamente, que a fase de instrução de um processo qualquer destina-se à averiguação e comprovação dos dados necessários à tomada de uma decisão fundamentada, conforme preceitua o art. 29 da Lei 9.784/1999.

No âmbito dos processos administrativos, a instrução ocorre de ofício. Com efeito, por força do princípio da oficialidade, pode a administração, por iniciativa própria, determinar a realização de diligências, produzir provas ou determinar a sua produção, intimar os administrados a prestar depoimentos ou a apresentar documentos, solicitar pareceres, enfim, adotar todas as providências que se mostrem necessárias à adequada instrução do processo, visando a bem fundamentar a decisão que nele será proferida.

Evidentemente, o princípio da oficialidade não impede que o administrado proponha a prática de atos necessários ou úteis ao bom andamento da instrução.

Assim, durante a instrução deverão ser envidados todos os esforços, por iniciativa oficial ou por provocação do interessado, necessários à elucidação dos fatos pertinentes ao processo, desde que, evidentemente, não se utilizem provas obtidas por meios ilícitos, inadmissíveis também nos processos administrativos, consoante explicita o art. 30 da Lei 9.784/1999, cuja base é o art. 5.º, LVI, da Constituição da República.

O Supremo Tribunal Federal admite que sejam utilizadas no processo administrativo as assim chamadas "**provas emprestadas**". Isso significa que provas obtidas em outros processos podem ser trazidas ao processo administrativo e nele empregadas, sejam elas favoráveis ou desfavoráveis ao administrado. A prova utilizada por empréstimo pode ter sido produzida em processos de qualquer natureza, **inclusive criminal**. Apenas é necessário, evidentemente, que a prova a ser emprestada tenha sido, desde a sua origem, obtida **licitamente**. Sobre esse ponto, nossa Corte Constitucional já deixou assente que "as provas declaradas ilícitas pelo Poder Judiciário não podem ser utilizadas, valoradas ou aproveitadas em processos administrativos de qualquer espécie", fixando a seguinte **tese de repercussão geral**:[2]

> São inadmissíveis, em processos administrativos de qualquer espécie, provas consideradas ilícitas pelo Poder Judiciário.

O **ônus da prova** é do **interessado**, isto é, cabe a ele provar os fatos que alega (art. 36). Há, todavia, uma importante **exceção**: quando o interessado declarar que fatos e dados estão registrados em documentos existentes na própria administração responsável pelo processo (ou em outro órgão administrativo), o órgão incumbido da instrução do processo deve providenciar, **de ofício**, a obtenção desses documentos ou suas cópias (art. 37).

Aliás, na mesma linha dessa exceção – e de forma ainda mais ampla –, é oportuno registrar que o Decreto 9.094/2017, no seu art. 2.º, estabelece que, "exceto se houver disposição legal em contrário, os órgãos e as entidades do Poder Executivo federal que necessitarem de documentos comprobatórios de regularidade da situação de usuários dos serviços públicos, de atestados, de certidões ou de outros documentos comprobatórios que constem em base de dados oficial da administração pública federal deverão obtê-los diretamente do órgão ou da entidade responsável pela base de dados", nos termos do disposto no Decreto 10.046/2019 – e "**não poderão exigi-los dos usuários dos serviços públicos**".

---

[2]   ARE 1.316.369/DF (**repercussão geral**), red. p/ o acórdão Min. Gilmar Mendes, 09.12.2022 (Informativo 1.079 do STF).

Cap. 14 • O PROCESSO ADMINISTRATIVO NO ÂMBITO DA ADMINISTRAÇÃO FEDERAL **1009**

O Decreto 10.046/2019, citado no parágrafo precedente, estabelece "as normas e as diretrizes para o compartilhamento de dados entre os órgãos e as entidades da administração pública federal direta, autárquica e fundacional e os demais Poderes da União". Quando **não for possível** a obtenção dos documentos pertinentes diretamente do órgão ou da entidade responsável pela base de dados oficial, a comprovação necessária **poderá ser feita por meio de declaração escrita e assinada pelo usuário dos serviços públicos**, que, na hipótese de declaração falsa, ficará sujeito às sanções administrativas, civis e penais aplicáveis (Decreto 9.094/2017, art. 3.º, parágrafo único).

Se os documentos em questão contiverem **informações sigilosas** sobre o usuário dos serviços públicos, "o fornecimento pelo órgão ou pela entidade responsável pela base de dados oficial deverá ser realizado com observância dos requisitos de segurança da informação e das restrições legais" (Decreto 9.094/2017, art. 3.º, *caput*).

A Lei 9.784/1999 faculta a abertura de **consulta pública**, mediante despacho motivado do órgão competente, quando a matéria objeto do processo envolver assunto de **interesse geral** (art. 31).

Nessa hipótese, **terceiros** – não enquadrados na definição de interessado vazada no art. 9.º da lei – poderão examinar os autos e oferecer alegações escritas. A administração é obrigada a responder fundamentadamente às alegações, mas pode ser dada uma resposta comum a todas as alegações substancialmente iguais (art. 31, § 2.º).

É também possível a realização de **audiência pública**, quando a autoridade competente para a tomada de decisão entender que, em face da **relevância da questão**, sejam necessários debates sobre a matéria do processo (art. 32).

Durante toda a fase instrutória, até antes da decisão, os interessados podem juntar documentos e pareceres, requerer diligências e perícias e aduzir alegações (art. 38). A administração **somente pode recusar**, fundamentadamente, provas propostas pelos interessados quando forem **ilícitas**, **impertinentes**, **desnecessárias** ou **protelatórias** (que tenham intuito precípuo de atrasar a decisão).

As regras aduzidas no parágrafo precedente decorrem do princípio da verdade material, que norteia os processos administrativos, impondo à administração o dever de tomar conhecimento de todos os elementos que lhe sejam trazidos, ou cuja produção lhe seja solicitada, e que possam auxiliar na apuração dos fatos efetivamente ocorridos (diferentemente da denominada "verdade formal", própria do direito processual civil, que, em regra, só permite a apreciação das provas dos fatos trazidas aos autos em fase determinada do processo).

Quando for necessária a prestação de informações ou a apresentação de provas pelos interessados ou terceiros, serão expedidas intimações para esse fim, mencionando-se data, prazo, forma e condições de atendimento (art. 39). Caso se trate de intimação para a **produção de uma prova** ou a **realização de diligência**, os interessados serão intimados com antecedência mínima de **três dias úteis**, mencionando-se data, hora e local de realização (art. 41).

Não sendo atendida uma determinada intimação, o órgão competente, se entender **relevante a matéria**, poderá **suprir de ofício** a omissão (princípio da oficialidade). Suprida ou não a falta, certo é que o desatendimento à intimação **não exime** o órgão competente de **proferir a decisão**.

1010 DIREITO ADMINISTRATIVO DESCOMPLICADO • *Marcelo Alexandrino & Vicente Paulo*

Todavia, quando dados, atuações ou documentos solicitados ao interessado forem **necessários** à apreciação do pedido formulado, o não atendimento à solicitação, no prazo fixado pela administração para a respectiva apresentação, implicará **arquivamento do processo** (art. 40).

Nessa hipótese – arquivamento do processo –, a administração não teve como suprir de ofício a omissão, ou entendeu que a matéria não era relevante o suficiente para tanto. Note-se que haverá, sim, uma decisão nos autos, mas essa decisão consistirá, simplesmente, em determinar o arquivamento do processo, devendo ser fundamentada com a demonstração de que foram efetivamente solicitados documentos, dados, ou atuações ao interessado, de que ele não atendeu a essa solicitação, de que esses elementos eram realmente necessários à apreciação do pedido formulado e de que não era possível, ou não havia relevância que justificasse, suprir de ofício a omissão. Cumpre frisar que a decisão que determine o arquivamento do processo – assim como qualquer decisão nele proferida – deverá ser intimada ao interessado.

As regras relativas à produção de pareceres por órgãos consultivos são as dispostas no art. 42 da Lei 9.784/1999, a saber:

a) o **prazo** para emissão do parecer é de **quinze dias**, salvo norma especial ou necessidade comprovada de maior prazo;

b) as consequências da **não emissão de parecer no prazo** fixado são as seguintes:

b.1) tratando-se de parecer **obrigatório e vinculante**: paralisação do processo até a apresentação do parecer, com responsabilização de quem deu causa ao atraso;

b.2) tratando-se de parecer **obrigatório e não vinculante**: o processo poderá ter prosseguimento e ser decidido com dispensa do parecer, responsabilizando-se quem deu causa à omissão no atendimento da exigência de emissão do parecer.

Quando por disposição de ato normativo devam ser previamente obtidos laudos técnicos de órgãos administrativos e estes não cumprirem o encargo no prazo assinalado, o órgão responsável pela instrução deverá solicitar laudo técnico de outro órgão dotado de qualificação e capacidade técnica equivalentes (art. 43).

Encerrada a instrução, abre-se um prazo máximo de **dez dias** para manifestação do interessado, salvo se outro prazo for legalmente fixado (art. 44).

Em caso de risco iminente, a administração pública poderá motivadamente adotar providências acauteladoras **sem a prévia manifestação** do interessado (art. 45).

Em atenção ao princípio da publicidade, dispõe a lei que os interessados têm direito à vista do processo e a obter certidões ou cópias reprográficas dos dados e documentos que o integram, ressalvados os dados e documentos de terceiros protegidos por sigilo ou pelo direito à privacidade, à honra e à imagem (art. 46).

Vale anotar, ademais, que a Lei 8.906/1994 ("Estatuto da Advocacia") confere aos **advogados** o direito de "**examinar**, em **qualquer órgão** dos Poderes Judiciário e Legislativo, ou da **Administração Pública em geral**, autos de processos findos ou em andamento, **mesmo sem procuração**, quando **não estiverem sujeitos a sigilo** ou segredo de justiça, **assegurada a obtenção de cópias**, com possibilidade de tomar

Cap. 14 • O PROCESSO ADMINISTRATIVO NO ÂMBITO DA ADMINISTRAÇÃO FEDERAL **1011**

apontamentos". Esse direito se aplica igualmente a processos e a procedimentos eletrônicos (art. 7.º, XIII e § 13).

Concluída a instrução, a administração tem o prazo de até **trinta dias** para emitir a decisão, prorrogável, motivadamente, por igual período (art. 49). A edição de uma **decisão explícita é obrigatória** para a administração (art. 48). Quando o órgão responsável pela instrução não for o competente para proferir a decisão, elaborará um relatório com um resumo do processo e proposta objetivamente justificada de decisão, encaminhando-o à autoridade competente para decidir (art. 47).

10. DECISÃO COORDENADA

A Lei 14.210/2021 acrescentou à Lei 9.784/1999 o Capítulo XI-A (arts. 49-A a 49-G), intitulado "Da Decisão Coordenada". Apesar do nome, as disposições incluídas – a nosso ver, um tanto confusas (em parte, devido ao número significativo de vetos apostos ao projeto de lei respectivo) – não tratam exatamente de uma decisão, isto é, de um ato administrativo que determine o direito aplicável a um caso concreto, com ou sem litígio, havendo ou não provocação por parte do administrado. A assim chamada "**decisão coordenada**", como se verá, assemelha-se mais a um procedimento em que distintos órgãos (em sentido amplo) da **administração pública federal** encontram-se para deliberar acerca de uma determinada questão relevante, cujo encaminhamento envolva atuação de cada um deles, e, ao final, fixam diretrizes e propostas relativas à matéria posta em discussão.

Conforme o disposto no art. 49-A da Lei 9.784/1999, as decisões administrativas que exijam a **participação de três ou mais setores, órgãos ou entidades** poderão ser tomadas mediante **decisão coordenada**, sempre que:

> I – for justificável pela relevância da matéria; e
>
> II – houver discordância que prejudique a celeridade do processo administrativo decisório.

Apesar de o texto legal utilizar a expressão "sempre que", entendemos que a adoção do procedimento de decisão coordenada é uma faculdade da administração pública, não só porque o *caput* do art. 49-A assevera que as decisões nele aludidas "poderão" ser tomadas mediante decisão coordenada, mas, sobretudo, porque nas hipóteses descritas nos incisos I e II do art. 49-A são empregados conceitos jurídicos indeterminados

No § 1.º do art. 49-A, o legislador, conquanto não haja primado pela clareza, definiu "**decisão coordenada**", para os fins a Lei 9.784/1999, nestes termos, literalmente: "considera-se decisão coordenada a instância de natureza interinstitucional ou intersetorial que atua de forma compartilhada com a finalidade de simplificar o processo administrativo mediante participação concomitante de todas as autoridades e agentes decisórios e dos responsáveis pela instrução técnico-jurídica, observada a natureza do objeto e a compatibilidade do procedimento e de sua formalização com a legislação pertinente".

A decisão coordenada é orientada pelos princípios da legalidade, da eficiência e da transparência (dentre outros, evidentemente), com utilização, sempre que necessário, da simplificação do procedimento e da concentração das instâncias decisórias – e **não exclui a responsabilidade originária de cada órgão ou autoridade envolvida**.

Podem habilitar-se a participar da decisão coordenada, na qualidade de **ouvintes**, as pessoas, entidades, associações e organizações que a Lei 9.784/1999, em seu art. 9.º, arrola como "**interessados**" nos processos administrativos em geral (ponto visto em outro tópico deste capítulo). A participação na reunião, que **poderá incluir direito a voz**, será deferida (ou indeferida) por **decisão irrecorrível** da autoridade responsável pela convocação da decisão coordenada (art. 49-B).

Não pode ser utilizada a decisão coordenada em processos administrativos (art. 49-A, § 6.º):

I – de licitação;

II – relacionados ao poder sancionador; ou

III – em que estejam envolvidas autoridades de Poderes distintos.

Cada órgão ou entidade participante é responsável pela elaboração de documento específico sobre o tema atinente à respectiva competência, a fim de subsidiar os trabalhos e integrar o processo da decisão coordenada (art. 49-E).

Eventual dissenso na solução do objeto da decisão coordenada deverá ser manifestado durante as reuniões, de forma fundamentada, acompanhado das propostas de solução e de alteração necessárias para a resolução da questão, não podendo ser arguida matéria estranha ao objeto da convocação (art. 49-F).

A **conclusão** dos trabalhos da decisão coordenada será **consolidada em ata**, que conterá as seguintes informações (art. 49-G):

I – relato sobre os itens da pauta;

II – síntese dos fundamentos aduzidos;

III – síntese das teses pertinentes ao objeto da convocação;

IV – registro das orientações, das diretrizes, das soluções ou das propostas de atos governamentais relativos ao objeto da convocação;

V – posicionamento dos participantes para subsidiar futura atuação governamental em matéria idêntica ou similar; e

VI – decisão de cada órgão ou entidade relativa à matéria sujeita à sua competência.

A ata será publicada por extrato no Diário Oficial da União, do qual deverão constar, além do registro aludido no inciso IV da enumeração supratranscrita, os dados identificadores da decisão coordenada e o órgão e o local em que se encontra a ata em seu inteiro teor, para conhecimento dos interessados (art. 49-G, § 3.º).

11. DESISTÊNCIA E EXTINÇÃO DO PROCESSO

O interessado poderá, mediante manifestação escrita, **desistir** total ou parcialmente do pedido formulado ou, ainda, **renunciar** a direitos disponíveis (art. 51). A

Cap. 14 • O PROCESSO ADMINISTRATIVO NO ÂMBITO DA ADMINISTRAÇÃO FEDERAL **1013**

sua desistência ou renúncia, porém, **não** prejudica o prosseguimento do processo, se a administração considerar que o interesse público assim o exige (art. 51, § 2.º). Ademais, a desistência ou renúncia formulada pelo interessado não atinge outros interessados, se houver (art. 51, § 1.º).

O órgão competente poderá declarar extinto o processo quando exaurida sua finalidade ou o objeto da decisão se tornar impossível, inútil ou prejudicado por fato superveniente (art. 52).

12. RECURSO ADMINISTRATIVO

A Lei 9.784/1999 consagra, para os processos por ela regidos, o que podemos chamar de "direito ao duplo grau de jurisdição administrativa" (lembrando que, no Brasil, é tecnicamente incorreto falar em "jurisdição" administrativa, uma vez que somente o Poder Judiciário tem jurisdição propriamente dita – CF, art. 5.º, XXXV).

Com efeito, o art. 56 estabelece como verdadeiro direito do administrado o recurso das decisões administrativas, por razões de **legalidade** e de **mérito administrativo**. Trata-se de **recurso hierárquico**, porque a autoridade competente para apreciá-lo é a autoridade hierarquicamente superior à que proferiu a decisão recorrida.

O art. 57 **limita a três** as instâncias administrativas, salvo disposição legal em contrário. Antes de ser encaminhado o recurso à autoridade superior, a lei determina que a autoridade que proferiu a decisão recorrida manifeste-se quanto ao cabimento de **reconsideração**, no prazo de **cinco dias** (art. 56, § 1.º).

Em suma, temos até aqui as seguintes regras:

a) em todos os processos administrativos regidos pela Lei 9.784/1999 o administrado tem **direito** a pelo menos um recurso hierárquico da decisão nele proferida (cabe lembrar que os processos administrativos disciplinados em leis específicas permanecem regidos por essas leis, aplicando-se apenas supletivamente a Lei 9.784/1999; existem leis reguladoras de processos específicos que preveem decisão em instância única, isto é, não passível de recurso administrativo);

b) os processos administrativos regidos pela Lei 9.784/1999 tramitam por, no máximo, **três instâncias**, isto é, no máximo haverá dois recursos hierárquicos (um contra a primeira decisão, que leva o processo para a segunda instância, e outro contra a decisão proferida nessa segunda instância, que remete o processo para a terceira instância); leis específicas podem prever processos com mais de três instâncias;

c) o recurso é endereçado à autoridade que proferiu a decisão; quando essa autoridade recebe o recurso, tem a obrigação de se manifestar, no prazo de **cinco dias**, quanto ao cabimento, ou não, de **reconsideração** (modificar a decisão que ela própria proferiu); entendendo não caber reconsideração, a autoridade recorrida, então, encaminha o recurso à autoridade superior.

Caso o administrado alegue que a decisão contra a qual ele esteja recorrendo contrariou enunciado de súmula vinculante, editada pelo Supremo Tribunal Federal nos termos da Lei 11.417/2006, caberá à autoridade prolatora da decisão impugnada, se não a reconsiderar, explicitar, antes de encaminhar o recurso à autoridade superior, as razões da aplicabilidade ou inaplicabilidade da súmula, conforme o caso (Lei 9.784/1999, art. 56, § 3.º).

Nesses casos – alegação, pelo recorrente, de que houve violação a enunciado de súmula vinculante –, o órgão competente para decidir o recurso (que é o órgão superior ao que proferiu a decisão recorrida, quando este não a reconsiderou) explicitará, na decisão, as razões da aplicabilidade ou inaplicabilidade da súmula, conforme o caso (Lei 9.784/1999, art. 64-A).

Se o administrado entender que houve **violação a enunciado de súmula vinculante**, poderá ajuizar **reclamação** perante o Supremo Tribunal Federal, desde que, antes, tenha esgotado as vias administrativas (Lei 11.417/2006, art. 7.º). Acolhida a reclamação, o STF anulará a decisão administrativa e dará ciência à autoridade prolatora e ao órgão competente para o julgamento do recurso, que deverão adequar as futuras decisões administrativas em casos semelhantes, sob pena de responsabilização pessoal nas esferas cível, administrativa e penal (Lei 9.784/1999, art. 64-B).

O § 2.º do art. 56 da Lei 9.784/1999 estabelece, como regra geral, a inexigibilidade de **garantia de instância** (caução) para a interposição de recursos administrativos. Decorre desse dispositivo que, **salvo exigência legal**, não é necessário depositar valores ou oferecer bens em garantia como condição para que o recurso seja admitido.

Apesar de ser esta a leitura do dispositivo em apreço (§ 2.º do art. 56), nossa opinião é que a edição da Súmula Vinculante 21 eliminou a possibilidade de se considerar mera regra geral a vedação à exigência de garantia de instância para a interposição de recursos administrativos. É a seguinte a redação da citada súmula:

> **21** – É inconstitucional a exigência de depósito ou arrolamento prévios de dinheiro ou bens para admissibilidade de recurso administrativo.

A Súmula Vinculante 21 veio explicitar que, segundo o entendimento consolidado do Supremo Tribunal Federal, são inconstitucionais preceitos legais que exijam garantias de instância – tais quais depósitos ou arrolamentos de bens – como condição para a interposição de recursos em processos administrativos de qualquer espécie. Em consequência, não se pode admitir que alguma lei venha a prever a exigência de caução para a interposição de recursos administrativos (e as leis que eventualmente o façam são inconstitucionais nessa parte).

Em síntese, pensamos que resultou afastada pela jurisprudência do STF a parte inicial do § 2.º do art. 56 da Lei 9.784/1999 – "salvo exigência legal" –, permanecendo, tão somente, sem ressalva, a regra segundo a qual "a interposição de recurso administrativo independe de caução".

Importante regra encontra-se no art. 61 da Lei 9.784/1999, nos termos do qual o recurso, salvo disposição legal em contrário, **não tem efeito suspensivo** (somente possui, portanto, o denominado efeito devolutivo). Significa que a administração não fica impedida de praticar o ato que esteja sendo alvo de impugnação administrativa pelo particular, nem os efeitos desse ato são sustados pela instauração ou pelo curso do processo administrativo, vale dizer, as impugnações e recursos administrativos, como regra, não suspendem a executoriedade do ato contra o qual se dirigem.

Cap. 14 • O PROCESSO ADMINISTRATIVO NO ÂMBITO DA ADMINISTRAÇÃO FEDERAL **1015**

Entretanto, o efeito suspensivo – mesmo que não esteja expressamente previsto na lei que trate de determinado processo administrativo – pode ser excepcionalmente concedido pela autoridade recorrida ou pela imediatamente superior, de ofício ou a pedido, se houver justo receio de prejuízo de difícil ou incerta reparação decorrente da execução da decisão recorrida (parágrafo único do art. 61).

O prazo para interpor o recurso administrativo em foco é de **10 dias**, contados da ciência da decisão contra a qual será proposto. Cabe lembrar que nas leis que regulam processos administrativos específicos o prazo para recursos pode ser diferente (no processo administrativo tributário federal, por exemplo, o prazo para recurso voluntário é de 30 dias). Nos termos da Lei 9.784/1999, esse prazo de 10 dias é **preclusivo** (prazo próprio), porquanto o recurso interposto fora do prazo **não será conhecido**.

Têm legitimidade para interpor recurso administrativo (art. 58):

I – os titulares de direitos e interesses que forem parte no processo;

II – aqueles cujos direitos ou interesses forem indiretamente afetados pela decisão recorrida;

III – as organizações e associações representativas, no tocante a direitos e interesses coletivos;

IV – os cidadãos ou associações, quanto a direitos ou interesses difusos.

O recurso não será conhecido quando interposto (art. 63):

I – fora do prazo;

II – perante órgão incompetente (hipótese em que deverá ser indicada ao recorrente a autoridade competente, sendo-lhe devolvido o prazo para recurso);

III – por quem não seja legitimado;

IV – após exaurida a esfera administrativa.

Não obstante a previsão legal de não conhecimento do recurso nas hipóteses acima transcritas, o § 2.º do mesmo art. 63 – cujo fundamento é o **poder de autotutela** administrativa, bem como o **princípio da verdade material** – estabelece que "o não conhecimento do recurso não impede a Administração de **rever de ofício** o ato ilegal". Não poderá a administração fazê-lo, entretanto, se já tiver ocorrido a **preclusão administrativa** (impossibilidade de apreciar novamente a matéria na via administrativa).

Consoante assevera nossa doutrina, não será tampouco possível a revisão de ofício de um ato intempestivamente impugnado se, na data de apresentação do recurso administrativo extemporâneo, já tiver ocorrido a **prescrição judicial**. Explica a Prof.ª Maria Sylvia Di Pietro que, nesse caso, a revisão de ofício constituiria ofensa à estabilidade das relações jurídicas que o legislador quis proteger com a fixação do prazo de prescrição judicial. Esse prazo de prescrição judicial a que se refere a doutrina é o prazo de cinco anos estabelecido no art. 1.º do Decreto 20.910/1932 (prescrição quinquenal das ações judiciais contra a fazenda pública).

Quando não houver lei específica fixando prazo diferente, o recurso administrativo deverá ser decidido no prazo máximo de **trinta dias**, a partir do recebimento dos autos pelo órgão competente (art. 59, § 1.º). Esse prazo é prorrogável, por igual período, ante justificativa explícita (art. 59, § 2.º). Não obstante as expressões incisivas utilizadas pela Lei 9.784/1999, a hipótese é de **prazo impróprio** (prazo não preclusivo), vale dizer, o descumprimento pela administração **não acarreta a nulidade** da decisão – mesmo depois de esgotado todo o período legalmente previsto, incluída a prorrogação. A consequência que pode advir do descumprimento do prazo é, se for o caso, a responsabilidade funcional de quem injustificadamente tiver dado causa ao atraso.

O art. 64 confere amplos poderes ao órgão incumbido da decisão do recurso para **confirmar**, **modificar**, **anular** ou **revogar**, total ou parcialmente, a decisão recorrida, desde que se trate de matéria de sua competência. É prevista, inclusive, a possibilidade de a instância superior reformar a decisão **em prejuízo do recorrente** (a denominada *reformatio in pejus*). Nesse último caso, entretanto, é assegurado ao administrado o **contraditório prévio**, isto é, se da decisão do recurso decorrer **agravamento da situação** do recorrente, ele deverá ser **cientificado** para que formule suas alegações **antes da decisão** (art. 64, parágrafo único).

Os processos administrativos de que resultem sanções podem ser objeto de **revisão**, a **qualquer** tempo, quando surgirem fatos novos ou circunstâncias relevantes suscetíveis de justificar a inadequação da sanção aplicada (art. 65). A revisão pode ocorrer de ofício (princípio da oficialidade) ou a pedido do interessado. Cumpre observar que o parágrafo único do art. 65 **proíbe** que a **revisão** dos processos de que resultem sanções acarrete o **agravamento da penalidade**.

Conforme se constata, adotou o legislador regra distinta para possibilidade de aplicação da chamada *reformatio in pejus*. Ela é **permitida** nos **recursos** administrativos em geral, mas é **vedada** especificamente na **revisão** dos processos de que resultem sanções.

13. CONTAGEM DE PRAZOS

Um capítulo da Lei 9.784/1999 é dedicado às regras sobre a contagem de prazos no processo administrativo federal, as quais são abaixo sintetizadas:

a) os prazos começam a correr a partir da data da cientificação oficial, excluindo-se da contagem o dia do começo e incluindo-se o do vencimento;

b) se o vencimento cair em dia em que não houve expediente, ou este foi encerrado antes da hora normal, considera-se prorrogado o prazo até o primeiro dia útil seguinte;

c) os prazos expressos em dias contam-se de modo contínuo;

d) os prazos fixados em meses ou anos contam-se de data a data; se no mês do vencimento não houver o dia equivalente àquele do início do prazo, tem-se como termo o último dia do mês;

e) salvo motivo de força maior devidamente comprovado, os prazos processuais não se suspendem.

Capítulo 15

BENS PÚBLICOS

1. CONCEITO

Não existe no âmbito da doutrina administrativista um conceito uniforme de "bem público". Alguns autores entendem que a definição de bem público deve ser extraída da observação do regime jurídico a que determinado bem esteja sujeito. Outros consideram a natureza jurídica da pessoa proprietária como o fator determinante do enquadramento de um bem como público ou privado. Há, por fim, quem proponha reconhecer predominância ora à natureza jurídica da pessoa proprietária, ora à utilização do bem.

Não obstante tais divergências doutrinárias, pensamos que pelo menos a discussão teórica acerca da **abrangência** da expressão "bens públicos" deixou de ter relevância a partir da vigência do atual Código Civil (Lei 10.406/2002). Embora não se preocupe em estabelecer um conceito de "bem público", o Código Civil não deixou margem a dúvida, no âmbito de nosso direito legislado, quanto aos bens que devem e aos que não devem ser **formalmente** enquadrados como bens públicos.

De fato, nos expressos termos do art. 98 do Código Civil, "são públicos os bens do domínio nacional pertencentes às **pessoas jurídicas de direito público** interno; **todos os outros são particulares**, seja qual for a pessoa a que pertencerem" (grifamos).

Portanto, consoante o direito positivo brasileiro, só são formalmente bens públicos os bens de propriedade das **pessoas jurídicas de direito público**. Significa dizer que somente têm bens públicos propriamente ditos: a União, os estados, o Distrito Federal, os municípios e as respectivas autarquias e fundações públicas de natureza autárquica.

Os bens dessas entidades – corpóreos e incorpóreos, móveis e imóveis, qualquer que seja a sua utilização – estão integralmente sujeitos a regime jurídico próprio, o denominado "**regime jurídico dos bens públicos**", traduzido nas características de imprescritibilidade, impenhorabilidade, não onerabilidade e na existência de restrições a sua alienação (inalienabilidade condicionada).

Todos os demais bens são **privados** (ou **particulares**), não só os bens das pessoas da iniciativa privada, mas também os das empresas públicas, das sociedades de economia mista e das fundações públicas que tenham personalidade jurídica de direito privado.

Isso **não** implica afirmar – e este ponto tem grande importância – que o regime jurídico dos bens públicos seja **exclusivo** de tais bens e que em nenhum aspecto possa um bem particular estar a ele sujeito. Pelo contrário, é razoavelmente consensual na doutrina e na jurisprudência o entendimento de que os bens de **pessoas administrativas de direito privado** que estejam sendo diretamente empregados na prestação de um **serviço público** passam a revestir características próprias do regime dos bens públicos – especialmente a impenhorabilidade e a proibição de que sejam onerados –, enquanto permanecerem com essa utilização.

Frise-se que **todos** os bens das pessoas jurídicas de direito privado que integram a administração pública indireta **são bens privados**, mas alguns deles poderão estar jungidos a regras inerentes ao regime jurídico dos bens públicos, caso estejam sendo empregados na prestação de um serviço público. Essa incidência de regras do regime público, entretanto, decorre do **princípio da continuidade dos serviços públicos**, e não de alguma característica formal ou da natureza do bem em si mesmo considerado. Ademais, ela **não tem o dom de transmudar** o bem da pessoa jurídica de direito privado em bem público – ele permanece, em qualquer hipótese, sendo um bem privado (ou particular).

Dessarte, em decorrência do princípio da continuidade dos serviços públicos, os bens das empresas públicas e das sociedades de economia mista prestadoras de serviços públicos, assim como os das fundações públicas com personalidade jurídica de direito privado, desde que estejam sendo, em qualquer caso, **efetivamente** utilizados na prestação de um **serviço público**, ficam submetidos a regras próprias do regime jurídico dos bens públicos, revestindo, especialmente, as características de impenhorabilidade e de não onerabilidade. A rigor, como consequência do postulado em questão, até mesmo uma delegatária de serviço público (pessoa não integrante da administração pública formal) sofre restrições quanto à disponibilidade dos seus bens que estejam sendo **diretamente** empregados na prestação do serviço público delegado.

Ao lado dessa orientação, e sem prejuízo de sua aplicação pelos tribunais pátrios, deve-se registrar que a jurisprudência do Supremo Tribunal Federal é ainda mais extremada, na **hipótese de empresas públicas e sociedades de economia mista que prestem serviços públicos essenciais e próprios do Estado, em condições não concorrenciais** (sem competir com empresas do setor privado) – e, por óbvio, **sem finalidade de lucro**. Para nossa Corte Suprema, entidades que reúnam essas características estão sujeitas ao **regime de precatórios judiciários**, previsto no art. 100 da Constituição da República.[1] Vale repetir: para nossa Corte Excelsa, as dívidas das empresas públicas e sociedades de economia mista que prestem serviços públicos

---

[1] RE-AgR 485.000/AL, rel. Min. Ellen Gracie, 12.05.2009; RE 599.628/DF (**repercussão geral**), red. p/ o acórdão Min. Joaquim Barbosa, 25.05.2011; RE-AgR 852.302/AL, rel. Min. Dias Toffoli, 15.12.2015; ADPF 387/PI, rel. Min. Gilmar Mendes, 23.03.2017 (Informativo 858 do STF); ADPF 275/PB, rel. Min. Alexandre de Moraes, 17.10.2018 (Informativo 920 do STF); ADPF 524/DF,

Cap. 15 • BENS PÚBLICOS

essenciais e próprios do Estado, sem objetivo de lucro, e atuem em condições não concorrenciais, são pagas segundo o **regime de precatórios**, regulado no art. 100 da Constituição, o que significa que **todos** os bens dessas entidades, embora **privados**, são **impenhoráveis** (e não podem ser gravados com ônus reais para garantia das suas dívidas).

Mais ainda: em 2021, na decisão de uma arguição de descumprimento de preceito fundamental (ADPF) que dizia respeito a uma **fundação pública com personalidade jurídica de direito privado**, o Supremo Tribunal Federal enquadrou essa entidade administrativa entre as "**estatais prestadoras de serviço público essencial, em regime não concorrencial e sem intuito lucrativo primário**" – entendimento que restou explicitado na seguinte "tese de julgamento":[2]

> Os recursos públicos vinculados ao orçamento de estatais prestadoras de serviço público essencial, em regime não concorrencial e sem intuito lucrativo primário, não podem ser bloqueados ou sequestrados por decisão judicial para pagamento de verbas trabalhistas, em virtude do disposto no art. 100 da CF/1988, e dos princípios da legalidade orçamentária (art. 167, VI, da CF), da separação dos poderes (arts. 2.º, 60, § 4.º, III, da CF) e da eficiência da administração pública (art. 37, *caput*, da CF).

Enfim, podemos sintetizar o que foi aqui exposto desta forma:

a) **somente** são bens públicos, integralmente sujeitos ao regime jurídico dos bens públicos, qualquer que seja a sua utilização, os bens pertencentes a **pessoas jurídicas de direito público**;

b) os bens das **pessoas jurídicas de direito privado** integrantes da administração pública **são bens privados** (ou particulares), mas podem estar sujeitos a regras próprias do regime jurídico dos bens públicos, quando estiverem sendo efetivamente utilizados na prestação de um serviço público; e

c) consoante a jurisprudência do Supremo Tribunal Federal, na **hipótese** em que empresas públicas, sociedades de economia mista e fundações públicas com personalidade jurídica de direito privado tenham por objeto a **prestação de serviços públicos essenciais, sem intuito lucrativo primário**, e atuem **sem competir com empresas do setor privado**, é aplicável às suas dívidas o **regime de precatórios judiciários**, previsto no art. 100 da Carta Política, ou seja, **todos** os bens dessas entidades administrativas, embora **privados**, são **impenhoráveis** (e sobre eles não podem incidir ônus reais), mesmo aqueles que não sejam diretamente utilizados na respectiva atividade-fim.

---

red. p/ o acórdão Min. Alexandre de Moraes, 09.10.2020; ADPF 524/DF, rel. Min. Edson Fachin, 22.08.2023 (Informativo 1.104 do STF).

[2] ADPF 547/PA, rel. Min. Roberto Barroso, 24.05.2021. A mesma "tese de julgamento" foi perfilhada, pelo menos, em outras duas arguições de descumprimento de preceito fundamental, que, entretanto, não envolviam fundações públicas: a ADPF 588/PB, rel. Min. Roberto Barroso, 27.04.2021 (Informativo 1.014 do STF); e a ADPF 616/BA, rel. Min. Roberto Barroso, 24.05.2021 (Informativo 1.018 do STF).

2. CLASSIFICAÇÃO

Os bens públicos são tradicionalmente classificados tomando-se em conta três aspectos: quanto à titularidade; quanto à destinação; quanto à disponibilidade.

2.1. Quanto à titularidade

Os bens públicos, quanto à natureza da pessoa titular, podem ser federais, estaduais, distritais ou municipais, conforme pertençam, respectivamente, à União, aos estados, ao Distrito Federal ou aos municípios, ou a suas autarquias ou fundações de direito público.

2.2. Quanto à destinação

Considerando o objetivo a que se destinam, os bens públicos classificam-se em:

- bens de uso comum do povo;
- bens de uso especial;
- bens dominicais.

Os **bens de uso comum do povo** são aqueles destinados à utilização geral pelos indivíduos, que podem ser utilizados por todos em igualdade de condições, independentemente de consentimento individualizado por parte do poder público.

São exemplos de bens públicos de uso comum do povo: as ruas, as praças, os logradouros públicos, as estradas, os mares, as praias, os rios navegáveis etc.

Em regra, são colocados à disposição da população **gratuitamente**. Nada impede, porém, que seja exigida uma contraprestação (remuneração) por parte da administração pública. Um exemplo rotineiro de utilização remunerada de bem de uso comum do povo é a cobrança de estacionamento rotativo (cobrança por horas de uso) em áreas públicas (ruas e praças) pelos municípios.

Esses bens, apesar de destinados à população em geral, estão sujeitos ao poder de polícia do Estado, consubstanciado na regulamentação, na fiscalização e na aplicação de medidas coercitivas, visando à conservação da coisa pública e à proteção do usuário.

Os **bens de uso especial** são todos aqueles que visam à execução dos serviços administrativos e dos serviços públicos em geral. São os bens de propriedade das pessoas jurídicas de direito público utilizados para a prestação de serviços públicos (em sentido amplo).

Exemplos de bens públicos de uso especial são: os edifícios públicos onde se situam repartições públicas, as escolas públicas, os hospitais públicos, os quartéis, os veículos oficiais, o material de consumo da administração, dentre muitos outros.

Os **bens dominicais** são os que constituem o patrimônio das pessoas jurídicas de direito público, como objeto de direito pessoal ou real de cada uma dessas entidades. São todos aqueles que não têm uma destinação pública definida, que

Cap. 15 • BENS PÚBLICOS

podem ser utilizados pelo Estado para fazer renda. Enfim, todos os bens que não se enquadram como de uso comum do povo ou de uso especial são bens dominicais.

São exemplos de bens dominicais: as terras devolutas e todas as terras que não possuam uma destinação pública específica; os terrenos de marinha; os prédios públicos desativados; os móveis inservíveis; a dívida ativa etc.

Merecem transcrição os seguintes dispositivos do atual Código Civil, concernentes ao assunto que se vem de tratar:

> Art. 99. São bens públicos:
>
> I – os de uso comum do povo, tais como rios, mares, estradas, ruas e praças;
>
> II – os de uso especial, tais como edifícios ou terrenos destinados a serviço ou estabelecimento da administração federal, estadual, territorial ou municipal, inclusive os de suas autarquias;
>
> III – os dominicais, que constituem o patrimônio das pessoas jurídicas de direito público, como objeto de direito pessoal, ou real, de cada uma dessas entidades.
>
> Parágrafo único. Não dispondo a lei em contrário, consideram-se dominicais os bens pertencentes às pessoas jurídicas de direito público a que se tenha dado estrutura de direito privado.
>
> Art. 100. Os bens públicos de uso comum do povo e os de uso especial são inalienáveis, enquanto conservarem a sua qualificação, na forma que a lei determinar.
>
> Art. 101. Os bens públicos dominicais podem ser alienados, observadas as exigências da lei.
>
> Art. 102. Os bens públicos não estão sujeitos a usucapião.
>
> Art. 103. O uso comum dos bens públicos pode ser gratuito ou retribuído, conforme for estabelecido legalmente pela entidade a cuja administração pertencerem.

2.3. Quanto à disponibilidade

Quanto à disponibilidade, os bens públicos classificam-se em:

– bens indisponíveis por natureza;
– bens patrimoniais indisponíveis;
– bens patrimoniais disponíveis.

Os **bens indisponíveis por natureza** são aqueles que, dada a sua natureza não patrimonial, não podem ser alienados ou onerados pelas entidades a que pertencem. São bens de natureza não patrimonial, insuscetíveis de alienação pelo poder público.

Os bens de uso comum do povo, como regra geral, são bens absolutamente indisponíveis, como os mares, os rios, as estradas etc.

Os **bens patrimoniais indisponíveis** são aqueles de que o poder público não pode dispor, embora tenham natureza patrimonial, em razão de estarem afetados a uma destinação pública específica. Enfim, são bens que possuem valor patrimonial, mas que não podem ser alienados porque são utilizados efetivamente pelo Estado para uma específica finalidade pública.

São bens patrimoniais indisponíveis os bens de uso especial e os bens de uso comum susceptíveis de avaliação patrimonial, sejam móveis ou imóveis. Exemplos: os prédios das repartições públicas, os veículos oficiais, as escolas públicas, as universidades públicas, os hospitais públicos etc.

O atual Código Civil claramente estabelece que "os bens públicos de uso comum do povo e os de uso especial são inalienáveis, enquanto conservarem a sua qualificação, na forma que a lei determinar."

Os **bens patrimoniais disponíveis** são todos aqueles que possuem natureza patrimonial e, por não estarem afetados a certa finalidade pública, podem ser alienados, na forma e nas condições que a lei estabelecer.

Os bens patrimoniais disponíveis correspondem aos bens dominicais, porque são exatamente aqueles que nem se destinam ao público em geral (não são de uso comum do povo), nem são utilizados para a prestação de serviços públicos em sentido amplo (não são bens de uso especial). O vigente Código Civil, claramente, afirma que "os bens públicos dominicais podem ser alienados, observadas as exigências da lei" (art. 101).

3. CARACTERÍSTICAS

As principais características dos bens públicos são:

- a inalienabilidade;
- a impenhorabilidade;
- a imprescritibilidade;
- a não onerabilidade.

3.1. Inalienabilidade

O atual Código Civil adotou redação mais precisa do que a do Código pretérito acerca da inalienabilidade dos bens públicos. O Código de 1916 somente afirmava que os bens públicos "só perderão a inalienabilidade, que lhes é peculiar, nos casos e na forma que a lei prescrever". O Código vigente esclarece que "os bens públicos de uso comum do povo e os de uso especial são inalienáveis, enquanto conservarem a sua qualificação, na forma que a lei determinar" (art. 100), o que há muito é ensinado pela doutrina.

Na mesma esteira, o atual Código Civil estabelece que "os bens públicos dominicais podem ser alienados, observadas as exigências da lei" (art. 101).

Portanto, como se vê, a inalienabilidade dos bens públicos não é absoluta.

Cap. 15 • BENS PÚBLICOS

A rigor, atualmente está pacificada a orientação segundo a qual somente são absolutamente inalienáveis aqueles bens que, pela sua própria natureza, não têm valor patrimonial. Seriam esses os bens de uso comum do povo insuscetíveis de valoração patrimonial, como os rios, os mares, as praias. Por essa razão, conforme visto anteriormente, são chamados de **bens indisponíveis**.

Os bens públicos dominicais, que são exatamente aqueles que **não se encontram destinados a uma finalidade pública específica** (afetados), podem ser objeto de alienação, obedecidas as condições previstas em lei. Os requisitos para a alienação de bens públicos constam na Lei 14.133/2021, que exige presença de interesse público devidamente justificado, prévia avaliação, licitação na modalidade leilão (ressalvadas as hipóteses legais de licitação dispensada) e, caso se trate de **bem imóvel, autorização legislativa** (art. 76).

3.2. Impenhorabilidade

A penhora é instituto de natureza constritiva que recai sobre o patrimônio do devedor para propiciar a satisfação do credor na hipótese de não pagamento da obrigação. O bem penhorado pode ser compulsoriamente alienado a terceiros para que o produto da alienação satisfaça o débito do credor.

Os **bens públicos são impenhoráveis**, não se sujeitam a penhora.

No intuito de assegurar a satisfação dos créditos de terceiros contra a Fazenda Pública, reconhecidos em **sentença judicial transitada em julgado**, está disciplinado, no art. 100 da Carta Política, um sistema próprio de pagamento, denominado **regime de precatórios judiciários**. Esse artigo já foi bastante alterado por mais de uma emenda constitucional. Sua redação atual é dada pela EC 62/2009 e pela EC 94/2016. O conteúdo da EC 62/2009 foi em parte declarado inconstitucional pelo Supremo Tribunal Federal.[3]

O estudo pormenorizado do regime de precatórios judiciários desborda o escopo desta obra. Os pontos de interesse para o presente tópico, que serão a seguir expostos, já estão adequados à declaração de inconstitucionalidade parcial da EC 62/2009 proferida pela Corte Suprema, bem como às alterações introduzidas pela EC 94/2016.

Assim dispõe o art. 100 da Constituição:

> Art. 100. Os pagamentos devidos pelas Fazendas Públicas Federal, Estaduais, Distrital e Municipais, em virtude de sentença judiciária, far-se-ão exclusivamente na ordem cronológica de apresentação dos precatórios e à conta dos créditos respectivos, proibida a designação de casos ou de pessoas nas dotações orçamentárias e nos créditos adicionais abertos para este fim.

Portanto, os débitos das Fazendas Públicas decorrentes de decisões judiciais transitadas em julgado não acarretam penhora de bens da pessoa jurídica devedora. Eles são pagos por meio do sistema de **precatórios judiciários**. O regime de precatórios

---

3   ADI 4.357/DF e ADI 4.425/DF, red. p/ o acórdão Min. Luiz Fux, 14.03.2013.

1024 DIREITO ADMINISTRATIVO DESCOMPLICADO • *Marcelo Alexandrino & Vicente Paulo*

alcança débitos oriundos de decisões proferidas em **quaisquer espécies de ações judiciais**, incluído o mandado de segurança.[4]

Não estão sujeitos à expedição de precatórios, **unicamente**, os pagamentos de **obrigações definidas em leis como de pequeno valor** que as Fazendas Públicas devam fazer em virtude de sentença judicial transitada em julgado (art. 100, § 3.º). Os valores dessas assim chamadas "obrigações de pequeno valor" que ficam excluídas do regime de precatórios podem variar em cada ente federado, devendo, entretanto, ser, no mínimo, **igual ao valor do maior benefício do regime geral de previdência social** (art. 100, § 4.º).

Compete a cada ente da Federação fixar, por leis próprias, valores distintos de "obrigações de pequeno valor" para as entidades de direito público, segundo as diferentes capacidades econômicas. Nos termos da jurisprudência do Supremo Tribunal Federal, essa matéria é de **iniciativa legislativa concorrente**, e **não** de iniciativa privativa do Chefe do Poder Executivo – nada impede, por exemplo, que, em determinado ente federativo, o projeto de lei que estabelece os valores que devam ser considerados "obrigações de pequeno valor" seja apresentado por parlamentar. Essa orientação está sedimentada na seguinte **tese de repercussão geral**:[5]

> A iniciativa legislativa para definição de obrigações de pequeno valor para pagamento de condenação judicial não é reservada ao chefe do Poder Executivo.

Embora esteja escrito no *caput* do art. 100 que o pagamento ocorrerá **exclusivamente** na ordem cronológica de apresentação dos precatórios judiciais, o § 1.º do mesmo artigo determina que os **débitos de natureza alimentícia** têm preferência. Além disso, no § 2.º, há outra regra de prioridade, **também** aplicável a **débitos de caráter alimentar**. Transcrevemos esses dois dispositivos constitucionais (redação do § 2.º dada pela EC 94/2016 – grifamos):

> § 1.º Os **débitos de natureza alimentícia** compreendem aqueles decorrentes de salários, vencimentos, proventos, pensões e suas complementações, benefícios previdenciários e indenizações por morte ou por invalidez, fundadas em responsabilidade civil, em virtude de sentença judicial transitada em julgado, e **serão pagos com preferência** sobre todos os demais débitos, **exceto sobre aqueles referidos no § 2.º deste artigo.**
>
> § 2.º Os **débitos de natureza alimentícia** cujos titulares, originários ou por sucessão hereditária, **tenham 60 (sessenta) anos de idade, ou sejam portadores de doença grave, ou pessoas com deficiência, assim definidos na forma da lei**, serão pagos com preferência sobre todos os demais débitos, até o valor equivalente ao triplo fixado

---

[4] RE 889.173/MS (**repercussão geral**), rel. Min. Luiz Fux, 07.08.2015; ADPF 250/DF, rel. min. Cármen Lúcia, 13.09.2019.

[5] RE 1.496.204/DF (**repercussão geral**), rel. Min. Roberto Barroso, 05.10.2024 (informativo 1.153 do STF).

Cap. 15 • BENS PÚBLICOS

em lei para os fins do disposto no § 3.º deste artigo, admitido o fracionamento para essa finalidade, sendo que o restante será pago na ordem cronológica de apresentação do precatório.

Sistematizando, os débitos inscritos em precatórios judiciários devem ser pagos **nesta ordem**:

a) primeiro, limitados ao montante equivalente ao triplo da quantia fixada em lei para caracterizar "obrigação de pequeno valor", serão pagos os débitos de **natureza alimentícia "especiais"**, a saber, aqueles cujos titulares, originários ou por sucessão hereditária, tenham sessenta anos de idade, ou sejam pessoas com doença grave ou com deficiência, definidas em lei;

b) em segundo lugar, os **demais débitos de caráter alimentício** (os "não especiais") e **as porções restantes dos débitos "especiais" que tenham sido fracionados** por ultrapassarem o limite referido na letra "a" (o triplo da quantia fixada em lei para caracterizar "obrigação de pequeno valor");

c) por último, os débitos de natureza **não alimentar**.

Esses diferentes grupos de débitos, discriminados nas letras "a", "b" e "c", não concorrerão uns com os outros; haverá concorrência **somente dentro de cada grupo**, em função da **ordem cronológica** de apresentação dos respectivos precatórios.

Na prática, formam-se três "filas" separadas e, em cada uma, os precatórios são organizados cronologicamente conforme a data de apresentação deles. Na primeira fila estão os débitos que têm "**superpreferência**"; eles são pagos antes de qualquer débito da segunda fila. E os débitos desta são pagos antes de qualquer um da terceira.

Segundo a jurisprudência do Supremo Tribunal Federal, a **cessão de precatório** relativo a crédito de natureza alimentar **não altera a sua natureza**, significa dizer, a pessoa que adquiriu o precatório (cessionário) por meio do ato de cessão tem direito ao pagamento do crédito respectivo conforme o mesmo critério de prioridade que seria observado se a cessão não tivesse ocorrido (isto é, se a titularidade do precatório permanecesse com o exequente originário). Sobre esse tema, restou fixada a seguinte **tese de repercussão geral**:[6]

A cessão de crédito alimentício não implica a alteração da natureza.

As entidades de direito público estão obrigadas a incluir nos respectivos orçamentos a verba necessária ao pagamento dos precatórios oriundos de sentenças transitadas em julgado e apresentados até 1.º de julho, fazendo-se o pagamento até o final do exercício seguinte, quando terão seus valores atualizados monetariamente (art. 100, § 5.º).

As dotações orçamentárias e os créditos abertos serão consignados diretamente ao Poder Judiciário, cabendo ao presidente do tribunal que proferir a decisão exequenda

---

[6] RE 631.537/RS (**repercussão geral**), Min. Marco Aurélio, 21.05.2020.

determinar o pagamento integral e autorizar o **sequestro** da quantia respectiva, a requerimento do credor, nos casos de (art. 100, § 6.º):

a) **preterição de seu direito de precedência**; e

b) **não alocação orçamentária** do valor necessário à satisfação do seu débito.

Importa registrar que, nos termos da jurisprudência do Supremo Tribunal Federal, "o deferimento de sequestro de rendas públicas para pagamento de precatório **deve se restringir às hipóteses enumeradas taxativamente na Constituição Federal de 1988**".[7]

Dessarte, embora os bens públicos realmente sejam **impenhoráveis** (não sujeitos a penhora), é possível, nas restritas hipóteses constitucionalmente previstas, ocorrer o **sequestro** de valores (dinheiro público) necessários à satisfação de dívidas constantes de precatórios judiciais.

Por derradeiro, é oportuno pontuar que há razoável consenso na doutrina e na jurisprudência em favor do entendimento de que os bens de pessoas administrativas com personalidade jurídica de direito privado **prestadoras de serviços públicos** diretamente empregados na respectiva atividade-fim – e enquanto permanecerem a esta destinados – são **impenhoráveis**. Embora se trate de **bens privados**, sua penhora é obstada como decorrência lógica do **princípio da continuidade dos serviços públicos**.

Ademais, conforme explanamos no início deste capítulo, está consolidada no âmbito do Supremo Tribunal Federal a orientação de que, na **hipótese** em que empresas públicas, sociedades de economia mista e fundações públicas com personalidade jurídica de direito privado tenham por objeto a **prestação de serviços públicos essenciais, sem intuito lucrativo primário**, e atuem **sem competir com empresas do setor privado**, é aplicável às suas dívidas o **regime de precatórios judiciários**, previsto no art. 100 da Carta Política, vale dizer, **todos** os bens dessas entidades, conquanto **privados**, são **impenhoráveis** (e sobre eles não podem incidir ônus reais), mesmo aqueles que não sejam diretamente utilizados na respectiva atividade-fim.

3.3. Imprescritibilidade

Os bens públicos, seja qual for a sua natureza, são imprescritíveis, isto é, são insuscetíveis de aquisição mediante usucapião (a aquisição da propriedade decorrente de usucapião é denominada prescrição aquisitiva do direito de propriedade).

Assim, mesmo que um particular tenha a posse pacífica de um bem público pelo tempo necessário à aquisição por usucapião dos bens privados, conforme regulado no direito privado – ou por qualquer período de tempo, a bem da verdade –, não adquirirá direito de propriedade sobre esse bem.

---

[7] RE 840.435/RS (**repercussão geral**), rel. Min. Dias Toffoli, 25.09.2023 (Informativo 1.109 do STF).

Cap. 15 • BENS PÚBLICOS

A Constituição Federal veda, expressamente, qualquer tipo de usucapião de imóveis públicos, quer localizados na zona urbana (CF, art. 183, § 3.º), quer na área rural (CF, art. 191, parágrafo único). Vale observar que, embora a Carta Política somente se tenha preocupado em tornar expressa essa vedação para os bens **imóveis**, a impossibilidade de aquisição de bens públicos **móveis** por meio de usucapião é, também, pacífica em nosso ordenamento. O art. 102 do Código Civil, de forma categórica, e sem qualquer distinção, estabelece: "os bens públicos não estão sujeitos a usucapião."

3.4. Não onerabilidade

Onerar um bem é gravá-lo como garantia, para satisfação do credor no caso de inadimplemento da obrigação. São espécies de direitos reais de garantia sobre coisa alheia o **penhor**, a **anticrese** e a **hipoteca** (CC, art. 1.225).

Os bens públicos não podem ser gravados dessa forma, como garantia em favor de terceiro. Enfim, o credor da fazenda pública não pode ajustar garantia real incidente sobre bem público, sob pena de nulidade absoluta da garantia.

Por fim, cumpre frisar que as quatro características descritas – inalienabilidade (relativa), impenhorabilidade, imprescritibilidade e não onerabilidade – compõem o denominado "**regime jurídico dos bens públicos**". Os bens das **pessoas jurídicas de direito público**, por serem bens públicos, seguem sempre, integralmente, esse regime jurídico, estejam ou não diretamente afetados a uma destinação específica (circunstância que interfere na possibilidade de serem alienados, conforme estudado anteriormente). Os bens das pessoas jurídicas de direito privado integrantes da administração pública não são bens públicos, mas podem estar sujeitos a essas restrições e prerrogativas próprias do regime jurídico dos bens públicos, quando estiverem sendo utilizados na prestação de um serviço público.

4. AFETAÇÃO E DESAFETAÇÃO

O instituto **afetação** diz respeito à utilização do bem público, e é de suma importância para a caracterização do bem como alienável ou inalienável.

Caso determinado bem esteja sendo utilizado para uma finalidade pública, diz-se que está **afetado** a determinado fim público. Ex.: uma praça, como bem de uso comum do povo, se estiver sendo utilizada pela população, será considerada um bem **afetado** ao fim público; um prédio em que funcione uma repartição pública é um bem de uso especial, **afetado** ao fim público etc.

Ao contrário, caso o bem não esteja sendo utilizado para qualquer fim público, diz-se que está **desafetado**. Ex.: um imóvel do Município que não esteja sendo utilizado para qualquer fim é um bem **desafetado**; um veículo oficial inservível, estacionado no pátio de uma repartição, é um bem **desafetado** etc.

Acontece, porém, que o bem **afetado** pode passar a **desafetado**, e vice-versa. Teremos, então, os institutos da **afetação** e da **desafetação**. Se o bem está **afetado** e passa a **desafetado**, temos a **desafetação**; ao contrário, se o bem está fechado, desativado, e passa a ter uma finalidade pública, tem-se a **afetação**.

O Prof. José dos Santos Carvalho Filho esclarece o assunto, com o seguinte exemplo:

> Um prédio onde haja uma Secretaria de Estado em funcionamento pode ser desativado para que o órgão seja instalado em local diverso. Esse prédio, como é lógico, sairá de sua categoria de bem de uso especial e ingressará na de bem dominical. A desativação do prédio implica sua desafetação. Se, posteriormente, no mesmo prédio for instalada uma creche organizada pelo Estado, haverá afetação, e o bem, que estava na categoria dos dominicais, retornará à sua condição de bem de uso especial.

A **afetação** tem relevante importância para se examinar a inalienabilidade do bem público. Isso porque é pacífico na doutrina que os bens públicos **afetados** (que possuem uma destinação pública específica) não podem, enquanto permanecerem nessa situação, ser alienados. Assim, os **bens de uso comum do povo** e os **bens de uso especial**, enquanto destinados, respectivamente, ao uso geral do povo e a fins administrativos especiais, não são suscetíveis de alienação. O atual Código Civil tornou absolutamente clara essa antiga lição doutrinária, estabelecendo que "os bens públicos de uso comum do povo e os de uso especial são inalienáveis, enquanto conservarem a sua qualificação, na forma que a lei determinar" (art. 100). Os bens dominicais, ao contrário, por não estarem **afetados** a um fim público, podem ser alienados (CC, art. 101).

Caso os **bens de uso comum do povo** e os **bens de uso especial** venham a ser **desafetados**, isto é, venham a perder sua finalidade pública específica, converter-se-ão em **bens dominicais**, e, como tais, poderão ser alienados. O Prof. Hely Lopes Meirelles cita o seguinte exemplo:

> Uma praça ou um edifício público não pode ser alienado enquanto tiver essa destinação, mas qualquer deles poderá ser vendido, doado ou permutado desde o momento em que seja, por lei, desafetado da destinação originária e traspassado para a categoria de bem dominical, isto é, do patrimônio disponível da Administração.

Por fim, é importante registrar que, muito embora os pontos expostos neste tópico correspondam deveras ao que preleciona de modo uniforme a doutrina administrativista – e, como visto, ao que consta também em nosso direito legislado –, o art. 71 da Lei 13.465/2017, sem detalhamento adicional, **afasta** expressamente a necessidade de **desafetação** para fins da **Regularização Fundiária Urbana** (Reurb) nessa lei disciplinada. Temos dificuldade em imaginar como esse dispositivo legal poderá ser aplicado nos casos concretos sem colidir frontalmente com princípios constitucionais elementares, a exemplo da prevalência do interesse público sobre os interesses de particulares.

5. PRINCIPAIS ESPÉCIES DE BENS PÚBLICOS

Não faz parte do objeto dessa obra o estudo pormenorizado das diferentes espécies de bens públicos, dada a sua inexpressiva exigência em concursos públicos. Apresentaremos, a seguir, apenas o breve conceito legal dos principais bens, com o único intuito de possibilitar o seu enquadramento na classificação dos bens públicos, antes estudada.

5.1. Terras devolutas

Segundo o Prof. Hely Lopes, terras devolutas são todas aquelas que, pertencentes ao domínio público de qualquer das entidades estatais, não se acham utilizadas pelo poder público, nem destinadas a fins administrativos específicos.

As terras devolutas indispensáveis à defesa das fronteiras, das fortificações e construções militares, das vias federais de comunicação e à preservação ambiental pertencem à União (CF, art. 20, II). As demais pertencem aos estados-membros (CF, art. 26, IV).

Como se vê, enquadram-se como **bens dominicais**, pois não são utilizadas para quaisquer finalidades específicas.

5.2. Terrenos de marinha e seus acrescidos

Terrenos de marinha são as áreas que, banhadas pelas águas do mar ou dos rios navegáveis, em sua foz, se estendem à distância de 33 metros para a área terrestre, contados da linha do preamar médio de 1831.

Terrenos acrescidos de marinha são os que se tiverem formado, natural ou artificial-mente, para o lado do mar ou dos rios e lagoas, em seguimento aos terrenos de marinha.

Essas definições defluem dos arts. 2.º e 3.º do Decreto-Lei 9.760/1946, ainda vigentes, a seguir reproduzidos:

> Art. 2.º São terrenos de marinha, em uma profundidade de 33 (trinta e três) metros, medidos horizontalmente, para a parte da terra, da posição da linha do preamar médio de 1831:
>
> a) os situados no continente, na costa marítima e nas margens dos rios e lagoas, até onde se faça sentir a influência das marés;
>
> b) os que contornam as ilhas situadas em zona onde se faça sentir a influência das marés.
>
> Parágrafo único. Para os efeitos deste artigo a influência das marés é caracterizada pela oscilação periódica de 5 (cinco) centímetros pelo menos, do nível das águas, que ocorra em qualquer época do ano.
>
> Art. 3.º São terrenos acrescidos de marinha os que se tiverem for-mado, natural ou artificialmente, para o lado do mar ou dos rios e lagoas, em seguimento aos terrenos de marinha.

Os terrenos de marinha e seus acrescidos **pertencem à União**, por imperativos de defesa e de segurança nacional (CF, art. 20, VII).

É pacífico na jurisprudência do Superior Tribunal de Justiça (STJ) o entendimen-to de que o fato de a Constituição da República conferir originariamente à União o domínio dos terrenos de marinha e seus acrescidos **impossibilita que seja reco-nhecida a particulares a sua propriedade, ainda que tais bens estejam inscritos em nome deles no registro imobiliário**.[8] Posto de outro modo, "não tem validade

---

[8] REsp 1.183.546/ES, rel. Min. Mauro Campbell Marques, 08.09.2010.

DIREITO ADMINISTRATIVO DESCOMPLICADO • *Marcelo Alexandrino & Vicente Paulo*

qualquer título de propriedade outorgado a particular de bem imóvel situado em área considerada como terreno de marinha ou acrescido".[9] A matéria está consolidada no enunciado da Súmula 496 do STJ, cuja transcrição encerra o presente tópico:

> **496** – Os registros de propriedade particular de imóveis situados em terrenos de marinha não são oponíveis à União.

5.3. Terrenos reservados

Os terrenos reservados correspondem às áreas que o Decreto-Lei 9.760/1946 denomina **terrenos marginais**, assim definidos no seu art. 4.º:

> Art. 4.º São terrenos marginais os que banhados pelas correntes navegáveis, fora do alcance das marés, vão até a distância de 15 (quinze) metros, medidos horizontalmente para a parte da terra, contados desde a linha média das enchentes ordinárias.

Há controvérsia sobre a possibilidade de os terrenos reservados pertencerem a particulares. Parece-nos, todavia, que, na jurisprudência do Supremo Tribunal Federal, prevalece o entendimento de que eles são **bens públicos**.

Deveras, sob a Constituição pretérita, o STF editou a Súmula 479, com este enunciado:

> **479** – As margens dos rios navegáveis são de domínio público, insuscetíveis de expropriação e, por isso mesmo, excluídas de indenização.

E, na vigência da Carta de 1988, nossa Corte Suprema teve oportunidade de expressamente confirmar a aplicabilidade da orientação contida na súmula em comento, conforme explicita o seguinte excerto da ementa de acórdão julgado em 2008:[10]

> **Desapropriação. Terreno reservado. Súmula n.º 479 da Suprema Corte.**
>
> 1. A área de terreno reservado, como assentado pela Suprema Corte na Súmula n.º 479, é insuscetível de indenização.

5.4. Terras ocupadas pelos índios

São terras tradicionalmente ocupadas pelos índios as por eles habitadas em caráter permanente, as utilizadas para suas atividades produtivas, as imprescindíveis à preservação dos recursos ambientais necessários a seu bemestar e as necessárias a sua reprodução física e cultural, segundo os usos, costumes e tradições (CF, art. 231, § 1.º).

---

9 REsp-AgR 1.241.554/SC, rel. Min. Herman Benjamin, 07.06.2011.

10 RE 331.086/PR, rel. Min. Menezes Direito, 02.09.2008 (Informativo 518 do STF).

Cap. 15 • BENS PÚBLICOS

São bens pertencentes à União (CF, art. 20, XI), e, por possuírem destinação específica, são classificados como **bens de uso especial**.

5.5. Plataforma continental

Plataforma continental é a extensão das áreas continentais sob o mar até a profundidade de cerca de duzentos metros.

A plataforma continental pertence à União, e tal domínio é imprescindível para a proteção dos recursos minerais e animais existentes nessa faixa. Os recursos naturais da plataforma continental, por força constitucional, também pertencem à União (CF, art. 20, V).

5.6. Ilhas

Ilha é uma extensão de terra firme, de dimensões inferiores às de um continente, localizada em um corpo de água e por ele cercada em todo o seu perímetro.

As ilhas podem ser **marítimas, fluviais** e **lacustres**, conforme estejam, respectivamente, no **mar**, nos **rios** e nos **lagos**. As ilhas marítimas classificam-se como: (a) **oceânicas**, as quais, geologicamente, estão ligadas diretamente ao leito do oceano profundo, fora da plataforma continental, e não guardam relação com o relevo do continente; e (b) **costeiras**, quando se formam a partir da plataforma continental, em continuidade geológica com o relevo da região litorânea.

Em regra, as ilhas são classificadas como **bens dominicais**, mas poderão enquadrar-se na definição de bens de uso comum do povo, se tiverem essa destinação específica.

Os seguintes dispositivos constitucionais versam sobre o domínio das ilhas:

Art. 20. São bens da União:

....

IV – as ilhas fluviais e lacustres nas zonas limítrofes com outros países; as praias marítimas; as ilhas oceânicas e as costeiras, excluídas, destas, as que contenham a sede de Municípios, exceto aquelas áreas afetadas ao serviço público e a unidade ambiental federal, e as referidas no art. 26, II;

....

Art. 26. Incluem-se entre os bens dos Estados:

....

II – as áreas, nas ilhas oceânicas e costeiras, que estiverem no seu domínio, excluídas aquelas sob domínio da União, Municípios ou terceiros;

III – as ilhas fluviais e lacustres não pertencentes à União;

....

1032 DIREITO ADMINISTRATIVO DESCOMPLICADO • *Marcelo Alexandrino & Vicente Paulo*

Observa-se que, **em regra**, as ilhas **oceânicas e costeiras** são bens da União.

A redação atual do inciso IV do art. 20 foi estabelecida pela EC 46/2005. No **texto originário** da Carta de 1988, esse inciso **incluía** entre os **bens da União** as ilhas **costeiras** que contêm **sede de município**.

Apreciando as consequências da alteração promovida pela EC 46/2005, o Supremo Tribunal Federal esclareceu que, ao atribuir a propriedade das ilhas costeiras onde há sede de município ao próprio ente municipal, o legislador constituinte derivado nada mais fez do que dispensar **tratamento isonômico**, quanto a esse aspecto, a todos os municípios brasileiros. Enfatizou, ademais, que essa modificação do inciso IV do art. 20 **em nada alterou o domínio que a Carta Política confere à União sobre outros bens** – inclusive quando se trate de bens situados nas ilhas costeiras onde existe sede de município.

Especificamente, nossa Corte Constitucional definiu que os **terrenos de marinha e seus acrescidos** – bens cujo domínio é da União, por expressa previsão do inciso VII do art. 20 – localizados nas ilhas costeiras que contêm sede de município **continuam pertencendo à União**. Significa dizer, a transferência do domínio dessas ilhas aos municípios, operada pela EC 46/2005 com a alteração do inciso IV do art. 20, nenhum reflexo teve sobre o disposto no inciso VII (ou em qualquer outro inciso) desse mesmo artigo.

Ao lado dessas anotações, convém destacar que o vigente inciso IV do art. 20 explicita que, nas ilhas costeiras em que há sede de município, permanecem sob domínio da União as "áreas afetadas ao serviço público e a unidade ambiental federal".

Sobre a matéria, para fins de **repercussão geral**, fixou o Tribunal Maior a seguinte **tese**:[11]

> A Emenda Constitucional n.º 46/2005 não interferiu na propriedade da União, nos moldes do art. 20, VII, da Constituição da República, sobre os terrenos de marinha e seus acrescidos situados em ilhas costeiras sede de Municípios.

5.7. Faixa de fronteiras

Faixa de fronteiras é a área de até 150 km de largura, que corre paralelamente à linha terrestre demarcatória da divisa entre o território nacional e países estrangeiros, considerada fundamental para a defesa do território nacional (CF, art. 20, § 2.º).

5.8. Águas públicas

As águas públicas são aquelas de que se compõem os mares, os rios e os lagos do domínio público.

As águas públicas podem ser de uso comum e dominicais.

São consideradas de uso comum: os mares territoriais; as correntes, canais e lagos navegáveis ou flutuáveis; as correntes de que se façam essas águas; as fontes e

---

[11] RE 636.199/ES (**repercussão geral**), rel. Min. Rosa Weber, 27.04.2017 (Informativo 862 do STF).

reservatórios públicos; as nascentes que, por si sós, constituem a nascente do rio; os braços das correntes públicas quando influam na navegabilidade ou flutuabilidade.

Todas as demais águas públicas, ou seja, aquelas que não se configurarem como de uso comum, são consideradas águas dominicais.

As águas públicas pertencem aos estados-membros, exceto se estiverem em terrenos da União, se banharem mais de um Estado, se fizerem limites com outros países ou se estenderem a território estrangeiro ou dele provierem, hipóteses em que pertencerão à União (CF, art. 20, III).

6. USO PRIVATIVO DE BENS PÚBLICOS POR PARTICULARES MEDIANTE AUTORIZAÇÃO, PERMISSÃO E CONCESSÃO

Seja qual for a categoria do bem público – uso comum, uso especial ou dominical –, é possível à administração pública outorgar a particulares determinados o seu **uso privativo**. Essa outorga, que exige sempre um instrumento formal, está sujeita ao juízo de oportunidade e conveniência exclusivo da própria administração e pode contemplar, ou não, **remuneração** a ser paga pelo particular.

Os mais importantes instrumentos empregados pela administração para outorgar a particulares a utilização privativa de bens públicos são: (a) a **autorização de uso**; (b) a **permissão de uso**; (c) a **concessão de uso**; e (d) a **concessão de direito real de uso**. Os três primeiros instrumentos concedem **direitos pessoais** e o último um **direito real**, isto é, um direito referido diretamente ao bem (e não a uma pessoa determinada), que adere ao bem e o acompanha seja quem for que o possua, independentemente das características pessoais do possuidor.

Vejamos, sucintamente, os aspectos mais relevantes dos supracitados instrumentos.

A **autorização de uso de bem público** é um ato administrativo **discricionário**, **precário** e, como regra, **sem fixação de prazo de duração**. A outorga de autorização de uso de bem público usualmente está relacionada a eventos de curta duração ou a situações transitórias. **Não há licitação prévia**.

Dizer que a autorização de uso de bem público é outorgada de forma precária significa que ela pode ser revogada a qualquer tempo, sem ensejar ao particular direito a indenização. Porém, caso seja estipulado um prazo certo de duração no ato de autorização – prática criticada pela doutrina –, a revogação antes do advento do termo poderá acarretar para a administração a obrigação de indenizar eventuais prejuízos ocasionados ao particular.

A característica principal da autorização de uso de bem público é o predomínio do interesse do particular (evidentemente deve ela – como todo ato administrativo – atender ao interesse público, mas prepondera o interesse do particular). Por essa razão, é uma faculdade do particular utilizar, ou não, o bem autorizado.

Exemplo de autorização de uso de bem público é a autorização de fechamento de uma rua para a realização de uma festa popular, como uma festa junina organizada pela associação de moradores de um bairro residencial.

A **permissão de uso de bem público** é também descrita pela doutrina administrativista como um ato administrativo **discricionário** e **precário**. Ela pode ser outorgada **com ou sem fixação de prazo de duração** – e pode estar relacionada a situações de caráter permanente ou de duração breve.

Existe controvérsia sobre a necessidade de realização de **licitação** previamente à outorga de permissão de uso de bem público.

A Lei 14.133/2021, que, em âmbito nacional (alcança todos os entes da Federação), "estabelece normas gerais de licitação e contratação", assevera, em seu art. 2.º, IV, que as suas disposições se aplicam às **permissões de uso de bens públicos**. Em que pese a existência dessa norma, nenhum preceito da Lei 14.133/2021 afirma, ou permite inferir, que tais permissões teriam passado a revestir a forma de contrato administrativo. A nosso ver, **não deflui**, obrigatoriamente, do fato de o inciso IV do art. 2.º da Lei 14.133/2021 estatuir que ela se aplica às permissões de uso de bens públicos, que elas devam ser formalizadas mediante **contrato administrativo**. Parece-nos, isso sim, que essa sujeição expressa das **permissões de uso de bens públicos** à disciplina da Lei 14.133/2021 reforça o entendimento de que, **em regra**, esse **ato administrativo** deve ser **precedido de licitação pública**.

Ainda, a Lei 14.133/2021, no art. 76, I, "f" e "g", apresenta situações bastante específicas – que incluem hipóteses de permissão de uso de bens imóveis da administração pública – nas quais é "dispensada a realização de licitação". Se, nesses dispositivos, que incluem hipóteses (conquanto assaz restritas) de permissão de uso de bens públicos, a lei considerou necessário dispensar expressamente a realização de licitação, pode-se interpretar, *a contrario sensu*, que, em princípio, seria obrigatória a realização de licitação previamente a outorgas de permissões de uso de bens públicos em geral.

Enfim, julgamos acertado asserir que a **regra geral** é a **necessidade de realização de licitação** para a outorga de **permissão de uso de bem público**, pelo menos em situações nas quais haja dois ou mais interessados no uso de um bem determinado, igualmente qualificados, e não seja possível contemplar a todos com a outorga da permissão almejada. Em situações assim, mostra-se evidente a necessidade de a administração promover um procedimento que observe os inafastáveis postulados da isonomia, da impessoalidade e da moralidade administrativa, dentre outros – e o processo licitatório decerto é a melhor forma de se atingir tal desiderato.

Exemplos de permissões de uso de bem público frequentemente apontados pela doutrina são a permissão para ocupação de área de passeio público para a instalação de uma banca de jornais e revistas e a permissão para ocupação de área de uma praça pública para a instalação de um quiosque em uma feira permanente de artesanato.

Na esfera federal, merece nota o art. 22 da Lei 9.636/1998, nos termos do qual "a utilização, a **título precário**, de áreas de domínio da União para a realização de **eventos de curta duração**, de natureza recreativa, esportiva, cultural, religiosa ou educacional, poderá ser autorizada, na forma do regulamento, sob o **regime de permissão de uso**, em ato do Secretário do Patrimônio da União, publicado no Diário Oficial da União".

Faz-se oportuno, também, mencionar que a Lei 13.311/2016 estabelece "normas gerais para a ocupação e utilização de área pública urbana por equipamentos urbanos do tipo quiosque, *trailer*, feira e banca de venda de jornais e de revistas". Ela dispõe que o direito de utilização privada de área pública por tais equipamentos urbanos pode ser outorgado a qualquer interessado que satisfaça os requisitos exigidos pelo poder público local.

O texto legal **não impõe** que o direito de utilização de área pública nele referido seja outorgado mediante **permissão**, ou por meio de **autorização** de uso de bem público – entendemos que essa decisão caberá ao legislador municipal, que, conforme as circunstâncias locais, poderá prever a outorga de autorização, em algumas hipóteses, e de permissão, em outras.

A Lei 13.311/2016, contudo, deixa claro que o ato de outorga do direito a que ela se refere é um **ato administrativo** (e não um contrato) – e que ele **pode ser revogado** "pelo poder público municipal, desde que demonstrado o interesse público de forma motivada". É possível inferir, ainda, a partir da leitura conjugada das normas nessa lei vazadas, que os atos administrativos de que ela trata – sejam autorizações ou permissões de uso de bem público – devem estipular um **prazo determinado** para sua duração. Ademais, o fato de a lei asseverar que o direito nela tratado "poderá ser outorgado a qualquer interessado que satisfaça os requisitos exigidos pelo poder público local" induz à conclusão de que, em regra, não deverá haver licitação prévia a essa outorga.

Em suma, com base na doutrina e no direito legislado pátrios, podemos apontar como elementos distintivos entre a autorização e a permissão de uso de bem público:

a) na permissão é mais relevante o interesse público, enquanto na autorização ele é apenas indireto, mediato e secundário;

b) em razão desse fato, na permissão o uso do bem, com a destinação para a qual foi permitido, é obrigatório; na autorização o uso é facultativo, a critério do particular;

c) como regra, e sendo isso possível, a outorga de permissão de uso de bem público deve ser precedida de licitação; a autorização de uso de bem público não é precedida de licitação.

Muito embora os administrativistas prelecionem que a precariedade é maior na autorização do que na permissão – em razão da predominância do interesse privado naquela –, a verdade é que, em regra, ambas são revogáveis a qualquer tempo, sem indenização ao particular. Somente poderá haver obrigação de a administração indenizar o particular pela revogação se a outorga tiver se dado por prazo certo, ou na hipótese de outorga onerosa ou condicionada (em que se exige alguma contrapartida que implique ônus para o particular).

A **concessão de uso de bem público** é um contrato administrativo. Essa característica é o ponto principal de distinção entre as concessões e as autorizações e permissões de uso de bens públicos.

A Prof.ª Maria Sylvia Di Pietro define concessão de uso de bem público como o "contrato administrativo pelo qual a Administração Pública faculta ao particular a utilização privativa de bem público, para que a exerça conforme a sua destinação".

1036 DIREITO ADMINISTRATIVO DESCOMPLICADO • *Marcelo Alexandrino & Vicente Paulo*

Ensina a autora que o contrato é "de direito público, sinalagmático, oneroso ou gratuito, comutativo e realizado *intuitu personae*".

Sendo **contrato**, a concessão incontroversamente deve ser precedida de **licitação** (salvo se presente alguma hipótese legal de dispensa ou inexigibilidade), **não é precária**, é sempre outorgada por **prazo determinado** e só admite rescisão (e não revogação) nas hipóteses previstas em lei. Ademais, a extinção antes do prazo enseja **indenização** ao particular concessionário, salvo se motivada por fato a ele imputável. Em decorrência dessas características, a estabilidade da relação jurídica travada entre a administração e o particular é muito maior nas concessões do que nas permissões e autorizações de uso de bens públicos, o que torna a utilização das concessões apropriada em situações de natureza não transitória ou de longa duração.

A doutrina tradicional afirma que na concessão existe preeminência do interesse público, comparado com o do particular. Parece-nos que essa afirmação só é sempre correta quando se trata de concessão de serviço público. Na concessão de uso de bem público, pode o interesse público predominar, ou pode preponderar o interesse do particular concessionário.

Como exemplo dessa última situação, tome-se uma concessão para exploração de mina de água ou para lavra de jazida mineral. Como exemplo de situação em que há predomínio do interesse público (ou pelo menos interesses público e privado equiponderantes), tome-se uma concessão de área pública para exploração de um estacionamento anexo a um aeroporto, ou a concessão de uma área em prédio público onde funcione determinado órgão público para um particular instalar um refeitório destinado aos respectivos servidores.

Seja como for, importante é enfatizar que a distinção realmente relevante reside no fato de as concessões serem contratos administrativos e as autorizações e permissões de uso de bem público serem meros atos administrativos.

A seguir, sintetizamos as principais características da autorização, da permissão e da concessão de uso de bens públicos.

AUTORIZAÇÃO	PERMISSÃO	CONCESSÃO
Ato administrativo.	Ato administrativo.	Contrato administrativo.
Não há licitação.	A outorga, como regra, deve ser precedida de licitação pública.	Obrigatória a licitação prévia, salvo nas hipóteses de dispensa ou inexigibilidade legalmente previstas.
Uso facultativo do bem pelo particular.	Utilização obrigatória do bem pelo particular, conforme a finalidade permitida.	Utilização obrigatória do bem pelo particular, conforme a finalidade concedida.
Interesse predominante do particular.	Equiponderância entre o interesse público e o do particular.	Interesse público e do particular podem ser equivalentes, ou haver predomínio de um ou de outro.

AUTORIZAÇÃO	PERMISSÃO	CONCESSÃO
Ato precário.	Ato precário.	Não há precariedade.
Usualmente relacionada a eventos de curta duração ou a situações transitórias, sendo, em regra, outorgada sem fixação de prazo.	Prazo determinado ou indeterminado; pode estar relacionada a situações de caráter permanente ou de curta duração.	Prazo determinado; costuma estar relacionada a situações de natureza permanente ou de longa duração.
Remunerada ou não.	Remunerada ou não.	Remunerada ou não.
Revogação a qualquer tempo sem indenização, salvo se outorgada com prazo ou condicionada.	Revogação a qualquer tempo sem indenização, salvo se outorgada com prazo ou condicionada.	Rescisão nas hipóteses previstas em lei. Cabe indenização, se a causa não for imputável ao concessionário.

Por fim, cumpre aludir à **concessão de direito real de uso de bem público (CDRU)**.

O Código Civil (Lei 10.406/2002) arrola "a concessão de direito real de uso" como um **direito real** (art. 1.225), mas não apresenta uma definição, tampouco disposições a respeito dessa figura, salvo, unicamente, a asserção de que "o direito real de uso" pode ser objeto de hipoteca (art. 1.473).

A Lei 14.133/2021 aplica-se a "alienação e concessão de direito real de uso de bens", conforme explicitamente estipula o seu art. 2.º, I. Não há, contudo, normas específicas a respeito da concessão de direito real de uso nessa lei, exceto uma ou outra menção esporádica feita no seu art. 76, que versa sobre "alienação de bens da administração pública".

O Decreto-Lei 271/1967, com alterações trazidas pela Lei 11.481/2007, contém regras próprias acerca dessa modalidade de uso privativo de bem público por particulares.

Deveras, nos termos dos arts. 7.º e 8.º do DL 271/1967, pode ser outorgada concessão de direito real de uso de **terrenos públicos**, ou do respectivo **espaço aéreo**, "para fins específicos de regularização fundiária de interesse social, urbanização, industrialização, edificação, cultivo da terra, aproveitamento sustentável das várzeas, preservação das comunidades tradicionais e seus meios de subsistência ou outras modalidades de interesse social em áreas urbanas" (pode a concessão recair **também** sobre **terrenos particulares**, hipótese que, todavia, **não** interessa ao presente estudo).

A outorga de CDRU exige **anuência prévia** (DL 271/1967, art. 7.º, § 5.º):

> I – do Ministério da Defesa e dos Comandos da Marinha, do Exército ou da Aeronáutica, quando se tratar de imóveis que estejam sob sua administração; e
>
> II – do Gabinete de Segurança Institucional da Presidência de República, observados os termos do inciso III do § 1.º do art. 91 da Constituição Federal.

1038 DIREITO ADMINISTRATIVO DESCOMPLICADO • *Marcelo Alexandrino & Vicente Paulo*

O art. 18 da Lei 9.636/1998 autoriza o Poder Executivo federal, a seu critério, a **ceder imóveis da União**, mediante termo ou contrato de cessão, ou "sob o regime de concessão de direito real de uso resolúvel", previsto no art. 7.º do Decreto-Lei 271/1967, a:

> I – estados, Distrito Federal, municípios e entidades sem fins lucrativos das áreas de educação, cultura, assistência social ou saúde;
>
> II – pessoas físicas ou jurídicas, em se tratando de interesse público ou social ou de aproveitamento econômico de interesse nacional.

Cabe apontar, também, o art. 18 da Lei 8.629/1993, com a redação dada pela Lei 13.001/2014, o qual estabelece que a **distribuição de imóveis rurais pela reforma agrária** pode ser feita mediante títulos de domínio, concessão de uso ou, ainda, por meio de concessão de direito real de uso (o dispositivo legal faz expressa referência ao art. 7.º do DL 271/1967). Ademais, o art. 15 da Lei 13.465/2017 prevê a possibilidade de a concessão de direito real de uso, dentre outros instrumentos, ser utilizada para fins da **Regularização Fundiária Urbana** (Reurb) nessa lei disciplinada.

A concessão de direito real de uso constitui um **direito de natureza real** (e não um mero direito pessoal), como estabelece o já citado art. 1.225 do Código Civil. Consiste ela em um contrato que confere ao particular um **direito real resolúvel**, por **prazo certo ou indeterminado**, de forma **remunerada ou gratuita**.

O contrato de CDRU pode ser formalizado por instrumento público ou particular, ou por simples termo administrativo, e será inscrito e cancelado em livro especial.

Como se trata de **direito real** (e não de direito pessoal), a CDRU "transfere-se por ato *inter vivos*, ou por sucessão legítima ou testamentária, como os demais direitos reais sobre coisas alheias, registrando-se a transferência" (DL 271/1967, art. 7.º, § 4.º).

Observe-se que, diferentemente, a simples concessão de uso, por conferir apenas um direito pessoal ao concessionário (e não um direito real), não pode ser transferida por este a terceiro sem previsão contratual e anuência expressa da administração pública.

Conforme antes afirmado, a CDRU confere ao particular um direito real **resolúvel**, isto é, um direito que se extingue na hipótese de ocorrerem determinadas situações previstas na lei ou no contrato. De fato, o § 3.º do art. 7.º do DL 271/1967 estatui que a concessão resolve-se (extingue-se) caso "o concessionário dê ao imóvel destinação diversa da estabelecida no contrato ou termo, ou descumpra cláusula resolutória do ajuste, perdendo, neste caso, as benfeitorias de qualquer natureza".

Capítulo 16

INTERVENÇÃO DO ESTADO NA PROPRIEDADE

1. INTRODUÇÃO

Nos primeiros tempos do **constitucionalismo** – fins do século XVIII e boa parte do século XIX –, viveu-se a hegemonia do **liberalismo**, que, no campo econômico, apregoava as virtudes da mais ampla **liberdade privada** (*laissez faire*), para cuja consecução impor-se-ia a quase total **ausência de intervenção** do Estado na economia e na propriedade. A rigor, o direito de **propriedade** era considerado, pela doutrina liberal clássica, **praticamente um direito absoluto**.

Desde o início do século XX não mais se pode falar na existência de Estados liberais "puros" (se é que algum dia se pôde, na prática). Em maior ou menor medida, todos os Estados ocidentais, ao longo desse século, foram incorporando aos seus ordenamentos constitucionais prescrições destinadas a assegurar à coletividade um nível mínimo de conforto material ("mínimo vital"), por meio, por exemplo, da criação de serviços públicos de prestação obrigatória pelo Estado em prol dos necessitados. Nesse quadro – do denominado "Estado do bem-estar social" –, como seria de esperar, o direito individual de propriedade perdeu a sua aura de intangibilidade e passou a ceder lugar, em muitos casos, ao **interesse social**.

O Estado brasileiro refundado pela Constituição de 1988 tem índole marcadamente social. A Carta Política em vigor, em diversos preceitos explícitos e normas implícitas, determina ou autoriza variadas formas de intervenção do Estado na propriedade privada. Trata-se de decorrência da asserção categórica de que a propriedade deve cumprir sua **função social** e corolário do postulado mais genérico da **supremacia do interesse público** sobre o dos particulares (a rigor, há casos, não muito comuns, em que o Estado pode intervir em propriedade pública, por exemplo, quando a União desapropria um bem público de um município).

Com efeito, logo no seu art. 5.º – no qual estão enumerados os mais relevantes direitos e garantias fundamentais do nosso ordenamento jurídico –, a Constituição da

República **assegura** o direito individual à **propriedade** (inciso XXII), mas desde já, expressamente, **condiciona** o exercício desse direito ao atendimento da **função social** da propriedade (CF, art. 5.º, XXIII). E, nos dois incisos seguintes, prevê a **desapropriação** por necessidade ou utilidade pública, ou por interesse social, observado o procedimento que a lei estabeleça (inciso XXIV), e a **requisição** de propriedade particular por autoridade administrativa, no caso de iminente perigo público (inciso XXV).

Ainda exemplificando, no § 2.º de seu art. 182, a Constituição, ao cuidar da **política urbana**, preceitua (grifamos):

> § 2.º A propriedade urbana cumpre sua **função social** quando atende às exigências fundamentais de ordenação da cidade expressas no **plano diretor**.

Assim, o legislador constituinte deixou expresso que o atendimento da **função social** da **propriedade urbana** está condicionado à observância das regras estabelecidas no **plano diretor** do município. Se não for atendida a função social da propriedade urbana, nos termos traçados no plano diretor, a própria Constituição já confere ao município poderes de **intervenção** na propriedade particular, a fim de obrigar o proprietário a providenciar a sua adequada utilização. Caso não sejam observadas as exigências do município, tem ele o poder de impor o parcelamento ou a edificação compulsórios do solo, ou ainda, em caso extremo, de promover a **desapropriação com indenização em títulos públicos** (CF, art. 182, § 4.º).

Na mesma toada, o texto constitucional estabelece condições mínimas para que se considere atendida a função social da **propriedade rural** (art. 186), autorizando a União a **desapropriar** por **interesse social**, para fins de **reforma agrária**, o **imóvel rural** que **não** esteja cumprindo sua **função social**, com **indenização em títulos da dívida agrária**.

Como último exemplo de norma constitucional explicitamente alusiva à intervenção do Estado na propriedade, cabe citar o § 1.º do art. 216, que impõe ao poder público a **proteção do patrimônio cultural** brasileiro, por meio de inventários, registros, vigilância, **tombamento** e **desapropriação**, e de outras formas de acautelamento e preservação.

Enfim, o Estado (abrangendo, aqui, todos os entes integrantes da Federação) dispõe de uma grande quantidade de instrumentos jurídicos – todos eles lastreados em seu **poder de império** – passíveis de utilização para o cumprimento do seu **dever constitucional** de assegurar que a propriedade cumpra a sua **função social**. Em geral, esses instrumentos implicam **limitações ou condicionamentos** ao exercício dos poderes inerentes ao domínio (uso, fruição, disposição e reivindicação), hipóteses a que a doutrina se refere como "**intervenção restritiva**". Especificamente no caso da **desapropriação**, entretanto, não se tem apenas uma limitação, e sim a **perda** da propriedade, que é transferida, de regra, para o domínio público. A desapropriação, por esse motivo, é classificada como "**intervenção supressiva**" (José dos Santos Carvalho Filho).

É importante ressaltar que **nem todas** as formas de intervenção do Estado na propriedade estão **expressamente** previstas em disposições constitucionais. Há hipóteses tratadas somente em leis administrativas. Ademais, a disciplina detalhada das diversas modalidades de intervenção sempre estará contida em leis, gerais ou específicas, regulamentadas, no mais das vezes, em diversos atos de natureza meramente administrativa (expedidos nos termos e limites das leis a que se refiram).

Como visto, ao afirmar, genérica e categoricamente, que "a propriedade atenderá a sua função social" (art. 5.º, XXIII), a Carta Política de 1988 respalda também formas de intervenção na propriedade não explicitamente nela descritas, observados, evidentemente, o **devido processo legal** e outros direitos e garantias fundamentais pertinentes. Aliás, o Código Civil, reforçando essa exigência constitucional, estabelece que "o direito de propriedade deve ser exercido em consonância com as suas finalidades econômicas e sociais e de modo que sejam preservados, de conformidade com o estabelecido em lei especial, a flora, a fauna, as belezas naturais, o equilíbrio ecológico e o patrimônio histórico e artístico, bem como evitada a poluição do ar e das águas" (art. 1.228, § 1.º).

Neste capítulo, estudaremos as principais hipóteses de intervenção do Estado na propriedade, tanto as expressamente previstas no texto constitucional, quanto as estabelecidas tão somente em leis administrativas.

2. MODALIDADES DE INTERVENÇÃO

Dada a complexidade dos fins perseguidos pelo Estado em prol do interesse público, são diversos os meios de intervenção na propriedade postos à disposição dele. Há intervenções em que o Poder Público limita-se a impor restrições e condicionamentos ao uso da propriedade, sem retirá-la de seu dono (**intervenção restritiva**), e intervenções em que o Estado, ou quem a lei autorize, retira coercitivamente a propriedade de terceiro e, em regra, a transfere para si (**intervenção supressiva**) – tal como ocorre nas diferentes modalidades de desapropriação.

São os seguintes os meios de intervenção do Estado na propriedade privada, tradicionalmente enumerados pela doutrina:

a) servidão administrativa;

b) requisição;

c) ocupação temporária;

d) limitação administrativa;

e) tombamento;

f) desapropriação.

Ao lado dessas formas de intervenção, a Lei 10.257/2001, denominada **Estatuto da Cidade**, regulamentou os arts. 182 e 183 da Constituição Federal e estabeleceu diretrizes gerais de política urbana, disciplinando modalidades específicas de intervenção do Poder Público dos municípios na propriedade privada, tais como o parcelamento, edificação ou utilização compulsórios, a incidência de IPTU progressivo no tempo (tributação com caráter extrafiscal sancionatório), a desapropriação mediante pagamento em títulos de dívida pública e o direito de preempção. Serão

DIREITO ADMINISTRATIVO DESCOMPLICADO • Marcelo Alexandrino & Vicente Paulo

examinados adiante, em tópicos próprios, os principais aspectos da Lei 10.257/2001 relativos à intervenção dos municípios na propriedade privada.

Passemos ao estudo das diferentes modalidades de intervenção estatal na propriedade.

2.1. Servidão administrativa

Servidão administrativa é o direito real público que autoriza o Poder Público a usar da propriedade imóvel para permitir a execução de obras e serviços de interesse coletivo.

Na lição de Hely Lopes, "servidão administrativa ou pública é ônus real de uso imposto pela Administração à propriedade particular para assegurar a realização e conservação de obras e serviços públicos ou de utilidade pública, mediante indenização dos prejuízos efetivamente suportados pelo proprietário".

São três, portanto, as características fundamentais do instituto servidão administrativa: **ônus real**, incidente sobre um **bem particular (imóvel alheio)**, com a finalidade de permitir uma **utilização pública**.

Entretanto, embora a regra seja a instituição de servidão administrativa sobre imóvel particular, nada impede que, em situações especiais, possa incidir sobre bem público (a União pode instituir servidão em relação a bens estaduais ou municipais).

A servidão administrativa não pode ser confundida com a servidão privada, regulada no Código Civil. Esta, a servidão de direito privado, regulada pelos arts. 1.378 a 1.389 do Código Civil, dá-se numa relação jurídica entre pessoas privadas, sem relação com o interesse da coletividade; aquela, a servidão administrativa, constitui direito real público, porque é instituída em favor do Estado para atender a fatores de interesse público.

São exemplos de servidão administrativa: a instalação de redes elétricas, de redes telefônicas e a implantação de gasodutos e oleodutos em áreas privadas para a execução de serviços públicos; a colocação em prédios privados de placas e avisos para a população, como nome de ruas; a colocação de ganchos em prédios públicos para sustentar a rede elétrica etc.

Não há uma disciplina normativa específica para as servidões administrativas; a base legal para sua instituição é o art. 40 do Decreto-Lei 3.365, de 1941, que, ao cuidar da desapropriação por utilidade pública, prescreve que "o expropriante poderá constituir servidões, mediante indenização na forma desta lei". O entendimento é de que, por força desse dispositivo, aplicam-se ao procedimento de servidão as regras para a desapropriação por utilidade pública, no que couber.

2.1.1. Instituição da servidão

As servidões administrativas podem ser instituídas por duas formas distintas:

a) acordo administrativo;

b) sentença judicial.

Cap. 16 • INTERVENÇÃO DO ESTADO NA PROPRIEDADE

Pelo acordo administrativo, o proprietário do imóvel particular e o Poder Público celebram um acordo formal por escritura pública, que garante ao Estado o direito de uso da propriedade, para determinada finalidade pública. Esse acordo deve ser sempre precedido da declaração de necessidade pública de instituir a servidão por parte do Estado.

A segunda forma de instituição da servidão administrativa é por sentença judicial, quando não há acordo entre as partes. Não havendo acordo, o Poder Público promove ação contra o proprietário, demonstrando ao juiz a existência do decreto específico, indicativo da declaração de utilidade pública. Pode acontecer, também, de o Poder Público instalar a servidão sem a existência de prévio acordo, situação em que caberá ao proprietário do imóvel pleitear judicialmente o reconhecimento da servidão, para o fim de eventual indenização, se for o caso.

As servidões administrativas, por constituírem direito real de uso em favor do Estado sobre propriedade particular, devem ser inscritas no Registro de Imóveis para produzir efeitos contra todos (eficácia *erga omnes*).

2.1.2. Indenização

Conforme visto, a servidão administrativa implica, tão somente, o direito de uso pelo Poder Público de imóvel alheio, para o fim de prestação de serviços públicos. Não há perda de propriedade por parte do particular, como ocorre na desapropriação.

Por esse motivo, a indenização não será pela propriedade do imóvel (não há perda de propriedade, a propriedade não é transferida do particular para o Poder Público), mas sim pelos danos ou prejuízos que o uso dessa propriedade pelo Poder Público efetivamente causar ao imóvel.

A regra, portanto, é o não cabimento de indenização por parte do Estado. Se o uso da propriedade particular pelo Poder Público não provocou prejuízo ao proprietário, não há que se falar em indenização. Só o exame de cada caso concreto é que permitirá avaliar se haverá ou não direito à indenização. Se houver prejuízo, deverá o proprietário ser indenizado em montante equivalente ao respectivo prejuízo; se não houver prejuízo, a Administração nada terá que indenizar. O ônus da prova cabe ao proprietário: a ele cabe provar o prejuízo; não o fazendo, presume-se que a servidão não produziu nenhum prejuízo.

A indenização, se cabível, deverá ser acrescida das parcelas relativas a juros moratórios, atualização monetária e honorários de advogado.

2.1.3. Extinção

A servidão administrativa é, em princípio, permanente, devendo permanecer a utilização do bem pelo Poder Público enquanto necessário à consecução dos objetivos que inspiraram sua instituição.

Entretanto, poderão ocorrer fatos supervenientes que acarretem a extinção da servidão, como, por exemplo: o desaparecimento do bem gravado com a servidão (se desaparece o bem alheio, a servidão extingue-se naturalmente); a incorpora-

1044 DIREITO ADMINISTRATIVO DESCOMPLICADO • *Marcelo Alexandrino & Vicente Paulo*

ção do bem gravado ao patrimônio da pessoa em favor da qual foi instituída a servidão (se o Poder Público passa à condição de proprietário do bem alheio, desaparece a servidão, pois não faz sentido falar em servidão imposta sobre seus próprios bens); o desinteresse superveniente do Estado em continuar utilizando o imóvel particular, objeto da servidão (se não há interesse público no uso do bem, desaparece a servidão).

2.1.4. Principais características

Apresentamos as principais características da servidão administrativa, conforme a excelente síntese de lavra do Prof. José dos Santos Carvalho Filho:

a) a natureza jurídica é a de direito real;

b) incide sobre bem imóvel;

c) tem caráter de definitividade;

d) a indenização é prévia e condicionada (só se houver prejuízo);

e) inexistência de autoexecutoriedade: só se constitui mediante acordo ou sentença judicial.

2.2. Requisição

Requisição é o instrumento de intervenção estatal mediante o qual, em situação de perigo público iminente, o Estado utiliza bens móveis, imóveis ou serviços particulares com indenização ulterior, se houver dano.

Na lição do Prof. Hely Lopes, "requisição é a utilização coativa de bens ou serviços particulares pelo Poder Público por ato de execução imediata e direta da autoridade requisitante e indenização ulterior, para atendimento de necessidades coletivas urgentes e transitórias".

Há, na vigente Constituição, previsão expressa para o instituto (CF, art. 5.º, XXV):

> XXV – no caso de iminente perigo público, a autoridade competente
> poderá usar de propriedade particular, assegurada ao proprietário
> indenização ulterior, se houver dano;

A requisição administrativa pode ser civil ou militar. A requisição militar objetiva o resguardo da segurança interna e a manutenção da soberania nacional, diante de conflito armado, comoção intestina etc.; a requisição civil visa a evitar danos à vida, à saúde e aos bens da coletividade, diante de inundação, incêndio, sonegação de gêneros de primeira necessidade, epidemias, catástrofes etc.

2.2.1. Objeto e indenização

O objeto da requisição abrange bens, móveis e imóveis, e serviços **particulares**. Numa situação de iminente perigo público, poderá o Poder Público requisitar o uso de imóvel de particular, dos equipamentos e dos serviços médicos de determinado hospital privado etc.

Cap. 16 • INTERVENÇÃO DO ESTADO NA PROPRIEDADE

É importante frisar que a requisição administrativa decretada por uma unidade ente federativa **não pode recair sobre bens ou serviços públicos** de outro ente da Federação. Essa orientação foi enfatizada pelo Supremo Tribunal Federal, no julgamento de ação direta de inconstitucionalidade na qual se impugnava o inciso XIII do art. 15 da Lei 8.080/1990 (Lei Orgânica do Sistema Único de Saúde), que assim dispõe:

> Art. 15. A União, os Estados, o Distrito Federal e os Municípios exercerão, em seu âmbito administrativo, as seguintes atribuições:
>
> (...)
>
> XIII – para atendimento de necessidades coletivas, urgentes e transitórias, decorrentes de situações de perigo iminente, de calamidade pública ou de irrupção de epidemias, a autoridade competente da esfera administrativa correspondente poderá requisitar bens e serviços, tanto de pessoas naturais como de jurídicas, sendo-lhes assegurada justa indenização;

Nossa Corte Suprema julgou procedente a ação para atribuir interpretação conforme a Constituição ao art. 15, XIII, da Lei 8.080/1990, **excluindo a possibilidade de requisição administrativa de bens e serviços públicos de titularidade de outros entes federativos.**[1] Vale reproduzir, por sua didática, este trecho da notícia do julgado veiculada no Informativo 1.059 do STF:

> O permissivo constitucional para a requisição administrativa de bens particulares, em caso de iminente perigo público, tem aplicação nas relações entre Poder Público e patrimônio privado, não sendo possível estender a hipótese às relações entre as unidades da Federação.
>
> Nos termos da jurisprudência desta Corte, ofende o princípio federativo a requisição de bens e serviços de um ente federado por outro, o que somente se admitiria excepcionalmente à União durante a vigência de estado de defesa (CF/1988, art. 136, § 1.º, II) e estado de sítio (CF/1988, art. 139, VII).
>
> Entre os entes federados não há hierarquia, sendo-lhes assegurado tratamento isonômico, ressalvadas apenas as distinções porventura constantes na própria CF/1988. Portanto, como as relações entre eles se caracterizam pela cooperação e horizontalidade, tal requisição, ainda que a pretexto de acudir situação fática de extrema necessidade, importa ferimento da autonomia daquele cujos bens ou serviços públicos são requisitados, acarretando-lhe incontestável desorganização.

A indenização pelo uso dos bens alcançados pela requisição é condicionada: o proprietário só fará jus à indenização se houver dano; inexistindo danos, não há que se falar em indenização; existindo indenização, será ela sempre ulterior, como expressa o texto constitucional (CF, art. 5.º, XXV).

---

[1] ADI 3.454/DF, rel. Min. Dias Toffoli, 21.06.2022 (Informativo 1.059 do STF).

DIREITO ADMINISTRATIVO DESCOMPLICADO • *Marcelo Alexandrino & Vicente Paulo*

2.2.2. Instituição e extinção

Presente a situação de perigo iminente, a requisição pode ser decretada de imediato, sem necessidade de prévia autorização judicial. O ato administrativo que formaliza a requisição é autoexecutório, não depende de qualquer apreciação judicial prévia. O ato de requisição, na lição do Prof. Hely Lopes, "é sempre um ato de império do Poder Público, discricionário quanto ao objeto e oportunidade da medida, mas condicionado à existência de perigo público iminente e vinculado à lei quanto à competência da autoridade requisitante, à finalidade do ato e, quando for o caso, ao procedimento adequado. Esses quatro últimos aspectos são passíveis de apreciação judicial, notadamente para a fixação do justo valor da indenização".

A requisição é instituto de natureza transitória: sua extinção dar-se-á tão logo desapareça a situação de perigo público iminente que justificou sua instituição.

2.2.3. Principais características

Apresentamos as principais características da requisição administrativa, didaticamente sintetizadas pelo Prof. José dos Santos Carvalho Filho (em confronto com as características da servidão administrativa, estudada no item precedente):

a) é direito pessoal da Administração (a servidão é direito real);

b) seu pressuposto é o perigo público iminente (na servidão inexiste essa exigência, bastando a existência de interesse público);

c) incide sobre bens móveis, imóveis e serviços (a servidão só incide sobre bens imóveis);

d) caracteriza-se pela transitoriedade (a servidão tem caráter de definitividade);

e) a indenização, somente devida se houver dano, é ulterior (na servidão, a indenização, embora também condicionada à existência de prejuízo, é prévia).

2.3. Ocupação temporária

Ocupação temporária é a forma de intervenção pela qual o Poder Público usa transitoriamente imóveis privados, como meio de apoio à execução de obras e serviços públicos.

Para o Prof. Hely Lopes, "ocupação temporária ou provisória é a utilização transitória, remunerada ou gratuita, de bens particulares pelo Poder Público, para a execução de obras, serviços ou atividades públicas ou de interesse público".

É o que normalmente ocorre quando a Administração tem a necessidade de ocupar terreno privado para depósito de equipamentos e materiais destinados à realização de obras e serviços públicos nas vizinhanças. Por exemplo: a ocupação temporária de terrenos de particulares contíguos a estradas (em construção ou reforma), para a alocação de máquina de asfalto, equipamentos de serviço, pequenas barracas de operários etc. É o que ocorre, também, na época das eleições ou campanhas de vacinação pública, em que o Poder Público usa de escolas, clubes e outros estabelecimentos privados para a prestação dos serviços.

2.3.1. Instituição, extinção e indenização

A instituição da ocupação temporária dá-se por meio da expedição de ato pela autoridade administrativa competente, que deverá fixar, desde logo, e se for o caso, a justa indenização devida ao proprietário do imóvel ocupado. É ato autoexecutório, que não depende de apreciação prévia do Poder Judiciário.

A extinção da ocupação temporária dá-se com a conclusão da obra ou serviço pelo Poder Público. Se a ocupação temporária é instituída em razão da realização de uma obra ou serviços públicos, segue-se que a propriedade privada deve ser desocupada tão logo esteja concluída a atividade pública. Extinta a causa que lhe deu origem, extingue-se o efeito da ocupação.

Na ocupação temporária, a indenização é também condicionada à ocorrência de prejuízo ao proprietário: em princípio não haverá indenização alguma, mas esta deverá ocorrer se o uso do bem particular acarretar prejuízo ao seu proprietário.

2.3.2. Características

São as seguintes as principais características da ocupação temporária (síntese extraída da obra do Prof. José dos Santos Carvalho Filho, que estabelece um didático confronto entre as características dos institutos até aqui estudados):

a) cuida-se de direito de caráter não real (igual à requisição e diferente da servidão);

b) só incide sobre a propriedade imóvel (neste ponto é igual à servidão, mas se distingue da requisição, que incide sobre móveis, imóveis e serviços);

c) tem caráter de transitoriedade (o mesmo que a requisição; a servidão, ao contrário, tem natureza de permanência);

d) a situação constitutiva da ocupação é a necessidade de realização de obras e serviços públicos normais (a mesma situação que a servidão, mas diversa da requisição, que exige situação de perigo público iminente);

e) a indenização varia de acordo com a modalidade de ocupação temporária: se for vinculada à desapropriação, haverá dever indenizatório; se não for, inexistirá em regra esse dever, a menos que haja prejuízos para o proprietário (a requisição e a servidão podem ser, ou não, indenizáveis; sendo assim, igualam-se, nesse aspecto, à ocupação temporária não vinculada à desapropriação, mas se diferenciam da primeira modalidade, com desapropriação, porque esta é sempre indenizável).

2.4. Limitações administrativas

Limitações administrativas são determinações de **caráter geral**, por meio das quais o poder público impõe a proprietários **indeterminados** obrigações de **fazer** (obrigações **positivas**), ou obrigações de **deixar de fazer** alguma coisa (obrigações **negativas**, ou de **não fazer** ou de **permitir**), com a finalidade de assegurar que a propriedade atenda a sua função social.

Na lição de Hely Lopes, "limitação administrativa é toda imposição **geral**, gratuita, unilateral e de ordem pública condicionadora do exercício de direitos ou de atividades particulares às exigências do bem-estar social".

Maria Sylvia Di Pietro define as limitações administrativas como "medidas de caráter geral, previstas em lei com fundamento no poder de polícia do Estado, gerando para os proprietários obrigações positivas ou negativas, com o fim de condicionar o exercício do direito de propriedade ao bem-estar social".

As limitações administrações derivam do poder de polícia da Administração e se exteriorizam em imposições unilaterais e imperativas, sob a modalidade positiva (fazer), negativa (não fazer) ou permissiva (permitir fazer). No primeiro caso, o particular fica obrigado a realizar o que a Administração lhe impõe; no segundo, deve abster-se do que lhe é vedado; no terceiro, deve permitir algo em sua propriedade.

As limitações administrativas devem ser gerais, dirigidas a propriedades indeterminadas. Para situações particulares que conflitem com o interesse público, deve ser empregada pelo Poder Público a servidão administrativa ou a desapropriação, mediante justa indenização – nunca a limitação administrativa, cuja característica é a gratuidade e a generalidade da medida protetora dos interesses da coletividade.

Essas limitações podem atingir não só a propriedade imóvel e seu uso como quaisquer outros bens e atividades particulares que tenham implicações com o bem-estar social, com os bons costumes, com a segurança e a saúde da coletividade, com o sossego e a higiene da cidade e até mesmo com a estética urbana.

São exemplos de limitações administrativas: a obrigação de observar o recuo de alguns metros das construções em terrenos urbanos; a proibição de desmatamento de parte da área de floresta em cada propriedade rural; obrigação imposta aos proprietários de efetuarem limpeza de terrenos ou a que impõe o parcelamento ou a edificação compulsória do solo; proibição de construir além de determinado número de pavimentos etc.

2.4.1. Distinções de outros institutos

Limitação administrativa não pode ser confundida com servidão administrativa. A limitação administrativa é uma restrição geral e gratuita imposta indeterminadamente às propriedades particulares em benefício da coletividade; a servidão administrativa é um ônus real sobre determinada e específica propriedade privada, mediante indenização pelo Poder Público (se houver prejuízo para o proprietário), para propiciar a execução de algum serviço público. O recuo na construção de edifícios, limitação imposta genericamente, é exemplo típico de limitação administrativa; o atravessamento de um terreno com aqueduto para abastecimento de uma cidade é caracteristicamente uma servidão administrativa.

Limitação administrativa não se confunde com a desapropriação. A limitação administrativa, por ser uma limitação geral e de interesse coletivo, não obriga o Poder Público a qualquer indenização; a desapropriação, por retirar do particular a sua propriedade, impõe o dever de indenizar o proprietário.

Cap. 16 • INTERVENÇÃO DO ESTADO NA PROPRIEDADE

2.4.2. Instituição e indenização

As limitações administrativas ao uso da propriedade particular podem ser expressas em lei ou regulamento de qualquer das três entidades estatais, por se tratar de matéria de Direito Público, da competência federal, estadual e municipal.

As limitações administrativas, por constituírem imposições gerais, impostas a propriedades indeterminadas, não ensejam nenhuma indenização por parte do Poder Público em favor dos proprietários.

Essas limitações alcançam uma quantidade indeterminada de propriedades e, por isso, podem contrariar interesses dos proprietários, mas nunca gerar direitos subjetivos. Ao contrário da servidão e da desapropriação, não visam as limitações administrativas a impor restrições nesta ou naquela propriedade. Os prejuízos eventualmente ocorridos não são individualizados, mas sim gerais, devendo ser suportados por um número indefinido de membros da coletividade em favor desta.

2.4.3. Características

São características das limitações administrativas (em confronto com as demais formas interventivas):

a) são atos legislativos ou administrativos de caráter geral (todas as demais formas interventivas decorrem de atos singulares, com indivíduos determinados);

b) têm caráter de definitividade (igual ao das servidões, mas diverso da natureza da requisição e da ocupação temporária);

c) o motivo das limitações administrativas é vinculado a interesses públicos abstratos (nas demais formas interventivas, o motivo é sempre a execução de obras e serviços públicos específicos);

d) ausência de indenização (nas outras formas, pode ocorrer indenização quando há prejuízo para o proprietário).

2.5. Tombamento

Tombamento é a modalidade de intervenção na propriedade por meio da qual o Poder Público procura proteger o patrimônio cultural brasileiro.

No tombamento, o Estado intervém na propriedade privada para proteger a memória nacional, protegendo bens de ordem histórica, artística, arqueológica, cultural, científica, turística e paisagística. A maioria dos bens tombados é de imóveis de valor arquitetônico de épocas passadas em nossa história. É comum, também, o tombamento de bairros ou até mesmo de cidades, quando retratam aspectos culturais do passado. O tombamento pode, ainda, recair sobre bens móveis.

A Constituição Federal estabelece, expressamente, a autorização para essa modalidade de intervenção na propriedade, nos seguintes termos (CF, art. 216, § 1.º):

> § 1.º O Poder Público, com a colaboração da comunidade, promoverá
> e protegerá o patrimônio cultural brasileiro, por meio de inventá-

DIREITO ADMINISTRATIVO DESCOMPLICADO • Marcelo Alexandrino & Vicente Paulo

rios, registros, vigilância, tombamento e desapropriação, e de outras formas de acautelamento e preservação.

2.5.1. Espécies

O tombamento pode ser voluntário ou compulsório, provisório ou definitivo.

Ocorre o tombamento voluntário quando o proprietário consente no tombamento, seja por meio de pedido que ele mesmo formula ao Poder Público, seja concordando voluntariamente com a proposta de tombamento que lhe é dirigida pelo Poder Público.

O tombamento compulsório ocorre quando o Poder Público realiza a inscrição do bem como tombado, mesmo diante da resistência e do inconformismo do proprietário.

O tombamento é provisório enquanto está em curso o processo administrativo instaurado pela notificação do Poder Público, e definitivo quando, depois de concluído o processo, o Poder Público procede à inscrição do bem como tombado, no respectivo registro de tombamento.

2.5.2. Instituição

O tombamento é sempre resultante de vontade expressa do Poder Público, manifestada por ato administrativo do Executivo.

A competência para legislar sobre a proteção ao patrimônio histórico, cultural, artístico, turístico e paisagístico é concorrente entre a União, os Estados e o Distrito Federal (CF, art. 24, VII). A legislação federal e estadual poderá, no que couber, ser suplementada pela legislação municipal, por força do art. 30, II, da Constituição Federal.

Ademais, por força do art. 30, IX, da Lei Maior, cabe também ao Município a competência para promover a proteção do patrimônio histórico-cultural local, observada a legislação e a ação fiscalizadora federal e estadual.

2.5.3. Processo do tombamento

O ato de tombamento deve ser precedido de processo administrativo, no qual serão apurados os aspectos que materializam a necessidade de intervenção na propriedade privada para a proteção do bem tombado.

Nesse processo, são obrigatórios:

(a) o parecer do órgão técnico cultural;

(b) a notificação ao proprietário, que poderá manifestar-se anuindo com o tombamento ou impugnando a intenção do Poder Público de decretá-lo;

(c) decisão do Conselho Consultivo da pessoa incumbida do tombamento, após as manifestações dos técnicos e do proprietário. A decisão concluirá:

(c.1) pela anulação do processo, se houver ilegalidade;

(c.2) pela rejeição da proposta de tombamento; ou

(c.3) pela homologação da proposta, se necessário o tombamento;

Cap. 16 • INTERVENÇÃO DO ESTADO NA PROPRIEDADE

(d) possibilidade de interposição de recurso pelo proprietário, contra o tombamento, a ser dirigido ao Presidente da República.

Como se vê, é imprescindível para o ato de tombamento a existência do processo administrativo, com observância do princípio constitucional do devido processo legal (CF, art. 5.º, LIV), no qual se assegure ao proprietário o direito ao contraditório e à ampla defesa, no intuito de que este possa comprovar, se for o caso, a inexistência de relação entre o bem a ser tombado e a proteção ao patrimônio cultural.

2.5.4. Efeitos do tombamento

O ato de tombamento gera alguns relevantes efeitos no que concerne ao uso e à alienação do bem tombado.

Efetivado o tombamento e o respectivo registro no Ofício de Registro de Imóveis respectivo, surgem os seguintes efeitos:

a) é vedado ao proprietário, ou ao titular de eventual direito de uso, destruir, demolir ou mutilar o bem tombado;

b) o proprietário somente poderá reparar, pintar ou restaurar o bem após a devida autorização do Poder Público;

c) o proprietário deverá conservar o bem tombado para mantê-lo dentro de suas características culturais; para isso, se não dispuser de recursos para proceder a obras de conservação e restauração, deverá necessariamente comunicar o fato ao órgão que decretou o tombamento, o qual poderá mandar executálas a suas expensas;

d) independentemente de solicitação do proprietário, pode o Poder Público, no caso de urgência, tomar a iniciativa de providenciar as obras de conservação;

e) no caso de alienação do bem tombado, o Poder Público tem direito de preferência; antes de alienar o bem tombado, deve o proprietário notificar a União, o Estado e o Município onde se situe, para exercerem, dentro de trinta dias, seu direito de preferência; caso não seja observado o direito de preferência, será nula a alienação, ficando autorizado o Poder Público a sequestrar o bem e impor ao proprietário e ao adquirente multa de 20% (vinte por cento) do valor do contrato;

f) o tombamento do bem não impede o proprietário de gravá-lo por meio de penhor, anticrese ou hipoteca;

g) não há obrigatoriedade de o Poder Público indenizar o proprietário do imóvel no caso de tombamento.

Finalmente, cabe ressaltar que o tombamento não é a única maneira de proteção do patrimônio cultural brasileiro, pois este intuito pode ser alcançado, também, por meio da ação popular (CF, art. 5.º, LXXIII), do direito de petição aos Poderes Públicos (CF, art. 5.º, XXXIV), da ação civil pública (Lei 7.347/1985).

2.6. Desapropriação

Desapropriação é o procedimento de direito público mediante o qual o Estado, ou quem a lei autorize, retira coercitivamente a propriedade de terceiro e a transfere para si – ou, excepcionalmente, para outras entidades –, fundado em razões de utilidade pública, de necessidade pública, ou de interesse social, em regra, com o pagamento de justa e prévia indenização.

Trata-se da mais gravosa modalidade de intervenção do Estado na propriedade, porquanto, em vez de simplesmente restringir ou condicionar o seu uso, suprime o domínio de quem o detinha e transfere compulsoriamente o bem para o acervo de outrem.

A doutrina classifica a desapropriação como forma **originária** de aquisição de propriedade, porque não provém de nenhum título anterior, e, por isso, o bem expropriado torna-se insuscetível de reivindicação e libera-se de quaisquer ônus que sobre ele incidissem precedentemente, ficando eventuais credores sub-rogados no preço.

A desapropriação é efetivada mediante um procedimento administrativo, na maioria das vezes acompanhado de uma fase judicial. Esse procedimento tem início com a fase administrativa, em que o Poder Público declara seu interesse na desapropriação e dá início às medidas visando à transferência do bem. Se houver acordo entre o Poder Público e o proprietário do bem, o que é raro, o procedimento esgota-se nessa fase. Na ausência de acordo, o procedimento entra na sua fase judicial, em que o magistrado solucionará a controvérsia.

2.6.1. Pressupostos

São pressupostos da desapropriação:

a) a utilidade pública ou a necessidade pública;

b) o interesse social.

A **utilidade pública** é caracterizada em hipóteses nas quais a desapropriação do bem atende a mera conveniência do Poder Público, sem ser imprescindível. Exemplo de utilidade pública seria a desapropriação de um imóvel para a construção de uma escola.

A **necessidade pública** decorre de situações de urgência ou de emergência, cuja solução exija a desapropriação do bem. Nas hipóteses de necessidade pública, faz-se necessária a transferência urgente de bens de terceiros para o Poder Público, ou para entidades por ele indicadas, a fim de que a situação emergencial seja resolvida satisfatoriamente. A expropriação imediata de imóvel para salvaguardar a segurança nacional, ou para fazer face a uma situação de calamidade pública, são hipóteses de desapropriação por necessidade pública.

Convém mencionar que o Decreto-Lei 3.365/1941 somente utiliza, de forma genérica, a expressão **utilidade pública**, tanto para as hipóteses em que a desapropriação é motivada por situações de urgência ou emergência, quanto para os casos de simples conveniência do Poder Público. Entretanto, como a própria Constituição utiliza a expressão **necessidade pública** (art. 5.º, XXIV), não podemos concluir que esse conceito tenha deixado de existir. A solução que nos parece mais razoável é adotar a distinção entre utilidade e necessidade pública, para efeitos didáticos, mas

Cap. 16 • INTERVENÇÃO DO ESTADO NA PROPRIEDADE

considerar que utilidade pública, nos termos da lei, é uma denominação genérica, que abrange todos os casos de desapropriação não enquadrados como de interesse social, incluídos aqueles doutrinariamente classificados como de necessidade pública. De qualquer forma, o importante é ressaltar que o regime jurídico da desapropriação por utilidade ou por necessidade pública é o mesmo e um só.

A desapropriação por **interesse social** é aquela, como o seu nome indica, em que mais se evidencia a importância do preceito segundo o qual a propriedade deve atender à sua função social. Já na década de 60 do século passado, a Lei 4.132/1962, ainda em vigor, deixou averbado que "a desapropriação por interesse social será decretada para promover a justa distribuição da propriedade ou condicionar o seu uso ao bem-estar social", enumerando, como exemplos de interesse social, dentre outros, "a construção de casas populares" e "o estabelecimento e a manutenção de colônias ou cooperativas de povoamento e trabalho agrícola". A Constituição de 1988 literalmente classifica como de interesse social a desapropriação rural para fins de **reforma agrária**, explicitando que a ela está sujeito "o imóvel rural que não esteja cumprindo sua função social".

2.6.2. Autorização constitucional

A regra matriz da desapropriação está no art. 5.º, XXIV, da Constituição Federal, que assim dispõe:

> XXIV – a lei estabelecerá o procedimento para desapropriação por necessidade ou utilidade pública, ou por interesse social, mediante justa e prévia indenização em dinheiro, ressalvados os casos previstos nesta Constituição;

Além dessa norma genérica, há no texto constitucional outras três previsões específicas de desapropriação.

A primeira delas está no art. 182, § 4.º, III, conhecida como "**desapropriação urbanística**". Essa hipótese de desapropriação possui caráter sancionatório e pode ser aplicada ao proprietário de solo urbano que não atenda à exigência de promover o adequado aproveitamento de sua propriedade, nos termos do plano diretor do município. O expropriante, nessa hipótese, será o município, segundo as regras gerais de desapropriação estabelecidas em lei federal. A **indenização** será paga mediante **títulos da dívida pública** de emissão previamente aprovada pelo Senado Federal, com prazo de resgate de até dez anos, em parcelas anuais, iguais e sucessivas, assegurados o valor real da indenização e os juros legais.

A segunda, prevista no art. 184, é denominada "**desapropriação rural**", e incide sobre imóveis rurais destinados à **reforma agrária**. Representa, a rigor, uma variante de desapropriação por **interesse social**, com finalidade específica (reforma agrária), a que estão sujeitos imóveis rurais que não estejam cumprindo sua função social. O expropriante nessa hipótese é **exclusivamente a União**, e a **indenização** será em **títulos da dívida agrária**, com cláusula de preservação do valor real, resgatáveis no

1054 DIREITO ADMINISTRATIVO DESCOMPLICADO • *Marcelo Alexandrino & Vicente Paulo*

prazo de até vinte anos, a partir do segundo ano de sua emissão, e cuja utilização será definida em lei.

A terceira previsão constitucional específica é conhecida como "**desapropriação confiscatória**", assim chamada porque **não assegura ao proprietário direito a indenização alguma** – sempre devida nas demais hipóteses de expropriação. A desapropriação confiscatória é tratada no art. 243, alterado pela Emenda Constitucional 81/2014. O *caput* e o parágrafo único desse artigo, em sua redação atual, impõem o **perdimento** de propriedades urbanas ou rurais nas quais se encontrem **plantações de drogas ilegais** ou a **exploração de trabalho escravo**, bem como o **confisco** de quaisquer bens de valor econômico **apreendidos** em decorrência do **tráfico ilícito de entorpecentes** ou da **exploração de trabalho escravo**.

As regras constitucionais sobre desapropriação são regulamentadas e complementadas por meio de leis esparsas, dentre as quais citamos: Decreto-Lei 3.365/1941 ("Lei Geral da Desapropriação", que cuida especificamente da desapropriação por utilidade pública); Lei 4.132/1962 (desapropriação por interesse social); Lei 8.257/1991 (desapropriação de imóveis onde forem localizadas culturas ilegais de plantas psicotrópicas); Lei 8.629/1993 (desapropriação rural, por interesse social, para fins de reforma agrária); LC 76/1993 (procedimento judicial da desapropriação rural, por interesse social, para fins de reforma agrária).

2.6.3. Bens desapropriáveis

Como **regra**, a desapropriação pode ter por objeto **qualquer espécie de bem susceptível de valoração patrimonial**. O bem a ser desapropriado pode ser móvel ou imóvel, corpóreo ou incorpóreo. Admite-se que a desapropriação incida sobre: o espaço aéreo, o subsolo, as ações, quotas ou direitos de qualquer sociedade etc.

Os bens **imóveis**, entretanto, só podem ser desapropriados por um ente federado em cujo território estejam situados. Dito de outra forma, um estado não pode desapropriar bens imóveis localizados no território de outro estado e um município não pode desapropriar bens imóveis situados no território de outro município. Essa restrição, evidentemente, **não se aplica à União**, que pode desapropriar bens que se encontrem em qualquer ponto do território nacional.

Não obstante a regra geral, acima enunciada, **há bens que não podem ser desapropriados**. São exemplos a **moeda corrente** do País (pois ela é o próprio meio em que comumente se paga a indenização pela desapropriação) e os chamados **direitos personalíssimos**, tais como a honra, a liberdade e a cidadania.

São **insuscetíveis de expropriação**, segundo a jurisprudência de nossa Corte Suprema, as **margens dos rios navegáveis** (Súmula 479 do STF).

Também **não é cabível a desapropriação de pessoas jurídicas**, pois estas são sujeitos de direitos, e **não objetos**. Dessa forma, embora vulgarmente se diga que uma determinada entidade foi desapropriada, a afirmação incorre em imprecisão técnica, porque o que se desapropria são os bens ou os direitos representativos do capital dessa pessoa jurídica. Nas lapidares palavras do Prof. Celso Antônio Bandeira de Mello, "as pessoas não se extinguem por via da desapropriação".

Cap. 16 • INTERVENÇÃO DO ESTADO NA PROPRIEDADE **1055**

Os **bens públicos** pertencentes às entidades políticas **podem ser objeto de desapropriação**, mas devem ser observadas as restrições vazadas nos § 2.º e 2.º-A do art. 2.º do Decreto-Lei 3.365/1941, cuja redação transcrevemos:

> § 2.º Será exigida autorização legislativa para a desapropriação dos bens de domínio dos Estados, dos Municípios e do Distrito Federal pela União e dos bens de domínio dos Municípios pelos Estados.
>
> § 2.º-A. Será dispensada a autorização legislativa a que se refere o § 2.º quando a desapropriação for realizada mediante acordo entre os entes federativos, no qual serão fixadas as respectivas responsabilidades financeiras quanto ao pagamento das indenizações correspondentes.

São, portanto, requisitos para a desapropriação de bens públicos pertencentes aos entes da Federação:

1.º) que a desapropriação se dê dos entes federativos de nível territorial mais abrangente para os de nível territorial menos abrangente; e

2.º) que exista **lei**, editada pelo ente federativo que procederá à desapropriação, autorizando que ele o faça; **ou** que haja **acordo** entre os entes federativos envolvidos (expropriante e expropriado);

O primeiro dos requisitos merece um detalhamento maior. Como corolário do enunciado do § 2.º do art. 2.º do Decreto-Lei 3.365/1941, tem-se que:

a) a União pode desapropriar bens dos estados, do Distrito Federal e dos municípios;

b) um estado pode desapropriar bens de um município, desde que se trate de município situado no seu território;

c) os municípios e o Distrito Federal não podem desapropriar bens das demais entidades federativas;

d) a União não pode ter os seus bens desapropriados.

O preceito legal ora em foco – § 2.º do art. 2.º do Decreto-Lei 3.365/1941 – é criticado por alguns autores, sob a alegação de que ofenderia a igualdade entre os entes da Federação.

É verdade que não existe hierarquia entre as pessoas políticas, vale dizer, União, estados, Distrito Federal e municípios são entidades juridicamente isonômicas entre si. Todavia, a jurisprudência entende perfeitamente válido o dispositivo em comento.

A fundamentação para tanto é a de que, por razões de ordem lógica, os interesses nacionais devem prevalecer sobre os regionais, os quais, por sua vez, devem ter precedência aos interesses locais. Assim, considerando que a União representa os interesses nacionais, os estados tutelam os interesses regionais e os municípios sustentam os interesses locais, faz-se legítima a desapropriação na linha descendente, mas não o contrário. Repita-se que isso **não decorre** de relação hierárquica entre os entes da Federação, mas, sim, do reconhecimento de uma ordem de preferência entre os **interesses** que eles representam.

DIREITO ADMINISTRATIVO DESCOMPLICADO • *Marcelo Alexandrino & Vicente Paulo*

Aliás, pelo mesmo fundamento – existência de benefício de ordem entre os interesses tutelados nos diferentes níveis da Federação –, se dois entes políticos simultaneamente quiserem desapropriar um mesmo bem privado, terá preferência o ente de nível territorial mais abrangente.[2] Por exemplo, se a União e um município, ao mesmo tempo, desejarem desapropriar um determinado bem (evidentemente, situado no território do município), terá precedência a União.

Essas regras valem, igualmente, para as pessoas administrativas vinculadas a cada um dos entes federados, integrantes da respectiva administração indireta, inclusive no caso das pessoas administrativas cujos bens se classificam formalmente como bens privados (fundações públicas com personalidade jurídica de direito privado, sociedades de economia mista e empresas públicas).

Exemplificando, um estado não pode desapropriar bens de uma autarquia da União, nem de uma sociedade de economia mista federal; um município não pode desapropriar bens de uma fundação pública estadual, nem de uma empresa pública federal; um estado não pode desapropriar bens de uma sociedade de economia mista de outro estado, nem bens de uma fundação pública de um município situado no território de outro estado.

Note-se que a restrição **independe** de estar, ou não, o bem da pessoa administrativa **afetado a alguma finalidade pública**. Por outras palavras, não pode ser desapropriado por entes federados "menores" **nenhum bem** das pessoas administrativas vinculadas a entes federados "maiores", **mesmo que** se trate de bem que **não seja** utilizado em atividades voltadas a fins públicos.[3]

Enfim, as pessoas administrativas vinculadas a um ente federado, integrantes de sua administração indireta, sujeitam-se às mesmas regras a este aplicáveis, no que concerne à desapropriação dos bens dele por outros entes da Federação.

Uma importante ressalva, entretanto, deve ser feita.

Conforme o entendimento jurisprudencial consagrado no âmbito do Supremo Tribunal Federal e do Superior Tribunal de Justiça, um município ou um estado **pode** desapropriar bens de uma pessoa administrativa vinculada à União, desde que haja **prévia autorização do Presidente da República**, concedida mediante **decreto**.[4]

Por extensão, um estado-membro, mediante decreto, pode autorizar um município situado no respectivo território a desapropriar bens de entidades integrantes da administração indireta dele, estado-membro.

É interessante observar que não está prevista no Decreto-Lei 3.365/1941 essa possibilidade de os entes "menores", desde que previamente autorizados pelos "maiores", desapropriarem bens de pessoas administrativas a estes vinculadas. A jurisprudência

---

2 RE 172.816/RJ, rel. Min. Paulo Brossard, 09.02.1994.

3 Essa orientação que perfilhamos parece ser majoritária na jurisprudência. Alertamos que, na doutrina, não há consenso sobre o tema.

4 RE 115.665/MG, rel. Min. Carlos Madeira, 18.03.1988; RE 172.816/RJ, rel. Min. Paulo Brossard, 09.02.1994; REsp 71.266/SP, rel. Min. Antônio de Pádua Ribeiro, 18.09.1995; REsp 1.188.700/MG, rel. Min. Eliana Calmon, 18.05.2010.

Cap. 16 • INTERVENÇÃO DO ESTADO NA PROPRIEDADE **1057**

construiu tal entendimento a partir do que preceitua o § 3.º do art. 2.º do Decreto-Lei 3.365/1941, a saber:

> § 3.º É vedada a desapropriação, pelos Estados, Distrito Federal, Territórios e Municípios de ações, cotas e direitos representativos do capital de instituições e empresas cujo funcionamento dependa de autorização do Governo Federal e se subordine à sua fiscalização, salvo mediante prévia autorização, por decreto do Presidente da República.

Anotamos, por fim, que também os bens de uma **pessoa privada** (não integrante da administração pública) que seja **delegatária** de um serviço público de titularidade de um ente federado "maior" têm a sua desapropriação por um ente "menor" vedada, salvo se o ente "maior" autorizar, mediante decreto, a desapropriação. Nessa hipótese, a limitação **só alcança** os bens da pessoa privada delegatária – concessionária, permissionária ou detentora de autorização de serviço público – que sejam **efetivamente empregados na prestação do serviço público**. Trata-se de interpretação extensiva do § 3.º do art. 2.º do Decreto-Lei 3.365/1941, visando, sobretudo, à efetivação do princípio da continuidade dos serviços públicos.

2.6.4. Competência

O estudo das competências estatais relacionadas à desapropriação deve distinguir três frentes: competência legislativa, competência declaratória e competência executória.

A **competência para legislar** sobre desapropriação é **privativa da União** (CF, art. 22, II). Essa competência, entretanto, pode ser delegada aos estados e ao Distrito Federal, por meio de **lei complementar** que os autorize a legislar sobre questões específicas relacionadas a desapropriações de seu interesse (CF, art. 22, parágrafo único).

A **competência para declarar a utilidade pública ou o interesse social** do bem, com vistas à futura desapropriação, é da União, dos estados, do Distrito Federal e dos municípios, porquanto a eles cabe proceder à valoração dos casos de utilidade pública e de interesse social que justifiquem a desapropriação. Esses casos, por óbvio, podem ser de interesse federal, estadual ou municipal, razão pela qual todos os entes federativos podem declarar a utilidade pública ou o interesse social.

Entretanto, há um caso de desapropriação por **interesse social** em que a **competência declaratória** é **exclusiva da União**: a hipótese de desapropriação por interesse social para o fim específico de promover a **reforma agrária** (CF, art. 184).

A **competência executória**, isto é, a competência para promover efetivamente a desapropriação, providenciando as medidas necessárias e desempenhando as atividades que culminarão na transferência da propriedade, é **mais ampla, sendo legitimadas outras pessoas além do próprio ente federativo que declarou a utilidade pública ou o interesse social do bem**. No caso da desapropriação por utilidade pública, regulada no Decreto-Lei 3.365/1941, essa competência está prevista no art. 3.º, com a redação dada pelas Leis 14.273/2021 e 14.620/2023, nestes termos:

> Art. 3.º Poderão promover a desapropriação mediante autorização expressa constante de lei ou contrato:
>
> I – os concessionários, inclusive aqueles contratados nos termos da Lei n.º 11.079, de 30 de dezembro de 2004 (Lei de Parceria Público-Privada), permissionários, autorizatários e arrendatários;
>
> II – as entidades públicas;
>
> III – as entidades que exerçam funções delegadas do poder público; e
>
> IV – o contratado pelo poder público para fins de execução de obras e serviços de engenharia sob os regimes de empreitada por preço global, empreitada integral e contratação integrada.
>
> Parágrafo único. Na hipótese prevista no inciso IV do *caput*, o edital deverá prever expressamente:
>
> I – o responsável por cada fase do procedimento expropriatório;
>
> II – o orçamento estimado para sua realização;
>
> III – a distribuição objetiva de riscos entre as partes, incluído o risco pela variação do custo das desapropriações em relação ao orçamento estimado.

2.6.5. Destinação dos bens

Como regra, os bens desapropriados passam a integrar o patrimônio das entidades ligadas ao Poder Público que providenciaram a desapropriação e pagaram a respectiva indenização. Se um imóvel é desapropriado pela União para instalação de uma Secretaria, ingressará ele no patrimônio da União e, então, adquirirá a natureza jurídica de bem público.

Sempre que o bem expropriado tiver utilização para o próprio Poder Público, em seu próprio benefício, dá-se o que a doutrina denomina integração definitiva. Ao contrário, se a desapropriação tiver sido efetuada para que o bem seja utilizado e desfrutado por terceiro, dar-se-á a integração provisória.

O Prof. Celso Antônio Bandeira de Mello observa, ainda, que é possível o Poder Público desapropriar um bem diretamente em favor de pessoa privada (que não seja um dos legitimados a executar a desapropriação), desde que para ela desempenhar alguma atividade considerada de interesse público. Conforme a lição do eminente autor, "o necessário é que a desapropriação seja feita em favor de um interesse público".

São exemplos de integração provisória a desapropriação para fins de reforma agrária, pois o imóvel rural só fica em poder do Estado enquanto não são repassados os lotes respectivos aos futuros beneficiários do projeto de assentamento, e a desapropriação para abastecimento da população, em que os bens expropriados são integrados ao acervo do Poder Público tão somente com a finalidade de serem por ele posteriormente distribuídos.

Cap. 16 • INTERVENÇÃO DO ESTADO NA PROPRIEDADE

Vale registrar, por fim, que, nos termos do § 4.º do art. 5.º do Decreto-Lei 3.365/1941, os bens desapropriados para fins de utilidade pública e os direitos decorrentes da respectiva imissão na posse **poderão ser**: (a) alienados a terceiros; (b) locados; (c) cedidos; (d) arrendados; (e) outorgados em regimes de concessão de direito real de uso, de concessão comum ou de parceria público-privada; ou (f) transferidos como integralização de fundos de investimento ou sociedades de propósito específico.

Essas possibilidades arroladas no § 4.º do art. 5.º do Decreto-Lei 3.365/1941 aplicam-se, também, nos casos de desapropriação para fins de execução de **planos de urbanização, de renovação urbana ou de parcelamento ou reparcelamento do solo**, desde que seja assegurada a destinação prevista no referido plano de urbanização ou de parcelamento do solo.[5]

2.6.6. Procedimento de desapropriação

O procedimento administrativo de desapropriação é composto de duas fases: declaratória e executória.

Na fase **declaratória**, o Poder Público manifesta a sua intenção de efetuar a desapropriação; na fase **executória**, são adotadas as providências para consumar a transferência do bem para o patrimônio do expropriante (regra geral).

2.6.6.1. Fase declaratória

A **fase declaratória** tem início com a chamada "**declaração expropriatória**", por meio da qual o Poder Público afirma a existência de utilidade pública ou de interesse social na desapropriação de determinado bem e expressa a sua intenção de ulteriormente transferir o respectivo domínio para o seu patrimônio, ou para o de outra entidade, sempre com a finalidade de promover a satisfação do interesse público.

A declaração expropriatória é feita por **decreto** do Presidente da República, governador ou prefeito. Admite-se, **também**, que a iniciativa da desapropriação seja do **Poder Legislativo** (art. 8.º do Decreto-Lei 3.365/1941). Nessa última hipótese, excepcional, há controvérsia doutrinária sobre o ato a ser utilizado pelo Poder Legislativo. Os administrativistas, majoritariamente, sustentam que a declaração expropriatória seria veiculada em **lei**, mas importantes autores entendem que o ato deve ser um **decreto legislativo**. A diferença fundamental é que, se o ato for um decreto legislativo, não há sujeição ao Poder Executivo, para efeito de sanção ou veto.

É oportuno registrar que o Supremo Tribunal Federal julgou inconstitucional dispositivo da Lei Orgânica do Distrito Federal (LODF) que exigia prévia aprovação

---

[5] No caso de desapropriação para fins de execução de planos de urbanização, de renovação urbana ou de parcelamento ou reparcelamento do solo, **as diretrizes do plano de urbanização ou de parcelamento do solo deverão estar previstas no plano diretor, na legislação de uso e ocupação do solo ou em lei municipal específica** (Decreto-Lei 3.365/1941, art. 5.º, § 7.º, incluído pela Lei 14.620/2023).

1060 DIREITO ADMINISTRATIVO DESCOMPLICADO • *Marcelo Alexandrino & Vicente Paulo*

da Câmara Legislativa para a edição do decreto expropriatório pelo governador desse ente federado. Entendeu a Corte Suprema que a regra da LODF extrapolava o procedimento previsto no Decreto-Lei 3.365/1941 e, portanto, houve invasão, pelo Distrito Federal, da competência privativa da União para legislar sobre desapropriação (CF, art. 22, II). Além disso, deixou assente nossa Corte Suprema, citando diversos precedentes, que o Poder Executivo tem discricionariedade para tomar a decisão político-administrativa de expropriar um bem de propriedade de um particular, não podendo o exercício dessa competência estar sujeito a exigência de prévia aprovação legislativa.[6]

A **declaração expropriatória deve conter**: (a) a descrição precisa do bem a ser desapropriado; (b) a finalidade da desapropriação; (c) a hipótese legal descrita na lei expropriatória que autoriza a desapropriação que se pretende executar.

Expedido o decreto, declarando a utilidade pública ou o interesse social, manifestada está a intenção do Poder Público de desapropriar o bem ali especificado. Com a publicação do decreto, surgem os seguintes efeitos:

a) autorização para que as autoridades administrativas do expropriante, ou seus representantes, ingressem nas áreas compreendidas na declaração, inclusive para realizar inspeções e levantamentos de campo, podendo recorrer, em caso de resistência, ao auxílio de força policial (em caso de dano por excesso ou abuso de poder ou originário das inspeções e levantamentos de campo realizados, cabe indenização por perdas e danos, sem prejuízo da ação penal);

b) início da contagem do prazo para a caducidade do ato;

c) indicação do estado em que se encontra o bem objeto da declaração para efeito de fixação do valor da futura indenização.

A respeito da **indenização dos bens desapropriados**, cabe destacar estes pontos: após a declaração de utilidade pública ou de interesse social, fazem jus a indenização as **benfeitorias necessárias** e, caso o proprietário tenha sido autorizado pelo Poder Público a efetuá-las, também as **benfeitorias úteis**; não são indenizáveis as **benfeitorias voluptuárias** realizadas após a declaração de utilidade pública ou de interesse social.

Não há impedimento para que sejam concedidas licenças para obras no imóvel já declarado de utilidade pública ou de interesse social, mas o valor da obra não se incluirá na indenização, quando a desapropriação for efetivada (Súmula 23 do STF).

No caso de declaração de **utilidade pública**, o decreto expropriatório **caduca** no prazo de **cinco anos**, contado da data de sua expedição, se nesse prazo não for efetivada a desapropriação mediante acordo ou não for proposta a respectiva ação judicial.

Na hipótese de desapropriação por **interesse social**, o prazo para que ocorra a caducidade é de **dois anos**, também contado a partir da expedição do decreto.

---

6   ADI 969/DF, rel. Min. Joaquim Barbosa, 27.09.2006.

Cap. 16 • INTERVENÇÃO DO ESTADO NA PROPRIEDADE

Se **consumada a caducidade**, somente depois de decorrido o prazo de **um ano** poderá o mesmo bem ser objeto de **nova declaração** de utilidade pública ou de interesse social.

2.6.6.2. Fase executória

Após a fase declaratória, em que é afirmada a intenção de desapropriar o bem, por utilidade pública ou interesse social, o Poder Público passa a agir efetivamente para ultimar a desapropriação, para completar a transferência do bem para o expropriante e assegurar ao expropriado a devida indenização. Essa é a fase executória da desapropriação.

Estabelece o art. 10 do Decreto-Lei 3.365/1941 que a desapropriação deverá ser efetuada mediante acordo (na **esfera administrativa**) ou intentada **judicialmente**. O art. 10-B, incluído pela Lei 13.867/2019, prevê, ainda, a possibilidade de o particular optar pela **mediação** ou pela **via arbitral**.

O poder público deve notificar o proprietário e apresentar-lhe oferta de indenização, que conterá, entre outros dados, o valor proposto e a informação de que o prazo para aceitar ou rejeitar a oferta é de **quinze dias** e de que o **silêncio será considerado rejeição**.

Aceita a oferta e realizado o pagamento, será lavrado acordo, o qual será título hábil para a transcrição no registro de imóveis. Nessa hipótese, não haverá fase judicial. Ocorrendo esse acordo jurídico bilateral, de natureza onerosa, tem-se a assim chamada "**desapropriação amigável**".

Se a oferta for rejeitada, ou transcorrer o prazo de quinze dias sem manifestação do particular, o poder público proporá a **ação judicial de desapropriação**.

A discussão na via judicial é **restrita**, conforme deflui dos arts. 9.º e 20 do Decreto-Lei 3.365/1941:

> Art. 9.º Ao Poder Judiciário é vedado, no processo de desapropriação, decidir se se verificam ou não os casos de utilidade pública.
>
> (...)
>
> Art. 20. A contestação só poderá versar sobre vício do processo judicial ou impugnação do preço; qualquer outra questão deverá ser decidida por ação direta.

Portanto, no processo correspondente à ação de desapropriação propriamente dita não se podem discutir os motivos que levaram o Poder Público a considerar que estaria presente uma situação de utilidade pública ou de interesse social, ou se houve desvio de finalidade do administrador, ou qualquer outro aspecto que não eventuais questões processuais (que possam levar à extinção do processo sem resolução de mérito) e a discussão do preço (única questão de mérito que pode ser apreciada no processo de desapropriação). O interessado, porém, pode discutir judicialmente qualquer outra questão, mas deverá fazê-lo em **ação autônoma**, que a lei chamou de "**ação direta**" (a qual originará um outro processo judicial, sem as peculiaridades do processo de desapropriação).

1062 DIREITO ADMINISTRATIVO DESCOMPLICADO • *Marcelo Alexandrino & Vicente Paulo*

Caso o particular faça a opção pela mediação ou pela via arbitral, deverá ele indicar um dos órgãos ou instituições especializados em mediação ou arbitragem previamente cadastrados pelo órgão responsável pela desapropriação. A **mediação** seguirá as normas da Lei 13.140/2015 e, subsidiariamente, os regulamentos do órgão ou instituição responsável. A **arbitragem** seguirá as normas da Lei 9.307/1996 e, subsidiariamente, os regulamentos do órgão ou instituição responsável.

2.6.7. Ação de desapropriação

O **sujeito ativo** da ação de desapropriação será a pessoa política que expediu o decreto expropriatório ou, desde que haja autorização expressa em lei ou contrato, uma entidade da administração indireta ou uma concessionária ou permissionária de serviços públicos.

O **proprietário** nunca atua como parte no polo ativo da ação de desapropriação. Ele será sempre **sujeito passivo** no processo (réu) e atuará contestando, mediante apresentação das razões que entender idôneas para esse desiderato, a proposta feita pelo expropriante.

O **pedido** na ação será a consumação da transferência da propriedade do bem para o patrimônio do expropriante.

Nos literais termos do art. 13 do Decreto-Lei 3.365/1941, "a petição inicial, além dos requisitos previstos no Código de Processo Civil, conterá a oferta do preço e será instruída com um exemplar do contrato, ou do jornal oficial que houver publicado o decreto de desapropriação, ou cópia autenticada dos mesmos, e a planta ou descrição dos bens e suas confrontações".

O **Ministério Público**, obrigatoriamente, **intervirá** em todos os processos de desapropriação.

2.6.7.1. Contestação

Assim dispõe o art. 20 do Decreto-Lei 3.365/1941:

> Art. 20. A contestação só poderá versar sobre vício do processo judicial ou impugnação do preço; qualquer outra questão deverá ser decidida por ação direta.

A expressão "vício do processo" empregada no dispositivo acima transcrito deve ser entendida como referência às **questões processuais**, formais, às matérias que, apreciadas como preliminares, podem levar à **extinção do processo sem resolução do mérito** – basicamente as questões arroladas no art. 485 do vigente Código de Processo Civil (Lei 13.105/2015).

A **discussão de mérito**, no processo de desapropriação, só pode envolver o **valor da indenização**. Se o expropriado pretender discutir com o Poder Público qualquer outra questão, poderá fazê-lo – afinal, vigora no Brasil o princípio da inafastabilidade de jurisdição (CF, art. 5.º, XXXV) –, mas terá que propor nova ação, autônoma (que

Cap. 16 • INTERVENÇÃO DO ESTADO NA PROPRIEDADE

a lei chama de "**ação direta**"), a qual dará origem a outro processo judicial, sem as peculiaridades do processo de desapropriação propriamente dito.

2.6.7.2. Imissão provisória na posse

Em regra, a posse do expropriante sobre o bem expropriado somente ocorre quando tiver sido ultimado todo o processo de desapropriação, com a transferência jurídica do bem, após o pagamento da devida indenização.

Porém, desde que haja **declaração de urgência** e **depósito prévio**, é possível a **imissão provisória na posse**, isto é, que o expropriante passe a ter a posse provisória do bem **antes da finalização da ação de desapropriação** (DL 3.365/1941, art. 15).

São **dois**, portanto, os **pressupostos** para a imissão provisória na posse:

a) declaração de urgência pelo Poder Público (a declaração poderá ser no próprio decreto expropriatório ou em outro momento, no curso da ação de desapropriação);

b) efetivação de depósito prévio, cujo valor será arbitrado pelo juiz segundo critérios da lei expropriatória.

O expropriante tem **direito subjetivo** à **imissão provisória**, não podendo o juiz denegar o requerimento, desde que cumpridos os pressupostos acima indicados.

A lei fixa o prazo de **cento e vinte dias**, a partir da alegação da urgência, para que o expropriante requeira ao juiz a imissão provisória na posse; se não o fizer nesse prazo, o juiz não mais deferirá a imissão.

A imissão provisória na posse será registrada no **registro de imóveis** competente.

Segundo o Supremo Tribunal Federal, só a perda da propriedade, ao final da ação de desapropriação – e não a imissão provisória na posse do imóvel –, está compreendida na garantia da justa e prévia indenização. Em outras palavras, o valor definitivo da indenização somente é devido com a transferência do bem, ao final do procedimento de desapropriação, e não, desde logo, na oportunidade do depósito prévio para fins de imissão provisória na posse do imóvel.[7]

O expropriado poderá requerer ao juiz o **levantamento de até oitenta por cento** do depósito prévio efetuado pelo expropriante. Esse levantamento não impede a discussão de valores pelo expropriado (DL 3.365/1941, art. 33, § 2.º).

O levantamento será deferido mediante: (a) prova de propriedade; (b) prova de quitação de dívidas fiscais que recaiam sobre o bem expropriado; e (c) publicação de editais, com o prazo de dez dias, para conhecimento de terceiros. Não será autorizado o levantamento se houver dúvida fundada sobre o domínio, isto é, se o requerente não conseguir comprovar que a propriedade do bem efetivamente é sua. Nessa situação, aqueles que reivindicam a propriedade deverão discuti-la em ação própria (DL 3.365/1941, art. 34).

---

[7] RE 176.108/SP, red. p/ o acórdão Min. Moreira Alves, 12.06.1997; AI-AgR 857.979/MG, rel. Min. Gilmar Mendes, 05.03.2013.

Se houver **concordância do expropriado**, reduzida a termo (isto é, vertida para a forma escrita), a decisão concessiva da **imissão provisória na posse** implicará a **aquisição da propriedade pelo expropriante** com o consequente registro da propriedade na matrícula do imóvel. Nessa hipótese – que **não implica renúncia ao direito de questionar o preço** ofertado em juízo –, o expropriado poderá levantar cem por cento do depósito. Serão, porém, deduzidos da quantia depositada as dívidas fiscais, quando inscritas e ajuizadas, incluídas as multas decorrentes de inadimplemento e de obrigações fiscais, bem como, a critério do juiz, os valores tidos como necessários para o custeio das despesas processuais (DL 3.365/1941, art. 34-A, caput e §§ 1.º a 3.º).

Independentemente de anuência expressa do expropriado, deverá ser determinada, após a apresentação da contestação – desde que não haja oposição expressa com relação à validade do decreto desapropriatório –, a **imediata transferência da propriedade** do imóvel para o expropriante. Nessa hipótese, **o processo prosseguirá somente para resolução das questões litigiosas** (DL 3.365/1941, art. 34-A, § 4.º).

Por derradeiro, cumpre transcrever o art. 15-A do Decreto-Lei 3.365/1941 (com a redação dada pela Lei 14.620/2023), sobre **juros compensatórios** eventualmente devidos ao expropriado quando há imissão provisória na posse:

> Art. 15-A. No caso de imissão prévia na posse, na desapropriação por necessidade ou utilidade pública ou na desapropriação por interesse social prevista na Lei n.º 4.132, de 10 de setembro de 1962, na hipótese de haver divergência entre o preço ofertado em juízo e o valor do bem fixado na sentença, expressos em termos reais, poderão incidir juros compensatórios de até 6% a.a. (seis por cento ao ano) sobre o valor da diferença eventualmente apurada, contado da data de imissão na posse, vedada a aplicação de juros compostos.
>
> § 1.º Os juros compensatórios destinam-se apenas a compensar danos correspondentes a lucros cessantes comprovadamente sofridos pelo proprietário, não incidindo nas indenizações relativas às desapropriações que tiverem como pressuposto o descumprimento da função social da propriedade, previstas no art. 182, § 4.º, inciso III, e no art. 184 da Constituição.
>
> § 2.º O disposto no *caput* aplica-se também às ações ordinárias de indenização por apossamento administrativo ou por desapropriação indireta e às ações que visem à indenização por restrições decorrentes de atos do poder público.
>
> § 3.º Nas ações referidas no § 2.º, o poder público não será onerado por juros compensatórios relativos a período anterior à aquisição da propriedade ou da posse titulada pelo autor da ação.

2.6.7.3. Sentença e transferência do bem

A sentença no processo de desapropriação soluciona a lide, decidindo o mérito e fixando o valor da justa indenização a ser paga pelo expropriante ao expropriado.

Cap. 16 • INTERVENÇÃO DO ESTADO NA PROPRIEDADE **1065**

Efetuado o pagamento da indenização, consuma-se a desapropriação, e o expropriante, agora definitivamente imitido na posse do bem expropriado, deve providenciar a regularização da transferência do bem perante o registro de imóveis (caso se trate de bem imóvel, evidentemente).

Portanto, a sentença gera os seguintes efeitos:

a) autoriza a imissão definitiva na posse do bem em favor do expropriante;

b) constitui título hábil para a transcrição da propriedade do bem no registro imobiliário.

2.6.7.4. Indenização

A indenização deve ser prévia, justa e em dinheiro. São esses os princípios aplicáveis à indenização na desapropriação: precedência, justiça e pecuniariedade.

Para ser justa, a indenização deverá abranger não só o valor atual do bem expropriado, como também os danos emergentes e os lucros cessantes decorrentes da perda da propriedade, além dos juros moratórios e compensatórios, da atualização monetária, das despesas judiciais e dos honorários advocatícios.

Entretanto, na desapropriação por necessidade ou utilidade pública, serão **deduzidas**, dos valores depositados pelo expropriante, as **dívidas fiscais**, quando **inscritas e ajuizadas**, incluídas as **multas** decorrentes de inadimplemento e de obrigações fiscais. A discussão acerca dos valores inscritos ou executados será realizada em **ação própria** (DL 3.365/1941, art. 32, §§ 1.º a 3.º).

Embora a regra geral seja a prévia e justa indenização em dinheiro, há certas exceções.

A primeira delas é a desapropriação para fins de reforma agrária (CF, art. 184), em que a indenização é paga por meio de títulos da dívida agrária, com cláusula de preservação do valor real, resgatáveis no prazo de até vinte anos, a partir do segundo ano de sua emissão.

A segunda exceção é a desapropriação para fins urbanísticos (CF, art. 182, § 4.º, III), em que o pagamento da indenização será feito mediante títulos da dívida pública, de emissão anteriormente aprovada pelo Senado Federal, com prazo de resgate de até dez anos, em parcelas iguais e sucessivas, sendo assegurado o valor real da indenização e os juros legais.

Finalmente, temos a desapropriação confiscatória, prevista no art. 243 da Constituição Federal, que se consuma sem o pagamento de qualquer indenização ao proprietário.

2.6.7.5. Desistência da desapropriação

Caso não subsistam os motivos que provocaram a iniciativa do processo expropriatório, pode o Poder Público desistir da desapropriação, inclusive no curso da ação judicial. O expropriado não pode opor-se à desistência, mas terá direito à indenização por todos os prejuízos causados pelo expropriante.

1066 DIREITO ADMINISTRATIVO DESCOMPLICADO • Marcelo Alexandrino & Vicente Paulo

A desistência pode ser declarada diretamente na ação de desapropriação, reque-rendo o Poder Público a extinção do processo sem julgamento do mérito, ou por meio da revogação do decreto expropriatório.

2.6.8. Desapropriação indireta

Desapropriação indireta é o fato administrativo por meio do qual o Estado se apropria de bem particular, sem observância dos requisitos da declaração e da indenização prévia.

Na desapropriação indireta, repudiada pela doutrina, o Estado apropria-se de um bem particular **sem o devido processo legal**: não declara o bem como de interesse público e não paga a justa e prévia indenização. Exemplo de desapropriação indire-ta é a apropriação de áreas privadas pela administração pública para a abertura de estradas sem processo pertinente e sem o prévio pagamento de indenização.

O fundamento legal para a desapropriação indireta está no art. 35 do Decreto-Lei 3.365/1941, que caracteriza o denominado "fato consumado", nos seguintes termos:

> Art. 35. Os bens expropriados, uma vez incorporados à Fazenda Pública, não podem ser objeto de reivindicação, ainda que fundada em nulidade do processo de desapropriação. Qualquer ação, julgada procedente, resolver-se-á em perdas e danos.

Pode ser assim traduzida a figura do "fato consumado" gerador da desapropria-ção indireta: ocorrendo a incorporação fática de um bem ao patrimônio público, mesmo sendo nulo (ou inexistente) o processo de desapropriação, o proprietário não terá direito ao retorno do bem ao seu patrimônio; em vez de postular o retorno do bem a sua propriedade, só poderá postular em juízo reparação pelas perdas e danos causados pelo expropriante.

O Prof. José dos Santos Carvalho Filho cita o seguinte exemplo, que nos auxilia no entendimento do instituto:

> Suponha-se, como exemplo, que a União se aproprie de várias áreas e instale diretamente um aeroporto, ou um abrigo para treinamento de militares. Concluídas essas realizações, os bens, certa ou erradamente, passaram à categoria de bens públicos, vale dizer, foram incorporados definitivamente ao patrimônio federal. Como reverter tal situação, levando em conta que esses bens se destinam ao exercício de uma atividade de interesse público? Como ficou despojado de seu direito de reaver o bem desapropriado, ao ex-proprietário só resta agir da forma como a lei previu, ou seja, terá que se conformar com a substituição de seu direito de rei-vindicar pelo de postular indenização em face das perdas e danos causados pelo expropriante.

É também reconhecida pela jurisprudência a ocorrência de desapropriação in-direta nas situações em que o Poder Público impõe a determinado bem particular

Cap. 16 • INTERVENÇÃO DO ESTADO NA PROPRIEDADE

restrições tão extensas que resulta inteiramente esvaziado o conteúdo econômico da propriedade. A Prof.ª Maria Sylvia explica essa hipótese (destaques no original):

> Às vezes, a Administração não se apossa diretamente do bem, mas lhe impõe limitações ou servidões que impedem **totalmente** o proprietário de exercer sobre o imóvel os poderes inerentes ao domínio; neste caso, também se caracterizará a desapropriação indireta, já que as limitações e servidões somente podem, licitamente, afetar **em parte** o direito de propriedade.

Em suma, para restar configurada a desapropriação indireta, impõe-se que sejam preenchidos os seguintes requisitos: (a) que o bem tenha sido incorporado ao patrimônio do Poder Público, ou que determinada limitação imposta por este ao uso do bem resulte no completo esvaziamento do conteúdo econômico da propriedade; e (b) que a situação fática seja irreversível.

A respeito do **prazo prescricional** para o proprietário que sofreu desapropriação indireta ajuizar ação visando ao recebimento de indenização pelas perdas e danos correspondentes, deve-se registrar que, depois de longo período de divergência de posicionamentos, restou consolidada na jurisprudência do Superior Tribunal de Justiça a orientação de que o **prazo de prescrição** que deve ser aplicado ao pedido de **indenização** nos casos de desapropriação indireta é de **dez anos**. Essa decisão, proferida na sistemática dos recursos repetitivos, deu origem à seguinte **tese jurídica**:[8]

> O prazo prescricional aplicável à desapropriação indireta, na hipótese em que o poder público tenha realizado obras no local ou atribuído natureza de utilidade pública ou de interesse social ao imóvel, é de dez anos, conforme parágrafo único do artigo 1.238 do Código Civil.

Dentro do prazo prescricional, a ação deve ser proposta no foro do local do imóvel e, uma vez julgada procedente, em nada prejudicará o direito de propriedade da Administração Pública sobre o bem que ela expropriou, pois a sentença limitar-se-á a condenar o Estado a indenizar o autor – o ex-proprietário – pelos prejuízos oriundos da desapropriação indireta.

2.6.9. Desapropriação por zona

Ocorre a assim chamada "**desapropriação por zona**" (ou "desapropriação extensiva") quando o poder público expropria uma extensão de **área maior do que a estritamente necessária** para a realização de uma **obra ou serviço**, com a inclusão de áreas adjacentes que ficam **reservadas** para uma das finalidades seguintes:

a) **ulterior continuação do desenvolvimento da obra ou do serviço** – isto é, desapropria-se uma área maior do que aquela que inicialmente será de fato utili-

---

[8] REsp 1.757.352/SC e REsp 1.757.385/SC, rel. Min. Herman Benjamin, 12.02.2020.

zada, a fim de possibilitar, em momento posterior, a ampliação da abrangência da atividade estatal (obra ou serviço); ou

b) para serem **alienadas** depois que, em decorrência da obra ou do serviço, ocorrer a sua **valorização**.

Essa segunda possibilidade de desapropriação por zona – **reserva das áreas excedentes visando à sua futura alienação** – evita que os particulares que eram proprietários daqueles imóveis tenham ganhos extraordinários com a valorização causada pelas obras ou serviços públicos. Esse ganho decorrente da **valorização imobiliária extraordinária** será auferido pelo poder público – e **não** pelo particular que era o antigo proprietário –, quando forem alienadas as áreas excedentes que haviam sido expropriadas com o preciso intuito de serem vendidas depois de valorizadas (a lei chama essa alienação futura de "**revenda**", expressão evidentemente imprópria, uma vez que **não** houve venda alguma anterior, e sim **desapropriação**).

A base legal da desapropriação por zona é o art. 4.º do Decreto-Lei 3.365/1941, cuja transcrição faz-se oportuna (redação do parágrafo único dada pela Lei 14.273/2021):

> Art. 4.º A desapropriação poderá abranger a área contígua necessária ao desenvolvimento da obra a que se destina, e as zonas que se valorizarem extraordinariamente, em consequência da realização do serviço. Em qualquer caso, a declaração de utilidade pública deverá compreendê-las, mencionando-se quais as indispensáveis à continuação da obra e as que se destinam à revenda.
>
> Parágrafo único. Quando a desapropriação executada pelos autorizados a que se refere o art. 3.º destinar-se a planos de urbanização, de renovação urbana ou de parcelamento ou reparcelamento do solo previstos no plano diretor, o edital de licitação poderá prever que a receita decorrente da revenda ou da utilização imobiliária integre projeto associado por conta e risco do contratado, garantido ao poder público responsável pela contratação, no mínimo, o ressarcimento dos desembolsos com indenizações, quando essas ficarem sob sua responsabilidade.

2.6.10. Direito de extensão

Direito de extensão é o direito do expropriado de exigir que a desapropriação e a respectiva indenização alcancem a totalidade do bem, quando o remanescente resultar esvaziado de seu conteúdo econômico.

O direito de extensão surge no caso de desapropriação parcial, quando a parte não expropriada do bem fica prática ou efetivamente inútil, inservível, sem valor econômico ou de difícil utilização. Para que não fique apenas com a propriedade dessa parte inservível, requer o proprietário que a desapropriação (e a consequente indenização) seja estendida a todo o bem, convertendo-se a desapropriação parcial em desapropriação total.

Cap. 16 • INTERVENÇÃO DO ESTADO NA PROPRIEDADE

O direito de extensão deve ser manifestado pelo expropriado durante as fases administrativa ou judicial do procedimento de desapropriação. Não se admite o pedido após o término da desapropriação.

2.6.11. Tredestinação

Ocorre a **tredestinação** quando o Poder Público expropriante dá ao bem desapropriado uma destinação diferente daquela que estava prevista no decreto expropriatório.

Seria o caso de o Poder Público desapropriar certa área a fim de nela construir uma escola e, na prática, em vez de providenciar as medidas para tanto necessárias, conceder autorização a determinada empresa para utilização daquela área em outras finalidades, de interesse dela. Nesse caso, tem-se a **tredestinação ilícita**, em que há **desvio de finalidade**, destinação do bem expropriado a uma finalidade que **não atende ao interesse público**. Caracterizada a **tredestinação ilícita**, a desapropriação deve ser considerada nula, com a reintegração do bem ao ex-proprietário – ou, se isso não for possível, com a indenização deste pelos danos emergentes e eventuais lucros cessantes.

A doutrina aponta, também, a hipótese de **tredestinação lícita**, em que, mantida a finalidade de interesse público, o Poder Público expropriante dá ao bem desapropriado destino diverso daquele inicialmente planejado. É o caso, por exemplo, de o Estado desapropriar uma área para a construção de uma escola e, dado o interesse público superveniente, vir a construir no local um hospital. Conforme já deixou assente o Superior Tribunal de Justiça, "se ao bem expropriado for dada destinação que atende ao interesse público, ainda que diversa da inicialmente prevista no decreto expropriatório, não há desvio de finalidade".[9] Nessa hipótese, não há que se falar em ilicitude, tampouco em surgimento de algum direito para o ex-proprietário.

No caso da desapropriação por utilidade pública, o Decreto-Lei 3.365/1941 prevê expressamente a possibilidade de **tredestinação lícita** (art. 5.º, § 6.º, inciso I), sendo essa a hipótese preferencial de destinação do bem, quando restar **comprovada** a inviabilidade ou a perda objetiva de interesse público em manter aquela que fora originalmente prevista no decreto de desapropriação. O § 6.º do art. 5.º do Decreto-Lei 3.365/1941 foi incluído pela Lei 14.620/2023, com este teor:

> § 6.º Comprovada a inviabilidade ou a perda objetiva de interesse público em manter a destinação do bem prevista no decreto expropriatório, o expropriante deverá adotar uma das seguintes medidas, nesta ordem de preferência:
>
> I – destinar a área não utilizada para outra finalidade pública; ou
>
> II – alienar o bem a qualquer interessado, na forma prevista em lei, assegurado o direito de preferência à pessoa física ou jurídica desapropriada.

---

[9] REsp 968.414/SP, Rel. Min. Denise Arruda, 11.09.2007.

DIREITO ADMINISTRATIVO DESCOMPLICADO • Marcelo Alexandrino & Vicente Paulo

Se a alienação do bem ocorreu mediante negócio jurídico bilateral (**desapropriação amigável**), não terá o particular direito a qualquer indenização no caso de o Poder Público ter destinado o bem a fim diverso do que pretendia.

2.6.12. Retrocessão

A **retrocessão** encontra-se disciplinada no art. 519 do Código Civil nos seguintes termos:

> Art. 519. Se a coisa expropriada para fins de necessidade ou utilidade pública, ou por interesse social, não tiver o destino para que se desapropriou, ou não for utilizada em obras ou serviços públicos, caberá ao expropriado direito de preferência, pelo preço atual da coisa.

A **retrocessão**, portanto, é aplicável nas desapropriações por utilidade ou necessidade pública, ou por interesse social, e tem como **pressupostos**: (a) não ser dado ao bem o destino para o qual ele fora desapropriado; e (b) não ser utilizado o bem desapropriado em obras ou serviços públicos.

Observe-se, dessarte, que **não caberá** a retrocessão no caso de **tredestinação lícita**, isto é, quando o bem teve destinação diferente daquela para a qual fora expropriado, mas foi dada a ele uma utilização que atende ao interesse público – realização de uma obra pública ou prestação de um serviço público.

Enfim, a retrocessão somente poderá decorrer de uma situação em que se configure a **tredestinação ilícita** – quando houver sido desviada a destinação do bem desapropriado e esta não corresponder a uma finalidade de interesse público. Nessa hipótese, o expropriante passa a ter a obrigação de oferecer ao ex-proprietário o bem, pelo valor atual, a fim de que ele possa exercer o direito de preferência. Caso o ex--proprietário o exerça, o bem retornará ao seu domínio; se isso não for possível, a obrigação do expropriante e o direito do expropriado resolvem-se em perdas e danos.

Não se deve confundir desistência da desapropriação com retrocessão: aquela só pode ocorrer antes de efetivada a transferência da propriedade do bem, antes da sua incorporação ao patrimônio do expropriante; a retrocessão, diferentemente, pressupõe um processo de desapropriação concluído, com o domínio do bem já transferido ao expropriante.

2.6.13. Desapropriação rural

A **desapropriação rural** tem por fim transferir para o Poder Público imóvel qualificado como rural, para fins de reforma agrária, ou qualquer outro fim compatível com a política agrícola e fundiária.

A desapropriação rural é espécie de desapropriação por **interesse social**, prevista nos arts. 184 a 186 da Constituição Federal. Esses dispositivos constitucionais foram regulamentados pela Lei 8.629/1993 e pela Lei Complementar 76/1993.

A competência para a desapropriação rural por interesse social é **exclusiva da União** – considera-se que a questão rural é matéria de interesse nacional. Não

Cap. 16 • INTERVENÇÃO DO ESTADO NA PROPRIEDADE

podem os estados, o Distrito Federal e os municípios executar essa modalidade de desapropriação.

O fundamento para a desapropriação rural é a exigência de que a propriedade atenda a sua função social. Se a utilização da propriedade rural não é compatível com a função social que ela deve desempenhar, estará ela sujeita a essa modalidade de desapropriação.

Nos exatos termos constitucionais, a função social é cumprida quando a propriedade rural atende, simultaneamente, segundo critérios e graus de exigência estabelecidos em lei, aos seguintes requisitos (CF, art. 186):

a) aproveitamento racional e adequado;

b) utilização adequada dos recursos naturais disponíveis e preservação do meio ambiente;

c) observância das disposições que regulam as relações de trabalho;

d) exploração que favoreça o bem-estar dos proprietários e dos trabalhadores.

Por outro lado, a Constituição considera insuscetíveis de desapropriação para fins de reforma agrária (CF, art. 185):

a) a pequena e média propriedade rural, assim definida em lei, desde que seu proprietário não possua outra;

b) a propriedade produtiva.

Consoante a jurisprudência do Supremo Tribunal Federal, para efeito de aplicação do art. 185 da Carta de 1988, a **determinação da extensão** da propriedade rural – pequena, média ou grande (latifúndio) – deve levar em conta a **totalidade da área do imóvel**, e não apenas as áreas que tenham possibilidade de ser objeto de exploração econômica. Por outras palavras, entende a Corte Suprema que, para a classificação da propriedade segundo a extensão, visando à desapropriação para fins de reforma agrária, **não podem ser excluídas as parcelas inaproveitáveis** do imóvel rural, a exemplo das áreas de preservação permanente.[10] Sem prejuízo dessa orientação, deve-se notar que, para a classificação da propriedade como **produtiva ou improdutiva** (independentemente da sua extensão), **não são computadas**, por óbvio, **as áreas em que não se possa produzir**.

É relevante enfatizar que, sejam quais forem as suas dimensões, **a propriedade produtiva não está sujeita à desapropriação para fins de reforma agrária** (pode ser objeto de outra espécie de desapropriação, mas, nesse caso, integralmente paga em dinheiro, que é a regra para as desapropriações ordinárias). Além da vedação à sua desapropriação para fins de reforma agrária, diz o parágrafo único do art. 185 da Constituição que "a lei garantirá tratamento especial à propriedade produtiva e fixará normas para o cumprimento dos requisitos relativos a sua função social".

---

[10] MS 25.066/DF, red. p/ o acórdão Min. Luiz Fux, 14.12.2011.

1072 DIREITO ADMINISTRATIVO DESCOMPLICADO • *Marcelo Alexandrino & Vicente Paulo*

2.6.13.1. Indenização

No caso da desapropriação rural **para fins de reforma agrária**, a indenização não segue a regra geral prevista no art. 5.º, XXIV, da Carta Política – justa e prévia indenização em dinheiro –, aplicável aos casos de desapropriação por necessidade ou utilidade pública e de desapropriação rural por interesse social que não seja para fins de reforma agrária.

Na desapropriação rural **para fins de reforma agrária**, a indenização deverá ser prévia e justa, mas, em regra, não é paga em dinheiro, e sim em **títulos da dívida agrária**, com cláusula de preservação do valor real, resgatáveis no prazo de até **vinte anos**, a partir do segundo ano de sua emissão, e cuja utilização será definida em lei (CF, art. 184, *caput*).

Note-se que essa é a **regra geral** na desapropriação rural para fins de reforma agrária; entretanto, as **benfeitorias úteis e necessárias são indenizadas em dinheiro** (CF, art. 184, § 1.º).

Não obstante serem tais benfeitorias indenizadas em dinheiro, o Supremo Tribunal Federal já decidiu que **a parcela da indenização em dinheiro que decorra de condenação em decisão judicial não é exceção ao sistema de precatórios**, previsto no art. 100 da Constituição da República. Com suporte nesse entendimento, declarou inconstitucional parte do art. 14 da Lei Complementar 76/1993, para o fim de excluir desse dispositivo a previsão de que o valor da indenização em dinheiro determinado na sentença judicial deveria ser depositado pelo expropriante à ordem do juízo.[11] Esclarecem a posição da Corte Suprema os seguintes excertos do voto condutor exarado no julgado em questão:

> Nos processos de desapropriação, além do depósito da indenização, oferecido com a petição inicial, o expropriante é condenado, na decisão final, ao pagamento de uma complementação, acrescida de juros moratórios e compensatórios e monetariamente corrigida.
>
> Somente o valor da indenização oferecido quando da inicial pode ser prontamente desembolsado pelo expropriante, isso porque é um valor conhecido e que já representa verba orçamentária específica que lhe foi consignada, em face de recursos disponíveis.
>
> O mesmo não ocorre com a parte complementar da indenização fixada na decisão judiciária final da ação expropriatória, já que indefinida, antes do trânsito em julgado da sentença. (...)
>
> A complementação da indenização, fixada na decisão judiciária, somente pode ser paga dentro do processo do precatório, previsto no art. 100 da Constituição Federal (...).
>
> Por outro lado, a desapropriação, conforme pacífico entendimento do STF, somente é consumada pela integralização do pagamento da indenização, momento em que o domínio é transmitido ao expropriante. Isso faz com que o sistema de precatórios seja compatível

---

[11] RE 247.866/CE, rel. Min. Ilmar Galvão, 09.08.2000.

Cap. 16 • INTERVENÇÃO DO ESTADO NA PROPRIEDADE

com a cláusula – "mediante prévia e justa indenização" – contida no *caput* do art. 184 da Constituição, uma vez que o seu processamento sempre precederá a transferência da propriedade para o patrimônio do expropriante.

Assim sendo, é fora de dúvida que o art. 14 da LC 76/1993, ao dispor que o valor da indenização estabelecido por sentença deverá ser depositado pelo expropriante à ordem do juízo, "em dinheiro, para as benfeitorias úteis e necessárias, inclusive culturas e pastagens artificiais", contraria o sistema de pagamento das condenações judiciais, pela Fazenda Pública, determinado pela Constituição Federal no seu art. 100 e seus parágrafos, não podendo, por isso, subsistir.

Nessa perspectiva, é de dizer-se que os arts. 15 e 16 da LC 76/1993 referem-se somente às indenizações a serem pagas em títulos da dívida agrária, uma vez que esse meio de pagamento não está englobado no sistema de precatórios.

Posteriormente, em face da decisão do Pretório Excelso, a parte do art. 14 da LC 76/1993 que foi declarada inconstitucional teve a sua execução suspensa (*erga omnes*) pela Resolução 19/2007 do Senado Federal.

Por fim, sem prejuízo dos pontos expostos neste tópico, é relevante anotar que os arts. 14 e 15 da Lei Complementar 76/1993 foram **revogados** pela Lei 13.465/2017. Essa mesma lei, entre muitas outras disposições, acrescentou ao art. 5.º da Lei 8.629/1993 – o qual versa sobre a desapropriação por interesse social para fins de reforma agrária – o § 8.º, com a seguinte redação:

§ 8.º Na hipótese de decisão judicial transitada em julgado fixar a indenização da terra nua ou das benfeitorias indenizáveis em valor superior ao ofertado pelo expropriante, corrigido monetariamente, a diferença será paga na forma do art. 100 da Constituição Federal.

2.6.13.2. Procedimento

A Constituição de 1988 determina que **lei complementar** estabeleça procedimento contraditório especial, de rito sumário, para o processo judicial de desapropriação (art. 184, § 3.º). Esse procedimento está regulamentado na Lei Complementar 76/1993, nos termos a seguir expostos.

O primeiro ato do procedimento é a publicação do **decreto** do Presidente da República que declara de **interesse social**, para fins de **reforma agrária**, o imóvel a ser desapropriado. Com a publicação do decreto declaratório, o Poder Público terá o prazo de **dois anos** para intentar a ação expropriatória, sob pena de **caducidade**. Não são permanentes, entretanto, os efeitos da caducidade: depois do prazo de **um ano**, contado de sua ocorrência, poderá ser expedido novo decreto que declare de interesse social o mesmo bem.

Com a publicação do decreto de declaração de interesse social, ficam as autoridades federais autorizadas a proceder à vistoria e à avaliação do bem, para que tenham

1074 DIREITO ADMINISTRATIVO DESCOMPLICADO • *Marcelo Alexandrino & Vicente Paulo*

os elementos necessários à elaboração da petição inicial da ação expropriatória. Se houver resistência por parte do proprietário, poderão as autoridades federais requerer ao juiz o recurso à força policial. Caso os procedimentos de vistoria e avaliação causem danos à propriedade, haverá responsabilização civil por perdas e danos, sem prejuízo da responsabilização criminal, se couber.

A vistoria do imóvel deve ser precedida de comunicação escrita ao proprietário, ou a seu preposto ou representante, visando a assegurar-lhe o direito de acompanhar os procedimentos de reconhecimento e avaliação. Se não for encontrado o proprietário, ou seu preposto ou representante, a comunicação poderá ser feita mediante edital a ser publicado, por três vezes consecutivas, em jornal de grande circulação na capital do estado onde se situar o imóvel.

A ação de desapropriação será ajuizada pela União ou por uma de suas entidades da administração indireta. Atualmente, é o Instituto Nacional de Colonização e Reforma Agrária (INCRA), autarquia da União, que tem legitimidade para o ajuizamento da ação e pagamento da respectiva indenização.

Proposta a ação de desapropriação, seguem-se estes passos:

a) o juiz, no despacho da inicial, determina, de pronto ou em 48 horas, a imissão do autor na posse do imóvel (caso o autor já tenha efetuado o devido depósito, para a imissão provisória na posse) e expede mandado de registro imobiliário para averbação da ação, com vistas ao conhecimento de terceiros;

b) no curso da ação, nos dez primeiros dias após a citação, poderá ser realizada audiência de instrução e julgamento com a finalidade de fixar o valor da indenização; nessa audiência, presentes as partes e o Ministério Público, caso haja acordo sobre o valor da indenização, será lavrado o respectivo termo, devendo ser integralizado o valor pelo expropriante nos dez dias úteis subsequentes ao acordo e determinada a matrícula do bem em nome do expropriante;

c) o expropriado poderá contestar, no prazo de quinze dias, mas não poderá fazer qualquer apreciação sobre a declaração de interesse social (só poderá discutir questões preliminares e o valor ofertado para a indenização);

d) o Ministério Público Federal intervirá obrigatoriamente no feito, após a manifestação das partes e antes de qualquer decisão firmada no processo, seja qual for a instância em que esteja tramitando;

e) se houver acordo sobre o valor da indenização, com base na prova pericial, será ele homologado por sentença; não havendo acordo, o juiz fixará a indenização, devendo o expropriante providenciar o depósito do valor complementar e o lançamento de novos títulos da dívida agrária, em atendimento ao laudo pericial acolhido pelo juiz;

f) proferida a sentença, na qual o juiz indicará os elementos que o levaram a arbitrar o valor da indenização, as partes poderão interpor recurso de apelação contra o preço fixado pelo magistrado; a apelação terá efeito apenas devolutivo, caso o apelante seja o expropriado; se a apelação for interposta pelo expropriante, deverá ser recebida também com efeito suspensivo; se a indenização for fixada em valor superior a cinquenta por cento do valor ofertado, a sentença fica sujeita ao duplo grau de jurisdição (reexame necessário).

2.6.14. Desapropriação confiscatória

A assim chamada "**desapropriação confiscatória**" tem fundamento no art. 243 da Constituição Federal, cujo **texto atual** preceitua (grifamos):

> Art. 243. As **propriedades rurais e urbanas** de qualquer região do País onde forem localizadas **culturas ilegais de plantas psicotrópicas** ou a **exploração de trabalho escravo** na forma da lei serão expropriadas e destinadas à reforma agrária e a programas de habitação popular, **sem qualquer indenização ao proprietário** e sem prejuízo de outras sanções previstas em lei, observado, no que couber, o disposto no art. 5.º.
>
> Parágrafo único. **Todo e qualquer bem** de valor econômico **apreendido** em decorrência do **tráfico ilícito de entorpecentes e drogas afins** e da **exploração de trabalho escravo** será **confiscado** e reverterá a fundo especial com destinação específica, na forma da lei.

A característica essencial da desapropriação confiscatória, seja qual for a hipótese de que se trate, é a **inexistência de qualquer indenização**.

A vigente redação do art. 243 foi estabelecida pela Emenda Constitucional 81/2014. O **texto originário** da Carta de 1988 previa, tão somente: (a) a expropriação imediata, sem indenização, das glebas onde fossem localizadas culturas ilegais de plantas psicotrópicas; e (b) o confisco de todo e qualquer bem de valor econômico apreendido em decorrência do tráfico ilícito de entorpecentes e drogas afins.

Com a promulgação da EC 81/2014, a desapropriação confiscatória passou a alcançar: (a) propriedades rurais e urbanas onde forem encontradas culturas ilegais de plantas psicotrópicas; (b) propriedades rurais e urbanas onde for localizada a exploração de trabalho escravo; (c) todo e qualquer bem de valor econômico apreendido em decorrência do tráfico ilícito de entorpecentes e drogas afins; e (d) todo e qualquer bem de valor econômico apreendido em decorrência da exploração de trabalho escravo.

Antes da EC 81/2014, a exigência de regulamentação pelo legislador ordinário que hoje consta do *caput* e do parágrafo único do art. 243 – "na forma da lei" – não era feita de forma expressa. Atualmente, não há dúvida de que esses dois dispositivos enquadram-se na categoria das **normas constitucionais de eficácia limitada** (dependem de regulamentação legal para produzirem integralmente os seus efeitos).

Embora a redação dada pela EC 81/2014 ao *caput* e ao parágrafo único do art. 243 não permita afirmar com segurança as matérias que a regulamentação neles referida deve abranger, entendemos que essa exigência de atuação do legislador ordinário alcança o perdimento de bens relacionado tanto à cultura e ao tráfico de drogas ilícitas quanto à exploração de trabalho escravo.

A expropriação confiscatória de imóveis onde se encontrem culturas ilegais de plantas entorpecentes está regulamentada pela Lei 8.257/1991, a qual também estabelece – reproduzindo a redação originária do parágrafo único do art. 243 da Carta

Política – que "todo e qualquer bem de valor econômico apreendido em decorrência do tráfico ilícito de entorpecentes e drogas afins será confiscado". O Decreto 577/1992 regulamenta a Lei 8.257/1991.

Não existe regulamentação legal para a hipótese de desapropriação confiscatória motivada por exploração de trabalho escravo. Enquanto não for editada a lei que estabeleça tal regulamentação, expressamente exigida pelo texto constitucional, não poderão ocorrer, efetivamente, expropriações sob esse específico fundamento.

Embora não esteja explícito na Constituição, é **privativa da União** a competência para a propositura da ação expropriatória ora em apreço. É esse o entendimento prevalente na doutrina e, sobretudo, é o que se extrai da disciplina estabelecida na Lei 8.257/1991.

Exporemos a seguir, resumidamente, as regras aplicáveis à **desapropriação confiscatória de imóveis onde se encontrem culturas ilegais de plantas psicotrópicas**, com base nas disposições da Lei 8.257/1991.

Por óbvio não se cogita, nessa hipótese de desapropriação, a expedição de decreto declaratório de interesse social ou de utilidade pública, uma vez que não são esses os fundamentos dela – e sim a ilicitude da atividade do possuidor do imóvel a ser expropriado.

O procedimento judicial obedecerá a **rito sumário**, que apresenta, em síntese, os seguintes atos:

a) a petição inicial não especificará oferta de preço, como se exige nas demais modalidades de desapropriação, uma vez que, nesta, não cabe indenização;

b) o juiz, ao ordenar a citação, já nomeará o perito, que terá o prazo de oito dias para apresentar o laudo sobre o imóvel;

c) o prazo para contestação e indicação de assistentes é de quinze dias, a contar da juntada do mandado;

d) o juiz designará audiência de instrução e julgamento dentro de quinze dias, contados da data da contestação;

e) se o juiz conceder ao expropriante a imissão provisória na posse do imóvel, deverá proceder à realização de audiência de justificação, na qual será exercido o contraditório;

f) encerrada a instrução, a sentença será proferida em cinco dias, e contra ela cabe recurso de apelação;

g) transitada em julgado a sentença, o imóvel será incorporado ao patrimônio da União.

Nenhum direito de terceiro pode ser oposto ao expropriante. Deveras, nos expressos termos do art. 17 da Lei 8.257/1991, a expropriação "prevalecerá sobre direitos reais de garantia, não se admitindo embargos de terceiro, fundados em dívida hipotecária, anticrética ou pignoratícia".

Conquanto não esteja expresso na Lei 8.257/1991, tem sido considerada obrigatória a atuação do Ministério Público no feito.

Cap. 16 • INTERVENÇÃO DO ESTADO NA PROPRIEDADE

A desapropriação confiscatória de que trata o art. 243 da Constituição **não se aplica a bens públicos**, conforme orientação firmada pelo Supremo Tribunal Federal. Nessa modalidade de expropriação, não cabe cogitar a existência de primazia da União sobre os estados. Se o imóvel já é público, sua expropriação para mera alteração de titularidade em nada contribui para o alcance da finalidade prevista no art. 243 da Constituição – na didática lição da Ministra Rosa Weber, "não há justificativa plausível para tornar público algo que já o é".[12]

Nosso Tribunal Supremo já decidiu que a desapropriação confiscatória motivada pelo cultivo ilícito de espécies entorpecentes deve recair sobre a **totalidade da área do imóvel**, seja qual for a sua dimensão, mesmo que a cultura ilegal ocupe apenas uma pequena fração da superfície dele.[13] Em poucas palavras: a expropriação decorrente do cultivo ilícito de plantas psicoativas a que se refere o art. 243 da Constituição deve abranger toda a propriedade, e **não apenas a área efetivamente cultivada**.

Assim, mesmo que seja encontrada, por exemplo, uma plantação de maconha em poucos metros quadrados de uma grande propriedade rural, a totalidade da área do imóvel deve ser objeto da desapropriação confiscatória, sem que se possa, nesse caso, alegar ofensa ao princípio da proporcionalidade.

Em outra oportunidade, a Corte Constitucional deixou assente que o proprietário da gleba em que sejam plantadas espécies psicotrópicas efetivamente estará sujeito, **como regra**, à desapropriação confiscatória ora em exame, mas, **caso ele consiga provar que não teve qualquer culpa** – nem no seu dever de vigiar o uso que é feito de sua propriedade (culpa *in vigilando*), nem na escolha das pessoas que consentiu que possuíssem ou utilizassem o seu imóvel (culpa *in eligendo*) –, essa expropriação poderá ser afastada.[14] A responsabilidade do proprietário, portanto, **não é do tipo objetiva**, mas também não é uma responsabilidade subjetiva comum, pois milita contra ele uma **presunção relativa de culpa**. É **ônus do proprietário**, a fim de evitar a expropriação confiscatória, **provar** que nenhuma culpa lhe pode ser imputada.

Sobre esse tema, restou fixada a seguinte **tese de repercussão geral**:

> A expropriação prevista no art. 243 da Constituição Federal pode ser afastada, desde que o proprietário comprove que não incorreu em culpa, ainda *que in vigilando* ou *in eligendo*.

Consignou-se ainda, no julgado ora em comento, que, na hipótese de **propriedade havida em condomínio** na qual se encontre plantação ilegal de entorpecentes, **não será afastada a desapropriação confiscatória** mesmo que um ou alguns dos condôminos provem que não incorreram em culpa de qualquer espécie. As reparações pelas perdas e danos oriundos da desapropriação, ou a ela relacionados, deverão ser buscadas diretamente pelos condôminos prejudicados, mediante a utilização, em face dos coproprietários culpados, das vias judiciais cabíveis. Posto de outro modo,

---

[12] ACO-AgR 2.187/PE, rel. Min. Rosa Weber, 19.10.2020.
[13] RE 543.974/MG, rel. Min. Eros Grau, 26.03.2009 (Informativo 540 do STF).
[14] RE 635.336/PE (**repercussão geral**), rel. Min. Gilmar Mendes, 14.12.2016 (Informativo 851 do STF).

a responsabilidade de apenas um dos condôminos é suficiente para ensejar a desapropriação de todo o imóvel e as consequentes relações entre os coproprietários devem ser acertadas diretamente por eles mesmos, em ações próprias.

No que diz respeito à interpretação do **parágrafo único do art. 243**, na hipótese de **confisco** de **quaisquer bens** de valor econômico **apreendidos em decorrência do tráfico ilícito de entorpecentes**, o Pretório Máximo firmou o entendimento de que **não podem ser estabelecidas condições ou restrições não previstas textualmente no referido dispositivo**, com o intuito de excluir a sua incidência.

Não é cabível, por exemplo, pretender afastar o confisco sob o fundamento de que o bem apreendido fora utilizado apenas uma vez – e não reiteradamente – para a prática do delito, ou de que não houve emprego de ardis destinados a ocultar os narcóticos, tais como a preparação de "fundo falso" no veículo que os transportava.

Consoante a precisa dicção do Tribunal Excelso, "o confisco de bens utilizados para fins de tráfico de drogas, à semelhança das demais restrições aos direitos fundamentais expressamente previstas na Constituição Federal, **deve conformar-se com a literalidade do texto constitucional**, vedada a adstrição de seu alcance por requisitos outros que não os estabelecidos no artigo 243, parágrafo único".[15]

Com fulcro nessa orientação, foi fixada a seguinte **tese de repercussão geral**:

> É possível o confisco de todo e qualquer bem de valor econômico apreendido em decorrência do tráfico de drogas, sem a necessidade de se perquirir a habitualidade, reiteração do uso do bem para tal finalidade, a sua modificação para dificultar a descoberta do local do acondicionamento da droga ou qualquer outro requisito além daqueles previstos expressamente no art. 243, parágrafo único, da Constituição Federal.

Por fim, uma advertência se impõe: segundo pensamos, os entendimentos de nossa Corte Suprema que expusemos neste tópico **não podem** ser **estendidos automaticamente** à desapropriação confiscatória relacionada à **exploração de trabalho escravo**, hipótese acrescentada ao texto constitucional pela EC 81/2014.

2.7. Formas de intervenção previstas no Estatuto da Cidade

Em julho de 2001, a União editou a Lei 10.257/2001, denominada **Estatuto da Cidade**, regulamentando os arts. 182 e 183 da Constituição Federal e estabelecendo as diretrizes gerais da política urbana. Essa lei prevê algumas formas de intervenção dos municípios na propriedade privada, visando a assegurar a ocupação e a exploração racional do solo e das construções urbanas, de modo que a propriedade urbana possa cumprir sua função social. Nos literais termos do parágrafo único do seu art. 1.º, o Estatuto da Cidade "estabelece normas de ordem pública e interesse social que regulam o uso da propriedade urbana em prol do bem coletivo, da segurança e do bem-estar dos cidadãos, bem como do equilíbrio ambiental".

---

[15] RE 638.491/PR (**repercussão geral**), rel. Min. Luiz Fux, 17.05.2017 (Informativo 865 do STF).

Cap. 16 • INTERVENÇÃO DO ESTADO NA PROPRIEDADE

Analisaremos, sucintamente, os principais instrumentos de intervenção na propriedade privada disciplinados no Estatuto da Cidade.

2.7.1. Parcelamento, edificação ou utilização compulsórios

Em consonância com o disposto no art. 182, § 4.º, I, da Constituição Federal, o Estatuto da Cidade, no *caput* de seu art. 5.º, autoriza que os municípios, mediante lei municipal específica para área incluída no respectivo plano diretor, determinem o parcelamento, a edificação ou a utilização compulsórios do solo urbano não edificado, subutilizado ou não utilizado. A referida lei municipal específica deverá fixar as condições e os prazos para implementação dessa obrigação.

Observa-se, portanto, que não é válida uma previsão genérica de parcelamento, edificação ou utilização compulsórios inserida no plano diretor do município. É necessário que, além da existência do plano diretor – ele próprio uma lei municipal –, seja editada, em cada caso, uma lei municipal específica prevendo a instituição da obrigação em uma área determinada constante do plano diretor; essa lei específica estabelecerá as condições e os prazos para a constituição e o cumprimento da obrigação de edificar, parcelar ou utilizar o solo urbano.

O Estatuto considera subutilizado o imóvel cujo aproveitamento seja inferior ao mínimo definido no plano diretor ou em legislação dele decorrente.

Para que se constitua a obrigação de utilizar, edificar ou parcelar o imóvel, o Poder Executivo municipal tem que **notificar** o proprietário para o seu cumprimento, devendo a notificação ser averbada no cartório de registro de imóveis.

Os prazos para o cumprimento da obrigação pelo proprietário, fixados na lei municipal, não poderão ser inferiores a:

a) um ano, a partir da notificação, para que seja protocolado o projeto no órgão municipal competente;

b) dois anos, a partir da aprovação do projeto, para iniciar as obras do empreendimento.

Em empreendimentos de grande porte, em caráter excepcional, a lei municipal específica acima referida poderá prever a conclusão em etapas, assegurando-se que o projeto aprovado compreenda o empreendimento como um todo.

A transmissão do imóvel, por ato *inter vivos* ou *causa mortis*, posterior à data da notificação, transfere as obrigações de parcelamento, edificação ou utilização compulsórios, sem interrupção de quaisquer prazos.

2.7.2. Aplicação do IPTU progressivo no tempo

O art. 7.º do Estatuto prevê que, no caso de descumprimento da obrigação de parcelar, edificar ou utilizar, prevista em lei específica do município e constituída por notificação do Poder Executivo municipal, **será** aplicado IPTU progressivo no tempo, mediante a majoração da alíquota pelo prazo de **cinco anos consecutivos** (é a majoração que se dá durante cinco anos consecutivos; a cobrança do IPTU majorado pode ocorrer por prazo superior, não limitado pela lei). O Estatuto da Cidade não trata essa hipótese como mera faculdade do município, e sim como medida obrigatória a ser adotada no caso de descumprimento da obrigação de parcelar, edificar ou utilizar.

O valor da alíquota a ser aplicado a cada ano será fixado na mesma lei específica que determinou o parcelamento, a edificação ou a utilização compulsórios em área determinada, e não excederá a duas vezes o valor referente ao ano anterior, respeitada a alíquota máxima de **quinze por cento**.

Caso a obrigação de parcelar, edificar ou utilizar não esteja atendida em **cinco anos**, o município manterá a cobrança pela alíquota máxima, até que se cumpra a referida obrigação, sendo-lhe **facultado**, alternativamente à manutenção da cobrança, proceder à desapropriação do imóvel, com pagamento em títulos da dívida pública.

Exemplificando: imagine-se que a lei específica municipal previu que, descumprida a obrigação de parcelar, edificar ou utilizar, o IPTU seja cobrado, no primeiro ano de descumprimento, à alíquota de um por cento (1%). Nesse caso, a mesma lei poderá prever que, no segundo ano, a alíquota seja de dois por cento (2%), no terceiro, de quatro por cento (4%), no quarto, de oito por cento (8%), e, no quinto, de quinze por cento (15%), que é o máximo permitido. Caso permaneça descumprida a obrigação, o município pode manter a cobrança de 15%, sem prazo máximo previsto na lei, ou, quando entender conveniente, proceder à desapropriação mediante pagamento em títulos públicos.

O Estatuto proíbe a concessão de isenções ou de anistia relativas à tributação progressiva de que aqui se trata.

2.7.3. A desapropriação no Estatuto da Cidade

A regra geral nas desapropriações é a indenização em dinheiro. Não obstante, nas hipóteses expressamente previstas na Constituição, e somente nelas, é possível a desapropriação mediante pagamento em títulos públicos (art. 182, § 4.º, III, e art. 184, *caput*) e até mesmo a desapropriação sem qualquer indenização (art. 243).

É da hipótese prevista no art. 182, § 4.º, III, que trata o Estatuto da Cidade, nestes termos: "decorridos cinco anos de cobrança do IPTU progressivo sem que o proprietário tenha cumprido a obrigação de parcelamento, edificação ou utilização, o município poderá proceder à desapropriação do imóvel, com pagamento em títulos da dívida pública" (art. 8.º).

Os títulos da dívida pública terão prévia aprovação pelo Senado Federal e serão resgatados no prazo de até dez anos, em prestações anuais, iguais e sucessivas, assegurados o valor real da indenização e os juros legais de seis por cento ao ano (art. 8.º, § 1.º).

Em um ponto de difícil interpretação, o Estatuto determina que "o valor real da indenização refletirá o valor da base de cálculo do IPTU" (art. 8.º, § 2.º). Caso se entenda que esse dispositivo pretendeu determinar que a base de cálculo do IPTU **será** o valor da indenização, ele estará eivado, a nosso ver, de flagrante inconstitu-

Cap. 16 • INTERVENÇÃO DO ESTADO NA PROPRIEDADE

cionalidade, porquanto a Carta Política, embora preveja o pagamento da indenização em títulos da dívida pública, exige que sejam "assegurados o valor real da indenização e os juros legais". O caráter sancionatório dessa modalidade de desapropriação se esgota no fato de ela ser indenizada em títulos públicos; pensamos não existir qualquer autorização constitucional para que o valor da indenização seja inferior ao valor real do imóvel.

Ademais, a redação oblíqua adotada pelo Estatuto da Cidade – "o valor real da indenização **refletirá** o valor da base de cálculo do IPTU" – demonstra, justamente, que o legislador não chegou ao ponto de determinar que a base de cálculo do IPTU correspondesse ao valor da indenização, pois, se assim pretendesse, seria muito mais lógico adotar uma redação direta. Por último, se aceitássemos que a base de cálculo do IPTU consistisse no próprio valor da indenização, chegaríamos à conclusão absurda de que o município teria o poder de fixar o valor da indenização por ele mesmo devida, uma vez que é ele quem, mediante lei sua, estabelece a base de cálculo do imposto!

O Estatuto determina, ainda, que do valor da indenização será descontado o montante incorporado ao valor do imóvel em função de obras realizadas pelo Poder Público na área onde ele se localiza, após a notificação para o cumprimento da obrigação de parcelar, edificar ou utilizar. Por último, estabelece o Estatuto que o valor da indenização **não** computará expectativas de ganhos, lucros cessantes e juros compensatórios.

O município procederá ao adequado aproveitamento do imóvel desapropriado no prazo máximo de cinco anos, contado a partir da sua incorporação ao patrimônio público (art. 8.º, § 4.º). O aproveitamento do imóvel poderá ser efetivado diretamente pelo poder público ou por meio de alienação ou concessão a terceiros, observando--se, nesses casos, o devido procedimento licitatório (art. 8.º, § 5.º). Nessa hipótese de aquisição por terceiro, permanecem para o adquirente as mesmas obrigações de parcelamento, edificação ou utilização que antes gravavam o imóvel (art. 8.º, § 6.º).

2.7.4. Direito de preempção

Assim dispõe o art. 25 do Estatuto da Cidade:

> Art. 25. O direito de preempção confere ao Poder Público municipal preferência para aquisição de imóvel urbano objeto de alienação onerosa entre particulares.

O **direito de preempção** (**preferência**) atribuído ao município pelo Estatuto da Cidade não é absoluto, haja vista que, nos termos do § 1.º do seu art. 25, caberá à lei municipal, baseada no plano diretor, delimitar as áreas em que incidirá o direito de preempção e fixar o seu prazo de vigência, não superior a cinco anos, renovável a partir de um ano após o decurso do prazo inicial de vigência. Durante o prazo de vigência estabelecido na mencionada lei municipal, será assegurado o direito de preempção independentemente do número de alienações referentes ao mesmo imóvel (art. 25, § 2.º).

1082 DIREITO ADMINISTRATIVO DESCOMPLICADO • *Marcelo Alexandrino & Vicente Paulo*

O art. 26 do Estatuto estabelece que o direito de preempção será exercido sempre que o poder público necessitar de áreas para (a lei municipal deverá enquadrar cada área em que incidirá o direito de preempção em uma ou mais destas finalidades):

I – regularização fundiária;

II – execução de programas e projetos habitacionais de interesse social;

III – constituição de reserva fundiária;

IV – ordenamento e direcionamento da expansão urbana;

V – implantação de equipamentos urbanos e comunitários;

VI – criação de espaços públicos de lazer e áreas verdes;

VII – criação de unidades de conservação ou proteção de outras áreas de interesse ambiental;

VIII – proteção de áreas de interesse histórico, cultural ou paisagístico.

O proprietário deverá notificar sua intenção de alienar o imóvel, para que o município, no prazo máximo de **trinta dias**, manifeste por escrito seu interesse em comprá-lo (art. 27).

Nessa notificação feita pelo proprietário ao município, deverá ser anexada proposta de compra assinada pelo interessado na aquisição do imóvel, da qual constarão preço, condições de pagamento e prazo de validade.

Transcorrido o prazo de trinta dias sem manifestação do município, fica o proprietário autorizado a realizar a alienação para terceiros, nas condições da proposta apresentada. Concretizada a venda a terceiro, o proprietário fica obrigado a apresentar ao município, no prazo de **trinta dias**, cópia do instrumento público de alienação do imóvel.

A **alienação** processada em **condições diversas da proposta apresentada** é **nula de pleno direito**. Nesse caso, o Estatuto estabelece que o município poderá adquirir o imóvel pelo valor da base de cálculo do IPTU ou pelo valor indicado na proposta apresentada, se este for inferior àquele.

BIBLIOGRAFIA

ALEXANDRINO, Marcelo & PAULO, Vicente. *Direito Tributário na Constituição e no STF.* 17.ª Edição. São Paulo: Método, 2014.

CARVALHO FILHO, José dos Santos. *Manual de Direito Administrativo.* 30.ª Edição. São Paulo: Atlas, 2016.

DI PIETRO, Maria Sylvia Zanella. *Direito Administrativo.* 29.ª Edição. Rio de Janeiro: Forense, 2016.

DINIZ, Maria Helena. *Dicionário Jurídico.* São Paulo: Saraiva, 1998.

FAGUNDES, M. Seabra. *O Controle dos Atos Administrativos pelo Poder Judiciário.* 7.ª Edição. Rio de Janeiro: Forense, 2005.

FERRARESI, Eurico. *Do Mandado de Segurança – Comentários à Lei 12.016/2009.* Rio de Janeiro: Forense, 2009.

MEIRELLES, Hely Lopes. *Direito Administrativo Brasileiro.* 32.ª Edição. São Paulo: Malheiros, 2006.

MEIRELLES, Hely Lopes. *Mandado de Segurança.* 29.ª Edição. São Paulo: Malheiros, 2006.

MELLO, Celso Antônio Bandeira de. *Curso de Direito Administrativo.* 26.ª Edição. São Paulo: Malheiros, 2009.

MENDES, Gilmar Ferreira. *Direitos Fundamentais e Controle de Constitucionalidade.* 2.ª Edição. São Paulo: Celso Bastos Editor, 1999.

MENDES, Gilmar Ferreira; COELHO, Inocêncio Mártires; BRANCO, Paulo Gustavo Gonet. *Curso de Direito Constitucional.* São Paulo: Saraiva, 2007.

MIRANDA, Jorge. *Manual de Direito Constitucional.* 4.ª Edição. Coimbra: Coimbra Editora, 1990.

MODESTO, Paulo. *Reforma Administrativa e marco legal das organizações sociais no Brasil. Jus Navigandi,* n. 30. Disponível em: <http://www1.jus.com.br/doutrina/ texto. asp?id=473>. Acesso em: 24 set. 2001.

MORAES, Alexandre de. *Constituição do Brasil Interpretada e Legislação Constitucional.* São Paulo: Atlas, 2002.

MORAES, Alexandre de. *Direito Constitucional.* 21.ª Edição. São Paulo: Atlas, 2007.

MOREIRA NETO, Diogo Figueiredo. *Curso de Direito Administrativo*. 15.ª Edição. Rio de Janeiro: Forense, 2009.

PAULO, Vicente & ALEXANDRINO, Marcelo. *Direito Constitucional Descomplicado*. 24.ª Edição. São Paulo: Método, 2025.

PAULO, Vicente & ALEXANDRINO, Marcelo. *Manual de Direito do Trabalho*. 18.ª Edição. São Paulo: Método, 2014.

PAULO, Vicente & ALEXANDRINO, Marcelo. *Súmulas do STF Comentadas para concursos e OAB*. São Paulo: Método, 2013.

PAULSEN, Leandro. *Direito Tributário*. Constituição e Código Tributário à Luz da Doutrina e da Jurisprudência. 15.ª Edição. Porto Alegre: Livraria do Advogado, 2013.

PRADO, Leandro Cadenas. *Servidores Públicos Federais*. 9.ª Edição. Rio de Janeiro: Impetus, 2010.

PRADO, Leandro Cadenas. *STF para Concursos – Coletânea de Precedentes Jurisprudenciais*. 4.ª Edição. São Paulo: Método, 2009. Volume I.

PRADO, Leandro Cadenas. *STF para Concursos – Coletânea de Precedentes Jurisprudenciais*. 4.ª Edição. São Paulo: Método, 2009. Volume II.

SILVA, José Afonso da. *Curso de Direito Constitucional Positivo*. 28.ª Edição. São Paulo: Malheiros, 2007.

SUNDFELD, Carlos Ari (Coord.). *Direito Administrativo Econômico*. São Paulo: Malheiros, 2000.

TAVARES, André Ramos. *Manual do Novo Mandado de Segurança – Lei 12.016/2009*. Rio de Janeiro: Forense, 2009.

THEODORO JÚNIOR, Humberto. *O Mandado de Segurança – Segundo a Lei 12.016/2009*. Rio de Janeiro: Forense, 2009.

VELLOSO, Carlos Mário da Silva. *Do Poder Regulamentar*. RDP n.º 65.